lonely planet

Indien Süden & Kerala

Isabella Noble
Kevin Raub, Paul Harding, Sarina Singh, Iain Stewart

REISEPLANUNG

SANTHOSH VARGHESE / SHUTTERSTOCK ©

NAAN-BROT S. 509

SNEHAL JEEVAN PAILKAR / SHUTTERSTOCK ©

MUMBAI S. 44

REISEZIELE IN INDIENS SÜDEN & KERALA

Inhalt

VERSTEHEN

PRAKTISCHE INFORMATIONEN

SONDER-SEITEN

Willkommen in Indiens Süden & Kerala

Südindien, das schwül-feuchte Herz des Subkontinents, ragt wie ein großer Keil in den Ozean und bildet den Kontrast zu den schneebedeckten Gipfeln und glühenden Ebenen des Nordens.

Unendliche Geschichte

Überall im Süden stößt man auf die Relikte der Zivilisationen, die dieses Land über zwei Jahrtausende hinweg bewohnt haben: die erstaunlichen Schreine, die von Buddhisten, Hindus und Jains in den Höhlen von Ajanta und Ellora hinterlassen wurden; die Paläste, Gräber, Festungen und Moscheen der muslimischen Dynastien auf dem Dekkan-Plateau; die Pallava-Skulpturen und Chola-Tempel in Tamil Nadu; die Ruinen der einstigen Hauptstadt des Königreichs der Vijayanagar in Hampi ... und jede Menge mehr. Südindien ist eine kulturelle Schatztruhe ohnegleichen.

Landschaftspracht

Südindien hat Tausende Kilometer Küste. Sie säumt fruchtbare Ebenen und Hügel, die, vom Monsun mit Wasser versorgt, immer grün schimmern. Die tropische Pracht der Region ist einer der größten Touristenmagneten, die Kokoshaine, Wasserwege, und Gewürzgärten, die kühlen Hill Stations in den Western Ghats und die Teeplantagen. Das trockenere Dekkan-Plateau ist so platt nicht – beeindruckende Felsen, aus denen oft alte Festungen thronen, ragen aus der Ebene empor. Und in der ganzen Region stehen Wälder unter Naturschutz und bieten einer vielfältigen Tierwelt eine Heimat.

Gaumenfreuden

Indiens Süden lockt Traveller mit einer überbordenden kulinarischen Vielfalt und Restaurants aller Art. Er ist die Heimat von ein paar der berühmtesten Gerichte des ganzen Landes: Große *idlis* (fermentierte Reiskuchen) und hauchdünne *dosas* (pikante Crêpes) bilden das Rückgrat der südindischen Küche. Ob Street Food oder Haute Cuisine – Mumbais Gastro-Szene spielt in einer eigenen Liga. Aber auch Goas pikante, portugiesisch beeinflusste Gerichte – scharfe Fusion-Kost vom Feinsten – und Keralas geradezu legendäres Seafood mit Kokosmilch garantieren kulinarische Hochgenüsse.

Rausch der Städte

In Südindiens quirligen Städten schlägt der Puls eines Landes, das durch das 21. Jh. rast und zugleich noch im Mittelalter zu stecken scheint. Ob im selbstbewussten Mumbai, dem immer mondäner werdenden Chennai oder dem geschichtsträchtigen Hyderabad, ob in der IT-City Bengaluru oder in Kochi und Puducherry mit ihrem kolonialzeitlichen Idyll – in den Städten des Südens bummelt man über brodelnde Märkte, durchstöbert bunte Boutiquen, saugt die hiesige Kultur in sich auf und erlebt Indiens trendiges Gesicht mit schicken Cafés und Spitzenrestaurants, hippen Craft-Beer-Läden und Cocktailbars.

Warum ich Indiens Süden & Kerala liebe

von Kevin Raub, Autor

Ich werde niemals vergessen, wie ich Ende der 1990er-Jahre direkt nach einem Gewittersturm zum ersten Mal nach Mumbai kam: Nie zuvor hatte ich solch apokalyptische Unwetter erlebt. Doch sobald der Himmel über dem Tor zu Südindien wieder klar war, offenbarte sich mir eine der filmreifsten Städte der Welt – ein kunterbunter Mix aus Farben, Chaos, Ausgelassenheit, Menschenmassen und Masala. Ob Mumbais kulinarische Highlights, Goas sonnige Sandstrände, Tamil Nadus belebte Tempelstädte oder Keralas beschauliche Backwaters – in Südindien schwankt man auf unvergessliche Weise zwischen Furcht und Ehrfurcht.

Mehr Infos über unsere Autoren gibt's auf S. 607

Boot auf den Backwaters von Kerala (S. 312)

Südindien & Kerala

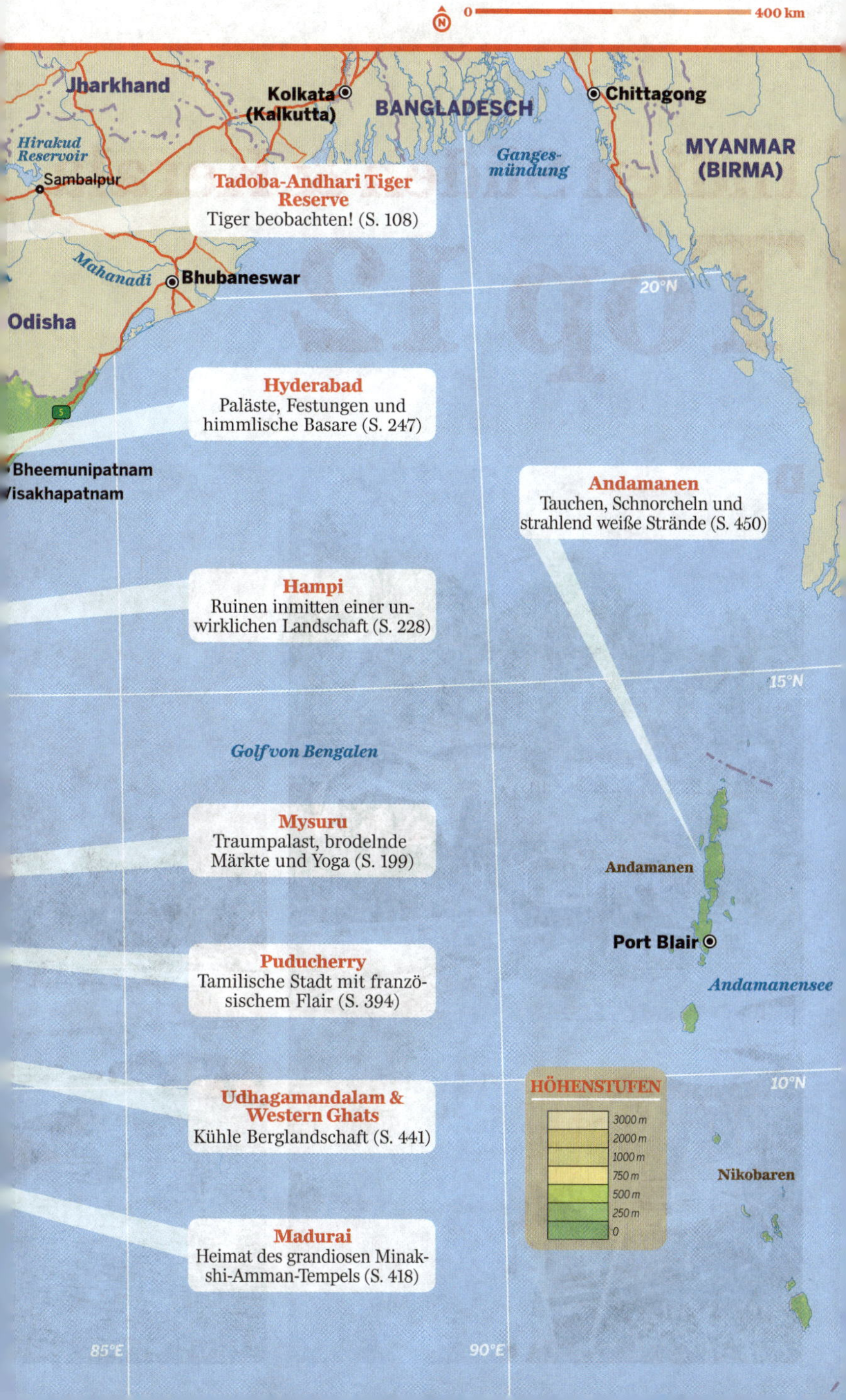
0
400 km
N
Jharkhand
Kolkata (Kalkutta)
BANGLADESCH
Chittagong
Hirakud Reservoir
Sambalpur
Ganges-mündung
MYANMAR (BIRMA)
Tadoba-Andhari Tiger Reserve
Tiger beobachten! (S. 108)
Mahanadi
Bhubaneswar
20°N
Odisha
Hyderabad
Paläste, Festungen und himmlische Basare (S. 247)
5
Bheemunipatnam
Visakhapatnam
Andamanen
Tauchen, Schnorcheln und strahlend weiße Strände (S. 450)
Hampi
Ruinen inmitten einer unwirklichen Landschaft (S. 228)
15°N
Golf von Bengalen
Mysuru
Traumpalast, brodelnde Märkte und Yoga (S. 199)
Andamanen
Port Blair
Puducherry
Tamilische Stadt mit französischem Flair (S. 394)
Andamanensee
HÖHENSTUFEN
3000 m
2000 m
1000 m
750 m
500 m
250 m
0
10°N
Udhagamandalam & Western Ghats
Kühle Berglandschaft (S. 441)
Nikobaren
Madurai
Heimat des grandiosen Minakshi-Amman-Tempels (S. 418)
85°E
90°E

Indien Süden & Kerala Top 12

1

ALEXANDRA LANDE / GETTY IMAGES ©

Keralas wunderschöne Backwaters

1 Man kommt nicht alle Tage durch so zauberhafte Flusslandschaften wie in Kerala (S. 290): Hier gibt es ein 900 km umfassendes Netz aus Flüssen, Seen und glasklaren Lagunen, gesäumt von üppiger tropischer Flora. Es gibt keine bessere Art, die Gegend zu erkunden, als ein paar Tage in trauter Idylle auf einem Teakholz-Hausboot mit Palmblattdach zu verbringen. Man treibt auf dem Wasser, während die Sonne hinter den wispernden Palmen verschwindet, genießt Fisch so frisch, dass er fast noch zappelt, und vergisst für eine Weile das hektische Leben an Land.

Goa

2 Weicher Sand, sanfte Wellen, dichte Kokoshaine, rosarote Sonnenuntergänge – wenn es einen Ort gibt, an dem wirklich jedes Traumstrand-Klischee erfüllt wird, dann ist es Goa (S. 127). Mit wenigen Ausnahmen, geht es an den Stränden hier ziemlich lebhaft zu: Auf dicht an dicht stehenden Sonnenliegen brutzeln eingeölte Körper, Sarongverkäufer schauen vorbei, und überall buhlen Imbisse um Kundschaft. Goa ist auch für seine Gewürzplantagen im Binnenland und die denkmalgeschützten Bauten bekannt, vor allem für die schönen, portugiesischen Kathedralen. Palolem (S. 167)

2

PIKOSO.KZ / SHUTTERSTOCK ©

Verblüffende Höhlenschreine

3 Die buddhistischen Mönche, die im 2. Jh. v. Chr. die Höhlen von Ajanta (S. 179) anlegten, hatten Sinn für Dramatik: Die 30 Felsgrotten und Klöster im Wald erstrecken sich entlang einer hufeisenförmigen Schlucht. Jahrhunderte später schmückten Mönche die Höhlen mit prächtigen Reliefs und Wandmalereien. Und bei Ellora schlugen hinduistische, jainistische und buddhistische Mönche weitere 34 Schreine und Klöster aus den Felsen – darunter auch der Kailasa-Tempel, das größte monolithische Werk der Welt. Höhlen von Ellora (S. 99)

Mysteriöses Hampi

4 Wie verzaubert wirken die Überreste Hampis (S. 228). Früher war dies die Hauptstadt des Königreichs Vijayanagar, die Ruinen zeugen von dessen einstiger Pracht. Tempel, Paläste und Landschaft bilden eine mystische Einheit: Riesige Felsen balancieren auf feinen Sockeln neben einem alten Elefantenstall, Tempel schmiegen sich zwischen Geröll in Felsspalten. Und wenn der Sonnenuntergang einen Rotfilter über die Landschaft legt, könnte man glatt vergessen, auf welchem Planeten man ist. Hanuman-Tempel (S. 236)

3

4

ALEXANDER MAZURKEVICH / SHUTTERSTOCK ©

EDUARD KYSLYNSKYY / SHUTTERSTOCK ©

;avoir Vivre in 'uducherry

5 In der einstigen französischen Kolonie säuıen mangogelbe Häuser opfsteinpflastergassen, eeindruckende Kathedralen sind mit Schnörkeln eschmückt und die Croisants der Renner. Puduıerry (S. 394) ist aber ıch eine typisch indische tadt mit langer Geschich- und all dem Trubel und n beliebter Urlaubsort iit dem Sri-Aurobindoshram im Zentrum. Wer ill da noch behaupten, ass Yoga, Pain au chocot, exklusive historische otels, Hindu-Gottheiten ıd Kolonialarchitektur cht zusammenpassen? i-Aurobindo-Ashram (S. 394)

Mumbais architektonische Schätze

6 In Mumbai (S. 44) machte man sich schon immer Einflüsse aus aller Welt zu eigen, was zu einem aufregenden architektonischen Stilmix führte. Art-déco-Bauten und Wolkenkratzer schenken der Stadt Flair, was aber Mumbai zur extravaganten Schönheit macht, ist die Melange aus viktorianischer Zeit – indosarazenischer Stil trifft auf venezianische Gotik und andere alte Schnörkel. Die Türme, Bögen und bauschigen Zwiebelkuppeln sind das passende Beiwerk für diesen Filmstar unter den Städten. Chhatrapati Shivaji Terminus (S. 50)

Auf in die Wildnis

7 Die wilden Dschungel-, Busch- und Hügellandschaften Südindiens bieten aufregende Erlebnisse. Dutzende Parks und Schutzgebiete warten auf abenteuerlustige Besucher. Im Tadoba-Andhari Tiger Reserve (S. 108) hat man beste Chancen eine der Raubkatzen zu sichten (wenngleich im Mudumalai Tiger Reserve die meisten Tiger leben). Der Nagarhole National Park und das Wayanad Wildlife Sanctuary sind Top-Adressen, um Elefanten zu beobachten. Hirsche, Antilopen und Primaten sind gar in fast allen Schutzgebieten zu sehen. Und Vögel natürlich auch.

CAMBUFF / SHUTTERSTOCK ©

Majestätisches Mysuru

8 Willkommen in Mysuru (S. 199)! Die Stadt hat nicht nur eine interessante Geschichte und prächtige Paläste, sie lädt auch zu einem gemütlichen Bummel durch ihre alten Basare ein, die erfüllt sind mit dem berauschenden Duft von Sandelholz und frischen Blumen. Mysuru ist auch ein internationales Yogazentrum und bekannt für seine fröhlichen Feste. Das Dussehra, mit dem der Sieg des Guten über das Böse gefeiert wird, ist eines der spektakulärsten, mit ausgelassenen Umzügen und der eindrucksvollen Beleuchtung des riesigen Palastes des Maharadschas.

Geschichtsträchtiges Hyderabad

9 Geschichtsfans kommen in Hyderabad (S. 247) voll auf ihre Kosten. Großartige Attraktionen wie das Golconda Fort, der Charminar und die Grabstätten und Paläste früherer Herrscher zeugen von der faszinierenden Vergangenheit der Stadt. Damit nicht genug, lockt Hyderabad auch mit Basaren (Stoffe, Duftöle und unzählige Armreife) und den kulinarischen Genüssen der traditionellen Mogulküche. Würzige Kebabs und Biryanis (Reis mit Fleisch oder Gemüse) sind weithin bekannt und werden hier mit begeisternder Kreativität zubereitet. Golconda Fort (S. 253)

Udhagamandalam & Western Ghats

10 Strände, Ebenen und Kulturstädte sind ja schön und gut, aber im Süden kann es ganz schön heiß werden. Indiens Prinzen und die britischen Kolonialherren haben sich daher schon immer in die Sommerfrischen der Berge – Udhagamandalam (Ooty; S. 441), Kodaikanal oder Coonoor (S. 438) – zurückgezogen. Auch heute noch bieten die Hill Stations frische Gebirgsluft, schattige Wälder, Wanderwege, ausgedehnte Teeplantagen und den Charme der British-Raj-Ära. Hier lässt sich Indiens chillige Seite kennenlernen. Teeplantage, Coonoor

Minakshi-Amman-Tempel n Madurai

11 Zwölf große, über und über mit farbenprächtigen Figuren von Gott-eiten, Dämonen und Helden bedeckte *opurams* (Tortürme) umgeben Madurais rächtigsten Tempel (S. 419). Der Kom-lex, einer der herausragendsten Vertreter er spektakulären Tempelarchitektur üdindiens, ist Sundareshvara (Shiva) und einer Gemahlin Minakshi geweiht und ein ugenschmaus aus kunstvoll verzierten äulen, Skulpturen, Friesen und Wandbil-ern. Ein Highlight sind auch die abendli-hen Prozessionen.

Paradies auf Erden

12 Wer sich nach magischen Stränden sehnt, wird auf den Andamanen (S. 450) fündig. Das traumhaft üppige Stückchen Paradies hat sich seine unberührte Schönheit bewahrt. Bewohnt wird es von einem freundlichen Mix aus süd- bzw. südostasiatischen Siedlern und einigen zurückgezogen lebenden Stammesgruppen. Aquamarinfarbene Gewässer umspielen strahlend weiße Strände und bieten einige hervorragende Schnorchel- und Tauchreviere mit all ihren farbenfrohen Wundern. Havelock Island (S. 460)

Gut zu wissen

Weitere Infos gibt's im Abschnitt „Praktische Informationen" (S. 543)

Währung
Indische Rupie (₹)

Sprachen
Hindi, Englisch und Regionalsprachen

Visa
EU-Bürger und Schweizer erhalten ein sogenanntes e-Tourist-Visum, das vom Zeitpunkt der Einreise 60 Tage gültig ist. Für längere Trips wird ein reguläres Touristenvisum benötigt.

Geld
Geldautomaten sind weit verbreitet. Bargeldloses Zahlen ist unüblich, aber in Hotels der Mittel- und Spitzenklasse, in Restaurants und Shops oft möglich.

Handys
In urbanen Gebieten ist der Empfang exzellent, auf dem Land und in den Bergen oft mies. Prepaid-SIM-Karten sind überall unkompliziert erhältlich; ihre Freischaltung dauert bis zu 24 Stunden.

Zeit
Indian Standard Time (MEZ +4½ Std.) Keine Sommerzeit.

Reisezeit

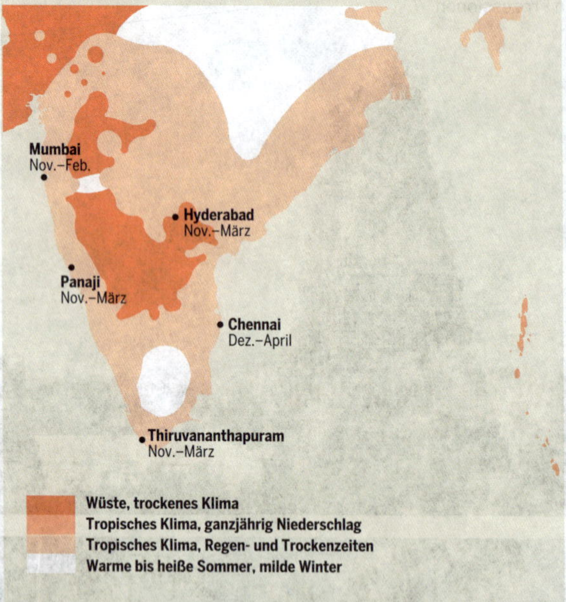

Hauptsaison
(Dez.–März)

- Angenehmes Wetter – warme Tage, kühle Nächte.
- Viele Touristen, die höchsten Preise.
- Im Dezember und Januar wird es weiter im Norden nachts frostig.
- Ab Februar steigen die Temperaturen stetig.

Zwischensaison
(Juli–Nov.)

- Der Monsunregen hält den September über an.
- An der Ostküste und in Süd-Kerala regnet es von Oktober bis Anfang Dezember heftig; manchmal gibt es auch Zyklone.

Nebensaison
(April–Juni)

- Der April ist heiß; im Mai und Juni herrscht eine Affenhitze. Niedrige Hotelpreise.
- Ab Juni rückt der Monsun von Süden nach Norden vor und bringt Regen mit.
- Der Hitze, nicht aber den Menschenmassen entkommt man in den Hügeln.

Infos im Internet

Incredible India (www.incredibleindia.org) Offizielle indische Tourismuswebsite.

Lonely Planet (www.lonelyplanet.de/reiseziele/indien) Infos, Hotels, Forum und mehr.

Templenet (www.templenet.com) Tempelgeflüster.

Rediff News (www.rediff.com/news) Portal für Nachrichten aus ganz Indien.

The Alternative (www.thealternative.in) Eine auf Umwelt und Gesellschaft bedachte Sicht auf das Reisen und das Leben in Indien.

Wichtige Telefonnummern

Ab 2017 gilt in allen Notfällen landesweit die Nummer ☎112. Die folgenden Notrufnummern werden aber noch mindestens bis Ende 2018 funktionieren.

Landesvorwahl	☎91
Vorwahl für internationale Gespräche	☎00
Krankenwagen	☎102
Feuerwehr	☎101
Polizei	☎100

Wechselkurse

Eurozone	1 €	77 ₹
	10 ₹	0,13 €
Schweiz	1 SFr	67 ₹
	10 ₹	0,15 SFr

Aktuelle Wechselkurse sind unter www.xe.com abrufbar.

Tagesbudget

Günstig – weniger als 2500 ₹

- DZ im Budgethotel: 700–1200 ₹
- „All you can eat"-Thali: 80–300 ₹
- Transport: 200–600 ₹

Mittelteuer – 2500–7500 ₹

- Hotel-DZ: 1500–4000 ₹
- Mahlzeit im Mittelklasserestaurant: 300–1000 ₹
- Eintritt für Sehenswürdigkeiten und Museen: 200–800 ₹

Teuer – mehr als 7500 ₹

- Zi. im Spitzenklassehotel: 5500–20 000 ₹
- Mahlzeit im Spitzenklasserestaurant: 1000–4000 ₹
- Bahnfahrt 1. Klasse: 750–2000 ₹
- Mietwagen mit Fahrer: 200–3000 ₹/Tag

Öffnungszeiten

Manche Einrichtungen mit Fokus auf Aktivitäten im Freien ändern ihre Öffnungszeiten während des Monsuns oder bleiben ganz geschlossen.

Banken Mo–Fr 10–16, Sa bis 13 Uhr

Restaurants 8 od. 9–22 od. 23 Uhr (manche Mittel- und Spitzenklasserestaurants öffnen nicht vor Mittag; mitunter haben Restaurants zwischen 15 und 19 Uhr geschlossen und in Großstädten bis 1.30 Uhr geöffnet)

Bars 12 Uhr bis Mitternacht (in Mumbai bis max. 1.30 Uhr)

Geschäfte 10 od. 11–20 od. 21 Uhr (manche sind So geschl.)

Märkte 7–20 Uhr, die Zeiten variieren aber sehr stark

Ankunft am …

Chhatrapati Shivaji International Airport (Mumbai; S. 83) Prepaid-Taxis nach Colaba und ins Fort-Viertel kosten ohne/mit Klimaanlage 680/820 ₹, nach Bandra 400/480 ₹. Vorstadtzüge ins Fort-Viertel (10 ₹) verkehren ab dem Bahnhof Andheri, eine Autorikscha vom Flughafen dorthin kostet 90 ₹.

Kempegowda International Airport, Bengaluru (S. 196) Klimatisierte Taxis mit Taximeter ins Zentrum kosten zwischen 750 und 1000 ₹ (inkl. Flughafen-Maut von 120 ₹). Klimatisierte Vayu-Vajra-Busse fahren regelmäßig zu Zielen rund um die Stadt (ab 180 ₹).

Chennai International Airport (S. 377) Prepaid-Taxis kosten ohne/mit Klimaanlage 550/600 ₹) nach Egmore und 450/500 ₹ nach T Nagar. Vorstadtzüge ins Zentrum (10 ₹) fahren ab dem Bahnhof Tirusulam ab, der zehn Gehminuten vom Terminal entfernt ist. Die teilweise in Betrieb genommene Metro fährt zum Hauptbusbahnhof. Ab Ende 2018 soll sie bis ins Zentrum von Chennai fahren.

Unterwegs vor Ort

Flugzeug Zwischen den meisten größeren Städten gibt es Verbindungen verschiedener Airlines.

Zug Mit der Bahn kommt man in fast jeden Winkel des Landes. Die Züge fahren häufig.

Bus Busse fahren überallhin und sind fast so schnell wie Züge. Einige Routen werden rund um die Uhr bedient, andere ein- bis zweimal täglich.

Mietwagen mit Fahrer Bequemste Option, wenn man Trips mit vielen Stopps in entlegene Regionen unternehmen will.

Mehr zu **Verkehrsmitteln & -wegen** gibt's auf S. 564.

Was gibt's Neues?

Backpacker-Hostels
Inzwischen gibt's in Indiens Süden mehr und mehr Hostels, die alles bieten, was des Backpackers Herz begehrt – Schlafsäle, WLAN, Küchen, Gemeinschaftsräume, Schließfächer. In Goa ist die Auswahl am größten, aber gute Hostels gibt's auch in Kerala, Mumbai (Bombay), Bengaluru (Bangalore), Mysuru (Mysore) und Tamil Nadu.

Südliche Brandungen
Surfen boomt in Südasien. Erlernen lässt sich der Sport in Kovalam und Varkala in Kerala; Agonda, Aswem und Arambol in Goa; Kovalam und Puducherry (Pondicherry) in Tamil Nadu; und auf Little Andaman auf den Andamanen.

Craft-Bier aus Mumbai
Die Begeisterung für Bier aus Kleinbrauereien hat nun auch Mumbai erreicht. Nach dem Barking Beer, Mumbais erste Kleinbrauerei, 2013 startete, haben sich mittlerweile eine ganze Reihe vergleichbarer Manufakturen einen Namen gemacht. (S. 75)

Metromania
Bengalurus neue Namma Metro (S. 197) hat viel zur Entspannung der Verkehrssituation in der Stadt beigetragen. Die Metro von Chennai (Madras) (S. 378) ist seit Ende 2016 zumindest teilweise in Betrieb. Und Ende 2017 (oder 2018) soll es auch in Hyderabad eine Metro geben.

Weinverkostung in Nasik, Maharashtra
Weinkenner wissen es längst: indische Weine werden immer besser. Im Beyond by Sula (S. 90), einem neuen Hotel inmitten der Weinberge rund um Nasik, kann man sich selbst davon überzeugen.

Royal Opera House, Mumbai
Nach sechsjährigem Umbau und zwei Jahrzehnte nachdem der (vermeintlich) letzte Vorhang fiel, wurde Indiens einziges noch existierende Opernhaus 2016 wiedereröffnet. In der indoeuropäischen Barockschönheit werden Theaterstücke, Konzerte und Filmfestivals veranstaltet. (S. 77)

Tauchen in Kovalam, Kerala
Neben dem klassischen PADI-Tauchen bietet dieses neue Tauch-Outfit raffinierte Unterwasserscooter mit Helmen, die mit Sauerstoff versorgt werden. (S. 295)

Kovalam (Covelong), Tamil Nadu
In der Bucht von Bengalen, zwischen Chennai und Mamallapuram (Mahabalipuram), hat sich das kleine Fischerdorf Kovalam zu einem entspannten Strandörtchen entwickelt, mit allem was dazugehört (Surfen, Yoga, Kajakfahren usw.). (S. 380)

Snowpark in Baga, Goa
Dieser „Kühlschrank" in Baga ist mit Schnee, Eisskulpturen, Iglus und einer Schneerutsche vollgestopft. Für Kinder ein Riesenspaß – und eine extreme Art, der tropischen Hitze zu entkommen. (S. 145)

Einsame Höhen, Tamil Nadu
Traveller, die von den Hill Stations in Ooty (Udhagamandalam) genug haben, finden in den wilderen Gebieten Nilgiris inmitten des geschützten Avalange-Tal mit seinem *shola* (Urwald) Ruhe. Zutritt gibt's nur unter Führung offizieller Ökotour-Veranstalter. (S. 444)

Weitere Tipps und Kritiken finden sich unter **lonelyplanet.com/india/south-india**

Wie wär's mit...

Forts & Paläste

Die Geschichte Südindiens ist geprägt vom Erbe konkurrierender Dynastien, dem Austausch mit Händlern aus aller Herren Länder und den Einflüssen von Eroberern. Viele eindrucksvolle Paläste und Festungen legen davon Zeugnis ab.

Mysore Palace Hier befindet sich die spektakulärste Ansammlung seltener könglicher Kunstwerke, Buntglasfenster und Holzschnitzereien. (S. 199)

Daulatabad Fort Die herrliche Festung auf einem Hügel in Maharashtra wurde im 12 Jh. von den Herrschern der Yadava-Dynastie gebaut. (S. 98)

Janjira Sehr gut erhaltene Inselfestung, die 1571 vor der Konkanküste errichtet wurde. (S. 109)

Hyderabad Das Golconda Fort ergänzt die üppigen Paläste und königlichen Grabmäler der Stadt der Perlen. (S. 253)

Festung von Bidar Es ist kaum zu glauben, dass diese verwitterte, ruhige Anlage einst Machtzentrum eines mächtigen Sultanats war. (S. 243)

Strände

Die atemberaubendsten Küstenabschnitte des Landes liegen in Südindien.

Kerala Varkala (S. 300), mit seinen dramatischen Klippen und einer lebhaften Backpacker-Szene, und das etwas einsamere, von Palmen gesäumte Thottada (S. 350) erweisen sich als absolute Traumstrände.

Goa Auch wenn hier recht viel los ist, sind Goas Strände noch immer reizvoll: Cola (S. 165), Agonda (S.166), Palolem (S. 167) und Mandrem sind mit die schönsten (S. 158).

Mumbai (Bombay) In der Dämmerung kann man am Chowpatty-Strand die örtlichen Delikatessen probieren, Leute beobachten und feuerrote Sonnenuntergänge erleben. (S. 56)

Andamanen Unberührte tropische Strände weit weg von allem auf den Inseln Havelock (S. 460), Neil (S. 464) und Little Andaman (S. 469).

Prächtige Tempel & alte Ruinen

Nirgendwo werden solch großartige Tempel gebaut wie hier. Von den psychedelischen hinduistischen Türmen Tamil Nadus bis zu den von verblasster Pracht zeugenden buddhistischen Höhlen in Ajanta und Ellora ist die Bandbreite ebenso riesig wie großartig.

Tamil Nadu Fantastischer Strukturen wie der Minakshi-Amman-Tempel in Madurai ragen himmelwärts, bedeckt mit meisterhaft verzierten Götterfiguren in wilden Regenbogenfarben. (S. 419)

Ajanta Zum UNESCO-Welterbe gehörende Gruppe prächtiger, aus dem Fels geschlagener Höhlenempel, die wegen ihrer spirituellen Bedeutung ebenso verehrt werden wie wegen der architektonischen Meisterleistung. (S. 103)

Ellora Über fünf Jahrhunderte hinweg von Generationen buddhistischer, hinduistischer und jainistischer Mönche aus dem Fels geschlagene, außergewöhnliche Höhlentempel. (S. 99)

Hampi Die rosafarbenen Tempel und Palastruinen des einst mächtigen Vijayanagar-Reiches liegen verstreut zwischen außerirdisch anmutenden Felsblöcken und Hügeln. (S. 228)

Mamallapuram (Mahabalipuram) Die fröhliche Küstenstadt ist übersät mit großartigen Reliefschnitzereien und aus den Felsen geschlagenen Tempeln, die von mittelalterlichen Pallava-Künstlern gestaltet wurden. (S. 379)

Basare & Märkte

In den Städten sprießen zwar Einkaufszentren wie Pilze aus dem Boden, aber die Freiluftbasare – ein Labyrinth aus Läden, die von frisch gemahlenen Gewürzen und Blumengirlanden bis hin zu Küchenutensilien und farbenfrohen Saris alles Mögliche verkaufen – sind trotzdem nicht zu toppen.

Goa Die Flohmärkte von Anjuna und Baga sind Feste für die Sinne; auch die Basare in Margao und Panaji (Panjim) eignen sich gut für einen gemütlichen Bummel. (S. 152)

Mumbai Die wundervollen alten Märkte widmen sich jeweils bestimmten Themen: Mangaldas (Stoffe), Zaveri (Schmuck), Crawford (Lebensmittel) und Chor (Antiquitäten). (S. 80)

Mysuru (Mysore) Der 125 Jahre alte Devaraja-Markt ist ein Wahrzeichen der Stadt – mit geschätzten 125 Mio. Blumen, Früchten sowie Gewürzen. (S. 200)

Hyderabad In den Basaren rund um den historischen Charminar gibt's alles – von Perlen und Armbändern bis hin zu Nutztieren. (S. 248)

Meditation & Yoga

Schon lange beherrscht man im Süden des Landes die Kunst, sich zu entspannen. Zahllose Anwendungen werden angeboten, die Körper, Geist und Seele streicheln. Insbesondere Meditations- und Yogakurse gibt's an jeder Ecke.

Mysuru (Mysore) Die Heimat des Ashtanga-Yoga ist einer der beliebtesten Orte Indiens, um Yoga zu üben und darin ausgebildet zu werden. (S. 206)

Goa Yoga, Meditation und andere Methoden, den Geist gesund zu erhalten, werden in Goa mannigfach gelehrt und praktiziert, hauptsächlich zwischen Oktober und April. (S. 153)

Oben: Stofffarben, Mysuru (S. 199)

Unten: Radfahren in Puducherry (S. 394)

Vipassana International Academy Dieses Zentrum in Igatpuri, Maharashtra, führt intensive Meditationskurse in der buddhistischen Theravada-Tradition durch. (S. 93)

Sri Aurobindo Ashram Dieser Ashram in Puducherry (Pondicherry) wurde von dem angesehenen Sri Aurobindo gegründet. Man versucht hier, Yoga mit moderner Wissenschaft zu verbinden. (S. 394)

Krishnamacharya Yoga Mandiram Das bekannte und hoch angesehene Institut in Chennai (Madras) bietet Yogakurse, Yogatherapie und intensive Lehrerausbildung. (S. 365)

Stadtkultur

Es stimmt zwar, dass die meisten Inder in Dörfern leben, aber die Städte des Landes bieten trotzdem tolle Kunstszenen, fantastische Restaurants mit internationaler Küche und viel Stil.

Mumbai (Bombay) Mode, Film, Kunst, Lokale und ein turbulentes Nachtleben – und das alles vor fantasievoller Architektur und mit tollem Blick aufs Wasser. (S. 44)

Hyderabad Alte Bauten aus der Zeit außerordentlich wohlhabender Dynastien liegen nur einen Steinwurf entfernt von ungewöhnlichen Restaurants, einem interessanten Nachtleben und einer florierenden Kunstszene. (S. 247)

Bengaluru (Bangalore) Die Stadt repräsentiert das fortschrittliche, moderne Indien und ist das Zentrum der IT-Branche des Landes, sowie ein toller Ort für einen Drink, gutes Essen und zum Shoppen. (S. 183)

Nasik Das von wunderschönen Weinbergen umgebene Herz des indischen Weines lockt weltgewandte Genießer an. (S. 88)

Puducherry (Pondicherry) Das quirlige Küstenstädtchen ist für sein ganz allmählich verblassendes französisches Flair ebenso bekannt, wie für seine angesagten Boutiquen und Cafés. (S. 394)

Chennai (Madras) Die Stadt ist schon lange ein Zentrum für Kultur und Handel und punktet zunehmend auch mit ausgesprochen eleganten Luxushotels, Restaurants mit zeitgenössischer Küche, Boutiquen und Nachtleben. (S. 357)

Pune Im fortschrittlichen Pune ist man stolz auf die hier praktizierte Verbindung zwischen innovativen Kapitalismus und uraltem Spiritismus. (S. 117)

Natur

Südindien bietet jede Menge Gelegenheiten, Wildtieren in ihrem natürlichen Lebensraum zu begegnen.

Wayanad Wildlife Sanctuary Ein abgelegenes, schönes, urwüchsiges Schutzgebiet in Kerala mit guten Chancen, wildlebende Elefanten zu sehen. (S. 346)

Nagarhole National Park Ein wenig besuchter Park in dem sich Elefanten und, mit etwas Glück, sogar (ein oder zwei) Tiger beobachten lassen. (S. 212)

Tadoba-Andhari Tiger Reserve In Indien hat man nirgends eine bessere Chance, Tiger zu sichten. Zudem gibt es Gaure (eine große Rinderart), Axishirsche, Nilgauantilopen, Lippenbären und Leoparden. (S. 108)

Periyar Wildlife Sanctuary Schutzgebiet in Kerala mit Gauren, Sambars, rund 1000 Elefanten und ein paar Tigern. (S. 317)

Hill Stations

Die aus der Kolonialzeit stammende Tradition, sich vor der Sommerhitze in den Ebenen in die kühlen Höhen der Western Ghats zurückzuziehen, wird heute von Hochzeitsreisenden, Familien und noch vielen anderen mehr am Leben erhalten.

Ooty (Udhagamandalam) Die „Königin der Hill Stations" verbindet das typisch indische Gewusel mit grünen Parks und Bungalows aus der Zeit der britischen Kolonialherrschaft. (S. 441)

Kodaikanal Eine kleinere, skurrilere, landschaftlich schönere Alternative zu Ooty, rund um einen hübschen See. (S. 430)

Matheran Das beliebte Wochenendziel der Einwohner Mumbais ist pittoresk und autofrei – und entweder zu Fuß oder auf dem Rücken eines Pferdes zu erreichen. (S. 114)

Munnar Wer sein Lager in einem der schönen Resorts außerhalb der Stadt aufschlägt, kann hier im Hauptanbaugebiet Südindiens durch wunderbar smaragdgrüne Teeplantagen wandern. (S. 321)

Traveller-Enklaven

Manchmal will man einfach entspannen, mit anderen Travellern Reisegeschichten austauschen, lesen, ein Nachmittagsschläfchen halten, Karten spielen oder ein Bierchen trinken ...

Hampi Die Schönheit der Landschaft und der Architektur verleitet jeden zu einem längeren Aufenthalt. (S. 228)

Arambol Goa ist eine einzige große Traveller-Enklave, aber Palolem und das günstigere

Arambol sind derzeit wohl seine Epizentren. (S. 159)

Gokarna Gemütliche, wunderschöne, entspannte Strände, die Teil eines alten heiligen Dorfes in Karnataka sind. (S. 225)

Mamallapuram Günstige Unterkünfte, hervorragende altertümliche Architektur und Surfen vor den schönsten Küstenabschnitten Tamil Nadus. (S. 379)

Colaba Das ausgelassene Herz Mumbais mit Straßenständen, Kneipen, Budgetunterkünften und jeder Menge Sehenswürdigkeiten. (S. 48)

Wassersport

Tauchen, Schnorcheln und Surfen werden an Südindiens Küsten immer beliebter.

Andamanen Weltklasse Tauch- und Schnorchelgebiete in kristallklarem Wasser mit Korallenriffen und einer vielfältigen Unterwasserwelt in 1370 km Entfernung vom indischen Festland. (S. 450)

Malvan Tauchen ist hier der große Renner: Es gibt Korallenriffe, Unterwasserhöhlen, jede Menge Meereslebewesen und eine erstklassige Tauchschule. (S. 112)

Tamil Nadu In Kovalam, Mamallapuram und Puducherry ist Surfen angesagt. (S. 354)

Aswem Beach Wegen seiner nur ein bis zwei Meter hohen Wellen vor allem bei Anfängern beliebter Surf-Spot in Goa. (S. 158)

Lakshadweep In unberührten Lagunen und an unbeschädigten Korallenriffen 300 km vor Kerala kann man wunderbar tauchen und schnorcheln. (S. 353)

Bootstouren

Vom Wasser aus sieht man Südindien und seine Sehenswürdigkeiten aus einem ganz anderen Blickwinkel.

Kerala Verträumtes Dahintreiben mit dem Hausboot auf den Gewässern rund um Alappuzha (Alleppey) gehört zu den wohl filmreifsten Erlebnissen in der Gegend. (S. 308)

Kollam (Quilon) Während einer dreistündigen Kanufahrt durch ein Netz von Kanälen schippern und dabei die Insel Munroe und Dorfleben erkunden. (S. 305)

Goa Hier gibt's Delfin- und Krokodil-Beobachtungstouren auf dem Mandovi. (S. 142)

Andamanen Im Mahatma Gandhi Marine National Park kann man Mangroven, Regenwälder und Riffe mit vielen Korallenarten sehen. (S. 458)

Malvan Der schöne Karli-Fluss und seine Nebengewässer in Maharashtra lohnen einen Ausflug. (S. 112)

Monat für Monat

TOP-EVENTS

Pongal Jan.

Karneval Feb. od. März

Ganesh Chaturthi Aug. od. Sept.

Navratri & Dussehra Sept. od. Okt.

Diwali Okt. od. Nov.

Januar

Nach den Monsunregen weht etwas kühle Luft, in großen Teilen des Südens wird es dennoch nie richtig kalt. Das angenehme Wetter und viele Feste machen den Süden zu einem beliebten Reiseziel (im Voraus buchen!).

Tag der Republik

Der Nationalfeiertag erinnert an die Gründung der Republik Indien (26. Jan. 1950).

Drachenfest

Das hinduistische Fest Sankranti markiert den Zeitpunkt, an dem die Sonne in das Sternbild Steinbock wandert, und das Ende der Erntezeit. Es wird in Maharasthra, Telangana und Andhra Pradesh (unter anderen Bundesstaaten) mit dem Steigenlassen von Drachen gefeiert.

Pongal Festival

Das Pongal Festival in Tamil Nadu kennzeichnet das Ende der Erntezeit. Indische Familien bereiten Gefäße voller *pongal* (eine Mischung aus Reis, Zucker, Dal und Milch), als Symbol für Wohlstand und Überfluss, zu und verfüttern es an geschmückte Kühe. (S. 356)

Ehrung von Saraswati

An Vasant Panchami, dem „fünften Tag im Frühling", erbitten gelb gekleidete Hindus traditionell den Segen von Saraswati, Göttin der Weisheit, indem sie vor deren Figuren Bücher, Instrumente und andere Lernutensilien ablegen. Vasant Panchami findet manchmal auch erst im Februar statt.

Februar

In den meisten Gegenden ist das Wetter angenehm, im Süden beginnt aber langsam bereits die Sommerhitze. Es ist noch Hauptreisezeit.

SulaFest

Die größte Party Nasiks, in Maharashtra, findet drei feuchtfröhliche Tage lang in den Sula Vineyards statt und gehört mittlerweise zu den besten klein-aber-feinen Musikfestivals Indiens. (S. 90)

Shivaratri

Der hinduistische Fastentag erinnert an den *tandava* (den kosmischen Siegestanz) von Shiva. Auf Tempelumzüge folgen das Singen von Mantras und das Weihen des Linga (Phallussymbol Shivas). Kann auch in den März fallen (S. 226).

Karneval in Goa

Die viertägige Party läutet die Fastenzeit ein und wird in Goa besonders wild gefeiert, u. a. in Panaji (Panjim). Los geht's am Sabado Gordo, dem „dicken Samstag", mit aufwendigen Umzügen, anschließend folgen Straßenfeste und Konzerte. Kann auch im März stattfinden.

März

Der letzte Monat der Hauptsaison, fast überall in Indien ist es schon heiß.

Holi

Holi wird zwar eher in Nordindien gefeiert, aber

auch in Mumbai und vielen anderen Teilen des Südens gern begangen. Die Hindus feiern den Frühlingsanfang nach dem Mondkalender im Februar oder März, indem sie gefärbtes Wasser verspritzen und mit *gulal* (Puder) um sich werfen.

Ramas Geburtstag

Während Ramanavami feiern Hindus einen bis neun Tage lang die Geburt Ramas mit diversen Prozessionen, Musik, Fasten, Essen, Aufführungen von Szenen aus dem Ramayana und Hochzeitszeremonien zwischen Rama- und Sita-Figuren.

April

In Südindien hält nun die Hitze Einzug. Die Temperaturen gehen mit Schnäppchenpreisen und sinkenden Besucherzahlen einher.

Mahavirs Geburtstag

Mahavir Jayanti (April oder Ende März) erinnert an die Geburt des 24. *tirthankar* (Lehrmeister und Erleuchteter) des Jainismus. Mahavir-Statuen erhalten rituelle Bäder, Tempel werden geschmückt, Prozessionen abgehalten und Arme beschenkt.

Mai

In großen Teilen des Landes herrscht drückende Hitze. Deshalb ist in Ooty (Udhagamandalam), Kodaikanal (Kodai) und in den anderen Hill Stations im

Oben: Feierlichkeiten wärend des Dussehra-Festes (S. 200), Mysuru

Unten: Diwali – das Lichterfest

Süden jetzt Hauptsaison. Der bevorstehende Regen sorgt für steigende Luftfeuchtigkeit und wenige Veranstaltungen.

Ramadan (Ramazan)

Im neunten Monat des islamischen Kalenders fasten Muslime 30 Tage lang von Sonnen- auf- bis Sonnenuntergang. Der Ramadan beginnt um den 16. Mai (2018) bzw. um den 6. Mai (2019).

Juni

In den meisten Landesteilen hat der Monsun angefangen. Dort, wo noch kein Regen fällt, herrscht inzwischen extreme Hitze. Alles in Allem gehört der Juni in Indiens Süden nicht zu den beliebten Reisemonaten.

Eid al-Fitr

Die Muslime feiern das Ende des Ramadan mit einem dreitägigen Fest, zu dem auch Gebete, Shoppingausflüge und Geschenke gehören. Um den 15. Juli (2018) bzw. um den 5. Juni (2019).

Juli

Es regnet fast überall, viele abgelegene Straßen sind überschwemmt. Traditionell gilt die Regensaison als Zeit der Meditation.

August

Regen, Regen, Regen – die Monsunsaison hält an. Manch ein Besucher schwört nun auf die Magie tropischer Landschaften wie in Kerala oder Goa: Die üppigen Wälder sind leuchtend grün und glitzern im Regen.

Schlangenfest

Das Hindu-Fest Naag Panchami wird besonders ausdauernd in Pune und Kolhapur, Maharashtra gefeiert und ist der Schlange Ananta gewidmet, auf der Vishnu über den Universen der Unterwelt ruhte. Frauen kehren in ihr Elternhaus zurück und fasten. Schlangen werden als Schutzgeister gegen das Übel verehrt. Am 15. August (2018) bzw. 5. August (2019).

Unabhängigkeitstag

Am 15. August, ein Nationalfeiertag, wird an Indiens 1947 erlangte Unabhängigkeit von Großbritannien erinnert. Die Feierlichkeiten beinhalten das zeremonielle Hissen der Nationalflagge sowie Militärparaden und kulturelle Veranstaltungen.

Nehru Trophy Boat Race

Am zweiten Samstag im August liefern sich bei dieser Regatta 40 m lange Chundan Vallams (Schlangenboote) mit jeweils bis zu 100 Ruderern ein hart umkämpftes Rennen auf dem See Punnamada bei Alappuzha (Alleppey, Kerala) – ein ziemliches Spektakel. (S. 309)

Parsisches Neujahr

Pateti, das zoroastrische Neujahr, wird von den Parsen gefeiert, insbesondere in Mumbai (Bombay). Für das Fest werden Häuser auf Hochglanz gebracht, mit Blumen und *rangoli* geschmückt, Familien machen sich schick und lassen es sich bei speziellen Fischgerichten und Süßspeisen gutgehen und bringen Opfergaben zum Feuertempel.

Eid al-Adha

Die Muslime erinnern an Abrahams Bereitschaft, Gott seinen Sohn zu opfern, indem sie eine Ziege oder ein Schaf schlachten und es mit der Familie, der Gemeinde und den Armen teilen. Um den 20. August (2018) bzw. den 10. August (2019).

September

Der Regen lässt allmählich ein bisschen nach. In Südindien sorgen die weiterhin recht hohen Temperaturen für hohe Luftfeuchtigkeit und ein teilweise saunaähnliches, müdemachendes Klima.

Krishnas Geburtstag

Zu den Janmashtami-Feierlichkeiten gehören Fasten und *puja* (ritueller Gottesdienst), aber auch das Verteilen von Süßigkeiten und das Malen von kunstvollen *rangoli*-Bildern (Bodenmalereien aus Reispulver). Um den 3. September (2018) bzw. 23. August (2019).

Onam

Bei Keralas größtem Kulturfest wird von den Hindus zu Beginn des ersten Monats des Malayalam-

MONDKALENDER

Viele Feste richten sich nach dem indischen Mondkalender (ein komplexes astrologisches System) oder dem islamischen Kalender (der jedes Jahr etwa um elf Tage nach „vorne" rutscht), weshalb sich ihr Datum im gregorianischen Kalender jedes Jahr ändert. Die genauen Daten der Feiertage lassen sich in den örtlichen Touristeninformationen erfragen.

Kalenders (Aug. oder Sept.) 10 Tage lang das goldene Zeitalter des mythischen Königs Mahabali gefeiert. (S. 281)

Ganeshas Geburtstag

Die Hindus feiern Ganesh Chaturthi, die Geburt des elefantenköpfigen Gottes, indem sie in vielen Straßen geschmückte Statuen aufstellen, die sie dann bei Umzügen durch die Straßen tragen und anschließend zeremoniell in Flüssen, Seen, Reservoirs und dem Meer ablegen. Besonders lebhaft geht es dabei in Mumbai (Bombay) zu. Termine: 31. September (2018) und 2. September (2019). (S. 47)

Oktober

An der Südostküste (und im Süden Keralas) kann es zwar noch regnen, dennoch steigen die Touristenzahlen wieder an.

Gandhis Geburtstag

An Gandhi Jayanti (2. Okt.) wird in Delhi feierlich und mit Gebeten dem Geburtstag Gandhis gedacht; im ganzen Land wird an diesem Tag kein Alkohol verkauft.

Navratri

Das hinduistische „Fest der neun Nächte" geht in das Dussehra-Fest über und ehrt mit Tanzvorführungen die Göttin Durga in all ihren Erscheinungsformen. Am eindrucksvollsten sind die Navratri-Feierlichkeiten (jeweils im Sept./Okt.) in Bundesstaat Maharashtra.

Dussehra

Zu Dussehra wird farbenprächtig der Sieg des Hindugotts Rama über den Dämonenkönig Ravana und der Sieg des Guten über das Böse gefeiert. Besonders eindrucksvoll ist das Fest in Mysuru (Mysore). Die nächsten Termine: um den 19. Oktober 2018 und den 8. Oktober 2019. (S. 200)

Muharram

In diesem Monat der Trauer und des Gedenkens erinnern die Schiiten bei den Ashura-Riten an das Martyrium von Mohammeds Enkel, dem Imam Hussain. Am zehnten Tag gibt es schöne Prozessionen, ganz besonders in Hyderabad. Ashura fällt im Jahr 2018 auf den 10. September und 2019 auf den 30. August.

Lichterfest

Im Mondmonat Kartika feiern Hindus fünf Tage lang Diwali. Es werden Geschenke verteilt, Feuerwerke abgebrannt und farbenfrohe *rangoli* gemalt. Öl- und Butterlampen sowie Laternen sollen den Gott Rama aus dem Exil nach Hause führen. Termine: 19. Oktober (2018) und 18. Oktober (2019).

November

Der Monsun fegt über Tamil Nadu und Kerala hinweg, aber in den tieferen Lagen sorgen angenehme Temperaturen dafür, dass dies im Allgemeinen trotzdem eine gute Reisezeit ist.

Guru Nanaks Geburtstag

Nanak Jayanti, der Geburtstag von Guru Nanak, dem Begründer des Sikhismus, wird drei Tage lang mit Gebeten, *kirtan* (Singen von Mantras) und Prozessionen gefeiert. Um den 23. November 2018 und den 12. November 2019.

Movie Mania

Das International Film Festival of India (www.iffi.nic.in) ist ein rauschendes Filmfest, das größte des Landes, das alle Bollywood-Stars zu Premieren, Partys und Filmvorführungen nach Panaji, Goa, lockt. (S. 137)

Geburtstag des Propheten Mohammed

Der islamische Feiertag Eid-Milad-un-Nabi erinnert mit Gebeten und Prozessionen an die Geburt des Propheten Mohammed. Um den 30. November (2018) und 10. November (2019).

Kann aber auch in den Dezember fallen.

Dezember

Der Dezember ist touristische Hochsaison: Das Wetter ist prächtig, die Luftfeuchtigkeit geringer als üblich, die Stimmung festlich, und die Strände sind einfach traumhaft.

Karthikai Deepam

Dieses Fest erinnert daran, wie Shiva der Welt das Licht zurückbrachte. Es wird besonders ausgiebig in Tiruvannamalai gefeiert, wo Shiva der Überlieferung nach als Feuer-Lingam auf dem Gipfel des Mt. Arunachala erschien. In der Nacht des Vollmonds strömen in der Stadt Massen an Pilger zusammen (die nächsten beiden Male am 23. November 2018 und am 10. Dezember 2019). (S. 391)

Weihnachten

Am 25. Dezember feiern Christen die Geburt Jesu Christi. In Goa und Kerala geht es dabei ganz besonders festlich zu, und die katholischen Viertel Mumbais erstrahlen im Lichterglanz.

Reiserouten

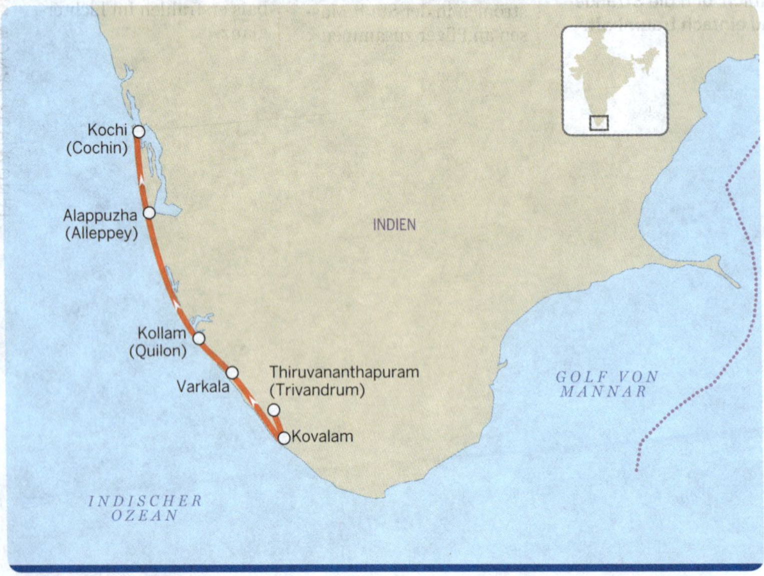

2 WOCHEN Kerala ganz klassisch

Von Kokospalmen gesäumte Strände und Bootsfahrten auf Kanälen und Gewässern haben Kerala den Ruf eingebracht, Indiens gelassenster Bundesstaat zu sein. Aber hier gibt es auch jede Menge Spaß: Elefantenfestivals und Schlangenbootrennen, Kathakali-Tanzdramen, malerische Viertel aus der Kolonialzeit und eine für ihre Aromen berühmte Küche.

Nach einem Tag in den Zoologischen Gärten und Museen der Hauptstadt **Thiruvananthapuram** (Trivandrum) empfiehlt sich die Fahrt zum Strand des Urlaubsortes **Kovalam**. In der heiligen Stadt **Varkala** kann man noch einen Gang herunterschalten und sich mit Yoga und Surfen entspannen. Dann geht's gen Norden nach **Kollam** (Quilon), wo man durch die Kanäle nach Alappuzha (Alleppey) gondelt und dabei eine Zwischenübernachtung in der Matha Amrithanandamayi Mission einlegt, dem rosa Ashram der „Umarmenden Mutter". Mit **Alleppey** hat man die Hauptstadt aller Hausboote erreicht. Wer einen Hausboot- oder Kanuverleih gefunden hat, kann erkunden, was es mit den grandiosen Wasserwegen auf sich hat. Der Bahnstrecke nach **Kochi** (Cochin) nach Norden folgend, lohnt sich ein Abstecher mit der Fähre zum Fort Cochi. Bei all den gegrillten Meeresfrüchten, schöne warmherzige Privatunterkünften, Herrenhäusern, Kathakali-Shows und dem jüdischen Viertel Mattancherrys kann man hier gut ein paar Tage vertrödeln.

4 WOCHEN

Goa, Höhlen & Städte

Die Lichter der Großstadt, Sehenswürdigkeiten, glückliche Stunden am Strand, Dschungelabenteuer und ein Hauch Kolonialzeit – diese Tour zeigt alle Highlights des Südens.

Startpunkt ist **Mumbai** (Bombay), Bollywoods pulsierendes Herz und Standort einiger der besten Geschäfte, Restaurants und Bars des Landes. Ein Spaziergang bei Sonnenuntergang entlang des Marine Dr, der kurvigen Uferpromenade, die auch „Halsband der Königin" genannt wird, endet mit einem *bhelpuri* (Teigfladen mit Reis, Linsen und Chutney) und einer Nackenmassage am Chowpatty-Strand. Von Mumbais historischem Gateway of India nimmt man die Fähre zur Elephanta Island, um dort die in die Felsen geschlagenen Tempel und die Shiva-Skulptur mit den drei Gesichtern zu erkunden.

Danach führt die Reise weiter zur Weinbauregion rund um **Nasik**: Das Verkosten der preisgekrönten Lesen von Grover Zampa oder Sula Vineyards ist ein ungewöhnliches Indien-Erlebnis. Nun geht's gen Nordosten, wo uralte Höhlenkunst in **Ajanta** und **Ellora** wartet. Nahe Aurangabad liegen die beiden Stätten rund 150 km voneinander entfernt. Die buddhistischen Höhlen von Ajanta beherbergen herrliche Fresken und säumen eine hufeisenförmige Schlucht. Die hinduistischen, jainistischen und buddhistischen Höhlenschreine von Ellora sind in einen 2 km langen Felshang geschlagen. Nächster Halt ist **Goa**. Hier gibt's Sandburgtherapie für die Seele, man kann aber auch über eine Gewürzplantage wandern, die Kathedralen der portugiesischen Ära besuchen, auf Anjunas Flohmarkt einkaufen oder einen Strandort aufsuchen. Danach geht's nach Osten zum Traveller-Hotspot **Hampi** in Karnataka. Wer durch die mit Felsbrocken übersäte Landschaft schlendert, kann darüber nachdenken, wie das Leben hier war, als Hampi noch das Zentrum des Vijayanagar-Imperiums war. Nach einer langen Fahrt nach **Mysuru** (Mysore) kann man den Maharaja's Palace erforschen und auf den Märkten Seide und Sandelholz kaufen. Von Mysuru führt eine aufregende Busfahrt über die Western Ghats nach Kerala und ins **Wayanad Wildlife Sanctuary**, einem der besten Orte im Süden, um Elefanten zu beobachten. Zum Abschluss fährt man auf einer Straße, die einem die Haare zu Berge stehen lässt, zur Küste hinunter und weiter nach **Kochi**. Hier vermischen sich portugiesische, niederländische und englische Geschichte, und es gibt eine lebhaften Traveller-Szene.

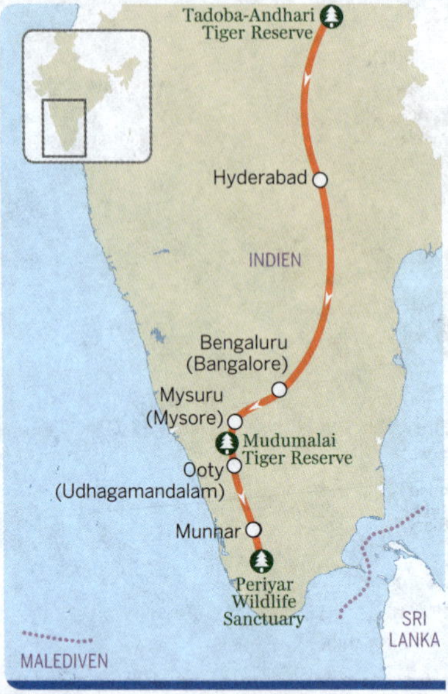

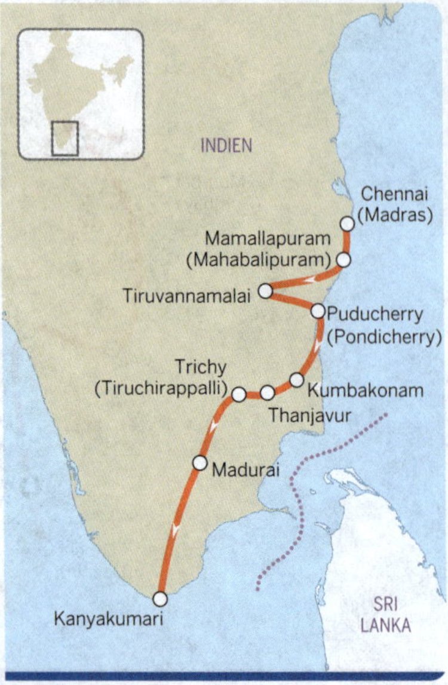

3 WOCHEN Städte, Hill Stations & Schutzgebiete

Los geht die kontrastreiche Tour durch Städte, Schutzgebiete und Hill Stations mit einem Vorstoß in das wenig besuchte, aber fantastische **Tadoba-Andhari Tiger Reserve** in Maharashtra mit besten Aussichten, wilde Tiger zu beobachten. Dann führt die Reise in die wunderschöne alte Fürstenhauptstadt **Hyderabad**. Weiter im Süden warten **Bengaluru** (Bangalore), Indiens IT-Hauptstadt des 21. Jhs. Der skurrile Bangalore Palace erlaubt einen Blick in die königliche Vergangenheit der Stadt. Nächster Halt: die Königsstadt **Mysuru** (Mysore). Der Maharaja's Palace, ein großer Komplex mit rhabarberroten und kalkweißen Kuppeln, ist großartig. Weiter südlich liegt das **Mudumalai Tiger Reserve**, wo man wilde Elefanten sieht und Safaris durch den unberührten Dschungel macht. Danach wartet der angenehm temperierte Bergort **Ooty** (Udhagamandalam). Mit der Schmalspurbahn Toy Train geht's hinunter nach Coimbatore und dann nach Kerala und zu den mit Teebüschen bedeckten smaragdgrünen Hügeln von **Munnar**. Zum Schluss warten im **Periyar Wildlife Sanctuary** noch Dschungelwanderungen und mehr Gelegenheiten, Tiger zu sehen.

12 TAGE Spirituelles Tamil Nadu

Ein Trip durch Tamil Nadu führt ins spirituelle Herz Südindiens:

In **Chennai** (Madras) taucht man im Government Museum in die vielfältige Stadtgeschichte ein – gefolgt von der Besichtigung der uralten Tempel Kapaleeshwarar und Parthasarathy. Danach geht's südwärts zum Strandort **Mamallapuram** (Mahabalipuram), dessen Höhlentempel einst von der Pallava-Dynastie angelegt wurden. Jetzt auf ins Inland nach **Tiruvannamalai**, wo mit dem Arunachaleshwar-Tempel eine der größten heilige Stätten Indiens liegt. In der alten französischen Küstenkolonie **Puducherry** (Pondicherry) sorgen prächtige Kirchen und Kathedralen für eine malerische Tempel-Pause. Nun geht's zu den mittelalterlichen Tempeln von **Kumbakonam** und **Thanjavur**. Nächste Station ist **Trichy** (Tiruchirappalli) mit dem Rock-Fort-Tempel und dem Sri-Ranganathaswamy-Tempel. Weiter südlich liegt **Madurai** mit dem Meenakshi-Amman-Tempel, der als Krönung der südindischen Tempelarchitektur gilt. Zum Schluss relaxt man an Indiens Südspitze in **Kanyakumari**, dessen Tempel der Meeresgöttin Kumari geweiht ist.

Reiseplanung

Zugtickets buchen

Indien mit dem Zug zu erkunden, hat seinen ganz besonderen Reiz. Indische Züge schlängeln sich so ziemlich durch das ganze Land, sie fahren fast zu jeder Zeit und haben Plätze für jeden Geldbeutel. Aber das Buchen kann recht mühsam sein – am besten bucht man online.

Onlinebuchung

Fernzüge können üblicherweise ab 120 Tage vor Abreise (das soll sich aber ändern) gebucht werden, Kurzstrecken manchmal nicht ganz so früh. Da die Plätze schnell vergeben sind, sollte man – wenn möglich – mindestens eine Woche im Voraus buchen, Kurzstrecken stellen meistens kein allzu großes Problem dar.

Express- und Postzüge bilden das Rückgrat des indischen Bahnverkehrs. Nicht in allen Zügen findet man alle Klassen, aber in den meisten Fernzügen gibt's Abteile der 2. Klasse ohne Reservierung und komfortablere Abteile mit Reservierung. Nachtzüge verfügen im Allgemeinen über Liegewagen. In Zügen mit Schlafwagen kann man große Entfernungen zurücklegen und zahlt kaum mehr als für ein Zimmer in einem Mittelklassehotel.

Die nur tagsüber verkehrenden Shatabdi-Expresszüge haben nur Sitzplätze. Die Rajdhani-Expresszüge sind Fernzüge, die nachts zwischen Delhi und den Hauptstädten der Bundesstaaten verkehren. In diesen Zügen hat man die Wahl zwischen den Klassen 1AC, 2AC, 3AC und 2. Klasse. In den teureren Schlafwagenklassen wird Bettzeug gestellt. Man sollte sein Gepäck mit einer mitgebrachten Kette und einem Schloss an der Gepäckablage befestigen, egal in welcher Klasse man reist.

Die folgenden Websites sind für internationale Onlinebuchungen recht hilfreich.

Cleartrip (www.cleartrip.com) Diese zuverlässige Privatagentur akzeptiert internationale

Klassen

Air-Conditioned 1st Class (1AC)

Abteile mit abschließbaren Türen und zwei oder vier Schlafwagenplätzen; Mahlzeiten inklusive.

Air-Conditioned 2-Tier (2AC)

Zu Vierer- und Zweiergruppen zusammengefasste doppelstöckige Schlafkojen, keine abgegrenzten Abteile; die Kojen werden tagsüber zu Sitzen umgebaut, Vorhänge sorgen für Privatsphäre.

Air-Conditioned 3-Tier (3AC)

Dreistöckige Schlafkojen in Sechsergruppen, keine abgegrenzten Abteile, keine Vorhänge; beliebt bei indischen Familien.

AC Executive Chair (ECC)

Hauptsächlich in Shatabdi-Expresszügen; bequeme Liegesitze mit viel Platz.

AC Chair (CC)

Ähnlich wie AC Executive Chair, aber weniger luxuriöse Sitze.

Sleeper Class (sl)

Dreistöckige Kojen, keine abgegrenzten Abteile, keine Klimaanlage; offene Fenster mit Aussicht.

2. Klasse ohne/mit Reservierung (II/SS oder 2S)

Holz- oder Plastiksitze und Gedränge – aber sehr preiswert!

ZUGREISEN MIT STIL

Bei Touren mit einem indischen Luxuszug kann man sich wie ein Maharadscha fühlen: Man wohnt an Bord, Ausflüge, Eintrittsgelder und Mahlzeiten sind im Ticketpreis enthalten.

Palace on Wheels (www.palaceonwheels.net) Die acht- bis zehntägigen Luxusreisen durch Rajasthan beginnen in Delhi. Die Züge fahren von September bis April an festen Terminen. Die Fahrt kostet pro Person für sieben Nächte ab 6500/4890/4325 US$ (1er-/2er-/3er-Abteil). Möglichst zehn Monate im Voraus buchen.

Royal Rajasthan on Wheels (www.royalrajasthanonwheels.co.in) Die großartigen einwöchigen Fahrten beginnen und enden in Delhi. Sie werden von Oktober bis März angeboten. Die Fahrt kostet pro Person und Nacht ab 875/625 US$ (1er-/2er-Deluxe-Suite).

Deccan Odyssey (www.deccan-odyssey-india.com) Tour mit sieben Übernachtungen zu den wichtigsten Touristenzielen in Maharashtra und Goa. Die Preise pro Person beginnen bei 5810/4190 US$ (indische Touristen 371900/268360 ₹) für 1er-/2er-Abteil. Es werden auch mehrere kürzere Luxustrips angeboten.

Golden Chariot (www.goldenchariottrain.com) Luxuriöse Tour durch den Süden mit sieben Übernachtungen (Okt.–März). Los geht's in Bengaluru (Bangalore). Die Preise pro Person beginnen bei 5530/4130 US$ (indische Touristen 182000/154000 ₹).

Mahaparinirvan Express (auch bekannt als Buddhist Circuit Special; www.railtourismindia.com) Die achttägige Tour zu buddhistischen Stätten wird von September bis März angeboten. Start ist in Delhi, übernachtet wird in Hotels. Die Preise pro Person beginnen bei 1155/945 US$ für die 1. Klasse/2AC. Die Fahrt geht auch nach Nepal (Visagebühren sind nicht im Preis enthalten).

Master- und Visakarten – es ist die einfachste Art, eine Reservierung vorzunehmen. Es können nur Direktverbindungen gebucht werden. Wenn man noch nicht in Indien ist und noch keine indische Handy-Nummer hat, kann man hilfsweise irgendeine beliebige Nummer angeben; zur Kommunikation verwendet man dann nur die E-Mail-Adresse.

IRCTC (www.irctc.co.in) Auf dieser vom Staat verwalteten Website kann man reguläre Züge und Touristen-Luxuszüge buchen; Mastercard und Visa werden akzeptiert.

Make My Trip (www.makemytrip.com) Die seriöse private Agentur Make My Trip akzeptiert ebenfalls internationale Karten. Auch hier benötigt man eine indische Handy-Nummer. Außerdem muss man sich eine IRCTC User ID erstellen: Dafür wählt man einfach eine User ID (Nutzername) und gibt Name, Geburtsdatum und Anschrift ein. Als „Pincode" (Postcode) funktioniert auch „123456". Bei der Angabe des Bundesstaates „Other" angeben.

Yatra (www.yatra.com) Auf dieser Website kann man Flug- und Zugbuchungen vornehmen; internationale Karten werden akzeptiert.

Reservierung

Für alle Waggons der Klassen Chair, Executive Chair, Sleeper Class, 1AC, 2AC und 3AC ist eine Reservierung nötig. Bei Fahrten in Abteilen der 2. Klasse gilt das nicht. Fahrten in Nachtzügen sowie während Feiertagen und Festen sollte man weit im Voraus buchen. Mit der Buchung nicht bis zum Reisetag warten!

Zugpässe

IndRail-Pässe erlauben unbegrenzte Zugreisen in einem bestimmten Zeitraum (½–90 Tage), aber man spart nicht viel und muss immer noch reservieren. Preisbeispiele liegen bei 19/43/95 US$ (Sleeper Class/2AC, 3AC & Chair/1AC) für 24 Stunden. Am leichtesten lassen sich die Zugpässe über das IndRail-Büro im Heimatland buchen – weitere Details finden sich unter „Passenger Info/Tourist Information" auf der Website www.indianrailways.gov.in/railway-board.

Reiseplanung

Yoga, Spas & Spirituelles

Mindestens drei Religionen sind in Indien entstanden – logisch, dass man hier spirituelle Erbauung erfahren kann! Wer diesbezüglich skeptisch ist, nutzt die Spas, Ayurvedazentren und Yogaschulen.

Ayurveda

Ayurveda – indische Kräutermedizin – zielt darauf ab, den Körper ins Gleichgewicht zu bringen.

Goa

Shanti Ayurvedic Massage Centre, Mandrem (S. 158) Massagen und kosmetische Gesichtsbehandlungen.

Karnataka

Arya Ayurvedic Panchakarma Centre, Gokarna (S. 227) Ayurveda am Strand.

Ayurvedagram, Bengaluru (S. 188) Inmitten von Gärten.

Soukya, Bengaluru (S. 188) Ayurveda und Yoga.

Indus Valley Ayurvedic Centre, Mysuru (S. 201) Therapien nach alten Schriften.

Swaasthya Ayurveda Retreat Village, Coorg (S. 215) Exerzitien und Therapien.

SwaSwara, Gokarna (S. 227) Therapien und artistische Übungen.

Kerala

Ayur Dara, Kochi (S. 330) Ein- bis dreiwöchige Behandlungen.

Dr. Franklin's Panchakarma Institute, Chowara (S. 299) Südlich von Kovalam.

Eden Garden, Varkala (S. 302) Behandlungen und Angebotspakete.

Angebote

Ashrams

In Indien gibt es Hunderte Ashrams – Kommunen, in denen sich alles um die Philosophie eines Gurus (spiritueller Führer oder Lehrer) dreht.

Ayurveda

Uralte Wissenschaft, die auf indischer Naturmedizin und ganzheitlicher Heilung basiert; behandelt werden Körper und Geist mit natürlichen Pflanzenextrakten, Massagen und anderen Therapien.

Meditation

Viele Zentren in buddhistischen Gebieten lehren *vipassana* (Aufmerksamkeitsmeditation) und buddhistische Philosophie; oft wird ein Schweigegelübde nebst Verzicht auf Alkohol, Tabak und Sex verlangt.

Spa-Behandlungen

Indiens Spas punkten mit einem reizvollen Mix aus international bekannten Anwendungen und örtlichen Methoden auf Ayurveda-Basis.

Yoga

Yoga ist fest in Indien verwurzelt; so gibt's hier Hunderte Schulen für jedes Level.

Santhigiri Ayurveda Centre, Kollam (S. 305) Ein- bis dreiwöchige Programme und Tagesbehandlungen. Mit Zweigstellen in Periyar (S. 318).

Shree Krishna Ayurveda Panchkarma Centre, Alleppey (S. 309) Mehrtägige Arrangements.

Mumbai

Yogacara (S. 61) Ayurveda und Massage.

Tamil Nadu

Sita, Puducherry (S. 396) Ayurveda und Yoga.

Yoga

Yoga kann man in Indien fast überall praktizieren, in Resorts, in Schulen oder Akademien. Auf Initiative Indiens nahmen die UN 2014 eine Resolution an, die den 21. Juni zum Internationalen Tag des Yoga erklärte.

Andamanen

Flying Elephant, Havelock Island (S. 463) Yoga und Meditation in tropischer Umgebung.

Goa

Bamboo Yoga Retreat, Patnem (S. 172) Yoga am Strand.

Himalaya Yoga Valley, Mandrem (S. 158) Beliebte Schule.

Himalayan Iyengar Yoga Centre, Arambol (S. 159) Seriöse Kurse.

Swan Yoga Retreat, Assagao (S. 153) Exerzitien in einer sehr entspannten Dschungelumgebung.

Karnataka

Mysore war der Geburtsort des Ashtanga-Yoga, daher findet man Zentren im ganzen Bundesstaat (S. 206).

IndeaYoga, Mysuru (S. 206) Hatha- und Ashtanga-Yoga.

Namaste Yoga Farm, Gorkarna (S. 227) Yoga in grüner Umgebung.

Yoga Bharata, Mysuru (S. 207) Ashtanga- und Hatha-Yoga.

Kerala

Thiruvananthapuram (Trivandrum), Varkala und Kochi (Cochin) sind populäre Yoga-Zentren.

Sivananda Yoga Vedanta Dhanwantari Ashram (S. 295) Berühmt für ausgedehnte Hatha-Yoga-Kurse; 35 km von Trivandrum entfernt.

Maharashtra

Kaivalyadhama Yoga Hospital, Lonavla (S. 115) Yogisches Heilen.

Ramamani Iyengar Memorial Yoga Institute, Pune (S. 119) Kurse für Fortgeschrittene.

Mumbai (Bombay)

Yoga Institute (S. 61) Tageskurse und längere Programme.

Yoga House (S. 61) Hatha-Yoga in gemütlicher Atmosphäre.

Yogacara (S. 61) Ebenfalls Hatha-Yoga.

Tamil Nadu

International Centre for Yoga Education & Research, Puducherry (S. 397) Einführungskurse und Trainingsprogramme für Fortgeschrittene.

Krishnamacharya Yoga Mandiram, Chennai (S. 365) Yoga-Kurse, Therapien und Ausbildung.

Sivananda Vedanta Yoga Centre, Madurai (S. 421) Yoga ohne Anmeldung – sowie rigorose Kurse.

Meditation

Ob man auf der Suche nach einer guten Einführung oder eher nach vertieften Studien ist: Überall im Süden Indiens gibt's Kurse und Exerzitien.

Maharashtra

Vipassana International Academy, Igatpuri (S. 93) Bekannt für seine zehntägigen *vipassana*-Kurse.

Mumbai (Bombay)

Global Pagoda, Gorai Island (S. 57) Ein- bis zehntägige *vipassana*-Kurse.

Telangana & Andhra Pradesh

Zahlreiche birmanische *vipassana*-Kurse.

Dhamma Nagajjuna, Nagarjuna Sagar (S. 271)

Dhamma Vijaya, near Eluru (S. 270)

NINA LISHCHUK / SHUTTERSTOCK ©

Oben: Ayurvedische Behandlung (S. 304)

Unten: Yoga-Übung (Krieger)

Vipassana International Meditation Centre, Hyderabad (S. 255)

Spa-Behandlungen

In Südindien reicht die Auswahl von Einzelanbietern bis hin zu opulenten Spas. Vorsicht ist bei Massagen durch private (häufig unqualifizierte) Anbieter geboten – am besten vertraut man den Empfehlungen von Mitreisenden und dem eigenen Instinkt.

Goa

Hummingbird Spa, Palolem (S. 169) Spa des Ciaran's am Strand.

Karnataka

Emerge Spa, Mysuru (S. 201) Ayurvedische Verwöhnprogramme.

Kerala

Neeleshwar Hermitage, bei Bekal (S. 352) Öko-Resort am Strand.

Mumbai (Bombay)

Palms Spa (S. 61) Ein angesehenes Spa in Colaba.

Tamil Nadu

Hyatt Regency, Chennai (S. 368) Schickes Hotel-Spa.

Ashrams

Viele Ashrams („Ort der Anstrengung") werden von charismatischen Gurus geleitet. Manche davon ziehen nur eine dünne Linie zwischen spiritueller Gemeinschaft und Personenkult. Viele Gurus haben sich im an ihren Verehrern bereichert, andere sind der sexuellen Ausbeutung von Anhängern bezichtigt worden. Vor der Teilnahme an einem Programm ist es daher angeraten, den Ruf des jeweiligen Ashrams zu überprüfen.

Die meisten Ashrams bieten Kurse in Philosophie, Yoga und/oder Meditation an. Besucher müssen sich an strikte Regeln halten. Eine (erwartete) Spende orientiert sich an den lokalen Preisen für Kost und Logis.

Kerala

Matha Amrithanandamayi Mission, Amrithapuri (S. 308) Berühmt wegen des weiblichen Gurus Amma, der „Umarmenden Mutter".

Maharashtra

Osho International Meditation Resort, Pune (S. 118) Folgt den umstrittenen Lehren von Osho.

Sevagram Ashram, Sevagram (S. 109) Von Gandhi selbst gegründet.

Tamil Nadu

Sri Aurobindo Ashram, Puducherry (S. 394) Gegründet von Sri Aurobindo.

Sri Ramana Ashram, Tiruvannamalai (S. 391) Von Sri Ramana Maharshi gegründet.

Reiseplanung

Freiwilligenarbeit

Neben all der Schönheit, Geschichtsträchtigkeit und kulturellen Vielfalt prägen auch Armut und Elend das Leben in Indien unübersehbar. Viele Traveller möchten gerne helfen; Wohltätigkeits- und Hilfsorganisationen freuen sich landesweit über engagierte Freiwillige. Diese Tipps machen es leichter, etwas zu bewegen.

Hilfsprogramme

Indien sieht sich beträchtlichen Herausforderungen gegenüber, und es gibt viele Möglichkeiten, mitzuarbeiten. Manchmal bekommen Helfer auch nach ihrer Ankunft noch eine Stelle, aber meist bevorzugen die Einrichtungen und NGOs Leute, die sich im Voraus beworben haben und die für die zu leistende Arbeit geeignet sind (die eventuell besondere Visa oder Background Checks voraussetzt). **Responsible Volunteering** (www.responsiblevolunteering.co.uk) liefert hierfür nützliche Richtlinien.

Ebenso wie internationale Organisationen lassen auch indische Wohltätigkeitsverbände und NGOs Freiwillige mitarbeiten, es kann aber schwieriger sein, abzuschätzen, welchen Wert ihre Arbeit hat. Listen einheimischer Organisationen gibt's bei **NGOs India** (www.ngosindia.com), oder man nimmt Kontakt zur **Concern India Foundation** (☎011-64598584; www.concernindiafoundation.org; A-52 Amar Colony, Lajpat Nagar IV; Ⓜ Lajpat Nagar) in Delhi auf.

Wichtig: Lonely Planet kann keine Garantien geben für Organisationen, mit denen Lonely Planet nicht direkt zusammenarbeitet. Er ist also wichtig, dass man im Vorfeld selbst gründlich recherchiert.

Gemeindeprojekte

Viele ehrenamtliche Projekte haben es sich zur Aufgabe gemacht, vor allem in ländlichen Gebieten Gesundheitsversorgung und Bildung zu organisieren.

Freiwilliger werden

Eine Organisation auswählen

Man sollte genau überlegen, wie und wo die eigenen Fähigkeiten nutzbringend einsetzbar sind, und dann eine Organisation auswählen, die dem Ergebnis möglichst exakt entspricht.

Zeitaufwand

Es ist wichtig, realistisch einzuschätzen, wie viel Zeit man einem Projekt widmen kann: Wirklich effektiv wird Hilfe oft erst bei mindestens einmonatiger Teilnahme an einem Programm; besser wären aber mindestens 3 Monate.

Geld

Nur unbezahlte Zeit ist oft nicht genug: Meist wird von Freiwilligen erwartet, dass sie ihre Unterkunfts-, Verpflegungs- und Anreisekosten selbst tragen.

Arbeitszeiten

Vor einer konkreten Verpflichtung muss man genau wissen, worauf man sich einlässt: Viele Anbieter erwarten ein Vollzeit-Engagement (5 Tage/Woche 9–17 Uhr).

Transparenz

Unbedingt sicherstellen, dass die gewählte Organisation einen guten Ruf hat und Geldmittel transparent einsetzt! Idealerweise holt man sich hierzu ein Feedback von früheren Freiwilligen.

VERMITTLUNGEN IM AUSLAND

Angesichts der großen Zahl von internationalen Freiwilligenagenturen lässt sich oft kaum feststellen, welche seriös sind. Manchmal kann man Tätigkeit und Ort beliebig wählen. Statt das Personal speziell für die Arbeit auszuwählen, sind die Projekte dann fast immer auf die Freiwilligen selbst zugeschnitten. Am besten sucht man sich Aufgaben, die einen Einsatz der eigenen Fähigkeiten erlauben. Vermittlungen finden sich z. B. in dem Lonely Planet Band *Volunteer: A Traveller's Guide.* Weitere Optionen:

Indicorps (www.indicorps.org) Schickt geeignete Freiwillige zu Projekten in ganz Indien.

Voluntary Service Overseas (www.vso.org.uk) Bietet diverse Langzeit-Engagements an.

Workaway (www.workaway.info) Vermittelt Freiwilligen Hotels, Pensionen, Bio-Farmen, Restaurants und mehr, bei denen man kostenlos übernachten und essen kann, wenn man einige Tage pro Woche für sie arbeitet.

Karnataka

Kishkinda Trust, Hampi Hier helfen Freiwillige bei der nachhaltigen Gemeindeentwicklung. (S. 236)

Mit Kindern arbeiten

Eine moralisch über jeden Zweifel erhabene Organisation wird auf der Überprüfung des Hintergrunds derer bestehen, die sich um benachteiligte Kinder kümmern wollen.

Goa

Mango Tree Goa, Mapusa Hier gibt's ein- bis dreimonatige Arbeitsmöglichkeiten für Lehrerassistenten, die armen Kindern helfen möchten. (S. 141)

El Shaddai, Assagao Wer mindestens einen Monat bleiben kann, hilft hier armen und obdachlosen Kindern. (S. 153)

Umwelt- & Naturschutz

Andamanen

ANET, Wandoor Freiwillige unterstützen die Organisation bei Umweltschutzaktivitäten – von Feldprojekten bis zu Instandhaltungsarbeiten. (S. 459)

Reef Watch Marine Conservation, Lacadives Diese Meeresschutz-NGO bietet Freiwilligen diverse Möglichkeiten – von Strandsäuberungen bis zu Untersuchung der Fischbestände. (S. 459)

Karnataka

Rainforest Retreat, Kodagu Arbeit in einem Refugium inmitten von Gewürzplantagen. (S. 215)

Tamil Nadu

Keystone Foundation, Kotagiri Bietet hin und wieder Möglichkeiten, dabei zu helfen, die Umweltbedingungen zu verbessern und mit indigenen Gemeinschaften zu arbeiten. (S. 441)

Tierschutz

Tierfreunde haben viele Möglichkeiten.

Goa

Animal Rescue Centre, Chapolim Diese Gruppe bietet Möglichkeiten zur Mithilfe. (S. 164)

Goa Animal Welfare Trust, Curchorem (☎0832-2653677; www.gawt.org; Old Police Station, Curchorem; ⏲Mo–Sa 9–17.30 Uhr, So 10–13 & 14.30–17.30) Der Goa Animal Welfare Trust betreibt in der Nähe von Margao ein Tierheim.

International Animal Rescue, Assagao Diese anerkannte Tierrettungs-Organisation bietet kurzfristige Einsatzmöglichkeiten für Helfer. (S. 153)

Tamil Nadu

Arunachala Animal Sanctuary, Tiruvannamalai Freiwilligen, die sich für die Rettung von 200 Hunden und Katzen einsetzen wollen, bieten sich hier kurz- und längerfristige Gelegenheiten. (S. 392)

Madras Crocodile Bank, Vadanemmeli Ein Reptilienschutzzentrum, das auch Freiwilligen (mind. 2 Wochen Mitarbeit gefordert) offensteht. (S. 379)

Telangana

Blue Cross of Hyderabad An diesem Zufluchtsort für ca. 1300 Tiere kann man im Tierheim oder im Büro helfen (mind. 20 Std. Mitarbeit). (S. 254)

Denkmalschutz & Sanierung

Einsatzmöglichkeiten für Menschen mit Fertigkeiten in Architektur und Bauwesen.

Tamil Nadu

ArcHeS, Kothamangalam Bemüht sich um die Bewahrung des architektonischen und kulturellen Erbes von Chettinadu. (S. 418)

Reiseplanung

Mit Kindern reisen

Faszinierend und spannend – Indien kann für Kinder genauso aufregend sein wie für ihre staunenden Eltern. Was es in Indien zu sehen, zu hören und zu schmecken gibt, reizt die Wissbegierde von Kindern und Jugendlichen. Mit der richtigen Vorbereitung und Neugier wird ein Indienurlaub zu einer lebenslangen Erinnerung.

Südindien mit Kindern

Mit Kindern zu reisen, kann in Indien großartig sein. Einheimische werden sich begeistert neben einem quirligen Kleinkind ablichten lassen, außerdem gibt's unzählige familienfreundliche Aktivitäten und Sehenswürdigkeiten. Doch auch wenn dies für die meisten Kids ganz toll ist, können sehr junge oder eher introvertiertere Kinder das als ermüdend oder unangenehm empfinden.

Eltern, die in Indien mit Kindern unterwegs sind, sollten daher stets deren Bedürfnisse im Auge behalten, auch wenn man das Gefühl hat, damit einen netten Einheimischen zu beleidigen. Die Aufmerksamkeit, die Kinder auf sich ziehen werden, wird fast immer positiver Natur sein, denn Kinder sind der Mittelpunkt der meisten indischen Familien. Hotels können meist ein oder zwei Zusatzbetten bereitstellen und in Restaurants findet sich oft ein kindertaugliches Gericht.

Highlights für Kinder

Tollste Naturerlebnisse

Elefanten Auf Jeep-Safaris in Wayanad, Kerala (S. 346) nach wilden Elefanten Ausschau zu halten, wird Kinder begeistern – dort, oder in Bandi-

Top-Regionen für Kids

Goa

Von Palmen gesäumte weiße Strände und preiswertes einheimisches Essen machen Goa zur perfekten Wahl für den Familienurlaub. Wer länger bleiben möchte, findet Apartments und heimelige Pensionen für jeden Geldbeutel.

Karnataka & Bengaluru

Die magisch wirkenden Ruinen von Hampi bezaubern Jung und Alt. Welches Kind wäre nicht begeistert von der Vorstellung, in den Nationalparks Bandipur und Nagarhole wilde Elefanten zu suchen und einen Blick auf einen Tiger oder Leoparden zu erhaschen? Und dann gibt's in Gokarna ja noch die tollen Strände.

Kerala

Kanu- und Hausbootabenteuer, Surfstrände, Sonnenuntergänge über dem Arabischen Meer, Schlangenbootrennen, Wildtierbeobachtung und Elefantenfestivals – von den Ghats bis hinunter zur Küste bietet Kerala familienfreundliche Action und Erholung zugleich.

DAS GEHÖRT INS GEPÄCK

Einige dieser Dinge bekommt man auch in vielen Teilen Südindiens, die Preise dafür sind aber oft extrem hoch und die Marken unbekannt.

- Für Säuglinge oder Kleinkinder: Einweg- oder Mehrwegwindeln, Creme gegen Windelausschlag (Ringelblumensalbe hilft auch gut gegen Hitzebläschen), Ersatzflaschen, ausreichend Feuchttücher, Säuglingsnahrung und Nahrung in Gläschen und Dosen, in Flaschen abgefüllte oder mit Wasser anrührbare Nahrung.
- Ein Baby-Klappbett oder das leichteste Reisebett, das zu finden ist (mache Firmen vertreiben Betten, die sich wie ein Wurfzelt aufstellen lassen), da die Hotelbetten unter Umständen nicht sicher genug sind.
- Auf einen Kinderwagen sollte man verzichten, da Gehsteige oft Mangelware sind. Für kleinere Kinder ist ein Tragerucksack die viel bessere Wahl.
- Einige nicht ganz so heiß geliebte Spielsachen, die nicht bitterlich beweint werden, wenn sie verloren oder kaputt gehen.
- Eine Schwimmhilfe für das Meer oder den Pool.
- Festes Schuhwerk.
- Hörbücher oder ein Tablet mit Spielen, Filmen und Musik – toll auf langen Fahrten. (Kopfhörer nicht vergessen!)
- Für Kinder geeignete Insektensprays, Hüte und Sonnencreme sind ein Muss.

pur (S. 211) und Nagarhole (S. 212), Karnataka; und Mudumalai (S. 447), Tamil Nadu.

Delfine, Goa Von fast jedem Strand in Goa aus kann man zu einer Bootstour mit Delfinbeobachtung aufbrechen.

Affen in den Hill Stations, Matheran In den Hügeln von Maharashtra kommt man den frechen Tieren ganz nahe. (S. 114)

Tiger, Tadoba-Andhari Tiger Reserve Bei den hervorragenden Wildtier-Safaris in diesem wenig besuchten Tierschutzgebiet in Maharashtra kann man vom Jeep aus nach Tigern suchen. (S. 108)

Witzige Transportmittel

Autorickshas, überall In diesen Gefährten in Kindergröße geht's mit Tempo durch die Gegend.

Ricksha, Matheran Die von zahllosen Affen bevölkerte Hill Station in Makarashtra können die Kleinen auf einem Pferd oder in einer Rikscha erkunden. (S. 115)

Hausboot, Alappuzha (Alleppey) Mit einem Hausboot kann man luxuriös auf Keralas Wasserwegen herumschippern. (S. 308) Wer zufällig am zweiten Samstag im August in der Stadt ist, kann sich mit dem Nachwuchs das spektakuläre Nehru-Trophy-Bootsrennen ansehen. (S. 309)

Nilgiri Mountain Railway, Ooty Das wunderschöne Hügelland der Nilgiris lässt sich von Tamil Nadus UNESCO-gelisteten „Toy Train“, einem Schmalspur-Dieselzug, aus bestaunen. (S. 446)

Schönste Strände

Unbedingt beim Schwimmen auf die starken Gegenströmungen vor den Stränden Südindiens achten!

Palolem, Goa In einer Strandhütte mit Palmwedeldach kann man sich verkriechen und den Kindern beim Umhertollen am Strand von Palolem zusehen, dem sichersten Gewässer vor Goa (S. 167).

Arambol, Goa Wegen seiner vielen und sehr unterschiedlichen Unterkünfte, dem sicheren Badespaß und diversen Wassersportangeboten (inkl. Surfen) bei Backpackern, Langzeitbesuchern und Familien gleichermaßen beliebt. (S. 159)

Havelock Island, Andamanen In den Untiefen vor Havelock Island kann man planschen. Ältere Kinder können währenddessen das spektakuläre Tauchangebot in Anspruch nehmen (S. 460).

Gokarna, Karnataka Ruhiger Familienspaß auf dem unberührtem, goldenen Sand der Strände von Kudle und Om. (S. 225)

Reiseplanung

Vor der Reise

- Bezüglich des Reisezeitpunkts sollte man bedenken, dass kleinere Kinder extreme Temperaturen nicht gut vertragen.

➡ Mit dem Arzt sollte man schon weit im Voraus über notwendige Impfungen, Hinweise und andere die Gesundheit der Kinder betreffende Themen sprechen.

➡ Weitere Ratschläge für Reisen durch Indien sowie Indien-Reiseberichte aus erster Hand gibt's im Lonely Planet Band *Travel with Children* oder in den Foren der Lonely Planet Website.

Essen

➡ Es kann mühsam sein, etwas zu finden, was dem empfindlichen Gaumen der Kinder behagt, aber bei Reisen in die familienfreundlicheren Gegenden Südindiens wie Goa, Kerala oder in den Großstädten (hier gibt's sehr viele vertraute internationale Gerichte) wird man kaum Probleme haben, die Kleinen zufriedenzustellen.

➡ Für unterwegs bieten sich Bananen, Samosas, *puri* (luftige Teigtaschen) und abgepackte Kekse an.

➡ Wagemutige Esser und Vegetarier können dagegen *paneer* (Frischkäse), schlichte Dhals (milde Linsencurrys), sahnige Kormas, buttrige Naans (Tandoori-Brote), *parathas* (Fladenbrot), Pilaws (Reisgerichte) und tibetische *momos* (gedämpfte oder gebratene Klöße) ausprobieren.

➡ Nur wenige Kinder werden den großen südindischen *dosas* (hauchdünnen Pfannkuchen aus Linsenmehl) widerstehen können, die es oft zum Frühstück gibt.

Unterkunft

➡ Indien bietet eine so große Auswahl von Übernachtungsmöglichkeiten – von Strandhütten über historische Boutiquehotels bis hin zu Fünfsterneträumen –, dass man problemlos etwas finden kann, was allen Mitgliedern der Familie gefällt.

➡ Die schicken, teuren Hotels sind fast durchweg kinderfreundlich, das gilt ebenso für viele gehobene Mittelklassehotels, dessen Personal in aller Regel gern ein oder zwei zusätzliche Matratzen im Zimmer bereitstellt. In manchen Hotels stört sich das Management auch nicht daran, wenn im Doppelzimmer neben den Eltern noch weitere Kinder übernachten; oft gibt's zudem spezielle Familienzimmer, die dank einer Tür miteinander verbunden werden können.

➡ In den besten Fünfsternehotels gibt es Kinderpools, spezielle Räume zum Spielen, Kid Clubs, und Babysitter. Zudem machen ein warmes Schaumbad mit anschließenden Käse-Makkaroni auf dem Zimmer und ein lustiger Zeichentrickfilm im TV selbst den missmutigsten kleinen Traveller wieder munter.

Unterwegs

➡ Reisen in Indien, sei es mit Taxi, lokalem Bus, Zug oder Flugzeug, kann für die ganze Familie ziemlich anstrengend werden. Dinge wie saubere öffentliche Toiletten, Wickelräume sowie gesicherte Spielplätze findet man im ganzen Land eher selten. Die öffentlichen Verkehrsmittel sind oft heillos überfüllt. Auf eine längere Bus- oder Zugfahrt sollte ein entspannter Tag folgen.

➡ Man sollte für jede Menge Zerstreuung sorgen, Tablets mit einem Vorrat an Filmen sind wertvolle Reisebegleiter, ebenso Hörbücher und die guten alten Bücher zum Vorlesen oder billiges Spielzeug und Spiele, die fast überall in Indien erhältlich sind.

➡ Wer sich für einen Mietwagen samt Fahrer entscheidet (eine vernünftige und flexible Option) und Babyschalen, Kindersitze oder Sitzerhöhungen benötigt, muss das der Mietwagenfirma so früh wie möglich in aller Deutlichkeit mitteilen. Diese Dinge sind nicht ohne Weiteres erhältlich. Und schließlich sollte man sich nie scheuen, den Fahrer zu bitten, langsamer und vernünftig zu fahren und sein Handy aus der Hand zu legen.

Gesundheit

➡ Eine vernünftige medizinische Versorgung ist nicht in allen Teilen Südindiens gleich gut gewährleistet.

➡ Man sollte mit seinem Arzt besprechen, wohin man fährt, welche Impfungen notwendig sind und was in die Reiseapotheke gehört.

➡ Die medizinische Versorgung ist vor allem in den häufig von Travellern besuchten Gegenden des Landes besser. Ärzte sind hier auch kurzfristig fast immer leicht zu finden. Die meisten Hotels können einen an verlässliche Adressen verweisen.

➡ Rezepte sind schnell und günstig in den zahlreichen Apotheken einlösbar, die sich häufig neben Krankenhäusern befinden.

➡ Eine Durchfallerkrankung kann bei kleinen Kindern schnell gefährlich werden. Dauert sie länger an oder kommt Fieber hinzu, muss ärztliche Hilfe in Anspruch genommen werden. Die Zufuhr von Wasser und Elektrolyten ist unerlässlich.

➡ Hitzebläschen, Hautirritationen, Insektenbisse oder -stiche können dagegen mit einer gut sortierten Reiseapotheke behandelt werden.

➡ Kinder sollten sich von streunenden Tieren fernhalten und die Gefahren der Tollwut verstehen lernen; eine Tollwutimpfungen ist eine Überlegung wert.

Indiens Süden & Kerala im Überblick

Südindien ist ein wunderbar vielfältiger Flickenteppich aus Bundesstaaten: Die Region wird geprägt von verschiedenen Dialekten, einzigartigen Bräuchen, facettenreicher Küche und spektakulärem Reichtum an Landschaften. Als atemberaubender Mix aus topmodern und traditionell belohnt der Süden seine Besucher mit einem erquicklichen Fest für alle Sinne – unabhängig vom gewählten Reiseziel.

Traveller erleben die bemerkenswerte Mannigfaltigkeit vor allem in Form von Architektur, Natur, Landschaft, Festen, Kunsthandwerk, Küche und darstellender Kunst. Und da wäre auch noch die Spiritualität als wahres Herz Gesamtindiens, das stetig zwischen den schroffen Gipfeln des verschneiten Himalaja und dem dichten, feuchtheißen Dschungel des südlichen Tieflands schlägt.

Mumbai (Bombay)

Architektur
Küche
Nachtleben

Koloniale Perlen

Mumbai beeindruckt mit grandioser Architektur aus der britischen Kolonialzeit. Zu den Highlights gehören der Chhatrapati Shivaji Terminus (eine Welterbestätte), der High Court und die Universität.

Genuss pur

Dank multikultureller Einwohnerschaft ist Mumbai ein Traum für Gourmets: Aromen aus ganz Indien treffen hier auf kulinarische Internationalität. Einfach köstlich!

Party in Bollywood

Mumbai ist Indiens Finanzzentrum, hat die produktivste Filmindustrie der Welt und weiß kräftig zu feiern. Die wildesten Bars, heißesten Clubs und exklusivsten Bollywood-Partys des Landes zeigen hier feucht-fröhlich dessen liberalere Seite.

S. 44

Maharashtra

Höhlen
Strände
Wein

Höhlentempel

Die zum UNESCO-Welterbe gehörenden Höhlentempel von Ajanta und Ellora sind nicht nur Wunder der Baukunst: Sie beherbergen die landesweit schönste Sammlung von Felsmalereien und -skulpturen aus Indiens längst vergangener Blütezeit.

Robinsonaden

Wie gemacht für Romantiker, Abenteurer, Einsamkeitsfans und Philosophen: An der Konkanküste Maharashtras warten ein paar der schönsten und einsamsten Strände der Welt.

Wein aus Nasik

An der Spitze von Indiens aufkeimender Weinindustrie prunkt Nasik stolz mit einigen Weltklasse-Lesen – gekeltert von den vielen hervorragenden (und wunderschönen!) Weingütern in der Umgebung.

S. 86

Goa

Strände
Küche
Architektur

Goldener Sand

Goas Traumstrände sind fast klischeehaft schön, aber auch hartgesottensten Traveller können ihnen nicht widerstehen. Dahinter erstrecken sich oft schattige Palmenhaine.

Tolles Seafood

Goa paart fangfrisches Seafood mit großartigen alten Traditionsrezepten. Mitunter liefert eine spontan ausgewählte Strandbude das beste Ergebnis.

Portugiesisches Erbe

Schmucke Architektur ist wohl das schönste Erbe aus Goas portugiesischer Kolonialzeit. So warten hier neben Villen (Chandor), Stadthäusern (Panaji) und großartigen Sakralbauten (Alt-Goa) auch allerlei Häuschen und Kirchlein auf Bewunderer.

S. 127

Karnataka & Bengaluru

Religion
Natur
Küche

Tolle Tempel

Von den Hoysala-Schmuckstücken in Belur, Halebid und Somnathpur bis zum faszinierenden Virupaksha-Tempel in Hampi: Karnatakas sensationelle Tempel überwältigen einen mit ihrer Atmosphäre und rituellen Pracht.

Naturschutzgebiete

Zum Biosphärenreservat Nilgiri gehören ein paar der unberührtesten Waldgebiete Indiens. In Nationalparks wie Bandipur und Nagarhole lassen sich zahlreiche Tierarten beobachten.

Masala & Bier

Zuerst ein leckeres vegetarisches Thali à la Udupi, dann pikantes Seafood im Mangaluru-Stil. Und frisch gezapftes Ale zum Nachspülen – natürlich in der Bierstadt Bengaluru (Bangalore).

S. 181

Telangana & Andhra Pradesh

Religion
Küche
Strände

Seelenheil

Hindus strömen zum Venkateshwara-Tempel in Tirumala. Im ganzen Bundesstaat findet man die Ruinen einst blühender Buddhistenzentren. Und Hyderabad hat beeindruckende islamischen Bauten.

Biryani!

Die Einheimischen sind besessen von ihrem köstlichen Biryani. Das patentierte *haleem* (Eintopf mit Fleisch, Linsen und Weizen) aus Hyderabad darf nur serviert werden, wenn es strenge Qualitätskriterien erfüllt.

Spaß am Strand

Lange Sandstrände säumen die Küste bei Visakhapatnam. Der örtliche Tourismus zielt vor allem auf indische Besucher ab, was für eine einzigartige und fröhliche Atmosphäre sorgt.

S. 245

Kerala

Backwaters
Küche
Natur

Idyllische Backwaters

Wie Weinranken erstrecken sich die Kanäle und Seen von Keralas Backwaters landeinwärts. Hier locken einige der idyllischsten Erlebnisse in Indien: Kanutouren und Übernachtungen auf Hausbooten.

Pikantes mit Kokos

Köstlichkeiten mit Kokosmilch und zahllosen Gewürzen: Keralas Küche steht für viele verschiedene Einflüsse und eine bemerkenswerte Geografie, die der Region den Spitznamen „Land der Gewürze" eingebracht hat.

Dschungel-Safaris

Im Inneren von Kerala liegen mehrere Nationalparks. Umgeben von grüner Berglandschaft kann man hier wilde Elefanten, Tiger, Löwen, viele Vogelarten u.a. sehen.

S. 279

Tamil Nadu & Chennai

Religion
Hill Stations
Historische Hotels

Hindu-Tempel

Großartige Architektur, Rituale und Feste: Tamil Nadus Hindu-Tempel ziehen Pilger aus ganz Indien an.

Sommerfrische

Die Hill Stations der Westghats punkten mit kühlem Klima, fröhlichen Festen, Wanderungen zu herrlichen Aussichtspunkten und gemütlichen Pensionen aus der Kolonialzeit.

Nobelherbergen

Edle Übernachtungen in restaurierten Gemäuern erlauben z.B. die romantischen Stadthäuser im französischen Viertel von Puducherry (Pondicherry), die Palasthotels der Hill Stations oder die Chettiar-Anwesen im Süden.

S. 354

Andamanen

Tauchen & Schnorcheln
Strände
Ethnien

Korallen & klares Wasser

Die Andamanen sind nicht nur super zum Schnorcheln, sondern auch top zum Tauchen. Das Spektrum reicht von lässigen Schnupperkursen bis zu anspruchsvollen Strömungstauchgängen für Experten.

Traumstrände

Die Zehen in weißem Pulversand versenken und in warmem, aquamarinblauem Wasser herumplanschen – herrlich!

Inselkultur

Die außergewöhnlich vielen Stammesgruppen der Andamanen scheinen zum Teil noch in der Steinzeit zu leben. Sie bewohnen zumeist Randinseln, die für Touristen gesperrt sind. Ein süd- und südostasiatischer Kulturmix belebt die übrigen Eilande.

S. 450

Reiseziele in Indiens Süden & Kerala

Mumbai (Bombay)

022 / 21,1 MIO. EW.

Inhalt ➡

Gut essen

- Peshawri (S. 73)
- Bastian (S. 73)
- Bademiya Seekh Kebab Stall (S. 68)
- Bombay Canteen (S. 73)
- Masala Library (S. 74)

Schön übernachten

- Taj Mahal Palace, Mumbai (S. 64
- Abode Bombay (S. 64)
- Residency Hotel (S. 66)
- Sea Shore Hotel (S. 63)
- Juhu Residency (S. 66)

Auf nach Mumbai!

Mumbai, früher Bombay, ist riesig. Eine Stadt voller Träumer und Schwerstarbeiter, Starlets und Gangster, streunender Hunde und exotischer Vögel, Künstler und Dienstpersonal, Fischer und *crorepatis* (Millionäre) – und vieler, vieler weiterer Menschen. Hier ist das größte Zentrum der indischen Filmindustrie, hier finden sich einige der größten Slums in Asien (aber auch das teuerste Wohnhaus der Welt) sowie der größte Tropenwald in einer Stadtregion. Mumbai ist Indiens Finanzhochburg, Modemetropole und Brennpunkt religiöser Spannungen.

Wer hier seine Reise beginnt, muss auf einiges gefasst sein. Die Stadt ist keine wirkliche Gefahrenzone, aber die furiose Hektik, der begrenzte öffentliche Nahverkehr und die Luftverschmutzung sind eine Herausforderung. Im Herzen der Stadt stehen einige der prächtigsten Kolonialgebäude weltweit, aber wer genauer hinsieht, entdeckt auch tolle Basare, Tempel, Hipster-Viertel und Indiens beste Restaurants und Bars.

Reisezeit

Mumbai (Bombay)

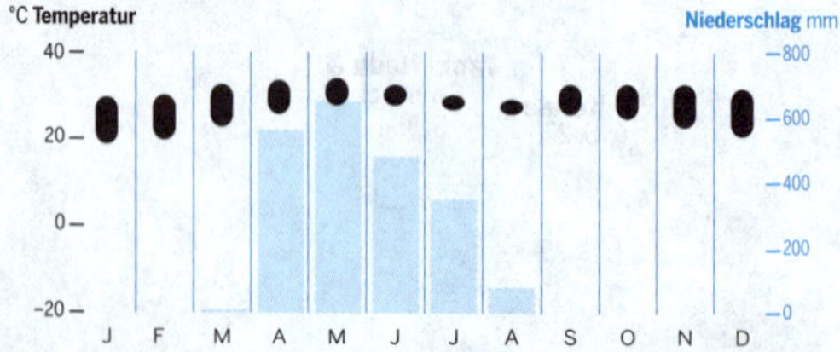

Dez. & Jan. Die beste Reisezeit mit dem am wenigsten schwülen Wetter.

Aug. & Sept. Am Ganesh Chaturthi, dem größten Fest des Jahres, feiert man den elefantenköpfigen Gott.

Okt.–April Nach dem Monsun ist es sehr trocken. Die beste Zeit, um hier Feste mitzuerleben.

Highlights

1 Den riesigen Bahnhof **Chhatrapati Shivaji Terminus** (S. 50) und andere Bauten aus Mumbais Kolonialzeit bewundern

2 Die Stände im Gassengewirr des uralten **Basarviertels** (S. 80) durchstöbern

3 In einem von Indiens besten Restaurants, z. B. im **Peshawri** (S. 73), wie ein Maharadscha speisen

4 Mit Hare-Krishna-Anhängern universelle Liebe im einmaligen **Iskcon-Tempel** (S. 57) spüren

5 Asiens größten Slum, **Dharavi** (S. 55), erkunden

6 In der internationalen Hotel-Ikone **Taj Mahal Palace, Mumbai** (S. 64) übernachten und an Mumbais ältester Bar bechern

7 Im **Dr. Bhau Daji Lad Mumbai City Museum** (S. 54) die tolle Einrichtung im Stil der Neo-Renaissance besichtigen

8 Den markanten dreiköpfigen Shiva auf **Elephanta Island** (S. 60) bestaunen

9 Umgeben von spielenden Kindern und großen Ballons am **Girgaum Chowpatty** (S. 56) das strahlende Rosa des Sonnenuntergangs bei frischer Meeresbrise genießen

Geschichte

Das Fischervolk der Koli lebte schon im 2. Jh. v. Chr. auf den sieben Inseln Mumbais. An der Küste stößt man auch heute noch auf die Überreste ihrer Kultur. Ab dem 6. Jh. n. Chr. herrschte eine Reihe von Hindu-Dynastien über die Inseln. Im 14. Jh. annektierten die muslimischen Sultane von Gujarat das Gebiet und traten es 1534 schließlich an Portugal ab. Die Portugiesen leisteten anschließend ihren einzigen denkwürdigen Beitrag zu Mumbais Geschichte, indem sie das Gebiet auf den Namen Bom Bahai tauften. Später wurden die Inseln Teil der Mitgift Katharinas von Braganza, als sie 1661 Karl II. von England heiratete. 1665 übergaben sie die Insel der britischen Regierung, die sie drei Jahre später an die Ostindische Kompanie verpachtete.

Bombay verwandelte sich schnell in einen blühenden Handelshafen. Das Fort der Stadt wurde in den 1720er-Jahren fertiggestellt. 100 Jahre später waren die Inseln durch ehrgeizige Landgewinnungsprojekte zu jener Landmasse verbunden worden, die man heute kennt. Die Stadt wuchs stetig und im 19. Jh. wurden die Festungsmauern niedergerissen. Anschließend verhalfen umfangreiche Baumaßnahmen der Stadt zu ihrer kolonialen Pracht. Während des Amerikanischen Bürgerkriegs wurde Bombay zu Großbritanniens Hauptlieferanten für Baumwolle. Als infolgedessen das Geld floss, erblühte der Handel und die Bevölkerungszahlen schossen regelrecht in die Höhe.

Bombay spielte zudem eine wichtige Rolle im indischen Unabhängigkeitskampf. Auch Mahatma Gandhi ließ sich in der Stadt blicken und startete hier 1942 seine Quit-India-Kampagne. Nach der Unabhängigkeitserklärung wurde die Metropole zur Hauptstadt der „Bombay Presidency". 1960 teilte man die Region aus sprachpolitischen Gründen in Maharashtra und Gujarat auf – und Bombay wurde die Hauptstadt von Maharashtra.

Der Aufstieg der Shiv Sena (wörtlich „Shivajis Armee") als Speerspitze einer promarathischen, hindu-nationalistischen Regionalbewegung erschütterte in den 1980er-Jahren das multikulturelle Gefüge

MUMBAI IN ...

... zwei Tagen

Los geht's mit einem von Mumbais architektonischen Meisterwerken: dem **Chhatrapati Shivaji Maharaj Vastu Sangrahalaya Museum** (S. 50). Danach gibt's Mittagessen à la Gujarat im **Samrat** (S. 70).

Nachmittags bewundert man in Colaba die beiden bekanntesten Wahrzeichen der Stadt: das **Gateway of India** (S. 49) und das **Hotel Taj Mahal Palace** (S. 64). Fürs Abendessen empfehlen sich das **Indigo** (S.68) oder der **Bademiya Seekh Kebab Stall** (S. 68), jeweils gefolgt von Cocktails im hippen **Colaba Social** (S. 74).

Der zweite Tag beginnt mit dem **Chhatrapati Shivaji Terminus** (S. 50), dem Großvater der örtlichen Riesenbauten aus der Kolonialzeit. Anschließend lockt das Gassengewirr des **Crawford Market** (S. 80) mit Basaren, versteckten Tempeln und einzigartigem Straßenleben. Am Nachmittag kann man dann durch die winzigen Sträßchen von **Khotachiwadi** (S. 57) schlendern und einen Strand-*bhelpuri* am **Girgaum Chowpatty** (S. 56) genießen. Lust auf einen Abschluss-Drink? Das angesagte Ausgehviertel Lower Parel schreit nach Abendessen plus Regionalbier im **White Owl** (S. 75) oder **Woodside Inn** (S. 75).

... vier Tagen

Zuerst dem Zweitagesplan folgen. Am dritten Tag geht's zunächst per Boot zur Welterbestätte **Elephanta Island** (S. 60). Nach der Rückkehr stärkt man sich mittags im **Burma Burma** (S. 71), das im künstlerisch angehauchten Viertel Kala Ghoda liegt. Abends heißt's dann auf nach Norden, wo im **Bastian** (S. 73) hervorragendes Seafood und Bandras stark belebte Bars warten.

Am letzten Tag besichtigt man das **Mahalaxmi-Dhobi-Ghat** (S. 56), den **Mahalaxmi-Tempel** (S. 56) und die **Haji Ali Dargah** (S. 55). Die Alternative ist ein ruhiger Waldspaziergang im **Sanjay Gandhi National Park** (S. 51). Das **Bombay Canteen** (S. 73) oder die **Masala Library** (S. 74) runden den Viertagestrip dann prima mit moderner Küche à la Indien ab.

TOP-FESTIVALS

Mumbai Sanskruti (www.asiaticsociety.org.in; ⌚ Jan.) Das kostenlose, zweitägige Fest klassischer hindustanischer Musik findet auf den Stufen der prächtigen Asiatic Society Library im Fort-Viertel statt.

Kala Ghoda Festival (www.kalaghodaassociation.com; ⌚ Feb.) Das zwei Wochen dauernde Kunstfest in Kala Ghoda und Fort wird von Jahr zu Jahr größer und eleganter. Es gibt Unmengen an Aufführungen und Ausstellungen.

Elephanta Festival (www.maharashtratourism.gov.in; ⌚ Feb./März) Das Festival für klassische Musik und Tanz findet am Ufer (Apollo Bunder) beim Gateway of India statt.

Nariyal Poornima (⌚ Aug.) Diese Koli-Feierlichkeit in Colaba markiert den Auftakt der Fischfangsaison und das Ende des Monsuns.

Ganesh Chaturthi (www.ganeshchaturthi.com; ⌚ Aug./Sept.) Bei diesem 10- bis 12-tägigen Fest zu Ehren des elefantenköpfigen Gottes Ganesha ist Mumbai außer Rand und Band. Am 1., 3., 5., 7. und 11. Tag des Fests tragen die Familien und Gemeinden ihre Ganesha-Statuen zum Meer bei Chaupati und Juhu und tauchen sie unter Wasser.

Mumbai Film Festival (MFF; www.mumbaifilmfestival.com; ⌚ Okt.) Neue Filme vom Subkontinent und aus dem Ausland werden bei dem einwöchigen Festival in Kinos überall in Mumbai gezeigt.

der Stadt: Muslime wurden nun ebenso diskriminiert wie Einwohner, die nicht in Maharashtra geboren worden waren. Die Spannungen nahmen zu, und das kosmopolitische Image der Stadt wurde schwer erschüttert, als Ende 1992 und 1993 bei Unruhen 900 Menschen zu Tode kamen. Auf die Unruhen folgte ein Dutzend Bombenanschläge zur Vergeltung, bei denen 257 Menschen getötet wurden und die Bombay Stock Exchange beschädigt wurde.

Unter dem Einfluss der Shiv Sena wurden die kolonialzeitlichen Namen vieler Straßen und Gebäude und schließlich auch der Name der Stadt selbst geändert. 1996 wurde die Stadt offiziell in Mumbai (nach der hinduistischen Gottheit Mumba) umbenannt. Der Flughafen, der Victoria Terminus und das Prince of Wales Museum wurden alle nach Chhatrapati Shivaji benannt, dem großen Anführer der Marathen.

Die religiösen Spannungen vertieften sich und vermischten sich mit landesweiten religiösen Konflikten und den indisch-pakistanischen Problemen. Bei einer Serie von Bombenanschlägen auf Züge wurden im Juli 2006 mehr als 200 Menschen getötet. Dann wurden im November 2008 bei einer Serie verheerender Terroranschläge (durch bewaffnete Pakistani) Wahrzeichen überall in der Stadt angegriffen, das Taj Mahal Palace Hotel in Brand gesteckt, im Bahnhof Chhatrapati Shivaji Passagiere mit Maschinengewehren beschossen und zehn Gäste im Backpacker-Treff Leopold Cafe getötet.

Als Ende 2012 Bal Thackeray, der charismatische Führer der Shiv Sena starb (500 000 Menschen wohnten seinem Begräbnis bei), zeigte die Shiv Sena Schwächeerscheinungen, und bei den indischen Parlamentswahlen von 2014 zog die hindunationalistische BJP von Premierminister Modi mit Shiv Sena gleich und überholte sie bei den Wahlen für das Parlament von Maharashtra – allerdings gewann auch die Shiv Sena bei beiden Wahlen Sitze hinzu.

Die Einwohner der Stadt sind ein zäher Menschenschlag. Verstärkte Sicherheitsvorkehrungen sind zu einem Teil des Alltags geworden, und am Status der Stadt als Wirtschaftsmotor Indiens hat sich nichts geändert. Vor den Politikern der Stadt liegen jedoch gewaltige Aufgaben: das unterentwickelte öffentliche Verkehrswesen, verstopfte Straßen, die gravierende Umweltverschmutzung und die Wohnungsnot sind Probleme, die dringend angegangen werden müssen.

Sehenswertes

Mumbai ist eine Insel, die über Brücken mit dem Festland verbunden ist. Das geschäftliche und kulturelle Herz der Stadt, das unter dem Namen South Mumbai bekannt ist, befindet sich am Südende der Insel und erinnert mit seiner Form an eine Klaue. Die südlichste Halbinsel ist Colaba – dorthin zieht es traditionell die meisten Reisenden und hier befinden sich auch viele Sehenswürdigkeiten.

Unmittelbar nördlich von Colaba liegt das kommerzielle Zentrum, das unter dem Na-

Colaba

men Fort bekannt ist. Früher stand dort auch das britische Fort. Im Westen grenzen einige eingezäunte und miteinander verbundene Grünflächen, die Maidans (sprich: mey-*dohns*), an.

In den „Suburbs" (Vororten) weiter im Norden findet man den Flughafen sowie viele von Mumbais besten Restaurants, Einkaufs- und Ausgehmöglichkeiten. Dies gilt vor allem für die Nobelviertel Bandra, Juhu und Lower Parel. Von ihrer früheren Hochburg Bandra sind Künstlertypen und Hippies nunmehr noch weiter nordwärts nach Andheri West oder Vesova umgezogen.

Colaba

Das auf der südlichsten Halbinsel der Stadt gelegene Colaba ist ein hektisch-lebendiger Bezirk mit eleganten kolonialzeitlichen Häusern und Art-déco-Villen, Unterkünften der Budget- und der Mittelklasse, Bars und Restaurants, Straßenständen und einem Fischerviertel. Der Colaba Causeway (Shahid Bhagat Singh Marg) teilt den Bezirk in zwei Hälften.

Wer im August in Mumbai ist, sollte sich auch das Koli-Fest Nariyal Poornima anschauen, das in Colaba besonders groß gefeiert wird.

Colaba

Highlights
1 Taj Mahal Palace, Mumbai ... D3

Sehenswertes
2 Gateway of India ... D3
3 National Gallery of Modern Art ... C1

Aktivitäten, Kurse & Touren
4 Palms Spa ... D2

Schlafen
5 Abode Bombay ... C2
6 Bentley's Hotel ... C4
7 Hotel Moti ... C3
8 Regent Hotel ... C3
9 Sea Shore Hotel ... C5
10 Taj Mahal Palace, Mumbai ... D3
11 YWCA ... C1

Essen
12 Bademiya Restaurant ... C3
13 Bademiya Seekh Kebab Stall ... C2
14 Basilico ... B4
15 Colaba Market ... A5
16 Indigo ... C3
17 Indigo Delicatessen ... D2
18 Olympia ... C2
19 Star Daily ... A5
20 The Table ... D2
21 Theobroma ... B4

Ausgehen und Nachtleben
22 Cafe Mondegar ... C2
23 Colaba Social ... C3
24 Harbour Bar ... D3
25 Leopold Cafe ... C2
26 Woodside Inn ... C1

Unterhaltung
27 Regal Cinema ... C2

Shoppen
28 Central Cottage Industries Emporium ... D2
29 Cottonworld Corp ... C3
30 Phillips ... C1

Praktisches
31 Akbar Travels ... A5
32 Maharashtra Tourism Development Corporation Booth ... D2
33 Sahakari Bhandar Chemist ... C2

Transport
34 BEST Busdepot ... B3
35 BEST Busbahnhof ... C1
36 BEST Busbahnhof ... C1
37 Jet Airways ... C1
38 Maldar Catamarans ... D2
PNP ... (siehe 38)

★ **Taj Mahal Palace, Mumbai** WAHRZEICHEN

(Karte S. 50; https://taj.tajhotels.com; Apollo Bunder) Das prächtige Hotel ist mit seiner märchenhaften Mischung aus islamischer Architektur und Renaissance das wohl berühmteste Wahrzeichen Mumbais und das am zweithäufigsten fotografierte Baudenkmal Indiens. Es wurde 1903 von dem parsischen Industriellen Jamshedji Nasarwanji Tata errichtet, angeblich, weil ihm als „Eingeborenem" der Zutritt zu einem nahegelegenen europäischen Hotel verwehrt worden war. Dutzende Menschen wurden während der Terrorangriffe von 2008 hier getötet, und die Bilder der brennenden Fassade gingen um die Welt. Das vollständig restaurierte Hotel wurde jedoch am indischen Unabhängigkeitstag im Jahr 2010 wiedereröffnet.

Das Luxushotel ist aber weit mehr als ein bauliches Wahrzeichen, denn seine Geschichte ist untrennbar mit der des Landes verbunden: Als erstes Hotel in Indien beschäftigte es Frauen, als erstes verfügte es über elektrischen Strom (und über Ventilatoren), und während des Unabhängigkeitskampfs wurden hier kostenlos Freiheitskämpfer beherbergt.

Heute wendet sich das Taj dem Hafen und dem Gateway of India zu, aber ursprünglich blickte es Richtung Stadt – der Eingang wurde verlegt.

Gateway of India DENKMAL

(Karte S. 50) Der kühne Basaltbogen ist Ausdruck kolonialen Triumphs. Mit Blick auf den Hafen erhebt sich das Gateway an der Spitze des Apollo Bunder. Der Bogen im islamischen Gujarat-Stil des 16. Jhs. wurde im Andenken an den Besuch König George V. errichtet, aber erst 1924 fertiggestellt. Ironischerweise marschierte nur 24 Jahre später, kurz bevor Indien in die Unabhängigkeit entlassen wurde, das letzte britische Regiment darunter hindurch.

Inzwischen ist der Bogen ein beliebter Treffpunkt der Einheimischen und eine tolle Location, um Leute zu beobachten. Bei den Massen an Luftballonverkäufern, Fotografen, dem großen Angebot an *bhelpuri* (Puffreis mit frittierten runden Teigstückchen, Linsen, Zwiebeln, Kräutern und Chutney), den Schleppern, Einheimischen und ausländischen Besuchern fühlt man sich hier wie auf einem geschäftigen Basar. Im Februar/März kommen während des Elephanta Festival

(S. 47) auch noch Künstler hinzu, die klassische Tänze aufführen und Musik machen.

Von den Anlegestellen direkt vor dem Bogen fahren Boote nach Elephanta Island ab.

Sassoon Dock AM UFER

Am Sassoon Dock herrscht bei Sonnenaufgang (gegen 5 Uhr) echter Hochbetrieb, wenn das bunt gekleidete Fischervolk der Koli den von Booten am Kai abgeladenen Fang sortiert. Der Fisch, der hier in der Sonne getrocknet wird, heißt *bombil* und wird zur Zubereitung von Bombay Duck verwendet. Achtung: Am Dock ist das Fotografieren verboten!

Fort-Viertel & Churchgate

Am Rand des **Oval Maidan** stehen viele von Mumbais majestätischen viktorianischen Gebäuden in Reih und Glied und buhlen mit aristokratischem Pomp um die Aufmerksamkeit der Besucher. Ebenso wie die unmittelbar nördlich gelegenen **Cross Maidan** und **Azad Maidan** lag auch dieses Stück Land früher am Wasser, sodass man aus den grandiosen, nach Westen blickenden Gebäuden direkt das Arabische Meer sehen konnte.

Der Bezirk **Kala Ghoda** (wörtlich „Schwarzes Pferd") liegt unmittelbar zwischen den Stadtteilen Colaba (im Süden) und Fort (im Norden). Hier finden sich neben vielen kolonialzeitlichen Gebäuden auch viele Museen, Galerien und Designerboutiquen. Am besten erkundet man diese Sehenswürdigkeiten bei einem Stadtspaziergang und besucht anschließend eines der besten Restaurants oder Cafés der Stadt.

★ Chhatrapati Shivaji Terminus HISTORISCHES GEBÄUDE

(Victoria Terminus; Karte S. 52) Imposant, überschwänglich und voller Menschen: Der monumentale Bahnhof ist das extravaganteste neugotische Bauwerk der Stadt und ein Sinnbild des kolonialen Indiens. Aus einer Mischung viktorianischer, hinduistischer und islamischer Architekturstile entstand eine an Dalí erinnernde Konstruktion voller Stützpfeiler, Kuppeln, Türmchen, Spitzen und Buntglasfenster.

Manche architektonischen Details sind einfach unglaublich, etwa die hundegesichtigen Wasserspeier, die den prächtigen Zentralturm schmücken, oder die Pfauenfenster über dem zentralen Hof. Der von Frederick Stevens entworfene Bahnhof wurde 1887 fertiggestellt, 34 Jahre, nachdem der allererste Zug Indiens hier abgefahren war.

Der Bahnhof wurde 1998 offiziell in Chhatrapati Shivaji Terminus (CST) umbenannt, ist aber vor Ort auch noch als Victoria Terminus bekannt. Leider ist das Innere weit weniger eindrucksvoll. Trotz seines Status als UNESCO-Welterbe wird es durch hässliche moderne Einbauten verunziert und wirkt vernachlässigt – streunende Hunde stromern um die Fahrkartenschalter herum.

★ Chhatrapati Shivaji Maharaj Vastu Sangrahalaya MUSEUM

(Prince of Wales Museum; Karte S. 52; www.csmvs.in; 159–161 Mahatma Gandhi Rd; Inder/Ausländer 70/500 ₹, Handy/Foto 50/100 ₹; ⌚10.15–18 Uhr) Mumbais größtes und bestes Museum zeigt diverse Exponate aus ganz Indien. Der überkuppelte Koloss wurde wie das Gateway of India von George Wittet entworfen. Dessen indo-sarazenische Architektur fasziniert mit einem extravaganten Mix aus islamischen, hinduistischen und britischen Stilelementen. Unter den zahllosen Ausstellungsstücken sind eindrucksvolle Skulpturen (hinduistisch und buddhistisch), Terrakotta-Figürchen aus dem Industal, indische Miniaturmalerien und ein paar sehr gefährlich wirkende Waffen.

Das Museum ist gut auf Englisch beschildert; Audioguides gibt's in sieben Sprachen. Fünf der Säle sind klimatisiert und bieten willkommene Erholung von der Sommerhitze. Die neue Video-Show „Mumbai Experience" (Inder/Ausländer 40/50 ₹, 20 Min., auf Englisch 5-mal tgl.) fasst die Stadtgeschichte informativ zusammen. Vorhanden sind zudem eine prima Cafeteria (Eingangsbereich) und ein sehr guter Museumsshop.

High Court HISTORISCHES GEBÄUDE

(Karte S. 52; Eldon Rd; ⌚Mo–Fr 10.45–14 & 14.45–17 Uhr) Das Oberste Gericht, ein Bienenstock voller Richter, Anwälte und anderer Rädchen im Getriebe des indischen Justizwesens, ist ein elegantes neugotisches Gebäude von 1848. Der Entwurf ließ sich von einer deutschen Burg inspirieren und war wohl darauf ausgelegt, alle Zweifel an der Autorität des Gerichts im Keim zu ersticken.

Keneseth-Eliyahoo-Synagoge SYNAGOGE

(Karte S. 52; Dr. V. B. Gandhi Marg, Kala Ghoda; Foto/Video 100/500 ₹; ⌚So–Do 11–17 Uhr) Die himmelblaue Synagoge (erb. 1884) wird von Mumbais schrumpfender jüdischer Gemeinde immer noch genutzt und liebevoll erhalten. Für den markanten Bau gelten sehr strenge Sicherheitsbestimmungen; Besu-

ABSTECHER

SANJAY GHANDI NATIONAL PARK

Nur eineinhalb Stunden vom Großstadttrubel entfernt erstrecken sich die geschützten Tropenwälder des 104 km² großen **Sanjay Gandhi National Park** (☎022-28868686; https://sgnp.maharashtra.gov.in; Borivali; Erw./Kind/Fahrzeug 44/23/105 ₹, Safari 50 ₹; ⏰Di–So 7.30–18 Uhr, letzter Einlass 16 Uhr) inmitten der bewaldeten Hügel an Mumbais Nordrand. Statt schmutzigem Betondschungel warten hier bunte Blumen, Vögel, Schmetterlinge und Leoparden. Der Park ist zwar an seinen Rändern auch schon von urbaner Entwicklung geprägt, im Inneren aber immer noch sehr idyllisch.

Die einfachste Erkundungsmethode ist ein geführter Waldspaziergang unter Leitung der Bombay Natural History Society (BNHS; S. 61): Viele der örtlichen Highlights erfordern eine vorab zu erlangende Zugangsgenehmigung, die von der BNHS besorgt wird. Die Touren besuchen z. B. den Shilonda-Wasserfall, den Vihar- und Tulsi-See oder sogar den Jambol Mal (höchster Berg des Parks). Das interessanteste Einzelziel sind jedoch die **Kanheri-Höhlen** (Inder/Ausländer 15/200 ₹; ⏰9–17 Uhr), die 6 km hinter dem Eingang des Parks liegen: Die insgesamt 109 Grotten wurden im 1. Jh. v. Chr. als Wohn- und Klosterräume für buddhistische Mönche angelegt. Im Lauf der nächsten 1000 Jahre entwickelte sich daraus ein klösterlicher Hochschulkomplex. Auf die zoomäßige Löwen- und Tiger-„Safari" am besten verzichten: Die Großkatzen leben in Käfigen bzw. Gehegen. Die Vögel des Parks beobachtet man idealerweise zwischen Oktober und April; die beste Schmetterlingszeit geht von August bis November. Zum Zeitpunkt der Recherche stand eine Generalsanierung bevor: Zukünftig soll der Park mit einer neuen Seepromenade, Touristenhütten, einem Laufsteg durch die Mangroven, einem Museum voller Tierpräparate, Naturlehrpfaden und mehreren Infozentren punkten.

Momentan gibt's am Nordeingang ein Infozentrum mit einer kleinen Ausstellung zur örtlichen Natur. Der nächstgelegene Bahnhof namens Borivali wird ab Churchgate von den Zügen der Western-Railway-Strecke bedient (15–140 ₹, 30 Min., häufig).

cher müssen eine Fotokopie ihres Reisepasses vorlegen. Der Hausverwalter ist aber sehr freundlich und zeigt zudem gern ein Foto von Madonna, die 2008 vorbeischaute.

Marine Drive AM UFER

(Karte S. 52; Netaji Subhashchandra Bose Rd) Der 1920 auf trockengelegtem Gelände erbaute Marine Dr schlägt einen Bogen an der Küste des Arabischen Meers von Nariman Point vorbei am Girgaon Chaupati bis hin zu den Füßen von Malabar Hill. Der von abblätternden Art-déco-Apartmenthäusern gesäumte Boulevard ist bei den Einwohnern Mumbais als Spazierweg und zum Genießen des Sonnenuntergangs beliebt. Wegen der funkelnden Lichter bei Nacht erhielt er den Spitznamen „Halskette der Königin".

University of Mumbai HISTORISCHES GEBÄUDE

(Bombay University; Karte S. 52; Bhaurao Patil Marg) Das Gebäude, das wie ein unter Mumbais Palmen versetztes französisch-gotisches Herrenhaus aus dem 15. Jh. wirkt, wurde von Gilbert Scott entworfen, dem Architekten des Londoner Bahnhofs St. Pancras. Sehenswert auf dem Gelände sind die schöne **Universitätsbibliothek**, die **Convocation Hall** und der 84 m hohe, mit aufwendigen Reliefs verzierte **Rajabai-Uhrenturm** (Karte S. 52). Seit den Terrorangriffen von 2008 ist das Gelände nicht mehr öffentlich zugänglich, man kann es aber von der Straße aus bewundern.

Jehangir Art Gallery KUNSTGALERIE

(Karte S. 52; www.jehangirartgallery.com; 161B Mahatma Gandhi Rd, Kala Ghoda; ⏰11–19 Uhr) GRATIS Die tolle Galerie (vor ein paar Jahren renoviert) zeigt vielfältige bildende Kunst. Die Exponate stammen aus Mumbai, Indien und aller Welt.

National Gallery of Modern Art MUSEUM

(NGMA; Karte S. 50; www.ngmaindia.gov.in; Mahatma Gandhi Rd; Inder/Ausländer 20/500 ₹; ⏰Di–So 11–18 Uhr) Großes, helles Museum mit gut kuratierten Kunstausstellungen (indisch und international) auf fünf Stockwerken.

DAG Modern KUNSTGALERIE

(Karte S. 52; www.dagmodern.com; 58 Dr. V. B. Gandhi Marg, Kala Ghoda; ⏰Mo–Sa 11–19 Uhr) GRATIS Diese Galerie belegt vier Stockwerke eines toll restaurierten Kolonialbaus in Cremefarben. Sie hat eine große Sammlung und zeigt gut kuratierte Ausstellungen mit bedeutender moderner Kunst aus Indien.

Fort Area & Churchgate

0 400 m
Mahapalika Marg
Azad Maidan
Mahatma Gandhi (MG) Rd
Cross Maidan
Chhatrapati Shivaji Terminus
Nagar Chowk
Postlagernde Sendungen
Walchand Hirachand Marg (St Georges Rd)
Hazarimal Somani Marg
Wallace St
Amrit Path
Fort Street Market
Purshttamdas Thakurdas Marg
Rustom Sidhwa Marg
Bora Bazar St
Perin Nariman St
Mody St
Mint Rd
Colaba Causeway (Shahid Bhagat Singh Marg)
Shri Shiv Sagar Ramgulam Marg
Shoorji Vallabhdas Marg
Sir P Mehta Rd
Janmabhoomi Marg
Hutatma Chowk
FORT
SA Brelvi Rd
Homji St
Horniman Circle
Bhaurao Patil Marg
Eldon Rd
M Samachar Marg
Bank St
University Rd
Dalal St
s. Detailplan
A S D Mello Rd
Dr VB Gandhi Marg
K Dubash Marg
Shahid Bhagat Singh Marg
KALA GHODA
Madame Cama Rd
Chhatrapati Shivaji Maharaj Vastu Sangrahalaya
Arabisches Meer

Fort-Viertel & Churchgate

Highlights
1 Chhatrapati Shivaji Maharaj Vastu Sangrahalaya ... E7
2 Chhatrapati Shivaji Terminus ... G2

Sehenswertes
3 DAG Modern ... B2
4 Flora Fountain ... E5
5 High Court ... E5
6 Jehangir Art Gallery ... E7
7 Keneseth Eliyahoo Synagogue ... B2
8 Marine Drive ... B6
9 Rajabai Clock Tower ... E6
10 St. Thomas' Cathedral ... F5
11 University of Mumbai ... E6

Aktivitäten, Kurse & Touren
12 Bollywood Tours ... H3
13 Bombay Natural History Society ... F7
14 Reality Tours & Travel ... D4

Schlafen
15 Hotel Lawrence ... B2
16 Residency Hotel ... F4
17 Traveller's Inn ... G3
18 Welcome Hotel ... G3

Essen
19 A Taste of Kerala ... F4
20 Bademiya Restaurant ... F5
21 Brittania ... H4
22 Burma Burma ... B1
23 K Rustom ... C4
Kala Ghoda Café ... (siehe 48)
24 Khyber ... A2
25 La Folie ... B2
26 Mahesh Lunch Home ... F4
27 Mamagoto ... B1
28 Nature's Basket ... D5
29 Oye Kake ... F4
30 Pantry ... A1
31 Samrat ... C5
32 Suzette ... B7
Trishna ... (siehe 25)

Unterhaltung
33 Eros ... D5
34 Liberty Cinema ... D1
35 Metro Big ... D1
36 National Centre for the Performing Arts ... A7
37 NCPA Box Office ... A7
38 Wankhede Stadium ... C2

Shoppen
39 Bombay Paperie ... F6
40 Bombay Shirt Company ... A1
41 Bungalow 8 ... C2
42 Chetana Book Centre ... B2
43 Chimanlals ... F3
44 Contemporary Arts & Crafts ... F3
45 Fabindia ... A1
46 Fashion Street ... E3
47 Khadi & Village Industries Emporium ... F4
48 Nicobar ... B1
49 Sabyasachi ... F7

Praktisches
50 Akbar Travels ... F3
51 Foreigners' Regional Registration Office ... F1
Indiatourism ... (siehe 63)
52 Maharashtra Tourism Development Corporation Booth ... G2
53 Maharashtra Tourism Development Corporation Head Office ... C6
54 Royal Chemists ... D1
55 Thomas Cook ... E4

Transport
56 Air India ... B6
57 BEST Bus Stand ... F2
58 Central Railways ... G2
59 Central Railways Reservierungszentrum ... G2
60 Kadamba Transport ... E1
61 Naik Bus ... E1
62 Paolo Travel ... E3
63 Western Railways Reservierungsbüro ... D4

St.-Thomas-Kathedrale KATHEDRALE
(Karte S. 52; Veer Nariman Rd; 7–18 Uhr) Die zauberhafte Kathedrale (erb. 1672–1718) ist Mumbais ältestes erhaltenes Gebäude aus der britischen Kolonialzeit und gleichzeitig die älteste anglikanische Kirche der Stadt: Einst bildete sie das östliche Zugangstor („Churchgate") zum Fort der East India Company. Die Architektur vereint byzantinische und englische Stilelemente. Kolonialzeitliche Pracht prägt auch das luftige Innere.

Von Kalbadevi bis Mahalaxmi

★ **Dr. Bhau Daji Lad Mumbai City Museum** MUSEUM
(Karte S. 58; www.bdlmuseum.org; Dr. Babasaheb Ambedkar Rd; Inder/Ausländer 10/100 ₹; Do–Di 10–18 Uhr) Das prächtige, 1872 im Neorenaissancestil erbaute damalige Victoria & Albert Museum zeigt mehr als 3500 Objekte zur Geschichte Mumbais: Fotos und Landkarten, Textilien, Bücher, Handschrif-

ten, Metallarbeiten aus Bidar, Lackarbeiten, Waffen und exquisite Töpferwaren. Das Wahrzeichen wurde 2008 hervorragend renoviert, und nun erstrahlen die Minton-Fliesenböden, vergoldeten Stuckdecken, verzierten Säulen, Kronleuchter und Treppenhäuser wieder in alter Pracht.

Haji Ali Dargah MOSCHEE

(Karte S. 58; www.hajialidargah.in; abseits der V Desai Chowk) Wie eine heilige Fata Morgana scheint dieser indo-islamische Schrein vor der Küste zu schweben. Der Anblick des auf einer kleinen Insel vor der Küste stehenden Gebäudes ist hinreißend. Es entstand im 19. Jh. und enthält das Grabmal des Muslim-Heiligen Pir Haji Ali Shah Bukhari. Der Legende zufolge starb dieser bei der Pilgerfahrt nach Mekka, und sein Sarg wurde wundersamerweise hier an Land geschwemmt.

DHARAVI SLUM

Die Bewohner Mumbais reagierten 2008 mit gemischten Gefühlen auf die Klischees im Film *Slumdog Millionaire*. Slums sind aber auf jeden Fall ein Teil – manche würden sogar sagen: die Grundlage – des Alltags in der Stadt. Sage und schreibe 60 % der Einwohner leben in Slums, und einer der größten der Stadt ist Dharavi. Einst, als das Gebiet noch aus Bächen, Sümpfen und Inseln bestand, lebten hier Fischer, doch als die Sümpfe aus natürlichen und von Menschen verursachten Gründen versandeten, zogen Wanderarbeiter von South Mumbai und aus anderen Gegenden hierher. Heute umfasst das Gebiet 2,2 km² Land zwischen zwei wichtigen Eisenbahnstrecken. Eine Million Menschen drängt sich hier.

Von außen mag es chaotisch wirken, aber eigentlich besteht diese Stadt in der Stadt, dieses Labyrinth aus staubigen Gassen und von Abwasserkanälen gesäumten Straßen, aus mehreren aneinandergrenzenden Siedlungen. Einige Teile von Dharavi haben eine gemischte Bevölkerung, während sich in anderen Teilen Menschen aus bestimmten Regionen oder Gewerben niedergelassen und winzige Fabriken gegründet haben. Töpfer aus Saurashtra (Gujarat) leben in einem Gebiet, muslimische Gerber in einem anderen, Sticker aus Uttar Pradesh arbeiten neben Schmieden, wieder andere recyclen Plastik, während Frauen in der sengenden Sonne Pappadams trocknen. Einige dieser Betriebe, von denen es insgesamt an die 20 000 gibt, exportieren ihre Waren; der jährliche Gesamtumsatz der Unternehmen in Dharavi wird auf mehr als 700 Mio. US$ geschätzt.

Aus der Nähe betrachtet ist das Leben in diesen Slums faszinierend. Die Einwohner zahlen Miete, die meisten Häuser haben Küchen und elektrischen Strom, und die Bebauung reicht von wackeligen Wellblechhütten bis hin zu dauerhaften, mehrstöckigen Betonhäusern. Das wohl größte Problem der Einwohner Dharavis sind die sanitären Verhältnisse, weil die Wasserversorgung unzuverlässig ist – deshalb hat jeder Haushalt einen 200 l Wasser fassenden Vorratstank. Nur sehr wenige Wohnungen haben eine eigene Toilette oder ein Bad, deswegen haben sich einige Nachbarschaften zum Bau eigener Badehäuser zusammengetan (wozu dann jeder Einwohner finanziell beitragen muss), während Bewohner in anderen Vierteln auf heruntergekommene öffentliche Toiletten angewiesen sind.

Viele Familien leben hier schon seit Generationen, und das Bildungsniveau ist höher als in manchen ländlichen Gebieten: Rund 15 % der Kinder erreichen einen Oberschulabschluss und finden Angestelltenjobs. Viele bleiben trotzdem in dem Viertel, in dem sie aufgewachsen sind.

Slumtourismus ist ein heikles Thema, da muss jeder selbst entscheiden, ob man mitmacht. Wer sich für einen Besuch entscheidet, kann die informative preisgekrönte Tour (ab 850 ₹) von Reality Tours & Travel (S. 61) buchen, zumal 80 % der Einnahmen wieder an soziale Programme in Dharavi zurückfließen. Sie organisieren auch Essen bei einheimischen Familien, damit man einen noch tieferen Einblick erhält.

Manche Besucher kommen auch auf eigene Faust, was in Ordnung ist, solange man nicht fotografiert. Man fährt mit dem Zug von Churchgate Station bis Mahim, verlässt den Bahnhof durch den westlichen Eingang und überquert die Brücke hinüber nach Dharavi.

Mehr über Mumbais Slums erfährt man in Katherine Boos 2012 erschienenem Buch *Behind the Beautiful Forevers*, das vom Leben in Annawadi, einem Slum nahe dem Flughafen handelt, und in *Rediscovering Dharavi*, Kalpana Sharmas sensibler und fesselnder Geschichte über die Menschen von Dharavi, ihre Kultur und ihre Arbeit.

MUMBAI MIT KINDERN

Kidzania (www.kidzania.in; 3. Stock, R City, LBS Marg, Ghatkopar West; Kind/Erw. Di–Fr 950/500 ₹, Sa & So 1200/550 ₹; ⌚Di–So 10–21 Uhr) Mumbais neueste Attraktion für kleine Besucher ist ein lehrreiches und interaktives Zentrum, in dem Kinder z. B. alles über das Fliegen, die Feuerwehr oder die Polizei erfahren und zudem viel selbst basteln können. Rund 10 km nordöstlich des Bandra Kurla Complex liegt das Ganze draußen am Stadtrand.

Für bewegungshungrige Kids empfehlen sich die Vergnügungsparks auf Gorai Island: Die **Esselworld** (www.esselworld.in; Erw./Kind 949/699 ₹; ⌚10.30–18.30 Uhr) und das **Water Kingdom** (www.waterkingdom.in; Erw./Kind 999/699 ₹; ⌚10–19 Uhr) warten jeweils mit vielen Rides, Rutschen und schattigen Plätzchen auf. Für beide Parks sind Kombitickets (Erw./Kind 1299/899 ₹) erhältlich.

Die **Hanging Gardens** in Malabar Hill unterhalten den Nachwuchs mit tierförmigen Formschnitthecken, Schaukeln und Kokosnuss-*wallahs*. Im **Kamala Nehru Park** gegenüber steht ein zweistöckiges „Stiefelhaus“.

Die Bombay Natural History Society (BNHS; S. 61) organisiert Naturwanderungen für Kinder.

Man kann den Schrein nur bei Ebbe über einen langen Damm besuchen – zuvor vor Ort unbedingt die Zeiten für Ebbe und Flut ermitteln! Tausende Pilger kommen täglich hinüber, vor allem am Donnerstag und Freitag (wenn es vielleicht auch *qawwali,* Andachtsgesänge, gibt); viele geben den Bettlern am Weg ein Almosen. Leider befinden sich Teile des Schreins in schlechtem Zustand, woran Stürme und die salzhaltige Luft Schuld haben; es gibt aber Pläne, das Bauwerk zu restaurieren. Die Stätte wird von Menschen aller Religionszugehörigkeiten besucht.

Mahalaxmi Dhobi Ghat — GHAT

(Karte S. 58; Dr. E Moses Rd; ⌚4.30 Uhr–Sonnenuntergang) Dieser 140 Jahre alte *dhobi ghat* (Waschplatz) ist Mumbais größte von Menschenhand betriebene „Waschmaschine“: Jeden Tag säubern Hunderte von Menschen in 1026 offenen Trögen Tausende Kilos an Kleidung und Bettwäsche. Den besten Blick hat man von der Brücke, die über die Gleise nahe dem Bahnhof Mahalaxmi führt.

Babu-Amichand-Panalal-Adishwarji-Jain-Temple — JAINISTISCHER TEMPEL

(Walkeshwar Marg, Malabar Hill; ⌚5–21 Uhr) Dieser Tempel ist unter den Jains für seine Schönheit berühmt – und da jainistische Tempel eigentlich immer prächtig sind, will das schon etwas heißen. Besonders sehenswert sind die Malereien und die bunte Tierkreis-Kuppeldecke. Der kleine Tempel ist eine Andachtsstätte; Besucher sollten sich rücksichtsvoll verhalten und angemessen kleiden.

Girgaum Chowpatty — STRAND

(Karte S. 58) An dem Stadtstrand tummeln sich abends Liebespaare, Familien, politische Aktivisten und alle anderen, die das genießen wollen, was hier als frische Luft gilt. Ein Abend-*bhelpuri* von den Imbissständen am südlichen Strandende ist in Mumbai quasi Pflicht. Keinesfalls baden: Das Wasser ist die reinste Giftbrühe!

Mahalaxmi-Tempel — HINDU-TEMPEL

(Karte S. 58, bei V Desai Chowk) Es ist äußerst passend, dass einer der geschäftigsten und farbenprächtigsten Tempel im geldverliebten Mumbai Mahalaxmi, der Göttin des Wohlstands geweiht ist. Die Anlage auf einer Landzunge ist im September bzw. Oktober Zentrum der Navratri-Feierlichkeiten (Festival der Neun Nächte).

Malabar Hill — VIERTEL

(rund um die BG Kher Marg) In Mumbais exklusivstem Viertel, am nördlichen Ende der Back Bay gelegen, findet sich überraschenderweise auch eine der heiligsten Oasen der Stadt. Versteckt zwischen Apartmentblocks ist das **Banganga-Becken** eine Enklave voller stiller Tempel, badender Pilger, krummer, autofreier Straßen und malerischer alter *dharamsalas* (Pilgerherbergen). Nach einer Hindu-Legende hat Rama das Wasserbecken geschaffen, indem er die Erde hier mit seinem Pfeil durchbohrte.

Vom **Kamala Nehru Park** aus hat man einen besonders schönen Blick auf den rund 600 m östlich gelegenen Chowpatty und den anmutigen Bogen des Marine Dr.

Mani Bhavan — MUSEUM

(Karte S. 58; ☎23805864; www.gandhi-manibhavan.org; 19 Laburnum Rd, Gamdevi; Spende erbeten; ⌚9.30–17.30 Uhr) Das ergreifende, winzige Museum befindet sich in dem Gebäude, in dem Mahatma Gandhi während seiner Besuche in Bombay zwischen 1917 und 1934 wohnte. Hier formulierte er seine Philosophie des Satyagraha (gewaltlosen Widerstands) und startete 1932 seine Kampagne des zivilen Ungehorsams.

Eine Fotoausstellung informiert über Gandhi, hinzu kommen Dioramen und Dokumente, z.B. Briefe, die er an Hitler und Roosevelt schrieb, sowie Würdigungen von Ho Chi Minh und Albert Einstein.

Westliche Vororte

★ Iskcon-Tempel HINDU-TEMPEL

(Karte S. 62; www.iskconmumbai.com; Juhu Church Rd, Juhu; ⌚4.30–13 & 16–21 Uhr) Juhu spielt in der Geschichte der Hare-Krishna-Bewegung eine Schlüsselrolle, weil der Gründer der „Internationalen Gesellschaft für Krishna-Bewusstsein", A.C. Bhaktivedanta Swami Prabhupada, hier längere Zeit lebte (seine bescheidene Wohnung kann man im angrenzenden Gebäude besichtigen). Die Tempelanlage erwacht zur Gebetszeit zu vollem Leben, wenn sich die Gläubigen selber mit *kirtan*-Tänzen, Händeklatschen und Trommelschlägen in freudige Ekstase bringen.

Juhu Beach STRAND

(Karte S. 62; Juhu Tara Rd, Juhu) Der breite Vorstadtstrand (6 km) erstreckt sich bis hinüber nach Versova. Scharen von indischen Familien und Liebespaaren vergnügen sich hier im Arabischen Meer. Das Ganze ist zwar kein sonnenverwöhnter Traum à la Karibik, aber dennoch ganz spaßig für einen Drink oder Straßensnack (in der Nähe gibt's Imbissstände). Während des Ganesh Chaturthi (S. 47) herrscht besonders viel Betrieb.

Gilbert Hill HÜGEL

(Karte S. 62; Sagar City, Andheri West) Der schwarze Basalthügel (61 m) erhebt sich mitten zwischen den Apartment-Blocks von Andheri West und erinnert nicht von ungefähr an einen geschmolzenen Schokoladenkuchen: Während des Mesozoikums wurde hier Magma durch die Erdoberfläche gepresst. In den Fels geschlagen ist eine steile Treppe, die hinauf zu einem Garten mit Panoramablick und zwei Hindutempeln führt.

Gorai Island

Global Pagoda BUDDHISTISCHER TEMPEL

(www.globalpagoda.org; ⌚9–19 Uhr, Meditationskurse 10 & 18 Uhr) Bei dem atemberaubenden Gebäude, das sich wie eine Fata Morgana über dem schmutzigen Gorai Creek erhebt, handelt es sich um einen goldenen, 96 m hohen Stupa, für den die Shwedagon-Pagode in Myanmar Modell stand. Die Kuppel, unter der 8000 Gläubige Platz finden und die mehrere Buddha-Reliquien beherbergt, wurde ganz ohne Träger nach dem uralten Prinzip von ineinandergreifenden Steinen gebaut. Auf dem Gelände befindet sich außerdem ein Museum über das Leben und die Lehren Buddhas. Zweimal täglich wird kostenlos ein 20-minütiger Meditationsunterricht gegeben. Ein Meditationszentrum vor Ort hat zehntägige Kurse im Angebot.

ABSEITS DER ÜBLICHEN PFADE

KHOTACHIWADI

Das berühmte *wadi* (Dörfchen) **Khotachiwadi** (Karte S. 58) ist fast 180 Jahre alt. In historischer Atmosphäre leben die Menschen hier noch so wie zu den Zeiten, in denen Mumbai keine Wolkenkratzer hatte. Khotachiwadi ist eine christliche Enklave mit eleganten, zweistöckigen Herrenhäusern im portugiesischen Stil. Rund 500 m nordöstlich des Girgaum Chowpatty liegt das Nest inmitten der vorwiegend hinduistischen und muslimischen Stadtviertel. Die verwinkelten Gassen geben wunderbare Einblicke in das ruhige(re) Leben abseits von Mumbais Großstadttrubel.

Khotachiwadi ist nicht gerade groß. Dennoch lohnt es sich, durch die schmalen Straßen zu schlendern und die alten Häuser (zur Weihnachtszeit wunderschön dekoriert) zu bewundern. Wer möchte, kann hier auch ein ostindisches Festmahl im Haus des berühmten Modedesigners, Lokalaktivisten und Hobbykochs James Ferreira genießen (Reservierung erforderlich; Details unter www.jamesferreira.co.in).

So geht's nach Khotachiwadi: Zuerst die St. Teresa's Church an der Ecke Jagannath Shankarsheth Marg (JSS Marg) und Rajarammohan Roy Marg (RR Rd/Charni Rd) aufsuchen. Dann gegenüber in die JSS Marg hineinlaufen und in die dritte Seitenstraße zur Linken einbiegen (zu erkennen an der Wandkarte mit Aufschrift „Khotachiwadi Imaginaries").

Von Kalbadevi bis Mahalaxmi

Sandhurst
Jail Rd
Nandalal Jani Rd
Masjid
Merchant Rd
Meheralli Rd
MRA Marg
Sir JJ Rd
Abdul Rehman St
Dhabu St
Mutton St
Maulana Azad Rd
Lokmanya Tilak Rd
Kalbadevi Rd
BHULESHWAR
KALBADEVI
Grant Rd
Sardar V Patel Rd
V Patel Marg
Jagannath Shankarsheth Marg (JSS Marg)
Marine Lines
GIRGAUM
Gymkhanas
RR Roy Marg
Charni Rd
Marine Dr
Dr D Bhadkamkar Rd (Lamington Rd)
St Teresa's Church
A Kranti Marg
August Kranti Maidan
Laburnum Rd
Sitaram Patkar Rd
Girgaum Chowpatty
Back Bay
Babulnath Marg
Tower of Silence
Hanging Gardens
Kamala Nehru Park
Babu Amichand Panalal Adishwarji Jain Temple (500 m); Malabar Hill (600 m)
Ridge Rd
Walkeshwar Marg
Banganga-Becken (1,3 km)
A
B
C
D
E
F
G
5
6
7
8
2
4
7
8
9
10
12
13
14
16
18
19
20
21
22
23
24
25
27
28
30

Von Kalbadevi bis Mahalaxmi

Highlights
1 Dr Bhau Daji Lad Mumbai City Museum G2

Sehenswertes
2 Girgaum Chowpatty D7
3 Haji Ali Dargah B1
4 Khotachiwadi D6
5 Mahalaxmi Dhobi Ghat E1
6 Mahalaxmi Temple A2
7 Mani Bhavan B5

Aktivitäten, Kurse & Touren
8 Bharatiya Vidya Bhavan B6
9 Kaivalyadhama Ishwardas Yogic Health Centre D7

Essen
10 Badshah Snacks & Drinks F8
11 Cafe Noorani B2
12 Kyaani & Co E8
13 New Kulfi Centre B6
14 Revival C6
15 Sardar C3
16 Shree Thakkar Bhojnalaya E7

Ausgehen und Nachtleben
17 Haji Ali Juice Centre B2

Unterhaltung
18 Royal Opera House C6

Shoppen
19 Bhuleshwar Market F7
20 BX Furtado & Sons E8
21 Chor Bazaar F6
22 Crawford Market F8
23 LM Furtado & Co F8
24 Mangaldas Market F8
25 Mini Market/Bollywood Bazaar/Super Sale F5
26 Shrujan A2
27 Zaveri Bazaar F7

Transport
28 Allibhai Premji Tyrewalla C5
Citizen Travels .... (siehe 30)
29 Busbahnhof Mumbai Central D3
National NTT/CTC .... (siehe 31)
30 Privater Fernbusbahnhof & Ticketbüros F8
31 Privater Fernbusbahnhof & Ticketbüros D3
32 Western Railways D3

Hin kommt man mit dem Zug von Churchgate nach Borivali (Westausgang nehmen). Von dort geht's mit Bus 294 (5 ₹) oder der Autorikscha (40 ₹) weiter zum Fähranleger, wo die Fähren nach Esselworld (hin & zurück 50 ₹) alle 30 Minuten ablegen. Die letzte Fähre zur Pagode geht um 17.30 Uhr.

Elephanta

★ Elephanta HINDU-TEMPEL

(Gharapuri; Inder/Ausländer 30/500 ₹; Höhlen Di–So 9–17 Uhr) Die Felsentempel auf der Insel Gharapuri, besser bekannt als Elephanta, liegen nordöstlich des Gateway of India im Hafen von Mumbai und sind eine UNESCO-Welterbestätte. Im Labyrinth der Höhlentempel, die zwischen 450 und 750 n.Chr. entstanden, finden sich einige der eindrucksvollsten Tempelreliefs in Indien.

Der Shiva geweihte Haupttempel bildet ein Spalier aus Höfen, Sälen, Pfeilern und Schreinen; das Hauptwerk ist eine 6 m hohe Sadhashiva-Statue, die einen dreigesichtigen Shiva als Zerstörer, Schöpfer und Erhalter des Universums präsentiert, dessen Augen in ewiger Meditation verschlossen sind.

Die Portugiesen tauften die Insel wegen eines großen Steinelefanten nahe des Strands „Elephanta" (dieser brach aber 1814 zusammen und wurde von den Briten in den Jijamata Udyan in Mumbai verbracht). Vor Ort gibt es ein kleines Museum mit informativen Schautafeln über den Ursprung der Höhlen.

Aufdringliche, teure Führer sind zu bekommen – man braucht sie aber nicht wirklich, denn Pramod Chandras *A Guide to the Elephanta Caves*, den man fast überall kaufen kann, ist mehr als ausreichend.

Barkassen (Karte S. 50; Touristen-/Luxusklasse 145/180 ₹) fahren zwischen 9 und 15.30 Uhr jede halbe Stunde vom Gateway of India nach Gharapuri. Fahrkarten gibt's an den Ticketständen am Apollo Bunder. Die Fahrt dauert eine gute Stunde.

Die Boote legen am Ende eines Betonpiers an. Von hier aus kommt man zu Fuß zu den Treppen (Eintritt 10 ₹), die hinauf in die Höhlen führen, oder man nimmt den Minizug (10 ₹). Die Treppe ist von Souvenirständen gesäumt und nervtötende Affen patrouillieren. Gutes Schuhwerk ist ein Muss.

Aktivitäten

Mumbai bietet überraschend gute Möglichkeiten für Schmetterlings- und Vogelbeobachtungen. Der Sanjay Gandhi National Park (S. 51) ist für seine Waldvögel beliebt. In den Mangroven von Godrej (13 km östlich von Bandra) tummeln sich viele Watvögel. Die **Bombay Natural History Society** (BNHS; Karte S. 52; 022-22821811; www.bnhs.org; Hornbill House, Shahid Bhagat Singh Marg; Mo–Fr 9–17.30 Uhr) leitet jedes Wochenende gute Touren. Auf den Wattflächen im Bereich des Sewri-Anlegers (S. 61) rasten auch zahllose Rosaflamingos während ihrer Wanderung (Nov.–März).

Outbound Adventure OUTDOOR-AKTIVITÄTEN
(9820195115; www.outboundadventure.com) Organisiert u. a. eintägige Raftingtrips auf dem Ulhas (Juli–Anfang Sept., 2300 ₹/Pers.). Dessen Stromschnellen erreichen nach starken Regenfällen den Grad III+; sonst ist die Fahrt ruhiger. Im Angebot sind auch geführte Naturwanderungen, Vogelbeobachtungen, Camping (pro Tag ab 2000 ₹/Pers.) und Kanutouren in den Western Ghats.

Yogacara YOGA, MASSAGE
(Karte S. 62; 022-26511464; www.yogacara.in; 1. Stock, SBI Bldg, 18A New Kant Wadi Rd, Bandra West; Yoga pro Kurs/Woche 650/1600 ₹) Klassisches Institut für Hatha- und Iyengar-Yoga, das u. a. Massagen (ab 1850 ₹/Std.) und Anwendungen anbietet. Sehr empfehlenswert ist die Abhyangam-Verjüngungsmassage. Gelegentlich gibt's auch Kurse in Ayurveda-Küche, Meditation und Chakra-Heilung.

Yoga House YOGA
(Karte S. 62; 022-65545001; www.yogahouse.in; Nargis Villa/Water Bungalow Sherly Rajan Rd, Bandra West; Yogakurs 700 ₹; Di–So 8–21.30 Uhr) Heimeliges und traditionelles Yoga-Zentrum, das verschiedene Yoga-Stile in einem hellgrünen Bungalow aus der Kolonialzeit unterrichtet. Im 3. Stock befindet sich ein reizendes Cafè (S. 73).

Sewri-Anleger VOGELBEOBACHTUNG
(Sewri) Rund 5 km östlich von Lower Parel liegt dieser Bootsanleger, von dem man zwischen November und März wunderbar auf zahllose Rosaflamingos schaut (beste Beobachtungszeit 6–10 Uhr). Die Vögel ziehen teils sogar aus Sibirien hierher und suchen im örtlichen Watt nach Nahrung.

Die Bombay Natural History Society (S. 61) veranstaltet Touren zum Anleger. Alternativ fährt man mit der Harbour Railway Line vom Hauptbahnhof zum Bahnhof Sewri und nimmt dort ein Taxi.

Palms Spa SPA
(Karte S. 50; 022-66349898; www.thepalmsspaindia.com; Dhanraj Mahal, Chhatrapati Shivaji Marg, Colaba; Massagen ab 3200 ₹/Std.; 10–22 Uhr) In dem renommierten Spa kann man sich massieren, abrubbeln und baden lassen. Ein Peeling mit Zitronengras und grünem Tee kostet 2500 ₹.

Kurse

★ Yoga Institute YOGA, GESUNDHEIT & WOHLBEFINDEN
(Karte S. 62; 022-26122185; www.theyogainstitute.org; Shri Yogendra Marg, Prabhat Colony, Santa Cruz East; 1./2. Monat 700/500 ₹) Auf dem friedvollen grünen Gelände bietet das angesehene Yoga Institute Kurse für einen Tag, ein Wochenende, eine Woche oder – für alle, die länger hier sind – auch für länger an. Man kann sich auch zum Yogalehrer ausbilden lassen (Voraussetzung ist der 7-tägige Kurs).

★ Bharatiya Vidya Bhavan SPRACHE, MUSIK
(Karte S. 58; 022-23631261; www.bhavans.info; 2. Stock, Ecke KM Munshi Marg & Ramabai Rd, Girgaum; Sprachkurs 500 ₹/Std., Musikunterricht 900 ₹/Woche; 16–20 Uhr) Hier gibt's u. a. hervorragende Privatkurse in Hindi, Marathi, Gujarati und Sanskrit. Wer sich für Unterricht in Tabla, Gesang, Sitar oder klassischem indischem Tanz interessiert, kontaktiert Professor Ghosh (Komponist, Musiker und Grammy-Gewinner).

Kaivalyadhama Ishwardas Yogic Health Centre YOGA, GESUNDHEIT
(Karte S. 58; 022-22818417; www.yogcenter.com; 43 Netaji Subhash Rd, Marine Dr; Mo–Sa 6–19 Uhr) Veranstaltet täglich mehrere Yoga-Kurse und Workshops. Unter den Gebühren sind ein monatlicher Mitgliedsbeitrag (1000 ₹) und eine Aufnahmegebühr (700 ₹). Ein viermonatiger Kurs mit Lehrzertifikat kostet 20 000 ₹.

Geführte Touren

Ten Heritage Walks of Mumbai (395 ₹) von Fiona Fernandez schlägt Stadtspaziergänge durch Mumbai vor und liefert dabei faszinierende historische Infos. Die staatliche Touristeninformation führt ein Verzeichnis mit zertifizierten Guides, die mehrere Sprachen sprechen (offizielle Preise: halber/ganzer Tag 1368/1734 ₹, max. 5 Pers.).

★ Reality Tours & Travel STADTSPAZIERGÄNGE
(Karte S. 52; 9820822253; www.realitytoursandtravel.com; 1/26 Unique Business Service Centre, Akber House, Nowroji Fardonji Rd; meiste Touren 750–1700 ₹; 8–21 Uhr) Organisiert u. a. anrührende Touren durch den Slum Dhara-

Westliche Vororte

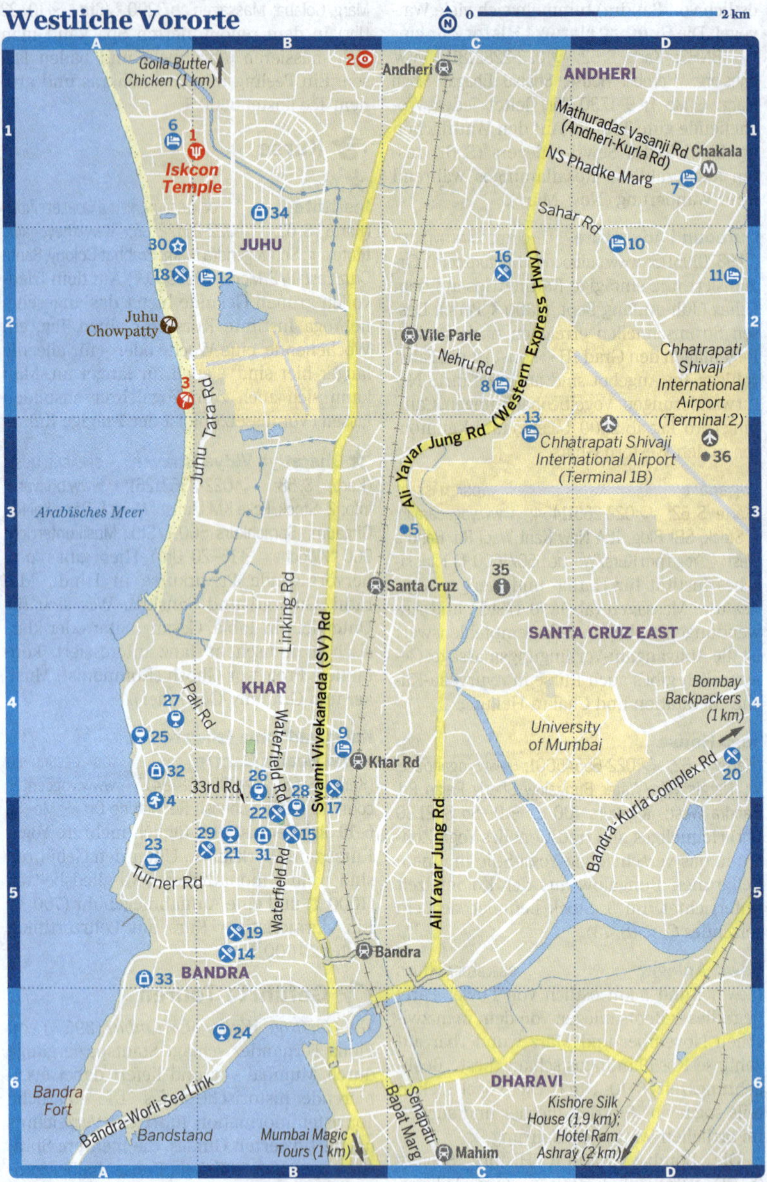

vi; 80 % des Nettogewinns gehen an die hauseigene Hilfsorganisation Reality Gives (www.realitygives.org). Parallel gibt's Touren mit Schwerpunkt auf Straßenessen, Märkten, Radfahren oder Mumbai bei Nacht.

Neu im Programm sind mehrtägige Exkursionen mit sozialem Hintergrund, die weiter entfernte Regionen (Südindien, Goldenes Dreieck, Rajasthan) und dortige Gemeinden besuchen.

Bombay Heritage Walks STADTSPAZIERGÄNGE
(☎ 9821887321; www.bombayheritagewalks.com; 2-stündige Touren für max. 5 Pers. ab 3750 ₹) Die

Westliche Vororte

Gründer von BHW sind zwei Architekten, die bei ihren tollen Spaziergängen durch Mumbais historische Viertel nunmehr mit einigen Berufskollegen und Kunsthistorikern zusammenarbeiten.

Mumbai Magic Tours STADTSPAZIERGÄNGE
(☎9867707414; www.mumbaimagic.com; 5 Bhaskar Mansion, Sitladevi Temple Rd; 2-stündige Touren pro 2/4 Pers. 1750/1500 ₹; ⏰Mo–Fr 10–17, Sa 10–14 Uhr) Hinter diesen Stadtspaziergängen stecken die Autoren des großartigen Blogs Mumbai Magic (www.mumbai-magic.blogspot.com). Thematisiert werden u. a. Mumbais Kultur, Gesellschaft, Küche, Märkte, Feste und schräge Seiten – ebenso das jüdische Erbe der Stadt.

MTDC/Nilambari Bus Tours BUSTOUREN
(MTDC; ☎020-22845678; www.maharashtratourism.gov.in; 1-stündige Rundfahrt Unter-/Oberdeck 60/180 ₹; ⏰Sa & So & 19 & 20.15 Uhr) Zusammen mit Maharashtra Tourism veranstaltet Nilambari am Wochenende diese abendlichen Bustouren zu beleuchteten historischen Gebäuden. Die Fahrzeuge mit offenem Oberdeck starten am Kiosk (S. 82) und am Büro der MTDC (S. 82), wo jeweils auch gebucht werden kann. Nur Barzahlung.

Schlafen

Mumbai hat die teuersten Unterkünfte Indiens. Und nirgendwo hat man hier das Gefühl, für sein Geld eine wirklich angemessene Gegenleistung zu bekommen.

Das übersichtliche Colaba hat die munterste Touristenszene sowie viele Mittelklasse- und Budget-Bleiben. Das benachbarte Fort-Viertel bietet guten Zugang zu den Hauptbahnhöfen; zudem gibt's dort viele Restaurants und Einkaufsmöglichkeiten. Die meisten Spitzenklassehotels liegen am Marine Dr und in den westlichen Vororten.

Ganz egal, wo man absteigt: Unbedingt rechtzeitig reservieren!

Colaba

★ **Sea Shore Hotel** PENSION $
(Karte S. 50; ☎022-22874237; 4. OG, 1-49 Kamal Mansion, Arthur Bunder Rd; EZ/DZ ohne Bad

PREISKATEGORIEN: SCHLAFEN

Die Preiskategorien beziehen sich auf ein Doppelzimmer inklusive Steuern:

$ bis 2500 ₹

$$ 2500–6000 ₹

$$$ über 6000 ₹

700/1100 ₹;) In dieser Unterkunft gibt man sich wirklich Mühe: Die Zimmer sind klein, aber makellos sauber und einladend, und alle haben Flachbild-TVs. Sie gehen von einem Korridor ab, der wie der Gang eines Bahnabteils wirkt. Die Hälfte der Zimmer hat sogar Blick auf den Hafen (die andere aber gar keine Fenster). Die modischen Gemeinschaftsbäder sind gut geputzt und einigermaßen schick. In der Lobby und *manchen* Zimmern gibt's WLAN.

Bentley's Hotel HOTEL **$**

(Karte S. 50; 022-22841474; www.bentleyshotel.com; 17 Oliver Rd; Zi. inkl. Frühstück 2350–3150 ₹ ,Klimaanlage zzgl. 350 ₹;) Das freundliche Hotel liegt mitten in Colaba und gehört Parsen. Traveller werden es lieben oder hassen – je nachdem, in welchem der fünf Apartmentgebäude sie landen. Am besten sind die geräumigen Hauptgebäudezimmer im Kolonialstil (Nr. 31 und 39 haben große Balkone). Nicht zu empfehlen sind die Quartiere an der Henry Rd und JA Allana Marg. Nur Barzahlung.

★ **YWCA** PENSION **$$**

(Karte S. 50; 022-22025053; www.ywcaic.info; 18 Madame Cama Rd; EZ/DZ/3BZ mit Klimaanlage, inkl. Frühstück & Abendessen 2450/3720/5560 ₹, jeweils zzgl. einmalige Mitgliedsgebühr von 50 ₹/Pers.; @) Das gut geführte YMCA ist sein Geld wert und zu Recht populär: Alle Sehenswürdigkeiten in Colaba und im Fort-Viertel sind zu Fuß erreichbar. Die geräumigen, gepflegten Zimmer punkten mit Schreibtischen, Kleiderschränken und vielen TV-Kanälen. In der Lobby ist das WLAN-Signal am besten. Preise inklusive Frühstückbuffet, Abendessen und Tageszeitung.

Hotel Moti PENSION **$$**

(Karte S. 50; 9920518228; hotelmotiinternational@yahoo.co.in; 10 Best Marg; DZ/3BZ mit Ventilator 3000/4000 ₹, mit Klimaanlage 3500/4500 ₹;) Das würdevoll verfallende Haus aus der Kolonialzeit erfreut sich einer Spitzenlage in Colaba. Inhaber Raj erweist sich als perfekter Gastgeber. Die schlichten Zimmer haben in vielen Fällen historischen Charme (z. B. dank prachtvoller Stuckdecken) und sind akzeptabel in Schuss. Darin warten Satelliten-TV auf LED-Bildschirmen und neue, überdurchschnittlich dicke Matratzen. Zukünftig soll die Pension auch einen Dachgarten erhalten.

Regent Hotel HOTEL **$$**

(Karte S. 50; 022-22021518; www.regenthotelcolaba.in; 8 Best Marg; Zi. mit Klimaanlage & inkl. Frühstück 5360 ₹; @) Das Personal des verlässlich guten Hotels kümmert sich sehr engagiert um die Gäste. Gleich abseits von Colabas Hauptstraße gibt's hier prima eingerichtete Zimmer mit viel Platz und hochwertigen Matratzen. Die modernen Bäder haben Marmorböden. Kunst mit Falknerei-Szenen und Nationalflaggen von Golfstaaten weisen darauf hin, wer hier hauptsächlich absteigt.

★ **Taj Mahal Palace, Mumbai** HISTORISCHES HOTEL **$$$**

(Karte S. 50; 022-66653366; https://taj.tajhotels.com; Apollo Bunder; EZ/DZ im Turm ab 16 000/17 500 ₹, im Palast ab 21 000/22 500 ₹; @) Mumbais „Grande Dame" zählt zu den legendären Hotels der Welt: Hier haben schon allerlei Präsidenten und gekrönte Häupter gewohnt. Weite Bogen, Freitreppen, Kuppeln und ein herrlicher Garten mit Pool garantieren Gästen einen unvergesslichen Aufenthalt. Den Zimmern im angrenzenden Turm fehlen die historischen Elemente des eigentlichen Palastes. Dafür bieten viele einen sensationellen Blick auf das Gateway of India.

Angesicht der vielen Spitzenrestaurants und -bars, des Spas und der Freizeiteinrichtungen kann es schon etwas Überwindung kosten, das Hotelgelände zu verlassen. Zudem hat das Taj Mahal nun eine neue Kunstgalerie (klein, aber erkennbar kuratiert) und veranstaltet Gästeführungen (tgl. 17 Uhr), die die Rolle des Hauses in der Stadtgeschichte beleuchten.

★ **Abode Bombay** BOUTIQUEHOTEL **$$$**

(Karte S. 50; 8080234066; www.abodeboutiquehotels.com; 1. Stock, Lansdowne House, MB Marg; Zi mit Klimaanlage & inkl. Frühstück 4760–16 000 ₹;) Die 20 Zimmer des tollen Boutiquehotels sind stilvoll mit kolonialzeitlichen Elementen, Art-déco-Möbeln, Böden aus Recycling-Teakholz und Originalkunst eingerichtet. Die Luxus-Varianten haben prächtige freistehende Badewannen. Das Personal ist sehr gut auf touristische Bedürf-

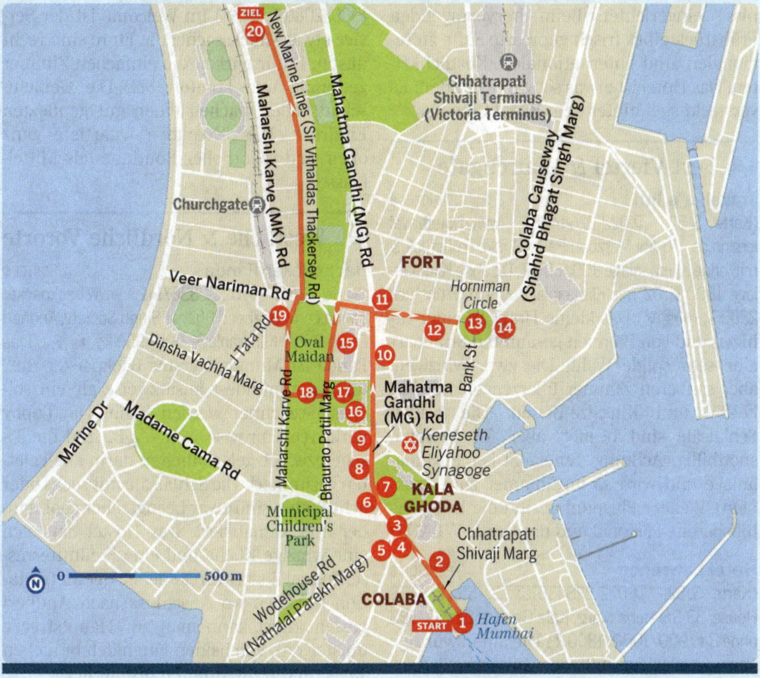

Stadtspaziergang **Architektur**

START GATEWAY OF INDIA
ZIEL LIBERTY CINEMA
LÄNGE/DAUER 3,5 KM/1¾ STD.

Charakteristisch für Mumbai ist der Mix aus Kolonial- und Art-déco-Architektur. Ab dem 1 **Gateway of India** (S. 49) führt die Chhatrapati Shivaji Marg am Wohn- und Geschäftskomplex 2 **Dhunraj Mahal** im Art-déco-Stil vorbei. Dann erreicht sie die Gebäude am 3 **Regal Circle** – darunter das 4 **Regal Cinema** (S. 77) im Art-déco-Stil und das 5 **Majestic Hotel**, heute Laden der Kooperative Sahakari Bhandar. Nun folgt man der MG Rd und passiert dabei die 6 **National Gallery of Modern Art** (S. 51). Gegenüber erhebt sich mit dem Museum 7 **Chhatrapati Shivaji Maharaj Vastu Sangrahalaya** (S. 50) ein Wahrzeichen im indo-sarazenischen Stil. Wieder zurück erblickt man auf der anderen Seite das neo-romanische 8 **Elphinstone College** und die 9 **David Sassoon Library & Reading Room**, deren Mitglieder der Mittagshitze auf dem oberen Balkon entkommen.

Nördlich davon locken die Art-déco-Muster des 10 **New India Assurance Company Building**. Genau voraus liegt eine Parkinsel mit dem 11 **Flora-Brunnen**, der die römische Göttin der Blumen darstellt. Ostwärts führt der Weg entlang der Veer Nariman Rd auf die 12 **St.-Thomas-Kathedrale** (S. 54) zu. Nächste Station ist der 13 **Horniman Circle**, dessen Säulengänge seit den 1860er-Jahren einen botanischen Garten umgeben. Östlich davon ragt die 14 **Town Hall** empor. Zurück am Flora-Brunnen folgt man südwärts der Bhaurao Patil Marg, um sich den 15 **High Court** (S. 50) und die 16 **University of Mumbai** (S. 51) anzusehen. Den besten Blick auf den 84 m hohen 17 **Rajabai-Uhrenturm** (S. 51) der Uni bietet der 18 **Oval Maidan**. Wer sich hier umdreht, kann die kolonialzeitlichen Bauten direkt mit den Art-déco-Perlen an der Maharshi Karve (MK) Rd vergleichen. Deren bemerkenswertester Vertreter ist das 19 **Eros Cinema** (S. 77).

Die Tour endet 1 km weiter nördlich am 20 **Liberty Cinema** (S. 77) im Art-déco-Stil, das einen Saal mit 1200 Plätzen besitzt.

nisse eingerichtet. Beim hervorragenden Frühstück gibt's frisch gepresste Säfte zu regionalen und internationalen Köstlichkeiten. Das Hotel ist etwas schwer zu finden: Es versteckt sich hinter dem Regal Cinema.

Fort-Viertel & Churchgate

Traveller's Inn HOTEL $

(Karte S. 52; ☎022-22644685; www.hoteltravellersinn.co; 26 Adi Marzban Path; B inkl. Frühstück & mit/ohne Klimaanlage 800/600 ₹, DZ ohne Klimaanlage 1800 ₹, DZ mit Klimaanlage & inkl. Frühstück 2300 ₹; ❄@📶) Das kleine Hotel an einer ruhigen und von Bäumen gesäumten Straße ist eine sehr solide Wahl: Die zwar winzigen, aber sauberen Zimmer überzeugen mit Kabel-TV und Kingsize-Betten. Die beiden Schlafsäle sind beengt, aber für Mumbai spottbillig (Achtung: Einer hat keine Klimaanlage und wird so im Sommer zum Backofen). Weitere Pluspunkte sind die Lage, das hilfsbereite Personal und das Gratis-WLAN.

Hotel Lawrence PENSION $

(Karte S. 52; ☎022-22843618; 3. Stock, ITTS House, 33 Sai Baba Marg, Kala Ghoda; EZ/DZ/3BZ ohne Bad 900/1000/1800 ₹) Die altehrwürdige Pension mit freundlichen Inhabern beherbergt Budgetreisende schon seit vielen Jahren. Die einfachen Zimmer sind so gut in Schuss wie die Gemeinschaftsbäder. Zudem liegt das Lawrence ruhig an einem Gässchen in Kala Ghoda; hinauf geht's mit einem klapprigen Aufzug. Auf Frühstück oder WLAN muss man hier jedoch verzichten.

★ **Residency Hotel** HOTEL $$

(Karte S. 52; ☎022-22625525; www.residencyhotel.com; 26 Rustom Sidhwa Marg; EZ/DZ mit Klimaanlage & inkl. Frühstück ab 4640/5120 ₹; ❄@📶) Das Residency ist eines jener verlässlich guten Hotels, in denen man sich nach langer Reise wirklich erholen kann und sich garantiert gut aufgehoben fühlt. Die modernen Zimmer (teils mit dimmbarer Beleuchtung, Minibars, Flachbild-TVs, schicken eigenen Bädern) haben ein prima Preis-Leistungs-Verhältnis. Highlight ist aber das freundliche Personal, das den Spagat zwischen Höflichkeit und Ungezwungenheit perfekt schafft.

Auch die Spitzenlage im Fort-Viertel macht das Hotel zu Mumbais bester Mittelklasseoption.

Welcome Hotel HOTEL $$

(Karte S. 52; ☎022-66314488; www.welcomehotel.co.in; 257 Shahid Bhagat Singh Marg; EZ/DZ inkl. Frühstück ab 3330/3870 ₹, ohne Bad ab 1900/2080 ₹; ❄📶) Im Welcome ist der Service etwas Glückssache; die Flure sind recht düster. Dafür wirken die einfachen Zimmer geräumig und komfortabel. Die Gemeinschaftsbäder machen einen gut gepflegten Eindruck. Die „Executive"-Quartiere ganz oben sind schon eher Boutique- als Mittelklasse.

Westliche & Nördliche Vororte

Backpacker Panda HOSTEL $

(Karte S. 62; ☎022-28367141; www.backpackerpanda.com; Shaheed Bhagat Singh Society, Andheri East; B mit Klimaanlage 900–950 ₹; ❄📶) Das Panda ist Mumbais erstes Backpacker-Hostel, das zumindest ansatzweise als ein solches bezeichnet werden kann. Die Lobby wirkt recht provisorisch – z. B. sind die Tische bzw. Sitzgelegenheiten darin aus Paletten gezimmert. Die Schlafsäle mit sechs oder acht Betten sind zwar beengt, aber cool, sauber und klimatisiert. Das Hostel hat auch eine winzige Küche und eine Freiluftterrasse. Zudem liegt es direkt neben der Metrostation Chakala, wo Anschluss nach Andheri besteht (dort kann man zur Hauptstrecke umsteigen). Von beiden Flughäfen brauchen Taxis rund zehn Minuten bis hierher.

Bombay Backpackers HOSTEL $

(☎9096162246; 1 Uttam Jeevan, LBS Rd, Kurla West; B 1000 ₹; ❄📶) Ein weiterer willkommener Neuzugang zu Mumbais vormals nicht existenter Hostel-Szene: Das künstlerisch angehauchte Bombay mit seiner farbenfrohen Gästeküche liegt seltsamerweise im Osten des belebten BKC-Geschäftsbezirks. Bei den stabilen Schlafsaalbetten (jeweils 6 oder 8) aus Teakholz-Imitat handelt es sich teilweise um Dreifach-Stockbetten. Bis nach Kurla Junction sind es nur ein paar Gehminuten; per Rikscha gelangt man in fünf Minuten nach Bandra.

★ **Juhu Residency** BOUTIQUEHOTEL $$

(Karte S. 62; ☎022-67834949; www.juhuresidency.com; 148B Juhu Tara Rd, Juhu; EZ/DZ mit Klimaanlage & inkl. Frühstück ab 6250 ₹; ❄@📶) In toller Lage (nur fünf Gehminuten bis zum Juhu Beach) empfängt das hervorragende Boutiquehotel seine Gäste mit einladender Atmosphäre und süßlichem Zitronengrasduft in der Lobby. Die nur 18 schicken Zimmer in attraktiven Schokoladen- bzw. Kaffeetönen punkten mit Marmorböden, dunklem Holz, kunstvollen Tagesdecken und Flachbild-TVs.

Gleich drei gute Restaurants und kostenlose Flughafenshuttles runden das Paket ab.

Iskcon PENSION $$

(Karte S. 62; ☎022-26206860; www.iskconmumbai.com/guest-house; Juhu Church Rd, Juhu; Zi. ab 3000 ₹, mit Klimaanlage 4000 ₹; ❄📶) Diese Pension ist interessant, wenn man in Juhus belebtem Iskcon-Komplex wohnen will. Das Gebäude an sich ist ein leicht seelenloser Betonblock. Von manchen Zimmern schauen Gäste jedoch auf das Gelände des Hare-Krishna-Tempels. Ein paar hübsche Elemente wie lackierte *sankheda*-Holzmöbel im Stil des ländlichen Gujarat lockern das spartanische Dekor auf. Zudem ist das Personal sehr freundlich.

Anand Hotel HOTEL $$

(Karte S. 62; ☎022-26203372; anandhote@yahoo.co.in; Gandhigram Rd, Juhu; EZ/DZ mit Klimaanlage ab 2620/4170 ₹; ❄📶) Ja, das Dekor dieses Hotels setzt auf Beigetöne und erinnert irgendwie an die 1950er-Jahre. Die Zimmer sind aber komfortabel und geräumig und haben für die erstklassige Lage an einer ruhigen Straße gleich beim Strand von Juhu ein ordentliches Preis-Leistungs-Verhältnis. Im Haus befindet sich das ausgezeichnete Restaurant Dakshinayan (S. 72), das mit authentischen und preisgünstigen Gerichten punktet. Ein besonders gutes Angebot ist das Hotel für Traveller, die solo unterwegs sind.

Hotel Columbus HOTEL $$

(Karte S. 62; ☎022-42144343; www.hotelcolumbus.in; 344 Nanda Patkar Rd, Vile Parle East; EZ/DZ mit Klimaanlage & inkl. Frühstück ab 4170/4700 ₹; ❄@📶) Die beste Mittelklasseoption im Bereich des Inlandsflughafens: Die Zimmer sind zwar schon etwas betagt und abgenutzt, aber sehr gemütlich. Die Hilfsbereitschaft des Personals äußert sich u. a. in engagierter Problemlösung. Nur etwa 900 m entfernt liegt das Restaurant **Gajelee** (Karte S. 62; ☎022-26166470; www.gajalee.com; Kadamgiri Complex, Hanuman Rd, Vile Parle East; Hauptgerichte 275–875 ₹; ⏰11.30–15.30 & 19–23.30 Uhr), das unter Einheimischen als Geheimtipp in Sachen Seafood gilt.

★ITC Maratha HOTEL $$$

(Karte S. 62; ☎022-28303030; www.itchotels.in; Sahar Rd, Andheri East; EZ/DZ inkl. Frühstück ab 21 450/23 240 ₹; ❄@📶🏊) Dieses Fünfsternehotel vereint Luxus und Lokalkolorit in Mumbai am besten. Hierfür sorgen z. B. das Atrium mit *jharokas* (Gitterfenstern) à la Muhammed Ali Rd oder die für Hotelgäste reservierte Resident's Bar mit Blick auf Aufenthaltsbereiche. Außergewöhnliche Details prägen auch die Zimmer, die indische Opulenz im Überfluss versprühen (u. a. mit großartiger Farbgestaltung). Zum Hotel gehört zudem das Peshawri (S. 73), Mumbais bestes Restaurant mit Landküche im Stil des Nordwestens.

★Taj Santacruz BOUTIQUEHOTEL $$$

(Karte S. 62; ☎022-62115211; https://taj.tajhotels.com/en-in/taj-santacruz-mumbai; Chhatrapati Shivaji International Airport, Inlandsterminal; EZ/DZ ab 14 500/16 500 ₹; ❄@📶) Das kürzlich eröffnete Ultra-Luxushotel nahe dem Inlandsterminal des Flughafens prunkt u. a. mit Kronleuchtern (insgesamt 3500 mundgeblasene Fassungen) und einem Lobby-Aquarium, in dem sich 75 Fischarten tummeln. Absolutes Highlight ist jedoch der sensationelle Lebensbaum in der Restaurantbar Tiqri: Diese Kunstinstallation im Stile Rajasthans besteht aus 4000 Glasscherben.

Die Standardzimmer (fast 54 m²) in beruhigenden Gelb-, Fuchsien- und Orangetönen sind die größten der ganzen Stadt; teilweise bieten sie auch direkten Blick auf die Rollbahnen. Falls man sich einen Aufenthalt nicht leisten kann oder nur auf seinen Anschlussflug wartet, empfehlen sich ein Cocktail in der Bar oder eine Massage im Jiva Spa (ab 4600 ₹).

Hotel Regal Enclave HOTEL $$$

(Karte S. 62; ☎022-67261111; www.regalenclave.com; 4th Rd, Khar West; Zi. mit Klimaanlage & inkl. Frühstück ab 7740 ₹; ❄📶) Dieses Hotel erfreut sich einer Spitzenlage: In einem besonders grünen Teil von Khar liegt es in unmittelbarer Bahnhofsnähe. Zudem haben es Gäste nicht weit bis zu Bandras besten Restaurants, Bars und Einkaufsmöglichkeiten. Von manchen der geräumigen, komfortablen Zimmer mit recht kleinen Bädern schaut man auf die Gleise. Das Dekor der Quartiere ist zwar ganz nett, aber auch langweilig. Preise inklusive Abholung am Flughafen.

Hotel Suba International BOUTIQUEHOTEL $$$

(Karte S. 62; ☎022-67076707; www.hotelsubainternational.com; Sahar Rd, Andheri East; EZ/DZ mit Klimaanlage & inkl. Frühstück ab 7600/8700 ₹; ❄📶) Von dem „Boutique-Businesshotel" ist es nicht weit bis zum internationalen Flughafen (Preise inkl. Gratis-Shuttles). Die 72 stilvollen Zimmer warten mit iPads auf; allerdings bröckelt die Farbe teils etwas von den Wänden ab.

DIE PARSEN

In Mumbai lebt die weltweit größte Parsen-Gemeinde. Diese Ethnie hängt dem antiken Zoroastrismus an und stammt ursprünglich aus dem Iran („Parsi" bedeutet „Perser"): Von dort flohen die Parsen einst im 10. Jh. vor der religiösen Verfolgung durch die neuen muslimischen Herrscher Persiens. Die Zoroastrier glauben monotheistisch an Ahura Mazda, der überall in Mumbai in *agiarys* (Feuertempeln) verehrt wird. Nicht-Parsen haben dort jeweils keinen Zutritt. Die Parsen haben einzigartige Bestattungsriten: Ihre Verstorbenen werden im Freien auf Plattformen platziert, um von Geiern gefressen zu werden. Die berühmteste Stätte dieser Art ist der **Tower of Silence**, der unterhalb der Hanging Gardens (Malabar Hill) von Bäumen vor öffentlichen Einblicken geschützt wird.

Mumbais Parsen-Gemeinde ist sehr einfluss- und erfolgreich. 98,6 % ihrer Mitglieder können lesen und schreiben (höchster Prozentsatz unter allen örtlichen Ethnien bzw. Religionsgemeinschaften). Zur parsischen Prominenz gehören die Tatas (Indiens mächtigste Industriellen-Familie), der Autor Rohinton Mistry und Queen-Sänger Freddie Mercury. Mumbais parsische Cafés geben Travellern den besten kulturellen Einblick: Diese stimmungsvollen Zeitkapseln mit altmodischem Flair sterben hier zwar langsam aus, sind aber oft immer noch gut besucht. Dies gilt z. B. für das Restaurant Brittania, das **Kyaani and Co** (Karte S. 58; Ratan Heights, Dr. D. B. Rd; Snacks 15–120 ₹; ⌚Mo–Sa 7–20.30, So 7–18 Uhr) oder das Cafe Mondegar, das ein beliebter Touristen-Treff ist.

Essen

Mumbai vereint Aromen aus ganz Indien mit internationalen Trends und Geschmacksrichtungen. Die meisten billigen Touristenlokale sind in Colaba ansässig. Im Fort-Viertel und in Churchgate wird's schon etwas teurer bzw. nobler. Diese Tendenz setzt sich gen Mahalaxmi und westliche Vororte fort, wo Mumbais teuerste und kosmopolitischste Restaurants zu finden sind.

Abonnenten von **Brown Paper Bag** (http://brownpaperbag.in/mumbai) erhalten täglich News zu den neuesten und angesagtesten Lokalen.

Colaba

★Bademiya Seekh Kebab Stall MOGULKÜCHE, FAST FOOD $

(Karte S. 50; www.bademiya.com; Tulloch Rd; kleine Gerichte 110–220 ₹; ⌚17–4 Uhr) Früher bestand das Bademiya nur aus diesen beiden benachbarten Straßenständen (einer vegetarisch, der andere nicht-vegetarisch) in Colaba, die nach wie vor extrem beliebt sind: In der turbulenten Atmosphäre laben sich hier zahllose Besucher zu später Stunde an leckerem Essen mit viel Fleisch. Die pikanten Kebabs und Tikka-Rollen kommen frisch vom Grill. Die Inhaber betreiben nun auch normale Restaurants in **Colaba** (Karte S. 50; 19A Ram Mention, Nawroji Furdunji St; Gerichte 150–290 ₹; ⌚13–2 Uhr) und im **Fort-Viertel** (Karte S. 52; ☎022-22655657; Botawala Bldg, Horniman Circle; Hauptgerichte 190–410 ₹; ⌚11.30–1.30 Uhr).

Olympia MOGULKÜCHE $

(Karte S. 50; Rahim Mansion, 1 Shahid Bhagat Singh Marg; Gerichte 80–140 ₹; ⌚7–23.45 Uhr) Der schlichte Oldtimer mit Mogulküche ist für seine günstigen Fleischgerichte bekannt. So empfiehlt sich hier u. a. das *masala kheema* (pikantes Hackfleisch; 50 ₹) plus Roti zum Frühstück. Der *seekh*-Kebab (160 ₹) und das in Butter gebratene Hähnchen-Masala (90 ₹) sind ebenfalls super.

Theobroma CAFÉ $$

(Karte S. 50; www.theobroma.in; 24 Cusrow Baug, Shahid Bhagat Singh Marg; Süßwaren 60–190 ₹, kleine Gerichte 180–200 ₹; ⌚7–23 Uhr) Die alteingesessene Patisserie serviert prima Kaffee zu perfekten Kuchen, Torten und Brownies. Das Angebot wechselt regelmäßig, ist aber immer spitze. Besonders beliebt ist z. B. die Schokoladen-Mohn-Rolle. Zum Brunch empfehlen sich die *akoori* (parsische Rühreier) mit grünen Mangos. Die große und luftige **Filiale in Bandra** (Karte S. 62; 33rd Rd nahe der Linking Rd, Bandra West; Süßwaren 60–190 ₹; ⌚8–24 Uhr) hat eine kürzere Karte.

★Indigo FUSION, EUROPÄISCH $$$

(Karte S. 50; ☎022-66368980; www.foodindigo.com; 4 Mandlik Marg; Hauptgerichte 885–2185 ₹; ⌚12–15 & 19–23.45 Uhr; 📶) Für diese sehr vornehme Institution in Colaba wurde ein kolonialzeitliches Anwesen zum Gourmettempel umgebaut. Serviert wird hier einfallsreiche europäische und asiatische Nobelküche. Gäste können sich zudem auf eine lange Weinkarte, ein elegantes Ambiente und eine großartige Dachterrasse freuen. Sehr populär sind z. B. die Sahne-Ravioli mit Kürbis und Salbei oder die mit Ahornsirup und Orangensaft glasierte Entenbrust – die perfekte Alternative zu Käsemakkaroni und Lasagne! Rechtzeitig reservieren.

Indigo Delicatessen CAFÉ $$$
(Karte S. 50; www.indigodeli.com; Pheroze Bldg, Chhatrapati Shivaji Marg; Sandwiches/Hauptgerichte ab 625/645 ₹; ⏲8.30–24 Uhr; 📶) Das belebte, schicke Caférestaurant empfängt Gäste mit cooler Musik und schweren Holztischen. Auf der Karte stehen Ganztagsfrühstück (399–725 ₹), schnörkellose internationale Klassiker (z. B. Schweinerippchen), dünnkrustige Pizzas und raffinierte Sandwiches. Wegen des stets starken Betriebs muss man mitunter recht lang auf sein Essen warten.

Table FUSION $$$
(Karte S. 50; ☎022-22825000; www.thetable.in; Kalapesi Trust Bldg, Apollo Bunder Marg; kleine Gerichte 405–1075 ₹, Hauptgerichte 825–1375 ₹; ⏲12–16 & 19–1 Uhr, Tee 16.30–18.30 Uhr; 📶) Starkoch Alex Sanchez aus San Francisco ist in Colaba ungemein angesagt: Er gibt sich stets größte Mühe, Gelüste nach Abendessen ohne Curry vollauf zu befriedigen. Die Zutaten für seine täglich wechselnde Fusion-Küche mit internationalen Einflüssen kommen frisch vom Markt. Besonders lecker sind der knackige Grünkohl-Salat mit iranischen Datteln und gerösteten Pistazien, die Spaghetti mit Zucchini, Mandeln und Parmesan oder die Taglierini mit schwarzen Trüffeln.

Basilico MEDITERRAN $$$
(Karte S. 50; ☎022-66345670; www.cafebasilico.com; Sentinel House, Arthur Bunder Rd; Hauptgerichte 320–950 ₹; ⏲9–0.30 Uhr; 📶) Das europäisch geprägte Basilico serviert leckere Süßigkeiten und erweist sich in veganer bzw. vegetarischer Hinsicht als sehr kreativ. Die schmackhaften Salate (ab 320 ₹) enthalten z. B. Quinoa, Bio-Avocado und Papaya. Unter den vielen anderen interessanten Optionen sind u. a. marokkanische Tagines ohne Fleisch. An dem knusprigen Schokoladenkuchen kann man quasi nicht vorbeilaufen, ohne hineinzubeißen! Das Lokal ist bei Mumbais Oberschicht sehr beliebt.

Die **Filiale in Bandra** (Karte S. 62; St. John Rd, Pali Naka, Bandra West; Hauptgerichte 320–950 ₹; ⏲9–24 Uhr; 📶) hat Freilufttische.

Selbstversorger

Colaba Market MARKT $
(Karte S. 50; Lala Nigam St; ⏲7–23 Uhr) Bunter, stimmungsvoller Straßenmarkt mit frischem Obst und Gemüse.

Star Daily SUPERMARKT $
(Karte S. 50; www.starbazaarindia.com; Sanghvi House, 3rd Pasta Lane, Colaba; ⏲10–21.30 Uhr) Der neue, nach westlichem Vorbild gestaltete Supermarkt von Tata/Tesco ist in Colaba der beste seiner Art. In den klimatisierten Räumlichkeiten finden Selbstversorger alles Nötige (auch frisches Obst und Gemüse).

Fort-Viertel & Churchgate

K Rustom SÜSSWAREN $
(Karte S. 52; 87 Stadium House, Veer Nariman Rd, Churchgate; Süßwaren 30–80 ₹; ⏲Mo–Sa 9.30–23, So 15–23 Uhr) Hier gibt's nur ein paar Kühlschränke aus Metall. Doch darin lagern 48 Sorten von Eiscreme-Sandwiches, mit denen K Rustom die Süßschnäbel unter Mumbais Einwohnern seit 1953 begeistert.

STRASSENIMBISSE

Mumbais Imbisskultur ist viel reicher als die vieler westlicher kulinarischer Traditionen. Die Stände werden in der Regel am späten Nachmittag aufgebaut, Chai begleitet die gebratenen Köstlichkeiten, für die man pro Stück zwischen 10 und 80 ₹ bezahlt.

Das Imbissessen ist überwiegend vegetarisch. Am Strand von Chaupati kann man Mumbais berühmte *bhelpuri* (Puffreis mit frittierten runden Teigstückchen, Linsen, Zwiebeln, Kräutern und Chutney) probieren. Stände, die Samosas, *pav bhaji* (gewürztes Gemüse und Brot), *vada pav* (Sandwich mit frittierten Linsenbällchen), *bhurji pav* (Rührei mit Brot) und *dabeli* (eine Mixtur aus Kartoffeln, Gewürzen, Erdnüssen und Granatäpfeln auf Brot) anbieten, finden sich überall in der Stadt.

Wer Lust auf Fleisch hat, eilt in die Mohammed Ali Rd und die Merchant Rd in Kalbadevi, die wegen ihrer Kebabs berühmt sind. In Colaba ist der Bademiya Seekh Kebab Stall eine spätabendliche Institution wegen der Fladen mit Hühnchen-Tikka.

Auch das Angestelltenviertel im Norden von Kala Ghoda ist ein gutes Jagdrevier für Straßensnacks.

Badshah Snacks & Drinks INDISCH $

(Karte S. 58; 52/156 Umrigar Bldg, Lokmanya Tilak Marg; Snacks & Getränke 55–240 ₹; ⌚7–0.30 Uhr) Gegenüber vom Crawford Market laben sich Hungrige mit kleinem Geldbeutel hier seit über 100 Jahren an Snacks, Fruchtsäften und dem berühmten *falooda* (Getränk aus Rosensirup, Milch, Sahne, Nüssen und Fadennudeln) – auch erhältlich als *kulfi falooda* (mit Eiscreme) oder *kesar pista falooda* (mit Saffran und Pistazien).

★ **La Folie** CAFÉ $$

(Karte S. 52; www.lafolie.in; 16 Commerce House, Kala Ghoda; Kuchen 260 ₹; ⌚12–23 Uhr) Das winzige Café in Kala Ghoda schlägt Schokoladen- und Kuchenfans sofort in seinen Bann: In Frankreich hat Inhaber Sanjana Patel sieben Jahre lang die (süchtig machende?) Kunst der Backwaren- und Schokoladenherstellung erlernt – offensichtlich sehr erfolgreich. Am besten den köstlichen Madagaskar-Schokoladenkuchen mit Himbeer-Mousse oder das Infinite Caramel (gesalzenes Haselnuss-Karamell) bestellen und dazu eine Latte macchiato (150 ₹) trinken.

★ **Samrat** GUJARAT-KÜCHE $$

(Karte S. 52; www.prashantcaterers.com; Prem Ct, J Tata Rd; Thalis mittags/abends 330/415 ₹; ⌚12–23 Uhr; ❄) Das klimatisierte Samrat serviert à la carte und schenkt Bier aus. Die meisten Gäste entscheiden sich aber zu Recht für das berühmte Thali im Stile Gujarats: ein wahres Feuerwerk aus Geschmack, Konsistenz, Süße und Würze – bestehend aus vier Currys, drei Chutneys, Quark, Rotis und allerlei Häppchen.

A Taste of Kerala KERALA-KÜCHE $$

(Karte S. 52; Prospect Chambers Annex, Pitha St, Fort; Hauptgerichte 96–250 ₹, Thalis ab 170 ₹; ⌚9–24 Uhr) Das preiswerte Lokal mit freundlichem Personal serviert seine Kerala-Küche in einem klimatisierten Speiseraum. Auf der Karte stehen viele Gerichte mit Kokosmilch und andere südindische Köstlichkeiten. Empfehlenswert sind z. B. die tollen Thalis auf Bananenblättern oder die Seafood-Specials wie das Garnelen-Masala mit Pfeffer. Zum Nachtisch unbedingt den *payasam* (Reispudding mit Palmzucker und Kokosmilch) bestellen!

Brittania PARSISCH $$

(Karte S. 52; Wakefield House, Ballard Estate; Hauptgerichte 250–900 ₹; ⌚Mo–Sa 12–16 Uhr) Diese parsische Institution ist die Domäne des 95-jährigen Boman Kohinoor, der Gäste mit seinen Geschichten verzaubert und immer noch die Bestellungen selbst entgegennimmt. Die Spezialitäten des Hauses sind *dhansak* (Fleisch mit Curry-Linsen und Reis) und Beeren-*pulao* – Lamm- oder Hühnerfleisch (gewürzt und entbeint), Gemüse oder Eier, jeweils mit einem Berg Basmati-Reis und säuerlichen Berberitzen-Beeren (aus dem Iran importiert). Nur Barzahlung.

Oye Kake NORDINDISCH $$

(Karte S. 52; 13C Cawasji Patel Rd; Hauptgerichte 209–289 ₹; ⌚11–16 & 19–23 Uhr) Das lauschige Lokal mit rein vegetarischer Punjab-Küche serviert täglich ein Thali (219 ₹), das für seine Authentizität berühmt und bei örtlichen Büroangestellten extrem beliebt ist. Unter den Spezialitäten des Hauses sind *paneer tikka masala*, *sarson da saag* (Curry mit Sareptasenf; saisonal von Dez.–Feb.) und *paratha* (ungesäuertes Fladenbrot). Dazu gibt's hervorragende Lassis. Oft muss man auf einen freien Tisch warten.

Pantry CAFÉ $$

(Karte S. 52; www.thepantry.in; Erdgeschoss, Yashwanth Chambers, Military Square Lane, B. Bharucha Marg, Kala Ghoda; Frühstück/Gerichte ab 195/275 ₹; ⌚8.30–23 Uhr; 📶) 🍃 Das Bäckereicafé verkauft leckere Pies, Bio-Brot, Suppen, Sandwiches (Tipp: die köstliche getoastete Variante mit Käse), gute Hauptgerichte und kalt gebrauten Kaffee. Die Frühstücksauswahl ist legendär – empfehlenswert sind die Rühreier mit Tomaten, Greyerzerkäse und Schinken aus der Region oder die Vollkornwaffeln mit Früchten. Das historische Gebäude wurde elegant restauriert und erinnert stilmäßig an Martha Stewart.

Shree Thakkar Bhojnalaya INDISCH $$

(Karte S. 58; 31 Dadisheth Agyari Lane, Marine Lines; Thalis 500 ₹; ⌚Mo–Sa 11.30–15 & 19–22.30, So 11.30–15.30 Uhr) Das beliebte Thali-Lokal (gegr. 1945) zählt zu den ältesten in Mumbai und hat viele treue Stammgäste. Auf den Tischdecken in festlichen Lavendeltönen landen zahllose und höchst aromatische Festpreismenüs aus Gujarat bzw. Rajasthan. Darunter sind viele *farsans* (Häppchen) und leckere vegetarische Currys. Die klimatisierten Räumlichkeiten bieten willkommene Erholung vom Trubel drunten auf der Straße.

Suzette FRANZÖSISCH $$

(Karte S. 52; www.suzette.in; Atlanta Bldg, Vinayak K. Shah Marg, Nariman Point; Gerichte 300–450 ₹; ⌚Mo–Sa 9–23 Uhr; 📶) 🍃 Das ruhige Lokal im Pariser Stil verwendet nach Mög-

DABBA-WALLAHS

Es ist ein kleines Logistik-Wunder: In Mumbai gibt es 5000 *dabba-wallahs* (wörtlich „Essensbehälter-Personen"; auch *tiffin-wallahs* genannt), die unermüdlich rackern, um den Büroangestellten in der ganzen Stadt ein warmes Mittagessen zu liefern (und für die Armen am Abend, eine Initiative seit 2015).

Jeden Tag werden Lunchpakete von Restaurants oder Privathäusern abgeholt und auf dem Kopf, auf Fahrrädern oder mit dem Zug zu einer zentralen Sammel- und Verteilstelle gebracht. Ein ausgeklügeltes System aus Zahlen und Farben (viele *wallahs* sind Analphabeten) weist auf das Ziel der Pakete hin. Mehr als 200 000 Mahlzeiten werden Tag für Tag ausgeliefert – immer pünktlich, egal ob bei Regen (Monsun) oder brütend heißem Wetter.

Dieses Liefersystem gibt es schon seit über einem Jahrhundert und auf 6 Mio. Lieferungen kommt im Schnitt nur ein Irrläufer (eine Forbes-Analyse 2002 ergab, dass die Verlässlichkeit der *dabba-wallahs* bei 99,999999 % auf dem sogenannten Six-Sigma-Level liegt). Das System war auch Gegenstand der Harvard Business School Studie 2010.

Diese Meister der Botengänge kann man vormittags an den Bahnhöfen Churchgate und CST sehen.

lichkeit Bio-Zutaten und lässt entspannende Lounge-Musik laufen. Die leckeren Crêpes, Toasts, Salate und Säfte locken Scharen von curry-müden Ausländern hierher. Fans süßer Crêpes bestellen am besten die Variante mit Bio-Palmzucker. Wer's lieber pikant mag, ordert am besten den Toast mit Tomaten, Mozzarella, Rahmspinat und Feta.

Die **Filiale in Bandra** (Karte S. 62; St. John St, Pali Naka, Bandra West; Hauptgerichte 220–560 ₹; ⌚9–23 Uhr) 🍃 hat Freilufttische und täglich geöffnet.

Kala Ghoda Café CAFÉ **$$**
(Karte S. 52; www.kgcafe.in; 10 Ropewalk Lane, Kala Ghoda; Hauptgerichte 170–530 ₹; ⌚Mo–Fr 8.30–23.45, Sa & So 8–23.45 Uhr; 📶) 🍃 Das unkonventionelle Café war früher winzig, wurde aber 2016 um ein historisches Hinterzimmer im Mumbaier Stil erweitert. So bietet es nun mehr Platz für sein Stammpublikum (Künstler und Künstlertypen). Auf den Tisch kommen hier Bio-Kaffee bzw. -Tee, Sandwiches, Salate und Frühstück. An den Wänden können meist ein paar interessante Kunstwerke oder Fotografien bewundert werden.

★ **Burma Burma** BIRMANISCH **$$$**
(Karte S. 52; ☎022-40036600; www.burmaburma.in; Oak Lane abseits der Mahatma Gandhi Rd; Gerichte 330–500 ₹; ⌚12–14.45 & 19–23 Uhr; 📶) Das stilvolle Restaurant paart modernes Design elegant mit ein paar traditionellen Artefakten (an einer Wand hängen Gebetsmühlen). In diesem attraktiven Ambiente wird hier birmanische Küche serviert. Die aufwendigen und anspruchsvollen Gerichte sind ihr Geld wert. Auf der Karte stehen z. B. einfallsreiche Salate (Tipp: die tolle Variante mit eingelegten Teeblättern) und Currys. Unter den Suppen ist eine sensationelle *Oh No Khow Suey* (Brühe mit Nudeln und Kokosmilch). Kein Alkoholausschank.

★ **Khyber** MOGULKÜCHE, INDISCH **$$$**
(Karte S. 52; ☎022-40396666; www.khyberrestaurant.com; 145 Mahatma Gandhi Rd; Hauptgerichte 510–1100 ₹; ⌚12.30–16 & 19.30–23.30 Uhr) Das Dekor des vielgelobten Khyber huldigt dem äußersten Nordwesten Indiens mit Wandbildern von turbantragenden Mogulherrschern, viel freiliegendem Backstein und Öllaternen. Ein afghanischer Warlord würde sich hier vermutlich pudelwohl fühlen. Der kulinarische Schwerpunkt auf Fleisch resultiert u. a. in zarten Kebabs und aromatischen Currys. Hinzu kommen viele Klassiker aus dem Tandur, die in der berühmten roten Masala-Sauce des Restaurants brutzeln.

Mahesh Lunch Home SEAFOOD **$$$**
(Karte S. 52; ☎022-22023965; www.maheshlunchhome.com; 8B Cowasji Patel St, Fort; Hauptgerichte 230–640 ₹; ⌚11.30–16 & 18–23 Uhr) Das Mahesh eignet sich bestens, um Seafood à la Mangaluru oder China in Mumbai zu probieren. Bekannt ist das Lokal u. a. für Frauenfisch, Brachsenmakrele, Hummer und Krabben (diese am besten mit einer Sauce aus Butter, Knoblauch und Pfeffer bestellen).

Die **Filiale in Juhu** (Karte S. 62; ☎022-66955554; Juhu Tara Rd; Hauptgerichte 350–975 ₹; ⌚12–15.30 & 19–0.30 Uhr; 📶) ist größer und hat eine längere Karte.

Trishna SEAFOOD **$$$**
(Karte S. 52; ☎022-22703214; www.trishna.co.in; Ropewalk Lane, Kala Ghoda; Hauptgerichte

400–1800 ₹; ⌚Mo–Sa 12–15.30 & 18.15–24, So 12–15.30 & 19–24 Uhr) An einem ruhigen Sträßchen in Kala Ghoda versteckt sich das lauschige und vielgelobte Trishna hinter einem schlichten Eingang. Dies ist kein Trendlokal: Das Dekor wirkt altmodisch, die Tische stehen zu eng, die Karte ist eventuell etwas zu lang. Doch dafür entschädigt das großartige Seafood im südindischen Stil. Probieren: das Fisch-Tikka à la Hyderabad, die Riesengarnelen mit grüner Pfeffersauce und die hervorragenden Krabbengerichte.

Mamagoto ASIATISCH $$$

(Karte S. 52; ☎022-61054586; www.mamagoto.in; 5 Surya Mahal, B. Bharucha Marg, Kala Ghoda; Hauptgerichte 529–799 ₹; ⌚12–23.30 Uhr; 📶) Mamagoto bedeutet „mit Essen spielen" auf Japanisch. Und dieses verrückte und beliebte Lokal ist zweifellos unterhaltsam: In relaxter Atmosphäre warten hier coole Musik und abgedrehtes Dekor im Pop-Art- bzw. Agitprop-Stil. Intensive Aromen aus ganz Asien prägen das hervorragende Essen. Großartig schmeckt z. B. der malaysische Curry à la Penang; die feurig-scharfe Bangkok Bowl ist mit vielen Gewürzen verfeinert.

Das Lokal hat eine **Filiale in Bandra** (Karte S. 62; ☎022-61054585; Gazebo House, 133 Hill Rd, Bandra West; Hauptgerichte 529–799 ₹; ⌚12–23.30 Uhr; 📶).

Selbstversorger

Nature's Basket SUPERMARKT $

(Karte S. 52; www.naturesbasket.co.in; 27 Khetan Bhavan, 198 Jamshedi Tata Rd, Churchgate; ⌚8–22 Uhr) Die Filialen der ökobewussten Nobel-Supermarktkette punkten mit frischem Obst bzw. Gemüse, einer Feinkosttheke, vielen ausländischen Produkten und einer recht großen Bio-Abteilung.

Von Kalbadevi bis Mahalaxmi

Sardar STRASSENESSEN $

(Karte S. 58; 166A Tardeo Rd Junction, Tulsiwadi; pav bhaji ab 125 ₹; ⌚11–2 Uhr) Wer vor indischem Straßenessen zurückscheut, kann in dieser Institution einen von Mumbais beliebtesten Straßensnacks probieren: *pav bhaji*. Dieser mit Curry gewürzte Gemüsemix wird zuerst lang auf verschiedenen *tawas* (Kochplatten) gegart und dann mit riesigen Butter-Fladenbroten serviert. Rechtzeitig anstehen: Alle Tische werden gleichzeitig neu vergeben.

New Kulfi Centre EISKREM $

(Karte S. 58; 556 Marina Mansion, Sukh Sagar, Sardar V. Patel Rd, Girgaon; *kulfi* 40–90 ₹/100 g; ⌚9.30–1 Uhr) Hier gibt's das wohl beste *kulfi* (feste indische Eiscreme) der Welt in gleich 36 Geschmacksrichtungen. Zu den leckersten Sorten gehören Pistazie, *malai* (Sahne) und Mango.

Cafe Noorani NORDINDISCH $$

(Karte S. 58; www.cafenoorani.com; Tardeo Rd, Haji Ali Circle; Hauptgerichte 140–450 ₹; ⌚8–23.30 Uhr) Das günstige Lokal alter Schule ist vor oder nach einem Besuch der Haji Ali Dargah (S. 55) ein unverzichtbarer Zwischenstopp. Der Schwerpunkt liegt hier auf Mogul- und Punjabi-Küche – darunter perfekte Kebabs vom Holzkohlegrill und beste Biryanis (Tipp: der Chicken Tikka Biryani; 300 ₹).

Westliche Vororte

Im Norden Mumbais sind die angesagtesten Restaurants zu Hause; vor allem in Bandra-West und Juhu.

Hotel Ram Ashraya SÜDINDISCH $

(Bhandarkar Rd, King's Circle, Matunga East; kleine Gerichte 40–75 ₹; ⌚5–21.30 Uhr) Im Tamilen-Viertel King's Circle ist das 80 Jahre alte Restaurant bei Familien aus dem Süden wegen seiner tollen Dosas, *idlis* (runde, weiche, fermentierte Reiskuchen) und *uttapams* (Pfannkuchen mit Belag) ausgesprochen beliebt. Der Filterkaffee ist stark und schmeckt aromatisch. Das Angebot wechselt täglich (keine englische Speisekarte). Das Lokal befindet sich direkt vor dem östlichen Ausgang des Bahnhofs Matunga Rd.

★ **Dakshinayan** SÜDINDISCH $$

(Karte S. 62; Anand Hotel, Gandhigram Rd, Juhu; Hauptgerichte 130–250 ₹; ⌚Mo–Sa 11–23, So ab 8 Uhr) Mit *rangoli* an den Wänden, Kellnern in Lungis und Frauen in Saris, die hier zu Mittag essen (die *chappals* – Sandalen – haben sie unter dem Tisch ausgezogen), wirkt das Dakshinayan wie ein echtes Stück Tamil Nadu. Die *dosas*, *idli* und *uttapam* haben genau die richtige Konsistenz, die Chutneys sind frisch und schmecken wie hausgemacht, und die *rasam* (Tomatensuppe mit Gewürzen und Tamarinde) ist die beste in Mumbai. Zum Abschluss gibt's südindischen Filterkaffee im Edelstahlservice.

Kitchen Garden by Suzette CAFÉ $$

(Karte S. 62; www.suzette.in; 9 Gasper Enclave, St. John St, Bandra West; kleine Gerichte 190–550 ₹; ⌚9–23 Uhr; 📶) 🌿 Das neue tolle Bio-Café wird vom selben französischen Dreiergespann wie das Suzette geleitet. Es kuriert das

Heimweh mit vielen gesunden Salaten, Sandwiches und kaltgepressten Säften. Der Kaffee stammt von Kooperativen bzw. Bio-Plantagen aus Maharashtra und aller Welt. Der ebenfalls hervorragende Burrata-Käse wird von einem amerikanisch-indischen Hare-Krishna-Anhänger in Gujarat hergestellt.

★ Yoga House CAFÉ $$
(Karte S. 62; www.yogahouse.in; Nargis Villa/Water Bungalow Sherly Rajan Rd, Bandra West; kleine Gerichte 140–390 ₹; ⌚8–21.30 Uhr; 📶) Perfekt, um vor Mumbais Straßentrubel zu flüchten: Das kleine Refugium im Bungalow desYoga House (S. 61) punktet mit Pastelltönen, verstreuten Kissen und allerlei Topfpflanzen. Das sehr kreative und gesunde Vollwertessen mit viel Rohkost ist größtenteils vegan. Von den Spezialitäten des Hauses sind die Salate (215–370 ₹) am berühmtesten – gefolgt von den Toasts aus zehn Getreidesorten (130 ₹), den Suppen und den aufgepeppten Kartoffelpuffern mit Spinat, Mozzarella und Paprika.

Goila Butter Chicken INDISCH $$
(☎8080809102; www.goilabutterchicken.com; 26 Sai Kanwal Complex, JP Rd, Andheri West; Hauptgerichte 275–335 ₹; ⌚12–15 & 18–24 Uhr) Dieser Gourmet-Imbiss (nur Mitnahme/Lieferservice) ist Pflicht. Denn hier widmet sich Promi-Koch Saransh Goila einem der bekanntesten Gerichte Indiens: dem Butterhuhn. Goila (Gewinner der *Food Food Maha Challenge* im indischen Fernsehen) bereitet die Sauce genau richtig zu – als einen perfekten Mix aus Schärfe und Aroma. Serviert wird das Huhn auf traditionelle Art, mit Paneer, als Biryani oder in einer Teigrolle. Liefert auch zu Hotels im Bereich des Flughafens.

Raaj Bhog GUJARAT-KÜCHE $$
(Karte S. 62; 3rd Rd, Cosmos Commercial Center, Khar West; Gerichte 180–300 ₹; ⌚11–15.30 & 19–23 Uhr) In diesem Stadtteil sind erschwingliche Restaurants ziemlich rar. Da freut man sich wohl über dieses freundliche Lokal am Bahnhof Khar. Das Thali mit allem Drum und Dran (330 ₹; All-You-Can-Eat) ist so üppig wie vielfältig. Das fröhliche Personal quasselt einem die Ohren weg.

★ Peshawri NORDINDISCH $$$
(Karte S. 62; ☎022-28303030; www.itchotels.in; ITC Maratha, Sahar Rd, Andheri East; Hauptgerichte 1600–3000 ₹; ⌚12.45–14.45 & 19–23.45 Uhr) Draußen vor dem internationalen Flughafen liegt dieses Restaurant mit nordindischer Küche, das bei einem Mumbai-Besuch die erste oder letzte Station sein sollte. Das Ganze ist eine exakte Kopie des berühmten Bukhara in Delhi: Karte und Dekor sind identisch. Viele Gäste wählen das *dhal bukhara* (schwarzes Dhal, 24 Std. mit viel Butter gekocht; 800 ₹). Besonders lecker sind jedoch die Kebabs wie der *murgh malai* (Hühnerfleisch aus dem Tandur, mariniert mit Rahmkäse, Malzessig, grünem Chilipulver und Koriander).

Trotz des Fünfsterne-Ambientes mit entsprechendem Preisen kann an den niedrigen Tischen auch traditionell mit den Händen gegessen werden.

★ Bastian SEAFOOD $$$
(Karte S. 62; www.facebook.com/BastianSeafood; B/1, New Kamal Bldg, Linking Rd, Bandra West; Hauptgerichte für 2 Pers. 700–2600 ₹; ⌚Di–So 19–0.45 Uhr; 📶) Das trendige Seafood-Restaurant hat all das Lob zweifellos verdient: Küchenchef Boo Kwang Kim (ein Kanadier mit chinesischen Wurzeln) und dessen Assistent Kelvin Cheung (ein koreanischstämmiger US-Amerikaner) kombinieren hier östliche und westliche Küche auf traumhafte Weise. Zu empfehlen ist die Zweitkarte mit frischen Zutaten vom Fischmarkt: Zuerst eine Option auswählen (Garnelen, Fisch, Mangrovenkrabben oder Hummer), dann die unglaublich komplizierte Liste von ungemein leckeren Saucen aus ganz Asien durchforsten. Unbedingt auch die Lotuswurzeln aus dem Wok probieren!

★ Bombay Canteen INDISCH $$$
(☎022-49666666; www.thebombaycanteen.com; Process House, Kamala Mills, SB Rd, Lower Parel; kleine Gerichte 175–450 ₹, Hauptgerichte 300–975 ₹; ⌚12–1 Uhr; 📶) Hinter Mumbais angesagtestem Restaurant stecken Floyd Cardoz (früher Küchenchef in NYC; Gewinner der Top Chef Masters) und dessen Assistent Thomas Zacharias, der früher einige Zeit im New Yorker Lokal Le Bernardin (3 Michelinsterne) tätig war. Der Schwerpunkt liegt hier auf regionalen Gerichten und traditionellen Aromen aus Indien. Ob Toast im Kejriwa-Stil, Tacos à la Goa (gefüllt mit Pulled Pork auf Vindaloo-Art) oder Guijiyas (frittierte Teigtaschen) mit Hammelfleisch-Curry-Füllung: Alle Optionen begeistern mit Geschmack und Konsistenz vom Feinsten.

Der Incredible India (Wodka, Basilikum, Ingwer, Ananas- und Orangensaft) und die anderen tollen Cocktails (350–900 ₹) läuten einen Ausgeh-Abend in Lower Parel ideal ein. Tische für 19.30, 20, 22 und 22.30 Uhr müssen jeweils reserviert werden. Pflicht ist auch ein Blick auf die begeisterten Gästekommentare.

★ **Masala Library** MODERN-INDISCH $$$

(Karte S. 62; ☎022-66424142; www.masalalibrary.co.in; Erdgeschoss, First International Financial Centre, G Block, Bandra East; Hauptgerichte 500–900 ₹, Probiermenüs 2300–2500 ₹, inkl. Wein 3800–4000 ₹; ⏲12–14.15 & 19–23 Uhr) Das wagemutige Lokal lockt abenteuerlustige Gourmets mit moderner indischer Kreativ-Kost: Hier muss man seine Vorstellungen von der Küche des Subkontinents eventuell korrigieren. Die Probiermenüs gleichen exotischen Genussreisen. Ein Beispiel: Kurz angebratene Pilze in Dillkruste (mit schwarzem Pfeffer und Trüffeln) plus Chili-Ente auf Kaschmir-Art, gefolgt von *jalebi*-Kaviar und Zuckerwatte mit Betelblatt-Aroma zum Dessert.

Ausgehen & Nachtleben

Colaba

★ **Colaba Social** BAR

(Karte S. 50; www.socialoffline.in; Erdgeschoss, Glen Rose Bldg, B. K. Boman Behram Marg, Apollo Bunder; ⏲9–1.30 Uhr; 📶) Die beste Filiale der hippen Kette Social kombiniert in Colaba eine Restaurantbar in Colaba mit Gemeinschafts-Arbeitsplätzen. Am belebten Bartresen bekommt man hervorragende Cocktails (295–450 ₹) wie den Acharroska, der Ost und West bzw. indische Schärfe und brasilianische Süße perfekt kombiniert. Auf der vielfältigen Speisekarte (Hauptgerichte 160–360 ₹) stehen z. B. Fish & Chips, *poutine* (Pommes mit Käse und Bratensauce), Punjab-Küche, Gerichte im Mangaluru-Stil und tolles parsisches Frühstück.

Die Social-Kette betreibt auch zwei Lokale in Lower Parel: das **Todi Mill** (242 Mathuradas Mill Compound; ⏲9–1 Uhr; 📶) und das **Khar** (Karte S. 62; Rohan Plaza, 5th Rd, Ram Krishna Nagar; Hauptgerichte 160–360 ₹; ⏲9–1 Uhr; 📶).

★ **Harbour Bar** BAR

(Karte S. 50; Taj Mahal Palace, Apollo Bunder; ⏲11–23.45 Uhr) Ein Besuch der zeitlosen Bar im Taj Mahal Palace ist Pflicht: Hier wartet eine unschlagbare Aussicht auf das Gateway of India und den Hafen. Die Getränke (Bier/Wein/Cocktail ab 450/670/900 ₹) sind nicht übertrieben teuer, wenn man die dazu servierten Berge von Gratis-Knabberzeug (z. B. riesige Cashew-Kerne) und das Ambiente berücksichtigt.

Woodside Inn KNEIPE

(Karte S. 50; www.facebook.com/WoodsideInn; Indian Mercantile Mansion, Wodehouse Rd; ⏲Mo–Fr 11–1, Sa & So 10–1 Uhr; 📶) Mehr Londoner Pub in Mumbai geht kaum: Das gemütliche, gesellige Woodside schenkt regionale Fassbiere aus (Gateway und Independence; ab 295 ₹/Pint). Zudem serviert es Kneipenessen (Hauptgerichte 425–895 ₹) und hat eine prima Happy Hour mit Double-Time (tgl. 16–20 Uhr).

Cafe Mondegar KNEIPE

(Karte S. 50; Metro House, 5A Shahid Bhagat Singh Marg; ⏲So–Mi 7.30–0.30, Do–Sa 7.30–1 Uhr) Das persische „Mondy's" zieht seit 1871 einen munteren Mix aus Indern und Ausländern an. In erster Linie ist dies eine lärmige Bar, die eiskaltes Kingfisher (220/Krug ₹) ausschenkt. Zudem gibt's hier aber auch viele gute Frühstücksoptionen (130–350 ₹) im US-amerikanischen, englischen und parsischen Stil.

Leopold Café BAR

(Karte S. 50; www.leopoldcafe.com; Ecke Colaba Causeway & Nawroji F Rd; ⏲7.30 Uhr–Mitternacht) Ob man es nun liebt oder hasst: Es gibt kaum einen Traveller, der nicht früher oder später in dieser Touristeninstitution Mumbais landet. Das Leopold's mit seinen klapprigen Deckenventilatoren und dem miserablen Service gibt es schon seit 1871. Die ausgelassene Stimmung sorgt nicht selten dafür, dass man plötzlich mit wildfremden Menschen plaudert. Es gibt auch etwas zu essen und schnulzige DJ-Mucke an den Wochenenden.

Von Kalbadevi bis Mahalaxmi

Haji Ali Juice Centre SAFTBAR

(Karte S. 58; Lala Lajpat Rai Rd, Haji Ali Circle; ⏲5–1.30 Uhr) Diese Saftbar liegt strategisch günstig am Eingang der Haji-Ali-Moschee: Nach deren Besuch kann man sich hier prima mit frischgepressten Säften, Milchshakes (80–380 ₹), super *falooda* und Fruchtsalaten stärken. Tipp: der tolle Triveni (Mango, Erdbeere und Kiwi; 280 ₹).

Westliche Vororte

★ **One Street Over** COCKTAILBAR

(Karte S. 62; Navarang Bldg, 35th Rd abseits der Linking Rd, Khar West; ⏲Di–So 19–1 Uhr; 📶) Die aktuell angesagteste Schänke in Khar ist diese Cocktailbar (Cocktails 500–850 ₹) im Chicagoer Gangsterstil, die vor allem typische

NICHT VERSÄUMEN

BIER AUS MUMBAI

Eiskaltes Kingfisher in verrauchten Kaschemmen dürfte bei den meisten Indien-Touren mit zum Programm gehören. Das landesweit allgegenwärtige Lager aus heimischer Produktion langweilt anspruchsvolle Regionalbierfans jedoch recht schnell. Und da wären auch noch diese widerlichen YouTube-Videos, die am Boden indischer Bierflaschen eine uringelbe *Substanz* mit öliger Konsistenz (größtenteils Glyzerin, das hier oft als Konservierungsmittel dient) erkennen lassen. Zum Wohl? Wohl eher nicht.

In puncto Regionalbier-Trend ist Mumbai zweifellos ein Spätzünder. Stark hopfige IPA-Sorten, dunkle Porters mit schokoladigem Röstaroma und erfrischende Saisongebräue haben sich aber nun auch hier etabliert. Verantwortlich dafür ist Mumbais eigener Gerstensaft-*wallah*: der US-amerikanische Auswanderer Greg Kroitzsh, der mit **Barking Deer** (www.barkingdeer.in; Mathuradas Mill Compound, Senapati Bapat Marg, Lower Parel; ⌚12–1.30 Uhr; 📶) 2013 die erste Kleinbrauerei der Stadt eröffnete. Seitdem rauschen hier die Zapfhähne wie in anderen indischen Städten, die schon etwas früher auf den Bierzug aufgesprungen waren (z. B. Pune, Bangalore, Gurgaon).

Wer Lust auf einen Humpen hat, findet in Andheri West die **Independence Brewing Company** (www.independencebrewco.com; Boolani Estate Owners Premises Co-Op, New Link Rd; ⌚13–1.15 Uhr; 📶) und **Brewbot** (www.brewbot.in; Morya Landmark 1 abseits der New Link Rd; ⌚Mo–Fr 16–1, Sa 12–1 Uhr; 📶). Ein weiteres lohnenswertes Ziel in Mumbais Norden ist der tolle **Doolally Taproom** (Karte S. 62; www.facebook.com/godoolallybandra; Shop 5/6, Geleki, ONGC Colony; ⌚7–1 Uhr; 📶) in Bandra West. In Lower Parel ansässig sind Barking Deer, **White Owl** (www.whiteowl.in; One Indiabulls Center, Tower 2 Lobby, Senapati Bapat Marg; ⌚12–1 Uhr), der **Toit Tap Room** (www.toit.in; Zeba Centre, Mathuradas Mill Compound, Senapati Bapat Marg; ⌚12–1.30 Uhr) und der neue **Woodside Inn** (www.facebook.com/WoodsideInn; Mathuradas Mills Compound, NM Joshi Marg; ⌚Mo–Fr 11–1, Sa & So 10–1 Uhr). In Letzterem kann man 25 Sorten und damit fast alle Mumbaier Biere probieren. Die genannten Optionen in Lower Parel liegen alle in Laufentfernung zueinander. Zudem ist es wohl nur eine Frage der Zeit, bis das Brauen auch im Fort-Viertel und in Colaba beginnt. Die reinen Fassbiere von der Gateway Brewing Company und Bira 91 („Bira" bedeutet „Bruder" auf Panjabi; die „91" ist Indiens Ländervorwahl) sind in der Stadt weit verbreitet.

Belgian Wit ist schnell zum bekanntesten lokalen Bier geworden: Das erfrischende Zitrus-Aroma kommt im schwülen Mumbai optimal zur Geltung. *Jai ho!*

Drinks aus der US-Prohibitionszeit mixt. In dem Laden feierte einst die Oberschicht; heute beschallen hier Haus-DJs ein attraktives und trendiges Publikum mit Hip-Hop. Am langen Gemeinschaftstisch in der Mitte wird gern gesellig bei Drinks und Tapas mit internationalen Einflüssen geplaudert.

★ Aer LOUNGE
(www.fourseasons.com/mumbai; Four Seasons Hotel, 34. Stock, 114 Dr. E. Moses Rd, Worli; ⌚17.30–24 Uhr; 📶) Mumbais beste Hochhaus-Dachbar bietet Traumblick auf Meer, Sonnenuntergang und Stadt. So überraschen die hohen Getränkepreise (Cocktails 1000–1500 ₹) kaum. DJs legen hier jeden Abend House- und Lounge-Sounds auf – auch während der coolen Happy Hour mit Sundownern. Die Barmixer zählen zu den besten der Stadt.

Monkey Bar BAR
(Karte S. 62; Summerville, Ecke 14th & 33rd Rd, Linking Rd, Bandra West; ⌚Mo–Fr 18–1, Sa & So 12–1 Uhr; 📶) Nach Erfolgen in Delhi und Bengaluru hat die coole Gastrotropub-Kette auch einen Ableger in Bandra eröffnet. Die Veranda voller Hipster ist besonders gut, wenn Starkregen in nächster Nähe herunterprasselt. Cocktails mit neckischen Namen (zwecks Verständnis bei Einheimischen nachfragen; 320–650 ₹), regionales Fassbier von Gateway Brewing und DJ-Sounds (Hip-Hop- bzw. Latin-Hits) sorgen dabei für fröhliche Partystimmung.

Masala Bar COCKTAILBAR
(Karte S. 62; www.masalabar.co.in; 1. Stock, Gagangiri Apt, Carter Rd, Bandra West; ⌚12.30–16 & 17–1 Uhr) Man nehme ungewöhnliche Zutaten wie Thymianschaum, Feigenpüree, Öl aus Orangenschalen und Sattu-Limonade. Diese kombiniere man (z. B. durch Schütteln, Rühren oder Aufkochen) mit Alkohol – unter Verwendung von Vakuumierern, Folienwicklern, Siphons, Zentrifugen und Va-

kuum-Kochern. Das Ergebnis sind innovative Cocktails der molekularen Art. Deren Entstehungsort ist diese neue und sehr populäre Strandbar in Bandra. Die Spezialitäten des Hauses kosten jeweils 550 ₹.

Toto's Garage BAR

(Karte S. 62; ☎ 022-26005494; 30th Rd, Bandra West; ⊙ 18–1 Uhr) Diese gesellige, bodenständige Kneipe ist als Autowerkstatt aufgemacht. Man kann also auch in abgeranzten Klamotten kommen, sich ein Bier vom Fass (200 ₹/Glas) gönnen und klassischen Rock hören. Nett ist der hochkant gestellte VW Käfer über der Bar. Die Bar ist immer gut von einem gemischten Publikum besucht.

Olive Bar & Kitchen BAR

(Karte S. 62; ☎ 022-26058228; www.olivebarandkitchen.com; 14 Union Park, Khar West; ⊙ tgl. 20–1, Sa & So auch 12.30–15.30 Uhr; 📶) Das Barrestaurant mediterranen Stils, das mit seinen weiß verputzten Wänden und mit Kerzen beleuchteten Terrassen und Zimmern an Ibiza oder Mykonos denken lässt, ist die Lieblingskneipe der Reichen und Schönen und der angehenden Starlets in Bandra. Die Kulisse ist ideal für inspiriert zubereitete griechische und italienische Speisen (Hauptgerichte 600–1500 ₹), während DJs Stimmung machen. Donnerstags und an den Wochenenden wird es hier voll.

Bad Cafe CAFÉ

(Karte S. 62; www.thebadcafe.com; 22G Kapadia House, New Kantwadi Rd, Bandra West; ⊙ 9–23 Uhr; 📶) 🌿 Komplett versteckt liegt dieses Café an einer ruhigen Seitenstraße der Perry Cross Rd. Bandras Coole und Kreative laben sich hier an Koffeingetränken. Mitinhaber und Kaffee-Kenner Amit Dhanani setzt auf

SCHWULEN- & LESBENSZENE IN MUMBAI

Homosexualität ist in Indien weiterhin illegal. So versteckt sich Mumbais LGBTQ-Szene (vor allem deren Frauenanteil) immer noch recht stark. Dennoch nimmt das Ganze allmählich Fahrt auf: Schwulenfreundliche „sichere Häuser" veranstalten hier inzwischen oft Privatpartys, die auf Gay Bombay angekündigt werden. Ausgesprochene LGBTQ-Bars bzw. -Clubs gibt's in Mumbai aber bisher nicht.

Humsafar Trust (Karte S. 62; ☎ 022-26673800; www.humsafar.org; 3. Stock, Manthan Plaza Nehru Rd, Vakola, Santa Cruz East) Veranstaltet zahllose Programme und Workshops. Eine der lokalen Unterstützergruppen organisiert wöchentlich den „Friday Workshop". Eine weitere Gruppe namens Umang bietet neben Workshops auch Monatsevents (Chill Outs) und betreibt eine Hilfs-Hotline (☎ 99300-95856). Umang kooperiert zudem eng mit dem nur sporadisch erscheinenden, aber bahnbrechenden Magazin Bombay Dost (www.bombaydost.co.in).

Gaylaxy (www.gaylaxymag.com) Indiens bestes schwules Online-Magazin lohnt einen Blick und liefert viele Infos zu Mumbai.

Gay Bombay (www.gaybombay.org) Toller Ausgangspunkt für eigene Recherchen: Auf dem Veranstaltungskalender von GB stehen u. a. selbst organisierte Bar- und Kinoabende – darunter die halbwegs regelmäßig stattfindenden Samstags-Schwulenpartys in der Liquid Lounge am Girgaum Chowpatty. Hinzu kommen Treffs in Bandra, Wandertouren und Picknicks. Zudem liefert GB noch viele weitere Szeneinfos.

Kashish Mumbai International Queer Film Festival (www.mumbaiqueerfest.com; ⊙ Mai) Hervorragendes Jahresevent mit indischen und ausländischen Filmen. 2016 waren dabei 182 Streifen aus 54 Ländern zu sehen.

LABIA (Lesbian & Bisexuals in Action; www.labiacollective.org) In Mumbai ansässige Unterstützergruppe für Lesben und Bisexuelle; mit Beratungsservice für Frauen.

Queer Azaadi Mumbai (www.queerazaadi.wordpress.com) Organisiert Mumbais Pride Parade (www.mumbaipride.in; ⊙ meist Anfang Feb.).

Queer Ink (www.queer-ink.com) Online-Verlag mit sehr guten Büchern, DVDs und Szeneartikeln. Veranstaltet auch ein monatliches Kunst-Event mit Vorträgen, Workshops, Poesie, Comedy, Musik und einem Basar.

Salvation Star Facebook-Community, die LGBTQ-Events bzw. -partys organisiert und bewirbt.

südindische Bio-Bohnen (80% Arabica-Anteil). Seine klassisch ausgebildeten Baristas machen daraus z. B. Espresso, Ristretto, Cortado und Flat White (Cappuccino in Latte-Art). Zum Verweilen laden auch die Hollywoodschaukeln und die Tapas mit internationalen Einflüssen (250–520 ₹) ein.

Cafe Zoe BAR
(www.cafezoe.in; Mathurdas Mills Compound, N. M. Joshi Marg, Lower Parel; ⏲7.30–1.30 Uhr) Das Cafe Zoe ist nicht nur eine weitere schlichte Hipster-Enklave in der umgebauten Baumwollfabrik des Mathurdas Mills Compound: Diese zweistöckige Cafébar wird von freiliegendem Backstein und Metallgeländern dominiert. In toller Atmosphäre gibt's hier starke, fruchtige Cocktails (470–600 ₹) wie Caipiroskas mit dunklem Traubensaft oder Martinis mit Wassermelone. An den Wänden hängen Schwarzweißfotos vom früheren Spinnereibetrieb.

☆ Unterhaltung

In Mumbai warten interessante Livemusik, tolle Theater und immer mehr Comedy-Clubs. Hinzu kommen natürlich noch Kinos und Zuschauersport.

Die Veranstaltungskalender von **Time Out Mumbai** (www.timeout.com/mumbai) und **Insider** (https://insider.in) informieren teils gesondert auch über Livekonzerte. Vor Ort laufen Hindi-Filme leider ohne englischsprachige Untertitel. Tickets für Kino- oder Theatervorstellungen und Sportveranstaltungen können online über **Book My Show** (https://in.bookmyshow.com) gebucht werden.

Royal Opera House OPER
(Karte S. 58; ☎022-23690511; Mama Parmanand Rd; ⏲Theaterkasse 11–18 Uhr) Indiens einziges erhaltenes Opernhaus wurde sechs Jahre lang akribisch restauriert. Nach erfolgreicher Wiederherstellung der kolonialzeitlichen Pracht erlebte das königliche Haus 2016 seine spektakuläre Wiedereröffnung. Hierbei sang u. a. die britische Sopranistin Patricia Rozario, die aus Mumbai stammt. Bei der Restaurierung des dreigeschossigen Zuschauerraums orientierte sich Architekt Abha Narain Lambah an historischen Fotos von vergoldeten Decken, Buntglasfenstern und einem Foyer im indo-europäischen Barockstil.

Liberty Cinema KINO, LIVEMUSIK
(Karte S. 52; ☎022-22084521; www.theliberty cinema.com; 41/42 New Marine Lines, Fort) Das großartige Art-déco-Kino nahe dem Bombay Hospital war früher die Hochburg des Hindi-Films: Bei Premieren schritt hier z. B. Dev Anand über den roten Teppich. Nach harten letzten Jahren erholt sich das Liberty nun wieder, indem es u. a. als Veranstaltungsort für Privatpartys dient.

National Centre for the Performing Arts THEATER, LIVEMUSIK
(NCPA; Karte S. 52; www.ncpamumbai.com; Ecke Marine Dr & Sri V. Saha Rd, Nariman Point; Tickets 150–7500 ₹) Das riesige Kulturzentrum ist das Herz der Mumbaier E-Musik-, Theater- und Tanzszene. Ob experimentelles Theater, Dichterlesungen, Fotoausstellungen, Jazzbands aus Chicago oder indische Klassik: Hier ist jede Woche etwas geboten – und das oft gratis. Die **Vorverkaufsstelle** (Karte S. 52; ☎022-66223724; www.ncpamumbai.com; Ecke Marine Dr & Sri V. Saha Rd, Nariman Point; ⏲9–19 Uhr) liegt am Ende der NCPA Marg.

Regal Cinema KINO
(Karte S. 50; ☎022-22021017; www.regalcinema.in; Shahid Bhagat Singh Marg, Regal Circle, Apollo Bunder; Tickets 100–200 ₹) Hollywood-Blockbuster in einer verblassten Art-déco-Perle.

Wankhede Stadium CRICKET
(Mumbai Cricket Association; Karte S. 52; ☎022-22795500; www.mumbaicricket.com; D Rd, Churchgate; ⏲Stadionkasse 9–18 Uhr) Während der Saison (Okt.–April) finden hier jedes Jahr ein paar Testspiele und internationale Tagesturniere statt. Die Cricket Association liefert Ticketinfos. Wer ein Testspiel verfolgen will, muss wahrscheinlich eine Karte für alle fünf Tage kaufen.

Prithvi Theatre THEATER
(Karte S. 62; ☎022-26149546; www.prithvitheatre.org; Juhu Church Rd, Juhu; Tickets 175–500 ₹) Diese Institution in Juhu eignet sich bestens, um Kunstfilme und Theaterstücke auf Hindi oder Englisch zu sehen. Begleitdrinks liefert das **Prithvi Cafe** (Karte S. 62; kleine Gerichte 35–150 ₹; ⏲10–22.45 Uhr). Beim hervorragenden Hausfestival (Nov.) stehen modernes indisches Theater und internationale Inszenierungen auf dem Programm.

Eros KINO
(Karte S. 52; www.eroscinema.co.in; Maharshi Karve Rd, Churchgate; Tickets 130–180 ₹) Ideal, um Bollywood-Blockbuster an deren Drehort zu sehen.

Metro Big KINO
(Karte S. 52; ☎022-39894040; www.bigcinemas.com; Mahatma Gandhi Rd, New Marine Lines,

BOLLYWOOD-TRÄUME

Mumbai ist das glitzernde Epizentrum von Indiens gigantischer Hindi-Filmindustrie. 1896 zeigten die Gebrüder Lumière im örtlichen Watson Hotel erstmals einen Film auf indischem Boden. Seine Premiere als Drehort feierte Mumbai 1913 mit dem Stummfilm-Epos *Raja Harishchandra*, bei dem manche der rein männlichen Darsteller als Frauen verkleidet waren. 1931 wurde hier dann der erste Tonfilm namens *Lama Ara* produziert. Heute kommen aus Bollywood mehr als 1000 Filme pro Jahr – doppelt so viele wie aus Hollywood. Kein Wunder: Mindestens ein Sechstel der Weltbevölkerung fährt auf diese Streifen ab.

Jeder Teil Indiens hat seine eigene regionale Filmindustrie, aber Bollywood bezaubert die Nation noch immer mit seinen realitätsfernen Filmen, in denen singende und tanzende Liebespaare gegen die Mächte kämpfen, die sich zwischen sie stellen und die sie dann natürlich besiegen. Heutzutage buhlen neben diesen zuckersüßen, hauptsächlich für Familien gemachten Filmen auch viele von Hollywood inspirierte Thriller und Actionfilme um die Gunst der Kinogänger.

Bollywood-Stars können in Indien fast den Status von Göttern erreichen. In den schickeren Lokalitäten Mumbais gehört es zum beliebten Zeitvertreib, nach Filmsternchen Ausschau zu halten. **Bollywood Tours** (Karte S. 52; ☎9820255202; www.bollywoodtours.in; 8 Lucky House, Goa St, Fort; 4-/8-stünd. Tour 6000/10 000 ₹/Pers.) bietet Touren an, bei denen man neben den Wohnhäusern der Stars auch noch ein Film-/TV-Studio besichtigt. Eine Garantie dafür, dabei auch eine Tanznummer live zu sehen, gibt es nicht, und die Wahrscheinlichkeit ist hoch, dass man den Großteil der Zeit im Verkehr feststeckt.

Statisten, aufgepasst!

Manchmal brauchen die Studios auch Europäer, um dem Ganzen einen Touch von internationalem Flair zu geben (oder um freizügige Kleidung zu präsentieren, die Einheimische oft nicht anziehen wollen). Das ist mittlerweile so häufig vorgekommen, dass 100 000 Nachwuchsschauspieler 2008 fast gestreikt hätten. Sie wollten u. a. dagegen protestieren, dass ihre Jobs an Ausländer vergeben werden, die für weniger Geld und schlechtere Arbeitsbedingungen arbeiten.

Wer trotzdem einen Statistenjob ergattern will, muss nur in Colaba (vor allem im Salvation Army Hostel) herumhängen, wo die Agenten der Studios nach Travellern Ausschau halten, um sie für den Dreh am nächsten Tag anzuheuern. Pro Tag, der bis zu 16 Stunden lang sein kann, werden etwa 500 ₹ (mehr für eine Sprechrolle) gezahlt. Man bekommt Mitagessen und Snacks, die Anreise wird normalerweise bezahlt. Aber Achtung: Es kann ein langer, heißer Tag mit viel Herumstehen am Set werden! Nicht jeder macht positive Erfahrungen.

Die Klagen reichen von zu wenig Essen und Wasser bis hin zu gefährlichen Situationen und Einschüchterungsversuchen, wenn die Statisten die Anweisungen des Regisseurs nicht „befolgen". Für manche ist ein solcher Blick hinter die Kulissen aber auch ein faszinierendes Erlebnis. Bevor man sich auf irgendetwas einlässt, sollte man sich unbedingt den Ausweis des Agenten zeigen lassen und vor allem auf seine innere Stimme hören!

Fort; Tickets 150–800 ₹) Nach Renovierung und Umbau ist die feine Dame unter Mumbais Kinos nun ein Multiplex-Filmpalast.

Shoppen

Als Indiens großer und bunter Marktplatz bietet Mumbai ein paar der besten Einkaufsmöglichkeiten des Landes. Ein Tagesbummel über die Märkte nördlich des CST vermittelt eine ortstypische Shoppingerfahrung der klassischen Art. An der Hauptstraße zwischen Colaba und dem Fort-Viertel bauen Buchhändler täglich ihre Stände auf. **Fashion Street** (Karte S. 52; Mahatma Gandhi Rd) verkauft Schnäppchen für den Backpacker-Kleiderschrank. Gute Läden mit Designerklamotten gibt's in Kemp's Corner und Kala Ghoda.

Colaba

Cottonworld Corp BEKLEIDUNG
(Karte S. 50; www.cottonworld.net; Mandlik Marg, Colaba; ⌚Mo–Sa 10.30–20, So 12–20 Uhr) Prima Laden mit stilvollen Mischformen aus indischer und westlicher Mode, hergestellt aus natürlichen Materialien (z. B. Baumwolle, Leinen). Wie Gap auf indisch, aber cooler.

Phillips ANTIQUITÄTEN
(Karte S. 50; www.phillipsantiques.com; Wodehouse Rd, Colaba; Mo–Sa 10–19 Uhr) Verkauft u. a. Art-déco- und Kolonialmobiliar, hölzerne Zeremonialmasken, Silberwaren und viktorianisches Glas. Hinzu kommen hochwertige Reproduktionen alter Fotos, Landkarten und Gemälde.

Bungalow 8 MODE & ACCESSOIRES
(Karte S. 52; www.bungaloweight.com; North Stand, E & F Block, Wankhede Stadium, D Rd, Churchgate; 10.30–19.30 Uhr) Unter den nicht überdachten Tribünen des Cricket-Stadions warten hier viele schöne Dinge (u. a. Bekleidung, Schmuck, Einrichtungsgegenstände) – jeweils echt, hochwertig und kunstvoll von Hand gefertigt. Hinein geht's über Tor 2 an der Vinoo Mankad Rd.

Central Cottage Industries Emporium KUNSTHANDWERK
(Karte S. 50; www.cottageemporium.in; Chhatrapati Shivaji Marg, Apollo Bunder; Mo–Sa 10–19, So 10–18 Uhr) Handwerksartikel (u. a. Pashmina-Schals) aus fairem Handel.

Fort-Viertel & Churchgate

★ **Contemporary Arts & Crafts** HAUSHALTSWAREN
(Karte S. 52; www.cac.co.in; 210 Dr. Dadabhai Naoroji Rd, Fort; 10.30–19.30 Uhr) Statt handgemachter Standard-Souvenirs gibt's hier traditionelles Kunsthandwerk in schicken und hochwertigen Variationen.

★ **Sabyasachi** BEKLEIDUNG
(Karte S. 52; www.sabyasachi.com; Ador House, 6 K Dubash Marg, Fort; Mo–Sa 11–19 Uhr) Ein Blick in den riesigen Luxus-Hochzeitsladen lohnt sich: Rosenölduft wabert durch die großartigen Räumlichkeiten, in denen sich die Kreationen von Sabyasachi Mukherjee (Inhaber und Designer) stapeln. Das Angebot umfasst u. a. Kronleuchter, Antiquitäten, Keramiken, Gemälde und Teppiche. So einen Shop hat man vermutlich noch nie gesehen.

Chimanlals KUNSTHANDWERK
(Karte S. 52; www.chimanlals.com; Wallace St, Fort; Mo–Fr 9.30–18, Sa 9.30–17 Uhr) Traditionelles indisches Papier, das wunderschön bedruckt ist und garantiert zum Briefeschreiben animiert.

Fabindia BEKLEIDUNG, HAUSHALTSWAREN
(Karte S. 52; www.fabindia.com; Jeroo Bldg, 137 Mahatma Gandhi Rd, Kala Ghoda; 10–21 Uhr) Das indische Mainstream-Label mixt Tradition und Moderne. Die Mode aus Baumwolle und Seide wird – genau wie die Haushaltswaren – unter fairen Bedingungen hergestellt.

Nicobar BEKLEIDUNG, HAUSHALTSWAREN
(Karte S. 52; www.nicobar.com; 10 Ropewalk Lane, Kala Ghoda; 11–20 Uhr) Die Inhaber des Good Earth betreiben auch diese neue und tolle Nobel-Boutique. Hier gibt's erlesene Haushaltswaren, Reisetaschen und ausgewählte indische Trendartikel.

Bombay Shirt Company BEKLEIDUNG
(Karte S. 52; 022-40043455; www.bombayshirts.com; Erdgeschoss, 3 Sassoon Bldg, Kala Ghoda; 10.30–21 Uhr) Bei den trendigen Hemden bzw. Blusen der Maßschneiderei kann alles individuell gewählt werden (Kragen, Knöpfe, Manschetten, Nahtbänder). Die großartigen Ergebnisse würden in der Heimat (sofern dies nicht gerade Vietnam ist) ein Vielfaches kosten. Hemden (ab 2000 ₹) sind nach etwa zwei Wochen fertig. Die Schneiderei verschickt bei Bedarf ins Ausland und ist auch in **Bandra** (Karte S. 62; 022-26056125; Erdgeschoss, Kamal Vishrantee Kutir, 24th Rd; 10.30–21 Uhr) vertreten.

Bombay Paperie KUNSTHANDWERK
(Karte S. 52; 022-66358171; www.bombaypaperie.com; 63 Bombay Samachar Marg, Fort; Mo–Sa 10.30–18 Uhr) Der faszinierende Laden repräsentiert eine aussterbende Kunst: Hier gibt's zauberhafte Karten, Skulpturen und Lampenschirme aus handgeschöpftem Papier mit Baumwollanteil.

Chetana Book Centre BÜCHER
(Karte S. 52; www.chetana.com; K. Dubash Marg, Kala Ghoda; Mo–Sa 10.30–19.30 Uhr) Der tolle Buchladen mit Schwerpunkt auf Spiritualität führt viele Titel zum Thema Hinduismus. Das dazugehörige Restaurant serviert leckere Thalis à la Gujarat und Rajasthan (459–595 ₹).

Khadi & Village Industries Emporium BEKLEIDUNG
(Khadi Bhavan; Karte S. 52; 286 Dr. Dadabhai Naoroji Rd, Fort; Mo–Sa 10.30–18.30 Uhr) In der verstaubten Zeitkapsel aus den 1940er-Jahren stapeln sich traditionelle indische Bekleidung, Seidenstoffe, *khadi* (handgewebtes Leinen) und Schuhe. Hinzu kommen sehr beliebte Naturseifen und -shampoos aus eigener Produktion.

Von Kalbadevi bis Mahalaxmi

LM Furtado & Co MUSIKINSTRUMENTE
(Karte S. 58; 022-22013163; www.furtadosonline.com; 540–544 Kalbadevi Rd, Kalbadevi; Mo–Sa 10.30–20 Uhr) Mumbais bester Musikalienhändler verkauft Sitars, Tablas, Akkordeons und Gitarren aus indischer oder ausländischer Produktion. Der etwas anders heißende Ableger **BX Furtado & Sons** (Karte S. 58; Mo–Sa 10.30–20 Uhr) liegt an der Lokmanya Tilak Rd.

Shrujan KUNSTHANDWERK
(Karte S. 62; 022-26183104; www.shrujan.org; Hatkesh Society, 6th North South Rd, JVPD Scheme; Mo–Sa 10–19.30 Uhr) Die gemeinnützige Organisation verkauft hier feine Stickereien, die in 114 Dörfern der Region Kutch (Gujarat) von Frauen hergestellt werden. Dies sichert einerseits den Lebensunterhalt der Stickerinnen und erhält andererseits deren spektakuläre Traditionen. Shrujan betreibt auch eine Filiale in **Breach Candy** (Karte S. 58; 022-23521693; Erdgeschoss, Krishnabad Bldg, 43 Bhulabhai Desai Marg; Mo–Sa 10–19.30 Uhr).

Mini Market/Bollywood Bazaar/Super Sale ANTIQUITÄTEN, SOUVENIRS
(Karte S. 58; 9820032923; 33/31 Mutton St; Sa–Do 11–20 Uhr) Nippes mit Kinobezug (u. a. alte Bollywood-Filmplakate).

ABSTECHER

BASARVIERTEL

Mumbais wichtigstes Marktviertel ist eines der faszinierendsten in Asien – eine unglaublich dichte Zusammenballung von Menschen und Geschäften, die einen Angriff auf alle Sinne darstellt. Wer gerade aus Europa mit dem Flugzeug oder mit dem Taxi aus Bandra gekommen ist, muss sich erst einmal festhalten: Dieses Arbeiterviertel erstreckt sich vom Crawford Market bis zum Chor Bazaar 2,5 km weiter nördlich. Der Massenandrang ist so groß (und die Gassen sind so eng), dass man mindestens zwei oder drei Stunden braucht, um die Gegend einigermaßen gründlich zu erkunden.

Man kann hier fast alles kaufen, da aber die Läden und Stände hauptsächlich auf den einheimischen Geschmack ausgerichtet sind, besteht das Hauptvergnügen nicht im Kaufen von Souvenirs, sondern im Beobachten des Straßenlebens und der Erforschung der kleinen Gassen. Die Märkte gehen ineinander über und bilden eine amöbenartige Masse, es gibt aber einige Wahrzeichen, an denen man sich orientieren kann.

Crawford Market (Mahatma Phule Market; Karte S. 58; Ecke DN & Lokmanya Tilak Rd; 10.30–21 Uhr) Der Crawford Market ist der größte in Mumbai und bietet die letzten Spuren des britischen Bombay, ehe der Tumult der zentralen Basare einsetzt. Basreliefs von Rudyard Kiplings Vater, Lockwood Kipling, zieren die Fassade im Stil der normannischen Gotik. Hauptsächlich werden hier Obst und Gemüse, Fleisch und Fisch angeboten, aber auch mit Gewürzen kann man sich gut eindecken.

Wenn man gerade in der Saison für Alphonso-Mangos (Mai–Juni) vor Ort ist, sollte man diese Früchte unbedingt probieren.

Mangaldas Market (Karte S. 58) Der Mangaldas Market, traditionell der Sitz von Händlern aus Gujarat, ist eine kleine Stadt für sich und voller Stoffbahnen. Auch wenn man eigentlich nicht zu den Leuten gehört, die sich ihre Kleidung vom Schneider machen lassen, sollte man bei DD Dupattawala (Karte S. 58; 022-22019719; Shop 217, 4th Lane; Mo–Sa 11–20 Uhr) vorbeischauen, wo es schöne Schals und Dupattas zu Festpreisen gibt. Gleich nördlich von hier bieten der Zaveri Bazaar (Karte S. 58) Schmuck und der Bhuleshwar Market (Karte S. 58; Ecke Sheikh Memon St & M Devi Marg; 10–21 Uhr) Obst und Gemüse an.

Vom Bhuleshwar Market nur ein paar Meter die Sheikh Memon St hinunter finden sich eine jainistische Taubenfütterungsstation, ein Blumenmarkt und ein Markt für religiöse Gegenstände.

Chor Bazaar (Karte S. 58; Mutton St, Kumbharwada) Der Chor Bazaar ist bekannt für Antiquitäten, wenngleich es hier viele Reproduktionen gibt. Der meiste Trubel herrscht in der Mutton St, wo Läden falsche Antiquitäten und Plunder aller Art feilbieten. Feine Lederwaren bekommt man östlich davon in der Dhabu St.

Westliche Vororte

★ Kulture Shop DESIGNERWAREN
(Karte S. 62; www.kultureshop.in; 241 Hill Rd, Bandra West; ⏲ 11–20 Uhr) Bandras bzw. Mumbais bester Laden ist immer einen Blick wert: Hier gibt's u.a. Grafiken und Illustrationen von zahllosen indischen Künstlern aus aller Welt. Im Angebot sind zudem nachdenklich stimmende und konzeptionell gewagte T-Shirts sowie andere avantgardistische Kunstobjekte (Drucke, Kaffeebecher, Notizbücher, Schreibwaren).

Gemeinsame Inhaber sind die bekannte Straßenkünstlerin Jas Charanjiva (eine US-Amerikanerin mit indischen Wurzeln), deren Ehemann (Experte für Design und urbane Kultur) und ein befreundeter Kurator.

Indian Hippy KUNST
(Karte S. 62; ☎ 8080822022; www.hippy.in; 17C Sherly Rajan Rd abseits der Carter Rd, Bandra West; ⏲ nach Vereinbarung) Indian Hippy macht einen sozusagen zum Filmstar: Hier kann man sich im Stil alter Bollywood-Plakate auf Leinwand verewigen lassen – und das von den originalen Studio-Illustratoren, die aufgrund der Digitalisierung zunehmend aussterben. Die handgemalten Portraits (7500–15 000 ₹) werden auf Wunsch in alle Welt verschickt. Die Künstler nutzen Fotos (einfach vorbeibringen oder per E-Mail schicken) ihrer Kunden als Vorlage, setzen deren Vorstellungen individuell um und machen bei Bedarf auch Vorschläge. Der Laden verkauft zudem Uhren aus Schallplatten, alte Filmposter und allerlei (oft sehr bizarre) Artikel mit Bollywood-Bezug.

Kishore Silk House BEKLEIDUNG, HANDWERKSARTIKEL
(Dedhia Estate 5/353, Bhandarkar Rd, Matunga East; ⏲ Di–So 10–20.30 Uhr) Handgewebte Saris (ab 300 ₹) und Dhotis (ab 250 ₹) aus Tamil Nadu oder Kerala.

High Street Phoenix EINKAUFSZENTRUM
(www.highstreetphoenix.com; 462 Senapati Bapat Marg, Lower Parel; ⏲ 11–23 Uhr) High Street Phoenix zählt zu Indiens größten und besten Einkaufszentren. Hier warten u.a. zahllose (Nobel-)Läden und eine separate Luxus-Mall namens Palladium. Hinzu kommen Freiluftbereiche, tolle Restaurants, spaßige Bars bzw. Nachtclubs, eine Bowling-Halle mit 20 Bahnen und ein IMAX-Kino. Auch ideal, um sich ein paar Stunden lang vom Hupenlärm auf Mumbais Straßen zu erholen.

ℹ Praktische Informationen

GELD

In ganz Mumbai gibt's Geldautomaten und Wechselstuben.

Die Thomas-Cook-Filiale im Fort-Viertel tauscht ebenfalls ausländisches Geld um.

INTERNETZUGANG

Internetcafés werden auch in Indien immer seltener. Dafür warten nun fast alle Hotels, Restaurants, Cafés und Bars mit WLAN auf (nur die jeweils billigsten Optionen nicht). Dort muss man sich zumeist per Social-Media-Konto oder Handynummer anmelden und erhält dann ein individuelles Einmal-Passwort für den Zugang.

MEDIEN & INFOS IM INTERNET

Zeitungen & Zeitschriften Beste Tageszeitung ist die *Hindustan Times*, die den guten Veranstaltungskalender *Ht Café* als Beilage enthält.
Websites *Time Out Mumbai* (www.timeout.com/mumbai) ist nun nicht mehr als gedrucktes Magazin erhältlich, hat aber eine sehr gute Website.

MEDIZINISCHE VERSORGUNG

Bombay Hospital (Karte S. 52; ☎ 022-22067676; www.bombayhospital.com; 12 New Marine Lines) Privatklinik mit topmoderner Technologie bzw. Ausstattung.
Breach Candy Hospital (Karte S. 52; ☎ 022-23672888, Notruf 022-23667890; www.breachcandyhospital.org; 60 Bhulabhai Desai Marg, Breach Candy) Mumbais (wenn nicht gar Indiens) bestes Krankenhaus liegt 2 km nordwestlich des Girgaum Chowpatty.
Royal Chemists (Karte S. 52; www.royalchemists.com; 89A Queen's Chambers, Maharshi Karve Rd, Marine Lines; ⏲ Mo–Sa 8.30–20.30 Uhr) Apotheke, auch mit Lieferservice.
Sahakari Bhandar Chemist (Karte S. 50; Ecke Colaba Causeway & Wodehouse Rd, Colaba; ⏲ 10–20.30 Uhr) Praktisch gelegene Apotheke in Colaba.

NOTFALL

Ab 2017 soll in ganz Indien einheitlich die Notrufnummer ☎ 112 gelten. Parallel stehen die alten Nummern bis 2018 weiterhin zur Verfügung:

RETTUNGSDIENST	☎ 102 (öffentl.) oder 1298 (privat)
POLIZEI	☎ 100
FEUERWEHR	☎ 101

POST

Hauptpost (Karte S. 52; www.indiapost.gov.in; Walchand Hirachand Marg; ⏲ Mo–Sa 9–20, So 9–16 Uhr) Die imposante Hauptpost steht neben dem CST. Postlagernde Sendungen können bei der Versandabteilung (Delivery Department; Karte S. 52; Walchand Hirachand Marg; ⌚ Mo–Sa 10–15 Uhr) abgeholt werden. Unter dem Banyanbaum gegenüber der Post kann man Pakete von Paket-*wallahs* einnähen lassen (50–200 ₹/Stück).

REISEBÜROS

Akbar Travels (Karte S. 50; ☎ 022-22823434; www.akbartravels.com; 30 Alipur Trust Bldg, Shahid Bhagat Singh Marg, Colaba; ⌚ Mo–Fr 10–19, Sa 10–18 Uhr) Extrem engagiertes Reisebüro, das bei rechtzeitiger Benachrichtigung auch Mietwagen (inkl. Fahrer) und Bustickets für Fernstrecken bucht. Bietet zudem gute Wechselkurse und unterhält eine Filiale im Fort-Viertel (Karte S. 52; ☎ 022-22633434; www.akbartravels.com; 167/169 Dr. Dadabhai Naoroji Rd, Fort; ⌚ Mo–Fr 10–19, Sa 10–18 Uhr).

Thomas Cook (Karte S. 52; ☎ 022-61603333; www.thomascook.in; 324 Dr. Dadabhai Naoroji Rd, Fort; ⌚ Mo–Sa 9.30–18 Uhr) Bucht Flüge und Hotelzimmer; tauscht auch ausländisches Geld um.

TELEFON

Die Telefonauskunft hat die Nummer ☎ 197.

TOURISTENINFORMATION

Indiatourism (Staatliche Touristeninformation; Karte S. 52; ☎ 022-22074333; www.incredibleindia.com; Western Railways Reservation Complex, 123 Maharshi Karve Rd; ⌚ Mo–Fr 8.30–18, Sa 8.30–14 Uhr) Liefert Infos zu ganz Indien und vermittelt auch Guides oder Privatunterkünfte in Mumbai. Zum Zeitpunkt der Recherche waren die Infokioske am Flughafen seltsamerweise geschlossen.

Hauptbüro der Maharashtra Tourism Development Corporation (MTDC; Karte S. 52; ☎ 022-22845678; www.maharashtratourism.gov.in; Madame Cama Rd, Nariman Point; ⌚ 10–17.30 Uhr) Das hilfsbereite Personal informiert umfassend über Maharashtra (u. a. mit vielen Broschüren) und bucht Zimmer in MTDC-Hotels. Zudem ist dies das einzige bekannte MTDC-Büro, das Kreditkarten akzeptiert. Separate Infokioske gibt's in Apollo Bunder (MTDC; Karte S. 50; ☎ 022-22841877; ⌚ Di–So 9–16 Uhr) und am Chhatrapati Shivaji Terminus (MTDC; Karte S. 52; ☎ 022-22622859; ⌚ Mo–Sa 10–17 Uhr). Die Vertretungen am Flughafen waren zum Zeitpunkt der Recherche geschlossen.

VISA

Regionale Ausländerbehörde (Foreigners' Regional Registration Office, FRRO; Karte S. 52; ☎ 022-22621169; www.boi.gov.in; Annexe Bldg No 2, CID, Badaruddin Tyabji Marg nahe Special Branch; ⌚ Mo–Fr 9.30–13 Uhr) Verlängert Touristen- und Transitvisa nur noch in echten Notfällen (für Details s. Website).

ℹ An- & Weiterreise

BUS

Viele private und staatliche Busgesellschaften bieten Fernverbindungen nach und ab Mumbai an.

Staatliche Fernbusse starten am **Busbahnhof Mumbai Central** (Karte S. 58; ☎ Auskunft 022-23024075; Jehangir Boman Behram Marg, RBI Staff Colony) direkt neben dem Bahnhof Mumbai Central. Diese Busse sind günstiger und fahren öfter als ihre privat betriebenen Pendants, haben aber meist einen schlechteren Standard. Die Website der **Maharashtra State Road Transport Corporation** (MSRTC; ☎ 022-23023900; www.msrtc.gov.in) liefert theoretisch Fahrplaninfos und erlaubt angeblich auch Online-Buchungen, ist aber in Wirklichkeit quasi nutzlos.

Busse von Privatfirmen sind meist komfortabler (auch in puncto Reservierung), aber auch etwas teurer. Sie fahren hauptsächlich an der Dr. Anadrao Nair Rd nahe dem Bahnhof Mumbai Central ab. Busse zu Zielen im Süden starten mitunter jedoch nahe dem Crawford Market

WICHTIGE FERNBUSSE AB MUMBAI

ZIEL	PRIVATBUSSE SLEEPER CLASS OHNE/MIT KLIMAANLAGE (₹)	STAATL. BUSSE OHNE/MIT KLIMAANLAGE (₹)	DAUER (STD.)
Ahmedabad	300–1500/700–1500	–	7–12
Aurangabad	500–700/500–1300	600 (2-mal tgl.)	9–11
Hyderabad	800–5000 (jeweils mit Klimaanlage)	–	16
Mahabaleshwar*	500–900 (jeweils mit Klimaanlage)	400 (5-mal tgl.)	7–8
Murud	–	200 (10-mal tgl.)	8–10
Nasik	200–300/500–600	290 (6–23.15 Uhr alle 30 Min.)	13–16
Panaji (Panjim)	600–750/700–3000	–	14–16
Pune*	508–730/425–2800	250 (6.45–0.30 Uhr alle 30 Min.)	3–5
Udaipur	200–812/1000–2500	–	14–17

*Abfahrt am Dadar TT Circle

WICHTIGE FERNZÜGE AB MUMBAI

ZIEL	ZUG-NR. & NAME	PREISBEISPIELE (₹)	DAUER (STD)	ABFAHRT
Agra	*12137 Punjab Mail*	613/1596/2281/3856 (A)	22	19.40 Uhr CST
Ahmedabad	*12901 Gujarat Mail*	348/876/1206/1996 (A)	9	22 Uhr BCT
	12009 Shatabdi Exp	860/1701 (E)	7	6.25 Uhr BCT
Aurangabad	*11401 Nandigram Exp*	268/691/961/1571 (A)	7	16.35 Uhr CST
	17617 Tapovan Exp	173/571 (C)	7	6.15 Uhr CST
Bengaluru	*11301 Udyan Exp*	533/1416/2031/3421 (A)	24	8.05 Uhr CST
Chennai	*12163 Chennai Exp*	603/1561/2226/3766 (A)	23½	20.30 Uhr CST
Delhi	*12951 Mumbai Rajdhani*	1856/2641/4481 (D)	16	17 Uhr BCT
Hyderabad	*12701 Hussainsagar Exp*	458/1191/1671/2781 (A)	14½	21.50 Uhr CST
Indore	*12961 Avantika Exp*	473/1226/1721/2866 (A)	14	19.10 Uhr BCT
Jaipur	*12955 Bct Jp Sf Exp*	568/1481/2106/3546 (A)	18	18.50 Uhr BCT
Kochi	*16345 Netravati Exp*	648/1711/2481 (B)	25½	11.40 Uhr LTT
Madgaon (Goa)	*10103 Mandovi Exp*	423/1131/1601/2661 (A)	12	7.10 Uhr CST
	12133 Mangalore Exp	453/1176/1646 (B)	9	22 Uhr CST
	11085 Mao Doubledecker	906 (F)	12	Mi, Fr & So 5.33 Uhr LTT
Pune	*11301 Udyan Exp*	173/556/761/1226 (A)	3½	8.05 Uhr CST

Bahnhöfe: CST (Chhatrapati Shivaji Terminus); BCT (Mumbai Central); LTT (Lokmanya Tilak)
Fahrtpreise: (A) Sleeper Class/3AC/2AC/1AC; (B) Sleeper Class/3AC/2AC; (C) 2. Klasse/CC; (D) 3AC/2AC/1AC; (E) CC/Executive CC; (F) CC

oder Dadar TT Circle in Carnac Bunder. Dorthin gelangt man in der Regel mit einem Gratisshuttle der jeweiligen Busfirma. Fahrplan- und Preisinfos gibt's bei **Citizen Travels** (Karte S. 58; ☎022-23459695; www.citizenbus.com; G Block, Sitaram Bldg, Palton Rd) und **National NTT/CTC** (Karte S. 58; ☎022-23074854, 022-23015652; Dr. Anadrao Nair Rd; ⏲6.20–23.30 Uhr). Urlaubsperioden verteuern Bustrips zu beliebten Zielen (z. B. Goa) um bis zu 75 %.

Die bessere Alternative nach Goa sind Privatbusse, die 450 ₹ (keine gute Wahl!) bis 1000 ₹ kosten und oft weit draußen in den Vororten aufbrechen. **Naik Bus** (Karte S. 52; ☎022-23676840; www.naibus.com; ⏲18, 19, 20.30 & 21 Uhr), **Paolo Travel** (Karte S. 52; ☎022-26433023; www.paulotravels.com; ⏲17.30 & 20 Uhr) und die staatliche Gesellschaft **Kadamba Transport** (Karte S. 52; ☎9969561146; www.goakadamba.com; ⏲18 Uhr) fahren jedoch praktischerweise vor dem Azad Maidan im Zentrum ab. Der Trip nach Goa dauert jeweils etwa 14 Stunden.

Terminals und Ticketbüros privater Fernbusfirmen findet man an der **Palton Road** (Karte S. 58) und an der **Dr. Anadrao Nair Road** (Karte S. 58; RBI Colony).

FLUGZEUG

Der **Chhatrapati Shivaji International Airport** (Karte S. 62; ☎022-66851010; www.csia.in) liegt rund 30 km von Mumbais Zentrum entfernt und wurde kürzlich für umgerechnet 2 Mrd. US$ modernisiert. Zuständig für alle internationalen Flüge ist nun das umgebaute Terminal 2 (T2), das auch mit Indiens größter öffentlicher Kunstausstellung beeindruckt: Entlang von Laufbändern zeigt die mehrstöckige Art Wall (insgesamt 3,2 km lang) hier unter Oberlichtern mehr als 5000 Werke aus allen Landesteilen.

Inlandsflüge laufen über das neue T2 und das ältere Terminal 1B (T1B; alias Santa Cruz Airport) in 5 km Entfernung. Dazwischen verkehren Taxis zu festen Preisen (230 ₹ vom T1B zum T2, 245 ₹ vom T2 zum T1B). Beide Terminals haben Geldautomaten und Wechselstuben; zum T2 gehört zudem ein luxuriöses Transithotel.

Air India (Karte S. 52; ☎022-27580777, Flughafen 022-28318666; www.airindia.com; Air India Bldg, Ecke Marine Dr & Madame Cama Rd, Nariman Point; ⏲Mo–Fr 9.15–18, Sa 9.15–13 & 14–18 Uhr), **Jet Airways** (Karte S. 50; ☎022-39893333; www.jetairways.com; B1, Amarchand Mansion, Madam Cama Rd, Colaba; ⏲Mo–Sa 9.30–18 Uhr) und **Vistara** (Karte S. 62; ☎0186-1089999; www.airvistara.com) benutzen derzeit Terminal 2. **GoAir** (Karte S. 62; ☎022-26156113; www.goair.in), **IndiGo** (Karte S. 62; ☎Telefonzentrale 099-10383838; www.goindigo.in) und **SpiceJet** (Karte S. 62; ☎Flughafen 0987-1803333; www.spicejet.com) wickeln ihre Flüge dagegen gerade über Terminal 1B ab. All dies kann sich jedoch jederzeit ändern – daher den aktuellen Stand vor Ort checken! Über Reisebüros und die Websites der Airlines lassen sich Flugtickets generell am besten buchen.

Die MTDC-Infokioske an beiden Terminals wurden bei der Flughafensanierung abgebaut und waren zum Zeitpunkt der Recherche noch nicht wieder eingerichtet; für eine eventuelle Neueröffnung gab es noch keinen Termin.

ZUG

Drei Bahngesellschaften bieten Verbindungen ab Mumbai an. Tickets dafür gibt's an allen indischen Bahnhöfen mit computergestützten Buchungsbüros. Für Traveller am wichtigsten sind dabei Central Railways and Western Railways:

Central Railways (Karte S. 52; ☎139; www.cr.indianrailways.gov.in) bedient den Osten und Süden Indiens sowie gelegentlich auch den Norden – jeweils ab dem CST, der auch als VT bekannt ist. Schalter 52 im 1. Stock des **Reservierungszentrums** (Karte S. 52; ⌚Mo–Sa 8–20, So 8–14 Uhr) verkauft Indrail-Pässe und Fahrkarten aus dem Touristenkontingent. Nahe dem MTDC-Infokiosk warten Prepaid-Taxis (nach Colaba/Bandra 160/360 ₹, zum Inlands-/Auslandsterminal des Flughafens 430/500 ₹).

Manche Züge von Central Railways benutzen auch die Bahnhöfe Dadar (D; ein paar Stationen nördlich des CST) oder Lokmanya Tilak (LTT; 16 km nördlich des CST).

Western Railways (Karte S. 58; ☎139; www.wr.indianrailways.gov.in) bedient Indiens Norden ab dem Bahnhof Mumbai Central (zumeist Bombay Central bzw. BCT genannt). Das **Reservierungsbüro** (Karte S. 52; ⌚Mo–Sa 8–20, So 8–14 Uhr) gegenüber vom Bahnhof Churchgate verkauft Tickets aus dem Touristenkontingent.

ℹ Unterwegs vor Ort

M-Indicator (http://m-indicator.soft112.com) Unverzichtbare Nahverkehrs-App für Mumbai; liefert umfassende Infos von Zugfahrplänen bis hin zu Rikschapreisen.

ZUM/VOM FLUGHAFEN

Terminal 2

Prepaid-Taxis Bringen einen zum Festpreis nach Bandra (ohne/mit Klimaanlage 400/480 ₹ inkl. 1 Gepäckstück), Colaba und Fort (jeweils 680/820 ₹). Die Fahrt nach Colaba dauert nachts rund eine Stunde (über die Sea-Link-Brücke) und tagsüber eineinhalb bis zwei Stunden.

Autorikschas Zwar vorhanden, fahren aber in Richtung Süden nur bis Bandra. Vor dem Terminal weisen Schilder den Weg zum Stand. Vertreter des Mumbaier Ordnungsamtes wachen theoretisch über die Einhaltung des offiziellen Beförderungstarifs (18 ₹/km).

Zug Eine Alternative, wenn man tagsüber ankommt und nicht allzu viel Gepäck mitschleppt: Einfach per Autorikscha zum Bahnhof Andheri fahren und dort einen Zug zu den Bahnhöfen Churchgate oder CST nehmen (10 ₹, 45 Min.). Allerdings auf gar keinen Fall zur Hauptverkehrszeit (6–11 Uhr)!

Taxis Fahren mit Klimaanlage für 650 bis 800 ₹ von South Mumbai zum internationalen Terminal (16–20 Uhr ca. 2 Std. Fahrtzeit). Bei Abkürzung über die Sea-Link-Brücke kommt jeweils noch eine Mautgebühr von ₹60 hinzu. In der Nachsaison geht's mit UberGo für 385 ₹ von Colaba zum T2.

Terminal 1B

Prepaid-Taxis Der Schalter in der Ankunftshalle verkauft Tickets für Fahrten nach Bandra (ohne/mit Klimaanlage 283/340 ₹; nachts etwas mehr), Colaba und Fort (jeweils 560/683 ₹).

Autorikschas Mögliche Alternative, wenn nicht gerade Rush Hour ist: Per Rikscha zum Bahnhof Vile Parle fahren (22–27 ₹) und dort einen Zug zum Bahnhof Churchgate (10 ₹, 45 Min.) nehmen.

AUTO & MOTORRAD

Autos mit Fahrer lassen sich vor Ort zu moderaten Preisen mieten (mit Klimaanlage halber/ganzer Tag ab 1550/1800 ₹, max. 80 km). Bei Langstreckenfahrten ab Mumbai hängt der Preis von Fahrzeugtyp und Leistungsumfang ab (pro km ohne/mit Klimaanlage ca. 13/15 ₹).

Clear Car Rental (☎8888855220; www.clearcarrental.com) ist ein praktischer Online-Buchungsservice für Mietwagen.

Allibhai Premji Tyrewalla (Karte S. 58; ☎022-23099417, 022-23099313; www.premjis.com; 205/20 Dr. D. Bhadkamkar (Lamington) Rd; ⌚Mo–Sa 10–19 Uhr) Hier gibt's neue und gebrauchte Motorräder mit Rückkaufgarantie (ca. 60 % Erstattung nach drei Monaten). Zudem kann man Feuerstühle für längere Perioden mieten (mind. 2 Monate, ab ca. 35 000 ₹).

BUS

Traveller verzichten meist auf Mumbais stressige Stadtbusse (Einzelfahrt ab 8 ₹). Hartgesottene Pfennigfuchser und Masochisten finden bei **BEST** (Karte S. 50; www.bestundertaking.com) eine nützliche Suchmaschine. Zudem müssen sie Buskennzeichnungen in Devanagari-Schrift entziffern können und sich vor Taschendieben hüten.

BEST-Busbahnhöfe gibt's auf der **östlichen** (Karte S. 50) und **westlichen Seite** (Karte S. 50) der Mahatma Gandhi Rd sowie am CST.

METRO

Mumbais **Metro** (www.mumbaimetroone.com) wurde 2014 mit der Freigabe des ersten

Abschnitts der Linie 1 eröffnet. Dieser verbindet bislang zwölf Stationen in den nördlichsten Vororten mit dem Bahnhof Ghatkopar Station im Osten. Damit verläuft die Strecke zumeist weitab jeglicher Touristenattraktionen, bringt einen aber immerhin zu den aufkeimenden Ausgehvierteln Andheri West (Station DN Nagar) und Versova (Station Versova). Die Linie 1 der Einschienenbahn soll ab Anfang 2017 bis zum Jacob Circle (5 km nördlich vom CST) führen und dabei über das Ausgehviertel Lower Parel hinausreichen. Die Eröffnung dieses Abschnitts musste jedoch schon mehrfach verschoben werden (2010, 2011 und 2016). Das gesamte Metro-Großprojekt soll 2020 abgeschlossen werden.

Neben Einzeltickets (10–45 ₹, distanzabhängig) sind auch Trip-Monatspässe (725–950 ₹) erhältlich. Die Stationen verfügen über Aufzüge. In den klimatisierten Waggons sind spezielle Plätze für Frauen und Passagiere mit Handicap reserviert.

Als nächstes in Angriff genommen werden soll die unterirdische Linie 3 (33,5 km) zwischen dem Flughafen und der Cuffe Pde südlich von Colaba. Die 27 Stationen werden auch Bandra und alle Großbahnhöfe abdecken. Die Planung von Linie 3 ist abgeschlossen, die Bauaufträge sind vergeben. Mit der Eröffnung wird jedoch frühestens 2020 gerechnet.

SCHIFF/FÄHRE

PNP (Karte S. 50; ☎ 022-22885220) und **Maldar Catamarans** (Karte S. 50; ☎ 022-22829695) schicken Linienfähren nach Mandwa (einfache Strecke 125–165 ₹). Dies ist sehr praktisch für Touren zur Konkanküste (z. B. nach Murud-Janjira): Dann entfällt die lange Busfahrt ab Mumbai. Beide Firmen unterhalten Ticketbüros in der Taj Gateway Plaza.

TAXI & AUTORIKSCHA

Mumbais schwarz-gelbe Taxis sind sehr günstig und das bequemste Verkehrsmittel im Süden der Stadt. Die Fahrer schalten ihre Taxameter fast immer ohne Aufforderung ein (Grundpreis 22 ₹, bis max. 1,5 km; 5 km ca. 80 ₹). **Meru Cabs** (☎ 022-44224422; www.merucabs.com) ist eine verlässliche Funktaxi-Firma.

Taxi-Apps wie **Uber** (www.ubercom) oder **Ola** (www.olacabs.com) machen den normalen Services nun kräftig Konkurrenz. Über Ola kann man auch Autorikschas buchen – eine sehr gute Alternative zu Rikscha-*wallahs* mit Wucherpreisen!

Nördlich von Bandra sind hauptsächlich Autorikschas unterwegs (Grundpreis 18 ₹, bis max. 1,5 km; 3 km tagsüber ca. 36 ₹).

Von 24 bis 5 Uhr sind Taxis und Autorikschas jeweils 50 % teurer.

Hinweis: Die Fahrer orientieren sich meist an Wahrzeichen und nicht an Straßennamen (vor allem, wenn diese neu sind). Dementsprechend sollte man sich vor Fahrtantritt ein paar sinnvolle Angaben überlegen.

ZUG

Mumbais Pendlerzugnetz (Betriebszeit 4–1 Uhr) gehört zu den am stärksten genutzten der Welt – Fahrten während der Hauptverkehrszeiten kann man komplett vergessen. Zwei Hauptstrecken sind für Traveller am wichtigsten:

Western Line Ist am nützlichsten und führt ab Churchgate gen Norden. Unter den Stationen sind Charni Rd (zum Girgaum Chowpatty), Mumbai Central, Mahalaxmi (zum Dhobi-Ghat), Bandra, Vile Parle (zum Inlandsterminal des Flughafens), Andheri (zum internationalen Flughafen) und Borivali (zum Sanjay Gandhi National Park). Wichtig: Unbedingt korrekt zwischen Schnellzügen und langsamen Zügen unterscheiden! Hierbei helfen die Anzeigetafeln mit den Kennzeichnungen „S“ (Slow; langsam) und „F“ (Fast; schnell) unter „Mode“ (Zugtyp).

Central Line Fährt vom CST nach Byculla (zum Veermata Jijabai Bhonsle Udyan, früher Victoria Gardens) und dann über Dadar bis hinaus nach Neral (dort Anschluss nach Matheran).

Ab Churchgate gelangt man u. a. zu den Bahnhöfen Mumbai Central (2./1. Klasse 5/50 ₹), Vile Parle (10/55 ₹) und Borivali (15/75 ₹). Touristentickets erlauben unbegrenzte Fahrten an ein (2./1. Klasse 75/275 ₹), drei (115/440 ₹) oder fünf Tagen (135/515 ₹).

Um Schlangestehen zu vermeiden, empfiehlt sich eine wiederaufladbare **SmartCard** (100 ₹, Guthabenanteil 52 ₹, gültig für alle Zuglinien). Vor dem Einsteigen geht man damit einfach zu einem der zahlreichen Ticketautomaten (ATVMs): Die SmartCard auf dem Scanner platzieren, dann auf dem Touchscreen die Zone des Ausgangsbahnhofs, den Zielbahnhof und die Anzahl der Fahrkarten angeben. Zum Abschluss „Buy Ticket“ (Ticket kaufen) und „Print“ (Ausdrucken) wählen.

Achtung: In Zügen immer gut auf Wertsachen aufpassen! Frauen sollten immer die speziellen Abteile für weibliche Passagiere benutzen. Außer nachts, dann muss man vor allem darauf achten, nie in einem leeren Waggon zu sitzen.

Maharashtra

Inhalt ➡

Gut essen

- Malaka Spice (S. 93)
- Sadhana (S. 91)
- Bhoj (S. 95)
- Green Leaf (S. 96)
- Kinara Dhaba Village (S. 116)

Schön übernachten

- Beyond by Sula (S. 90)
- Verandah in the Forest (S. 114)
- Tiger Trails Jungle Lodge (S. 108)
- Hotel Sunderban (S. 120)
- Hotel Plaza (S. 106)

Auf nach Maharashtra!

Indiens drittgrößter Bundesstaat Maharashtra zeigt eine große Bandbreite der bekanntesten Attraktionen des Landes. Dazu gehören z. B. gediegene Palmenstrände, Welterbestätten, Großstädte mit kosmopolitischer Atmosphäre oder hohe Berge mit kühlem Klima und dichter Vegetation. Ganz im Osten liegen einige der eindrucksvollsten Nationalparks des Landes (u. a. das Tadoba-Andhari Tiger Reserve).

Landeinwärts warten die großartigsten Bauwerke Maharashtras: die Höhlentempel von Ellora und Ajanta, die einst von Hand in den harten Fels geschlagen wurden. Einen besonderen Reiz hat auch die Hill Station Matheran mit ihrer Kleinbahn. Pilger und Neugierige zieht es nach Pune, das für seinen „Sex-Guru" und seine alternative Spiritualität berühmt ist. Im Westen lockt die romantische Konkanküste am Arabischen Meer, die von Festungsruinen und Sandstränden gesäumt wird – vor allem rund um den hübschen Urlaubsort Malvan, der sich momentan rasant zu einem von Indiens führenden Taucherzentren entwickelt.

Reisezeit

Nasik

Jan. Auf Nasiks Weingütern ist Party bei Weinlese und beim Traubenstampfen angesagt.

Sept. Höhepunkt der stürmischen Feierlichkeiten zu Ganesh Chaturthi.

Dez. Klarer Himmel, mildes Klima: Die Strände in Murud, Ganpatipule und Tarkali sind nun sehr schön.

Highlights

1. Sich von der Schönheit des **Kailasa-Tempels** (Ellora; S. 99) bezaubern lassen
2. Durch die uralten Höhlengalerien von **Ajanta** (S. 103) schlendern
3. Im **Tadoba-Andhari Tiger Reserve** (S. 108) nach den Großkatzen Ausschau halten
4. Im Weinland rund um **Nasik** (S. 88) an einem Chenin Blanc oder Cab-Shiraz nippen
5. Vor **Malvan** (S. 112) im tiefblauen Meer tauchen oder schnorcheln
6. Im Fort von **Janjira** (S. 109) über die Macht einer verschwundenen Zivilisation nachdenken
7. In **Pune** (S. 117) Spiritualität und die moderne indische Küche erleben
8. Den Monsun im in der Bergen versteckten **Bhandardara** (S.92) überstehen
9. Die dramatischen Aussichtspunkte der Hill Station **Matheran** (S. 114) erkunden
10. Am **Meteoritenkrater von Lonar** (S. 98) über die Kräfte der Natur nachdenken

Geschichte

Maharashtra erhielt seine politische und ethnische Identität von dem Marathenfürsten Chhatrapati Shivaji (1627–1680), der von seiner Residenz in Raigad aus das Deccan Plateau und große Teile Westindiens regierte. Noch heute ist Shivaji bei den Einheimischen hoch angesehen, da er der Bevölkerung der Region eine starke eigene Mentalität eingehaucht und Maharashtra zu einer dominierenden Position im mittelalterlichen Machtgefüge Indiens verholfen hat.

Ab dem frühen 18. Jh. wurde der Staat von verschiedenen Peshwas (Ministern) regiert, bis er 1819 unter britische Kontrolle geriet. Nach der Unabhängigkeit 1947 vereinte man Gujarat und das westliche Maharashtra zum Bundesstaat Bombay, der aber nur kurz existierte: Unter Ausschluss der gujaratisprachigen Gebiete entstand 1960 das heutige Maharashtra mit der Hauptstadt Mumbai (Bombay).

Inzwischen wurde der Staat einer der erfolgreichsten des Landes, mit einem der größten Industriesektoren Indiens, dank seiner Agrikultur, Kohle-basierter Thermal-Energie, Nuklearanlagen und Technologieparks sowie dem Software-Export.

ℹ Anreise

Mumbai ist Maharashtras größter Verkehrsknotenpunkt. Stark frequentierte Flughäfen haben aber auch Pune, Aurangabad und Nagpur. Der Bahnhof Jalgaon ist ein wichtiger Ausgangspunkt für Touren nach Ajanta. Zum Ferienort Malvan im äußersten Süden geht's am bequemsten über den Flughafen von Goa.

ℹ Unterwegsvor Ort

Inlandsflüge (z. B. von Pune nach Nagpur) können die Erkundung dieses riesigen Bundesstaats deutlich beschleunigen.

Das große Busnetz der **Maharashtra State Road Transport Corporation** (MSRTC; www.msrtc.gov.in) bedient alle größeren Siedlungen und viele entlegene Ziele. Zwischen den Großstädten fahren auch komfortable Volvo- und Mercedes-Benz-Busse von Privatgesellschaften.

An der Konkanküste gibt's kaum öffentliche Verkehrsmittel. So empfiehlt sich dort ein Mietwagen mit Fahrer, wobei man von Mumbai nach Goa vier bis fünf Tage braucht.

NÖRDLICHES MAHARASHTRA

Nasik

☎0253 / 1,57 MIO. EW. / 565 M

Nasik (oder Nashik), das an den Ufern des heiligen Flusses Godavari liegt, bekam seinen Namen aufgrund einer Episode aus dem Ramayana, derzufolge Lakshmana, Ramas Bruder, die *nasika* (Nase) von Ravanas Schwester abhackte. In der Altstadt dieser großen Provinzstadt sind mehrere faszinierende Holzbauten, interessante Tempel mit

TOP-FESTIVALS

Naag Panchami (⌚Juli/Aug.) Traditionelles Fest zu Ehren von Schlangen in Pune & Kolhapur.

Ganesh Chaturthi (⌚Aug./Sept.) Wird in ganz Maharashtra mit Eifer gefeiert. In Pune wird die elefantenköpfige Gottheit besonders frenetisch gefeiert.

Dussehra (⌚Sept. & Okt.; ganz Maharashtra) Eigentlich ein Hindu-Fest; fällt aber gleichzeitig auf den buddhistischen Feiertag, der den Übertritt des berühmten Humanisten und Dalit-Führers B. R. Ambedkar zum Buddhismus ehrt.

Ellora-Ajanta-Aurangabad-Festival (⌚Okt./Nov.) Aurangabads Kulturfestival mit den besten Klassik- und Folkloremusikern der Region; präsentiert zudem auch künstlerische Traditionen und Kunsthandwerk.

Kalidas-Festival (⌚Nov.) Das Festival in Nagpur erinnert mit Musik, Tanz und Theater schwungvoll an das literarische Genie des legendären Dichters Kalidas.

Sawai Gandharva Sangeet Mahotsav (⌚Dez.) Fantastisches Fest in Pune mit unvergesslichen Auftritten von einigen der bedeutendsten klassischen Musiker Indiens.

Sula-Fest (www.sulafest.com; Sula Vineyards, Gat 36/2, Govardhan Village, abseits der Gangapur-Savargaon Rd; Karten 1700–4700₹; ⌚Feb.) Nasiks größte Party und eines der besten Boutique-Musikfestivals Indiens.

Nasik

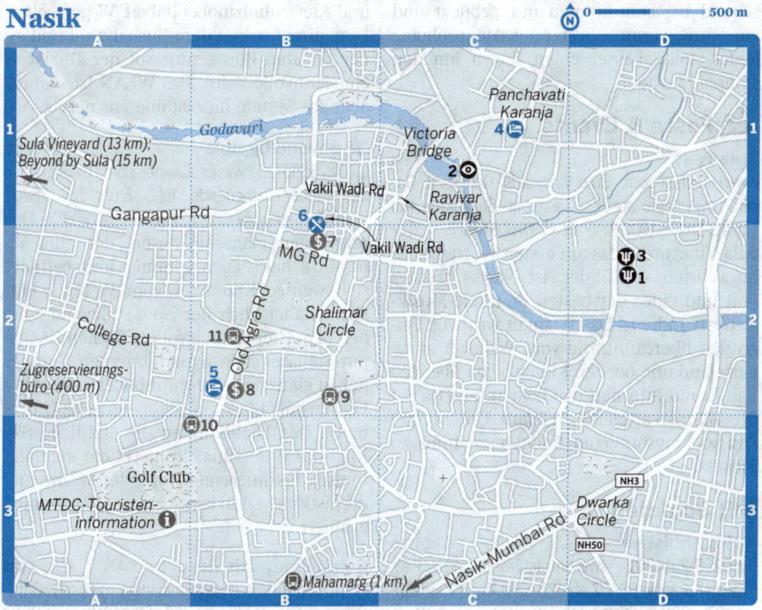

Bezügen zu diesem Hindu-Epos sowie einige große Bade-Ghats erhalten. Nasik ist deutlich sauberer, besser gepflegt und grüner als viele indische Städte vergleichbarer Größe.

Dank der steten Weiterentwicklung der indischen Weine eröffnen sich für Nasik auch neue Perspektiven als Reiseziel für Weinfans. Indiens beste Weine werden in der Region erzeugt und eine Nachmittagstour zu den Weingütern (S. 92) im Umland von Nasik ist ein guter Grund, Nasik anzupeilen.

Alle zwölf Jahre findet in Nasik die bedeutende **Kumbh Mela** statt, die größte religiöse Versammlung der Welt (zuletzt 2015, zum nächsten Mal 2027).

Nasik

Sehenswertes
- 1 Kala-Rama-Tempel D2
- 2 Ramkund C1
- 3 Sita Gumpha D2

Schlafen
- 4 Hotel Abhishek C1
- 5 Hotel Samrat B2

Essen
- 6 Dhaba B1

Praktisches
- 7 HDFC-Geldautomat B2
- 8 Geldautomat der State Bank of India .. B2

Transport
- 9 Dwarka Circle B2
- 10 New-Central-Busbahnhof B3
- 11 Old-Central-Busbahnhof B2

Sehenswertes

Ramkund GHAT

Im Herzen der Altstadt von Nasik befindet sich dieses Bade-Ghat, das täglich Hunderte von Hindu-Pilger aufsuchen, um zu baden, zu beten und – weil das Wasser des Flusses *moksha* (Befreiung der Seele) verheißt – die Asche verstorbener Freunde und Familienangehöriger in den Fluss zu streuen. Nebenan gibt es einen Markt, der die Faszination dieses Bildes steigert.

Kala-Rama-Tempel HINDU-TEMPEL

(⏲6–22 Uhr) Nasiks heiligster Schrein (erb. 1794) beherbergt ungewöhnliche Darstellungen von Rama, Sita und Lakshmana aus schwarzem Stein. Der Legende zufolge soll Lakshmana hier die Nase der Surpanakha abgeschlagen haben.

Sita Gumpha HINDU-TEMPEL

(⏲6–21.30 Uhr) Sita soll sich der Überlieferung nach in diesem höhlenartigen Tempel versteckt haben, während sie vom bösen Ravana bedrängt wurde. Weil der Eingang sehr schmal ist, kommt man nur gebückt und vorsichtig voran – wer an Klaustrophobie leidet, sollte besser einen Bogen um den Tempel machen.

Feste & Events

Sula-Fest WEIN

(www.sulafest.com; Sula Vineyards, Gat 36/2, Govardhan Village, abseits Gangapur–Savargaon Rd; Tickets 1700–4700 ₹; Feb.) Das Sula-Fest der Sula Vineyard's, das am ersten Wochenende im Februar stattfindet, ist Nasiks größtes Fest und eines der besten Boutique-Musikfestivals Indiens. Das Weingut wird von Feiernden überrannt, die vom Weinsaft angeheizt sind und bei den Klängen von über 120 Bands und international bekannten DJs auf drei Bühnen ausgelassen feiern. Unter https://in.bookmyshow.com findet man Infos zu Tickets.

Schlafen

Hotel Abhishek HOTEL $

(0253-2514201; www.hotelabhishek.com; Panchavati Karanja; EZ/DZ ab 425/560 ₹, mit Klimaanlage 875/980 ₹;) Gleich hinter dem Panchavati-Karanja-Kreisverkehr gelegen, bietet dieses Budget-Hotel mit sehr gutem Preis-Leistungs-Verhältnis saubere, wenn auch etwas betagte Zimmer, Warmwasser-„Gourmet-Duschen eines deutschen Herstellers" (von 6–10 Uhr) sowie leckeres vegetarisches Essen. Die Economy-Zimmer sind fast in zu gutem Zustand, um so preisgünstig zu sein. Der rührige Besitzer ist auf die Bedürfnisse ausländischer Gäste eingestellt und fast die ganze Zeit da.

Hotel Samrat HOTEL $

(0253-2306100; www.hotelsamratnasik.com; Old Agra Rd; EZ/DZ ab 950/1330 ₹, mit Klimaanlage 1640/1960 ₹;) Das vegetarische Restaurant hat seinen Status als lokaler Hotspot eingebüßt, aber das Hotel Samrat bietet immer noch ein herausragendes Preis-Leistungs-Verhältnis dank seiner komfortablen Zimmer, von denen einige große Fenster und Kiefernholzmöbel haben. Wegen seiner Lage direkt neben dem Busbahnhof und einer privaten Busagentur vor der Tür ist es eine sinnvolle Wahl. Das WLAN ist schnell, aber das System hier ist überaus nervig.

★ Beyond by Sula RESORT $$$

(7875555725; www.sulawines.com; Gangavarhe; Zi. Woche/Wochenende inkl. Frühstück 7870/9680 ₹, Sky Villa ab 32 670 ₹;) Das brandneue Flagschiff-Resort der Sula Vineyard's hat sieben Zimmer und befindet sich wenige Kilometer vom Weingut entfernt (daher auch der Name „Beyond") neben dem Ufer des reizvollen, flachen Gangapur-Stausees. Die hypermodernen Zimmer haben glänzende Betonfußböden und große Fenster mit Blick auf die malerische Umgebung. Das Highlight ist die stattliche Sky Villa mit drei Schlafzimmern, ein architektonisch faszinierender Bau, der an die modernistischen Luxusresorts aus Patagonien erinnert.

Soma Vineyards Resort RESORT $$$

(7028066016; www.somavinevillage.com; Gat 1, Gangavarhe; DZ/Suite inkl. Fühstück ab 6000/9650 ₹;) Das Luxuresort des Soma Vine Village liegt 17 km westlich von Nasik an einem See und ist von sanft gewellten Hügeln umgeben. Man kann mit dem Fahrrad die Umgebung erkunden, stundenlang im Spa entspannen oder eine Flasche des preisgekrönten Chenin Blanc Gold genießen und sich in einem der 32 schön gestalteten, modernen Zimmer und Villen zurückziehen – einige davon mit üppigem Pflanzenwuchs und eigenem Pool.

Essen

Divtya Budhlya Wada MAHARASHTRA-KÜCHE $$

(Anadwali, Gangapur Rd; Hauptgerichte 130–340 ₹, Thalis 210–350 ₹; 11–15.30 & 19–23 Uhr) Wer den Kick besonders scharfer Speisen sucht, ist in diesem beliebten Lokal genau richtig, denn es bietet authentische Maharashtra-Gerichte, die einem die Tränen in die Augen schießen lassen. Unter einem stimmungsvollen, von Laternen beleuchteten Bambusdach genießen die Einheimischen das spezielle Hammel-Thali (das etwas großzügiger ausfallen könnte) und à la carte rustikale ländliche Gerichte mit Knochen, Fett usw. Alles lecker!

Das Restaurant liegt 5 km nordwestlich vom Zentrum – für rund 85 ₹ kann man ein Uber-Fahrzeug bestellen. Beschilderung nur in Marati.

PREISKATEGORIEN: ESSEN

Die nachstehenden Preiskategorien beziehen sich auf ein Hauptgericht.

$ bis 150 ₹

$$ 150–₹300 ₹

$$$ über 300 ₹

NICHT VERSÄUMEN

MISAL PAV!

Nasiks unbestreitbares Top-Frühstück ist *misal pav*, ein ungewöhnliches Gericht aus Maharashtra, regional zubereitet aus Bohnensprossen und anderen Hülsenfrüchten, mit einer Kartoffel-*chiwda*- (flachgedrückter Puffreis) Mischung, *gathiya sev* (knackige Nudeln aus Kichererbsenmehl), Zwiebeln, Zitrone und Koriander, serviert mit einem Butterbrötchen – ein Füllhorn an Aromen, das aus Kolhapur stammt, aber von den Einwohnern von Nasik ehrfürchtig übernommen wurde.

Die Diskussionen sind hitzig, aber das *misal pav* des **Sadhana** (www.facebook.com/sadhanarestaurant.misal; Hardev Bagh, Motiwala College Rd, Barden Phata; Mahlzeiten 80 ₹; ⌚8–15 Uhr), 8 km westlich vom Zentrum gelegen (ca. 110 ₹ mit Uber), wird regelmäßig als bestes der Stadt ausgezeichnet. In diesem rustikalen Lokal heizen die Chefs jeden Morgen um 5 Uhr einen 560 l großen Kessel über einem Holzfeuer auf, bevor drei Stunden später die Fliege tragenden Kellner ihre vollen Tabletts zu den mit einem Strohdach versehenen Tischen balancieren, die Minuten nach der Öffnung des Lokals schon belegt sind.

Wie isst man also dieses Gericht? Man füllt die Schale mit kleinen Brotstückchen, wirft eine gehörige Portion Zwiebeln und Koriander hinein, träufelt einen Spritzer frische Zitrone drüber, gibt einige Tropfen *tari* (eine sehr scharfe Ölmixtur) hinzu, schmeckt (nun vorsichtig!) ab und gibt eine stattliche Portion *rassa* (eine rote, mit Masala gewürzte Flüssigkeit) über das Ganze dazu, bis alles in der Schale schön schwimmt. Man isst das Gericht mit dem Löffel. Zum Abschluss gibt's *gulachi jalebi* (*jalebi* sind orangefarbene Rollen aus tief gefrorenem Pfannkuchenteig mit Palmzucker und nicht mit raffiniertem Zucker) und dazu einen köstlichen Chai. Guten Appetit!

Dhaba INDISCH $$
(Hotel Panchavati, 430 Vakil Wadi Rd; Thali 260 ₹; ⌚11.30–15 & 19–22.30 Uhr) Dieses überaus beliebte Restaurant, das in der ganzen Stadt als Panchavati bekannt ist (heute aber Dhaba heißt), schickt die Geschmacksknospen auf eine Achterbahn der Aromen. Dies vor allem dank der Thalis nach Gujarat-Art, die mit lokalen Beilagen verfeinert sind, darunter die kleinen *bakri* (Brot aus Sorghumhirse), und im Eiltempo serviert werden. Es gibt auch tolle *dhal tadka* (Dhal mit zerlassenem Ghee und Gewürzen). Das Restaurant ist im Hotel Panchavati.

ℹ Praktische Informationen

MTDC-Touristeninformation (☎0253-2570059; www.maharashtratourism.gov.in; T/I, Golf Club, Old Agra Rd, Matoshree Nagar; ⌚10–18 Uhr) Liegt etwa 1 km südlich vom Old-Central-Busbahnhof; hilfsbereites Personal.

ℹ Anreise

BUS

Vom **New-Central-Busbahnhof** (☎0253-2309308) gibt's Verbindungen nach Aurangabad (ab 237 ₹, 4½ Std., stündl. 6–15 Uhr), Mumbai (275 ₹, 4 Std., stündl.) und Pune (ohne/mit Klimaanlage 350/650 ₹, 4½ Std., stündl.). Von Nasiks **Old-Central-Busbahnhof** (CBS; ☎0253-2309310) fahren Busse nach Trimbak (33 ₹, 45 Min., stündl. 5–23 Uhr) und Igatpuri (57 ₹, 1 Std., stündl. 10.30–23 Uhr). Südlich der Stadt liegt der Mahamarg-Busbahnhof mit Verbindungen nach Mumbai (ohne Klimaanlage 250 ₹, 4½ Std., stündl.), Shirdi (ohne Klimaanlage 108 ₹, 2½ Std., stündl. von 6 22.30 Uhr) und Ghoti (ohne Klimaanlage 45 ₹, 1¾ Std., stündl.).

Private Busse starten in Richtung Ahmedabad (ohne/mit Klimaanlage Sleeper Class ab 600/1000 ₹, 12 Std.), Mumbai (ab 250/450 ₹, 4 Std.), Pune (ab 300/450 ₹, 6 Std.) und Nagpur (AC Sleeper Class 1000 ₹, 12 Std.). Eine bequeme private Busagentur befindet sich vor dem Hotel Samrat.

Die meisten privaten Busse fahren vom Dwarka Circle ab und die meisten Busse nach Mumbai steuern dort Dadar TT Circle als Endstation an.

ZUG

Der Bahnhof an der Nasik Rd liegt 8 km südöstlich vom Zentrum, aber ein nützliches **Zugreservierungsbüro** (1. Stock, Palika Bazaar, Sharanpur Rd; ⌚Mo–Sa 8–20, So bis 14 Uhr) befindet sich 500 m westlich vom Old-Central-Busbahnhof. Wer nach Mumbai fahren will, muss nicht lange warten, denn täglich rollen etwa 15 Züge nach Mumbai, darunter auch der *Pushpak Express* (1. Klasse/2AC/Sleeper Class 1301/806/203 ₹, 4½ Std., 15.15 Uhr). Die Verbindungen nach Aurangabad sind nicht so gut; es gibt nur vier täglich verkehrende Züge; zu empfehlen ist der *Tapovan Express* (2. Klasse/Chair Class 118/391 ₹, 3½ Std., 9.50 Uhr). Eine Autorikscha zum Bahnhof kostet etwa 150 ₹.

ABSTECHER

TRAUBEN AUS NASIK

Von kümmerlichen Rosinen bis zu vollmundigen Weinen – die Trauben von Nasik haben es weit gebracht. Tafeltrauben werden in der Region schon seit Urzeiten angebaut, doch erst Anfang der 1990er-Jahre erkannten ein paar Unternehmer, dass Nasik mit seinen fruchtbaren Böden und dem gemäßigten Klima gute Bedingungen für den Weinbau bietet. 1997 investierte der Winzerpionier **Sula Vineyards** furchtlos in einen Bestand von Sauvignon Blanc und Chenin Blanc und 2000 lag die erste Charge einheimischer Weine in den Regalen. Nasik hat es nicht bereut.

„Im Verlauf der letzten 10 Jahre verbesserten sich die Qualität und Konsistenz des Weins stetig, genauso wie die Investitionen – sowohl durch Fusionen/Übernahmen als auch durch Fremdkapital und fremdes Know-how", erklärt der internationale Weinberater, Autor und Sommelier Harshal Danger-Shah. „Die Ergebnisse sieht man im Glas: Der indische Wein schmeckt heute frischer und ist bekömmlicher als je zuvor."

Die Liste der gekelterten Weine hat sich in den meisten Weingütern von Nasik erweitert und umfasst die Sorten Shiraz, Merlot, Cabernet, Semillon und Zinfandel sowie ein paar Schaumweine. Zudem haben Bars und Restaurants in den größeren Städten Indiens endlich die einheimischen Weine für sich entdeckt. Weiterentwickelt haben sich auch die Empfehlungen, welcher Wein zu welchem Gericht passt: Wie wäre es mit einem schönen indischen Chenin Blanc zu Seafood nach Kerala-Art? Oder ein indischer Chardonnay zum Butterhühnchen?

Es lohnt sich allemal, diese Tropfen aus erster Hand zu probieren, indem man eines der schönen Weingüter dieser Region besucht. Empfehlenswert ist für Weinfreunde **Wine Friend** (☎9822439051; www.winefriend.in), der einzige erfahrene Veranstalter, der spezielle Weintouren zu den Weingütern aus der Umgebung von Nasik organisiert (6000 ₹ zzgl. Gebühren für die Weinprobe). Wenn man einen bestimmten Fahrer wünscht, kostet ein Mietauto ab 2400 ₹. Zu empfehlen ist der freundliche und Englisch sprechende Sanil von **SCK Rent-A-Car** (☎8888080525; scktravels2015@gmail.com) für eine gemütliche Fahrt ohne Hupkonzert.

Sula Vineyards (☎9970090010; www.sulawines.com; Gat 36/2, Govardhan Village, abseits der Gangapur–Savargaon Rd; ⏲11–23 Uhr) liegt 15 km westlich von Nasik und bietet eine professionell gestaltete Führung (ca. 45 Min.) durch das eindrucksvolle Anwesen mit seinen Hightech-Einrichtungen. Zum Abschluss der Tour gibt es eine Weinprobe (4/6 Weine 150/250 ₹) der besten Tropfen, davon mindestens ein Wein aus der Rasa-Spitzenlese. Vom Café genießt man einen herrlichen Blick auf die Landschaft.

Rund um Nasik

Bhandardara

Das malerische Dorf Bhandardara liegt rund 70 km von Nasik entfernt, tief in den Tälern der Sahyadris. Der wenig besuchte Ort inmitten schroffer Berge ist einer von Maharashtras besten Rückzugsorten vor dem Trubel des städtischen Indiens. Die üppige Vegetation dieser Berglandschaft ist vor allem während der Monsunzeit einmalig.

Die meisten Wohngebiete von Bhandardara gruppieren sich rund um den **Arthur Lake**, einen hufeisenförmigen Stausee, der vom Pravara gespeist wird und zu den größten in Indien gehört. Auf einer Seeseite wird das Abfließen durch den mächtigen kolonialzeitlichen Wilson-Staudamm von 1910 verhindert. Für Wanderfreunde empfiehlt sich der Aufstieg zum Gipfel des **Mt. Kalsubai**, der mit seiner Höhe von 1646 m den Marathen einst als Beobachtungspunkt diente. Eine Alternative ist die Wanderung zu den Ruinen des **Ratangad Fort**, eines weiteren ehemaligen Bollwerks des Shivaji, oder zu einigen bei der Bollywood-Filmindustrie beliebten Wasserfällen wie den **Randha Falls** oder **Umbrella Falls**. Geführte Touren zu den Highlights kosten 600 ₹.

Das reizvolle, auf einem Hügel gelegene **Anandvan Resort** (☎02424-257320; www.anandvanresorts.com; Ghatghar Rd, Village Shendi; EZ/DZ ab 5450/5950 ₹; ❄📶) bietet mehrere gemütliche Hütten und Villen mit Blick auf den Arthur Lake, in denen man stilvoll übernachten kann.

York Winery (☎0253-2230701; www.yorkwinery.com; Gat 15/2, Gangavarhe Village, Gangapur–Savargaon Rd; ⏲12–22 Uhr, Führungen 12.30–18 Uhr) 1 km hinter den Sula Vineyards gelegen, bietet das familiengeführte Weingut Führungen und Weinproben (5/7 Weine 150/250 ₹) an. Letztere finden in einem Raum im obersten Stockwerk mit einem malerischen Blick auf den See und die Hügeln in der Umgebung statt. Gekeltert werden hier vier Rotweine, darunter der im Barrique ausgebaute Spitzenwein Cab Shiraz, drei Weißweine, ein Rosé und ein Schaumwein. Es gibt auch einen großen Garten, in dem europäische Snacks (Oliven, Käse) angeboten werden.

Soma Vine Village (☎7028066016; www.somavinevillage.com; Gat 1, Gangavarhe; ⏲11.30–18.30 Uhr) Soma Vine Village, eines der jüngsten Weingüter von Nasik, liegt 17 km westlich vom Zentrum an derselben Straße wie Sula und York und veranstaltet 45-minütige Führungen, die mit einer Weinverkostung aus den 11 hier erzeugten Sorten endet (5/7 Weine 250/350 ₹), darunter auch der preisgekrönte Chenin Blanc Gold und der neue Rosé-Dessertwein, die beide vorzüglich sind.

Chandon (☎9561065030; www.chandon.co.in; Gat 652/653, Taluka-Dindori Village; ⏲9–18 Uhr) Nasiks jüngstes Weingut hat Welklasseniveau und ersteckt sich auf einem überaus gepflegten Gelände, das ohne Weiteres als Nasiks friedlichste und reizvollste Landschaft gelten kann. Bei den Weinproben (500 ₹), die nur nach Voranmeldung stattfinden, werden Indiens führende Schaumweine Chandon Brut (Chenin Blanc/Chardonnay/Pinot Noir) und Brut Rosé (Shiraz/Pinot Noir) verkostet. Den prickelnden Tropfen probiert man in der vornehmen modernen Lounge, in der Weingalerie oder auf der überwältigend malerischen Terrasse. Das Weingut liegt 26 km nördlich von Nasik.

Grover Zampa (☎02553-204379; www.groverzampa.in; Gat 967/1026, Village Sanjegaon, Tallgatpuri; ⏲10–17.30 Uhr, Führungen 10.30, 14.30 & 16 Uhr) 1992 produzierte Grover Zampa zunächst Säfte aus importierten französischen Weinen auf dem Gut von Karnataka. Heute ist es Indiens ältestes Weingut und zugleich das bei Weitem am häufigsten ausgezeichnete (74 internationale Prämierungen allein zwischen 2014 und 2016). Führungen und Weinproben finden auf dem Anwesen von Nasik, 53 km von der Stadt entfernt statt. Letztere werden in einem filmreifen Weinkeller (5/7 Weine 500/650 ₹) organisiert. Der Soireé Brut Rosé und der Spitzenwein Chêne Grand Réserve Tempranillo-Shiraz sind fantastisch. Wenn man hierher kommt, empfiehlt sich ein Abendessen im nahen **Malaka Spice** (www.malakaspice.com; Vallonné Vineyard, Gat 504, Kavnai Shiver; Hauptgerichte 285–535 ₹; ⏲11.30–23.30 Uhr). Nasiks bestes und malerischstes Wein-Landrestaurant.

Bhandardara erreicht man mit einem Regionalbus vom **Mahamarg-Busbahnhof** in Nasik nach Ghoti (64 ₹, 1 Std.), wo man für die restlichen Strecke bis Bhandardara in einen Sammeljeep umsteigt (40 ₹, 45 Min.). Wer will, kann ab Nasik auch ein Taxi für ca. 2000 ₹ direkt bis zum Resort nehmen.

Igatpuri

Vipassana International Academy MEDITATION
(☎02553-244076; www.giri.dhamma.org; Dhamma Giri, Igatpuri; Spenden erwünscht; ⏲Besucherzentrum 9.30–17.30 Uhr) Im 44 km südlich von Nasik gelegenen Igatpuri befindet sich der Sitz des weltweit größten *vipassana*-Meditationzentrums, der Vipassana International Academy. Ganzjährig finden hier zehntägige Kurse mit Übernachtung statt (Vorausbuchung verpflichtend) und die Lehrer machen darauf aufmerksam, dass dabei äußerste Disziplin vonnöten ist. Einfache Unterkunft, Essen und Meditationsanweisungen sind kostenlos, aber Spenden nach Abschluss der Kurse sind erwünscht. Besucher können sich ein 20-minütiges Video ansehen oder an einer zehnminütigen Mini-Sitzung in Anapana-Meditation teilnehmen.

Diese strenge Meditationsform wurde erstmals im 6. Jh. v. Chr. von Gautama Buddha gelehrt und in den 1960er-Jahren vom Lehrmeister S.N. Goenka wiedereingeführt.

Busse (57 ₹, 1 Std., stündl. 10.30–23 Uhr) und Sammeltaxis (500 ₹/Pers.) nach Igatpuri fahren vom Old-Central-Busbahnhof in Nasik ab. Täglich halten in Igatpuri viele Züge, die in Nasik vom Bahnhof an der Nasik Rd und aus Mumbai vom CST-Bahnhof abfahren.

Trimbak

Trimbakeshwar-Tempel HINDU-TEMPEL

(Eintritt 200 ₹, um die Schlange zu vermeiden 200 ₹; ⌚6–22 Uhr) Der stimmungsvolle Trimbakeshwar-Tempel steht 33 km westlich von Nasik im Zentrum von Trimbak. Er zählt zu den heiligsten Tempeln Indiens, denn er beherbergt einen hoch verehrten *jyoti linga*, einen der zwölf wichtigsten Shiva-Schreine. Obwohl auf dem Schild steht, dass nur Hindus Zutritt haben, ist dies überholt und auch Nicht-Hindus dürfen eintreten (wenn auch nur sehr kurz im inneren Heiligtum, denn Sicherheitsbeamte schleusen die Menschenmassen durch). Mobiltelefone sind verboten.

In der Nähe fließt das Wasser des Godavari ins Gangadwar-Badebecken, das alle einlädt, sich von ihren Sünden reinzuwaschen.

Trimbak liegt nur eine kurze Tagestour von Nasik entfernt, darum übernachten die meisten Besucher auch nicht hier. Es gibt aber jede Menge Pensionen und Resorts, darunter viele mit Panoramablick auf das beeindruckende Bhahmagiri-Gebirge. Für alle, die Lust auf einen Snack haben – die Straße zum Tempel ist dicht gesäumt von Imbissbuden und Restaurants.

Von Nasiks Old-Central-Busbahnhof fahren zwischen 5 und 23 Uhr stündlich Busse nach Trimbak (33 ₹, 45 Mi.). Um 22.30 Uhr fährt der letzte Bus zurück nach Nasik.

Aurangabad

☎0240 / 1,28 MIO EW. / 515 M

Im turbulenten mittelalterlichen Indien war Aurangabad noch eine ganz kleine Nummer. Zwischen 1653 und 1707 rückte es unter dem letzten Großmogul Aurangzeb zwar kurz als Hauptstadt ins Rampenlicht, mit dem Tod des Herrschers schwand Aurangabads Bedeutung aber schnell wieder. Von der kurzen Ruhmeszeit zeugen dennoch faszinierende Bauten, u.a. Bibi-qa-Maqbara, ein Nachbau des Taj Mahal, die einen kleinen, aber steten Besucherstrom anlocken. Weitere historische Relikte wie eine Reihe uralter buddhistischer Höhlen machen Aurangabad zu einem lohnenden Ziel für Wochenendausflüge von Mumbai aus. Der Hauptgrund für den Weg hierher besteht jedoch darin, dass die Stadt ein hervorragender Startpunkt für Touren zu den Welterbestätten Ellora und Ajanta ist.

Der wichtigste Wirtschaftsfaktor hier war einst die Seidenproduktion. Noch heute ist Aurangabad weltweit für seine handgewebten Himroo- und Paithani-Saris bekannt.

Sehenswertes

★Bibi-qa-Maqbara DENKMAL

(Inder/Ausländer 15/200 ₹; ⌚6–20 Uhr) Aurangzebs Sohn Azam Khan errichtete das Bibi-qa-Maqbara 1679 als Mausoleum für seine Mutter Rabia-ud-Daurani. Vier Minarette flankieren den zentralen Bau mit seiner zwiebelförmigen Kuppel. Weithin als „Taj Mahal für Arme" bekannt, sieht das weiße Grabmal dem Original in Agra verblüffend ähnlich.

Höhlen von Aurangabad HÖHLE

(Inder/Ausländer 15/200 ₹; ⌚6–18 Uhr) Rein vom architektonischen Gesichtspunkt her betrachtet können die Höhlen von Aurangabad keinesfalls mit denen von Ellora oder Ajanta konkurrieren. Dennoch sind sie ein Stück frühbuddhistischer Architekturgeschichte und punkten in erster Linie mit friedvoller Ruhe. Die zehn durchweg buddhistischen Höhlen wurden im 6. oder 7. Jh. n. Chr. aus dem Fels geschlagen. Sie bilden zwei Gruppen, die 1 km voneinander entfernt liegen und mit demselben Ticket besichtigt werden können.

Shrimat Chatrapati Shivaji Museum MUSEUM

(Dr. Ambedkar Rd; 5 ₹; ⌚Fr–Mi 10.30–18.30 Uhr) Das schlichte Museum widmet sich dem Leben des Marathen-Helden Shivaji. Es zeigt z.B. ein 500 Jahre altes Kettenhemd und eine Kopie des Korans aus Aurangzebs eigener Feder.

Geführte Touren

MSRTC (☎0240-2242164; www.msrtc.gov.in; Central Bus Stand, Station Rd West) veranstaltet täglich Touren mit Volvo-Bussen mit Klimaanlage zu den Höhlen von Ajanta (682 ₹) und Ellora (265 ₹). Achtung: Hierbei handelt es sich um stark kommerziell geprägte Touren, die bei einheimischen Touristen sehr beliebt sind und möglichst viele Attraktionen in kurzer Zeit abklappern. Die Preise beinhalten lediglich den Transport, nicht aber den Guide oder die Eintrittsgebühren. So etwa umfasst die Tour nach Ellora auch alle anderen Hauptattraktionen Aurangabads sowie das Daulatabad Fort – ein happiges Pensum für einen einzigen Tag. Obwohl die Touren eigentlich am Central-Busbahnhof (S. 97) starten, kann man beim zweiten Halt am MTDC Holiday Resort (Station Rd East) um 7.30 Uhr (Ajanta) und 8.30 Uhr (Ellora) zusteigen, wo es auch die besten Informationsmöglichkeiten gibt.

Ashoka Tours & Travels SEHENSWÜRDIGKEITEN
(☎9890340816, 0240-2359102; www.touristauran gabad.com; Hotel Panchavati, Station Rd West; ⏰7–20 Uhr) Der hervorragende Veranstalter in Aurangabad bietet sehr gute Stadt- und Regionaltouren sowie einen anständigen Autoverleih zu fairen Preisen. Ein Wagen mit Klimaanlage mit bis zu vier Personen kostet nach Ellora 1450 ₹ und 2450 ₹ nach Ajanta. Firmeninhaber ist der kompetente Ashok T. Kadam, ein früherer Autorikschafahrer.

Schlafen

★Hotel Panchavati HOTEL $
(☎0240-2328755; www.hotelpanchavati.com; Station Rd West; EZ/DZ 1000/1130 ₹, Zi. mit Klimaanlage 1250 ₹; ❄@📶) Das Panchavati, ein Budgethotel, das die Bedürfnisse von Travellern kennt, hat ein Management, das stets hilfsbereit und auf Zack ist. Die Zimmer sind kompakt, aber clever eingerichtet, haben Deckenleisten, bequeme Betten (mit Paisley-Tagesdecken) und im Bad flauschige Handtücher. Es gibt zwei ordentliche Restaurants und eine „Bar" (eher: Trinkraum). Es ist ein toller Ort, um andere unternehmungslustige Nomaden kennen zu lernen.

Hotel Raviraj HOTEL $
(☎0240-2352124; www.hotelraviraj.in; Rajendra Prasad Marg; Zi. mit Klimaanlage ab 1690 ₹; ❄📶) Die Standardzimmer dieser angenehmen Mittelklasse-Unterkunft, die sich als Budgethotel ausgibt, sind eindeutig die beste Wahl in Aurangabad. Sie sind geräumig, haben angenehme Bettwäsche, Flachbild-TVs, gute Badezimmer (mit Beleuchtung durch Bewegungsmelder) und (schwaches) WLAN. Die teureren Executive-Zimmer sind im Grund wie die Standardzimmer, haben jedoch mehr Hochglanzmöbel. Berücksichtigt man noch das freundliche Personal, das begrünte Foyer, das Restaurant, die Bar und die bierfreundliche Terrasse im ersten Stock, dann ist dieses Hotel kaum zu toppen.

Hotel Gurjas HOTEL $
(☎0240-2323841; www.hotelgurjas.com; Osmanpura Circle, Station Rd East; EZ/DZ 1026/1139 ₹, mit Klimaanlage 1250/1370 ₹; ❄📶) Das ehemalige Hotel Oberoi wurde durch die bekannte 5-Sterne-Luxushotelkette bedrängt, seinen Namen zu ändern. Voilà! So wurde das Hotel Gurjas geboren. Es gehört denselben Besitzern wie das Hotel Panchavati, was für guten Service und hilfsbereites Personal bürgt. Die geräumigen Zimmer sind modern, haben Flachbild-TVs, bequeme Betten, Schreibtische und hübsche, kürzlich renovierte Badezimmer.

Wer vorher anruft, wird kostenlos vom Bahnhof oder Busbahnhof abgeholt.

Hotel Green Olive HOTEL $$
(☎0240-2329490; www.hotelgreenolive.com; 13/3 Bhagya Nagar, CBS Rd; EZ/DZ ab 3570/4760 ₹; ❄📶) Abgesehen von den engen Badezimmern bietet dieses Businesshotel mit dem Flair eines Boutiquehotels stilvolle, gut ausgestattete und gepflegte Zimmer. Das freundliche Personal kümmert sich auf lobenswerte Weise um die Gäste und organisiert auch Verkehrsmittel und geführte Touren. Im Haus gibt's eine gute Bar und ein Restaurant.

★Lemon Tree HOTEL $$$
(☎0240-6603030; www.lemontreehotels.com; R7/2 Chikalthana, Airport Rd; EZ/DZ inkl. Frühstück ab 7790/9350 ₹; ❄@📶🏊) Das Lemon Tree bietet Eleganz und Klasse und wirkt eher wie eine weiß verputzte mediterrane Millionärsvilla und nicht wie ein indisches Hotel. Es besticht auch durch das schöne Design: Alle Zimmer blicken nach innen auf den vielleicht besten Pool des Deccan Plateau – er ist stolze 50 m lang. Die künstlerisch angehauchten Standardzimmer sind zwar nicht groß, aber durch lebendige tropische Farbtöne geprägt, die sich von den schneeweißen Wänden abheben.

Essen

Kailash INDISCH $
(Station Rd East; Hauptgerichte 50–150 ₹; ⏰8–23 Uhr; ❄) Das belebte vegetarische Restaurant ähnelt grob der halbherzigen indischen Ausgabe eines amerikanischen Diners und bietet üppige Portionen in familiärer Umgebung. Es gibt viele Gerichte aus dem Punjab und aus Südindien sowie Reis- und Nudelgerichte und eine reiche Auswahl an *pav bhaji*-Variationen, einem für Mumbai typischen Straßengericht. Es ist zu Recht sehr beliebt.

★Bhoj INDISCH $$
(Station Rd West; Thali 210 ₹; ⏰11–15 & 19–23 Uhr) Das Bhoy ist zu Recht für seine köstlichen, riesigen Thalis nach Rezepten aus Rajasthan und Gujarat bekannt und ein toller Ort, um nach einem langen Tag im Bus (oder in der

Aurangabad

Bahn) wieder aufzutanken oder zu relaxen. Es ist im 1. Stock einer etwas schmuddeligen kleinen Einkaufspassage zu finden, aber Einrichtung, Ambiente, Service und Präsentation der Gerichte sind erstklassig. Hier gibt's die besten Thalis in Maharashtra!

Green Leaf INDISCH $$
(www.greenleafpureveg.com; Shop 6–9, Fame Tapadiya Multiplex, Town Centre; Hauptgerichte 140–280 ₹; 12–23 Uhr;) Aurangabads modernes vegetarisches Lieblingsrestaurant wird für seine köstlichen rein vegetarischen Speisen geschätzt, die durch ihre Aromen bestechen (das vegetarische *handi* oder das *paneer* nach Hyderabad-Art sollte man unbedingt probieren). Dabei wird jeweils ihr Schärfegrad anhand eines Symbols angegeben (eine Chilischote steht für mittlere Schärfe!). Blaugrün gekleidete Kellner bewegen sich würdevoll durch das saubere, moderne Innere. Es ist so sauber, dass jeder einen Blick in die Küche werfen kann. Es liegt 400 m entfernt vom CIDCO-Busbahnhof.

Swad Restaurant INDISCH $$
(Station Rd East, Kanchan Chamber; Thali 200 ₹) Obwohl die Preise ähnlich sind, ist das stets brechend volle Swad das einfacherere, lokalere und etwas fettigere Gegenstück zu

Aurangabad

manch anderen Lieblingsrestaurants der Stadt. Die Kellner mit ihren farbenfrohen Turbanen im Rajasthan-Stil schwenken scharfe *sabzi* (Gemüse), Dhal und andere köstliche Gujarat-Rajasthan-Thalis – eine endlose Abfolge von Aromen unter dem wohlwollenden Blick des Schutzheiligen Swami Yogiraj Hanstirth.

Tandoor NORDINDISCH $$
(Station Rd East, Shyam Chambers; Hauptgerichte 150–380 ₹; 11–23 Uhr) Es serviert leckere Gerichte aus dem Tandur, nordindische vegetarische und nicht-vegetarische Speisen in einem eigenartig fürstlichen Ambiente und hat eine (für Aurangabad) lange Bierkarte. Unbedingt die tollen heißen Kebabs probieren. Es gibt auch ein paar chinesische Gerichte, aber die Stammkunden bevorzugen das Essen aus dem Tandur.

Ausgehen & Unterhaltung

KA Lounge BAR
(Satya Dharam Complex, Akashwari Cir, Jalna Rd; Cocktails ab 320 ₹; Mo–Fr 12–23, Sa & So bis 1 Uhr;) Aurangabads einzige trendige Cocktailbar ist funkelnagelneu und auf die hippen Erfolgreichen der Stadt ausgerichtet, die sich auf bequemen Sofas zwischen kahlen Ziegelwänden räkeln und samstags und sonntags dem von DJs aufgelegten Hip-hop, Jazz und House lauschen. Zur Abkühlung empfiehlt sich der Mojito mit Basilikum und grünem Peperoni.

Shoppen

Himroo-Stoffe sind ein traditionelles, für Aurangabad typisches Erzeugnis und bestehen aus einem Mix von Baumwoll-, Seiden- und Metallfäden. Heute entstehen die meisten Himroo-Schals und -Saris auf mechanischen Webstühlen, einige Geschäfte führen aber immer noch handgewebte Stoffe.

Die Preise beginnen ab etwa 2000 ₹ für Himroo-Saris aus einem Baumwolle-Seide-Mix. Paithani-Saris, die von hochwertiger Qualität sind, kosten zwischen 8000 und 150 000 ₹, allerdings dauert die Herstellung mitunter bis zu einem Jahr. Kaufinteressenten sollten unbedingt darauf achten, dass sie echtes Himroo und keine „Aurangabad-Seide" erwerben.

Paithani Silk Weaving Centre TEXTILIEN
(www.paithanisilk.com; 54, P-1, Town Center, Lokmat Nagar; 9.30–21 Uhr) Eine der besten Adressen, um Webern bei der Arbeit zuzuschauen, ist das Paithani Silk Weaving Centre, wo man auch hochwertige Textilien erwerben kann. Es liegt rund 6 km östlich der Kranti Chowk (hinter dem Büro von Air India), man nimmt also am besten ein Taxi.

Praktische Informationen

Indiatourism (Government of India Tourism; 0240-2364999; www.incredibleindia.org; MTDC Holiday Resort, Station Rd East; Mo–Fr 9.30–18 Uhr) Informationen zu ganz Indien gibt's im Büro des indischen nationalen Tourismusamtes in Aurangabad.

MTDC Office (0240-2343169; www.maharashtratourism.gov.in; MTDC Holiday Resort, Station Rd East; Mo–Sa 10–13 & 13.30–17.30Uhr) Recht hilfreich und hat Broschüren auf Lager.

Post (www.indiapost.gov.in; Juna Bazaar; Mo–Sa 10–18 Uhr)

An- & Weiterreise

BUS

Busse fahren ca. alle 30 Min. vom **MSRTC-/Central-Busbahnhof** (0240-2242164; Station Rd West) nach Pune (ohne/mit Klimaanlage 341/661 ₹, 5½ Std., 5–23.30 Uhr) und Nasik (ohne Klimaanlage 214 ₹, 4½ Std., 6–0.15 Uhr).

ABSTECHER

DER METEORITENKRATER VON LONAR

Wer ungewöhnliche Abenteuer mag, kann nach Lonar reisen und ein urzeitliches Naturwunder erkunden. Vor etwa 50 000 Jahren schlug hier ein Meteorit ein und hinterließ einen Krater von 2 km Durchmesser und 170 m Tiefe (den angeblich drittgrößten weltweit). Wissenschaftlich gesehen, handelt es sich um den weltweit einzigen Krater, der in Basaltgestein auf natürliche Weise durch einen Aufschlag mit extrem hoher Geschwindigkeit entstand. Für den Laien ist es einfach nur ein ruhiger Ort, wie man sich ihn erträumt – mit einem grünen, flachen See am Kraterboden und umgeben von Wildnis, in der Wasservögel leben. Das Wasser soll alkalisch sein und der Haut sehr gut tun. Die Forscher vermuten, dass der Meteorit immer noch ca. 600 m tief unter dem südöstlichen Kraterrand im Boden liegt.

Am Kraterrand stehen mehrere Hindu-Tempel und tummeln sich auch Wildtiere, darunter Languren, Pfaue, Hirsche und zahllose Vögel.

Es gibt regelmäßige Busverbindungen zwischen Lonar und dem CIDCO-Busbahnhof in Aurangabad (180 ₹, 4½ Std., 5, 6, 8, 10, 12.30 und 13 Uhr).

Private Busgesellschaften sind vor allem an der Dr Rajendra Prasad Marg und der Court Rd konzentriert; einige befinden sich auch etwas näher beim Busbahnhof. Zu den Fahrzielen der Deluxe-Nachtbusse gehören u. a. Mumbai (mit Klimaanlage Liegeplatz 774–1400 ₹, 7½–9½ Std.), Ahmedabad (mit/ohne Klimaanlage Liegeplatz ab 800/500 ₹, 13–15 Std.) und Nagpur (mit Klimaanlage Liegeplatz 660–1100 ₹, ohne Klimaanlage 800 ₹, 8½–10 Std.).

Vom MSRTC-Busbahnhof starten normale Busse alle 30 Min. nach Ellora (mit/ohne Klimaanlage 251/32 ₹, 30 Min., 5–12.30 Uhr) und Jalgaon (ohne Klimaanlage 77 ₹, 4 Std., 5–20 Uhr) über Fardapur (120 ₹, 3 Std.), wo Anschluss nach Ajanta besteht.

Vom **CIDCO-Busbahnhof** (☎ 0240-2240149; Airport Rd), neben der Kreuzung am Hotel Lemon Tree starten sechs normale Busse direkt zum Meteoritenkrater von Lonar (180 ₹, 4½ Std., 5, 6, 8, 10,12.30 und 13 Uhr).

FLUGZEUG

Der **Aurangabad Airport** (Chikkalthana Airport) liegt 10 km östlich der Stadt. Tägliche Direktflüge nach Delhi und Mumbai bieten **Air India** (☎ 0240-2483392; www.airindia.in; Airliens House, Town Centre, Jalna Rd; ⊙ Mo–Sa 10–13 & 14–17 Uhr) und **Jet Airways** (☎ 0240-2441392; www.jetairways.com; 4, Santsheel, Vidyanagar 7 Hills, Jalna Rd) an. Nach Hyderabad fliegt **Trujet** (☎ 0240-2471818; www.trujet.com; Aurangabad Airport).

ZUG

Aurangabads **Bahnhof** (Station Rd East) liegt nicht an einer Hauptstrecke, dennoch fahren von hier täglich vier Direktzüge nach/von Mumbai. Der *Tapovan Express* (2. Klasse/Chair Class 173/571 ₹, 7½ Std.) fährt von Aurangabad um 14.35 Uhr ab. Der *Janshatabdi Express* (2. Klasse/Chair Class 223/686 ₹, 6½ Std.) startet in Aurangabad um 6 Uhr. Nach Hyderabad rollt u. a. der *Ajanta Express* (Sleeper Class/2AC 233/1226 ₹, 10 Std., 22.45 Uhr). Wer ins nördliche oder östliche Indien will, nimmt einen Bus nach Jalgaon und steigt dort in einen Zug.

ℹ Unterwegs vor Ort

Es gibt viele Autorikschas und man kann sie (ebenso wie die Taxis) über Ola Cabs (www.olacabs.com) buchen. Der Taxistand liegt neben dem MSRTC-/Central-Busbahnhof; auch Sammeljeeps starten von hier in Richtung Ellora und Daulatabad, sind aber zumeist rappelvoll. Deshalb ist es viel sinnvoller, einen Mietwagen mit Fahrer zu buchen.

Ein Mietwagen mit Fahrer kann über **Ashoka Tours & Travels** (S. 95) gebucht werden: Eine Fahrt hin & zurück nach Ellora in einem Wagen ohne/mit Klimaanlage kostet 1250/1450 ₹, nach Ajanta 2250/2450 ₹.

Rund um Aurangabad

Daulatabad

Die wunderschöne Hügelfestung Daulatabad (Inder/Ausländer 15/200 ₹; ⊙ 6–18 Uhr) aus dem 12. Jh. scheint Tolkiens Fantasie entsprungen zu sein. Ihre Ruinen liegen ca. 15 km von Aurangabad entfernt auf dem Weg nach Ellora. Die Zitadelle wurde als uneinnehmbares Bollwerk von den Yadava-Königen erbaut. Ihre Blüte erlebte sie 1328, als sie von Sultan Mohammed Tughlaq aus Delhi auf den Namen Daulatabad (Stadt des Glücks) getauft und zur Hauptstadt erklärt wurde. Um sie zu bevölkern, ließ der exzentrische Tughlaq alle Einwohner Delhis 1100 km in Richtung Süden zwangsumsiedeln. Die Ironie dabei: Daulatabad lag zwar strategisch günstiger als Delhi, eignete sich wegen Wassermangels aber bald nicht mehr als Hauptstadt. So zwang Tughlaq die erschöpfte Bevölkerung zum langen Rückweg nach Delhi, das inzwischen zur Geisterstadt geworden war.

Daulatabads Hauptbastion thront auf einem 200 m hohen, schroffen Felsen namens Devagiri (Götterhügel), der von einer 5 km langen **Festungsmauer** (Inder/Ausländer 15/200 ₹; ⌚6–18 Uhr) umgeben ist. Beim Aufstieg zum Gipfel (ca. 1 Std.) passiert man eine Reihe ausgeklügelter Verteidigungsanlagen. Dazu gehören mehrere Portale, die Elefantenangriffe mittels schiefer Winkel und dornenbesetzter Torflügel abwehren sollten. Auf der rechten Seite der Anlage erhebt sich der 60 m hohe Siegesturm Chand Minar (Mondturm) von 1435, der aber für Besucher gesperrt ist. Weiter oben kann man den Chini Mahal, das Gefängnis von Abul Hasan Tana Shah, betreten: Der König von Golkonda war dort zwölf Jahre lang eingesperrt, bis er 1699 starb. Die 6 m lange Kanone in der Nähe wurde aus fünf verschiedenen Metallen gegossen, und man hat Aurangzebs Namen eingraviert.

Der Aufstieg führt teilweise durch einen völlig finsteren, gewundenen Tunnel mit vielen Fledermäusen und Wasser auf dem Boden. Nahe dem Ticketschalter warten Guides (500 ₹), deren fackeltragende Assistenten einen gegen ein kleines Trinkgeld durch den dunklen Durchgang geleiten. Da man beim Abstieg aber auf sich allein gestellt ist, sollte man unbedingt eine Taschenlampe mitbringen.

Da die Festungsmauer eine Ruine ist (mit verfallenden Treppen und senkrechten Wänden), könnte der steile Aufstieg problematisch für ältere Menschen, Kinder und Leute mit Höhen- oder Platzangst werden! Man sollte 2½ Stunden einplanen und Wasser mitbringen.

Ellora

☎ 02437

Man gebe einem Mann Hammer und Meißel in die Hand, und er wird Kunstwerke für die Nachwelt erschaffen. Besucher der **Höhlentempel von Ellora** (Inder/Ausländer 30/500 ₹; ⌚Mi–Mo 6–18 Uhr) werden verstehen, was damit gemeint ist. Diese UNESCO-Welterbestätte 30 km von Aurangabad ist der Inbegriff uralter indischer Felsenarchitektur: Über fünf Jahrhunderte lang schlugen Generationen von buddhistischen, hinduistischen und jainistischen Mönchen die Räume mühsam aus dem Fels. Die Höhlen dienten als Klöster, Kapellen oder Tempel. Zudem verzierte man sie stilvoll mit einer Unmenge bemerkenswert detailreicher Skulpturen.

Am prächtigsten davon ist zweifellos die größte monolithische Skulptur der Welt: Insgesamt 7000 Arbeiter schlugen den großartigen Kailasa-Tempel (Höhle 16) über 150 Jahre hinweg von oben nach unten in einen Felshang. Der Tempel ist Shiva geweiht und gehört eindeutig zu den absoluten Highlights der alten indischen Architektur.

Sehenswertes

Mit zwölf buddhistischen (600–800 n.Chr.), 17 hinduistischen (600–900 n.Chr.) und fünf jainistischen (800–1000 n.Chr.) hat Ellora insgesamt 34 Höhlen. Über deren genaue Entstehungszeitpunkte diskutieren Wissenschaftler jedoch weiterhin.

Im Gegensatz zur ebenfalls gemeißelten Ajanta-Anlage in einer steilen Felswand säumen die Höhlen von Ellora einen 2 km langen Geländeabbruch mit sanfter Neigung. So konnten die Architekten vor den Schreinen kunstvolle Höfe anlegen und diese mit Skulpturen von surrealer Qualität versehen.

Nach einhelliger Expertenmeinung repräsentiert Ellora die Stätte für das Wiedererstarken des Hinduismus unter den Dynastien der Chalukya und Rashtrakuta – ebenso für den nachfolgenden Niedergang des indischen Buddhismus und eine kurze, offiziell geförderte Renaissance des Jainismus. Da es keine Inschriften gibt, lassen sich die meisten örtlichen Monumente jedoch nicht exakt datieren. Einigen Wissenschaftlern zufolge sind die Hindu-Tempel teilweise älter als die Schreine der buddhistischen Gruppe. Als gesichert gilt jedoch, dass eine solche Koexistenz an einem einzigen Ort für eine längere Periode religiöser Toleranz spricht.

Am Ticketschalter vor dem Kailasa-Tempel kann man offizielle Führer engagieren (1370 ₹, max. 5 Pers.), die sich bestens mit der Höhlenarchitektur auskennen und daher ihr Geld wert sind. Sollte die Zeit nur für Ellora oder Ajanta reichen, unbedingt Ellora mit seiner deutlich interessanteren Baukunst wählen! Ajanta liegt dagegen schöner und ist angenehmer zu erkunden.

Ellora ist zwar bei indischen Touristen sehr beliebt, aber unter der Woche weitaus weniger stark überlaufen.

★ **Kailasa-Tempel** HINDU-TEMPEL

Der Felsentempel gehört zu den großartigsten Monumenten Indiens. Er entstand

Ellora (Höhlen)

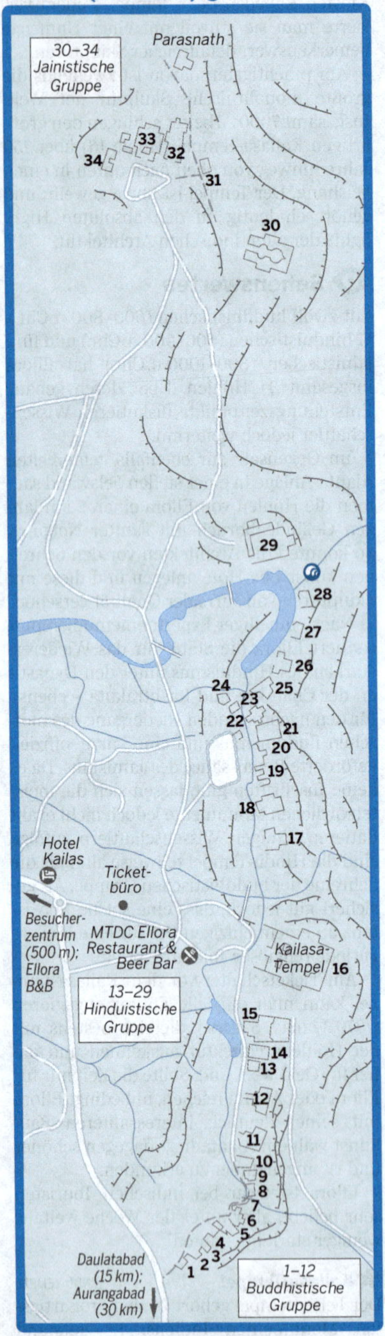

760 n. Chr. unter König Krishna I. und versinnbildlicht den Berg Kailasa (alias Kailash; Shivas Sitz im Himalaja). Das Bauprojekt als gewagt zu bezeichnen, wäre eine glatte Untertreibung: Mit Hammer und Meißel schlug man zunächst drei riesige Schächte in die steile Felswand, wobei 200 000 t Gestein entfernt wurden. Auf diese grobe Vorbereitung folgten das Ausarbeiten der eigentlichen Endform und die schmückende Ausgestaltung mit den bemerkenswerten Skulpturen.

Dieses Architekturwunder ist doppelt so groß und zudem um die Hälfte höher als der Athener Parthenon. Seine Ausführung entsprang direkt den Köpfen der Planer und bot offenbar keinerlei Raum für Fehler. Heutige Konstrukteure könnten hier wohl noch einiges lernen!

Er beherbergt kunstvolle Wandreliefs, die Szenen aus dem Ramayana bzw. Mahabharata und Abenteuer Krishnas darstellen. Gleichermaßen bewundernswert sind die gewaltigen monolithischen Säulen im Hof, die den Eingang beiderseits flankieren – und ebenso die zehn tollen Riesenreliefs der südöstlichen Galerie, die die verschiedenen Inkarnationen (Avatare) Vishnus zeigen.

Nach der Besichtigung der Hauptanlage lässt man die Scharen vespernder Tagesausflügler am besten einfach hinter sich, um die vielen vergessenen Reliefs in den vom Fledermausurin feuchten Tempelecken zu erkunden. Danach empfiehlt sich der ansteigende überwucherte Trampelpfadfad (oder man geht am geht am Gerüst vorbei über den stabileren Felsen) zum „Höhlengipfel" im Süden des Komplexes: Von dort schweift der Blick über die ganze Anlage.

Buddhistische Höhlen HÖHLE

Besinnliche Ruhe prägt die zwölf buddhistischen Höhlen südlich des Kailasa-Tempels. Die mehrstöckigen Strukturen dienten einst fast alle als *viharas* (Klöster) für Studium und Gebet. Gleichzeitig beherbergten sie auch Koch-, Wohn- und Schlafbereiche.

Die einzige Ausnahme ist Höhle 10, bei der es sich um eine *chaitya* (Versammlungshalle) handelt. Während die ältesten Höhlen eher einfach wirken, sind Nr. 11 und 12 kunstvoller gestaltet: Beide haben jeweils drei Ebenen und stehen den eindrucksvolleren Hindu-Tempeln in nichts nach.

Höhle 1, die einfachste *vihara*, war wohl ein Kornspeicher. In **Höhle 2** sind die verzierten Säulen und die imponierende Budhafigur ein Hingucker. Sie schaut zur untergehenden Sonne. **Höhle 3** und **Höhle 4** sind unvollendet und weniger gut erhalten.

Höhle 5 ist die größte *vihara* in dieser Gruppe, ca. 18 m breit und 36 m lang; die Reihen von Steinbänken lassen vermuten, dass diese Höhle als Versammlungshalle genutzt wurde.

Höhle 6 ist eine reich verzierte *vihara* mit schönen Bildern von Tara, der Gemahlin von Bodhisattva Avalokitesvara, und von der buddhistischen Göttin des Lernens, Mahamayuri, die Saraswati (ihrem hinduistischen Gegenstück) bemerkenswert ähnelt. **Höhle 7** ist eine schmucklose Halle mit Durchgang zu **Höhle 8**, der ersten Höhle, in der das Heiligtum frei vor der hinteren Wand steht. **Höhle 9**, direkt oberhalb von Höhle 8, ist wegen ihres verzierten Gesimses bemerkenswert.

Höhle 10 ist die einzige *chaitya* der buddhistischen Gruppe und eine der schönsten in Indien. Ihre Felsdecke weist Rippen auf; die Rillen wurden einst mit Holztafeln bestückt. Der Balkon und die obere Galerie bieten einen besseren Blick auf die Decke und den Fries, auf dem sich liebende Paare dargestellt sind. Ein dekoratives Fenster beleuchtet sanft die riesige Figur eines lehrenden Buddhas.

Höhle 11, die Do-Thal-(Zwei-Stockwerke-)Höhle, wird durch ein weiteres Stockwerk betreten, das erst 1876 entdeckte Kellergeschoss. Wie Höhle 12 verdankt sie ihre Größe möglicherweise dem Wettbewerb mit den hinduistischen Höhlen aus derselben Zeit.

Höhle 12, die riesige Tin-Thal-(Drei-Stockwerke-)Höhle, erreicht man durch einen Hof. Im (verschlossenen) Schrein im obersten Stockwerk thront eine große Buddhafigur, die von ihren sieben früheren Inkarnationen umgeben ist. Die Wände sind mit Reliefs geschmückt.

Hinduistische Höhlen HÖHLE

Die hinduistischen Höhlen (Nr. 13–29) stehen ganz im Zeichen von Dramatik und Spannung. In Sachen Größe, Ideenreichtum und meisterhafter Ausführung sind sie eine Klasse für sich. Bei ihrem Bau waren jeweils keine Gerüste erforderlich: Die Steinmetze begannen stets oben mit dem Dach und arbeiteten sich dann in Richtung Boden hinunter. Zu den schönsten Beispielen zählen die Höhlen 14, 15, 16, 21 und 29.

Höhle 13 ist eine schlichte Höhle und war wahrscheinlich ein Kornspeicher. **Höhle 14**, die Ravana-ki-Khai, war zunächst eine buddhistische *vihara* und wurde im 7. Jh. in einen Shiva geweihten Tempel umgewandelt.

Höhle 15, die Avatara-(Zehn-Inkarnationen-Vishnus-)Höhle, ist eine der prächtigsten in Ellora. Der zweistöckige Tempel beherbergt einen faszinierenden Shiva Nataraja und einen aus einem Lingam (einer phallischen Form) hervortretenden Shiva, dem Vishnu und Brahma ihre Ehrerbietung erweisen.

CANNABIS-KONSERVIERUNG

Der bemerkenswerte Erhaltungszustand der Höhlen und Malereien von Ellora könnte einer Reihe von Umständen zu verdanken sein, aber keiner dürfte mehr überraschen als eine tüchtige Dosis Hanf. Während die Ansichten immer noch geteilt sind, ob die buddhistischen, hinduistischen oder jainistischen Mönche, die in Ellora jahrhundertelang zuhause waren, eine Vorliebe für das Rauchen von Cannabis hatten, sind sich Archäologen sicher, dass diese Mönche ein oder zwei Dinge über den Konservierungseffekt von Hanf wussten.

Eine 2016 veröffentlichte Studie, die elf Jahre lang lief, ergab, dass Hanf, eine Varietät der Pflanze *Cannabis sativa* (vermutlich eine der ältesten gezüchteten Pflanzen), dem in Ellora verwendeten Lehm und dem Kalkputz beigemischt war, und man nimmt an, dass er jene geheimnisvolle Zutat sei, die den allmählichen Verfall dieser UNESCO-Welterbestätte im Lauf von 1500 Jahren verlangsamt habe.

Unter Einsatz von Elektronenmikroskopen, der Fourier-Transformation, der infraroten Spektrografie und durch stereo-mikroskopische Analysen fanden Chemiker des Archaeological Survey of India heraus, dass die aus Ellora entnommenen Proben 10 % *Cannabis sativa* enthielten, was in Ellora zu einer verringerten Insektentätigkeit führte, während in Ajanta, wo kein Hanf verwendet wurde, rund 25 % der Malereien bereits zerstört sind. Hanf fand nicht nur in Ellora Verwendung, sondern wurde von den Yadavas im 12. Jh. auch beim Bau des Daulatabad Fort bei Aurangabad eingesetzt.

So viel zu hohen und mächtigen Denkmälern!

Die **Höhlen 17** bis **20** und **22** bis **28** sind einfache Klöster. **Höhle 21** ist als Ramesvara-Höhle bekannt und zeigt interessante Variationen der bekannten shivaistischen Szenen aus den älteren Tempeln. Die Figur der Göttin Ganga, die auf ihrer *makara* (mythisches Seeungeheuer) steht, ist besonders bemerkenswert.

Die große **Höhle 29**, die Dumar Lena, ist wohl ein Übergangsmodell zwischen den einfachen, aus dem Fels geschlagenen Höhlen und den voll entwickelten Tempeln wie dem Kailasa-Tempel. Von hier aus bietet sich ein Blick auf den nahen Wasserfall, obwohl der Pfad zum Zeitpunkt der Recherche nicht zugänglich war. Am besten erreicht man sie mit dem MSRTC-Bus.

Jainistische Höhlen HÖHLE

Die fünf jainistischen Höhlen von Ellora sind am jüngsten und auch wenn ihnen die schiere Größe der herrlichsten Hindu-Tempel fehlt, weisen sie doch einen außergewöhnlichen Detailreichtum und einige bemerkenswerte Malereien und Reliefs auf.

Sie liegen 1 km nördlich des letzten Hindu-Tempels (Höhle 29) am Ende der Asphaltstraße; es gibt einen MSRTC-Bus, der vor dem Kailasa-Tempel startet und hin & zurück fährt (21 ₹ hin & zurück).

Höhle 30, die Chhota Kailasa (Kleiner Kailasa), ist eine ärmliche Kopie des großen Kailasa-Tempels und steht etwas entfernt von den anderen jainistischen Tempeln. Man erreicht sie über einen nicht markierten Treppenaufgang zwischen den Höhlen 31 und 32.

Im Gegensatz dazu bildet die **Höhle 32**, die Indra Sabha (Indras Versammlungshalle), den prächtigsten der jainistischen Tempel. Ihr Grundriss gleicht dem des Kailash-Tempels. Das Obergeschoss ist reich verziert und dekoriert, das Untergeschoss ist im Gegensatz dazu eher schlicht gehalten. Es sind Bildnisse der jainistischen *tirthankar* (große Lehrer) Parasnath und Gomateshvara zu sehen, Letzterer ist von wilden Tieren umgeben. Im Schrein befindet sich eine sitzende Figur von Mahavira, dem letzten *tirthankar* und dem Gründer des Jainismus.

Höhle 31 ist eine Erweiterung von Höhle 32. **Höhle 33**, die Jagannath Sabha, ähnelt Höhle 32, hat aber einige gut erhaltene Skulpturen, genau wie der letzte Tempel, die kleine **Höhle 34**. Auf dem Hügel über den jainistischen Tempeln steht eine 5 m hohe Statue von Parasnath, die auf Ellora herabschaut.

Schlafen & Essen

Ellora B&B PENSION $

(☎ 9960589867; ellorabedandbreakfast@gmail.com; Ellora Village; EZ/DZ inkl. Frühstück ab 500/800 ₹) Wer ein wenig in die ländliche Kultur eintauchen will, dem bieten der gutherzige Sadeek und sein Onkel Rafiq vier einfache Zimmer in ihrem Dorfhaus, das 2 km entfernt von den Höhlen (und dem Trubel) liegt. Die drei besten Zimmer gehen auf eine luftige Terrasse mit Blick auf Felder und Berge hinaus und haben eigene Bäder mit Sitztoilette und Warmwaaser rund um die Uhr.

Die Oma kocht *poha* (Reisflocken mit Gewürzen), *upma* (Grieß mit Zwiebeln, Gewürzen, Chili und Kokosnuss) und *aloo paratha* (mit Kartoffeln gefülltes Fladenbrot) zum Frühstück. Das B&B ist nicht raffiniert, aber die Gastlichkeit macht das wett.

Hotel Kailas HOTEL $$

(☎ 02437-244446; www.hotelkailas.com; Zi. mit/ohne Klimaanlage 3570/2500 ₹; ❄ 📶) Das einzige anständige Hotel in der Nähe der Stätte verfügt über attraktive Steinhütten mit Klimaanlagen auf einem grünen Gelände. Das Restaurant (Hauptgerichte 90–280 ₹) ist hervorragend und auf einer Kreidetafel steht die Menükarte, die u.a. Sandwiches, Frühstück, Currys und Klassiker aus dem Tandur umfasst. Das WLAN, für das man 100 ₹ für jeweils drei Stunden berappen muss, ist lächerlich langsam.

Praktische Informationen

Ellora Besucherzentrum (⏲ Mi–Mo 9–17 Uhr) Elloras eindrucksvolles Besucherzentrum liegt 750 m westlich der eigentlichen Stätte und lohnt einen Besuch, um die Höhlen in einen historischen Kontext zu setzen. Es hat moderne Ausstellungen und Infotafeln, eine 15-minütige Videopräsentation und zwei Galerien: eine über den Kailasa-Tempel (mit einem Diorama des Tempels) und die andere zur Stätte selbst.

An- & Weiterreise

Achtung: Die Tempel sind dienstags geschlossen. Busse fahren alle 30 Minuten aus Aurangabad ab (mit/ohne Klimaanlage 251/32 ₹, 30 Min., 5–12.30 Uhr); die letzte Abfahrt aus Ellora ist um 21 Uhr. Eine Alternative sind Sammeljeeps, die aber rappelvoll sind. Sie starten erst, wenn alle Plätze belegt sind, und halten außerhalb des Busbahnhofs in Aurangabad (30 ₹). Eine Ganztagestour nach Ellora inklusive Zwischenstopps entlang der Route kostet in einem Wagen mit Klimaanlage 1450 ₹; zu empfehlen ist **Ashoka Tours & Travels** (S. 95). Autorickschas gibt's für 800 ₹.

Ajanta

☎ 02438

Ajanta liegt ca. 105 km nordöstlich von Aurangabad in einem abgeschiedenen Flusstal. Diese bemerkenswerten Höhlentempel sind neben Ellora die zweite Welterbestätte der Region. Sie entstanden aber deutlich früher (ca. 200 v. Chr.–600 n. Chr.) und gehören damit zu den ältesten Klosteranlagen Indiens. Ironischerweise führte Elloras Aufstieg zum Niedergang Ajantas: Historikern zufolge wurde die örtliche Anlage aufgegeben, sobald Ellora an Bedeutung gewonnen hatte.

Nachdem der Wald des Deccan die Höhlen überwucherte und sie so schützte, während Wurzeln und Schösslinge die Skulpturen umschlangen, blieb Ajanta für fast ein Jahrtausend bis 1819 verlassen, als eine britische Jagdgesellschaft unter Leitung des Offiziers John Smith rein zufällig auf die Anlage stieß.

Sehenswertes

Einer der Hauptgründe für die Besichtigung Ajantas besteht darin, die berühmten „Fresken" zu bewundern, die eigentlich Temperabilder sind und das Innere vieler Höhlen schmücken. Diese Malereien bilden ein Erbe von unschätzbarem Wert, denn nur wenige andere Beispiele aus uralter Zeit können sich mit ihrer künstlerischen Meisterschaft und der hervorragenden Ausführung messen.

Trotz ihres Alters blieben die Malereien in den meisten Höhlen sehr gut erhalten und viele erklären sich dies durch ihre jahrhundertelange relative Abgeschiedenheit von jeglichem menschlichen Einfluss. Es wäre dennoch zu optimistisch zu behaupten, dass der Verfall nicht eingesetzt hätte.

Man vermutet, dass die natürlichen Farbpigmente für diese Malereien mit tierischem Leim und pflanzlichem Gummi gemischt wurden, damit sie auf der trockenen Oberfläche hafteten. Viele Höhlenböden haben kleine, kraterähnliche Löcher, in denen die Farben während der Ausführung der Malereien angemischt wurden.

Die meisten Busse mit Reisegruppen kommen nicht vor der Mittagszeit an. Um dem Gedränge zu entgehen, übernachtet man am besten in der Nähe in Fardapur oder startet frühmorgens in Aurangabad.

★ Höhlen von Ajanta HÖHLEN

(Inder/Ausländer 30/500 ₹, Video 25 ₹, offizieller Führer 1370 ₹; ⏲ Di–So 9–17.30 Uhr) Die Höhlen von Ajanta befinden sich in der Steilwand einer hufeisenförmigen Schlucht am Fluss Waghore. Fünf davon sind *chaityas*, andere dagegen *viharas*. Nr. 8, 9, 10, 12, 13 und 15 (teilweise) stammen aus frühbuddhistischer Zeit, während die übrigen Höhlen im 5. Jh. n. Chr. (Mahayana-Periode) entstanden. Die nüchterne frühbuddhistische Schule stellte Buddha stets nur indirekt über Symbole wie einen Fußabdruck oder das Gesetzesrad dar.

Die Höhlen dürfen nur barfuß betreten werden (alternativ auf Socken/mit Schuhüberzügen; Flipflops erleichtern die ganze Sache). Bei starkem Betrieb ist die Besichtigungszeit auf jeweils 15 Minuten reduziert. Die Höhlen 3, 5, 8, 22, 28, 29 und 30 sind entweder ständig geschlossen oder sowieso unzugänglich.

Höhle 1 HÖHLE

Höhle 1, eine *vihara* aus der Mahayana-Zeit, gehört zu den zuletzt freigelegten und am schönsten geschmückten Höhlen. Hier ist eine Wiedergabe des Bodhisattva Padmapani zu bewundern – das bekannteste ikonenhafte Kunstwerk Ajantas. Eine Veranda an der Vorderseite führt zu einer Versammlungshalle, die Skulpturen und illustrative Wandbilder schmücken. Diese sind für die beindruckende Perspektive sowie die kunstvolle Darstellung der Kleidung, des Alltagslebens sowie der Gesichtszüge bekannt.

Die Farben der Bilder entstanden aus Mineralien aus der Gegend; eine Ausnahme bildet das kräftige Blau, das aus zentralasiatischem Lapislazuli hergestellt wurde. Blickt man nach oben, entdeckt man ein Relief von vier Hirschen, die alle gemeinsam einen Kopf besitzen.

Höhle 2 HÖHLE

Höhle 2 ist ebenfalls eine *vihara* aus der späten Mahayana-Zeit. Die Pfeiler und Kapitelle sind mit aufwendigen Verzierungen und kunstvollen Malereien geschmückt, und die Decke zieren geometrische und florale Muster. Die Wandbilder zeigen Szenen aus den *Jataka*-Erzählungen, darunter auch den Traum der Mutter Buddhas, der dessen Empfängnis ankündigte: Er handelte wohl von einem Elefanten mit sechs Stoßzähnen.

Höhle 4 HÖHLE

Höhle 4 ist die größte *vihara* in Ajanta und wird von 28 Säulen getragen. Obwohl sie nie fertiggestellt wurde, finden sich in der Höhle einige beeindruckende Skulpturen – vier Statuen umgeben einen riesigen Buddha und es gibt Darstellungen von Menschen,

Ajanta (Höhlen)

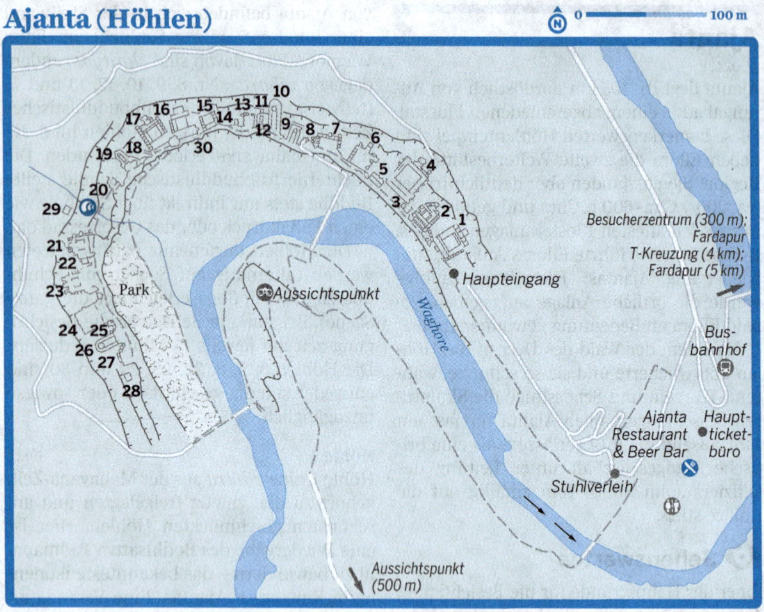

die vor den „acht großen Gefahren" fliehen und bei Avalokitesvara Schutz suchen.

Höhle 6 HÖHLE

Höhle 6 ist die einzige zweistöckige *vihara* in Ajanta, Teile der unteren Etage sind jedoch bereits eingestürzt. Im Inneren befindet sich eine sitzende Buddhafigur. Eine kunstvoll beschnitzte Tür schützt den Schrein. Die Halle in der oberen Etage ist von Zellen mit schönen Malereien über den Türen umgeben.

Höhle 7 HÖHLE

Höhle 7 ist ungewöhnlich gestaltet: Vor der Veranda stehen Portale, die direkt zu den vier Räumen und dem kunstvoll ausgearbeiteten Schrein führen.

Höhle 9 HÖHLE

Bei Höhle 9 handelt es sich um eine der ältesten *chaityas* in Ajanta. Obwohl sie aus der frühen buddhistischen Zeit stammt, sind die beiden Figuren vor dem Eingang wahrscheinlich erst in der Mahayana-Zeit dazugekommen. An beiden Seiten der Höhle entlang und um die 3 m hohe Dagoba (Pagode) am Ende des Raumes verlaufen Säulenreihen.

Höhle 10 HÖHLE

Höhle 10 gilt als die älteste Höhle (um 200 v. Chr.) und war die erste, die von der britischen Jagdgesellschaft entdeckt wurde. Sie gleicht Höhle 9 und ist die größte *chaitya*. Die Fassade ist eingestürzt, und die Wandmalereien im Inneren sind beschädigt, teilweise auch durch Schmierereien, die aus der Zeit kurz nach ihrer Wiederentdeckung stammen. Auf einer der Säulen auf der rechten Seite hat sich auch Smith mit seinem Namen für die Nachwelt verewigt.

Höhle 16 HÖHLE

Höhle 16, eine *vihara*, enthält einige der schönsten Malereien Ajantas und war wohl der ursprüngliche Eingang des Komplexes. Das berühmteste Bild ist die „sterbende Prinzessin" – Sundari, die Frau von Buddhas Halbbruder Nanda, die in Ohnmacht gefallen sein soll, als sie hörte, dass ihr Ehemann auf alle materiellen Annehmlichkeiten und auch auf sie verzichtete, um Mönch zu werden. Aus dem Stein geschlagene Figuren scheinen die Decke zu tragen.

Außerdem gibt's noch eine Buddhastatue, die auf einem Löwenthron sitzt und den Edlen Achtfachen Pfad lehrt.

Höhle 17 HÖHLE

Die Höhle 17 mit aus dem Fels geschlagenen Zwergen, die die Säulen tragen, zeigt die besterhaltenen und vielfältigsten Wandmalereien in Ajanta. Zu den berühmten Bildern gehört eine Prinzessin, die Make-up auflegt, ein Prinz, der seine Geliebte auf altbewährte Weise mit Wein verführt, und Buddha, der nach der Erleuchtung nach Hause zurückkehrt und bei seiner Frau und seinem erstaunten Sohn bettelt.

Eine aufwendige Malerei erzählt die Geschichte von Prinz Simhalas Expedition nach Sri Lanka. Mit seinen 500 Gefährten strandete er auf einer Insel, wo Riesinnen als zauberhafte Frauen auftraten – nur um die Gestrandeten einzufangen und zu verschlingen. Simhala entkam auf einem fliegenden Pferd und kehrte zurück, um die Insel zu erobern.

Höhle 19 HÖHLE

Höhle 19, eine prächtige *chaitya*, hat eine tolle Fassade mit vielen Einzelheiten; besonders auffällig ist ein beeindruckendes hufeisenförmiges Fenster. Zwei prächtige Buddhafiguren stehen am Eingang. Innen wartet eine dreistufige Dagoba mit einer Buddhafigur auf der Vorderseite. Außerhalb der Höhle findet man in westlicher Richtung ein Bild des Nagakönigs mit sieben Kobras rund um den Kopf. Seine Frau, von einer Kobra beschirmt, sitzt neben ihm.

Höhle 26 HÖHLE

Höhle 26 ist eine weitgehend zerstörte *chaitya*, die heute auf dramatische Weise beleuchtet wird. Sie hat einige schöne Skulpturen und man sollte sie unbedingt besuchen. An der linken Wand ist die riesige Figur des sterbenden Buddha zu sehen, der auf dem Rücken liegt und das Nirvana erwartet. Andere Szenen illustrieren die Versuchung Buddhas durch Maya.

Aussichtspunkte

Zwei Aussichtspunkte bieten traumhafte Blicke auf die komplette hufeisenförmige Schlucht. Der erste davon liegt ein paar Gehminuten jenseits des Flusses, über den eine Brücke unterhalb von Höhle 8 führt. Ein weiterer Anstieg (40 Min.) führt zu dem Punkt, von dem aus die britischen Jäger erstmals die Höhlen erspähten. Achtung: Diese Route ist während des Monsuns zu gefährlich!

Schlafen

Padmapani Park HOTEL $

(☎ 0240-244280; www.hotelpadmapaniparkajanta.com; Jalgaon-Aurangabad Hwy, Fardapur; EZ/DZ 800/1000 ₹, mit Klimaanlage 1500 ₹; ❄ 📶) Das Padmapani ist sicher nicht begeisternd, aber eine der besseren der heruntergekommenen Optionen in Fardapur; dazu tragen vor allem der freundliche englischsprachige Manager, WLAN im Rezeptionsbereich und im Restaurant sowie die Freifahrten zum Ajanta Visitor Centre bei.

FOTOGRAFIEREN IN DEN HÖHLEN VON AJANTA

Fotografieren mit Blitzlicht ist in den Höhlen streng verboten, da es den natürlichen Farben der Malereien schadet. Die Behörden haben inzwischen Reihen von pigmentschonenden Minilampen mit sanftem Schein installiert. Wer winzige Details erkennen will, braucht aber eine zusätzliche Lichtquelle. Zudem muss die Belichtungszeit sehr lang sein.

MTDC Ajanta Tourist Resort HOTEL $$

(☎ 02438-244230; www.maharashtratourism.gov.in; Aurangabad-Jalgaon Rd, Fardapur; DZ ohne/mit Klimaanlage 1900/2260 ₹; ❄) Dieses staatliche Hotel ist recht teuer, aber die beste Option in Ajanta und liegt inmitten von Rasenflächen abseits der Hauptstraße in Fardapur, 5 km von den Höhlen entfernt. Die Zimmer mit Klimaanlage in den grünen Gebäuden sind geräumig; jene ohne Klimaanlage sind weniger interessant, aber in Ordnung. Es gibt eine Bar, einen Garten und ein Restaurant mit vegetarischen Thalis (160–225 ₹) und kaltem Bier (175 ₹).

Essen

Hotel Radhe Krishna DHABA $

(Aurangabad-Jalgaon Hwy, Fardapur; Hauptgerichte 90–160 ₹, Thalis ab 180 ₹; ⌚ 24 Std.) Die beste unter den Straßen-*dhabas* (gemütliche Imbissbuden, die Standardgerichte servieren) in Fardapur besticht durch Frische, günstige Preise und sättigende Portionen. Der bekannte Koch Babu und dessen Team (Sunil beim Backen der *chapati*!) haben ihre helle Freude daran, wenn Fremde vorbeischauen, und es ist reine Unterhaltung zu sehen, wie sie in Windeseile verschiedene Currys, Pommes frites und Thalis zubereiten.

Praktische Informationen

Besucherzentrum (⌚ Di–So 9–17.30 Uhr) Dieses neue, topmoderne Besucherzentrum gehört zu den besten seiner Art in Indien dank der höchst eindrucksvollen Nachbauten von vier Höhlen (Nr. 1, 2, 16 und 17) in Originalgröße, der Audioguides in vielen Sprachen, vorzüglicher Ausstellungen mit Malereien und

Skulpturen zur Geschichte des Buddhismus in Indien, eines audiovisuellen Info-Standes sowie eines großen Cafés.

An- & Weiterreise

Die Busse ab Aurangabad und Jalgaon setzen einen 4 km von der Stätte entfernt an der T-Kreuzung in Fardapur ab (wo der Highway auf die Straße zu den Höhlen trifft). Hier bezahlt man die Kurtaxe (15 ₹) und läuft bis zur Haltestelle der grünen Busse (mit/ohne Klimaanlage 22/16 ₹), die zu den Höhlen fahren. Die Busse fahren regelmäßig (alle 30 Min.) zur T-Kreuzung zurück, der letzte Bus fährt um 17 Uhr. Achtung: Die Höhlen sind montags geschlossen!

Alle MSRTC-Busse (www.msrtc.gov.in), die durch Fardapur fahren, halten an der T-Kreuzung. Nach Schließung der Höhlen kann man vor dem MTDC Holiday Resort in Fardapur, 1 km die Hauptstraße Richtung Jalgaon hinunter, in einen Bus entweder nach Aurangabad oder nach Jalgaon steigen. Taxis gibt's in Fardapur; 1500/2500 ₹ sollten bis Jalgaon/Aurangabad reichen.

Jalgaon

0257 / 468 300 EW. / 208 M

Die Industriestadt Jalgaon ist eine gute Ausgangsbasis für Touren zum 60 km entfernten Ajanta, aber ansonsten nicht viel mehr als eine praktische Durchgangsstation mit Bahnanschluss zu allen Großstädten Indiens.

Schlafen & Essen

★ **Hotel Plaza** HOTEL $

(9370027354, 0257-2227354; hotelplaza_jal@yahoo.com; Station Rd; B 300 ₹, EZ/DZ ab 650/950 ₹, Zi. mit Klimaanlage inkl. Frühstück 1300–1650₹;) Dieses vorbildlich geführte und überaus attraktive Hotel steht nur einen Katzensprung entfernt vom Bahnhof. Die Zimmer unterscheiden sich in Größe und Grundriss, aber dank der weiß verputzten Wände, einer minimalistischen Atmosphäre und der Badezimmer, die sauberer sind als ein jainistischer Tempel, wirkt es wie ein Boutiquehotel und bietet ein hervorragendes Preis-Leistungs-Verhältnis. Von der Gastfreundschaft bis zur Bettwäsche – alles übertrifft die Erwartungen.

Hotel Arya INDISCH $

(Navi Peth; Hauptgerichte 50–110 ₹; 11–22.30 Uhr) Außer leckeren vegetarischen Speisen, vor allem aus dem Punjab, werden auch ein paar chinesische und südindische Gerichte angeboten. Um hierher zu gelangen, folgt man ein paar Minuten der Station Rd südlich, biegt dann links in die MG Rd ab und am Uhrturm wieder nach links. Zur Mittagszeit muss man eventuell für einen freien Tisch anstehen.

Praktische Informationen

Es gibt am Bahnhof einen Geldautomaten der State Bank of India und einen Geldautomaten der Axis Bank gleich links, wenn man den Bahnhof verlässt. Weitere Geldautomaten säumen die Nehru Rd, die oberhalb der Station Rd verläuft.

Internetcafés gibt's entlang der Nehru Rd.

Anreise & Unterwegs vor Ort

Jalgaons Bahnhof und Busbahnhof liegen ca. 2 km voneinander entfernt (Autorikscha 30 ₹).

Mehrere Expresszüge nach Mumbai (Sleeper Class/2AC 313/1076 ₹, 8 Std.), Delhi (558/2051, 18 Std.), Ahmedabad (373/1316 ₹, 14 Std.) und Varanasi (518/1981 ₹, 20 Std.) halten am Bahnhof von Jalgaon. Täglich fahren neun Züge nach Nagpur (313/1076 ₹, 7–9 Std.).

Busse zur T-Kreuzung in Fardapur (71 ₹, 1½ Std.), von wo man zun Höhlen von Ajanta gelangt, starten vom Busbahnhof stündlich zwischen 6 und 21 Uhr und fahren dann weiter nach Aurangabad (177 ₹, 4 Std.).

Private Bugesellschaften an der Station Rd starten in Richtung Mumbai (500–1400 ₹, 9½ Std.) und Nagpur (750 ₹, 9 Std.).

Nagpur

0712 / 2,43 MIO. / 305 M

Abseits der touristischen Hauptrouten gelegen, zeichnet sich die abgelegene Stadt Nagpur dadurch aus, dass sie sich genau in der geografischen Mitte Indiens befindet. Zwar hat sie keine Attraktionen zu bieten, die man gesehen haben muss, sie bildet aber ein wichtiges Tor zu mehreren Naturschutzgebieten und Nationalparks, darunter auch dem Tadoba-Andhari Tiger Reserve und dem Pench National Park. Nagpur befindet sich in der Nähe der Tempel von Ramtek und der Ashrams von Sevagram. Der Sommer ist die beste Zeit, um Nagpurs berühmte Orangen zu probieren.

Schlafen

Hotel Blue Moon HOTEL $

(0712-2726061; www.hotelbluemoon.org; Central Ave; EZ/DZ ab 720/960 ₹, mit Klimaanlage 1350/1600 ₹;) Mit seinen großen, kahlen Zimmern lässt sich kein Preis für Einfallsreichtum gewinnen, das Hotel zählt in dieser teuren Stadt dennoch zu den besseren Budgetoptionen. Es ist eines der Hotels, die mit am nächsten zum Bahnhof liegen. Die Hotelleitung ist freundlich und hilfsbereit; das erleichtert es, über die schrecklichen Marmorbadewannen und die Deko mit bunten Glasflaschen hinwegzusehen.

Legend Inn HOTEL $$
(☎ 0712-6658666; www.thelegendinn.com; 15 Modern Society, Wardha Rd; EZ/DZ ab 4180/4840 ₹; ❄@📶) An der Hauptstraße zum Tadoba-Andhari Tiger Reserve liegt dieses sehr gut geführte Hotel, das sich im Besitz eines berühmten indischen Bergsteigers befindet. Es hat schön eingerichtete Zimmer, ein gutes Restaurant, eine verqualmte Bar und lächelndes Personal, was für den geringen Wasserdruck entschädigt. Im Preis enthalten ist die kostenlose Abholung der Gäste vom 1 km entfernten Flughafen.

Peanut Hotel HOTEL $$
(☎ 0712-3250320; www.peanuthotels.com; Bharti House, 43 Kachipura Garden, New Ramdaspeth; EZ/DZ inkl. Frühstück ab 2500/3200 ₹; ❄📶) In einem grünen Wohnviertel liegt dieses Hotel, dessen moderne Zimmer mit weiß verputzten Wänden und orangefarbenen Überdecken blitzsauber sind. Das Hotel liegt 2 km südöstlich vom Bahnhof und bietet das beste Preis-Leistungs-Verhältnis in der Stadt.

Essen

Krishnum SÜDINDISCH $
(www.krishnum.com; Central Ave; Hauptgerichte 60–160 ₹; ⏲ 8–22 Uhr) Dieses beliebte Lokal tischt südindische Snacks und großzügige Punjab-Thalis sowie frisch gepresste Obstsäfte auf. Weitere Filialen gibt's auch in anderen Stadtteilen.

★ **Breakfast Story** CAFÉ $$
(www.facebook.com/thebreakfastorynagpur; Sai Sagar Apt, Hingna Rd; Hauptgerichte 100–300 ₹; ⏲ Mo–Di & Do–Sa 8–14.30 & 15.30–19, So 8–15 Uhr; 📶) Dieses stylishe Lokal, in dem den ganzen Tag über nur Frühstück angeboten wird, befindet sich 7 km südwestlich vom Zentrum in einem Wohnblock und lohnt einen Abstecher. Englische, amerikanische und belgische Frühstückskombinationen, Sandwiches, Pfannkuchen und Waffeln sowie Tagesangebote, die auf der Kreidetafel angeschrieben sind, werden auf künstlerisch gestalteten Holztischen mit Tischdecken mit Comicfiguren serviert. Musikkassetten, Zeitungen und andere Pop-Art-Objekte schmücken die Wände und runden die gemütliche, hippe Atmosphäre ab.

ℹ Praktische Informationen

Entlang der Central Ave gibt es zahlreiche Geldautomaten.

MTDC (☎ 0712-2533325; www.maharashtratourism.gov.in; West High Court Rd, Civil Lines; ⏲ 10–18 Uhr) Die Angestellten können mit Informationen helfen, wie man zu den Nationalparks nahe Nagpur gelangt. Es gibt auch einen Schalter am Flughafen (☎ 9405143376; www.maharashtratourism.gov.in; Arrivals Hall, Dr Babasaheb Ambedkar International Airport; ⏲ Mo–Sa 7–19 Uhr).

ℹ Anreise & Unterwegs vor Ort

BUS

Der Hauptbusbahnhof **MSRTC/Ganesh Peth** (☎ 0712-2726221) befindet sich 2 km südlich vom Bahnhof. Normale Busse fahren nach Aurangabad (750–1200 ₹, 6-mal tgl.), Pune (1100 ₹, 13, 16, 17 und 18.30 Uhr), Ramtek (50 ₹, 1½ Std., alle 30 Min., 6.15–21.30 Uhr) und Wardha (45 ₹, 3 Std., alle 30 Min., 6–22 Uhr).

Staatliche Busse nach Madhya Pradesh fahren vom **MP-Busbahnhof** (☎ 0712-2533695) ab, der sich 350 m südlich vom Bahnhof befindet. Fahrtziele sind u. a. Khawasa (um zum Pench Tiger Reserve zu gelangen; 90 ₹, alle 30 Min., 6–1.30 Uhr) und Jabalpur (ab 270 ₹, 14.30 und 23 Uhr).

Private Busse starten von der Bhole-Petrol-Tankstelle, 3 km südwestlich vom Bahnhof.

Sanjay Travels (☎ 0712-2550701; www.sanjaytravels.com; neben der Bhole-Petrol-Tankstelle) führt Reservierungen von Sitzplätzen und Liegesitzen in Bussen mit Klimaanlage der besten Transportunternehmen durch, darunter Purple (www.prasannapurple.com), nach Mumbai (1400 ₹, 16.45 Uhr), Pune (900–1100 ₹, 15 und 22 Uhr), Aurangabad (750 ₹, stündl., 15–22 Uhr), Jalgaon (700 ₹, 17, 19 und 22 Uhr) und Hyderabad (750–1000 ₹, 21 und 22.30 Uhr).

Nandan Bus (☎ 7620941415; www.nandanbus.com; Gitanjali Cinema Sq) fährt täglich von der Central Ave nach Jabalpur um 14.30 und 23 Uhr (450–500 ₹) ab.

FLUGZEUG

Der **Dr Babasaheb Ambedkar International Airport** (☎ 0712-2807501) liegt etwa 8 km südwestlich vom Stadtzentrum. Inlands-Fluglinien, darunter Air India, IndiGo, Jet Airways und GoAir, bieten Direktflüge nach Delhi, Mumbai, Kolkata, Ahmedabad, Bengaluru, Chennai und Pune an. Die internationalen Fluglinien Qatar und Air Arabia fliegen nach Doha bzw. Sharjah.

ABSTECHER

TADOBA-ANDHARI TIGER RESERVE

Das kaum besuchte **Tadoba-Andhari Tiger Reserve** (⌚6–10 & 15–18 Uhr mit jahreszeitlichen Änderungen) liegt 150 km südlich von Nagpur und zählt zu Indiens besten Revieren für Tigerbeobachtungen. Es verzeichnet weniger Besucher als die meisten anderen Waldschutzgebiete Indiens – rund 60 % weniger als die benachbarten Nationalparks in Madhya Pradesh – und ist daher ein Ort, in dem man auf Tuchfühlung mit der Natur gehen kann und sich nicht hinter Busladungen knipswütiger Touristen drängeln muss. Im Unterschied zu anderen indischen Parks, die den Zugang auf bestimmte Parkareale begrenzen, entschied sich das Tadoba-Andhari, die Zahl der täglichen Jeep-Safaris zu begrenzen (48), die dafür aber ungehinderten Zugang zum ganzen Park haben. Für die Tierbeobachtung brachte diese Maßnahme ausgezeichnete Ergebnisse. Das Reservat ist zudem im Gegensatz zu vielen anderen indischen Parks das ganze Jahr über geöffnet.

Den Besucher erwarten komfortable, gut eingerichtete Zimmer und Hütten im **MTDC Resort** (☎9579314261; Moharli Gate; Zi. mit/ohne Klimaanlage ab 2380/1900 ₹; ❄), das echte Highlight ist hier aber die **Tiger Trails Jungle Lodge** (☎0712-6541327; www.tigertrails.in; Khutwanda Gate; EZ/DZ inkl. Vollpension 9500/19 500 ₹; ❄📶🏊) 🍃, die von leidenschaftlichen Tierliebhabern betrieben wird, die sich seit zwei Jahrzehnten engagiert der Erforschung der Tadoba-Tiger widmen. Die Lodge befindet sich in der artenreichen Pufferzone und hat einen eigenen Eingang zum Park. Die Zimmer sind geräumig und einige davon liegen näher zum Wald oder zu den Wasserstellen. Es gibt auch die Möglichkeit, unter freiem Himmel in einem 6 m hohen Beobachtungsturm zu übernachten. Auf keinen Fall sollte man sich die vorzüglichen Thalis nach Maharashtra-Art entgehen lassen!

Die meisten Besucher reisen mit privaten Fahrzeugen an. Um mit öffentlichen Verkehrsmitteln zum Khutwanda Gate zu gelangen, nimmt man einen Bus nach Chandrapur, der von Nagpur nach Warora (120 ₹, 3 Std.) fährt, wo man für die letzten 42 km in einen zweiten Bus zum Khutwanda Gate (57 ₹, 1½ Std.) umsteigt. Für Moharli bleibt man im Bus bis nach Chandrapur (175₹, 4 Std.) und steigt dort in einen zweiten Bus nach Moharli (₹29, 1 Std.) um.

ZUG

Vom CST-Bahnhof in Mumbai rollt der *Duronto Express* täglich nach Nagpur (Sleeper Class/2AC 523/1946 ₹, 10 Std., 20.15 Uhr). In Nagpur ist die Abfahrt um 20.40 Uhr und die Ankunft um 7.55 Uhr am nächsten Morgen. Der *Gitanjali Express* fährt nordwärts nach Kolkata (Sleeper Class/2AC 563/2076 ₹, 17½ Std., 19.05 Uhr). Mehrere Expresszüge Richtung Delhi und Mumbai halten in Jalgaon (Sleeper Class/2AC 313/1076 ₹, 8 Std.),wo Anschluss zu den Höhlen von Ajanta besteht.

Rund um Nagpur

Ramtek

Rund 40 km nordöstlich von Nagpur liegt Ramtek, wo dem Epos Ramayana zufolge der Gott Rama einen Teil seines Exils zusammen mit seiner Frau Sita und seinem Bruder Lakshmana verbracht haben soll. Im Ort befindet sich eine Gruppe von etwa zehn uralten **Tempeln** (⌚6–21 Uhr), die auf dem Rama-Hügel stehen und von einheimischen Languren-Affen bevölkert werden.

Ramtek ist im Begriff, sich als aufstrebendes Ziel für Abenteuer-Sportarten zu etablieren. Zum Zeitpunkt der Recherche errichtete der MTDC ein Trainingszentrum für Abenteuer-Sportarten und ein Hotel. Der Khindsi-See ist wirklich ein reizvoller Ort für Kajakfahrten, Paragliding und Fahrten mit dem Heißluftballon.

Mansar, 7 km westlich von Ramtek gelegen, ist eine bedeutende archäologische Stätte, denn man vermutet, dass sich hier die Überreste der einstigen Hauptstadt Pravarapura befinden, in der König Pravarasena II. aus der Vakataka-Dynastie regierte.

Zwischen Ramtek und dem MSRTC-Busbahnhof in Nagpur verkehren Busse alle 30 Min. (50 ₹, 1½ Std.). Der letzte Bus nach Nagpur fährt um 21.30 Uhr ab.

Sevagram

☎07152

Rund 85 km von Nagpur entfernt, liegt Sevagram (das „Dorf des Dienstes"), das Mahatma Gandhi zur Basis der indischen Unabhängigkeitsbewegung erkor. Während des gesamten Freiheitskampfes kamen regelmäßig diverse Nationalistenführer hierher, um den Mahatma in seinem **Sevagram Ashram** (07152-284754; www.gandhiashramsevagram.org; 6–17.30 Uhr) zu besuchen. Die Aufseher dieses friedlichen Ashrams, der auf 40 ha Farmland errichtet ist, haben behutsam die Originalhütten restauriert, in denen Gandhi lebte und arbeitete und in denen heute einige persönliche Gegenstände von ihm untergebracht sind. Es gibt auch ein **kleines Museum** (Sevagram Ashram; 10–18 Uhr).

Gegenüber vom Eingangstor gibt es sehr einfache Unterkünfte im **Rustam Bhavan** (07152-284754; nayeetaleem.75@gmail.com; Zi. 150 ₹/Pers.) und im **Yatri Nivas** (7276160260; sevagram_ashram@yahoo.in; Zi. ohne Klimaanlage 200–300 ₹); eine Reservierung ist empfehlenswert. Einfache Bio-Mahlzeiten gibt es im stimmungsvollen **Prakrutik Ahar Kendra** (Sevagram Ashram; Mahlzeiten 120–150 ₹; 11.30–18 Uhr).

Sevagram erreicht man, indem man von Nagpur aus einen Bus nach Wardha (85 ₹, 3 Std.) nimmt, wo man in einen Bus nach Sevagram umsteigt (12 ₹, 10 Min.), der am Medical Sq, 1 km vom Ashram entfernt, hält. Die Alternative: Man nimmt eine Sammel-Autorikscha (20 ₹).

SÜDLICHES MAHARASHTRA

Konkanküste

Dieser malerische, kaum erschlossene Küstenstreifen erstreckt sich von Mumbai aus südwärts bis hinunter nach Goa und ist übersät mit Bilderbuchstränden, Fischerdörfern und herrlichen Festungsruinen. Eine Reise durch diese tropische Region kann das reinste Vergnügen sein, egal ob man mit den Einwohnern von Mumbai am Strand von Ganpatipule planscht, die eindrucksvolle Festung Janjira in Murud-Janjira besucht oder sich in Malvan, dem letzten bedeutenderen Küstenort, ins blaue Meer stürzt, bevor es hinein nach Goa geht.

Murud-Janjira

02144 / 13 100 EW.

Das verschlafene Fischerdorf Murud-Janjira liegt 165 km südlich von Mumbai und sollte ein Pflichtziel auf jeder Fahrt entlang der Konkanküste sein. Der entspannte Lebensrhythmus, frisches Seafood, die eindrucksvolle Inselfestung Janjira vor der Küste (und die Gelegenheit, die warme Gischt unter den Füßen zu spüren) lohnen allemal eine Tour hierher.

An Murud-Janjiras Strand kann man bestens joggen oder mit den Einheimischen eine Runde Kricket spielen und abends erwacht der Ort zum Leben, wenn die Straßenimbisse öffnen und am Strand allerhand los ist. Die Alternative: Man wirft einen kurzen Blick durch die Tore des für Besucher nicht zugänglichen Ahmedganj-Palasts, der Residenz des Siddi Nawab von Murud, oder schlendert rund um die verfallende Moschee und die Gräber im Südteil der Stadt.

Sehenswertes

★ **Janjira** INSELFESTUNG

(7 Uhr–Sonnenuntergang) GRATIS Trutzig erhebt sich die Inselfestung Janjira etwa 500 m vor der Küste. Die imposante Zitadelle ist die prächtigste unter den Forts an der Konkanküste und war einst die Hauptstadt eines Fürstenstaats. Vollendet wurde sie 1571 von den Siddis, deren Vorfahren frühere Sklaven vom Horn von Afrika waren.

Das jahrhundertelange Bündnis zwischen Siddis und Moguln führte zu Konflikten mit lokalen Königen – z. B. mit Shivaji und dessen Sohn Sambhaji, die vergeblich versuchten, mithilfe eines Tunnels zur Festung vorzudringen. Auch keine anderen Angreifer (u. a. Briten, Franzosen und Portugiesen) konnten je die 12 m hohen Granitmauern überwinden, die bei Flut scheinbar direkt aus dem Meer ragen. Doch schließlich musste sich Janjira der Natur geschlagen geben: Heute verfällt das Bollwerk allmählich und wird von der Wildnis zurückerobert.

Trotzdem gibt's hier immer noch jede Menge zu bewundern – beispielsweise das bemerkenswert eng gesetzte Mauerwerk, das die Zitadelle jahrhundertelang vor Stürmen, Kolonisten und Beschuss schützte. Nach dem Durchqueren des stolzen Haupttors aus grauem Stein kann man sich die Wälle mit ihren riesigen Kanonen ansehen. Die insgesamt 19 Bastionen sind größtenteils noch vorhanden; dasselbe gilt für die beiden riesigen Zisternen. Der innere Burgfried mit Palästen und einer Moschee liegt dagegen in Trümmern. Achtung: Viele der verbliebenen Mauern und Strukturen sind in schlechtem Zustand – daher beim Erkunden entsprechend vorsichtig sein! Zudem ist die ganze Anlage leider ziemlich stark vermüllt.

Hinaus nach Janjira geht's ausschließlich mit dem Boot (mind. 20 Pers.) ab dem Hafen Rajpuri (hin & zurück 61 ₹, 20 Min., unter der Woche 7-12 & 14-17.30 Uhr und am Wochenende 7-17.30 Uhr; reine Besichtigungszeit 45 Min.). Diesen erreicht man von Murud-Janjira aus am besten mit einem Leihfahrrad oder einer Autorikscha (150 ₹).

Schlafen & Essen

Sea Shore Resort PENSION $
(☎9209240603; www.seashoreresortmurud.com; Darbar Rd; Zi. mit/ohne Klimaanlage 2000/1500 ₹; ❄📶) Der Vorteil dieser überaus schlichten Pension ist, dass man ein Zimmer mit kleinem Balkon und WLAN sowie einem Blick auf das palmengesäumte Meer zu einem Preis von 2000 ₹ oder weniger bekommt. Der zum Strand gehende Garten ist etwas verwahrlost, es gibt aber einige Hängematten. Faisal, der freundliche, hier für alles zuständige Mann, spricht etwas Englisch.

Devakinandan Lodge PENSION $
(☎9273457057; Darbar Rd; Zi .mit/ohne Klimaanlage 2000/1500 ₹; ❄) Diese begeisternde kleine, grün-rot gestrichene Pension hat saubere, einfache Zimmer mit TV und eigenen Warmwasserbädern. Die Eigentümerfamilie ist freundlich, spricht aber kaum Englisch.

Sea Shell Resort HOTEL $$
(☎02144-274306; www.seashellmurud.com; Darbar Rd; Zi .mit/ohne Klimaanlage ab ₹2500/2000 ₹; ❄≋) Dieses fröhliche, hinter der Strandstraße gelegene Hotel hat blitzsaubere, geräumige und luftige Zimmer mit Warmwasserbädern (Regenduschen, flauschige Handtücher) und Meerblick, die weitaus besser aussehen, als man nach der Fassade urteilen würde. Es gibt auch einen winzigen Pool.

Hotel Vinayak INDISCH $$
(Darbar Rd; Hauptgerichte 120–400 ₹; ⌚7–22 Uhr) Die Terrasse mit Meerblick ist der ideale Ort, um ein köstliches, feuriges Konkan-Thali (120–300 ₹) mit Fischcurry, auf der *tawa* (Kochplatte) gebratenem Fisch, *sol kadhi* (pinkfarbener, leicht säuerlicher verdauungsfördernder Mix aus Kokosmilch und Kokum-Früchten) zu genießen. Es gibt auch frischen Fisch, Garnelengerichte und ein gutes Frühstück.

Anreise & Unterwegs vor Ort

Vom Gateway of India in Mumbai schippern Fähren und Katamarane (125–165 ₹) zwischen 6 und 19 Uhr zum Pier von Mandva. Im Fahrpreis ist ein kostenloser Bus-Shuttle nach Alibag (30 Min.) enthalten. Klapprige Regionalbusse fahren von Alibag entlang der Küste bis hinunter nach Murud-Janjira (70 ₹, 2 Std., alle 30 Min.). Alternativ fahren dorthin auch zehn Busse vom Busbahnhof Mumbai Central zwischen 6 und 1 Uhr und brauchen knapp sechs Stunden bis nach Murud-Janjira (ohne Klimaanlage 200 ₹). Vier Busse täglich fahren weiter nach Pune (215 ₹, 7 Std., 7.30, 14, 15 und 16 Uhr).

Der nächstgelegene Bahnhof befindet sich in Roha, zwei Stunden entfernt, hat aber schlechte Verbindungen.

Fahrräder (pro Std./Tag 150/250 ₹) und Autos (15 ₹/km) kann man beim **Golden Swan Beach Resort** (☎9225591131; www.goldenswan.com; Darbar Rd) mieten.

Rund um Murud-Janjira

RAIGAD FORT

Rund 24 km abseits des Hwy 66 thront das zauberhafte **Raigad Fort** (Inder/Ausländer 15/200 ₹; ⌚8–17.30 Uhr) hoch oben auf einem entlegenen Hügel. Von 1648 bis zu Shivajis Tod im Jahr 1680 befand sich hier dessen Hauptstadt. Später eroberten die Briten das besuchenswerte Bollwerk und erweiterten es um ein paar eigene Bauten. Shivajis Grab und Königshof blieben jedoch erhalten – ebenso der Hauptmarkt und diverse Sockelmauern der königlichen Gemächer.

Wer will, kann die Steilwände des Festungshügels über mörderische 1475 Stufen erklimmen. Deutlich weniger anstrengend ist die **Seilbahn** (Ropeway; www.raigadropeway.com; hin & zurück 250 ₹; ⌚8–19 Uhr), deren Passagiere aus schwindelerregender Höhe auf die Schluchten hinab blicken. Achtung: Die Seilbahn ist bei indischen Touristen extrem beliebt – zur Urlaubszeit muss mit Wartezeiten von bis zu einer Stunde gerechnet werden! Das **Sarja Restaurant** (Snacks 35–80 ₹; ⌚8–19 Uhr) an der Talstation serviert gute Snacks und Mittagsgerichte. Im eigentlichen Fort stehen Führer (500 ₹) zur Verfügung.

Vom Ort Mahad am Hwy 66 (auf das Schild mit der Aufschrift „Raigad Ropeway" achten) fahren Autorikschas hinauf zur Seilbahn und zurück für 700 ₹ inkl. Wartezeit. Mahad liegt 158 km südlich von Mumbai und 88 km von Murud-Janjira entfernt. Die Straße zwischen Mahad und Raigad ist befestigt und in gutem Zustand. Ein Auto mit Fahrer kostet 15 ₹ pro Kilometer für einen Tagestrip ab Murud-Janjira. Von Mahad verkehren alle 2–3 Stunden Busse nach Mahabaleshwar (70 ₹, 2 Std.).

Ganpatipule

☎02357

Das winzige Strandresort Ganpatipule lockt seit Jahren Meeresfans mit warmem Wasser und schönen Sandstreifen. Das Dorf liegt ca. 375 km von Mumbai entfernt und schlummert den Großteil des Jahres über, außer an Feiertagen wie Diwali oder Ganesh Chaturthi. Dann fallen Horden lärmender Touristen hier ein, um den küstenseitigen **Swayambhu-Tempel** (⏲6–21 Uhr) zu besuchen, der eine monolithische (grell orangefarben bemalte) Ganesha-Skulptur beherbergt. Wer es besinnlicher mag, sucht die Strände gleich südlich des Hauptstrandes auf (wie etwa Neware Beach), die spektakulärer als Ganpatipule und auch weniger überlaufen sind. Eine Autorikscha bringt einen hierher.

Um nach Ganpatipule zu gelangen, passiert man den Verkehrsknotenpunkt Ratnagiri, wo sich der verfallende **Thibaw-Palast** (Thibaw Palace Rd; ⏲Di–So 10–17.30 Uhr) GRATIS befindet. Hier hatten die Briten den letzten burmesischen König Thibaw interniert.

Schlafen & Essen

Grand Konkan Resort PENSION $

(☎02357-235291; www.atithilodgeganpatipule.com; Zi mit/ohne Klimaanlage 1800/1500 ₹) Der Name ist zwar etwas großspurig gewählt, aber diese familiengeführte Pension hinter der schlichten und preisgünstigeren Atithi Lodge (mit denselben Besitzern) bietet recht nette Zimmer mit einem Hauch von Charakter (Vorhänge, holzgerahmte Kunstwerke) und liegt nur fünf Gehminuten vom Strand entfernt. Dielen und Regale aus Hartholz vermitteln das Gefühl einer Wald-Lodge. Die Brüder Jayesh und Rajesh sprechen Englisch und sind überaus hilfsbereit.

MTDC Resort HOTEL $$

(☎02357-235248; www.mararashtratourism.gov.in; DZ mit/ohne Klimaanlage ab 2740/2380 ₹; ❄ 📶) Dieses riesige Resort in bester Strandlage ist so etwas wie ein Ferienlager für Familien aus Mumbai. Die Zimmer und Hütten aus Beton könnten mal eine kleine Renovierung vertragen, aber alle bieten einen direkten Traumblick aufs Meer. Es hat auch ein anständiges Restaurant, in dem kaltes Bier serviert wird.

Bhau Joshi Bhojnalay INDISCH $

(Hauptgerichte 55–125 ₹; ⏲11.30–15 & 19.30–22.30 Uhr) Es ist nicht der bequemste Ort um zu essen (keine Schilder auf Englisch, es wird fast kein Englisch gesprochen, keine Servietten, also sollte man Feuchttücher mitbringen), aber die köstlichen Maharashtra-Gerichte dieses sauberen, ordentlichen Restaurants hinter den Stränden entschädigen für alle Mühen. Zu empfehlen ist das tolle *baingan masala* (Auberginen-Curry 90 ₹). Serviert werden auch jainistische und Punjab-Gerichte.

ABSTECHER

UNTERWEGS MIT DER KONKAN RAILWAY

Die Konkan Railway ist nur eine in einer langen Liste geschichtsträchtiger indischer Züge und schlängelt sich entlang der Südwestküste Indiens auf einer Länge von 738 km durch die Bundesstaaten Maharashtra, Goa und Karnataka. Die Bahnstrecke, auf der seit 1998 Personenzüge rollen, gilt als größtes und ehrgeizigstes Infrastruktur-Projekt, das in Indien seit Erlangung der Unabhängigkeit in Angriff genommen (und vollendet) wurde. Schon allein den Gedanken daran verwarfen die Briten im frühen 20. Jh., denen das abenteuerliche Unterfangen als ein konstruktions- und ingenieurmäßig unmöglich zu realisierendes Vorhaben erschien. Sie überließen es daher den Einheimischen, das Projekt im Lauf mehrerer Jahrzehnte umzusetzen (wobei 10 Personen ihr Leben während den von Unglücken heimgesuchten Bauarbeiten verloren).

Heute ist diese umwerfend reizvolle Landschaft voller malerischer Reisfelder, sanft gewellter Hügel, schroffer Berggipfel, postkartenreifer Ausblicke aufs Meer sowie zahlloser Tunnel, Wasserfälle, Viadukte und Dschungellandschaften mit der Bahn zugänglich – dank 92 Tunnel und 2000 Brücken, darunter auch der 64 m hohen Panval Viaduct, Indiens höchster (und Asiens dritthöchster) Viadukt.

Die meisten Reisenden genießen die Konkan-Fahrt mit dem *Mandovi Express* auf der Strecke von Mumbai nach Goa, aber Eisenbahnfreaks können das Abenteuer noch ausgiebiger genießen, indem sie mit dem *Mangalore Express* eine 14-stündige Fahrt von Mumbai nach Mangalore unternehmen.

Hotel Naivedya INDISCH $
(Hauptgerichte 80–170 ₹, Thali 85 ₹; ⌚10–19 Uhr) Der einfache Treffpunkt der Einheimischen serviert täglich einen köstlichen vegetarischen Thali mit einem Kick (85 ₹) und den erfrischendsten *sol kadhi* an der ganzen Küste.

Praktische Informationen

In Ganpatipule gibt es mehrere Geldautomaten, darunter einen etwa 400 m landeinwärts vom MTDC Resort.

Anreise & Unterwegs vor Ort

Ganpatipule ist verkehrsmäßig schlecht angebunden. Ratnagiri, die nächste größere Stadt, liegt 40 km weiter südlich. Stündlich verkehrende Busse (33 ₹, 1½ Std.) verbinden die beiden Orte; Autorikschas kosten 400 ₹.

Zwei staatliche Busse fahren täglich von Ganpatipule nach Pune (₹350, 5 Std., 6.45 und 19.30 Uhr). Um nach Mumbai und Kolhapur zu gelangen (oder um häufiger fahrende staatliche Busse zu erreichen), fährt man zurück nach Ratnagiri (33 ₹, 1¼ Std., alle 30 Min., 7–20 Uhr).

Es gibt auch Privatbusse nach Mumbai (Volvo-Bus ohne Klimaanlage Sitzplatz/mit Klimaanlage Sleeper Class 700/1000 ₹, 10 Std., 19 Uhr) und Pune (Volvo-Bus mit Klimaanlage Sleeper Class 800 ₹, 9 Std., 19 Uhr).

Der Bahnhof von Ratnagiri liegt an der Konkan-Railway-Strecke. Von Ratnagiri fährt der *Mandovi Express* täglich nach Mumbai (2. Klasse/Sleeper Class/2AC 188/293/1061 ₹, 7½ Std., 14.05 Uhr). In Gegenrichtung fährt der Zug nach Goa (163/248/896 ₹, 5½ Std.) um 13.15 Uhr ab. Von Ratnagiris altem Busbahnhof fahren Busse nach Goa (Semideluxe 270 ₹, 6 Std.) und Kolhapur (160 ₹, 4 Std.).

Malvan

☎02365

Staatliche Werbekampagnen preisen die aufstrebende Region rund um Malvan als Pendant zu Tahiti an. Obwohl das dann doch ein wenig übertrieben ist, gibt's hier fast weiße Strände, funkelndes Seewasser und Backwaters im Dschungel. Draußen vor der Küste warten Korallenriffe, Meereshöhlen und eine lebendige Unterwasserwelt. Seit der Eröffnung einer neuen erstklassigen Tauchschule pilgern daher immer mehr Taucher hierher.

Das entspannte radfahrerfreundliche Malvan mit seinen vielen alten Holzgebäuden gehört sicher zu den schönsten Kleinstädten an der Konkanküste. Vor Ort findet man auch einen Basar, einen belebten kleinen Hafen und die entspannte, tropische Lebensart. Direkt südlich vom Zentrum säumen zahlreiche Hotels und Pensionen den zauberhaften Tarkali Beach.

Sehenswertes & Aktivitäten

In Malvan gibt's etliche Tauchshops mit unqualifiziertem Personal; wer tauchen will, sollte sich besser an einen offiziell zugelassenen Betreiber wenden. Das Malvan Marine Sanctuary ist das beliebteste Tauchrevier der Region und sein 67 Seemeilen langes Korallenriff wird oft als Indiens Great Barrier Reef gepriesen.

Das Südende des Tarkali Beach wird vom breiten, hübschen Karli River begrenzt. Mehrere Bootsbetreiber (sie sind am Nordufer angesiedelt) bieten Touren mit diversen Zwischenstopps entlang der Backwaters nach Seagull Island, zum Golden Rock, dem Dolphin Point und zu Strandbuchten und/oder dem Leuchtturm Vengurla Rock an. Die Touren kosten 1200–3500 ₹ pro Boot für maximal 10 Personen.

Sindhudurg Fort FORT
Im Jahr 1664 erbaute Shivaji dieses riesige Fort auf einer vorgelagerten Insel, die von Malvans Hafen aus mit der Fähre erreichbar ist (Erw./Kind 70/40 ₹, 8–17.30 Uhr regelmäßig; Besichtigungszeit 1 Std.). Die Festung ist nicht ganz so eindruckvoll wie Janjira weiter oben an der Küste und heute größtenteils zerstört, wirkt aber immer noch sehr mächtig. Besucher können die Anlage erkunden und dabei einen tollen Blick auf die Küste genießen.

Tarkali Beach STRAND
Dieser halbmondförmige Sandstrand erstreckt sich wie ein goldener Bogen südlich von Malvan und ist eine Vision vom tropischen Indien, gesäumt von Kokospalmen und Kasuarinen, wobei sich noch gelegentlich Kühe blicken lassen. In der Abenddämmerung holen Fischer (zwischen Okt. und Feb.) gemeinsam die kilometerlangen Riesennetze voller Sardinen ein. Eine Autorikscha von Malvan hierher kostet 150 ₹.

★ **IISDA** TAUCHEN
(Indian Institute of Scuba Diving & Aquasports; ☎02365-248790; www.maharashtratourism.gov.in; Tarkali Beach; 3700 ₹/Tauchgang, PADI-Open-Water-Kurs 22 000 ₹; ⌚7–19 Uhr) Dieses topmoderne PADI-Tauchzentrum entstand auf Initiative der Tourismusbehörde von Maharashtra und ist Indiens bestes Tauchzent-

MALVAN MARINE SANCTUARY

Der Küstenstreifen rund um Malvan ist dank seiner artenreichen Feuchtgebiete, der Sand- und Felsstrände, Mangroven und Backwaters unglaublich vielfältig. Aber noch reizvoller dürfte die Unterwasserwelt sein: Korallenbänke und Höhlen bieten vielen Meeresbewohnern Lebensraum und ausgedehnte Wälder aus Seetang (*Sargassum*) dienen Jungfischen als Kinderstube. Die Felsinseln im offenen Meer ziehen Schwärme von Schnappern und großen Zackenbarschen, Falterfischen, Gelbstreifen-Füsilieren, Mantas, Stachelrochen und Hummern an. Regelmäßig werden zwischen Oktober und Mai Delfinschulen gesichtet und sogar der Walhai, der größte Fisch der Welt, lässt sich hin und wieder blicken.

Gegenwärtig ist nur ein kleiner Bereich, in dem sich auch das Sindhudurg Fort befindet, als **Malvan Marine Sanctuary** geschützt. Es ist jedoch so artenreich, dass Meeresbiologen, darunter auch Dr. Sarang Kulkarni, Direktor des Indian Institute of Scuba Diving & Aquasports (IISDA), es für unabdingbar halten, dass es erweitert wird. Das Korallenriff im offenen Meer erstreckt sich über 67 Seemeilen und wurde bereits als Indiens Great Barrier Reef bezeichnet. Ein Unterwasserplateau, die 40 km lange und 20 km breite **Angria Bank**, hat noch intakte Korallenbänke und eine Fülle an Meereslebewesen – so etwa können Ammenhaie bei fast jedem Tauchgang beobachtet werden. Das IISDA hat ehrgeizige Pläne und beabsichtigt, Tagesausflüge sowie Touren mit Übernachtung an Bord nach Angria zu veranstalten.

rum. Es wird geleitet von Dr. Sarang Kulkarni, einem Meeresbiologen und vielseitigen Tauch-Profi. Es bietet professionelle Kurse in einem 20 m langen und 8 m tiefen Trainingsbecken, klimatisierte Schulungsräume und komfortable Unterkünfte für Tauchschüler. Das IISDA ist auch ein Meeresschutz-Institut und hat sogar ein Restaurant, eine Bar und einen Tennisplatz.

Es liegt 7 km südlich von Malvan.

Schlafen & Essen

Vicky's Guest House PENSION $

(☎9823423046; www.malvanvickysguesthouse.com; nahe Heravi Batti, Dandi Beach; Zi mit/ohne Klimaanlage ab 1500/1000 ₹;) In einer ruhigen, von Palmen gesäumten Gasse gelegen und nur 400 m vom Dandi Beach und wenige Schritte vom Ort Malvan entfernt, bietet das coole, behauliche Vicky fünf zweckmäßige Zimmer, die zunächst nicht viel hergeben, aber für ihren Preis geräumig, gut ausgestattet und überaus komfortabel sind. Vicky selbst ist äußerst hilfsbereit und gastfreundlich – wie übrigens die ganze liebenswürdige Familie.

★**Chaitanya** MALVAN-KÜCHE $$

(502 Dr Vallabh Marg; Hauptgerichte 150–325 ₹; 11–23 Uhr) An der Hauptstraße von Malvan liegt dieses tolle, familiengeführte Lokal, das sich auf Konkanküche spezialisiert hat – darunter *bangda tikhale* (Fisch in dicker Kokossauce), *malvani*-Garnelen und das sehr aromatische Krabben-*masala;* die Portionen sind nicht berauschend groß, aber das Seafood ist erstklassig – genauso wie die vegetarischen Gerichte. Das Chaitanya ist bei Einheimischen sehr beliebt und hat auch einen Bereich mit Klimaanlage.

Athithi Bamboo MALVAN-KÜCHE $$

(Church St, Chival; Thalis 80–325 ₹; 12–16 & 20–22.30 Uhr) An der Nordseite des Hafens liegt dieses große, zwanglose Restaurant, das köstliche Thalis nach Malvan-Art und viel frischen Fisch serviert. Es gibt kein englischsprachiges Schild oder eine Menükarte auf Englisch und man sitzt unter einem Blechdach (sodass es tagsüber sehr heiß wird), aber die Meeresfrüche sind superfrisch und es gibt authentische Konkanküche.

An- & Weiterreise

Der nächstgelegene Bahnhof befindet sich im 38 km entfernten Kudal. Häufig verkehrende Busse (38 ₹, 1 Std.) bedienen die Strecke vom **Malvan-Busbahnhof** (☎02365-252034; Shri Babi Hadkar Marg) oder man nimmt für ca. 500 ₹ eine Autorikscha. Normale Busse verbinden Malvan mit Kolhapur (ohne Klimaanlage ab 189 ₹, 5 Std.), Mumbai (562 ₹, 12 Std., 8 Uhr), Panaji (ohne Klimaanlage ab 102 ₹, 4 Std., 6.45, 7.45, 14.30 und 15.15 Uhr) und Ratnagiri (ohne Klimaanlage ab 190 ₹, 5 Std., 6, 7.45 und 11.15 Uhr). Etwas schneller sind die blau-weißen staatlichen Kadamba-Goa-Busse nach Goa (135 ₹, 3½ Std., 7.45, 14.30 und 15 Uhr), Mapusa und Panaji.

An der Dr Vallabh Marg gibt es private Busunternehmen, die komfortablere Sitze in Volvo-Bussen nach Mumbai und Pune verkaufen; diese starten aber in Kasal, das 33 km von Malvan im Inland liegt und wohin keine Busverbindung besteht.

Malvan liegt nur 80 km nördlich von Goa; Private Fahrer verlangen für die 2-stündige Fahrt 2000 ₹ (ohne Klimaanlage) bis 2500 ₹ (mit Klimaanlage).

Matheran

☎02148 / 5750 EW. / 803 M

Matheran, wörtlich „vom Dschungel bekrönt", ist ein winziger friedlicher Flecken, der auf einem Gipfel der schroffen Sahyadri-Berge thront und nur einen Katzensprung von Mumbais Hitze und Schmutz entfernt ist. Mit seinen schattigen Wäldern, die von zahllosen Wanderwegen durchzogen werden und tolle Aussichtspunkte bieten, bewahrt es immer die Eleganz und die Atmosphäre der Kolonialzeit, obwohl sein Reiz zunehmend durch Kommerzialisierung und illegale Bauprojekte getrübt wird (so könnte der Ort beispielsweise auch sehr gut ohne ein Riesenrad und ein Wachsmuseum auskommen).

In der Vergangenheit war die Anreise nach Matheran bereits der halbe Spaß. Die Straße bildete zwar die schnellere Option, aber nichts toppte die Fahrt hierher mit der Kleinbahn „Toy Train", die bis in das Herz des Ortes hinauftuckerte. Nach mehreren Zwischenfällen, bei denen der Zug entgleiste, wurde 2016 der Bahnverkehr eingestellt und es gibt keinen Zeitplan für dessen Wiederaufnahme.

Kraftfahrzeuge sind aus dem Ort Matheran selbst verbannt – ideal, um seinen Ohren und den Lungen eine Erholungspause zu bieten und den Beinen etwas Bewegung zu gönnen.

Sehenswertes & Aktivitäten

Matheran ist ideal für stressfreie Spaziergänge: Über schattige Waldwege sind die meisten Aussichtspunkte in wenigen Stunden zu Fuß erreichbar. Den Sonnenaufgang genießt man idealerweise am **Panorama Point**. Um den Sonnenuntergang zu bewundern, empfiehlt sich der **Porcupine Point** (auch Sunset Point genannt), der zugleich am beliebtesten (d.h.: immer stark überlaufen) ist. Der **Louisa Point** und der **Little Chouk Point** bieten ebenfalls einen Traumblick auf die Sahyadri-Berge.

Rund um **Echo Point**, **Charlotte Lake** und **Honeymoon Point** herrscht an Wochenenden bzw. öffentlichen Feiertagen der stärkste Betrieb – wer nicht auf zahllose Tagesausflügler steht, meidet diesen Bereich dann am besten.

Ins Tal unter dem One Tree Hill führt ein Pfad namens **Shivajis Ladder**, den der Marathenfürst einst selbst benutzt haben soll.

Schlafen & Essen

Hope Hall Hotel HOTEL $
(☎8149621803; www.hopehallmatheran.com; MG Rd; DZ Mo–Fr 1200 ₹, Sa & So 1500 ₹) Eine äußerst freundliche Familie führt dieses alteingesessene Hotel (erb. 1875), in dem sich Traveller seit Jahren wohlfühlen. Die geräumigen Zimmer mit hohen Decken und künstlerischen Einrichtungselementen befinden sich in zwei separaten Gebäuden, die im hinteren Teil des grünen Gartens stehen. Für Gäste gibt's Getränke und gutes Frühstück.

★**Verandah in the Forest** HISTORISCHES HOTEL $$$
(☎02148-230296; www.neemranahotels.com; Barr House; DZ inkl. Frühstück So–Do ab 4760 ₹, Sa & So ab 5950 ₹; WLAN) Dieser wunderschön erhaltene, 150 Jahre alte Bungalow verströmt mit seinen altertümlichen Luxuszimmern unverfälschte Nostalgie. Kunstvolle Kronleuchter, Orientteppiche, alte Teakholzmöbel, viktorianische Gemälde und Standuhren aus Großvaters Zeiten versetzen einen in längst vergangene Zeiten. Die Veranda bietet einen reizvollen Blick auf die bewaldeten Hügel von Matheran.

Das hauseigene Restaurant serviert ein tolles viergängiges Abendessen nach europäischer Art (700 ₹; Abendessen nur für Hotelgäste; Mittagessen für alle zugänglich).

Shabbir Bhai INDISCH $
(Merry Rd; Hauptgerichte 100–210 ₹; ⏲9–22.30 Uhr) Von den Einheimischen „Byrianiwala" genannt, bietet dieses witzige Lokal eine reichhaltige nordindische Speisekarte, aber hier dreht sich alles um die Biryanis: würziger, gedämpfter Reis mit Hühnchen, Hammelfleisch oder vegetarisch. Man findet das Shabbir, indem man neben der Jama Masjid an der MG Rd den Fußweg hügelaufwärts geht und immer dem Geruch folgt.

Praktische Informationen

Die Zugangsgebühr für Matheran beträgt 50 ₹ (25 ₹ für Kinder) und wird am Dasturi-Parkplatz entrichtet.

An- & Weiterreise

TAXI

Sammeltaxis (70 ₹) fahren vor dem Bahnhof von Neral zum Dasturi-Parkplatz von Matheran (30 Min.) ab. Pferde (350 ₹ zu allen Hotels außer dem Verandah in the Forest, wohin die Fahrt 550 ₹ kostet) und handgezogene Rikschas (700 ₹) warten hier, um Reisende (sozusagen im Nu) zum Hauptbasar von Matheran zu befördern. Die Pferde-*wallahs* sind gewerkschaftlich organisiert und ihre Preise hängen offiziell aus – dennoch sollte man sich nicht auf einen Preis einlassen, bevor man nicht die Preistafel geprüft hat, die allerdings 50 m *hinter* dem Kartenschalter von Matheran zu finden ist (die von den Hotels angebotenen Preise stehen auf der Anschlagtafel rechts unten in kleinerer Schrift als der übrige Text). Für diese Strecke (etwa 3,5 km bergauf) braucht man zu Fuß etwas weniger als eine Stunde und das Gepäck kann man für etwa 250 ₹ befördern lassen.

ZUG

Der Betrieb von Matherans Schmalspurbahn („Toy Train") wurde nach zwei Entgleisungen 2016 eingestellt. Normalerweise tuckert sie sechsmal täglich zwischen Matheran und Neral Junction.

Von Mumbais Hauptbahnhof CST fahren täglich zwei Expresszüge nach Neral Junction um 7 & um 8.40 Uhr (2. Klasse/Chair Class 93/326 ₹, 1½ Std.); Fahrkarten kann man aber nicht online buchen, da Neral und Mumbai vom IRCTC als ein und dasselbe Stadtgebiet angesehen werden. Man muss eine Fahrkarte für ein entfernteres Ziel (z. B. Lonavla) buchen und dann in Neral aussteigen oder mit einem der vielen Nahverkehrszüge fahren, die regelmäßig zwischen Mumbais Hauptbahnhof CST und Dadar verkehren.

Weitere Expresszüge ab Mumbai halten in Karjat, das hinter Neral liegt und von wo aus man per Nahverkehrszug oder mit einem Bus nach Matheran gelangt (31 ₹, 30 Min., 4-mal tgl., um 5.45, 11, 13.30 und 16.15 Uhr). Ab Pune gibt es zahlreiche Züge, die täglich nach Karjat fahren, allerdings halten sie nicht in Neral Junction.

Unterwegs vor Ort

Abgesehen von den von Hand gezogenen Rikschas und den Pferden ist der Fußmarsch die einzige Fortbewegungsmöglichkeit in Matheran. Pferde-*wallahs* belästigen Reisende ständig mit Angeboten für Ausritte (ca. 400 ₹/Std.).

Lonavla

02114 / 57 400 EW. / 625 M

Lonavla ist eine lärmende Resortstadt etwa 106 km südöstlich von Mumbai. An der Hauptstraße gibt es fast nur grell beleuchtete Läden, die *chikki* feilbieten, die steinharten, zerbrechlichen, in dieser Gegend hergestellten Süßigkeiten. Geboten werden zudem jede Menge Spaßeinrichtungen wie Wachsfigurenkabinette, Gokart-Rennen und Indiens größter Aquapark. Man findet aber auch einige nette Nebenstraßen, ruhige Wohnviertel sowie ausgewiesene Yoga-Plätze und eine idyllische ländliche Umgebung, sodass es hier für jeden etwas gibt.

Der Hauptgrund hierherzukommen, ist der Besuch der nahen Höhlen Karla und Bhaja, die nach jenen von Ellora und Ajanta zu den sehenswertesten in Maharashtra gehören.

Hotels, Restaurants und die Hauptstraße zu den Höhlen liegen nördlich vom Bahnhof. Der größte Teil der Stadt Lonavla und die Märkte befinden sich aber südlich vom Bahnhof.

Aktivitäten

Kaivalyadhama Yoga Hospital YOGA

(8551092986, 02114-273039; www.kdham.com; 40-tägige Kurs inkl. Vollpension 1000 US$) Auf dem Weg zu den Höhlen von Karla und Bhaja liegt dieses fortschrittliche Yogazentrum (gegr. 1924 von Swami Kuvalayananda) etwa 2 km außerhalb von Lonavla. Auf einem gepflegten Gelände kombiniert es Yogakurse mit Naturheilverfahren. Der Kurspreis beinhaltet jeweils Vollpension, Yoga-Unterricht, Programme und Vorträge.

Nirvana Adventures GLEITSCHIRMFLIEGEN

(022-26053724; www.flynirvana.com) Die Firma mit Hauptsitz in Mumbai bietet neben kurzen Tandem-Gleitschirmflügen (ab 2500 ₹) auch zweitägige Anfängerkurse (12 000 ₹/Pers. inkl. Vollpension). Gestartet wird jeweils in der schönen Landschaft nahe Kamshet (ca. 25 km von Lonavla entfernt).

Schlafen & Essen

★ **Ferreira Resort** HOTEL $

(02114-272689; http://ferreiraresortlonavala.blogspot.co.uk; DT Shahani Rd; Zi. Mo–Do 1300 ₹, Fr–So 1800–2100 ₹, mit Klimaanlage Mo–Do 1500 ₹, Fr–So 2000–2500 ₹;) Das Ferreira ist sicherlich kein Resort, aber für Lonavla dennoch so etwas wie eine Rarität: ein familiengeführtes Hotel mit vernünftigen Preisen in einem ruhigen Wohngebiet unweit vom Bahnhof. Zehn der 15 sauberen, aber etwas veralteten Zimmer mit Klimaanlage haben eigene Balkone. Außerdem gibt's einen kleinen Garten und Zimmerservice.

Hotel Rama Krishna SÜDINDISCH, PUNJAB-KÜCHE $$
(Mumbai Pune Rd; Hauptgerichte ₹40-420 ₹; ⌚7–23.45 Uhr) Es scheint, dass sich alle in dieser Stadt – die vorbeifahrenden Biker eingeschlossen – auf der netten Terrasse dieses Restaurants zum Frühstück einfinden, wo tolle südindische Hauptgerichte (darunter großzügige Portionen *dosas* u.a.). die Regel sind. Zu späterer Stunde finden sich zum Abendessen die Gäste bei scharfen Punjab-Gerichten ein und auch kaltes Bier gibt's in rauen Mengen.

★ **Kinara Dhaba Village** NORDINDISCH, CHINESISCH $$$
(www.thekinaravillage.com; Vaksai Naka, Old Mumbai Pune Hwy; Hauptgerichte 280–560 ₹; ⌚11–23.30 Uhr; 👪) Es hat etwas von einem Disneyland-*dhaba*, aber gerade darin liegt sein Reiz. Etwa 5 km östlich von Lonavla und näher bei den Höhlen von Karla und Bhaja liegt dieses vergnügliche Lokal, ein beliebter Unterhaltungs-Treffpunkt. Man isst unter traditionellen *shamiana*-Hütten bei unerträglich greller Festbeleuchtung, reitenden Kamelen und Eseln und genießt *jalebi* (frittierte, mit Zuckersirup durchtränkte Teigfäden), Becken für Fischpediküre und abends (ab 19 Uhr) live *ghazal*-Musik (Urdu-Liebeslieder).

ℹ An- & Weiterreise

Nach Lonavla fahren MSRTC-Busse, die vom Busbahnhof in Mumbai in Richtung Dadar (ab 150 ₹, 2 Std.) und Pune (ab 100 ₹, 2 Std.) starten. Von Lonavla aus bietet **Neeta Bus** (☎8652222640; www.neetabus.in; 57/2/2/A Valvan Dam, Old Mumbai Pune Hwy) Luxusbusse mit Klimaanlage nach Pune (250 ₹, stündl., 8–23 Uhr) und Mumbai (400 ₹, stündl., 7–23 Uhr), die vom eigenen schicken Busbahnhof 3 km nordöstlich vom Bahnhof starten. Sie halten am Bahnhof Sion (für den Anschluss nach Churchgate), fahren dann durch die Vororte, stoppen in Vila Parle für den Inland-Flughafen und fahren weiter nach Borivali.

Alle Expresszüge von Mumbais Bahnhof CST nach Pune halten in Lonavla (2. Klasse 98–123 ₹, Chair Class 326–371 ₹, 2½–3 Std.).

Höhlen von Karla & Bhaja

Die aus dem Fels herausgeschlagenen Höhlen von Karla & Bhaja, die ungefähr aus dem 2. Jh. v. Chr. stammen, können dem Vergleich mit Ajanta oder Ellora zwar nicht standhalten, sind aber trotzdem durchaus ansehnliche Beispiele buddhistischer Höhlenarchitektur in Indien. Zudem eignen sich die von Touristen eher ignorierten Anlagen wunderbar für einen entspannten Ausflug. In Karla lässt sich die beeindruckendste Höhle besichtigen, Bhaja ist ruhiger und die Erkundung der Anlage macht mehr Spaß.

👁 Sehenswertes

Höhlen von Karla HÖHLE
(Inder/Ausländer 15/200 ₹, Video 25 ₹; ⌚9–17 Uhr) Nach einer 20-minütigen Kletterpartie von einem kleinen Basar am Fuß des Hügels aus hat man die Höhle von Karla, die größte frühbuddhistische *chaitya* Indiens, erreicht. 80 v. Chr. fertiggestellt, ist diese *chaitya* rund 40 m lang und 15 m hoch und erinnert von der Architektur her an die *chaityas* in Ajanta und Ellora. Im gewölbten Inneren findet man kompliziert ausgeführte Skulpturen von Buddha, Menschen und Tierfiguren.

Durch ein halbrundes „Sonnenfenster" fällt Licht in die Dagoba bzw. auf den Stupa (dieser soll Buddha darstellen), der von einem geschnitzten Schirm, dem einzigen erhalten gebliebenen Exemplar dieser Art, geschützt wird. Die Decke der Höhle ist außerdem mit alten Teakholzbalken abgestützt. Die 37 Pfeiler an den Seiten sind von knieenden Elefanten bekrönt. Die geschnitzten Elefantenköpfe an den Seiten des Vorraums hatten früher Elfenbeinstoßzähne.

Es gibt einen **Hindu-Tempel** direkt vor dem Höhleneingang, der jede Menge Pilger anzieht, die die Szenerie etwas beleben.

Höhlen von Bhaja HÖHLE
(Inder/Ausländer 15/200 ₹, Video 25 ₹; ⌚8.30–17.30 Uhr) Jenseits der Autobahn von der Höhle von Karla und 3 km abseits der Hauptstraße erreicht man inmitten einer üppigen Landschaft die Höhlen von Bhaja; sie sind grüner und liegen ruhiger als die anderen Höhlen der Region. Entstanden vermutlich um 200 v. Chr., sind zehn der 18 Höhlen *viharas*, während die Höhle 12 eine offene *chaitya* mit einer einfchen Dagoba ist.

ℹ Anreise & Unterwegs vor Ort

Karla liegt 11 km östlich von Lonavla, Bhaja 9 km. Wer die Höhlen besuchen will, nimmt einen lokalen Bus zum Zugangspunkt; von hier aus sind es zu den beiden Stätten zu Fuß jeweils 6 km hin & zurück, was aber bei großer Hitze sehr anstrengend ist. Autorikschas ab Lonavla kosten 800–1000 ₹ (je nach Wochentag) für die ganze Tour, inkl. Wartezeit.

Pune

020 / 5,14 MIO. EW. / 535 M

Pune ist ein florierendes Bildungs- und Wirtschaftszentrum. Mit einem verwirrenden Mix aus Kapitalismus und Spiritualität (Altertum und Moderne) verkörpert die belebte Metropole das „neue Indien". Zudem ist sie weltweit berühmt (bzw. berüchtigt) für den verstorbenen Guru Bhagwan Shree Rajneesh und dessen Ashram namens Osho International Meditation Resort (S. 118).

Pune wurde ursprünglich von Shivaji und den herrschenden Peshwas „entdeckt", die es zu ihrer Hauptstadt machten. Im Jahr 1817 nahmen dann die Briten die Stadt ein und machten sie aufgrund ihres kühlen, trockenen Klimas während der Monsunzeit zum Zweitsitz der Präsidentschaft von Bombay. In den 1990er-Jahren drang schließlich die Globalisierung auch nach Pune vor, woraufhin die Stadt einen Imagewandel erlebte. Trotzdem ist in einigen der alten Gebäude und Wohnviertel noch der Charme der Kolonialzeit zu spüren. Das schafft ein angenehmes Nebeneinander von Alt und Neu und macht Pune (trotz Luftverschmutzung und hektischem Verkehr) zu einem lohnenden Ziel.

Sehenswertes

★ Raja Dinkar Kelkar Museum — MUSEUM

(www.rajakelkarmuseum.com; Kamal Kunj, Natu Baug, 1377-78, Shukrawar Peth; Inder/Ausländer 50/200 ₹, Handy/Kamera 100/500 ₹; ⏲10–17.30 Uhr) Dieses skurrile Museum ist eines der echten Highlights von Pune und zeigt nur einen Bruchteil jener mehr als 20 000 indischer Alltagsgegenstände, die Dinkar Kelkar (gest. 1990) akribisch zusammengetragen hat. Die schrullige Sammlung mit Objekten aus ganz Indien umfasst u. a. Hunderte von Hookahs (Wasserpfeifen), Schreibgeräte, Lampen, Textilien, Spielzeuge, ganze Türen und Fenster, Küchenutensilien, Möbel, Puppen, Spielkarten aus Elfenbein und Betelnussschneider.

Außerdem gibt's hier eine beeindruckende Sammlung von Musikinstrumenten, darunter auch Pfauen-Sitars!

Joshi's Museum of Miniature Railway — MUSEUM

(www.minirailways.com; 17/1 B/2 GA Kulkarni Rd, Kothrud; 90 ₹; ⏲Mo–Fr 9.30–17.30, Sa 9.30–16 & 17–20, So 17–20 Uhr) In der kleinen Fabrik Soudamini Instruments im östlichen Teil von Pune steht die einzige Miniaturstadt Indiens, die lebenslange Leidenschaft des Modelleisenbahn-Freaks Bhau Joshi. Es handelt sich dabei, kurz gesagt, um eine der weltweit größten Modelleisenbahn-Anlagen mit komplexen, voll funktionsfähigen Gleisanlagen und eine eindrucksvolle mechanische und technische Leistung.

Das Ganze ist der wahr gewordene Kindheitstraum (fast) jedes Jungen (und, zugegebenermaßen, auch vieler Erwachsenen). Das Modell umfasst insgesamt 65 Signalanlagen und 26 Weichen. Hinzu kommen zahllose Laternenpfähle und diverse Überführungen, ein Schwimmbecken, ein Zirkus-Rummelplatz (mit Achterbahn), ein Drive-in-Theater, eine doppelspurige Straße mit sich bewegenden Fahrzeugen sowie Glocken und Pfeifen, die alle von einer Schalttafel aus über ein 5 km langes Kabelnetz gesteuert werden.

Aga Khan Palace — PALAST

(Pune Nagar Rd, Kalyani Nagar; Inder/Ausländer 15/200 ₹, Video 25 ₹; ⏲9–17.30 Uhr) Nordöstlich vom Zentrum steht dieser prächtige Palast auf einem friedvollen Parkgelände (6,5 ha) mit vielen Bäumen. Sultan Aga Khan III. errichtete den würdevollen Bau 1892. Nachdem Gandhi 1942 den sofortigen Abzug der britischen Kolonialmacht gefordert hatte, wurden er und andere bekannte Nationalistenführer vor Ort von den Briten festgehalten. Während des Arrests starben hier sowohl Gandhis Frau Kasturba als auch Mahadeobhai Desai, der 35 Jahre lang sein Sekretär gewesen war. Die beiden Schreine mit deren Asche stehen in einem ruhigen Garten im hinteren Geländebereich.

Im Hauptpalast können Besucher heute das **Gandhi National Memorial** mit dem damaligen bevorzugten Aufenthaltsraum des Mahatma besichtigen. Außerdem sind dort auch Fotos und Gemälde mit Szenen aus seinem außergewöhnlichen Leben ausgestellt.

Osho Teerth Gardens — GÄRTEN

(www.osho.com; DH Dhunjibhoy Rd, Koregaon Park; ⏲6–9 & 15–18 Uhr) Die 5 ha großen Osho Teerth Gardens mit riesigen Bambusstauden, Joggingwegen, einem murmelnden Bach und knutschenden Paaren bilden einen grünen Rückzugsort vom Großstadtleben. Er ist für alle zugänglich, nicht nur für Osho-Mitglieder.

Pune

Shaniwar Wada FORT

(Shivaji Rd; Inder/Ausländer 15/200, Sound-and-Light-Show 50/100 ₹; ⏲9–17.30 Uhr) Dieser befestigte Peshwa-Palast (erb. 1732) in der Altstadt brannte 1828 nieder. Übrig blieben nur die gewaltigen Mauern bzw. Wälle und ein mächtiges Festungstor.

Aktivitäten

Osho International Meditation Resort MEDITATION

(☎020-66019999; www.osho.com; 17 Koregaon Park) Der markante Ashram mit Resort gehört zu einem grünen Nobelviertel im Nor-

Pune

Sehenswertes

1	Osho Teerth Gardens	C2

Aktivitäten, Kurse & Touren

2	Osho International Meditation Resort	C2

Schlafen

3	Hotel Lotus	D2
4	Hotel Sunderban	C2
5	Hotel Surya Villa	C1
6	Osho Meditation Resort Guesthouse	C2
7	Samrat Hotel	A3

Essen

8	Arthur's Theme	D1
	Dario's	(siehe 4)
9	German Bakery	C1
10	Juice World	B5
11	Malaka Spice	D2
12	Prem's	D1

Shoppen

13	Fabindia	A2

Transport

14	Busbahnhof am Bahnhof Pune	A3
15	Simran Travels	D1

den der Stadt. Er ist untrennbar mit Punes Identität verbunden und hat seit Oshos Tod im Jahr 1990 eine Vielzahl von *sanyasins* (Suchende) angezogen. Swimmingpool, Sauna, Spa, „Zennis" und Unterkünfte im Boutiquestil machen ihn für manche zum idealen Meditationsort mit Luxusambiente.

Andere kritisieren dagegen die unverhohlene Kommerzialisierung und die hohen Preise: Sie werfen den Ashram-Betreibern vor, naiven und betuchten Abendländern gezielt eine verzerrte Version des mystischen Ostens zu verkaufen.

Eine reine Besichtigung der Einrichtungen ist inzwischen nicht mehr möglich: Wer sich selbst ein Bild von dem Ashram machen will und Zugang erhalten möchte, hat die heftige Gebühr für die Anmeldung (Reisepass erforderlich; 1560 ₹ inkl. obligatorischem HIV-Test mit sterilen Kanülen) und dann pro Tag einen Extrabetrag fürs Meditieren zu berappen. Zudem muss man zwei Gewänder (kastanienbraun und weiß; 1000 ₹/Stück) erwerben sowie an einer Einführungsveranstaltung (tgl. 9.30 Uhr) teilnehmen.

Achtung: Hier herrschen sehr strenge bzw. geradezu pedantische Bestimmungen. Die Poolbenutzung ist ausschließlich mit separat zu erwerbender Osho-Schwimmkluft (400–700 ₹, kastanienbraun) erlaubt. Die vorgeschriebene Kleidung für den Fitnessraum ist ebenfalls kastanienbraun und extra zu bezahlen. Für indische Staatsbürger finden spezielle Benimmkurse statt (die z. B. dem Belästigen westlicher Frauen entgegenwirken sollen) – die Sicherheit der Frauen wird sehr ernst genommen.

Obendrein entstehen übrigens noch Kosten für den Meditationspass (Inder/Ausländer pro Tag 870/1790 ₹; Rabatt bei längeren Aufenthalten) und den Zugang zum Basho Spa (290 ₹), wo sich der Pool, der Whirlpool, der Fitnessraum, die Saunen und die Tennisplätze befinden. Tagesausflügler können nur bar bezahlen.

Das Osho Auditorium (bitte hier nicht einmal husten oder niesen) dient als Hauptort für die Meditation und den spirituellen Abendtanz in weißen Gewändern. Meditiert werden kann auch im Osho Chuang Tzu, das die Asche des Gurus beherbergt. Die „Multiversity" der Gemeinschaft veranstaltet zahlreiche Kurse in Meditation und anderen esoterischen Praktiken. Am Ende jedes Tages gibt's neben weiteren Meditationssitzungen auch ein „Nachtleben" mit Partys, Kino, Theater und „kreativen Abenden".

Fotografieren ist im gesamten Resort strikt verboten. Das Welcome Center ist täglich von 9–12.30 & 14–15.30 Uhr geöffnet.

Ramamani Iyengar Memorial Yoga Institute YOGA

(☎020-25656134; www.bksiyengar.com; 1107 B/1 Hare Krishna Mandir Rd, Model Colony) Wer 7 km nordwestlich vom Bahnhof an Kursen dieses berühmten Instituts teilnehmen möchte, muss Yoga schon seit mindestens acht Jahren praktizieren.

Schlafen

Die meisten Unterkünfte in Pune konzentrieren sich auf drei Bereiche: Rund um den Bahnhof gibt's u. a. zahlreiche Budgetoptionen, während man gute Mittelklassehotels im grünen Viertel Koregaon Park findet. Etwa 6 km vom Zentrum entfernt säumen viele Spitzenklassehotels die Straße zum Flughafen.

Hotel Surya Villa HOTEL $

(☎020-26124501; www.hotelsuryavilla.com; 294/2 German Bakery Lane, Koregaon Park; Zi. mit/

OSHO, DER SEXGURU

Spiritualität plus natürliche Instinkte, gewürzt mit einem kräftigen Schuss teurem Klimbim, und fertig ist die Mixtur. Das war das Rezept von Bhagwan Shree Rajneesh (1931–1990). Osho, wie er sich lieber nennen ließ, war einer von Indiens schillerndsten und zweifellos umstrittensten „Exportgurus".

Er vermarktete den mystischen Osten international und wirkte ursprünglich in Pune, wobei er keiner bestimmten Religion oder Philosophie folgte. Die Welt empörte sich über seine Ansicht, dass Sex ein Weg zur Erleuchtung sei. Als Liebling der internationalen Presse erhielt Osho schnell den Spitznamen „Sexguru". 1981 brachte er den kruden Mix aus kalifornischer Pop-Psychologie und indischer Mystik mit in die USA, wo er in Oregon eine landwirtschaftliche Kommune gründete. Doch die Unbeliebtheit des Ashrams wuchs so schnell wie Rajneeshs (materielle und daher doch eigentlich wertlose!) Rolls-Royce-Flotte. Schließlich war die örtliche Erregung über sein Wirken so groß, dass die Behörden den Inder der illegalen Einwanderung beschuldigten. So wurde der Guru zu 400 000 US$ Geldstrafe verurteilt und ausgewiesen.

Um ein neues Hauptquartier zu finden, begannen Osho und sein Gefolge zu reisen und wurden aus 21 Ländern ausgewiesen bzw. gar nicht erst hineingelassen. 1987 kehrte Osho zum Ashram in Pune zurück, wo sich bald Tausende Ausländer zu seinen abendlichen Vorträgen und Meditationskursen einfanden.

Auch heute kommen die Menschen noch von überall her. Das Ganze ist so populär, dass die Preise ständig steigen und die Ausstattung fast täglich luxuriöser wird. Interessant: Trotz Oshos Aussage, dass niemand arm sein sollte, geht der Gewinn aus dem Resortbetrieb nicht an Bedürftige – laut Management sollen denen dann doch lieber andere helfen.

In den letzten Jahren hat das Osho Institut das digitale Zeitalter entdeckt und bietet online Osho Portal iMeditations Programme, Osho Radio und Osho Bibliothek an. Man muss dies allerdings abonnieren.

ohne Klimaanlage ab 2380/1690 ₹; ❄📶) Suryas zweckmäßige Zimmer mit Fliesenböden sind gepflegt, geräumig und etwas spartanisch, haben aber dennoch Warmwasserbäder, WLAN und Kabel-TV. Es erfreut sich einer guten Lage an einer ruhigen Straße in Koregaon Park, unweit von einigen beliebten Cafés.

Samrat Hotel HOTEL $$
(☎020-26137964; www.thesamrathotel.com; 17 Wilson Garden; EZ/DZ ab 1700/2100 ₹, mit Klimaanlage ab 2100/2600 ₹; ❄📶) Das Samrat Hotel mit seinen 49 Zimmern ist nicht ganz so mondän, wie es seine schicke Lobby vermuten lassen könnte, aber dank seiner zentralen Lage, nur wenige Schritte vom Bahnhof entfernt, und der geräumigen, gut in Schuss gehaltenen Zimmer bietet es ein recht gutes Preis-Leistungs-Verhältnis. Das Personal ist zuvorkommend und hilfsbereit. Abholung vom Flughafen (nicht aber die Fahrt zum Flughafen) und Frühstück sind kostenlos.

Hotel Lotus HOTEL $$
(☎020-26139701; www.hotelsuryavilla.com; Lane 5, Koregaon Park; EZ/DZ 1930/2260 ₹, mit Klimaanlage 2260/–2860 ₹; ❄📶) Das Hotel Lotus bietet dank seiner ruhigen Lage in Koregaon Park ein gutes Preis-Leistungs-Verhältnis. Die Zimmer sind zwar nicht gerade sehr geräumig, dafür aber hell und luftig. Bis auf vier haben alle Balkon. Es ist kein Hausrestaurant vorhanden, es gibt aber einen Zimmerservice und in der Nähe findet man viele gute Lokale.

★Hotel Sunderban HOTEL $$$
(☎020-26124949; www.tghotels.com; 19 Koregaon Park; EZ/DZ ohne Bad 1100/1430 ₹, inkl. Frühstück ab 4760/5950 ₹; ❄📶) Direkt neben dem Osho Resort gelegen, umgibt der renovierte Art-Deco-Flachbau eine gepflegte Rasenfläche und kombiniert mühelos kolonialzeitliche Eleganz mit dem Reiz eines Boutiquehotels. Die Deluxe-Zimmer im Hauptgebäude sind mit schönen alten Möbeln eingerichtet und selbst die günstigsten Quartiere sind geräumig und schön (auch wenn sie keine eigenen Bäder haben). Das beste Preis-Leistungs-Verhältnis bieten die Zimmer mit Blick auf den Rasen.

Im Hotel gibt's ein Yoga-Zentrum, einen Spa-Bereich sowie zwei Restaurants, darunter das hoch angesehene Dario's (S. 121).

Osho Meditation Resort Guesthouse PENSION $$$
(☎ 020-66019900; www.osho.com; Koregaon Park; EZ/DZ 6020/6620 ₹; ❄ 📶) Diese schicke Pension mit 60 Zimmern steht nur jenen offen, die zum Meditieren ins Osho International Meditation Resort kommen. Die Zimmer und Gemeinschaftsbereiche sind eine elegante Übung in modern-minimalistischer Ästhetik und bieten mehrere luxuriöse Einrichtungen, darunter biotische Annehmlichkeiten und Luftreiniger in allen Zimmern!

Essen

Juice World CAFÉ $
(2436/B East St, Camp; Snacks 40–200 ₹, Säfte 65–300 ₹; ⊙11–23.30 Uhr) Köstliche frisch gepresste Fruchtsäfte und Shakes. Dieses gemütliche Café mit Freilufttischen bietet gesunde Snacks wie *pav bhaji* (pikantes Gemüse mit Brot). An heißen Tagen kann man unmöglich an der Obsttheke vorbeigehen, ohne sich hier ein Getränk zu bestellen. Zu empfehlen ist das saisonale *kabuli amar* (Granatapfel).

Arthur's Theme EUROPÄISCH $$
(☎ 020-26152710; www.arthurstheme.com; 2, Vrindavan Apts, Lane No 6, Koregaon Park; Hauptgerichte 280–990 ₹; ⊙11.30–23.30 Uhr; 📶) Dieses eklektische europäische Bistro strotzt geradezu vor überschwenglichen Bewertungen. Die Vielfalt an Speisen, zu denen auch die hierzulande selten gesehenen Proteinlieferanten wie Truthahn und Ente zählen, sowie die reiche Auswahl an Gemüse, Fisch, Hähnchen und Büffel, bietet die verlockende Gelegenheit für ein raffiniertes, curryfreies Abendessen. Die meisten Gerichte kosten 300–400 ₹, sodass der Preis ganz o.k. ist.

German Bakery BÄCKEREI $$
(North Main Rd, Koregaon Park; Kuchen 100–140 ₹, Hauptgerichte 90–380 ₹; ⊙7–23 Uhr; 📶) Diese örtliche Institution ist berühmt für das speziell auf Traveller ausgerichtete Angebot, darunter Omeletts, warmes Frühstück, griechischer Salat, Cappucino und viele süße Köstlichkeiten (Tipp: Mango-Käsekuchen). Die Bäckerei liegt an einer sehr verkehrsreichen und belebten Ecke und war 2010 Schauplatz eines verheerenden Terroranschlags – ein schmerzhaftes Ereignis in dieser friedliebenden Stadt.

Prem's MULTICUISINE $$
(www.facebook.com/PremsResto.Pune; North Main Rd, Koregaon Park; Hauptgerichte 60–550 ₹; ⊙8–12.15 Uhr; 📶) Das Prem's mit seinem ruhigen, von schattigen Bäumen gesäumtem Innenhof ist der ideale Ort, um entspannt tagsüber auf der luftigen Terrasse ein paar Bierchen zu genießen, darunter regionale Craft-Biere – ergänzt gegebenenfalls durch eine der Grillplatten für die das Prem's bekannt ist. Und am Morgen danach ist das Prem's erneut die allererste Wahl, denn es hat das beste Frühstücksangebot der Stadt: Eier Benedikt mit Räucherlachs (160 ₹), Pfannkuchen und katerkillende Säfte.

Das Swig, seine Schwester-Bar nebenan, ist das wildere Gegenstück, ein angesagter Treffpunkt, in dem es hoch hergeht.

★ Malaka Spice ASIATISCH $$$
(www.malakaspice.com; Lane 5, North Main Rd, Koregaon Park; Hauptgerichte 305–780 ₹; ⊙11.30–24 Uhr; ❄ 📶) Maharashtras kulinarisches Highlight ist eine Explosion südostasiatischer Spitzenküche; es ist müßig, ein Gericht unter den köstlichen Gemüsepfannen, Nudeln und Currys – alle mit dem Schwerpunkt auf Seafood, Hühnchen, Ente und Hammel – hervorzuheben. Man isst im Freien unter bunt beleuchteten Bäumen und genießt die würzigen und raffinierten Kreationen der Sterneköche, die sich der Slow-Food-Bewegung und den regionalen Produkten verschrieben haben.

Viele Zutaten stammen zudem aus eigenem Anbau. Es empfiehlt sich, rechtzeitig zu reservieren und entsprechenden Hunger mitzubringen!

Dario's ITALIENISCH $$$
(www.darios.in; Hotel Sunderban, 19 Koregaon Park; Hauptgerichte 480–610 ₹, Pizza 260–680 ₹; ⊙8–23.30 Uhr) Das von Italienern geführte Vegetarier-Paradies im hinteren Bereich des Hotels Sunderban ist eines der elegantesten Lokale in Pune, sofern man sich entscheidet, im Freien im gemütlichen Innenhof zu speisen. Selbstgemachte Pasta, vorzügliche Pizzas, leckere Salate (Tipp: der Bosco-Salat, 480 ₹) sowie Vollkornprodukte und vegane und glutenfreie Gerichte runden die Auswahl an Köstlichkeiten gegen das Heimweh ab.

Ausgehen & Unterhaltung

★ Independence Brewing Company CRAFT BIER
(☎ 020-66448308; www.independencebrewco.com; Zero One, 79/1, Pingle Vasti, Mundhwa Rd, Mundhwa; Halbe ab 300 ₹) Wer einen Tisch in dem herausragenden Biergarten dieser hippen Craft-Brauerei – dem besten in Pune –

reserviert, könnte glauben, in Kalifornien zu sein. Die Biersorten der sieben Zapfhähne wechseln häufig – Four Grain Saison, Method to Madness IPA und das Ixcacao-Schokobier sind die bekanntesten – und die indisch-asiatishen Bar-Snacks mit ihren ausgefallenen Aromen machen es sehr leicht, hier abends einzukehren.

High Spirits Cafe BAR
(www.dahigh.com; 35A/1, North Main Rd, Mundhwa; Cocktails 300–575 ₹; ⏲8–23.45 Uhr) Punes heißeste Abende erlebt man in dieser künstlerisch angehauchten Bar mit ihrer maroden, beliebten Terrasse im Freien. Jeden Abend läuft was Cooles; so gibt es z. B. Komödienabende am Mittwoch, Disco-Samstage und Grill-Sonntage, die ein echtes Muss sind (13.30–16.30 Uhr). Die Gäste sind bunt gemischt, von hungernden Künstlern und schrulligen Seelendeutern bis zu über 40-jährigen Trendsettern, und alle flippen hier regelrecht aus. Keine Eintrittsgebühr!

☆ Unterhaltung

★ Shisha Cafe JAZZ
(☎020-26880050; www.facebook.com/shishajazzcafe; ABC Farms, Mundhwa; Do 250 ₹) Hier herrscht zwar immer eine magische Stimmung, aber die Jazz-Livekonzerte donnerstagabends im Freien im Shisha Cafe sind in Pune eine Institution. Man kann es sich im Erdgeschoss auf den Sofas im iranischen Stil gemütlich machen oder einen Platz an einem der Marmortische unter hängenden arabischen Teppichen im Bereich der erhöhten Hauptbühne reservieren. Das Café befindet sich in Mundhwa in einer Unterhaltungsenklave namens ABC Farms.

TRANSIT-DREHSCHEIBE: MAHABALESHWAR

Während der britischen Kolonialzeit war Mahabaleshwar eine Sommerreidenz, das Beste an der Hill Station (1327 m) ist heute aber die überwältigende Berglandschaft entlang der Straße, die hierher führt. Der Ort ist ein ausuferndes Durcheinander, geprägt von einem hässlichen Bauboom, Verkehrschaos und den wildem Ansturm der Touristenscharen, die versuchen, die Aussichtspunkte abzuhaken. Es gibt keinen vernünftigen Grund für einen Besuch, denn der Ort gleicht vor allem einem quirligen Basar, umgeben von Resorts und Aussichtspunkten. Dennoch eignet er sich als Ausgangspunkt für einen Besuch des eindrucksvollen **Pratapgad Fort** (S. 125) oder des Kass Plateau of Flowers, die sich beide in der Nähe befinden.

Keinesfalls sollte man zur Monsunzeit anreisen, wenn hier praktisch alles geschlossen ist (und unglaubliche 6 m Regen fallen). Wer zwischen den Busabfahrten eine Stunde totschlagen möchte, kann das preisgünstige **Nature Care Spa** (☎7066327423; Hotel Shreyas, gegenüber dem ST-Busbahnhof; Massagen ab 1899 ₹; ⏲8–20 Uhr), das Highlight in einem Ort wie Mahabaleshwar aufsuchen, das gegenüber dem Busbahnhof beim Hotel Shreyas liegt. Zudem sollte man das **Grapevine** (☎02168-261100; Masjid Rd; Hauptgerichte 160–700 ₹; ⏲9.30–15 & 17–22 Uhr) nicht verpassen; seine Parsi-Feinschmeckerküche und der Wein aus Maharashtra sind ein Geschenk des Himmels in Mahabaleshwar.

Von Mahabaleshwars Busbahnhof fahren staatliche Busse regelmäßig nach Pune (ohne Klimaanlage 180 ₹, 4 Std., stündl., 7.30–18.30 Uhr), Kohlapur (ohne Klimaanlage 265 ₹, 5½ Std., stündl. ab 8 Uhr) und Satara (ohne Klimaanlage 57 ₹, 2 Std., stündl., 6–19 Uhr). Von 9 bis 21.30 Uhr rollen täglich sieben Busse nach Mumbai Central (ohne Klimaanlage 400 ₹, 7 Std.) und ein normaler Bus nach Goa (ohne Klimaanlage 423 ₹, 12 Std., 8 Uhr).

Die Agentur RB Travels, die ihren Sitz an der Ecke zwischen einer Allee, die eine Abkürzung zur Masjid Rd ist, und dem Basar (gegenüber dem Meghdoot-Restaurant) hat, nimmt Reservierungen für Luxubusse nach Goa (ohne Klimaanlage Sitzplatz/Volvo-Bus mit Klimaanlage Liegeplatz 850/1800 ₹, 12 Std.) entgegen. Abfahrt ist vom Basar um 19.30 Uhr mit einem Auto, das einen bis zur 42 km entfernten Surur Phata Junction bringt, wo man auf den Bus aus Richtung Pune wartet. Es gibt auch Verbindungen nach Mumbai (Volvo-Bus mit Klimaanlage Sitzplatz/Liegeplatz 500/600 ₹, 6 Std., 12 und 21 Uhr) und Pune (Volvo-Bus mit Klimaanlage Sitzplatz 375 ₹, 3½ Std., 11.30 Uhr).

Zum Pratapgad Fort fährt täglich ein staatlicher Bus (130 ₹ hin & zurück, 1 Std., 9.15 Uhr) und wartet dort ca. eine Stunde. Taxifahrer verlangen dafür (inkl. Rückfahrt) einen Festpreis von 1000 ₹.

WICHTIGE ZÜGE AB PUNE

ZIEL	ZUG-NR. & NAME	PREIS (₹)	DAUER (STD.)	ABFAHRT
Bengaluru	*11301 Udyan Express*	460/1785	21	11.45 Uhr
Chennai	*12163 Chennai Express*	525/1980	19½	12.10 Uhr
Delhi	*11077 Jhelum Express*	625/2435	27½	17.20 Uhr
Hyderabad	*17031 Hyderabad Express*	340/1310	13½	16.35 Uhr
Mumbai CST	*12124 Deccan Queen*	115/395	3½	7.15 Uhr

Expresszüge: jeweils Sleeper Class/2AC; *Deccan Queen*: 2. Klasse/AC-Chair.

Shoppen

Fabindia KLEIDUNG

(www.fabindia.com; Sakar 10, Sassoon Rd; ⏲10.30–20.30 Uhr) Verkauft indische Saris, Seide, Baumwolle und Herrenhemden aus Leinen sowie verschiedene Accessoires, darunter Taschen und Schmuck.

Praktische Informationen

Geld wechseln kann man in der Filiale von Thomas Cook an der General Thimmaya Rd. Es gibt Dutzende Geldautomaten im Stadtgebiet und am Bahnhof.

Citibank-Geldautomat (Tulsidas Apartment, N Main Rd)

Hauptpost (www.indiapost.gov.in; Sadhu Vaswani Path; ⏲Mo–Sa 10-18 Uhr)

HDFC-Geldautomat (East St)

HSBC-Geldautomat (Bund Garden Rd)

Mehrere Internetcafés findet man entlang von Punes Hauptverkehrsstraßen. WLAN ist verbreitet in den trendigeren Bars und Restaurants sowie in den meisten Hotels.

MTDC-Touristeninformation (☎020-26128169; www.maharashtratourism.gov.in; I Block, Central Bldg, Dr. Annie Besant Rd; ⏲Mo–Sa 10–18, So bis 17 Uhr, am 2. & 4. Sa des Monats geschl.) Liegt versteckt in einem großen Regierungsgebäude südlich vom Bahnhof.

Thomas Cook (☎020-66007903; www.thomascook.in; Thackers House, 2418 General Thimmaya Rd; ⏲Mo–Sa 9.30–18.30 Uhr) Löst Reiseschecks ein und tauscht ausländische Währungen.

Yatra.com (☎020-65007605; www.yatra.com; Koregaon Park Rd; ⏲Mo–Sa 10–19 Uhr) Das Stadtbüro der angesehenen Online-Ticketagentur.

An- & Weiterreise

BUS

Pune hat drei Busbahnhöfe. Busse fahren vom **Busbahnhof am Bahnhof Pune** (☎020-26126218) nach Belgaum (700 ₹, 7 Std., 23 Uhr), Goa (600–1000 ₹, 10 Std., 18.30 & 19.30 Uhr), Kolhapur (400 ₹, 6 Std., stündl., 5.30–23.30 Uhr), Lonavla (62 ₹, stündl.), Mahabaleshwar (230 ₹, 4 Std., stündl., 5.30–17.30 Uhr) und zur Dadar TT Circle Station von Mumbai (266–531 ₹, 4 Std., alle 15 Min.).

Vom **Shivaji-Nagar-Busbahnhof** (☎020-24431240; Shivajinagar Railway Station Rd), fahren klimatisierte Busse nach Aurangabad (ab 661 ₹, 5–6 Std., stündl., 6–23.30 Uhr), Nasik (ab 611 ₹, alle 20 Min., 6–12.30 Uhr) und Mumbai (650 ₹, häufig). Nicht klimatisierte Busse fahren auch nach Mahabaleshwar (230 ₹, 4 Std., 6.15, 8.30 & 9.30 Uhr).

Ticketagenturen für private Fernbusse findet man gegenüber dem Shivaji-Nagar-Bahnhof; empfehlenswert ist **Sana Travels** (☎8888808984; 2, Sita Park, Shivajinagar). Fahrziele (alle Busse mit Klimaanlage und Liegesitzen) sind u. a. Bengaluru (1050 ₹, 14 Std., stündl., 13–22 Uhr), Hyderabad (500 ₹, 10 Std., stündl., 19–1 Uhr), Goa (1000 ₹, 10 Std., 19 & 22 Uhr), Mangalore (1500 ₹, 14 Std., 18 & 22 Uhr) und Nagpur (800 ₹, 14 Std., stündl., 4–22 Uhr). Busse nach Bengaluru und Mangalore sowie Sinhagad fahren vom **Swargate-Busbahnhof** (☎020-24441591; Satara Rd) ab.

FLUGZEUG

Geplant ist der Bau eines protzigen neuen internationalen Flughafens, aber wegen Unstimmigkeiten um dessen Standort war das Projekt zum Zeitpunkt der Recherche ins Stocken geraten. Bis der Flughafen irgendwann einmal fertig ist, starten die Flugzeuge täglich vom **Pune International Airport** (PNQ; New Airport Rd, Mhada Colony, Lohgaon) u. a. nach Mumbai, Delhi, Jaipur, Bengaluru (Bangalore), Nagpur, Goa und Chennai.

TAXI

Sammeltaxis (max. 4 Pers.) verbinden rund um die Uhr Pune mit dem Flughafen Mumbai. Die Abfahrt erfolgt vom **Taxistand** (☎020-26121090) vor Punes Bahnhof (400–475 ₹/Pers., 2½ Std.). Mietwagen mit Fahrer gibt's bei **Simran Travels** (☎020-26153222; www.mumbaiairportcab.com; 1. Stock, Madhuban Bldg, Lane No 5, Koregaon Park; ⏲24 Std.).

ZUG

Der Bahnhof von Pune (manchmal auch Pune Junction genannt) liegt im Herzen der Stadt an der HH Prince Aga Khan Rd. Von hier aus fahren Züge sehr regelmäßig, fast stündlich, nach Mumbai; gute Verbindungen bestehen auch zu anderen Städten, darunter Delhi, Chennai und Hyderabad.

Unterwegs vor Ort

Der moderne Flughafen liegt 8 km nordöstlich der Stadt. Von Koregaon Park kostet eine Autorikscha ca. 150 ₹ und ein Taxi ca. 200 ₹, aber ein UberGo-Fahrzeug ohne dynamische Preisgestaltung kostet nur ca. 115 ₹. Autorickschas sind in ganz Pune unterwegs; eine Fahrt vom Bahnhof nach Koregaon Park kostet ca. 50 ₹ (mehr bei Nacht).

Rund um Pune

Sinhagad

Rund 24 km südwestlich von Pune liegen die Ruinen von **Sinhagad** (Lion Fort; Sonnenaufgang–Sonnenuntergang) GRATIS, das der Marathenführer Shivaji 1670 den Königen von Bijapur entriss. In dieser denkwürdigen Schlacht (in der er seinen Sohn Sambhaji verlor), soll Shivaji Warane mit Seilen versehen haben, um die unregelmäßigen Mauern der Festung zu vermessen. Heute ist sie in einem erbärmlichen Zustand, lohnt aber einen Besuch wegen der weiten Aussicht und der Wandermöglichkeiten in den Bergen. Bus 50 verkehrt häufig vom Dorf Donje (Golewadi) nach Swargate (30 ₹, 45 Min.). Von hier sind es noch 4 km zu Fuß oder man nimmt einen Sammeljeep (50 ₹), der einen 10 km bis zum Fuß des Hügels fährt.

Shivneri

Rund 90 km nordwestlich von Pune gelegen, wird der **Festung Shivneri** (Sonnenaufgang–Sonnenuntergang) GRATIS die Ehre zuteil, der Geburtsort Shivajis zu sein. Die zerstörten Wälle oberhalb des Dorfes Junnar umgeben die alten königlichen Stallungen, eine Moschee aus der Mogulzeit und in den Fels geschlagene Wasserspeicher. Der bedeutendste Bau ist der Pavillon Shivkunj, in dem Shivaji geboren wurde.

Etwa 8 km von Shivneri entfernt befindet sich auf der anderen Seite des Junnar eine interessante Höhlengruppe des Hinayana-Buddhismus namens **Lenyadri** (Inder/Ausländer 15/200 ₹; 8–18 Uhr). Sie besteht aus 27 Höhlen, von denen Nr. 7 am eindrucksvollsten ist und interessanterweise ein Abbild des Hindugottes Ganesha beherbergt.

Von beiden Denkmälern bieten sich spektakuläre Ausblicke.

Täglich verbinden sieben oder acht Busse (88 ₹, 2 Std.) Punes Shivaji-Nagar-Busbahnhof mit Junnar (ein Ganztagestaxi ab Pune kostet ca. 2625 ₹). Von Junnars Busbahnhof aus kostet eine Rikscha hin und zurück 200 ₹ nach Shivneri und 300 ₹ nach Lenyadri (jeweils inkl. 1 Std. Wartezeit).

Kolhapur

0231 / 561300 EW. / 550 M

Das wenig besuchte Kolhapur eignet sich hervorragend, um Indiens bunte Seite hautnah zu erleben. Die historische Stadt liegt nur wenige Stunden von Goa entfernt und hat einen ungemein faszinierenden Tempelkomplex. Im August ist sie am lebendigsten, wenn beim Naag Panchami (S. 88) die Schlange gefeiert wird (es gibt auch ein zugleich stattfindendes Fest in Pune). Feinschmecker aufgepasst: Die Küche Kolhapurs ist pikant und insbesondere für Hühnchen- und Lammgerichte berühmt.

Sehenswertes

Die stimmungsvolle Altstadt erstreckt sich rund um den Mahalaxmi-Tempel, den alten Palast und einen großen Platz (für Kraftfahrzeuge gesperrt). Hinein geht's durch ein mächtiges Tor.

★ Shree Chhatrapati Shahu Museum MUSEUM

(Inder/Ausländer 25/80 ₹; 9.15–17.30 Uhr) Der Begriff „bizarr" bekommt eine ganz neue Bedeutung bei diesem „neuen" Palast, einem indo-sarazenischen Monstrum, das der britische Architekt „Mad" Charles Mant 1884 für die Könige von Kolhapur entwarf. Das skurrile Museum ist eine wilde Ansammlung unzähliger Jagdtrophäen, die von den Dschungelsafaris des schießwütigen Königs stammen. Gezeigt werden auch Spazierstöcke aus Leopardenwirbeln und Aschenbecher aus Tigerschädeln oder Nashornfüßen. Und die Waffen in der Rüstkammer reichen für einen kleinen Putsch. Das Horrorkabinett wird durch eine Abteilung mit ausgestopften Tieren ergänzt.

Nicht verpassen sollte man die reich verzierte Durbar-Halle, in der die Herrscher einst Hofversammlungen abhielten. Im ganzen Palast kann man Dutzende Porträts der würdevollen Maharadschas bewundern. Fotografieren ist im Innenbereich verboten.

Der Palast liegt etwa 2,5 km nördlich vom Bahnhof. Eine Rikscha ab dem Bahnhof/Busbahnhof kostet 35/50 ₹.

★ Mahalaxmi-Tempel HINDU-TEMPEL
(⌚3–23 Uhr) Der Mahalaxmi-Tempel gehört zu den bedeutendsten und belebtesten Schreinen von Maharastra und ist der Muttergottheit Amba Bai geweiht. Die Ursprünge des Tempels reichen bis ins Jahr 10 n. Chr. zurück, der Großteil der heutigen Anlage stammt aber aus dem 18. Jh. Er zieht endlose Scharen von Pilger an, die sich ins Innere des Heiligtums drängen, während Gläubige unter Begleitung von Musikergruppen Andachtslieder singen. Auch Nicht-Hindus sind willkommen und können hier hervorragend Menschen beobachten.

Motibag Thalim TRAININGSZENTRUM
(⌚4–16 Uhr) Kolhapur ist für seine erfolgreichen Kushti-Ringer berühmt und im Motibag Thalim kann man den jungen Athleten beim Training in einer Schlammgrube zusehen. Durch eine niedrige Tür und einen Durchgang links vom Eingang zum Bhavani Mandap (wenn man sie nicht findet, einfach danach fragen) erreicht man den *akhara* (Trainingsplatz). Besucher können jederzeit eintreten und zuschauen, sofern sie sich nicht am Anblick schwitzender, halbnackter Männer und am stechenden Uringeruch aus den Toiletten stören.

NICHT VERSÄUMEN

PRATAPGAD FORT

Rund 24 km nordwestlich von Mahabaleshwar liegt das **Pratapgad Fort** (⌚9 Uhr–Sonnenuntergang) GRATIS hoch oben auf einem Bergrücken. Es wurde 1656 von Shivaji errichtet und gehört bis heute dessen Nachfahren. Um eine Pattsituation zu beenden, traf sich Shivaji hier 1659 mit General Afzal Khan aus Bijapuri. Vorab war vereinbart worden, dabei keine Waffen zu tragen. Doch gleich nach der Begrüßung schlitzte Shivaji den Bauch seines Feindes mit einem Satz eiserner *baghnakh* (Tigerkrallen) auf. Khans Grab (Zutritt verboten) am Fuß der Festung markiert den Schauplatz dieser blutigen Begegnung. Über 500 Stufen mit herrlicher Aussicht geht's hinauf nach Pratapgad.

Vom Busbahnhof in Mahabaleshwar rollt eine staatliche Bus-Tour täglich zum Fort (hin & zurück 165 ₹, 1 Std., 9.30 Uhr) und wartet dort etwa eine Stunde. Inklusive Rückfahrt verlangen Taxifahrer für dieselbe Tour einen Festpreis von 1000 ₹ (inkl. 1 Std. Wartezeit).

Schlafen & Essen

Hotel K Tree HOTEL $$
(☎0231-2526990; www.hotelktree.com; 517E, Plot 65, Shivaji Park; EZ/DZ inkl. Frühstück ab 3330/3700 ₹; ❄📶) Mit seinem hohen Service-Standard und den 26 sehr einladenden, schicken Zimmern bietet dieses neuere Hotel ein sehr gutes Preis-Leistungs-Verhältnis und ist bei Indern für das 15 Speisen umfassende Frühstücksbüfett beliebt. Es hängt ganz vom Zufall ab, ob man in Deluxe-Zimmern mit verstecktem Bad oder in einem Executive-Zimmer mit erhöhtem Bett in asiatischem Stil nächtigt.

Hotel Pavillion HOTEL $$
(☎0231-2652751; www.hotelpavillion.co.in; 392E Assembly Rd, Shaupuri; EZ/DZ inkl. Frühstück 1850/2080 ₹, mit Klimaanlage ab 2260/2500 ₹; ❄@) Dank seiner Lage am äußersten Ende eines grünen Parkareals mit Bürogebäuden garantiert dieses Hotel einen ruhigen Aufenthalt sowie (manchmal) einfallslose Bäder. Die großen, gut ausgestatteten Zimmer sind vielleicht etwas betagt, viele haben aber Fenster mit einem tollen Blick auf die Blütenpracht der jeweiligen Jahreszeit. Wer das Zimmer 101 bucht, hat WLAN-Empfang im Zimmer, den es sonst nur in der Lobby gibt.

Chorage Misal INDISCH $
(Mahadwar Rd, Nähe Gujri Corners; Hauptgerichte 40 ₹; ⌚8.30–20 Uhr) Neben dem Mahalaxmi-Tempel befindet sich recht versteckt seit 1963 dieses *misal*-Lokal (würziges Curry aus Mattenbohnensprossen), das die würzigsten klassischen Gerichte der Stadt serviert. Rajesh repräsentiert bereits die dritte Generation, die das Chorage Misal führt, und ist eine One-Man-Show. Es gibt kein englischsprachiges Schild. Das Lokal befindet sich gleich neben dem schönen jainistischen Tempel und hat ein Coca-Cola-Schild.

★ Dehaati INDISCH $$
(Ayodha Park, Old Pune–Bangalore Hwy, Nimbalkar Colony; Thalis 230–320 ₹; ⌚12.30–15.30 & 19.30–22.30 Uhr) Das Dehaati ist die erste Adresse für Thalis nach Kolhapur-Art. Die Mahlzei-

ten umfassen vielfältige Hammelgerichte, aber auch Hühnchen und Gemüse. Die kräftigen Currys, der aufgepeppte Dhal, der reichhaltige *aakkha masoor* (Curry aus ganzen Linsen nach Kolhapur-Art), der komplizierte *tambda rassa* (würziger, roter Hammelcurry), die herrlichen *chapatis* – sie schmecken alle köstlich.

Little Italy ITALIENISCH $$
(☎0231-2537133; www.littleitaly.in; 517 A2 Shivaji Park; Pizzas 225–445 ₹, Pasta 215–365 ₹; ⏲11.30–22 Uhr) Wer auf Indiens Straßen anstrengende Kilometer zurückgelegt hat, ist in diesem authentischen, professionell geführten Restaurant richtig, um sich für die nächste Tour zu stärken. Man kann alle möglichen Aromen mit köstlichen, rein vegetarischen Antipasti, dünnkrustigen (Holzofen-)Pizzas und al dente gekochter Pasta genießen; dazu gibt's eine tolle Auswahl indischer (offener) Weine).

Keinesfalls auf die Desserts, vor allem nicht auf die Pannacotta, verzichten.

ℹ Praktische Informationen

ICICI-Geldautomat beim Mahalaxmi-Tempel.

MTDC-Touristeninformation (☎0231-2652935; www.maharashtratourism.gov.in; 254B Udyog Bhavan, Assembly Rd; ⏲Mo–Sa 10–17.30 Uhr) Hinter dem Collector's Office unweit vom Hotel Pavillion. Zum Zeitpunkt der Recherche wurde testweise eine viel praktischer liegende Filiale (☎0231-2652935; www.maharashtratourism.gov.in) unweit vom Mahalaxmi Mandir eröffnet.

Geldautomat der State Bank of India Gegenüber vom Hotel Pavillion.

ℹ Anreise & Unterwegs vor Ort

BUS

Vom **Busbahnhof Kolhapur** (☎0231-2650620; Benadikar Path, Shahupur) fahren Busse regelmäßig nach Pune (ohne Klimaanlage ab 396 ₹, 5 Std., stündl., 5–23 Uhr), Ratnagiri (Normal/Semideluxe 177/199 ₹, 4½ Std., alle 30 Min., 5–1 Uhr), fünf normale Busse nach Malvan (201 ₹, 5 Std., 5.15, 6.5, 12, 13.30 und 17 Uhr) und tgl. 12 Busse nach Mumbai (Normal/Semideluxe 480/600 ₹, 10 Std.). Für alle Busse gibt es einen Reservierungsschalter.

Die besten privaten Busunternehmen findet man im Royal Plaza Building am Dabholkar Corner, 300 m nördlich vom Busbahnhof. **Paulo Travels** (☎0231-6681812; www.paulotravels.com; B/22, Royal Plaza, Dhabolkar Corner) fährt nach Goa (Volvo-Bus mit Klimaanlage Sitzplatz/Liegeplatz ab 500/600 ₹, 8 Std., 9, 12, 1415, 16, 17 und 18 Uhr). **Neeta Travels** (☎0231-3290061; www.neetabus.in; B/16, Royal Plaza, Dabholkar Corner) ist eine gute Wahl für Nachtfahrten nach Mumbai im Bus mit Klimaanlage (Volvo-Bus mit Klimaanlage, Liegeplatz ab 850 ₹, 9 Std., 17, 21.45 und 22.45 Uhr) und nach Pune (Volvo-Bus mit Klimaanlage, Sitzplatz ab 350 ₹, 5 Std., 7, 9, 14, 15, 17, 20 und 23.30 Uhr).

ZUG

Der Bahnhof namens Chattrapati Shahu Maharaj Terminus liegt 10 Minuten zu Fuß westlich vom Busbahnhof. Von hier fahren täglich drei Expresszüge nach Mumbai, darunter der *Sahyadri Express* (Sleeper Class/2AC 338/1241 ₹, 13 Std., 22.50 Uhr) über Pune (243/876 ₹, 8 Std.). Der *Rani Chennama Express* macht die lange Reise nach Bengaluru (433/1636 ₹, 17½ Std., 14.05 Uhr). Es gibt keine Direktzüge nach Goa.

Goa

Inhalt ➡

Top-Strände

- Palolem (S. 167)
- Mandrem (S. 158)
- Cola & Khancola (S. 165)
- Anjuna (S. 149)
- Arambol (S. 159)

Schön übernachten

- Panjim Inn (S. 135)
- Red Door Hostel (S. 149)
- Mandala (S. 159)
- Indian Kitchen (S. 147)
- Ciaran's (S. 169)

Auf nach Goa!

Das kleine Goa hat mehr zu bieten als Strände und Trance-Partys: Wie in einem Kaleidoskop mischen sich die indische und die portugiesische Kultur, versüßt durch Sonne, Sand und Meer, Meeresfrüchte und Spiritualität.

Das (praktisch strandlose) Zentrum der Region mit der Hauptstadt Panaji, den Kirchen Old Goas, den Inseln im Inland, den Vogelschutzgebieten, Gewürzplantagen und wilden Western Ghats ist das historische und kulturelle Herz Goas.

Nord-Goa ist das Goa, von dem man so viel gehört hat: Strände, Nachtleben, Trance-Partys, Hippie-Märkte und Yoga-Zentren. Das Epizentrum dieser Region sind Calangute und Baga. Anjuna und Vagator verströmen immer noch Hippieflair und Partystimmung. Morjim, Aswem und Mandrem sind expandierende, familienfreundliche Strandorte und im Norden lädt Arambol zum Gleitschirmfliegen ein.

Süd-Goa ist viel ruhiger. Das Spektrum reicht hier vom dörflichen Benaulim bis zu Palolem, Patnem und Agonda, die den Traum von der eigenen Strandhütte wahr werden lassen.

Reisezeit

Panaji

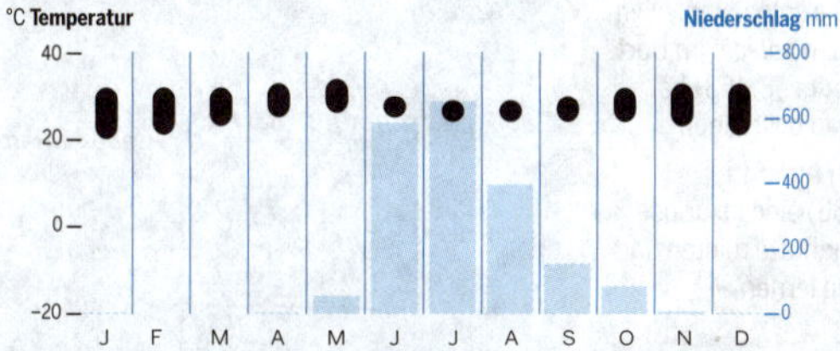

Sept.–Nov. Einige Strandhütten sind offen, kleinere Preise, nach dem Monsun hohe Luftfeuchtigkeit.

Nov.–März Herrliches Wetter, Yoga, Festivalsaison; Mitte Dez. bis Anfang Jan. Spitzenpreise.

März–April Zum Ende der Saison werden Karneval und Ostern gefeiert.

Highlights

1. In **Panaji** (S. 131), der entspanntesten Hauptstadt eines indischen Bundesstaates, das historische Altstadtviertel erkunden, shoppen und gut essen
2. In **Assagao** (S. 153), Anjuna, Arambol oder Mandrem an einer Yogastunde teilnehmen
3. Mittwochs auf dem touristischen, aber fröhlichen **Anjuna Flea Market** (S. 152) feilschen und ein Schnäppchen machen
4. In ehrfürchtigem Schweigen die außergewöhnlichen Kirchen und Kathedralen in **Old Goa** (S. 138) bewundern
5. Zum abgeschiedenen **Cola Beach** (S. 165) wandern, einem der schönsten Strände Goas
6. Am friedlichen **Mandrem Beach** (S. 158) stilvoll übernachten und es sich mit einem guten Buch bequem machen
7. Am schönen **Palolem Beach** (S. 167) in einer Strandhütte nächtigen und kajakfahren, Kochkurse besuchen oder einfach nur relaxen
8. Die kolonialen Villen und den *palácio* im Dorf **Chandor** (S. 163) bei Margao bestaunen
9. In **Agonda** (S. 166) eine luxuriöse Strandhütte mieten und surfen lernen

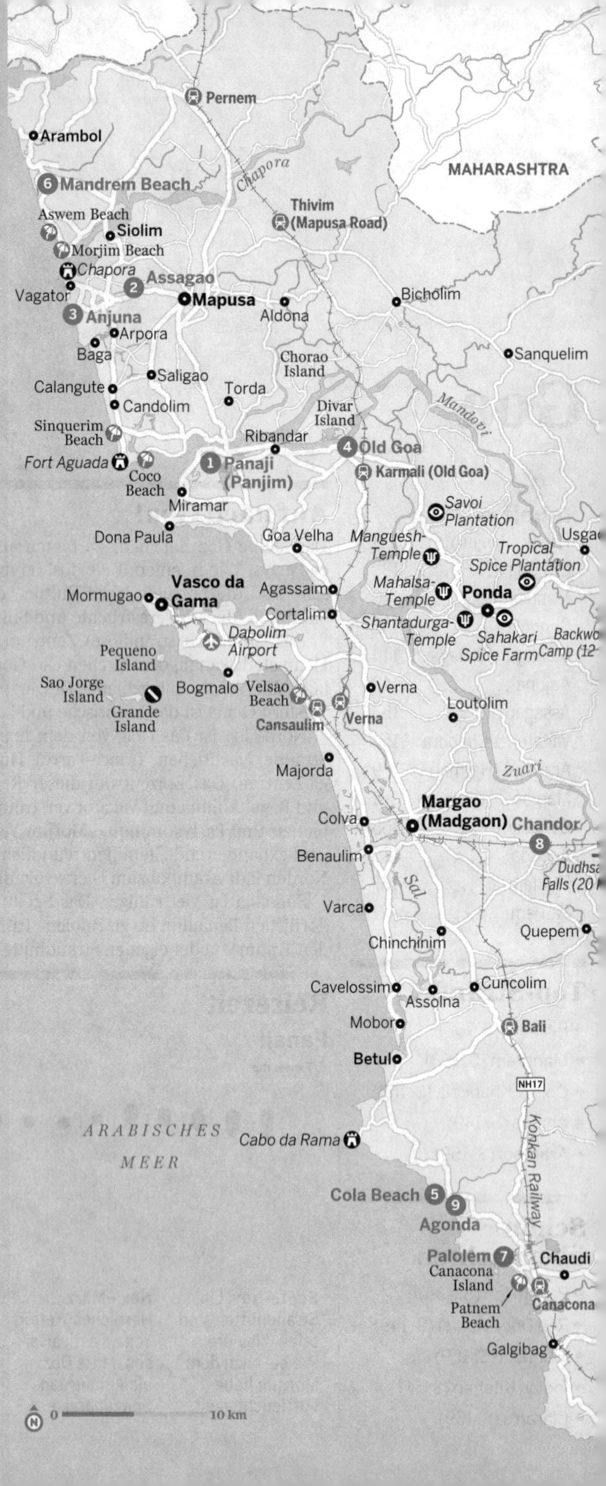

Geschichte

Ein Blick zurück durch Jahrtausende der Geschichte Goas sorgt für ein tieferes Verständnis einiger der mysteriösesten und reizvollsten archäologischen und historischen Zeugnisse, aber auch der goanischen Seele selbst.

Eine verwirrende Folge von Herrschern gab sich in Goa die Klinke in die Hand, vom Maurya-Reich Ashokas im 3. Jh. v. Chr. über die sich lange an der Macht haltenden Kadamba ab dem 3. Jh. n. Chr. In späteren Konflikten kämpften rivalisierende Sultanate um die Macht im hinduistischen Vijayanagar-Reich, ehe die Adil-Shahi-Dynastie aus Bijapur im 15. Jh. die heute Old Goa genannte Hauptstadt errichtete.

1510 trafen die Portugiesen ein, die ihre Macht stetig von ihrer prächtigen Hauptstadt in Old Goa aus auf die Provinzen ausweiteten und die Einheimischen eifrig zum Christentum bekehrten. Ihre 400-jährige Herrschaft endete erst 1961 nach einer dreitägigen Belagerung durch die indische Armee. Doch das portugiesische Erbe lebt in den Villen aus der Kolonialzeit, in der goanischen Küche, in den Kirchen und selbst in der Sprache weiter.

Aktivitäten

Yoga & Alternative Therapien

In Goa wird jede nur erdenkliche Form von Yoga, Meditation, Reiki, ayurvedischer Massage und anderen spirituell orientierten Gesundheitsaktivitäten praktiziert, gelehrt und genossen. Die beste Zeit ist von Mitte November bis Anfang April, wenn alle Anbieter und Zentren geöffnet sind und alle Kurse Hochsaison haben. Nur wenige Kurse werden das ganze Jahr über angeboten.

Besonders gute Orte für Yogaunterricht und Yogakurse sind Palolem, Agonda und Patnem im Süden sowie Arambol, Mandrem, Anjuna und Assagao im Norden.

Ayurvedische Behandlungen werden in den meisten Badeorten angeboten. Am besten fragt man nach persönlichen Empfehlungen und achtet darauf, dass Frauen von Frauen massiert werden und Männer von Männern. Die Spas in den Fünf-Sterne-Hotels sind eine superluxuriöse Alternative.

Tiere beobachten

Goas Hinterland ist ein Paradies, um Tiere zu beobachten, von Eisvögeln auf den leuchtend grünen Reisfeldern entlang der Küste bis zu Wasserbüffeln, die bei Sonnenuntergang nach Hause wandern. In Goas Naturschutzgebieten leben seltene Tiere wie Gaure (wilde indische Großrinder), Stachelschweine, Wildschweine und hier und da auch ein Schuppentier oder ein Leopard. Ein lautes Rascheln im Blattwerk kündigt oft die Ankunft der frechen Languren an. Auf einer Flusstour landeinwärts kann man Krokodile, Otter und viele Vögel sehen.

John's Boat Tours (S. 142) in Candolim veranstaltet Delphin- und Krokodilbeobachtungstouren.

Wassersport

Die meisten Wassersportveranstalter sind mobile Einrichtungen, die nur saisonal vor

TOP-FESTIVALS

Heilige Drei Könige (Chandor & Reis Magos; 6. Jan.,) Jungen spielen die Geschichte der Heiligen Drei Könige nach, wie sie dem neugeborenen Jesus ihre Geschenke bringen.

Shigmotsav of Holi (Shigmo; ganz Goa; Feb./März) Bei der goanischen Version des hinduistischen Festes Holi bewerfen sich die Menschen mit buntem Puder und bestaunen in vielen Städten Umzüge.

Sabado Gordo (Panaji; Feb./März) Am Samstag vor der Fastenzeit wird dieses Fest mit Prozessionen und Straßenpartys gefeiert.

Karneval (ganz Goa; März) Das viertägige Fest zu Beginn der Fastenzeit wird am fröhlichsten und lautesten in Panaji gefeiert.

Fama de Menino Jesus (Colva; 2. Mo im Okt.) In einer feierlichen Prozession wird eine Statue des Jesuskindes durch die Stadt getragen.

Fest des hl. Franz Xaver (Panaji, Old Goa; 3. Dez.) Der Schutzheilige der Stadt wird zehn Tage lang gefeiert

Mariä Empfängnis (Margao, Panaji; 8. Dez.) Rund um die berühmte Kirche der Stadt finden Jahrmärkte und Konzerte statt.

Ort sind. Man geht einfach zum Strand und sucht nach Hütten, die die gewünschte Aktivität anbieten. Die Wassersportstrände, an denen am meisten los ist, sind Calangute und Colva. Angeboten werden u.a. Jetskifahren, Parasailing, Kajakfahren, Wakeboarden, Surfen und Kitesurfen. Gleitschirmfliegen (S. 159) ist besonders in Arambol beliebt. Zum Kajakfahren eignen sich vor allem die ruhige Bucht in Palolem und die vielen Flüsse und Mündungsgebiete Goas. Empfehlenswerte Surfanbieter sind z.B. das Vaayu Waterman's Village (S. 158) in Aswem, Surf Wala (S. 160) in Arambol und die Aloha Surf School (S. 167) in Agonda.

Goa ist zwar kein international renommiertes Tauchziel, doch die Tauchmöglichkeiten sind die drittbesten Indiens (nach den Andamanen und den Lakshadweep-Inseln). Die Tauchsaison dauert von Ende Oktober bis April. Empfehlenswerte Anbieter in Goa, die von der Professional Association of Dive Instructors (PADI) anerkannt werden, sind u.a. Barracuda Diving (S. 145) in Baga, Dive Goa (S. 143) in Candolim, Goa Aquatics (S. 145) in Calangute und **Goa Diving** (☎9049442647; www.goadiving.com; Kurse ab 11000 ₹, Tauchgang mit 1/2 Sauerstoffflaschen 3000/5000 ₹) in Bogmalo.

GOA

PREISKATEGORIEN: SCHLAFEN

Die Preiskategorien beziehen sich auf ein Doppelzimmer mit Bad:

$ bis 1200 ₹

$$ 1200–5000 ₹

$$$ über 5000 ₹

Die Übernachtungspreise in Goa können stark variieren: Die Hauptsaison dauert von November bis Ende Februar, rund um Weihnachten und Neujahr ziehen die Preise aber nochmals an. Zwischensaison ist im Oktober, März und April, Nebensaison von Mai bis September (Regenzeit). Diese Angaben können je nach Monsun und der Vergabe für die Lizenzen der Strandhütten noch leicht variieren.

Die Preise der hier aufgeführten Unterkünfte beziehen sich auf die Hauptsaison (jedoch nicht auf die Weihnachtsferien, für die man im Voraus buchen muss). Am besten bringt man Preise und Rabatte telefonisch in Erfahrung.

ℹ Praktische Informationen

Die **Goa Tourism Development Corporation** (www.goa-tourism.com) versorgt Besucher mit Karten und Infos, betreibt im gesamten Bundesstaat Hotels und veranstaltet zahlreiche Touren.

ℹ An- & Weiterreise

BUS

Von und nach Goa fahren täglich private und staatliche Fernbusse – oft genügt es, einfach am Busbahnhof zu erscheinen und in den nächsten Bus zu steigen. Sowohl die staatlichen als auch die privaten Busgesellschaften bieten Busse der Kategorien „Ordinary", „Standard", „Deluxe", „Superfast" und „VIP". Am bequemsten sind die klimatisierten Volvo-Busse mit verstellbaren Rückenlehnen. Die Fahrt mit dem Bus nach Mumbai hinein oder aus Mumbai hinaus dauert unendlich lange, Züge sind schneller und komfortabler.

Busse nach Mumbai und in andere Städte fahren täglich zwischen 17.30 und 20.30 Uhr von Panaji, Margao und Mapusa aus. Es gibt Dutzende Anbieter, die Preise sind aber bei allen gleich. Die staatliche Busgesellschaft **Kadamba** (www.goakadamba.com) bedient Ziele im Bundesstaat und in den benachbarten Regionen. Private Busse kann man unter www.redbus.in buchen.

FLUGZEUG

An Goas Flughafen **Dabolim** (Goa International Airport; ☎0832-2540806) starten und landen Inlandsflüge sowie wenige internationale Flüge aus dem Nahen Osten und in der Touristensaison Charterflieger, die Pauschaltouristen aus Russland, Kontinentaleuropa und Großbritannien bringen. Wer keinen Charterflug gebucht hat, muss in der Regel eine größere indische Stadt wie Mumbai oder Delhi anfliegen und dort in einen Inlandsflieger von Jet Airways, Air India, SpiceJet oder IndiGo umsteigen.

ZUG

Die 760 km lange **Konkan Railway** (www.konkanrailway.com), die 1998 fertiggestellt wurde, ist die Hauptbahnstrecke durch Goa und führt weiter nach Mumbai im Norden und Mangalore im Süden.

Der größte Bahnhof Goas ist Madgaon (S. 161) in Margao. Viele Züge fahren auch durch den Bahnhof Karmali, der 12 km von Panaji entfernt nahe bei Old Goa liegt. Kleinere Bahnhöfe an dieser Strecke sind Pernem (nach Arambol), Thivim (nach Mapusa und zu den Stränden im Norden) und Canacona (nach Palolem).

ℹ Unterwegs vor Ort

AUTO & MOTORRAD

Ein privates Auto mit Fahrer (oder einfach ein Taxi) für längere Ausflüge lässt sich in Goa problemlos organisieren. Das kostet für einen ganzen Tag (meist 8 Std. und 80 km) ab 2000 ₹. Wer sich für einen Mietwagen entscheidet, zahlt für einen kleinen Maruti 900 bis 1200 ₹ und für einen großen Jeep ab 2000 ₹, jeweils ohne Benzin und in der Regel mit Kilometerbegrenzung. Die besten Mietwagenangeboten finden sich im Internet auf Seiten wie www.goa2u.com.

Ist man in Goa auf der Straße unterwegs, dann dauert es selten lange, bis ein Einheimischer oder ein Tourist auf einem Roller oder einem Motorrad vorbeidüst. Sie zu mieten ist ein Kinderspielt. Für einen Motorroller zahlt man meist zwischen 200 und 400 ₹ pro Tag, für eine kleinere Yamaha 400 bis 500 ₹ und für eine Royal Enfield Bullet 450 bis 600 ₹. Wenn man die Maschine für längere Zeit mietet wird es deutlich billiger, in der Nebensaison ebenfalls. Wenn viele Maschinen herumstehen, sollte man auf jeden Fall verhandeln.

Goas Straßen können tückisch sein – voller Menschen, Rinder, Hunde, Katzen, Vögel, Schrott, Schlaglöcher und Haarnadelkurven. Daher sollte man es besser langsam angehen, auf Bremsschwellen achten, möglichst nicht im Dunkeln fahren (Landstraßen sind spärlich beleuchtet) und nicht versuchen, an einem Tag auf einer 50-ccm-Maschine ganz Goa von Nord nach Süd zu durchqueren.

BUS

Goa hat ein umfangreiches Busnetz. Busse steuern fast jede Stadt und fast jedes noch so kleine Dorf an. Die Knotenpunkte sind Panaji, Margao und Mapusa. Wer von Nord-Goa nach Süd-Goa und umgekehrt reist, muss meist in Margao, Panaji oder beiden Städten umsteigen. Die Fahrkarten kosten zwischen 5 und 40 ₹.

VOM/ZUM FLUGHAFEN

Prepaid-Taxis vom Flughafen Dabolim ins Zentrum Panajis oder Margaos kosten 870 ₹ (klimatisiert 920 ₹). Wer wenig Gepäck hat, kann auch auf der Hauptstraße in einen Bus nach Vasco da Gama steigen und dort einen Direktbus nach Panaji (30 ₹, 45 Min.) nehmen.

TAXIS & AUTORIKSCHAS

Es gibt viele Taxis, mit denen man von Stadt zu Stadt fahren kann, wegen der örtlichen Gewerkschaftskartelle sind die Preise aber hoch, vor allem nachts, und noch mehr rund um teure Hotels. Eine Ausflugstour mit einem Taxi dürfte je nach Entfernung zwischen 1500 und 2000 ₹ kosten. Den Preis sollte man unbedingt vorher aushandeln.

Eine neue Initiative von Goa Tourism ist der nur telefonisch buchbare **Women's Taxi Service** (☎ 0832-2437437), bei dem Frauen am Steuer sitzen und der nur Frauen, Paare oder Familien befördert. Die Fahrzeuge sind mit genauen Taxametern und GPS ausgestattet und die Fahrerinnen sind in Erster Hilfe und Selbstverteidigung ausgebildet.

Autorikschas sind etwa ein Drittel billiger als Taxis und sind das beste Verkehrsmittel für kurze Fahrten. Man sollte für eine kurze Fahrt mindestens 50 ₹, für eine etwas längere 100 ₹ einplanen und den Fahrpreis aushandeln, ehe man einsteigt.

Motorradtaxis, *pilots* genannt, zu erkennen am gelben Schutzblech, sind in Goa ebenfalls ein lizenziertes Verkehrsmittel,. Sie kosten halb so viel wie Taxis und sind eigentlich nur rund um größere Taxistände und an Badeorten zu finden.

ABSEITS DER ÜBLICHEN PFADE

DUDHSAGAR-WASSERFÄLLE

Goas beeindruckendste **Wasserfälle** stürzen an der östlichen Grenze zu Karnataka, in der südöstlichsten Ecke des Mahavir Wildlife Sanctuary, 603 m in die Tiefe. Am besten besucht man die Wasserfälle möglichst bald nach dem Monsun (der Oktober ist ideal), denn dann ist der Wasserstand am höchsten.

Um sie zu erreichen, fährt man mit dem Auto oder mit der Regionalbahn um 8.15 Uhr von Margao (Zeitpunkt Rückfahrt variiert je nach Jahreszeit) auf landschaftlich reizvoller Strecke ins Dorf Colem (7 km südlich von Molem). Von Colem legt man die restliche holprige Strecke in ca. 45 Minuten mit einem Sammel-Jeep (500 ₹/Pers. bei 6 Pers.) zurück. Einfacher geht es mit dem Taxi oder mit der ganztägigen Tour „Dudhsagar Special" (1200 ₹) von Goa Tourism, die jeden Mittwoch und Sonntag um 9 Uhr in Calangute, Mapusa, Panaji bzw. Miramar startet und um 18 Uhr zurückkehrt. Private Reisebüros bieten ebenfalls Touren an.

PANAJI & ZENTRAL-GOA

Panaji (Panjim)

☎ 0832 / 115 000 EW.

Panaji (Panjim), eine der entspanntesten Hauptstädte der indischen Bundesstaaten, liegt auf einer Halbinsel am breiten Mandovi, auf dem Ausflugsboote und schwimmende Kasinos dahingleiten und in dem sich nachts die Neonschilder spiegeln.

Über dem belebten Zentrum thront eine prächtige, weiß getünchte Kirche, eine brei-

Panaji (Panjim)

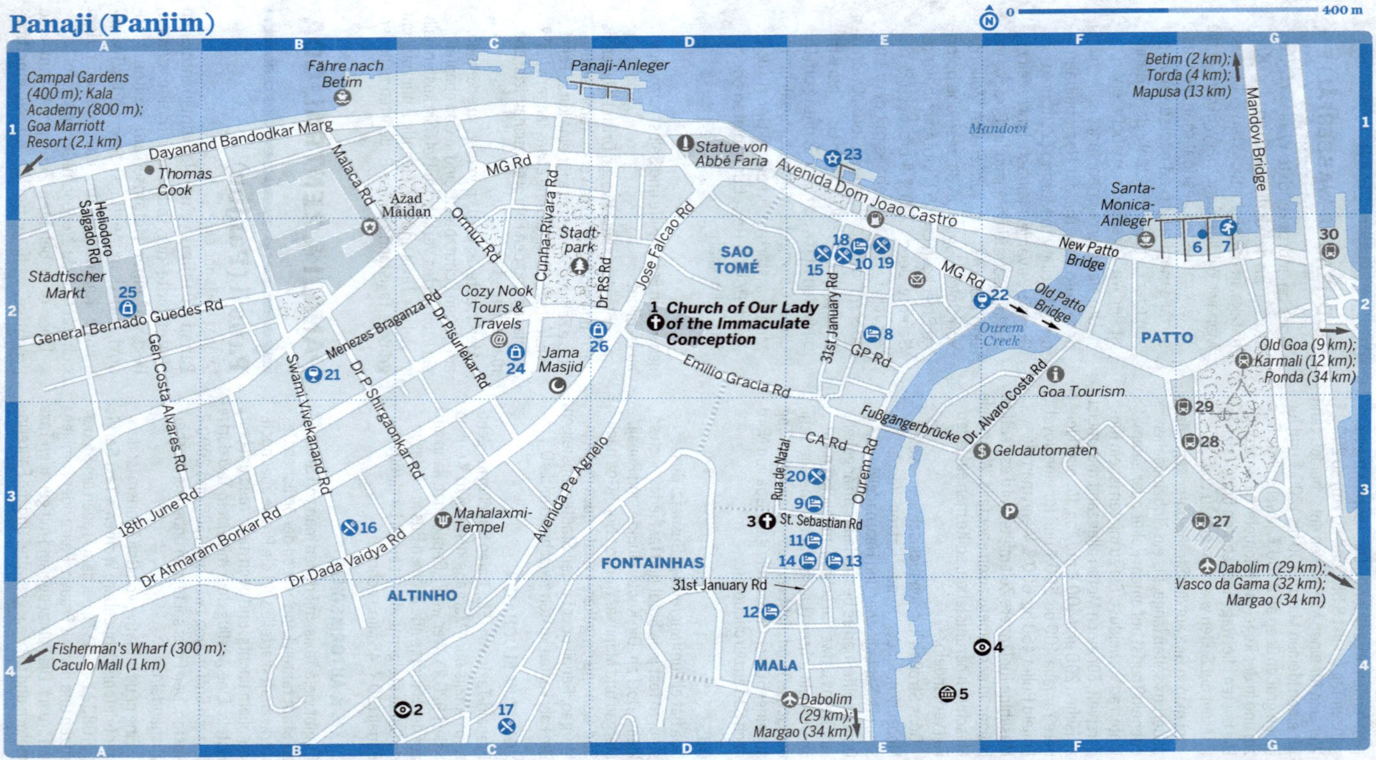

Panaji (Panjim)

Highlights
1 Church of Our Lady of the Immaculate Conception D2

Sehenswertes
2 Altinho Hill C4
3 Chapel of St. Sebastian D3
4 Goa State Central Library F4
5 Goa State Museum E4

Aktivitäten, Kurse & Touren
6 Mandovi River Cruises G2
7 Paradise Cruises G2

Schlafen
8 A Pousada Guest House E2
9 Afonso Guesthouse E3
10 Caravela Homestay E2
11 La Maison E3
12 Old Quarter Hostel D4
13 Panjim Inn E3
14 Panjim Pousada E3

Essen
15 Anandashram E2
16 Black Sheep Bistro B3
17 Cafe Bodega C4
18 Hotel Venite E2
Verandah .... (siehe 13)
19 Vihar Restaurant E2
20 Viva Panjim E3

Ausgehen & Nachtleben
21 Cafe Mojo B2
22 Riverfront & Down the Road F2

Unterhaltung
23 Deltin Royale E1

Shoppen
24 Khadi India C2
Marcou Artifacts .... (siehe 20)
25 Städtischer Markt A2
26 Singbal's Book House D2

Praktisches
Government of India Tourist Office .... (siehe 26)

Transport
27 Kadamba-Busbahnhof G3
Konkan-Zug-reservierungsbüro .... (siehe 27)
28 Paulo Travels G3
29 Private Busagenturen G3
30 Privater Busbahnhof G2

te, von Laubbäumen gesäumte Allee führt am Fluss entlang und prachtvolle Kolonialbauten stehen Seite an Seite mit künstlerisch angehauchten Boutiquen, altmodischen Buchläden, modernen Einkaufszentren und kleinen Bars.

Doch all diese Attraktionen übertrumpft das Gewirr der Gassen im Altstadtviertel Fontainhas. Nirgendwo ist der portugiesische Einfluss stärker zu spüren als hier, wo am späten Nachmittag die gelben Häuser mit ihren roten Türen in der Sonne erstrahlen und hinter jeder Ecke restaurierte ockerfarbene Villen mit Terrakottadächern, schmiedeeisernen Balkonen und mit Perlmutt verzierten Bogenfenstern warten.

Ein oder zwei Tage in Panaji dürfen bei einer Goa-Reise auf keinen Fall fehlen.

Sehenswertes & Aktivitäten

Eine der Freuden eines Besuchs in Panaji sind die entspannten Spaziergänge durch die schläfrigen Viertel **Fontainhas und Sao Tomé** und **Altinho**, die aus der portugiesischen Kolonialzeit stammen. Beliebte Ziele sind auch die **Campal Gardens**, die westlich vom Zentrum am Fluss liegen, und der **Miramar Beach**, der sich 4 km südwestlich der Stadt befindet.

★ Church of Our Lady of the Immaculate Conception
KIRCHE

(Ecke Emilio Gracia Rd & Jose Falcao Rd; Mo–Sa 10–12.30 & 15–17.30, So 11–12.30 & 15.30–17 Uhr, englische Messe tgl. 8 Uhr) Das spirituelle und geografische Zentrum von Panaji ist diese stolze, strahlend weiße Kirche, die 1619 über einer älteren und kleineren Kapelle aus dem Jahr 1540 errichtet wurde und ein wenig einer üppigen verzierten Hochzeitstorte ähnelt. Als Panaji noch ein kleines, verschlafenes Fischerdorf war, pilgerten die Seeleute aus Portugal als erstes hierher, um der Heiligen Jungfrau für ihre glückliche Überfahrt zu danken. Erst danach reisten sie weiter flussaufwärts nach Ela (Old Goa). Abends wird die Kirche von außen herrlich angeleuchtet.

Goa State Museum
MUSEUM

(0832-2438006; www.goamuseum.gov.in; EDC Complex, Patto; Mo–Sa 9.30–17.30 Uhr) GRATIS Das riesige Museum östlich der Stadt beherbergt eine vielseitige und umfangreiche Sammlung, die die Geschichte Goas illustriert. Diese umfasst u.a. einige wunderschöne hinduistische und jainistische Skulpturen und Bronzen, hübsche Möbel aus der portugiesischen Ära, Münzen, einen aufwendig geschnitzten Streitwagen und ein paar sonderbare antike Lottomaschinen.

ACHTUNG: DROGEN

In Indien ist der Erwerb und Besitz von Acid, Ecstasy, Kokain, Charas (Haschisch), Marihuana und der meisten anderen Drogen verboten, auch wenn sie in Goa immer noch leicht zu bekommen sind. Goas Gefängnis Fort Aguada ist voll mit Gefangenen, darunter auch Ausländer, die Haftstrafen wegen Drogendelikten absitzen. Selbst der Besitz kleiner Drogenmengen kann mit bis zu zehn Jahren Haft geahndet werden.

Goa State Central Library BIBLIOTHEK
(Sanskruti Bhavan, Patto; Mo–Fr 9–19.30, Sa & So 9.30–17.45 Uhr) GRATIS Panajis topmoderne Staatsbibliothek neben dem State Museum bietet sechs Stockwerke voller Bücher, einen Buchladen und eine Galerie. Im ersten Stock gibt's eine Kinderbuchabteilung und Internetrechner (kostenlose Benutzung, aber eigentlich nur zu Forschungszwecken). Im vierten Stock findet man Bücher über die Geschichte Goas und im sechsten eine große Sammlung an portugiesischen Büchern.

Geführte Touren

Organisierte Bootstouren auf dem Mandovi sind sehr beliebt.

Paradise Cruises BOOTSFAHRT
(0832-2437960; http://paradisecruises.in; Touristenbootsanleger; 300 ₹/Pers.; Bootsfahrten 17.30 & 19 Uhr) Dieser private Anbieter veranstaltet zwei abendliche Party-Bootsfahrten auf dem Mandovi auf einem Schiff mit drei Decks. Auf dem Schiff gibt's eine Bar und auf dem Oberdeck wird meist ein kulturelles Programm oder eine Tanzaufführung geboten.

Mandovi River Cruises BOOTSFAHRTEN
(Sunset Cruise 300 ₹, Dinner Cruise 650 ₹, Backwater Cruise 900 ₹; Sunset Cruise 18 Uhr, Sundown Cruise 19.15 Uhr, Dinner Cruise Mi & Sa 20.45 Uhr, Backwater Cruise Di & Fr 9.30–16 Uhr) Goa Tourism veranstaltet reizvolle Bootsfahrten auf dem Mandovi an Bord der *Santa Monica* oder der *Shantadurga*. Stets sind Bands und Tänzer mit an Bord, die goanische Volkslieder und -tänze vorführen. Zweimal wöchentlich finden zweistündige Dinner Cruises sowie Backwater Cruises nach Old Goa statt, zu einer Gewürzplantage, bevor es vorbei an den Divar und Chorao Islands zurückgeht. Alle Boote starten am Santa Monica Jetty neben der Mandovi Bridge.

Feste & Events

Karneval RELIGION
(im gesamten Bundesstaat; März) Die Fastenzeit beginnt mit einem viertägigen Fest, das in Panaji besonders fröhlich gefeiert wird.

Mariä Empfängnis RELIGION
(Margao, Panaji; 8. Dez.) Zu Maria Empfängnis finden Jahrmärkte und Konzerte sowie ein schöner Gottesdienst in der Church of Our Lady of the Immaculate Conception in Panaji statt.

Schlafen

In Panaji gibt es viele Unterkünfte in allen Preisklassen. Im mittleren Preisbereich finden sich ein paar der besseren historischen Boutiquehotels und -pensionen, die meisten davon im Viertel Fontainhas.

★ **Old Quarter Hostel** HOSTEL $
(0832-6517606; www.thehostelcrowd.com; 31st Jan Rd, Fontainhas; B 550–600 ₹, DZ mit Klimaanlage 1600–2000 ₹;) Das extravagante Hostel in einem alten portugiesischen Haus im historischen Fontainhas hat schicke Vierbettzimmer mit Schließfächern sowie Doppelzimmer in einem separaten Gebäude. Außerdem punktet es mit dem Urban Café, künstlerischen Wandbildern, gutem WLAN und Leihfahrrädern. Checkout ist um 12 Uhr.

A Pousada Guest House PENSION $
(9850998213, 0832-2422618; sabrinateles@yahoo.com; Luis de Menezes Rd; EZ/DZ ab 800/1050 ₹, DZ mit Klimaanlage 1575 ₹;) Die fünf Zimmer in dem hellgelben Gebäude sind einfach, aber sauber und haben bequeme Federkernmatratzen und TVs. Inhaberin Sabrina ist freundlich und unkompliziert. Bei diesem Preis eindeutig eine der besten Budgetunterkünfte der Stadt.

Afonso Guesthouse PENSION $$
(9764300165, 0832-2222359; www.afonsoguesthouse.com; St. Sebastian Rd; DZ 2900–3250 ₹;) Die von der freundlichen Jeanette geführte Pension in einem hübschen portugiesischen Stadthaus hat gepflegte, geräumige Zimmer mit Holzdecken. Auf der kleinen sonnigen Dachterrasse wird Frühstück (nicht inklusive) mit Blick über Fontainhas serviert. Die einfache, friedliche Unterkunft befindet sich im stimmungsvollsten Teil der Stadt. Am Abreisetag muss das Zimmer bis 9 Uhr geräumt sein. Reservierungen nur online möglich.

La Maison BOUTIQUEHOTEL $$
(☎0832-2235555; www.lamaisongoa.com; 31st January Rd; Zi. inkl. Frühstück 4700–5300 ₹; ❄📶) La Maison, ein weiteres historisches Boutiquehotel in Fontainhas, ist außen traditionell, innen aber durch und durch modern und elegant. Die acht Zimmer sind täuschend schlicht und gemütlich, denn mit ihren weichen Betten, den traumhaften Kopfkissen, den Schreibtischen und den Flachbild-TVs bieten sie Fünf-Sterne-Komfort. Das Frühstück ist inbegriffen. Zum Hotel gehört das Restaurant **Desbue**, das europäische Fusionsküche serviert.

Caravela Homestay BOUTIQUEHOTEL $$
(☎0832-2237448; www.caravela.in; 27 31st January Rd; EZ/DZ inkl. Frühstück ab 2000/2500 ₹, Suite 4000 ₹; ❄📶) Im Caravela gibt's zehn minimalistische, aber komfortable Zimmer mit netten Extras wie Minibar und Toilettenartikeln in einem schönen historischen Haus in Sao Tome. Das Frühstück wird in dem Café auf der anderen Straßenseite serviert.

★ **Panjim Inn** HISTORISCHES HOTEL $$$
(☎9823025748, 0832-2226523; www.panjiminn.com; 31st January Rd; EZ 5100–8000 ₹, DZ 5750–9200 ₹; ❄📶) Das Panjim Inn, eines der ersten historischen Hotels in Fontainhas, ist seit Langem wegen seines Charakters und Charmes und wegen der freundlichen Besitzer und hilfsbereiten Mitarbeiter überaus beliebt. In der schönen Villa aus dem 19. Jh. befinden sich zwölf charmante Zimmer im Originalhaus sowie einige neuere Zimmer, in denen die Himmelbetten, Kolonialmöbel und Kunstwerke mit modernen Akzenten kombiniert werden. Das Hotel hat auch ein Spa und einen Whirlpool auf dem Dach.

Goa Marriott Resort HOTEL $$$
(☎0832-2463333; www.marriott.com; Miramar Beach; DZ 11700–17000 ₹; ❄📶🏊) Das noble Goa Marriott Resort am Miramar Beach ist das beste Hotel weit und breit. Es ist großartig gestaltet: Der Fünf-Sterne-Luxus beginnt schon in der Lobby und zieht sich durch alle Räume bis zu den Zimmern mit Aussicht. Die rund um die Uhr geöffnete Waterfront Terrace & Bar ist ein tolles Fleckchen für einen Sundowner mit Blick auf den Pool, und das Hotelrestaurant Simply Grills steht bei gut betuchten Einheimischen hoch im Kurs.

Panjim Pousada PENSION $$$
(☎0832-2226523; www.panjiminn.com; 31st January Rd; EZ 5100–8000 ₹, DZ 5750–9200 ₹; ❄📶) Die neun göttlichen, mit kolonialer Fantasie gestalteten Zimmer in dieser Hindu-Villa liegen um einen tollen zentralen Innenhof mit alten Möbeln und schöner Kunst an den Wänden. Mehrere Durchgänge und Wendeltreppen führen zu den Zimmern. Die schönsten sind die in der oberen Etage.

Essen

Wer die 18th June Rd oder die 31st January Rd hinunterspaziert, kommt an mehreren preiswerten und guten Optionen im Kantinenstil vorbei. In Fontainhas gibt's eine gut entwickelte Restaurantszene; dort kann man zwischen traditionellen goanischen Spezialitäten und bewährten westlichen Gerichten wählen.

Anandashram INDISCH, GOANISCH $
(31st January Rd; Thalis 90–140 ₹, Hauptgerichte 100–350 ₹; ⏲Mo–Sa 12–15.30 & 19.30–22. 30, So 12–15 Uhr) Das kleine Lokal ist in der Stadt für sein Seafood bekannt. Es bringt leckere Fischcurrys sowie mittags und abends vegetarische und nichtvegetarische Thalis auf den Tisch.

Vihar Restaurant INDISCH $
(MG Rd; vegetarische Thalis 100–150 ₹; ⏲7–9, 11–15 & 19.30–22.30 Uhr) Die riesige Auswahl an „rein vegetarischem" Essen sowie die tollen, großen Thalis, die südindischen *dosas* und die vielen frischen Säfte sind der Grund für die Beliebtheit dieser sauberen, schlichten Kantine bei Einheimischen wie bei Touristen. Es ist eines der wenigen Restaurants in dieser Gegend, in denen bis spät abends Betrieb herrscht.

GOANISCHE KÜCHE

Die goanische Küche ist ein reizvoller Mix aus portugiesischen und südindischen Aromen. Goaner essen liebend gern Fleisch und Fisch, auch frische Meeresfrüchte stehen hoch im Kurs. Ein typisches Mittagessen besteht aus einem Fisch-Curry mit Reis: z. B. gebratene Makrele in Kokosnuss-, Tamarinden- und Chilisauce. Weitere traditionelle Gerichte sind Vindaloo (scharfes Gericht in Essig-Knoblauch-Marinade), *xacuti* (würziges Hühnchen oder Fleisch in roter Kokosnuss-Sauce) und *cafreal* (gebackenes Hühnchen in grüner Masalapaste mariniert und mit Palmweinessig verfeinert). Zum Nachtisch gibt es z. B. den mehrschichtigen *bebinca*-Kuchen.

ABSTECHER

BACKWOODS CAMP

In einem Wald nahe dem Bhagwan Mahavir Wildlife Sanctuary im äußersten Osten Goas befindet sich das rustikale **Backwoods Camp** (☎9822139859; www.backwoodsgoa.com; Matkan, Tambdi Surla; 2-/3-tägiger Aufenthalt pro Pers. 8500/12 000 ₹; 📶) 🍃 Der magische, friedliche Ort liegt in einem der vogelartenreichsten Gebiete Goas, in dem vom Ceylonfroschmaul und Elfenblauvogel über Streifenbrusttimale und Bengalenpittas zahlreiche Arten regelmäßig vorkommen. Übernachtet wird in Zelten oder auf erhöhten Plattformen im Wald sowie in Bungalows und Zimmern in Bauernhäusern; die Mahlzeiten und geführte Vogelbeobachtung sind im Preis enthalten.

★ Viva Panjim GOANISCH $$
(☎0832-2422405; 31st January Rd; Hauptgerichte 130–220 ₹; ⏲Mo–Sa 11.30–15.30 & 19–23, So 19–23 Uhr) Das in Touristenkreisen bestens bekannte Lokal in einem alten portugiesischen Haus in einer kleinen Seitenstraße hat ein paar Tische auf dem Bürgersteig und serviert noch immer köstliche Klassiker der goanischen Küche zu guten Preisen. Eine ganze Seite der Speisekarte ist allein Schweinefleischgerichten gewidmet. Daneben gibt es geschmackvolle *xacuti*-Speisen (ein würziges Gericht mit Hühner- oder anderem Fleisch, das in einer roten Kokossauce gekocht wird) und *cafreal*-Spezialitäten (Gericht mit mariniertem Hühnchen) sowie Seafood, z. B. Kingfish-Vindaloo und Krabben à la *xec xec*. Und dann wären da auch noch die Desserts wie *bebinca* (reichhaltige mehrschichtige goanische Süßspeise aus Eigelb und Kokosnuss).

★ Cafe Bodega CAFÉ $$
(☎0832-2421315; Altinho; Hauptgerichte 140–3420 ₹; ⏲Mo–Sa 10–19, So 10–16 Uhr; 📶) Der Aufstieg zum Altinho Hill lohnt sich allemal, um dieses ruhige Café mit Galerie, das in einem weiß-lavendelfarbenen portugiesischen Herrenhaus auf der Anlage des Sunaparanta Centre for the Arts untergebracht ist, zu besuchen. Hier gibt's zum Frühstück guten Kaffee, Säfte und frisch gebackene Kuchen sowie riesige Pizzas und Sandwiches zum Mittagessen, das im Innenhof eingenommen werden kann.

Verandah GOANISCH $$
(☎0832-2226523; 31st January Rd; Hauptgerichte 180–420 ₹; ⏲11–23 Uhr) Das luftige Restaurant des Panjim Inn befindet sich auf einem Balkon im ersten Stock und hat nur eine Handvoll fein verzierter Tische mit Blick auf die Straßen von Fontainhas und flottem Service. Die Spezialität ist goanische Küche, aber es gibt auch eine Auswahl an indischen und europäischen Gerichten sowie regionale Weine.

Fisherman's Wharf SEAFOOD $$
(☎8888493333; http://thefishermanswharf.in; Dr Braganza Pereira Rd; Hauptgerichte 220–450 ₹; ⏲12–23 Uhr) Die Erfolgsformel des alteingesessenen Restaurants unten in Mobor wurde in der Hauptstadt erfolgreich übernommen: frisches Seafood, nordindische Tandooris, Kebabs und goanische Spezialitäten. Die Atmosphäre im Fisherman's Wharf ist ungezwungen, aber elegant.

★ Black Sheep Bistro EUROPÄISCH $$$
(☎0832-2222901; www.blacksheepbistro.in; Swami Vivekanand Rd; Tapas 190–280 ₹, Hauptgerichte 320–650 ₹; ⏲12–16 & 19–22.45 Uhr) Das Black Sheep gehört zu einem der besten aufstrebenden Boutiquerestaurants in Panaji. Hinter einer eindrucksvollen hellgelben Fassade befindet sich ein gemütlicher Speisesaal mit stilvoller Bar aus dunklem Holz. Die Tapas hier sind leicht, frisch und werden nach dem Motto „vom Bauernhof direkt auf den Tisch" zubereitet. Salate, Pasta, Seafood und Gerichte wie Lamm-Ossobuco geben der Speisekarte einen besonderen Touch, während ein international ausgebildeter Sommelier die passenden Weine zum Essen aussucht.

★ Hotel Venite GOANISCH $$$
(31st January Rd; Hauptgerichte 340–460 ₹; ⏲9–22.30 Uhr) Das Venite ist mit seinen niedlichen, wackligen Balkons über der kopfsteingepflasterten Straße schon lange eines der stimmungsvollsten goanischen Restaurants im Bundesstaat. Auf der Karte stehen traditionelle Gerichte wie würzige Würstchen, Fischcurryreis, Pfeffersteak und *bebinca*. Bei Touristen ist es sehr beliebt, entsprechend hoch sind die Preise. Man kann auch erstmal ein Bier oder einen *feni* (goanischer Schnaps) trinken, ehe man sich entscheidet, ob man hier essen will.

🍷 Ausgehen & Nachtleben

Panajis Nachtleben besteht aus winzigen, versteckten Bars, die meist nur mit schlichten Plastiktischen, einem Kühlschrank und ein paar Hockern bestückt sind und fast ausschließlich männliche Gäste haben. Einige gehobenere Bars findet man in den teuren Hotels, zudem gibt's einige Pubs im englischen Stil.

Cafe Mojo BAR
(www.cafemojo.in; Menezes Braganza Rd; ⏲ Mo–Do 10–4, Fr–So –6 Uhr) Die Bar ist im gemütlichen Stil englischer Pubs eingerichtet, die Gäste sind jung und in Partylaune und das E-Bier-System ist eine Novität: Jeder Tisch hat einen eigenen Zapfhahn für Bier – man kauft eine Karte (500 ₹), liest sie am Tisch ein und bedient sich selbst; die Karte, die man auch für Schnäpse, Cocktails und Essen nutzen kann, zieht den entsprechenden Betrag automatisch ab.

Riverfront & Down the Road BAR
(Ecke MG Rd & Ourem Rd; ⏲ 11–1 Uhr) Auf dem Balkon des Restaurants mit Bar kann man beim Blick auf die Old Patto Bridge gemütlich ein Bier oder einen Cocktail trinken. Geschnitzte Fässer dienen als Möbel. Die Bar im Erdgeschoss (ab 18 Uhr geöffnet) ist die einzige echte Ausgehadresse auf der Altstadtseite der Stadt, ab und zu spielen hier sogar Bands.

☆ Unterhaltung

Panajis sichtbarste Unterhaltungseinrichtung sind die Kasinoschiffe, die draußen auf dem Mandovi ankern. Zudem findet in der Stadt das größte **internationale Filmfestival** (www.iffi.nic.in; ⏲ Nov.) Indiens statt, und in der hervorragenden Kala Academy gibt's auch kulturelle Angebote.

Kala Academy KULTURZENTRUM
(☎ 0832-2420452; http://kalaacademygoa.org; Dayanand Bandodkar Marg) In Campal auf der Westseite der Stadt liegt Goas wichtigstes Kulturzentrum, in dem das ganze Jahr über Tanz-, Theater- und Musikaufführungen sowie Kunstausstellungen zu sehen sind. Viele Shows sind auf Konkani, ab und zu gibt's aber auch englischsprachige Produktionen. Der Veranstaltungskalender ist online.

Deltin Royale KASINO
(☎ 8698599999; www.deltingroup.com/deltin-royale; Noah's Ark, RND Jetty, Dayanand Bandodkar Marg; wochentags/Wochenende 3000/4000 ₹, Premium-Paket 4500–5500 ₹; ⏲ 24 Std., Unterhaltung 21–1 Uhr) Goas größtes und bestes schwimmendes Luxus-Kasino hat 123 Tische, das Vegas Restaurant, eine Whiskey-Bar und einen speziellen Raum für Männer. Essen, Getränke und Jetons im Wert von 2000/3000 ₹ wochentags/am Wochenende sind im Eintrittspreis enthalten; beim Premiumpaket im vollen Wert des Tickets.

🛍 Shoppen

Caculo Mall EINKAUFZENTRUM
(☎ 0832-2222068; http://caculomall.in; 16 Shanta, St. Inez; ⏲ 10–21 Uhr) Goas größtes Einkaufszentrum hat vier klimatisierte Etagen voller Markenläden, Food-Courts sowie Kinderspielbereichen und Spielautomaten.

Städtischer Markt MARKT
(Heljogordo Salgado Rd; ⏲ ab 7.30 Uhr) In diesem stimmungsvollen Markt, der durch die Überdachung mehrerer schmaler Straßen entstand, kann man entspannt umherschlendern und sich an den Ständen mit frischen Lebensmitteln und Kleidung sowie bei einigen winzigen, einladenden Lokalen umschauen. Besonders interessant geht's auf dem Fischmarkt zu.

Singbal's Book House BÜCHER
(Church Sq; ⏲ Mo–Sa 9.30–13 & 15.30–19.30 Uhr) Der Bücherladen liegt an der Ecke gegenüber der Hauptkirche von Panaji. Er hat eine fabelhafte Auswahl an internationalen Zeitschriften und Zeitungen sowie jede Menge Titel über Goa und das Reisen allgemein.

Khadi India KUNST & KUNSTHANDWERK
(Dr. Atmaram Borkar Rd; ⏲ 9–13 & 15–19 Uhr) Goas einzige Filiale der staatlichen Khadi & Village Industries Commission hat eine gute Auswahl an handgewebter Baumwolle, Ölen, Seifen und Gewürzen sowie anderen handgemachten Produkten, die direkt aus den Dörfern der Region stammen (und deren Erlöse diesen Dörfern zugutekommen).

Marcou Artifacts KUNST & KUNSTHANDWERK
(☎ 0832-2220204; www.marcouartifacts.com; 31st January Rd; ⏲ 9–20 Uhr) Das kleine Geschäft in Fontainhas verkauft einzigartige bemalte Fliesen, Fischfigurinen und handgearbeitete portugiesische und goanische Keramik zu vernünftigen Preisen. Weitere Filialen befinden sich in der Caculo Mall, im Hotel Delmon und auf dem Markt von Margao.

ℹ Praktische Informationen

Goa Medical College Hospital (☎ 0832-2458700; www.gmc.goa.gov.in; Bambolim; ⏲ 24 Std.) Dieses Krankenhaus mit 1000 Betten liegt 9 km außerhalb von Panaji in Bambolim an der NH17.

NOTFALLNUMMERN

Um die Polizei, die Feuerwehr oder den medizinischen Rettungsdienst zu erreichen, wählt man die ☎112.

Goa Tourism (GTDC; ☎0832-2437132; www.goa-tourism.com; Paryatan Bhavan, Dr. Alvaro Costa Rd; ⌚Mo–Fr 9.30–17.45 Uhr) Das besser als „Goa Tourism" bekannte GTDC-Büro befindet sich auf der anderen Seite des Ourem Creek nahe des Busbahnhofs im großen Paryatan-Bhavan-Gebäude. Es ist aber eher ein Verkaufsbüro als eine Touristeninformation und daher für zufällige Besucher eigentlich nur interessant, wenn sie eine der vielen GTDV-Touren buchen wollen.

Government of India Tourist Office (☎0832-2223412; www.incredibleindia.com; Communidade Bldg, Church Sq; ⌚Mo–Fr 9.30–13.30 & 14.30–18, Sa 10–13 Uhr) Das Personal in dieser zentral gelegenen Touristeninformation kann sehr hilfsbereit sein, besonders, wenn es um Infos zu Reisezielen außerhalb Goas geht. Das Büro soll in dasselbe Gebäude in Patto umziehen, in dem sich Goa Tourism befindet.

Hauptpost (MG Rd; ⌚Mo–Sa 9.30–17.30 Uhr) Schneller Paketdienst und Geldtransfer mit Western Union.

An- & Weiterreise

BUS

Alle regionalen Busse fahren vom **Kadamba-Busbahnhof** (☎Auskunft zu Fernverbindungen 0832-2438035, zu regionalen Verbindungen 0832-2438034; www.goakadamba.com; ⌚Reservierung 8–20 Uhr) in Panaji. Busse zu vielen Orten in der Region starten alle paar Minuten (ohne erkennbaren Fahrplan). Wichtige Ziele sind Mapusa (30 ₹, 30 Min.) im Norden, Margao (30 ₹, 45 Min.) im Süden und Ponda (20 ₹, 1 Std.) im Osten. Die meisten Strecken werden zwischen 6 und 22 Uhr bedient.

Wer zu den Stränden im Süden will, fährt nach Margao und steigt dort um. Um zu den Stränden nördlich von Baga zu gelangen, fährt man bis Mapusa und steigt dort um. Direktbusse verkehren nach Candolim (20 ₹, 20 Min.), Calangute (25 ₹, 25 Min.) und Baga (30 ₹, 30 Min.).

Staatliche Fernbusse fahren ebenfalls am Kadamba-Busbahnhof ab. Private Anbieter bieten allerdings eine größere Auswahl an Bustypen und häufigere Abfahrten zu ähnlichen Preisen. Viele private Busunternehmen haben draußen vor dem Eingang zum Busbahnhof Schalter. Die meisten privaten Fernbusse starten aber am Fernbusbahnhof auf der anderen Seite der Fernstraße bei der New Patto Bridge.

Paulo Travels (☎0832-2438531; www.paulobus.com; G1, Kardozo Bldg)

ZUG

Der nächstgelegene Bahnhof ist Karmali (Old Goa), der sich 12 km östlich von Panaji in der Nähe von Old Goa befindet. Dort halten mehrere Fernzüge, u. a. von und nach Mumbai. Auch viele aus Margao kommende Züge halten hier (man sollte sich aber vor der Fahrt erkundigen). Panajis **Konkan-Zugreservierungsbüro** (☎0832-2712940; www.konkanrailway.com; ⌚Mo–Sa 8–20 Uhr) befindet sich in der ersten Etage des Kadamba-Busbahnhofs (und nicht am Bahnhof).

Unterwegs vor Ort

Ein Taxi von Panaji zum Dabolim Airport kostet 900 ₹. Die Fahrt dauert 45 Minuten, wegen möglicher Staus plant man aber besser eine Stunde ein. Prepaid-Taxis vom Flughafen nach Panaji kosten 870 ₹ (mit Klimaanlage 920 ₹), die Fahrt dauert genauso lange wie in der Gegenrichtung.

Das Zentrum Panajis und Fontainhas kann man problemlos zu Fuß erkunden. Taxis und Autorikschas verlangen für kurze Strecken extrem überhöhte Preise. Ein Taxi für die Hin- und Rückfahrt nach Old Goa kostet 400 ₹, eine Autorikscha sollte 300 ₹ kosten. Viele Taxis warten am Stadtpark. Autorikschas und Motorradtaxis findet man vor der Post in der 18th June Rd sowie gleich südlich der Kirche.

Nahverkehrsbusse bedienen Miramar (4 ₹, 10 Min.), Dona Paula (6 ₹, 15 Min.) und Old Goa (10 ₹, 20 Min.).

Die verrostete, aber kostenlose Passagier- und Fahrzeug-**Fähre** (6–22 Uhr alle 20 Min.) setzt über den Mandovi zum Fischerdorf Betim über, eine nette Abkürzung, wenn man zu den Stränden im Norden will. Sie fährt an der Anlegestelle an der Dayanand Bandodkar Marg ab.

Old Goa (Velha Goa)

☎0832

Vom 16. bis zum 18. Jh. hatte Old Goa, Goas ehemalige Hauptstadt, mehr Einwohner als Lissabon oder London und wurde auch als „Rom des Ostens" bezeichnet. Wenn man zwischen den hoch aufragenden Kirchen, den Kathedralen und majestätischen Klöstern umherwandelt, ist diese Pracht immer noch zu erahnen. Unter portugiesischer Herrschaft begann ab 1510 der rasante Aufstieg Old Goas, wiederkehrende Cholera- und Malariaepidemien im 17. und 18. Jh. zwangen die Bevölkerung jedoch, die Stadt aufzugeben. 1843 wurde die Hauptstadt offiziell nach Panaji verlegt. Einige der eindrucksvollsten Kirchen und Kathedralen sind immer noch in Gebrauch und außergewöhnlich gut erhalten, während viele der übrigen historischen Gebäude mittlerweile Museen oder einfach nur Ruinen sind – ein faszinierendes Ziel für einen Tagesausflug. Da es hier sehr schnell sehr voll werden kann, bietet sich ein Besuch morgens unter der Woche an.

Sehenswertes

Nicht vergessen, vor dem Betreten der Kirchen und Kathedralen die Schultern und Beine zu bedecken!

★ Basílica do Bom Jesus — KIRCHE

(⏲7.30–18.30 Uhr) Die imposante, in der gesamten römisch-katholischen Welt bekannte Basilika beherbergt die Gräber und sterblichen Überreste des Hl. Franz Xavers, des sogenannten „Missionars Indiens". Seine missionarischen Reisen durch Ostasien waren legendär. Im Mausoleum auf der rechten Seite ist sein „unverweslicher" Körper in einem Sarg mit gläsernen Fenstern unter einem goldenen Sternenregen aufgebahrt. Unabhängige Guides führen Besucher für ca. 100 ₹ durch die Kirche.

★ Sé — KATHEDRALE

(⏲Mo–Sa 9–18 Uhr, Messe 7 & 18 Uhr, So 7.15, 10 & 16 Uhr) Mit einer Länge von mehr als 76 m und einer Breite von 55 m ist die riesige Kathedrale (portug.: Sé) die größte in Asien. Der portugiesische König Sebastian I. gab den Bau 1562 in Auftrag, die letzten Feinarbeiten wurden 90 Jahre später vollendet. Besondere Erwähnung verdient das schlichte, im toskanischen Stil gestaltete Äußere. Auffallend ist auch das asymmetrische Erscheinungsbild; dieses rührt daher, dass einer der beiden ursprünglichen Glockentürme der Kathedrale nach einem Blitzeinschlag 1776 zerstört wurde.

Church of St. Francis of Assisi — KIRCHE

(⏲9–17 Uhr) Westlich der Kathedrale Sé steht die Kirche des Hl. Franz von Assisi, die nicht mehr genutzt wird und folglich eine schwermütigere Stimmung verbreitet als ihre Nachbarkirchen.

Archäologisches Museum — MUSEUM

(Erw./Kind 10 ₹/frei; ⏲9–17 Uhr) Im archäologischen Museum befinden sich einige schöne Skulpturenfragmente von hinduistischen Tempelstätten in Goa sowie mehrere sati-Steine, die früher die Stellen markierten, an denen hinduistische Witwen Selbstmord

Old Goa (Velha Goa)

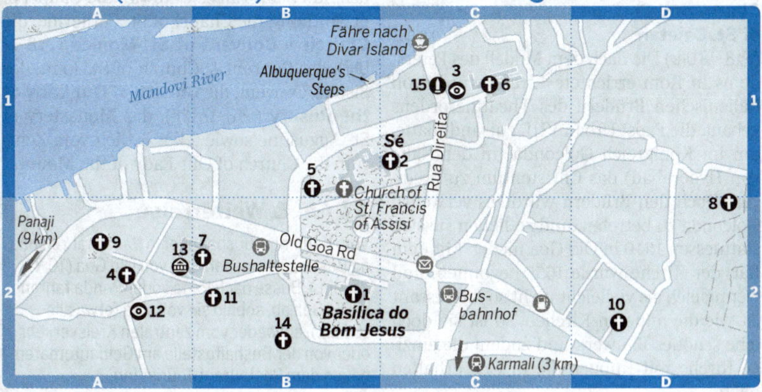

Old Goa

Highlights

1 Basílica do Bom Jesus B2
2 Sé C1

Sehenswertes

3 Adil Shah Palace Gateway C1
Archäologisches Museum .... (siehe 5)
4 Chapel of St. Anthony A2
5 Chapel of St. Catherine B1
6 Church & Convent of St. Cajetan C1
7 Church & Convent of St. Monica B2
8 Church of Our Lady of the Mount D2
9 Church of Our Lady of the Rosary A2
10 Church of St. Francis Xavier D2
11 Convent & Church of St. John B2
12 Monastery of St. Augustine A2
13 Museum of Christian Art A2
14 Sisters' Convent B2
15 Viceroy's Arch C1

ABSTECHER

DEM LEBEN WÜRZE GEBEN

Die Region um Ponda südöstlich von Panaji ist das Zentrum der kommerziellen Gewürzplantagen in Goa. Mehrere von ihnen öffnen ihre Türen für Touristen und bieten Führungen durch die Plantagen, Büffetmittagessen im Thali-Stil und manchmal auch kulturelle Programme an.

Diese Plantagen bauen in der Regel Gewürze wie Vanille, Pfeffer, Kardamom, Muskat, Chili und Kurkuma sowie Feldfrüchte wie Cashewnuss, Betelnuss, Kokosnuss, Ananas und Papaya an. Man erreicht sie nur mit einem eigenen Fahrzeug oder Taxi.

Savoi Plantation (☎0832-2340272, 9423888899; http://savoiplantations.com; Erw./Kind 700/350 ₹; ⊙9–16.30 Uhr) Diese 200 Jahre alte Plantage 12 km nördlich von Ponda ist die am wenigsten touristische der Region (zudem ist sie elefantenfrei). Sachkundige Führer begleiten Besucher durch die 40 ha große Pflanzung. Hier kann man auch lokales Kunsthandwerk kaufen und in ein paar Bungalows übernachten.

Pascoal Spice Farm (☎0832-2344268; Führung & Mittagessen 400 ₹; ⊙9–16.30 Uhr) Ca. 7 km östlich von Ponda bietet diese Gewürzplantage neben Führungen und Mittagessen auch Raftingtouren auf Bambusbooten und kulturelle Aufführungen an.

Tropical Spice Plantation (☎0832-2340329; www.tropicalspiceplantation.com; Keri; Führung inkl. Mittagessen 400 ₹; ⊙9–16 Uhr) Die Plantage ca. 5 km nördlich von Ponda, die man über eine Bambusbrücke erreicht, gehört zu den bei Reisegruppen besonders beliebten, daher herrscht hier oft viel Betrieb. An eine unterhaltsame 45-minütige Führung über die Gewürzplantage schließt sich ein Thali-Mittagessen vom Büffet an.

begingen, indem sie sich auf den Scheiterhaufen warfen, auf dem der Leichnam ihres Mannes verbrannt wurde.

Church and Convent of St. Cajetan KIRCHE

(⊙8–18 Uhr) Die nach dem Modell des Petersdoms in Rom errichtete Kirche wurde von italienischen Brüdern des Theatinerordens gebaut, die Papst Urban VIII. entsandt hatte, um im Königreich Golconda (in der Nähe von Hyderabad) das Christentum zu predigen. Doch den Brüdern wurde es verwehrt, Golconda zu betreten, und so ließen sie sich stattdessen 1640 in Old Goa nieder. Mit dem Bau der Kirche wurde 1655 begonnen, und wenngleich sie vielleicht nicht so interessant ist wie die anderen Kirchen, so ist sie doch eine schönes Bauwerk und zudem die einzige Kirche mit Kuppel, die in Goa erhalten blieb.

Museum of Christian Art MUSEUM

(www.museumofchristianart.com; 50 ₹, Kamera 100 ₹; ⊙Mo–SA 9.30–16.30 Uhr) Das Museum in einem wunderbar restaurierten Teil des Convent of St. Monica von 1627 zeigt eine Sammlung von Statuen, Gemälden und Skulpturen. Interessanterweise wurden viele goanische christliche Kunstwerke aus der portugiesischen Ära von hinduistischen Künstlern geschaffen, darunter auch einige der hier ausgestellten.

Andere Sehenswürdigkeiten

In Old Goa gibt's viele weitere interessante Baudenkmäler, darunter der Viceroy's Arch, das Adil Shah Palace Gateway, die Chapel of St. Anthony, die Chapel of St. Catherine, die **Church & Convent of St. Monica** (⊙8–17 Uhr), der Convent & Church of St. John, der Sisters' Convent, die **Church of Our Lady of the Rosary** (⊙8–17 Uhr), das Monastery of St. Augustine sowie 2 km östlich vom Zentrum die Church of Our Lady of the Mount.

ℹ An- & Weiterreise

Vom Kadamba-Busbahnhof in Panaji fahren häufig Busse zum Busbahnhof von Old Goa (10 ₹, 25 Min.). Busse nach Panaji oder Ponda fahren in Old Goa ab, sobald sie voll sind (etwa alle 10 Min.), entweder vom zentralen Kreisverkehr oder von der Bushaltestelle am Geldautomaten neben dem Restaurant Tourist Inn.

NORD-GOA

Mapusa

☎0832 / 40 500 EW.

Mapusa (ausgesprochen „Mapsa“) ist die größte Stadt in Nord-Goa. Die Hauptattraktion ist der geschäftigte **Markt** (⊙Mo–Sa 8.30–18.30 Uhr), zu dem unzählige Käufer und Verkäufer aus den benachbarten Städten und Dörfern kommen. Hier kann man sich gut mit bestickten Laken und Ähnlichem eindecken, die Preise sind viel niedriger als in den Strandorten.

Viele Traveller kommen ohnehin durch Mapusa, da es der größte Busknotenpunkt in Nord-Goa ist. Die meisten Einrichtungen liegen rund um die Municipal Gardens, gleich nördlich vom Kadamba-Busbahnhof und dem Hauptmarkt.

Aktivitäten

Mango Tree Goa FREIWILLIGENARBEIT
(☎ 9881261886; www.mangotreegoa.org; The Mango House, nahe Vrundavan Hospital, Karaswada) Bietet Stellen für Freiwillige, die für ein bis drei Monate den Unterricht behinderter Kinder in Mapusa und Umgebung unterstützen möchten.

Schlafen

Da die Strände im Norden ganz in der Nähe liegen und die meisten Fernbusse am späten Nachmittag oder frühen Abend fahren, gibt es eigentlich kaum einen Grund, in Mapusa zu übernachten. Wer es dennoch tun will, hat mehrere Optionen.

Hotel Satyaheera HOTEL $$
(☎ 0832-2262949; www.hotelsatyaheeragoa.com; DZ ohne/mit Klimaanlage 1950/2300 ₹; ❄) Dieses Hotel neben dem kleinen Maruti-Tempel im Zentrum ist das beste zentral gelegene Hotel Mapusa, was nicht viel zu sagen hat. Doch die Zimmer sind durchaus komfortabel, und im Dachrestaurant **Ruchira** (Hauptgerichte 90–190 ₹; ⏲ 11–23 Uhr) kann man gut essen.

Essen & Ausgehen

Hotel Vrundavan INDISCH $
(Thalis ab 80 ₹; ⏲ Mi–Mo 7–22 Uhr) In dem rein vegetarischen Restaurant, das an die Municipal Gardens angrenzt, kann man bestens einen heißen Tee, *pav bhaji* (Brot mit Currygemüse) oder ein schnelles Frühstück zu sich nehmen.

Pub PUB
(Hauptgerichte ab 100 ₹; ⏲ Mo–Sa 11–16 & 18.30–23 Uhr) Man darf sich nicht vom schäbigen Eingang und der Treppe abschrecken lassen: Ist man erst mal oben, eignet sich das luftige Pub gegenüber vom Markt hervorragend, um bei einem kalten Bier oder einem *feni* das geschäftige Treiben darunter zu beobachten. Ausgefallene, wechselnde Mittagsgerichte!

Shoppen

Other India Bookstore BÜCHER
(☎ 0832-2263306; www.otherindiabookstore.com; Mapusa Clinic Rd; ⏲ Mo–Fr 9–17, Sa bis 13 Uhr) Der freundliche, lohnende kleine Buchladen am Ende eines unglaublich düsteren Flures hat sich auf Bücher über Goa und Indien mit den Schwerpunkten Spiritualität, Umwelt, Politik und Reisen spezialisiert. In der Nähe der Mapusa Klinik, von den Municipal Gardens ein paar Hundert Meter bergauf, weist ein Schild den Weg.

An- & Weiterreise

BUS

Wer mit dem Bus von Mumbai nach Goa kommt und zu den Stränden im Norden will, muss am **Kadamba-Busbahnhof** (☎ 0832-2232161) in Mapusa umsteigen. Busse zu Zielen in der Region fahren alle paar Minuten. Wer zu den Stränden im Süden Goas unterwegs ist, fährt zunächst mit einem der vielen Busse nach Panaji und von dort nach Margao, wo man noch einmal umsteigen muss.

Ziele in der Region sind u. a.:

Anjuna 15 ₹, 20 Min.
Arambol 30 ₹, 1 Std.
Calangute 12 ₹, 20 Min.
Candolim 15 ₹, 35 Min.
Panaji 30 ₹, 30 Min.
Thivim 15 ₹, 20 Min.

Es gibt sowohl staatliche als auch private Fernbusse. Die privaten Unternehmen haben draußen vor dem Busbahnhof (gegenüber der Municipal Gardens) Ticketbüros. Die meisten Fernbusse fahren am späten Nachmittag oder abends ab. Hier einige Fahrtziele und Fahrpreise von Fernbussen:

Bengaluru 900 ₹, mit Klimaanlage 1200 ₹; 13–14 Std.
Hampi Schlafbus 1000 ₹; 9½ Std.
Mumbai 850 ₹, mit Klimaanlage 900 ₹; 12–15 Std.
Pune 700 ₹, mit Klimaanlage 900 ₹, 11–13 Std.

TAXI

Am Stadtplatz gibt's einen Prepaid-Taxistand; die Preise sind auf einer Tafel ausgewiesen. Taxis nach Anjuna oder Calangute kosten 280 ₹, nach Candolim 350 ₹, nach Panaji 350 ₹, nach Arambol 600₹ und nach Margao 1100 ₹. Für eine Autoriksha nach Anjuna oder Calangute sollte man mit ca. 200 ₹ rechnen.

ZUG

Der nächstgelegene Bahnhof der Konkan Railway ist Thivim, etwa 12 km nordöstlich der Stadt. Am Bahnhof warten Busse nach Mapusa

GRÜNES GOA

Goas Umwelt hat in den letzten 40 Jahren unter dem Touristenstrom und den Folgen von Abholzung, Bergbau und lokalen Bräuchen sehr gelitten – so gelten z. B. die Eier seltener Schildkröten als Delikatesse. Ungeachtet dessen, was die hiesige Infrastruktur oder das Ökosystem noch verkraften können, wird ungebremst weiter gebaut, während sich überall Berge von Plastikflaschen türmen. Es gibt jedoch einige simple Verhaltensweisen, mit denen man seine eigenen Fußabdrücke in Goas Ökologie so gering wie möglich halten kann:

Wenn möglich, eigene Einkaufstaschen mitnehmen und Wasserflaschen mit gefiltertem Wasser auffüllen. Statt eines Rollers ein Fahrrad leihen – zumindest für kurze Ausflüge. Fahrradverleihe werden aufgrund der Roller-Vernarrtheit der Traveller immer seltener, die Qualität der Fahrräder ist entsprechend mau. Bei größerer Nachfrage erhöht sich ihre Zahl aber sicher wieder. Goa Tourism beschäftigt zwar mittlerweile Putzkräfte, die jeden Morgen die Strände säubern. Dennoch sollte jeder Reisende seinen eigenen Teil dazu beitragen, indem man Zigarettenkippen, Abfall und Plastikflaschen einfach in die Tonnen wirft.

Schildkröten stehen unter dem Schutz des **Forest Department** (www.forest.goa.gov.in). Dieses betreibt an den Stränden, an denen die Tiere ihre Eier ablegen (z. B. in Agonda, Galgibag und Morjim), Infohütten. Auch die **Goa Foundation** (☎0832-2256479; www.goafoundation.org; St. Britto's Apartments, G-8 Feira Alta), Goas wichtigste NGO in Sachen Umweltschutz mit Sitz in Mapusa, leistet seit Jahren gute Arbeit. Seit ihrer Gründung 1986 hat sie einige Projekte gestartet, so z. B. gegen illegalen Bergbau. Auf ihrer Website kann man sich über die Umweltprobleme Goas informieren. Ihr hervorragendes Buch *Fish Curry & Rice* bietet einen Überblick über Lebensweise und Umwelt in Goa. Es ist im Other India Bookstore in Mapusa erhältlich. Die Stiftung betreut auch Freiwilligenprojekte.

(15 ₹) auf die Züge, eine Autorikscha vom oder zum Bahnhof Thivim kostet ca. 200 ₹.

Candolim

☎0832 / 8600 EW.

Candolims langer, entspannter Strand, der am Südende in den geschwungenen kleineren Strand von Sinquerim übergeht, ist vor allem die Domäne britischer und russischer Pauschaltouristen, zunehmend aber auch von Besuchern aus ganz Indien. Er wird durchgehend von Strandhütten gesäumt, die Sonnenliegen und Schatten bieten.

Der ganze Strand ist ein relativ teures, fröhliches Ferienparadies, doch Individualreisende finden ihn vielleicht etwas charakterlos. Die Post, Supermärkte, Reisebüros, Apotheken und viele Banken mit Geldautomaten befinden sich in der Fort Aguada Rd, der parallel zum Strand verlaufenden Hauptstraße.

Sehenswertes & Aktivitäten

Fort Aguada FESTUNG
(⏲8.30–17.30 Uhr) GRATIS Die Festung thront auf einem Kap über den Flüssen Mandovi und Nerul und dem Arabischen Meer. Wie strategisch wertvoll diese prächtige Lage ist, wird durch die Tatsache untermauert, dass das 1612 errichtete Fort nie erobert werden konnte. Besonders bei Sonnenuntergang bietet es eine herrliche Aussicht in Richtung Norden und Süden. Mit dem Bau reagierten die Portugiesen Goas auf die zunehmende Bedrohung durch die Niederländer und andere Völker.

John's Boat Tours GEFÜHRTE TOUREN
(☎0832-6520190, 9822182814; www.johnboattours.com; Fort Aguada Rd; ⏲9–21 Uhr) Dieser hoch angesehene und gut organisierte Anbieter mit Hauptsitz in Candolim veranstaltet mehrere Boots- und Jeeptouren sowie Hausbootfahrten mit Übernachtung (6000 ₹/Pers. inkl. Essen). Man hat u. a. die Wahl zwischen Delfinbeobachtungen (1000 ₹), und der beliebten „Crocodile Dundee"-Flussfahrt (1200 ₹) mit Blick auf die im Mandovi lebenden Sumpfkrokodile.

Delfinbeobachtungen BOOTSFAHRT
(300 ₹/Pers.; ⏲8.30–17.30 Uhr) Die Bootsleute auf dem Nerul unterhalb des Fort Aguada haben alle die gleichen Preise. Eine einstündige Delfinbeobachtung mit Sightseeing kostet pro Person 300 ₹; Mindestteilnehmerzahl zehn Personen. Die Fahrt führt vorbei am Coco Beach, am Gefängnis des Fort Aguada, an der Festung selbst und an „Jimmy Millionaire's House".

Dive Goa TAUCHEN
(☎ 9325030110; www.divegoa.com; Fort Aguada Rd) Das renommierte Tauchzentrum befindet sich neben dem SinQ Beach Club und bietet PADI- und SSI-Kurse sowie Tauchboote zur Netrani Island, Grand Island und anderen Zielen.

Schlafen

★ **Bougainvillea Guest House** PENSION $$
(☎ 0832-2479842, 9822151969; www.bougainvilleagoa.com; Sinquerim; Zi. inkl. Frühstück 3000–4000 ₹, Penthouse 6000 ₹; ❄📶) Ein üppig grüner und blühender Garten weist den Weg zu dem großartigen Familienbetrieb, der abseits der Fort Aguada Rd liegt. Die acht lichtdurchfluteten Suiten sind geräumig, makellos sauber und mit Kühlschrank, Flachbild-TVs und einem Balkon oder kleinen Freisitz ausgestattet. Das Penthouse im obersten Stock hat gar eine eigene Dachterrasse. Viele Wiederholungstäter, also unbedingt rechtzeitig reservieren.

D'Hibiscus BOUTIQUEHOTEL $$
(www.dehibiscus.com; 83 Sinquerim; DZ 3300 ₹, Penthouse 4950 ₹; ❄📶) Die großen, modernen Zimmer sind der Magnet dieses neu renovierten portugiesischen Hauses hinter dem Strand von Sinquerim. Für die Penthouse-Zimmer in der obersten Etage mit Whirlpool, Großbild-TV und Sonnenliegen auf dem Balkon lohnt es, mal etwas tiefer in die Tasche zu greifen.

D'Mello's Sea View Home HOTEL $$
(☎ 0832-2489650; www.dmellos.com; Monteiro's Rd, Escrivao Vaddo; DZ 1200–1800 ₹; ❄@📶) D'Mello's hat klein angefangen und ist immer noch ein Familienbetrieb. Die Zimmer verteilen sich auf vier Gebäude rund um einen hübschen Garten, wobei die im vorderen Gebäude Meerblick haben. Alle sind sauber und gut in Schuss. Klimaanlage kostet 500 ₹ extra, WLAN im zentralen Bereich.

★ **Marbella Guest House** BOUTIQUEHOTEL $$$
(☎ 0832-2479551, 9822100811; www.marbellagoa.com; Sinquerim; Zi. 3600–6000 ₹, Suite 5400–7000 ₹; ❄📶) Die schöne Villa aus der portugiesischen Kolonialzeit ist voller Antiquitäten und hat einen ruhigen Garten hinter dem Haus. Die Zimmer des romantischen und weltgewandtes Überbleibsels aus einer anderen Zeit sind nach verschiedenen Themen gestaltet und benannt – sie heißen z. B. „Moghul", „Rajasthani" und „Bouganvillea". Die Penthouse-Suite ist ein Traum aus polierten Fliesen und Himmelbetten. Sie hat einen abgetrennten Wohnraum, einen Essbereich und eine Terrasse. Die Hotelküche serviert fantasievolle Gerichte. Kinder unter zwölf Jahren haben keinen Zutritt.

Essen

In Candolim gibt's zahlreiche internationale Restaurants und Strandhütten, die Speisen aus aller Welt und frisches Seafood servieren. Viele der besten liegen an der Fort Aguada Rd, doch auch in den Seitenstraßen, die zum Strand führen, stößt man auf einige echte Perlen, neben indischen Lokalen, die billiges, leckeres *pav bhaji* zum Frühstück und Thalis zum Mittagessen servieren.

Viva Goa! GOANISCH $
(Fort Aguada Rd; Hauptgerichte 90–200 ₹; ⏲ 11–24 Uhr) Das günstige, auf Einheimische ausgerichtete Lokal ist auch bei Touristen, die sich hier auskennen, beliebt. Es serviert frischen Fisch und goanische Meeresfrüchtespezialitäten wie würzige, in der Pfanne gebratene Muscheln. Vor dem Bestellen sollte man sich nach dem aktuellen Marktpreis der Meeresfrüchte erkundigen.

★ **Café Chocolatti** CAFÉ $$
(409A Fort Aguada Rd; Süßwaren 50–200 ₹, Hauptgerichte 250–420 ₹; ⏲ Mo–Sa 9–19 Uhr; 📶) Die hübsche Teestube liegt zwar an der Hauptstraße Fort Aguada Rd, ist aber trotzdem ein göttlicher und friedlicher Rückzugsort, den Schokoladen-Brownies, Waffeln und Banoffee-Pie sowie ein starker Kaffee oder Grüner Tee zum Paradies auf Erden machen. Zum Mittagessen kommt eine große Auswahl an Salaten, Sandwiches, Crêpes und Quiches auf den Tisch. Die selbst gemachten Schokoladentrüffel gibt's auch zum Mitnehmen.

Moroccan Shisha & Grill MAROKKANISCH $$
(☎ 8600544442; Calangute-Candolim Rd; Hauptgerichte 200–500 ₹, Shisha 600 ₹; ⏲ 11–2 Uhr) In diesem Café im arabischen Stil kann man auf Kissen relaxen, umgeben von würzigem Shisha-Rauch. Natürlich gibt's hier auch starken Kaffee, Minztee und nordafrikanische Gerichte wie Grillspieße und Hühner-Tagine.

Stone House STEAKHOUSE $$
(Fort Aguada Rd; Hauptgerichte 200–800 ₹; ⏲ 11–15 & 19–24 Uhr) Fisch und Fleisch sind die Themen des alteingesessenen Restaurants in einem schönen Steinhaus mit grünem Vorgarten. Der seltsam anmutende „Schwedische Hummer" führt die Speisekarte an, zusammen mit einigen Gerichten aus Goa.

Das Restaurant ist gleichzeitig eine beliebte Blues-Bar, in der in der Hauptsaison an fast allen Abenden Musiker auftreten.

★ **Bomra's** BURMESISCH $$$
(☎9767591056; www.bomras.com; 247 Fort Aguada Rd; Hauptgerichte 470–580 ₹; ⏲12–14 & 19–23 Uhr) In dem gepflegten, kleinen Lokal gibt es wunderbar ungewöhnliches Essen aus der modernen birmanischen Küche mit Fusion-Touch. Die aromatischen Currys werden mit Reisstrohpilz, Wasserkastanie, Spinat und Kokosnuss, die Ente mit süßer Tamarinden- und Erdnusspaste serviert. Untergebracht ist das Ganze in mit Palmwedeln bedeckten Hütten in einem hübschen Garten.

Tuscany Gardens ITALIENISCH $$$
(☎0832-6454026; www.tuscanygardens.in; Fort Aguada Rd; Hauptgerichte 300–465 ₹; ⏲13–23 Uhr) Wie in die Toskana versetzt fühlt man sich in diesem gemütlichen, romantischen italienischen Restaurant mit karierten Tischdecken und importiertem Wein. Hier kommen perfekt zubereitete Antipasti, Pizzas und Risottos auf den Tisch: Tipp: die Meeresfrüchtepizza oder den Büffelmozarella-Salat probieren.

Ausgehen & Nachtleben

LPK Waterfront CLUB
(Paare 1500 ₹; ⏲21.30–4 Uhr) Die Initialen stehen für Love, Peace und Karma: Das mit skurrilen Skulpturen geschmückte LKP, das von Candolim aus auf der anderen Seite des Flusses Nerul direkt am Ufer steht, ist der größte Club weit und breit und zieht mit seinen riesigen Tanzflächen drinnen und draußen Partylustige aus der ganzen Gegend an.

Bob's Inn BAR
(Fort Aguada Rd; ⏲12–16 & 19–24 Uhr) Die afrikanischen Wandbehänge, die Strohdächer, die Gemeinschaftstische und die Terrakottaskulpturen bilden eine schöne Kulisse zu den in *rava* (Grieß) gebratenen Muscheln. Vor allem ist diese Institution Candolims aber ein toller Ort für einen Drink.

Shoppen

Broadway Book Centre BÜCHER
(☎0832-6519777; www.booksingoa.com; Fort Aguada Rd; ⏲10–20 Uhr) Mit vier Geschäften in Goa ist Broadway die größte Buchladenkette Goas und zugleich ein Verlag. Daher sollte man hier finden, wonach man sucht. Die Mitarbeiter sind freundlich und hilfsbereit.

An- & Weiterreise

Busse fahren etwa alle zehn Minuten von und nach Panaji (15 ₹, 35 Min.) und halten an der zentralen Bushaltestelle in der Nähe von John's Boat Tours. Einige fahren weiter bis zur Bushaltestelle Fort Aguada am unteren Ende der Fort Aguada Rd und kehren dann auf der Straße entlang des Mandovis über die Dörfer Verem und Betim nach Panaji zurück.

Von Candolim nach Calangute (8 ₹, 15 Min.) fahren ebenfalls viele Busse, die man einfach in der For Aguada Rd heranwinken kann.

Calangute & Baga

☎0832 / 16 000 EW.

Für viele Besucher, besonders für die zahlungskräftigen jungen indischen Touristen aus Bangalore und Mumbai und für die europäischen Pauschaltouristen, ist dies Goas Partymeile, wo die Raves und die Hippies den modernen Nachtclubs mit ihren dröhnenden Bässen und ungezügelten Trinkgelagen gewichen sind. Rund um die Marktgegend von Calangute und an der Hauptstraße nach Baga kann es sehr laut und voll sein. Doch alles, was man sich nur wünschen könnte, von Thai-Massagen bis zu Tattoo-Studios, befindet sich in unmittelbarer Nähe, und den Strand säumen tolle Strandhütten mit Sonnenliegen, WLAN und aufmerksamem Personal.

Das Zentrum Calangutes, das zwischen Candolim und Baga liegt, ist die geschäftige Straße am Markt, die zum Strand führt. Nördlich davon erstreckt sich Baga, das eigentlich nur aus gedrängt stehenden Buden, Wassersportanbietern und der berüchtigten Tito's Lane mit den bis spät in die Nacht geöffneten Nachtclubs besteht.

Sehenswertes

Museum of Goa KUNSTZENTRUM
(☎07722089666; www.museumofgoa.com; 79, Pilerne Industrial Estate, Calangute; Inder/Ausländer 100/300 ₹; ⏲10–18 Uhr) Das MOG ist weniger ein Museum als ein Kunstzentrum und veranstaltet Kunstausstellungen, Workshops und Sitar-Konzerte. Zudem gibt's hier ein tolles Café. Es ist das Projekt des bekannten einheimischen Künstlers und Bildhauers Subodh Kerkar, dem es darum geht, Kunst allen Menschen zugänglich zu machen.

Aktivitäten

In der Hochsaison werden rund um Calangute und Baga Yogakurse angeboten. Wassersportveranstalter findet man überall am Strand von Calangute bis Baga.

Zwei örtliche Tauchanbieter sind zu empfehlen: **Goa Aquatics** (☎9822685025; www.goaaquatics.com; 136/1 Gaura Vaddo, Calangute; Tauchgang ab 5000 ₹, Tauchkurs 22 000 ₹) und **Barracuda Diving** (☎9822182402, 0832-2279409; www.barracudadiving.com; Sun Village Resort, Baga; Tauchgang/Tauchkurs ab 5000/17 000 ₹).

Baga Snow Park WINTERSPORT
(☎9595420781; http://snowparkgoa.com; Tito's Lane 2; 495; ⏲11–20 Uhr; 👪) Dieser gigantische Kühlschrank ist ein Miniaturwinterland mit Schneemännern, Iglus, Eisrutschbahnen und Eisskulpturen. Man bekommt Parkas, Hosen und Handschuhe (im Preis enthalten) – es ist wirklich kalt. Ein toller Spaß für Kids.

GTDC Tours GEFÜHRTE TOUR
(Goa Tourism Development Corporation; ☎0832-2276024; ⏲www.goa-tourism.com) Die von Goa Tourism angebotenen Touren können online oder im Hotel GTDC Calangute Residency am Strand gebucht werden. Die ganztägige Nord-Goa-Tour (300 ₹, tgl. 9.30–18 Uhr) startet in Calangute oder Mapusa und bringt einen zur Mündung des Mandovi, nach Candolim, Calangute, Anjuna und ins Landesinnere an den Mayem Lake.

Schlafen

Viele Unterkünfte sind ganzjährig offen, allerdings gibt's in dieser Gegend außerhalb der Nebensaison kaum günstige Unterkünfte.

Calangute

★ **Ospy's Shelter** PENSION $
(☎7798100981, 0832-2279505; ospeys.shelter@gmail.com; B 800–1000 ₹) Die beliebte Pension mit gemütlicher und familiärer Ausstrahlung liegt auf einem kleinen ruhigen, grünen Areal mit Palmen und weichem Sand zwischen der St. Anthony's Chapel und dem Strand, der zu Fuß in zwei Minuten zu erreichen ist. Die blitzsauberen Zimmer im Obergeschoss haben Kühlschrank und Balkon. Die Pension steht an der Straße westlich der Kapelle, ist aber schwer zu finden. Deshalb vorher anrufen!

Johnny's Hotel HOTEL $
(☎0832-2277458; www.johnnyshotel.com; EZ 500–600 ₹, DZ 800–900 ₹, mit Klimaanlage 1200–1400 ₹; ❄📶) Das gesellige, bei Backpackern sehr beliebte Hotel hat 15 einfache Zimmer und im Untergeschoss ein Restaurant mit Bar. Regelmäßig bietet es Yoga- und Reiki-Kurse an. Wer länger bleiben will, kann eines der Apartments oder Häuschen mieten. Das Hotel liegt in einer Gasse voller unauffälliger Mittelklassehotels und ist nur einen kurzen Spaziergang vom Strand entfernt.

Zostel HOSTEL $
(☎917726864942; www.zostel.com; Calangute; B 450–550 ₹, DZ 1800 ₹; ❄📶) Das Zostel bietet preiswerte Hostelbetten mitten im Herzen des Pauschaltourismus. Das weiß getünchte zweistöckige Haus mit Vier- bis Zwölfbettzimmern, teilweise mit Klimaanlage, steht etwas zurückversetzt von der Hauptstraße. Das Hostel hat eine Küche, kostenloses WLAN, einen Gemeinschaftsraum und Schließfächer.

Coco Banana PENSION $
(☎9960803790; DZ 1200 ₹, mit Klimaanlage 1500 ₹; ❄📶) Unter den Palmen südlich des Hauptzugangs zum Strand von Calangute befindet sich das farbenfrohe Coco Banana. Die Pension bietet seit Jahren einen gemütlichen Rückzugsort. Die geräumigen und makellosen Zimmer werden vom freundlichen Walter vermietet, der dem Haus eine freundliche Atmosphäre verleiht. Für Familien oder Gruppen gibt's im Casa Leyla nebenan ein Apartment für Selbstversorger.

Hotel Seagull HOTEL $$
(☎0832-2179969; http://seagullgoa.com; Holiday St; DZ ab 2800 ₹; ❄📶🏊) Die hellen, netten und einladenden Zimmer des Seagull sind in einem freundlichen, blau-weiß gestrichenen Haus im Süden von Calangute untergebracht und haben Klimaanlage und einen kleinen Pool. Im Untergeschoss befindet sich das Bar-Restaurant Blue Mariposa, in dem goanische, indische und kontinentale Gerichte serviert werden.

★ **Pousada Tauma** BOUTIQUEHOTEL $$$
(☎0832-2279061; www.pousada-tauma.com; Suite inkl. Mahlzeiten 360–530 US$; ❄📶🏊) Wer Ayurveda mit Luxus kombinieren will, ist in diesem hinreißenden kleinen Boutiquehotel im turbulenten Calangute gut von der Außenwelt abgeschirmt. Die geräumigen, schön möblierten Suiten liegen um einen herrlichen, von einem Brunnen gespeisten Pool. Alle Mahlzeiten sind im Preis enthalten und werden im romantischen kleinen Freiluftrestaurant Copper Bowl serviert. Ayurvedische Behandlungen im privaten Zentrum kosten allerdings extra.

Calangute & Baga

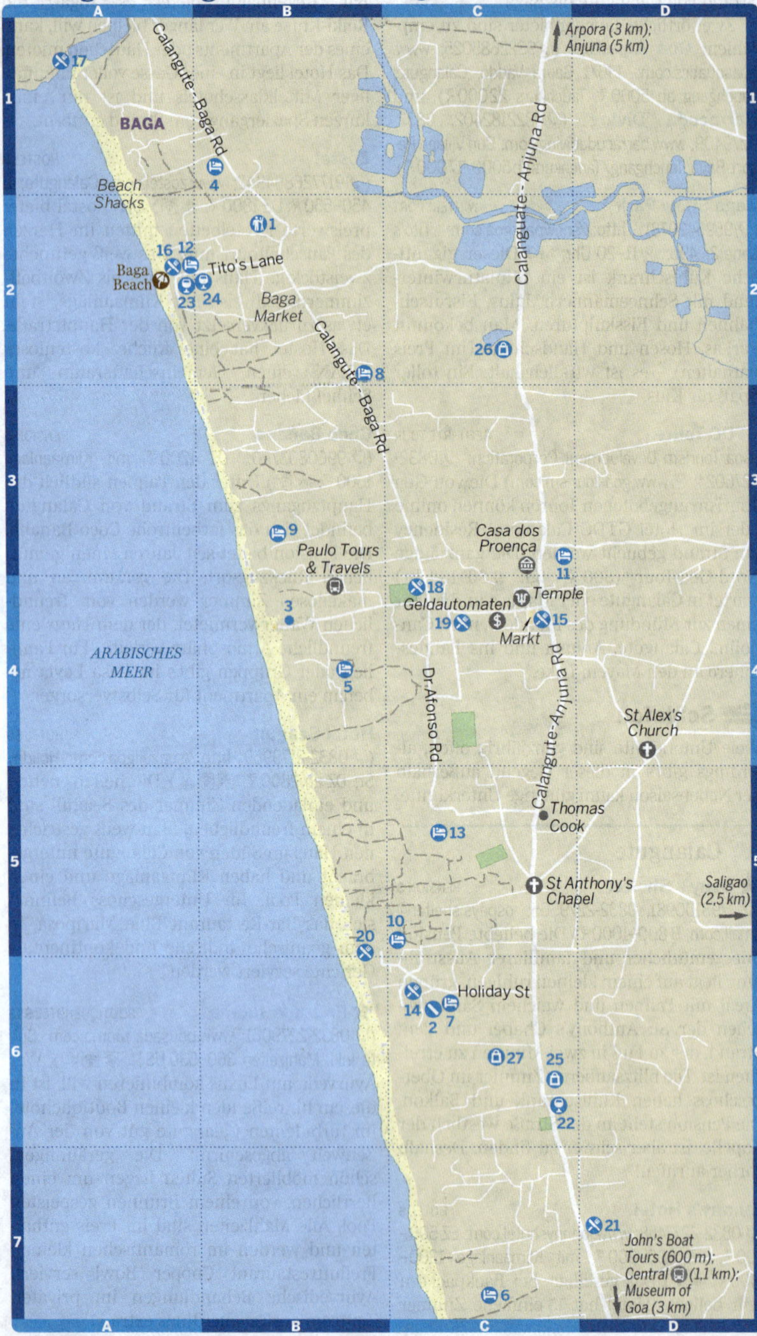

Calangute & Baga

Baga

★ **Indian Kitchen** PENSION $
(☎0832-2277555, 9822149615; www.indiankitchen-goa.com; EZ/DZ/Chalet 770/880/1500 ₹; ❄@📶🏊) Wer auf der Suche nach einer farbenfrohen Budgetunterkunft ist, sollte hierher kommen: Die familiengeführte Pension hat unterschiedliche Zimmer, teils sehr einfache, teils geräumigere und komfortablere, sowie Holzhütten am Pool, einen schönen zentralen Innenhof und einen funkelnden, sauberen Pool. Alle Zimmer haben eine Terrasse oder einen Sitzbereich im Freien. Eine Klimaanlage kostet 600 ₹ zusätzlich.

★ **Alidia Beach Cottages** PENSION $$
(☎9822876867, 0832-2279014; Calangute-Baga Rd, Saunta Waddo; DZ 2000 ₹, mit Klimaanlage ab 3300 ₹; ❄📶🏊) Die gesellige, aber ruhige Pension, die abseits der geschäftigen Baga Rd hinter einer weiß getünchten Kapelle liegt, hat nette, gepflegte Zimmer im mediterranen Stil, die rings um einen tollen Pool angeordnet sind. Die preiswerteren Zimmer ohne Klimaanlage im hinteren Teil sind nicht so schön, aber ebenfalls gut in Schuss. Die Mitarbeiter sind sehr zuvorkommend und ein Pfad führt direkt zum Baga Beach.

Resort Fiesta BOUTIQUEHOTEL $$$
(☎9822104512; http://fiestagoa.com; Tito's Lane, Baga; DZ & Suite inkl. Frühstück 5000–8000 ₹; ❄@📶🏊) Das Highlight dieser schön gestalteten Boutiqueanlage, dem Herzensprojekt der Besitzerin Yellow Mehta, sind die großen, lichtdurchfluteten Zimmer. Das Hotel liegt hinter dem gleichnamigen Strandrestaurant und ist durch und durch stilvoll. Es gibt einen hübschen Garten und Pool, große Veranden und moderne Akzente wie TVs, Minibar und Doppelwaschbecken.

Essen

Natürlich liegt es nahe, in den Strandhütten zu essen, doch auch entlang des „Strips" findet man einige tolle kulinarische Angebote, und nördlich vom Fluss Baga gibt's großartige gehobene Restaurants.

Calangute

Plantain Leaf INDISCH $
(☎0832-2279860; Vegetarische Thalis 120 ₹, Hauptgerichte 110–250 ₹; ⏲11–17 & 19–23.45 Uhr) Im ersten Stock eines Gebäudes im Herzen des belebten Marktviertels befindet sich das Plaintain Leaf, das seit vielen Jahren beständig eines der besten rein vegetarischen Restaurants der Gegend ist. Hier gibt's neben klassischen südindischen Bananenblatt-Thalis und *dosa* auch viele nordindische Gerichte – meist zu sehr günstigen Preisen.

Cafe Sussegado Souza GOANISCH $$
(☎09850141007; Calangute-Anjuna Rd; Hauptgerichte 160–300 ₹; ⏲12–23 Uhr) Im Cafe Sussegado in einem kleinen gelben portugiesischen Haus direkt südlich des Marktviertels kann man best goanische Küche wie Fischcurryreis, Hühnchen à la *xacuti* und Schweinefleisch *sorpotel* (ein mit Essig gewürzter Eintopf aus Leber, Herz und Nieren) essen, gefolgt von einem Gläschen *feni*. Authentisch, gut besucht und angenehme Atmosphäre.

Infantaria ITALIENISCH $$
(Calangute-Baga Rd; Gebäck 50–200 ₹, Hauptgerichte 140–580 ₹; ⏲7.30–24 Uhr) Das Infantaria, eine der besten Bäckereien Calangutes,

hat sich inzwischen zu einem beliebten italienisch-indischen Restaurant gemausert, das sowohl Fondue als auch Currys offeriert. Doch seinen Wurzeln als Bäckerei bleibt es treu – hier gibt's hausgemachte Kuchen, Croissants, kleine, lockere Pasteten und echten Kaffee. Zum Frühstück früh kommen, sonst sind die besten Sachen weg! In der Hauptsaison treten regelmäßig Musiker auf.

★ **A Reverie** INTERNATIONAL **$$$**
(☎8380095732; www.areverie.com; Holiday St; Hauptgerichte 475–700 ₹; ⏲19 Uhr–open end) Die tolle Lounge-Bar mit bequemen Sesseln, coolem Jazz und skurrilem Platz im Freien verwöhnt ihre Gäste mit Serrano-Schinken, gegrilltem Spargel, französischen Weinen und italienischem Käse. Das A Reverie nimmt sich selbst nicht allzu ernst und will vor allem, dass die Gäste Spaß am Essen haben.

Pousada by the Beach SEAFOOD, GOANISCH **$$$**
(Holiday St; Hauptgerichte 550–710 ₹; ⏲11–19 Uhr) Das Strandrestaurant wirkt schlicht, doch die Mittagskarte bietet authentische Spitzenküche – der Koch hat auch im Nobelrestaurant Copper Bowl der Pousada Tauma den Hut auf. Auf der kleinen Karte stehen einige ausgewählte, gekonnt zubereitete goanische und Seafood-Spezialitäten.

Baga

★ **Go With the Flow** INTERNATIONAL **$$$**
(☎7507771556; www.gowiththeflowgoa.com; Baga River Rd; Hauptgerichte 200–650 ₹; ⏲12–22.30 Uhr) Schon das Betreten des fantastischen, neonbeleuchteten Gartens mit weißen Korbmöbeln ist ein Erlebnis, doch das Essen kommt wirklich aus einer anderen Welt. Die internationale Küche mit einer Betonung europäischer und asiatischer Aromen gehört nach wie vor zum Besten, was Baga kulinarisch zu bieten hat. Am besten bestellt man verschiedene kleine Häppchen (nach einem Probierteller fragen) oder die Spezialitäten des Hauses, Schweinebauch und Garnelen-*laksa* (eine Suppe).

★ **Fiesta** ITALIENISCH **$$$**
(☎0832-2279894; www.fiestagoa.in; Tito's Lane; Hauptgerichte 350–950 ₹; ⏲19 Uhr–open end) Das bewährte Fiesta wurde unter der Leitung der Stilkönigin Yellow Mehta elegant umgestaltet: Tagsüber ist es eine rustikale Strandbar mit durchgehend geöffneter Küche, abends kann man rund um den Pool erlesen speisen. Das Ambiente ist intim und kultiviert. Die Küche tischt Mediterranes wie hausgemachte Pizzas und Pasta, Meeresfrüchtegerichte mit französischer Note und Tiramisu auf.

NACHTMÄRKTE AM SAMSTAG

Es gibt zwei etablierte Nachtmärkte, den **Saturday Night Market** (www.snmgoa.com; ⏲Ende Nov.–März Sa 18 Uhr) in Arpora und **Mackie's** (⏲Dez.–April Sa ab 18 Uhr) in Baga, die eine interessante Alternative zum Flohmarkt in Anjuna sind.

Die Attraktionen hier sind neben dem Shopppen auch die Imbissstände und das Unterhaltungsangebot. Zahleiche Stände bieten funkelnden Schmuck, Laserpointer und anderes an, das sich im hellen Tageslicht wohl nur schwer verkaufen ließe.

Beide Märkte finden ab Ende November statt.Gelegentlich werden sie auch mal kurzfristig abgesagt, am besten fragt man daher vorher die Einheimischen oder Taxifahrer.

Ausgehen & Nachtleben

Das ausgelassene Nachtleben von Baga, das sich rund um die Tito's Lane abspielt, ist sehr beliebt bei Reisenden, die einen netten Abend verbringen möchten. Für einige ist die Szene hier ein bisschen zu anrüchig und das Personal in den Bars zu gleichgültig. Singlefrauen sind in allen Clubs willkommen (und zahlen normalerweise keinen Eintritt), sollten aber immer vorsichtig sein und mit dem Taxi von A nach B fahren.

Café Mambo CLUB
(☎7507333003; www.cafemambogoa.com; Tito's Lane, Baga; Eintritt Paare 800 ₹; ⏲18–3 Uhr) Das Mambo ist einer von Bagas angesagtesten Clubs mit Indoor- und Outdoor-Bereich am Strand. Die DJs legen House, Hip Hop und Latino-Musik auf. Nur Paare oder Frauen.

Tito's CLUB
(☎9822765002; www.titosgroup.com; Tito's Lane, Baga; Paare/Frauen/*stags* ab 1000 ₹/frei/2000 ₹; ⏲20–3 Uhr) Das Tito's, Urgestein und Titan der Clubszene Goas, hat viel dafür getan, sein überholtes Image eines Clubs, in dem indische Männer westliche Frauen angaffen, loszuwerden. Nun haben nur noch Paare und Frauen Zutritt, einzelne Männer (*stags*) werden je nach Laune des Türstehers höchstens zu überhöhten Preisen eingelassen.

Shoppen

Literati Bookshop & Cafe BÜCHER
(☎0832-2277740; www.literati-goa.com; Calangute; ⊙Mo–Sa 10–18.30 Uhr) Der erfrischend andere Buchladen befindet sich im Wohnhaus des Besitzers im Süden Calangutes und hat auch ein nettes Gartencafé im italienischen Stil. Hier kann man sich einen guten Espresso oder eine Pizza genehmigen und durch zahlreiche Bücher goanischer und indischer Autoren sowie durch antiquarische Literatur blättern. Die Website informiert über Lesungen und andere Veranstaltungen.

Karma Collection GESCHENKE & SOUVENIRS
(www.karmacollectiongoa.com; Calangute-Arpora Rd, Calangute; ⊙9.30–22.30 Uhr) Wunderschöne Möbel, Stoffe, Schmuckstücke, Taschen und anderes bezauberndes Zeug – manches davon antik –, das in Indien, Pakistan und Afghanistan zusammengesucht wurde, steht hier zum Verkauf. Ein verführerischer Einkaufsbummel ist programmiert! Die Preise sind nicht gerade günstig und Feilschen ist nicht erwünscht.

Anreise & Unterwegs vor Ort

Von Calangutes und Bagas Busbahnhöfen fahren häufig Busse nach Panaji (15 ₹, 45 Min.) und Mapusa (12 ₹, 30 Min.).

Ein Taxi von Calangute oder Baga nach Panaji kostet ca. 450 ₹und braucht etwa eine halbe Stunde. Für ein Prepaid-Taxi vom Flughafen nach Calangute werden 1150 ₹ fällig.

Zwischen den Busbahnhöfen Calangute und Baga verkehrt alle paar Minuten ein Nahverkehrsbus (5₹), den man unterwegs überall anhalten kann; bei dichtem Verkehr kann es aber sein, dass man zu Fuß schneller ist.

Taxis zwischen Calangute und dem nördlichen Strand von Baga verlangen überhöhte 100 ₹.

Anjuna

☎0832 / 9640 EW.

Das gute alte Anjuna ist seit den 1960er-Jahren ein fester Bestandteil der Hippieszene. Noch immer veranstaltet es jeden Mittwoch seinen berühmten Flohmarkt mit Bergen von Sarongs und Sandelholz. Auch die Backpacker kommen nach wie vor, doch mittlerweile finden auch zunehmend Mittelklasse- und einheimische Touristen auf der Suche nach einer Prise Hippie-Chic hierher. Der Ort mit seiner aufregenden Beachparty-Szene entwickelt sich ständig weiter und immer wieder eröffnen neue Restaurants und Bars.

Das recht weitläufige Dorf ist mittlerweile an den Rändern etwas zersiedelt. Doch wer es den anderen nachmacht und mit einem Leihroller oder -motorrad die Nebenstraßen und die Strände im Süden erkundet, wird schnell merken, dass er in Anjuna richtig ist – es wächst einem einfach allmählich ans Herz.

Sehenswertes & Aktivitäten

Anjunas charmanter, schmaler **Strand** zieht sich fast 2 km von den felsigen, niedrigen Klippen im Norden, wo sich der Ort befindet, bis hinter den Flohmarkt im Süden. In der Hauptsaison ist am Strand Wassersport möglich, z. B. Jetskifahren (400 ₹), Bananenboote (1000 ₹/4 Pers.) und Parasailing (700 ₹).

Außerdem werden in der Hochsaison unzählige Yogakurse, Ayurvedabehandlungen und zahlreiche alternative Therapien und Kurse angeboten (S. 153); am besten achtet man auf die Aushänge in beliebten Cafés wie dem Artjuna (S. 151).

Kurse

Mukti Kitchen KOCHEN
(☎0800-7359170; www.muktikitchen.com; Anjuna-Baga Rd, Arpora; vegetarisch/nichtvegetarisch/goanisch Kurs 1500/2000/2500 ₹; ⊙11–14 & 17–20 Uhr) Zweimal täglich teilt Mukti bei diesen empfehlenswerten Kursen in der Anjuna Rd in Arpora ihre Kochkünste mit ihren Gästen. Bei den Kursen werden etwa fünf Gerichte zubereitet, die nach Teilnehmerwünschen ausgewählt werden können: vegetarisch oder nichtvegetarisch, goanisch, indisch oder ayurvedisch. Vier bis sechs Teilnehmer; einen Tag im Voraus buchen.

Schlafen

Entlang der nördlichen Klippen gibt's Dutzende einfache Zimmer, hinter dem Hauptstrand sind die Unterkünfte teurer. Direkt hinter der Hauptstrandmeile verstecken sich auch zahlreiche kleine, familiengeführte Pensionen, bei denen man für einen ähnlichen Preis schönere Doppelzimmer bekommt – auf Schilder mit der Aufschrift „Rooms to let" oder „House to let" achten!

Red Door Hostel HOSTEL $
(☎0832-2274423; reddoorhostels@gmail.com; B ohne/mit Klimaanlage 550/660 ₹, DZ ohne/mit Klimaanlage 1900/2200 ₹; ❄📶) Das Red Door ist eine einladende Backpackerbleibe in der Nähe der zentralen Kreuzung. Es hat saubere Schlafsäle mit vier und sechs Betten sowie einige Privatzimmer, Schließfächer, kosten-

Anjuna

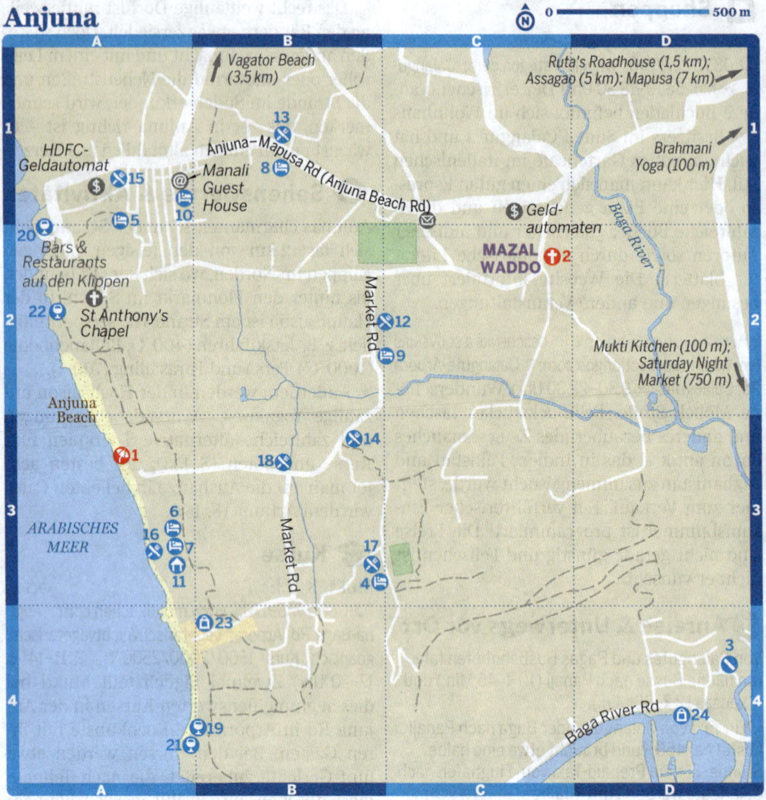

loses WLAN, einen Garten, schöne Gemeinschaftsbereiche (darunter eine gut ausgestattete Küche) und eine gesellige Café-Bar. Die Atmosphäre ist locker. Hier leben auch ein paar Haushunde.

Prison Hostel HOSTEL $

(☎0832-2273745; www.thehostelcrowd.com; 940 Market Rd; B 400 ₹, mit Klimaanlage 500 ₹, DZ 1500 ₹; ❄📶) Das originelle Backpackerhostel in der Market Rd in Anjuna ist wie ein Gefängnis mit Gittern vor den Fenstern, schwarz-weißer Deko und seltsamerweise einem alten Bus als Café gestaltet. Die sauberen Schlafsäle mit vier bis zehn Betten haben individuelle Schließfächer und Leselampen. Zudem gibt's eine Küche, und Frühstück und WLAN sind im Preis enthalten.

Florinda's PENSION $

(☎9890216520; EZ/DZ 500/800 ₹, mit Klimaanlage 1500 ₹; ❄📶) Eine der besseren Budgetunterkünfte in Strandnähe mit sauberen Zimmern, Warmwasser rund um die Uhr, Rollläden, Moskitonetzen und einem hübschen zentralen Garten. Die wenigen Zimmer mit Klimaanlage sind schnell weg!

Paradise PENSION $

(☎9922541714; janet_965@hotmail.com; Anjuna-Mapusa Rd; DZ 1000 ₹, mit Klimaanlage 1500–2000 ₹; ❄@📶) Die freundliche Pension mit ordentlichen und sauberen Zimmern befindet sich in einem alten portugiesischen Haus. Im neueren Anbau gibt es noch weitere schön eingerichtete Zimmer. Die besseren bieten TV, Kühlschrank und Hängematte auf dem Balkon. Die freundliche Besitzerin Janet betreibt mit ihrer Familie auch die Apotheke, den Supermarkt, das Restaurant, das Internetcafé, das Reisebüro Connexions und die Wechselstube!

Palms N Tides BUNGALOW $$

(☎9988882021; www.palmsntides.com; DZ 3800–4300 ₹) Die kuppelförmigen Bunga-

Anjuna

lows in einem Garten gehören zu den größten und am schönsten gestalteten Unterkünften am Strand. Sie sind mit riesigen Betten und Bädern sowie Klimaanlage ausgestattet, um den Preis zu rechtfertigen. Hinter dem Elephant Art Cafe.

Sea Horse HÜTTE $$
(☎9764465078; www.vistapraiaanjuna.com; Hütte ohne/mit Klimaanlage AC 2000/3000 ₹; ❄📶) Eine Reihe von Holzhütten hinter dem gleichnamigen Strandrestaurant. Die Lage ist prima. Die Hütten selbst sind klein und können sich aufheizen, bei hoher Luftfeuchtigkeit nimmt man besser eine mit Klimaanlage. Die Mitarbeiter sind freundlich und entgegenkommen. Den Besitzern gehört auch die teurere Strandunterkunft Vista Praia Anjuna.

Banyan Soul BOUTIQUEHOTEL $$
(☎9820707283; www.thebanyansoul.com; DZ 2500 ₹; ❄📶) Das elegante Hotel mit zwölf Zimmern befindet sich in einer Gasse abseits der Market Rd und wird liebevoll von Sumit geleitet, der seiner Heimatstadt Mumbai Lebewohl gesagt hat. Die Zimmer sind schick und haben Klimaanlage und TV. Außerdem gibt es seine hübsche Bibliothek und einen schattigen Sitzbereich unter einem Banyanbaum.

Casa Anjuna HISTORISCHES HOTEL $$$
(☎0832-2274123; www.casaboutiquehotels.com; D'Mello Vaddo 66; Zi. inkl. Frühstück ab 9850 ₹; ❄📶) Das historische Hotel ist von einem schönen, blühenden Garten mit einladendem Pool umgeben. Hier sind die Gäste vom Trubel des Zentrums von Anjuna abgeschirmt. In allen Zimmern gibt es antike Möbel und Accessoires. Genau wie viele andere Hotels der Spitzenklasse ist es vor allem in der Nebensaison zu empfehlen, wenn die Preise um bis zu 50 % niedriger liegen.

Essen

Café Diogo CAFÉ $
(Market Rd; Snacks 80–160 ₹; 8.30–15 Uhr) Im Café Diogo, einem kleinen, familiengeführten Café auf dem Weg zum Markt, werden ausgezeichnete Obstsalate zubereitet. Die üppigen getoasteten Sandwiches mit Avocado, Käse und Pilzen und die verschiedenen Lassis sollte man ebenfalls mal probieren.

★ **Artjuna Cafe** CAFÉ $$
(☎0832-2274794; www.artjuna.com; Market Rd; Hauptgerichte 130–350 ₹; 8–22.30 Uhr; 📶) Das Artjuna ist eines unserer Lieblingscafés in Anjuna. Es serviert den ganzen Tag über Frühstück sowie großartigen Espresso, Salate, Sandwiches und arabische Spezialitäten wie Baba Ganoush, Tahini und Falafel. Zudem betreibt das hübsche Gartencafé einen ausgezeichneten Laden für Kunsthandwerk und Livestyle-Artikel und hat eine informative Pinnwand. Toller Treffpunkt für alle!

★ **Burger Factory** BURGER $$
(Straße von Anjuna nach Mapusa; Burger 300–450 ₹; Do–Di 11.30–15.30 & 18.30–22.30 Uhr) Das Angebot dieses kleinen Diners im Freien ist leicht zu erraten. Die klassischen Burger sind zwar nicht billig, aber interessant und professionell zubereitet. Man hat die Wahl zwischen Burgern mit Rind- oder Schweinefleisch und Toppings wie Cheddar, Roter Beete und Aioli.

NICHT VERSÄUMEN

FLOHMARKT IN ANJUNGA

Anjunas wöchentlicher **Flohmarkt** (⌚Nov.–April Mi 8 Uhr–open end) am Mittwoch ist aus Goa ebenso wenig wegzudenken wie ein Tag am Strand. Vor über drei Jahrzehnten wurde er von Hippies erfunden und errichtet, die Megajoints rauchten und sich trafen, um ihre berauschenden Indien-Erfahrungen auszutauschen. Heute besuchen ihn vor allem ganz normale Touristen, und die Händler kommen aus ganz Indien: tibetische und kaschmirische Händler verkaufen Skulpturen und Schmuck, bunt gekleidete Stammesfrauen aus Gujarat haben T-Shirts im Angebot, aus Rajasthan gibt's farbenfrohe Saris, Taschen und Überdecken, aus Kerala säckeweise Gewürze, und nicht zu übersehen und überhören sind die Stammesmädchen aus Karnataka, die die Besucher drängen: „Come look in my shop".

Wer beim Bummeln mal eine Pause einlegen möchte, findet Chai-Stände und einige Restaurants mit Livemusik. Das **Cafe Looda** hat einen fabelhaften Standort am Strand mit Blick auf den Sonnenuntergang und bietet ab 17 Uhr Livemusik. Am besten besucht man den Markt frühmorgens (ab 8 Uhr) oder am späten Nachmittag (ab 16 Uhr bis kurz nach Sonnenuntergang).

Goa's Ark NAHÖSTLICH $$
(Market Rd; Hauptgerichte 150–670 ₹, Mezze ab 50; ⌚10–23 Uhr; 📶 👪) Dieses Restaurant im arabischen Stil liegt in einem Garten, zu dem auch ein Streichelzoo mit Hoftieren und Vögeln sowie ein Spielplatz gehören. Es serviert Mezze, gegrilltes Fleisch und Falafel.

Elephant Art Cafe STRANDCAFÉ $$
(Hauptgerichte 190–370 ₹; ⌚8–22 Uhr; 📶) Das unter den Strandrestaurants positiv hervorstechende Elephant Art Café bringt eine große Palette an Tapas, Sandwiches, Fish'n'Chips und Frühstücksgerichten auf den Tisch.

German Bakery INTERNATIONAL $$
(www.german-bakery.in; Brot & Gebäck 20–160 ₹, Hauptgerichte 160–470 ₹; ⌚8.30–23 Uhr; 📶) Die mit Gebetsfahnen geschmückte German Bakery hat einen grünen, nett beleuchteten Garten und ist seit Langem für ihre herzhaften, gesunden Frühstücksangebote, ihr frisch gebackenes Brot und ihre Biokost bekannt. Auf der Karte stehen außerdem Pasta, Burger und teures Seafood sowie gesunde Säfte (wie Weizengras) und Espresso.

Dhum Biryani & Kebabs INDISCH $$
(Anjuna-Mapusa Rd; Hauptgerichte 180–350 ₹; ⌚9–1 Uhr) Das bei Besuchern und einheimischen gleichermaßen beliebte Dhum Biryani bereitet beständig gute Kebabs, Biryanis (gedämpfter Reis mit Fleisch oder Gemüse) und andere typisch indische Gerichte zu.

🍷 Ausgehen & Nachtleben

Anjuna konkurriert mit Vagator um den Titel als Trance-Hauptstadt Goas. Am südlichen Ende des Strandes befinden sich mehrere Nachtclubs, die an den richtigen Abenden zu den angesagtesten Orten Nord-Goas gehören. An den Markttagen herrscht immer gute Stimmung, und in einer der folgenden Bars (oder in beiden) erklingt dann garantiert Livemusik.

Curlies BAR
(www.curliesgoa.com; ⌚9–3 Uhr) Das Curlies empfängt seine Gäste am South Anjuna Beach und kombiniert die legere Atmosphäre einer Bar mit einem anspruchsvollen Nachtclub – seine Partynächte sind laut und berühmt. zudem gibt's eine Loungebar auf dem Dach und einen zugehörigen Danceclub, der bis spät in die Nacht geöffnet ist. Die großen Partynächte sind Donnerstag und Samstag, und natürlich die Vollmondnächte.

Purple Martini COCKTAILBAR
(☎9823772890; Sunset Point; ⌚21–24 Uhr) Angesichts des Blicks auf den Sonnenuntergang von den Klippen, der Blau-Weiß-Töne und der elegante Bar dieser herrlich gelegenen Restaurant-Bar könnte man glauben, man sei auf Santorini. Am besten kommt man zum Sonnenuntergang auf einen Cocktail und wirft auch einen Blick auf die Karte, auf der griechische Kebabs und mediterrane Salate stehen.

ℹ An- & Weiterreise

Busse nach Mapusa (15 ₹, 30 Min.) fahren etwa jede halbe Stunde von der Hauptbushaltestelle am Ende der Straße von Mapusa nach Anjuna in der Nähe des Strandes; einige Busse aus Mapusa fahren noch weiter nach Vagator und Chapora.

Täglich fahren mehrere Direktbusse nach Calangute, alternativ nimmt man einen Bus nach Mapusa und steigt dort um.

An den wichtigsten Kreuzungen warten Motorradtaxis und Autorikschas. In Anjuna kann man problemlos Roller und Motorräder für 250 bis 400 ₹ ausleihen – die meisten Traveller, die in Anjuna wohnen, sind auf Zweirädern unterwegs.

Assagao

Assagao, das an der Straße von Mapusa nach Anjuna und Vagator liegt, ist eines der hübschesten Dörfer Nord-Goas. Alte portugiesische Villen und weiße Kirchen säumen die fast verkehrsfreien Straßen. Die Gegend ist so inspirierend, dass hier einige der besten Yogazentren Nord-Goas zu Hause sind.

Aktivitäten

International Animal Rescue FREIWILLIGENARBEIT
(Animal Tracks; ☎0832-2268272; www.internationalanimalrescuegoa.org.in; Madungo Vaddo; ⏲9–16 Uhr) Die etablierte Organisation International Animal Rescue nimmt herrenlose Hunden, Katzen und andere Vierbeiner in Not auf, kümmert sich um sie, sterilisiert und impft sie. Freiwillige können helfen, indem sie die Hunde ausführen und mit den Welpen und jungen Kätzchen spielen. Sie müssen aber einen Nachweis vorlegen, dass sie gegen Tollwut geimpft sind.

El Shaddai FREIWILLIGENARBEIT
(☎0832-6513286, 0832-2461068; www.childrescue.net; El Shaddai House, Socol Vaddo) Die britische Hilfsorganisation hilft verwaisten und obdachlosen Kindern in Goa. Freiwillige, die mindestens vier Wochen Zeit haben, können sich auf der Website anmelden. Die Vorabauswahl ist sehr streng, man sollte sich also frühzeitig bewerben.

Kurse

Spicy Mama's KOCHEN
(☎9623348958; www.spicymamasgoa.com; 138/3 Bairo Alto; 1-tägiger Kurs vegetarisch/nichtvegetarisch 2000/3000, 3-tägiger Kurs 5000/7000 ₹, 5-tägiger Kurs 10 000/12 000 ₹) Spicy Mama's hat sich darauf spezialisiert, begeisterte Hobbyköche in der Zubereitung scharfer nordindischer Küche zu unterweisen, von *butter chicken* bis zu *aloo gobi* (Blumenkohl- und Kartoffelcurry) und *palak paneer* (Käse in einer Sauce aus püriertem Spinat). Gekocht wird bei Suchi zu Hause in ländlicher Umgebung. Der eintägige Standardkurs dauert vier Stunden, die mehrtägigen „Masterclasses" kann man online buchen.

Schlafen

Hopping Frog HOSTEL $
(☎8007669996; www.hoppingfrog.in; B/DZ 400/1500 ₹; 📶) Dieses neue Hostel im grünen Assagao ist eine fröhliche Alternative zum Strand. Die vier Schlafsäle sind sauber und gehen auf einen coolen Gartenbereich hinaus. Die Café-Bar hat Lounge-Charakter und ist sehr gesellig, und mit den Leihfahrrädern kann man die Nebenstraßen erkunden.

YOGAZENTREN IN NORD-GOA

Rund um Anjuna, Vagator und Assagao gibt's mehrere Yogazentren, in denen man in der Saison von Oktober bis März Yogastunden und Yogakurse besuchen und in die Zen-Atmosphäre eintauchen kann.

Purple Valley Yoga Retreat (☎0832-2268363; www.yogagoa.com; 142 Bairo Alto; B/EZ 1 Woche ab 690/820 £, 2 Wochen 1100/1350 £) Das beliebte Yogazentrum in Assagao veranstaltet ein- und zweiwöchige Kurse in Ashtanga-Yoga mit und ohne Übernachtung.

Swan Yoga Retreat (☎8007360677, 0832-2268024; www.swan-yoga-goa.com; Yogastunde ohne Voranmeldung 350 ₹, 1 Woche ab 23 300 ₹) Das Swan Retreat in einer friedlichen Dschungelecke Assagaos ist sehr ganzheitlich und spirituell ausgerichtet. Es veranstaltet Yogastunden, die man ohne Anmeldung besuchen kann, und mindestens einwöchige Yogaferien, die jeden Samstag beginnen.

Yoga Magic (☎0832-6523796; www.yogamagic.net; Mapusa-Chapora Rd, Anjuna; EZ/DZ Lodge 6750/9000 ₹, Suite 9000/12 000 ₹) 🍃 Solarbeleuchtung, Gemüseanbau und Komposttoiletten sind nur einige nennenswerte Praktiken dieses luxuriösen Yogaresorts. Die Lodge hat tolle rajasthanische Zelte unter einem schützenden Strohdach.

Brahmani Yoga (☎9545620578; www.brahmaniyoga.com; Tito's White House, Aguada-Siolim Rd; Yogastunde 700 ₹, 10-Stunden-Pass 5000 ₹; ⏲Yogastunden 9.30 Uhr) Yogastunden im Tito's White House, an denen man ohne Anmeldung teilnehmen kann.

Essen

★ Villa Blanche Bistro CAFÉ $$
(www.villablanche-goa.com; 283 Badem Church Rd; Frühstück 90–200 ₹, Hauptgerichte 320–480 ₹; ⌚Okt.–April Mo–Sa 9–23, So 10–16 Uhr) Das nette, gechillte Gartencafé in einer Seitenstraße wird von einem deutsch-schweizer Paar geführt. Spezialitäten sind Salate, Sandwiches, gefüllte Bagels und Kuchen. Im Angbot sind aber auch thailändische Currys und deutsche Würste. Wer sich zum Frühstück oder Brunch mal verwöhnen möchte, sollte die Waffeln und Pfannkuchen probieren.

Ruta's Roadhouse INTERNATIONAL $$
(☎8380025757; www.rutas.in; Mapusa Rd; Frühstück 300 ₹, kleiner/großer Teller 200/300 ₹; ⌚8.30–19.30 Uhr) Das Ruta's hat in diesem alten portugiesischen Haus in Assagao ein neues Zuhause gefunden. Es serviert tolle Frühstückmenüs und internationale kulinarische Spezialitäten, von *jambalaya* bis zu Laksa.

An- & Weiterreise

Nahverkehrsbusse zwischen Mapusa und Anjuna (jeweils ca. 15 Min.) oder Siolim fahren durch Assagao. Wer am Strand wohnt, erkundet das Dorf aber per Mietroller oder Taxi.

Vagator & Chapora

☎0832

Dramatische rote Felsklippen, Palmenhaine und die Ruinen einer portugiesischen Festung sorgen dafür, dass Vagator und der winzige Nachbarort Chapora vor einer der schönsten Kulissen an der Küste Nord-Goas liegen. Früher waren die Orte für ihre wilden Trance-Partys und Hippies im Drogenrausch bekannt, doch heute geht es hier viel ruhiger zu – und neuerdings sind gehobene Restaurants angesagt. Dennoch gibt's in Vagator noch immer einige der besten Clubs Goas. Chapora, das an die Mos Eisley Cantina aus *Star Wars* erinnert, ist bei Hippies und Langzeitgästen noch immer beliebt, und der Duft von *charas* (handgerolltes Haschisch) liegt schwer in der Meeresluft.

Schlafen

Entlang der Ozran Beach Rd und der Vagator Beach Rd gibt's zahlreiche günstige Unterkünfte, häufig in Privatzimmern. In den Seitenstraßen sieht man viele Schilder „Rooms to let" (in einfachen Privathäusern und Pensionen); Doppelzimmer kosten hier zwischen 400 und 600 ₹.

Folgt man der Straße hinunter zum Hafen von Chapora, findet man viele weitere Zimmer – und sogar komplette Häuser –, die vermietet werden.

Vagator

★ Jungle Hostel HOSTEL $
(☎0832-2273006; www.thehostelcrowd.com; Vagator Beach Rd; B ohne/mit Klimaanlage 500/600 ₹, EZ/DZ 1000/1500 ₹; ❄@📶) Das Jungle, eine der ersten Backpackerunterkünfte im Norden Goas, brachte die Übernachtung im Mehrbettzimmer und internationales Flair nach Vagator und hat sich inzwischen auf drei Häuser ausgedehnt. Die Schlafsäle mit sechs Betten sind hell und sauber, und Schließfächer, WLAN, Frühstück, eine Gemeinschaftsküche und Reisetipps gibt's kostenlos dazu.

Enterprise Guest House GUESTHOUSE $
(☎7769095356; www.beanmeup.in; 1639/2 Deulvaddo; DZ inkl. Frühstück ohne/mit Bad 1100/1400 ₹; 📶) Die Zimmer dieser Pension liegen rund um einen grünen, mit Fallschirmseide beschatteten Innenhof, in dem Vagators bestes veganes Restaurant, das Bean Me Up, ansässig ist. Sie wirken auf den ersten Blick schlicht, sind aber individuell mit exotischen Akzenten und in Erdtönen gestaltet, haben Moskitonetze und teilen sich Gemeinschaftsveranden. Die ruhige, yogafreundliche Atmosphäre zieht die passenden Gäste an und das im Preis enthaltene Frühstück ist großartig.

Pappi Chulo HOSTEL $
(☎9075135343; pappichulohostel@gmail.com; Ozran Beach Rd; B ohne/mit Klimaanlage 400/500 ₹) Das Pappi, das ungeniert als Vagators Partyhostel fungiert, verströmt mit den internationalen Travellern, die hier abhängen, eine coole Atmosphäre. Die thematisch gestalteten Schlafsäle sind mit Schließfächern und Stockbetten ausgestattet. Das Hostel hat eine Bar im Garten und veranstaltet auch Filmabende.

Dreams Hostel HOSTEL $
(☎9920651760; dreamshostel.com; abseits Vagator Beach Rd; B 500 ₹) Der einstige Backpacker und DJ Ravi hat mit seiner Philosophie von „Kunst, Musik und Wellness" einen großartigen kleinen kreativen Raum für gleichgesinnte Traveller geschaffen. Hier gibt's drei saubere Mehrbettzimmer, einen geräumigen Garten und coole Gemeinschaftsbereiche.

Vagator & Chapora

Vagator & Chapora

Schlafen

1 Alcove Resort A4
2 Bean Me Up D4
3 Casa de Olga B1
4 Casa Vagator A3
5 Dreams Hostel B3
6 Jungle Hostel C3
7 Pappi Chulo B3

Essen

8 Antares A4
Bean Me Up .... (siehe 2)
9 Bluebird B3
10 Mango Tree Bar & Cafe C3
11 Thalassa A4

Ausgehen & Nachtleben

12 Hilltop C4
13 Jai Ganesh Fruit Juice Centre C2
14 Nine Bar A3
15 Waters Beach Lounge A4

Alcove Resort HOTEL $$
(☎0832-2274491; www.alcovegoa.com; Little Vagator Beach; DZ 4500–8500 ₹; ❄@📶🏊) Die Lage hoch über dem Little Vagator Beach ist zu diesem Preis kaum zu übertreffen. Die ansprechend möblierten Zimmer, etwas größeren Hütten und vier Suiten verteilen sich rund um einen kleinen Pool. Mit Restaurant und Bar ist das Alcove eine gute Wahl für all jene, die einen Hauch von bezahlbarem Luxus suchen.

Casa Vagator HOTEL $$$
(☎0832-2416738; www.casaboutiquehotels.com; DZ inkl. Frühstück ab 11 200 ₹; ❄@📶🏊) Hier wurde das Konzept einer Deluxe-Boutiqueunterkunft erfolgreich umgesetzt. Vagators stilvollste Übernachtungsoption hat

schöne Zimmer mit ebenso schönem Blick auf den weiten Horizont. Liegt etwas zu dicht an der Nine Bar mit ihrer Technomusik.

Chapora

Casa de Olga PENSION $

(☎0832-2274355, 9822157145; eadsouza@yahoo.co.in; Zi. 700–1200 ₹, ohne Bad ab 400 ₹) Das einladende, von einer Familie geführte Haus befindet sich in einem ruhigen Garten auf dem Weg zum Hafen von Chapora. Die unterschiedlich großen, makellosen Zimmer sind in einem dreistöckigen Gebäude untergebracht. Die besten liegen in der obersten Etage und haben elegante Badezimmer, TVs und Balkone.

Essen

In Vagator auf den Klippen finden sich einige herausragende Restaurants, daneben gibt's am Strand die übliche Palette ziemlich einförmiger Strandhütten.

Im winzigen Chapora ist die Restaurantszene nicht so ausgeprägt, doch genau das mögen die Leute, die hier abhängen. Mit ein paar Saftständen und einigen unauffälligen Restaurants geht's hier ruhig zu, elegant essen kann man anderswo.

★ Bean Me Up VEGAN $$

(www.beanmeup.in; 1639/2 Deulvaddo; Hauptgerichte 180–380 ₹; ⌚8–23 Uhr; 📶) In diesem entspannten, veganen Gartenrestaurant werden selbst Nichtveganer vom Geschmack, der Vielseitigkeit und der Fülle der Gerichte begeistert sein. Auf der langen Speisekarte stehen vegane Pizzas, Eis, hausgemachtes Tofu-Curry und kreative Salate. Zu den exotischen Zutaten gehören Kokosnuss, Cashew-Milch und -Käse, Quinoa, Tempeh und Linsen-Dhal.

Bluebird GOANISCH $$

(www.bluebirdgoa.com; Ozran Beach Rd; Hauptgerichte 250–480₹; ⌚8.30–23 Uhr) Das Bluebird hat sich auf goanische Küche spezialisiert – hier gibt's authentische Vindaloos, Hühnchen-*cafreal* (in einer Chili-Knoblauch-Ingwer-Sauce mariniertes Hühnchen), Fischcurryreis und goanische Würstchen sowie andere Köstlichkeiten wie delikat gewürzte Seafood-Gerichte. Man isst im hübschen offenen Garten.

Mango Tree Bar & Cafe INTERNATIONAL $$

(Vagator Beach Rd; Hauptgerichte 130–430 ₹; ⌚24 Std.) Laute Reggae-Musik, schlechter Service, dunkle Holzmöbel und eine manchmal wilde Baratmosphäre, ältere hier lebende Ausländer, die an der Bar lehnen, Fassbier und eine tolle Atmosphäre – das Mango Tree ist einer der klassischen Treffs in Vagator. Das Restaurant ist lange geöffnet (wenn genug los ist, rund um die Uhr), und das Angebot reicht von goanischer bis zu europäischer und mexikanischer Küche sowie Pizza.

★ Thalassa GRIECHISCH $$$

(☎9850033537; www.thalassagoa.com; Hauptgerichte 300–750 ₹; ⌚16–24 Uhr) Authentische, unglaublich köstliche griechische Küche wird hier auf einer luftigen Terrasse auf den Klippen serviert. Spezialitäten des Hauses sind Kebabs, Souvlaki und durchdachte Seafood-Gerichte. Außerdem gibt's eine tolle Bar, wo man schon so manchen griechischen Tanz einschließlich dem Zerschmettern von Tellern sehen konnte. Am besten zeitig kommen, einen Krug Sangria bestellen und den Sonnenuntergang genießen.

Antares MODERN-AUSTRALISCH $$$

(☎7350011528; www.antaresgoa.com; Ozran Beach Rd; Hauptgerichte 200–1400 ₹; ⌚11.30–24 Uhr) Der jüngste Neuzugang unter den Restaurants auf den Klippen von Vagator ist das Projekt von Sarah Todd, einer Teilnehmerin der australischen Kochshow *MasterChef*. Lässig-elegante Strandatmosphäre und eine Speisekarte, die von moderner australischer bis zu indischer Küche reicht und auch einige goanische Gerichte wie Krabben à la *xacuti* bietet.

Ausgehen & Nachtleben

Waters Beach Lounge CLUB

(☎9767200012; ⌚Do–So ab 18 Uhr) Das Luxusrestaurant mit Bar und Club zieht sich auf mehreren Terrassen die Klippen von Vagator hinunter. Legendär sind vor allem seine Partynächte mit Dancefloors unter freiem Himmel und Blick aufs Meer sowie ein schallgeschützter Raum für die späten Nachtstunden. Hier legen Top-DJs auf.

Nine Bar BAR

(⌚17–4 Uhr) Diese frühere Open-Air-Bar auf den Klippen mit Blick auf den Little Vagator Beach, die einst das heilige Zentrum der Trance-Szene Goas war, ist in schallgeschützte Räume umgezogen, damit hier weiter die ganze Nacht hindurch gefeiert werden kann. Nach Flyern Ausschau halten und in der Gegend umhören, um zu erfahren, wann die großen Partynächte stattfinden.

WO GEHT'S DENN HIER ZUR PARTY?

Goa war bei Besuchern aus dem Westen lang für seine nächtelangen Hippie-Trance-Partys unter freiem Himmel legendär, bis ein Gesetz der Regierung „Lärmverschmutzung" an öffentlichen Plätzen zwischen 22 und 6 Uhr verbot und damit die oft berüchtigte, drogenträchtige Partyszene stark beschnitt. Natürlich zogen die Partys schnell in geschlossene Räume, und in der Hauptsaison wird in den großen Trance- und Dance-Clubs immer noch bis in den Morgen gefeiert.

Besonders stark ist die Trance-Party-Szene in Anjuna im Curlies (S. 152), in Vagator im Hilltop, in der Nine Bar und im Waters, in Aswem/Morjim im Club M sowie in Palolem im Leopard Valley (S. 171), das „Silent Discos" (S. 170) veranstaltet. In Baga geht's in den Clubs in der Tito's Lane so wild zu wie eh und je.

Über die Weihnachtsfeiertage und Neujahr, wenn absolute Hochsaison ist, drücken die Behörden oft ein Auge zu, dann finden vielleicht klassische Partys statt. Die Taxifahrer wissen so etwas. Im Internet kann man auf den Seiten www.goa-freaks.com oder www.whatsupgoa.com nachschauen.

Jai Ganesh Fruit Juice Centre CAFÉ
(Säfte 50–80 ₹; ⏲8.30–24 Uhr) Dank seiner Lage an einer Ecke der Hauptstraße von Chapora mit Blick die Straße rauf und runter ist dies die vielleicht gefragteste Saftbar Goas. Sie ist ein beliebter Treffpunkt, und wer einen Sitzplatz ergattert hat, gibt ihn ungern wieder auf.

Hilltop CLUB
(⏲Sonnenuntergang–open end) Das Hilltop ist ein alteingesessener Club für Trance-Partys, der tagsüber verlassen ist, aber nach Sonnenuntergang zum Leben erwacht. Seine Lage am Rand der Stadt in einem neonbeleuchteten Kokoshain macht es möglich, die Lärmschutzbestimmungen manchmal zu umgehen, um Konzerte, Partys und Auftritte internationaler DJs durchzuführen. Legendär sind die sonntäglichen Session (17–22 Uhr).

An- & Weiterreise

Von Mapusa (15 ₹, 30 Min.) fahren den ganz Tag über relativ oft Busse sowohl nach Chapora als auch nach Vagator, viele davon über Anjuna. Praktisch jeder hier vermietet Roller/Motorräder ab 250/400 ₹ pro Tag.

In Vagator befindet sich die beliebteste Tankstelle Nord-Goas.

Morjim

☎0832

Der **Morjim Beach** war früher sehr ruhig (fast menschenleer), und an seinem südlichen Ende ist er das immer noch, dank der seltenen Oliv-Bastardschildkröten, die hier zwischen November und Februar ihre Eier ablegen. Heute ist Morjim bei russischen Touristen beliebt. In der Hochsaison gibt's eine kleine Clubszene. Im Süden ist der Strand wegen Flussanschwemmungen eher schwarz als gelb.

Schlafen

★ **Wanderers Hostel** HOSTEL $
(☎9619235302; www.wandershostel.com; B 500 ₹, Gemeinschaftszelt 300 ₹, Luxuszelt DZ 1700–2000 ₹; ❄📶🏊) Das etwa fünf Gehminuten landeinwärts hinter dem Strand liegende Wanderers ist eine echte Perle für Budgettraveller. Im Hauptgebäude, das mit Wandbildern der Gäste verziert ist, befinden sich blitzsaubere Schlafsäle mit Schließfächern und Leselampen an den Betten, außerdem gibt's hier WLAN, eine komplett ausgestattete Gemeinschaftsküche, gemütliche Gemeinschaftsbereiche und einen Billardtisch. Im angrenzenden Garten gibt's ein Zeltdorf mit Pool, ein Yogazentrum und ein Open-Air-Kino.

Goan Café & Resort RESORT $$
(☎0832-2244394; www.goancafe.com; Apt. & Bungalow ab 1800 ₹, mit Klimaanlage 2200 ₹, Baumhaus ohne/mit Bad ab 1200/1700 ₹; ❄📶) Das hervorragende familiengeführte Resort am Morjim Beach hat eine schöne Auswahl an „Baumhaus"-Hütten auf Stelzen direkt am Strand und an massiveren Zimmern (teilweise mit Klimaanlage) im hinteren Teil.

An- & Weiterreise

Ab und zu verkehren Busse zwischen Siolim und dem Dorf Morjim (8 ₹, 15 Min.), die meisten Traveller nehmen aber bei der Ankunft ein Taxi zu ihrer Unterkunft und mieten dann dort entweder Mopeds/Motorräder oder fahren mit dem Taxi.

Aswem

☎0832

Am Aswem Beach ist jedes Jahr mehr los, doch er liegt noch immer im Schatten von seinem nördlichen Nachbarn Mandrem. Jedes Jahr in der Saison entstehen hier auf dem breiten, sauberen, weißen Sand, an dem kaum Strandverkäufer unterwegs sind, Hütten, die als Unterkünfte und Restaurants dienen. Die Hauptstraße von Morjim nach Mandrem liegt ein Stück hinter dem Strand.

Aktivitäten

★ Vaayu Waterman's Village SURFEN

(☎9850050403; http://vaayuoceanadventures.in; Surfboard-Verleih 500 ₹/Std., Surfunterricht 2500 ₹) Goas führendes Surfgeschäft ist zugleich ein Wassersport- und Kunstzentrum, wo man Unterricht arrangieren und die Ausrüstung zum Surfen, Kitesurfen, Stehpaddeln, Kajakfahren und Wakeboarden leihen kann, Ein Highlight ist die ganztägige Stehpaddeltour zur Paradise Lagoon in Maharashtra. Die enthusiastischen jungen Besitzer betreiben auch eine Kunstgalerie, ein Café und **unkonventionelle Unterkünfte** (☎9850050403; http://vaayuoceanadventures.in; Hütte 2250–4000 ₹, DZ ohne/mit Klimaanlage 3500 ₹; ❄ 📶), die vom Aswem Beach aus auf der anderen Straßenseite liegen.

Schlafen & Essen

Ein Stück hinter dem Strand kann man immer noch einfache Hütten und Zimmer für 1000 ₹ (in der Nebensaison weniger) finden.

Yab Yum HÜTTE $$$

(☎0832-6510392; www.yabyumresorts.com; Hütte/Bungalow ab 8500/9700 ₹; ❄ 📶) 🍃 Diese erstklassige Anlage hat ungewöhnliche, stilvolle, kuppelförmige Hütten (einige sehen wie riesige, haarige Kokosnüsse aus), die aus verschiedenen lokalen Naturmaterialien bestehen, darunter Lehm, Stein und Mangobaumholz. Daneben gibt's auch traditionellere Bungalows mit Klimaanlage. Zahlreiche Yogakurse und Massagen sind im Angebot. Das Yab Yum liegt in einem der abgeschiedensten Dschungelgärten in Goa.

Marbela Beach Resort ZELTRESORT $$$

(☎0832-6450599, 9158881180; www.marbelabeach.com; Zelt/Villa/Suite 8000/9000/20 000 ₹; ❄ 📶) Die Luxuszelte und Villen „im spanischen Stil" dieses eleganten Resorts sind teuer, dafür aber auch wie Fünf-Sterne-Hotelzimmer ausgestattet. Wer hier nicht übernachtet, sollte sich in den schön gelegenen Cabanas am Strand einen Drink genehmigen oder zu den spätabendlichen Partys des zum Resort gehörigen **Club M** (☎0832-6450599; www.marbelabeach.com; Marbela Beach Resort; ⊙Fr–So) kommen, die von Freitag bis Sonntag stattfinden.

La Plage MEDITERRAN $$

(☎9822121712; Aswem Beach; Hauptgerichte 200–450 ₹; ⊙Nov.–April 9–22 Uhr) Das in der Gegend gut bekannte La Plage hebt das Konzept der Strandhütte auf eine neue Ebene und serviert fantasievolle französische Mittelmeerküche. Neben leckeren Salaten und Meeresfrüchten und tollen Desserts (unbedingt das Schokoladen-Thali probieren!) hat es auch großartige Weine im Angebot. Meist ist es von Ende November bis April geöffnet.

An- & Weiterreise

Zwischen Siolim und Aswem fahren Busse, einfacher ist es aber, mit dem Taxi zur Unterkunft anzureisen und dann ein Moped oder Motorrad auszuleihen oder mit dem Taxi zu fahren.

Mandrem

Das entspannte Mandrem hat sich in den letzten Jahren von einem wenig bekannten Zufluchtsort für Besucher, die der Travellerszene in Arambol und Anjuna überdrüssig waren, zu einem durchschnittlichen, aber immer noch sehr angenehmen Strandort entwickelt. Hier gibt's viele Angebote für Yoga, Meditation und Ayurveda, gute Restaurants und viel Platz, um es sich mit einem Buch gemütlich zu machen. Für viele ist dies der schönste Ort Goas.

Sehenswertes & Aktivitäten

Shanti Ayurvedic Massage Centre AYURVEDA

(☎8806205264; 1/1½-stünd. Massage ab 1000/1500 ₹; ⊙9–20 Uhr) Die hinreißende Shanti bietet hier ayurvedische Massagen an, z. B. eine regenerierende 75-minütige Massage mit Gesichtspackung und eine ungewöhnliche „Poulti"-Massage mit einem wickelartigen Stoffbündel, in dem sich zwölf Kräuterpulver befinden. Der Massagesalon liegt auf der rechten Seite, wenn man die Strandstraße hinuntergeht.

Himalaya Yoga Valley YOGA

(☎9960657852; www.yogagoaindia.com; Mandrem Beach) Das Winterquartier des Unternehmens HYV aus Dharamsala hat sich auf die Ausbildung Einheimischer zu Hatha- und Ashtanga-Lehrern spezialisiert, bietet aber auch täglich Kurse für Quereinsteiger (für 5 Pers. 2000 ₹) und einen zehntägigen Yogakurs für Wiedereinsteiger.

Schlafen & Essen

★ Dunes Holiday Village HÜTTE $

(☎0832-2247219; www.dunesgoa.com; Zi. & Hütte 1000–1200 ₹; @ 📶) An einer Allee, die durch einen kleinen Palmenhain zum Strand führt, liegen ein paar hübsche Hütten verstreut. Nachts, wenn das Grundstück mit Lampen beleuchtet wird, fühlt man sich hier wie im Palmenwunderland. Die Hütten gibt es von einfach bis stabiler (Baumhaushütten auf Stelzen), das Personal ist freundlich und das Preis-Leistungs-Verhältnis gut. Außerdem gibt es ein Restaurant am Strand, Massagen, Yogakurse. Trance-Musik fehlt hier – und das ist Absicht.

★ Mandala RESORT $$

(☎9158266093; www.themandalagoa.com; Zi. & Hütte 1600–5500 ₹; ❄ 📶) Dieses wunderschöne, ruhige Hüttendorf im Ökostil bietet eine große Auswahl von Hütten und ein paar verschrobene Zimmer im „Art House" mit Klimaanlage. Der Stolz der Anlage sind die riesigen, zweistöckigen Villen, die vom Design eines Hausboots in Kerala inspiriert sind. Die Lage mit Blick auf die Lagune ist sehr abgeschieden. Ein großer Garten, tägliche Yogakurse und ein Bio-Restaurant gehören auch dazu.

Elsewhere BUNGALOW $$$

(www.aseascape.com; Zelt 9000 ₹, Strandhaus 14 400–29 000 ₹; @ 📶) Der genaue Standort dieses paradiesischen Fleckchens, das sich 500 m am Strand entlangzieht, ist ein gut gehütetes Geheimnis. Mehrere schöne Strandhäuser mit den hübschen Namen Piggery, Bakery, Priest's House und Captain's House sowie drei Luxuszelte stehen zur Auswahl. Für den hohen Preis genießt man Ruhe und Frieden und kann über eine 60 m lange Bambusbrücke spazieren.

Bed Rock INTERNATIONAL $$

(Hauptgerichte 130–370 ₹; ⏲8–23 Uhr; 📶) Das Bed Rock bietet eine angenehme Abwechslung zu den Strandhütten und hat eine gute Karte mit indischen und beliebten europäischen Gerichten (Pizza, Pasta etc.). Im oberen Stockwerk kann man in der gemütlichen Lounge chillen.

ℹ An- & Weiterreise

Zwischen Siolim und dem Dorf Mandrem fahren stündlich Busse (10 ₹, 20 Min.), es ist aber recht schwierig, mit öffentlichen Verkehrsmitteln schnell irgendwo hinzukommen. Die meisten Traveller fahren am Anfang mit dem Taxi zu ihrer Unterkunft und mieten dann entweder ein Moped oder Motorrad oder fahren mit dem Taxi.

Arambol (Harmal)

☎0832 / 5320 EW.

Arambol (auch Harmal genannt) ist der nördlichste erschlossene Urlaubsort Goas und ist nach wie vor der Lieblingsstrand vieler Langzeiturlauber, die mit kleinem Budget nach Nord-Goa kommen.

Arambol erschien erstmals in den 1960er-Jahren auf der Bildfläche – als entspanntes Paradies für langhaarige Langzeiturlauber, die von der Szene in Calangute die Nase voll hatten. Auch heute ist es hier noch billig und fröhlich. Viele günstige Unterkünfte sind kleine Hütten, die an den Felsen kleben. Der Hauptstrand ist inzwischen aber von einer ununterbrochenen Kette von Strandrestaurants gesäumt, von denen viele dahinter Hütten zum Übernachten anbieten.

Am sanft geschwungenen Hauptstrand kann man sicher schwimmen, oft ist er aber sehr voll. Wer nach Süden in Richtung Mandrem spaziert, stößt auf ruhigere Strände. Ein kleiner Fußweg um die Landspitze im Norden herum führt zum kleinen Kalacha Beach, der dank des „Süßwassersees" hinter dem Strand ebenfalls sehr beliebt ist. Das Kap oberhalb des Sees ist der beste Startpunkt für Paraglider in Goa.

Aktivitäten

Arambol Paragliding PARAGLIDING

(10-minütiger Flug 2000 ₹; ⏲12–18 Uhr) Das Kap oberhalb vom Kalacha Beach (Süßwassersee) ist der ideale Startpunkt für Paraglider. Hier gibt's jede Menge unabhängige Anbieter – einfach in den Strandhütten fragen, einen Piloten organisieren und dann die kurze Wanderung zum Kap in Angriff nehmen! Die meisten Flüge dauern etwa zehn Minuten, aber wenn die Bedingungen gut sind, kann man auch länger in der Luft bleiben.

Himalayan Iyengar Yoga Centre YOGA

(www.hiyogacentre.com; Madhlo Vaddo; 5-tägiger Yogakurs 4000 ₹; ⏲Nov.–März Di–So 9–18 Uhr) Arambols angesehenes Himalayan Iyengar Yoga Centre, das von Mitte November bis Mitte März fünftägige Yogakurse anbietet, ist das

Winterquartier der Iyengar Yoga School in Dharamkot, in der Nähe von Dharamsala in Nordindien. Anfänger müssen den fünftägigen Einführungskurs besuchen, bevor sie zu einem günstigeren Preis Fünf-Tages-Kurse für Fortgeschrittene mitmachen können.

Surf Wala SURFEN

(☎9011993147; www.surfwala.com; Surf Club, Arambol Beach; 1½-stündiger Kurs ab 2500 ₹, 3-/5-Tages-Kurs 6500/11 000 ₹) Wer zum ersten Mal aufs Brett steigt, sollte sich dem internationalen Team von Surfern im Surfclub am Strand nördlich von Arambol anschließen. Im Preis enthalten sind der Verleih, Wachsen und die Rash Vest. Auf der Website stehen die Kontaktdaten der Surflehrer – untereinander sprechen sie Englisch, Russisch, Hindi, Konkani und Japanisch! Wer nur ein Surfboard mieten will, zahlt 500 ₹.

Schlafen

Ursprünglich übernachtete man in Arambol in schlichten Hütten entlang der Klippen und in Pensionen hinter dem Strand im Dorf, inzwischen ist hinter dem Hauptstrand nun auch ein Mini-Paolem mit vielen Strandhütten entstanden. Man geht durch den Eingang „Glastonbury St" und dann immer weiter nach Norden. Auf dem Weg bis zum Kalacha Beach stößt man auf viele Unterkünfte. Man kann den Bereich auch am südlichen Ende betreten und einfach in einem der Strandrestaurants fragen.

★ Happy Panda HOSTEL $

(☎9619741681; www.happypanda.in; B 300 ₹; 📶) Von Travellern gemalte Wandbilder schmücken die Wände dieses gechillten Backpackerunterkunft nahe vom Hauptdorf. Die jungen Besitzer haben hart gearbeitet, um die drei Schlafsäle, die von Neonlicht erhellten Gemeinschaftsbereiche, die Bar und den Garten in einen gut ausgestatteten, einladenden Treffpunkt für Budgetreisende zu verwandeln. Zweiradverleih.

Chilli's HOTEL $

(☎9921882424; DZ 600 ₹, Apt. mit Klimananlage 1200 ₹; ❄📶) Das freundliche, gelbe Haus nahe dem Strandzugang an der Glastonbury St gehört zu den besseren Budgetunterkünften Arambols, die nicht direkt am Strand liegen. Die zehn ordentlichen, aber einfachen Zimmer sind alle mit eigenem Bad, Ventilator und warmen Duschen ausgestattet. Das Apartment im obersten Stockwerk mit Klimaanlage und TV hat ein besonders gutes Preis-Leistungs-Verhältnis. Der Besitzer Derek verleiht Motorräder und Roller.

Pitruchaya Cottages HÜTTEN $

(☎9404454596; Zi. 800 ₹) Diese Holzhütten mit Meerblick haben eigene Bäder, Ventilatoren und Verandas und gehören zu den besten auf den Klippen.

Lotus Sutra RESORT $$

(☎9146096940; www.lotussutragoa.com; EZ 1420 ₹, DZ mit Klimaanlage 2130–3320 ₹, Bungalow 6500–7100 ₹; ❄📶) Arambols schickste Strandunterkunft besteht aus einem skurrilen zweistöckigen Gebäude mit mehreren hellen Zimmern und hübschen Holzbungalows, die an einem Rasen liegen. Im Restaurant mit Bar gibt's Livemusik.

Surf Club PENSION $$

(www.facebook.com/surfclubgoa; DZ 1650–2300 ₹; 📶) Der Surf Club, der am Südende des Arambol Beach am Ende einer Gasse liegt, ist eine dieser coolen kleinen Unterkünfte, die von allem etwas bieten: einfache, aber saubere Zimmer, Yoga und eine Bar mit Livemusik.

Essen & Ausgehen

Die Invasion der Strandhütten ist auch an Arambol nicht vorbeigegangen, in der Hauptsaison stehen etwa zwei Dutzend von ihnen dicht an dicht am Hauptstrand, alle inklusive Sonnenliegen und Sonnenschirmen. Auf dem nördlichen Klippenweg gibt's mehrere Budgetrestaurants mit schönem Blick, und an der Straße, die hinunter zum Strand führt, befinden sich weitere interessante Restaurants. Im oberen Teil des Dorfes bekommt man in den kleinen Teeläden und lokalen Restaurants einen Chai für 5 ₹ und ein Thali für 80 ₹.

★ Shimon NAHÖSTLICH $

(☎9011113576; Glastonbury St; Gerichte 120–200 ₹; ⌚9–23 Uhr; 📶) Das Restaurant gleich hinter dem Strand ist verständlicherweise bei israelischen Backpackern beliebt und serviert tolle Falafels und *sabich* (knusprige Auberginenstreifen in Pitabrot mit Eiern, Kartoffeln und Salat). Das „East-meets-Middle-East"-Thali (450 ₹) besteht aus etwas von fast allem, was auf der Karte steht.

Dylan's Toasted & Roasted CAFÉ $

(☎9604780316; www.dylanscoffee.com; Kaffee & Dessert ab 70 ₹; ⌚Nov.–April 9–23 Uhr; 📶) Die goanische (Winter-)Inkarnation einer Institution von Manali ist ein schönes Fleckchen für einen Expresso, Schoko-Cookies oder traditionelle Desserts. Ein nettes Café gleich hinter dem südlichen Strandeingang, das gelegentlich Livemusik oder Open-Mike-Abende veranstaltet.

Fellini ITALIENISCH $$

(☎9881461224; Glastonbury St; Hauptgerichte 200–380 ₹; ⏲ab 18.30 Uhr) Wer Lust auf Carbonara oder Calzone hat, sollte zu diesem alteingesessenen Italiener direkt auf der linken Seite vor dem Strand gehen (nicht angeschrieben!). Auf der Speisekarte stehen über 40 Holzofenpizzas mit dünnem Boden, aber man sollte auch noch Platz für ein leckeres Tiramisu zum Nachtisch lassen.

Double Dutch INTERNATIONAL $$

(Hauptgerichte 120–400 ₹, Steaks 420–470 ₹; ⏲7–22 Uhr) Das alteingesessene, beliebte Lokal mit ruhigem Garten serviert gute Steaks, Salate, thailändische und indonesische Gerichte sowie tolle Apfelkuchen. Es liegt am Eingang zum Strand von der Glastonbury St aus hinter der Hauptstraße. Ein geselliger Treffpunkt mit Second-Hand-Büchern, Zeitschriften und einer nützlichen Infotafel für aktuelle Veranstaltungen in Arambol!

Praktische Informationen

Der nächste Geldautomat befindet sich an der Hauptstraße, die ins Dorf Arambol führt, etwa 1,5 km vom Strand entfernt. Wenn er nicht funktioniert, gibt es weitere 3 km Richtung Norden in Paliyem und 3 km Richtung Süden in Mandrem.

An- & Weiterreise

Busse von/nach Mapusa (30 ₹, 1 Std.) fahren häufig und halten – wie die Einheimischen sagen – an der „backside" („Rückseite") des Dorfes Arambol. Von hier führt ein 1,5 km langer Fußmarsch durch das Dorf zum Hauptstrand; Autorikschas oder Taxis verlangen für die Fahrt mindestens 50 ₹.

Viele Anbieter im Dorf vermieten Roller/Motorräder (250/350 ₹ pro Tag).

Ein Taxi nach Mapusa oder Anjuna kostet um die 600 ₹. Wer Richtung Norden nach Mumbai will, kann bei den Reisebüros ein Busfahrticket kaufen; die Busse halten an einer Haltestelle an der Hauptstraße im Hauptdorf.

SÜD-GOA

Margao

☎0832 / 94 400 EW.

Margao (auch Madgaon genannt) ist die Hauptstadt Süd-Goas, eine geschäftige, manchmal vom Verkehr verstopfte Marktstadt von überschaubarer Größe. Da sie ein Verkehrsknotenpunkt ist, kommen viele Traveller hier durch, entweder durch den Bahnhof oder den Kadamba-Busbahnhof, doch nur wenige übernachten hier. Margao ist aber ein guter Ort, um einzukaufen, indische Sportevents zu sehen oder einfach die dynamische Energie einer indischen Großstadt im Kleinformat zu erleben.

Das kompakte Zentrum erstreckt sich rund um die lang gestreckten Municipal Gardens, in dessen Umkreis sich Geschäfte, Restaurants, Geldautomaten und der überdachte Markt befinden. Im Norden der Stadt befindet sich alte, von den Portugiesen beeinflusste Bezirk Largo de Igreja, noch 1 km weiter nördlich liegt der Hauptbusbahnhof (Kadamba-Busbahnhof), und 1,5 km südöstlich vom Stadtpark ist der Bahnhof.

Sehenswertes

Im Viertel **Largo de Igreja** stehen mehrere alte portugiesische Villen, deren berühmtestes das prächtige, 1790 erbaute **Sat Burnzam Ghor** (Siebengiebeliges Haus) ist. Außerdem befindet sich hier die weiß getünchte **Church of the Holy Spirit**, die 1565 an der Stelle eines wichtigen hinduistischen Tempels erbaut wurde.

Am Südende der Municipal Gardens steht neben dem kanarienvogelgelben **Secretariat Building** die gediegene **Municipal Library** (Abade Faria Rd; ⏲Mo–Fr 8–20, Sa & So 9–12 & 16–19 Uhr), in der gute Bücher über Goa zu finden sind.

Schlafen

Nanutel Margao HOTEL $$

(☎0832-6722222; www.nanuhotels.in; Padre Miranda Rd; EZ/DZ inkl. Frühstück 3800/4500 ₹, Suite 5000–5500 ₹; ❄📶🏊) Margaos bestes Businesshotel ist elegant und modern und hat einen hübschen Pool, ein gutes Restaurant, eine Bar und ein Café sowie saubere Zimmer mit Klimaanlage. Die Lage zwischen den Municipal Gardens und dem Viertel Largo de Igreja ist in jeder Hinsicht praktisch.

Om Shiv Hotel HOTEL $$

(☎0832-2710294; www.omshivhotel.com; Cine Lata Rd; DZ 3000–4250 ₹, Suite 5400 ₹; ❄@📶) Die abgewohnten „Businesszimmer" des gelben Hotels hinter der Bank of India haben Klimaanlagen und Balkone. Von den Suiten hat man einen tollen Ausblick; es gibt ein Fitnessstudio und im 7. Stock den **Rockon Pub**.

Essen

Café Tato INDISCH $

(Valaulikar Rd; Thalis 90 ₹; ⏲ Mo–Sa 7–22 Uhr) Bei den Einheimischen beliebtes Mittagslokal: köstliches vegetarisches Essen in einer geschäftigen Kantine in einer Seitenstraße und leckere Thalis, so viel man essen kann.

Swad INDISCH $

(New Market; 60–110 ₹; ⏲ 7.30–20 Uhr; ❄) Das familienfreundliche Swad gegenüber vom Lotus Inn wird sehr gern zum Mittagessen besucht und tischt mit das beste vegetarische Essen Margaos auf. Die Thalis, die südindischen *tiffins* und die anderen Hauptgerichte sind durchweg köstlich.

★ **Longhuino's** GOANISCH, INTERNATIONAL $$

(Luis Miranda Rd; Hauptgerichte 110–250 ₹; ⏲ 8.30–22 Uhr) Das alte, urige Longhuino's, seit 1950 eine Institution der Stadt, serviert geschmackvolle indische, goanische und chinesische Gerichte und ist bei Einheimischen und Besuchern gleichermaßen beliebt. Hier sollte man ein goanisches Gericht wie *ambot tik* (leicht saures, aber feuriges Currygericht) bestellen und Platz für ein klassisches Dessert wie Rumkugeln oder Tiramisu lassen. Der Service ist so träge wie die sich langsam drehenden Deckenventilatoren, doch hier kann man bei einem Kaffee oder Bier wunderbar das Leben und Treiben beobachten.

Martin's INTERNATIONAL $$

(Hauptgerichte 290–500 ₹; ⏲ 11–15.30 & 19–23 Uhr) Es ist ein großartiges Gefühl, von den heißen, lauten Straßen Margaos ins elegante, kühle Martin's zu treten. Es hat nur zehn Tische und eine vielseitige Karte mit Tapas als Vorspeisen, Gerichten aus ganz Indien und auf heißen Steinen gegarten Steaks. Der Service ist sehr aufmerksam. Fast unmittelbar am Nordende der Municipal Gardens.

Shoppen

Golden Heart Emporium BÜCHER

(Confidant House, Abade Faria Rd; ⏲ Mo–Sa 10–13.30 & 16–19 Uhr) Das Golden Heart Emporium, einer der besten Buchläden Goas, ist vom Boden bis zur Decke mit Romanen, Sachbüchern, Kinderbüchern und Bildbänden über die Küche, die Architektur und die Geschichte Goas vollgestopft. Es hat auch Titel goanischer Autoren auf Lager, die nur schwer zu bekommen sind. In einer kleinen Gasse, die von der Abade Faria Rd abgeht.

MMC New Market MARKT

(⏲ Mo–Sa 8.30–21 Uhr) Margaos geschäftiger überdachter Markt ist mit seinen bunten Ständen toll, um sich umzusehen, an Gewürzen zu schnuppern, Seifen zu probieren und zwischen den Haushaltsgeräten zu stöbern.

Praktische Informationen

Rund um die Municipal Gardens gibt's viele Banken, die Geld wechseln und rund um die Uhr zugängliche Geldautomaten haben.

Anreise & Unterwegs vor Ort

BUS

Regionale und Fernbusse fahren vom Kadamba-Busbahnhof ab, ca. 2 km nördlich der Municipal Gardens. Busse nach Palolem (30 ₹, 1 Std.), Colva (15 ₹, 20 Min.), Benaulim (15 ₹, 20 Min.) und Betul (20 ₹, 40 Min.) halten sowohl am Kadamba-Busbahnhof als auch an den Bushaltestellen an der Ost- und Westseite der Municipal Gardens. Wer nach Panaji (30 ₹) möchte, nimmt einen beliebigen regionalen Bus zum Kadamba-Busbahnhof und steigt dort in einen der häufig verkehrenden Expressbusse um.

Klimatisierte staatliche Busse fahren täglich nach Mumbai (700 ₹, 16 Std.), Pune (660 ₹, 13 Std.) und Bengaluru (650 ₹, 13 Std.). Busse ohne Klimaanlage kosten etwa ein Drittel weni-

WICHTIGE ZÜGE AB MARGAO (MAGDAON)

ZIEL	ZUG-NR. & NAME	PREIS (₹)	DAUER (STD.)	ABFAHRT
Bengaluru	*02779 Vasco da Gama-SBC Link* (D)	390/1025	15	15.50 Uhr
Chennai (Madras); über Yesvantpur	*17312 Vasco da Gama-Chennai Express* (C)	475/1285/1865	21	Do 15.20 Uhr
Delhi	*12431 Rajdhani Express* (A)	2765/3800	14½	10.10 Uhr
Ernakulam (Kochi)	*12618 Lakshadweep Express* (C)	445/1175/1665	14½	19.20 Uhr
Mangalore	*12133 Mangalore Express* (C)	290/745/1035	5½	7.10 Uhr
Mumbai (Bombay)	*10112 Konkan Kanya Express* (C)	390/1065/1535	12	18 Uhr
Pune	*12779 Goa Express* (C)	335/935/1325	12	15.50 Uhr

Wagenklassen: (A) 3AC/2AC, (B) 2S/CC, (C) Sleeper Class/3AC/2AC, (D) Sleeper Class/3AC

ger. Private Fernbusse fahren von einem Stand gegenüber vom Kadamba-Busbahnhof ab. Buchungsbüros gibt's überall in der Stadt. Eines der besten ist **Paulo Travels** (☎ 0832-2702405; www.paulobus.com; Padre Miranda Rd).

TAXI & AUTORIKSCHA

Rund um die Municipal Gardens und den Kadamba-Busbahnhof findet man viele Taxis, mit denen man schnell und bequem zu Goas Stränden kommt, darunter Palolem (1150 ₹), Calangute (1355 ₹), Anjuna (1500 ₹) und Arambol (1900 ₹). Am Bahnhof und am Hauptbusbahnhof befinden sich Prepaid -Taxistände.

Autorikschas fahren für ca. 120 ₹ gern nach Colva und Benaulim.

ZUG

Margaos gut organisierter Bahnhof (auf Fahrplänen heißt er Madgaon) befindet sich 2 km südlich der Stadt. Er liegt an der Konkan Railway und an regionalen Strecken der South Central Railways und ist der zentrale Verkehrsknotenpunkt für Züge, die von Mumbai nach Goa und von Goa Richtung Süden nach Kochi und noch weiter fahren. Das **Reservierungsbüro** (☎ 0832-2712790; Bahnhof; ⏲ Mo–Sa 8–14 & 14.15–20, So 8–14 Uhr) ist im 1. Stock. Oben gibt's auch einen Schalter für kontingentierte Tickets für ausländische Touristen.

Draußen vor dem Bahnhof befindet sich ein Prepaid-Taxistand. Taxis oder Autorikschas vom/zum Stadtzentrum kosten ca. 80 ₹.

Chandor

Das kleine Dorf Chandor, das etwa 15 km östlich von Margao liegt, ist wegen seiner einst prächtigen portugiesischen Villen, für die das wundervolle Braganza House beispielhaft steht, ein bedeutendes Ausflugsziel. Mit seinen verfallenen, aber immer noch grandiosen Fassaden und Giebeln – viele von typisch portugiesischen Hähnen aus Holz gekrönt – und der hohen, weißen Kirche Nossa Senhora de Belem ist Chandor ausgesprochen fotogen.

Zwischen dem späten 6. Jh. und der Mitte des 11. Jhs. war Chandor besser als Chandrapur bekannt und war die spektakulärste Stadt an der Konkan-Küste. Bis 1054 war sie der prachtvolle Sitz der vom Schicksal gebeutelten Kadamba-Dynastie. Danach zogen die Herrscher an einen neuen Ort mit großem Hafen, nach Govepuri an der Stelle des heutigen Old Goa (Goa Velha). Als die Muslime Govepuri 1312 dem Erdboden gleichmachten, verlegten die Kadamba ihr Regierungszentrum für kurze Zeit zurück nach Chandrapur, doch wenig später wurde Chandrapur selbst 1327 geplündert und die glorreichen Tage waren ein für alle Mal vorbei.

ABSTECHER

HAMPI

Die surrealen Ruinen des Vijayanagar-Reichs bei Hampi (S. 228) in Karnataka sind einen Abstecher oder sogar einen Zweitagesausflug von Goa aus wert. Der *VSG Howrah Express* fährt dienstags, donnerstags, freitags und samstags um 7.10 Uhr von Margao nach Hospet, von wo aus es dann weiter nach Hampi geht (Sleeper Class/3AC/2AC 235/620/885 ₹, 8 Std.). Bequemer als der Zug sind die Nachtbusse, die direkt von Margao oder Panaji nach Hampi fahren und von Paulo Travels betrieben werden (800–1500 ₹, 10–11 Std., 2–3-mal tgl.).

Sehenswertes

Braganza House HISTORISCHES GEBÄUDE

Das im 17. Jh. erbaute Braganza House nimmt eine komplette Seite des Dorfplatzes von Chandor ein und ist die größte portugiesische Villa dieser Art in ganz Goa. Sie ist das vielleicht beste Beispiel dafür, was heute aus den einst großartigen und prächtigen Herrenhäusern geworden ist. Die Familie Braganza baute das überdimensionale Haus auf Land, das durch den König von Portugal vergeben worden war. Als später zwei Schwestern der Familie das Haus erbten, teilten sie es in den Ostflügel und den Westflügel.

Fernandes House HISTORISCHES GEBÄUDE

(☎ 0832-2784245; Spende 200 ₹; ⏲ 9–18 Uhr) Das Fernandes House 1 km östlich hinter der Kirche ist für Besucher geöffnet. Das ursprüngliche Gebäude ist über 500 Jahre alt, der portugiesische Teil wurde 1821 von der Familie Fernandes angebaut. Das Geheimversteck im Keller, das voller Einschlusslöcher ist und einen Fluchttunnel zum Fluss hat, wurde von der Familie genutzt, um vor Angreifern zu fliehen. Eine Führung ist im Eintritt enthalten.

An- & Weiterreise

Regionalbusse fahren unregelmäßig von Margao nach Chandor (10 ₹, 30 Min.) am besten kommt man aber mit einem eigenen Verkehrsmittel hierher. Ein Taxi ab Margao kostet inklusive Wartezeit 400 ₹.

Colva

☎0832 / 10 200 EW.

Colva, früher ein schläfriges Fischerdorf und in den 1960er-Jahren ein Treffpunkt von Hippies, die vor der Szene oben in Anjuna die Flucht ergriffen hatten, ist noch immer der Hauptferienort dieses Küstenabschnitts. Heute hat es aber nicht mehr viel von einem Strandparadies. Doch wer ein kleines Stück weiter nach Norden oder Süden fährt, findet wieder etwas von dem Frieden, der im Zentrum Colvas fehlt.

Aktivitäten

Am Strandzugang von Colva warten zahlreiche Wassersportveranstalter, die unbedingt **Parasailing** (1000 ₹), **Jetski-Fahrten** (15 Min. für 1/2 Pers. 400/600 ₹) und **Delfinbeobachtungstouren** (ca. 330 ₹/Pers.) verkaufen wollen. Die Preise sind Festpreise, man sollte aber darauf achten, dass man eine Rettungsweste bekommt.

Schlafen

Sam's Guesthouse HOTEL $

(☎0832-2788753; Zi. 650 ₹; 📶) Das Sam's liegt abseits vom Getümmel und nördlich der Hauptmeile Colvas an der Straße, die parallel zum Strand verläuft. Es ist ein großes, fröhliches Hotel mit freundlichen Besitzern und geräumigen Zimmern, die zu diesem Preis ein echtes Schnäppchen sind. Sie gruppieren sich um einen netten Hofgarten. Außerdem gibt's ein gutes Restaurant und die kitschige Cosy Cave. WLAN ist nur im Restaurant verfügbar.

La Ben HOTEL $

(☎0832-2788040; www.laben.net; Colva Beach Rd; Zi. ohne/mit Klimaanlage 1100/1400 ₹; ❄📶) Ordentlich, sauber und nicht völlig ohne Atmosphäre. Wer nicht auf eine sehr charaktervolle Unterkunft besteht, bekommt hier ordentliche Zimmer mit gutem Preis-Leistungs-Verhältnis. Das La Ben gibt's schon ewig, ein toller Neuzugang ist dagegen das angrenzende **Garden Restaurant** (Hauptgerichte 100–320 ₹; ⏰7–10 & 18–23 Uhr; 📶).

★ **Skylark Resort** HOTEL $$

(☎0832-2788052; www.skylarkresortgoa.com; DZ mit Klimaanlage 3350–4500 ₹, FZ 5000 ₹; ❄📶🏊) Eindeutig besser als die Budgetunterkünfte: Die sauberen Zimmer sind mit von einheimischen Handwerkern geschreinerten Teakmöbeln und Tagesdecken mit Baumwolldruck ausgestattet. Am schönen Pool lässt es sich herrlich entspannen. Die besten (und teuersten) Zimmer liegen direkt am Pool.

Essen & Ausgehen

Sagar Kinara INDISCH $

(Colva Beach Rd; Hauptgerichte 70–190 ₹; ⏰7–22.30 Uhr) Das Sagar Kina ist sauber und effizient und bietet den ganzen Tag über preiswerte und geschmackvolle nord- und

EIN HUNDELEBEN

In Süd-Goa gibt es zwei Tierheime, in denen Freiwillige und Besucher willkommen sind, die mit den dort lebenden Straßenhunden spaziergehen oder spielen möchten.

Der **Goa Animal Welfare Trust** (☎9763681525, 0832-2653677; www.gawt.org; Curchorem; ⏰Mo–Sa 9–17.30, So 10–13 & 14.30–17 Uhr) in der im Landesinneren gelegenen Kleinstadt Curchorem sorgt dafür, dass kranke Tiere veterinärmedizinisch versorgt werden und dass junge Welpen und Kätzchen Schutz finden. Zudem setzt er sich für Sterilisationsprogramme für Straßenhunde und für die preiswerte veterinärmedizinische Versorgung (einschließlich Tollwutimpfungen) von Haustieren in Goa ein. Freiwillige sind hier gern gesehen, selbst für einen einzigen Besuch von ein paar Stunden, um mit den Hunden Gassi zu gehen oder zu spielen. Dinge wie alte Zeitungen oder alte Laken und Handtücher (oder was immer man nach der Reise nicht mehr benötigt) können genutzt werden, um die Zwinger auszulegen.

Im **Goa Animal Welfare Trust Shop** (☎0832-2653677; ⏰Mo–Sa 9.30–13 & 16–19 Uhr) in Colva, einem gemeinnützigen Laden, der Souvenirs und gebrauchte Bücher verkauft, kann man Kontakt zu dem Tierheim aufnehmen.

In Chapolim, ein paar Kilometer nordöstlich von Palolem, nimmt das kleine **Animal Rescue Centre** (☎0832-2644171; Chapolim; ⏰Mo–Sa 10–13 & 14.30–17 Uhr) ebenfalls kranke, verletzte oder streunende Tiere auf und freut sich über freiwillige Helfer. An der Straße nach Chaudi auf Schilder achten; es befindet sich etwa 2 km Richtung Norden in der Nähe des Chapolim-Damms.

südindische Küche. Die Köstlichkeiten des rein vegetarischen Restaurants oben (nicht vegetarische Speisen gibt's unten) überzeugen selbst eingeschworene Fleischfans.

★ **Leda Lounge & Restaurant** BAR
(⌚7.30–24 Uhr) Teils Sportsbar, teils Musikkneipe, teils Cocktailbar – das Leda ist Colvas mit Abstand bestes Lokal, um abends auszugehen. Hier gibt es angesagte Drinks (Mojitos, Long Island Iced Tea), mittags und abends gutes Essen und von Donnerstag bis Sonntag Livemusik.

Praktische Informationen

In Colva findet man zahlreiche Banken und Geldautomaten sowie vereinzelt Internetcafés und Reisebüros, alle in der Colva Beach Rd.

An- & Weiterreise

Busse von Colva nach Margao fahren zwischen 7.30 und 19 Uhr etwa alle 15 Minuten (15 ₹, 20 Min.) vom Parkplatz am Ende der Strandstraße. Ein Taxi nach Margao kostet 300 ₹.

Benaulim

☎0832

Die langen, fast menschenleeren Strände Benaulims und des nahen Sernabatims, an denen nur ein paar Strandrestaurants stehen und sich einige Wassersportfans tummeln, sind viel ruhiger als Colva. Das liegt zum Teil daran, dass das Dorf, zu dem mehrere Gassen führen, einen guten Kilometer vom Strand weg ist. Außerhalb der Saison kann es recht verlassen wirken. Was den Strand so reizvoll macht, ist das Fehlen jedweden Autoverkehrs und echter Strandbebauung.

Die meisten Unterkünfte, Restaurants, Lebensmittelgeschäfte und Apotheken konzentrieren sich in der Nähe der Kreuzung Maria Hall an der Vasvaddo Beach Rd.

Sehenswertes

★ **Goa Chitra** MUSEUM
(☎0832-6570877; www.goachitra.com; St. John the Baptist Rd, Mondo Vaddo; 300 ₹; ⌚Di–So 9–18 Uhr) Der Künstler und Restaurator Victor Hugo Gomes bemerkte als Erster – da war er noch ein kleiner Junge in Benaulim –, dass immer mehr traditionelle Alltagsobjekte, von Landwirtschaftsmaschinen über Küchenutensilien bis hin zu Altarbildern, langsam aus dem Leben der Menschen verschwinden. Daher gründete er dieses ethnografische Museum, in dem mittlerweile mehr als 4000 ausrangierte Gegenstände zu sehen sind, die er in den letzten 20 Jahren in Goa gesammelt hat. Jede volle Stunde gelangt man im Rahmen einer einstündigen Audiotour in dieses Museum. Goa Chitra liegt 3 km östlich der Maria Hall – einfach nach dem Weg fragen!

NICHT VERSÄUMEN

COLA BEACH

Cola Beach ist eine der versteckten Perlen an der Südküste – eine schwer zu erreichende Bucht mit Sandstrand, die von bewaldeten Klippen eingeschlossen ist und in deren Hintergrund sich eine herrliche smaragdgrüne Lagune erstreckt.

Natürlich wurde der Strand schon „entdeckt", und zwischen November und April entstehen hier mehrere Hütten- und Zeltdörfer, doch es ist noch immer ein schönes Fleckchen, das bei Tagesbesuchern aus Agonda und Palolem beliebt ist.

Weiter nördlich um die Landspitze herum liegt ein noch abgeschiedener Strand, **Khancola Beach** oder Kakolem genannt; hier gibt's nur ein Resort, zu dem von den Klippen darüber eine Treppe im Dschungel führt.

San Thome Museum MUSEUM
(☎9822363917; www.goamuseum.com; Colva Rd; 200 ₹; ⌚9–18 Uhr) Das ungewöhnliche neue Museum mit dem Namen „Zurück in der Zeit" zeigt auf drei Stockwerken gut präsentiere Technik im Wandel der Zeit, von alten Kameras und Schreibmaschinen bis zu Grammofonen, Uhren und Projektoren. Zu den Highlights gehören ein Scheidmayer-Flügel, ein Raleigh-Fahrrad und ein Anker aus der gleichen Gussform wie der Anker der *Titanic*.

Schlafen

In den Straßen zwischen den Stränden von Benaulim und Sernabatim werden viele günstige Zimmer vermietet, die großen Fünf-Sterne-Hotels liegen weiter südlich. Die besten Budgetunterkünfte gibt's am Sernabatim Beach, ein paar Hundert Meter nördlich von Benaulim.

D'Souza Guest House PENSION $
(☎0832-2770583; DZ 600 ₹) Das traditionelle, blau gestrichene Haus in einer Seitenstraße hat nur drei Zimmer und wird von einer

goanischen Familie geführt. Die Atmosphäre ist gemütlich, und es gibt einen hübschen Garten. Da die Pension oft ausgebucht ist, sollte man im Voraus reservieren.

Anthy's Guesthouse PENSION $

(☎0832-2771680; anthysguesthouse@rediffmail.com; Sernabatim Beach; DZ 1500 ₹, mit Klimaanlage 1800 ₹; ❄📶) Als eine der wenigen Unterkünfte direkt am Sernabatim Beach ist Anthy's Guesthouse bei Travellern natürlich sehr beliebt. Hier gibt's ein gutes Restaurant, eine Bücherbörse und gepflegte Zimmer im Chalet-Stil, die direkt hinter dem Strand von einem schönen Garten umgeben sind. Ayurvedische Massagen können gebucht werden.

★ **Blue Corner** HÜTTEN $$

(☎9850455770; www.bluecornergoa.com; Hütten 1200 ₹; 📶) Einen kurzen Spaziergang nördlich vom Hauptstrandzugang stehen hinter dem provisorischen Strandrestaurant diese robusten, mit Palmstroh gedeckten Hütten (in dieser Gegend eine Seltenheit). Die mit Ventilator und Veranda ausgestatteten Hütten sind die besten Benaulims. Das Restaurant wird von den Gästen sehr gelobt.

Taj Exotica HOTEL $$$

(☎0832-6683333; www.tajhotels.com; DZ 17 000–28 000 ₹; ❄@🏊) Im Tah Exotica, einem der elegantesten Resorts Goas, haben schon Bollywood-Stars und Scheichs übernachtet. 2 km südlich von Benaulim bietet es in einem 23 ha großen tropischen Garten alle Spas, Restaurants und Pools, die man hier erwartet. Die meisten Traveller werden sich mit einem Besuch in den noblen Restaurants begnügen, darunter das Allegria, das goanische Küche serviert, und die Lobster Shack am Strand.

Essen & Ausgehen

Cafe Malibu INDISCH $

(Hauptgerichte 110–200 ₹; ⏲8–23 Uhr) In dem kleinen, unprätentiösen, familiengeführten Café ein kurzes Stück hinter dem Strand sitzt man nett im Garten an einer Seitenstraße. Es bringt gute goanische Spezialitäten sowie indische und europäische Gerichte auf den Tisch.

Pedro's Bar & Restaurant INTERNATIONAL $$

(Vasvaddo Beach Rd; Hauptgerichte 120–360 ₹; ⏲7–24 Uhr; 📶) Das sowohl bei indischen als auch bei ausländischen Gästen gleichermaßen beliebte Restaurant liegt in einem großen, schattigen Garten direkt am Strand und serviert Klassiker der indischen, chinesischen und italienischen Küche sowie eine Reihe guter goanischer Gerichte und glühend heiß Gebratenes.

Club Zoya CLUB

(☎9822661388; www.clubzoya.com; ⏲ab 20 Uhr) Dieser riesige Club hat die Partyszene ins kleine, verschlafene Benaulim gebracht. Hier sind internationale DJs, große Lightshows und eine Cocktailbar geboten, die ganz spezielle Drinks mit Wodka serviert. Während der Hauptsaison ist hier fast jeden Abend was los; man kann sich auf der Website informieren, was genau ansteht.

Anreise & Unterwegs vor Ort

Busse von Margao nach Benaulim fahren häufig (15 ₹, 15 Min.). Sie halten an der Kreuzung Maria Hall oder an den Kreuzungen der Straßen nach Sernabatim oder zum Taj Exotica (dem Fahrer sagen, wo man aussteigen möchte). Die fünfminütige Fahrt mit der Autorikscha von der Maria-Hall-Kreuzung zum Strand kostet 60 ₹.

Agonda

☎0832 / 3800 EW.

Seit Jahren zieht es Traveller nach Agonda und die Hüttendörfer, die dort in der Saison entstehen – einige davon sehr luxuriös – säumen inzwischen fast den ganzen Strand. Dennoch ist Agonda immer noch ruhiger als Palolem und eine gute Wahl, wenn man einfach am Strand entspannen möchte. Die Küstenstraße zwischen Betul und Palolem führt durch das Dorf Agonda, während die zentrale Travellermeile, eine einspurige Straße, parallel zum Strand verläuft.

Sehenswertes & Aktivitäten

Der **Agonda Beach** ist ein schöner, 2 km langer Sandstrand mit weißem Sand, der zwischen zwei bewaldeten Landzungen liegt. Die Brandung kann hier stark sein und das Schwimmen ist nicht so sicher wie in Palolem, es sind aber Rettungsschwimmer am Strand. Am Nordende legen die unter Naturschutz stehenden Oliv-Bastardschildkröten im Winter ihre Eier ab.

Südlich von Agonda liegen der **Honeymoon Beach** und dahinter der **Butterfly Beach** (ab 1700 ₹), zwei schöne Strände, die man beide zu Fuß oder mit dem Boot erreicht. Es gibt dort aber keinerlei Einrichtungen.

Viele Einheimische und Ausländer bieten in Agonda in der Hochsaison Yoga-, Meditations- und Ayurveda-Kurse an. Einheimische Boote können Besucher zu Delfinbeobachtungstouren mitnehmen.

Aloha Surf School SURFEN
(☎7507582933; Surfboardverleih 1 Std./2 Std./ganzer Tag 300/500/1500 ₹, Unterricht ab 1500 ₹; ⏲8–18 Uhr) Die erste Surfschule im tiefen Süden Goas wird von einem leidenschaftlichen einheimischen Team geführt. Man kann auf den sanften Wellen Agondas das Surfen lernen oder ein Surfboard ausleihen.

Schlafen

Die Strandhütten in Agonda sind in den vergangen Jahren erheblich nobler und teurer geworden. Die besten Anlagen am Strand warten nun schon mit Klimaanlagen, TVs und riesigen Bädern unter freiem Himmel auf, und alle haben ein Restaurant oder eine Bar, meist mit Blick auf den Strand. Wie bei allen saisonalen Unterkünften können sich der Standard und der Besitzer ändern.

In der Parallelstraße hinter dem Strand gibt's ein paar günstigere Pensionen und Privatzimmer.

Fatima Guesthouse PENSION $
(☎0832-2647477; www.fatimasguesthouse.com; DZ 1000–1500 ₹, mit Klimaanlage 1500–2500 ₹; ❄📶) Die Budgetpension, die sich seit Jahren großer Beliebtheit erfreut, liegt hinter dem Strand und hat saubere Zimmer und zuvorkommende Mitarbeiter. In der Hochsaison werden auf dem Dach Yogakurse durchgeführt.

★ **Agonda White Sand** STRANDHÜTTEN $$
(☎9823548277; www.agondawhitesand.com; Agonda Beach; Hütte 4200–5200; 📶) Die schönen Strandhütten dieser stilvollen Anlage am Strand haben Bäder unter freiem Himmel und Sprungfedermatratzen und liegen um eine zentrale Bar und ein Restaurant.

Chattai STRANDHÜTTEN $$
(☎9423812287; www.chattai.co.in; Hütte 2100 ₹) Das Chattai offeriert am nördlichen Ende des Strandes hübsche, luftige Hütten im Sand sowie beliebte Yogakurse unter der abgeschirmten Yoga-Kuppel.

H2O Agonda HÜTTEN $$$
(☎9423836994; www.h2oagonda.com; DZ inkl. Frühstück 4500–6500 ₹; ❄📶) Die Hütten mit den lila-malvenfarbenen Musselinvorhängen und dem 1001-Nacht-Ambiente gehören zu den tollsten und luxuriösesten in Agonda. Von der Rezeption wie in einem Hotel geht man durch einen Garten zu den geräumigen Hütten mit Klimaanlage, TV und riesigen Bädern unter freiem Himmel. Die teureren Cottages mit Meerblick und Kingsize-Betten sind ihr Extrageld wert.

Essen

★ **Blue Planet Cafe** VEGAN $$
(☎0832-2647448; Hauptgerichte 110–250 ₹; ⏲9.30–15 & 18.30–21 Uhr) Mit seinem nahrhaften Essen, der kleinen, überwiegend veganen Küche und der gesundheitsbewussten Atmosphäre ist das Blue Planet eine tolle Abwechslung von der Strandszene. Auf der Karte stehen Salate, Smoothies und innovative vegane Gerichte. Es liegt etwa 2 km vom Dorf Agonda abseits der Straßen im Dschungel; von der Hauptstraße zwischen Agonda und Palolem folgt man den Schildern.

Kopi Desa EUROPÄISCH $$
(☎7767831487; Hauptgerichte 120–450 ₹; ⏲8–23 Uhr) Der Name ist indonesisch und bedeutet übersetzt „Kaffeedorf", doch das neue Restaurant mit Cocktailbar, das von zugezogenen Ausländern geführt wird, schlägt eher mit seiner einfallsreichen, europäisch geprägten Karte und der Livemusik Wellen.

An- & Weiterreise

An der Strandstraße kann man für ca. 300/400 ₹ Roller/Motorräder ausleihen. Autorikschas fahren von der zentralen T-Kreuzung in der Nähe der Kirche von Agonda nach Palolem (250 ₹) und Patnem (300 ₹), Taxis kosten etwa 50 ₹ mehr.

Den ganz Tag über starten in Chaudi sporadisch Regionalbusse nach Agonda (12 ₹), man muss dem Fahrer sagen, dass man zum Agonda Beach will, sonst wird man im etwa 1 km entfernten Dorf abgesetzt.

Palolem

☎0832 / 12 440 EW.

Palolem ist zweifellos einer der schönsten Strände Goas: eine von Palmen gesäumte, sanft geschwungene, ruhige Bucht mit feinem Sand. Doch in der Hochsaison verwandelt sie sich in eine Spielzeugstadt aus bunten und immer aufwändigeren Holz- und Bambushütten, die hinter den mit Palmstroh gedeckten Strandrestaurants stehen. Dennoch ist es hier immer noch sehr angenehm, und gerade Backpacker, Langzeiturlauber und Familien kommen gern her. Die geschützte Bucht, in der man auch wunderbar für ein paar Stündchen mit dem Kajak oder dem SUP Board fahren kann, ist einer der sichersten Badestrände Goas.

Palolem

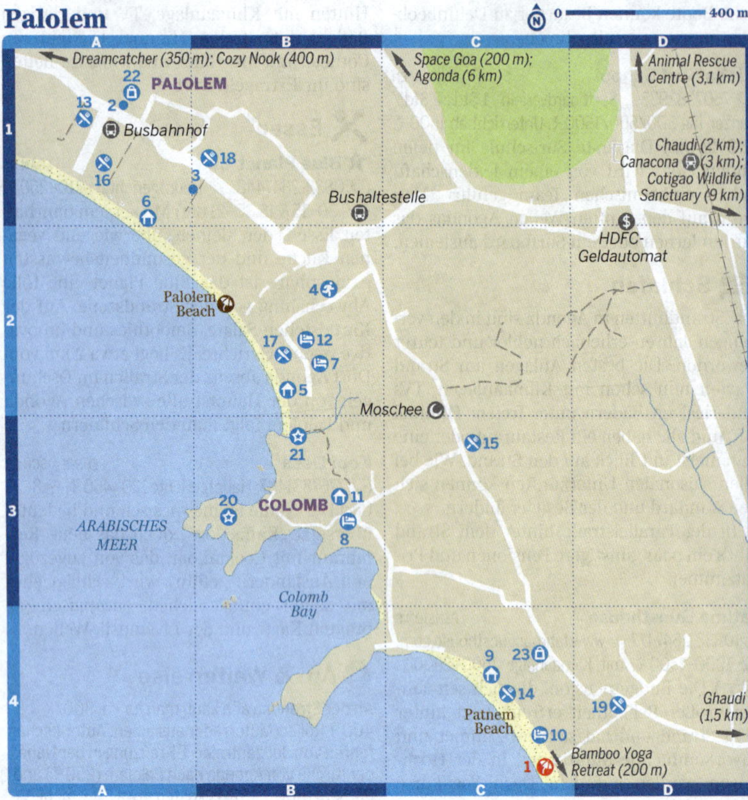

Wer vom Strand genug hat, kann in Palolem Kochkurse oder Yogastunden besuchen oder ein Motorrad leihen und zu Stränden, Wasserfällen und Naturparks fahren.

Aktivitäten

In der Hochsaison gibt's in Palolem zahlreiche Angebote für Yoga-, Reiki- und Meditationskurse. Oft wechseln die Orte und die Lehrer von Jahr zu Jahr, am besten fragt man ein wenig herum, wessen heilende Hände in dieser Saison angesagt sind.

Palolems ruhige Bucht ist ideal zum **Kajakfahren** und **Stehpaddeln**. Kajaks kann man für ca. 150 ₹ pro Stunde ausleihen, SUP Boards für 500 ₹. **Seema Bike Hire** (Ourem Rd) verleiht **Mountainbikes** (100 ₹/Tag).

Einheimische Fischer bieten Angelausflüge und Delfinbeobachtungstouren mit ihren Auslegerbooten an. Für einen einstündigen Trip verlangen sie mindestens 1200 ₹, bei vier oder mehr Personen 1600 ₹. Sie fahren auch zu den nahegelegenen Stränden Butterfly Beach und Honeymoon Beach oder zum Agonda Beach und zum Cola Beach.

★ Goa Jungle Adventure OUTDOOR-AKTIVITÄTEN
(☎ 9850485641; www.goajungle.com; Trekking-/Canyoning-Tour 2090–3990 ₹; ⌚ Okt.–Mai) Dieser Outdoor-Veranstalter, der von einem professionellen französischen Guide geleitet wird, bietet aufregende Trekking- und Canyoning-Touren durch die Gegend rund um Netravali zu Füßen der Western Ghats an, wo man klettern, von Klippen springen und sich im Abseilen versuchen kann. Die Touren dauern zwischen einem halben Tag und mehreren Tagen, und manchmal stehen auch ausgedehnte Rafting-Touren bis nach Karnataka auf dem Programm.

Kurse

Rahul's Cooking Class KOCHEN
(☎ 07875990647; www.rahulcookingclass.com; Palolem Beach Rd; 1500 ₹/Pers.; ⌚ 11–14 & 18–21

Palolem

Sehenswertes
1 Patnem Beach C4

Aktivitäten, Kurse & Touren
Humming Bird Spa .... (siehe 6)
2 Masala Kitchen A1
3 Rahul's Cooking Class B1
4 Seema Bike Hire B2

Schlafen
5 Art Resort B2
6 Ciaran's A1
7 Kate's Cottages B2
8 La La Land B3
9 Micky's C4
10 Papaya's C4
11 Sevas B3
12 Travellers Blues Bus B2

Essen
13 Café Inn A1
14 Home C4
Jaali Cafe .... (siehe 23)
15 Karma Cafe & Bakery C3
16 Magic Italy A1
17 Ourem 88 .... B2
18 Shiv Sai B1
19 Zest Patnem D4

Unterhaltung
20 Neptune Point Headphone Disco B3
21 Silent Noise B3

Shoppen
22 Butterfly Book Shop A1
23 Jaali C4

Uhr) Rahul's ist eine der ursprünglichen Kochschulen Palolems und veranstaltet jeden Tag dreistündige Vormittags- und Nachmittagskurse. Es werden fünf Gerichte zubereitet, darunter *chapati* und Kokoscurry. Mindestens zwei Personen; einen Tag vorher buchen.

Masala Kitchen KOCHEN
(1000 ₹/Pers.) Renommierte Kochkurse. Nähere Infos bekommt man im Butterfly Book Shop (S. 171); einen Tag im Voraus buchen.

Schlafen

Die meisten Unterkünfte Palolems fallen in die Kategorie einfacher Strandhütten, die zum Saisonende wieder abgebaut werden. Abseits des Strandes gibt's aber auch viele traditionelle Pensionen und Wohnhäuser, in denen Zimmer vermietet werden. Es ist immer noch möglich, eine einfache Hütte aus Palmstroh oder Sperrholz in Strandnähe für nur 800 ₹ zu finden, doch heute sind viele der Hütten sehr durchdacht gestaltet. Die allerbesten sind mit Klimaanlage, Flachbild-TV und Balkon mit Meerblick ausgestattet.

Travellers Blues Bus HOSTEL $
(☎9665510281; Ourem Rd; B 300–500 ₹, DZ 2000–2500 ₹; ❄ 📶) In der Open-Air-Bar ist ein blau-weißer Kombi geparkt und Traveller reichen eine Gitarre herum. Die Atmosphäre im TBB, einem tollen neuen Hostel direkt hinter dem Strand, ist einfach cool. Die makellosen Schlafsäle mit vier bis zehn Betten (keine Stockbetten), die Privatzimmer und die Hütten (in der Saison) bieten alle eine gutes Preis-Leistungs-Verhältnis.

Sevas STRANDHÜTTE $
(☎9422065437; www.sevaspalolemgoa.com; DZ Hütte 800 ₹, Familienbungalow 1800 ₹; @ 📶) Das Sevas, das sich im Dschungel auf der Seite der Colomb Bay versteckt, bietet einfache Palmenhütten mit Bädern im Freien und größere Familienbungalows in einem hübschen schattigen Garten.

★ **Ciaran's** STRANDHÜTTE $$
(☎0832-2643477; www.ciarans.com; Hütte inkl. Frühstück 3000–3500 ₹, Zi. mit Klimaanlage 4500 ₹; ❄ 📶) 🍃 Diese Standhütten gehören zu den beeindruckendsten am ganzen Strand. Der freundliche Besitzer John hat im Lauf der Jahre hart dafür gearbeitet, den hohen Standard zu halten und seine schön gestalteten Bungalows, die um einen Garten mit vielen Pflanzen und einem Teich liegen, sind erste Sahne. Hier gibt's auch ein beliebtes internationales Restaurant, ein Tapas-Restaurant und ein ausgezeichnetes **Massage- und Spa-Zentrum** (1-stündige Massage ab 1900 ₹).

★ **Cozy Nook** STRANDHÜTTE $$
(☎9822584760, 0832-2643550; www.cozynookgoa.com; Hütte 2500–3500 ₹) Im schon lange existierenden Cozy Nook am Nordende des Strandes gibt's einige schön gestaltete Bungalows, darunter auch zweistöckige. Oben befinden sich eine Terrasse zum Chillen, weitere Zimmer und eine funkige Bar. Yoga und Kajakverleih.

Kate's Cottages PENSION $$
(☎9822165261; www.katescottagesgoa.com; Ourem Rd; DZ 3000–5000 ₹; ❄ 📶) Die beiden tollen Zimmer über dem Restaurant Fern's

sind wunderschön mit Massivholzelementen, riesigen Himmelbetten, TVs, modernen Bädern und Meerblick vom Balkon gestaltet. Im Erdgeschoss befinden sich auch einige preiswertere Bungalows.

Dreamcatcher STRANDHÜTTE **$$**
(☎0832-2644873; www.dreamcatcher.in; Hütte 2200–6600 ₹; 📶) Die vielleicht größte Strandhüttenanlage Palolems hat mehr als 60 massive Hütten, die dennoch abgeschieden liegen. Sie liegt in einem Kokospalmenhain direkt hinter dem nördlichen Strandende. Eines der Highlights ist das Restaurant mit Cocktailbar am Fluss. Zudem wird eine breite Palette ganzheitlicher Behandlungen, Massagen und Yogakurse angeboten, darunter auch Yoga- und Reikikurse, an denen man ohne Voranmeldung teilnehmen kann.

La La Land RESORT **$$**
(☎7066129588; http://lalaland.in; Colomb Bay; Bungalows 4000–7200 ₹; ❄📶) Im La La Land an der Colomb Bay stehen verschiedene skurrile, aber stilvolle Hütten und Nurdachhütten im Stil von Kerala-Bungalows in einem schönen Garten.

Art Resort STRANDHÜTTE **$$$**
(☎9665982344; www.art-resort-goa.com; Ourem Rd; Hütte 6000–9500 ₹; ❄📶) Die schön gestalteten Bungalows am Strand sind um ein hervorragendes Strandrestaurant angeordnet und haben mit ihren abgeschirmten Sitzgelegenheiten im Freien und den modernen Kunstwerken die Atmosphäre eines Beduinenlagers. Im Resort gibt es Kunstausstellungen und Livemusik.

STILLE PARTYS

Palolem umgeht mit seinen *silent parties* geschickt das in ganz Goa geltende Verbot lauter Musik an öffentlichen Plätzen nach 20 Uhr – hier kann man die ganze Nacht durchtanzen, ohne die Nachbarn zu verärgern.

Gegen 22 Uhr geht's los. Man setzt Kopfhörer auf, wobei zwei oder drei Kanäle zur Wahl stehen, auf denen goanische und internationale DJs Trance, House, Hip-Hop, Elektro und Funk auflegen – und dann wird nach Leibeskräften gefeiert, auch wenn nach außen alles still ist. Zum Zeitpunkt der Recherche gab es in Palolem zwei Kopfhörer-Partys:

Silent Noise (www.silentnoise.in; On the Rocks; Eintritt 600 ₹; ⏲Nov.–April Sa 21–4 Uhr)

Neptune Point (www.neptunepoint.com; Neptune's Point, Colomb Bay; Eintritt 600 ₹; ⏲Nov.–April Sa 21–4 Uhr)

Essen

Am Strand von Palolem gibt's keine Strandhüttenrestaurants, so wie man sie weiter im Norden findet – dafür ist der Strand nicht breit genug. Doch in der Hochsaison hat jede Hüttenanlage, die den Strand säumt, ein eigenes Restaurant, oft mit Tischen und Sonnenschirmen, die mitten im Sand stehen. Alle servieren frisches Seafood und haben ziemlich austauschbare Speisekarten, man sollte sich also ruhig ein paar anschauen, bis man die mit dem perfekten Ambiente gefunden hat.

Shiv Sai INDISCH **$**
(Thalis 90 ₹, Hauptgerichte 100–200 ₹; ⏲9–23 Uhr) Das durch und durch einheimische Lokal in der parallel zum Strand verlaufenden Straße serviert köstliche vegetarische und Fisch-Thalis sowie Thalis nach Art von Gujarat und goanische Gerichte.

★ **Space Goa** CAFÉ **$$**
(☎80063283333; www.thespacegoa.com; Hauptgerichte 150–280 ₹; ⏲8.30–17.30 Uhr; 📶) An der Straße nach Agonda vereint das Space Goa ein hervorragendes Biocafé, ein Delikatessengeschäft, einen Kunsthandwerksladen und ein Wellnesszentrum, das Meditation, ayurvedische Behandlungen und Zen Cosmic Healing anbietet, unter einem Dach. Das Essen, darunter fabelhafte Salate, Panini und Mezze, ist frisch und köstlich, und die Desserts, z. B. Schokoladen-Rote-Bete-Kuchen, sind einfach himmlisch. An den morgendlichen Yogastunden kann man ohne Voranmeldung teilnehmen (500 ₹).

★ **Magic Italy** ITALIENISCH **$$**
(☎8805767705; Palolem Beach Rd; Hauptgerichte 260–480 ₹; ⏲17–24 Uhr) Das Magic Italy am Hauptstrand gibt's schon ein paar Jährchen, und die einfallsreichen Holzofen-Pizzas und hausgemachten Pastas sind nach wie vor ausgezeichnet und werden mit aus Italien importierten Zutaten wie Schinken, Salami, Käse und Olivenöl zubereitet. Die Atmosphäre ist geschäftig, aber entspannt.

Café Inn CAFÉ **$$**
(☎7507322799; Palolem Beach Rd; Hauptgerichte 100–450 ₹; ⏲8–23 Uhr; 📶) Wer Lust auf einen Cappucino oder einen mit Rum versetzten

ABSTECHER

TAGESAUSFLÜGE IN DEN SÜDEN

Goas Süden ist wie gemacht für Tagesausflüge. Einfach ein Motorrad leihen oder ein Taxi mieten – und auf geht's zu Ausflügen von Palolem, Patnem oder Agonda aus!

➡ **Tanshikar Spice Farm** (☎0832-2608358, 9421184114; www.tanshikarspicefarm.com; Netravali; geführte Tour über die Plantage inkl. Mittagessen 500 ₹; ⏲10–16 Uhr) Von Palolem aus geht es 35 km ins Landesinnere durch Wälder und Felder bis zu dieser ausgezeichneten Gewürzplantage. Von dort kann man Wanderungen in den Urwald und zum mysteriösen „Bubble Lake" unternehmen.

➡ **Talpona & Galgibag** Diese zwei fast verlassenen, zauberhaften Strände werden von den Flüssen Talpona und Galgibag natürlich eingerahmt. Am Galgibag nisten Oliv-Bastardschildkröten, und es gibt ein paar gute Strandrestaurants und Hütten. Schon die kurvige Fahrt hierher macht einen Riesenspaß.

➡ **Polem Beach** Goas südlichster Strand liegt 25 km südlich von Palolem und hat nur ein Hüttendorf zu bieten. Daher fühlt man sich hier richtig weit weg von allem. Einen Ausflug sollte man mit einem Abstecher zum Talpona und zum Galgibag kombinieren.

Slush hat, ist im halb im Freien liegenden Café Inn richtig. Es mahlt seine Kaffeebohnen selbst und ist einer der beliebtesten Treffs in Palolem, obwohl es sich nicht einmal am Strand befindet. Das Frühstück ist reichhaltig und die klassischen Burger und Panini sind perfekt.

★ **Ourem 88** FUSION $$$
(☎8698827679; Hauptgerichte 540–750 ₹; ⏲Di–So 18–22 Uhr) Mit nur ein paar Tischen und einer kleinen, aber meisterlichen Karte ist das von Briten geführte Ourem 88 eine gastronomische Sensation. Empfehlenswert sind der gebackene Brie, die zarten, mit goanischen Würstchen gefüllten Calamari, die geschmorte Lammhüfte und das lockere Soufflé. Hier lohnt es sich, mal tiefer in die Tasche zu greifen.

Ausgehen & Nachtleben

Leopard Valley CLUB
(www.leopardvalley.com; Palolem-Agonda Rd; Eintritt ab 600 ₹; ⏲Fr 21–4 Uhr) Süd-Goas größter Tanzclub im Freien ist schon etwas, sowohl für Augen als auch für die Ohren. Freitagabends werden hier 3D-Laser-Lightshows, Pyrotechnik und die allerneueste Soundtechnik aufgeboten, und einheimische und internationale DJs legen auf. Es liegt isoliert zwischen Palolem und Agonda, ist aber leicht zu erreichen.

Shoppen

Butterfly Book Shop BÜCHER
(☎9341738801; ⏲10–13 & 15–20 Uhr) Dieser gemütliche Laden, der beste von mehreren guten Buchläden in Palolem, verkauft Bestseller, Klassiker und eine gute Auswahl an Büchern über Yoga, Meditation und Spiritualität. Er ist auch die Anlaufstelle für Yoga- und Kochkurse (S. 168).

Anreise & Unterwegs vor Ort

Von der **Bushaltestelle** an der Ecke der Straße, die hinunter zum Strand führt, fahren häufig Busse ins nahe Chaudi (7 ₹) sowie stündlich nach Margao (40 ₹, 1 Std.), die aber ebenfalls über Chaudi unterwegs sind. In Chaudi halten regelmäßig Busse nach Margao, wo man in Busse nach Panajim, zum Polem Beach weiter im Süden und nach Karwar in Karnataka umsteigen kann.

Der nächstgelegene Bahnhof ist Canacona, der sich 2 km von Palolems Strandzugang befindet.

Eine Autoriksha ab Palolem sollte nach Patnem 100 ₹, nach Chaudi 10 ₹kosten. Für ein Taxi zum Dabolim Airport zahlt man etwa 1500 ₹.

An der Hauptstraße, die zum Strand führt, kann man für ca. 300 ₹ Roller und Motorräder ausleihen.

Patnem

☎0832

Das hübsch Patnem ist kleiner und weniger voll als das benachbare Palolem und bietet daher eine ruhigere, familienfreundlichere Alternative. Das Wasser ist nicht ganz so ruhig und geschützt wie in Palolem, doch am entspannten **Patnem Beach** patrouillieren Rettungsschwimmer und zum Paddeln ist es sicher. Außerdem kann man ganz leicht um die Landspitze im Norden herum zur Colomb Bay und weiter nach Palolem laufen.

Schlafen

Langzeitgäste können sich über Patnems große Auswahl an Privathäusern und Apartments freuen, die für 10 000 bis 40 000 ₹ pro Monat vermietet werden. Den Strand säumen etwa ein Dutzend Strandhüttenanlagen – oft kommen und gehen sie von Jahr zu Jahr, sodass man sich am besten ein wenig umschaut, bis man eine passende gefunden hat.

Micky's STRANDHÜTTEN $
(☎9850484884; www.mickyhuts.com; Patnem Beach; DZ 800–1000 ₹; 📶) Das Micky's ist eine bewährte Anlage am Nordende des Patnem Beach und hat eine Reihe einfacher Budgethütten (teilweise mit eigenem Bad) und Zimmern. Es wird von einer freundlichen Familie geführt und ist fast das ganze Jahr hindurch geöffnet.

Papaya's BUNGALOWS $$
(☎9923079447; www.papayasgoa.com; Hütte 2000–3000 ₹, mit Klimaanlage 5000 ₹; ❄📶) Die massiven Strandhütten aus Naturmaterialien liegen hinter dem beliebten Restaurant des Papaya und ziehen sich nach hinten bis zu einem Palmenhain. Alle Hütten sind liebevoll gestaltet, mit viel Holz, Himmelbetten und wogendem Musselin. Im Restaurant gibt's ausgezeichnete Versionen der typischen Strandgerichte.

Bamboo Yoga Retreat HÜTTEN $$$
(☎9637567730; www.bamboo-yoga-retreat.com; EZ/DZ ab 6500/10 000 ₹; 📶) Das entspannte Yogazentrum, das exklusiv seinen Gästen vorbehalten ist, hat am südlichen Ende des Patnem Beach eine wundervolle *shala* mit offenen Seiten und drei weitere *shalas* im Dorf zwischen seinen komfortablen Holz- und Palmstrohhütten. Im Preis für Yogaurlaube sind Brunch, Meditation und täglich zwei Yogaklassen inbegriffen. Trainingskurse und ayurvedische Behandlungen sind ebenfalls im Angebot.

Essen

Karma Cafe & Bakery CAFÉ $
(☎9764504253; Patnem Rd, Colomb; Backwaren ab 60 ₹; ⏱7.30–18 Uhr; 📶) In diesem legeren Café mit Bäckerei gegenüber der Colomb Rd zieht man sich ein Kissen ran und sucht sich unter der fantastischen Auswahl an frischen Backwaren, Yakkäse-Croissants und Pasteten sowie Kaffees und Smoothies etwas Schönes aus.

★ **Jaali Cafe** CAFÉ $$
(☎8007712248; kleine Teller 150–250 ₹; ⏱Di–So 9–18, Do–Sa auch Abendessen) Das Essen in diesem hübschen Gartencafé ist schon etwas Besonderes, denn hier gibt's verschiedene nahöstliche und mediterrane Vorspeisenteller im Stil von Tapas, die allesamt ausgezeichnet schmecken. Man wählt jeweils zwei oder drei Gerichte aus, die man sich teilt. Bei den in Patnem lebenden Ausländern steht der Sonntagsbrunch hoch im Kurs. Zum Café gehören auch eine tolle **Boutique** (⏱9.30–18.30 Uhr) und ein sehr renommierter Massagetherapeut.

Home INTERNATIONAL $$
(☎0832-2643916; www.homeispatnem.com; Patnem Beach; Hauptgerichte 120–300 ₹; ⏱8–22 Uhr; 📶) Wie ein Leuchtturm ragt dieses strahlend weiße entspannte vegetarische Restaurant aus den Strandhütten heraus. Es serviert gutes Frühstück, Pasta, Risotto und Salate. Die Dessertkarte ist mit Schokoladen-Brownies sowie Apfel- und Käsekuchen ein echtes Highlight. Das Home vermietet auch acht nett eingerichtete, helle Zimmer (ab 1800 ₹).

Zest Patnem CAFÉ $$
(☎8806607919; Hauptgerichte 190–320 ₹; ⏱8–20 Uhr; 📶✍) Die Schüsseln mit Pad Thai, die Mezze-Teller, das Sushi und die mexikanischen Gerichte – alle frisch zubereitet – machen das Zest zu einem sehr beliebten Treffpunkt. In Palolem und Agonda gibt's ähnliche Cafés, offenbar treffen sie den richtigen Nerv der gesundheitsbewussten Strandurlauber.

An- & Weiterreise

Zum Haupteingang des Patnem Beach geht's von der kleinen Landstraße, die von Palolem nach Süden führt; am Hotel Sea View biegt man rechts ab. Von Palolem aus kann man auch in ca. 20 Minuten laufen, indem man dem Pfad über die Colomb Bay folgt, oder einen Bus in Richtung Süden (5 ₹) nehmen. Eine Autorikscha von Palolem kostet ca. 100 ₹.

Antike & Historische Stätten

Mit Ruinen und vielen historischen Bauwerken zeugt Südindiens bemerkenswertes Architekturerbe prachtvoll von den unterschiedlichen Kulturen, die der Region ihren Stempel aufgedrückt haben. Von ruhigen religiösen Stätten bis zu den Überresten mächtiger Reiche: Hier kann man überall die brillanten Bauten längst verschwundener Zivilisationen bewundern. Farbenfrohes regionales Leben prägt Südindiens Tempel, während faszinierende Hügelfestungen und opulente Paläste den Ehrgeiz einstiger Herrscher repräsentieren.

Inhalt

Oben Vittala-Tempel, Hampi (S. 228)

Hinduistische Tempel

Ihrem Status als Bevölkerungsmehrheit entsprechend können die Hindus in Südindien mit einer beeindruckenden Reihe heiliger Stätten aufwarten, die Höhepunkte sakraler Architektur darstellen: hohe *gopurams* (Tortürme), erlesene *mandapas* (Pavillions) und einzigartig detaillierte Skulpturen von Göttern und Göttinnen.

Madurai

Der Meenakshi-Amman-Tempel (Shri-Minakshi-Tempel; S. 419) in Madurai (Tamil Nadu) ist der dreibrüstigen Göttin Meenakshi geweiht. Mit seinen zwölf mächtigen *gopurams* gilt er allgemein als Krönung der klassischen Tempelarchitektur Südindiens. Die Anlage stammt hauptsächlich aus dem 17. Jh. Ursprünglich angelegt wurde sie jedoch vor 2000 Jahren, als Madurai – eine der ältesten Städte Indiens – eine Hauptstadt des Pandya-Reichs war.

Hampi

Das verschlafene Nest in Karnataka war von 1336 bis 1565 das Zentrum des mächtigen Vijayanagar-Reiches. Die Ruinen in diesem Gebiet sind UNESCO-Welterbe und liegen zwischen Felsblöcken jeder Größe und Form – Ergebnis von Millionen Jahren vulkanischer Aktivitäten und Erosion. Schöne Beispiele der Tempelkunst sind im Virupaksha-Tempel (S. 229) aus dem 15. Jh. und im Vittala-Tempel (S. 229) aus dem 16. Jh. zu sehen.

MATIAS PLANAS / SHUTTERSTOCK ©

D'JULY / SHUTTERSTOCK ©

1. Fünf Rathas, Mamallapuram (S. 380)
2. Virupaksha-Tempel, Hampi (S. 229)
3. Meenakshi-Amman-Tempel (Shri-Minakshi-Tempel), Madurai (S. 419)

VAL SHEVCHENKO / SHUTTERSTOCK ©

Mamallapuram

Die Monumente rund um den Küstenort Mamallapuram (Mahabalipuram) in Tamil Nadu wurden im 7. und 8. Jh. von den Steinmetzen der Pallava-Dynastie gemeißelt. Darunter sind z. B. der schöne freistehende Küstentempel (S. 379) oder die Fünf Rathas (S. 380), eine monolithische Schreingruppe mit herrlichen Tierfiguren. Die „Herabkunft der Ganga" bzw. „Buße des Arjuna" (S. 381) ist ein riesiges Felsrelief mit Szenen aus der Hindu-Mythologie.

Thanjavur

Der gewaltige gestufte *vimana* (Turm) des Brihadishwara-Tempels (S. 408) in Thanjavur (Tanjore; Tamil Nadu) zeugt ultimativ von der Macht und Kreativität der mittelalterlichen Chola-Dynastie. Große Teile der Anlage, die aus dem 11. Jh. stammt, werden bis heute noch genutzt. Bewundern kann man hier u. a. *gopurams* mit komplexen Reliefs und wunderbar würdevolle Skulpturen von Hindu-Gotttheiten.

Forts & Festungen

Südindien, das im Lauf der Jahrhunderte manchem Großreich als Schlachtfeld diente, hat fantastische Festungen, die die Zeit überdauert haben. Die meisten stehen auf strategisch günstig gelegenen Hügeln und sind von Mauern umgeben, die eine Fülle von Monumenten schützen.

Golconda

Im 16. Jh. bauten die Qutb-Shahi-Sultane von Hyderabad das Golconda Fort (S. 253) zu einer Stadtfestung mit zwei Ringwällen (einer davon 11 km lang) aus. Das Bollwerk auf einem 120 m hohen Granitfelsen wurde 1687 nach jahrelanger Belagerung von Aurangzeb erobert – was aber nur glückte, weil der Mogulherrscher einen General der Verteidiger bestach. Die großartige Anlage beeindruckt mit zahllosen Zinnen, Geschützstellungen und imposanten Toren, deren Eisendorne einst heranstürmende Kriegselefanten stoppen sollten.

Daulatabad

Zur verfallenen Zitadelle des Daulatabad Fort (Maharashtra) führt ein einstündiger Fußmarsch durch verwinkelte Tunnels, Torwege und Portale mit Eisendornen. Der exzentrische Sultan Mohammed Tughluq verlegte 1328 seine Hauptstadt von Delhi nach Daulatabad und zwang dabei alle Einwohner Delhis zum Umzug per pedes (1100 km). Sein Traum nahm aber ein schnelles Ende, da sich die Lage als strategisch ungeeignet für eine Hauptstadt erwies.

1

Bidar

Bidar in Karnataka war einst eine belebte Hauptstadt, die den Großteil der Region kontrollierte. Das örtliche Fort (S. 243) ist das größte in Südindien, heute jedoch in ziemlich traurigem Zustand. Doch trotz des zunehmenden Verfalls erinnern hier z. B. der Rangin Mahal (Bemalter Palast) und die Sechzehn-Pfeiler-Moschee immer noch eindrucksvoll an Bihars Blütezeit.

Janjira

Die beindruckende Inselfestung Janjira (S. 109) liegt etwa 500 m vor der Konkanküste im Meer. Keinem gelang es, die im 16. Jh. von Nachkommen afrikanischer Sklaven erbaute Festung zu erobern – bis auf die Natur: Heute regiert die Wildnis in der Ruine.

Gingee

Das verlassene Gingee Fort (S. 393) in Tamil Nadu ist ein spektakuläres Beispiel für Südindiens Festungsarchitektur: Auf einem Hügel liegen die drei Zitadellen innerhalb eines 6 km langen Rings aus steilen Felswänden und dicken Mauern. Im 16. Jh. errichtete die Vijayanagar-Dynastie den Hauptteil der Anlage. Später residierten hier die Marathen, Moguln, Franzosen und Briten.

KAY MAERITZ / GETTY IMAGES ©

1. Golconda Fort, Hyderabad (S. 253)
2. Daulatabad Fort, Aurangabad (S. 98)
3. Bidar Fort, Bidar (S. 243)

2

KEREN SU / GETTY IMAGES ©

3

SAURABH / GETTY IMAGES ©

1

ANGELO DESANTIS / GETTY IMAGES ©

1. Höhlen von Ellora (S. 99) **2.** Kailasa-Tempel, Ellora (S. 99)
3. Tempera-Malereien, Ajanta (S. 103) **4.** Höhlen von Ajanta (S. 103)

3

ALEXANDER MAZURKEVICH / SHUTTERSTOCK ©

Höhlentempel

Die Höhlen von Ajanta und Ellora (Maharashtra) gehören zum UNESCO-Welterbe. Sie sind jedoch nur die spektakulärsten Beispiele für die vielen Höhlen- bzw. Felsentempel aus Südindiens Zeit ohne freistehende Steinbauten.

Ajanta

Die 30 buddhistischen Höhlen von Ajanta (S. 103) gehen auf das 2. Jh. v. Chr. zurück und umgeben eine hufeisenförmige Schlucht über dem Fluss Waghora. Zu den Highlights gehören die mit Temperafarben gemalten Fresken, die das Innere vieler Höhlen schmücken. Manche Bilder sind mit winzigen Halbedelsteinen wie Lapislazuli verziert. Höhle Nr. 1 sollte man sich keinsfalls entgehen lassen, sie weist einige außerordentliche Kunstwerke auf – u. a. ein Bild des Bodhisattvas Padmapani. Interessant ist auch Höhle Nr. 16 mit der besonders schönen Wandmalerei, darunter die bekannte „sterbende“ (tatsächlich fällt sie in Ohnmacht) Prinzessin.

Ellora

Der Höhlentempel von Ellora (S. 99) – hinduistische, jainistische und buddhistische Schreine, die zwischen 600 und 1000 n. Chr. entstanden sind – liegen an einem 2 km langen Steilhang. Insgesamt gibt es 34 Höhlen: 17 hinduistische, zwölf buddhistische und fünf jainistische Schreine. Die berühmteste ist die Höhle 16, mit dem Shiva geweihten Kailasa-Tempel. Er ist die größte monolithische Skulptur der Welt und wurde von Tausenden Arbeitern in 150 Jahren in die Klippen gemeißelt.

Guntupalli

Das Kloster aus dem 2. Jh. v. Chr. ist eine der mehr als 100 alten buddhistischen Stätten Andhra Pradeshs. Guntupalli (S. 269) liegt auf einem Hügel mit Blick auf Wälder und Reisfelder. Mönchszellen säumen die Steilküste, mit steinernen Bogenfassaden, die das Aussehen von Holz imitieren.

Golgumbaz (S. 241), Vijapura (Bija

Paläste & Grabmäler

Die Herrscher früherer Königreiche und Sultanate Südindiens prunkten nicht nur zu ihren Lebzeiten mit ungemein opulenten Palästen, sondern ließen sich oft auch in prachtvollen Mausoleen bestatten. Ein paar davon gehören zu den schönsten und architektonisch herausragendsten Bauten der Region.

Paläste des Südens

Der großartige Mysuru Palace (S. 202) führt die Rangliste von Südindiens prächtigen Adelsresidenzen an. Mysuru (Mysore) bekommt dabei jedoch kräftig Konkurrenz von seinem früheren Rivalen, dem Fürstentum Hyderabad: Dort findet man den schimmernden Chowmahalla Palace (S. 248) voller Kronleuchter und den neoklassizistischen Falaknuma Palace (S. 257), dessen herrliche Mauern auf einem Hügel heute ein extrem luxuriöses Hotel beherbergen.

Grabmale in Vijapura

Vijapura (Bijapur) war einst Hauptstadt eines der fünf Sultanate, die im 16. und 17. Jh. über das Dekkan-Plateau herrschten. Das dortige Ibrahim Rouza (S. 242) ist eine Art Taj Mahal des Südens: Ein Sultan erbaute dieses höchst würdevolle Mausoleum für seine Frau – die Minarette dienten angeblich als Vorbild für die des Taj Mahal. Ein weiteres königliches Grabmal in Vijapura ist das Golgumbaz (S. 241), das als zweitgrößter Kuppelbau der Welt gilt und eine atemberaubende Akustik hat.

Qutb-Shahi-Mausoleen

In Sichtweite zur Festung Golconda ruhen deren Erbauer (inkl. Sippschaft) in den 21 Qutb-Shahi-Mausoleen (S. 254) am Rand von Hyderabad. Die Kuppeln der grandiosen Grabmale krönen würfelförmige Fundamente mit schönen Säulengängen und fein gearbeiteten Stuckornamenten.

Karnataka & Bengaluru

Inhalt ➡

Gut essen

➡ Karavalli (S. 191)

➡ Mavalli Tiffin Rooms (S. 192)

➡ Vinayaka Mylari (S. 206)

➡ Lalith Bar & Restaurant (S. 220)

➡ Fatty Bao (S. 192)

Schön übernachten

➡ Uramma Cottage (S. 236)

➡ Electric Cats B&B (S. 189)

➡ Dhole's Den (S. 211)

➡ Honey Valley Estate (S. 216)

Auf nach Karnataka & Bengaluru!

Karnataka bietet einen hinreißenden Vorgeschmack auf Südindien. Den wohlhabenden wie faszinierenden Bundesstaat kennzeichnet ein einnehmender Mix aus urbaner Coolness, funkelnden Palästen, Nationalparks, antiken Ruinen, Stränden, Yogazentren und legendären Backpackertreffs.

Die Schaltzentrale bildet die Hauptstadt Bengaluru (Bangalore), eine progressive Stadt, die berühmt ist für ihre Craft-Beer- und Restaurantszene. Jenseits der Stadtgrenzen warten die immergrünen Hügel von Kodagu mit Gewürz- und Kaffeeplantagen, das glanzvolle Mysuru (Mysore) und artenreicher Dschungel, Heimat von Affen, Tigern und Elefanten.

Zu viel Mainstream? Dann ab in die Enklave der Gegenkultur, das beschauliche Hampi mit seinen Hängematten, psychedelischen Sonnenuntergängen und Ruinen! Großartig ist auch die unberührte Küste rund um Gokarna. Oder man lässt die Touristenpfade komplett hinter sich und stattet den stimmungsvollen muslimischen Ruinenstätten im nördlichen Karnataka einen Besuch ab.

Reisezeit

Bengaluru

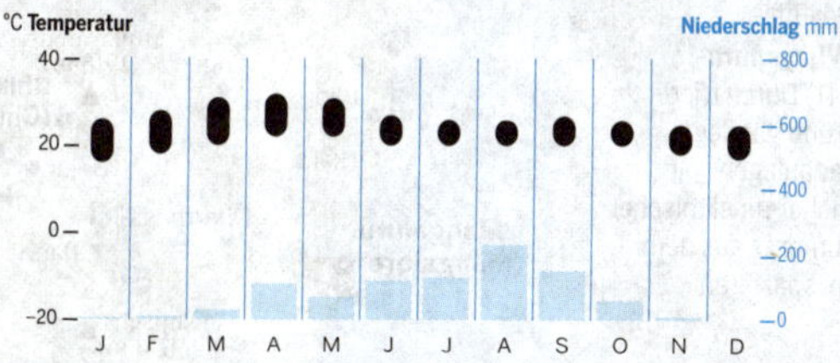

März–Mai Die beste Zeit, um in Karnatakas Nationalparks Tiger und Elefanten zu beobachten.

Okt. Die Dussehra (Dasara) wird in Mysuru mit tage- und nächtelangen Festlichkeiten gefeiert.

Dez. & Jan. Die kühlste Zeit – perfekt für Hampi und die Forts, Paläste, Höhlen und Tempel im Norden.

Highlights

1 Hampi (S. 228)
Die surrealen Landschaften, die gesellige Travellerszene und die sagenhaften Ruinen dieser magischen und stimmungsvollen Gegend auf sich wirken lassen

2 Gokarna (S. 225)
In dem entspannten Küstenort die perfekte Bucht mit dem idealen Strand suchen und anschließend stimmungsvolle Tempel besichtigen

3 Bengaluru
(S.183) Indisches Craft Beer kosten, stilvoll dinieren und die Museen und Attraktionen der kosmopolitischen Stadt bestaunen

4 Kodagu (S. 213)
Aromatischen Kaffee und die Wanderwege in diesem immergrünen Hochland mit gemäßigtem Klima genießen

5 Mysuru Palace
(S. 199) Eines der großartigsten Bauwerke Indiens bestaunen und seine funkelnden Säle besichtigen

6 Nagarhole National Park (S. 212) In den Wäldern rund um den ruhigen Kabini-See träge Elefantenbullen beobachten

7 Vijayapura
(S. 241) Durch friedliche und gepflegte Gartenanlagen voll herrlicher muslimischer Monumente aus dem 16. Jh. spazieren

Geschichte

Die Region Karnataka war schon immer ein weitläufiger Tummelplatz der Religionen, Kulturen und Königreiche und wurde im Laufe der Geschichte von einer Reihe charismatischer Führer regiert. Indiens erster großer Herrscher Chandragupta Maurya zog sich in das Gebiet von Karnataka zurück, als er sich im 3. Jh. v. Chr. in Sravanabelagola dem Jainismus zuwandte. Vom 6. bis zum 14. Jh. wurde das Land von mehreren Dynastien wie den Chalukyas, Cholas, Gangas und Hoysala beherrscht, die sich in erstaunlichen Höhlen mit Schreinen und Tempeln in ganz Karnataka verewigten.

1327 plünderte Mohammed Tughlaqs Armee Halebid. 1347 führte Hasan Gangu, ein persischer General aus Tughlaqs Armee, eine Rebellion an, um ein Bahmani-Königreich zu errichten, das später in fünf Dekkan-Sultanate unterteilt wurde. Mittlerweile gewann das Hindu-Königreich Vijayanagar mit seiner Hauptstadt Hampi immer mehr an Bedeutung. In den frühen 1550er-Jahren erreichte es seine Blüte, fiel aber bereits 1565 an die Sultanate, die gemeinsam darum gekämpft hatten.

In den folgenden Jahren erstarkten die hinduistischen Wodeyar von Mysuru und dehnten ihre Herrschaft auf einen großen Teil Südindiens aus. Lange regierten sie unangefochten, bis sie von Hyder Ali, einem ihrer Generäle, 1761 gestürzt wurden. Die Franzosen unterstützten Hyder Ali und seinen Sohn Tipu Sultan, die ihre Hauptstadt in Srirangapatna errichteten und ihre Macht festigten. 1799 besiegten jedoch die Briten Tipu Sultan und brachten die Wodeyar wieder an die Macht. Dieser Kampf war der Beginn der territorialen Expansion der Briten in Südindien.

Mysuru blieb bis zur Unabhängigkeit unter der Herrschaft der Wodeyar – nach 1947 wurde der regierende Maharadscha der erste Gouverneur. 1956 wurden die Grenzen des Bundesstaates entlang der Sprachgrenzen neu gezogen, so entstand der erweiterte Bundesstaat Mysore mit seinen Kannada sprechenden Bewohnern. 1972 wurde er in Karnataka umbenannt und Bangalore, das heutige Bengaluru, wurde seine Hauptstadt.

SÜDLICHES KARNATAKA

Bengaluru (Bangalore)

☎080 / 11,5 MIO. EW. / 920 M

Das kosmopolitische Bengaluru (früher Bangalore) ist eine der fortschrittlichsten

TOP-FESTIVALS

Udupi Paryaya (⌚Jan./Feb.) Findet in Jahren mit gerader Jahreszahl statt. Neben Prozessionen gibt es ein Ritual um den Wechsel der Swamis im Krishna-Tempel im Januar.

Festival des klassischen Tanzes (⌚Jan./Feb.) In Pattadakal finden einige der besten klassischen Tanzaufführungen Indiens statt.

Vijaya Utsav (S. 229) Eine dreitägige Extravaganza der Kultur, des historischen Erbes und der Künste in Hampi.

Tibetisches Neujahr (⌚Jan./Feb.) Lamas in tibetischen Flüchtlingssiedlungen in Bylakuppe wechseln sich bei den ununterbrochenen Gebeten ab, die über die gesamten einwöchigen Feierlichkeiten andauern.

Vairamudi-Festival (⌚März/April) Vishnu wird im Cheluvanarayana-Tempel in Melkote mit Juwelen geschmückt; darunter eine mit Diamanten besetzte Krone, die den früheren Maharadschas von Mysore gehört. Das Fest zieht 400 000 Pilger an.

Ganesh Chaturthi (⌚Sept.) Im September gehen Familien in Gokarna zum Sonnenuntergang mit ihren Ganesha-Figuren ans Meer.

Dussehra (S. 200) Der Mysuru Palace wird abends erleuchtet. Lebhafte Prozessionen ziehen dann durch die Stadt und begeistern Tausende von Pilgern.

Lakshadeepotsava (S. 222) Abertausende Lampen werden im November in der jainistischen Pilgerstadt Dharmasthala entzündet und bieten spektakuläre Fotomotive.

Huthri (Nov./Dez.) Die Kodava-Gemeinschaft in Madikeri feiert eine Woche lang den Beginn der Erntesaison mit Zeremonien, Musik, traditionellem Tanz und viel Schlemmerei.

Bengaluru (Bangalore)

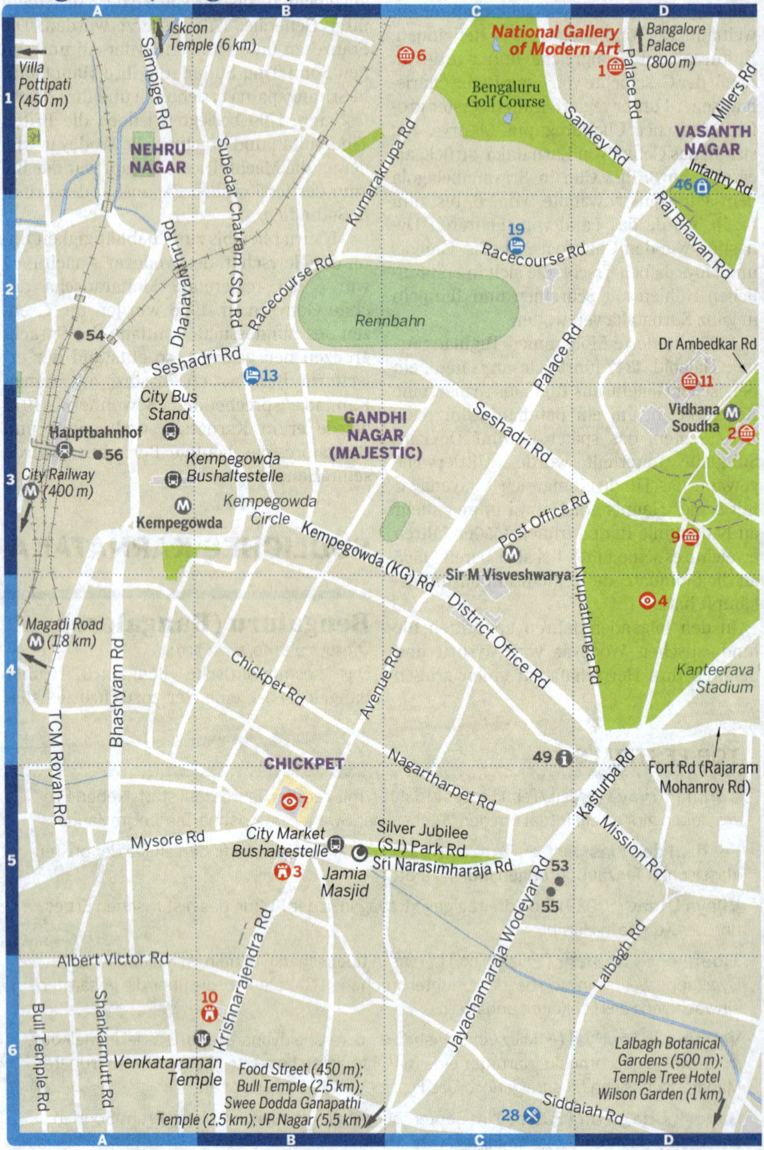

Städte Indiens. Es zeichnet sich durch ein angenehmes Klima und eine boomende Bar-, Restaurant- und Shoppingszene aus. Für abgekämpfte Traveller ist der hiesige Komfort ein wahrer Segen – man kann sich in Craft-Beer-Bars und skurrilen eigenständigen Cafés prima unter die Einheimischen mischen. Sehenswürdigkeiten von Weltrang gibt's hier zwar nicht, wohl aber hübsche Parks und interessante viktorianische Bauten.

Im letzten Jahrzehnt erlebte die Stadt eine geradezu manische Entwicklung inklusive Verkehrsstaus und zunehmender Um-

weltverschmutzung. Das aus der britischen Kolonialzeit stammende Zentrum hat sich aber wenig verändert. Die eindrucksvollen Firmenzentralen und Gewerbegebiete der besonders boomenden IT-Branche befinden sich hauptsächlich in den äußeren Vorstädten.

Geschichte

Wörtlich bedeutet Bengaluru „Stadt der gekochten Bohnen". Der Name soll von einem Zwischenfall herrühren, bei dem eine alte Dorfbewohnerin einem verirrten und hungrigen Hoysala-König gekochte Hülsenfrüch-

Bengaluru (Bangalore)

Highlights
1 National Gallery of Modern Art D1

Sehenswertes
2 Attara Kacheri D3
3 Bangalore Fort B5
4 Cubbon Park D4
5 Government Museum E3
6 Karnataka Chitrakala Parishath C1
7 Krishnarajendra Market B5
8 St Mark's Cathedral F3
9 State Central Library D3
10 Tipu Sultan's Palace B6
Venkatappa Art Gallery .... (siehe 5)
11 Vidhana Soudha D2

Schlafen
12 Casa Piccola Cottage F5
13 Hotel ABM International B2
14 Hotel Ajantha H4
15 JüSTa MG Rd H4
16 Laika Boutique Stay H4
17 Oberoi H3
18 St Mark's Inn F6
19 Taj West End C2
20 Tom's Hotel G5

Essen
21 Church St Social G5
22 Ebony G5
23 Empire G5
Fava .... (siehe 48)
24 Indian Kitchen G5
25 Karavalli H6
26 Khan Saheb G4
27 Koshy's Bar & Restaurant F5
28 Mavalli Tiffin Rooms C6
29 Olive Beach G4
30 Sunny's E4

Ausgehen & Nachtleben
13th Floor .... (siehe 22)
31 Arbor Brewing Company G4
32 Biere Club E4
33 blueFROG H6
34 Infinitea E1
35 Lassi Shop F5
36 Monkey Bar G4
37 Plan B G4
Shiro .... (siehe 48)

Unterhaltung
38 M Chinnaswamy Stadium E3

Shoppen
39 Blossom Book House G6
40 Cauvery Arts & Crafts Emporium H6
41 Fabindia G4
42 Forest Essentials E4
43 Gangarams Book Bureau G5
44 Garuda Mall G4
Goobe's Book Republic .... (siehe 35)
45 Indiana Crockery G5
46 Kynkyny Art Gallery D1
47 Mysore Saree Udyog G2
48 UB City E4

Praktisches
Government of India Touristeninformation .... (siehe 43)
49 Karnataka State Tourism Development Corporation C4
50 Karnataka State Tourism Development Corporation F4
51 Skyway F4
52 TT Forex E2

Transport
53 Air India C5
54 Divisional Railway Office A2
55 Jet Airways C5
56 Zugbuchungsbüro A3

te serviert hat. Der feudale Herrscher Kempegowda war der erste, der Bengalurus Gebiet markierte, als er 1537 ein Lehmfort baute. Die Stadt blieb unbedeutend, bis sie 1759 Hyder Ali geschenkt wurde.

1809 trafen die Briten ein. Sie machten die Stadt 1831 zum regionalen Verwaltungssitz und nannten sie in Bangalore um. Während der britischen Herrschaft kamen viele britische Offiziere in die Stadt, unter ihnen Winston Churchill, der hier in seinen Anfangsjahren das Leben genoss und dem Club von Bangalore eine Schuld von 13 ₹ hinterließ, die noch immer in den Büchern steht.

Heute ist die Stadt Sitz zahlloser Software-, Elektronik- und sonstiger Firmen, die Bereiche „outgesourct" haben. Bengaluru hat seinen Hang zur Technologie schon früh entwickelt. 1905 war es die erste indische Stadt mit elektrischer Straßenbeleuchtung. Seit den 1940er-Jahren hat die Hindustan Aeronautics Ltd (HAL), Indiens größtes Raumfahrtunternehmen, hier ihren Sitz.

Der Name der Stadt wurde im November 2006 wieder in Bengaluru geändert, doch nur wenige benutzen diesen Namen.

Sehenswertes

★ **National Gallery of Modern Art** GALERIE (NGMA; ☎080-22342338; www.ngmaindia.gov.in/ngma_bangaluru.asp; 49 Palace Rd; Inder/Ausländer 20/500 ₹; ⏲Di–So 10–17 Uhr) In einer 200 Jahre alten Villa, dem früheren Sommersitz des Radschas von Mysuru, ist dieses Kunstmuseum von Weltrang untergebracht, das neben einer beeindruckenden ständigen Sammlung auch Wechselausstellungen zeigt. Der „Old Wing“ stellt Werke aus der Zeit vor der Unabhängigkeit aus, z.B. Gemälde von Raja Ravi Varma und Abanindranath Tagore (Gründer der avantgardistischen Kunstbewegung Bengal School). Eine Fußgängerbrücke führt in den schicken „New Wing“, in dem zeitgenössische Werke aus der Zeit nach der Unabhängigkeit zu sehen sind, darunter Arbeiten von Sudhir Patwardhan und Vivan Sundaram.

Karnataka Chitrakala Parishath GALERIE
(www.karnatakachitrakalaparishath.com; Kumarakrupa Rd; 50 ₹; ⏲ Mo–Sa 10–19.30 Uhr) Die wunderbare Galerie zeigt eine große Palette zeitgenössischer Kunst aus Indien und dem Ausland sowie eine Dauerausstellung mit Malereien im Stil von Mysuru und Volks- und Stammeskunst aus ganz Asien. Eine Abteilung widmet sich den Werken des für seine lebenssprühenden Himalaja-Bilder bekannten russischen Malers Nicholas Roerich und der Sammlung „Pan Indian Panorama“, zu der progressive Werke von S.G. Vasudev und Yusuf Arakkal gehören.

★ Cubbon Park GARTEN
(www.horticulture.kar.nic.in/cubbon.htm; Kasturba Rd; Ⓜ Cubbon Park) Im Herzen von Bengalurus Geschäftsviertel liegt der Cubbon Park, ein gepflegter, 120 ha großer Park, in dem die Einwohner der Stadt Zuflucht vor der Hektik suchen. Im Park steht die rot verputzte, neugotische **State Central Library**. Leider ist der Cubbon Park nur sonntags komplett für den Verkehr gesperrt. Dann gibt es dort Konzerte, Volksläufe, Yoga und sogar einen kleinen Bauernmarkt.

Zu den weiteren interessanten Bauten rund um den Park zählen das kolossale, 1954 im neodrawidischen Stil errichtete **Vidhana Soudha** (Dr. Ambedkar Rd; Ⓜ Vidhana Soudha), Sitz der Gesetzgebenden Versammlung des Bundesstaats, und das 1864 erbaute, neoklassizistische **Attara Kacheri** (High Court), Sitz des Obersten Gerichts. Beide Gebäude sind nicht für die Öffentlichkeit zugänglich.

Government Museum MUSEUM
(Kasturba Rd; 4 ₹; ⏲ Di–So 10–17 Uhr, jeden 2. Sa geschl.; Ⓜ Cubbon Park) In einem schönen roten Gebäude aus der Kolonialzeit (1877) zeigt das Museum eine verstaubte Sammlung von antiken Steinreliefs und Artefakte, die in Halebid, Hampi und Attriampakham ausgegraben wurden. Die Eintrittskarte gilt auch für die **Venkatappa Art Gallery** (Kasturba Rd; ⏲ Di–So 10–17 Uhr; Ⓜ Cubbon Park) GRATIS gleich nebenan, in der Werke und persönliche Gegenstände von K. Venkatappa (1887–1962) ausgestellt sind; dieser war Hofmaler der Wodeyars, der früheren Maharadschas des Fürstenstaats Mysuru.

St. Mark's Cathedral KIRCHE
(www.saintmarks.in; MG Rd; Ⓜ MG Rd) Die stimmungsvolle Kathedrale wurde 1812 mit einer auffälligen, an die Londoner St. Paul's Cathedral erinnernden Kuppel erbaut. Sehenswert sind die prächtigen Reliefs am Eingangsportal. Sonntags gibt es vier Gottesdienste.

Lalbagh Botanical Gardens GARTEN
(www.horticulture.kar.nic.in/lalbagh.htm; Lalbagh Rd; 10 ₹; ⏲ 6–19 Uhr) Die landschaftlich gestaltete, 96 ha große Anlage wurde 1760 von Hyder Ali, dem berühmten Herrscher von Mysuru, geschaffen. Der Garten besitzt herrliche, jahrhundertealte Bäume und angeblich die weltweit größte Vielfalt von Pflanzenarten. Am besten kommt man morgens, um dem Gesang der Vögel zu lauschen. Bangalore Walks (S. 188) veranstaltet Führungen.

Krishnarajendra Market MARKT
(Stadt-Markt; Silver Jubilee Park Rd; ⏲ 6–22 Uhr) Wer einen intensiven Eindruck vom traditionellen städtischen Indien erleben will, sollte in den lebhaften Krishnarajendra Market und das enge Geflecht von Handelsstraßen ringsum eintauchen und sich seinen Weg durch diesen knallbunten und lebhaften Markt voller Obst und Gemüse, Gewürze und Kupferwaren bahnen. Das Highlight ist der Blumenmarkt in der Mitte.

Bangalore Fort FORT
(KR Rd) Dieses 1761 zerstörte Fort bildet mit seinem gepflegten Rasen und den rosa Steinmauern eine friedliche Oase abseits des ganzen Tumults, der rundum herrscht. Das Fort war bis zu seiner Zerstörung durch die Briten 1791 in Benutzung, heute sind jedoch nur noch das Tor und die Bastionen erhalten. In der Anlage gibt's einen kleinen Kerker und einen Ganesha-Tempel mit der Statue eines Mooshak (rattenähnliche Kreatur).

Bangalore Palace PALAST
(Palace Rd; Inder/Ausländer 230/460 ₹, Handyfoto/Foto/Video 285/685/1485 ₹; ⏲ 10.30–17.30 Uhr) Die Privatresidenz der Wodeyars, der frühe-

ren Maharadschas des Fürstenstaats Mysuru, hat sich etwas vom früheren fürstlichen Glanz bewahrt. Der Palast ist immer noch der Wohnsitz des gegenwärtigen Oberhaupts der Familie. Der Audioguide liefert detaillierte Erläuterungen zu dem Gebäude; man kann die üppig dekorierten Innenräume und Galerien bewundern, in denen Jagdtrophäen, Familienfotos und eine Sammlung von Aktbildern zu bewundern sind.

Palast Tipu Sultans PALAST
(Albert Victor Rd; Inder/Ausländer 15/200 ₹, Video 25 ₹; ⌚8.30–17.30 Uhr) Der elegante indomuslimische Sommerpalast Tipu Sultans zeichnet sich durch Teakholzpfeiler und ornamentale Fresken aus.

Bull Temple HINDUTEMPEL
(Basavanagudi; Bull Temple Rd, Basavanagudi; ⌚7–20.30 Uhr; 🐾) GRATIS Der von Kempe Gowda I. im 16. Jh. erbaute drawidische Nandi-Tempel enthält ein aus einem Stein gehauenes Standbild von Shivas Bullen, das stets üppig mit Blumengirlanden geschmückt ist. Der Tempel ist einer der stimmungsvollsten der Stadt und befindet sich rund 1 km südlich des Palasts Tipu Sultans.

Iskcon-Tempel HINDUTEMPEL
(www.iskconbangalore.org; Chord Rd, Hare Krishna Hill; ⌚Mo–Fr 7.15–13 & 16.15–20.20, Sa & So 7.15–20.30 Uhr; Ⓜ Mahalakshmi) Der eindrucksvolle, 1997 eingeweihte Tempel der International Society of Krishna Consciousness (Iskcon; die Hare Krishnas) thront auf einem Hügel und ist üppig in einem Mix aus hypermodernen und traditionellen Stilen dekoriert. Es gibt hier regelmäßig Konzerte und Vorträge und etliche Imbissstände – am besten bringt man reichlich Appetit mit. Der Tempel liegt rund 8 km nordwestlich vom Stadtzentrum.

HAL Aerospace Museum & Heritage Centre MUSEUM
(www.hal-india.com; Airport-Varthur Rd; 50 ₹, Foto/Video 50/75 ₹; ⌚Di–So 9–17 Uhr) Einen Einblick in Indiens Luftfahrtgeschichte vermittelt das wundervolle Museum hinter dem alten Flughafen, wo man einige der einheimischen, von HAL entworfenen Maschinen besichtigen kann. Besonders interessant sind die MIG-21, heimische Modelle wie die Marut und die Kiran und ein alter Canberra-Bomber.

Aktivitäten

Equilibrium KLETTERN
(☎8861684444; www.equilibrium.co.in; 3. OG, 546 CMH Rd, Indiranagar; ab 150 ₹; ⌚6–23 Uhr) Indiens erste Kletterhalle ist mehr ein Boulder-Zentrum – darüber dürften sich vor allem Traveller auf dem Weg nach Hampi freuen, einem weltbekannten Ziel für Sportkletterer. Am Wochenende werden auch Kletterexkursionen angeboten.

Soukya YOGA
(☎080-28017000; www.soukya.com; Soukya Rd, Samethanahalli, Whitefield; pro Tag inkl. Anwendungen, Mahlzeiten & Unterkunft ab 1400 US$; ⌚6–20.30 Uhr) Das sehr noble, international anerkannte Refugium auf einer 12 ha großen Bilderbuch-Bio-Farm bietet Ayurveda-Therapien, Yoga und medizinische und therapeutische Hautbehandlungen an.

Ayurvedagram AYURVEDA, YOGA
(☎080-65651090; www.ayurvedagram.com; Hemmandanhalli, Whitefield; Tages-Paket ab 4000 ₹) Das Zentrum liegt im Außenbezirk Whitefield, etwa 25 km vom Zentrum Bengalurus entfernt, in einem über 3 ha großen, ruhigen Garten mit alten Häusern, die aus Kerala hierher gebracht wurden. Es hat sich auf maßgeschneiderte Ayurveda-Behandlungen, Yoga und Verjüngungskuren spezialisiert.

Geführte Touren

★ **Bangalore Walks** STADTSPAZIERGANG
(☎9845523660; www.bangalorewalks.com; Erw./Kind ab 500/300 ₹; ⌚Sa & So 7–10 Uhr) Zu den sehr empfehlenswerten Stadtspaziergängen zählen Führungen durch die Lalbagh Botanical Gardens und den Cubbon Park und historische Stadtspaziergänge durch die mittelalterliche Altstadt oder auf den Spuren der viktorianischen Ära. Die meisten Spaziergänge beinhalten ein köstliches Frühstück. Auch Touren, die ganz auf die Interessen der jeweiligen Teilnehmer zugeschnitten sind, können vereinbart werden.

★ **Unhurried Tours** STADTSPAZIERGANG
(☎919880565446; www.unhurried.in; halbtägige Tour 2500 ₹) Die ausgezeichneten Spaziergänge der geschichtsbegeisterten Autorin Poornima Dasharathi erkunden Gassen, Tempel, das Straßenleben und die Küche in Bengaluru. Auch Ausflüge in die Umgebung werden veranstaltet.

Bus Tours TOUR
(www.karnatakaholidays.net; halber/ganzer Tag 255/485 ₹, ohne Klimaanlage 230/385 ₹) Die staatliche Tourismusbehörde bietet Stadtrundfahrten, die durchaus eine Überlegung wert sind (auch wenn dabei viele Sehenswürdigkeiten in kurzer Zeit abgeklappert werden). Die ein-

fache halbtägige Rundfahrt startet zweimal täglich (7.30 & 14 Uhr), die ganztägige mittwochs bis sonntags um 7.15 Uhr.

Auch Tagestouren rund um Bengaluru werden angeboten, darunter tägliche Fahrten nach Shrirangapattana und Mysuru, bei denen mehrere Tempel, Paläste und Gärten besucht werden.

Schlafen

Für alle, die die Stadt erkunden wollen, ist es ratsam, eine Unterkunft in der Nähe einer Metro-Station zu wählen. Ordentliche Budgetzimmer sind Mangelware, es gibt aber eine Reihe billiger Absteigen an der Subedar Chatram (SC) Rd, östlich der Busbahnhöfe und rund um den Bahnhof.

Rund um die MG Road

JüSTa MG Road BOUTIQUEHOTEL $$
(080-41135555; www.justahotels.com/mg-road bangalore; 21/14 Craig Park Layout, MG Rd; Zi./Suite mit Frühstück 3520/4840 ₹; Ⓜ Trinity) Eine stylishe Alternative zu den vielen 08/15-Businesshotels von Bengaluru. Das intime, künstlerisch angehauchte Hotel hat aalglatte und geräumige Zimmer mit japnisch inspirierten Motiven. Es liegt sehr praktisch in der Nähe einer Metrostation und Shoppingmall.

Hotel Ajantha HOTEL $$
(080-25584321; www.hotelajantha.in; 22A MG Rd; EZ/DZ mit Frühstück & Ventilator 1500/2000 ₹, mit Klimaanlage ab 2300 ₹; Ⓜ Trinity) Die verlässliche, günstige und bei Budgettravellern sehr beliebte Unterkunft liegt sehr nahe bei der Metro-Station Trinity und hat ordentliche, gepflegte Zimmer mit Kabel-TV. Gutes Restaurant und ein im Preis enthaltenes, großzügiges Frühstück.

Tom's Hotel HOTEL $$
(080-25575875; www.hoteltoms.com; 1/5 Hosur Rd; EZ/DZ mit Frühstück & Ventilator 2200/2400 ₹, mit Klimaanlage 2310/2560 ₹;) Das ausgezeichnete und sehr saubere Hotel hat helle, fröhliche Zimmer, eine zentrale Lage (15 Gehminuten von der MG Rd), freundliches Personal und kostenloses WLAN. Im Restaurant gibt's preisgünstige indische Gerichte.

★ **Casa Piccola Cottage** HISTORISCHES HOTEL $$$
(080-22990337; www.casacottage.com; 2 Clapham Rd; Zi. mit Frühstück ab 4400 ₹;) Die stimmungsvollen Zimmer des geschmackvoll renovierten historischen Hotels bieten eine ruhige Zuflucht. Mit individuell zugeschnittener Gastlichkeit hat sich das Haus eine solide Reputation erarbeitet. Die Zimmer haben geflieste Böden und traditionelle Bettdecken und im Garten stehen Papaya- und Avocado-Bäume.

★ **Oberoi** HOTEL $$$
(080-41358222; www.oberoihotels.com; 39 MG Rd; EZ/DZ ab 13 400/14 600 ₹; @; Ⓜ Trinity) Das luxuriöse Oberoi spielt in Bengaluru die erste Geige (und verlangt die höchsten Preise). Es steht in einem üppigen Garten mit einem bezaubernden alten Baum, hat aber trotzdem eine zentrale, sehr praktische Lage. Das Hotel mischt koloniales Ambiente mit modernen Details wie einer Gerätesteuerung per Tablet in den Zimmern und Fernsehgeräten in den Bädern. Alle Zimmer haben Balkone mit Gartenblick. Das Spa und die Restaurants sind ausgezeichnet.

Laika Boutique Stay B&B $$$
(9482806630; www.laikabangalore.in; Rathna Rd; Zi. ab 4235 ₹; Ⓜ Trinity) Das einladende Gästehaus versteckt sich in einer grünen Seitenstraße und ist eine wunderbare Option, wenn man etwas Lokalkolorit schnuppern und gleichzeitig Stil und Komfort genießen will. Extras wie der durchdachte Service und das Frühstück machen das Haus zu einer tollen Wahl.

St. Mark's Inn HOTEL $$$
(080-41122783; www.stmarkshotel.com; St. Mark's Rd; EZ/DZ mit Frühstück 4870/5880 ₹; ; Ⓜ MG Rd) Das Designerhotel hat makellose Zimmer mit modernem Dekor, großen, bequemen Betten und glänzenden Edelstahlarmaturen in den Bädern. Das Frühstücksbuffet ist üppig. Die Preise variieren stark, je nach Nachfrage.

Andere Stadtviertel

★ **Electric Cats B&B** HOSTEL $
(9845290679; www.facebook.com/ElectricCats Hostel; 1794 6th Cross Rd; B 500–600 ₹; ;

PREISKATEGORIEN: SCHLAFEN

Die Preiskategorien in diesem Kapitel gelten für ein Doppelzimmer mit Bad inklusive Steuern:

$ weniger als 1500 ₹

$$ 1500–4000 ₹

$$$ mehr als 4000 ₹

(M Indiranagar) Das wirklich gut organisierte, gesellige Hostel nahe dem brummenden Viertel Indiranagar hat gute Schlafsäle (einer ist Frauen vorbehalten und hat ein Gemeinschaftsbad). Alle Betten haben gute Bettwäsche, Leselampen und Aufladestationen. Trinkwasser und WLAN sind kostenlos, es gibt keine Sperrstunde und das Personal ist im Umgang mit Travellern versiert. Es organisiert sogar Kneipentouren und Barbecues.

Cuckoo Hostel HOSTEL $
(☎ 9535034683; www.facebook.com/cuckoohostel; 561 17 A Main Rd, Koramangala; B/EZ 650/850 ₹; ❄ @ 📶) Das neue Hostel mit gut durchdachtem Konzept, regelmäßigen Kunsthandwerks-, Kunst- und Musiksessions sowie gelegentlichen Debatten zu weltweiten und umweltpolitischen Fragen wird von kreativen Leuten für kreative Leute geführt. Es hat Leihfahrräder, eine Waschküche und saubere, nett eingerichtete Schlafsäle. Das Hostel liegt rund 6 km südwestlich vom Zentrum.

Meditating Monkeys HOSTEL $
(☎ 918861459156; http://themeditatingmonkeys.com; 9/24 Lloyd Rd, Cooke Town; B mit Frühstück 500 ₹; ❄ @ 📶) Das von einem Musiker und Traveller gegründete, großartige neue Hostel ist eine bequeme, gesellige Bleibe in einer Business-Vorstadt. Es gibt kostenlos vegetarisches Frühstück, WLAN, Tee und Kaffee, Waschmaschine und Küchenzugang. Die Schlafsäle sind schön eingerichtet, die Gemeinschaftsbäder sauber. Das Hostel ist eine alkohol- und nikotinfreie Zone. 4 km nördlich der MG Rd.

Temple Tree Hotel Wilson Garden HOTEL $$
(☎ 080-46622000; http://templetreehotel.com; 9th Cross Rd, Mavalli; Zi. 3765–4499 ₹; ❄ 📶) Mit zeitgemäßen Details wie hippen Bädern und modischem Design kann das schicke Hotel unweit der Lalbagh Botanical Gardens überzeugen. Die Zimmer mit Gartenblick haben tolle Balkone, es gibt einen kleinen Fitnessraum und ein Restaurant auf der Dachterrasse.

Mass Residency PENSION $$
(☎ 9945091735; massresidency@yahoo.com; 18, 2nd Main Rd, 11th Cross, JP Nagar; Zi. mit Frühstück & Ventilator/AC 1600/2000 ₹; ❄ 📶) Die einladende Pension 8 km südlich vom Zentrum wird von zwei Brüdern geführt, die selber die ganze Welt bereist haben. Sie hat recht komfortable Zimmer, zeichnet sich aber vor allem durch herzliche Gastlichkeit und kostenlose Spaziergänge durchs Viertel aus.

Hotel ABM International HOTEL $$
(☎ 080-41742030; 232 Subedar Chatram Rd, nahe Anand Rao Circle; Zi. 1400–1700 ₹, mit Klimaanlage 1600–2200 ₹; ❄ 📶; M Kempegowda) Das Budgethotel mit gutem Preis-Leistungs-Verhältnis hat ordentliche, schlichte, gut eingerichtete Zimmer. Im Erdgeschoss gibt's eine beliebte Saftbar und ein Restaurant. Das Hotel befindet sich in Gehweite vom Kempegowda Bus Stand und der Metro.

★ **Taj West End** HISTORISCHES HOTEL $$$
(☎ 080-66605660; www.tajhotels.com; Racecourse Rd; EZ/DZ mit Frühstück ab 12 600/13 700 ₹; ❄ 📶 🏊) In einem 8 ha großen herrlichen tropischen Garten führt einen diese West-End-Saga zurück ins Jahr 1887, als das Haus, das bis heute noch koloniale Klasse versprüht, als Unterkunft für britische Offiziere eröffnet wurde. Das vietnamesische Blue Ginger und der erstklassige indische Masala Klub zählen zu den besten Restaurants der Stadt.

Leela Palace HOTEL $$$
(☎ 080-25211234; www.theleela.com; 23 HAL Airport Rd; EZ/DZ ab 18 800/19 300 ₹; ❄ @ 📶 🏊) Das nach dem Vorbild des Palasts von Mysuru gestaltete Hotel ist zwar kein wirklicher Palast (es stammt von 2003), wirkt aber schon majestätisch. Schimmernder Marmor, Luxusteppiche, hochherrschaftliche Balkone und Stilmöbel wie auch die schönen Gärten, die edlen Restaurants, Bars und Boutiquen sorgen für noble Eleganz. Das Hotel liegt im Leela-Galleria-Komplex neben einem Golfplatz, 5 km östlich der MG Rd.

Villa Pottipati PENSION $$$
(☎ 080-41144725; www.villa-pottipati.neemranahotels.com; 142 8th Cross, 4th Main, Malleswaram; EZ/DZ mit Frühstück ab 4800/7600 ₹; ❄ @ 📶 🏊) Das historische Gebäude ist eine stimmungsvolle Bleibe mit antikem Mobiliar und freundlichem Personal. Einst war dies das Wohnhaus einer wohlhabenden Expat-Familie aus Andhra Pradesh. Im Garten befinden sich viele alte Bäume und ein winziger Pool. Leider bekommt das Haus nahe einer viel befahrenen Kreuzung viel Verkehrslärm ab.

Essen

Bengalurus abenteuerlustige kulinarische Szene hält Schritt mit den Launen und wachsenden Ansprüchen der hungrigen, gut betuchten Einheimischen und ausländischen IT-Experten. Hier gibt's Spitzenrestaurants, Gastropubs und bei Einheimischen beliebte preiswerte Lokale.

Rund um die MG Road

Khan Saheb INDISCH $
(www.khansaheb.co; 9A Block, Brigade Rd; Wraps ab 60 ₹; 12–23.30 Uhr; MG Rd) Das Lokal ist bekannt für seine eingerollten Vollkorn-Chapatis, die mit allem Möglichen gefüllt sind, von Grillfleisch über Tandur-Garnelen bis hin zu Käse- und Mais-Tikka.

Koshy's Bar & Restaurant INDISCH $$
(39 St. Mark's Rd; Hauptgerichte 160–350 ₹; 9–23 Uhr; MG Rd) Seit Jahrzehnten verdrückt die Intelligenz der Stadt in diesem geschäftigen, entschieden altmodischen Kneipenrestaurant bei feurigen Diskussionen schmackhafte nordindische Gerichte und Bier. Klapprige Deckenventilatoren und verstaubte hölzerne Fensterläden sorgen für Nostalgie. Zwischen Mittag- und Abendessen gibt's nur kleine Sachen (koloniale Snacks wie Hähnchenleber auf Toast).

Church Street Social GASTROPUB $$
(http://socialoffline.in; 46/1 Church St; Hauptgerichte 170–350 ₹; Mo–Do 9–23, Fr & Sa bis 1 Uhr; ; MG Rd) Das hippe Lokal präsentiert sich in einem schick-industriellen Lagerhaus-Look. Es serviert Cocktails in Bechergläsern und die Servietten kommen – wie Toilettenpapier – von der Rolle. Auf der Karte stehen gute Frühstücksgerichte, Vorspeisenteller, Hähnchenburger aus den amerikanischen Südstaaten und Gunpowder-Calamari.

Empire NORDINDISCH $$
(www.facebook.com/hotelempire; 36 Church St; Hauptgerichte 120–240 ₹; 11–23 Uhr; MG Rd) Das in der gesamten Stadt bekannte Lokal serviert authentische, billige Tandur- und Fleischgerichte in einem unprätentiösen Ambiente mit Plastik-Sitzbänken und Holzfurnier; zu empfehlen sind das Butterhühnchen, die Kebabs oder auch das Lamm-Biryani. Hier herrscht Tag und Nacht Betrieb und die Küche an der Straße versorgt eilige Passanten mit schmackhaftem Schawarma (Kebab vom Spieß) zum Mitnehmen. In der Stadt gibt's zahlreiche weitere Filialen.

★ **Olive Beach** MEDITERRAN $$$
(080-41128400; www.olivebarandkitchen.com; 16 Wood St; Ashoknagar; Hauptgerichte 525–795 ₹; 12–15.30 & 19–23 Uhr;) Die weiß getünchte Villa könnte auch auf Santorin stehen. Und auch die Gerichte erwecken sehnsüchtige Erinnerungen an sonnige, mediterrane Ferienorte. Die Gerichte wechseln saisonal, man darf jedoch stets marokkanische Lamm-Tagines, Garnelen *pil pil* (mit Knoblauch und scharfer Paprika) und viele vegetarische Angebote erwarten. Durch die neue Loungebar unter freiem Himmel ist das Restaurant noch reizvoller geworden.

NICHT VERSÄUMEN

FOOD STREET

Wer essen und dabei auch Lokalkolorit schnuppern will, sollte die VV Puram, besser bekannt als **Food Street** (Sajjan Rao Circle, VV Puram; Gerichte ab 100 ₹; ab 17.30 Uhr), ansteuern, wo es einen Abschnitt mit kleinen Lokalen gibt, die klassisches Street Food aus ganz Indien anbieten. Es ist ein echtes Spektakel, wenn *rotis* geformt und in die Luft gewirbelt oder *bhajia* (frittiertes Gemüse) vor den Menschenmassen in heißes Öl getaucht werden.

Hier gibt's nur vegetarische Kost, darunter verschiedene *dosas*, *idli* (fermentierter Reiskuchen), Snacks aus dem Punjab und Currys.

★ **Karavalli** MEERESFRÜCHTE $$$
(080-66604545; Gateway Hotel, 66 Residency Rd; Hauptgerichte 500–1575 ₹; 12.30–15 & 18.30–23.30 Uhr; MG Rd) Wer beste indische Meeresfrüchte sucht, ist hier genau richtig. Das wunderbar stimmungsvolle Interieur mit subtiler Beleuchtung, traditionellem Strohdach, alten Holzarbeiten und Messingbeschlägen schafft das perfekte Ambiente für ein besonderes Mahl; die Plätze draußen im Garten sind nicht weniger ansprechend. Man hat die Wahl zwischen feurigen Fischgerichten aus Mangaluru, würzigen Garnelen auf keralesische Art, Milagu-Krabben in Pfeffer-Masala und erstklassigem Hummer-*balchão* (in würziger Sauce geschmort; 1495 ₹).

Ebony MINTERNATIONAL $$$
(080-41783333; www.ebonywithaview.com; 13. OG, Barton Centre, 84 MG Rd; Hauptgerichte 300–560 ₹; 12.30–15 & 19–23 Uhr; ; MG Rd) Gewiss, die indischen, thailändischen und europäischen Gerichte sind köstlich, doch wird ihnen von der romantischen Aussicht von der Dachterrasse im 13. Stock etwas die Show gestohlen. Werktags gibt's mittags ein Zwei-Gänge-Menü schon für 445 ₹. Im coolen Lounge-Bereich des Ebony tummeln sich am Wochenende Bengalurus Cocktailschlürfer.

Indian Kitchen MODERN-INDISCH $$$
(080-25598995; 86 Oak Shot Pl, MG Rd; 250–825 ₹; 12–15 & 19–1 Uhr; MG Rd) Das Restaurant ist bei den Jungen und Aufgeweckten der Stadt schwer angesagt. Die Karte bezieht ihre Inspirationen aus ganz Indien; zu den Glanzlichtern zählen das *chingri malai* (Curry bengalischer Art mit Garnelen und Kokosnuss) und das Hühnchen-*gassi* (mit würziger Tamarindensauce). Das Restaurant ist zugleich eine Bar mit einer guten Auswahl an Bieren, Weinen und Cocktails.

Fava MEDITERRAN $$$
(www.fava.in; UB City, 24 Vittal Mallya Rd; Hauptgerichte 350–850 ₹; 11–23 Uhr; ; Cubbon Park) Draußen auf der Terrasse speist man hier im Schutz eines Baldachins. Auf großen Platten werden leckere Gerichte wie Entenkeulen-Confit, Fisch-Kebabs und diverse Gerichte aus Bio-Zutaten aufgetragen. Das mediterrane Mittagsmenü hat ein großartiges Preis-Leistungs-Verhältnis (2/3 Gänge 475/570 ₹).

Sunny's ITALIENISCH $$$
(080-41329366; www.sunnysbangalore.in; 50 Lavelle Rd; Hauptgerichte 350–730 ₹; 12.30–23.30 Uhr;) Das noble Restaurant ist eine gut etablierte Institution in Bengalurus gastronomischer Szene und besitzt eine hübsche Terrasse, auf der man unter freiem Himmel authentische Pizzas mit dünnem Boden, hausgemachte Pasta, importierten Käse und sehr gute Desserts verspeist.

Andere Stadtviertel

★ **Mavalli Tiffin Rooms** SÜDINDISCH $
(MTR; 080-22220022; www.mavallitiffinrooms.com; 14 Lalbagh Rd; Snacks ab 50 ₹, Menüs ab 130 ₹; 6.30–11 & 12.30–21.30 Uhr, Mo geschl.) Das ungeheuer beliebte Lokal ist für seine südindische Hausmannskost legendär und verköstigt die Einwohner von Bengaluru seit 1924. Man geht hinauf in den Speisesaal im Obergeschoss und reiht sich in der Warteschlange für einen Tisch ein. Hat man einen ergattert, bewundert man die in Rauchglas geätzten Bilder südindischer Schönheiten, während die Kellner leckere *idlis* (fermentierte Reiskuchen) und *dosas* (herzhafte Crêpes) servieren. Zum Abschluss gibt's schaumigen Filterkaffee in silbernen Kannen.

Gramin INDISCH $
(080-41104104; 20, 7th Block, Raheja Arcade, Koramangala; Hauptgerichte 136–180 ₹; 12.30–23 Uhr) Das gemütliche Gramin, übersetzt „aus dem Dorf", bietet eine große Auswahl aromatischer, strikt vegetarischer ländlicher Gerichte aus Nordindien. Empfehlenswert sind die vielen Linsengerichte und Currys mit ofenfrischem *roti*, begleitet von süßem Lassi mit Rosenaroma aus der Kupferkanne. Das Thali am Mittag (136 ₹) ist stets eine gute Wahl! Zwischen 15.30 und 19 Uhr gibt's nur ein begrenztes Snack-Angebot.

★ **Fatty Bao** ASIATISCH $$$
(080-44114499; www.facebook.com/thefattybao; 610 12th Main Rd, Indiranagar; Hauptgerichte 380–650 ₹; 12–15 & 19–22.30 Uhr; ; Indiranagar) In dem angesagten Restaurant auf einer Dachterrasse werden typische asiatische Straßengerichte für eine modebewusste, junge Klientel einheimischer Feinschmecker serviert. Das Ambiente ist lebhaft und mit farbenfrohen Stühlen und langen Holztischen aufgepeppt. Es gibt auch Ramen-Suppen, Thai-Currys und malaiisches Street Food sowie asiatisch angehauchte Cocktails wie Lemongrass-Mojitos.

Ausgehen & Nachtleben

Bengalurus Reputation als Ausgeh-Hochburg und die große Auswahl an schicken Bars machen es zum optimalen Ort für eine alkoholschwangere Kneipentour – schließlich ist es die Bierstadt Indiens. In den letzten Jahren sind die Craft-Beer-Schuppen wie Pilze aus dem Boden geschossen und bieten qualitativ hochwertige Ales an. In allen Locations wird auch Essen serviert.

Die angesagtesten Nachtclubs verlangen in der Regel einen Grundpreis von ca. 1000 ₹ pro Paar, er wird aber oft mit Getränken oder Speisen verrechnet.

Lassi Shop CAFÉ
(41 Church St; Getränke 30–90 ₹; 12–24 Uhr;) Das von ein paar engagierten Leuten geführte kitschig-coole Café ist ideal für Lassis, Mocktails und kalt gepresste Säfte – zu empfehlen ist der ABC-Drink (die Buchstaben stehen für Apple, Beetroot und Carrot, also Apfel, Rote Beete und Karotte). Es gibt einen großen Sitzbereich drinnen, sodass man sich gut ausbreiten kann. Auch draußen stehen ein paar Tische.

blueFROG CLUB, BAR
(www.bluefrog.co.in; 3 Church St; So–Do 12–23, Fr & Sa bis 0.30 Uhr; MG Rd) Der noble Club zieht mit einer guten Auswahl an DJs, die House, Techno und Trance auflegen, sowie

BENGALURUS KLEINBRAUEREIEN

Arbor Brewing Company (www.arborbrewing.com/locations/india; 8 Magrath Rd; ⌚ So–Do 12–0.30, Fr & Sa bis 1 Uhr; 📶) Die typische Brauereikneipe zählte zu den Craft-Beer-Pionieren, die die Szene vor Ort begründet haben. Im Angebot sind Stout, Porter und India Pale Ale (IPA), belgische, gewürzte und säuerliche Biere und solche mit Fruchtaroma.

Toit Brewpub (www.toit.in; 298 100 Feet Rd, Indiranagar; ⌚ Mo–Di 12–23.30, Mi, Do & So bis 0.30, Fr & Sa bis 1 Uhr; 📶) Der Gastropub mit Backsteinwänden erstreckt sich über drei Stockwerke. Muntere Zecher probieren hier die vor Ort gebrauten Qualitätsbiere, darunter zwei saisonale und ein Weizenbier vom Fass. Das Probiergedeck mit sechs Bieren kostet 220 ₹.

Vapour (www.vapour.in; 773 100 Feet Rd, Indiranagar; ⌚ 12–23.30 Uhr; 📶) Der mehrstöckige Komplex unterteilt sich in verschiedene Bars und Restaurants, das Highlight ist aber die Dachterrasse mit Großleinwand, wo man sich die sechs Craft Beers, darunter ein Reisbier und ein nicht im Haus gebrautes Ale, schmecken lassen kann.

Prost (www.prost.in; 811 5th Cross Rd, Koramangala; ⌚ So–Do 12–23.30, Fr & Sa bis 1 Uhr; 📶) Das Prost hat ein bunt zusammengewürfeltes Industrie-Design, eine Dachterrasse mit mehreren hochwertigen Bieren vom Fass und eine verführerische Speisekarte. Am Wochenende kommt der Laden abends mit DJs und Tanzfläche richtig in Schwung.

Brewsky (www.brewsky.in; 4. & 5. OG Goenka Chambers, 19th Main Rd, JP Nagar; ⌚ 12–0.30 Uhr; 📶) Die sehr coole Anlage bietet einen Blick auf die Stadt von der schönen Dachterrasse, einen Balkon im Zwischengeschoss und ein schrilles Restaurant mit Trödel-Dekor. Vor Ort werden sechs Biere gebraut, darunter ein goldenes Ale, ein Weizenbier und ein Stout. Die schmackhaften kleinen Häppchen und die großen Platten für mehrere Personen sind gut und günstig.

Biere Club (www.thebiereclub.com; 20/2 Vittal Mallya Rd; ⌚ So–Do 11–23, Fr & Sa bis 24 Uhr; 📶) Bierliebhaber werden frohlocken: Die erste Kleinbrauerei Südindiens serviert Fassbiere, von denen einige vor Ort gebraut werden. Auf der Karte stehen viele Snacks (Vorspeisenteller, Burger), sodass man vor der Bierverkostung eine Grundlage schaffen kann.

Barleyz (www.barleyz.com; 100 Feet Rd, Koramangala; ⌚ So–Do 11–23.30, Fr & Sa bis 1 Uhr; 📶) Ein freundlicher Biergarten auf der Dachterrasse mit Topfpflanzen, Kunstrasen und Tischen mit eingebauten Grills. Von den sechs ganzjährigen und diversen saisonalen Bieren gibt's kostenlose Kostproben. Zu essen bekommt man ausgezeichnete Holzofenpizzas, indische Snacks und westliche Gerichte.

Livebands ein hippes, munteres Publikum an. Je nach Abend liegt der Eintrittspreis zwischen 0 und 500 ₹.

13th Floor — BAR

(13. Stock, Barton Centre, 84 MG Rd; ⌚ So–Do 17–23, Fr & Sa bis 1 Uhr; 📶) Nachdem man seine Angst vor der Unglückszahl überwunden hat, blickt man von der Terrasse im 13. Stock hinunter auf das glitzernde Bengaluru. Es gibt eine ausgezeichnete Auswahl an Martini-, Sangria- und Mojito-Kombinationen. Happy Hour von 17 bis 19 Uhr.

Dyu Art Cafe — CAFÉ

(www.dyuartcafe.yolasite.com; 23 MIG, KHB Colony, Koramangala; ⌚ 10–22.30 Uhr; 📶) Das stimmungsvolle Café mit Galerie liegt in einem grünen Viertel und hat einen friedlichen, an einen Zen-Tempel erinnernden Hof. Man bekommt guten Kaffee aus der Presskanne, Espresso und Eiskaffee – die Bohnen stammen aus Kerala. Zu essen gibt's hausgemachte Kuchen, Sandwichs und diverse Hauptgerichte.

Monkey Bar — PUB

(14/1 Wood St, Ashoknagar; ⌚ 12–23 Uhr; 📶) In diesem Gastropub genehmigt sich ein gemischtes, lockeres Publikum an der Bar oder in den aus Holz gefertigten Sitzecken seine Drinks. Im Keller gibt's Poolbillard, Tischfußball, laute Musik und Party.

Eine weitere Filiale befindet sich in **Indiranagar** (925 12th Main Rd; ⌚ 12–23, Wochenende bis 24 Uhr; 📶).

Infinitea — CAFÉ

(www.infinitea.in; 2 Shah Sultan Complex, Cunningham Rd; Becher Tee ab 100 ₹; ⌚ 11–23 Uhr; 📶)

Das smarte, aber anheimelnde Café hat eine eindrucksvolle Karte mit gängigen Tees der besten Teeplantagen und ein paar ausgefallene Angebote. Das Essen – Suppen, Salate, geräucherte Chicken Wings – kann sich ebenfalls sehen lassen. Loser Tee wird hier grammweise verkauft.

Atta Galatta CAFÉ
(☎080-4160677; www.attagalatta.com; 134, KHB Colony, 5. Block, Koramangala; 11–20.30 Uhr; 📶) Das nette Café mit Bäckerei bietet gute Sandwichs auf nahrhaftem Brot, Cookies und Snacks. In dem angeschlossenen Buchladen mit Ausstellungsfläche gibt's Lesungen und Performances.

Plan B PUB
(20 Castle St; Ashoknagar; 🕒So–Do 11–23.30, Fr & Sa bis 1 Uhr; 📶) Der beliebte Studententreff bietet 3,5-l-Biertürme, eine riesige Cocktailkarte und seine legendären Chicken Wings (215 ₹/6 Stück), die es dienstags zum halben Preis gibt.

Zu der Kneipe gehört außerdem noch der im Industrie-Chic aufgemachte Gastropub **Plan B Loaded** (https://holycowhospitality.com; 13 Rhenius St; Richmond Town; Hauptgerichte 295–475 ₹; 🕒12–1 Uhr; 📶).

Shiro BAR
(www.shiro.co.in; UB City, 24 Vittal Mallya Rd; 🕒So–Do 12.30–23.30, Fr & Sa bis 1 Uhr; 📶) Die niveauvolle und durchgestylte Lounge hat elegante Innenräume mit monumentalen Buddha-Büsten und Figürchen, die *apsaras* (Himmelsnymphen) darstellen. Es gibt auch eine Freiluftterrasse. Das Lokal bietet gutes japanisches Essen. Unser Tipp: Der Cocktail „Special Shiro" ist der Hammer!

☆ Unterhaltung

Humming Tree LIVEMUSIK
(☎9945532828; www.facebook.com/thehummingtree; 12th Main Rd, Indiranagar; 🕒So–Do 11–23.30, Fr & Sa bis 1 Uhr; Ⓜ Indiranagar) In dem beliebten lagerhausartigen Treff wechseln sich Bands (ab ca. 21 Uhr) und DJs ab. Nett ist auch die Dachterrasse. Der Eintritt liegt irgendwo zwischen 0 und 300 ₹. Es gibt gutes Fingerfood und eine Happy Hour, die bis 19 Uhr dauert.

Ranga Shankara THEATER
(☎080-26592777; www.rangashankara.org; 36/2 8th Cross, JP Nagar) Alle möglichen Theater- und Tanz-Spielarten (sowohl in verschiedenen Sprachen als auch in unterschiedlichen Genres) haben ihre Heimat in diesem Kulturzentrum. Es veranstaltet auch jedes Jahr ein kleines Festival (Ende Okt./Anf. Nov.).

M. Chinnaswamy Stadium SPORT
(www.ksca.cricket; MG Rd; Ⓜ Cubbon Park) In diesem Tempel für Kricketfans sind das Jahr über viele Spiele zu sehen. Die aktuellen Termine von Test-Matches, One-Day-Internationals und Twenty20-Spielen stehen auf der Website.

B Flat LIVEMUSIK
(☎080-41739250; www.facebook.com/thebflatbar; 776 100 Feet Rd, Indiranagar; Eintritt 300 ₹; 🕒11–15 & 19–1 Uhr; Ⓜ Indiranagar) Einige der besten Jazz- und Bluesbands Indiens treten in diesem Pub und Livemusiktreff auf.

Indigo Live Music Bar LIVEMUSIK
(☎080-25535330; www.facebook.com/IndigoLiveMusicBar; 5./6. Stock, Elite Bldg, Jyoti Nivas College Rd, Koramangala; So–Do 17–23, Fr & Sa bis 1 Uhr) Bands, DJs, unplugged-Musiker und sogar Standup-Comedians sorgen in diesem beliebten Laden für Laune. In der oberen (6.) Etage gibt's eine große Terrasse, auf der man essen und chillen kann.

🛍 Shoppen

In Bengaluru gibt's keinen Mangel an Einkaufsmöglichkeiten, von wimmelnden Basaren bis zu glitzernden Malls ist alles geboten. Gute Gegenden zum Shoppen sind die Commercial St, die Vittal Mallya Rd und die MG Rd.

★ Mysore Saree Udyog BEKLEIDUNG
(www.mysoresareeudyog.com; 1. Stock, 316 Kamaraj Rd; 🕒10.30–20.30 Uhr) Der gut besuchte Laden ist seit über 70 Jahren im Geschäft und bietet für jeden Geldbeutel etwas. Er ist eine tolle Adresse, um Saris, Blusen, Stoffe sowie Hemden und Tücher aus Seide zu kaufen. Die meisten Kleidungsstücke wurden aus Mysuru-Seide gefertigt, zudem sind Schals aus 100 % Paschmina im Angebot.

Cauvery Arts & Crafts Emporium GESCHENKE & SOUVENIRS
(45 MG Rd; 🕒10–20 Uhr; Ⓜ MG Rd) Der staatliche Laden mit Festpreisen ist bekannt für seine riesige Auswahl an hochwertigen Sandel- und Rosenholzprodukten, handgewebten Einzelstücken, Seidenartikel und Metallarbeiten aus Bidar.

Forest Essentials KOSMETIK
(www.forestessentialsindia.com; 4/1 Lavelle Junction Bldg, Vittal Mallya Rd; 🕒10–21 Uhr) Hochwer-

tige Schönheitsprodukte für Haar, Gesicht und Körper, darunter diverse Zaubertränke und Lotionen sowie ayurvedische und ätherische Bio-Öle.

Fabindia KLEIDUNG, HAUSHALTSWAREN
(Garuda Mall, Magrath Rd; ⌚10–20 Uhr) Die ungeheuer erfolgreiche Kette bietet stilvolle traditionelle Kleidung, Haushaltswaren und Accessoires aus Seide oder traditionell bedruckter Baumwolle. Auch hochwertige Hautpflegeprodukte sind erhältlich.

Weitere Filialen befinden sich in der **Commercial Street** (152 Commercial St; ⌚10–20.30 Uhr), der **MG Road** (www.fabindia.com; 1 MG Rd, Lido Mall, Kensington Rd; ⌚10.30–21 Uhr; Ⓜ Trinity) und in **Koramangala** (www.fabindia.com; 54 17th Main Rd; ⌚10–20 Uhr).

★ **Kynkyny Art Gallery** KUNST
(www.kynkyny.com; Embassy Sq, 148 Infantry Rd; ⌚Mo–Sa 10–19 Uhr; Ⓜ Cubbon Park) Die elegante Verkaufsgalerie in einem hinreißenden kolonialzeitlichen Gebäude zeigt Werke zeitgenössischer indischer Künstler, die preislich das komplette Spektrum abdecken. Außerdem gibt's auch hervorragende Designermöbel.

Goobe's Book Republic BÜCHER
(www.goobes.wordpress.com; 11 Church St; ⌚Mo–Sa 10.30–21, So 12–21 Uhr) Der tolle kleine Buchladen verkauft neue und gebrauchte, kultige und Mainstream-Bücher und -Comics. Das Personal ist sachkundig und hilfsbereit.

Garuda Mall EINKAUFSZENTRUM
(www.garudamall.in; McGrath Rd; ⌚10–22, Fr & Sa bis 22.30 Uhr) In der modernen Mall im Zentrum von Bengaluru haben sich viele Bekleidungsketten niedergelassen. Außerdem gibt es ein Multiplex-Kino.

UB City EINKAUFSZENTRUM
(www.ubcitybangalore.in; 24 Vittal Mallya Rd; ⌚10.30–22 Uhr) Ob man nun globale Haute Couture (Louis Vuitton, Jimmy Choo, Burberry) oder die Kreationen indischer Modeschöpfer sucht, in diesem hohen Einkaufszentrum im Herzen der Stadt wird man sicher fündig. In dem Einkaufszentrum gibt es auch gute Restaurants und ein Spa.

Forum EINKAUFSZENTRUM
(www.theforumexperience.com/forumbangalore.htm; Hosur Rd, Koramangala; ⌚10–23 Uhr) Viele Modeläden und ein Kino finden sich in diesem schicken Shopping-Komplex im angesagten Viertel Koramangala.

ℹ AKTUELLE INFOS ZU BENGALURU

Unter den folgenden Internetadressen findet man alles zu aktuellen Restauranteröffnungen, kulturellen Veranstaltungen, zum Nachtleben und zu Läden und Geschäften vor Ort:

- Time Out Bengaluru (www.timeout.com/bangalore)
- What's Up Bangalore (www.whatsupguides.com)
- Explocity (https://bangalore.explocity.com)

Gangarams Book Bureau BÜCHER
(www.facebook.com/Gangaramsbookbureau; 3. OG, 48 Church St; ⌚Mo–Sa 10–20 Uhr) Ausgezeichnete Auswahl an indischen Titeln, Reiseführer und Penguin-Klassiker. Sachkundiges Personal und Signierstunden von Autoren.

Indiana Crockery HAUSHALTSWAREN
(97/1 MG Rd; ⌚10.30–21 Uhr) Guter Ort, um Thali-Tabletts, Messing-Utensilien und Teetassen für die nächste Dinnerparty zu Hause zu kaufen.

Blossom Book House BÜCHER
(www.blossombookhouse.com; 84/6 Church St; ⌚10.30–21.30 Uhr; Ⓜ MG Rd) Tolle Sonderangebote von neuen und gebrauchten Büchern.

ℹ Orientierung

Es ist nicht immer leicht, sich in Bengaluru zurechtzufinden, so sind in einigen Gegenden die Straßen nach ihrer Breite benannt (z. B. 80 Feet Rd). Die Stadt benutzt auch ein System aus Haupt- und Querstraßen, die Angabe „3rd cross, 5th main, Residency Rd" bezieht sich z. B. auf die dritte Querstraße an der fünften Straße, die von der Residency Rd abzweigt. Überall in der Stadt entwickeln sich neue, wohlhabende Ecken wie etwa die noblen Vororte Indirangar, JP Nagar, Koramangala und Whitefield, die Einkaufszentren im westlichen Stil, ein pulsierendes Nachtleben und Restaurants besitzen.

ℹ Praktische Informationen

GELD

Geldautomaten gibt's überall. Geldwechsler gehen auf der MG Rd ihren Geschäften nach.

TT Forex (☎080-22254337; 33/1 Cunningham Rd; ⌚Mo–Fr 9.30–18.30, Sa 9.30–13.30 Uhr) Löst Reiseschecks ein und tauscht ausländische Währungen.

GEPÄCKAUFBEWAHRUNG

Im Bahnhof und am Kempegowda Bus Stand gibt's rund um die Uhr geöffnete Gepäckaufbewahrungen (15 ₹/Tag). Man braucht ein gültiges Ticket und einen Identitätsnachweis. Die Gepäckstücke müssen verschlossen sein.

MEDIZINISCHE VERSORGUNG

Hosmat (☎080-25593796; www.hosmatnet.com; 45 Magrath Rd) Krankenhaus für ernsthafte Verletzungen und allgemeine Erkrankungen.

Mallya Hospital (☎080-22277979; www.mallyahospital.net; 2 Vittal Mallya Rd) Das Krankenhaus betreibt eine Notfallstation und eine rund um die Uhr geöffnete Apotheke.

REISEBÜROS

Skyway (☎080-22111401; www.skywaytour.com; 8 Papanna Lane, St. Mark's Rd; ⊙Mo–Sa 9–18 Uhr) Äußerst professioneller und zuverlässiger Veranstalter; bucht Taxis für lange Strecken und Flugtickets.

TOURISTENINFORMATION

Government of India Tourist Office (GITO; ☎080-25585417; indtourblr@dataone.in; 2. Stock, 48 Church St; ⊙Mo–Fr 9.30–18, Sa 9.30–13 Uhr; Ⓜ MG Rd) Sehr nützlich für Bengaluru und Umgebung.

Karnataka State Tourism Development Corporation (KSTDC; ☎080-41329211; www.kstdc.co; Karnataka Tourism House, 8 Papanna Lane, St. Mark's Rd; ⊙Mo–Sa 10–19 Uhr; Ⓜ MG Rd) Bucht Stadtführungen und Touren durch den Bundesstaat, die vom KSTDC veranstaltet werden.

Karnataka State Tourism Development Corporation (KSTDC; ☎080-43344334; www.kstdc.co; Badami House, Kasturba Rd; ⊙Mo–Sa 10–19 Uhr) Nützliche Zweigstelle gleich südlich vom Cubbon Park.

ℹ An- & Weiterreise

BUS

Bengalurus riesiger und gut organisierter **Kempegowda Bus Stand** (Majestic; Gubbi Thotadappa Rd), der allgemein auch als Majestic oder Central bekannt ist, befindet sich direkt vor dem Bahnhof. Die Karnataka State Road Transport Corporation (KSRTC; www.ksrtc.in) betreibt Busse zu Zielen in Karnataka und den benachbarten Bundesstaaten. Der **Mysuru Road Satellite Bus Stand** (Mysuru Rd) 8 km südwestlich vom Zentrum ist ein weiterer wichtiger Busbahnhof: Die meisten KSRTC-Busse nach Mysuru, Mangaluru (Mangalore) und zu anderen Zielen, die südwestlich von Bengaluru liegen, starten hier, ebenso der Flybus zum Flughafen von Bengaluru.

Die aktuellen Fahrpläne und Preise erfährt man auf der Website der KSRTC. Mit internationalen Kreditkarten ist die Online-Buchung nicht immer möglich; Reisebüros helfen in diesem Fall weiter. Fernbusse sollte man stets im Voraus buchen.

Private Busgesellschaften säumen die Straße gegenüber dem Kempegowda Bus Stand.

FLUGZEUG

Internationale und Inlandsflüge nutzen Bengalurus Flughafen, den **Kempegowda International Airport** (☎1800 4254425; www.bengaluruairport.com), der rund 40 km nördlich der MG Rd liegt. Inlandsfluglinien bieten tägliche Verbindungen zu großen Städten, darunter nach Chennai, Mumbai, Hyderabad, Delhi und Goa. Zu den vertretenen Fluglinien zählen:

Air India (☎080-22978427; www.airindia.com; Unity Bldg, JC Rd; ⊙Mo–Sa 10–17 Uhr)

GoAir (☎080-47406091; www.goair.in; Bengaluru Airport)

IndiGo (☎9910383838; www.goindigo.in)

WICHTIGE BUSSE AB BENGALURU

ZIEL	PREIS (₹)	DAUER (STD.)	HÄUFIGKEIT
Chennai	398 (R)/491 (V)/693 (S)	6–7	25-mal tgl., 5.35–23.30 Uhr
Ernakulam	619 (R)/1139 (V)	10–12	7-mal tgl., 16–21.45 Uhr
Gokarna	549 (R) 789 (V) 882 (S)	9–11½	4-mal tgl., 20.30–22.15 Uhr
Hampi	629 (R)	7½	1-mal tgl., 23 Uhr
Hosapete	334 (R)/599 (V)/696 (S)	8	17-mal tgl., 16.30–23.30 Uhr
Hyderabad	713 (R)/989 (V)/1190 (S)	9–11	27-mal tgl., 7.30–23.30 Uhr
Mumbai	1383 (V)	18	3-mal tgl., 15–20 Uhr
Mysuru*	123 (R)/299 (V)	2–3	51-mal tgl., 24 Std.
Panaji	919 (V)/1800 (S)	11–13	5-mal tgl., 18.30–20.30 Uhr
Udagamandalam*	639–839 (V)	7–9½	9-mal tgl., 6.15–23.15 Uhr

Preise: (R) Rajahamsa Semideluxe, (V) Airavath AC Volvo, (S) AC Sleeper
*fährt vom Mysuru Rd Satellite Bus Stand.

WICHTIGE ZÜGE AB BENGALURU

ZIEL	ZUG-NR. & NAME	PREIS (₹)	DAUER (STD.)	ABFAHRT
Chennai	*12658 Chennai Mail*	255/910	6	22.40 Uhr
Chennai	*12028 Shatabdi*	785/1060	5	Mi–Mo 6 & 16.25 Uhr
Hosapete	*16592 Hampi Exp*	255/970	9½	22 Uhr
Hubballi	*16589 Rani Chennamma Exp*	270/1045	8½	21.15 Uhr
Madgaon, Goa	*17311 Mas Vasco Exp*	360/1405	15	Fr 20.10 Uhr
Mysuru	*12007 Shatabdi*	300/835	2	Do–Di 11 Uhr
Mysuru	*12614 Tippu Exp*	90/310	2½	15 Uhr
Thiruvananthapuram	*16526 Kanyakumari Exp*	410/1605	16½	20 Uhr

Preise: Shatabdi-Preise gelten für AC Chair/AC Executive; Express- (Exp/Mail-) Preise gelten für 2. Klasse/AC Chair bei tagsüber fahrenden Zügen und Sleeper/2AC bei Nachtzügen.

Jet Airways (✆080-39893333; www.jetairways.com; Unity Bldg, JC Rd; ⏰Mo–Sa 9.30–18 Uhr)

ZUG

Bengalurus **Hauptbahnhof** (www.bangalorecityrailwaystation.in; Gubbi Thotadappa Rd) ist der wichtigste Bahnverkehrsknoten. Der **Bahnhof Cantonment** (Station Rd) ist jedoch der bessere Haltepunkt, wenn man ankommt und in die Gegend rund um die MG Rd will. Vom **Bahnhof Yeshvantpur** (Rahman Khan Rd) 8 km nordwestlich der Innenstadt starten die Züge nach Goa.

Das computergestützte **Zugreservierungsbüro** (✆139; ⏰Mo–Sa 8–20, So bis 14 Uhr) hat separate Schalter für Kreditkartenzahlung, für Frauen und für Ausländer. Last-Minute-Reservierungen nimmt das **Divisional Railway Office** (Gubbi Thotadappa Rd) vor. Gepäck kann man in der rund um die Uhr geöffneten Gepäckaufbewahrung an Gleis 1 des Hauptbahnhofs aufgeben.

Unterwegs vor Ort

AUTORIKSCHA

Nur sehr wenige Autorikschafahrer verwenden Taxameter. Wenn aber doch, werden nach 22 Uhr 50 % auf den angezeigten Preis aufgeschlagen.

BUS

Die Bangalore Metropolitan Transport Corporation (BMTC; www.mybmtc.com) betreibt das umfangreiche Stadtbusnetz von Bengaluru; auf deren nützlicher Website stehen Fahrpläne und Preise. Die roten klimatisierten Vajra-Busse fahren kreuz und quer durch die gesamte Stadt, während die grünen Big10-Deluxe-Busse die Verbindung zu den Vorstädten herstellen. Normale Busse starten am **City Bus Stand** (Sayyali Rao Rd) neben dem Kempegowda Bus Stand; ein paar fahren auch an der Station am City Market ab, die weiter südlich liegt.

Um vom Hauptbahnhof in das Viertel rund um die MG Rd zu gelangen, kann man jeden Bus von Plattform 17 oder 18 des City Bus Stand nehmen. Zum City Market fahren die Busse 31, 31E, 35 und 49 von Plattform 8.

VOM/ZUM FLUGHAFEN

Ein Taxi mit Taxameter und Klimaanlage vom Flughafen zum Zentrum kostet zwischen 750 und 1000 ₹. Taxis von Uber/Ola verlangen rund 500 bis 600 ₹; in diesen Preisen ist die Flughafengebühr von 120 ₹ enthalten.

Flybus (www.ksrtc.in) KSRTC betreibt den Flybus von/nach Mysuru (739 ₹, 4 Std.), der zehnmal täglich vom Flughafen abfährt; die Fahrt führt über den Mysuru Rd Satellite Bus Stand.

Vayu Vajra (✆1800 4251663; www.mybmtc.com) Vayu Vajras Flughafen-Shuttleservice fährt regelmäßig rund um die Uhr zu verschiedenen Zielen, z. B. zum Kempegowda Bus Stand, zur MG Rd und nach Indiranagar.

METRO

Bengalurus schicke und klimatisierte neue Metro, die sogenannte Namma Metro, ist noch nicht komplett fertiggestellt, zwei Linien sind aber schon in Betrieb. Anders als auf den offiziellen Streckenplänen angegeben, gab es zum Zeitpunkt der Recherche keine Umsteigemöglichkeit zwischen den beiden Linien. Die für Touristen wichtigere Strecke ist die Purple Line, die in Ost-West-Richtung verläuft: Wichtige Stationen sind u. a. Kempegowda (zum Busbahnhof), MG Rd (Shopping und Bars) sowie Indiranagar (Restaurants und Nachtleben). Die Züge verkehren zwischen 6 und 22 Uhr ungefähr alle 15 Minuten; die Tickets für die meisten Fahrten kosten zwischen 10 und 22 ₹. Aktuelle Infos zur Metro stehen auf www.bmrc.co.in.

ABSTECHER

WHISKY & WEIN

Indien ist nicht gerade bekannt für feine Weine und Spirituosen – jeder, der einmal seinen Fuß in einen der in Indien allgegenwärtigen „Wine Shops" gesetzt hat, kann ein Lied davon singen. Bengaluru bildet jedoch eine beachtliche Ausnahme. Die Stadt hat nicht nur einen Durst auf Craft Beer entwickelt, sondern hat mit den **Nandi Hills** (10 ₹/Pers., Auto 150 ₹; 6–18 Uhr) eine der besten Weinregionen des Landes direkt vor der Haustür. Der Weinbau steckt zwar noch in den Kinderschuhen, gewinnt mit rund 18 Weingütern in der Gegend aber schnell an internationalem Ansehen. Ebenfalls nicht weit von der Stadt entfernt befindet sich Indiens erste Destillerie für Single-Malt-Whisky, den man dort auch probieren kann.

Grover Wineries (080-27622826; www.groverzampa.in; 1½-std. Führung Mo–Fr 850 ₹, Sa & So 1000 ₹) In einer Höhe von 920 m produziert dieses Weingut weiße Qualitätsweine und rote Sorten. Bei den Führungen werden fünf Weine in den Verkaufsräumen verkostet, begleitet von Käse und Crackern; ein Mittagessen schließt sich an. Zwischen Februar und Mai kann man beim Traubenpressen zuschauen und die Weinberge besuchen. Das Weingut liegt an der Zufahrt zu den Nandi Hills, rund 40 km nördlich von Bengaluru.

Amrut (080-23100402; www.amrutdistilleries.com; Mysuru Rd) GRATIS Das 1948 gegründete Amrut war Indiens erster Produzent von Single-Malt-Whisky. Kundige Guides veranstalten hier kostenlose Führungen durch die Destillerie. Man lernt den gesamten Produktionsprozess kennen, bevor man die erstklassigen Single-Malts und Blends verkostet. Die Destillerie liegt 20 km außerhalb von Bengaluru an der Straße nach Mysuru; für die Führung ist eine Reservierung erforderlich.

TAXI

In Bengaluru sind Tausende von Uber- und Ola-Fahrern unterwegs. Ein normales Taxi für einen ganzen Tag (8 Std.) kostet rund 2000 ₹.

Meru Cabs (080-44224422; www.merucabs.com) Am Flughafen vertreten.

Olacabs (080-33553355; www.olacabs.com) Professionelles, effizientes Unternehmen mit modernen, klimatisierten Autos, die online oder telefonisch gebucht werden können.

Rund um Bengaluru

Hesaraghatta

080 / 9200 EW.

Der kleine Ort Hesaraghatta 30 km nordwestlich von Bengaluru ist Sitz von Nrityagram, einer berühmten Tanzakademie.

Sehenswertes

Nrityagram KUNSTZENTRUM
(080-28466313; www.nrityagram.org; selbstgeführte Tour 50 ₹, Kind unter 12 Jahren Eintritt frei; Di–So 10–14 Uhr) Diese führende Tanzakademie wurde 1990 gegründet, um den klassischen indischen Tanz wiederzubeleben und populär zu machen – eine Idee und das lebendige Erbe der gefeierten Tänzerin Protima Gauri Bedi (1948–1998). Der Komplex wurde von dem Architekten Gerard da Cunha aus Goa als kleines Dorf entworfen. Vielversprechende Talente erhalten hier langfristige Kurse in klassischem Tanz; für die Kinder aus der Gegend gibt's sonntags sogar kostenlosen Unterricht. Die aktuellen Vorstellungen (1000 ₹/Pers.) stehen auf der Website.

Man kann auch eine Pauschalpaket buchen, das eine Führung, einen Vortrag, eine Tanzdarbietung und eine vegetarische Mahlzeit umfasst (1500–2000 ₹/Pers., min. 10 Teilnehmer, Reservierung erforderlich).

Schlafen

Taj Kuteeram HOTEL $$$
(080-28466326; www.tajhotels.com; DZ ab 4660 ₹;) Das von Gerard da Cunha entworfene Kuteeram gegenüber dem Tanzdorf Nrityagram ist zwar nicht so luxuriös wie andere Hotels der Taj-Gruppe, aber mit einer gelungenen Mischung aus Komfort und rustikalem Charme durchaus stimmungsvoll. Es bietet auch Ayurveda und Yoga-Sitzungen an.

An- & Weiterreise

Vom City Market Bus Stand in Bengaluru fahren die Busse 266, 253 und 253E nach Hesaraghatta (26 ₹, 1 Std.), Bus 266 fährt weiter nach Nrityagram. Eine Autorikscha von Hesaraghatta nach Nrityagram kostet 75 ₹.

Janapada Loka Folk Arts Museum

Janapada Loka Folk Arts Museum MUSEUM

(www.jaanapadaloka.org; Bengaluru-Mysuru Rd; Inder/Ausländer 20/100 ₹; ⌚Mi–Mo 9–17.30 Uhr) Zwischen Bengaluru und Mysuru liegt dieses Museum, das einen kleinen Abstecher durchaus wert ist. Es ist dem Erhalt der ländlichen Kultur gewidmet und beherbergt eine wunderbare Sammlung von Folkloreobjekten, darunter 500 Jahre alte Schattenpuppen, Festtrachten, Musikinstrumente und ein toller Tempelwagen. Hinzu kommt die Nachbildung eines traditionellen Dorfes. Es gibt auch einen Spielplatz. Das Museum liegt 53 km südlich von Bengaluru und ist 3 km von Ramnagar entfernt. Jeder Bus zwischen Mysuru und Bengaluru kann Fahrgäste dort absetzen.

Mysuru (Mysore)

☎0821 / 912 000 EW. / 707 M

Die historische Siedlung Mysuru – bis 2014 hieß es noch Mysore – ist eine der bezauberndsten Städte Südindiens und berühmt für das glanzvolle Erbe der Maharadschas sowie prächtige Denkmäler und Gebäude. Die meisten Traveller kommen wegen des zum UNESCO-Weltkulturerbe zählenden Herrscherpalasts, dabei steckt Mysuru auch voller Traditionen, von denen das sehr stimmungsvolle Basarviertel mit seinen Gewürz- und Weihrauchständen kündet. Ashtanga-Yoga (S. 206) ist ein weiterer Anziehungspunkt; mehrere berühmte Yoga-Schulen locken Besucher aus aller Welt an.

Geschichte

Mysuru verdankt seinen Namen dem mythischen Mahisuru, einem Ort, an dem der Dämon Mahisasura von der Göttin Chamundi getötet wurde. Die königliche Geschichte des Ortes begann 1399, als die Wodeyear-Dynastie von Mysore gegründet wurde, die aber bis zur Mitte des 16. Jhs. im Dienst des Vijayanagar-Reiches stand. Mit dem Sturz der Vijayanagar im Jahr 1565 erklärten die Wodeyar ihre Unabhängigkeit, die sie sich – von einer kurzen Periode der Übermacht Hyder Alis und Tipi Sultans im späten 18. Jh. einmal abgesehen – bis zur Unabhängigkeit 1947 bewahrten.

Sehenswertes

Nicht umsonst wird Mysuru auch die Stadt der Paläste genannt, stehen hier doch insgesamt sieben derartige Prachtbauten. Darüber hinaus gibt zahllose weitere traditionelle Bauwerke majestätischen Ausmaßes aus der Zeit der Wodeyar-Dynastie und der britischen Herrschaft. Die Mehrheit dieser Gebäude befindet sich heute in staatlichem Besitz und wird z. B. als Krankenhaus, College, Regierungsgebäude oder Hotel genutzt. Unter www.karnatakatourism.org/Mysore/en findet man eine Liste mit den sehenswerten Häusern und Palästen der Stadt.

★**Mysuru Palace** PALAST

(Maharadscha-Palast; www.mysorepalace.gov.in; Purandara Dasa Rd; Inder/Ausländer/Kind unter 10 Jahren inkl. Audioführer 40/200/frei ₹; ⌚10–17.30 Uhr) Zu den großartigsten königlichen Bauwerken in Indien gehört der Sitz der Wodeyar-Maharadschas. Der ursprüngliche Palast fiel im Jahr 1897 einem Brand zum Opfer, der heutige wurde 1912 von dem englischen Architekten Henry Irwin fertiggestellt und kostete damals 4,5 Mio. ₹. Das Innere dieses indosarazenischen Traums, ein Kaleidoskop aus farbigem Glas, Spiegeln und knallbunten Farben, ist verschwen-

KOLONIALE ARCHITEKTUR IN MYSURU (MYSORE)

Mysuru besitzt ein ansehnliches bauliches Erbe aus der Kolonialzeit, zahlreiche Prachtbauten und einige skurrile Überbleibsel warten darauf erkundet zu werden. Das 1805 erbaute **Government House** (Irwin Rd), früher der Sitz des britischen Residenten, ist ein klassizistisches Gebäude im toskanisch-dorischen Stil, das von einem 20 ha großen Park umgeben wird. Gegenüber dem Nordtor des Mysuru Palace erhebt sich der 1927 errichtete **Silver Jubilee Clock Tower** (Dodda Gadiara; Ashoka Rd). Buntglasfenster zieren die hohe, zwischen 1933 und 1941 im neugotischen Stil erbaute **St. Philomena's Cathedral** (St. Philomena St; ⌚8–17 Uhr). Und die **Wellington Lodge** ist ein unscheinbares, frühes koloniales Wahrzeichen, in dem heute ein Museum untergebracht ist: das **Indira Gandhi Rashtriya Manav Sangrahalaya** (Nationales Museum der Menschheit; www.igrms.com; Wellington Lodge, Irwin Rd; ⌚Di–So 10–17.30 Uhr) GRATIS.

DUSSEHRA

Beim zehntägigen hinduistischen Fest **Dussehra** (Dasara ; ⌚Sept./Okt.) im September bzw. Oktober geht es in Mysuru zu wie an Karneval. In dieser Zeit wird der Mysuru Palace jeden Abend spektakulär beleuchtet und die Stadt verwandelt sich in einen gigantischen Festplatz mit Konzerten, Tanzaufführungen, Sportvorführungen und kulturellen Veranstaltungen, die in ausverkauften Häusern spielen.

Am letzten Tag werden die Feierlichkeiten in großem Stil beendet: Eine beeindruckende Prozession mit geschmückten Elefanten, mit Blumengirlanden verzierten Figuren, livrierten Bediensteten und Reitern marschiert zum Rhythmus der scheppernden Blaskapellen durch die Straßen.

Während des Festes ist Mysuru hoffnungslos überfüllt mit Touristen, besonders am letzten Tag. Um dem Gedränge zu entgehen, kann man den Kauf einer Dasara VIP Gold Card (7500 ₹/2 Erw.) erwägen, die es in einer limitierten Auflage von derzeit 1000 Exemplaren gibt. Sie hat einen stolzen Preis, garantiert dafür aber gute Sitzplätze bei der Abschlussgala; und bei den anderen Veranstaltungen und Vorführungen kann man damit die Schlangen am Eingang umgehen. Außerdem gibt's Rabatte in Unterkünften und Restaurants sowie beim Shoppen. Ferner gibt es Tickets, die nur für das Betreten von Palast und Bannimantap während der Paraden am letzten Tag gültig sind (250–1000 ₹). Das Dasara Information Centre (☎0821-2423800; www.mysoredasara.gov.in) hält ausführliche Informationen bereit.

derisch gestaltet und zweifellos übertrieben. Es wird durch geschnitzte Holztüren, Mosaikfußböden und Gemälde ergänzt, die das Leben im Mysore der edwardianischen Raj-Ära darstellen.

Der Weg in den Palast führt an einer tollen Skulpturen- und Artefakt-Sammlung vorbei. Nicht verpassen sollte man die Waffenkammer mit einer beeindruckenden Sammlung von über 700 Waffen.

Jeden Sonntag und an nationalen Feiertagen wird der Palast zwischen 19 und 19.30 Uhr von fast 100 000 Glühlampen erleuchtet, die sein majestätisches Profil vor dem Dunkel der Nacht hervorheben.

Der Eingang zum Palastgelände befindet sich am **Südtor** (Purandara Dasa Rd). Von draußen darf man den Palast fotografieren, im Inneren ist das Fotografieren aber streng verboten.

Devaraja Market — MARKT

(Sayyaji Rao Rd; ⌚6–20.30 Uhr) Auf dem lebhaften Basar, der auf die Zeit Tipu Sultans zurückgeht, verkaufen Händler aus der Umgebung traditionelle Waren wie Blumengirlanden, Gewürze und kegelförmige Haufen *kumkum* (gefärbtes Pulver für die *bindi*-Punkte auf der Stirn) – ein tolles Fotomotive. Vor dem Shoppen sollte man aber seine Feilschkünste auffrischen.

Jaganmohan Palace — PALAST

(Jaganmohan Palace Rd; Erw./Kind 120/30 ₹; ⌚8.30–17 Uhr) Der 1861 als herrscherliches Auditorium errichtete eindrucksvolle Palast gleich westlich vom Mysuru Palace beherbergt heute die **Jayachamarajendra Art Gallery**. Die Kunstgalerie zeigt auf drei Etagen eine riesige Sammlung indischer Gemälde, darunter Werke des berühmten Künstlers Raja Ravi Varma, traditionelle japanische Kunst und einige seltene Musikinstrumente. Die Ausstellung ist aber leider schlecht präsentiert und das Gebäude beklagenswert vernachlässigt

Rail Museum — MUSEUM

(KRS Rd; Erw./Kind 15/10 ₹, Foto/Video 20/30 ₹; ⌚9.30–18 Uhr) Blickfang dieses Eisenbahnmuseums unter freiem Himmel ist der Salonwagen der Maharani von Mysuru, ein holzgetäfeltes Schmuckstück aus dem Jahr 1899, das einen Eindruck davon vermittelt, wie stilvoll die Herrscherfamilie seinerzeit zu reisen pflegte. Außerdem kann man sich Dampfmaschinen, Lokomotiven und weitere Bahnwaggons anschauen. Eine Schmalspurbahn (10 ₹) zuckelt auf den Schienen rund um das Gelände entlang.

Jayalakshmi Vilas Mansion Museum Complex — MUSEUM

(Campus der University of Mysore; ⌚Di–So 10–13 & 15–17 Uhr) GRATIS Das Museum auf dem Universitätscampus westlich der Stadt ist auf Folklorekunst spezialisiert und zeigt Artefakte, Steintafeln, Skulpturen und ländliche Kostüme. Sehenswert ist eine Holzpuppe des zehnköpfigen Dämonenkönigs Ravana.

Das 2006 renovierte Gebäude wurde ursprünglich als Villa für Prinzessin Jayalakshmi Ammani, die älteste Tochter des Maharadschas Chamaraja Wodeyar X., erbaut.

Chamundi Hill AUSSICHTSPUNKT
Auf dem Gipfel des 1062 m hohen Berges erhebt sich der **Sri-Chamundeswari-Tempel** (http://chamundeshwaritemple.kar.nic.in; ⌚7–14, 15.30–18 & 19.30–21 Uhr). Er ist ein schönes Ziel für einen Halbtagesausflug und verspricht einen spektakulären Blick auf die unter einem liegende Stadt. Am Wochenende ist der Andrang groß – wer es einrichten kann, plant den Besuch also besser für einen Werktag. Vom Zentralen Busbahnhof nimmt man den klimatisierten Bus 201 (28 ₹); die Fahrt mit Autorikscha/Uber kostet hin und zurück rund 450/700 ₹.

Alternativ kann man aber auch den Fußweg mit seinen mehr als 1000 Stufen einschlagen, über den hinduistische Pilger den Tempel besuchen. Nach einen Drittel der Strecke gelangt man zu einem 5 m hohen **Nandi** (Shivas Reitbulle); die Figur wurde 1659 aus dem Fels gehauen.

Mysuru Zoo ZOO
(http://mysorezoo.info; Indiranagar; Erw./Kind Mo–Fr 50/20 ₹, Sa & So 60/30 ₹, Foto 20 ₹; ⌚Mi–Mo 8.30–17.30 Uhr) Der gut geführte Zoo befindet sich in einer schönen Gartenanlage rund 2 km südöstlich vom Mysuru Palace. Zu den Besuchermagneten zählen weiße Tiger, Flachlandgorillas, Giraffen und Nashörner.

Aktivitäten

Emerge Spa AYURVEDA, MASSAGE
(☎0821-2522500; www.thewindflower.com; Windflower Spa & Resort, Maharanapratap Rd, Nazarbad; Massage ab 2275 ₹; ⌚7–21 Uhr) Das wunderbare Spa-Resort bietet mehr als 30 Ayurveda-Anwendungen an, darunter Massagen mit heißen Steinen und Pflegebehandlungen. In Tages-Pauschalangeboten ist der Zugang zum Hotelpool inbegriffen. Das Resort liegt 3 km südöstlich vom Mysuru Palace; Im Preis ist der Transfer inbegriffen.

Indus Valley Ayurvedic Centre AYURVEDA
(☎0821-2473263; www.ayurindus.com; Lalithadripura) Das noble Zentrum in einem 10 ha großen Garten stützt sich bei seinen Therapien auf antike Schriften und Verordnungen. Die Pauschale mit Übernachtung (EZ/DZ mit VP ab 180/310 US$) enthält eine Ayurveda-Anwendung, eine Yoga-Stunde und eine Schönheitsbehandlung.

Kurse

Shruthi Musical Works MUSIK
(☎9845249518; 1189 3rd Cross, Irwin Rd; 400 ₹/Std.; ⌚Mo–Sa 10.30–21, So bis 14 Uhr) Musiklehrer Jayashankar erhält gute Bewertungen für seinen Tabla-(Trommel-)Unterricht.

Geführte Touren

★ **Royal Mysore Walks** STADTSPAZIERGANG, TOUR
(☎9632044188; www.royalmysorewalks.com; ab 500 ₹) Eine ausgezeichnete Möglichkeit, sich mit Mysurus sagenhafter Geschichte und dem Erbe der Stadt vertraut zu machen, sind die thematischen Stadtspaziergänge am Wochenende (Themen sind u.a. die Herrscherdynastie und die Kulinarik der Region). Außerdem sind Rad- und Jeeptouren im Programm.

KSTDC Transport Office BUSTOUR
(☎080-43344334; www.kstdc.co; Stadtrundfahrt 210 ₹) KSTDC bietet täglich eine Stadtrundfahrt durch Mysuru an. Dabei kommt man an den Sehenswürdigkeiten der Stadt vorbei (außer dem Palast) und besucht den Chamundi Hill, Srirangapatna und die Brindavan Gardens. Beginn der wirklich atemberaubenden Tour ist täglich um 8.30 Uhr, Rückkehr um 20.30 Uhr. Andere Ausflüge führen nach Belur, Halebid und Sravanabelagola (Di & Do, 7.30–21 Uhr, 550 ₹).

Alle Touren starten am Büro des KSTDC (S. 208) neben dem Hotel Mayura Hoysala, wo auch die Tickets gekauft werden können. Alternativ können die Reisebüros der Stadt die Buchung vornehmen.

Schlafen

Mysuru zieht das ganze Jahr über Touristen an und ist während des Dussehra (S. 200) sehr schnell ausgebucht. Es empfiehlt sich, vorab zu reservieren.

★ **Mansion 1907** HOSTEL $
(☎9886523472; www.facebook.com/themansion1907; 36 Shalivahana Rd; B mit Ventilator/Klimaanlage 500/600 ₹, Zi. ab 1400 ₹; ❄📶) Das zu Recht beliebte Hostel residiert in einem historischen Haus, dessen Architektur indische und britische Einflüsse zeigt. Das ausgezeichnet eingerichtete Haus verfügt über geräumige Schlafsäle, private Zimmer, coole Gemeinschaftsbereiche, gute Badezimmer, eine Küche und schnelles WLAN. Man kann hier einfach andere Traveller kennenlernen und seine nächsten Reisen planen.

Mysuru Palace

EINE HALBTAGESTOUR

Im Innern des Palasts verstecken sich reich geschmückte Säle, königliche Gemälde, aufwendig gestaltete dekorative Elemente sowie Skulpturen und Zeremonialgegenstände. Es gibt unglaubliche Mengen von verborgenen Details und so viel zu bestaunen, dass man sich für einen Besuch zumindest einige Stunden Zeit nehmen sollte. Ein Führer kann äußerst wertvoll sein.

Nachdem man den Palast betreten hat, kommt man zunächst in den **1 Doll's Pavilion**, in dem eine Sammlung traditioneller Puppen und Skulpturen gezeigt wird, die der Maharadscha in der ganzen Welt zusammengetragen hat. Gegenüber dem **2 Elephant Gate** kann man die sieben Kanonen sehen, die früher zu speziellen Anlässen, z. B. den Geburtstagen der Maharadschas, abgeschossen wurden. Auch heute werden sie während des Dasara noch abgefeuert. Am Ende des Pavillon steht der **3 Golden Howdah**. Man beachte die Fliegenwedel auf beiden Seiten; die Borsten sind aus feinem Elfenbein.

Auf dem Weg durch die Säle zum **4 Marriage Pavilion** sollte man sich unbedingt die Gemälde ansehen, die die Dasara-Prozession zeigen. Zudem lohnt es sich, einen Blick in den Hof zu werfen, in dem früher Ringkämpfe stattfanden. Heute wird er nur noch während des Dussehra benutzt. Im Hochzeitspavillon lohnt sich auch ein längerer Aufenthalt: Drei Religionen haben das Design geprägt. Das Christentum zeichnet für die Glasdecke verantwortlich, der Hinduismus für die Reliefs und der Islam für die Bögen des Balkons.

Auf dem Weg zur **5 Privaten Durbarhalle** kann man die aufwendigen Einlegearbeiten in den Rosenholztüren betrachten, die Krishna darstellen. Die **6 Öffentliche Durbarhalle** ist normalerweise der letzte Punkt, von dem man durch islamische Bögen einen großartigen Blick in die Gärten hat.

MYSORE PALACE BOARD ©

Private Durbarhalle
Rosenholztüren führen in diese reich verzierte Halle mit Buntglasdecken, Ziergittern und Kronleuchtern. Hier steht der Goldene Thron, der nur während des Dussehra öffentlich zugänglich ist.

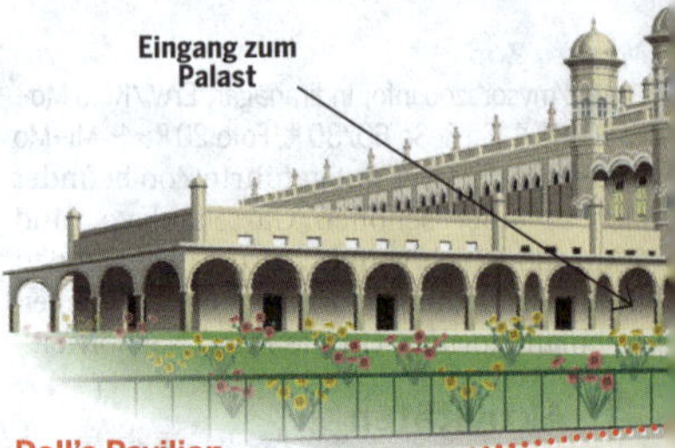

Doll's Pavilion
Der „Puppen-Pavillon" zeigt Puppen, Statuen und hinduistische Götter-Statuetten aus dem 19. und frühen 20. Jh., die der Maharadscha von Würdenträgern aus der ganzen Welt geschenkt bekommen hat.

MYSORE PALACE BOARD ©

MYSORE PALACE BOARD ©

ffentliche Durbarhalle

dieser seitlich offenen Halle befindet sich eine unbezahlbare mmlung von Gemälden des Malers Raja Ravi Varma. Die lle mündet in einen großen, von Pfeilern getragenen Balkon t einer üppig verzierten Decke, die zehn Inkarnationen von shnu zeigt.

Marriage Pavilion

Dieser verschwenderisch gestaltete Saal, in dem königliche Hochzeiten stattfanden, weist christliche, hinduistische und islamische Designelemente auf. Die tolle achteckige Buntglasdecke mit dem Bronzekronleuchter hat Pfauenmotive.

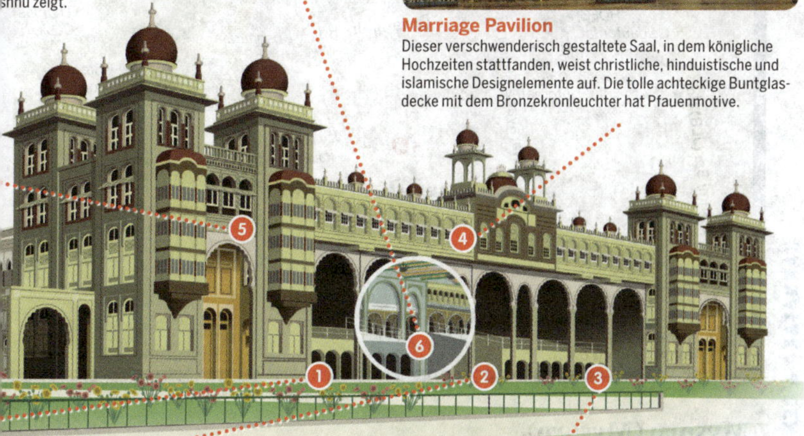

ephant Gate

Messingtor neben dem Doll's Pavilion befinden sich unten r Elefanten aus Bronze, oben ein detaillierter doppelköpfiger er und in der Mitte ein Mischwesen aus Elefant und Löwe s Staatsemblem von Karnataka).

Golden Howdah

Am hinteren Ende des Doll's Pavilion steht ein hölzerner Howdah: Der gedeckte Elefantenreitsitz ist mit 80 kg Gold verziert und wurde vom Maharadscha während des Dussehra genutzt. Heute trägt der Howdah die Statuette der Göttin Chamundeswari.

MYSORE PALACE BOARD ©

Mysuru (Mysore)

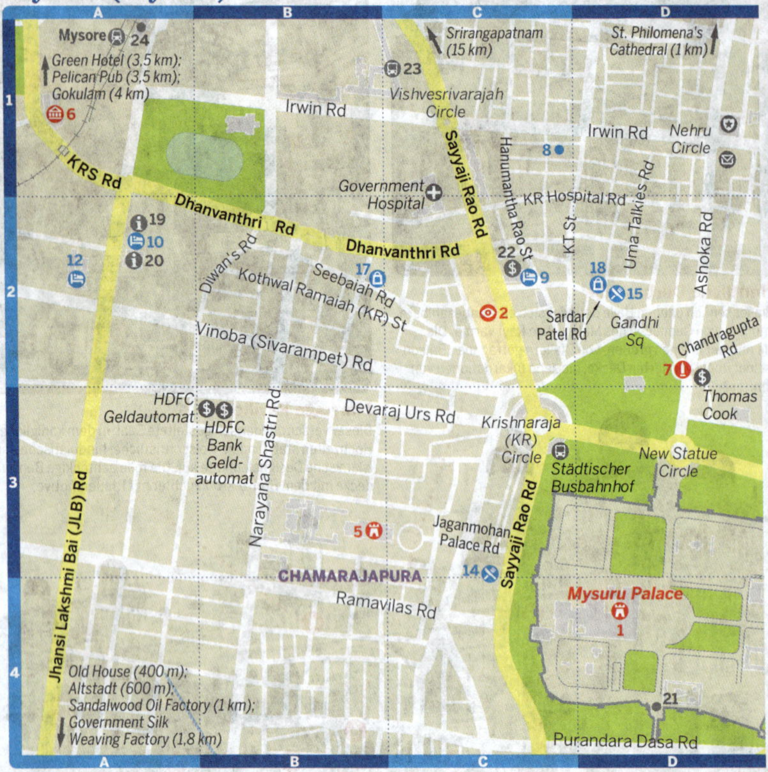

Mysuru (Mysore)

Highlights
1 Mysuru Palace D4

Sehenswertes
2 Devaraja Market C2
3 Government House F1
4 Indira Gandhi Rashtriya Manav Sangrahalaya E1
5 Jaganmohan Palace B3
6 Rail Museum A1
7 Silver Jubilee Clock Tower D2

Aktivitäten, Kurse & Touren
8 Shruthi Musical Works C1

Schlafen
9 Hotel Maurya C2
10 Hotel Mayura Hoysala A2
11 Parklane Hotel E3
12 Royal Orchid Metropole A2
13 The Mansion 1907 .... F2

Essen
14 Cafe Aramane C3
15 Hotel RRR D2
Parklane Hotel .... (siehe 11)
Tiger Trail .... (siehe 12)

Ausgehen & Nachtleben
16 Infinit Doora E3

Shoppen
17 Sri Sharada Grand Musical Works B2
18 Sumangali Silks D2

Praktisches
19 Karnataka Tourism A2
20 KSTDC Transport Office A2
21 South Gate Ticket Office D4
22 State Bank of Mysore C2

Transport
23 Privater Busbahnhof C1
24 Zugreservierungsbüro A1

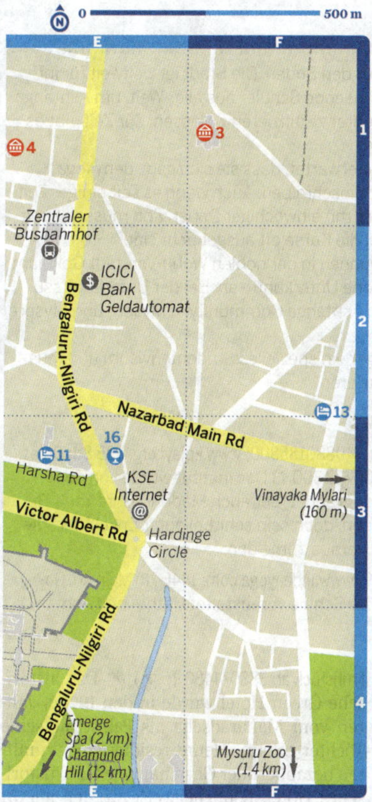

Sonder HOSTEL $

(www.sonderhostel.com; 66, 3rd Block, Jayalaxmipuram; B mit Frühstück 500 ₹;) Das Backpackerhostel liegt rund 3 km außerhalb des Zentrums in einem ruhigen, grünen Vorort in der Nähe vieler Yogaschulen. In der gut gestalteten Anlage gibt's gemütliche Schlafsäle, Schließfächer, Brettspiele und Bücher, eine Küche und eine freundliche Atmosphäre. Zu dieser tragen auch die regelmäßig veranstalteten Events wie Filmabende und Kochkurse bei.

Hotel Maurya HOTEL $

(0821-2426677; 9/5 Hanumantha Rao St; EZ/DZ ab 195/350 ₹;) Das sehr zentral gelegene Hotel ist eine gute Budgetoption mit vielen großen, wenn auch nicht weiter interessanten Zimmern, die spottbillig sind. Wer etwas mehr hinblättert, bekommt einen Fernseher und eine Klimaanlage. Der Manager und sein Personal sind äußerst hilfsbereit und zuvorkommend.

Anokhi Garden Guest House PENSION $$

(0821-4288923; www.anokhigarden.com; 408 Contour Rd, 3rd Stage, Gokulam; EZ/DZ ab 2200/3200 ₹;) Das bei Yogaschülern und jungen Travellern sehr beliebte, von Franzosen geführte und anheimelnde Gästehaus hat nette, ordentliche Zimmer. Auf dem Gelände gibt's auch ein hübsches Gartencafé.

Parklane Hotel HOTEL $$

(0821-4003500; www.parklanemysore.com; 2720 Harsha Rd; Zi. 1755–3267 ₹;) Das Hotel hat eine sehr gute Lage nahe dem Palast und dem Stadtzentrum und ein tolles Preis-Leistungs-Verhältnis. Die Deko mag übertrieben kitschig sein, doch die sehr großen, makellosen und äußerst komfortablen Zimmer sind einfach liebenswert und obendrein durchdacht ausgestattet, so z. B. mit ausgewählten Toilettenartikeln und Aufladestationen für Handys. Im Freiluftrestaurant herrscht immer Betrieb. Und zu guter Letzt gibt es noch einen kleinen Pool auf dem Dach.

Mystic School Studios HOTEL $$

(0821-4288490; www.mysoreyoga.in; 100 3rd Main Rd, Gokulam; Zi. mit/ohne Küche 25 000/15 000 ₹ pro Monat;) Diese Yogaschule vermietet blitzblank geputzte Zimmer mit eigenem Bad und Ein-Zimmer-Apartments mit Einbauküche und Balkon. Es gibt ein tolles Café, eine finnische Sauna, ein Tauchbecken und auf dem Dach eine Zone zum Chillen.

Urban Oasis HOTEL $$

(0821-4006332; www.urbanoasis.co.in; 7 Contour Rd, 3rd Stage, Gokulam; Zi. 1200–2000 ₹, monatl. ab 30 000 ₹;) Das Haus ist zwar eher ein Businesshotel, aber bei Yogaschülern wegen seiner sauberen, funktionalen und modernen Zimmer mit Kabelfernsehen beliebt. Es gibt vier Preiskategorien: von kompakten Einzelzimmern bis zu geräumigen Zimmern mit Balkon und Klimaanlage.

Hotel Mayura Hoysala HOTEL $$

(0821-2426160; www.karnatakaholidays.net; 2 Jhansi Lakshmi Bai Rd; Zi. mit Frühstück & Ventilator/Klimaanlage ab 1550/2900 ₹;) Das Potenzial dieses schönen historischen Gebäudes nahe dem Bahnhof wird nicht voll ausgeschöpft. Aber auch wenn das staatliche Hotel in einer Zeitschleife gefangen ist, bleibt es wegen seiner sehr stimmungsvollen Zimmer und den fairen Preisen doch im Rennen. Die hiesige Bar ist bei Mysurus Kneipengängern beliebt.

ASHTANGA-YOGA IN MYSURU

Was Rishikesh für Nordindien ist, ist Mysuru für den Süden. Die Stadt ist weltweit für ihre Yoga-Schulen bekannt. Jedes Jahr kommen Tausende Schüler aus aller Welt, um Ashtanga-Yoga zu lernen, zu praktizieren oder sich als Lehrer zertifizieren zu lassen. Zur Zeit gibt es mehr als 20 etablierte Einrichtungen in Mysuru.

In den meisten Fällen wird von den Schülern erwartet, dass sie sich ganz dem Yoga widmen und sich mindestens für einen Monat einschreiben. Auch wenn es seit einiger Zeit einen Trend für Kurse zum Vorbeikommen oder mit einwöchiger Dauer gibt, müssen Langzeitschüler sich weit im Voraus anmelden, weil die Kurse oft ausgebucht sind.

Die meisten ausländischen Yoga-Schüler wohnen in der noblen Wohn-Vorstadt Gokulam. Mehrere Schulen bieten mittlerweile auch eigene Unterkünfte an. Bei der Unterkunftssuche können außerdem die Facebook-Gruppen Ashtanga Community in Mysore und Mysore Yoga Community Group helfen.

Yoga-Schüler benötigen in Indien nicht länger ein spezielles Studentenvisum und müssen sich auch nicht mehr bei der Polizei registrieren.

Yoga-Zentren

Ashtanga Yoga Research Institute (AYRI; ☎9880185500; www.kpjayi.org; 235 8th Cross, 3rd Stage, Gokulam; 1./2. Monat mit Steuern 34 700/23 300 ₹) Das Institut wurde von dem berühmten Ashtanga-Lehrer K. Pattabhi Jois gegründet, der auch Madonna ihre Yoga-Bewegungen beibrachte. Der Meister ist verstorben, doch sein sehr beliebter Enkel führt die Tradition fort. Man muss sich zwei Monate im Voraus anmelden.

IndeaYoga (Ānanda Yoga India; ☎0821-2416779; www.indeayoga.com; 144E 7th Main Rd, Gokulam; inkl. Verpflegung & Unterkunft 1999 US$) Die Schule veranstaltet Hatha- und Ashtan-

★**Grand Mercure Mysore** HOTEL $$$
(☎0821-4021212; www.accorhotels.com; Nelson Mandela Circle, New Sayyaji Rao Rd; Zi. ab 4940 ₹;) Mit einem hübschen Swimmingpool auf dem Dach, einem Fitnesscenter und mehreren Restaurants ist dieses Hotel 4 km nördlich des Stadtzentrums eine ausgezeichnete Wahl. Das Personal ist äußerst aufmerksam. Und in den schicken und gut ausgestatteten Zimmern gibt es eine große Auswahl ausländischer Fernsehkanäle.

Royal Orchid Metropole HISTORISCHES HOTEL $$$
(☎0821-4255566; www.royalorchidhotels.com; 5 Jhansi Lakshmi Bai Rd; EZ/DZ mit Frühstück ab 6880/7250 ₹;) Das von den Wodeyars erbaute Haus diente einst als Residenz für die britischen Gäste des Maharadschas und ist zweifellos eines der führenden historischen Hotels in Mysuru. In dem bezaubernden kolonialzeitlichen Gebäude gibt's 30 Zimmer mit jeder Menge historischem Charme, aber auch allen modernen Einrichtungen. Zum Hotel gehören ein Fitnesscenter und ein hübscher Poolbereich im Freien.

Green Hotel PENSION $$$
(☎0821-4255000; www.greenhotelindia.com; 2270 Vinoba Rd, Jayalakshmipuram; EZ/DZ mit Frühstück ab 3880/4480 ₹;) Das historische Green Hotel wurde in den 1920er-Jahren vom Maharadscha als Palast für seine Töchter erbaut. Heute residiert hier inmitten bezaubernder Gartenanlagen ein historisches Hotel. Löblicherweise werden alle 31 Zimmer mit Solarenergie versorgt. Allesamt sind sie sehr stimmungsvoll, allerdings lässt die Instandhaltung ein bisschen zu wünschen übrig und manche Armaturen wirken etwas abgenutzt. Im Haus gibt's ein gutes **Café** (Kuchen ab 40 ₹, Snacks ab 70 ₹; ⏲10–19 Uhr;), ein Restaurant und einen Reiseveranstalter.

Die Gewinne des Hotels fließen an Wohltätigkeits- und Umweltprojekte in ganz Indien.

Essen

★**Vinayaka Mylari** SÜDINDISCH $
(769 Nazarbad Main Rd; Dosas 30–50 ₹; ⏲6.30–13.30 & 15–20.30 Uhr) Das schlichte Lokal ist eine der besten Adressen in Mysuru, wenn man südindische Klassiker wie *idlis* oder *masala dosa* (große herzhafte südindische Crêpes gefüllt mit würzigen Kartoffeln) probieren möchte. Letztere sind hier schön leicht und locker; die Einheimischen essen sie mit Kokos-Chutney und einem Kaffee.

ga-Yoga mit Guru Bharath Shetty, der beim verstorbenen B. K. S. Iyengar studierte, und seiner Frau Archana. Bei den Kursen stehen auch Anatomie und Yoga-Philosophie auf dem Programm. Kurse zum Vorbeikommen und Unterkünfte für Yoga-Schüler sind auch im Angebot.

Mystic School (☎ 0821-4288490; www.mysoreyoga.in; 100 3rd A Main Rd, Gokulam; Yoga-Kurs zum Vorbeikommen/1 Monat 500/17 000 ₹) Die etablierte Schule hat ein vielfältiges Programm, zu dem Hatha- und Ashtanga-Yoga, Meditation und Vorträge gehören. Es gibt Angebote für Kurz- und Langzeitschüler aller Niveaus, Kurse zum Vorbeikommen sowie Reiki- und Massagekurse. Weiterhin gibt's Unterkünfte (Wohnstudios mit Einbauküche), eine Sauna, ein Tauchbecken und ein Café.

Atmavikasa Centre (☎ 0821-2341978; www.atmavikasayoga.com; 18 Rd, 6th Cross, Ramakrishnanagar) Die klassische Hatha-Yoga-Schule von Acharya Venkatesh und Acharye Hema bietet neben dem Unterricht Therapien und Workshops an. Das Zentrum liegt in einem Gartenambiente in einer friedlichen Vorstadt 5 km südwestlich des Palasts.

Yogadarshanam (☎ 0821-2412143; http://yogadarshanam.org; 77/A, 4th Main Rd, 3rd Stage; Kurs 6000–29 600 ₹) Das klassische indische Yogazentrum bietet Kurse, Lehrerausbildung, Workshops und Yoga-Klausuren. Der einmonatige Grundkurs deckt die Grundlagen des Yoga ab und eignet sich ideal für Anfänger.

Yoga Bharata (☎ 0821-4242342; www.yogabharata.com; 1. Stock, 810 Contour Rd; Pass für 20 Einheiten 4500 ₹) Das professionelle, mit IndeaYoga verbundene Zentrum bietet Ashtanga, Vinyasa und Hatha und Yoga-Therapien mit erfahrenen Lehrern. Es gibt auch Kurse zum Vorbeikommen (300 ₹).

Depth 'n' Green VEGETARISCH $
(www.facebook.com/depthngreen; 228/3, 1st Main Rd, Gokulam; Gerichte 80–170 ₹; ⌚ 10.30–22.30 Uhr; 📶) Das bei örtlichen Yogis extrem beliebte, stets gut besuchte und gesundheitsbewusste Café serviert überzeugende indische und westliche Gerichte, darunter tolle Salate. Gegessen wird an aus Baumstümpfen gefertigten Tischen. Die grünen Smoothies, Lassis und anderen Getränke (Rote-Beete- und Ingwer-Limo) sind ebenfalls hervorragend.

Hotel RRR SÜDINDISCH $
(Gandhi Sq; Hauptgerichte 90–135 ₹; ⌚ 12–16 & 18–23 Uhr) Das stets geschäftige Lokal, bei dem man mittags vielleicht sogar für einen Tisch anstehen muss, serviert klassische Gerichte aus Andhra Pradesh. Empfehlenswert sind die berühmten, auf einem Bananenblatt servierten Hähnchen- und Lamm-Biryanis.

Cafe Aramane SÜDINDISCH $
(Sayyaji Rao Rd; Hauptgerichte 90–110 ₹; ⌚ 8–22 Uhr) 🍃 In einem stimmungsvollen historischen Gebäude serviert dieses in der Regel geschäftige südindische Restaurant dampfende Frühstücksplatten für Mysurus Büroangestellte, mittags Thalis (ab 80 ₹) und abends aromatischen Filterkaffee und jede Menge leckere Snacks. An jedem Wochentag gibt's besondere *dosas*.

Parklane Hotel INTERNATIONAL $$
(Parklane Hotel, 2720 Harsha Rd; Hauptgerichte 100–160 ₹; 📶) Mysurus geselligstes Restaurant hat Tische im Freien, eine stimmungsvolle Beleuchtung mit zahllosen Laternen und oft auch traditionelle Livemusik. Auf der Karte stehen köstliche regionale Gerichte aus ganz Indien sowie chinesische und europäische Speisen und kaltes Bier.

Anu's Bamboo Hut VEGETARISCH $$
(☎ 9900909428; www.facebook.com/CafeinGokulam; 367, 2nd Main, 3rd Stage, Gokulam; Mittagsbuffet 250 ₹; ⌚ Mo–Sa 13–15 & 17–19 Uhr; 📶) Die Café-Hütte auf dem Dach spricht mit gesunden vegetarischen Mittagsbuffets (ab 13 Uhr) und Smoothies am Abend vor allem Yoga-Schüler an. Der Koch und Inhaber Anu hat viele Infos auf Lager und veranstaltet Kochkurse (700 ₹ inkl. Mittagessen).

Tiger Trail INDISCH $$$
(☎ 0821-4255566; Royal Orchid Metropole, 5 Jhansi Lakshmi Bai Rd; Hauptgerichte 200–650 ₹; ⌚ 7.30–10, 12.30–15.30 & 19.30–23 Uhr; 📶) Das noble Hotelrestaurant serviert köstliche indische Gerichte in einem Hof, der nachts

von Lichterketten erhellt wird. Die nordindischen Gerichte sind besonders gut, z. B. das Chicken Korma (300 ₹) aus Lucknow. Es gibt auch ein feines Mittagsbuffet.

Old House ITALIENISCH $$$

(☎0821-2333255; 451 Jhansi Rani Lakshmi Bai Rd; Hauptgerichte 175–399 ₹; ⏱7.30–21.45 Uhr; 📶) Das edle italienische Restaurant serviert auf einer schönen Terrasse schmackhafte Salate, Pasta, Risotto und Holzofen-Pizza. Dazu gibt's eine große Auswahl an Mocktails und Kaffeespezialitäten, aber keinen Alkohol.

Ausgehen & Nachtleben

Pelican Pub KNEIPE

(Hunsur Rd; Hauptgerichte 100–190 ₹; ⏱11–23 Uhr) Die altehrwürdige, aber nach wie vor beliebte Kneipe liegt am Rand des Nobelviertels Gokulam und serviert im klassischen Pub-Interieur oder draußen im Garten Bier vom Fass und Essen zu Tiefstpreisen (empfehlenswert ist das Schweinefleisch mit Chili). An manchen Abenden gibt's Livemusik.

Infinit Doora BAR

(Hotel Roopa, 2724/C, Bangalore Nilgiris Rd; ⏱12–23 Uhr; 📶) Diese Bar kommt in Mysuru einer Lounge am nächsten. Die Bar auf einer Dachterrasse bietet klassisches Ambiente und eine umfangreiche Getränkeauswahl, Raucher- und Nichtraucherbereiche und einen schönen Blick auf die Stadt.

Shoppen

Mysuru ist ein toller Ort, um Sandelholzprodukte, Seidensaris und Holzspielzeug zu kaufen. Die Stadt ist auch eines der wichtigsten Zentren der indischen Weihrauchherstellung. Beim Kauf von Produkten aus Seide auf das Qualitätssiegel „Silk Mark" achten, das einem Schmetterling ähnelt!

Der Basarbereich um den Devaraja Market ist ein echtes Highlight für alle, die nach Gewürzen – und Fotomotiven – suchen.

Government Silk Weaving Factory BEKLEIDUNG

(☎8025586550; www.ksicsilk.com; Mananthody Rd, Ashokapuram; ⏱Mo–Sa 8.30–16 Uhr, Outlet tgl. 10.30–19 Uhr) In Anbetracht der Tatsache, dass Mysurus wertvolle Seide tatsächlich hier unter diesem Dach hergestellt wird, ist das 1912 eröffnete staatlich betriebene Outlet wirklich der beste und preiswerteste Ort, um exklusive Textilien zu erwerben. Direkt hinter dem Verkaufsraum befindet sich die Fabrik, sodass man einfach kurz vorbeischauen und sehen kann, wie der Stoff hergestellt wird. Etwa 2 km südlich der Stadt gelegen.

Sumangali Silks KLEIDUNG

(abseits des Gandhi Sq; ⏱10.30–20.30 Uhr) Das bei indischen Damen außerordentlich beliebte, mehrstöckige Geschäft ist eine weitere gute Adresse für den Kauf eines Seidensaris; die Preise hängen von der Qualität des jeweiligen Stücks ab.

Sandalwood Oil Factory GESCHENKE & SOUVENIRS

(Mananthody Rd, Ashokapuram; ⏱Outlet 9.30–18.30 Uhr, Fabrik So geschl.) Hier gibt's Qualitätsprodukte aus Sandelholz wie Weihrauch, Seife, Kosmetik und das unglaublich teure reine Sandelholzöl (sofern auf Lager). Möglich sind auch geführte Touren durch die Fabrik.

Sri Sharada Grand Musical Works MUSIK

(2006 Seebaiah Rd) Hier wird eine Reihe an traditionellen Musikinstrumenten verkauft, so z. B. Tabla-Sets (Trommel) und verschiedene Percussion-Instrumente.

Praktische Informationen

GEPÄCKAUFBEWAHRUNG

Die Gepäckaufbewahrung des Städtischen Busbahnhofs ist von 6 bis 23 Uhr geöffnet (15 ₹ pro Gepäckstück & 12 Std.).

MEDIZINISCHE VERSORGUNG

Government Hospital (☎0821-4269806; Dhanvanthri Rd) Zentral gelegenes Krankenhaus mit rund um die Uhr geöffneter Apotheke.

TOURISTENINFORMATION

Karnataka Tourism (☎0821-2422096; www.karnatakatourism.org; 1st fl, Hotel Mayura Hoysala, 2 Jhansi Lakshmi Bai Rd; ⏱Mo–Sa 10–17 Uhr) Hilfreiches Büros mit vielen Broschüren.

KSTDC Transport Office (☎0821-2423652; www.karnatakaholidays.net; Yatri Navas Bldg, 2 Jhansi Lakshmi Bai Rd; ⏱8.30–20.30 Uhr) In der Hauptfiliale gibt's allgemeine Infos für Touristen und eine nützliche Karte.

An- & Weiterreise

BUS

Alle KSRTC-Fernbusse nutzen den **zentralen Busbahnhof** (Bengaluru-Nilgiri Rd).

Vom **städtischen Busbahnhof** (Sayyaji Rao Rd) fahren Stadtbusse und Busse nach Shrirangapattana und Chamundi Hill.

BUSSE AB MYSURU

ZIEL	PREIS (₹)	DAUER (STD.)	HÄUFIGKEIT
Bandipur	77 (O)	2	11-mal tgl. über Udagamandalam
Bengaluru	123 (O)/209 (R)/299 (V)	2–3	alle 30 Min.
Bengaluru Airport	739 (V)	3½–4	12-mal tgl.
Channarayapatna	83 (O)/160 (V)	2	stündl.
Chennai	632 (R)/1026 (V)	9–11	6-mal tgl. ab 16.30 Uhr
Ernakulam	739 (V)	8–9	3-mal tgl. ab 18 Uhr
Gokarna	478 (O)	12	1-mal tgl.
Hassan	112 (O)	3	stündl.
Hosapete (Hospet)	381 (O)/608 (R)	9–12	7-mal tgl.
Mangaluru	245 (O)/390 (R)/502 (V)	6–7	stündl.
Udagamandalam	131 (O)/193 (R)/529 (V)	4–5	12-mal tgl.

Preise: (O) Ordinary, (R) Rajahamsa Semideluxe, (V) Airavath AC Volvo

ZÜGE AB MYSURU

ZIEL	ZUG-NR. & NAME	PREIS (₹)	DAUER (STD.)	ABFAHRT
Bengaluru	*16518 Bengaluru Exp*	2AC/3AC 695/490	3	5.30 Uhr
Bengaluru	*12613 Tippu Exp*	2. Klasse/AC chair 90/305	2½	11.15 Uhr
Bengaluru	*12008 Shatabdi Exp*	AC chair/AC executive chair 305/770	2	tgl. außer Mi 14.15 Uhr
Chennai	*12008 Shatabdi Exp*	AC chair/AC executive chair 1280/1845	7	Do–Di 14.15 Uhr
Hosapete (nach Hampi)	*16592 Hampi Exp*	3AC/2AC Sleeper 840/1205	12	19 Uhr
Hubballi	*17301 Mysore Dharwad Exp*	Sleeper/2AC 275/1065	9½	22.30 Uhr

Vom **privaten Busbahnhof** (Sayyaji Rao Rd) fahren Busse nach Hubballi (Hubli), Vijayapura (Bijapur), Mangaluru, Udagamandalam (Ooty) und Ernakulam. Rund um den Busbahnhof findet man mehrere Ticketverkäufer.

FLUGZEUG

Vom Flughafen von Mysuru gab es zum Zeitpunkt der Recherchen keine Flüge. Es ist aber gut möglich, dass der Flugbetrieb inzwischen wieder aufgenommen wurde.

ZUG

Zugfahrkarten verkauft Mysurus **Zugreservierungsbüro** (☎131; ⏲Mo–Sa 8–20, Sa bis 14 Uhr).

Unterwegs vor Ort

Uber- und Ola-Taxis sind überall in Mysuru unterwegs. Reiseveranstalter in den Hotels können Fahrer für Stadtrundfahrten (ca. 1800 ₹/Tag) und Ausflüge ins Umland (ab 2500 ₹/Tag) vermitteln.

Eine ganztägige Stadtrundfahrt mit einer Autorikscha kostet rund 1000 ₹.

Rund um Mysuru

Für Touren zu den Attraktionen außerhalb von Mysuru sind die Touren der KSTDC (S. 201) eine Überlegung wert.

Shrirangapattana (Srirangapatna)

☎08236 / 26 300 EW.

Die 16 km von Mysuru entfernte Festungsstadt Shrirangapattana auf einer Insel im Cauvery (Kaveri) hat eine blutige Geschichte. Als Machtzentrum von Hyder Ali und Tipu Sultan war die Stadt im 18. Jh. praktisch die Hauptstadt eines großen Teils von

Südindien. Die Wälle, Wehrgänge und einige Tore der Festung sind noch erhalten, ebenso eine Reihe von Denkmälern.

Sehenswertes

Daria Daulat Bagh PALAST

(Sommerpalast; Inder/Ausländer 20/100 ₹; 9–17 Uhr) Die Hauptattraktion Shrirangapattanas ist der aus Teak- und Rosenholz erbaute Sommerpalast Tipu Sultans, der sich in einem gepflegten Gelände 1 km östlich der Festung erhebt. Seine üppige Dekoration, die jeden Quadratzentimeter der Innenräume überzieht, ist schlichtweg imposant: Die Decken zieren Blumenmotive und die Wände Malereien, die das Leben am Hof und Tipus Feldzüge gegen die Briten darstellen. Ein kleines Museum zeigt Artefakte und interessante Gemälde.

Gumbaz MAUSOLEUM

(8–18.30 Uhr) GRATIS Der historisch bedeutsame und im persischen Stil errichtete Gumbaz steht in einem beschaulichen Garten und ist die Ruhestätte des legendären Tipu Sultan, seines gleichermaßen berühmten Vaters Hyder Ali und von dessen Gemahlin. Die meisten Inschriften sind persisch. Das Mausoleum ist von einer Zwiebelkuppel bekrönt; das Tigermotiv der Malereien im eindrucksvollen Inneren ist eine Huldigung an den Sultan.

Sri-Ranganathaswamy-Tempel HINDU-TEMPEL

(7.30–13 & 16–20 Uhr) Dieser schöne Tempel von 894 ist teils im Hoysala-Stil, teils im Vijayanagar-Stil gebaut. Innen befinden sich höhlenartige Wege, Säulen, und das Herzstück, eine 4,5 m lange liegende Statue von Ranganatha, einer Manifestation Vishnus.

Jamia Masjid MOSCHEE

Die cremefarbene Moschee mit zwei Minaretten ließ der Sultan 1787 errichten. Sie weist eine interessante Mischung aus islamischer und hinduistischer Architektur auf. Wer die Treppen im hinteren Teil hinaufsteigt, wird mit einem Panoramablick über die Stätte belohnt.

Colonel Bailey's Dungeon HISTORISCHE STÄTTE

GRATIS Nördlich der Insel steht am Ufer des Cauvery dieser gut erhaltene Kerker aus dem 18. Jh. In dem mit weißen Mauern versehenen Bau schmachteten britische Kriegsgefangene, darunter Colonel Bailey, der 1780 hier starb. Steinerne Vorsprünge dienten dazu, die nackten Gefangenen anzuketten, die dann bis zum Hals ins Wasser getaucht wurden.

Ranganathittu Bird Sanctuary NATURSCHUTZGEBIET

(Inder/Ausländer inkl. 15-min. Bootsfahrt 60/120 ₹, Foto mit Teleobjektiv/Video 500 ₹; 8.30–17.45 Uhr) Das Vogelschutzgebiet umfasst sechs Inselchen und die Ufer des Cauvery. Die Störche, Ibisse, Löffler und Kormorane lassen sich am besten frühmorgens oder am späten Nachmittag bei einer ausgedehnten **Bootsfahrt** (1000 ₹/Std.) beobachten. In der Gegend leben auch viele Krokodile, die sich leicht erspähen lassen. Im Schutzgebiet gibt's ein Restaurant.

Schlafen & Essen

Mayura River View HOTEL $$

(0823-6252114; www.kstdc.co/hotels; DZ mit Ventilator/Klimaanlage ab 2300/3300 ₹;) Die Zimmer und Cottages dieses staatlichen Hotels sind in recht ordentlichem Zustand und haben eine schöne Lage an einem ruhigen Uferabschnitt. Tagesausflügler können zum Mittagessen (Hauptgerichte 150–180 ₹) vorbeikommen, auf den Fluss blicken und ein Bier trinken.

An- & Weiterreise

Vom städtischen Busbahnhof in Mysuru fahren stündlich Busse (22–30 ₹, 45 Min.). Personenzüge auf dem Weg von Mysuru nach Bengaluru halten ebenfalls in der Kleinstadt. Bus 307 (18 ₹, 30 Min.) zu den Brindavan Gardens fährt gleich gegenüber dem Hauptbusbahnhof von Shrirangapattana ab. Eine Autorikscha ab Mysuru kostet hin und zurück ca. 600 ₹, ein Taxi ca. 1000 ₹.

Unterwegs vor Ort

Die Sehenswürdigkeiten liegen verstreut; das Mieten einer Autorikscha (ca. 300 ₹/3 Std.) ist die beste Option, um sich alles anzuschauen.

Melukote (Melkote)

Das Leben in der religiösen, hinduistischen Stadt Melukote (auch Melkote genannt), etwa 50 km nördlich von Mysore, dreht sich um den stimmungsvollen **Cheluvanarayana-Tempel** (Raja St; 8–13 & 17–20 Uhr) aus dem 12. Jh. mit seinem rosenfarbenen *gopuram* (Eingangstor) und den kunstvoll gestalteten Säulen. Beim Fußweg zum auf einem Hügel gelegenen Yoganarasimha-Tempel, der schöne Aussichten auf die Hügel der Umgebung bietet, kann man gleich etwas für die Gesundheit tun.

Täglich fahren drei KSRTC-Busse von Mysuru nach Melukote (100 ₹, 1½ Std.) und zurück.

Somnathpur

Der unglaublich schöne **Keshava-Tempel** (Inder/Ausländer 5/100 ₹; ⌚8.30–17.30 Uhr) ist eines der herrlichsten Beispiele der Hoysala-Architektur und nur noch zu vergleichen mit den Meisterwerken in Belur und Halebid. Der Tempel mit dem sternförmigen Grundriss, der rund 33 km von Mysuru entfernt ist, wurde im Jahr 1268 errichtet. Er ist mit wunderbaren Steinreliefs und -skulpturen geschmückt, die Szenen aus dem Ramayana, dem Mahabharata und der Bhagavadgita sowie Thron- und Alltagsszenen der Hoysala-Könige darstellen.

Somnathpur liegt 12 km südlich von Bannur und 10 km nördlich von Tirumakudal Narsipur. Man nimmt von Mysuru aus einen der im 30-Minuten-Takt fahrenden Busse zu einem der beiden Dörfer (35 ₹, 30 Min.) und steigt dort um.

Bandipur National Park

☎08229

Der zum Nilgiri Biosphere Reserve gehörende, 880 km² große **Bandipur National Park** (http://bandipurtigerreserve.in; Inder/Ausländer 75/1000 ₹, Video 1000 ₹; ⌚6–9.30 & 16–18 Uhr) ist eines der berühmtesten Wildnisgebiete Südindiens. Es ging aus dem ehemaligen privaten Naturreservat der Maharadschas von Mysuru hervor. Heute ist es eine Schutzzone für mehr als 100 Säugetierarten, darunter Tiger, Elefanten, Leoparden, Gaurs, Axishirsche, Pferdehirsche, Lippenbären, Rothunde, Mungos und Languren. Außerdem leben hier 350 Vogelarten. Das Reservat liegt nur 80 km südlich von Mysuru an der Straße nach Udagamandalam.

Aktivitäten

Safaris im Park sind nur mit staatlich lizenzierten Fahrzeugen erlaubt.

Bandipur Safari Lodge JEEPSAFARI
(☎08229-233001; www.junglelodges.com; 2-stündige Safari 2700 ₹/Pers.; ⌚6 & 16 Uhr) Die Bandipur Safari Lodge hat offene Geländewagen und Minibusse sowie kundige Führer.

Forest Department Safari SAFARI
(☎08229-236043; directorbandipur@gmail.com; 1-stündige Safari mit Bus/Jeep/Maruti Gypsy inkl. Genehmigung 1200/2000/3000 ₹ pro Pers.; ⌚Abfahrtszeiten 6.30–8.30 & 15.30–17.30 Uhr) Die Forstbehörde organisiert hastige Touren per Bus (20 Plätze), die an der Parkzentrale starten. Es lohnt sich, etwas mehr für einen Platz in einem Jeep oder Geländewagen auszugeben. Die Wochenenden sollte man meiden, weil es oft sehr voll wird.

Schlafen & Essen

Hotel Bandipur Plaza HOTEL $
(☎08229-233200; Ooty-Mysuru Hwy; Zi. 1500 ₹; 📶) Die Lage am Highway ist ein Nachteil, aber die Zimmer dieses einfachen Hotels sind günstig und bei einem ansonsten so teuren Ziel durchaus angemessen. Das Hotel liegt in der Nähe der Bandipur Safari Lodge, was für Safaris im Park praktisch ist, und hat ein ordentliches Restaurant.

Forest Department Bungalows PENSION $
(☎08229-236051; www.bandipurtigerreserve.in; Schlafsaal mit 9/20 Betten 720/1000 ₹, Bungalow Ausländer ab 3000 ₹; 📶) Bietet einfache und aufgrund seiner Lage und Atmosphäre auch nette Übernachtungsmöglichkeiten im Hauptquartier des Parks. Der Nachteil ist, dass Ausländer pro Nacht zusätzlich noch 1000 ₹ für den Parkeintritt bezahlen müssen. Die Schlafsäle werden nur komplett vermietet, man muss sich die Unterkunft also nicht mit Fremden teilen. Onlinebuchung möglich.

Tiger Ranch LODGE $$
(☎8095408505; www.tigerranch.net; Mangala; mit VP 1510 ₹/Pers.) Ein echtes Wildnis-Erlebnis: Die sehr rustikale Tiger Ranch hat schlichte, aber attraktive Cottages, einen stimmungsvollen, strohgedeckten Speisesaal und feine Hausmannskost. Im umliegenden Wald kann man gut spazieren gehen und wird dabei mit Sicherheit auf Wildtiere treffen. An den Abenden sitzt man um ein Lagerfeuer. Die Lodge ist 10 km vom Park entfernt; vorher anrufen, um die Abholung zu organisieren (300 ₹)!

★ **Dhole's Den** LODGE $$$
(☎9444468376; www.dholesden.com; Kaniyanapura; Stellplatz/EZ/DZ mit VP ab 3000/11 000/12 000 ₹; 📶) Die makellose Lodge punktet mit zeitgenössischem Design in einer hübschen, ländlichen Umgebung. Die stilvollen, modernistischen Zimmer und Bungalows sind mit Kunst und farbenfrohen Stoffen dekoriert und mit Sofas und Liegestühlen ausgestattet. Solarstrom, der Wassertank und

ABSTECHER

BILIGIRIRANGA SWAMY TEMPLE WILDLIFE SANCTUARY

Das **Biligiriranga Swamy Temple Wildlife Sanctuary** in den Biligiriranga Hills ist zwar weit weniger bekannt als Bandipur oder Nagarhole, aber eine tolle Alternative, um seine Dschungelbuch-Fantasien auszuleben. Der 570 km² große Naturpark wurde 2011 zu einem Tigerschutzgebiet erklärt, aber wie in den meisten Parks muss man schon sehr viel Glück haben, um eine der gestreiften Großkatzen zu erspähen. Elefanten, Leoparden, Lippenbären und Rothunde streifen ebenfalls über die Hügel.

Das **Kyathdevaraya Gudi Wilderness Camp** (☎080-40554055; www.junglelodges.com/kyathadevara-gudi-wilderness-camp; Yelandur; pro Pers. mit VP Inder/Ausländer ab 8036/9804 ₹) hat ein großartige Lage in dem friedlichen Wald, in dem Warzenschweine und Axishirsche grasen. Die Unterkunft in Zelthütten bzw. in schönen, auf Stelzen stehenden Holzhütten ist zwar ein teurer Spaß, doch im Preis sind alle Mahlzeiten, eine Safari, eine geführte Wanderung und alle Steuern enthalten.

Das Wildschutzgebiet ist viereinhalb Autostunden von Bengaluru entfernt. Am besten chartert man ein Auto, obwohl es theoretisch auch möglich ist, mit öffentlichen Verkehrsmitteln herzukommen. Um 7.45 Uhr fährt ein Bus direkt von Mysuru nach K. Gudi; alternativ nimmt man einen Bus nach Chamarajanagar, wo um 13.30 Uhr ein Bus nach K. Gudi fährt. Von Chamarajanagar kann man auch einen Jeep nehmen (700 ₹).

Bio-Gemüse zeugen vom Umweltbewusstsein der Betreiber. Wer mit schmalem Geldbeutel reist, kann hier auch campen. Das Anwesen ist 20 Fahrtminuten von der Parkzentrale entfernt; eine geführte Naturwanderung ist im Preis enthalten.

Serai RESORT, LODGE $$$
(☎08229-236075; www.theserai.in; Kaniyanapura; Zi. mit VP ab 21 000 ₹; ❄📶🏊) Das Luxusresort in einer an den Nationalpark grenzenden Kaffeeplantage besteht aus herrlichen, mediterran anmutenden Villen (einige mit eigenem Pool), die in Einklang mit der natürlichen Umgebung stehen. Die strohgedeckten Zimmer besitzen elegante Details, z. B. kupferne Badezimmerarmaturen, Duschen mit Natursteinwänden und Naturfotografien an den Wänden. Das Restaurant mit seinen Glaswänden und der Infinity Pool bringen den Ausblick in die Nilgiris bestens zur Geltung.

MC Resort HOTEL $$$
(☎9019954162; www.mcresort.in; Bengaluru-Ooty Rd, Melukamanahally; EZ/DZ mit VP ab 4000/5000 ₹; 📶🏊) Das ordentliche Ferienhotel hat geräumige, gut ausgestattete Zimmer, einen großen Pool, ein Planschbecken für Kinder, ein internationales Restaurant und eine bequeme Lage nahe dem Park. Die Mahlzeiten sind im Preis enthalten.

ℹ An- & Weiterreise

Busse, die von Mysuru nach Udagamandalam fahren, können einen in Bandipur (78 ₹, 88 km, 2½ Std.) absetzen. Ein Taxi ab Mysuru kostet etwa 2000 ₹.

Nagarhole National Park

Der 643 km² große **Nagarhole National Park** (Rajiv Gandhi National Park; Inder/Ausländer 200/1000 ₹, Video 1000 ₹; ⏲6–18 Uhr) (ausgesprochen: *nag*-ar-ho-leh) ist mit vielen Wildtieren, Dschungel und einem malerischen See gesegnet und eines der besten Schutzgebiete in Karnataka, in dem u. a. auch Tiger und Elefanten leben. Der Park grenzt an den Fluss **Kabini** und gehört zu einer wichtigen geschützten Region, die auch den benachbarten Bandipur National Park (S. 211) und mehrere andere Reservate umfasst. Die üppigen Wäldern beheimaten neben Tigern und Elefanten auch Leoparden, Gaurs, Muntjaks, Rothunde, Indische Hutaffen und Hanuman-Languren sowie 270 Vogelarten. Zwischen Juli und Oktober verwandelt der Regen die Wälder meist in eine riesige Matschgrube, weshalb der Park dann über längere Zeit geschlossen sein kann.

Der Kabini entwässert in das Kabini Reservoir, eine riesige Wasserstelle für die Tiere des Parks. Herden wilder Elefanten und andere Tiere versammeln sich an den Ufern. Mit seiner Konzentration von Wildtieren ist dies einer der besten Orte in Karnataka, um die hiesige Fauna zu beobachten.

Die traditionellen Bewohner des Landes, das Jäger- und Sammlervolk der Jenu Kuruba, leben noch im Park. Die Regierung versucht allerdings, sie umzusiedeln.

Aktivitäten

Staatliche Safaris SAFARI
(Kabini River Lodge; 2½-std. Safari mit Geländewagen 3000 ₹) In der Trockenzeit starten Safaris um 6 und 15 Uhr, wenn die Wetterbedingungen das zulassen.

Motorbootfahrten BOOTSFAHRT, TIERE & PFLANZEN
(Kabini River Lodge; Fahrt in 20-sitzigen Motorbooten 2000 ₹/Pers.) Die von der Kabini River Lodge organisierten Touren eignen sich für entspannte Naturbeobachtungen. Vogelbeobachter sollten besonders auf ihre Kosten kommen.

Schlafen & Essen

Der Kabini Lake (wo sich die meisten Lodges befinden) ist ein wunderbares Standquartier, ein wirkliches Budgethotel gibt es dort aber nicht. Für billige Unterkunft muss man sich in die Nähe der Parkzentrale begeben.

Karapur Hotel PENSION $$
(☎ 9945904840; Karapura-Verkehrskreisel; Zi. 1200 ₹) Die einzige Budgetunterkunft in der Nähe des Kabini-Sees ist diese schlichte Lodge mit ein paar Zimmern über einem Laden. Sie steht in der Ortschaft Karapura 3 km außerhalb des Parks.

★ **Waterwoods Lodge** PENSION $$$
(☎ 082-28264421; www.waterwoods.in; DZ mit VP ab 13 200 ₹; ❄📶🏊) Die hinreißende Lodge steht am grasbewachsenen Ufer des malerischen Kabini-Sees. Die meisten Zimmer haben Balkone mit einem wundervollen Blick auf den See, Schaukelstühle, Hartholzböden und Designer-Flair. In der kinderfreundlichen Anlage gibt's ein Trampolin, einen Infinity Pool, kostenlose Leihkanus und Holzofenpizzas. Im Spa mit Massageräumen, Whirlpool und Dampfbad kann man sich verwöhnen lassen.

Serai Kabini LODGE $$$
(☎ 080-40012200; http://theserai.in/kabini; Zi. mit VP ab 16 450 ₹; ❄📶🏊) Die Luxus-Lodge ist ideal für Wildtierbeobachtungen. Die wundervollen Bungalows blicken auf den See und es werden erstklassige organisierte Dschungel-Safaris, Bootstouren und Naturwanderungen angeboten. Das hübsch gestaltete Restaurant bietet ausgezeichnete Gerichte und es gibt ein schönes Spa. Die Lodge steht am Nordufer des Kabini Reservoir.

Bison Resort LODGE $$$
(☎ 080-41278708; www.thebisonresort.com; Gundathur; Stellplatz ab 2500 ₹/Pers., EZ/DZ mit VP ab 320/370 US$; 📶🏊) Die von luxuriösen Safari-Lodges in Afrika inspirierte Anlage verspricht ein klassisches Wildnis-Erlebnis. Sie hat eine hinreißende Lage am Seeufer, man wohnt in Cottages mit Zeltwänden, Bungalows auf Stelzen oder campt im Busch. Zu den vielen angebotenen Aktivitäten zählen Wanderungen zu Stammesdörfern und Bootsfahrten bei Sonnenuntergang. Der Service ist hervorragend, fachkundige Naturkundler sind zur Hand.

KAAV Safari Lodge LODGE $$$
(☎ 08228-264492; www.kaav.com; Mallali Cross, Kabini; mit VP EZ/DZ ab 10 400/13 200 ₹, Zelt ab 12 000 ₹; ❄📶🏊) Die noble Designer-Safarilodge hat offen gestaltete Zimmer mit polierten Betonböden, schicken Bädern und geräumigen Balkonen, die sich zum Nationalpark öffnen. Auf alle Details wurde sorgsam geachtet. Man kann sich auf den üppigen Liegen des Aussichtsturms entspannen oder in den Infinity Pool springen. Kinder unter zehn Jahren sind unerwünscht.

An- & Weiterreise

Der Haupteingang zum Park liegt 93 km südwestlich von Mysuru. Zwei Busse fahren täglich von Mysuru nach Karapuram (68 ₹, 2½ Std.), das rund 3 km vom Kabini-See entfernt ist. Ein Taxi aus Mysuru kostet rund 2000 ₹.

Distrikt Kodagu (Coorg)

In den immergrünen Hügeln an der südlichen Grenze Karnatakas liegt der üppige Distrikt Kodagu (Coorg), der geprägt ist von smaragdgrünen Landschaften und Plantagen, die sich über viele Hektar erstrecken. Das ländlich geprägte Kodagu ist ein wichtiges Zentrum des Kaffee- und Gewürzanbaus und die Heimat des aus 1000 Clans bestehenden Volkes der Kodava. Das hügelige Gelände und das kühle Klima eignen sich prima für Trekking- und Vogelbeobachtungstouren sowie entspannte Spaziergänge auf verschlungenen, wenig benutzten Pfaden. Alles in allem ist Kodagu eine richtige Verjüngungskur.

Kodagu war bis zum Zusammenschluss mit Karnataka 1956 ein eigener Staat. Die wichtigste Stadt und der Verkehrsknoten der Region ist Madikeri, wer aber Kodagu wirklich erleben will, muss seine ländlichen Gebiete aufsuchen. Am besten meidet man die Wochenenden, an denen viele Ausflügler aus Bengaluru hier unterwegs sind.

Aktivitäten

Für viele Besucher ist es ein Highlight, die Region zu Fuß zu erkunden. Die Treks sind gleichzeitig ein Kultur- und ein Naturerlebnis: Man klettert auf Hügel, besucht Plantagen, wandert durch Wälder und übernachtet in Privatunterkünften.

Die beste Wanderzeit sind die Monate Oktober bis März; während der Monsunzeit gibt's hingegen keine Treks. Beliebte Wanderziele sind die Gipfel des Tadiyendamol (1745 m, 7 Tage), des Pushpagiri (1712 m) und des Kotebetta (1620 m). Auch viele Tageswanderungen sind möglich; so organisiert z. B. das Rainforest Retreat (S. 215) mehrere Touren. Um sich im Labyrinth der Waldwege zurechtzufinden, braucht man einen Guide.

Madikeri (Mercara)

08272 / 34 200 EW. / 1525 M

Die verstopfte Marktstadt Madikeri (früher Mercara) erstreckt sich über eine Reihe von Hügelkämmen. Der einzige Grund für einen Besuch sind das Organisieren von Trekkingtouren und praktische Reiseangelegenheiten.

Sehenswertes

Madikeri Fort HISTORISCHE STÄTTE

Von der Hügelfestung, die Tipu Sultan im 18. Jh. erbaute, hat man eine schöne Aussicht, auch wenn sie heute nur mehr der prosaische Sitz der Stadtverwaltung ist. Man kann über einen kurzen Abschnitt der Festungswälle spazieren. Im Fort sieht man den sechseckigen Palast (heute der verstaubte Sitz des Landrats) und die kolonialzeitliche Kirche, in der sich heute ein skurriles **Museum** (So–Fr 10–17.30 Uhr) GRATIS befindet.

Raja's Seat AUSSICHTSPUNKT

(MG Rd; 5 ₹; 5.30–19 Uhr) Der perfekte Ort, um wie einst die Radschas den Sonnenuntergang zu beobachten. Der Blick schweift über gewellte Hügel und weite Täler.

Raja-Gräber HISTORISCHE GEBÄUDE

(Gaddige) GRATIS Die mit Kuppeln versehenen Grabmäler im indosarazenischen Stil sind die letzte Ruhestätte der Herrscher und Würdenträger der Kodavas. Die Anlage befindet sich 7 km außerhalb von Madikeri; hin gelangt man per Autorikscha (200 ₹).

Abbi Falls WASSERFALL

Nach der Regenzeit bietet der 21,3 m hohe Wasserfall einen spektakulären Anblick.

Aktivitäten

Coorg Sky Adventures PANORAMAFLÜGE

(9448954384; www.coorgskyadventures.com; kurzer/langer Flug 2500/8000 ₹) Mit einem Ultraleichtflugzeug schwebt man über Plantagen und Täler mit Reisfeldern und hat einen herrlichen Blick auf die üppige Landschaft von Kodagu. Der Veranstalter ist erfahren und professionell.

Ayurjeevan AYURVEDA

(944974779; www.ayurjeevancoorg.com; Kohinoor Rd; ab 1400 ₹/Std.; 7–19 Uhr) Das Ayurveda-„Hospital" in kurzer Gehentfernung von der State Bank of India bietet die ganze Palette faszinierender und entschlackender Behandlungen, darunter auch Reisball-Massagen und Ölbäder.

Schlafen

Angesichts der fantastischen Gästehäuser in den umliegenden Plantagen gibt es außer für Spätankömmlinge keinen wirklichen Grund, in Madikeri zu übernachten.

Hotel Chitra HOTEL $

(08272-225372; www.hotelchitra.co.in; School Rd; B 270 ₹, DZ ab 780 ₹, mit Klimaanlage 1760 ₹;) Das aus Beton errichtete Hotel steht nahe der Hauptkreuzung von Madikeri, man muss also im Hintergrund mit etwas Verkehrslärm rechnen. Das Hotel bietet preisgünstige, schlichte Zimmer und freundlichen Service.

Hotel Mayura Valley View HOTEL $$

(08272-228387; www.kstdc.co/hotels/hotel-mayura-valley-view-madikeri; Stuart Hill; DZ/Suite mit Frühstück ab 3250/4950 ₹;) Auf der Hügelspitze hinter dem Raja's Seat steht dieses staatliche Hotel, das zu den besten in Madikeri zählt. Es besitzt große, helle Zimmer, ein friedvolles Ambiente und eine herrliche Aussicht ins Tal. Das Restaurant mit Bar hat eine Terrasse, von der man aufs Tal blicken und dabei gut ein Bier trinken kann.

Essen

Coorg Cuisine INDISCH $

(Main Rd; Hauptgerichte 100–130 ₹; 12–16 & 19–22 Uhr) Das Restaurant mit einzigartigen Kodava-Spezialitäten wie *pandhi barthadh* (kurz gebratenem Schweinefleisch) und *kadambuttu* (Reisklößen) lohnt einen Besuch, auch wenn es aufgrund seiner Lage an der Hauptstraße nicht gerade stimmungsvoll ist. Aber man sitzt komfortabel und immerhin schmücken ein paar Porträts die Wände.

★ Raintree INTERNATIONAL $$

(www.raintree.in; 13-14 Pension Lane; Gerichte 170–260 ₹; ⊙11.30–22 Uhr) Eine angenehme Überraschung in einer langweiligen Stadt: Der geschickt umgebaute Bungalow ist mit solidem Holzmobiliar und ein wenig Stammeskunst ein anheimelndes Plätzchen für ein köstliches Mahl. Mit hiesigen Spezialitäten und Gerichten von der Küste ist die Karte durchaus interessant. Man bekommt hier auch tollen Kaffee aus Kodagu und Wein. Das Restaurant befindet sich gleich hinter dem Rathaus von Madikeri.

Praktische Informationen

Travel Coorg (☎08272-223333; www.travelcoorg.in; vor dem KSRTC-Busbahnhof; ⊙24 Std.) Liefert einen guten Überblick über das, was man hier tun kann, vermittelt Privatunterkünfte, Wanderführer und Aktivitäten und bucht Verkehrsmittel.

An- & Weiterreise

Sehr regelmäßig fahren Busse vom KSRTC-Busbahnhof über Mysuru (mit Ventilator/Klimaanlage 162/250 ₹, 2½–4 Std.) nach Bengaluru (350/539 ₹, 5½–7 Std.). Busse fahren tagsüber ungefähr alle zwei Stunden nach Mangaluru (135/283 ₹, 3–4 Std.), außerdem gibt's ein paar normale Busse nach Hassan (117 ₹, 4 Std.).

Rund um Madikeri

Das verführerische Hochland rund um Madikeri gehört zu den bezauberndsten Gegenden in Kodagu. Inmitten der üppig grünen Hügellandschaft liegen zahlreiche Gewürz- und Kaffee- und vereinzelt auch Teeplantagen.

Aktivitäten

★ Jiva Spa AYURVEDA, MASSAGEN

(☎08272-2665800; www.tajhotels.com/jivaspas/index.html; Vivanta, Galibeedu; Anwendungen ab 2700 ₹; ⊙9–21 Uhr) Mitten im Regenwald ist das Jiva Spa im eindrucksvollen Hotel Vivanta (S. 215) genau der richtige Ort, um sich mit einer Reihe von Verjüngungsbehandlungen zu verwöhnen. Mit Whirlpools, einer Entspannungs-Lounge, einem Schönheitssalon und einer Yoga- und Meditationszone gehört das Spa zu den besten in Südindien. Ohne Termin geht nichts.

Swaasthya Ayurveda Retreat Village AYURVEDA

(www.swaasthya.com; Bekkesodlur; Zi. 7000 ₹ pro Pers. & Tag inkl. VP & Yoga-Kurs) Einen ausgesprochen friedlichen und erfrischenden Ayurveda-Urlaub verspricht dieses Refugium im südlichen Kodagu. Inmitten eines üppig grünen Anwesens, das aus 1,6 ha großen Kaffee- und Gewürzplantagen besteht, kann man herrlich die Seele baumeln lassen. Im Preis sind bis zu sechs Anwendungen pro Tag enthalten.

Schlafen & Essen

Rainforest Retreat PENSION $$

(☎08272-265638, 08272-265639; www.rainforestours.com; Galibeedu; Zelt EZ/DZ 1500/2000 ₹, Cottage ab 2500/3000 ₹; 📶) 🍃 Das naturnahe und nachhaltig mit Solarstrom betriebene Refugium inmitten von Wäldern und Plantagen ist ein toller Ort, um mit umweltbewussten Indern in Kontakt zu kommen. Man wohnt entspannt in Cottages oder bereits aufgestellten Zelten mit Betten. Im Preis inbegriffen sind Besuche auf Plantagen und Wanderungen. Freiwilligenjobs stehen auf der Website. Die Anfahrt per Autoriksha aus Madikeri kostet 240 ₹.

Victorian Verandaz B&B $$

(☎08272-200234; http://victorianverandaz.com; Modur Estate, Kadagadal Village; DZ für Selbstversorger 2000–5500 ₹, B&B 2950 ₹; 📶) Die feinen, einer Familie gehörenden Unterkünfte stehen auf einem riesigen Gut, auf dem Kaffee, Pfeffer, Kardamom und Reis angebaut werden. Es gibt zwei Cottages mit Küchen, die an Selbstversorger vermietet werden, sowie zwei Zimmer in einem B&B-Cottage. Auf dem Landgut kann man prima wandern und Vögel beobachten.

Golden Mist PRIVATUNTERKUNFT $$

(☎9448903670, 08272-265629; www.golden-mist.net; Galibeedu; EZ/DZ mit VP 2500/4000 ₹) Unterkunft auf einer unglaublich friedlichen, sehr rustikalen, indisch-deutsch geführten Farm, die Tee, Kaffee und Reis anbaut. Die Cottages sind stimmungsvoll, aber sehr einfach und eher für Outdoor-Typen als für Traveller geeignet, die auf ihren Komfort nicht verzichten wollen. Aus den Bio-Zutaten der Farm bereit es schmackhafte regionale Gerichte zu. Sehr freundliches Personal. Die Anlage ist nicht ausgeschildert und daher nicht ganz leicht zu finden. Die Anfahrt per Autoriksha aus Mandikeri kostet 250 ₹.

★ Vivanta HOTEL $$$

(☎08272-665800; www.vivantabytaj.com; Galibeedu; Zi. ab 15800 ₹; @📶🏊) Stilvoll, ohne dabei bemüht zu wirken. Das geräumige und minimalistisch gestaltete Hotel liegt auf einem 72 ha großen Anwesen im Nebelwald und verschmilzt scheinbar mühelos mit seiner Umgebung. Alte Rinderpfade führen zu den Zimmern. Die teureren haben eigene Pools im Haus, Kamine und Butler. Aus der Lobby und vom Infinity Pool genießt man einen herrlichen Ausblick ins Hochland. Obendrein gehört ein erstklassiges Ayurveda-Spa zur Anlage (S. 215).

Kakkabe

08272 / 580 EW.

Das von bewaldeten Hügeln umgebene ruhige Dorf ist ein Sammelpunkt von Wanderern. Es ist ein idealer Ausgangspunkt für Treks zum Tadiyendamol, dem höchsten Gipfel in Kodagu, oder auch nur für entspannte Wanderungen auf malerischen Hochlandpfaden.

Schlafen & Essen

★Honey Valley Estate PENSION $

(08272-238339; www.honeyvalleyindia.in; Zi. ab 800 ₹, ohne Bad ab 550 ₹;) Diese wunderbare Trekking-Pension thront 1250 m über dem Meeresspiegel auf dem Gipfel eines Hügels und versetzt ihre Besucher in eine angenehm kühle, frische, natürliche Umgebung. Die Betreiber sind freundlich, umweltbewusst und kennen sich bestens mit der hiesigen Natur aus. Es gibt 18 Wanderrouten in der Umgebung und man kann auch sechs verschiedene Unterkunftsoptionen wählen. Das Anwesen ist nur per Gelandewagen (200 ₹, über die Pension buchen) aus Kakkabe erreichbar.

Chingaara PENSION $$

(08272-238633; www.chingaara.com; Kabbinakad; Zi. mit HP 2300–3200 ₹;) Das schöne Bauernhaus liegt inmitten von grünen Kaffeeplantagen und in seiner Nähe lassen sich

NICHT VERSÄUMEN

BYLAKUPPE

Das kleine, gepflegte Dorf Bylakuppe gleich südlich vom Highway Mysuru–Mangaluru beheimatet die größte tibetische Kommune in Südindien. Die im Jahr 1961 gegründete Gemeinschaft gehörte zu den ersten Flüchtlingslagern, die in Südindien eingerichtet wurden, um Tausende Tibeter aufzunehmen, die nach der chinesischen Invasion von 1959 aus dem Land flohen. Heute leben hier mehr als 10 000 Tibeter (darunter 3300 Mönche).

Ohne einen vom Innenministerium in Delhi ausgestellten Protected Area Permit (PAP) – die Bearbeitung des Antrags kann Monate dauern – dürfen Ausländer hier nicht übernachten. Einzelheiten erfährt man beim **Tibet Bureau Office** (11-26479737; www.tibetbureau.in; New Delhi). Tagesausflüge sind aber gestattet.

Das Highlight der Gegend ist das stimmungsvolle **Namdroling-Kloster** (www.namdroling.org; 7–18 Uhr) mit dem spektakulären **Goldenen Tempel** (Padmasambhava Buddhist Vihara; 7–18 Uhr), über den drei 18 m hohe vergoldete Buddha-Statuen wachen. Am eindrucksvollsten ist der Tempel während der Gebete, wenn die Gongs und Trommeln klingen und Hunderte junger Mönche ihre sonoren Gesänge anstimmen. Gäste sind eingeladen, hier zu meditieren. Der ähnlich prunkvolle **Zangdogpalri-Tempel** (7–18 Uhr) befindet sich gleich nebenan.

Wer im Besitz der PAP-Genehmigung ist, kann im schlichten **Paljor Dhargey Ling Guest House** (08223-258686; pdguesthouse@yahoo.com; Zi. 275–375 ₹) gegenüber dem Goldenen Tempel übernachten. Köstliche *momos* (tibetische Klöße) und *thukpa* (Nudelsuppe) hat das von Tibetern geführte **Malaya Restaurant** (Momos 60–90 ₹; 7–21 Uhr) zu bieten. Im **Thirsty Crow** (südlich vom Namdroling-Kloster) gibt's gute frische Säfte, Milchshakes, Zitronensprudel, Tee und Kaffee. Ansonsten gibt's viele Hotels im nahe gelegenen Kushalnagar – darunter das moderne, gut eingerichtete **Hotel White Wings** (9741155900; http://whitewingscoorg.com; 1-86, BM Rd, Kushalnagar; Zi. mit Klimaanlage 2100 ₹;). Weitere Unterkünfte finden sich in der ländlichen Umgebung.

Vom 5 km entfernten Kushalnagar fahren Sammel- und Einzel-Autorikschas (15/30 ₹) nach Bylakuppe. In Kushalnagar fahren häufig Busse nach Madikeri (45 ₹, 45 Min., 34 km) und Hassan (80 ₹, 2½ Std.). Außerdem halten in Kushalnagar die meisten Busse auf der Strecke zwischen Mysuru und Madikeri.

gut Vögel beobachten. Die Zimmer sind geräumig und die meisten bieten eine schöne Aussicht (ganz besonders Zimmer 9). Es gibt gute Hausmannskost und die Angestellten entzünden abends draußen ein Lagerfeuer. Das Haus liegt 2,5 km einen steilen, felsigen Hügelhang hinauf und ist nur per Geländewagen erreichbar. Wer vorher anruft, wird mit einem Jeep von der Kreuzung in Kabbinakad abgeholt.

Tamara Resort RESORT **$$$**
(☎080-71077700; www.thetamara.com; Yavakapadi; Zi. inkl. Mahlzeiten & Aktivitäten ab 23 800 ₹;) Das romantische Naturrefugium auf einer Kaffeeplantage besteht aus Hütten, die auf Stelzen stehen und aus der üppig grünen Umgebung hervorragen. Die luxuriösen Zimmer haben Dielen aus Teakholz, Balkone und riesige Doppelbetten. Das hinreißende Restaurant liegt über den Plantagen und besitzt einen Glasboden, durch den man auf die Landschaft hinunterblicken kann. Es gibt drei gute Wanderrouten in der Gegend und ein Spa; außerdem werden Yoga-Kurse angeboten. Kinder unter zwölf Jahren sind unerwünscht.

Hassan

☎08172 / 138,000 EW.

Der ausgedehnte, verstopfte Verkehrsknotenpunkt ist wenig reizvoll, aber auch dank der ordentlichen Unterkünfte eine gute Ausgangsbasis zum Besuch der nahe gelegenen Orte Belur, Halebid und Shravanabelagola. Die hilfsbereite **Touristeninformation** (☎08172-268862; AVK College Rd; ⏲Mo–Fr 10–17.30 Uhr) erteilt Auskünfte zu den Verkehrsverbindungen in der Region.

Schlafen

SS Residency HOTEL **$$**
(☎08172-233466; www.ssresidency.co.in; BM Rd; Zi. ab 1960 ₹;) Das moderne, zentral gelegene Hotel hat eine große Auswahl an attraktiv gestalteten Zimmern mit cremefarbenen Möbeln, Kabelfernsehen und Minibar. Allerdings gibt es kein Restaurant.

An- & Weiterreise

Vom **Neuen Busbahnhof** (Hwy 71) 500 m südlich des Stadtzentrums fahren Busse nach Mysuru (112 ₹, 3 Std.), Bengaluru (192–469 ₹, 3½–4½ Std.) und Mangaluru (163–355 ₹, 3½–4½ Std.).Eine Tagestour nach Belur und Halebid oder Shravanabelagola kostet ungefähr 1400 ₹.

Von dem gut organisierten Bahnhof in Hassan fahren täglich – allerdings nur mitten in der Nacht – drei oder vier Züge nach Mysuru (Sleeper/2AC 140/695 ₹, 2–3 Std.). Nach Bengaluru fährt um 3 Uhr der 16518 Bangalore Express (Sleeper/2AC 180/695 ₹, 5½ Std.).

Belur (Beluru)

☎08177 / 9320 EW. / 968 M

Die Hoysala-Tempel in Belur (Beluru) und im nahe gelegenen Halebid bilden zweifelsohne den Höhepunkt in einer der künstlerisch glanzvollsten Epochen der alten hinduistischen Kultur. Architektonisch sind sie Südindiens Antwort auf Khajuraho in Madhya Pradesh und Konark (nahe Puri) in Odisha (Orissa).

Sehenswertes

Channakeshava-Tempel HINDU-TEMPEL
(Temple Rd; Guide 250 ₹⏲7.30–19.30) Der Tempel wurde 1116 gestiftet, um den Sieg der Hoysala über die benachbarten Chola zu feiern. Sein Bau zog sich über rund 100 Jahre hin. Heute ist er die einzige der drei wichtigen Hoysala-Kultstätten, die noch täglich genutzt wird; deshalb schaut man am besten zur *puja* (Opfergabe oder Gebet) um 9, 15 oder 19.30 Uhr vorbei.

Die Reliefverzierung wurde an einigen Teilen des Tempels wie etwa an den unteren Friesen der Außenfassade nicht fertiggestellt und wirkt daher weniger kunstvoll. Die Arbeiten am oberen Teil sind jedoch unübertroffen detailliert und kunstfertig und bilden ein wunderbares Zeugnis für menschliches Schaffen.

Besonders betörend sind die Figuren der Konsolen, die Frauen in rituellen Tanzposen darstellen. An der Vorderseite des Tempels sind erotische Abschnitte aus dem Kamasutra illustriert, die Rückseite jedoch ist ausschließlich den Göttern vorbehalten. Das Dach des inneren Schreins wird von fein mit Reliefs übersäten Pfeilern getragen, von denen keiner dem anderen gleicht.

Schlafen & Essen

Hotel Mayura Velapuri HOTEL **$$**
(☎0817-7222209; www.kstdc.co/hotels; Kempegowda Rd; DZ mit Ventilator/Klimaanlage ab 1200/1550 ₹;) Das renovierte staatliche Hotel am Weg zum Channakeshava-Tempel hat recht komfortable, geräumige Zimmer. Das Restaurant mit Bar serviert diverse indische Gerichte (ab 80 ₹) und Bier.

An- & Weiterreise

Busse fahren häufig von/nach Hassan (44–96 ₹, 45 Min., 38 km) und Halebid (25 ₹, 30 Min.). Man kann auch mit einer Tagestour der KSTDC aus Bengaluru oder Mysuru herkommen.

Halebid

08177 / 9348 EW.

Die Kleinstadt Halebid (auch Halebidu genannt) ist für ihren herrlichen Hoysala-Tempel und einige weniger bedeutende jainistische Stätten bekannt. Die meisten Traveller besuchen den Ort im Rahmen eines Tagesausflugs aus dem 15 km westlich gelegenen Belur.

Sehenswertes

Hoysaleswara-Tempel HINDUTEMPEL
(Sonnenaufgang–Sonnenuntergang) Der Bau des Hoysaleswara-Tempel, dem Halebid seine Berühmtheit verdankt, begann um das Jahr 1121 und zog sich 80 Jahre hin. Er wurde niemals fertiggestellt, gilt heute aber dennoch als ein Meisterwerk der Hoysala-Architektur. Der aus schwarzem Stein gehauene innere Sakralraum ist eine Augenweide. Die Außenmauern des Tempels sind mit überbordenden Reliefs verziert, die hinduistische Gottheiten, weise Männer und stilisierte Tiere darstellen, während die Friese Szenen aus dem Leben der Hoysala-Herrscher zeigen.

Museum MUSEUM
(5 ₹; Sa–Do 9–17 Uhr) Das kleine Museum neben dem Hoysaleswara-Tempel besitzt eine Sammlung schöner Skulpturen aus der Umgebung von Halebid.

JAINISTISCHE TEMPEL IN SRAVANABELAGOLA (SHRAVANABELAGOLA)

Außer der Gomateshvara-Statue gibt's im Ort mehrere interessante jainistische Tempel. Der **Chandragupta Basti** (6–18 Uhr) auf dem Chandragiri-Hügel (gegenüber vom Vindhyagiri-Hügel) soll angeblich von Kaiser Ashoka errichtet worden sein. Der **Bhandari Basti** (6–18 Uhr) im Südosten der Stadt ist der größte Tempel in Sravanabelagola. Im nahen **Chandranatha Basti** (6–18 Uhr) kann man gut erhaltene Malereien sehen, die jainistische Legenden widergeben.

Schlafen

Hotel Mayura Shanthala HOTEL $$
(08177-273224; www.kstdc.co/hotels/; DZ mit Frühstück ab 1600 ₹;) Das Hotel steht in einem grünen Garten direkt gegenüber dem Tempelkomplex und ist die beste Unterkunft vor Ort.

An- & Weiterreise

Regelmäßig fahren Busse zum 33 km entfernten Hassan (35 ₹, 1 Std.); die Busfahrt nach Belur kostet 25 ₹. KSTDC-Touren aus Bengaluru und Mysuru besuchen auch Halebid.

Shravanabelagola (Sravanabelagola)

08176 / 5660 EW.

Lange bevor man die Pilgerstadt Sravanabelagola (auch Shravanabelagola geschrieben) erreicht, kann man die 17,5 m hohe Statue der jainistischen Gottheit Gomateshvara (Bahubali) sehen, die auf dem kahlen Felsen des Vindhyagiri-Hügels steht. Sich die Statue aus der Nähe anzusehen, ist der Hauptgrund für eine Reise in diese beschauliche Stadt, deren Name „Der Mönch des weißen Teichs“ bedeutet.

Sehenswertes

Gomateshvara-Statue JAINISTISCHES STÄTTE
(Bahubali; 6–18.15 Uhr) Ein steiler Aufstieg über 614 Stufen bringt einen auf den Vindhyagiri-Hügel, auf der sich die hohe, unbekleidete Statue der jainistischen Gottheit Gomateshvara (Bahubali) erhebt. Sie wurde um das Jahr 981 von dem Bildhauer Aristenemi aus einem einzigen Felsblock herausgeschlagen. Er handelte im Auftrag eines militärischen Befehlshabers, der im Dienst des Ganga-Königs Rachamalla stand. Sie ist angeblich die höchste aus einem einzigen Steinblock gefertigte Statue der Welt. Man muss seine Schuhe am Fuß des Hügels zurücklassen.

Bahubali war der Sohn des Kaisers Vrishabhadeva, der später unter dem Namen Adinatha der erste jainistische *tirthankara* („verehrter Lehrer“) wurde. Während heftiger Kämpfe mit seinem Bruder Bharatha um die Nachfolge seines Vaters erkannte er die Eitelkeit aller materiellen Gewinne und verzichtete auf das Königreich. Als Einsiedler meditierte er in vollständiger Unbeweglichkeit, bis er Erleuchtung erlangte – die Weinranken um seine Beine und der

Ameisenhügel zu seinen Füßen sind Zeichen für die lange Dauer seiner Meditation.

Alle zwölf Jahre strömen Millionen von Pilgern zur **Mahamastakabhisheka**-Zeremonie (Feb.) hierher, bei der die Statue mit heiligem Wasser, Salben, Puder, Gold und Edelsteinen behandelt und geschmückt wird. Die nächste Zeremonie findet im Jahr 2018 statt.

Schlafen & Essen

Die hiesige jainistische Organisation **SDJMI** (08176-257258) wickelt die Buchungen für ihre 15 Gästehäuser ab (DZ/3BZ 250/310 ₹). Das Büro befindet sich am Postamt vorbei hinter dem Vidyananda Nilaya Dharamsala.

Hotel Raghu HOTEL $
(08176-257238; EZ/DZ ab 400/500 ₹, DZ mit Klimaanlage 900 ₹;) Die sehr einfachen Zimmer sind so etwas wie die letzte Auffangstation, sollte man in dem Städtchen stranden. Immerhin liefert das vegetarische Restaurant im Erdgeschoss ein hervorragendes, vegetarisches Thali (90 ₹).

An- & Weiterreise

Es gibt keine direkten Busverbindungen von Shravanabelagola nach Hassan oder Belur – man muss zunächst nach Channarayapatna (40 ₹, 20 Min.) fahren und dort umsteigen. Täglich fährt ein Bus nach Mysuru (149 ₹, 1½ Std.).

KÜSTE VON KARNATAKA

Mangaluru (Mangalore)

0824 / 492 500 EW.

In dem Wechselspiel aus entspannter Küstenstadt und hektischem Alptraum erinnert Mangaluru (bekannter als Mangalore) an die Geschichte von Dr. Jekyll und Mr. Hyde. Dennoch ist sie ein praktischer Zugangspunkt zur Küste von Konkan und zu der im Hinterland gelegenen Region Kodagu. Viel kann man hier nicht tun, doch die Atmosphäre ist angenehm untouristisch und die würzigen Meeresfrüchtegerichte schmecken sensationell gut.

Mangaluru liegt im Mündungsgebiet der malerischen Flüsse Netravathi und Gurupur am Ufer des Arabischen Meers und ist seit dem 6. Jh. ein wichtiger Hafen der internationalen Handelsschifffahrt.

Sehenswertes

St. Aloysius College Chapel KIRCHE
(Lighthouse Hill; 9–18 Uhr) Die Wurzeln des Katholizismus in Mangaluru reichen bis in die Zeit der Ankunft der Portugiesen im frühen 16. Jh. zurück. Ein prächtiges Zeugnis ist die 1880 erbaute St. Aloysius Chapel, die der Sixtinischen Kapelle nachempfunden ist und deren Wände und Decken farbenprächtige Fresken bedecken. Fotografieren ist allerdings verboten!

Sultan's Battery FORT
(Sultan Battery Rd; 6–18 Uhr) Das einzige Überbleibsel der Festung Tipu Sultans ist dieser kleine Aussichtsturm mit einem schönen Ausblick auf die malerischen Kanäle. Er befindet sich 4 km vom Stadtzentrum entfernt auf der Landzunge des alten Hafens.

Ullal Beach STRAND
Der goldene Sandstrand ist ein gutes Ausflugsziel, um der Hitze in der Stadt zu entfliehen. Er befindet sich 12 km südlich von Mangaluru jenseits der Mündung des Netravathi. Die Anfahrt (einfache Strecke) mit Uber/Autorikscha kostet 200 ₹; alternativ nimmt man vom städtischen Busbahnhof Bus 44A oder 44C (10 ₹).

Schlafen

Hotel Roopa HOTEL $
(0824-2421272; www.roopahotel.com; Balmatta Rd; Zi. mit Ventilator/Klimaanlage ab 450/1300 ₹;) Das Hotel nahe dem KSRTC-Busbahnhof hat ein für die Stadt besonders gutes Preis-Leistungs-Verhältnis. Es kombiniert gute Preise mit einer professionellen Leitung und ordentlichen, sehr günstigen Zimmern. Im Keller gibt's ein ausgezeichnetes Restaurant mit Bar.

Hotel Manorama HOTEL $
(0824-2440306; KS Rao Rd; EZ/DZ ab 620/640 ₹, mit Klimaanlage ab 1120 ₹;) Das Hotel mit prima Preis-Leistungs-Verhältnis hat saubere, gute Zimmer. Das Foyer mit seinen Hindu-Statuen und Artefakten vermittelt einen guten ersten Eindruck. Das Hotel liegt in der Nähe des Einkaufszentrum City Center, wo es neben Geschäften auch einen Food Court gibt.

Adarsh Hotel HOTEL $
(0824-2440878; Market Rd; EZ/DZ 340/500 ₹) Das Budgethotel alter Schule hat eine gute Lage im Zentrum, sehr günstige Preise und recht gepflegte Zimmer.

Mangaluru (Mangalore)

Mangaluru (Mangalore)

Sehenswertes
1 St. Aloysius College Chapel C3
2 Sultan's Battery A1

Schlafen
3 Adarsh Hotel C3
4 Gateway Hotel B4
5 Hotel Manorama C3
6 Hotel Roopa D3

Essen
7 Gajalee D1
8 Kadal C3
9 Lalith Bar & Restaurant C3

Ausgehen & Nachtleben
10 #45 .... C4
11 Spindrift C1

Praktisches
12 HDFC C3
13 State Bank of Mysore Geldautomat C3

Gateway Hotel HOTEL $$$
(☎ 0824-6660420; www.tajhotels.com; Old Port Rd; EZ/DZ mit Frühstück ab 5840/6260 ₹; ❄ @ 📶 🏊) Das gut geführte Hotel der Taj-Gruppe hat geräumige Zimmer mit Flachbild-TVs und großen Betten, auf denen sich die Kissen türmen; die Bäder wirken allerdings etwas betagt. Es gibt einen hübschen, 20 m langen Swimmingpool, den Grünflächen und Strandliegen umgeben, sowie ein kleines Spa und ein feines Restaurant.

Essen

Lalith Bar & Restaurant MEERESFRÜCHTE $$
(Balmatta Rd; Hauptgerichte 150–400 ₹; ⏲ 11.30–15.30 & 18.30–23.30 Uhr; ❄) Das abgewetzte Restaurant ist ewig beliebt wegen seiner authentischen regionalen Meeresfrüchte-Spe-

zialitäten wie mit Masala gewürztem Bratfisch in einem sämigen roten Kokos-Curry oder leckere, in Rava panierte und frittierte Garnelen. Dazu passt ein kaltes Bier aus der gut bestückten Bar.

Kadal SÜDINDISCH $$

(www.kadalrestaurant.in; Nalapad Residency, Lighthouse Hill Rd; Hauptgerichte 150–230 ₹; 11–15.30 & 18.30–23 Uhr;) Das Hochhaus-Restaurant bietet einen wundervollen Blick auf die Stadt und ein warm beleuchtetes, elegantes Interieur. Empfehlenswert sind das würzige Hähnchen-*uruval* (ein Kokoscurry von der Küste) oder die leckeren, in Ghee gebratenen Garnelen. Angesichts von Qualität und Ambiente sind die Preise moderat.

Gajalee MEERESFRÜCHTE $$$

(0824-2221900; www.gajalee.com; Circuit House, Kadri Hills; Hauptgerichte 160–1280 ₹; 10–23 Uhr) In einer Stadt, die für ihre Meeresfrüchte berühmt ist, halten viele Einheimische das Gajalee für das beste Seafood-Restaurant. Die Fisch-Currys mit würziger Kokossauce sind superb. Und auch die *koshimbir*-Muscheln mit grünem Masala sind zu empfehlen.

Ausgehen & Nachtleben

★ **Spindrift** KLEINBRAUEREI

(www.facebook.com/SpindriftMangalore; 5. Stock, Bharath Mall, Lalbagh; 11–23 Uhr;) Die erste Kleinbrauerei der Stadt ist ein großes Lokal mit Plätzen drinnen und draußen. An Wochenendabenden sorgen akustisch spielende Musiker, Indie-Bands und DJs ganz schön für Stimmung. An Fassbieren (ab 230 ₹) gibt's u. a. ein Weizenbier, ein Pilsner und ein India Pale Ale; dazu erhält man auch gutes Finger-Food.

#45 CAFÉ

(Trinity Commercial Complex, Attavara Rd; 10.30–22.30 Uhr;) Das hippe kleine Café ist bei Studenten sehr beliebt und hat eine große Auswahl an mächtigen Milchshakes (u. a. mit Ferrero-Rocher- und mit Nutella-Aroma), frische Säfte, guten Kaffee, Wraps, Burger und Frühstücksgerichte.

An- & Weiterreise

BUS

Der **KSRTC-Busbahnhof** (0824-2211243; Bejai Main Rd) ist 3 km vom Stadtzentrum entfernt. Deluxe-Busse fahren alle 30 Minuten nach Bengaluru (406–815 ₹, 7–9 Std.) via Mysuru (245–505 ₹, 5–6 Std.). Weitere Ziele:

Dharmasthala 49–82 ₹, 1–2 Std., tgl. 8.05 & 14.20 Uhr

Ernakulam 845 ₹, 9 Std., 21 Uhr

Gokarna 234 ₹, 5½ Std., tgl. 12.45 Uhr

Hassan 163–355 ₹, 3–5 Std., 12-mal tgl.

Madikeri 135–305 ₹, 3½–4 Std., 11-mal tgl.

Panaji 359–698 ₹, 8–9½ Std., 1- bis 3-mal tgl.

Busse nach Udupi (58 ₹, 1½ Std.) starten am **städtischen Busbahnhof** (State Bank Stand).

ABSTECHER

SURFENDE SWAMIS

Zwischen Surfern und dem Ozean gab es zwar schon immer eine spirituelle Verbindung, doch im **Surfing Ashram** (Mantra Surf Club; 9663141146; www.surfingindia.net; 6-64 Kolachikambla, Mulki; Surfbrettverleih/Surfunterricht pro Tag 700/2200 ₹) in Mulki 30 km nördlich von Mangaluru erreicht sie eine ganz neue Dimension. Dieser Hare-Krishna-Ashram wurde von einem US-amerikanischen Guru gegründet, der seit 1963 selbst auf dem Surfbrett steht. Seine Anhänger befolgen zwischen dem Wellenreiten ein tägliches Ritual aus *puja* (Gebeten), Gesängen, Meditation und vegetarischer Ernährung.

Surfen ist das ganze Jahr über möglich, die besten Wellen gibt's aber im Mai und Juni sowie im September und Oktober. Die Swamis können auch mit Infos zum Surfen in ganz Indien weiterhelfen. Surfbretter kann man für 700 ₹ pro Tag ausleihen, Surfunterricht gibt's für 2200 ₹ pro Tag.

Wenn die Wellen eine Pause einlegen, kann man sich auf SUP-Brettern oder in hochseetauglichen Kajaks auf den Fluss und das Arabische Meer wagen. Außerdem gibt es auch ein Jetski fürs Wakeboarden und Schnorcheltouren zu Inseln vor der Küste.

Das Zentrum hat eine anheimelnde Strandhausatmosphäre und entsprechende Übernachtungspreise (pro Pers./Paar mit VP 2800/3900 ₹).

Alle Besucher sind willkommen, müssen sich aber darüber im Klaren sein, dass dies ein Ort der Andacht ist, wo gewisse Regeln eingehalten werden müssen – dazu gehört der Verzicht auf Fleisch, Alkohol, Tabak und Sex während des Aufenthalts.

ZÜGE AB MANGALURU

ZIEL	ZUG-NR. & NAME	PREIS (₹)	DAUER (STD.)	ABFAHRT
Bengaluru	*16524 Bangalore Exp*	Sleeper/2AC 280/1080	11½	20.55 Uhr
Chennai	*12686 Chennai Exp*	Sleeper/2AC 460/1725	15½	16.20 Uhr
Gokarna	*16523 Karwar Exp*	Sleeper/2AC 190/6900	5½	7.55 Uhr
Gokarna	*12620 Matsyaganda Exp*	Sleeper/2AC 235/825	4	14.35 Uhr
Thiruvananthapuram	*16630 Malabar Exp*	Sleeper/2AC 340/1320	15	18.15 Uhr

FLUGZEUG

Der **Mangaluru International Airport** (✆0824-2254252; www.mangaloreairport.com) liegt rund 15 km nordöstlich der Stadt. Es gibt tägliche Flüge nach Mumbai, Delhi, Bengaluru, Hyderabad und Chennai sowie internationale Flüge nach Abu Dhabi, Doha und Dubai.

Zu den vertretenen Fluglinien zählen:

Air India (✆0824-2451046; Hathill Rd; ⌚Mo–Sa 9–17.30 Uhr)

Jet Airways (✆0824-2441181; Ram Bhavan Complex, KS Rao Rd; ⌚Mo–Sa 9–17.30 Uhr)

ZUG

Der Hauptbahnhof, Mangaluru Central, befindet sich südlich des Stadtzentrums.

Unterwegs vor Ort

Vom Städtischen Busbahnhof fahren die Busse 47B und 47C zum Flughafen. Ein Uber-Taxi kostet rund 350 ₹.

Dharmasthala

✆08256 / 10 340 EW.

In der Nähe von Mangaluru befinden sich im Landesinneren mehrere Städte mit jainistischen Tempeln, z.B. Venur, Mudabidri und Karkal. Die interessanteste von ihnen ist das Städtchen Dharmasthala, das 75 km östlich von Mangaluru am Netravathi liegt. Jeden Tag kommen 10 000 Pilger durch diese winzige Stadt. Zu Feiertagen und wichtigen Festivals wie dem fünftägigen Pilgerfestival **Lakshadeepotsava** (⌚Nov.) können es auch zehnmal so viele sein.

Sehenswertes

Manjunatha-Tempel HINDUTEMPEL
(⌚6.30–14.30 & 17–20.45 Uhr) Der auffällige Tempel im Kerala-Stil besitzt ein Pyramidendach aus vergoldeten Kupferplatten; seine Holzschnitzereien wurden kürzlich sorgsam restauriert. Drei Elefanten segnen mit ihren Rüsseln Pilger vor dem Tempel, den Männer nur mit nacktem Oberkörper und bedeckten Beinen betreten dürfen. Wer 200 ₹ bezahlt, kommt an der Warteschlange vorbei.

Car Museum MUSEUM
(5 ₹; ⌚8.30–13 & 14–19 Uhr) Das fantastische Automuseum zeigt 48 Oldtimer, darunter einen Renault von 1903, einen Studebaker President aus den 1920er-Jahren, in dem Mahatma Gandhi gefahren ist, sowie klassische Mercedes-, Chevrolet- und Rolls-Royce-Modelle. Das Fotografieren ist leider nicht gestattet.

Schlafen

Es gibt nur sehr schlichte Unterkünfte im Ort. Das **Büro des Tempels** (✆08256-277121; www.shridharmasthala.org) hilft bei der Zimmersuche.

Rajathadri Guest House LODGE $
(www.shridharmasthala.org/online-accommodation; Zi. mit Ventilator/Klimaanlage 500/1000 ₹) Rund 700 m nördlich des Haupttempels liegt dieses saubere Pilger-Gästehaus, dessen Zimmer online gebucht werden können. In den Zimmern haben bis zu drei Personen Platz.

Essen

Manjunatha-Tempelküche INDISCH
(⌚11.30–14.15 & 19.30–22 Uhr) GRATIS Die Tempelküche neben einem Saal für bis zu 3000 Personen liefert schlichte, frische Mahlzeiten und wird sehr effizient geführt.

An- & Weiterreise

Nach Dharmasthala fahren häufig Busse aus Mangaluru (75 ₹, 2½ Std.).

Udupi

✆0820 / 177 800 EW.

Das gleich hinter der Küste gelegene Udupi ist eine heilige Stadt mit einem alten Hindu-Tempel und mehreren Klöstern.

Sehenswertes

Krishna-Tempel HINDUTEMPEL
(www.udupisrikrishnamatha.org; Car St; ⌚3.30–22 Uhr) In Udupi steht dieser stimmungsvolle Krishna-Tempel aus dem 13. Jh., der das ganze Jahr über Tausende von hinduistischen Pilgern anlockt. In der von acht *maths* (Klöstern) umgebenen Tempelanlage geht's betriebsam zu: Musikanten spielen am Eingang, Elefanten stehen für die *puja* (Gebetsrituale) bereit und unter den Pilgern herrscht ein ständiges Kommen und Gehen. Auch Nicht-Hindus dürften auf das Tempelgelände, Männer aber nur mit nacktem Oberkörper. Während des Udupi Paryaya Festival werden im Tempel aufwendige Rituale zelebriert.

Schlafen

Shri Vidyasamuda Choultry HOTEL $
(☎0820-2520820; Car St; Zi. 150–350 ₹) Es gibt mehrere Pilgerhotels nahe dem Tempel, diese schlichte Bleibe ist jedoch die beste. Das Haus blickt auf das Ghat.

Hotel Sriram Residency HOTEL $$
(☎0820-2530761; www.hotelsriramresidency.in; Head Post Office Rd; Zi. mit Ventilator/Klimaanlage ab 1035/1868 ₹; ❄📶) Das gut geführte Hotel hat eine große Auswahl an Zimmern, von denen die in den oberen Stockwerken einen Ausblick auf den Krishna-Tempel bieten. Es gibt zwei Bars und ein gutes Meeresfrüchterestaurant.

Essen

Udupi ist berühmt für seine vegetarische Küche und in ganz Indien bekannt für seine aufwendigen Thalis. Und es gilt als Geburtsstätte der bescheidenen *dosas*.

Woodlands INDISCH $
(Dr. UR Rao Complex; *dosas* ab 60 ₹, Gerichte ab 100 ₹; ⌚8–15.15 & 17.30–22.30 Uhr) Das Woodlands gilt als das beste vegetarische Lokal vor Ort. Es besitzt einen willkommenen klimatisierten Speisesaal, in dem man der Hitze entkommt. Das Restaurant befindet sich ein kurzes Stück südlich vom Krishna-Tempel.

Mitra Samaja INDISCH $
(Car St; Gerichte ab 80 ₹; ⌚8–21 Uhr) Die berühmte alte Einrichtung gleich südlich des Krishna-Tempels serviert leckere Snacks, *dosas* und Kaffee. Es kann voll werden.

An- & Weiterreise

Udupi liegt an der Küste, 58 km nördlich von Mangaluru; Busse verkehren auf dieser Strecke sehr häufig (40–62 ₹, 1½ Std.). Täglich um

RANI ABBAKKA, DIE KRIEGERKÖNIGIN

Die legendären Heldentaten von Rani Abbakka, einem der ersten Freiheitskämpfer Indiens – der zufällig eine Frau war –, sind außerhalb der Region Mangaluru eher unbekannt. Sie war eine indische Johanna von Orleans, deren stolze Geschichte voller Abenteuer nur darauf wartet, von einem Drehbuchautor in Bollywood oder Hollywood aufgegriffen zu werden.

Als die Portugiesen im 16. Jh. ihre Macht an der indischen Westküste festigten und von Goa bis nach Mangaluru Städte besetzten, hatten sie große Probleme, Ullal einzunehmen. Dies war der „furchtlosen Königin" zu verdanken. Sie erwies sich als hartnäckiges Hindernis bei der Verwirklichung des großen Plans, die Kontrolle des lukrativen Gewürzhandels zu übernehmen. Ihre unermüdlichen Anstrengungen, die portugiesischen Angriffe abzuwehren, sind das Thema hiesiger Legenden.

Rani Abbakka war hervorragend in den Kriegskünsten ausgebildet, sowohl in der Strategie als auch im Kampf, und konnte mit dem Schwert umgehen. Schließlich wurde sie zwar geschlagen, allerdings nicht auf dem Schlachtfeld. Vielmehr war ihre Niederlage ihrem heimtückischen Ex-Ehemann geschuldet, der sich gegen sie verschworen hatte und dem Feind Informationen zukommen ließ.

Die Einheimischen haben ihre Bemühungen, ihre Leute gegen die mächtigen Portugiesen zu mobilisieren, nicht vergessen: Rani Abbakka ist in einer Reiterstatue aus Bronze am Kreisverkehr an der Straße zum Ullal Beach verewigt; außerdem ist ihr ein jährliches Festival gewidmet.

An der Stelle des Ufertempels, der ein paar Kilometer südlich von Ullal auf den schönen Strand Someshwara blickt, stand früher ihre Festung; heute sind nur noch Teile der Festungsmauern erhalten.

14 Uhr gibt's einen Bus nach Gokarna (180 ₹, 4 Std.) und viele, meist nachts fahrende Busse nach Bengaluru (434–880 ₹, 8–10 Std.). Regelmäßige Verbindungen gibt es auch nach Malpe (9 ₹, 30 Min.).

Malpe

0820 / 1980 EW.

Der beschauliche Fischerhafen liegt an der Westküste, 4 km von Udupi entfernt, und hat nette Strände, die ideal sind, um in der Brandung zu tollen, auch wenn an den Wochenenden und an Feiertagen Jetskis, Banana Boats und Quads die Idylle etwas trüben.

Sehenswertes & Aktivitäten

St. Mary's Island INSEL

Die winzige Insel vor der Küste von Malpe gilt als der Punkt, an dem der portugiesische Entdecker Vasco da Gama 1498 an Land gegangen sein soll. Bemerkenswert sind auch die aus dem Sand herausragenden seltsamen sechseckigen Basaltformationen. Zwischen Juni und Mitte Oktober fahren keine Boote zur Insel. Um hinzukommen, nimmt man von der Anlagestelle in Malpe eine Fähre (hin & zurück 100 ₹, 45 Min., Abfahrt 11 Uhr & bei ausreichender Nachfrage) oder chartert am Strand ein privates Boot.

Schlafen & Essen

Paradise Isle Beach Resort HOTEL $$

(0820-2538777; www.theparadiseisle.com; Zi. 3000–5500 ₹;) Das große Betonhotel steht direkt am Sandstrand und hat komfortable Zimmer, viele davon mit Meerblick. Es gibt eine Reihe von Ayurveda-Pauschalangeboten mit Massagen und Spezialdiäten und diverse Wassersportaktivitäten (Fahrten mit Banana Boats und Jetskis). Darüber hinaus können auch **Boote** (4000 ₹/Paar; Okt.–März) für Touren durch die Backwaters im nahen Hoode beschafft werden.

An- & Weiterreise

Die Busfahrt nach Udupi kostet 9 ₹, eine Autoriksha 60 ₹.

Jog-Fälle

08186

Die **Jog-Fälle** (5 ₹) sind die zweithöchsten Wasserfälle Indiens. Richtig zum Leben erwachen sie allerdings nur während des Monsuns. Der höchste der vier Fälle ist der Raja mit 293 m. Um einen guten Blick zu erhaschen, geht man an der Bushaltestelle vorbei und folgt einem Pfad mit über 1200 Stufen nach unten. In der Regenzeit auf Blutegel achten!

Schlafen

Hotel Mayura Gerusoppa Jogfalls HOTEL $$

(08186-244732; www.kstdc.co/hotels/hotel-mayura-gerusoppa-jogfalls; B 300 ₹, DZ mit Ventilator/Klimaanlage & Frühstück ab 1950/2400 ₹;) Das staatliche Hotel unweit des Parkplatzes zu den Jog-Fällen hat riesige Zimmer in ordentlichem Zustand, die alle eine spektakuläre Aussicht haben, in der Nebensaison aber etwas muffig wirken können. Der Schlafsaal hat zehn Betten und ist eher auf Schülergruppen ausgerichtet. An den Wochenenden steigen die Preise; WLAN gibt's nur im Foyer.

An- & Weiterreise

Die meisten Besucher chartern ein Taxi, die Hin- und Rückfahrt ab Gokarna kostet 2200 ₹. Alternativ fahren ein paar Busse über Kumta,

DIE FORMEL 1 DER BÜFFEL

Man könnte es als eine regionale Konkurrenz zum Grand Prix sehen: Kambla, das traditionelle Büffelrennen, ist bei den Dorfbewohnern an der Südküste Karnatakas außerordentlich beliebt. Die Idee zu den Rennen, die im frühen 20. Jh. populär wurden, entstand aus der Angewohnheit der hiesigen Bauern, ihre Büffel nach einem Tag auf den Feldern eilig nach Hause zu treiben. Inzwischen sind die Rennen ein Riesenereignis mit Tausenden Zuschauern bei jeder Veranstaltung und Rennbüffeln, die wie Vollblutpferde gepflegt und trainiert werden.

Kambla-Veranstaltungen finden zwischen November und März meistens an den Wochenenden statt. In Reisfeldern werden parallele Bahnen angelegt, auf denen die Büffel zur Ziellinie rasen. In den meisten Fällen steht der Reiter auf einem Brett, das an einer Pflugschar befestigt ist und surft hinter den Büffeln regelrecht über den Weg. Die Büffel schaffen die 120 m lange Strecke in etwa 14 Sekunden!

in die man in Honavar (68 ₹) oder Shivamogga (Shimoga) umsteigt, wenn man über Bengaluru (470 ₹, 9 Std.) anreist.

Gokarna

☎08386 / 28 880 EW.

Gokarna wird von Travellern regelmäßig als einer der beliebtesten Strände Indiens genannt. Er zieht vor allem Leute an, die auf ruhigen, entspannten Strandurlaub aus sind und nicht auf riesige Partys. Die meisten Unterkünfte sind strohgedeckte Bambushütten, die an verschiedenen Abschnitten der herrlichen Küste liegen.

Eigentlich gibt es zwei Gokarnas. In unmittelbarere Nähe zum Strand befindet sich nämlich die heilige Hindu-Pilgerstadt mit vielen alten Tempeln, die während der wichtigen Feste wie Shivaratri und Ganesh Chaturthi (S. 183) zum Leben erwachen. Auch ein Besuch auf dem lebhaften Basar ist überaus interessant. Und dennoch verbringen nahezu alle ausländischen Gäste hier nicht einmal eine Nacht und begeben sich auf direktem Weg zu den angrenzenden Stränden.

Sehenswertes

Die besten Strände liegen südlich der Stadt: Den Anfang macht der Kudle Beach (auf der Straße 5 km von Gokarna), es folgt der Om Beach (auf der Straße 6,5 km). Und gut versteckt liegen südlich des Om Beach die von der Straße nicht erreichbaren kleinen Sandbuchten der Half Moon Bay und des Paradise Beach. Ein hübscher Küstenweg verbindet alle Strände – da es aber vereinzelt Berichte über Raubüberfälle gegeben hat, sollte man hier nicht allein unterwegs sein.

★Om Beach STRAND

Gokarnas berühmtester Sandstrand, einer der besten Karnatakas, erstreckt sich über mehrere Kilometer in einer Form, die dem Om-Symbol ähnelt. Der Strand umfasst mehrere prächtige Buchten mit breiten Strandabschnitten und kleineren Sandstränden, die sich zum Sonnenbaden und Schwimmen anbieten. In der Saison ist die See meistens ruhig und es herrschen gute Bedingungen zum Baden. Die Schilder verbieten allerdings offiziell das Schwimmen (weil einheimische Touristen hier beim Schwimmen in rauer See ertrunken sind).

Kudle Beach STRAND

Die hübsche, weite Bucht vor einer bewaldeten Landzunge bietet viel Platz, um sich auf dem attraktiven Sandstrand auszubreiten. Restaurants, Pensionen und Yoga-Camps finden sich hinter dem Strand. Sie sind aber recht weit voneinander entfernt und die Erschließung hat bislang den Frieden und die Schönheit noch nicht zerstört.

GOKARNAS TEMPEL

Gokarna ist eine heilige Stadt. Besucher sollten sich in und rund um die vielen Tempel respektvoll verhalten und nicht versuchen, in den inneren Sakralbereich vorzudringen, den nur Hindus betreten dürfen. Bei den Pilgern ist es Sitte, im Meer zu baden und fasten, bevor sie die heiligen Stätten von Gokarna betreten; viele rasieren sich auch den Kopf.

Half Moon Bay STRAND

Die kleine, reizende Bucht hat einen puderweichen Sandstrand und Unterkünfte in Form schlichter Hütten. Nur ein Fußweg, aber keine Straße führt zu diesem Strand. Man läuft rund 30 Minuten vom Om Beach (der seinerseits 5 km von Gokarna entfernt ist). Aus Gokarna können einen auch Boote herbringen (auf Anfrage).

Paradise Beach STRAND

Der Paradise Beach ist eine Mischung aus Sand und Felsen und eine Anlaufstelle für Langzeitaussteiger. Leider zerstören die Behörden routinemäßig immer wieder alle Hütten, die hier draußen aufgestellt werden, und hinterlassen alles in einem maroden Zustand, sodass man alles selber herbringen muss. Wer mit einer Hängematte oder einem Zelt unterwegs ist, wird sich aber in der Abgeschiedenheit des Paradiesstrandes wohlfühlen.

★Mahaganapati-Tempel HINDUTEMPEL

(Car St; ⏲6–20.30 Uhr) GRATIS Der sehr stimmungsvolle Tempelkomplex ist von Gassen umzingelt, aber innen sehr friedlich. Hier findet sich die seltene Steinstatue eines aufgerichteten, stehenden Ganesha. Sie soll über 1500 Jahre alt sein und zeigt den elefantenköpfigen Gott mit abgeflachtem Kopf, da hier der Ort sein soll, wo ihn der Schlag des Dämonenkönigs Ravana traf. Dieser Schrein ist der zweitheiligste in Gokarna und bei Besuchern ist es Sitte, zuerst hierher zu kommen, ehe sie den benachbarten Mahabaleshwara-Tempel aufsuchen. Nicht-Hindus dürfen den inneren Sakralbereich nicht betreten.

★ **Mahabaleshwara-Tempel** HINDUTEMPEL
(Car St; ⏲6–20.30 Uhr) GRATIS Der Shiva geweihte spirituelle Tempel wurde von Mayurasharma, dem Begründer der Kadamba-Dynastie, aus Granit erbaut und soll aus dem 4. Jh. n. Chr. stammen. Hier werden Rituale für die Verstorbenen zelebriert und Hindus glauben, dass allein schon der Anblick des Tempels Pilgern Segen und göttlichen Beistand bringt. Ein *gopuram* (Torturm) ragt über den Komplex, während drinnen ein steinerner Nandi auf den inneren Sakralraum mit Shivas Lingam blickt. Diesen dürfen Nicht-Hindus nicht betreten, wohl aber den Komplex drum herum.

Koorti Teertha HINDU-STÄTTE
In dem großen Tempelteich vollziehen Einheimische, Pilger und tadellos gekleidete Brahminen ihre Waschungen.

Strand von Gokarna STRAND
Der städtische Hauptstrand ist schmutzig und zum zwanglosen Baden ungeeignet. Der Hauptabschnitt ist bei einheimischen Touristen beliebt. Etwas weiter nordwärts erstreckt sich ein langer Sandstrand. In der Saison kann man hier etwas surfen.

> **ABSEITS DER ÜBLICHEN PFADE**
>
> **MURUDESHWARA**
>
> Murudeshwara ist ein lohnender Zwischenstopp für alle, die die Küstenroute von Gokarna nach Mangaluru einschlagen. Der Pilgerort am Strand ist vor allem für seine kolossale **Shiva-Statue** bekannt, die sich direkt am Ufer erhebt und auf das Arabische Meer blickt. Um die beste Aussicht zu genießen, fährt man mit dem Aufzug auf die Spitze des 18 Stockwerke hohen **Shri-Murudeshwara-Tempels** (Aufzug 10 ₹; ⏲Aufzug 7.45–12.30 & 15.15–18.45 Uhr), der stark an einen Wolkenkratzer erinnernden.
>
> Murudeshwara liegt 3 km abseits der Schnellstraße und wird von Zügen und Bussen bedient, die die Küste hinauf- und hinunterfahren. Wer übernachten will, findet im **Mavalli Beach Heritage Home** (☎9901767993; http://mavallibeachheritage.com; Zi. 4200 ₹; ❄📶) vier stilvolle Zimmer, ein freundliches Ambiente und tolle Hausmannskost; die Zufahrtsstraße ist allerdings in schlechtem Zustand.

Aktivitäten

Cocopelli Surf School SURFEN
(☎8105764969; www.cocopelli.org; Gokarna Beach; Unterricht 2000 ₹/Pers., Surfbrettverleih 750 ₹/2 Std.; ⏲Okt.–Mai) Bietet Unterricht durch international zertifizierte Surflehrer an und verleiht Surfbretter.

Feste & Events

★ **Shivaratri** RELIGION
(⏲Feb./März) Zum Abschluss des neuntägigen Festes ziehen Hunderte Pilger einen Wagen mit Shivas Statue und seinem Lingam durch die Straßen der Stadt.

Schlafen & Essen

Für die meisten Ausländer bedeutet Gokarna, direkt am Strand in einer schlichten Hütte zu übernachten. Es gibt aber auch eine wachsende Zahl noblerer Lodges und Hotels, sodass man hier auch stilvoller wohnen kann. Die meisten Unterkünfte sind von November bis März geschlossen.

Om Beach

★ **Nirvana Café** PENSION $
(☎9742466481; Cottage 700–900 ₹; 📶) Die attraktiven Cottages nahe dem östlichen Ende des Strands gehören zu den besten der Umgebung. Alle haben Vorderveranden, die auf einen schmalen Garten in der Mitte blicken. Auf dem Gelände gibt's ein gutes Strandrestaurant, eine Waschküche und einen Reiseveranstalter.

Namaste Café PENSION $
(☎08386-257141; www.namastegokarna.com; Zi. mit Ventilator/Klimaanlage ab 1080/1720 ₹; ❄📶) Am Anfang des Om Beach liegt diese alteingesessene Pension mit den nobelsten Unterkünften vor Ort. Die solide gebauten Häuser stehen in grünen Gärten und bieten Komfort wie Klimaanlage, WLAN und Warmwasser.

Dolphin Shanti PENSION $
(☎9740930133; Zi. ab 300 ₹) Die Zimmer dieser schlichten Pension am äußersten östlichen Ende des Om Beach sind einfach, aber ansprechend. Das Haus thront auf den Felsen und hat einen fantastischen Blick aufs Meer, in dem sich tatsächlich oft Delfine erspähen lassen.

Sangham BUNGALOWS $
(☎9448101099; Om Beach; Zi. 650 ₹, ohne Bad 400 ₹) Die schnörkellosen Betonbungalows

hinter diesem Strandrestaurant stehen in einem Gartenbereich. Die Zimmer sind einfach und ziemlich langweilig, haben aber ganz ordentliche Matratzen und Moskitonetze.

★ **SwaSwara** HOTEL $$$

(☎08386-257132; www.swaswara.com; EZ/DZ 5 Nächte ab 1820/2450 €; ❄@📶≋) „Eine Reise ins Selbst" lautet das Mantra des SwaSwara. Und hier, in einem der nobelsten Refugien Südasiens, hat man gewiss die nötige Infrastruktur dafür. Yoga, Ayurveda, Anwendungen, eine Meditationskuppel und elegante Villen mit Duschen im Freien und hübschen Sitzbereichen erwarten einen hier. Man muss mindestens fünf Nächte buchen.

Sunset Point INDISCH $

(Hauptgerichte 120–200 ₹; ⏱7.30–22 Uhr) Das von einer Familie geführte Restaurant am östlichen Ende des Om Beach thront an hoher Stelle mit Blick auf die Brandung. Auf der umfangreichen Karte stehen Frühstücksgerichte, Sandwichs sowie indische und chinesische Gerichte; die gegrillte Königsmakrele kostet rund 180 ₹.

Om Shree Ganesh INTERNATIONAL, INDISCH $

(Gerichte 80–170 ₹; ⏱8–15 & 18–22.30 Uhr) Das stimmungsvolle doppelstöckige Restaurant hinter einem Bach am Om Beach liefert schmackhafte Gerichte wie Garnelen aus dem Tandur, Pilz-Tikka und *momos* (tibetische Teigtaschen).

Namaste Cafe INTERNATIONAL $$

(Hauptgerichte 120–230 ₹; ⏱8.30–16 & 18–23 Uhr) Das einzige „richtige" Restaurant am Om Beach hat zwei attraktive Terrassen mit traumhaft-romantischem Meerblick, kaltes Bier, gute Meeresfrüchte, Pasta und indische Gerichte.

Kudle Beach

Strawberry Farmhouse PENSION $

(☎7829367584; Zi. 700–1000 ₹; ❄) Die gute Pension am nördlichen Abschnitt des Kudle Beach vermietet geräumige Cottages mit Veranden und einem erstklassigen Meerblick; einige verfügen auch über eine Klimaanlage.

Uma Garden PENSION $

(☎9916720728; www.facebook.com/uma.garden-kudlebeach; Zi. ohne Bad 350 ₹) Versteckt hinter einer Ecke am Anfang des Kudle Beach. Das beschauliche Gästehaus hat einen entspannten Inhaber und ein vegetarisches Restaurant mit Meerblick.

Ganga Cafe PENSION $

(☎8095766058; Zi. ab 350 ₹; 📶) Am nördlichen Ende des Kudle Beach liegen diese Betonzimmer über einem beliebten Restaurant. Vom Gemeinschaftsbalkon gibt's einen teilweise verstellten Blick aufs Meer. Nur Gemeinschaftsbäder.

★ **Arya Ayurvedic Panchakarma Centre** SPA-HOTEL $$

(☎9611062468; www.ayurvedaindien.com; Zi. ab 1800 ₹; ❄📶) Die Zimmer der schlichten, aber eleganten Unterkunft am Kudle Beach wurden sorgfältig entworfen und hochwertig möbliert und zählen zu den besten in Gokarna. Gäste, die Ayurveda-Pauschalpakete buchen, werden bevorzugt berücksichtigt. Im Haus gibt es ein gutes **Café** (Hauptgerichte 130–200 ₹; ⏱8–22 Uhr; 📶).

Namaste Yoga Farm BUNGALOWS $$$

(☎08386-257454; www.spiritualland.com; Zi. 50–94 €, Cottage 80–104 € jeweils mit Frühstück & Yoga; 📶) Die beliebte Anlage am Hang oberhalb des nördlichen Endes des Kudle Beach gehört einem ausgezeichneten und geduldigen deutschen Yoga-Lehrer. Die Unterkunft auf einem kleinen Dschungelabschnitt ist recht funktional und nicht besonders überwältigend, dafür aber sind die Yoga-Sitzungen (täglich zwei sind im Preis inbegriffen) und das nach Wunsch zubereitete Frühstück ausgezeichnet. Und die Stimmung ist ausgesprochen einladend.

Half Moon Beach

Half Moon Garden Cafe BUNGALOWS $

(☎9743615820; Hütte ab 300 ₹) 🍃 Die ruhige Anlage wirkt wie eine Reminiszenz an die Hippie-Ära. Sie hat einen schönen Strand und mit Solarstrom versorgte, recht ordentliche Hütten, die in einem Kokospalmenhain stehen.

Gokarna

Shree Shakti Hotel HOTEL $

(☎9036043088; chidushakti@gmail.com; Gokarna Beach Rd; EZ/DZ 400/600 ₹) Mit seinen makellosen limettengrünen Zimmern bietet dieses freundliche Hotel an Gokarnas Hauptstraße ein ausgezeichnetes Preis-Leistungs-Verhältnis. Im Erdgeschoss befindet sich ein beliebtes Restaurant.

Greenland Guesthouse PENSION $
(☎9019651420; Zi. ab 300 ₹; 📶) Versteckt an einem Dschungelpfad am Rand der Stadt besitzt dieses nette, von einer Familie geführte Gästehaus saubere Zimmer in munteren Farben und einen hübschen, grünen Garten. WLAN kostet 200 ₹ pro Tag.

★ **Prema** INDISCH, INTERNATIONAL $
(Gokarna Beach Rd; Gerichte 80–150 ₹; ⏲8–22 Uhr) Das stets volle, unscheinbar wirkende Restaurant hat eine erstklassige Lage direkt am Strand. Es gibt auch westliche Speisen, man hält sich aber besser an die typischen südindischen Gerichte. Kartenzahlung ist möglich.

Shree Shakti EISCREME, INDISCH $
(Gokarna Beach Rd; Gerichte ab 110 ₹; ⏲8–22 Uhr; 📶) Das attraktive, zwanglose Café-Restaurant im Ort ist zu Recht bekannt für seine Eiscreme, seine Säfte und schmackhafte regionale Kost.

Shopping

Shree Radhakrishna Bookstore BÜCHER
(Car St, Gokarna; ⏲10–18 Uhr) Gebrauchte Romane, Postkarten und Landkarten.

Praktische Informationen

Post (Main St; ⏲Mo–Sa 10–16.30 Uhr)
SBI (Main St) Geldautomat

An- & Weiterreise

Züge aus Mumbai oder Goa sowie private Busse aus Hampi/Hosapete können einen in Gokarna absetzen, allerdings zu unchristlichen Nachtzeiten – es lohnt sich, seiner Unterkunft Bescheid zu geben.

BUS

Regional- und private Busse fahren täglich nach Bengaluru (505–714 ₹, 12 Std.), Mysuru (ab 570 ₹, 12 Std.), Mangaluru (ab 255 ₹, 6½ Std.) und Hubballi (195 ₹, 4 Std.).

Nach Hampi ist **Paulo Travels** (☎08394-225867; www.paulobus.com) eine beliebte Option; der Bus fährt über Hosapete (Hospet; mit Ventilator/Klimaanlage 1500/1550 ₹, 7 Std.). Achtung: Wenn man aus Hampi kommt, wird man in Ankola abgesetzt, von wo einen ein kostenloser Shuttle die letzten 26 km nach Gokarna bringt.

Es gibt auch regelmäßige Busse nach Panaji (120 ₹, 3 Std.) und Mumbai (754–980 ₹, 12 Std.).

ZUG

Viele Expresszüge halten am Bahnhof Gokarna Rd, 9 km außerhalb der Stadt. Noch mehr Verbindungen gibt es zur 26 km entfernten Ortschaft Ankola. Hotels und Reisebüros in Gokarna können Tickets buchen.

Um 3 Uhr fährt der 12619 Matsyagandha Express nach Mangaluru (Sleeper/2AC 220/740 ₹, 4½ Std.); in umgekehrter Richtung passiert dieser Zug den Bahnhof Gokarna Rd um 18.40 Uhr, bevor er weiter nach Madgaon in Goa (Sleeper/2AC 170/740 ₹, 2 Std.) und Mumbai (Sleeper/2AC, 455/1700 ₹, 12 Std.) fährt.

Autorikschas verlangen 220 ₹für die Fahrt zum Bahnhof Gokarna Rd (und 450 ₹ nach Ankola); alle 30 Minuten fährt auch ein Bus von Gokarna zum Bahnhof (30 ₹).

ZENTRALES KARNATAKA

Hampi

☎08394 / 3500 EW.

Auf eine unwirkliche und magische Weise stehen die verlassenen Ruinen von Hampi in einer unheimlichen Landschaft, die Besucher vom ersten Moment an in ihren Bann zieht. Haufen riesiger Felsblöcke, die scheinbar jeden Moment einstürzen könnten, erstrecken sich kilometerweit auf dem hügeligen Gelände. Jadegrüne Palmenhaine, Bananenplantagen und Reisfelder bilden einen Kontrast zu den rostigen Farbtönen der alten Bauten. Man kann sich diese UNESCO-Welterbestätte in einem oder zwei Tagen anschauen, sollte aber ruhig eine längere Zeit einplanen.

Der Sammelpunkt der Traveller ist traditionell Hampi Bazaar, ein Dorf voller billiger Lodges, Läden und Restaurants im Schatten des majestätischen Virupaksha-Tempels. Das ruhige Virupapur Gaddi jenseits des Flusses ist inzwischen zu einem neuen populären Treff geworden. Doch vor Kurzem durchgeführte Abrissaktionen (S. 234) in beiden Gebieten führten zur Schließung von Unternehmen, und die Frage, wie es mit Hampi weitergehen soll, wird von den Einheimischen und den Behörden inzwischen sehr kontrovers diskutiert.

Geschichte

Hampi und die Gebiete ringsum werden im Hindu-Epos Ramayana als Kishkindha, das Reich der Affengötter, erwähnt. Im Jahr 1336 wählte der Telugu-Fürst Harihara I. Hampi als Platz für seine neue Hauptstadt Vijayanagara, die während der nächsten Jahrhunderte zum Zentrum eines der größten Hindu-Reiche in der Geschichte Indiens aufstieg. Im 16. Jh. war die Stadt eine blühende Metropole mit ca. 500 000 Einwohnern und geschäftigen Basaren, auf denen Händler und Waren aus aller Welt, vor allem Edelsteine, zu finden waren. All das endete 1565, als die vereinten Heere der Dekkan-Sultanate Vijayanagara eroberten und plünderten. Von diesem Todesstoß sollte es sich nicht mehr erholen.

Sehenswertes

Etwa 3700 Monumente, die sich auf mehr als 36 km² verteilen, warten darauf, erkundet zu werden – es würde Monate dauern, ihnen allen gerecht zu werden. Die Ruinen sind in zwei Hauptbereiche unterteilt: das **Sacred Centre** mit seinen Tempeln rund um Hampi Bazaar und das **Royal Centre** in Richtung Kamalapuram, wo die Vijayanagara-Herrscher lebten und regierten.

Sacred Centre

★ Virupaksha-Tempel HINDUTEMPEL

(Karte S. 233; 2 ₹, Foto/Video 50/500 ₹; ⌚ Sonnenaufgang–Sonnenuntergang) Der zentrale Bezugspunkt von Hampi Bazaar ist der Virupaksha-Tempel, eines der ältesten Bauwerke der Stadt und der einzige noch genutzte Tempel von Hampi. Der fast 50 m hohe Haupt-*gopuram* wurde 1442 errichtet, ein kleinerer wurde 1510 hinzugefügt. Der Hauptschrein ist Virupaksha, einer Inkarnation Shivas, geweiht.

Für einen Obolus gibt die Elefantenkuh Lakshmi Gläubigen ihren Segen. Viel hat sie davon leider nicht, aber morgens gönnt man ihr ein Bad an den Ghats unten am Fluss.

Hemakuta Hill HISTORISCHE STÄTTE

(Karte S. 230) Im Süden blickt der Hemakuta-Hügel auf den Virupaksha-Tempel hinunter. Oben finden sich Ruinen aus früher Zeit, darunter monolithische Skulpturen von Narasimha (Vishnu als Mann-Löwe-Inkarnation) und Ganesha. Der kurze Weg lohnt sich schon allein wegen der Aussicht.

Nandi-Statue STATUE

(Karte S. 230) Am östlichen Ende von Hampi Bazaar befindet sich eine Nandi-Statue, um die herum einige Reste der Kolonnaden des historischen Marktplatzes stehen. Dies ist der wichtigste Schauplatz von Hampis Kunstfestival **Vijaya Utsav** (Hampi-Festival; ⌚ Jan.).

★ Vittala Temple HINDU-TEMPEL

(Karte S. 230; Inder/Ausländer/Kind unter 15 Jahre 30/500/frei; ⌚ 8.30–17.30 Uhr) Das unbestrittene Highlight der Ruinen von Hampi, der Vittala-Tempel aus dem 16. Jh., steht 2 km von Hampi Bazaar entfernt inmitten von Felsblöcken. Die Arbeit an dem Tempel begann möglicherweise während der Herrschaft von Krishnadevaraya (reg. 1509–1529). Der Tempel wurde niemals fertiggestellt oder geweiht, doch die unglaublichen Skulpturen bilden bis heute den Höhepunkt der Vijayanagar-Kunst.

Das Glanzstück des Tempels ist der kunstvoll verzierte **steinerne Wagen**, der im Hof steht. Er repräsentiert Vishnus Fahrzeug und ist mit dem Bild eines Garudas geschmückt. Die Räder konnten einst gedreht werden.

Die äußeren „musikalischen" Säulen hallen wider, wenn man draufklopft; sie sollen so entworfen worden sein, dass sie den Klang von 81 verschiedenen indischen Musikinstrumenten nachbilden können. Die Behörden haben aus Sorge vor weiteren Beschädigungen jedoch dafür gesorgt, dass sie außer Reichweite der Besucher sind, die nun nicht mehr musizieren können.

Neben dem Haupttempel, dessen Heiligtum mithilfe von reflektierendem Wasser beleuchtet wurde, befinden sich links bzw. rechts vom Eingang die Hochzeits- und die Gebetshalle.

Lakshimi Narasmiha HINDUTEMPEL

(Karte S. 230) Ein interessanter Stopp an der Straße zum Virupaksha-Tempel ist die 6,7 m hohe monolithische Statue der glubschäugigen Lakshimi Narasmiha im Yoga-Sitz und mit einer Kopfbedeckung, die aus sieben Schlangen besteht.

Krishna-Tempel HINDUTEMPEL

(Karte S. 230) Vorn am 1513 erbauten Krishna-Tempel finden sich eine *apsara* und zehn Inkarnationen Vishnus. Der Tempel liegt an der Straße zum Virupaksha-Tempel nahe der Lakshimi-Narasmiha-Statue.

TICKET FÜR DIE HAMPI-RUINEN

Mit der Eintrittskasse für den Vittala-Tempel (500 ₹) hat man für den Rest des Tages auch Zugang zu den meisten anderen Stätten der Hampi-Ruinen, für die sonst ein separater Eintritt fällig wird (darunter auch das Royal Centre und das Archäologische Museum). Ticket also nicht verlieren!

Hampi & Anegundi

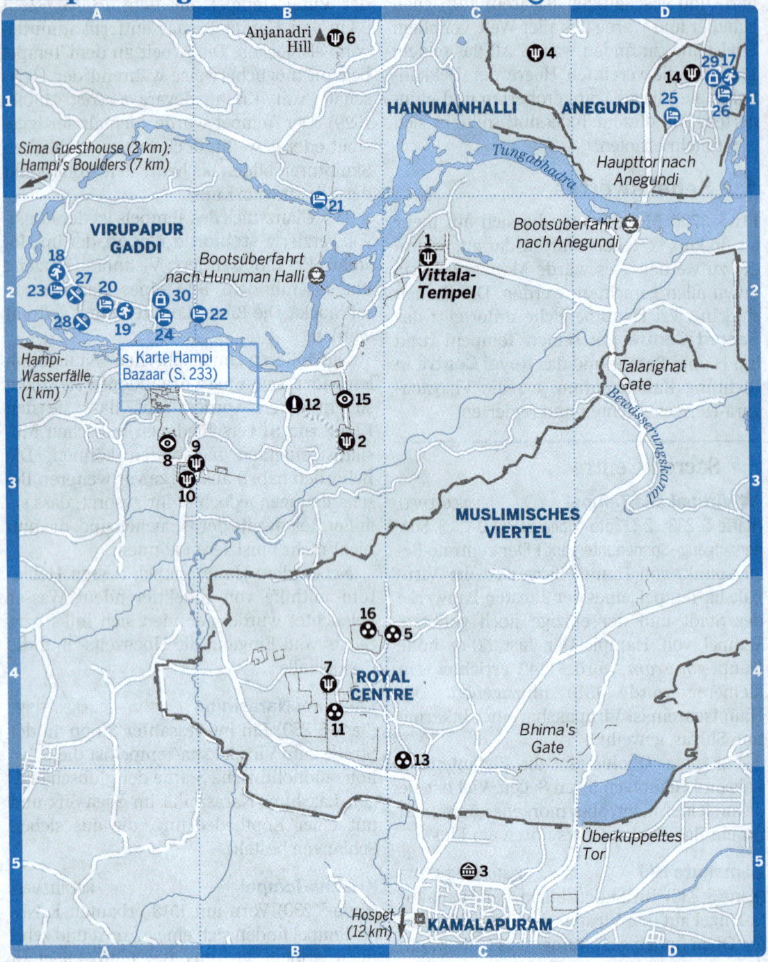

Sule Bazaar

HISTORISCHE STÄTTE

(Karte S.230) Auf halbem Weg von Hampi Bazaar zum Vittala-Tempel führt ein Weg nach rechts über die Felsen zum verlassenen Sule Bazaar, einem der wichtigsten Handelszentren des alten Hampi, das gleichzeitig auch das Rotlichtviertel gewesen sein soll. Am südlichen Ende dieses Gebiets steht der wunderschöne **Achyutaraya-Tempel** (Karte S.230) aus dem 16. Jh.

Royal Centre & Umgebung

Zum Royal Centre führt zwar ein 2 km langer Fußweg vom Achyutaraya-Tempel, doch am besten erreicht man es über die Straße Hampi–Kamalapuram. Hier stehen mehrere der wichtigsten Stätten Hampis.

Mahanavami-diiba

RUINE

(Karte S.230) Das Mahanavami-*diiba* ist eine 12 m hohe Plattform mit drei Ebenen, die mit kunstvollen Reliefs geschmückt ist. Sie bietet eine Panoramaaussicht auf den ummauerten Komplex mit den Tempelruinen, den von Stufen gesäumten Wasserbecken und der Audienzhalle des Königs. Dieser nutzte den Bau früher als Aussichtsbereich bei den Dussehra-Festlichkeiten, den religiösen Zeremonien und den Prozessionen.

Hampi & Anegundi

Zenana Enclosure RUINEN
(Karte S. 230; Inder/Ausländer 30/500 ₹; 8.30–17.30 Uhr) Nordöstlich des Royal Centre findet sich die Zenana Enclosure in dem von einer Mauer umgebenen Frauenbezirk. In der trockenen Landschaft wirkt das friedliche Gelände mit dem gepflegten Rasen wie eine Oase. Hier befinden sich das **Lotus Mahal** (Karte S. 230) und die **Elefantenställe** (Karte 230; 8.30–17.30 Uhr).

Hazarama-Tempel HINDUTEMPEL
(Karte S. 230) Der Tempel zeichnet sich durch feine Reliefs mit Szenen aus dem Ramayana und polierte schwarze Granitpfeiler aus.

Bad der Königin RUINEN
(Karte S. 230; 8.30–17.30 Uhr) Südlich des Herrscherzentrums finden sich diverse Tempel und aufwendige Wasserspiele, darunter das Bad der Königin, das von außen trügerisch schlicht wirkt, aber sich innen als ein erstaunliches Meisterstück indisch-muslimischer Architektur erweist.

Archäologisches Museum MUSEUM
(Karte S. 230; Kamalapuram; Sa–Do 10–17 Uhr) Das Museum prunkt mit einer feinen Sammlung von Skulpturen aus den umliegenden Ruinen. Hinzu kommen neolithische Werkzeuge, Waffen aus dem 16. Jh. und ein großes Bodenmodell der Ruinen von Vijayanagar. Es gibt eine faszinierende Fotosammlung, die die Geschichte der Stätte seit 1856 dokumentiert.

Aktivitäten

Hampi-Wasserfälle WASSERFALL
Geht man vom Hampi Bazaar an schattigen Bananenplantagen vorbei 2 km in Richtung Westen, erreicht man nach einer kurzen Kraxelei über ein paar Felsen die hübschen Hampi-„Wasserfälle", eine Reihe kleiner, wunderschön zwischen den Felsen gelegener Wasserbecken.

Bouldern

Hampi ist die unangefochtene indische Hauptstadt des Boulderns. Die Landschaft ist mit ihren Granitfelsen und -steinen, die teilweise die uralten Spuren früherer Steinmetze aufweisen, ein einzigartiger Spielplatz für Kletterer. In dem Buch *Golden Boulders* (2013) von Gerald Krug und Christiane Hupe findet man Unmengen an Infos zum Bouldern in Hampi.

Tom & Jerry KLETTERN
(Karte S. 230; 9482746697, 8277792588; www.facebook.com/TomJerry-Climbing-Shop; Virupapur Gaddi; 2½-std. Kurs 500 ₹) Zwei Typen aus der Gegend kümmern sich hervorragend um die Bedürfnisse von Kletterern und stellen hochwertige Matten, Schuhe und ihr Wissen über die Gegend bereit. Außerdem veranstalten sie Kletterkurse.

Thimmaclimb KLETTERN
(Karte S. 230; 8762776498; www.thimmaclimb.wix.com/hampi-bouldering; Shiva Guesthouse, Virupapur Gaddi; Kurs ab 400 ₹) Der kleine Laden

wird vom einheimischen Kletter-Profi Thimma betrieben, der als Guide fungiert, Kurse veranstaltet und Profi-Ausrüstung verleiht und verkauft. Er veranstaltet auch dreitägige Ausflüge nach Badami zum Klettern auf Sandstein (5000 ₹).

Vogelbeobachtung

Der **Kishkinda Trust** (TKT; ☎08533-267777; http://tktkishkinda.org) in Anegundi hält Infos zur Vogelbeobachtung in der Gegend bereit. Hier leben mehr als 230 Vogelarten, darunter auch Rosaflamingos. *The Birds of Hampi* (2014) von Samad Kottur ist das maßgebliche Handbuch.

Feste & Events

Virupaksha Car Festival RELIGION
(März/April) Das Virupaksha Car Festival ist ein Großereignis, bei dem in einer farbenprächtigen Prozession ein riesiger Holzwagen,der Tempelwagen des Virupaksha-Tempels, über die Hauptstraße von Hampi Bazaar gezogen wird.

Schlafen

Die meisten Gästehäuser sind gemütliche, von Familien geführte Buden, die sich ideal für Budgettraveller eignen. Bessere Unterkünfte liegen weiter abseits vom Zentrum.

Hampi Bazaar

Die kleine Enklave ist ein klassisches Traveller-Ghetto, das allerdings von der Abrissbirne bedroht wird.

★ **Manash Guesthouse** PENSION $
(Karte S. 233; ☎9448877420; manashhampi@gmail.com; Zi. mit Ventilator/Klimaanlage 1200/1500 ₹;) Die Pension gehört den legendären Leuten des Mango Tree und hat nur zwei Zimmer an einem kleinen Hof, die aber mit hochwertigen Matratzen, attraktiver Deko und kostenlosem schnellen WLAN die besten in Hampi Bazaar sind.

Thilak Homestay PENSION $
(Karte S. 233; ☎9449900964; www.facebook.com/thilak.homestay; Zi. mit Ventilator/Klimaanlage 1000/1500 ₹;) Eine lobenswert saubere, ordentliche Unterkunft mit acht schön eingerichteten Zimmern (und weiteren in einem anderen Block), die mit Federmatratzen und Warmwasser ausgestattet sind. Der Eigentümer ist hilfsbereit und kann die Abholung aus Hosapete oder der Gegend um Hampi organisieren.

Pushpa Guest House PENSION $
(Karte S. 233; ☎9448795120; pushpaguesthouse99@yahoo.in; DZ ab 900 ₹, mit Klimaanlage ab 1300 ₹;) Der gute Allrounder hat komfortable, attraktive, makellose Zimmer mit Moskitonetzen, einen zuverlässigen Reiseveranstalter im Haus und im ersten Stock einen schönen Sitzbereich.

Ganesh Guesthouse PENSION $
(Karte S. 233; vishnuhampi@gmail.com; Zi. 500–800 ₹, mit Klimaanlage ab 1500 ₹;) Die kleine, von einer Familie geführte einladende Pension existiert schon seit mehr als 20 Jahren und bietet vier ordentliche, ansprechende Zimmer. Auf dem Dach gibt's ein nettes Restaurant.

Archana Guest House PENSION $
(Karte S. 233; ☎08394-241547; addihampi@yahoo.com; DZ ab 800 ₹;) Die ruhige und freundliche Unterkunft bietet am Flussufer über einem Restaurant zwei einfache Zimmer mit Flussblick. Die anderen befinden sich in einem separaten Block auf der anderen Straßenseite.

Vicky's PENSION $
(Karte S. 233; ☎9480561010; vikkyhampi@yahoo.co.in; Zi. ab 350 ₹;) Die verlässliche Budgetunterkunft hat ordentliche, einfache und mit Moskitonetzen ausgestattete Zimmer in knalligem Lila und Grün und gehört einem freundlichen Besitzer. Vor Ort gibt's einen guten Reiseveranstalter.

Padma Guest House PENSION $
(Karte S. 233; ☎08394-241331; padmaguesthouse@gmail.com; DZ 900–1600 ₹;) Etwas abseits vom Geschehen bietet diese Pension eine Reihe schlichter, ordentlicher Zimmer, von denen viele einen Ausblick auf den Virupaksha-Tempel besitzen. Die Badezimmer könnten eine Renovierung vertragen. Die Betreiber können Bus- und Zugtickets besorgen.

Kiran Guest House PENSION $
(Karte S. 233; ☎9448143906; kiranhampi2012@gmail.com; Zi. 600–800 ₹;) Das schlichte Gästehaus befindet sich in der Nähe des Flussufers und der Bananenhaine. Die Zimmer sind einfach, aber sauber und aus den Duschen strömt einigermaßen warmes Wasser. Die Inhaberfamilie ist hilfsbereit.

Netra Guesthouse PENSION $
(Karte S. 233; ☎9480569326; Zi. ab 500 ₹, ohne Bad ab 300 ₹) Die Pension hat schlichte, sau-

Hampi Bazaar

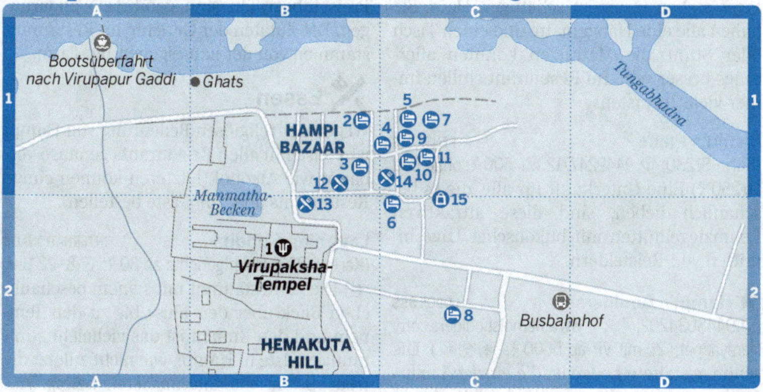

Hampi Bazaar

Highlights
1 Virupaksha-Tempel B2

Schlafen
2 Archana Guest House B1
3 Ganesh Guesthouse B1
4 Gopi Guest House C1
5 Kiran Guest House C1
6 Manash Guesthouse C2
7 Netra Guesthouse C1
8 Padma Guest House C2
9 Pushpa Guest House C1
10 Thilak Homestay C1
11 Vicky's C1

Essen
12 Mango Tree B1
13 Moonlight B2
14 Ravi's Rose C1

Shoppen
15 Akash Art Gallery & Bookstore C2

Information
Touristeninformation .... (siehe 1)

bere Zimmer für Budgettraveller und ein stimmungsvolles Freiluftrestaurant.

Gopi Guest House PENSION $$
(Karte S. 233; ☎08394-241695; www.gopi-guesthouse.com; Zi. mit Ventilator/Klimaanlage 2000/2500 ₹; ❄@📶) Das auf zwei Grundstücke an derselben Straße verteilte, alteingesessene Gopi bietet freundlichen Service und Zimmer, die gemessen am Durchschnitt der Unterkünfte vor Ort schon als nobel gelten müssen. Vom Café auf dem Dach genießt man den Ausblick auf den Tempel. Wenn man online bucht, zahlt man meistens mehr, als wenn man einfach vorbeikommt.

Virupapur Gaddi & Umgebung

Das ländlich-beschauliche Virupapur Gaddi am anderen Flussufer gegenüber von Hampi Bazaar hat seinen Reiz – offenbar vor allem auf israelische Touristen, weshalb Einheimische den Ort auch „Klein-Jerusalem" nennen. Die Behörden ließen jedoch hier 2016 Gebäude abreißen und die weitere Zukunft der Siedlung ist ungewiss.

Sunny Guesthouse PENSION $
(Karte S. 230; ☎9448566368; www.sunnyguesthouse.com; Zi. 450–1200 ₹; @📶) Mit stimmungsvollen Hütten, einem sehr gepflegten tropischen Garten, Hängematten und einem entspannten Restaurant ist diese beliebte Pension bei Backpackern ein Hit.

Shanthi PENSION GUESTHOUSE $
(Karte S. 230; ☎8533287038; http://shanthihampi.com/; Cottages 1000–1800 ₹; @) Die attraktiven erdverbundenen Cottages mit Strohdach haben eine schöne, friedliche Lage neben Reisfeldern und einen herrlichen Blick in den Sonnenuntergang. Schaukelstühle stehen auf den Vorderveranden. Das Restaurant serviert gutes Essen.

Hema Guest House PENSION $
(Karte S. 230; ☎8762395470; rockyhampi@gmail.com; Virupapur Gaddi; DZ ab 600 ₹; 📶) Die

netten und komfortablen farbenfrohen Cottages stehen in einem schattigen Hain. Sie haben alle eine Hängematte und einen Tisch oder Stuhl, die Matratzen könnten allerdings besser sein. Im Restaurant chillen immer viele Touristen.

Manju's Place PENSION $
(Karte S. 230; ☎9449247712; Zi. 500 ₹, ohne Bad ab 250 ₹) Eine Unterkunft für alle, die es beschaulich lieben, sind diese attraktiven Lehmziegelhütten mit bukolischer Lage inmitten von Reisfeldern.

★ **Hampi's Boulders** LODGE $$$
(☎9448034202; www.hampisboulders.com; Narayanpet; Zi. mit VP ab 5600 ₹; ❄📶🏊) Die schön gestaltete Lodge ist die einzige Luxus-Option vor Ort: ein „Öko-Wildnis"-Resort in grünen Gartenanlagen 7 km westlich von Virupapur Gaddi. Man hat die Wahl zwischen Themenzimmern und schicken Cottages mit eleganter Möblierung, Blick auf den Fluss und Duschen im Freien. Ein chlorfreies Bad ermöglicht der eindrucksvolle Naturpool. Im Preis inbegriffen sind geführte Wanderungen. Die Zutaten der Gerichte im Restaurant stammen von der hauseigenen Bio-Farm.

Essen

Wegen der religiösen Bedeutung von Hampi ist Fleisch in allen Restaurants genauso verbannt wie Alkohol (letzteren können einige Restaurants aber für Gäste bestellen).

Laughing Buddha INTERNATIONAL $
(Karte S.230; Hauptgerichte ab 80 ₹; ⏲8–22 Uhr; 📶) Dieses Restaurant mit seinem beschaulichen Blick über den Fluss bis zu den Tempeln und den Ruinen ist das vielleicht stimmungsvollste in Hampi, wie nicht zuletzt die treue Schar von Stammgästen belegt. Auf der Karte stehen Currys, Burger und Pizzas. Der Service ist bisweilen langsam.

Gouthami INTERNATIONAL $
(Karte S. 230; Hauptgerichte 90–180 ₹; ⏲8–23 Uhr) Das gut geführte Lokal hat die üblichen

ABRISSAKTIONEN IN HAMPI BAZAAR

Im Jahr 1565 machten die Dekkan-Sultanate Vijayanagar dem Erdboden gleich. Heute tobt eine andere Schlacht: Auf der einen Seite stehen Denkmalschützer, die das architektonische Erbe von Hampi bewahren wollen, auf der anderen Einheimische, die sich im Gebiet der Ruinenstadt niedergelassen haben.

Im Jahr 1999 setzte die UNESCO Hampi auf die Liste der gefährdeten Welterbestätten und kritisierte den Wildwuchs von Gebäuden rund um die Tempel, insbesondere im antiken Basarbereich nahe dem Virupaksha-Tempel. Die Verwaltung entwickelte daraufhin einen Masterplan, nach dem alle Ruinen von Hampi zu geschützten Denkmälern erklärt werden sollten. Nach Jahren der Untätigkeit wurde dieser Plan im Juli 2011 energisch und gewaltsam umgesetzt. Über Nacht wurden in Hampi Bazaar Läden, Hotels und Wohnhäuser abgerissen – die einst stimmungsvolle Hauptstraße verwandelte sich binnen Stunden in einen Trümmerhaufen. Die Einwohner, die die Stätte zu einem lebenden Denkmal gemacht hatten, wurden vertrieben.

Die Dorfbewohner wurden mit einem kleinen Stück Land im 18 km vom Basar entfernten Dorf Kaddirampur entschädigt. Es sollte hier neue Gästehäuser entstehen, doch ist Hampi so weit entfernt, dass nur wenige Dorfbewohner bereit sind, sich auf die damit verbundenen Investitionen einzulassen, zumal sie immer noch auf Entschädigungszahlungen warten.

Im Mai 2016 wiederholte sich die Geschichte, als Wohnhäuser, Pensionen und Läden im alten Dorf Virupapur Gaddi abgerissen wurden. Größere Gastbetriebe entgingen zunächst dem Abriss, weil sie vor Gericht gegen den Räumungsbefehl Widerspruch einlegten. Aufgebrachte Einheimische werfen der HWHAMA (Hampi World Heritage Area Management Authority) und dem ASI (Archaeological Survey of India) vor, als Verantwortliche für die Abrissaktionen zur Umsetzung des Masterplans ein Kulturdenkmal, das vor Leben sprühte, in eine leblose, „musealisierte" Stätte zu verwandeln.

Die Haupttempelstraße ist heute eine Einöde ohne Gebäude und Menschen. Legendäre Treffs wie das (originale) Mango Tree sind verschwunden. Anfang 2017 bestand Hampi Bazaar noch aus einer Enklave von Pensionen und Restaurants nördlich des Virupaksha-Tempels. Aber auch deren Zukunft ist ungewiss, weil weitere Räumungsaktionen geplant sind.

Sitzkissen (oder Esstische) und ein Übermaß an psychedelischen Wandbehängen. Es serviert schmackhafte indische, israelische und westliche Gerichte sowie Kaffee aus der hauseigenen Espressomaschine. Die vorn untergebrachte Bäckerei hat gute Kuchen.

Moonlight INTERNATIONAL $
(Karte S. 233; Hauptgerichte 80–150 ₹; ⌚7.30–22 Uhr) Das schlichte, von einer Familie geführte Restaurant hat ein gutes Frühstücksmenü, Espresso, leckere Pfannkuchen und Eierspeisen und natürlich auch Currys.

Ravi's Rose INTERNATIONAL $
(Karte S. 233; Hauptgerichte ab 100 ₹; ⌚8–22.30 Uhr; 📶) Der geselligste Treff von Hampi Bazaar hat eine gute Auswahl an *dosas* und Thalis, die meisten kommen aber wegen der – ähm – „speziellen" Lassis!

★ **Mango Tree** INTERNATIONAL $$
(Karte S. 233; Hauptgerichte 140–310 ₹; ⌚7.30–21.30 Uhr) Hampis berühmtestes Restaurant ist in ein stimmungsvolles Zelt in Hampi Bazaar umgezogen, wird aber immer noch von drei Generationen derselben einheimischen Familie gut geführt. Der Service ist gut und es gibt köstliche indische Gerichte, darunter Thalis und Spinat-Panir mit Chapati (160 ₹).

Shoppen

Akash Art Gallery & Bookstore BÜCHER
(Karte S. 233; Hampi Bazaar; ⌚6–21 Uhr) Ausgezeichnetes Sortiment von Büchern über Hampi und Indien sowie gebrauchte belletristische Titel. Man bekommt einen kostenlosen Lageplan von Hampi.

Gali Djembe Music Shop MUSIK
(Karte S. 230; ☎9449982586; www.facebook.com/pg/Galidurugappa; Virupapur Gaddi; ⌚10–19 Uhr) Ein freundlicher Musiker, der Unterricht in Djembe (Trommel) und Didgeridoo erteilt, führt diesen Laden mit indischen und westlichen Musikinstrumenten zu fairen Preisen.

Praktische Informationen

GEFAHREN & ÄRGERNISSE

Hampi ist im Allgemeinen ein sicherer und friedlicher Ort. Trotzdem sollte man die übliche Vorsicht walten lassen und in den Ruinen nicht nach Einbruch der Dunkelheit umherspazieren. Weibliche Traveller sollten die abgelegeneren Teile der Stätte nicht alleine aufsuchen. Alkohol und Betäubungsmittel sind in Hampi verboten.

DAROJI SLOTH BEAR SANCTUARY

Rund 30 km südlich von Hampi liegt auf struppigem Hügelterrain das **Daroji Sloth Bear Sanctuary** (25 ₹, Fahrzeug 500 ₹; ⌚14–18 Uhr). Auf einem rund 83 km² großen Areal verbringt hier eine beachtliche Schar von Lippenbären ein Leben in Freiheit. Man hat gute Chancen, die Tiere zu sehen – aber nur aus der Ferne von einer Aussichtsplattform aus. Wenn Besucher kommen, wird Honig auf die Felsen geschmiert. Am besten kommt man am späten Nachmittag und auf jedem Fall mit einem Feldstecher bewaffnet – ohne Fernglas gibt's nichts zu sehen.

GELD

Es gibt keine Geldautomaten in Hampi; der nächste befindet sich 3 km entfernt in Kamalapuram. Die Fahrt dorthin und zurück kostet mit einer Autorikscha 80 ₹.

TOURISTENINFORMATION

Touristeninformation (Karte S. 233; ☎08394-241339; ⌚Sa–Do 10–17.30 Uhr) Das Büro hat Broschüren, ist aber vor allem nützlich für das Organisieren von Radtouren (400 ₹ pro Pers. inkl. Fahrrad & Guide), Wanderführern (ab 600 ₹) und Bustouren (350 ₹, 7 Std.) zu den Ruinen.

An- & Weiterreise

Hosapete (Hospet) ist der Zugangspunkt nach Hampi. Es gibt täglich nur einen, sehr langsamen direkten Bus von Hampi Bazaar nach Goa (663 ₹, 11 Std., 19 Uhr). Reiseveranstalter in Hampi Bazaar können Bustickets nach Bengaluru, Hyderabad, Goa und zu anderen Zielen buchen; vielfach beinhalten sie aber einen Transport per Minibus von Hampi nach Hosapete.

Nahverkehrsbusse verbinden Hampi mit Hosapete (22 ₹, 30 Min., alle 30 Min., 5.45–19.30 Uhr); die Fahrt mit einer Autorikscha kostet rund 180 ₹.

Der nächste Ort mit Bahnhof ist Hosapete.

Unterwegs vor Ort

Fahrräder kann man in Hampi Bazaar für 30 bis 50 ₹ und Mopeds für 150 bis 400 ₹ pro Tag ausleihen. Rund um Hampi gibt's kaum Verkehr; einzige Ausnahme ist die Straße nach Hosapete.

Ein kleines **Boot** (Karte S. 233; pro Pers./Fahrrad/Motorrad 10/10/20 ₹; ⌚6–18 Uhr) setzt häufig über den Fluss nach Virupapur Gaddi über. Nach Einbruch der Dunkelheit kostet die

Überfahrt 50 bis 100 ₹ pro Person – je später, umso mehr. Es gibt auch Boote nach **Anegundi** (Karte S. 230; pro Pers./Fahrrad/Motorrad 10/10/20 ₹; ⏲ 6–17.45 Uhr) und **Hunuman Halli** (Karte S. 230; pro Pers./Fahrrad 10/10 ₹; ⏲ 6–17.45 Uhr).

Man kann die Ruinen zu Fuß erkunden, muss aber mindestens 7 km marschieren, um auch nur die wichtigsten Stätten zu sehen. Am schönen Flussabschnitt zwischen Hampi Bazaar und dem Vittala-Tempel kann man herrlich spazieren gehen. Fürs Sightseeing stehen Autorikschas und Taxis bereit; eine Autorikscha für eine Tagestour kostet rund 750 ₹.

Organisierte Touren starten in Hosapete und in Hampi.

Rund um Hampi

Anegundi

☎ 08394 / 5600 EW.

Anegundi ist ein altes befestigtes Dorf, das zur Welterbestätte von Hampi gehört und schon vor Hampi besiedelt war. Der Ort blieb bislang von der Kommerzialisierung verschont und hat sich ein angenehm ländliches Flair bewahrt. Hier bestimmen die Jahreszeiten noch das Leben und handwerkliche Traditionen existieren weiter.

Man erreicht das Dorf mittels einer Flussüberfahrt oder auf der Straße von Virupapur Gaddi aus über einen langen Umweg.

Sehenswertes & Aktivitäten

Das in Mythen als Kishkinda, das Königreich der Affengötter, genannte Anegundi hat sich viele seiner historischen Monumente bewahrt, darunter Abschnitte seiner Wehrmauern und -tore sowie den Rama geweihten **Ranganatha-Tempel** (Karte S. 230; ⏲ Sonnenaufgang–Sonnenuntergang). Einen Besuch lohnt auch der **Durga-Tempel** (Karte S. 230; ⏲ Sonnenaufgang–Sonnenuntergang), ein antiker Schrein, der näher beim Dorf und dem auf der Hügelspitze befindlichen Hanuman-Tempel liegt. Hier sollte ein neues Museum in einem sorgsam restaurierten alten Gebäude eröffnet werden, das inzwischen vielleicht besichtigt werden kann. Weitere Wohnbauten der Herrscher werden renoviert.

Hanuman-Tempel HINDUTEMPEL
(Karte S. 230; ⏲ Sonnenaufgang–Sonnenuntergang) Der weiß getünchte Hanuman-Tempel auf dem Anjanadri Hill, zu dem 570 Stufen hinaufführen, bietet eine schöne Aussicht auf das umliegende schroffe Terrain. Viele glauben, dass hier der hinduistische Affengott Hanuman geboren wurde, Ramas Gefährte in seinem Kampf gegen Ravana. Der Aufstieg ist angenehm, auch wenn man dabei von spitzbübischen Affen umdrängt wird. Im Tempel trifft man vielleicht auf Chillum paffende Sadhus. Der Tempel mit seinem Panoramablick über Hampi und das Umland ist ein sehr beliebter Ort, um den Sonnenuntergang zu genießen.

Kishkinda Trust KULTURPROGRAMME, OUTDOORAKTIVITÄTEN
(TKT; Karte S. 230; ☎ 08533-267777; www.tktkishkinda.org; Main Rd) Wegen Infos zu Kulturveranstaltungen, Aktivitäten und Freiwilligenjobs kann man sich an den Kishkinda Trust wenden, eine NGO mit Sitz in Anegundi, die mit Einwohnern vor Ort zusammenarbeitet.

Schlafen & Essen

In Anegundi gibt's fantastische Unterkünfte bei Gastfamilien in restaurierten historischen Gebäuden – eine großartige Möglichkeit, das indische Dorfleben kennenzulernen.

Peshegaar Guest House PENSION $
(Karte S. 230; ☎ 9449972230; www.urammaheritagehomes.com; Hanumanahalli; EZ/DZ 500/1000 ₹) Mitten im Dorf gibt's in diesem gemütlichen historischen Haus fünf schlichte, aber stilvolle Zimmer, die mit Textilien indigener Völker dekoriert sind und rund um einen netten Gemeinschaftsbereich mit einem Gartenhof liegen. Es gibt nur Gemeinschaftsbäder, aber vier für fünf Zimmer.

Uramma House PENSION $$
(Karte S. 230; ☎ 9449972230; www.urammaheritagehomes.com; EZ/DZ pro Zi. 2100/4200 ₹; 📶) Das restaurierte historische Haus aus dem 4. Jh. ist ein Schmuckstück. Die traditionell gestalteten Zimmer haben schöne Details, z. B. freiliegende Deckenbalken. Mit seinem Esszimmer und zwei Schlafzimmern ist die Unterkunft ideal für eine Familie oder eine kleine Gruppe.

★ **Uramma Cottage** COTTAGES $$$
(Karte S. 230; ☎ 08533-267792; www.urammaheritagehomes.com; EZ/DZ mit Frühstück ab 2100/4200 ₹; ❄📶) Die nahe dem Flussübergang gelegene, wunderbar stimmungsvolle Lodge besteht aus strohgedeckten Cottages mit ländlichem Charme rund um einen großen, grasbewachsenen Platz. Die Liebe fürs De-

ABSEITS DER ÜBLICHEN PFADE

DANDELI

Das aufstrebende **Dandeli** liegt vom Dschungel der Westghats umgeben, rund 100 km von Goa entfernt. Seine Umgebung ist ein Natur-Refugium, in dem man mit Wildtieren wie Elefanten, Leoparden, Lippenbären, Gaurs, Rothunden und Gleithörnchen auf Tuchfühlung gehen kann. Und auch Vogelbeobachter kommen voll auf ihre Kosten, leben hier doch u. a. Nashornvögel, Goldrückenspechte, Schlangenweihen und Braunlieste. Im Angebot sind auch einige Abenteuer-Aktivitäten, darunter Kajaktouren und haarsträubende Wildwasserfahrten auf dem reißenden Fluss Kali.

Das **Kali Adventure Camp** (08284-230266; www.junglelodges.com/kali-adventure-camp; Dandeli; Inder/Ausländer Zelt mit VP ab 4168/5052 ₹, Zi. ab 4948/5832 ₹;) ist eine gut geführte, umweltbewusste staatliche Lodge mit Zimmern, Zelthütten und zuvorkommendem Personal. Hier werden Wildwasser-Raftingtouren auf dem Kali – die die meiste Zeit im Jahr möglich sind –, geführte Kanu-Abenteuer, Canyoning- und Mountainbiketouren veranstaltet.

Häufig verkehrende Busse verbinden Dandeli mit Hubballi (58 ₹, 2 Std.) und Dharwad (46 ₹, 1½ Std.), wo man Anschluss nach Goa, Gokarna, Hosapete und Bengaluru hat.

tail zeigt sich in der rustikal-schicken Möblierung, der schönen Bettwäsche und in den handgewebten Textilien, die hübsche Farbakzente setzen. Das Personal ist äußerst hilfsbereit und im Restaurant werden gutes Essen und Bier serviert.

Machaan Studio APARTMENT $$$
(Karte S. 230; 9448284658; www.urammaheritagehomes.com; Apt. mit Frühstück 5000 ₹;) Die prächtige voll ausgestattete und loftartige Wohnung im Nachbardorf Hunuman Halli verfügt über ein großes Wohnzimmer, eine versenkte Badewanne und eine Terrasse. Die einfallsreiche Gestaltung verbindet rustikale mit zeitgenössischen Details. Vom Haus aus blickt man auf den Vittala-Tempel und den Fluss.

Shoppen

Banana Fibre Craft Workshop KUNSTHANDWERK
(Karte S. 230; Mo–Sa 10–13 & 14–17 Uhr) Besucher können zuschauen, wie Handwerker in dieser kleinen Werkstatt aus der Rinde des Bananenbaums kunsthandwerkliche Gegenstände und Accessoires herstellen, die man hier natürlich auch kaufen kann.

An- & Weiterreise

Anegundi ist 7 km von Hampi entfernt und von dort aus durch eine Flussüberquerung zu erreichen. Die Boote (10 ₹) legen von einer Anlegestelle östlich des Vittala-Tempels ab. Von Hampi kann man mit Moped oder – wenn man die Energie hat – per Fahrrad kommen. Eine Autorikscha ab Hampi zur Fährstelle nach Anegundi kostet 120 ₹.

Hosapete (Hospet)

08394 / 168 600 EW.

Das hektische und staubige Hosapete (das viele noch Hospet nennen) ist für Traveller nur als Verkehrsknotenpunkt für die Anfahrt nach Hampi interessant.

Schlafen & Essen

Hotel Malligi HOTEL $$
(08394-228101; www.malligihotels.com; Jabunatha Rd; Zi. 2200–4000 ₹, Suite ab 5000 ₹;) Das Hotel prunkt mit einer Reihe moderner und gut ausgestatteter Zimmer, einem aquamarinblauen Swimmingpool, einem Spa, einem guten internationalen Restaurant und einer Loungebar, in der man sich Sportereignisse im Fernsehen anschauen kann.

Udupi Sri Krishna Bhavan SÜDINDISCH $
(Bus Stand; Thalis 45 ₹, Hauptgerichte 70–90 ₹; 6–23 Uhr) Das geschäftige Lokal gegenüber dem Busbahnhof tischt vegetarische indische Kost, darunter Thalis und *dosas*, sowie einige nordindische Gerichte auf.

An- & Weiterreise

BUS

Von Hosapetes Busbahnhof fahren alle 30 Minuten Busse nach Hampi (22 ₹, 30 Min.). Private Nachtbusse mit Liegesitzen fahren von/nach Goa (1200–1600 ₹, 7–10 Std.), Gokarna (700 ₹, 6½ Std.), Bengaluru (510–660 ₹, 7 Std.), Mysuru (380–605 ₹, 8½ Std.) und Hyderabad (890–1120 ₹, 7–8 Std.).

Paulo Travels (S. 228) betreibt Nachtbusse nach Gokarna und Goa.

ZUG

Hosapetes Bahnhof ist eine 20 ₹ teure Autorikschafahrt vom Stadtzentrum entfernt. Der 18047 Amaravathi Express fährt täglich um 6.20 Uhr nach Magdaon in Goa (Sleeper/2AC 225/860 ₹, 7½ Std.). Der 16591 Hampi Express startet jede Nacht um 21 Uhr nach Bengaluru (3AC/2AC/1AC 625/895/1505 ₹, 9 Std.) und Mysuru (840/1205/2015 ₹, 12 Std.). Nach Hyderabad gibt's täglich um 19 Uhr einen Zug (Sleeper/2AC 305/1175 ₹, 12 Std.).

Hubballi (Hubli)

☎0836 / 958 600 EW.

Die Industriestadt Hubballi (die viele immer noch mit ihrem alten Namen Hubli bezeichnen) ist ein Bahnknoten der Strecken nach Mumbai, Bengaluru, Goa und ins nördliche Karnataka. Darüber hinaus gibt's für Traveller keinen Grund zum Herkommen.

Schlafen & Essen

Hotel Ajanta HOTEL $

(☎0836-2362216; Koppikar Rd; EZ/DZ ab 455/565 ₹) Die schlichte Unterkunft nahe dem Bahnhof hat im Erdgeschoss ein beliebtes Restaurant, das leckere regionale Thalis serviert.

Hotel Metropolis HOTEL $$

(☎0836-4266666; www.hotelmetropolishubli.com; Koppikar Rd; EZ/DZ mit Ventilator 1134/1242 ₹, mit Klimaanlage 1755/1989 ₹;) Das Hotel im Stadtzentrum und in bequemer Nähe zum Bahnhof hat eine Reihe sauberer, attraktiver und geräumiger Zimmer mit gutem Preis-Leistungs-Verhältnis. Das Personal ist sehr hilfsbereit. Im Haus gibt's zwei Restaurants, darunter ein internationales auf der Dachterrasse.

An- & Weiterreise

Der Bahnhof ist 1,5 km vom zentral gelegenen alten KSRTC-Busbahnhof entfernt (per Autorikscha 50 ₹). Es gibt noch den neuen KSRTC-Busbahnhof 4 km westlich vom Zentrum, wo viele Busse starten, von denen fast alle aber auch an der alten Station halten.

BUS

Es gibt sehr häufige Verbindungen nach Bengaluru, meistens nachts (420–650 ₹, 7–8½ Std.), tagsüber viele Busse nach Vijayapura (197–241 ₹, 5–6 Std.) sowie hauptsächlich nachts Busse nach Hosapete (144–189 ₹, 4 Std.). Um 8 Uhr fährt ein Bus nach Gokarna (158 ₹, 4 Std.), außerdem bestehen regelmäßige Verbindungen nach Mumbai (715–1300 ₹, 11–14 Std.), Mysuru (452–808 ₹, 9 Std.) und Panaji (171–347 ₹, 5–6 Std.).

FLUGZEUG

Der Flughafen liegt 6 km westlich des Zentrums. Derzeit gibt es hier nur einen täglichen Flug von Air India Regional nach Bengaluru. Busse (6 ₹, 20 Min.) pendeln zwischen der Gokul Rd, 400 m südlich des Terminals, und dem Stadtzentrum; die Fahrt mit einem Taxi kostet 180 ₹.

ZUG

Vom Bahnhof fahren viele Expresszüge nach Hosapete (Sleeper/2AC 140/695 ₹, 2½ Std., tgl. 6-mal), Bengaluru (Sleeper/2AC 270/1045 ₹, 8 Std., tgl. 3-mal), Mumbai (Sleeper/2AC 380/1435 ₹, 15½ Std.) und Goa (Sleeper/3AC 190/540 ₹, 6½ Std., tgl. 2-mal).

NÖRDLICHES KARNATAKA

Badami

☎08357 / 26 600 EW.

Badami, die einstige Hauptstadt des mächtigen Chalukya-Reiches, ist für seine prächtigen, aus den Felsen herausgeschlagenen Tempel und die roten, an den Wilden Westen erinnernden Sandsteinfelsen bekannt. Die staubige Hauptstraße ist zwar so hässlich, dass man am liebsten sofort wieder verschwinden würde, doch die Nebenstraßen sind mit ihren alten Häusern, geschnitzten Holztüren und vereinzelten Chalukya-Ruinen eine nette Gegend für Streifzüge.

Geschichte

Von etwa 540 bis 757 n. Chr. war Badami die Hauptstadt eines riesigen Königreichs, das sich von Kanchipuram in Tamil Nadu bis zum Fluss Narmada in Gujarat erstreckte. Es fiel schließlich an die Rashtrakutas und wechselte danach mehrmals den Besitzer, und jede Dynastie bereicherte Badami mit Skulpturen in ihrem eigenen Stil.

Zum bildhauerischen Erbe der Chalukyan-Künstler in Badami gehören einige der frühesten und schönsten Beispiele drawidischer Tempel und aus dem Fels gehauener Höhlen.

Sehenswertes & Aktivitäten

Die Felsen und die hufeisenförmige rote Sandsteinklippe von Badami bieten tolle Klettermöglichkeit in geringer Höhe. Weitere Infos finden sich unter www.indiaclimb.com.

Von Badamis Höhlen aus blickt man auf das im 5. Jh. angelegte **Agastyatirtha-Becken** und die an diesem Tempelteich stehenden **Bhutanatha-Tempel**. Die Treppe hinter dem Archäologischen Museum führt hinauf zum **North Fort**.

Höhlentempel HÖHLE
(Inder/Ausländer 15/200 ₹, Kind unter 15 Jahre frei, Führer 300 ₹; ⌚9–17.30 Uhr) Das Highlight vor Ort sind die schönen, mit exquisiten Skulpturen und aufwendigen Reliefs geschmückten Höhlentempel (drei hinduistische und ein jainistischer), die größtenteils aus dem 6. Jh. stammen. Diese prächtigen Beispiele der Chalukya-Architektur bestehen aus einer mit Säulen geschmückten Veranda, einer Halle im Innern und einem Schrein dahinter.

Höhle 1 liegt gleich über dem Eingang zum Komplex und ist Shiva geweiht. Sie ist die älteste der vier Höhlen und entstand wahrscheinlich in der zweiten Hälfte des 6. Jhs. An der Wand rechts von der Vorhalle befindet sich eine hinreißende Darstellung von Nataraja in 81 Tanzposen. Rechts von der Vorhalle ist eine riesige Ardhanarishvara-Figur zu sehen. Auf der Wand gegenüber befindet sich eine große Darstellung von Harihara – halb als Shiva und halb als Vishnu.

Die Gestaltung der Vishnu geweihten **Höhle 2** ist schlichter. Wie in den Höhlen 1 und 3 ist die Vorderseite der Plattform mit Bildern dickbäuchiger Zwerge in verschiedenen Posen geschmückt. Die Veranda wird von vier Säulen getragen, die oben in einem *yali* (mythische Löwengestalt) abschließen. Auf der linken Wand der Vorhalle ist ein stierköpfiger Varaha und das Emblem des Chalukya-Reiches zu sehen. Zu seiner Linken befindet sich Naga, eine Schlange mit menschlichem Gesicht. Auf der rechten Wand ist eine große Skulptur von Trivikrama, einer weiteren Inkarnation Vishnus.

Zwischen der 2. und der 3. Höhle liegen rechterhand zwei Treppen. Die erste führt zu einer natürlichen Höhle, in der sich eine kleine Darstellung von Padmapani (eine Inkarnation Buddhas) befindet. Die zweite Treppe, die leider durch ein Tor verschlossen ist, führt zum auf einem Hügel liegenden South Fort.

Die 578 n. Chr. entstandene **Höhle 3** ist die größte und eindruckvollste. An der linken Wand ist eine Skulptur von Vishnu zu sehen, der auf einer Schlange sitzt und dem die Höhle geweiht ist. In der Nähe befindet sich eine Darstellung Varahas mit vier Händen. Die oberen Säulenenden haben die Form von *yalis*. Die Decke ist u. a. mit Darstellungen von Indra, der auf einem Elefanten reitet, von Shiva auf einem Stier und Brahma auf einem Schwan verziert. Man sollte sich das Bild mit den betrunkenen Nachtschwärmern ansehen, besonders die Frau, die sich auf ihren Mann stützt. Es gibt auch Originalfarben an der Decke; die Vertiefungen im Boden am Eingang der Höhle wurden als Mal-Paletten genutzt.

Die dem Jainismus geweihte **Höhle 4** ist die kleinste Höhle, sie wurde zwischen dem 7. und 8. Jh. geschaffen. An der rechten Wand befindet sich eine Darstellung von Suparshvanatha (dem 7. jainistischen *tirthankar*), umgeben von 24 jainistischen *tirthankars*. Das innere Heiligtum enthält eine Skulptur von Adinath, dem ersten jainistischen *tirthankar*.

Archäologisches Museum MUSEUM
(5 ₹; ⌚Sa–Do 9–17 Uhr) Das archäologische Museum zeigt hervorragende Beispiel regionaler Skulpturen, darunter eine bemerkenswert freizügige Lajja-Gauri-Darstellung, die zu einem Fruchtbarkeitskult gehört, der einst in dieser Region blühte. Viele Bildwerke zeigen Shiva in unterschiedlichen Formen. Und ein Diorama illustriert die Shidlaphadi-Höhle.

Schlafen & Essen

Mookambika Deluxe HOTEL $
(☎08357-220067; hotelmookambika@yahoo.com; Station Rd; DZ mit Ventilator/Klimaanlage ab 1200/1800 ₹; ❄📶) „Deluxe" ist sicherlich übertrieben. Doch immerhin bietet das Hotel gegenüber dem Busbahnhof ordentliche, hell orange und grün gestaltete Zimmer zu fairen Preisen. Das Personal hat gute Reiseinfos auf Lager.

Hotel Mayura Chalukya HOTEL $
(☎08357-220046; www.kstdc.co/hotels; Ramdurg Rd; DZ mit Ventilator/Klimaanlage ab 962/1282 ₹; ❄📶) Abseits der Hektik bietet dieses staatliche Hotel große, saubere Zimmer und ein annehmbares Restaurant mit üblicher indischer Kost.

Krishna Heritage HOTEL $$$
(☎08357-221300; www.krishnaheritagebadami.com; Ramdurg Rd; EZ/DZ mit Frühstück 4000/6000 ₹; ❄📶) 2 km westlich des Stadtzentrums steht dieses attraktive Hotel in einem landschaftlich gestalteten Gelände. Die riesi-

gen Zimmer haben Dusche im Freien und Balkone; im großen Restaurant hat man einen schönen Ausblick auf Gärten und Felder.

Bridge Restaurant INTERNATIONAL $$
(Clarks Hotel, Veerpulakeshi Circle; Hauptgerichte 130–320 ₹; ⏲7–22.30 Uhr; 📶) Genau der richtige Ort, wenn man etwas Erholung unter der Klimaanlage braucht: Das Restaurant dieses Geschäftshotels liefert neben chinesischen und nordindischen auch gute westliche Gerichte, z. B. Pasta und Pizzas.

ℹ An- & Weiterreise

Viele Direktverbindungen von/nach Badami gibt es nicht. Von Badamis Busbahnhof fährt ein Bus direkt nach Vijayapura (157 ₹, 4 Std., 17 Uhr) und einer nach Hubballi (100 ₹, 5 Std., 15.15 Uhr). Ansonsten aber geht es mit einem der regelmäßig verkehrenden Busse nach Kerur (26 ₹, 45 Min.), wo es viel mehr Verbindungen gibt.

ℹ Unterwegs vor Ort

Theoretisch kann man Aihole und Pattadakal als Tagesausflug ab Badami per Bus besuchen, wenn man früh aufbricht. Man fährt zunächst nach Aihole (38 ₹, 1 Std.), dann weiter nach Pattadakal (22 ₹, 30 Min.) und kehrt schließlich nach Badami (40 ₹, 1 Std.) zurück. Der letzte Bus von Pattadakal nach Badami fährt um 16 Uhr.

Viel leichter und stressfreier ist es allerdings, eine Autorikscha (1000 ₹) oder ein Taxi (2000 ₹) für einen Tagesausflug nach Pattadakal, Aihole und zum nahe gelegenen Mahakuta zu mieten.

Rund um Badami

Pattadakal

☎08357 / 1630 EW.

Pattadakal war eine Nebenhauptstadt der Chalukyas von Badami und ist bekannt für seine mit feinen Reliefs geschmückten hinduistischen und jainistischen Tempel, die zusammen eine UNESCO-Welterbestätte bilden. Das Dorf um sie herum ist winzig; die meisten Traveller besuchen die Stätte vom nahe gelegenen Badami aus.

Sehenswertes

Die meisten der als Weltkulturerbe geführten Tempel in Pattadakal wurden im 7. oder 8. Jh. errichtet, nur einige wenige entstanden bereits im 3. Jh. Der Haupttempel ist der **Virupaksha-Tempel** (⏲6–18 Uhr), ein massiver Bau, dessen Säulen mit feinen Reliefs geschmückt sind, die Szenen aus dem Ramayana und dem Mahabharata darstellen. Östlich von diesem Tempel steht eine riesige Nandi-Skulptur. Der **Mallikarjuna-Tempel** direkt neben dem Virupaksha-Tempel ist diesem vom Entwurf her sehr ähnlich. Ungefähr 500 m südlich des Hauptgebiets steht der jainistische **Papanatha-Tempel**, dessen Eingang von Elefantenskulpturen flankiert wird.

ℹ An- & Weiterreise

Pattadakal ist 20 km von Badami entfernt, Busse (28 ₹) fahren bis ca. 17 Uhr alle 30 Min. dorthin. Morgens und nachmittags gibt's einen Bus zum 13 km entfernten Aihole (20 ₹).

Aihole

☎08351 / 3200 EW.

Etwa 100 Tempel, die zwischen dem 4. und dem 6. Jh. gebaut wurden, gibt es in Aihole (*ai*-ho-leh), der alten regionalen Hauptstadt der Chalukya-Könige. Die meisten sind allerdings nur noch Ruinen oder wurden vom modernen Dorf vereinnahmt. Aihole dokumentiert die embryonalen Phasen der südindischen Hindu-Architektur, von den frühesten einfachen Schreinen wie dem uralten Ladkhan-Tempel bis zu späteren und komplexeren Bauwerken, für die beispielhaft etwa der Meguti-Tempel steht.

Aihole liegt etwa 40 km von Badami und 13 km von Pattadakal entfernt.

Sehenswertes

Der beeindruckendste Tempel in Aihole ist der **Durga-Tempel** (Inder/Ausländer 5/ 200 ₹, Foto 25 ₹; ⏲6–18 Uhr) aus dem 7. Jh., an dem vor allem die halbrunde, von der buddhistischen Architektur inspirierte Apsis und die Reste des gekrümmten *sikhara* (Tempelturm) bemerkenswert sind. Im Inneren befinden sich kunstvolle Steinmetzarbeiten. Das kleine **Museum** (5 ₹; ⏲Sa–Do 9–17 Uhr) hinter dem Tempel zeigt weitere Skulpturen aus der Chalukya-Zeit.

Südlich vom Durga-Tempel befinden sich mehrere andere Tempelgruppen, unter ihnen frühe Bauwerke. Etwa 600 m südöstlich steht auf einem kleinen Hügel der jainistische **Meguti-Tempel**. Beim Aufstieg auf Schlangen achten!

ℹ An- & Weiterreise

Busse fahren regelmäßig von Badami nach Aihole (38 ₹, 1 Std.).

Vijayapura (Bijapur)

08352 / 337 200 EW.

Das staubige Vijapura (Bijapur), eine historische Stadt, die die islamische Ära der Dekkan-Region widerspiegelt, erzählt eine glorreiche Geschichte von vor etwa 600 Jahren. Die mit vielen Moscheen, Mausoleen, Palästen und Festungsanlagen geschmückte Stadt war von 1489 bis 1686 die Hauptstadt der Adil-Shahi-Könige und einer der fünf Splitterstaaten, die sich bildeten, nachdem das islamische Bahmani-Königreich 1482 zerbrochen war. Trotz seines stark islamischen Charakters ist Vijapura auch ein Zentrum der Lingayat-Form des Shivaismus, der die Betonung auf einen einzigen, personalisierten Gott legt. Das **Festival Lingayat Siddeshwara** (Jan. od. Feb.) wird acht Tage lang gefeiert.

Sehenswertes

★ Gol Gumbaz DENKMÄLER

(Inder/Ausländer 15/200 ₹; 10–17 Uhr) In einer ruhigen Parkanlage befindet sich das prächtige Gol-Gumbaz-Mausoleum mit den Gräbern des Sultans Mohammed Adil Shah (reg. 1627–56), seiner zwei Frauen, seiner Geliebten (Rambha), einer seiner Töchter und eines Enkels. An allen Ecken des von einer riesigen Kuppel bekrönten Gebäudes erheben sich achteckige, siebenstöckige Türme. Klettert man die steile, enge Treppe in einem der Türme hinauf, gelangt man in die „Flüstergalerie" in der Kuppel mit ihrer faszinierenden Akustik, die begeisterte Schulkinder leider lautstark ausprobieren.

Archaeological Museum MUSEUM

(5 ₹; Sa–Do 10–17 Uhr) Das gut präsentierte Museum auf dem Gelände des Gol Gumbaz zeigt in seinem Obergeschoss – das Erdgeschoss kann man überspringen – eine ausgezeichnete Sammlung von Artefakten, darunter Orientteppiche, chinesisches Porzellan, Waffen, Rüstungen und Schriftrollen.

Jama Masjid MOSCHEE

(Jama Masjid Rd; 9–17.30 Uhr) Die von Ali Adil Shah I. (reg. 1557–80) erbaute, wohlproportionierte Moschee besitzt anmutige Bögen, eine schöne Kuppel und einen Innenhof mit Platz für mehr als 2200 Gläubige. Frauen

Vijapura (Bijapur)

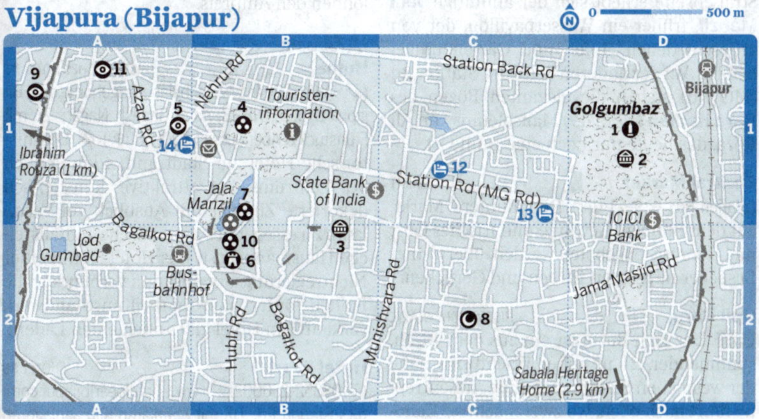

Vijapura (Bijapur)

Highlights
- 1 Golgumbaz D1

Sehenswertes
- 2 Archäologisches Museum D1
- 3 Asar Mahal B2
- 4 Bara Kaman B1
- 5 Central Market A1
- 6 Zitadelle B2
- 7 Gagan Mahal B1
- 8 Jama Masjid C2
- 9 Malik-e-Maidan A1
- 10 Sat Manzil B2
- 11 Upli Buruj A1

Schlafen
- 12 Hotel Madhuvan International C1
- 13 Hotel Pearl C1
- 14 Hotel Tourist A1

müssen ihre Köpfe bedecken und dürfen keine freizügige Kleidung tragen.

Asar Mahal HISTORISCHES GEBÄUDE
(⌚6–20.30 Uhr) GRATIS Der um 1646 von Mohammed Adil Shah als Gerichtspalast errichtete anmutige Asar Mahal beherbergte einst zwei Haare vom Bart des Propheten Mohammad. Die Säle im Obergeschoss sind mit Fresken geschmückt. Vor dem Gebäude, das Frauen nicht betreten dürfen, befindet sich ein quadratisches Wasserbecken.

Zitadelle FESTUNG
GRATIS In der von verstärkten Mauern und einem breiten Burggraben umgebenen Zitadelle befanden sich früher die Paläste, Lustgärten und der *durbar* (Königshof) der Adil-Shahi-Regenten. Heute sind fast nur noch Ruinen übrig. Das beeindruckendste erhaltene Fragment ist der monumentale Torbogen des **Gagan Mahal** GRATIS, der gegen 1561 von Ali Adil Shah I. erbaut wurde. Die Tore sind verschlossen, doch in der Regel ist jemand da, der Besucher einlässt.

In der Nähe stehen die Ruinen des **Sat Manzil** GRATIS, des siebenstöckigen Palasts von Mohammed Adil Shah. Auf der anderen Straßenseite erhebt sich der anmutige **Jala Manzil**, früher ein Wasserpavillon, der von abgeschiedenen Höfen und Gärten umgeben ist. Auf der anderen Seite der Station Rd (MG Rd) stehen die eleganten Bögen des **Bara Kaman** GRATIS, des Mausoleums von Ali Roza, das heute nur noch eine Ruine ist.

Central Market MARKT
(Station Rd; ⌚9–21 Uhr) Der muntere Markt, auf dem Blumen, Gewürze und frisches Obst und Gemüse feilgeboten werden, überwältigt Besucher mit seinen Farben und Gerüchen.

Upli Buruj HISTORISCHE STÄTTE
GRATIS Der Upli Buruj ist ein aus dem 16. Jh. stammender, 24 m hoher Wachtturm nahe der westlichen Stadtmauer. Eine Außentreppe führt nach oben, wo zwei mächtige Kanonen stehen und sich ein schöner Blick auf andere Monumente der Stadt bietet.

Malik-e-Maidan HISTORISCHE STÄTTE
(Herrscher der Ebenen) Auf einer Plattform steht diese kolossale Kanone, die mehr als 4 m lang ist, einen Durchmesser von fast 1,5 m hat und 55 t wiegen soll. Das 1549 gegossene Geschütz kam als Kriegstrophäe nach Vijayapura; geschleppt wurde sie angeblich von zehn Elefanten, 400 Ochsen und Hunderten von Männern!

★ Ibrahim Rouza DENKMAL
(Inder/Ausländer 15/200 ₹; ⌚6–18 Uhr) Das wunderschöne Ibrahim Rouza gehört zu den elegantesten und wohlproportioniertesten islamischen Monumenten in Indien. Die 24 m hohen Minarette sollen als Inspiration für das Taj Mahal gedient haben und auch seine Geschichte ist nicht weniger ergreifend: Es wurde vom Herrscher Ibrahim Adil Shah II. (reg. 1580–1627) als zukünftiges Mausoleum für seine Königin Taj Sultana gebaut. Das Schicksal wollte es allerdings, dass er vor ihr starb und daher auch die erste Person war, die hier zur Ruhe gebettet wurde. Außer ihm und der Königin liegen hier auch seine Kinder und seine Mutter.

Gegen ein Trinkgeld (150 ₹ sind o.k.), zeigen die Wärter den Besuchern das Bauwerk, einschließlich des dunklen Labyrinths rund um die Katakomben, in dem sich die eigentlichen Gräber befinden.

Schlafen & Essen

Hotel Tourist HOTEL $
(☎08352-250655; Station Rd; EZ/DZ ab 220/360 ₹) Die Absteige inmitten des Basars hat schlichte Zimmer; die „Deluxe"-Zimmer lohnen den Aufpreis.

★ Sabala Heritage Home HISTORISCHES HOTEL $$
(☎9448118204; www.sabalaheritagehome.org; Bijapur Bypass, NH-13, nahe Ganesh Nagar; Zi. mit Frühstück & Abendessen 3000 ₹; 📶) 🍃 Das historische Hotel am Stadtrand, 4 km südlich des Zentrums, hat attraktive, künstlerisch dekorierte Zimmer mit Ausblick auf Farmland. Zu essen gibt's aromatische, einfallsreiche Hausmannskost. Das Hotel ist mit einer Nichtregierungsorganisation verbunden, die Frauen fördert und feines Kunsthandwerk verkauft (im Hotel gibt's auch einen Laden).

Hotel Pearl HOTEL $$
(☎08352-256002; www.hotelpearlbijapur.com; 633 Station Rd; DZ mit Ventilator/Klimaanlage ab 1600/2200 ₹; ❄📶) Das Mittelklassehotel mit gutem Preis-Leistungs-Verhältnis hat saubere, an ein Motel erinnernde Zimmer rund um ein zentrales Atrium und liegt in bequemer Nähe zum Gol Gumbaz. Das WLAN ist lückenhaft, das hauseigene Restaurant **Qaswa Hills** (Pearl Hotel, Station Rd; Gerichte 120–280 ₹; ⌚7–16 & 19–22 Uhr) sehr beliebt.

Hotel Madhuvan International HOTEL $$
(☎08352-255571; Station Rd; DZ mit Ventilator/Klimaanlage 1600/2100 ₹; ❄📶) Wegen der noch

andauernden Renovierung sind die meisten Zimmer in diesem angenehmen Hotel mit Gartenhof in einem guten Zustand. Es versteckt sich in einer Gasse abseits der Station Rd und hat ein tolles **Restaurant** (Hauptgerichte 60–100 ₹; ⏲9–11, 12–16 & 19–23 Uhr), aber keinen Aufzug.

Shoppen

Sabala Handicrafts KUNSTHANDWERK
(http://sabalahandicrafts.com; NH13, Bijapur Bypass; ab 800 ₹; ⏲8–17.30 Uhr) Schöne, handgearbeitete Textilien, Taschen, Saris, Kurtas und Accessoires. Die Einnahmen kommen einer NGO zugute, die Frauen vom Land fördert. Der Laden befindet sich 4 km südlich vom Zentrum.

Praktische Informationen

Touristeninformation (☎08352-250359; Hotel Mayura Adil Shahi Annexe, Station Rd; ⏲Mo–Sa 10–17.30 Uhr) Hält gute Broschüren über Vijayapura bereit, die einen Stadtplan enthalten.

An- & Weiterreise

BUS

Busse fahren vom **Busbahnhof** (☎08352-0251344; Meenakshi Chowk Rd; ⏲24 Std.) zu folgenden Zielen:

Bengaluru Normal/Sleeper 576/757 ₹, 12 Std., 4-mal tgl.

Bidar 265 ₹, 6½ Std., 4-mal abends

Kalaburagi (Gulbarga) 164 ₹, 4 Std., 3-mal tgl.

Hosapete 241 ₹, 5 Std., 5-mal tgl.

Hubballi 193–241 ₹, 5 Std., 2-mal tgl.

Hyderabad 373–729 ₹, 8–10 Std., 6-mal tgl.

Mumbai 660 ₹, 12 Std., 4-mal tgl., über Pune (428 ₹, 8 Std.)

Panaji (Goa) 335–415 ₹, 10 Std., 2-mal tgl.

ZUG

Vom Bahnhof Vijayapura fahren Züge nach:

Badami 17320 Hubli-Secunderabad Express, Sleeper/2AC 140/695 ₹, 2½ Std., 1 Uhr; sowie tgl. zwei weitere Züge

Bengaluru 16536 Golgumbaz Express, Sleeper/2AC 355/1395 ₹, 15½ Std., 17 Uhr

Hyderabad 17319 Secunderabad Express, Sleeper/2AC 250/960 ₹, 11 Std., 1 Uhr

Unterwegs vor Ort

Angesichts der Menge der Sehenswürdigkeiten und der zu bewältigenden Entfernungen ist 700 ₹ ein fairer Preis für einen ganzen Tag Sightseeing per Autorikscha. Kurze Autorikschafahrten durch die Stadt kosten 50 ₹.

Bidar

☎08482 / 218 500 EW.

Trotz seiner faszinierenden Ruinen und Denkmäler verirren sich nur sehr wenige Touristen nach Bidar im äußersten Nordosten Karnatakas – was die Stadt nur noch reizvoller macht. Bidar steckt voll indisch-muslimischer Geschichte: Die ummauerte Altstadt war zuerst die Hauptstadt des Bahmani-Reichs (1428–1487) und später der Barid-Shahi-Dynastie. Diese Gegend ist eine der am wenigsten verwestlichten Regionen Karnatakas, in der man viele Frauen mit Niqab und Turban tragende Sikh-Pilger antrifft. Die Einheimischen begegnen Besuchern zwar mit Freundlichkeit, aber konservative Werte herrschen vor.

Sehenswertes

★ **Bidar Fort** FORT
(⏲6–18 Uhr) GRATIS Für einen Spaziergang durch die friedlichen Ruinen dieser großartigen Festungsanlage aus dem 15. Jh. sollte man sich ein paar Stunden gönnen. Das Fort ist das größte in Südindien und war einst die Verwaltungszentrale für einen großen Teil der Region. Die Anlage wird von einem dreifachen, aus dem soliden roten Fels gehauenen Festungsgraben und kilometerlangen Verteidigungsmauern umgeben. Der Eingang zum Fort, der sich in einer kunstvollen Schikane durch drei Tore windet, wirkt wie aus Tausendundeiner Nacht.

Die Informationen vor Ort sind minimal; es empfiehlt sich, einen Führer beim archäologischen Büro zu engagieren (der auch einen Schlüssel zu den interessantesten Ruinen innerhalb des Forts mitbringt). Zu diesen Bauten zählen: der **Rangin Mahal** (Bemalter Palast) mit aufwendigen Fliesen, Teakholzpfeilern und Vertäfelungen mit Perlmutt-Intarsien; die **Solah Khamba Mosque** (16-Pfeiler-Moschee); und der **Tarkash Mahal** mit exquisiten muslimischen Inschriften und einem wunderbaren Blick vom Dach. In den ehemaligen Herrscherbädern ist ein kleines **Museum** mit Artefakten aus der Gegend untergebracht.

Khwaja Mahmud Gawan Madrasa RUINE, HISTORISCHE STÄTTE
(⏲Sonnenaufgang–Sonnenuntergang) GRATIS Das Zentrum der Altstadt ist geprägt von den Ruinen der Khwaja Mahmud Gawan Madrasa, einer höheren Bildungseinrichtung aus dem Jahr 1472. Die Reste der farbigen Flie-

sen am Eingangstor und an einem der Minarette, das noch intakt ist, ermöglichen eine Vorstellung von der früheren Pracht des Bauwerks.

Guru Nanak Jhira Sahib SIKH-TEMPEL
(Shiva Nagar; ⌚24 Std.) GRATIS Der große Sikh-Tempel im Nordwesten der Stadt ist Guru Nanak geweiht und wurde 1948 erbaut. Er liegt rund um das Wasserbecken des Amrit Kund, in dem die Pilger ihre Seelen reinigen.

Gräber der Bahmani-Sultane HISTORISCHE STÄTTE
(⌚Sonnenaufgang–Sonnenuntergang) GRATIS Die riesigen Kuppelgräber der Bahmani-Sultane in Ashtur, 3 km östlich von Bidar, wurden als letzte Ruhestätten für die sterblichen Überreste der Sultane erbaut. Besonders imposant ist der bemalte Innenraum des Grabmals von Ahmad Shah I. Wali Bahmani.

Schlafen & Essen

Hotel Mayura HOTEL $
(☎08482-228142; Udgir Rd; DZ mit Ventilator/Klimaanlage ab 1100/2200; ❄📶) Die Betonfassade dieses Hotels gegenüber dem zentralen Busbahnhof mag nicht besonders ansprechend sein, doch die Zimmer sind nett und gut ausgestattet. Es gibt eine Bar und ein Restaurant. Zu erkennen ist das Haus an dem NBC-Pfauen-Symbol.

Hotel Mayura Barid Shahi HOTEL $
(☎08482-221740; Udgir Rd; EZ/DZ 500/600 ₹, Zi. mit Klimaanlage 900 ₹; ❄📶) Das alte Hotel mit schlichten, unpersönlichen Zimmern könnte gepflegter sein, hat aber eine zentrale Lage und ein beliebtes Gartenrestaurant mit Bar.

Jyothi Fort INDISCH $
(Bidar Fort; Hauptgerichte 70–120 ₹; ⌚9–17 Uhr) Das beschauliche Lokal am Eingang zum Fort, dessen Tische draußen auf dem Gras unter hohen Tamarindenbäumen stehen, hat leckere vegetarische Gerichte.

Kamat Hotel SÜDINDISCH $
(Udgir Rd; Gerichte 80–150 ₹; ⌚7.30–22 Uhr) Das Restaurant mit klimatisierten Speisesaal punktet mit südindischen Klassikern zu sehr günstigen Preisen. Tagsüber ist hier viel los.

An- & Weiterreise

Vom Busbahnhof fahren häufig Busse nach Kalaburagi (124 ₹, 3 Std.) und zwei abends nach Vijayapura (280 ₹, 7 Std.). Es gibt auch Busse nach Hyderabad (142 ₹, 4 Std., 18.30 Uhr) und Bengaluru (Semideluxe/AC 750/900 ₹, 13 Std., 5-mal tgl.).

Züge fahren nach Hyderabad (Sleeper 100 ₹, 5 Std., 2 Uhr) und Bengaluru (Sleeper/2AC 370/1435 ₹, 13 Std., 18.05 Uhr).

Unterwegs vor Ort

Eine Tagestour mit einer Autoriksch a kostet rund 600 ₹.

Telangana & Andhra Pradesh

Inhalt ➡

Gut essen

- Sea Inn (S. 273)
- Shah Ghouse Cafe (S. 258)
- SO – The Sky Kitchen (S. 259)
- Hotel Mayura (S. 277)
- Dhaba By Claridges (S. 260)
- TFL (S. 269)

Abseits der Touristenpfade

- Ramappa-Tempel (S. 267)
- Sankaram (S. 274)
- Moula Ali Dargah (S. 254)
- Guntupalli (S. 269)

Auf nach Telangana & Andhra Pradesh!

Allein wegen Hyderabad, einer der größten islamischen Städte Indiens, lohnt sich der Besuch dieser Region. Ihre umwerfende Skyline wird von den Kuppeln und Minaretten alter Moscheen sowie von Mausoleen und Palästen der einstigen Herrscher dominiert. In der berühmten Altstadt locken Straßenmärkte, Teehäuser und Restaurants, und am Stadtrand erhebt sich das Golconda-Fort. Auf der anderen Seite zeugen die neuen Stadtteile mit schicken Restaurants und Boutiquen vom Wirtschaftswachstum, das auf der IT-Industrie beruht.

Weitere Attraktionen in diesen beiden Bundesstaaten (die bis 2014 zusammengehörten) sind weniger aufdringlich, wer aber genauer hinschaut, wird einige Juwelen entdecken, z. B. die mittelalterlichen Tempelskulpturen in Ramappa, die schönen buddhistischen Stätten wie Sankaram und Guntupalli im tiefsten Hinterland, die heitere Urlaubsstimmung im Badeort Visakhapatnam sowie die positive Energie, die die unzähligen Pilger am Tirumala-Tempel verbreiten.

Reisezeit

Hyderabad

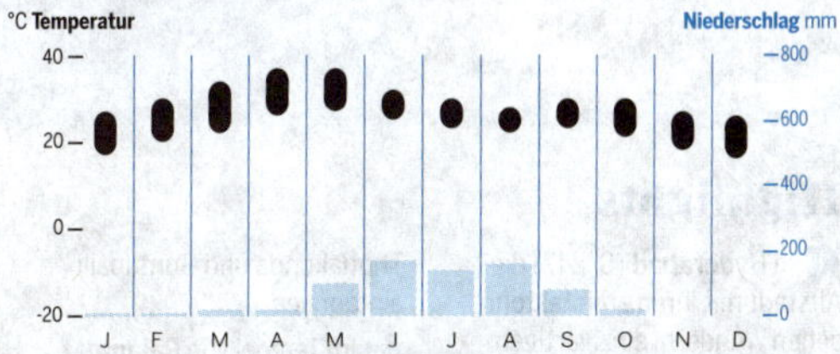

Mai–Juni Mit den Einheimischen ihre Lieblingsspeise *haleem* im Ramadan bzw. Ramzan genießen.

Nov.–Feb. Bei angenehmen 22–28 °C die Sehenswürdigkeiten von Hyderabad entdecken.

Dez.–April In der Küstenstadt Vizag ist es jetzt nicht *allzu* heiß und es regnet auch kaum.

Highlights

1 In **Hyderabad** (S. 247) die Altstadt mit ihren architektonischen Wundern, einzigartigen Märkten und unzähligen Restaurants entdecken

2 Auf dem 2300 Jahre alten **Klosterweg** (S. 274) in die meditative Stille der wunderbaren Klöster von Sankaram, Bavikonda, Thotlakonda und Guntupalli eintauchen

3 Im Tempel von **Palampet** (S. 266) die Kunst der Kakatiya-Bildhauer bewundern

4 Mit Massen von Hindus nach **Tirumala** (S.275) pilgern und den einzigartigen Geist dieser Stätte spüren

5 Mit dem Zug durch üppig grüne Wälder und Täler der Ostghats nach **Araku** (S. 274) fahren

Geschichte

Vom 3. Jh. v. Chr. bis zum 3. Jh. n. Chr. herrschte die Satavahana-Dynastie – auch Andhras genannt – von ihrem Stützpunkt in dieser Region über den Großteil des Dekkan-Plateaus. Nach dem Eintreffen von Ashokas missionarischen Mönchen halfen die Satavahanas ihnen, den Buddhismus zur Blüte zu bringen. Heute gibt es in Andhra Pradesh mehr buddhistische Stätten als in jedem anderen indischen Bundesstaat.

Vom 12. bis zum 14. Jh. regierte der Hindu Kakatiyas von seinem Sitz in Warangal aus über den größten Teil von Telangana und Andhra Pradesh. In dieser Zeit entstanden die Telugu-Kultur und -Sprache. Warangal fiel dann in die Hände des muslimischen Sultanats von Delhi und anschließend in die des Bahmani-Sultanats mit Sitz im Dekkan. 1518 schließlich forderte der Bahmani-Gouverneur in Golconda, Sultan Quli Qutb Shah, die Unabhängigkeit. Seine Qutb-Shahi-Dynastie verwandelte Golconda in die mächtige Festung, die heute noch bewundert werden kann. Wasserknappheit veranlasste Sultan Mohammed Quli Qutb Shah schließlich, ein paar Kilometer weiter östlich an das Südufer des Flusses Musi zu ziehen, wo er 1591 die neue Stadt Hyderabad gründete.

1687 wurden die Qutb Shahis vom Großmogul Aurangzeb vertrieben. Als das Mogulreich zu zerbrechen begann, übernahm der damalige Vizekönig Nizam ul-Mulk Asaf Jah die Kontrolle über den Großteil des Dekkans und gab so 1724 den Startschuss für Hyderabads zweite große Muslim-Dynastie der Asaf Jahis – die sagenhaft berühmten und unermesslich reichen Nizams von Hyderabad. Seine Hauptstadt war Aurangabad, doch der Sohn Asaf Jah II. zog 1763 nach Hyderabad. Hyderabad wurde das Zentrum des islamischen Indiens und stand ganz im Zeichen von Kunst, Kultur und Bildung. Auch kostbare Edelsteine und Mineralien waren in Hülle und Fülle vorhanden, z. B. ist der weltberühmte Koh-I-Noor-Diamant von hier, der den Nizams zu ihrem gewaltigen Reichtum verhalf.

Ab ca. 1800 stand die ganze Region unter britischer Herrschaft. Während Andhra Pradesh von Madras (dem heutigen Chennai) aus regiert wurde, blieb der Fürstenstaat Hyderabad, zu dem auch große Gebiete außerhalb der Stadt gehörten, in denen telugusprechende Hindus lebten, – jedenfalls dem Namen nach – unabhängig. Als Indien 1947 unabhängig wurde, wollte der Nizam Osman Ali Khan seinen souveränen Staat erhalten. Schließlich griff das Militär ein und Hyderabad wurde 1948 gezwungen, der Indischen Union beizutreten.

Als die indischen Bundesstaaten 1956 nach Sprachgrenzen umstrukturiert wurden, wurde Hyderabad dreifach gespalten. Zum heutigen Telangana kamen weitere telugusprachige Gebiete hinzu und sie bildeten den Bundesstaat Andhra Pradesh; andere Gegenden wurden Teil von Karnataka und Maharashtra. Telangana war mit dieser Lösung nie wirklich glücklich. Nach langjährigen Bemühungen wurde es schließlich von Andhra Pradesh losgelöst und ist seit 2014 ein eigenständiger Staat. Hyderabad bleibt solange die Hauptstadt beider Bundesstaaten, bis Andhra Pradesh mit Amaravati (bei Vijayawada) seine neue Hauptstadt bekommt. Amaravati, entworfen von Städteplanern aus Singapur, soll smart, grün und ultramodern werden – dieses Vorhaben wird gewiss mehrere Jahrzehnte dauern.

HYDERABAD

040 / 7,68 MIO. / 600 M

Mit ihrer langen Geschichte, dem dichten Gedränge und dem geschäftigen Treiben ist die Altstadt von Hyderabad eine der schönsten in ganz Indien. Die engen Straßen sind

TOP-FESTIVALS

Sankranti (Jan.) Das landesweite bedeutende Telugu-Fest markiert das Ende der Erntezeit. Am Himmel fliegen haufenweise Drachen, die Türschwellen sind mit farbenfrohen *kolams* (Reismehlmustern) versehen und Männer schmücken die Rinder mit Glocken und Farbe an den Hörnern.

Brahmotsavam (Sept./Okt.) Anlässlich des neuntägigen Fests kommen unzählige Gläubige zum Venkateshwara-Tempel in Tirumala. Es finden spezielle *pujas* (Opfergaben) und Wagenumzüge statt, außerdem ist dies die günstigste Zeit für eine *darshan* (Audienz bei einer Gottheit).

Muharram (Sept./Okt.) Das Fest erinnert an das Martyrium von Mohammeds Enkel Hussain. Eine enorme Prozession zieht durch die Straßen der Altstadt von Hyderabad (S. 247).

gesäumt von traditionellen Teehäusern und duftenden Gewürzläden. Aus dem farbenfrohen Labyrinth der Altstadt ragt eines der beeindruckendsten islamischen Gebäude des Landes heraus, das jedoch eine ständige Baustelle ist. Die meisten Besucher konzentrieren sich nur auf diesen Teil der Stadt, obwohl das imposante Golconda-Fort ebenfalls sehenswert ist.

Das andere Gesicht Hyderabads ist sehr viel jünger und liegt westlich der Altstadt: „Hi-Tech City" oder „Cyberabad" und andere neue Stadtviertel wie Banjara Hills oder Jubilee Hills sind voller glitzernder Einkaufszentren, Multiplex-Kinos, Clubs, Kneipen und nobler Restaurants.

Aber eines ist in ganz Hyderabad gleich: der fast unerträgliche Verkehr. Und das wird sich auch so schnell nicht ändern, denn der Bau der geplanten Schnellbahn Metro Rail verzögert sich immer weiter.

Sehenswertes

Altstadt

★ Charminar DENKMAL

(Karte S. 250; Inder/Ausländer 5/100 ₹; ⏲ 9–17.30 Uhr) Das wichtigste Denkmal und zugleich Wahrzeichen der Stadt ließ Mohammed Quli Qutb Shah 1591 errichten, um an die Gründung Hyderabads und das Ende der durch den Wassermangel im damaligen Golconda verursachten Epidemien zu erinnern. Das riesige, 56 m hohe Gebäude ruht auf vier Bögen zwischen dicken Säulen, die mit Minaretten gekrönt sind. Daher stammt auch der Name, denn „Charminar" bedeutet „vier Minarette". Es ist sicherlich eines der eindrucksvollsten Gebäude der Stadt, doch der dichte Verkehr, der sich unaufhörlich durch und rund um das Gebäude quält sowie die Massen von Menschen trüben den überwältigenden Eindruck doch erheblich.

Das Charminar steht mitten im alten Geschäftsviertel von Hyderabad, wo die kleinen Straßen voller Läden, Stände, Märkte und Menschen sind. Um dem Gewimmel zu entgehen, kann man in die 1. Etage des Gebäudes hinaufgehen und den Blick auf das Stadtviertel genießen. Auf der 2. Etage befindet sich die älteste Moschee der Stadt, die ebenso wie die Minarette nicht für die Öffentlichkeit zugänglich ist. Von 19 bis 21 Uhr wird das Wahrzeichen in buntes Licht getaucht.

★ Chowmahalla Palace PALAST

(Karte S. 250; http://chowmahalla.co.in; Inder/Ausländer 50/200 ₹, Foto 50 ₹; ⏲ Sa–Do 10–17 Uhr) Die prachtvolle Palastanlage aus dem 18. und 19. Jh. war die Hauptresidenz mehrerer Nizams des Stadtstaates. Auf dem Gelände befinden sich mehrere imposante Gebäude und vier Höfe mit herrlichen Gärten. Mit Abstand am schönsten ist die Khilwat Mubarak, eine wunderbare Säulenhalle, in der unter 19 riesigen Kronleuchtern aus belgischem Kristallglas die Zeremonien der Herrscher stattfanden. In den Nebenräumen sind heute historische Gegenstände aus Kunst und Kunsthandwerk sowie aus dem persönlichen Besitz der Nizams ausgestellt. Im südlichsten Hof ist eine spektakuläre Sammlung von Kutschen und Oldtimern untergebracht, darunter ein gelber Rolls-Royce von 1911 und ein Buick-Cabrio von 1937.

Salar Jung Museum MUSEUM

(Karte S.250; www.salarjungmuseum.in; Salar Jung Rd; Inder/Ausländer 20/500 ₹, Foto 50 ₹; ⏲ Sa–Do 10–17 Uhr) Die riesige Sammlung wurde von Mir Yousuf Ali Khan (Salar Jung III.) zusammengetragen, der kurzzeitig als Großwesir dem 7. Nizam diente. Zu sehen sind in den 39 Ausstellungsräumen uralte Bronze-, Holz- und Steinskulpturen aus Südindien, indische Miniaturen, europäische Meisterwerke, historische Manuskripte, ein Jadezimmer und die berühmte *Verschleierte Rebecca* des italienischen Bildhauers Benzoni aus dem 19. Jh. Leider ist der Eintritt für Ausländer sehr teuer und das Museum sehr beliebt (und besonders sonntags hoffnungslos überfüllt).

HEH The Nizam's Museum MUSEUM

(Purani Haveli; Karte S. 250; www.hehnmh.com; an der Dur-e-Sharwah Hospital Rd; Erw./Kind 80/15 ₹, Foto 150 ₹; ⏲ Sa–Do 10–17 Uhr) Im Purani Haveli lebte einst der sechste Nizam, Mahbub Ali Khan (reg. 1869–1911), der nie zweimal dieselbe Kleidung getragen haben soll – und daher rührt wahrscheinlich auch der 54 m lange, zweistöckige Kleiderschrank aus birmesischem Teakholz. Der Großteil des Museums ist persönlichen Besitztümern des siebten Nizam, Osman Ali Khan, gewidmet, darunter befinden sich seine Silberwiege, der polierte goldene Thron und edle Jubiläumsgeschenke aus Silber. Die Schaukästen, Beleuchtung und Informationen sind verbesserungswürdig, aber es ist dennoch ein Besuch wert.

Hyderabad

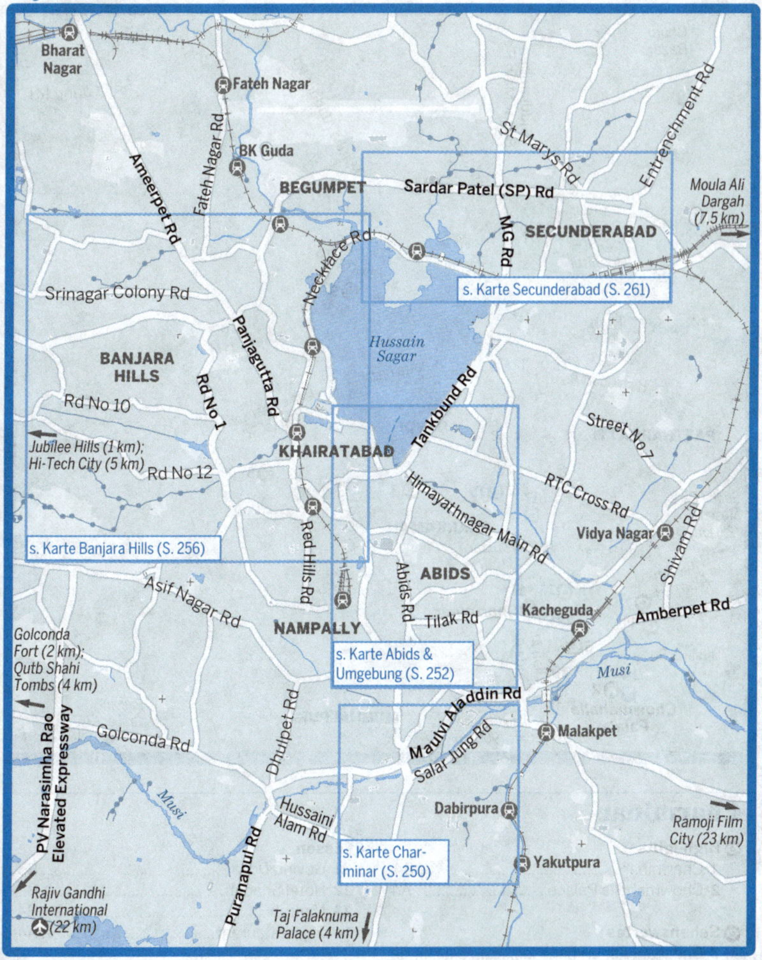

Mecca Masjid MOSCHEE

(Karte S. 250; Shah Ali Banda Rd; ⏲ 4.30–21 Uhr) Diese Moschee, in der bei bedeutenden muslimischen Festen etwa 10 000 Männer beten, ist eines der weltweit größten und auch eines der ältesten Bauwerke Hyderabads. Der Stadtgründer Mohammed Quli Qutb Shah begann 1617 mit dem Bau. Frauen dürfen die Hauptgebetshalle nicht betreten, und auch männliche Touristen haben eigentlich keinen Zutritt (sie können aber durch das Gitter schauen). Touristinnen, selbst mit Kopftuch, dürfen noch nicht einmal den großen Hof betreten, wenn ihre Kleidung als zu knapp oder zu eng anliegend angesehen wird.

In einige Ziegel über dem mittleren Torbogen der Gebetshalle ist Erde aus Mekka eingearbeitet – daher kommt auch der Name der Moschee. Auf dem eingezäunten Gelände neben dem Hof befinden sich die Grabstätten mehrerer Nizams aus Hyderabad.

Badshahi Ashurkhana ISLAMISCHE STÄTTE

(Karte S. 250; High Court Rd) Das Badshahi Ashurkhana (wörtlich „königliches Trauerhaus“) von 1594 war eines der ersten Gebäude, das die Qutb Shahs in ihrer neuen Stadt Hyderabad errichteten. In dem Hof abseits der Straße scheinen die Mauern mit ihren

Charminar

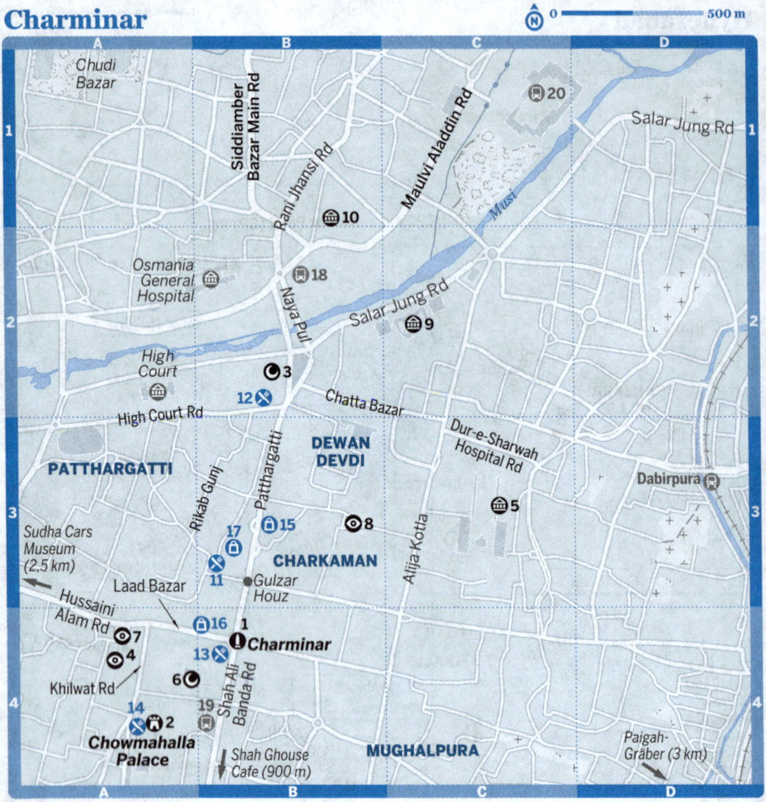

Charminar

Highlights
1 Charminar B4
2 Chowmahalla Palace A4

Sehenswertes
3 Badshahi Ashurkhana B2
4 Chiddi Bazar A4
5 HEH The Nizam's Museum C3
6 Mecca Masjid A4
7 Mehboob Chowk A4
8 Mir Alam Mandi B3
9 Salar Jung Museum C2
10 State Library B1

Aktivitäten, Kurse & Touren
Heritage Walks .... (siehe 1)

Essen
11 Govind Dosa B3
12 Hotel Shadab B2
13 Nimrah B4
14 Taj Restaurant A4

Shoppen
15 Hyderabad Perfumers B3
16 Laad Bazar B4
17 Patel Market B3

Transport
18 Bushaltestelle Afzalgunj B2
19 Bushaltestelle Charminar B4
20 Busbahnhof Mahatma Gandhi C1

komplexen, farbenfrohen Fliesenmosaiken geradezu zu glühen. Im Ashurkhana herrscht zu Muharram im September/Oktober und donnerstags Hochbetrieb. Dann treffen sich die hiesigen Schiiten, um gemeinsam dem Martyrium des Hussain Ibn Ali zu gedenken. Besucher müssen ihre Schuhe ausziehen und dezent gekleidet sein (Frauen müssen außerdem noch ein Kopftuch tragen).

Abids

State Museum MUSEUM

(Karte S. 252; Public Gardens Rd, Nampally; 10 ₹, Foto/Video 100/500 ₹; ⏲ Sa–Do 10.30–16.30 Uhr, 2. Sa im Monat geschl.) Das weitläufige Museum befindet sich in einem fantasievollen indo-sarazenischen Gebäude, das der siebte Nizam für eine seiner Töchter errichten ließ. Es beherbergt eine Sammlung bedeutender archäologischer Funde sowie eine Ausstellung über die buddhistische Geschichte der Region. Außerdem gibt's eine interessante Galerie mit ornamentaler Kunst, wo man alles über Bidriware-Metalleinlegearbeiten und *Kalamkari*-Stoffmalerei lernen kann, sowie eine Galerie mit Bronzeskulpturen und eine 4500 Jahre alte ägyptische Mumie.

British Residency HISTORISCHES GEBÄUDE

(Koti Women's College; Karte S.252; Koti Main Rd) Die palastartige Residenz ließ James Achilles Kirkpatrick, dem British Resident (offizieller Vertreter der Ostindien-Kompanie) in Hyderabad, von 1803 bis 1806 errichten. Er ist auch der Schauplatz des großen historischen Liebesromans *White Mughals* von William Dalrymple. Der Palast wird derzeit umfassend restauriert, was bestimmt noch einige Jahre in Anspruch nimmt. So kann er zur Zeit auch nicht besichtigt werden, doch bei den faszinierenden White-Mughal-Stadtführungen von Detours (S. 254) ist der Besuch in der Regel enthalten.

Kirkpatrick war von der Hofkultur in Hyderabad begeistert, konvertierte zum Islam und heiratete Khair-un-Nissa, eine jugendliche Verwandte von Hyderabads Premierminister. Die Residency und die weitläufige Gartenanlage wurden 1949 zum Osmania University College for Women, das auch als Koti Women's College bekannt ist. Jenseits der prächtigen klassischen Säulenhalle befinden sich der kürzlich renovierte Durbar-Saal mit seinen islamischen, geometrischen Zeichnungen an der hohen Decke über den Kronleuchtern, die klassischen Säulen und die aufwendig gearbeitete bogenförmige Treppe dahinter. Im überwucherten Garten im Südwesten liegt ein britischer Friedhof. Hier ist der noch vorhandenen Eingang in die Zenana (Frauengemächer) der Residency und ein Modell des Residency-Gebäudes, das Kirkpatrick für Khair-un-Nissa errichtet hat.

Birla Mandir HINDU-TEMPEL

(Karte S. 256; ⏲ 7–12 & 15–21 Uhr) Der herrliche Tempel, der erst 1976 aus weißem Rajasthan-Marmor errichtet wurde, thront auf dem Kalapahad (Schwarzer Berg), einem der zwei felsigen Hügel am See von Hussain Sagar. Der Venkateshwara gewidmete Tempel ist eine populäre Andachtsstätte der Hindus. Er hat eine sehr entspannte Atmosphäre und bietet einen wunderbaren Blick auf Hyderabad, vor allem bei Sonnenuntergang. Neben einer riesigen Granitstatue von Venkateshwara sind noch viele andere imposante Statuen zu bewundern. Der Zugang ist rollstuhlgerecht, denn in dem seltsam anmutenden Glockenturm gibt's einen Aufzug.

Birla Modern Art Gallery MUSEUM

(Karte S. 252; www.birlasciencecentre.org; Naubat Pahad Lane, Adarsh Nagar; 50 ₹; ⏲ 10.30–20 Uhr) Zu der hochwertigen Sammlung moderner und zeitgenössischer Kunst gehören auch Gemälde heimischer Superstars wie Jogen Chowdhury, Tyeb Mehta und Arpita Singh.

KITSCHABAD

Neben den vielen erstklassigen Sehenswürdigkeiten von Hyderabad gibt es auch einige skurrile Attraktionen:

Ramoji Film City (www.ramojifilmcity.com; Erw./Kind ab 1000/900 ₹; ⏲ 9–20 Uhr) Die als „Tollywood" bekannte Filmindustrie von Telangana und Andhra Pradesh dreht ihre Filme und TV-Shows in den riesigen Studios auf dem 6,7 km² großen Gelände von Film City, das auch für die Öffentlichkeit zugänglich ist. Im Preis des Tagestickets sind eine Bustour, Fahrgeschäfte und Shows enthalten. Auch **Telangana Tourism** (S. 255) führt hier Touren durch.

Sudha Cars Museum (www.sudhacars.com; 19-5-15/1/D, Bahadurpura; Inder/Ausländer 50/200 ₹, Foto 50 ₹; ⏲ 9.30–18.30 Uhr) Zu den exzentrischen Werken des Autofanatikers Sudhakar gehören Autos und Motorräder in Form von Cricket-Schlägern, Computern und Lippenstiften sowie jede Menge anderer verrückter Formen. Aber alle sind fahrtüchtig. Das Museum ist 3 km westlich von Charminar.

Abids & Umgebung

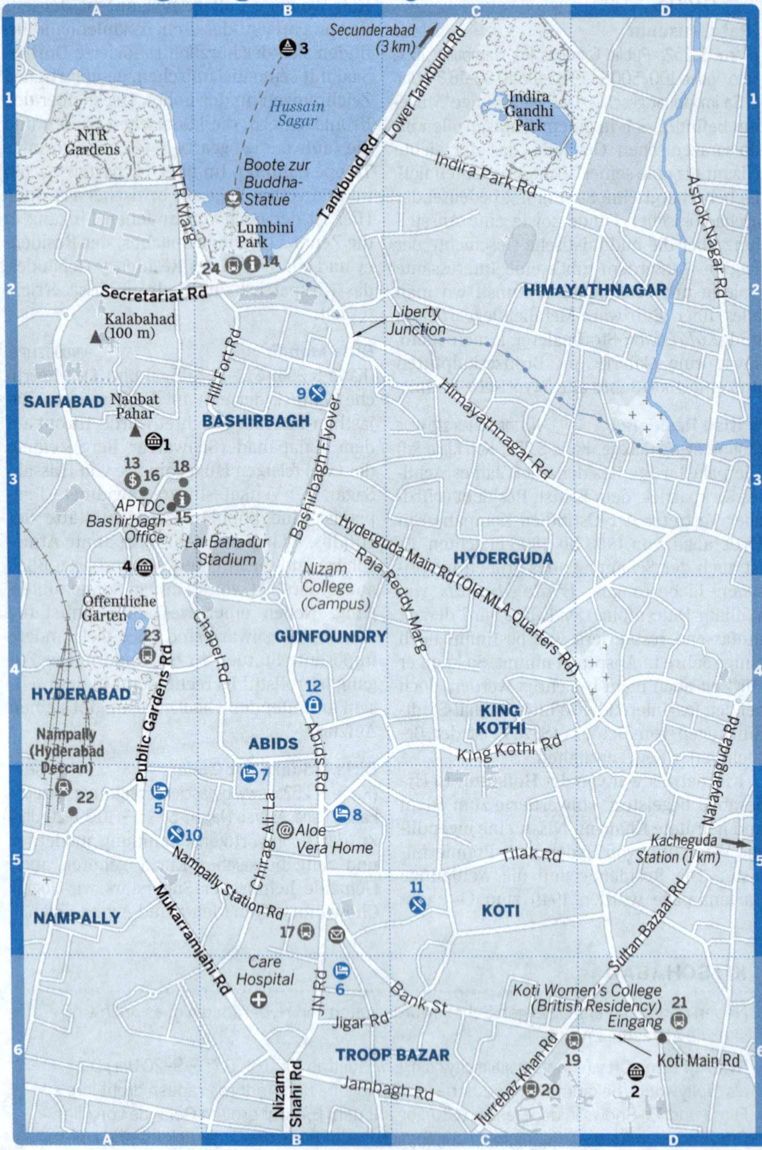

Banjara Hills

★Lamakaan KULTURZENTRUM

(Karte S. 256; ☎9642731329; www.lamakaan.com; beim JVR Park, Banjara Hills; ⊙Di–So 10–22.30 Uhr) Das gemeinnützige „allumfassende Kulturzentrum“ steht allen offen, und so findet hier auch alles statt: Theater, Kino, Musicals, Ausstellungen, Biomärkte und Lesungen. Außerdem gibt es ein tolles iranisches Café mit preiswertem Tee, Snacks und kostenlosem WLAN. Das Kulturzentrum befindet sich in einer Nebenstraße der Road No 1.

Abids & Umgebung

Sehenswertes

1 Birla Modern Art Gallery A3
2 British Residency D6
3 Buddha-Statue & Hussain Sagar B1
4 State Museum A3

Schlafen

5 Hotel Rajmata A5
6 Hotel Suhail B6
7 Royalton Hotel B5
8 Taj Mahal Hotel B5

Essen

Dakshina Mandapa .... (siehe 8)
9 Gufaa B3
10 Kamat Hotel A5
11 Santosh Dhaba C5

Shoppen

12 Bidri Crafts B4

Praktisches

13 State Bank of India A3
14 Telangana Tourism B2
15 Telangana Tourism A3

Transport

16 Air India A3
17 Bushaltestelle GPO Abids B5
18 Jet Airways A3
19 Busbahnhof Koti C6
20 Bushaltestelle Koti C6
21 Busbahnhof Koti Women's College D6
22 Nampally Reservation Complex A5
23 Bushaltestelle Public Gardens A4
24 Bushaltestelle Secretariat (Pushpak) B2

Kalakriti Art Gallery GALERIE
(Karte S. 256; www.kalakritiartgallery.com; Rd No 10, Banjara Hills; 11–19 Uhr) GRATIS In einer der besten Galerien für zeitgenössische Kunst finden ausgezeichnete Ausstellungen statt, die führende indische Künstler präsentieren und manchmal auch in Zusammenarbeit mit der Alliance Française und dem Goethe-Institut zustande kommen.

Weitere Sehenswürdigkeiten

★ **Golconda Fort** FESTUNG
(Inder/Ausländer 20/200 ₹, 1 Std. Sound-and-Light-Show 140 ₹; 9–17.30 Uhr, englischsprachige Sound-and-Light-Show Nov.–Feb. 18.30, März–Okt. 19 Uhr) Die beeindruckendste Sehenswürdigkeit von Hyderabad liegt am Westrand der Stadt. Im 16. Jh. bauten die Qutb-Shah-Herrscher Golconda als befestigte Zitadelle auf einen 120 m hohen Granithügel. Sie umgaben sie mit mächtigen Festungsmauern, die wiederum von mehreren Ringen aus mit Zinnen versehenen Mauern umgeben waren, sodass die Festung einen Gesamtdurchmeser von 11 km erreichte. Von der Festung hat man einen tollen Blick auf die staubigen Ausläufer des Dekkan-Plateaus sowie Qutb-Shah-Herrscher über die verfallenen äußeren Festungsmauern und Kuppeln der Grabmäler der Qutb-Shahi-Sultane bis hin zu den Elendsvierteln am weit entfernten Stadtrand.

Als die Qutb-Shah-Herrscher kamen, existierte Golconda Fort bereits mindestens 300 Jahre unter der Herrschaft der Kakatiyas und des Bahmani-Sultanats. Es war für seine Diamanten berühmt, die hauptsächlich im Krishna-Flusstal abgebaut wurden, aber hier geschnitten und gehandelt wurden. Die Qutb Shahs zogen 1591 in ihre neue Stadt Hyderabad, behielten Golconda jedoch solange als Zitadelle, bis der Großmogul Aurangzeb sie 1687 nach jahrelanger Belagerung, die mit der Herrschaft der Qutb Shahi endete, übernahm.

Die massiven Tore des Forts waren mit Eisendornen besetzt, um Kriegselefanten abzuwehren. Im Inneren sorgten glasierte, unterirdisch verlaufende Tonrohre für eine zuverlässige Wasserversorgung der Bewohner. Parallel garantierte die hervorragende Akustik, dass selbst die leisesten Geräusche am Eingang im ganzen Festungskomplex zu hören waren.

Man sollte sich ein paar Stunden Zeit nehmen, um alles zu erkunden. Guides verlangen mindestens 600 ₹ für eine 90-minütige Tour. Für 20 ₹ sind kleine Übersichtsbroschüren erhältlich. Hinter dem Zitadellentor führt ein Weg gegen den Uhrzeigersinn durch die Gärten, vorbei an eher unbedeutenden Gebäuden und hinauf auf den Hügel mit dem aktiven Hindu-Tempel Jagadamba Mahakali und dem dreistöckigen Durbar-Saal. Von hier hat man einen schönen Rundumblick. Dann geht es hinunter zu den alten Palastgebäuden im südöstlichen Teil des Forts und vorbei an der eleganten, dreibogigen Taramati-Moschee zurück zum Eingang.

Golconda liegt ca. 10 km westlich von Abids oder dem Charminar: Eine einfache Fahrt mit einem Uber-Taxi oder Auto kostet 250 ₹. Die Busse 65G und 66G fahren stündlich vom Charminar über das Hauptpostamt (GPO) Abids nach Golconda. Die Fahrt dauert etwa eine Stunde.

★ **Qutb Shahi Tombs** HISTORISCHE STÄTTE
(Tolichowki; Inder/Ausländer 15/100 ₹, Foto/Video 50/100 ₹; ⌚Sa–Do 9.30–17.30 Uhr) Die 21 prachtvollen Kuppelgrabmäler aus Granit stehen zusammen mit fast ebenso vielen Moscheen in einem herrlichen Landschaftsgarten 2 km nordwestlich des Golconda Fort, wo viele der hier Begrabenen den größten Teil ihres Lebens verbrachten. Neben sieben der acht Herrscher der Qutb-Dynastie sind hier auch Familienangehörige, Ärzte, Höflinge und sonstige Begünstigte begraben. In der Ausstellung neben dem Eingang findet man nützliche Erläuterungen und auch Infos über die geplante Renovierung der Gebäude und die Umwandlung in ein Freilichtmuseum.

Die riesigen Kuppeln der Grabmäler ruhen auf würfelförmigen Sockeln, von denen viele mit schönen Säulen und feinen Stuckarbeiten verziert sind. Eines der schönsten ist das 42 m hohe Grabmal von Mohammed Quli, dem Gründer von Hyderabad. Mit Blick auf Golconda steht es auf einer Plattform am Rand der Anlage.

Die Gräber sind etwa 2 km vom Golconda Fort entfernt, eine Autorikscha oder ein Uber-Taxi hierher kostet 30 ₹.

Paigah-Gräber HISTORISCHE STÄTTE
(Santoshnagar; ⌚9.30–17.00 Uhr) GRATIS Die aristokratischen Paigahs, angeblich Nachfahren des zweiten Kalifen, waren treue Anhänger der Nizams und dienten ihnen als Staatsmänner, Philanthropen und Generäle. Die Nekropole der Paigah-Familie liegt in einem ruhigen Viertel 4 km südöstlich vom Charminar. Es ist eine kleine Ansammlung exquisiter Mausoleen aus Marmor und Kalksteinstuck. Die Gräber befinden sich am Ende einer kleinen Gasse gegenüber vom Owaisi Hospital in der Inner Ring Rd. Der Weg ist ausgeschildert.

Der Komplex umfasst 27 Marmorgräber, die von kunstvoll gemeißelten Wänden und Säulen sowie beeindruckend filigran gearbeiteten Paravents mit geometrischen Mustern geprägt sind. Auf ihnen thronen hohe, graziöse Türmchen. Am Westende spiegelt sich die stattliche Moschee im großen, für religiöse Waschungen vorgesehenen Wasserbecken.

Moula Ali Dargah ISLAMISCHE STÄTTE
Am Nordostrand der Stadt befindet sich der eindrucksvolle Felshügel Moula Ali mit schöner weiter Aussicht und einer kühlen Brise. Oben angekommen (500 Stufen) findet sich ein *dargah* (Schrein eines Sufi-Heiligen), der den Handabdruck Alis, des Schwiegersohns des Propheten Mohammed, enthalten soll. Die angeblich heilenden Eigenschaften des *dargah* machen aus diesem Ort eine Wallfahrtsstätte für Kranke.

Normalerweise dürfen Besucher nur anlässlich des im Muharram stattfindenden dreitägigen Moula-Ali-*urs*-Fests in den *dargah*, dessen Inneres von Tausenden von Minispiegeln bedeckt ist. Das Äußere kann man aber jederzeit bewundern.

Der Moula-Ali-Hügel erhebt sich 9 km nordöstlich von Secunderabad. Ein Uber-Taxi kostet ca. 250 ₹. Alternativ kann man Bus 16A oder 16C von der Rathifile-Bushaltestelle zur ECIL-Bushaltestelle nehmen und dort für die verbleibenden 2 km in eine Autorikscha umsteigen.

Buddha-Statue & Hussain Sagar BUDDHISTISCHES DENKMAL
(Karte S. 252; Fähre Erw./Kind 55/35 ₹) Auf einer Säule mitten im Hussain Sagar, einem von den Qutb Shah künstlich angelegten See, steht eine riesige, 18 m hohe Buddha-Statue aus Stein. Die nachts herrlich angestrahlte Statue wurde 2006 vom Dalai Lama gestiftet.

Alle 30 Minuten legen die Fähren in der Eat Street (⌚15–20 Uhr) und im beliebten Lumbini Park (Eintritt 10 ₹; ⌚9–21 Uhr) ab. Von der Tankbund Road am Ostufer des Sees hat man den besten Blick auf die Statue.

Aktivitäten

Blue Cross of Hyderabad FREIWILLIGENARBEIT
(☎9642229858; www.bluecrosshyd.in; Rd No 35, Jubilee Hills; ⌚9–17 Uhr) In dem großen Schutzzentrum werden gerettete Tiere untergebracht sowie streunende Hunde geimpft und sterilisiert. Freiwillige können sich im Zentrum selbst (Tiere pflegen und füttern), im Betreuungszentrum (Hunde ausführen und erziehen) oder im Büro nützlich machen. Die Arbeitszeit sollte mindestens 20 Stunden betragen.

Geführte Touren

★ **Detours** FÜHRUNGEN
(☎9000850505; www.detoursindia.com; 3-stündige Stadtführung 2500 ₹/Pers.) Die hervorragenden kulturellen Touren werden von der mitreißenden, sehr kompetenten Jonty Rajagopalan und einer Handvoll Mitarbeitern durchgeführt. Bei den Touren, die in die wenig bekannten Ecken von Hyderabad und Warangal sowie zu Märkten führen, erfährt

man auch viel über Religion, Essen und traditionelles Handwerk. Ebenfalls im Angebot sind Kochkurse und Verkostungen.

★ **Heritage Walks** SPAZIERGÄNGE
(Karte S. 250; ☎9849728841; www.telanganatourism.gov.in/heritagewalks; 50 ₹/Pers.; ⏲So & jeden 2. Sa 7.30–9 Uhr) Die sehr informativen (und unglaublich preiswerten) Stadtführungen beginnen beim Charminar und enden beim Chowmahalla Palace. Begründet wurden sie vom Architekten und Historiker Madhu Vottery, der sie zuweilen auch noch selber durchführt. Im Preis enthalten ist ein Frühstück.

SIA Photo Walks STADTSPAZIERGÄNGE
(☎8008633354; http://siaphotography.in/tours; Gruppen ab 300 ₹) Die ausgezeichneten Fotosafaris durch die Stadt werden vom kompetenten Stadtführer und erfahrenen Fotografen Saurabh Chatterjee geleitet. Auch wer nur mit dem Handy fotografiert, kann von seiner Erfahrung profitieren.

Telangana Tourism GEFÜHRTE TOUREN
(☎1800 42546464; www.telanganatourism.gov.in) Im Angebot sind der Wochenendausflug „Nizam Palace" zum Chowmahalla Palace, Falaknuma Palace und Golconda Fort (mit Sound-and-Light-Show) für 3100/2000 ₹ mit/ohne High Tea im Falaknuma Palace. Außerdem gibt es täglich Bustouren zu den Sehenswürdigkeiten der Stadt (ab 350 ₹ zuzüglich Eintritt) und zur Sound-and-Light-Show im Golconda Fort. Buchungen sind in jedem Büro von Telangana Tourism (S. 255) möglich.

Kurse

Vipassana International Meditation Centre GESUNDHEIT, WELLNESS
(Dhamma Khetta; ☎040-24240290; www.khetta.dhamma.org; Nagarjuna Sagar Rd, bei Km 12,6) Die zehntägigen Intensivkurse in stiller Meditation (10 Std./Tag) finden auf einem friedlichen Gelände 20 km außerhalb von Hyderabad statt. Gebucht wird per Internet. Es werden keine Teilnehmergebühren verlangt, sondern jeder gibt, was er will und kann.

Feste & Events

Pandit Motiram–Maniram Sangeet Samaroh MUSIK
(⏲Nov.) Bei dem viertägigen Festival, das nach zwei berühmten Musikern der indischen Klassik benannt ist, wird die Musik der Hindustani gefeiert. Veranstaltungsort ist der Chowmahalla Palace.

PREISKATEGORIEN: SCHLAFEN

Die folgenden Preisklassen beziehen sich auf ein Doppelzimmer mit Bad.

$ unter 1500 ₹

$$ 1500–4000 ₹

$$$ über 4000 ₹

Schlafen

Das Viertel Abids in der Innenstadt liegt sehr günstig zum Bahnhof Nampally und zur Altstadt. Weitläufiger und grüner ist das etwa 4 km nordwestlich von Abids entfernte Mittelklasseviertel Banjara Hills.

Neben dem sehr luxuriösen Taj Falaknuma Palace (S. 257) gibt es in in Banjara Hills noch drei weitere Luxushotels der noblen Taj Group: das feudale **Taj Krishna** (Karte S. 256; ☎040-66662323; www.tajhotels.com; Rd No 1; EZ/DZ ab 8700/9300 ₹; ❄@📶🏊), das schicke **Taj Deccan** (Karte S. 256; ☎040-66669999; www.tajhotels.com; Rd No 1; EZ/DZ ab 7540/7980 ₹; ❄@📶🏊) und direkt am See das **Taj Banjara** (Karte S. 256; ☎040-66669999; www.tajhotels.com; Rd No 1; EZ/DZ ab 8970/10 280 ₹; ❄@📶🏊).

Golden Glory Guesthouse PENSION **$**
(Karte S. 256; ☎040-23554765; www.goldenglory guesthouse.com; an Rd No 3, Banjara Hills; EZ/DZ inkl. Frühstück 1100/1300 ₹, mit Klimaanlage 1300/1700 ₹; ❄📶) Trotz der tollen Lage im noblen Banjara Hills ist die Pension recht preiswert. Die Zimmer sind einfach, aber sauber und teilweise mit Balkon. In der Nähe gibt es jede Menge Cafés und Restaurants. Kostenloses WLAN ist überall verfügbar, und das Personal bemüht sich sehr um die Gäste.

Hotel Rajmata HOTEL **$**
(Karte S. 252; ☎040-66665555; www.hotelrajmata.chobs.in; Public Gardens Rd; EZ/DZ 850/1200 ₹, mit Klimaanlage 2250/2400 ₹; ❄📶🏊) Das alteingesessene, sehr beliebte Hotel ist nur 250 m vom Bahnhof Nampally entfernt, jedoch von der geschäftigen Hauptstraße etwas zurück versetzt, sodass es relativ ruhig ist. Die Standardzimmer sind veraltet, aber geräumig, die Zimmer mit Klimaanlage zwar angenehm kühl, aber überteuert. Zimmerservice gibt es rund um die Uhr.

Hotel Suhail HOTEL **$**
(Karte S. 252; ☎040-24610299; www.hotelsuhail.in; Troop Bazar; EZ/DZ/3BZ ab 700/850/1200 ₹,

Banjara Hills

mit Klimaanlage 1200/1400/1700 ₹; ❄@📶) Gutes Preis-Leistungs-Verhältnis mitten im Geschehen, aber nicht sonderlich sauber. Das Personal ist freundlich, die großen, ruhigen Zimmer haben teilweise einen Balkon, und es gibt warmes Wasser. Das Hotel liegt versteckt in einer Nebenstraße der Bank Street.

Fresh Living APARTMENTS $$
(Karte S. 256; ☎9849563056; www.freshlivingrooms.in; 61 Banjara Green Colony, Rd No 12; ⊙DZ 2166 ₹, Apt. ab 5130 ₹; ❄@📶) Das moderne Apartmenthotel in guter Lage an der Road No 12 hat schöne, gemütliche Zimmer und geräumige Apartments für bis zu neun Personen, die ideal für Familien sind. Frühstück ist im Preis inbegriffen

Raj Classic Inn HOTEL $$
(Karte S. 261; ☎040-27815291; rajclassicinn@gmail.com; 50 MG Rd, Secunderabad; EZ/DZ inkl. Frühstück ab 1630/2050 ₹; ❄📶) Ein wirklich gutes Hotel mit schönen, sauberen und großzügigen Zimmern sowie freundlichem, überaus höflichem Personal. Allerdings ist es recht laut, da es an einer viel befahrenen Straße liegt (dafür ist es nur eine kurze Rikschafahrt vom Bahnhof Secunderabad entfernt). Im Hotel befindet sich das sehr gute vegetarische Restaurant Chilly's.

Treebo GN International HOTEL $$
(Karte S. 261; ☎9322800100; www.treebo.com; Padmarao Nagar; Zi. 2660 ₹; ❄📶) Die Zimmer hier sind sehr modern und haben absolut zuverlässiges WLAN. Ein hoteleigenes Restaurant gibt es nicht, doch das Hotel ist in der Nähe des Bahnhofs Secunderabad, in dessen Umgebung sich viele Restaurants befinden. Die Budgetkette Treebo betreibt noch gut ein Dutzend weiterer Hotels in Hyderabad.

Taj Mahal Hotel HOTEL $$
(Karte S. 252; ☎040-24758250; www.hoteltajmahalindia.com; Abids Rd; EZ/DZ inkl. Frühstück 1840–3010 ₹, 2620–3250 ₹; ❄📶) Im ursprünglichen Gebäude von 1924, das immer

Banjara Hills

Highlights
1 Lamakaan ... B2

Sehenswertes
2 Birla Mandir ... D4
3 Kalakriti Art Gallery ... B3

Schlafen
4 Fortune Park Vallabha ... A3
5 Fresh Living ... A3
6 Golden Glory Guesthouse ... B2
7 GreenPark ... C1
8 Marigold ... C1
9 Taj Banjara ... C3
10 Taj Deccan ... C3
11 Taj Krishna ... C3

Essen
12 Barbeque Nation ... C3
13 Chutneys ... C2
Deli 9 ... (siehe 14)
Firdaus ... (siehe 11)
14 Fusion 9 ... C3
Gallery Cafe ... (siehe 3)
15 Paradise ... D3
16 Utupura ... B3

Ausgehen & Nachtleben
17 Kismet ... D2
18 OCD ... B2
19 Vertigo ... B4

Unterhaltung
20 Ravindra Bharathi Theatre ... D4

Shoppen
21 Fabindia ... B2
22 GVK One ... C2
23 Himalaya Book World ... C2
24 Suvasa ... A3

Praktisches
25 Citibank (Geldautomat) ... C3
Citibank (Geldautomat) ... (siehe 22)
26 Citibank (Geldautomat) ... C3
Indiatourism ... (siehe 27)
27 Telangana Tourism ... C1

Transport
28 Bushaltestelle AC Guards (Pushpak) ... C4
29 Bushaltestelle Paryatak Bhavan (Pushpak) ... C1

noch die vornehme Atmosphäre von damals ausstrahlt, sind die Rezeption und ein paar Zimmer untergebracht. Allerdings sind nur die „heritage rooms" wirklich schön, die anderen sind sehr schlicht und einfach. Der Großteil der Zimmer befindet sich jedoch in einem modernen, funktionalen Nebengebäude. Das Personal ist zwar sehr hilfsbereit, doch die wenigen Annehmlichkeiten wie (unzuverlässiges) WLAN sind in schlechtem Zustand und das ganze Haus sollte dringend modernisiert werden. Es liegt jedoch sehr günstig und ist deshalb ideal für alle, die den ganzen Tag auf Besichtigungstour sind.

★ Taj Falaknuma Palace HISTORISCHES HOTEL $$$
(040-66298585; www.tajhotels.com; Engine Bowli, Falaknuma; EZ/DZ ab 37 800/40 780 ₹;) Die ehemalige Residenz des sechsten Nizam ist heute eines der eindrucksvollsten Hotels in ganz Indien. In dem neoklassizistischen Palast von 1884, der zur Taj-Gruppe gehört, sind die Zimmer noch mit den alten, geprägten Ledertapeten und Deckenumrandungen aus 24-karätigem Gold ausgestattet. So sind nicht nur die Zimmer, sondern das ganze Hotel unglaublich luxuriös und opulent.

Die Terrasse des Jade Room steht auch Nicht-Gästen zum Mittag- oder Abendessen und zum High Tea (2340 ₹) offen. Alle Gäste (und auch die Restaurantbesucher) werden kostenlos durch den Palast geführt. Den Tisch muss man zwei Tage im Voraus reservieren, um am Tor der 1,2 km langen Auffahrt durchgelassen zu werden.

Marigold HOTEL $$$
(Karte S. 256; 040-67363636; www.marigoldhotels.com; Ameerpet Rd, Greenlands; EZ/DZ inkl. Frühstück ab 6920/7970 ₹;) Das Marigold ist ebenso stylisch wie funktional. Die Zimmer sind schön eingerichtet, aber trotz des vielen Golds, der kühl-neutralen Farbtöne und den frischen Blumen nicht überladen. Das hoteleigene Restaurant Mekong bietet gute Thai-Küche. Auch der Swimmingpool auf dem Dach ist super.

Fortune Park Vallabha HOTEL $$$
(Karte S. 256; 040-39884444; www.fortunehotels.in; Rd No 12, Banjara Hills; EZ/DZ inkl. Frühstück ab 5180/6300 ₹;) Das Hotel in guter Lage hat große, moderne Zimmer mit Buntglaseinsätzen, viele auch mit Balkon. Der Zimmerservice ist nicht zu teuer, und das südindische Essen sowie das Frühstücksbüfett sind ausgezeichnet.

Royalton Hotel HOTEL $$$
(Karte S. 252; 040-67122000; www.royaltonhotel.in; Fateh Sultan Lane, Abids; EZ/DZ inkl. Frühstück

ab 4460/4750 ₹; ❄📶) Das Royalton, das mit seinem riesigen schwarzen Kronleuchter in der Lobby und den verspiegelten Fahrstühlen auch in Manhattan stehen könnte, liegt in einem relativ ruhigen Teil von Abids. Die Zimmer sind mit geschmackvollen Textilien ausgestattet, haben verglaste Duschen sowie Tee- und Kaffeemaschinen. Hier bekommt man nur Vegetarisches und keinen Alkohol.

GreenPark HOTEL $$$
(Karte S. 256; ☎040-66515151; www.hotelgreenpark.com; Ameerpet Rd, Greenlands; EZ/DZ inkl. Frühstück ab 5320/6550 ₹; ❄@📶) Schon die guten Standardzimmer haben einen schicken Schreibtisch, Holzfußboden und Kunst an den Wänden, die nobleren Zimmer sind dagegen ihr Geld nicht wert. Das Personal ist sehr aufmerksam, und das hoteleigene Restaurant Once Upon a Time ist ausgezeichnet.

Essen

Am frühen Abend sollte man an den Straßenständen unbedingt einmal *mirchi bhajji* (Chili-Krapfen) mit Tee probieren, denn in Hyderabad werden sie auf eine ganz eigene Art zubereitet: Die entkernten Chilischoten werden mit Tamarinde, Sesam und Gewürzen gefüllt, mit Kichererbsen paniert und dann frittiert.

„Meals" (Mahlzeiten) sind hier übrigens einfach Thalis.

Altstadt & Abids

Govind Dosa STREET FOOD $
(Karte S. 250; Charkaman; Snacks 40–100 ₹; ⏲6–12 Uhr) Zu dem Stand an einer Straßenecke kommen die Einheimischen besonders gern zum Frühstück, um die köstlichen Dosas (z. Bsp. mit Butterkäse), *idlis* (runde, weiche Kuchen aus fermentiertem Reis) und *tawa idlis* (mit viel Chilipulver und anderen Gewürzen) zu genießen. Hier ist immer viel los, aber das Warten lohnt sich.

Nimrah CAFÉ $
(Karte S. 250; Charminar; Backwaren 3–12 ₹; ⏲5.30–23 Uhr) Das traditionelle iranische Café befindet sich fast direkt unter den Charminar-Bögen und ist immer rappelvoll. Zu den unterschiedlichsten Teesorten gibt es superleckere iranische Backwaren. Der absolute Klassiker sind die Osmania-Kekse (zarte Butterkekse), aber auch alles andere, wie Hefegebäck oder Pflaumenschnitten, schmeckt hervorragend.

Santosh Dhaba NORDINDISCH $
(Karte S. 252; Hanuman Tekdi Rd, Nähe Bank St, Abids Circle; Hauptgerichte 140–170 ₹; ⏲11–1 Uhr) Die leckeren nordindischen Klassiker (wie das Panir-Butter-Masala), tollen Rotis und Naans sowie einige chinesische Gerichte hier sind alle rein vegetarisch. Zudem ist es preiswert, der Service ist flink und der Speiseraum oben ist klimatisiert.

Kamat Hotel SÜDINDISCH $
(Karte S. 252; Nampally Station Rd; Hauptgerichte 110–185 ₹; ⏲7–22 Uhr) Köstliches südindisches Essen in gleichbleibend guter Qualität und zu vernünftigen Preisen. Es bietet auch gutes Frühstück und ein schnelles Mittagessen, wie *idli* oder *masala vada* (scharfe, frittierte Linsenküchlein). Ein größeres Restaurant mit Klimaanlage gibt es in Saifabad und zwei weitere in Secunderabad.

★ **Shah Ghouse Cafe** HYDERABAD-KÜCHE $$
(Shah Ali Banda Rd; Hauptgerichte 120–240 ₹; ⏲5–1) Im Ramadan bilden sich hier immer lange Schlangen, denn die Einheimischen wissen die berühmte Fastensuppe *haleem* (dünner, gut gewürzter Weizenmehlbrei mit Ziegen-, Hühnchen- oder Rindfleisch und Linsen) zu schätzen. Zu jeder Jahreszeit zu empfehlen sind die Biryanis. Eine gewisse Atmosphäre sucht man hier allerdings vergeblich: Das gute, deftige, traditionell zubereitete Essen wird in einem schlichten Speiseraum im Obergeschoss serviert. Dazu gibt's leckere Lassis (60 ₹).

Hotel Shadab HYDERABAD-KÜCHE $$
(Karte S. 250; High Court Rd, Charminar; Hauptgerichte 170–350 ₹; ⏲12–23.30 Uhr) Die altmodische Einrichtung des Tanzlokals erinnert an eine Disco der 1970er-Jahre, doch das für Hyderabad typische Essen ist ausgezeichnet. Besonders zu empfehlen sind die Biryanis, Fleischspieße und Schaffleisch in allen Variationen sowie *haleem* im Ramadan. Während das Erdgeschoss fest in männlicher Hand ist, gibt es im Obergeschoss einen klimatisierten Speiseraum für Familien.

Dakshina Mandapa SÜDINDISCH $$
(Karte S. 252; Taj Mahal Hotel, Abids Rd; Hauptgerichte & Thalis 170–240 ₹; ⏲7–22.30 Uhr) Die vegetarische südindische Küche wird in den höchsten Tönen gelobt. Zur Mittagszeit können sich schon mal lange Schlangen bilden, doch dafür wird man mit einem üppigen südindischen Thali belohnt, das aus den verschiedensten Gerichten und Unmengen von Reis besteht. Im klimatisierten Speisesaal

oben gibt es für 320 ₹ ein hervorragendes Mittagsbüfett (12–15.30 Uhr).

Taj Restaurant HYDERABAD-KÜCHE **$$**
(Karte S. 250; Khilwat Rd; Hauptgerichte 100–200 ₹; ⏲10–21 Uhr) Das gut besuchte Restaurant nahe dem Chowmahalla Palace hat sich auf Biryanis und köstliche Hühnchen- und Schafcurrys spezialisiert. Im Obergeschoss gibt's auch einen klimatisierten Raum.

Gufaa NORDINDISCH **$$$**
(Karte S. 252; Ohri's Cuisine Court, Bashirbagh Rd; Hauptgerichte 210–660 ₹; ⏲12–15.30 & 19–23 Uhr) Kebabs, vegetarische Fleischspieße und Currys – im Gufaaa können Traveller authentische nordindische Gerichte essen. Besonders zu empfehlen ist das *mahi* (Fischcurry) und *dal bukhara* (Dal mit Sahne und Tomaten) aus Lahore. Die Ausstattung ist der reine Kitsch: unechte Steinmauern, Pokale und Trinkbecher sowie aufdringliche Zebra- und Leopardenmuster.

Banjara Hills & Jubilee Hills

Gallery Cafe CAFÉ **$$**
(Karte S. 256; http://gallerycafe.in; Rd No 10, Banjara Hills; Thalis 160–210 ₹; ⏲11.30–22.30 Uhr; 📶) Das ruhige Café neben der ausgezeichneten Kalakrit Art Gallery liegt etwas entfernt von der geschäftigen Road No 10 und bietet eine verführerische Auswahl an Kaffee, Sandwiches und Pasta zu vernünftigen Preisen. Mittwochs gibt es oft Stand-up-Comedy oder Kunst- und Musikveranstaltungen.

Chutneys SÜDINDISCH **$$**
(Karte S. 256; Shilpa Arcade, Rd No 3; Hauptgerichte & Thalis 178-272 ₹; ⏲7–23 Uhr; 📶) Das Restaurant ist weithin bekannt für seine südindischen Thalis und leckeren Dosas, *idlis* und *uttapams* (dicke Reispfannkuchen mit fein gehackten Zwiebeln, grünen Chilis, Koriander und Kokos), die den ganzen Tag über serviert werden. Da der scharfe Chili hier nur sparsam eingesetzt wird, kann man unbesorgt die echten „Andhra-Thalis" genießen. Das Lokal mit Kellnern in lila Hemden ist immer gut besucht.

Deli 9 CAFÉ **$$**
(Karte S. 256; www.deli9.in; 1st Ave, Rd No 1, Banjara Hills; Snacks 140–275 ₹; ⏲9–22 Uhr; 📶) Das Café ist vor allem bekannt für seine köstlichen Desserts und Kuchen, bietet aber auch gutes Frühstück, Wraps, Suppen, Quiches, Sandwiches und Crêpes in ruhiger Atmosphäre.

Utupura KERALA-KÜCHE **$$**
(Karte S. 256; Rd No 10, Banjara Hills; Hauptgerichte 110–200 ₹; ⏲Mo–Fr 11.30–16 & 18–22, Sa & So 12–22 Uhr) Das einfache, unscheinbare Restaurant liegt versteckt in einer kleinen Straße westlich des Einkaufszentrums GVK One. Auf den Tisch kommen leckere südindische Klassiker, ein durchschnittliches Thali zur Mittagszeit (ab 180 ₹), Fisch-Currys und *appam* (Reispfannkuchen).

★ **SO – The Sky Kitchen** ASIATISCH, MEDITERRAN **$$$**
(☎040-23558004; www.notjustso.com; Rd No 92, beim Apollo Hospital, Jubilee Hills; Hauptgerichte 375–520 ₹; ⏲12–24 Uhr; 📶) Mit Kerzen und sanfter Hintergrundmusik ist das ruhige Lokal auf dem Dach eines der romantischsten Restaurants der Stadt. Auf der Speisekarte steht eine hervorragend zusammenge-

DIE GUTE KÜCHE HYDERABADS

Hyderabad hat eine ganz eigene Esskultur, und die Einwohner sind stolz darauf und genießen sie gerne. Die Moguln brachten die schmackhaften Biryanis, Fleischspieße und *haleem* (eine dicke Ramadan-Suppe aus gewürztem und zerstoßenem Weizen mit Ziegen-, Hühner- oder Rindfleisch und Linsen) in die Stadt. Hammel (Ziege oder Lamm) ist die klassische Biryani-Basis, aber auch Huhn-, Eier- und Gemüse-Biryanis sind nicht selten. Biryanis werden in Riesenportionen aufgetischt und reichen manchmal für zwei.

Wer während des Ramadan (Ramzan) in Hyderabad ist, sollte nach *bhattis* (Lehmöfen) Ausschau halten. Wahrscheinlich hört man sie, bevor man sie sieht. Männer versammeln sich darum und mahlen einer nach dem anderen mit kräftigen Schlägen das *haleem* in speziell dafür angefertigten Behältnissen. Mit Einbruch der Dunkelheit beginnt dann das ernste Geschäft des Essens. Der Geschmack lohnt die Wartezeit unbedingt.

Die Andhra-Küche, die sowohl aus Telangana als auch aus Andhra Pradesh kommt, ist curry- und reislastiger. Die Gerichte enthalten oft Kokos- und/oder Cashew-Aromen und sind in ganz Indien für ihre würzige Schärfe berühmt. Vegetarier kommen hier voll auf ihre Kosten, aber es gibt auch viele Fisch-, Meeresfrüchte- und Fleischgerichte.

stellte Mischung aus asiatischen und mediterranen Gerichten, die alle sehr gesund und ernährungsbewusst zubereitet werden, denn sie sind meist nur gegrillt, im Ofen gebacken oder kurz gebraten. Das Restaurant liegt 4 km westlich der Road No 1 in Banjara Hills.

Fusion 9 INTERNATIONAL $$$
(Karte S. 256; ☎040-65577722; www.fusion9.in; Rd No 1; Hauptgerichte 425–975 ₹; ⏲12.30–15.30 & 19–23.30 Uhr; 📶) Das Restaurant mit freundlicher Atmosphäre und gemütlicher Einrichtung hat eine der besten internationalen Küchen der Stadt. Und das Essen wird auch sehr kreativ angerichtet. Als Vorspeise empfiehlt sich die weiße Gazpacho und danach der vegetarische marokkanische Tajine-Eintopf mit Zitronencouscous. Sehr beliebt ist auch der Brunch am Sonntag (1188 ₹).

Southern Spice SÜDINDISCH $$$
(Rd No 10, Jubilee Hills; Hauptgerichte 215–485 ₹; ⏲12–15.30 & 19–23 Uhr) Das Restaurant Southern Spice befindet sich jetzt in neuen Räumlichkeiten im wohlhabenden Jubilee Hills im Westen der Stadt. Es ist nicht mehr so gemütlich wie zuvor, serviert aber immer noch leckere Spezialitäten aus dem Süden. Sehr zu empfehlen sind *natu kodi iguru* („ländliches" Hühnchen) und das rein vegetarische Thali (325 ₹).

Firdaus INDISCH $$$
(Karte S. 256; ☎040-66662323; Taj Krishna Hotel, Rd No 1; Hauptgerichte 520–1180 ₹; ⏲12.30–15 & 19.30–23.30 Uhr; 📶) Das schicke Hotelrestaurant bietet tolle Gerichte aus Hyderabad (und ganz Indien) zu Live-*ghazals* (klassische Liebeslieder auf Urdu, die mit Harmonium und Tabla-Trommeln begleitet werden). Hier wird die Fastensuppe *haleem* auch außerhalb des Ramadan serviert, und es gibt gute vegetarische Gerichte.

Barbeque Nation INDISCHE $$$
(Karte S. 256; ☎040-64566692; www.barbeque-nation.com; ANR Centre, Rd No 1; veg./nichtveg. Mittagessen 627/752 ₹, Abendessen 946/1071 ₹; ⏲12–15.30 & 18.30–22.30 Uhr; 📶) Fleischspieße, Currys, Salate und Desserts sowie viele vegetarische und nichtvegetarische Gerichte – das All-you-can-eat-Restaurant lohnt sich vor allem, wenn man so richtig hungrig ist. Je nach Saison und Tageszeit variieren die Preise recht stark. Passend zum Essen werden ausgezeichnete indische Weine angeboten.

Secunderabad

Paradise HYDERABAD-KÜCHE $$
(Persis; Karte S. 261; www.paradisefoodcourt.com; Ecke SD Rd & MG Rd; Biryanis 200–254 ₹; ⏲11.30–23 Uhr) In dieser Gegend ist „Paradise" das Synonym für Biryanis schlechthin. Die Hauptfiliale in Secunderabad hat gleich fünf Speiseräume: vom schönen „roof garden" mit surrenden Ventilatoren bis hin zu klimatisierten Innenräumen (gegen Aufpreis). Ebenfalls im Angebot sind chinesische Gerichte, die jedoch nicht wirklich gut sind.

Eine große, sehr moderne **Filiale** (Karte S. 256; ☎040-67408400; NTR Gardens; Hauptgerichte 200–378; ⏲11–23 Uhr) befindet sich in der Nähe von Abids und Banjara Hills, doch sind die Biryanis dort recht fade.

Andere Stadtviertel

★ **Dhaba By Claridges** MODERN INDISCH $$$
(☎040-29706704; www.dhababyclaridges.com; Western Pearl Bldg, Survey 13, Kondapur; Hauptgerichte 265–445 ₹; ⏲12–23.30 Uhr; 📶) Das lässig-hippe Lokal in Hi-Tech City bietet modernes nordindisches Street Food (ganz ohne Abgase und Verkehrslärm). Die ziemlich schräge Innenausstattung besteht aus Wandmalereien im Bollywood-Stil und leuchtend bunten Farben. Die Cocktails des Hauses sind fantastisch und die „Da Lunch Bomb" für 599 ₹ ist ein tolles All-you-can-eat-Angebot.

Ausgehen & Unterhaltung

In Hyderabad gibt es keine nennenswerte Kneipenszene, und aufgrund der örtlichen Schankgesetze werden in den meisten Bars auch nur alkoholfreie Cocktails gemixt. Ein paar neue, interessante Kneipen gibt es westlich des Stadtzentrums in den grünen Stadtvierteln Banjara Hills und Jubilee Hills. Dort findet man auch zahlreiche gute Dachrestaurants.

★ **Prost Brewpub** KLEINBRAUEREI
(www.prost.in; 882/A Rd No 45, Jubilee Hills; ⏲12–24 Uhr; 📶) Das kleine, äußerst beliebte Brauereipub schenkt fünf Biere vom Fass aus, darunter ein englisches Ale und ein Starkbier, und auch Cidre. Das Lokal ist in unterschiedliche Bereiche unterteilt, die alle sehr stilvoll beleuchtet sind. Außerdem gibt es einen riesigen Außenbereich und eine ellenlange Speisekarte mit östlichem und westlichem Kneipenessen. An Wochenenden ist es

Secunderabad

Secunderabad

Aktivitäten, Kurse & Touren
APTDC Secunderabad Office .... (siehe 6)

Schlafen
1 Raj Classic Inn B2
2 Treebo GN International D2

Essen
3 Paradise B1

Shoppen
4 Malkha B1

Praktisches
5 Telangana Tourism D2
6 Telangana Tourism B1

Transport
7 Bushaltestelle Rathifile D2
8 Bushaltestelle Secunderabad (Pushpak) D2
Bushaltestelle Secunderabad Junction .... (siehe 5)
Secunderabad Reservation Complex .... (siehe 7)

immer sehr voll. Gelegentlich gibt es Comedy-Abende oder DJs legen auf.

★ MOB
BAR

(www.facebook.com/itismob; Aryan's, Rd No 92, beim Apollo Hospital, Jubilee Hills; ⌚12–23.30 Uhr; 📶) In der schicken, aber sehr gemütlichen belgischen Bierkneipe trifft sich ein äußerst gemischtes Publikum jedweden Geschlechts und Alters. Die „beer platter" besteht aus vier Bierproben, zum Mittagsmenü ((799 ₹) gibt's ein Bier vom Fass. Jeden Samstagabend treten Live-Bands auf. Die Bar ist in einer Nebenstraße am südlichen Rand des KBR National Park, 4 km westlich der Road No 1 in Banjara Hills.

Vertigo
BAR

(Karte S. 256; www.vertigothehighlife.in; 5. Stock, Shiv Shakti Tower, Rd No 12; ⌚11–24 Uhr) Die Bar auf dem Dach hat eine großartige Terrasse mit eleganten Sitzmöbeln und Innenräume, in denen Livemusik gespielt wird und DJs auflegen. Im Speiseraum wird nordindisches, chinesisches und westliches Essen serviert, und es wird auch Alkohol ausgeschenkt (sehr gute Cocktails für rund 400 ₹). Die Bar ist gegenüber dem Supermarkt Ratnadeep.

Coffee Cup
CAFÉ

(☎040-40037571; www.facebook.com/thecoffeecupp; E 89, an der 5th Crescent Rd, Sainikpuri, Secunderabad; ⌚9–23.30 Uhr; 📶) Das ausgezeichnete Café mitten im Stadtviertel zieht vor allem die Künstlerszene im Osten der Stadt an. Es gibt eine interessante Auswahl feinsten Kaffees (wie z. Bsp. Ethiopian Khawa) und Tees sowie Snacks und kleine Gerichte. Freitags ist zumeist Stand-up Comedy angesagt. Das Café ist über der Canara Bank.

OCD
CAFÉ

(Karte S. 256; Rd No 5, Banjara Hills; ⌚10–22 Uhr) Das OCD (für „Obsessive Coffee Disorder") ist in einer ruhigen Straße des grünen Viertels Banjara Hills und hat eine abgefahrene Einrichtung, einen Billardtisch und eine Terrasse zum Shisha rauchen. Hier trifft sich die modebewusste Szene zu ordentlichem Knei-

CHARMINAR-MÄRKTE

Hyderabader und Besucher jeder Couleur strömen zum Herumstöbern, Kaufen und Bummeln in das Gassengewirr rund um den Charminar. Die breite Straße Patthargatti, die vom Fluss Musi dorthin führt, ist gesäumt von Geschäften, die Kleidung (vor allem Hochzeitskleidung), Parfüm und die berühmten Hyderabader Perlen verkaufen. Der **Laad Bazar** (Karte S. 250; ⏲10–20.30 Uhr) erstreckt sich vom Charminar in Richtung Westen. Er ist berühmt für seine Geschäfte mit glänzenden Armreifen: Lackarmreifen aus harzartigen Insektensekreten mit farbenfroher Perlen- oder Steinschicht sind typisch für Hyderabad. Auf dem Laad Bazar findet man außerdem Parfüms, Hochzeitsartikel und Textilien.

Der Laad Bazar öffnet sich zum **Mehboob Chowk** (Karte S. 250), einem Platz mit Geschäften, die antiquarische Bücher und Antiquitäten verkaufen, einem Viehmarkt an der Südseite und dem **Chiddi Bazar** (Karte S. 250; ⏲7–19 Uhr), einem Markt mit exotischen Vögeln direkt südwestlich.

Etwas weiter im Norden ist der **Patel-Markt** (Karte S. 250; ⏲ca. 11–20 Uhr), auf dem Textilien verkauft werden. Gegen 11 Uhr ist in den schmalen Gassen zwischen Patthargatti und Rikab Gunj die Hölle los. Noch etwas weiter nördlich an der Patthargatti-Seite werden auf dem Großhandelsmarkt **Mir Alam Mandi** (Karte S. 250; Patthargatti Rd; ⏲6.30–18.30 Uhr) täglich von 6.30 bis 18.30 Uhr frisches Obst und Gemüse angeboten.

penessen (chinesische und westliche Kleinigkeiten), tollen alkoholfreien Cocktails und natürlich hervorragendem Kaffee.

Kismet CLUB

(Karte S. 256; ☎040-23456789; www.theparkhotels.com; The Park, Raj Bhavan Rd, Somajiguda; Eintritt pro Paar 700–2000 ₹; ⏲Mi–So 21–24 Uhr oder später) Der schicke Nobelclub hat gemütliche Sitznischen, eine riesige Tanzfläche und enorm laute Musik. Männer kommen nur in weiblicher Begleitung in den Club. Die Preise sind recht happig (gut 600 ₹ für einen Cocktail), doch das stört das wohlhabende Publikum nicht im geringsten. Die Musik reicht von EDM bis Bollywood.

Ravindra Bharathi Theatre THEATER

(Karte S. 256; ☎040-23233672; www.ravindrabharathi.org; Ladki-ka-pul Rd, Saifabad) Hier finden hochwertige Musik-, Tanz- und Schauspielveranstaltungen sowie Filmvorführungen statt.

Shoppen

Charminar ist das Shopping-Paradies der Stadt: Neben Unmengen von Armbändern und Fußketten gibt es hier hochwertigen Perlen- und Goldschmuck sowie Hausschuhe und Stoffe. Noble Boutiquen und Einkaufszentren befinden sich vor allem in Banjara Hills und den westlichen Vororten.

Bidri Crafts KUNSTHANDWERK

(Karte S. 252; http://bidrihandicraft.com; Gunfoundry, Basheer Bagh; ⏲11–21 Uhr) *Bidri* ist Kunsthandwerk aus Metall, das ursprünglich aus dem Iran stammt und mit kunstvollen Intarsien verziert ist. Das berühmte Familienunternehmen verkauft erstklassige Teller, Vasen, Schüsseln, Schmuckstücke (Ohrringe ab 180 ₹) und Accessoires zu vernünftigen Preisen.

Malkha KLEIDUNG

(Karte S. 261; www.malkha.in; 229, 2. Stock, B Wing, Chandralok Complex; ⏲Mo–Sa 10–21 Uhr) Der Stoff für die hier verkaufte Kleidung wird direkt neben den Baumwollfeldern von Hand gewebt und mit Naturfarben gefärbt. Diese Art der Herstellung schont nicht nur die Umwelt, sondern liegt auch voll und ganz in den Händen der örtlichen Produzenten. Das Ergebnis ist fantastisch, und die tollen Stoffe (ab 320 ₹/m), Tücher und Saris (ab 2200 ₹) können hier zu angemessenen Preisen gekauft werden. Das Geschäft befindet sich gegenüber dem Hotel Paradise.

Fabindia KLEIDUNG

(Karte S. 256; www.fabindia.com; Rd No 9, Banjara Hills; ⏲11–21.30 Uhr) Die schönen Kleidungsstücke für Frauen (und teilweise auch für Männer) bestehen aus traditionell hergestellten Stoffen mit modernen Mustern und Farben. Es werden auch Heimtextilien wie Bettwäsche, Kissenhüllen und *dhurries* (kleine Teppiche) verkauft. Die Preise sind in Ordnung.

Eine weitere **Filiale** (Fateh Maidan; ⏲10.30–20.30 Uhr) ist in Bashirbagh.

Suvasa KLEIDUNG
(Karte S. 256; www.suvasa.in; Rd No 12, Banjara Hills; ⌚11–19.30 Uhr) Die *kurtas* (lange Hemden mit kleinem oder ohne Kragen), weiten *salwar*-Hosen und *dupattas* (Schals) sind alle aus bunt gemusterten Druckstoffen und von guter Qualität. Es gibt auch fantastische Heimtextilien wie Bettwäsche und Tischdecken.

Hyderabad Perfumers PARFÜM
(Karte S. 250; Patthargatti; ⌚Mo–Sa 10–20.30 Uhr) Das in vierter Generation betriebene Familienunternehmen mischt vor Ort für seine Kunden ganz individuelle Parfüms nach deren Wünschen zusammen. Dafür hat es sich auf *ittar* spezialisiert, natürliche Duftöle aus Blüten und Kräutern, deren Preise bei 200 ₹ pro Flasche beginnen und die über 7000 ₹ kosten können.

GVK One EINKAUFSZENTRUM
(Karte S. 256; www.gvkone.com; Rd No 1, Banjara Hills; ⌚11–23 Uhr) In dem noblen Einkaufszentrum befinden sich mehrere gute Bekleidungsgeschäfte, Geldautomaten, ein kleiner Food-Court, einige Cafés und ein Kino.

Himalaya Book World BÜCHER
(Karte S. 256; Panjagutta Circle, Banjara Hills; ⌚10.30–22.30 Uhr) Große Auswahl an Romanen und Sachbüchern von indischen und internationalen Autoren in Englisch. Es gibt noch weitere Filialen in der Stadt.

Praktische Informationen

MEDIZINISCHE VERSORGUNG

Gute Krankenhäuser befinden sich in der **Mukarramjahi Road** (Karte S. 252; ☎040-30417777; www.carehospitals.com) und in der **Road No 1** (Karte S. 256; ☎040-30418888; www.carehospitals.com). Eine ambulante Klinik ist auch in der **Road No 10** (Karte S. 256; ☎040-39310444; 4th Lane).

POST

Hauptpost (Karte S. 252; Abids Circle; ⌚Mo–Sa 8–19, So 10–13 Uhr)

TOURISTENINFORMATION

Indiatourism (Karte S. 256; ☎040-23409199; www.incredibleindia.org; Tourism Plaza, Greenlands Rd; ⌚Mo–Fr 9.30–18, Sa 9.30–13 Uhr) In dem nützlichen Büro sind gute Infos über Hyderabad, Telangana und andere Städte und Gegenden erhältlich.

Telangana Tourism (☎1800 42546464; www.telanganatourism.gov.in; ⌚7–20.30 Uhr) Bei der Touristeninformation können die vom staatlichen Fremdenverkehrsamt angebotenen Touren sowie Stadtführungen und Hotels in Telangana gebucht werden. Weitere Büros befinden sich in **Bashirbagh** (Karte S. 252; ☎040-66745986; Shakar Bhavan; ⌚6.30–20 Uhr), in der **Tankbund Road** (Karte S. 252; ☎040-65581555; ⌚6.30–20 Uhr), **Greenlands Road** (Karte S. 256; ☎040-23414334; Tourism Plaza; ⌚7–20 Uhr), am **Flughafen von Hyderabad** (☎040-24253215), in **Secunderabad** (Karte S. 261; ☎040-27893100; Yatri Nivas Hotel, SP Rd; ⌚6.30–20.30 Uhr) und im **Bahnhof Secunderabad** (Karte S. 261; ☎040-27801614; ⌚10–20 Uhr).

An- & Weiterreise

BUS

Der riesige Busbahnhof **Mahatma Gandhi Bus Station** (MGBS; Imlibun Bus Station; Karte S. 250; ☎040-24614406; ⌚Büros zur Buchung und Reservierung im Voraus 8–22.30 Uhr) ist in der Nähe von Abids. Die klimatisierten Busse von **TSRTC** (Telangana State Road Transport Corporation; ☎1800 2004599; http://tsrtcbus.in) sind wirklich gut. Nach Karnataka sollte man aber mit einem Bus von KSRTC fahren, deren Büro beim Bahnsteig 30 ist. Fast alle Fernbusse fahren abends ab. Bei der Buchung im Voraus sollten Frauen auf einen Sitz im vorderen Teil bestehen, denn diese Plätze sind allein für Frauen reserviert.

Der Busbahnhof **Jubilee** von Secunderabad (Karte S. 261; ☎040-27802203; Gandhi Nagar, Secunderabad) ist wesentlich kleiner, und die regelmäßig verkehrenden Stadtbusse fahren in der St. Mary's Road in der Nähe des Bahnhofs ab. Vom Busbahnhof fahren die Busse in Städte wie Chennai (Madras) und Mumbai sowie in folgende Städte ab:

Bengaluru (Bangalore) normal/Volvo AC/ Sleeper 687 ₹/ab 827/1370 ₹, 8–11 Std., tägl. 19-mal

Vijayawada ohne/mit Klimaanlage 317/437 ₹, 4–6 Std., tägl. 17-mal

Weitere nützliche Bushaltestellen sind die **Haltestelle** in der St. Mary's Rd (Karte S. 261), die **Bushaltestelle Charminar** (Karte S. 250; Shah Ali Banda Rd) in der Altstadt, der **Busbahnhof Koti** (Karte S. 252; Turrebaz Khan Rd), der **Busbahnhof Koti Women's College** (Karte S. 252) und die Bushaltestelle **Rathifile** (Karte S. 261; Station Rd) in Secunderabad.

FLUGZEUG

Der große, moderne und leistungsfähige **Rajiv Gandhi International Airport** (☎040-66546370; http://hyderabad.aero; Shamshabad) von Hyderabad liegt 25 km südwestlich des Stadtzentrums. Von hier starten täglich Direktflüge von **Air India** (Karte S. 252; ☎040-23389711; www.airindia.com; HACA Bhavan, Saifabad; ⌚Mo–Sa 9.30–18 Uhr), **Jet Airways**

BUSSE AB HYDERABAD

ZIEL	PREIS (₹)	DAUER (STD.)	HÄUFIGKEIT
Bengaluru (Bangalore)	687–1040	8–11	9–22.30 Uhr 22-mal
Chennai	694–1191	11–14	18–22.30 Uhr 18-mal
Hospet	522–850	8–11	3- mal tgl.
Mumbai	1070–2550	12–14	14–23.55 Uhr 27-mal
Mysore	1050–1733	11–13	18.30–21.30 Uhr 9-mal
Tirupati	652–1485	16	13.30–22 Uhr alle 30 Min.
Vijayawada	340–480	4–5	5–23.55 Uhr alle 30 Min.
Visakhapatnam	660–1650	11–13	16–23 Uhr stündl.
Warangal	180–240	4	alle 30 Min.

(Karte S. 252; ☎ 020-39893333; www.jetairways.com; Summit Apartments, Hill Fort Rd; ⏲ Mo–Sa 10–18 Uhr) und anderen Fluggesellschaften in mehr als 20 indische Städte sowie zu internationalen Zielen wie Chicago, London, Südostasien und die Golfstaaten.

ZUG

In Hyderabad gibt es drei große Bahnhöfe: Secunderabad, Nampally (offiziell: Hyderabad Deccan) und Kacheguda. Die meisten durchfahrenden Züge halten in Kacheguda.

In den Buchungsbüros von **Nampally** (Karte S. 252; ☎ 040-27829999; Public Gardens Rd; ⏲ Mo–Sa 8–20, So 8–14 Uhr) und **Secunderabad** (Rathifile; Karte S. 261; St John's Rd; ⏲ Mo–Sa 8–20, So 8–14 Uhr), die sich jeweils in einem eigenen Gebäude außerhalb des Bahnhofs befinden, gibt es spezielle Schalter für ausländische Touristen (den Pass und Kopien des Visums mit dem Original mitbringen!). Allgemeine Auskünfte und Infos zum PNR-Status erhält man unter ☎ 139.

Jeden Tag fahren jeweils 12 Züge nach Warangal (Sleeper/3AC/2AC 170/540/735 ₹, 2½ Std.) und Vijayawada (220/650/910 ₹, 6 Std.), zumeist ab Secunderabad.

Unterwegs vor Ort

AUTO

Ein Auto mietet man am besten über das Hotel. Der übliche Preis für einen Kleinwagen mit Klimaanlage und Fahrer beträgt 1200 bis 1500 ₹ pro Tag für Fahrten innerhalb der Stadt (8 Std. und max. 80 km) bzw. 2800 bis 3500 ₹ pro Tag für Fahrten außerhalb der Stadt (bis zu 300 km).

AUTORIKSCHA

Eine kurze Fahrt kostet zwischen 30 und 50 ₹, eine bis zu 4 km lange etwa 120 ₹. Allerdings verwendet kaum ein Fahrer ein Taxameter.

BUS

Die wenigsten Traveller zwängen sich in die Stadtbusse (zumeist 6–12 ₹/Fahrt), wobei es auch für sie einige überaus nützliche Strecken gibt. Infos sind auf www.hyderabadbusroutes.com erhältlich (wenn auch diese nicht immer ganz korrekt sind).

Zu den Stadtbushaltestellen in der Stadt gehören **Afzalgunj** (Karte S. 250), **GPO Abids** (Karte S. 252; JN Rd), **Koti** (Karte S. 250), **Mehdipatnam**, **Public Gardens** (Karte S. 252) und **Secunderabad Junction** (Karte S. 261).

Stadtbuslinien in Hyderabad

BUS NR.	STRECKE
65G, 66G	Charminar–Golconda Fort über Afzalgunj, GPO Abids; jeweils etwa stündl.
49M	Secunderabad Junction–Mehdipatnam über Road No 1 (Banjara Hills); häufig
8A	Charminar–Secunderabad Junction über Afzalgunj, GPO Abids; häufig
40, 86	Secunderabad Junction–Koti Bus Stop; beide häufig
127K	Koti Bus Stop–Jubilee Hills über GPO Abids, Public Gardens, Rd No 1 & Rd No 12 (Banjara Hills); häufig

VOM/ZUM FLUGHAFEN

Bus

Die klimatisierten Pushpak-Busse von TSRTC fahren zwischen 4 und 5 Uhr und um 23 Uhr verschiedene Haltestellen in der Stadt an, darunter:

AC Guards (Karte S. 256; AC Guards Rd) (212 ₹, 2–3 Busse/Std.), etwa 1,5 km von Abids entfernt.

Paryatak Bhavan (Karte S. 256) (265 ₹, etwa 1-mal/Std.), in der Greenlands Rd.

Secretariat (Karte S. 252; NTR Marg) (265 ₹, etwa 1-mal/Std), rund 1,5 km von Abids entfernt.

Secunderabad (Karte S. 261; Rail Nilayam Rd) (265 ₹, 2-mal/Std.)

Die Fahrt vom und zum Flughafen dauert jeweils eine Stunde. Die genauen Abfahrtszeiten erhält man bei **TSRTC** oder auf http://hyderabad.aero.

Taxis

Der Prepaid-Taxistand befindet sich auf der untersten Ebene des Flughafenterminals. Eine Fahrt nach Abids bzw. Banjara Hills kostet zwischen 600 und 750 ₹. **Meru Cabs** (☎ 040-44224422) und **Sky Cabs** (☎ 040-49494949) sind in etwa gleich teuer. Uber ist mit 350 bis 500 ₹ etwas günstiger.

METRO RAIL

Die seit langem geplante und immer wieder verschobene, 72 km lange Schnellbahn soll nun endlich Ende 2017 oder spätesten 2018 in Betrieb gehen. Die Züge der drei Linien werden auf Stelzen hoch über den Straßen in Hyderabad fahren, und es wird insgesamt 66 Haltestellen geben.

TAXIS

In Hyderabad sind Tausende von Uber- und Ola-Taxis unterwegs, die teilweise sogar günstiger als die Autorikschas sind. So kostet eine 3 km lange Fahrt zwischen 80 und 100 ₹.

ZUG

Die in den Vororten verkehrenden **MMTS-Züge** (www.mmtstraintimings.in; 5–10 ₹/Fahrt) sind für Traveller nicht sehr praktisch, doch es gibt auch Züge, die (alle 30–45 Min.) von Hyderabad (Nampally) über Necklace Rd, Begumpet und Hi-Tech City nach Lingampalli fahren. Eine andere Verbindung führt von Falaknuma (südlich der Altstadt) über die Bahnhöfe Kacheguda und Secunderabad ebenfalls nach Lingampalli.

TELANGANA

Bhongir

Die meisten Busse und Züge, die von Hyderabad nach Warangal fahren, halten in Bhongir, 60 km von Hyderabad entfernt. Es lohnt sich auch ein längerer Aufenthalt, um die märchenhafte **Bergfestung** der Chalukya aus dem 12. Jh. zu besichtigen (an der DVK Rd; 5 ₹, Foto 10 ₹; ⌚10–17 Uhr). Sie sitzt auf einem runden, an ein Riesenei erinnernden Felsen am Ostrand der Stadt. Schwere Rucksäcke können im Kartenhäuschen abgegeben werden.

Warangal

☎ 0870 / 633 000 EW.

Warangal war die Hauptstadt des Königreichs der Kakatiya, das sich vom 12. bis Anfang des 14. Jhs. über den größten Teil des heutigen Telangana und Andhra Pradesh erstreckte. Heute gehört die Stadt zu Hanumakonda.

Sehenswertes

In Hanumakonda sind viele alte Tempel erhalten. So der **Bhadrakali-Tempel** (Bhadra-

WICHTIGE ZÜGE AB HYDERABAD & SECUNDERABAD

ZIEL	ZUG-NR. & -NAME	PREIS (₹)	DAUER (STD.)	ABFAHRTSZEIT & -BAHNHOF
Bengaluru (Bangalore)	*22692 oder 22694 Rajdhani*	1690/2460 (B)	12	18.50 Uhr Secunderabad
	12785 Bangalore Exp	360/945/1335 (A)	11½	19.05 Uhr Kacheguda
Chennai	*12604 Hyderabad-Chennai Exp*	400/1055/1495 (A)	13	16.50 Uhr Nampally
	12760 Charminar Exp	425/1115/1590 (A)	14	18.30 Uhr Nampally
Delhi	*12723 Telangana Exp*	665/1745/2450 (A)	27	6.25 Uhr Nampally
	22691 oder 22693 Rajdhani	3145/4675 (B)	18	7.50 Uhr Secunderabad
Hosapete (Hospet; nach Hampi)	*17603 Exp*	275/740/1065 (A)	11½	21 Uhr Kacheguda
Kolkata	*18646 East Coast Exp*	615/1645/2415 (A)	31	9.50 Uhr Nampally
Mumbai (Bombay)	*12702 Hussainsagar Exp*	410/1085/1540 (A)	14½	14.45 Uhr Nampally
Tirupati	*12734 Narayanadri Exp*	385/1005/1425 (A)	12	18.05 Uhr Secunderabad
Visakhapatnam	*12728 Godavari Exp*	395/1035/1465 (A)	12½	17.15 Uhr Nampally

Preiskategorien: (A) = Sleeper/3AC/2AC; (B) = 3AC/2AC

kali Temple Rd) am See, 2 km südöstlich des 1000-Säulen-Tempel, in dem die sitzende Statue der Muttergöttin Kali in jeder ihrer acht Hände eine Waffe hält. Der kleine **Siddeshwara-Tempel** auf der Südseite des Hanumakonda Hill gehört ebenso zu den alten Tempeln in diesem Gebiet.

Fort FESTUNG

(Fort Rd) Warangals Fort am Südrand der Stadt war ein massiver Bau mit drei ringsherum verlaufenden Mauern (die äußerste war 7 km lang). Der größte Teil besteht jetzt allerdings entweder aus Feldern oder Gebäuden. Im Zentrum steht der gewaltige, teilweise wieder aufgebaute **Shiva-Tempel Svayambhu** (Inder/Ausländer 15/100 ₹, Foto 25 ₹; ⏲9–18 Uhr) mit seinen schönen großen *torana*-Toren (Architrave), die die vier Himmelsrichtungen kennzeichnen. Eine Autoriksсha vom Bahnhof in Warangal kostet hin und zurück ca. 300 ₹.

Der Eintrittspreis für den Svayambhu-Tempel beinhaltet auch den Zugang zum 400 m westlich gelegenen Kush Mahal (Shitab Khan Mahal), einer königlichen Halle aus dem 16. Jh. Fast direkt gegenüber vom Eingang in den Svayambhu-Tempel befindet sich ein **Park** (10 ₹; ⏲7–19 Uhr) mit dem hohen Felsen Ekashila Gutta, auf dem ein weiterer Kakatiya-Tempel mit Blick auf einen kleinen See steht.

1000-Säulen-Tempel HINDU-TEMPEL

(südlich der NH163, Hanumakonda; ⏲6–18 Uhr) GRATIS Der im 12. Jh. errichtete Tempel steht mitten im Grünen und ist ein schönes Beispiel für die Architektur und Bildhauerei der Kakatiya. Er ist aber auch ungewöhnlich, denn das kreuzförmige Gebäude hat mehrere Schreine, die dem Sonnengott Surya (rechts vom Eingang), Vishnu (in der Mitte) und Shiva (links) gewidmet sind. Und er hat bestimmt auch keine 1000 Säulen. Hinter dem Tempel erhebt sich der Hanumakonda Hill, auf dem einst die Hauptstadt der Kakatiya lag.

Schlafen & Essen

Vijaya Lodge HOTEL $

(☎0870-2501222; Station Rd; EZ 290 ₹, DZ 550–800 ₹) Das Hotel Vijaya Lodge liegt 350 m vom Bus- und Zugbahnhof in Warangal entfernt und ist sehr einfach gehalten, es hat dafür aber hilfsbereites Personal. Die Zimmer sind fast schon trostlos, geduscht wird mit dem Eimer. In der oberen Etage sind die Zimmer besser.

Hotel Ashoka HOTEL $$

(☎0870-2578491; www.hotelashoka.in; Main Rd, Hanumakonda; Zi. 1760–2650 ₹; ❄@) Das große Hotel aus den 1980er-Jahren hat eine gute Auswahl an Zimmern mit Klimaanlage in verschiedenen Preisklassen. Zudem ist es in der Nähe der Bushaltestelle Hanumakonda und des 1000-Säulen-Tempel. Hier gibt es auch das gute vegetarische Restaurant **Kanishka** (Hauptgerichte 140–260 ₹; ⏲6.30–22.30 Uhr) sowie ein nicht-vegetarisches Restaurant und eine Bar.

Hotel Landmark HOTEL $$

(☎0870-2546333, 0870-2546111; landmarkhotel3@yahoo.co.in; Nakkalagutta; Zi. 1920 ₹; ❄📶) Hinter der Fassade aus Spiegelglas befinden sich saubere, aber kleine Zimmer mit einem Touch zeitgenössischen Stils. Das hoteleigene Restaurant bietet eine große Auswahl an südindischen Gerichten.

Sri Geetha Bhavan ANDHRA-KÜCHE $

(Market Rd, Hanumakonda; Hauptgerichte 90–130 ₹; ⏲6–23 Uhr) Die guten südindischen Gerichte werden in angenehm klimatisierten Räumen serviert. Zu finden ist es im Hotel Supreme.

Seasons INTERNATIONAL $$

(www.facebook.com/seasonsrestauranthnk; NH 163, Hanumakonda, beim National Institute of Technology; Hauptgerichte 160–240 ₹; ⏲13–22.30 Uhr) Mit gedämpftem Licht und schönem Mobiliar ist es das ideale Restaurant für ein romantisches Abendessen. Auf der umfangreichen Speisekarte stehen allseits beliebte chinesische, nahöstliche und indische Gerichte.

ℹ Anreise & Unterwegs vor Ort

Die Busse nach Hyderabad (135–215 ₹, 4 Std.) fahren dreimal pro Stunde an der **Haltestelle Hanumakonda** (New Bus Stand Rd) ab und siebenmal pro Tag (Express/Deluxe 115/150 ₹, 7 Std.) an der **Haltestelle Warangal** (☎0870-2565595; Station Rd) gegenüber dem Bahnhof.

Von Warangal fahren auch täglich mehrere Züge nach Hyderabad (Sleeper/3AC/2AC 170/540/740 ₹, 3 Std.), Vijayawada (190/535/740 ₹, 3 Std.) und Chennai (375/985/1395 ₹, 10½–12 Std.).

Zudem verkehren Sammel-Autorikschas (15 ₹) ständig auf festen Routen zwischen Warangal und Hanumakonda.

Palampet

In der Nähe des kleinen Dorfes, 70 km nordöstlich von Warangal, befindet sich der wunderbare **Ramappa-Tempel** (Foto 25 ₹; ⌚6–18 Uhr). Der Anfang des 13. Jhs. errichtete Tempel ist ein Juwel der Kakatiya-Architektur und über und über mit erstaunlich detaillierten Schnitzereien von Tieren, Liebespaaren, Ringern, Musikern, Tänzern, Gottheiten und hinduistischen Legenden bedeckt. Die Bögen an den Außensäulen sind mit prächtigen Reliefs aus schwarzem Basalt geschmückt. Sie zeigen Wesen aus der Mythologie und üppige Frauen, die von Schlangen umschlungen werden. Der große Tempelsee **Ramappa Cheruvu**, 1 km weiter südlich, ist ein Zufluchtsort für Zugvögel.

An- & Weiterreise

Am einfachsten kommt man mit einem Taxi hierher (etwa 2000 ₹ hin & zurück von Warangal), aber es fährt auch alle 30 Minuten ein Bus von Hanumakonda nach Mulugu (58 ₹, 1 Std.). Von hier sind es dann noch 13 km bis nach Palampet (20 ₹).

ANDHRA PRADESH

Der Bundesstaat Andhra Pradesh erstreckt sich zwischen Tamil Nadu und Odisha 972 km entlang des Golfs von Bengalen und im Landesinneren bis zu den Ostghats. Andhra Pradesh ist das Epizentrum für Telugu-Sprache und -Kultur. Außerdem ist Andhra Pradesh einer der wohlhabenderen Bundesstaaten der Nation. Hier kann man einen der meist besuchten Tempel Indiens (in Tirumala), ein paar faszinierende, entlegene antike Stätten aus den ersten Tagen des Buddhismus und – nördlich von Visakhapatnam – einen der schönsten Abschnitte von Indiens Ostküste entdecken. Außerdem kommt man überall in den Genuss der lecker-würzigen Andhra-Küche.

Die Websites von Andhras Touristeninformationen lauten: www.aptourism.gov.in und www.aptdc.gov.in.

Vijayawada

☎0866 / 1,12 MIO.

Die Industrie- und Handelsstadt am Nordufer des Krishna soll die neue Hauptstadt des Bundesstaates Andhra werden. Der Bau des nach der buddhistischen Klosteranlage Amaravati in der Nähe benannten Vorzeigekomplexes aus 30 bestehenden Dörfern südwestlich des Flusses hat bereits begonnen. Bis 2025 sollen in Vijayawada-Amaravati insgesamt 2,5 Mio. Menschen leben.

Derzeit gibt es allerdings noch nicht viel Sehenswertes in der Stadt selbst. Sie ist jedoch eine gute Ausgangsbasis für die Erkundung der vielen historischen buddhistischen Stätten in der üppig grünen Umgebung.

Sehenswertes

★ **Undavalli-Höhlentempel** HINDU-TEMPEL

(Inder/Ausländer 5/100 ₹; ⌚9–17.30 Uhr) Der vierstöckige Höhlentempel wurde vermutlich im 2. Jh. von buddhistischen Mönchen in den Berg gegraben und dann im 7. Jh. in einen Hindu-Tempel verwandelt. Mit Ausnahme der Schreine in der 3. Ebene sind alle anderen mittlerweile leer; in einem dieser Schreine ruht eine riesige Vishnu-Statue. Von der Terrasse blicken drei zwergenhafte Vaishnavaite-Gurus oder -Prediger aus Stein auf die Reisfelder. Der Tempel befindet sich

AMARAVATI

Am 21. Oktober 2015 ließ der oberste Minister von Andhra Pradesh einen Hubschrauber mit Erde und Wasser aus Mekka, Jerusalem und den heiligen Stätten der Hindus beladen und sie als heiligen Segen über einer öden Landschaft westlich von Vijayawada versprühen. Drei Tage später legte Präsident Modi in einer pompösen Veranstaltung, bei der angeblich 500 000 Menschen anwesend waren, den Grundstein.

Diese Zeremonien kennzeichnen die Gründung der neuen Hauptstadt von Andhra Pradesh, die ihren Namen Amaravati von einer bedeutenden buddhistischen Stätte in der Nähe erhielt. An ihrem Bau sind Städteplaner aus Singapur und Fachleute aus Japan beteiligt. Im 16,7 km² großen Kerngebiet der neuen Hauptstadt soll es ein riesiges Wohn- und Geschäftsviertel mit Wolkenkratzern, Kanälen, einem Inselpark und einer Promenade am Krishna geben. Mit schnellen Transitbussen und Schnellstraßen soll die Stadt an ihre ältere Schwester Vijayawada angeschlossen werden.

Das alles wird aber noch Jahre, wenn nicht Jahrzehnte, dauern. Bis dahin bleibt Hyderabad die gemeinsame Hauptstadt von Telangana und Andhra Pradesh, doch der Regierungssitz soll bis spätestens 2024 verlegt werden.

6 km südwestlich der Innenstadt von Vijayawada. Die Hinfahrt mit der Autorikscha oder einem Ola- bzw. Uber-Taxi kostet 125 ₹.

Kanaka-Durga-Tempel HINDU-TEMPEL
(www.kanakadurgatemple.org; Durga Temple Ghat Rd, Indrakeeladri Hill; ⏲4–21 Uhr) Der bedeutende Tempel auf dem Indrakeeladri Hill hoch über dem Krishna stammt aus dem 12. Jh. und ist ein wichtiger Wallfahrtsort.

Schlafen & Essen

Hotel Sripada HOTEL $
(☎0866-2579641; hotelsripada@rediffmail.com; Gandhi Nagar; EZ 900–1460 ₹, DZ 1010–1690 ₹; ❄📶) Das Hotel ist nur einen kurzen Fußmarsch vom Bahnhof entfernt und eines der wenigen Budgethotels der Stadt, dem es offiziell erlaubt ist, ausländische Gäste zu beherbergen. Die Zimmer mit Klimaanlage sind klein, aber in Ordnung. Das Personal ist hilfsbereit, jedoch gibt es kein eigenes Restaurant.

Hotel Southern Grand HOTEL $$
(☎0866-6677777; www.hotelsoutherngrand.com; Papaiah St, Gandhi Nagar; EZ/DZ inkl. Frühstück 2400–2800/2800–3200 ₹; ❄📶) Die einladenden, blitzsauberen und modernen Zimmer sind ihr Geld auf jeden Fall wert. Das Hotel ist nur 600 m vom Bahnhof entfernt und verfügt nicht nur über das ausgezeichnete vegetarische Restaurant **Arya Bhavan** (Hotel Southern Grand, Papaiah St, Gandhi Nagar; Hauptgerichte 130–165 ₹, Thalis 110–170 ₹; ⏲7–23 Uhr), sondern auch über die recht nützliche Reiseagentur **Southern Travels** (☎0866-6677777; Hotel Southern Grand, Papaiah St, Gandhi Nagar) und bietet zudem kostenlosen Transfer zum Flughafen und zum Bahnhof.

★ **Minerva Hotel** HOTEL $$$
(☎0866-6678888; www.minervahotels.in; MG Rd; ⏲EZ/DZ 3500/4000 ₹; ❄📶) Die hohen Preise sind durchaus gerechtfertigt, denn das renovierte Hotel hat schöne, moderne Zimmer

DER STAAT DES GUTEN KARMAS

Andhra Pradesh ist ein Knotenpunkt der bedeutendsten indischen Landwege und der Wasserwege am Golf von Bengalen und spielte bereits in der frühen Geschichte des Buddhismus eine wichtige Rolle. In Andhra und Telangana gibt's etwa 150 bekannte buddhistische Stupas, Klöster, Höhlen und andere Stätten. Sie zeugen von einer Zeit, in der Andhra Pradesh oder „Andhradesa" noch ganz im Zeichen des Buddhismus stand, und als Mönche nach Sri Lanka und Südostasien reisten, um Buddhas Lehren zu verbreiten, und Mönche aus aller Welt kamen, um die berühmten buddhistischen Lehrer zu hören.

Andhradesas buddhistische Kultur nahm im 6. Jh. v. Chr., zu Lebzeiten Buddhas, ihren Anfang und währte ungefähr 1500 Jahre. Doch erst im 3. Jh. v. Chr. schlug das *dharma* unter Ashoka, dem Herrscher der Maurya-Dynastie, endgültig Wurzeln. Ashoka schickte Menschen in alle Winkel seines Reichs, wo sie neben ihrer Tätigkeit als Lehrer auch Stupas errichteten, in denen Buddha-Reliquien aufbewahrt wurden. (Wer sich in der Nähe eines solchen Schreins aufhielt, kam auf dem Pfad der Erleuchtung angeblich schneller voran.)

Die nach Ashokas Tod im Jahre 232 v. Chr. folgenden Satavahanas und Ikshvakus aus Zentral-Andhra-Pradesh förderten ebenfalls den Buddhismus. Die Satavahanas ließen Ashokas Stupa in ihrer Hauptstadt Amaravathi mit eleganten Elementen verzieren. Sie errichteten Klöster im Krishna-Tal und exportierten das *dharma* mittels ihres ausgedehnten Handelsnetzes übers Meer. Nagarjuna, der als Stammvater des Mahayana-Buddhismus bezeichnet wird, soll zur Zeit der Satavahana-Dynastie im 2. oder 3. Jh. n. Chr. gelebt haben. Der Mönch, der sowohl Logiker als auch Philosoph und Meditator war, hat mehrere bahnbrechende Werke verfasst, die zur Entwicklung des Buddhismus beigetragen haben.

Selbst als Ruinen vermitteln manche Stupas und Klosterkomplexe heute noch einen guten Eindruck von ihrer früheren Größe und auch davon, wie die Mönche einst lebten, in Höhlen schliefen und Regenwasser aus in den Fels geschlagenen Zisternen holten. Viele dieser Stätten bieten außerdem einen grandiosen Blick aufs Meer und über die Landschaft. Die Komplexe von **Nagarjunakonda** (S. 270) und **Amaravathi** (S. 270) haben beide eine gute Infrastruktur und jeweils ein informatives Museum. Abenteuerlustige sollten von Vijayawada nach **Guntupalli** (S. 269) oder Bhattiprolu bzw. von Visakhapatnam nach **Thotlakonda** (S. 274), **Bavikonda** (S. 274) und **Sankaram** (S. 274) fahren.

ABSEITS DER ÜBLICHEN PFADE

GUNTUPALLI

Weitab der üblichen Pfade liegt die buddhistische Stätte **Guntupalli** (Inder/Ausländer 5/100 ₹; ⌚10–17 Uhr) in einer traumhaft schönen Landschaft, und der Besuch hier wird zum reinen Abenteuer. Die ehemalige Klosteranlage liegt hoch auf dem Berg über endlosen Wäldern und Reisfeldern. Besonders bemerkenswert ist der runde, in den Fels geschlagene *chaitya-griha*-Schrein. Die Kuppeldecke der Höhle ist mit „Holzbalken" ausgestattet. Der *chaitya-griha* hat einen gut erhaltenen Stupa und – wie die Mönchsbehausungen am Rand des Steilhangs – eine großartige Bogenfassade, die aus Holz zu bestehen scheint. Sehenswert sind auch die steinernen „Betten" in den Mönchszellen und die über 60 Votivstupas. Das Kloster war vom 2. Jh. v. Chr. bis zum 3. Jh. n. Chr. bewohnt.

Von Eluru – an der Straßen- und Bahnstrecke Vijayawada–Visakhapatnam – fährt man mit dem Bus 35 km nach Norden bis Kamavarapukota (40 ₹, 1½ Std., alle 30 Min.). Dort steigt man in eine Autorikscha nach Guntupalli (10 km in westlicher Richtung). Ein Taxi ab Eluru kostet hin & zurück ca. 1800 ₹.

mit großem Flachbildfernseher, Holzfußboden, Safe und Minibar. Das Restaurant Blue Fox ist sehr gut, und es gibt auch noch ein Café sowie ganz in der Nähe ein Kino und gute Einkaufsmöglichkeiten.

Gateway Hotel HOTEL $$$
(☎0866-6644444; www.thegatewayhotels.com; MG Rd; EZ/DZ ab 5220/6160 ₹; ❄📶🏊) Das schicke Hotel der Taj Group hat sechs Stockwerke mit gut ausgestatteten, modernen Zimmern rund um die hohe, offene Empfangshalle, zwei stilvolle Restaurants, eine Bar, Fitnessraum und Swimmingpool auf dem Dach. Das Personal ist sehr freundlich, die Hotelleitung sehr hilfsbereit. Es liegt 3 km südöstlich des Bahnhofs in der Nähe von zwei Einkaufszentren.

★ **Minerva Coffee Shop** INDISCH $$
(Museum Rd; Hauptgerichte 170–270 ₹; ⌚7–23 Uhr) Dieser Außenposten der ausgezeichneten Minerva-Kette serviert hervorragende nord- und südindische vegetarische Gerichte in freundlichen, blitzblanken und klimatisierten Räumen. Thalis gibt es zwar nur von 11.30–15.30 Uhr, doch die Dosas, *idlis* und *uttapams* (35–75 ₹) sowie Biryanis sind den ganzen Tag über zu haben und mindestens ebenso gut. Eine weitere **Filiale** (Minerva Hotel, MG Rd; Hauptgerichte 180–270 ₹; ⌚7–23 Uhr) befindet sich in der MG Road.

★ **TFL** INTERNATIONAL, ITALIENISCH $$$
(http://thefoodlounge.in; Santhi Nagar First Lane; Hauptgerichte 175–345 ₹; ⌚10–23.30 Uhr; 📶) Das neue Restaurant befindet sich in einem stylisch umgebauten Vorortbungalow mit toller (überdachter) Terrasse. Auf den Tisch kommen hervorragende italienische, mexikanische, amerikanische, europäische und ostasiatische Gerichte, darunter Risotto, leckere Pizza und ausgezeichnetes westliches Frühstück (ab 110 ₹). Unbedingt Platz für den Nachtisch lassen!

ℹ Praktische Informationen

Department of Tourism (☎0866-2578880; Bahnhof; ⌚10–17 Uhr) Das hilfsbereite Personal kann gute Tipps zur Reiseplanung geben und bei Buchungen helfen.

ℹ Anreise & Unterwegs vor Ort

Am Bahnhof und Busbahnhof gibt es Stände für Prepaid-Autorikschas.

AUTO

Southern Travels (S. 268) bietet preiswerte Mietwagen mit Fahrer.

BUS

Vom großen **Busbahnhof Pandit Nehru** (Arjuna St; ⌚24 Std.) fahren die Busse unter anderem in folgende Städte:

Chennai ohne/mit Klimaanlage/Semi-Sleeper 450/760/1050 ₹, 7–9 Std., 14-mal tgl.

Eluru ohne/mit Klimaanlage 70/90 ₹, 1½ Std., alle 30 Min.

Hyderabad ohne/mit Klimaanlage 335/574 ₹, 4–6 Std., alle 30 Min.

Tirupati ohne/mit Klimaanlage 474/698 ₹, 9 Std., alle 30 Min.

Visakhapatnam ohne/mit Klimaanlage 430/674 ₹, 8 Std., alle 30 Min.

Die Busse vieler privater Gesellschaften starten an Haltestellen rund um den Benz Circle, 4 km östlich der Innenstadt.

ZUG

Der Bahnhof Vijayawada Junction liegt an den zwei Hauptstrecken Chennai–Kolkata und Chennai–Delhi. Der schnelle *12841/12842*

Coromandel Express, der zwischen Chennai und Kolkata verkehrt, eignet sich vor allem für Fahrten entlang der Küste. Hier eine Auswahl der Fahrtzeiten und Preise für Sleeper/3AC/2AC zu den häufigsten Zielen:

Chennai 290/735/1045 ₹, 7 Std., 12-mal tgl.
Hyderabad 240/605/880 ₹, 6 Std., 12-mal tgl.
Kolkata 555/1465/2115 ₹, 18 Std., 5-mal tgl.
Tirupati 235/670/890 ₹, 9 Std., 7-mal tgl.
Warangal 190/535/740 ₹, 3 Std., 14-mal tgl.

Einen Platz reservieren kann man im **Advance-Booking Office** (☎ Telefonauskunft 0866-139; ⌚ Mo–Sa 8–20, So 8–14 Uhr) im Bahnhof.

Rund um Vijayawada

Amaravathi

Diese historische buddhistische Stätte (nicht zu verwechseln mit der neuen Staatshauptstadt Amaravati) ist 43 km westlich von Vijayawada. In diesem ältesten buddhistischen Zentrum des südlichen Indiens steht der größte **Stupa** (Inder/Ausländer 5/100 ₹; ⌚ 7–19 Uhr) des Landes. Er ist 27 m hoch, hat einen Durchmesser von 49 m und wurde im 3. Jh. v. Chr. errichtet. Amaravathi war die blühende Hauptstadt des Königreichs Satavahana, das vier bis fünf Jahrhunderte lang über Andhra Pradesh und den gesamten Dekkan herrschte und in dieser Zeit die herrliche buddhistische Kunst begründete. Heute ist von dem Stupa nur noch der runde Sockel und ein kleiner Teil des Steingeländers zu sehen. Die großartige halbrunde Kuppel gibt es nicht mehr, doch im benachbarten **Museum** (im Dorf Amaravathi; 5 ₹; ⌚ Sa–Do 9–17 Uhr) ist ein Modell des Stupas neben einigen filigranen Marmorreliefs ausgestellt, in denen das Leben Buddhas dargestellt ist und die einst den Stupa bedeckten und umgaben. Die riesige **Dhyana-Buddha-Statue** (Amaravathi) des sitzenden Buddhas mit Blick auf den Krishna ist neueren Datums.

An- & Weiterreise

Bus 301 fährt alle 20 Minuten vom Busbahnhof in Vijayawada über Unduvalli nach Amaravathi (64 ₹, 2 Std.). Wer sich von Vijayawada aus einen halben Tag herumfahren lässt, bezahlt dafür in etwa 1800 ₹.

Eluru

☎ 08812 / 201 050 EW.

Die Stadt Eluru, 60 km östlich von Vijayawada an der Straße und Bahnlinie nach Visakhapatnam, ist Ausgangspunkt für die abgelegene buddhistische Stätte Guntupalli (S. 269) und das Meditationszentrum Dhamma Vijaya in Vijayarai.

Kurse

Dhamma Vijaya GESUNDHEIT & WOHLBEFINDEN
(☎ 9441449044, 08812-225522; www.vijaya.org; Eluru-Chintalapudi Rd, Vijayarai) Auf einem üppig grünen Gelände mit Palmen und Kakaosträuchern finden hier zehntägige Intensivkurse in *Vipassana*-Meditation statt. Voranmeldung erforderlich, Spenden erwünscht.

An- & Weiterreise

Alle 30 Minuten fährt ein Bus von Eluru nach Vijayarai (16 ₹, 20 Min.).

Nagarjunakonda

☎ 08680

Die einzigartige Insel ist übersät mit uralten buddhistischen Bauwerken. Als Hauptstadt des Ikshvaku-Reiches im 3. und 4. Jh. war sie vermutlich auch das bedeutende Zentrum des Buddhismus in Südindien.

Sehenswertes

Nagarjunakonda Museum MUSEUM
(inkl. Denkmälern; Inder/Ausländer 20/120 ₹; ⌚ Sa–Do 9–16 Uhr) Das durchdacht gestaltete Nagarjunakonda Museum beherbergt Buddha-Statuen und wunderbar filigrane Reliefs, die den modernen Alltag und das Leben Buddhas zeigen. Die wieder aufgebauten Reste – Stupafundamente, Mauern des Klosterkomplexes und Gruben für Pferdeopfer – sind auf einem 1 km langen Weg aneinandergereiht. Der größte Stupa in der Chamtasri-Chaitya-Griha-Gruppe enthielt ein Knochenfragment, das von Buddha stammen soll.

Sri Parvata Arama BUDDHISTISCHE STÄTTE
(Buddhavanam; ⌚ 9.30–18 Uhr) GRATIS In dem buddhistischen Kulturpark 8 km nördlich des Staudamms befindet sich ein Nachbau des riesigen Stupas von Amaravathi, der von den staatlichen Tourismusbehörden in jahrelanger Arbeit errichtet wurde. Die 9 m hohe Nachbildung der Statue des Avukana-Buddha ist dagegen ein Geschenk von Sri Lanka. Außerdem gibt es den schönen Dhyanavanam-Bereich, wo man mit Blick auf den See herrlich meditieren kann. Wer mit dem Bus aus Hyderabad kommt, steigt beim Buddha Park aus.

Kurse

Dhamma Nagajjuna GESUNDHEIT & WOHLBEFINDEN
(☎9440139329, 9348456780; www.nagajjuna.dhamma.org; Hill Colony) Um die Lehren Buddhas in der Region am Leben zu erhalten, bietet das Zentrum zehntägige Meditationskurse in der Stille an, die in den zauberhaften Blumengärten am Nagarjuna Sagar stattfinden. Die Kurse müssen im Voraus gebucht werden, als Bezahlung sind Spenden erwünscht. Den Bus aus Hyderabad nehmen und beim Buddha Park aussteigen.

Schlafen & Essen

Nagarjuna Resort HOTEL $
(☎08642-242471; Vijayapuri South; Zi. ohne/mit Klimaanlage 800/1500 ₹; ❄) Das Resort hat sehr große, aber triste Zimmer, wobei man von den Balkonen einen tollen Blick hat. Und die Lage direkt gegenüber dem Bootsanleger ist auch sehr günstig.

Haritha Vijaya Vihar HOTEL $$
(☎08680-277362; Zi. mit Klimaanlage inkl. Frühstück Mo–Do 1400–1700 ₹, Fr–So 2400–2700 ₹; ❄📶🏊) Das Hotel von Telangana Tourism ist 6 km nördlich des Staudamms. Es hat passable Zimmer, einen schönen Garten, einen guten Swimmingpool (Eintritt für Gäste 50 ₹) und einen tollen Blick auf den See. Es ist etwas überteuert, aber die Lage ist sensationell, das Restaurant ist ganz gut und es gibt eine Bar.

Hotel Siddhartha INDISCH $$
(Buddhavanam, Hill Colony; Hauptgerichte 130–240 ₹; ⏲6–23 Uhr) Das Hotel direkt neben dem Sri Parvata Arama bietet leckere Currys, Biryanis, Fischgerichte und jede Menge Snacks, die alle in einem angenehm luftigen Pavillon serviert werden.

An- & Weiterreise

Nagarjunakonda besucht man am besten im Rahmen einer Bustour (550 ₹) mit **Telangana Tourism** (S. 255) von Hyderabad aus, die aber nur am Wochenende angeboten werden. So bleibt als Alternative nur ein eigenes Fahrzeug, was aber einen sehr langen Tagesausflug (15 Std.!) bedeutet.

Vom Busbahnhof Mahatma Gandhi in Hyderabad fahren auch stündlich Busse nach Hill Colony/Nagarjuna Sagar (220 ₹, 4 Std.). Dann muss man allerdings in Pylon aussteigen und die 8 km nach Vijayapuri South in der Autoriksha (Sammel-/Einzelrikscha 20/120 ₹) zurücklegen.

In Vijayapuri South, 7 km südlich des Staudamms, legen die Boote zur Insel ab (hin & zurück 120 ₹), und zwar eigentlich um 9.30, 11.30 und 13.30 Uhr, doch sie verspäten sich grundsätzlich. Die Boote bleiben dann für eine oder zwei Stunden auf der Insel. Die ersten beiden Boote legen auch erst ab, wenn genügend Passagiere an Bord sind, aber das Boot um 13.30 Uhr fährt auf jeden Fall (es sei denn, es herrscht Sturm) und kehrt gegen 16.30 Uhr von der Insel zurück.

Visakhapatnam

☎0891 / 1,76 MIO. EW.

Die oft nur Vizag (sprich *wie*-zeg) genannte Stadt ist die größte Stadt von Andhra Pradesh und vor allem bekannt für die Stahlproduktion und ihren großen Hafen. Bei einheimischen Touristen wird sie aber auch immer beliebter als luftiger Badeort. So herrscht hier in der Hauptferienzeit von Dezember bis Februar eine schrecklich kitschige Stimmung, wenn Tausende von Touristen auf Kamelen reiten und im Wasser plantschen (aber nicht schwimmen).

Die schöne Promenade am Ramakrishna Beach ist den Fußgängern vorbehalten, und der angrenzende Rushikonda Beach ist der schönste Strand im ganzen Bundesstaat. In der Umgebung gibt es einen bedeutenden Hindu-Tempel, mehrere historische buddhistische Stätten und das ländliche Araku-Tal zu entdecken.

Mitte Januar findet jedes Jahr das Festival **Visakha Utsav** (⏲Mitte Jan.) mit unzähligen Essenständen am Ramakrishna Beach, Ausstellungen und Kulturveranstaltungen statt.

Sehenswertes & Aktivitäten

Ramakrishna Beach STRAND
(Beach Rd) Der 4 km lange Ramakrishna (RK) Beach erstreckt sich vom Hafen im Süden der Stadt entlang des Golfs von Bengalen, in dem Riesenschiffe neben leuchtend bunt gestrichenen Fischerbooten liegen. Auf der autofreien Strandpromenade kann man herrlich spazieren gehen. Schwimmen ist hier offiziell verboten, da das Wasser stark verschmutzt ist. Im Rahmen der Initiative „Happy Streets" wird die angrenzende Beach Road jeden Sonntagvormittag von 6 bis 9 Uhr für den Verkehr gesperrt, um dort Cricket, Fußball und Basketball spielen zu können.

★ **Submarine Museum** MUSEUM
(Beach Rd; Erw./Kind 40/20 ₹, Foto 50 ₹; ⏲Di–Sa 14–20.30, So 10–12.30 & 14–20.30 Uhr) Am nörd-

lichen Ende des Ramakrishna Beach befindet sich das 91 m lange, in der Sowjetunion für die indische Marine gebaute U-Boot *Kursura*, das heute ein fantastisches Museum ist. Die Besucher haben jeweils 15 Minuten Zeit, die unglaublich engen Quartiere, Küchen, Kojen und natürlich die Torpedos zu besichtigen. Einige Mitarbeiter dieser grandiosen Attraktion sprechen auch etwas Englisch.

Rushikonda STRAND

Der Strand 10 km nördlich der Stadt ist von einer ursprünglichen wilden Schönheit und einer der schönsten Strände an der ganzen Ostküste Indiens. Schwimmen ist hier offiziell verboten, da es immer wieder zu Badeunfällen kommt, doch man kann herrlich im flachen Wasser plantschen und am Strand spazieren gehen. Frauen sollten keine zu freizügige Badekleidung tragen. Am Wochenende tummeln sich hier die Einheimischen, feiern und machen Picknicks. Bei der Jetski-Hütte verleiht der heimische Surfpionier **Melville Smythe** (☎9848561052; Surfbrett 400–600 ₹/Std., Zweierkajak 300 ₹, Surfkurs 250 ₹) ganz gute Surfbretter und Kajaks.

Zum Rushikonda Beach fährt Bus 900K ab dem Bahnhof oder dem RTC Complex. Alternativ kann man zum Strand auch eine der Sammel-Autorikschas ab der Beach Road nehmen.

Simhachalam-Tempel HINDU-TEMPEL

(⏲7–11.30, 12.30–14.30 & 15.30–19 Uhr) Dieser Tempel ist nach dem Tirumala Andhras meist besuchter Tempel und steht 16 km nordwestlich der Stadt. Er ist Varahalakshmi Narasimha, einer Kombi aus Vishnus Eber- und Löwenmensch-Inkarnation, geweiht und kann sehr voll sein. Mit einem Ticket für 100 ₹ kommt man schneller als mit dem 20-₹-Ticket voran (und an einen Schluck Weihwasser). Die Busse 6A und 28 fahren vom RTC Complex und vom Bahnhof hierher.

Die Tempelarchitektur ist von der Odisha-Architektur beeinflusst, so auch der Hauptschrein aus dem 13. Jh. mit seinen gemeißelten Steinpaneelen (an der hinteren Wand ist der Löwenmensch zu erkennen, wie er einem Dämon die Eingeweide rausnimmt).

Schlafen

Man sollte in der Beach Rd übernachten, obwohl es hier kaum preiswerte Hotels gibt.

SKML Beach Guest House PENSION $

(☎9848355131; ramkisg.1074@gmail.com; Beach Rd, Varun Beach; Zi. 1100–1250 ₹, mit Klimaanlage 1700–2200 ₹; ❄📶) Das SKML mit seinen zwölf sauberen, ordentlichen Zimmern befindet sich am weniger schicken südlichen Ende des RK Beach. Am besten sind die beiden „Suiten" im obersten Stock, sie haben Meerblick, eine Terrasse und ein bisschen Kunst zu bieten.

Hotel Morya HOTEL $

(☎0891-2731112; www.hotelmorya.com; Bowdara Rd; EZ/DZ ab 490/690 ₹, Zi. mit Klimaanlage 1390 ₹; ❄📶) Das ordentliche Hotel liegt nur 600 m südlich des Bahnhofs. Die Standardzimmer ohne Ventilator sind sehr klein, die besseren Zimmer mit Klimaanlage sind dagegen groß, freundlich und recht schick. Es gibt einen Aufzug, aber kein Restaurant.

Dolphin Hotel HOTEL $$

(☎0891-2567000; http://dolphinhotelsvizag.com; Dabagardens; Zi. inkl. Frühstück 2700–4800 ₹; ❄📶🏊) Das gute Hotel hat recht große, gut ausgestattete Zimmer und ein einladendes Restaurant. Der absolute Hit aber ist der 20 m lange Swimmingpool und der ausgezeichnete Fitnessraum, einer der besten in der ganzen Stadt.

★ Novotel Visakhapatnam Varun Beach HOTEL $$$

(☎0891-2822222; www.accorhotels.com; Beach Rd; Zi./Suite inkl. Frühstück 8230/15 076 ₹; ❄@📶🏊) Das Hotel steht direkt an der Beach Road und hat makellose, gut ausgestattete Zimmer, alle mit direktem Meerblick. Das Restaurant ist erstklassig, die Bar bestens bestückt. Es gibt einen ausgezeichneten Wellnessbereich und sowohl der Swimmingpool als auch der Fitnessraum sind mit Blick auf den Golf von Bengalen. 2016 war es das Mannschaftshotel der indischen und der englischen Cricket-Spieler.

Park HOTEL $$$

(☎0891-3045678; www.theparkhotels.com; Beach Rd; EZ/DZ inkl. Frühstück ab 8450/10 880 ₹; ❄@📶🏊) Das Hotel direkt am Meer liegt inmitten eines schönen Gartens, in dem sich auch der herrliche Swimmingpool und drei der vier Hotelrestaurants befinden. Den Gästen steht auch ein eigener Strand zur Verfügung. Die Zimmer sind gemütlich und im Allgemeinen sehr gepflegt, auch wenn die Einrichtung teilweise etwas veraltet ist.

Essen & Ausgehen

★ Sea Inn ANDHRA-KÜCHE $$
(Raju Ka Dhaba; ☎9989012102; http://seainn.info; Beach Rd, Rushikonda; Hauptgerichte 220–300 ₹; ⏲Di–So 12–16 Uhr) Inhaber Devi steht selbst am Herd dieses wunderbaren Restaurants und zaubert nach den Rezepten seiner Mutter leckere Currys im Stil der Andhra-Küche. Fisch, Meeresfrüchte, Hühnchen und Vegetarisches werden auf einer einfachen, halb überdachten Terrasse mit Sitzbänken serviert. Das Restaurant ist rund 300 m nördlich der Abzweigung zum Haritha Beach Resort. Hier kann nur bar bezahlt werden.

★ Dharani INDISCH $$
(Daspalla Hotel, Nähe Town Main Rd, Suryabagh; Thalis & Hauptgerichte 175–240 ₹; ⏲12–15.30 & 19–22.30 Uhr) Das gut besuchte Familienunternehmen gilt als eines der besten vegetarischen Restaurants der Stadt. Die einfachen südindischen Thalis sind auch wirklich hervorragend. In dem Hotel gibt es noch mehrere andere Restaurants, die unter anderem nichtvegetarische Andhra-Küche und Vegetarisches aus Nordindien bieten. Den krönenden Abschluss jeder Mahlzeit sollte der echte Daspalla-Filterkaffee des Hotels bilden.

Little Italy ITALIENISCH $$
(http://littleitaly.in; 1. Stock, South Wing, ATR Towers, Vutagedda Rd, Paandurangapuram; Hauptgerichte 240–440 ₹; ⏲11.30–23 Uhr; 📶) In stilvollem Ambiente serviert das angesehene Restaurant hinter dem Ramakrishna Beach knusprige Pizza, leckere Pasta und gute Salate. Es gibt keinen Alkohol, aber sehr gute Fruchtcocktails.

Vista INTERNATIONAL $$$
(The Park, Beach Rd; Hauptgerichte 360–960 ₹; ⏲Abendessen 19.30–23 Uhr; 📶) Das wunderbare Restaurant im noblen Hotel Park befindet sich direkt am Swimmingpool. Neben der umfangreichen, weltumspannenden Speisekarte gibt es abends auch ein ausgezeichnetes All-you-can-eat-Büfett.

Moksha Restocafé CAFÉ
(www.facebook.com/moksha.restocafe; Ootagadda Rd, Daspalla Hills; ⏲12–23 Uhr; 📶) Das großartige Café mit Blick aufs Meer am Horizont ist besonders beliebt bei der hippen Jugend von Vizag. Es gibt sehr guten Kaffee und auch Espresso sowie leckere Säfte (wie z. Bsp. Zitronensaft mit Minze). Auf der Speisekarte stehen westliche, thailändische, tibetische und indische Gerichte.

Praktische Informationen

APTDC (☎0891-2788820; www.aptdc.gov.in; RTC Complex; ⏲Mo–Sa 7–21 Uhr) Im Büro der staatlichen Tourismusorganisation erhält man Infos und kann Touren und Hotelzimmer buchen.

An- & Weiterreise

AUTO

Der Englisch sprechende **Srinivasa „Srinu" Rao** (☎7382468137) ist ein freundlicher und zuverlässiger Fahrer für Ausflüge in die Umgebung. Eine Tagestour ins Araku-Tal kostet rund 3000 ₹, die Fahrt nach Sankaram und zurück 1600 ₹.

Der ebenfalls recht zuverlässige Veranstalter **Guide Tours & Travels** (☎9848265559, 0891-2754477; Shop 15, Sudarshan Plaza; ⏲7–22 Uhr) berechnet rund 3200 ₹ zuzüglich Maut für eine Tagestour mit bis zu 300 km.

BUS

Vom gut organisierten **RTC Complex** (☎0891-2746400; RTC Complex Inner Rd) in Vizag fahren Busse unter anderem in folgende Städte:

Hyderabad ohne/mit Klimaanlage 745/1290 ₹, 13 Std., von 14.30–22 Uhr praktisch stündl.

Jagdalpur ohne Klimaanlage 236 ₹, 8 Std., 2-mal tgl.

Vijayawada General/Superluxury/AC 375/448/640 ₹, 8 Std., 5–24 Uhr stündl.

FLUGZEUG

Vom Flughafen in Vizag starten täglich Direktflüge nach Bengaluru, Bhubaneswar, Chennai, Delhi, Hyderabad, Kolkata, Mumbai, Vijayawada und andere Städte. Es gibt auch internationale Verbindungen nach Dubai, Kuala Lumpur und Singapur.

SCHIFF/FÄHRE

Etwa einmal im Monat fährt ein Schiff nach Port Blair auf den Andamanen. Die genaue Abfahrtszeit ist telefonisch, per E-Mail oder auf www.andamanbeacon.com zu erfahren. Gebucht wird die Überfahrt, die 56 Std. dauert (Koje 2410 ₹, Kabine ab 4640 ₹), bei **AV Bhanojirow, Garuda Pattabhiramayya & Co** (☎0891-2565597; ops@avbgpr.com; Harbour Approach Rd, neben dem NMDC im Hafen; ⏲9–17 Uhr). Der Ticketverkauf beginnt jeweils zwei bis drei Tage vor dem Ablegen. Für die Buchung sind der Pass, zwei Kopien der Seite mit den persönlichen Daten und zwei Passbilder vorzulegen.

ZUG

Der **Bahnhof von Visakhapatnam** (Station Rd) im Westen der Stadt liegt an der wichtigen Strecke von Kolkata nach Chennai. Hier eine Auswahl der Fahrtzeiten und Preise für Sleeper/3AC/2AC zu den häufigsten Zielen:

Bhubaneswar 260/705/1055 ₹, 6 Std., 10-mal tgl.

Chennai 425/1125/1605 ₹, 13 Std., 2- bis 3-mal tgl.

Hyderabad 370/1025/1450 ₹, 11 Std., 5- bis 6-mal tgl.

Kolkata 460/1210/1725 ₹, 14 Std., 5- bis 6-mal tgl.

Tirupati 410/1070/1520 ₹, 10 Std., 3- bis 4-mal tgl.

Vijayawada 255/650/910 ₹, 6 Std., 16- bis 19-mal tgl.

Das **Railway Reservation Centre** für Buchungen (Station Approach Rd; ⏲ Mo–Sa 8–22, So 8–14 Uhr) ist 300 m südlich des Hauptbahnhofs.

Unterwegs vor Ort

Bei mehr als 2000 Uber-Taxis (und etwa ebenso vielen Ola-Taxis) in der Stadt wartet man niemals lange auf einen Wagen.

Die Fahrt zum Flughafen, 12 km westlich der Innenstadt, kostet mit den per App angeforderten Taxis oder Autorikschas rund 240 ₹. Vom RTC Complex fährt auch Bus 38 zum Flughafen (18 ₹, 30 Min.). In der Ankunftshalle des Flughafens gibt es auch einen Stand für Prepaid-Taxis.

Im Bahnhof findet man einen Stand für Prepaid-Autorikschas. Sammel-Autorikschas fahren vom Hafen im Süden der Stadt entlang der Beach Road nach Rushikonda, 10 km nördlich von Vizag, und nach Bheemunipatnam, 25 km in nördlicher Richtung. Sie verlangen dafür zwischen 5 ₹ (für eine Fahrt bis zu 1 km) und 40 ₹ (von Vizag nach Bheemunipatnam).

Rund um Visakhapatnam

Sankaram

Der beeindruckende buddhistische Klosterkomplex **Sankaram** (in der Nähe von Anakapalle; ⏲ 8–17 Uhr) GRATIS, der auch unter dem Namen seiner beiden Teile Bojjannakonda und Lingalakonda bekannt ist, steht 40 km südwestlich von Vizag auf einer ca. 300 m langen Felsnase. Der Komplex wurde vom 2. bis zum 9. Jh. n. Chr. von Mönchen genutzt, und so finden sich hier in den Fels gehauene Höhlen, Stupas, Klosterruinen und Buddha-Reliefs. Bojjannakonda, der östliche Teil, hat zwei in den Fels gehauene Schreine mit mehreren großartigen Buddhaschnitzereien. Auf dem Hügel thronen die Ruinen eines riesigen Stupas und eines Klosters. Lingalakonda, an der westlichen Seite, weist mehrere, teils riesige in den Fels gehauene Stupas auf. Von beiden Teilen hat man einen tollen Blick über die Reisfelder.

An- & Weiterreise

Die Fahrt von Vizag hierher in einem eigenen Auto kostet etwa 1600 ₹. Oder man fährt mit einem der häufig verkehrenden Züge (38 ₹, 1 Std.) oder Busse (48 ₹, 1½ Std.) vom **RTC Complex** in Vizag (S. 273) nach Anakapalle, das 3 km entfernt liegt, und von dort weiter mit einer Autorikscha (120 ₹ hin & zurück inkl. Wartezeit).

Bavikonda & Thotlakonda

Bavikonda (⏲ 9–17 Uhr) GRATIS und **Thotlakonda** (Fußgänger/Auto 5/30 ₹; ⏲ 8–17.30 Uhr) waren einst bedeutende buddhistische Klöster mit jeweils bis zu 150 Mönchen und riesigen Regenwasserzisternen. Die Ruinen liegen malerisch auf einem Hügel nördlich von Vizag. Sie wurden erst in den 1980er- und 1990er-Jahren ausgegraben.

In ihrer Blütezeit vom 3. Jh. v. Chr. bis 3. Jh. n. Chr. verfügten die Klöster über reich verzierte Stupas, große Versammlungshallen, *chaitya-grihas, viharas* und Speisesäle. Thotlakonda bietet zwar einen tollen Blick aufs Meer, doch Bavikonda ist von besonderer Bedeutung, denn in seinem Mahachaitya-Stupa wurde ein Reliquiengefäß gefunden, in dem sich ein Knochenstück befand, das angeblich von Buddha selbst stammen soll.

An- & Weiterreise

Bavikonda und Thotlakonda sind über die Straße nach Bheemunipatnam zu erreichen, von der nach 14 bzw. 15 km hinter Vizag die jeweiligen Straßen abzweigen. Bavikonda ist von dieser Hauptverbindungsstraße 3 km entfernt, Thotlakonda nur 1,25 km. Mit einer Autorikscha oder einem Uber-Taxi kann man sich für rund 650 ₹ von Vizag zu beiden hin und zurück fahren lassen.

Bheemunipatnam

Die ehemalige niederländische Siedlung liegt 25 km nördlich von Vizag und ist die älteste Gemeinde auf dem indischen Festland. Hier gibt's bizarre Skulpturen am Strand, einen Leuchtturm von 1861, einen interessanten niederländischen Friedhof und den Bheemli Beach, an dem einheimische Kids im nicht sehr sauberen Wasser auf groben, selbstgebastelten Brettern surfen.

Araku-Tal

☎ 08936 / 975 M

Die schönste Bahnstrecke in Andhra Pradesh führt durch die üppig grünen Wälder

der Ostghats ins Araku-Tal rund um die Stadt Araku, 115 km nördlich von Visakhapatnam. Das abgelegene Gebiet, in dem noch uralte Volksstämme unberührt von der Zivilisation leben, ist bekannt für seinen köstlichen Bio-Kaffee und die wunderbare grüne Landschaft. Auf dem Weg lohnt sich ein Abstecher zur eindrucksvollen Borra-Höhle.

Sehenswertes

Borra Caves HÖHLE
(Erw./Kind 60/45 ₹, Foto/Handykamera 100/25 ₹; ⌚10–13 & 14–17 Uhr) Die riesige, in buntes Licht getauchte Kalksteinhöhle ist Millionen von Jahre alt. Da sie nur 38 km von Araku entfernt ist, kann sie gut auf dem Weg ins Araku-Tal besucht werden. Vorsicht vor den vielen Affen! Vor dem Eingang gibt es ein paar Imbissbuden.

Museum of Habitat MUSEUM
(40 ₹; ⌚8–13.30 & 14.30–20 Uhr) Das Museum zeigt eine umfangreiche Ausstellung über die Volksstämme im Osten von Andhra Pradesh, darunter auch Darstellungen von Jagd- und anderen Szenen sowie rituellen Zeremonien in Lebensgröße. Außerdem wird Kunsthandwerk verkauft. Auch wenn die Präsentation und Hinweistafeln besser sein könnten, lohnt sich ein Besuch des Museums durchaus. Es ist in der Nähe des Busbahnhofs und 2 km östlich des Bahnhofs.

Schlafen & Essen

Hotel Rajadhani HOTEL $
(☎08936-249580; www.hotelrajadhani.com; Zi. ohne/mit Klimaanlage 880/1350 ₹; ❄📶) Von den mehr als 30 Zimmern des Budgethotels sind nur sieben mit Klimaanlage, aber alle mit eigenem Bad und Warmwasser. Sie könnten auch alle etwas besser gepflegt sein, doch vom Balkon der oberen Zimmer hat man zumindest einen tollen Blick ins Tal. Es gibt auch ein **hoteleigenes Restaurant** (Hauptgerichte 130–220 ₹; ⌚7–22 Uhr).

Haritha Valley Resort HOTEL $$
(☎08936-249202; Zi. inkl. Frühstück 1200–2150 ₹, mit Klimaanlage 2350 ₹; ❄📶🏊) Das beste Hotel von Araku hat einen Swimmingpool und ist von einem schönen Landschaftspark umgeben. Es steht unter staatlicher Leitung und hat recht gepflegte Zimmer, doch der Service ist etwas langsam und nachlässig. Dennoch wird es gern bei Dreharbeiten der Tollywood-Filmindustrie genutzt.

Haritha Hill Resort HOTEL $$
(Mayuri; ☎08936-249204; Häuschen/Zi. inkl. Frühstück 945/1468–2522 ₹; ❄📶) Das ganz akzeptable, staatliche Hotel ist direkt hinter dem Museum of Habitat. Die Häuschen bieten einen dem Preis angemessenen Komfort.

Star Annapurna INDISCH $
(Hauptgerichte 125–240 ₹; ⌚7.30–22 Uhr) Das vielleicht beste Restaurant der ganzen Gegend bietet eine große Auswahl an leckeren Gerichten wie Hühnchen-Biryani, Fischgerichte und unzählige scharfe Gemüsecurrys.

Araku Valley Coffee House CAFÉ $
(Kaffee 25–100 ₹; ⌚8.30–21 Uhr) Hier kann man die in der Gegend angebauten Kaffeesorten probieren und kaufen und dazu auch alles Mögliche mit und aus Schokolade (Brownies, mit Schokolade überzogene Kaffeebohnen etc.). Außerdem kann man das winzige **Coffee Museum** (25 ₹; ⌚8.30–21 Uhr) besuchen.

Shoppen

Araku Aadiwasi Arts & Crafts KUNSTHANDWERK
(⌚8–20 Uhr) Der Laden zwischen dem Coffee House und dem Busbahnhof hat eine gute Auswahl an Schmuck der Volksstämme, Jutetaschen und Zierrat aller Art.

An- & Weiterreise

Von Visakhapatnam fährt jeden Tag um 7.05 Uhr ein Zug (100 ₹, 4 Std.) nach Araku und um 16.10 Uhr wieder zurück. Allerdings muss man sehr früh am Bahnhof sein, um noch einen Platz zu bekommen. Dafür hat der Zug zurück oft Verspätung. Die Fahrt mit dem Bus, der etwa jede Stunde in Visakhapatnam abfährt, dauert etwa 4½ Std. (ab 128 ₹). Ist man den ganzen Tag mit einem Taxi unterwegs, kostet das zwischen 3000 und 4000 ₹. APTDC bietet geführte Touren inklusive der Höhle von Borra, 38 km vor Araku, an; diese Tagestouren sind aber sehr voll gepackt und hektisch.

Tirumala & Tirupati

☎0877 / TIRUPATI: 292 000 EW. / TIRUMALA: 7900 EW.

Der heilige Berg von Tirumala ist das ganze Jahr über eine der größten Pilgerstätten der Welt, denn alle wollen Lord Venkateshwara in seinem Heim begegnen. Rund 60 000 Pilger strömen pro Tag in die Stadt und werden mit *darshan* rund um die Uhr belohnt. Die **Tirumala Tirupathi Devasthanams** (TTD; ☎0877-2233333, 0877-2277777; www.tiru

mala.org; KT Rd; ⌚Mo–Fr 9–17.30, Sa 9–13 Uhr) mit ihren 20 000 Mitarbeitern hat das Ganze aber gut im Griff. Trotz der unglaublichen Massen herrscht zumeist eine ruhige, geordnete und gelassene Atmosphäre, und so wird der Besuch des Heiligen Bergs auch zu einem erhabenen Erlebnis für alle, die nicht auf Pilgerfahrt sind. Beim neuntägigen **Brahmotsavam-Festival** (⌚Sept./Okt.) können die Schlangen allerdings kilometerlang werden.

Am Fuß des Berges liegt die öde Stadt Tirupati, die wirklich nicht mehr als das Tor nach Tirumala ist.

Sehenswertes

Venkateshwara-Tempel HINDU-TEMPEL

(www.tirumala.org) Pilger strömen nach Tirumala, um Venkateshwara, die Inkarnation Vishnus, zu sehen. Zu den zahlreichen Fähigkeiten, die Venkateshwara zugesprochen werden, gehört auch die Macht, Wünsche zu erfüllen, die an dieser heiligen Stätte geäußert werden. Ein „gewöhnlicher" *darshan* erfordert zwei- bis achtstündiges Warten in klaustrophobisch engen Metallkäfigen am Tempelrand. Tickets für einen speziellen *darshan* (Audienz bei einer Gottheit, 300 ₹, online buchbar) verkürzen zwar das Stehen in der Schlange, aber die Herausforderung des Käfigs muss trotzdem gemeistert werden – aber das gehört ja irgendwie auch dazu.

Für die speziellen *darshans* gibt's gesonderte Einlasszeiten (s. Website). Am Eingang ist per Unterschrift zu bestätigen, dass man Lord Venkateshwara verehrt.

Legenden über den Hügel und seine Umgebung werden schon in den Puranas erzählt. Die Geschichte des Tempels reicht wahrscheinlich 2000 Jahre zurück. Der Haupttempel ist ein stimmungsvoller Ort, wenn man ihn erreicht, wird man sich aber zwischen den unzähligen Pilgern wie in einer Sardinendose fühlen. Im hinteren Teil des dunklen und fast magischen inneren Heiligtums spendet Venkateshwara seinen Besuchern Segen und Liebe. Hier riecht es nach Weihrauch und überall erklingen Gesänge. Man darf kurz ein Gebet sprechen und wird dann wieder nach draußen geschoben. Nicht vergessen, am Tresen einen leckeren *ladoo* à la Tirumala mitzunehmen. Die süßen Bällchen aus Kichererbsenmehl, Kardamom und Backobst sind in ganz Indien berühmt.

Aus Dankbarkeit für einen erfüllten Wunsch bringen viele Pilger ihr Haar als Opfer dar oder schwören ihrem Ego ab. Hunderte Friseure begleiten die Gläubigen – in Tirumala und Tirupati wimmelt es nur so von kahlgeschorenen Männern, Frauen und Kindern.

Schlafen

Am Wochenende ist Tirupati noch voller als sonst. Die Tirumala Tirupathi Devasthanams (TTD) betreibt riesige **Schlafsäle** (mit kostenlosen Betten) und **Pensionen** (Zi. 50–3000 ₹; ❄), die sich beim Tempel von Tirumala befinden und in erster Linie für Pilger bestimmt sind. Wer hier übernachten will, muss im Central Reception Office einchecken.

★ **Athidhi Residency** HOTEL $

(☎0877-2281222; www.facebook.com/Athidhi-Residency; Peddakapu Layout; Zi. 900–1400 ₹; ❄📶) Obwohl ziemlich teuer, ist das Hotel zu Recht sehr beliebt, denn es hat schöne Zimmer mit Flachbildfernseher, Deckenventilatoren und tollen Bädern. Vom Bahnhof ist es eine kurze Fahrt hierher; von der Bushaltestelle aus kann man es aber auch zu Fuß erreichen.

Hotel Annapurna HOTEL $

(☎0877-2250666; www.hotelannapurna.in; 349 G Car St, Tirupati; Zi. ohne/mit Klimaanlage 1180/1980 ₹; ❄📶) Die Zimmer in dem alteingesessenen Hotel sind einfach eingerichtet, aber in leuchtendem Pink gestrichen. Die vorderen Zimmer können etwas laut sein. Das **vegetarische Restaurant** (Hauptgerichte 125–220 ₹; ⌚5.30–23 Uhr; 📶) bietet leckeres Essen und frische Säfte. Ein Aufzug ist vorhanden.

Minerva Grand HOTEL $$

(☎0877-6688888; http://minervahotels.in; Renigunta Rd, Tirupati; EZ/DZ mit Klimaanlage ab 2300/2700 ₹; ❄📶) Gut geführtes Hotel mit einigen der besten Zimmern der Stadt, in denen der gemütliche Business-Stil mit Schreibtischen, dicken Kissen und guten Matratzen noch angenehmer wird. Die beiden klimatisierten Restaurants sind ebenfalls sehr gut, und es gibt auch einen kleinen Fitnessraum.

Hotel Regalia HOTEL $$

(☎0877-2238699; www.regaliahotels.com; Ramanuja Circle, Tirupati; Zi./Suite inkl. Frühstück 2999/4999 ₹; ❄📶) Das Hotel im Osten der Stadt, 1,5 km vom Bahnhof entfernt, hat schöne, einladende, moderne Zimmer mit eigenem schicken Bad. Im Preis enthalten ist ein üppiges Frühstücksbüfett. Ausgezeichnetes Preis-Leistungs-Verhältnis.

Essen & Ausgehen

In Tirupati gibt es jede Menge Restaurants. In den riesigen **Speisesälen** (kostenlos; ⌚ variierende Öffnungszeiten) auf dem Berg werden täglich Tausende von Pilgern verköstigt. Ein Hauptgericht in einem vegetarischen Restaurant kostet nur rund 25 ₹.

★ **Hotel Mayura** INDISCH **$$**
(209 TP Area; Hauptgerichte 150-280 ₹; ⌚ 7–22 Uhr) In dem gemütlichen Hotel mit Restaurant gegenüber dem Busbahnhof gibt es wohl die besten südindischen Thalis (220 ₹) der Stadt, und die verschiedenen Gerichte und unzähligen Chutneys werden hier sehr schön auf einem Bananenblatt angerichtet. Nordindische Gerichte sind ebenfalls zu haben.

★ **Minerva Coffee Shop** INDISCH **$$**
(Minerva Grand, Renigunta Rd; Thalis 190–230 ₹; ⌚ 7–23.30 Uhr; 📶) Das rein vegetarische Restaurant serviert hervorragende Andhra-Thalis (mit ständigem Nachschlag) und super starken Filterkaffee. Das Personal ist sehr beflissen und die Atmosphäre familiär und kinderfreundlich. Auch eine gute Adresse für typisch indisches Frühstück.

Blue Fox INDISCH, CHINESISCH **$$**
(Minerva Grand, Renigunta Rd; Hauptgerichte 220–380 ₹; ⌚ 7–23.30 Uhr; 📶) In der „feinen Restaurantbar“ servieren Kellner im Anzug vegetarische und nichtvegetarische indische und chinesische Gerichte; Alkohol gibt es auch.

Aroma Coffee House CAFÉ
(Tirumala Bypass; ⌚ 9–23 Uhr) Perfekter Kaffee, Sandwiches und Snacks werden in modernen, klimatisierten Räumen serviert.

An- & Weiterreise

Tirumala kann man in einem langen Tagesausflug von Chennai aus besuchen. Die Busse der Andhra Pradesh State Road Transport Corporation (APSRTC) fahren alle 30 Minuten vom **Busbahnhof CMBT in Chennai** (S. 375) direkt nach Tirumala (112–303 ₹, 3–4 Std.).

BUS

Vom **Busbahnhof** (☎ 0877-2289900; Tirupati Rd; ⌚ 24 Std.) in Tirupati fahren ein- bis zweimal pro Stunde Busse unter anderem nach:

Chennai Express/Volvo 112/293 ₹, 3–4 Std.

Bengaluru Express/Volvo/Semi-Sleeper 229/323/377 ₹, 4–6 Std.

Hyderabad Superluxury/Volvo 652/1023 ₹, 9–13 Std.

Vijayawada Express/Semi-Sleeper 474/698 ₹, 7–9 Std.

FLUGZEUG

Der **Flughafen von Tirupati** (www.tirupatiairport.com; Renigunta Airport Rd) ist 14 km östlich der Stadt in Renigunta. Von hier fliegen **Air India** (☎ 0877-2283981, Flughafen 0877-2283992; www.airindia.in; Srinivasam Pilgrim Amenities Complex,Tirumala Bypass Rd; ⌚ Mo–Sa 9.30–17.30 Uhr), SpiceJet, Air Costa und TruJet täglich nach Delhi, Hyderabad und in viele andere Städte.

ZUG

Die Züge fahren mehrmals täglich in verschiedene Richtungen ab. Das **Reservierungsbüro** (Netaji Rd; ⌚ Mo–Sa 8–20, So 8–14 Uhr) ist gegenüber dem östlichen Ende des Bahnhofsgebäudes von Tirupati. Hier eine Auswahl der Fahrtzeiten und Preise für Sleeper/3AC/2AC zu den häufigsten Zielen:

Bengaluru 210/615/860 ₹, 7 Std.

Chennai 140/490/695 ₹, 3–4 Std.

Hyderabad 380/1035/1495 ₹, 12 Std.

Vijayawada 235/625/935 ₹, 7 Std.

Visakhapatnam 380/1035/1490 ₹, 15 Std.

Unterwegs vor Ort

BUS

Eine Haltestelle für Busse nach Tirumala ist gegenüber dem Bahnhof. Die Busse fahren alle paar Minuten. Die einstündige Fahrt kostet einfach/hin & zurück 48/85 ₹. Um die reizvolle Landschaft genießen zu können, sollte man sich auf der Hinfahrt auf die linke Seite setzen.

TAXIS

Vor dem östlichen Ende des Bahnhofsgebäudes befindet sich ein Stand für Prepaid-Taxis. In Tirupati fahren Ola- und Uber-Taxis.

ZU FUSS

Der von der Tirumala Tirupathi Devasthanams für die Pilger eingerichtete Fußweg ist wahrscheinlich der beste Wanderweg in ganz Indien. Der etwa 12 km lange Weg beginnt in Alipiri im Norden von Tirupati (50 ₹ mit der Autorikscha) und dauert drei bis sechs Stunden. Das Gepäck kann man in Alipiri abgeben, von wo es kostenlos zum Empfangszentrum transportiert wird. Unterwegs gibt es immer wieder schattige Rastplätze und auch einige Erfrischungsstände.

Rund um Tirumala & Tirupati

Chandragiri Fort

Dieser Fort-Komplex, 15 km westlich von Tirupati, ist 1000 Jahre alt, hatte seine Blütezeit aber am Ende des 16. Jhs., als die Herrscher des untergehenden Vijayanagar-Reichs aus Hampi flohen und hier ihre Hauptstadt errichteten. Im Herzen der von einer 1,5 km langen Mauer umgebenen Anlage unterhalb eines Felshügels befindet sich der **Palastbereich** (Inder/Ausländer 10/100 ₹; ⌚Sa–Do 9–17 Uhr) mit schönen Gärten und dem Raja Mahal. Der restaurierte Vijayanagar-Palast erinnert an Hampi-Gebäude und beherbergt ein einigermaßen interessantes **Museum** (⌚Sa–Do 9–17 Uhr) mit Bronze- und Steinskulpturen. Die obere Festung am Hang darf (leider) nicht betreten werden. Busse nach Chandragiri (10 ₹) fahren im Stundentakt in Tirupati ab. Prepaid-Taxis kosten hin & zurück 500 ₹.

ℹ An- & Weiterreise

In Tirupati fährt stündlich ein Bus nach Chandragiri (10 ₹) ab. Die Hin- und Rückfahrt mit dem Taxi kostet rund 600 ₹.

Sri Kalahasti

☎08578 / 82 521 EW.

Die heilige Stadt Sri Kalahasti, 37 km östlich von Tirupati, ist für seinen bedeutenden **Sri-Kalahasteeswara-Tempel** (www.srikalahasthitemple.com; ⌚6-21.30 Uhr) bekannt. Neben Machilipatnam in der Nähe von Vijayawada ist Sri Kalahasti auch ein Zentrum für die alte Kunst der Textilmalerei *kalamkari*. Baumwolltücher werden mit *myrabalam* (Harz) und Kuhmilch grundiert, dann werden mit einem angespitzten Bambusstock Figuren darauf gezeichnet, der immer wieder mit eingedicktem Rohrzucker und Wasser benetzt wird. Die Farben werden aus Kuhmist, gemahlenem Saatgut, Pflanzen und Blumen hergestellt. In Agraharam, 2,5 km vom Busbahnhof entfernt, kann man den Künstlern bei der Arbeit zuschauen und ihre Kunstwerke kaufen. **Sri Vijayalakshmi Fine Kalamkari Arts** (☎9441138380; Tür Nr. 15-890; ⌚nach Vereinbarung) ist ein 40 Jahre altes Familienunternehmen mit über 60 angestellten Künstlern. *Dupatta*-Schals kosten ab 1500 ₹.

Busse fahren alle zehn Minuten von Tirupati nach Sri Kalahasti (35 ₹, 1 Std.); ein Prepaid-Taxi kostet hin und zurück 900 ₹.

ℹ An- & Weiterreise

Die Busse nach Sri Kalahasti fahren alle 15 Minuten in Tirupati ab (32 ₹, 1 Std.). Die Hin- und Rückfahrt mit dem Taxi kostet inklusive Wartezeit 1400 ₹.

Kerala

Inhalt ➡

Gut essen

- Villa Maya (S. 285)
- Dal Roti (S. 335)
- Bait (S. 299)
- Malabar Junction (S. 336)
- Paragon Restaurant (S. 344)

Schön übernachten

- Green Woods Bethlehem (S. 331)
- Varnam Homestay (S. 348)
- Kaiya House (S. 302)
- Ashtamudi Villas (S. 307)
- Reds Residency (S. 331)

Auf nach Kerala!

Für viele Traveller ist Kerala Südindiens schönster Staat. Ein schmaler Küstenstreifen, geprägt von ganz unterschiedlichen Landschaften: der fast 600 km langen Küste mit ihren Stränden am Arabischen Meer, den trägen Backwaters und den mit Gewürz- und Teeplantagen bedeckten Hügeln der Western Ghats. Setzt man seinen Fuß in diese grüne, beruhigende Landschaft, drosselt sich das Tempo der Reise zum Spaziergang. Kerala scheint Welten entfernt von der anderswo herrschenden Hektik: als sei Indien durch den Spiegel gestiegen und urplötzlich zu einem völlig entspannten Ort geworden.

Abgesehen von seinen berühmten Backwaters, eleganten Hausbooten, Ayurveda-Anwendungen und seiner delikaten, die Geschmacksnerven kitzelnden Küche hat Kerala z.B. noch wilde Elefanten, exotische Vögel und ein paar Tiger zu bieten. Lebendige Traditionen wie das Kathakali-Tanztheater, Tempelfeste und Schlangenbootrennen bringen buntes Treiben selbst in die kleinsten Dörfer. Kein Wunder also, dass sich Kerala gern als „Gottes eigenes Land" bezeichnet.

Reisezeit

Thiruvananthapuram

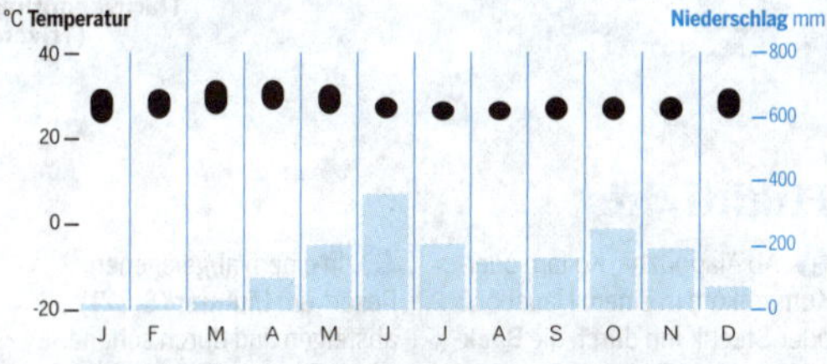

Dez.–Feb. Bestes Wetter für Strand und Backwaters. Festsaison im gesamten Bundesstaat.

April Kathakali bei den Festen in Kottayam und Kollam und Elefantenprozession in Thrissur.

Aug.–Okt. Ende der Monsunzeit: Onam Festival, Schlangenbootrennen.

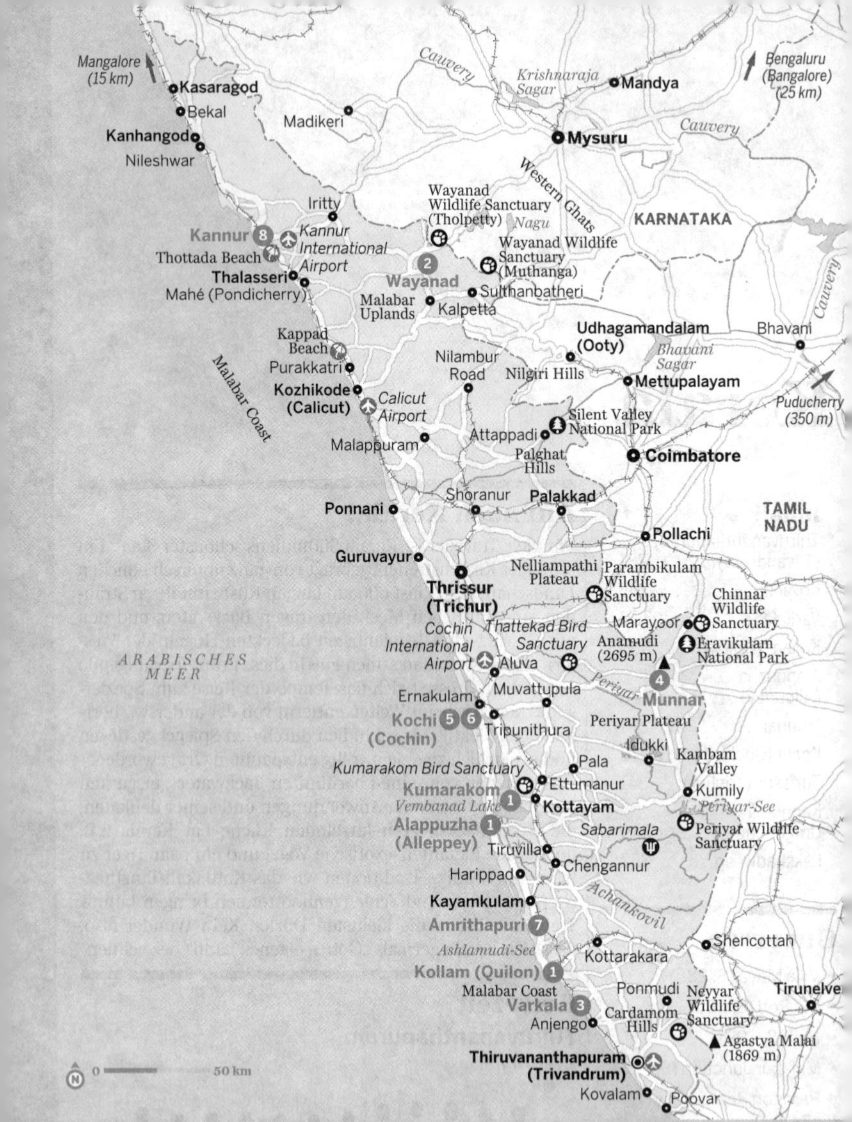

Highlights

1. Ab Alappuzha, Kollam oder Kumarakom in einem Hausboot oder Stechkahn durch die **Backwaters** (S. 312) dümpeln
2. In **Wayanad** (S. 346) wilde Elefanten erspähen, wandern und im Dschungel relaxen
3. Im auf einer Klippe gelegenen Strandresort **Varkala** (S. 300) die Tage dahinziehen lassen
4. In einem abgelegenen Resort um **Munnar** (S. 321) absteigen und durch schöne, smaragdgrüne Teeplantagen streifen
5. Im **Fort Kochi** (S. 326) in einem Homestay gemeinsam mit einer einheimischen Familie essen und die Geschichte auf sich wirken lassen
6. In Kochi eine **Kathakali-Vorstellung** (S. 341) erleben
7. Sich in der **Matha Amrithanandamayi Mission** (S. 308), dem Ashram der „Umarmenden Mutter" in Amrithapuri, knuddeln lassen
8. In **Kannur** (S. 349) im Norden unberührte Strände und *theyyam*-Rituale entdecken

Geschichte

Schon seit mehr als 3000 Jahren werden Händler vom Duft der Gewürze Keralas angezogen: Phönizier, Römer, Araber und Chinesen wussten von dieser Küste, die Umschlagplatz für Gewürze von den Molukken (östliches Indonesien) war.

Bis ins frühe Mittelalter hinein beherrschte das Königreich der Cheras einen großen Teil Keralas. Mit anderen Königreichen und kleinen Fürstentümern konkurrierte man um Territorium und Handelsanteile. Vasco da Gamas Ankunft im Jahr 1498 öffnete dem europäischen Kolonialismus die Tore. Portugiesen, Niederländer und Engländer kämpften zunächst mit arabischen Händlern und dann gegeneinander, um die Kontrolle über den lukrativen Gewürzhandel zu erlangen.

Der heutige Bundesstaat Kerala entstand 1956, als man die früheren Staaten Travancore, Kochi und Malabar zusammenlegte. Seine Tradition, die Kunst und Bildung hoch schätzt, hat dazu beigetragen, dass Kerala heute zu den fortschrittlichsten Bundesstaaten Indiens gehört – mit der höchsten Alphabetisierungsrate des Staates.

1957 hatte Kerala die erste frei gewählte kommunistische Regierung der Welt, die seither regelmäßig wiedergewählt wird – obwohl die United Democratic Front (UDF) seit 2011 die führende Partei im Kongress ist. Viele Malayalis (Sprecher der offiziellen Staatssprache Malayalam) arbeiten im Nahen Osten, und ihre Geldtransfers an die Familien nach Hause spielen eine bedeutende Rolle in Keralas Wirtschaft. Große Hoffnungen setzt der Staat in den gegenwärtigen Tourismusboom, von dem Kerala als eines der beliebtesten Reiseziele Indiens im letzten Jahrzehnt besonders profitiert hat. Laut Keralas Tourismusbehörde kamen 2015 fast 13,5 Mio. Besucher – mehr als doppelt so viele wie noch vor zehn Jahren – allerdings waren weniger als 1 Mio. davon ausländische Reisende.

SÜDLICHES KERALA

Thiruvananthapuram (Trivandrum)

☎ 0471 / 958 000 EW.

Thiruvananthapuram, Keralas Hauptstadt – die häufig noch mit ihrem kolonialzeitlichen Namen Trivandrum bezeichnet wird – ist eine vergleichsweise kleine, aber energiegeladene Stadt und ein lässiger Vorgeschmack auf das urbane Leben im Süden. Die meisten Traveller nutzen sie nur als Sprungbrett zu den nahegelegenen Strandresorts Kovalam und Varkala, aber Trivandrum hat selbst eine Reihe von Sehenswürdigkeiten, darunter einen Zoo und mehrere viktorianische Museen in prächtigen neo-keralesischen Gebäuden, die man sich nicht entgehen lassen sollte.

Sehenswertes

Zoologischer Garten ZOO

(☎ 0471-2115122; Erw./Kind 20/5 ₹, Foto/Video 50/75 ₹; ⏲ Di–So 9–17.15 Uhr) Yann Martel stützte sich bei den Tieren in seinem Roman *Schiffbruch mit Tiger* auf jene, die er im Zoo von Trivandrum beobachtet hatte. Schattige Wege schlängeln sich durch waldiges Gelände und um Seen herum. Die Tiger, Makaken und Flusspferde leben in offenen Gehegen von passabler Größe.

★ **Napier Museum** MUSEUM

(Erw./Kind 10/5 ₹; ⏲ Di & Do–So 10–17, Mi 13–17 Uhr) Das Museum residiert in einem Holzgebäude von 1880, das von Robert Chisholm entworfen wurde. Die kleinteilige Interpretation des volkstümlichen Architekturstils Keralas verrät dessen Begeisterung für das Kunsthandwerk der Region. Gezeigt werden

TOP-FESTIVALS

Abgesehen von den größeren staatlichen Festen gibt es in Kerala Hunderte von jährlichen Tempelfesten, *theyyam*-Ritualen, Bootregatten und Straßenumzügen. Viele von ihnen sind in *A Hundred Festivals for You* aufgelistet, einer kostenlos erhältlichen Publikation vom Tourist Desk in Kochi.

Ernakulathappan Utsavam (S. 331) Die achttägigen Festivitäten gipfeln in Musik, Feuerwerk und einem Umzug von Elefanten.

Thrissur Pooram (S. 342) Die Mutter aller Elefantenprozessionen.

Nehru Trophy Boat Race (S. 309) Das populärste Bootsrennen in Kerala.

Onam (⏲ Aug./Sept.) Der gesamte Bundesstaat feiert zehn Tage lang das Goldene Zeitalter des mythischen Königs Mahabali.

Thiruvananthapuram (Trivandrum)

Bronzen, buddhistische Skulpturen, Tempelwagen und Elfenbein. Schon die bunten Ausstellungsräume allein sind den Besuch wert.

★ **Museum of History & Heritage** MUSEUM
(☎ 9567019037; www.museumkeralam.org; Park View; Erw./Kind Inder 20/10 ₹, Ausländer 200/50 ₹, Kamera 25 ₹; ⏲ Di–So 10–17.30 Uhr) In einem zauberhaften Baudenkmal mitten im Tourismuskomplex von Kerala liegt das schön gestaltete Museum, das sich mit Keralas Geschichte und Kultur beschäftigt und sie mit fantastischen Ausstellungsstücken und interaktiven, audiovisuellen Präsentationen

Thiruvananthapuram (Trivandrum)

Highlights
1 Museum of History & Heritage C1
2 Napier Museum C1

Sehenswertes
3 Puthe Maliga Palace Museum A6
4 Shri Padmanabhaswamy Temple A6
5 Zoological Gardens C1

Aktivitäten, Kurse & Touren
6 CVN Kalari Sangham B6
7 KTDC Tours B5
8 Margi Kathakali School A5

Schlafen
9 Hotel Regency B4
10 Princess Inn B4
11 Taj Vivanta D3
12 Varikatt Heritage B3
13 Vedanta Wake Up Trivandrum B4

Essen
14 Ananda Bhavan B3
15 Ariya Nivaas C5
16 Azad Restaurant B5
17 Cherries & Berries D2
18 Indian Coffee House B5

Shoppen
19 Connemara Market B2
20 SMSM Institute B4

Praktisches
21 Geldautomat State Bank of India B3
22 Tourist Facilitation Centre C1

Transport
23 Air India B1
24 Airtravel Enterprises C1
25 East Fort Bus Stand B6
26 Zentraler KSRTC-Busbahnhof C5
27 Municipal-Busbahnhof B6
28 Zugreservierungsbüro B5

darstellt. Die Palette reicht von Werkzeugen aus der Eisenzeit bis hin zu Skulpturen aus Bronze und Terrakotta, Wandgemälden, *dhulichitra* (Fußbodengemälden) und Nachbildungen traditioneller Häuser Keralas.

Puthe Maliga Palace Museum MUSEUM
(Fort; Inder/Ausländer 30/100 ₹, Kamera/Video 50/250 ₹; Di–So 9.30–12.30 & 14–16.45 Uhr) Der 200 Jahre alte Palast der Maharadschas von Travancore lockt mit beschnitzten Holzdecken, Marmorskulpturen und importiertem belgischen Glas. Es gibt Bilder von Kathakali-Aufführungen, eine Waffenkammer, Porträts der Maharadschas, verzierte Throne und andere Artefakte zu sehen. Im Eintritt ist eine informative 1-stündige Führung enthalten. Man kann den ganzen Innenbereich auch auslassen und stattdessen (kostenlos) das Palastgelände besichtigen. Hier befindet sich auch das **Chitrali Museum** (50 ₹) mit vielen historischen Erinnerungsstücken, Fotografien und Porträts der Travancore-Dynastie.

Shri-Padmanabhaswamy-Tempel HINDU-TEMPEL
(Inneres Heiligtum, nur für Hindus 15.30–19.30 Uhr; nur Hindus) Der 260 Jahre alte Tempel im Fort Areal ist Thiruvananthapurams spirituelles Zentrum. Den Haupteingang bildet der 30 m hohe östliche *gopuram* (Torturm). Im inneren Heiligtum (nur Hindus) lehnt die Gottheit Padmanabha auf der heiligen Schlange. Das Bildwerk besteht aus über 10 000 *salagramam* (heiligen Steinen), die angeblich per Elefant aus Nepal gebracht wurden.

Der Tempel ist nur für Hindus zugänglich, aber vom Weg rechts neben dem Tor hat man einen tollen Blick auf den *gopuram*.

Kurse

Ayushmanbhava Ayurvedic Centre AYURVEDA, YOGA
(0471-2556060; www.ayushmanbhava.com; Pothujanam; Massage ab 900 ₹; Yogakurse 6.30 Uhr) In diesem Zentrum, ungefähr 5 km westlich der MG Rd, werden Massagen, tägliche therapeutische Yogakurse und längere ayurvedische Behandlungen angeboten. Es gibt einen Kräutergarten.

Margi Kathakali School KULTURPROGRAMM
(0471-2478806; www.margitheatre.org; Fort) Hier werden Kurse in Kathakali und *kootiattam* (traditionelles Sanskrit-Schauspiel) für Anfänger und Fortgeschrittene angebo-

PREISKATEGORIEN: SCHLAFEN

Die Preiskategorien in diesem Kapitel beziehen sich auf ein Doppelzimmer mit Bad:

$ weniger als 1200 ₹
$$ 1200–5000 ₹
$$$ mehr als 5000 ₹

ten. Für einen zweistündigen Kurs zahlt man rund 300 ₹. Besucher können bei den Übungsstunden ohne Kostüme (Mo–Fr ab 10–12 Uhr) zuschauen. Das nicht gekennzeichnete Gebäude befindet sich 200 m westlich vom Fort hinter der Fort School.

CVN Kalari Sangham KAMPFKUNST
(☎0471-2474182; www.cvnkalari.in; South Rd; 15-tägiger/1-monatiger Kurs 1000/2000 ₹) Hier werden langfristige Kurse in *kalarippayat* für ernsthaft interessierte Schüler (unter 30 Jahren) angeboten, die schon ein wenig Erfahrung in der Kampfkunst mitbringen. Besucher können beim Training zusehen, das von Montag bis Samstag zwischen 7 und 8.30 Uhr stattfindet.

Geführte Touren

KTDC Tours BUS
(☎0471-2330031; www.ktdc.com) Die KTDC veranstaltet Touren, die alle am Tourist Reception Centre am KTDC Hotel Chaithram oder der Central Station Rd starten. Die City Tour (300 ₹) beinhaltet den Zoo, Museen und andere Sehenswürdigkeiten; die Kanyakumari Day Tour (700 ₹) besucht den Padmanabhapuram-Palast, Kanyakumari in Tamil Nadu und den nahen Suchindram-Tempel. Andere Touren fahren auch zum Neyyar-Damm (400 ₹) und nach Kovalam (200 ₹).

INDIAN COFFEE HOUSE

Das Indian Coffee House wirkt, als sei hier die Zeit stehen geblieben. Die über ganz Indien verstreuten Filialen haben noch alte indische Preise, und die Kellner laufen mit gestärkten weißen Hemden und pfauenartigem Kopfschmuck herum. Die Geschichte der Kaffeehauskette beginnt Anfang der 1940er-Jahre während der britischen Kolonialzeit mit Coffee Board. In den 1950er-Jahren begann Coffee Board dann, seine Cafés überall in Indien zu schließen, wodurch die Angestellten arbeitslos wurden. Der in Kerala geborene Kommunistenführer Ayillyath Kuttiari Gopalan Nambiar stellte sich hinter die Arbeiter und gründete mit ihnen die India Coffee Board Workers' Co-operative Society. Seitdem gibt es das Coffee House – voller Flair wie eh und je und immer mit preisgünstigen Snacks wie *idli* (fermentierte Reiswaffeln) und Getränken wie indischem Filterkaffee mit Rosenmilch. Es wird noch immer von seinen Angestellten betrieben, die alle Mitglieder der Genossenschaft sind.

Schlafen

Mehrere ordentliche Budget- und Mittelklassehotels befinden sich an der Manjalikulam Rd nördlich der Central Station Rd.

Vedanta Wake Up Trivandrum HOSTEL $
(☎0471-2334351; www.vedantawakeup.com; SS Kovil Rd; B/DZ 650/1450 ₹; ❄📶) Eine gute, zentral gelegene Bleibe für Backpacker und Traveller, die allein unterwegs sind: Das Hostel hat blitzblanke, klimatisierte Schlafsäle und ein Doppelzimmer.

Princess Inn HOTEL $
(☎0471-2339150; princess_inn@yahoo.com; Manjalikulam Rd; EZ/DZ ab 600/800 ₹, mit Klimaanlage ab 1000/1200 ₹; ❄📶) Das günstige Hotel in einem Gebäude mit Glasfront liegt zentral, aber an einer Seitenstraße und verspricht so einen relativ ruhigen Schlaf. Die Zimmer sind komfortabel und haben Satelliten-TV sowie makellose Bäder; der kleine Aufpreis für ein geräumiges Deluxe-Zimmer lohnt sich.

Hotel Regency HOTEL $
(☎0471-2330377; www.hotelregency.com; Manjalikulam Cross Rd; EZ/DZ 650/800 ₹, mit Klimaanlage 1000/1600 ₹; ❄📶) Das saubere, einladende Hotel hat kleine, tadellose Zimmer mit Satelliten-TV; die Deluxe-Zimmer sind größer. Es gibt einen Dachgarten und WLAN im Foyer.

★ **Graceful Homestay** HOMESTAY $$
(☎9847249556, 0471-2444358; www.gracefulhomestay.com; Pothujanam Rd, Philip's Hill; EG EZ/DZ 1550/1800 ₹, OG & Suite EZ/DZ 2450/3000 ₹ jeweils mit Frühstück; @📶) In den grünen westlichen Vororten von Thiruvananthapuram liegt dieses schöne, ruhige Haus in Gärten, die sich über mehrere Hektar erstrecken. Die vier individuell gestalteten Zimmer sind nett möbliert und haben Zugang zur Küche, den Wohnbereichen und Balkonen. Das schönste hat eine tolle überdachte Terrasse mit Ausblick auf ein Meer von Palmen. Für eine Wegbeschreibung vorher anrufen!

Varikatt Heritage HOMESTAY $$$
(☎0471-2336057, 9895239055; www.varikattheritage.com; Punnen Rd; Zi./Suite inkl. Frühstück 5000/6000 ₹; 📶) Die charismatischste Unterkunft von Trivandrum befindet sich im 250 Jahre alten Haus von Oberst Roy Kuncheria, ein wunderbarer, indo-sarazenischer

Bungalow mit vier Zimmern mit Verandas, die zu einem hübschen Garten hinausgehen. Zu jeder Antiquität – und dem Haus an sich – gehört eine Familiengeschichte. Mittag- und Abendessen erhältlich (500 ₹).

Taj Vivanta HOTEL $$$

(☎0471-6612345; www.vivanta.tajhotelscom; Thycaud Hospital Rd; EZ/DZ inkl. Frühstück ab 8500/11000 ₹;) Das Taj hat eine größere Eingangshalle als die meisten Hotels der Stadt. Es bietet einen gewissen Wow-Faktor: Die Zimmer sind ziemlich vornehm, der Garten und der Swimmingpool werden gut in Schuss gehalten und außerdem gibt's ein Spa, ein 24-Stunden-Fitnessstudio und verschiedene gute Restaurants z.B. Smoke on the Water mit Grill am Pool.

Essen

★ **Ariya Nivaas** SÜDINDISCH $

(Manorama Rd; Hauptgerichte 40–150 ₹, Thalis 100 ₹; 6.45–22 Uhr, Mittagessen 11.30–15 Uhr) Weil der Laden die besten vegetarischen südindischen All-You-Can-Eat-Thalis in ganz Thiruvananthapuram hat, ist hier mittags immer viel los. Das Essen ist frisch und die Bedienung gewitzt.

Indian Coffee House INDIAN $

(Maveli Cafe; Central Station Rd; Snacks 10–60 ₹; 7–22.30 Uhr) Diese Filiale von Indian Coffee House serviert starken Kaffee und Snacks in einem wahnwitzigen roten Backsteinturm, der wie eine Kreuzung aus Leuchtturm und Taubenschlag aussieht und in seinem spiralförmigen Inneren mit Betonbänken und -tischen ausgestattet ist. Die emsigen Kellner muss man einfach bewundern.

Azad Restaurant INDISCH $

(MG Rd; Gerichte 60–200 ₹; 11–23.30 Uhr) Das bei Familien beliebte, geschäftige Lokal serviert authentische Fischgerichte aus Kerala, z.B. *molee* (Fischstücke in Kokossauce) sowie ausgezeichnete Biryanis und Tandur-Gerichte. Auf Straßenebene gibt's einen Grill für Essen zum Mitnehmen; das Restaurant befindet sich im Erdgeschoss.

Ananda Bhavan SÜDINDISCH $

(☎0471-2477646; MG Rd; Gerichte 20–80 ₹; 12–15 & 18–22 Uhr) Ein typisches billiges vegetarisches Restaurant mit kleinen Snacks und Dosas.

Cherries & Berries CAFÉ $$

(☎0471-2735433; www.cherriesandberries.in; Carmel Towers, Cotton Hill; Gerichte 130–220 ₹; 10–22 Uhr;) Gute Hausmannskost, eine eiskalte Klimaanlage und gut funktionierendes kostenloses WLAN gibt's bei Cherries & Berries östlich vom Zentrum. Auf der Karte stehen Waffeln, Mini-Pizzen, Hotdogs, getoastete Sandwichs, guter Kaffee und milde Schokoriegel-Milchshakes – z.B. der Kit-Kat-Shake (165 ₹).

★ **Villa Maya** KERALESISCH $$$

(☎0471-2578901; www.villamaya.in; 120 Airport Rd, Injakkal; Vorspeisen 200–600 ₹, Hauptgerichte 400–1500 ₹; 11–23 Uhr) Die Villa Maya ist schon ein Erlebnis für sich und nicht nur ein Restaurant. Man speist entweder in der prächtigen holländischen Villa aus dem 18. Jh. oder in intimen, durch Vorhänge abgeschirmten Nischen im ruhigen Gartenhof. Die keralesischen Gerichte sind kundig zubereitet, delikat gewürzt und schön angerichtet. Mit Gerichten wie Krabben mit Hummerbutter sind Meeresfrüchte die Spezialität, es gibt aber auch einige verführerische vegetarische Angebote.

In der Zeit zwischen Mittag- und Abendessen (15–19 Uhr) kann man Snacks wie Sandwichs, Pizza oder Calzone bestellen. Das freundliche Personal führt Besucher gern kostenlos durch das historische Herrenhaus.

Shoppen

Connemara Market MARKT

(MG Rd; 6–21 Uhr) Auf dem geschäftigen Markt sind Obst und Gemüse, Fisch, lebende Ziegen, Stoffe, Kleidung, Gewürze und vieles mehr im Angebot.

SMSM Institute KUNSTHANDWERK

(www.keralahandicrafts.in; YMCA Rd; Mo–Sa 9–20 Uhr) Das staatlich-keralesische Warenhaus ist eine Schatzhöhle voller Kunsthandwerk, Souvenirs und Antiquitäten zu Festpreisen.

Praktische Informationen

KIMS (Kerala Institute of Medical Sciences; ☎0471-3041400, Notfall 0471-3041144; www.kimskerala.com; Kumarapuram; 24 Std.) Die beste Adresse bei medizinischen Notfällen; rund 7 km nordwestlich vom Bahnhof Thiruvananthapuram.

Tourist Facilitation Centre (☎0471-2321132; Museum Rd; 24 Std.) Nahe dem Zoo; verteilt Stadtpläne und Broschüren.

Tourist Reception Centre (KTDC Hotel Chaithram; ☎0471-2330031; Central Station Rd; 7–21 Uhr) Organisiert von der KTDC geleitete Touren.

An- & Weiterreise

BUS

Die staatlichen und privaten Busse nutzen Thiruvananthapurams riesigen, bogenförmigen neuen **Zentralen KSRTC-Busbahnhof** (☎ 0471-2462290; www.keralartc.com; Central Station Rd, Thampanoor) gegenüber dem Bahnhof.

Die Busse zum Strand von Kovalam (17 ₹, 30 Min., 6–21 Uhr alle 20 Min.) starten vom südlichen Ende des **East-Fort-Busbahnhofs** an der MG Rd.

FLUGZEUG

Vom **Trivandrum International Airport** (www.trivandrumairport.com), rund 5 km westlich der Stadt, gibt es internationale Direktflüge ab/nach Colombo auf Sri Lanka, Malé auf den Malediven und zu wichtigen Zielen am arabischen Golf wie Dubai, Shardscha, Maskat, Bahrain und Kuwait.

Im Inlandsverkehr fliegen **Air India** (☎ 0471-2317341; www.airindia.com; Mascot Sq; ⏲ Mo–Sa 9–17 Uhr), **Jet Airways** (☎ 0471-2728864; www.jetairways.com; Sasthamangalam Junction; ⏲ 9–18 Uhr) und **IndiGo** (☎ 9212783838; www.indigo.in) ab/nach Mumbai (Bombay), Kochi (Cochin), Bengaluru (Bangalore), Chennai (Madras) und Delhi. **SpiceJet** (☎ 9871803333; www.spicejet.com; Trivandrum Airport) fliegt einmal wöchentlich nach Chennai.

Alle Flüge kann man im effizienten Reisebüro **Airtravel Enterprises** (☎ 0471-3011300; www.ate.travel; MG Rd, New Corporation Bldg; ⏲ 9–19 Uhr) buchen.

ZUG

Die Züge sind oft schnell ausgebucht, es lohnt sich also, online zu reservieren oder das **Reservierungsbüro** (☎ 139; ⏲ Mo–Sa 8–20, So bis 14 Uhr) im Hauptbahnhof aufzusuchen. Im 1. Stock gibt's einen Schalter für ausländische Touristen. Die meisten wichtigen Züge kommen am Hauptbahnhof Traviandrum nahe beim Zentrum an, einige Expresslinien enden aber am Bahnhof Vikram Sarabhai (Kochuveli) rund 7 km nördlich der Stadt – vorab nachprüfen!

Innerhalb Keralas fahren häufig Expresszüge nach Varkala (2. Klasse/Sleeper Class/3AC 45/140/490 ₹, 1 Std.), Kollam (55/140/490 ₹, 1¼ Std.) sowie nach Ernakulam (90/165/490 ₹, 4½ Std.) entweder über Alappuzha (80/180/490 ₹, 3 Std.) oder über Kottayam (80/140/490 ₹, 3½ Std.). Es gibt auch zahlreiche tägliche Verbindungen nach Kanyakumari (2. Klasse/Sleeper Class/3AC 60/140/490 ₹, 3 Std.).

Unterwegs vor Ort

Zum Flughafen fährt der Stadtbus 14 vom **East-Fort-** und vom **Municipal-Busbahnhof** (10 ₹). Der Gutschein für die Fahrt mit einem Prepaid-Taxi vom Flughafen kostet in die Stadt 350 ₹ und ins 13 km entfernte Kovalam 500 ₹.

Das praktischste Verkehrsmittel vor Ort sind Autorikschas; eine kurze Fahrt kostet zwischen 30 und 50 ₹.

Rund um Thiruvananthapuram

Sehenswertes

Neyyar Wildlife Sanctuary NATURSCHUTZGEBIET
(☎ 0471-2272182; Inder/Ausländer 10/100 ₹; ⏲ Di–So 9–16 Uhr) Das Schutzgebiet um einen idyllischen See, der 1964 durch den Neyyar-Staudamm 35 km nördlich von Thiruvananthapuram entstand, bietet den **Lion Safari Park** (☎ 9744347582, 0471-2272182; Inder/Ausländer 200/300 ₹; ⏲ Di–So 9–16 Uhr), einen Hirschpark und ein (nach der australischen Legende Steve Irwin benanntes) Krokodil-Aufzuchtzentrum. In den

BUSSE AB THIRUVANANTHAPURAM (TRIVANDRUM)

ZIEL	PREIS (₹)	DAUER (STD.)	HÄUFIGKEIT
Alappuzha	132, AC 221	3½	alle 15 Min.
Chennai	AC from 850	12	tgl. 15-mal (Nachtbus)
Ernakulam (Kochi)	177, AC 291	5½	alle 15–30 Min.
Kanyakumari	70	2	tgl. 4-mal
Kollam	63, AC 111	1½	alle 15 Min.
Kumily (nach Periyar)	226	8	7.30 Uhr
Munnar	245	8	tgl. 3-mal
Neyyar Dam	35	1½	alle 40 Min.
Thrissur	224, AC 391	7½	stündl.
Varkala	65	1¼	stündl.

VLADIMIR ZHOGA / SHUTTERSTOCK ©

Kerala

Kerala begeistert durch seine Gelassenheit und seine wundervollen Naturlandschaften: eine langgezogene, üppige Küste, die sich ständig verändernden Wasserläufe, üppige Palmen- und Gewürzplantagen sowie kühle Rückzugsgebiete in den Bergen. Hinzu kommt noch ein Kaleidoskop der Kulturen, am besten verkörpert in der einzigartigen darstellenden Kunst. Kerala sollte man sich auf keinen Fall entgehen lassen!

Inhalt

Oben Traditionelle Kathakali-Tänzer (S. 341), Kerala

Strände

Goa mag ein Magnet für Pauschalreisende sein, aber Keralas fast 600 km lange Küstenlinie trumpft mit einer atemberaubenden Kette goldfarbener Sandstrände auf, die von Palmen gesäumt sind und vom Arabischen Meer umspült werden. An den südlichen Stränden ist sehr viel los. Noch nicht so bekannt und wilder sind dagegen die im Norden.

Die Strände im Süden

Der am besten erschlossene Urlaubsort an der Küste ist Kovalam (S. 295), nur einen Katzensprung von der Hauptstadt Thiruvananthapuram (Trivandrum; S. 281) entfernt. Früher war Kovalam ein ruhiges Fischerdorf, heute laden die zwei halbmondförmigen Strände zum Paddeln oder Anfänger zum Surfen ein. An den Stränden findet man eine ganze Reihe flach gebauter Hotels und Restaurants. Wer es etwas weniger bebaut möchte, findet südlich von Kovalam einige herrliche Strände und Urlaubsorte, die sich in der Gegend um Pulinkudi und Chowara drängen, beliebt vor allem dank ihrer ayurvedischen Behandlungen.

Nördlich von Trivandrum liegt Varkala (S. 300), das sich um dramatische Klippen windet. Varkala ist eine bei Hindu-Pilgern beliebte heilige Stadt, hat sich aber auch zu einem Schlupfloch für Backpacker entwickelt. Entlang der Klippen ziehen sich Gästehäuser, zum Meer hin offene Restaurants sowie Bars – und alles wiegt sich im Rhythmus von Reggae-, Rock- und Trance-Klängen. Traveller, die es ruhiger mögen, ziehen weiter nach Norden zum Strand von Odayam.

Noch weiter nördlich liegt Alappuzha (Alleppey; S. 308) am besten für seine Backwaters bekannt, hat aber auch ein annehmbares Küstengebiet bis nach Marari. Kochis (Cochin; S. 326) Strand Cherai liegt auf der Insel Vypeen, ein wundervoller Streifen wei-

1

ßer Sand, mit kilometerlangen ruhigen Lagunen und Wasserläufen nur wenige hundert Meter vom Meer entfernt.

Nord-Kerala & die Inseln

Wenige Besucher finden den Weg in den Norden Keralas. Hier gibt's wunderbar verlassene Buchten mit traditionellerem Dorfleben. Zu den besten gehören die friedlichen weißsandigen Strände südlich von Kannur (S. 349) oder diejenigen weiter im Norden rund um die Valiyaparamba Backwaters (S. 352) zwischen Kannur und Bekal.

Noch weiter verstreut liegen die Inseln von Lakshadweep (S. 352) – ein Archipel 300 km westlich von Kerala. Die Inselkette bietet nicht nur unberührte Strände, sondern auch einige der besten Spots in Indien zum Gerätetauchen und Schnorcheln.

Die besten Strandorte

Varkala (S. 300): Die schöne von Klippen gesäumte Küste von Varkala ist ein heiliger Ort für Hindus und ein bei Backpackern beliebter Urlaubsort. Eine gute Basis für Yoga, zum Surfen oder auch nur zum Chillen.

Kovalam (S. 295): Einer der kommerziellsten Strandorte Keralas, der trotzdem noch Spaß verspricht und leicht zugänglich ist mit einigen guten Wellen und Surf-Clubs. Die Orte hier und weiter im Süden sind auf ayurvedische Behandlungen spezialisiert.

Kannur (S. 349): Kannur selbst ist nichts Besonderes, aber 8 km südlich bei Thottada gibt's tolle Strände und in den Dörfern Homestays direkt am Meer. Der 4 km lange Payyambalam-Strand von Kannur ist bei den Einheimischen beliebt.

DMITRY RUKHLENKO / SHUTTERSTOCK ©

2

DANIEL J. RAO / SHUTTERSTOCK ©

1. Papanasham Beach, Varkala (S. 300) **2.** Sonnenuntergang am Kannur Beach (S. 349)

1

Backwaters

Unglaubliche 900 km an Wasserwegen schlängeln sich durch eine saftig grüne Landschaft. Palmen säumen die Kanäle, an denen verstreut Dörfer liegen. Dort scheint die Zeit stehen geblieben zu sein, auch weil viele der Dörfer nur mit einem Boot erreichbar sind. Ein unvergessliches südindisches Erlebnis in einer einzigartigen Umgebung!

Hausboote

In einem Kanu lautlos übers Wasser zu gleiten oder unter Sternen auf einem traditionellen Hausboot zu übernachten, ist einfach bezaubernd. Die Boote, die in den Zentren der Region Alleppey (S. 308) und Kollam (Quilon; S. 305) dicht an dicht im Wasser liegen, ähneln den traditionellen Reiskähnen (*kettuvallam* – „Boot mit Knoten" –, so genannt, weil die Aufbauten von Kokosfasern zusammengehalten werden).

Es gibt mehrere unterschiedliche Möglichkeiten die Backwaters zu erkunden. Die beliebteste ist eine ein- oder zweitägige Tour mit einem gemieteten Hausboot. Auf einem solchen Boot finden zwei bis 14 oder mehr Personen Platz, Ausstattung und Komfort unterscheiden sich jedoch erheblich. Im Preis enthalten sind die Crew (auf jeden Fall ein Bootsführer und ein Koch, oft aber auch noch Küchenpersonal) und die Verpflegung mit traditionellen Gerichten (Fisch und Gemüse in Kokosmilch). Die Touren sind so beliebt, dass in der Hauptsaison die wichtigsten Wasserstraßen manchmal regelrecht verstopft sind.

Fähren, Kanus & Kajaks

Die preiswerteste Möglichkeit, die Backwaters kennenzulernen, ist die Fahrt mit einer der öffentlichen Fähren. Diese Boote schippern zwar von Ort zu Ort, befahren aber kaum die kleineren Kanäle. Die zwei

DMITRY RUKHLENKO / SHUTTERSTOCK ©

DMITRI MIKITENKO / SHUTTERSTOCK ©

1. Hausboot auf Keralas Backwaters
2. Navigieren auf den Backwaters
3. Hausboottour

OSTILL / SHUTTERSTOCK ©

beliebtesten Touren sind die ganztägige touristische Ausflugsfahrt von Kollam nach Alleppey – eine malerische jedoch recht gemächliche Tour – und die Fähre von Alleppey nach Kottayam (2½ Std.).

Um tiefer ins Labyrinth der Kanäle vorzudringen und größeren Booten aus dem Weg zu gehen, empfiehlt sich eine Kanutour: So kann man auch die schmaleren Kanäle befahren und das Dorfleben am Ufer so kennenlernen, wie das per Hausboot oder Fähre unmöglich wäre. Dorfbesuche mit sachkundigen Guides sind eine weitere Option, um die Region geruhsam zu erkunden und dabei in die örtliche Kultur einzutauchen.

Auch Kajaktouren auf den Kanälen werden immer beliebter. Mit Anbietern wie **Kerala Kayaking** (☎9846585674, 8547487701; www.keralakayaking.com; pro Pers. 4/7/10 Std. 1500/3000/4500 ₹) paddelt man weit in die Backwaters hinein und besucht dort gemütlich mehrere Dörfer.

Öko-Hausboote?

Das Angebot an Hausbooten ist riesig. Die richtige Wahl von Boot und Betreiber entscheidet, ob die Tour gelingt oder nicht.

➡ Außer in der Hauptsaison gilt: Möglichst nie reservieren! Endgültig buchen sollte man erst nach der Besichtigung diverser Boote.

➡ Die Zulassung des Betreibers überprüfen: Boote von Eignern mit „Green Palm"- oder „Gold Star"-Zertifikat schonen die Umwelt z. B. mittels Solarzellen, Toiletten-Tanks und schadstoffarmen Motoren.

➡ Zwecks Preis-Leistungs-Vergleich empfiehlt es sich, sich an Alleppeys Hausboot-Hafen umzusehen, im Internet zu recherchieren und mit Pensionsinhabern oder zurückgekehrten Travellern zu sprechen.

➡ Die Hauptsaison (Mitte Dez.–Mitte Jan.) und indische Feiertage meiden: Dann sind die Wasserwege verstopft und die Preise am höchsten.

1

Darstellende Kunst

Kerala hat eine unglaublich reiche Kultur – die darstellenden Künste werden in Schulen und Kunstzentren an die nächsten Generationen weitergegeben.

Kathakali

Das Kathakali mit seiner komplizierten, ritualisierten Gestik und dem intensiven Make-up erzählt dramatische Geschichten über Liebe, Leidenschaft und Macht, die auf dem Ramayana, dem Mahabharata und den Puranas beruhen. Die Kunstform geht teils auf Tempelrituale des 2. Jhs. zurück, die heutige Form bildete sich im 16. Jh. heraus. Die Schauspieler erzählen die Geschichte mit präzisen *mudras* (Handgesten) und genau kalkuliertem Gesichtsausdruck. Traditionsgemäß beginnen die Darbietungen gegen 20 Uhr auf dem Gelände eines Tempels und dauern die ganze Nacht. Für Touristen mit weniger Ausdauer zeigt man in Touristenzentren Kurzfassungen.

Theyyam

Man glaubt, dass das *theyyam* sich in vorhinduistischer Zeit aus Volkstänzen beim Erntefest entwickelt hat. Die Aufführungen finden in *kavus* (heiligen Hainen) im nördlichen Teil Keralas statt. Das Wort bezieht sich auf das Ritual wie auch auf die Gestalt des dargestellten Gottes oder der Helden, von denen es ungefähr 450 gibt. Die Kostüme – u.a. Gesichtsbemalung, Rüstungen und Kopfschmuck – sind prachtvoll. Die Darsteller tanzen ekstatisch zu wilden Trommelschlägen.

Kalarippayat

Die Kampfkunst *kalarippayat* ist mit den beiden Kunstformen Kathakali und *theyyam* verwandt. Training und Aufführungen finden in einer *kalari* genannten Arena statt, die ein Zwischending aus Turnhalle, Schule und Tempel ist.

ZZVET / SHUTTERSTOCK ©

IDOME / SHUTTERSTOCK ©

1. Traditionelle Bharatanatyam-Tänzerin (S. 528) **2.** Theyyam-Ritual (S. 350)

Veranstaltungsorte

Im Frühjahr kann man bei vielen Festen Kathakali erleben, etwa beim Thirunakkara in Kottayam (März) oder beim Pooram-Fest in Kollam (April). Am einfachsten kann man sich die Darbietungen in Kulturzentren ansehen, etwa im Kerala Kathakali (S. 337) und in der See India Foundation (S. 337) in Kochi, im Mudra Cultural Centre (S. 320) und Navarasa Kathakali Centre (S. 321) in Kumily; und im Punarjani Traditional Village (S. 324) sowie im Thirumeny Cultural Centre (S. 324) in Munnar. In der Hauptsaison gibt's in Kovalam und Varkala Kurzfassungen.

Wer mehr über die Kunst des Kathakali lernen möchte, kann an der Kerala Kalamandalam (S. 343) nahe Thrissur und an der Margi Kathakali School (S. 283) in Trivandrum Kurse für ernsthaft Interessierte besuchen oder sich an diesen Schulen Aufführungen und praktische Übungen ansehen.

Die Zentren in Kochi und Kumily zeigen *kalarippayat*-Shows, oder man besucht die Kampfkunst-Trainingszentren CVN Kalari Sangham (S. 284) in Trivandrum und Ens Kalari (S. 337) in Nettoor, in der Nähe von Ernakulam.

Die besten Regionen für *theyyam*-Aufführungen sind rund um Kannur, Payyanur und Valiyaparamba im nördlichen Backwaters-Gebiet, wo es mehr als 500 *kavus* gibt. Saison ist von Oktober bis Mai. Tipps zum Finden von Aufführungsorten gibt's im Tourist Desk (S. 330) in Kochi oder in den Homestays am Thottada Beach.

Teeplantage, Munnar (S.

Hill Stations & Schutzgebiete

Das Hügelland Keralas in den Western Ghats ist ein prächtiges Naturschauspiel. Enge Straßen schlängeln sich durch dichte Dschungelvegetation, die immer wieder Blicke auf dunkelgrüne Teeplantagen freigeben. Die frische Kühle der Höhenlagen macht aus den Städten Orte der Erholung. Die weitgehend unberührte Wildnis in den Naturschutzgebieten bietet Tier- und Vogelbeobachtungen.

Munnar

Die bekannteste Hill Station ist Munnar (S. 321), wo grüne Teefelder und -plantagen die Hügel bedecken. Hier ist das Kernland des südindischen Teeanbaus, aber auch ein ideales Gelände für Wanderungen zu tollen Aussichtspunkten. Einsame Unterkünfte verstecken sich in den Hügeln tief in Gewürz- und Blumengärten oder Kardamom- und Kaffeeplantagen.

Wayanad & Periyar

Im Norden rund um das Wayanad Wildlife Sanctuary (S. 346) liegen schimmernd grüne Reisfelder und Plantagen (Kaffee, Kardamom, Ingwer, Pfeffer). In den sanft gewellten Hügeln wachsen duftende Wildkräuter und teils auch riesige Bambushaine. Wayanad gehört zu Indiens besten Beobachtungsrevieren in puncto wild lebender Elefanten und bietet viele Wandermöglichkeiten.

Das Periyar Wildlife Sanctuary (S. 317) ist seit 1978 ein Tigerreservat und heute Keralas besucherstärkstes Naturschutzgebiet. Hier kann man über den Periyar-See schippern, in einem Inselpalast übernachten, auf Bambusflößen herumpaddeln und Dschungel-Treks mit indigenen Profi-Guides unternehmen.

WICHTIGE ZÜGE AB THIRUVANANTHAPURAM (TRIVANDRUM)

ZIEL	ZUG-NR. & NAME	PREIS (₹; SLEEPER/ 3AC/2AC)	DAUER (STD.)	ABFAHRT (TGL.)
Bengaluru	*16525 Bangalore Exp*	415/1120/1620	18	12.45 Uhr
Chennai	*12696 Chennai Exp*	470/1240/1775	16½	17.15 Uhr
Coimbatore	*17229 Sabari Exp*	255/685/980	9¼	7.15 Uhr
Mangalura	*16604 Maveli Exp*	340/915/1320	12½	19.25 Uhr
Mumbai	*16346 Netravathi Exp*	670/1795/2645	31	9.50 Uhr

fruchtbaren Wäldern am Ufer leben Gaurs, Pferdehirsche, Lippenbären, Elefanten, Bartaffen und ein paar Tiger.

Vom KSRTC-Busbahnhof in Thiruvananthapuram fahren häufig Busse hierher (35 ₹, 1½ Std.). Die Anfahrt per Taxi (hin & zurück inkl. 2 Std. Wartezeit) kostet ungefähr 1000 ₹ ab Thiruvananthapuram oder 1400 ₹ ab Kovalam. Das KTDC-Büro in Thiruvananthapuram veranstaltet Touren zum Neyyar-Damm (400 ₹).

Sivananda Yoga Vedanta Dhanwantari Ashram YOGA
(☎0471-2273093; www.sivananda.org.in/neyyardam; B/Zelt 800 ₹, 2BZ 1000–1250 ₹, mit Klimaanlage 1850 ₹) Gleich vor dem Neyyar-Damm befindet sich in bester Lage dieser 1978 gegründete Ashram, der für Hatha-Yoga-Kurse bekannt ist. Diese beginnen immer am 1. und 16. des Monats, dauern mindestens zwei Wochen und enthalten die Unterkunft (in verschiedenen Preislagen) und die vegetarischen Mahlzeiten. In der Nebensaison (Mai–Sept.) zahlt man 100 ₹ weniger.

Kovalam

☎0471 / 25 700 EW.

Einst ein ruhiges Fischerdorf an einem halbmondförmigen Strand, konkurriert Kovalam heute mit Varkala um den Titel des am stärksten erschlossenen Ferienorts in Kerala. Am touristischen Hauptabschnitt, dem **Lighthouse Beach**, ziehen sich Hotels und Restaurants das Ufer entlang, während der **Hawa Beach** im Norden in der Regel mit Tagesgästen überfüllt ist, die direkt vom Taxistand zum Strand eilen. Beide Strände kann man gewiss nicht als unberührt bezeichnen, aber mit einer Entfernung von weniger als 15 km zur Hauptstadt sind sie bequeme Orte, um etwas im Meer zu tollen, und es gibt auch anständige Wellen (und einen Surfclub), Ayurveda-Behandlungen und Yogakurse.

Rund 2 km weiter nördlich gibt's am **Samudra Beach** mehrere exklusive Resorts, Restaurants und einen friedlichen, aber steilen Strand.

Sehenswertes & Aktivitäten

Vizhinjam Lighthouse LEUCHTTURM
(Inder/Ausländer 10/25 ₹, Foto/Video 20/25 ₹; ⏲10–17 Uhr) Kovalams auffälligstes Wahrzeichen ist der immer noch in Betrieb befindliche bunt gestreifte Leuchtturm am südlichen Ende des Strands. Wer die Wendeltreppe hinaufsteigt (oder den brandneuen Fahrstuhl nimmt), genießt einen Schwindel erregenden Blick die Küste hinauf und hinunter.

Cool Divers & Bond Safari TAUCHEN
(☎9946550073; www.bondsafarikovalam.com; Einführungskurs 6000 ₹, 3-std. Ozeansafari 6000 ₹; ⏲9–19 Uhr) Der neue Tauchveranstalter bietet topmoderne Ausrüstung, PADI-Kurse und geführte Trips zu örtlichen Tauchspots. Es gibt hier auch Bond-Untersee-Gefährte, bei denen der Kopf in einem Helm steckt, der über einen Luftschlauch mit der Oberfläche verbunden ist – keine Taucherfahrung vonnöten!

Kovalam Surf Club SURFEN
(☎9847347367; www.kovalamsurfclub.com; 1½-std. Surfunterricht 1000 ₹, Surfbrettverleih ab 400 ₹) Dieser Surfshop und -club am Lighthouse Beach bietet Anfängerunterricht und „geführtes Surfen" mit Schwerpunkt auf Geselligkeit.

Ayur Kerala Ayurvedic Health Care AYURVEDA
(☎9947027226; www.ayurkerala.org; Lighthouse Beach Rd; Massage ab 1200 ₹; ⏲9–20 Uhr) Empfehlenswerte Massagen und Ayurveda-Anwendungen.

Schlafen

Kovalam ist zwar vollgepackt mit Hotels und Pensionen, aber echte Budgetunter-

Kovalam

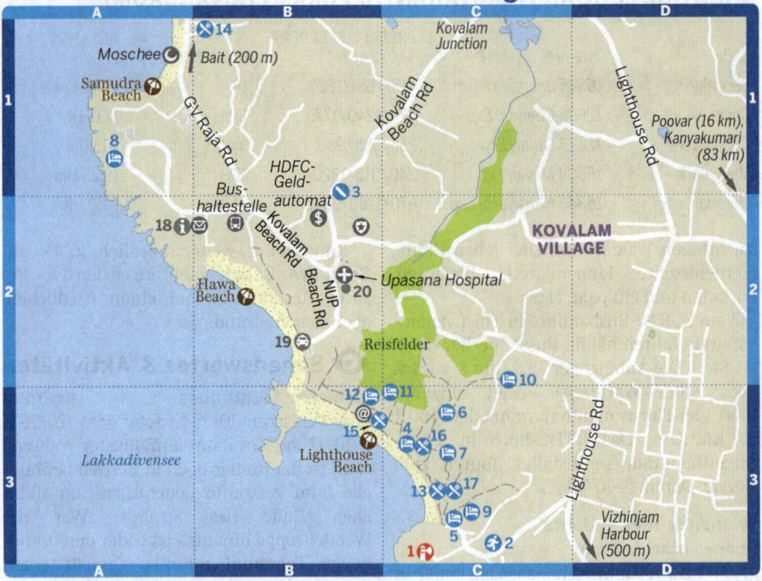

Kovalam

Sehenswertes
1 Vizhinjam Lighthouse C3

Aktivitäten, Kurse & Tours
2 Ayur Kerala Ayurvedic Health Care C3
3 Cool Divers & Bond Safari B1
Kovalam Surf Club .... (siehe 12)

Schlafen
4 Beach Hotel C3
5 Beach Hotel II C3
6 Green Valley Cottages C3
7 Hotel Greenland C3
8 Leela A1
9 Maharaju Palace C3
10 Paradesh Inn C2
Treetops .... (siehe 10)
11 Vedanta Wake Up Kovalam C3
12 Wilson Ayurvedic Resort B3

Essen
13 Beatles Cafe C3
14 Curry Leaf B1
Fusion .... (siehe 5)
15 Malabar Cafe B3
16 Suprabhatham C3
17 Varsha Restaurant C3
Waves Restaurant & German Bakery .... (siehe 4)

Praktisches
18 Tourist Facilitation Centre A2

Transport
19 Autorikscha- & Taxistand B2
20 K Tours & Travel B2

künfte sind während der Hauptsaison in der Minderheit. Die Unterkünfte am Strand sind am teuersten und begehrtesten, aber die kleineren Pensionen, die im Labyrinth der Sandwege hinter dem Lighthouse Beach zwischen Palmenhainen und Reisfeldern zu finden sind, haben im Allgemeinen ein viel besseres Preis-Leistungs-Verhältnis. Exklusive Resorts gibt's am Samudra Beach. Alle Unterkünfte bieten außerhalb der Hauptsaison (Dez.–Jan.) einen Rabatt an; für Spitzenzeiten sollte man im Voraus reservieren.

Vedanta Wake Up Kovalam HOSTEL $
(☎0471-2484211; www.vedantawakeup.com; hinter dem Lighthouse Beach; B/DZ 600/1800 ₹; ❄📶) Kovalams erstes Backpackerhostel ist ein fünfstöckiges Haus einen kurzen Spaziergang vom Lighthouse Beach entfernt. Die beiden klimatisierten Schlafsäle sind sehr sauber, die privaten Zimmer verfügen über

Fernseher und ein eigenes Bad. Das Personal ist hilfsbereit, aber im Haus fehlen Gemeinschaftsbereiche, und es wirkt unpersönlich.

Green Valley Cottages PENSION $

(☎ 0471-2480636; indira_ravi@hotmail.com; Zi. 800–1000 ₹) Der beschauliche Komplex unter Palmen mit Blick auf einen Seerosenteich wirkt ein wenig ältlich, ist aber ruhig und hat ein ordentliches Preis-Leistungs-Verhältnis. Die 22 Zimmer sind schlicht, aber die Zimmer oben bieten von den Vorderterrassen eine schöne Aussicht.

Hotel Greenland PENSION $

(☎ 0471-2486442; hotelgreenlandin@yahoo.com; Zi. 700–1400 ₹) Die freundliche, von einer Familie geführte Pension bietet aufgemöbelte Zimmer in einem mehrstöckigen Komplex gleich hinter dem Lighthouse Beach. Sie ist nicht schick, aber die Zimmer bekommen viel Sonnenlicht ab und die größeren oben haben auch Balkone.

Paradesh Inn PENSION $$

(☎ 9995362952; inn.paradesh@yahoo.com; Avaduthura; EZ/DZ mit Frühstück 2300/2700 ₹, Superior 3000/3400 ₹; ⏲ Okt.–März; @ 📶) Abseits vom Lighthouse Beach und hoch über den Palmen erinnert das von Italienern geführte ruhige Paradesh Inn an ein weiß getünchtes Refugium auf den griechischen Inseln. Zu jedem der sechs Zimmer mit Ventilator gehört ein Hängestuhl. Von der Dachterrasse hat man eine schöne Aussicht, gut sind das Frühstück und das *satya*-Essen („Yoga-Essen").

Beach Hotel II HOTEL $$

(☎ 9400031243, 0471-2481937; www.thebeachhotel-kovalam.com; DZ 4400 ₹, mit Klimaanlage 5500 ₹; ❄ 📶) Die stilvolle Anlage mit schlicht-schickem Dekor liegt versteckt am südlichen Ende des Lighthouse Beach und hat zehn aufs Meer blickende Zimmer mit Balkonen und großen, durchsichtigen Schiebetüren. Hier findet sich auf der Terrasse auch das ausgezeichnete Restaurant Fusion.

Treetops PENSION $$

(☎ 9847912398; treetopsofkovalam@yahoo.in; DZ 1500 ₹; @ 📶) In den Baumwipfeln hoch über dem Lighthouse Beach bietet diese von freundlichen Ausländern bewirtschaftete Herberge friedliche Zuflucht vor dem Getümmel unten. Die drei hellen, sauberen Zimmer haben Fernseher und Terrassen mit Hängestühlen. Es gibt eine Dachterrasse und eine Gästeküche; auch Yogakurse sind im Angebot. Man kann telefonisch reservieren und sich eine Wegbeschreibung geben lassen.

Beach Hotel PENSION $$

(☎ 0471-2481937; www.thebeachhotel-kovalam.com; DZ 3300 ₹; 📶) Prima Lage: Die acht Zimmer mit Blick auf den Strand liegen unter dem Below Waves Restaurant & German Bakery; sie sind in Ockertönen gehalten, atmen minimalisches Flair und sind mit schicken, künstlerischen Details eingerichtet.

Maharaju Palace PENSION $$

(☎ 9946854270; www.maharajupalace.com; EZ/DZ mit Frühstück ab 1650/1980 ₹, Cottage 3300/3600 ₹, Sommerhaus 7150 ₹; ❄ 📶) Die von Niederländern geführte idyllische Herberge in einer Gasse gleich hinter dem Lighthouse Beach ist eher ein friedliches Refugium als ein Palast. Die Einrichtung zeigt mehr Charakter als in den meisten anderen Unterkünften. Es gibt Holzmöbel, auch ein paar Himmelbetten, und eine separate Hütte im Garten. Kitschige Leuchter schmücken die nette Frühstücksterrasse.

Wilson Ayurvedic Resort HOTEL $$

(☎ 9847363831; Lighthouse Beach; DZ 1500 ₹, mit Klimaanlage 2500 ₹; ❄ 📶 🏊) Das Wilson bietet gleich hinter dem Lighthouse Beach saubere und recht gepflegte Zimmer rund um einen schattigen Pool. Die Anlage wirkt wie ein grünes Ferien-Resort. Es gibt auch Ayurveda-Anwendungen.

Leela HOTEL $$$

(☎ 0471-2480101; www.theleela.com; DZ ab 18 000 ₹, Suite ab 66 000 ₹; ❄ @ 📶 🏊) Das luxuriöse Leela liegt auf einem weitläufigen Grundstück auf der Landzunge nördlich des Hawa Beach. Es gibt hier u. a. drei Swimmingpools, ein Ayurveda-Zentrum, ein Fitnessstudio, zwei „Privatstrände" und mehrere Restaurants. Die geräumigen Zimmer zeichnen sich durch traditionelle Details,

WARNUNG: STRÖMUNGEN AM LIGHTHOUSE BEACH

An beiden Enden des Lighthouse Beach herrschen starke Strömungen, die jedes Jahr mehrere Schwimmer ins Meer hinausspülen. Man sollte daher ausschließlich in dem von Rettungsschwimmern überwachten und durch Fahnen markierten Strandabschnitt schwimmen und während der Monsunzeit überhaupt auf das Schwimmen verzichten.

ABSTECHER

PADMANABHAPURAM PALACE

Der rund 60 km südöstlich von Kovalam gleich hinter der Grenze in Tamil Nadu gelegene **Padmanabhapuram Palace** (S. 428) gilt als das schönste erhaltene Beispiel traditioneller keralesischer Architektur. Hin kommt man von Kovalam oder Kanyakumari aus (über Thuckalay) per Bus oder Taxi. Ein Taxi ab Kovalam kostet 2000 ₹ (hin & zurück inkl. Wartezeit).

farbenfrohe Textilien und keralesische Kunst aus.

Vivanta By Taj Green Cove HOTEL $$$
(☎0471-6613000; vivanta.tajhotels.com; Samudra Beach; DZ ab 17 500 ₹, Suite ab 28 000 ₹; ❄@🛜🏊) Der Kovalam-Ableger der schicken indischen Hotelkette liegt auf einem ausgedehnten grünen Gelände und hat direkten Zugang zu einem abgeschiedenen Stück des Samudra Beach. Die strohgedeckten Cottages sind schlicht, aber geschmackvoll dekoriert; einige haben einen eigenen Garten, andere einen erstklassigen Blick aufs Meer. Es gibt mehrere Restaurants und die üblichen Annehmlichkeiten eines Spitzenklassehotels.

Essen & Ausgehen

Das wichtigste Restaurant-Zentrum ist der Lighthouse Beach mit seinen vielen Meeresfrüchtelokalen. Am Samudra Beach im Norden ist es ruhiger, aber auch hier gibt es einige lohnende Restaurants. Für ein romantisches Abendessen bieten sich die teuren, aber erstklassigen Restaurants im Leela oder Vivanta by Taj Green Cove an.

Abends bieten Dutzende Lokale an der Promenade des Lighthouse Beach den Fang des Tages an. Man sucht sich einfach einen Fisch oder Hummer aus, einigt sich auf den Preis und bestimmt die Art der Zubereitung. Die Preise variieren stark je nachdem, wie viel gefangen wurde. Zur Zeit unserer Recherche lagen sie ungefähr bei rund 400 ₹ für ein Fischfilet, bei 900 ₹ für ein halbes Kilo Riesengarnelen und bei 3500 ₹ für ein Kilo Hummer.

★ **Varsha Restaurant** SÜDINDISCH $
(Gerichte 100–200 ₹; ⏲8–22 Uhr; 🛜) Das kleine Restaurant gleich hinter dem Lighthouse Beach hat vegetarisches Essen, das zum Besten in Kovalam zählt, und das zu Budgetpreisen. Die Speisen sind frisch und sorgfältig zubereitet. Vor allem zum Frühstück oder Mittagessen eine tolle Wahl.

Suprabhatham KERALESISCH $
(Gerichte 90–250 ₹; ⏲7–23 Uhr; 🛜) Das kleine vegetarische Restaurant versteckt hinter dem Lighthouse Beach sieht nach nicht viel aus, serviert aber exzellente, günstige keralesische Gerichte, vegetarische Thalis und frische Obstsäfte in rustikalem Ambiente.

Waves Restaurant & German Bakery INTERNATIONAL $$
(Beach Hotel; Hauptgerichte 220–550 ₹; ⏲7.30–23 Uhr; 🛜) Mit seinem großen orangefarbenen Balkon, der stimmungsvollen Hintergrundmusik und einer vielfältigen Speisekarte ist das Waves meist ein Anziehungspunkt für ausländische Touristen. Dazu gehört auch die German Bakery, in der sich ein Frühstück mit frischem Brot, Croissants, Gebäck und ordentlichem Kaffee lohnt, während es zum Abendessen Thai Currys, deutsche Würste, Pizza und Fisch gibt. Ein kleiner Buchladen gehört ebenfalls zum Lokal. WLAN (ungewöhnlicherweise) kostet 30 ₹/halbe Std.

Fusion INTERNATIONAL $$
(Hauptgerichte 200–450 ₹; ⏲7.30–22.30 Uhr; 🛜) Die Restaurantterrasse im Beach Hotel II gehört mit der einfallsreichen Karte, auf der sich Orient und Okzident mit westlichen Gerichten, asiatischer Fusionküche und interessanten Seafoodgerichten, z.B. in Wodka gedämpftem Hummer, treffen, zu den besseren gastronomischen Erlebnissen am Lighthouse Beach. Es gibt auch Kaffee und Kräutertees.

Malabar Cafe INDISCH $$
(Hauptgerichte 110–450 ₹; ⏲8–23 Uhr; 🛜) Die gut besetzten Tische sprechen für sich. Man sitzt abends im Kerzenschein und blickt auf Planzen und donnernde Wellen und genießt schmackhaftes Essen, abends u.a. frische Meeresfrüchte, und guten Service.

Beatles Cafe INTERNATIONAL $$
(Lighthouse Beach; Hauptgerichte 100–400 ₹; ⏲8–23 Uhr; 🛜) Das niedliche kleine Café an der Promenade gibt's schon seit Langem und ist eine gute Adresse zum Frühstücken oder für einen Burger. Auf der Karte stehen aber u.a. auch Pizzen, *momos* (tibetische Klöße) und südindische Currys.

Curry Leaf INTERNATIONAL $$
(Samudra Beach; Hauptgerichte 100–380 ₹; ⏲8–20.30 Uhr) Das zweistöckige Restaurant

auf einer Hügelspitze über dem Samudra Beach prunkt mit einem unvergleichlichen Blick aufs Meer und in den Sonnenuntergang, mit engagiertem Personal und gutem Essen – die Palette reicht von frischen Meeresfrüchten über Tandur-Gerichte bis hin zu westlichen Speisen. Man muss ein Stück über Feldwege laufen bzw. vom Strand aus den Hügel erklimmen, aber die freie Lage macht gerade den besonderen Reiz aus.

★ **Bait** MEERESFRÜCHTE **$$$**
(Vivanta by Taj Green Cove; Hauptgerichte 300–800 ₹; ⏲12.30–15 & 18–22.30 Uhr) Das Meeresfrüchterestaurant des Vivanta (S. 298) liegt am Samudra Beach, eine Golfbuggyfahrt vom Hotel entfernt. Es ist als nobler Strandschuppen im Freien gestaltet. Man kann in der einen Richtung auf die Wellen blicken und in der anderen den Köchen bei der Arbeit in der offenen Küche zuschauen; die Meeresfrüchte und die würzigen Gerichte sind erstklassig.

ℹ Praktische Informationen

Rund 500 m vom Lighthouse Beach den Hügel hinauf finden sich Geldautomaten von HDFC und Axis, Geldautomaten der Federal Bank und der ICICI gibt's an der Kovalam Junction.

Tourist Facilitation Centre (☎0471-2480085; Kovalam Beach Rd; ⏲Mo–Sa 9.30–17 Uhr) Die hilfreiche Touristeninformation befindet sich im Eingang des Hotels Leela nahe dem Busbahnhof.

Upasana Hospital (☎0471-2480632) Hat Englisch sprechende Ärzte, die kleinere Verletzungen versorgen können.

ℹ Anreise & Unterwegs vor Ort

BUS

Die Busse verkehren zu und von einer inoffiziellen Haltestelle an der Hauptstraße vor dem Eingang des Hotels Leela; alle Busse halten aber auch an der Kovalam Junction rund 1,5 km nördlich vom Lighthouse Beach. Zwischen 7 und 20 Uhr verkehren Busse alle 20 Minuten zwischen Kovalam und Thiruvananthapuram (17 ₹, 30 Min.).

Zur Weiterreise Richtung Norden ist es das Einfachste, einen Bus nach Thiruvananthapuram zu nehmen und dort umzusteigen, es gibt aber auch noch einen Bus nach Varkala um 15.30 Uhr (120 ₹, 2½ Std.).

Täglich fahren zwei Busse nach Kanyakumari (100 ₹, 2½ Std., 9.30 & 17.30 Uhr).

MOTORRAD

K Tours & Travel (☎9847259507; Motorroller/Enfields ab 400/600 ₹ pro Tag; ⏲9–17 Uhr)

AYURVEDA-RESORTS

Zwischen Kovalam und Poovar (16 km südöstlich) finden sich zwischen scheinbar endlosen wogenden Palmen, entspannten Dörfern und ein paar einsamen goldenen Sandstränden auch einige gehobene Ayurveda-Resorts, die lohnend sind, wenn man sich ernsthaft auf Ayurveda-Anwendungen einlassen will. Sie liegen alle zwischen 6 und 10 km südöstlich von Kovalam. Ein Taxi ab Kovalam kostet zwischen 250 und 450 ₹.

Dr. Franklin's Panchakarma Institute (☎0471-2480870; www.dr-franklin.com; Chowara; EZ/DZ Hütte 25/33 €, Zi. ab 30/40 €, mit Klimaanlage 45/66 €; @ 📶 🏊) Wer ernsthaft an einer ayurvedischen Behandlung interessiert ist, findet hier eine renommierte und günstigere Alternative zu den schickeren Resorts. Eine Tagesbehandlung mit vollem Speiseplan kostet 75 €. Die Unterkunft ist sauber und komfortabel, aber nicht so wie in einem Resort.

Niraamaya Surya Samudra (☎8589982204, 0471-2229400; www.niraamaya.in; Pulinkudi; Zi. mit Frühstück 16 800–33 000 ₹; ❄ 📶 🏊) Das Surya Samudra bietet erstklassige Abgeschiedenheit. 22 traditionelle keralesische Wohnhäuser bieten Himmelbetten und offene Bäder und stehen in einem Palmenhain über dem Meer. Es gibt einen Infinity Pool, der aus einem einzigen Granitblock gehauen ist, das Niraamaya Spa, ayurvedische Anwendungen, einen Fitnessraum und Freiluft-Plattformen für Yoga.

Bethsaida Hermitage (☎0471-2267554; www.bethsaidahermitage.com; Pulinkudi; EZ/DZ inkl. Mahlzeiten 1760/5500 ₹, mit Klimaanlage 4000/6050 ₹; ❄ 📶 🏊) Diese Wohltätigkeitsorganisation unterstützt zwei nahegelegene Waisenhäuser und andere ehrenwerte Anliegen. Zugleich ist es ein luxuriöses und einsames Strandrefugium mit einem schön gestalteten Garten, verführerischen Hängematten, Rasen, auf dem man Golf spielen könnte, jeder Menge Palmen und professionellen Ayurveda-Anwendungen und Yogakursen.

ABSTECHER

POOVAR & KERALAS BACKWATERS TIEF IM SÜDEN

Poovar liegt rund 16 km südöstlich von Kovalam fast an der Grenze zu Tamil Nadu und ist das Sprungbrett in eine Region aus Stränden, Mündungsgebieten, Dörfern und gehobenen Resorts, die die „Mini-Backwaters" in Keralas äußerstem Süden ausmachen.

Zahlreiche „Bootsclubs" und Veranstalter bieten 1½- bis zweistündige Bootsausflüge auf dem Fluss Neyyar und auf den Backwaters-Kanälen an, bei denen man den Strand, Mangrovensümpfe voller Vögel und die bewaldete Poovar Island besucht. Der Preis liegt bei 1500 bis 2500 ₹ pro Boot (und kann in der Nebensaison heruntergehandelt werden). Auch die Reiseveranstalter in Kovalam können solche Trips organisieren.

Das nur per Boot erreichbare **Poovar Island Resort** (☎0471-2212068, 9895799044; www.poovarislandresorts.com; Cottage DZ ab 11400 ₹, schwimmendes Cottage ab 16800 ₹; ❄📶🏊) ist beliebt für seine romantischen „schwimmenden" Cottages, die meisten Zimmer liegen aber an Land und sind im traditionellen keralesischen Stil gestaltet.

Nahverkehrsbus fahren von Kovalam Junction Richtung Süden nach Poovar, von wo man zu den Backwaters eine Autorikscha nehmen muss. Die Fahrt mit Taxi/Autorikscha von Kovalam nach Poovar kostet 1000/800 ₹; alternativ mietet man einen Motorroller.

vermietet neben dem Devi Garden Restaurant gleich oberhalb des Hawa Beach Motorroller und Enfields.

TAXI & AUTORIKSCHA

Die Fahrt zwischen Thiruvananthapuram und dem Strand von Kovalam Beach kostet per Taxi rund 500 ₹ und per Autorikscha 350 ₹. Die Fahrt von der Bushaltestelle zum nördlichen Ende des Lighthouse Beach kostet rund 50 ₹.

Der wichtigste Halteplatz der Autorikschas und Taxis befindet sich am Hawa Beach.

Varkala

☎0470 / 42300 EW.

North Cliff, ein Teil von Varkala, ist gefährlich nahe entlang der Kante von 15 m hohen roten Laterit-Klippen gebaut worden und liegt in einer natürlichen, schönen Umgebung. Der Streifen oben an den Klippen hat sich mit der Zeit zu Keralas beliebtestem Backpackertreff entwickelt. Ein kleiner Strandstreifen schmiegt sich an die Kante der Klippen. In den Restaurants wird harmlose Weltmusik gespielt, und kleine Stände verkaufen T-Shirts, Baggyhosen und Silberschmuck. Hier herrscht viel Tourismus und die ständigen Verkaufsgespräche können ganz schön auf die Nerven gehen. Trotzdem ist Varkala immer noch ein toller Ort, um dabei zuzusehen, wie Tage langsam in Wochen übergehen. Außerdem fällt es hier leicht, den Massen zu entgehen, die sich weiter im Norden und Süden aufhalten, wo die Strände sauberer und ruhiger sind.

Trotz seiner Backpacker-Atmosphäre bezeichnet sich Varkala eigentlich als Tempelstadt. Der Hauptstrand Papanasham ist ein heiliger Ort, den die Hindus aufsuchen, um verstorbenen Geliebten Gaben zu bringen. Begleitet werden sie dabei von Priestern, die neben dem Hindustan Hotel ein Geschäft eröffnet haben. Etwa 2 km östlich ist die betriebsame Stadt Varkala.

Sehenswertes

Der sanft geschlängelte Weg setzt sich von der nördlichen Klippenspitze 7 km bis zum Kappil Beach fort. Auf dem malerischen Weg durchquert man eine sich ab und an leicht verändernde Küstenlandschaft und passiert dabei den Odayam Beach und das Fischerdorf Edava. Diese Wanderung unternimmt man am besten frühmorgens.

Janardhana-Tempel HINDU-TEMPEL

Varkala ist eine Tempelstadt, und ihre Hauptattraktion ist der 2000 Jahre alte Janardhana-Tempel, der farbenfroh über die Beach Rd aufragt. Janardana Swami ist eine Verkörperung von Vishnu. Nicht-Hindus dürfen den Tempel allerdings nicht betreten. Manchmal dürfen Besucher aber auf das Gelände, wo eine riesige Banyan-Feige sowie Schreine für Ayyappan, Hanuman und andere hinduistische Gottheiten stehen.

Sivagiri Mutt ASHRAM

(☎0470-2602807; www.sivagirimutt.org) Der Ashram ist Shri Narayana (1855–1928), dem prominentesten Guru Keralas, geweiht und beherbergt gleichzeitig die Zentrale des Shri Narayana Dharma Sanghom Trust. Das Haus ist eine beliebte Pilgerstätte, und der ansässige Swami plaudert gern mit den Besuchern.

Varkala Aquarium AQUARIUM

(Erw./Kind 30/15 ₹, Foto 10 ₹; ⌚10–19 Uhr) Varkalas neues Aquarium liegt zwischen dem Black Beach und dem Odayam Beach und besitzt große Wasserbecken, die man sich von einem spiralförmig verlaufenden Laufsteg aus ansehen kann. In ihnen leben viele exotische Meerestiere, darunter Piranhas, Seeschlangen, Skorpionfische und die in dieser Region vorkommenden Gestreiften Buntbarsche. Das Aquarium ist also eine lohnende Abwechslung vom Strandleben!

Kappil Beach STRAND

Auf dem Straßenweg rund 9 km nördlich von Varkala findet sich der schöne und bislang noch nicht erschlossene Kappil Beach. An diesem Sandstrand beginnt auch ein kleines Netz von Backwaters-Wasserläufen.

Ponnumthuruthu (Golden) Island INSEL

(Bootsfahrt für 2/3/4 Pers. 500/600/700 ₹, Insel-Zutritt 50 ₹/Pers.) Auf der Insel inmitten eines Backwater-Sees rund 10 km südlich von Varkala steht ein hinduistischer Shiva-Parvati-Tempel, der auch als der Goldene

Varkala

Varkala

Sehenswertes
- 1 Janardhana Temple C3
- 2 Varkala Aquarium A1

Aktivitäten, Kurse & Touren
- 3 Can Fly B2
- Cooking Class .... (siehe 11)
- Eden Garden .... (siehe 6)
- 4 Haridas Yoga B2
- 5 Soul & Surf C3

Schlafen
- 6 Eden Garden C3
- 7 Gateway Hotel Janardhanapuram C3
- 8 InDa Hotel B2
- 9 Jicky's B2
- 10 Kaiya House C2
- 11 Kerala Bamboo House A2
- 12 Omsam Guesthouse C3
- 13 Villa Jacaranda C3
- 14 Wake Up Vedanta Varkala B2

Essen
- 15 Café del Mar B2
- 16 Coffee Temple B2
- 17 God's Own Country Kitchen B2
- 18 Juice Shack A2
- 19 Oottupura Vegetarian Restaurant B2
- 20 Sreepadman C3
- 21 Trattorias A1
- 22 Wait n Watch C3

Transport
- 23 Autoricscha-Stand C3

Tempel bezeichnet wird und nur von Hindus betreten werden darf. Der Hauptgrund für einen Besuch auf der Insel ist die malerische Hin- und Rückfahrt mit einem Stechkahn. Eine Autorikscha ab Varkala kostet 500 ₹ (inkl. Wartezeit).

Aktivitäten

Mehrere Pensionen bieten Yoga (300–400 ₹/Sitzung) an. An verschiedenen Stellen am Strand kann man Boogiebretter (100 ₹) mieten – aber Vorsicht vor starken Strömungen! Viele Resorts und Hotels an der Nordklippe offerieren Ayurveda-Anwendungen und Massagen.

Eden Garden MASSAGE
(0470-2603910; www.edengarden.in; Massagen 1000–3000 ₹) Bietet ein anspruchsvolles Ayurveda-Erlebnis, darunter Einzelanwendungen und Kombinationen.

Soul & Surf SURFEN, YOGA
(9895580106; www.soulandsurf.com; South Cliff; Surfunterricht 2300 ₹, Surfguide 1150 ₹, Surfbrettverleih halber/ganzer Tag 850/1600 ₹; Okt.–Mai) Dieser britische Anbieter organisiert in der Saison Surftrips und Yoga-Klausuren mit Unterkunft und einem Gartenrestaurant in seiner Herberge am South Cliff. Angeboten wird auch ein 1½-stündiger Surfunterricht, und Surfbretter werden vermietet. Wer surfen kann, hat, sofern Platz frei ist, die Möglichkeit, sich einer der regelmäßigen Surftouren (1150 ₹) anzuschließen.

Can Fly GLEITSCHIRMFLIEGEN
(9048795781; canflyindia@gmail.com; Flug 3500 ₹/20 Min.) Die Tandemflüge vom Parkplatz am North Cliff hängen von den Windbedingungen ab. Der französische Betreiber veranstaltet auch Stehpaddeltouren und leitet die Budgetpension Pooja House.

Haridas Yoga YOGA
(9846374231; www.pranayogavidya.com; Hotel Green Palace; Kurse 300 ₹; Aug.–Mai 8 & 16.30 Uhr) Empfehlenswerte 1½-stündige Hatha-Yoga-Kurse mit erfahrenen Lehrern; Interessenten können einfach hereinschauen.

Schlafen

Die meisten Unterkünfte konzentrieren sich entlang und hinter den Nordklippen, wo sich die Backpacker aufhalten. Weiter unten, an den südlichen Klippen, befinden sich aber auch noch ein paar nette Unterkünfte. Der weniger ausgebaute Odayam Beach ist eine ruhige Alternative.

So gut wie alle Unterkünfte können per Taxi oder Autorikscha über die zahlreichen Gassen erreicht werden, die zu den Klippen führen. Aber Achtung, denn betrügerische Taxifahrer sind keine Seltenheit! Also immer darauf achten, dass man auch wirklich dort rausgelassen wird, wo man hinwollte.

★ **Jicky's** PENSION $
(9846179325, 0470-2606994; www.jickys.com; EZ 600 ₹, DZ 800–1500 ₹, Hütte mit Klimaanlage 2500–3000 ₹;) In den Palmenwäldern gleich hinter der Klippe in der Nähe des Taxistands befindet sich Jicky's, ein freundliches Gästehaus in Familienbesitz, das sich über mehrere Gebäude erstreckt und Gästen so eine große Auswahl an Unterkünften bietet. Die Zimmer im weißgestrichenen Hauptgebäude sind neu. Nebenan befinden sich zwei charmante achteckige Doppelhütten und ein paar größere Zimmer mit Klimaanlage. Gute Rabatte in der Nebensaison.

Wake Up Vedanta Varkala HOSTEL $
(0470-2051341; www.vedantawakeup.com; North Cliff; B/DZ 600/1500 ₹, Hütte 1500 ₹;) Die große Unterkunft an der Straße zum Hubschrauberlandeplatz hat makellose Schlafsäle mit sechs Betten, gute, günstige Zimmer sowie ordentliche Bambushütten und ist eine gute Wahl für Backpacker.

★ **Kaiya House** PENSION $$
(9746126909, 9995187913; www.kaiyahouse.com; DZ mit Frühstück 2750 ₹, DZ mit Klimaanlage 3300 ₹;) Keine für Varkala typische Unterkunft: Das Kaiya House bietet viel Charme, einen freundlichen Empfang und Entspannung pur. Jedes der fünf ist durchdacht möbliert, mit Himmelbetten und Kunst ausgestattet und einem bestimmten Thema (Afrika, Indien, China, Japan & England), verpflichtet. Es gibt eine hübsche Dachterrasse und die britische Eigentümerin Debra empfängt einen mit Tee, Tipps und kostenlosen Wanderungen. Die Klippenspitze ist zehn Gehminuten entfernt.

Eden Garden RESORT $$
(0470-2603910; www.edengarden.in; Cottages 1200–2000 ₹, Deluxe-Cottages 5500 ₹;) Die stilvollen Zimmer mit hohen Holzdecken und attraktiven Möbeln liegen rund um einen üppigen Seerosenteich. Es gibt außerdem noch Bambushütten und die Deluxe-Variante in organisch geformten Bauten, die wie weiße, seltsame Pilze aussehen und mit feiner Bemalung, runden Betten und kreisrunden Mosaikbädern aufwarten. Die

Ayurveda-Anwendungen gibt's als Pauschalangebot für drei bis 30 Tage.

InDa Hotel PENSION $$
(☎7025029861; North Cliff; EZ/DZ mit Frühstück 1900/2400 ₹; 📶) Das freundliche, renommierte Hotel versteckt sich hinter den Restaurants am North Cliff und hat blitzsaubere Zimmer und Cottages in einem grünen Garten. Ein großer Pluspunkt ist das heitere Café, in dem man gesunde Snacks, z. B. Wraps und die „Buddha"-Schüssel bekommt.

Kerala Bamboo House RESORT $$
(☎9895270993; www.keralabamboohouse.com; Hütten DZ 2000 ₹, Zi. mit Klimaanlage 3000 ₹; ❄📶) Schlichtes Leben in der Bambushütte: Die beliebte Anlage auf halber Strecke am North-Cliff-Weg quetscht Dutzende balinesischer Hütten und einen gepflegten Garten auf ihr Grundstück. Angeboten werden Ayurveda-Anwendungen, Yoga und **Kochkurse** (☎9895270993; www.keralabamboohouse.com; Kerala Bamboo House; 1500 ₹/Pers.; 🕒Nov.–Mai 8–20 Uhr).

Palm Tree Heritage RESORT $$
(☎9946055036; www.palmtreeheritage.com; Odayam Beach; DZ ab 3350 ₹, mit Klimaanlage 4500–8000 ₹, Suite ab 9000 ₹; ❄📶) Die Anlage in einem hübschen Garten ist nur wenige Schritte vom ruhigen Odayam Beach entfernt und präsentiert sich als Gegenmittel zu Varkalas Backpacker-Szene. Die vielen unterschiedlichen Zimmer sind nett möbliert. Das Restaurant stellt Tische und Stühle auch draußen auf den Sand.

Omsam Guesthouse PENSION $$
(☎0470-2604455; www.omsamguesthome.com; South Cliff; DZ 2500–2900 ₹, DZ mit Klimaanlage 4200 ₹; ❄📶) Die sieben Zimmer dieser Pension im keralesischen Stil sind mit ihren Holzverzierungen und -möbeln eine wahre Freude. Gute Lage südlich vom Hauptstrand.

Maadathil Cottages PENSION $$
(☎9746113495; www.maadathilcottages.com; Odayam Beach; DZ mit Frühstück & ohne/mit Klimaanlage 4000/5000 ₹; ❄📶) Die zehn Cottages am Strand präsentieren sich im keralesischen Stil und sind mit traditionellen Möbeln und großen Betten ausgestattet. Alle bieten von großen Balkonen einen Blick aufs Meer, manche auch auf einen Seerosenteich. Ausgezeichnete Lage am ruhigen Odayam Beach!

Villa Jacaranda PENSION $$$
(☎0470-2610296; www.villa-jacaranda.biz; Temple Rd West; DZ mit Frühstück 6850–9600 ₹; ❄📶) Das zurückhaltend-elegante, romantische Refugium abseits des südlichen Strands umfasst nur vier geräumige, helle Zimmer in einem großen, zweistöckigen Haus. Alle haben einen Balkon und sind in einem schicken Mix aus minimalistisch-modernen und traditionellen Elementen dekoriert. Das wundervolle Zimmer im Oberstock hat seinen eigenen Dachgarten mit Meerblick.

Gateway Hotel Janardhanapuram HOTEL $$$
(☎0470-6673300; www.thegatewayhotels.com; DZ mit Frühstück ab 9600 ₹; ❄@📶🏊) Die geräumigen Zimmer in Varkalas schickstem Hotel, dem zur Taj-Gruppe gehörenden Gateway, prunken mit glänzender Bettwäsche und mokkafarbenen Kissen und blicken auf den Garten, die teureren haben einen Balkon und Aussicht aufs Meer. Es gibt einen fantastischen Pool mit Bar, einen Tennisplatz und das hochgeschätzte Restaurant GAD.

Essen

Die meisten Restaurants in Varkala haben ein ähnliches touristisches Angebot von indischen, asiatischen und westlichen Gerichten. Manche der „Buden" am Klippenhang sind inzwischen zu eindrucksvollen mehrstöckigen Treffs geworden, und die meisten davon haben Espresso und kostenloses WLAN. Am besten schlendert man einfach abends durch Varkala, bis das richtige Lokal gefunden ist!

Coffee Temple CAFÉ $
(Kaffee 80–110 ₹, Hauptgerichte 80–350 ₹; 🕒6–20 Uhr; 📶) Für den Morgenkaffee ist dieses Café am Beginn des North-Cliff-Wegs mit frisch gemahlenen Bohnen, frischem Brot und der Tageszeitung nahezu unschlagbar. Auf der Karte stehen auch Crêpes, Baguettes sowie mexikanische Burritos, Fajitas und Tacos.

Sreepadman SÜDINDISCH $
(Thalis 80 ₹; 🕒5–22 Uhr) In dem kleinen Laden gegenüber dem Janardhana-Tempel mit Blick auf das große Badebecken sitzt man mit Rikschafahrern und Pilgern, und nicht mit Touristen zusammen und genießt günstige und authentische keralesische Kost wie Dosas und Thalis.

Juice Shack INTERNATIONAL $
(Säfte ab 80 ₹, Hauptgerichte 80–300 ₹; 🕒7–23.30 Uhr; 📶) Das Juice Shack hat ein neues, besseres Gebäude bezogen (nachdem der alte Schuppen abgebrannt war), liefert

AYURVEDA

Das aus dem Sanskrit stammende Wort Ayurveda setzt sich aus *ayus* (Leben) und *veda* (Wissen) zusammen, bedeutet also: das Wissen oder die Wissenschaft vom Leben. Die Prinzipien der ayurvedischen Heilkunde wurden erstmals vor rund 2000 Jahren in den Veden dokumentiert, aber möglicherweise schon Jahrhunderte vorher angewendet.

Ayurveda geht davon aus, dass die Welt eine innere Ordnung und Ausgewogenheit besitzt. Laut dieser Lehre bestehen wir aus drei *doshas* (Säften): *vata* (Wind oder Luft), *pitta* (Feuer) und *kapha* (Wasser und Erde) – alle zusammen werden als *tridoshas* bezeichnet. Mangel oder Übermaß an einem der Säfte kann zu Krankheiten führen: So kann zuviel *vata* Benommenheit und Schwäche verursachen, ein Übermaß an *pitta* Fieber, Entzündungen und Infektionen. *Kapha* ist wichtig für den Wasserhaushalt des Körpers.

Die Ayurveda-Behandlung zielt darauf ab, das Gleichgewicht der Säfte und damit die Gesundheit wiederherzustellen. Prinzipiell nutzt sie dazu zwei Methoden: Panchakarma (innere Reinigung) und Kräutermassagen. Panchakarma wird zur Behandlung ernsthafter Erkrankungen angewandt und ist eine intensive Entgiftungskur. Dazu werden fünf verschiedene Therapieformen miteinander kombiniert, um den Körper von angestauten Endotoxinen zu reinigen: *vaman* – therapeutisches Erbrechen; *virechan* – Fasten; *vasti* – Einläufe; *nasya* – Ausscheiden der Toxine über die Nase und *raktamoksha* – Aderlass. Vor dem Einsatz von Panchakarma wird der Körper zunächst mehrere Tage lang mit einer Diät, Ölmassagen (*snehana*) und Kräuterdampfbädern (*swedana*) vorbereitet. Das klingt ziemlich grausam, aber bei einer Panchakarma-Entgiftung werden nur einige dieser Behandlungen eingesetzt, und nur selten kommen Aderlass oder Blutegel zum Einsatz. Dennoch ist Ayurveda kein Wellnessurlaub! Die beim Ayurveda eingesetzten Kräuter wachsen in Keralas Klima im Überfluss. Als beste Zeit für eine Behandlung gilt die Monsunzeit, weil dann weniger Staub in der Luft liegt, die Poren offen sind und der Körper am besten auf die Behandlung anspricht. Jedes Dorf hat eine eigene Ayurveda-Apotheke.

aber immer noch tolle, gesunde Säfte, Smoothies und jetzt auch richtige Gerichte, darunter gute Frühstücksangebote.

Oottupura Vegetarian Restaurant SÜDINDISCH $
(Hauptgerichte 40–180 ₹; ⏲7–22 Uhr) Das günstige Lokal nahe dem Taxistand hat eine respektable Auswahl preiswerter vegetarischer Gerichte, darunter *puttu* (Mehlspeise mit Milch, Bananen und Honig) zum Frühstück sowie ein gutes Thali (100 ₹).

God's Own Country Kitchen INTERNATIONAL $$
(North Cliff; Hauptgerichte 100–500 ₹; ⏲7–23 Uhr; 📶) Das lustige Lokal hat es eigentlich gar nicht nötig, auf Keralas touristisches Motto anzuspielen, denn sein Essen ist gut, es verfügt über eine tolle kleine Terrasse im Obergeschoss und an manchen Abenden gibt's in der Saison auch Livemusik.

Trattorias INTERNATIONAL $$
(Gerichte 100–400 ₹; ⏲8.30–23 Uhr) „Trattorias" klingt italienisch, und es gibt hier tatsächlich eine ordentliche Auswahl an Pizza und Pasta, aber genauso auch panasiatische und indische Kost. Das Essen ist beständig gut. Dies war eines der ersten Lokale mit einer italienischen Espressomaschine. Die Korbstühle und die Terrasse mit Meerblick sind wirklich gemütlich.

Café del Mar INTERNATIONAL $$
(Hauptgerichte 100–420 ₹; ⏲7–23 Uhr; 📶) Hier gibt es zwar keinen großen Balkon wie bei vielen benachbarten Läden, aber das Café del Mar hat dank effizienter Bedienung, leckerem Kaffee und verlässlich gutem Essen immer viel zu tun.

Wait n Watch INDISCH $$
(Hindustan Beach Retreat; Hauptgerichte 120–280 ₹; ⏲11–22.30 Uhr; 📶) Das Restaurant mit Bar im obersten Geschoss eines hässlichen Hotelklotzes am Strand hat schmackhafte indische Gerichte und Meeresfrüchte, der Hauptgrund, mit dem Fahrstuhl hinaufzufahren, ist aber der Blick vom Balkon (auf dem nur ein paar Tische stehen) auf das Treiben unten am Strand. Es gibt hier auch noch ein Freiluft-Restaurant unten am Pool.

ℹ Praktische Informationen

Ein **Geldautomat** (⏲24 Std.) an der Temple Junction akzeptiert Visa-Karten; weitere Geldautomaten und Banken finden sich im Ort Varkala.

GEFAHREN & ÄRGERNISSE

An den Stränden von Varkala herrschen starke Strömungen; selbst erfahrene Schwimmer wurden hier schon fortgespült. Während der Monsunzeit ist der Strand nahezu verschwunden, und die Klippen erodieren langsam. Auf dem Klippenweg ist Vorsicht geboten, vor allem abends – der Weg ist teilweise nicht abgezäunt und stellenweise schlüpfrig.

Am Hauptstrand von Varkala werden sich Frauen im Bikini oder selbst in Badeanzügen von Blicken belästigt fühlen. Einen Sarong anzulegen, wenn man aus dem Wasser gekommen ist, schützt davor und nimmt Rücksicht auf die Einstellung der Einheimischen. Im Ort Varkala sollte man nicht freizügig herumlaufen.

An- & Weiterreise

Nahverkehrs- und Expresszüge fahren häufig nach Thiruvananthapuram (2. Klasse/Sleeper/3AC 45/140/490 ₹, 1 Std.) und Kollam (45/140/490 ₹, 40 Min.) und siebenmal täglich nach Alappuzha (95/140/490 ₹, 2 Std.).

Varkala liegt abseits der Schnellstraße, und der Hauptbusbahnhof liegt mitten im Ort Varkala. Von dort fahren häufig Busse nach Thiruvananthapuram und siebenmal täglich nach Kollam. An der Temple Junction kommen täglich drei Busse nach Thiruvananthapuram (65 ₹, 1½–2 Std.) und einer nach Kollam (45 ₹, 1 Std.) vorbei.

Wer sich für eine Taxi- oder Autorikschafahrt nach Kollam (600 ₹), Thiruvananthapuram oder Kovalam (je 1300 ₹) entscheidet, sollte den Fahrer auffordern, nicht über die Schnellstraße, sondern über die malerische Küstenstraße zu fahren.

Unterwegs vor Ort

Vom Bahnhof zum Strand von Varkala sind's ungefähr 3 km; die Fahrt mit der Autorikscha zur Temple Junction kostet 80 ₹ und Richtung North Cliff 100 ₹. Taxis und Autorikschas sammeln sich am Hubschrauberlandeplatz North Cliff und einem Stand nahe beim Janardhana-Tempel. Nahverkehrsbusse sind regelmäßig zwischen dem Bahnhof und der Temple Junction unterwegs (8 ₹).

Ein paar Läden an den Klippen vermieten Motorroller/Motorräder für 350/450 ₹ pro Tag.

Kollam (Quilon)

☎0474 / 349 000 EW.

Kollam (Quilon) ist der südliche Zugang zu Keralas Backwaters und ein Ziel der bekannten Backwater-Bootstour nach Alappuzha. Als einer der ältesten Häfen am Arabischen Meer war es einst ein wichtiges Handelszentrum, das in Scharen römische, arabische und chinesische, später portugiesische, holländische und britische Händler anzog – alle gierig danach, Gewürze und kostbare Cashewkerne aus der Region in die Hände zu bekommen. Im Zentrum geht's hektisch zu, aber in der Umgebung findet man die ruhigen Wasserläufe des Ashtamudi-Sees, deren Ufer Kokospalmen, Cashewplantagen und traditionelle Dörfer säumen – ein toller Ort, um ohne große Menschenmassen ein Gefühl für die Backwaters zu bekommen.

Sehenswertes

Nördlich vom **Kollam Beach** gibt's einen Hafen und einen raubeinigen Fischmarkt, auf dem Kunden und Fischer über den Wert des Tagesfangs verhandeln. Kollams Strand liegt 2 km südlich der Stadt, aber es gibt schönere Sandstrände weiter südlich in Eravipuram und Mayyanad. Das nördliche Ende des Hafens markiert das **Thangassery Lighthouse** (10 ₹, Aufzug Inder/Ausländer 20/50 ₹; ⌚Di–So 10–13 & 14–18 Uhr).

Aktivitäten

★**Munroe Island Cruise** BOOTSFAHRT

(www.dtpckollam.com; Tour 500 ₹/Pers.; ⌚9–13.30 & 14–18.30 Uhr) Ausgezeichnete Bootstouren durch die Kanäle von Munroe Island organisieren die DTPC (S. 307) und eine Reihe von Privatveranstaltern, darunter das Ashtamudi Villas und das Munroe Island Backwaters Homestay. Die entspannte, dreistündige Fahrt mit einem Stechkahn durch das Netz der Kanäle beginnt rund 15 km nördlich von Kollam.

Auf den Kanälen erhält man Einblick ins alltägliche Dorfleben, schaut beim Bau eines *kettuvallam* (Reisbarke), der Gewinnung von Toddy (Palmensaft) oder der Verarbeitung von Kokosfasern zu, sieht Garnelen- und Fischfarmen und kann bei Besuchen in Gewürzgärten auch Vögel beobachten.

Hausbootfahrten BOOTSFAHRT

(www.dtpckollam.com; Kreuzfahrt mit Übernachtung 9200 ₹, Kreuzfahrt Kollam-Alappuzha 20 000–28 000 ₹) In Kollam gibt's weit weniger Hausboote als in Alappuzha, also ist mit einem nicht so touristisch geprägten Erlebnis zu rechen. Die DTPC hat diverse Angebote für Hausbootfahrten, und zwei private Veranstalter mit Büros am Pier bieten ebenfalls Fahrten von Kollam nach Alappuzha an.

Santhigiri Ayurveda Centre AYURVEDA

(☎9287242407, 0474-2763014; www.santhigiriashram.com; Asramam Rd, Kadappakada; Massage ab

Kollam (Quilon)

Kollam (Quilon)

Schlafen
1 Hotel Sudarsan B2
2 Nani Hotel C3

Essen
3 8 Point Art Cafe B1
Prasadam .... (siehe 2)
4 Wok & Grill A2

1200 ₹) Das Zentrum, das mehr an eine Klinik als eine Wellnessoase erinnert, ist für sieben- bis 21-tägige Anwendungen bekannt.

Feste & Events

Die Region Kollam ist Schauplatz vieler Feste und Bootsregatten – von November bis März gibt's praktisch jeden Tag irgendwo in der Gegend ein Tempelfest.

Kottamkulangara Chamaya Vilakku RELIGION
(März/April) Bei diesem ungewöhnlichen Fest im 15 km nördlich von Kollam gelegenen Chavara verkleiden sich Männer als Frauen und tragen Lichter zum Tempel.

Kollam Pooram KULTUR
(Asraman-Shri-Krishna-Swami-Tempel, Kollam; April) Bei diesem zehntägigen Fest gibt's die ganze Nacht dauernde Kathakali-Vorstellungen und einen Umzug mit 40 geschmückten Elefanten.

President's Trophy Boat Race SPORT
(1. Nov.) Die renommierteste Bootsregatta in der Region Kollam wird auf dem Ashtamudi-See ausgetragen.

Schlafen

Munroe Island Backwaters Homestay HOMESTAY $
(9048176186; Chittamula Rd, Munroe Island; DZ mit Frühstück 1200 ₹;) Die drei farbenfrohen Hütten im keralesischen Stil verstecken sich in den Backwaters auf Munroe Island, (auf dem Straßenweg) rund 25 km nördlich von Kollam. Hier können Traveller in das dörfliche Leben eintauchen. Vijeesh und seine nette Familie arrangieren auch Kanuausflüge in den Backwaters (450 ₹/Pers.).

Hotel Sudarsan BUSINESSHOTEL $
(0474-2744322; www.hotelsudarsan.com; Hospital Rd; DZ 950 ₹, mit Klimaanlage ab 1900 ₹, Suite 3500 ₹;) Das Sudarsan hat eine überraschend gute Lage nahe der Bootsanlegestelle und ein überraschend gutes Preis-Leistungs-Verhältnis. Die Zimmer liegen um einen zentralen Hof, und auf dem Gelände finden sich das Kedar Restaurant und die Bierbar Golden Tavern. Die Suiten sind sehr geräumig.

★ **Ashtamudi Villas** PENSION $$
(☎ 9847132449, 0474-2706090; www.ashtamudivillas.com; nahe der Kadavoor Church, Mathilil; DZ/FZ 1500/2500 ₹; 📶) Die charmanten Cottages am See sind mit Abstand die beste Wahl für einen entspannten, erschwinglichen Aufenthalt in Kollam. Gastgeber Prabhath Joseph bietet einen herzlichen Empfang und zieht mit durchdachter architektonischer Gestaltung, farbenfrohem Dekor, funkelnden Badezimmern, Hängematten am See zwischen den Palmen und einer Bibliothek mit Büchern über Kerala alle Register. Man kann kostenlos Kajaks ausleihen, und auch Kanutouren nach Munroe Island lassen sich hier organisieren.

Die Anreise erfolgt auf der Straße oder per Boot – vorher wegen einer Wegbeschreibung anrufen!

Nani Hotel HOTEL $$
(☎ 0474-2751141; www.hotelnani.com; Chinnakkada Rd; DZ mit Frühstück 1460 ₹, mit Klimaanlage 2250–3650 ₹, Suite 7800 ₹; ❄@📶) Das von einem Cashew-Magnaten erbaute Boutique-Businesshotel in Kollams turbulentem Zentrum bietet ein überraschend gutes Preis-Leistungs-Verhältnis. Die schöne Architektur verbindet traditionelle keralesische Elemente mit modernen Linien zu einem schicken Gesamtbild. Selbst die billigeren Zimmer haben Flachbildfernseher, Federkissen und aufwendige Bäder.

Essen

★ **8 Point Art Cafe** CAFÉ $
(☎ 0474-2970256; Hauptgerichte 70–190 ₹; ⏱ 11.30–21 Uhr) Auf der belebten Seite des Ashtamudi-Sees ist dieses ausgezeichnete Café in einem restaurierten historischen Gebäude teils örtliche Kunstgalerie, teils ein trendiger Treff mit kostenlosen Wechselausstellungen, gutem Kaffee, Suppen, Pasta und einer kleinen Bibliothek.

Wok & Grill ASIATISCH $$
(☎ 0474-2753400; High School Junction Rd; Hauptgerichte 185–290 ₹; ⏱ 12–22.30 Uhr) Leckere Fleischgerichte gibt's in diesem modernen, sauberen Restaurants mit Gerichten der indischen, chinesischen, thailändischen, arabischen und Chettinadu-Küche. Hier gibt's z. B. *kung pao*-Hühnchen, grünes Curry, Ingwer-Knoblauch-Garnelen oder Schawarma.

Prasadam INTERNATIONAL $$
(☎ 0474-2751141; Chinnakkada Rd, Nani Hotel; Hauptgerichte 160–280 ₹, Mittags-Thali 160 ₹; ⏱ 12–14.30 & 19–22 Uhr) Das Restaurant im Nani Hotel wirkt mit seinen Stühlen mit hohen Rückenlehnen und den feinen Kupferreliefs, die Ereignisse aus der Geschichte Kollams darstellen, ziemlich formell. Die Speisen, darunter keralesische, Tandur- und chinesische Gerichte, sind gut zubereitet, und die schmackhaften Thalis, die es mittags gibt, sind gut und günstig.

Praktische Informationen

DTPC Information Centre (☎ 0474-2745625; www.dtpckollam.com; ⏱ 8–19 Uhr) Das hilfreiche Büro gegenüber dem KSRTC-Busbahnhof nahe der Bootsanlegestelle kann Backwater-Trips und Yogakurse organisieren.

An- & Weiterreise

BUS

Kollam liegt an der Busroute Thiruvananthapuram–Kollam–Alappuzha–Ernakulam. Alle 10 oder 20 Minuten fahren Busse nach Thiruvananthapuram (84 ₹, 2 Std.), Alappuzha (80 ₹, 2½ Std.) und Ernakulam (Kochi, normaler Bus/AC 122/225 ₹, 3½ Std.). Um 5 Uhr fährt ein Bus nach Kumily (125 ₹, 5 Std.), und es gibt ein paar Nahverkehrsbusse nach Varkala (40 ₹, 30 Min.), doch sind Züge zur Fahrt dorthin die bessere Option.

Die Busse starten vom **KSRTC-Busbahnhof** (☎ 0474-2752008) in bequemer Nähe zur Bootsanlegestelle.

SCHIFF/FÄHRE

Viele Traveller nehmen das staatliche Kanalboot von/nach Alappuzha (400 ₹; 8 Std.; 10.30 Uhr) – eine Reservierung ist nicht erforderlich, man sollte aber um 9.30 Uhr an der Fähranlegestelle sein. Von der Hauptbootsanlegestelle fahren häufig öffentliche Fähren über den Ashtamudi-See nach Guhanandapuram (1 Std.). Der Fahrpreis beträgt hin und zurück rund 10 ₹, eine kurze Strecke kostet 3 ₹.

ZUG

Es gibt häufige Expresszüge über Alappuzha (Sleeper/3AC 140/490 ₹, 1½ Std.) nach Ernakulam (140/490 ₹, 3 Std., tgl. 20-mal) und über Varkala (140/490 ₹, 30 Min.) nach Thiruvananthapuram (140/490 ₹, 1½ Std., tgl. 21-mal).

Rund um Kollam

Palastmuseum Krishnapuram MUSEUM
(☎ 0479-2441133; 10 ₹, Foto/Video 25/250 ₹; ⏱ Di–So 9.30–16.30 Uhr) Der restaurierte Palast liegt etwa 2 km südlich von Kayamkulam zwischen Kollam und Alappuzha und ist ein außerordentlich schönes Beispiel für

die meisterhafte Kerala-Architektur. Das Museum zeigt Gemälde, Antiquitäten, Skulpturen und ein berühmtes 3 m hohes Wandbild, das die Gajendra Moksha (die Befreiung des Elefantenkönigs Gajendra) zeigt, wie sie im Mahabharata beschrieben wird.

Alle paar Minuten fährt ein Bus (27 ₹, 1 Std.) von Kollam nach Kayamkulam. An der Bushaltestelle beim Tempeltor, 2 km vor dem Palast, heißt es: aussteigen.

Alappuzha (Alleppey)

☎ 0477 / 74 200 EW.

Alappuzha – die meisten sagen Alleppey – ist der Startpunkt für Touren auf den Backwaters von Kerala, die ein riesiges Netzwerk an Kanälen mit mehr als 1000 Hausbooten bilden. Bei einem Spaziergang durch das kleine, aber chaotische Zentrum und das Gebiet des Busbahnhofs mit seinem bescheidenen Netz an Kanälen drängt sich einem der Begriff „Venedig des Ostens" auf. Geht man aber Richtung Westen an den Strand, oder in so ziemlich alle anderen Richtungen zu den Backwaters, schon wird Alappuzha zum grazilen und grünen Städtchen, das in eine Wasserwelt voller Dörfer, Kanus, Toddy-Shops und natürlich Hausboote übergeht. Hier kann man sich einfach treiben lassen und den Blick über die saftig grünen Reisfelder, die üppig beladenen Reiskähne und die Dörfer entlang der Ufer schweifen lassen. Dies ist eines von Keralas faszinierendsten Erlebnissen, beeindruckend und entspannend zugleich.

Sehenswertes

Alleppey Beach STRAND

Der Hauptstrand von Alappuzha liegt etwa 2 km westlich vom Zentrum. Am Strand direkt gibt's keine geschützten Stellen, und wegen der starken Strömung wagt sich hier auch nicht jeder ins Wasser. Dafür sind die Sonnenuntergänge toll, und an ein paar Stellen lohnt es sich, für ein Getränk oder einen Snack – in einem guten Café – anzuhalten. Der Strand erstreckt sich nach Norden und Süden die Küste entlang.

Alleppey Lighthouse LEUCHTTURM

(Inder/Ausländer 10/25 ₹, Foto/Video 20/25 ₹; ⏲ Di–So 9–11.45 & 14–17.30 Uhr) Der bunt gestreifte Leuchtturm steht ein paar Blocks hinter dem Strand. In dem kleinen Museum befindet sich eine originale Öllampe. Eine Wendeltreppe führt auf die Spitze des

MATHA AMRITHANANDAMAYI MISSION

Die seltsam rosa angestrichene **Matha Amrithanandamayi Mission** (☎ 0476-2897578; www.amritapuri.org; Amrithapuri) ist der berühmte Ashram von Amrithanandamayi, einem der wenigen weiblichen Gurus in Indien. Sie ist auch als Amma (Mutter) oder als „die umarmende Mutter" bekannt, weil sie bei der *darshan* (Audienz) oft Tausende von Menschen in Marathon-Sessions umarmt, die die ganze Nacht dauern. Der Ashram veranstaltet täglich um 16 und 17 Uhr offizielle Führungen. Um Einzelheiten zu erfahren, geht man auf die Website oder lädt sich die Amma-App herunter.

Der riesige Komplex hat rund 3500 ständige Bewohner – Mönche, Nonnen, Studenten und Familien aus Indien und dem Ausland. Es gibt Verpflegung, Ayurveda-Anwendungen und täglich nach einem Zeitplan Yoga, Meditation und *darshan*. Amma reist den größten Teil im Jahr herum, die Umarmung ist also nicht garantiert. (Ob sie vor Ort ist, kann man ihrem Terminkalender im Netz entnehmen.) Besonders viel los ist im Ashram rund um Ammas Geburtstag am 27. September.

Besucher sollten sich nicht freizügig kleiden und den strikten Verhaltenskodex einhalten. Bei vorheriger Anmeldung – durch Online-Registrierung – kann man im Ashram übernachten (3BZ 250 ₹/Pers., EZ 500 ₹, inkl. einfacher vegetarischer Verpflegung).

Da der Ashram am Hauptkanal zwischen Kollam und Alappuzha liegt, unterbrechen hier viele Reisende die Bootsfahrt, bleiben ein, zwei Tage und fahren dann mit einem anderen Boot weiter. Alternativ kann man auch auf die andere Seite des Kanals übersetzen und eine Rikscha zum 10 km südlich gelegenen Karunagappally oder nach Kayankulam, 12 km weiter nördlich, nehmen (rund 200 ₹), wo man Anschluss an Busse und Züge hat.

Wer nicht per Boot kommen will, nimmt einen Zug nach Karunagappally oder Kayankulam und von dort eine Autoriksha (ca. 200 ₹) nach Vallickavu und überquert schließlich die Fußgängerbrücke. Wer länger bleiben will, kann online auch ein Ashram-Taxi buchen – die holen Besucher sogar aus so fernen Städten wie Kochi oder Trivandrum ab.

Turms, von wo sich ein Rundumblick auf das überraschend grüne Alappuzha bietet.

RKK Memorial Museum MUSEUM
(☎0477-2242923; www.rkkmuseum.com; NH47, nahe der Powerhouse Bridge; Inder/Ausländer 150/350 ₹; ⏲Di–So 9–17 Uhr) Hinter der prächtigen Säulenfront im Stil der griechisch-römischen Antike zeigt das Revi Karuna Karan (RKK) Memorial Museum die verschwenderische Kollektion aus Kristallwaren, Porzellan, Antiquitäten aus Kerala, Möbeln, Kunstwerken und (traurigerweise) Elfenbeinschnitzereien, die der wohlhabende Geschäftsmann Revi Karuna Karan zusammengetragen hat. Das Museum wurde nach seinem Tod im Jahr 2003 zu seinem Andenken geschaffen.

Aktivitäten

Kerala Kayaking KAJAKFAHREN
(☎9846585674, 8547487701; www.keralakayaking.com; 4-/7-/10-std. Tour 1500/3000/4500 ₹ pro Pers.) Die junge Crew des ersten und besten Kajakveranstalters in Alappuzha bietet ausgezeichnete geführte Kajaktouren durch die schmalen Kanäle der Backwaters. Die Paddeltouren in Einer- und Zweierkajaks werden von einem Gepäckboot begleitet; der Transport mit einem Motorboot zum Startpunkt ist inbegriffen. Es gibt vierstündige Trips am Morgen und am Nachmittag, außerdem sieben- und zehnstündige Tagestouren. Auch mehrtägige Touren zu den Dörfern sind möglich.

Hausboot-Dock BOOTSFAHRT
(dtpcaly@yahoo.com; ⏲Prepaid-Schalter 10–17 Uhr) Wo sich Dutzende von Hausbooten sammeln, kann man gut herumlaufen und ein paar vergleichen. Es gibt einen staatlichen Prepaid-Schalter, an dem die „offiziellen" Preise angeschlagen sind, die mit 7000 ₹ für zwei Personen beginnen und auf bis zu 24 000 ₹ für ein Boot mit fünf Kojen steigen. Aber die Preise richten sich auch nach der Nachfrage.

Shree Krishna Ayurveda Panchkarma Centre AYURVEDA
(☎9847119060; www.krishnayurveda.com; 3/5/7-tägige Anwendungen ab 275/420/590 €) Das Zentrum nahe dem Ziel der Nehru Trophy bietet ayurvedische Anwendungen; einstündige „Verjüngungsmassagen" kosten 1200 ₹, die Spezialität sind aber Pauschalangebote (3, 5, 7 Tage) inklusive Unterkunft und Yogasitzungen. Billiger wird es, wenn sich zwei Personen die Unterkunft teilen. In der Nähe des Zielpunkts für Bootsrennen.

Geführte Touren

Alle Pensionen, Hotels, Reiseveranstalter oder die DTPC können Kanu- oder Hausboottouren durch die Backwaters organisieren.

Shikaras (überdachte Boote) nach Kaschmir-Art sammeln sich auf dem North Canal an der Straße zum Dock der Hausboote. Für eine motorisierte Fahrt über die Kanäle und durch die Backwaters nehmen sie 300 bis 400 ₹ pro Stunde. Die Fahrt in Einbäumen mit Stechpaddel geht langsamer, ist aber umweltfreundlicher. Die meisten der Einbaum-Touren kosten ab 250 ₹ pro Stunde und dauern meist vier, fünf Stunden. Auf dem Programm stehen Besuche in Dörfern, Wanderungen und eine Palmwein-Bar.

Es kann schwierig sein, einen guten Platz für das Nehru Trophy Boat Race zu bekommen, aber für den besten Platz am Ort hält man sich an Johnson's Houseboat unter www.alleppeysnakeboatrace.com.

Feste & Events

Nehru Trophy Boat Race SPORT
(www.nehrutrophy.nic.in; Tickets 50–2000 ₹; ⏲Aug.) Dies ist die bekannteste und umkämpfteste Bootsregatta in Kerala. Tausende Besucher, viele auf Hausbooten, versammeln sich am Start- und Zielpunkt am Punnamada-See in Alappuzha und schauen gebannt den Schlangenbooten mit ihren bis zu 100 Ruderern zu.

Schlafen

Auch wer sich nicht an Bord eines Hausboots begeben will, findet in Alappuzha ein paar von Keralas charmantesten und günstigsten Unterkünfte, angefangen bei den alten denkmalgeschützten Häusern und Resorts bis hin zu Privatunterkünften mit Blick aufs Wasser.

Wie überall gibt es unter den Rikschafahrern Halsabschneider, vor allem an den Bahnhöfen und Bushaltestellen. Am besten lässt man sich an einem prägnanten Punkt in der Nähe seiner Unterkunft absetzen. Wer gebucht hat, sollte im Voraus anrufen und Bescheid geben, dass er jetzt unterwegs ist – einige Unterkünfte holen einen ab.

Matthews Residency PENSION $
(☎9447667888, 0477-2235938; www.palmyresidency.com; abseits der Finishing Point Rd; Zi. 450–800 ₹) Dies ist eine der besseren Budgetoptionen in Alleppey mit sechs blitzblanken Zimmern mit italienischen Marmorböden, von denen drei Verandas zum Garten hinaus haben. Das Gästehaus liegt nördlich vom

Alappuzha (Alleppey)

Alappuzha (Alleppey)

Sehenswertes
- 1 Alleppey Beach A3
- 2 Alleppey Lighthouse A3
- 3 RKK Memorial Museum B2

Aktivitäten, Kurse & Touren
- 4 Houseboat Dock D2
- 5 Kerala Kayaking B2
- 6 Shree Krishna Ayurveda Panchkarma Centre D2

Schlafen
- 7 Cherukara Nest D2
- 8 Dream Nest B3
- 9 Gowri Residence C1
- 10 Johnson's B2
- 11 Malayalam D1
- 12 Matthews Residency D2
- 13 Nanni Backpackers Hostel A2
- 14 Raheem Residency A3
- 15 Sona Heritage Home D2
- 16 Tharavad A2
- 17 Vedanta Wake Up! D1

Essen
- Chakara Restaurant .... (siehe 14)
- 18 Halais B3
- Harbour Restaurant .... (siehe 14)
- 19 Kream Korner Art Cafe C3
- 20 Mushroom B3
- 21 Royale Park Hotel C2
- 22 Thaff C2

Ausgehen & Nachtleben
- 23 Le Coffee Time A3

Praktisches
- 24 DTPC Tourist Reception Centre C2
- Geldautomat der Federal Bank .(siehe 21)
- 25 SBI Bank C2
- Touristenpolizei .... (siehe 24)

Transport
- 26 Boat Jetty C2
- 27 KSRTC-Busbahnhof D2
- Nanni Tours & Travel .... (siehe 13)

Kanal, fünf Minuten zu Fuß vom Busbahnhof entfernt, aber ein ganzes Stück abseits der Straße umgeben von saftigem Grün.

Johnson's PENSION $
(☎9846466399, 0477-2245825; www.johnsonskerala.com; DZ 800–1200 ₹, mit Klimaanlage 1850 ₹; ❄@📶) Diese seit Langem bei Backpackern beliebte Unterkunft in einem zweistöckigen Wohnhaus wird vom geselligen Johnson Gilbert geführt. In dem großen Haus gibt's nach Themen eingerichtete Zimmer mit flippigen Möbeln, Hängestühlen, Badewannen im Freien und einen Garten

mit Freiluft-Grill und einem Pferd. Johnson besitzt auch ein ausgezeichnetes „Öko-Hausboot“ (www.ecohouseboat.com; 8000–13 000 ₹) – für einen Platz beim Nehru-Bootsrennen vorab reservieren!

Nanni Backpackers Hostel HOSTEL $
(☎9895039767; www.nannitours.com; Cullan Rd; B/DZ 250/700 ₹) Die entspannte Pension befindet sich in kurzer Gehentfernung vom Strand und 1,5 km nördlich vom Bahnhof und ist eine sehr gute und günstige Option. Es gibt zwei Schlafsäle mit sechs Betten und oben einige geräumige Privatzimmer, außerdem ein Straßencafé und eine Lounge auf dem Dach. Der junge Eigentümer Shibu hat viele Infos zur Gegend auf Lager, vermietet Motorroller und ist sehr bemüht, dass seine Gäste sich bei ihm heimisch fühlen.

Vedanta Wake Up! HOSTEL $
(☎0477-2231132; www.vedantawakeup.com; Punnamada Rd; B 400 ₹, DZ mit Klimaanlage ab 1400 ₹; ❄📶) In ruhiger Lage gleich nördlich vom Hausboot-Dock punktet dieses Hostel mit sauberen Schlafsälen mit Klimaanlage, gemütlichen Gemeinschaftsbereichen, einem Café und den üblichen Extras wie Schließfächern und WLAN. Hier kommt man gut mit anderen Travellern in Kontakt, was nützlich ist, wenn man, eine Gruppe zum Mieten eines Hausboots zusammenbekommen will.

Dream Nest PENSION $
(☎9895860716; www.thedreamnest.com; Cullan Rd; DZ 500–900 ₹, mit Klimaanlage 1200 ₹; ❄📶) Die gegen die Straße zurückgesetzten farbenfrohen Zimmer der Budget-Pension sind ein gutes Angebot. Es gibt eine Gemeinschaftslounge und eine junge Traveller-Atmosphäre.

Cherukara Nest HOMESTAY $$
(☎0477-2251509, 9947059628; www.cherukaranest.com; DZ/3BZ mit Frühstück 900/1200 ₹, mit Klimaanlage 1500 ₹, Cottage mit Klimaanlage 1500 ₹; ❄@📶) Das hübsche historische Wohnhaus in einem gepflegten Garten besitzt eine so familiäre Atmosphäre, dass man nicht abreisen will. Im Haupthaus gibt's vier große, charaktervolle Zimmer mit hohen Decken, viel poliertem Holz und vorsintflutlichen Türen mit verzierten Schlössern. Der Eigentümer Tony vermietet auch ein gutes, günstiges Hausboot (6000/8500 ₹ für 2/4 Pers.) und organisiert Touren zu Dörfern (900 ₹).

Tharavad HOMESTAY $$
(☎0477-242044; www.tharavadheritageresort.com; westlich der North Police Station; DZ 2500–3500 ₹; ❄📶) In ruhiger Lage am Kanal zwischen Stadtzentrum und Strand findet sich dieses charmante alte Wohnhaus mit viel glänzendem Teakholz und Antiquitäten, Fensterläden, fünf schönen Zimmern und einem gepflegten Garten.

Malayalam RESORT $$
(☎9496829424, 0477-2234591; malayalamresorts@yahoo.com; Punnamada; Zi. 1500–2500 ₹; 📶) Die kleine, von einer Familie geführte Unterkunft besteht aus niedlichen Bambushütten und zwei geräumigen zweistöckigen Gebäuden mit je vier Zimmern am See nahe dem Startpunkt des Nehru-Trophy-Bootsrennens. Von den Zimmern mit Balkon im Obergeschoss hat man eine nette Aussicht. Wegbeschreibung: an der Rezeption des Keraleeyam Resort vorbei dem Kanal folgen!

Canoe Ville COTTAGE $$
(☎9895213162; http://canoeville.com; Cottage DZ inkl. Gerichte 3500 ₹) Die skurrile Anlage am Seeufer 5 km nördlich von Alappuzha besteht aus Mini-Hausboot-Cottages, die auf eigens angelegten künstlichen Kanälen schwimmen und eine Art „Hausboot-Erlebnis an Land“ versprechen. Die komfortablen Doppelzimmer-Cottages haben Bäder und große Veranden. Dazu gibt's Mahlzeiten, kostenlose Hängematten und Aktivitäten wie Rafting mit Bambus-Flößen. Es gibt Pläne, günstige Safarizelte (500 ₹/Pers.) aufzustellen.

Punnamada Homestay HOMESTAY $$
(☎0484-2371761, 9847044688; DZ mit Frühstück & Abendessen 3000 ₹; 📶) Das attraktive Familienhaus im traditionellen Stil steht nördlich von Alappuzha in friedlicher Umgebung nahe dem Punnamada-See. Die beiden Zimmer sind ordentlich, gut möbliert und verfügen über eigene Balkone. Die Hausmannskost ist wirklich gut.

Sona Heritage Home PENSION $$
(☎0477-2235211; www.sonahome.com; Lakeside, Finishing Point; Zi. 900 ₹, mit Klimaanlage 1400 ₹; ❄📶) Das vom freundlichen Joseph geführte schöne alte Wohnhaus hat Zimmer mit hohen Decken, verblassten Blümchenvorhängen, christlichen Motiven, Himmelbetten und Ausblick auf einen gepflegten Garten.

Gowri Residence PENSION $$
(☎0477-2236371, 9847055371; www.gowriresidence.com; Mullackall Rd; DZ 600–1200 ₹, Cottages mit Klimaanlage 1500–2000 ₹; ❄📶) Der weitläufige Komplex rund 800 m nördlich vom North Canal umfasst eine Menge Zimmer

BOOTSTOUREN AUF KERALAS BACKWATERS

Das unbestrittene Highlight jeder Reise durch Kerala ist eine Fahrt durch das 900 km umfassende Netz von Wasserstraßen, die die Küste säumen und bis weit ins Landesinnere hineinreichen. Lange bevor es Straßen gab, dienten diese Wasserläufe in Kerala als Hauptverkehrswege, und viele Dorfbewohner nutzen auch heute noch überwiegend Paddelboote als Transportmittel. Bei einer Tour in den Backwaters passiert man palmengesäumte Seen, die von ausladenden Fischernetzen überspannt sind, und schmale, schattige Kanäle, wo Kokosfasern, Kopra (getrocknetes Kernfleisch von Kokosnüssen) und Cashewkerne auf Boote verladen werden. Entlang der Ufer sieht man isolierte Dörfer, in denen die bäuerliche Lebensweise seit Ewigkeiten unverändert geblieben ist.

Bootstouren für Touristen

Die beliebte Touristenbootstour zwischen Kollam und Alappuzha (400 ₹) findet von Juli bis März täglich, sonst alle zwei Tage statt. In beiden Orten starten die Boote um 10.30 Uhr und kommen um 18.30 Uhr an. Im Allgemeinen gibt's mittags einen Halt (13 Uhr) und eine kürzere Teepause am Nachmittag. Getränke, Sonnencreme, Hut und ein Buch mitnehmen!

Die achtstündige Fahrt zwischen den beiden Städten ist zwar malerisch und entspannt, führt aber nur über die größeren Kanäle, so dass man kaum einen Blick auf das Dorfleben werfen kann, worin der besondere Reiz von Backwaters-Touren aber eigentlich besteht. Eine andere Möglichkeit ist, nur die halbe Strecke zu buchen (200 ₹) und an der Matha Amrithanandamayi Mission (S. 308) auszusteigen.

Hausboote

Wenn die Sterne günstig stehen, kann das Mieten eines wie ein *kettuvallam* (Reisbarke) gestalteten Hausboots zum Highlight der Indien-Reise werden. Das kann aber (je nach Budget) recht teuer werden, doch für ein Paar, das sich eine romantische Nacht gönnen will, oder für Reisegruppen, die sich die Kosten teilen, lohnt sich in der Regel jede Rupie. Sich durch die ruhigen, von Kokospalmen gesäumten Wasserstraßen treiben zu lassen, köstliches keralesisches Essen zu genießen, Dorfbewohner kennenzulernen und auf dem Wasser zu übernachten – das sind Erlebnisse ganz fern der in Indien üblichen Hektik.

Es gibt Hausboote für Paare (mit 1 oder 2 Doppelkabinen) und Gruppen (mit bis zu 7 Kabinen). Die Verpflegung (und ein mitreisender Koch) sind generell in dem angegebenen Preis genauso enthalten wie der Schiffsführer/Kapitän. Hausboote können bei vielen Privatanbietern in Alappuzha, Kollam und Kottayam gechartert werden. Das ist in Kerala das größte Geschäft, und die Qualität der Boote ist sehr unterschiedlich – sie reicht von in die Jahre gekommenen Booten bis hin zu schwimmenden Palästen. Man sollte versuchen, sich das Boot erst einmal anzusehen, ehe man über den Preis einig wird. Reisebüro-Schlepper versuchen, einem ein Boot aufzuschwatzen, sobald man in Kerala gelandet ist, aber besser wartet man, bis man eine Stadt in den Backwaters erreicht hat: die Auswahl ist in Alappuzha viel größer (mehr als 1000 Boote), und die Chancen stehen auch besser, den Preis

und Cottages in einem großen Garten: Im Haupthaus gibt's traditionelle, holzverkleidete Zimmer. Die Hütten sind unterschiedlich – sie bestehen aus Stein, Holz, Bambus oder Schilf. Die besten haben hohe Decken, eine Klimaanlage und Flachbild-TV. Insgesamt wirkt die Anlage ein wenig verblasst.

★Raheem Residency HOTEL $$$
(☎0477-2239767; www.raheemresidency.com; Beach Rd; DZ 9600–12 500 ₹; ❄📶🏊) In diesem geschmackvoll renovierten historischen Haus aus den 1860er-Jahren wohnt man gern. Die Inhaberin, das irische Original Bibi Baskin, hat den zehn Zimmern ihren alten Glanz zurückgegeben; sie prunken mit Badewannen, antiken Möbeln und alten Einbauten. Zu den Gemeinschaftsbereichen zählen Innenhöfe, ein toller Pool und ein ausgezeichnetes Restaurant.

Essen & Ausgehen

★Mushroom ARABISCH, INDISCH $
(CCSB Rd.; Hauptgerichte 70–150 ₹; ⏲12–24 Uhr) Ein Freiluftrestaurant mit schmiedeeisernen Stühlen, das sich auf günstige, köstliche und scharfe Halal-Gerichte spezialisiert hat, z. B.

herunterzuhandeln, wenn man persönlich auftaucht und sich das Angebot anschaut. Die meisten Pensionen und Homestays können für ihre Gäste ebenfalls ein Hausboot buchen.

In der Hauptsaison oder während der Feiertage (z. B. an Pooja, Onam oder Diwali), wenn die Preise in die Höhe schnellen, kann man in einen Backwaters-Stau geraten – einige Traveller sind enttäuscht, dass es angesichts der vielen Boote auf dem Wasser nichts mit ungestörter Einsamkeit ist. Man kann mit dem Hausboot von Alappuzha bis Kollam oder eine Teilstrecke des Wegs nach Kochi reisen – doch bei solchen Trips verbringt man mehr Zeit auf Seen und Kanälen als in den wirklichen Backwaters, und solche Reisen dauern auch länger als viele denken. Im Budgetsektor kostet ein Boot für zwei Personen rund 6000 bis 8000 ₹ für einen Tag, ein Boot für vier Personen 10 000 bis 12 000 ₹, und für größere Boote oder Boote mit Klimaanlage muss man 15 000 bis 30 000 ₹ berappen. Man sollte sich umschauen und versuchen, Rabatte auszuhandeln – was in der Spitzensaison schwierig werden dürfte. Vom 20. Dezember bis 5. Januar verdreifachen sich die Preise.

Dorfbesuche & Kanutouren

Dorftouren – eine ausgezeichnete Möglichkeit die Backwaters tagsüber in gemächlichem Tempo zu erleben – werden in der Regel für kleine Gruppen von fünf bis sechs Teilnehmern angeboten; man fährt unter Leitung eines kundigen Führers in einem offenen Kanu oder einem überdachten *kettuvallam*. Die Touren (ab Kochi, Kollam oder Alappuzha) dauern 2½ bis 6 Stunden und kosten rund 400 bis 1000 ₹ pro Person. Man besucht Dörfer und sieht, wie Kokosfasern verarbeitet, Boote gebaut, Palmsaft gezapft und Fische gezüchtet werden. Der Munroe-Island-Trip ab Kollam ist eine tolle Tour dieser Art, und auch Tourist Desk (S. 330) in Ernakulam organisiert empfehlenswerte Touren.

Öffentliche Fähren

Wer für wenige Rupien eine Fahrt auf den Backwaters erleben will, nimmt einfach die Fähre von State Water Transport (www.swtd.gov.in), die ab 7.30 Uhr fünfmal täglich zwischen Alappuzha und Kottayam (15 ₹, 2½ Std.) pendelt. Die Fahrt führt über den Vembanad-See und bietet eine abwechslungsreichere Landschaft als die Kreuzfahrt von Kollam nach Alappuzha. Vom Bootsanleger in Alappuzha legen noch viele andere altersschwache Boote ab, die Einheimische zu ihren Dörfern in den Backwaters bringen.

Umweltschutz

Die Verschmutzung durch Bootsmotoren nimmt proportional zur Zahl der Hausboote zu. Deshalb haben die Behörden Keralas ein umweltfreundliches, sicheres Akkreditierungssystem für Hausbootsbetreiber eingeführt. Um das „Gold Star, Silver Star oder Green Palm Certificate" zu bekommen, müssen die Betreiber u. a. Solarzellen installieren und Sanitärbehälter für die Abfallentsorgung bereitstellen. Einfach den Betreiber fragen, ob er das Zertifikat hat! Darum sollte man eigentlich statt eines Motorboots lieber einen der wenigen verbliebenen Stechkähne mieten, sie können aber nur in flachen Gewässern genutzt werden.

Kali-Mirch-Hühnchen, Fisch-Tandur und Chilipilze. Die gute Mischung an Einheimischen und Travellern sorgt für eine angenehme Atmosphäre.

Kream Korner Art Café INTERNATIONAL $

(☎0477-2260005; www.kreamkornerartcafe.com; Mullackal Rd; Gerichte 40–160 ₹; ⊙9–22 Uhr) Im buntesten Lokal der Stadt wird man unter dem Motto „Essen trifft Kunst" mit hell gestrichenen Tischen und zeitgenössischer regionaler Kunst an den Wänden empfangen. Der entspannte, luftige Laden ist sowohl bei indischen als auch ausländischen Familien für seine günstige, leckere Auswahl an indischen und chinesischen Gerichten beliebt.

Thaff INDISCH $

(VCNB Rd; Gerichte 45–120 ₹; ⊙So–Do 9–21, Sa & So 9–22 Uhr) Das beliebte Restaurant serviert leckere südindische und ein paar nordindische und chinesische Gerichte. Es gibt saftige Hähnchen vom Bratspieß, Biryanis und eiskalte Eiscreme-Shakes.

Halais INDISCH, ARABISCH $$

(☎9447053338; www.halaisrestaurant.com; Hauptgerichte 70–400 ₹, Biryani ab 170 ₹;

ABSTECHER

GREEN PALM HOMES

Nur 12 km außerhalb von Alappuzha finden sich die **Green Palm Homes** (☎ 9495557675, 0477-2724497; www.greenpalmhomes.com; Chennamkary; Zi. mit VP 3500–5000 ₹; ❄) auf einer Insel in den Backwaters. Diese Reihe von Homestays in einem malerischen Dorf wirkt weltentrückt. Man übernachtet in schlichten Zimmern in dörflichen Wohnhäusern inmitten von Reisfeldern, sofern man sich nicht für ein „Premium"-Zimmer mit angeschlossenem Bad und Klimaanlage entscheidet. Es ist hier herrlich ruhig, denn Straßen gibt es nicht. Man kann geführte Touren unternehmen, ein Fahrrad oder ein Kanu ausleihen und an Kochkursen teilnehmen.

Um hinzukommen, vorher anrufen und eine der stündlich verkehrenden Fähren von Alappuzha nach Chennamkary nehmen (10 ₹, 1¼ Std.).

⏲ 24 Std.) Das saubere Restaurant hinter dem Süßwarenladen vorn an der Straße ist berühmt für seine Hühnchen- und Lamm-Biryanis, aber auch für seine arabischen und jemenitischen Gerichte.

Harbour Restaurant INTERNATIONAL $$
(☎ 0484-2230767; Beach Rd; Gerichte 110–300 ₹; ⏲ 10–22 Uhr) Das nette Restaurant am Strand wird vom nahegelegenen Raheem Residency betrieben. Es ist zwangloser und preisgünstiger als das Hotelrestaurant und punktet mit einer Auswahl gut zubereiteter indischer, chinesischer und westlicher Speisen sowie dem kältesten Bier der Stadt.

Royale Park Hotel INDISCH $$
(YMCA Rd; Gerichte 130–310 ₹; ⏲ 7–22.30 Uhr, Bar ab 10 Uhr; 📶) Das klimatisierte Hotelrestaurant hat eine umfangreiche Karte, und das Essen, darunter vegetarische und Fisch-Thalis, ist stets gut. Von der gleichen Karte kann man auch in der überraschend netten Bierbar im Obergeschoss bestellen und dazu ein kaltes Kingfisher genießen.

★ **Chakara Restaurant** INTERNATIONAL $$$
(☎ 0477-2230767; Beach Rd; Mini-Kerala-Mahlzeit 500 ₹, Hauptgerichte ab 450 ₹; ⏲ 12.30–15 & 19–22 Uhr) Das Restaurant in der Raheem Residency ist definitiv das beste Lokal in Alappuzha. Die offene Dachterrasse, die man über eine Wendeltreppe erreicht, ist ein Juwel und bietet einen schönen Blick über den Strand. Die Speisekarte kombiniert geschickt traditionelle europäische Küche und Keralas kulinarische Besonderheiten, zudem ist das Restaurant auf frischen Fisch aus der Region spezialisiert.

Le Coffee Time CAFE
(Alleppey Beach; Kaffee & Snacks 70–150 ₹; ⏲ 8–21 Uhr; 📶) Das freundliche Strandlokal bietet eine echte italienische Espressomaschine, ein paar Tische im Schatten, gutes Frühstück und kostenloses WLAN.

ℹ Praktische Informationen

DTPC Tourist Reception Centre (☎ 0477-2253308; www.dtpcalappuzha.com; Boat Jetty Rd; ⏲ 9–17 Uhr) Das Büro befindet sich nahe dem Busbahnhof und der Bootsanlegestelle. Das Personal gibt Ratschläge zu Touren in die Umgebung.

Touristenpolizei (☎ 0477-2251161; ⏲ 24 Std.) Neben dem DTPC Tourist Reception Centre.

ℹ An- & Weiterreise

BUS

Vom KSRTC-Busbahnhof fahren häufig Busse nach Thiruvananthapuram (132 ₹, 3½ Std., alle 20 Min.), Kollam (73 ₹, 2½ Std.) und Ernakulam (Kochi; 55 ₹, 1½ Std.). Die Busse nach Kottayam (40 ₹, 1¼ Std., alle 30 Min.) sind viel schneller als die Fähre. Drei Busse fahren nach Kumily (126 ₹, 5½ Std., 6.40, 13.10 & 14.50 Uhr) und Munnar (132 ₹, 5 Std., 4.30, 7 & 14 Uhr). Busse nach Varkala (90 ₹, 3½ Std.) gibt's täglich um 8.15, 8.45 und 10.40 Uhr.

SCHIFF/FÄHRE

Die Fähren nach Kottayam (15 ₹) und die eine tägliche Fähre nach Kollam (400 ₹, 10 Uhr) legen an der Bootsanlegestelle an der VCSB (Boat Jetty) Rd ab.

ZUG

Zahlreiche Züge fahren täglich nach Ernakulam (2. Klasse/Sleeper/3AC 50/140/490 ₹, 1½ Std.) und über Kollam (60/140/490 ₹, 1½ Std.) nach Thiruvananthapuram (80/140/490 ₹, 3 Std.). Sechs Züge pro Tag halten in Varkala (2. Klasse/AC chair 65/260 ₹, 2 Std.). Der Bahnhof liegt 4 km südwestlich der Stadt.

ℹ Unterwegs vor Ort

Eine Autorikscha vom Bahnhof zur Bootsanlegestelle und zum KSRTC-Busbahnhof kostet rund 60 ₹. Mehrere Pensionen vor Ort verleihen Motorroller für 300 ₹pro Tag, ebenso das verlässliche **Nanni Tours & Travel** (☎ 9895039767; Cullan Rd).

Rund um Alappuzha

Kattoor Beach & Marari Beach

Die Strände bei Kattoor und Marari, 10 bzw. 14 km nördlich von Alappuzha, sind eine beliebte Strandalternative zu den Backwaters.

Der Marari Beach ist schicker: Hier gibt's ein paar exklusive Fünf-Sterne-Unterkünfte am Strand. Kattoor, der manchmal auch als der „geheime Strand" bezeichnet wird, ist eher ein Fischerdorf. Hier beschränkt sich die Erschließung auf das Mindestmaß – sandige Nebenstraßen führen hinunter zum nahezu einsamen Sandstrand.

Schlafen

★ Secret Beach Yoga Homestay HOMESTAY $
(☎ 9447786931; www.secretbeach.in; Kattoor Beach; DZ 1000–1500 ₹; 📶) Die Familienunterkunft mit drei Zimmern hat eine herrliche Lage: Eine schmale Lagune trennt das Anwesen von einem recht einsamen Abschnitt des Kattoor Beach, den man per Floßmatte oder zu Fuß durch das Dorf erreicht. Es gibt Hausmannskost zu essen. Der talentierte und freundliche junge Eigentümer Vimal ist akkreditierter Yoga- und Kalarippayat-Lehrer. Es gibt Yogakurse und kostenlose Leihfahrräder.

A Beach Symphony COTTAGES $$$
(☎ 9744297123; www.abeachsymphony.com; Cottage 14 000–17 900 ₹; ⏲ Sept.–Mai; ❄📶🏊) Die Anlage mit nur vier individuell gestalteten Cottages am Eingang zum Hauptstrand ist eines der exklusivsten Resorts am Marari Beach. Die Cottages im keralesischen Stil wirken luxuriös und intim – das Violin Cottage besitzt sogar ein Tauchbecken in seinem eigenen Garten.

Kottayam

☎ 0481 / 335 000 EW.

Die zwischen den Western Ghats und den Backwaters gelegene Stadt Kottayam ist bekannt als Zentrum von Keralas Gewürz- und Kautschukhandel, aber nicht wegen ihres ästhetischen Reizes. Für die meisten Traveller ist sie einfach ein praktischer Verkehrsknotenpunkt zwischen den Bergen und den Backwaters; viele nehmen die öffentliche Kanalfähre ab/nach Alappuzha, ehe sie ostwärts nach Kumily oder nordwärts nach Kochi weiterziehen. Kottayams unattraktive Zentrum ist vom Verkehr irrwitzig verstopft.

Schlafen

Es gibt viele Unterkünfte in Kottayam, in denen man absteigen kann, wenn von der Alappuzha-Fähre kommt. Schönere, aber auch teurere, am See hat Kumarakom zu bieten.

Ambassador Hotel HOTEL $
(☎ 0481-2563293; ambassadorhotelktm@yahoo.in; KK Rd; EZ/DZ ab 550/950 ₹, DZ mit Klimaanlage ab 1100 ₹; ❄) Das Budgethotel alter Schule ist eines der besseren im Stadtzentrum. Die Zimmer mit TV sind spartanisch, aber ziemlich sauber, geräumig und für den Preis auch ruhig. Im Haus gibt's eine Bar, ein Restaurant und ein Aquarium in Schiffsform im Foyer.

Windsor Castle & Lake Village Resort HOTEL $$
(☎ 0481-2363637; www.thewindsorcastle.net; MC Rd; EZ/DZ ab 3300/3850 ₹, Lake-Village-Cottages 6600 ₹; ❄📶🏊) In dieser grandiosen weißen Box befinden sich einige der besten Hotelzimmer von Kottayam. Eindrucksvoller ist aber das Lake Village dahinter. Die luxuriösen Cottages, die sich rund um private Kanäle in gepflegten Gartenanlagen verteilen, sind erstklassig. Ein nettes Restaurant blickt auf die Wasserwege.

Essen

Thali SÜDINDISCH $
(KK Rd; Gerichte 40–175 ₹; ⏲ 8–20 Uhr) Der hübsche, sorgsam gepflegte Speisesaal im 1. Stock besitzt Lamellenjalousien. Das Thali ist die schickere Version eines typischen keralesischen Diners. Das Essen ist toll, z. B. das Malabar-Fischcurry und die Thalis.

Meenachil INTERNATIONAL $
(KK Rd; Gerichte 60–180 ₹; ⏲ 12–15 & 18–21.30 Uhr) Das beliebte Lokal hat eine freundliche, familiäre Atmosphäre. Der Speisesaal ist modern und ordentlich. Auf der großen Karte stehen indische und chinesische Gerichte.

★ Nalekattu SÜDINDISCH $$$
(MC Rd, Windsor Hotel; Gerichte 200–550 ₹; ⏲ 12–15 & 19–22 Uhr) In diesem traditionell keralesischen Restaurant im Windsor Castle blickt man auf ein paar pittoreske Wasserläufe und genießt schmackhafte Kerala-Spezialitäten wie *chemeen* (Garnelen-Curry). Am Wochenende gibt's gute und günstige Büffets.

Praktische Informationen

Das **DTPC-Büro** (☎ 0481-2560479; www.dtpckottayam.com; ⌚ Mo–Sa 10–17 Uhr) an der Bootsanlegestelle hat Infos zum Ort und arrangiert teure Backwater-Kreuzfahrten. Private Veranstalter in der Nähe verlangen rund 4000 ₹ für eine ganztägige Bootsfahrt nach Alappuzha.

An- & Weiterreise

BUS

Vom KSRTC-Busbahnhof fahren Busse nach Thiruvananthapuram (127 ₹, 4 Std., alle 20 Min.), Alappuzha (37 ₹, 1¼ Std., stündl.), Ernakulam (Kochi; 60 ₹, 2 Std., alle 20 Min.), Kumily (zum Periyar Wildlife Sanctuary; 97 ₹, 4 Std., alle 30 Min.) und Munnar (130 ₹, 5 Std., tgl. 5-mal). Es gibt auch häufige Busse zum nahe gelegenen Kumarakom (9 ₹, 30 Min., alle 15 Min.) und nach Kollam (85 ₹, 3 Std., tgl. 4-mal), wo man nach Varkala umsteigen kann.

SCHIFF/FÄHRE

Täglich legen fünf Fähren nach Alappuzha von der Bootsanlegestelle ab (15 ₹).

ZUG

In Kottayam halten zahlreiche Züge, die zwischen Thiruvananthapuram (2. Klasse/Sleeper/3AC 80/140/490 ₹, 3½ Std.) und Ernakulam (50/140/490 ₹, 1½ Std.) unterwegs sind.

Unterwegs vor Ort

Der KSRTC-Busbahnhof liegt 1 km südlich des Zentrums, die Bootsanlegestelle noch 2 km weiter (in Kodimatha). Eine Autoriksha kostet von der Bootsanlegestelle zum KSRTC-Busbahnhof ca. 50 ₹, vom Busbahnhof zum Bahnhof 40 ₹.

Rund um Kottayam

Kumarakom

☎ 0481

Kumarakom liegt 16 km westlich von Kottayam am Ufer des riesigen Vembanad-Sees – Keralas größtem See – und ist ein gemütliches Backwater-Dorf mit einer Reihe prächtiger Spitzenklasseunterkünfte und einem bekannten Vogelschutzgebiet. Man kann auf Hausbooten auf Kumarakoms wenig befahrenen Kanälen übernachten, muss aber deutlich mehr dafür bezahlen als in Alappuzha.

Arundhati Roy, die Autorin des 1997 mit dem Booker Prize ausgezeichneten Romans *Der Gott der kleinen Dinge*, wuchs in dem nahegelegenen Dorf Aymanam auf.

Sehenswertes

Kumarakom Bird Sanctuary NATURSCHUTZGEBIET
(☎ 0481-2525864; Inder/Ausländer 50/150 ₹; ⌚ 6–17 Uhr) Das Schutzgebiet liegt auf dem 5 ha großen Gelände einer ehemaligen Kautschukplantage am Vembanad-See und bietet Stand- und Zugvögeln eine Heimat. Oktober bis Februar ist die Zeit der Zugvögel, etwa Garganey-Krickenten, Fischadler, Rohrweihen und Steppenadler, während von Mai bis Juli die heimischen Vogelarten wie Braunwangenscharben, Schopfreiher, andere Reiherarten und Schlangenhalsvögel hier brüten. Eine Führung kostet 300 ₹ für eine zweistündige Tour (400 ₹ von 6–8 Uhr).

Schlafen

Cruise 'N Lake RESORT $$
(☎ 9846036375, 0481-2525804; www.homestaykumarakom.com; Puthenpura Tourist Enclave, Cheerpunkal; DZ 1500 ₹, mit Klimaanlage 2000 ₹; ❄ 📶) Hier zählt nur die Lage. Mit Kanälen auf der einen und grünen Reisfeldern auf der anderen Seite ist dies das ideale, günstige Refugium in Kumarakom. Die Zimmer in den beiden separaten Gebäuden sind schlicht, haben aber alle Veranden mit Blick aufs Wasser. Das Resort liegt ein paar Kilometer hinter dem Schutzgebiet Richtung Cheepunkal, dann zweigt nach links eine holprige, 2 km lange Schotterpiste ab.

Tharavadu Heritage Home PENSION $$
(☎ 0481-2525230; www.tharavaduheritage.com; DZ ab 1200 ₹, mit Klimaanlage 2000–2200 ₹, Bambus-Cottage 1100 ₹; ❄ @) Die Zimmer finden sich teils in der hervorragend restaurierten Teakholz-Familienvilla aus den 1870er-Jahren oder in den freistehenden Bambus-Cottages am Bach. Alle sind komfortabel, ausgezeichnet gearbeitet und mit Kunst verziert. Die Anlage befindet sich 4 km vor dem Kumarakom Bird Sanctuary.

An- & Weiterreise

Kumarakom ist eine kurze Busfahrt von Kottayam (15 ₹, 30 Min., alle 15 Min.) entfernt.

Sri-Vallabha-Tempel

Gläubige bringen am 2 km von Tiruvilla entfernten **Sri-Vallabha-Tempel** Opfergaben in Form traditioneller Kathakali-Vorstellungen dar. Diese dauern die ganze Nacht, und jeder darf zuschauen. Rund 10 km weiter östlich findet während des Onam-Fests (Aug./Sept.)

das **Aranmula Boat Race** (nahe dem Shri-Parthasarathy-Tempel; ⏲ Aug./Sept.) statt, eines der größten Schlangenbootrennen in Kerala.

WESTERN GHATS

Periyar Wildlife Sanctuary

☎ 04869 / KUMILY 30 300 EW.

Südindiens beliebtestes Wildschutzgebiet, das **Periyar** (☎ 04869-224571; www.periyartiger reserve.org; Inder/Ausländer Erw. 33/450 ₹, Kind 5/150 ₹, Foto/Video 38/300 ₹; ⏲ 6–18 Uhr, letzter Einlass 17 Uhr), auch Thekkady genannt, umfasst 777 km² und einen 1895 von den Briten angelegten künstlichen See von 26 km². In der riesigen Region leben Gaur, Pferdehirsche, Wildschweine, Languren, 900 bis 1000 Elefanten und 35 bis 40 schwer zu erspähende Tiger. Der Park ist ein beliebtes Ziel indischer und ausländischer Touristen. Die typische Bootstour ist nicht gerade ein Urwalderlebnis, aber wenn man sich darauf einlässt und eine Wanderung mit einem Guide aus einem Stammesdorf unternimmt, lohnen die Hügel und die Dschungellandschaft durchaus einen Besuch. Warme, wasserdichte Kleidung mitbringen!

Kumily, die nächstgelegene Stadt, ist Sitz einer wachsenden Zahl von Hotels, Homestays, Gewürz- und Schokoladenläden sowie von Kaschmir-Kaufhäusern. Das 4 km von Kumily entfernte Thekkady ist das Zentrum des Schutzgebietes mit KTDC-Hotels und einer Bootsanlegestelle. Wenn Leute von dem Schutzgebiet sprechen, verwenden sie verwirrenderweise die Namen Thekkady, Kumily und Periyar, ohne zu unterscheiden.

Sehenswertes & Aktivitäten

Diverse Touren und Trips führen ins Periyar Wildlife Sanctuary; alle werden über das Ecotourism Centre organisiert. Die meisten Hotels und Homestays vor Ort arrangieren dreistündige **Safaris** (1800 ₹/Jeep) mit Jeeps; dabei wird eine rund 40 km lange Strecke auf Wegen mit Aussichtspunkten durch den Dschungel am Rand des Parks zurückgelegt – viele Traveller monieren allerdings, dass mindestens 30 km der Strecke auf asphaltierten Straßen gefahren wird.

Connemara Tea Factory TEEFABRIK
(☎ 04869-252233; Vandiperiyar; Führung 150 ₹; ⏲ Führungen stündl. 9–16 Uhr) Die rund 13 km von Kumily entfernte, 77 Jahre alte Teefabrik und -plantage veranstaltet Führungen, bei denen man etwas über die Teeverarbeitung erfährt, die Plantage besichtigt und am Ende einige Tees probiert. Die fahrplanmäßig von Kumily fahrenden Busse kommen am Eingang vorbei – dem Fahrer sagen, dass man an der Teefabrik oder in Vandiperiyar aussteigen möchte.

Ecotourism Centre OUTDOORAKTIVITÄTEN
(☎ 8547603066, 04869-224571; www.periyartiger reserve.org; Thekkady Rd; ⏲ 9–13 & 14–17 Uhr) Das von der Forstverwaltung geleitete Ecotourism Centre veranstaltet alle Touren im Park. Angeboten werden u. a. Wanderungen an der Parkgrenze (1000 ₹/Pers.), 2½-stündige Naturwanderungen (ab 800 ₹), Rafting mit Bambusflößen (1500 ₹) sowie nächtliche „Dschungelmärsche" (750 ₹), geleitet von kundigen, Stammesvölkern angehörenden Guides. Die Preise gelten pro Person. In der Regel müssen es mindestens vier Teilnehmer sein, damit eine Tour stattfindet.

Zudem im Angebot sind „Tiger Trail"-Treks (4000 ₹/Pers.) mit Übernachtung. Diese 20 bis 30 km langen Wanderungen werden von ehemaligen Wilderern geleitet, die zu Parkführern umgeschult wurden.

Periyar Lake Cruise BOOTFAHREN
(225 ₹; ⏲ Abfahrt 7.30, 9.30, 11.15, 13.45 & 15.30 Uhr) Die anderthalb Stunden dauernden Bootstrips um den See sind die beste Möglichkeit, das Schutzgebiet zu erkunden, ohne eine geführte Tour mitmachen zu müssen. Zu den Tieren, die man evtl. sieht, gehören

> ABSEITS DER ÜBLICHEN PFADE
>
> **SABARIMALA**
>
> Tief in den Western Ghats befindet sich rund 20 km westlich von Gavi und etwa 50 km von Erumeli in einem Ort namens Sabarimala der Ayyappan-Tempel. Er gilt als eines der meistbesuchten Wallfahrtsziele weltweit – jedes Jahr wandern zwischen 40 und 60 Mio. Hindu-Pilger hierher. Sie glauben, dass an dieser Stelle einst der Gott Ayyappan meditierte. Nicht-Hindus können sich dem Pilgerzug anschließen, aber es gelten strikte Regeln, und Frauen zwischen 12 und 50 Jahren kommen nur bis zum Kontrollpunkt Pampa. Weitere Infos finden sich unter www.sabarimala.kera la.gov.in oder www.sabarimala.org.

Kumily & Periyar Wildlife Sanctuary

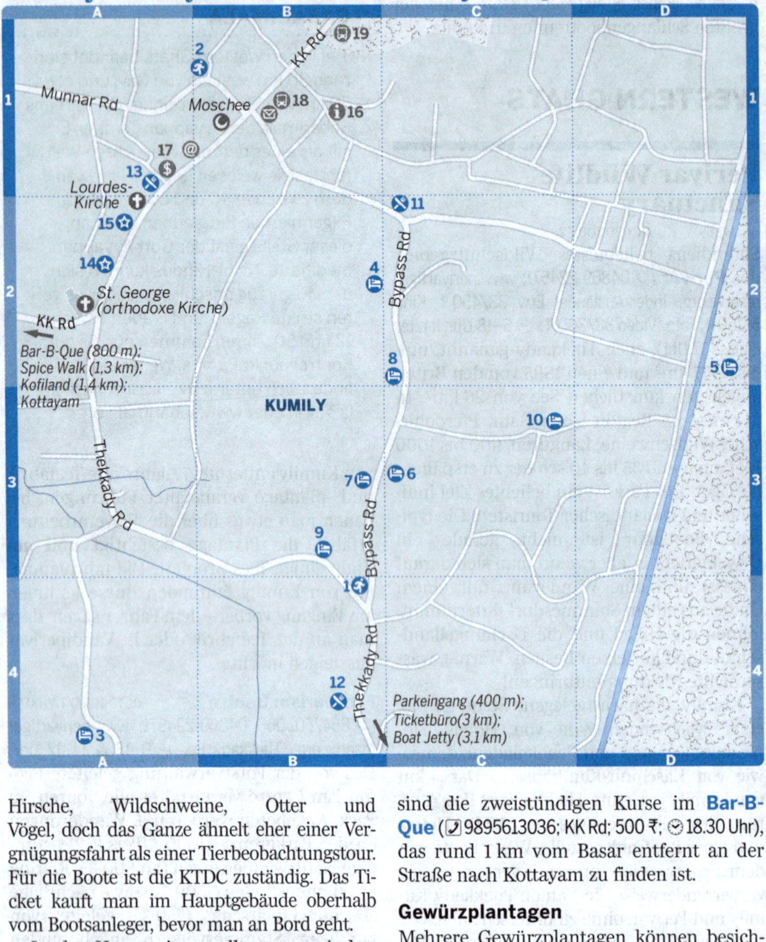

Hirsche, Wildschweine, Otter und Vögel, doch das Ganze ähnelt eher einer Vergnügungsfahrt als einer Tierbeobachtungstour. Für die Boote ist die KTDC zuständig. Das Ticket kauft man im Hauptgebäude oberhalb vom Bootsanleger, bevor man an Bord geht.

In der Hauptsaison sollte man mindestens anderthalb Stunden vor Beginn am Ticketschalter sein. Bei der ersten und der letzten Fahrt hat man die besten Chancen darauf, viele Tiere zu sehen, der beste Zeitraum ist Oktober bis März.

Santhigiri Ayurveda AYURVEDA
(☎ 8113018007, 04869-223979; www.santhigiriashram.org; Munnar Rd, Vandanmedu Junction; ⏲ 9–20 Uhr) Hier bekommt man authentisches Ayurveda, z. B. Massagen (900–1800 ₹) und längere Behandlungen (7–14 Tage).

Kochkurse

Viele örtliche Homestays veranstalten Kochkurse für ca. 400 bis 600 ₹. Zu empfehlen sind die zweistündigen Kurse im **Bar-B-Que** (☎ 9895613036; KK Rd; 500 ₹; ⏲ 18.30 Uhr), das rund 1 km vom Basar entfernt an der Straße nach Kottayam zu finden ist.

Gewürzplantagen

Mehrere Gewürzplantagen können besichtigt werden; die meisten Hotels können Touren dorthin organisieren (2–3 Std., 450/750 ₹ mit Autorikscha/Taxi).

Abraham's Spice Garden FARM
(☎ 04869-222919; www.abrahamspice.com; Spring Valley; Führung 100 ₹; ⏲ 7.30–17.30 Uhr) Die von einer Familie bewirtschaftete Farm 3 km außerhalb von Kumily existiert schon seit mehr als 50 Jahren. Bei den informativen einstündigen Führungen können Besucher sich die Gewürzgärten anschauen.

Spice Walk GEWÜRZPLANTAGE
(☎ 04869-222449; www.spicewalk.com; Churakulam Coffee Estate; 1-std. Führung 150 ₹; ⏲ 9–17 Uhr) Die zum Churakulam Coffee Estate ge-

Kumily & Periyar Wildlife Sanctuary

Aktivitäten, Kurse & Touren
1 Ecotourism Centre B4
Dschungelsafaris ..... (siehe 18)
2 Santhigiri Ayurveda B1

Schlafen
3 Bamboo Grove A4
4 Chrissie's Hotel B2
5 Claus Garden D2
6 El-Paradiso C3
7 Green View Homestay B3
8 Mickey Homestay C2
9 Spice Village B3
10 Tranquilou C3

Essen
Chrissie's Cafe ..... (siehe 4)
11 Ebony's Cafe C2
12 French Restaurant & Bakery B4
13 Shri Krishna A1

Unterhaltung
14 Kadathanadan Kalari & Navarasa Kathakali Centre A2
15 Mudra Cultural Centre A2

Praktisches
16 DTPC-Büro B1
Ecotourism Centre ..... (siehe 1)
17 Geldautomat Federal Bank A1

Transport
18 Kumily-Busbahnhof B1
19 Tamil-Nadu-Busbahnhof B1

hörende 44 ha große Plantage erstreckt sich rund um einen kleinen See. Die informativen Wanderungen dauern rund eine Stunde, man erfährt dabei Einiges über die Verarbeitung von Kaffee und Kardamom. Man kann aber auch angeln oder bootfahren. Vorne gibt es ein kleines Café. Die Plantage ist 2 km von Kumily entfernt.

Schlafen

Im Park

Die KTDC betreibt drei recht teure Hotels im Park: Periyar House, Aranya Nivas und das große Lake Palace. Außerdem ist zu beachten, dass es in diesen Hotels eine Sperrstunde gibt. Den Gästen ist es nicht erlaubt, nach 18 Uhr durchs Schutzgebiet zu laufen.

Das Ecotourism Centre arrangiert Zelt-Übernachtungen im Park beim **Jungle Camp** (DZ inkl. Mahlzeiten 2000 ₹). Eine weitere Übernachtungsmöglichkeit ist das **Bamboo Grove** (DZ mit Frühstück 1500 ₹), ein paar einfache Hütten und Baumhäuser nicht weit von Kumily entfernt.

Lake Palace HOTEL $$$
(☎04869-223887; www.lakepalacethekkady.com; Zi. inkl. alle Mahlzeiten 24 000–30 000 ₹) Ein leichter Hauch von Adel weht durch diesen alten, restaurierten Sommerpalast, der mitten im Periyar-See liegt und nur mit einem Boot erreichbar ist. Die sechs charismatischen Zimmer sind geschmackvoll mit Antiquitäten eingerichtet. Da man hier mitten im Schutzgebiet wohnt, stehen die Chancen gut, auf der eigenen Terrasse wilden Tieren zu begegnen. Mahlzeiten, die Überfahrt mit dem Schiff und Wanderungen sind im Preis enthalten.

Kumily

Mickey Homestay PENSION $
(☎9447284160, 04869-223196; www.mickeyhomestay.com; Bypass Rd; Zi. & Hütte 750–1000 ₹; WLAN) Mickey ist eine authentische Privatunterkunft mit nur wenigen Zimmern im Haus der Familie sowie einer Hütte. Die heimeligen Details machen das Mickey Homestay zur gemütlichsten Bleibe der ganzen Stadt. Auf den Balkonen gibt es Rattanmöbel und hängende Bambussessel, und das Haus liegt wunderbar mitten im Grünen.

Tranquilou HOMESTAY $
(☎04869-223269; abseits der Bypass Rd; Zi. mit Frühstück 600–1200 ₹; WLAN) Eine der freundlichen Familien-Homestays in Kumily ist das Tranquilou. Die sieben nett eingerichteten Zimmer rund um einen angenehmen Garten haben eine ruhige Lage; die beiden Doppelzimmer, die an ein gemeinsames Wohnzimmer grenzen, eignen sich gut für Familien.

★ **Green View Homestay** HOMESTAY $$
(☎9447432008, 04869-224617; www.sureshgreenview.com; Bypass Rd; Zi. mit Frühstück 500–1750 ₹; WLAN) Das Green View ist zwar seinen bescheidenen Anfängen als Privatunterkunft entwachsen, hat sich aber dank der Betreiber Suresh und Sulekha eine persönliche, freundlich-familiäre Atmosphäre bewahrt. In den beiden Gebäuden gibt es gepflegte Zimmer unterschiedlicher Kategorien, alle mit eigenem Balkon. Am besten sind die Zimmer oben mit Blick auf den hinten gele-

genen hübschen Gewürzgarten. Es gibt tolle vegetarische Gerichte und Kochkurse (vegetarisch/nichtvegetarisch 450/600 ₹).

Claus Garden HOMESTAY $$
(☎04869-222320, 9567862421; www.homestay.in; Thekkumkadu; DZ/3BZ/FZ 1600/1800/2000 ₹;) Diese von Deutschen geführte Unterkunft thront abseits vom Trubel auf einem steilen Hügel mit guter Aussicht. Das Haus hat sanft geschwungene Balkone, makellose Zimmer und eine Dachterrasse mit Blick in einen üppig grünen Garten. Das „Familienzimmer" besteht aus zwei aneinandergrenzenden Zimmern, die sich ein Bad teilen. Man bekommt auch ein Bio-Frühstück mit frisch gebackenem Brot (300 ₹).

El-Paradiso HOMESTAY $$
(☎04869-222350, 9447431950; www.goelparadiso.com; Bypass Rd; DZ 1500–2500 ₹; @) Diese makellose Familienunterkunft hat frische Zimmer, die teils Balkone und Hängesessel haben oder sich nach hinten zu einer Terrasse mit Blick ins Grüne öffnen. Eine Spezialität sind die Kochkurse (500 ₹).

Chrissie's Hotel PNESION $$
(☎9447601304, 04869-224155; www.chrissies.in; Bypass Rd; EZ/DZ/FZ ab 2200/2400/3900 ₹;) Das vierstöckige Gebäude hinter dem beliebten gleichnamigen Restaurant verschmilzt mit dem grünen Wald der Umgebung. Die schicken Zimmer sind geräumig und hell und mit freundlichen Möbeln, Lampen und farbigen Kissen eingerichtet. Yogakurse sind im Angebot, und auf dem Dach wurde während unseres Besuchs gerade ein Pool installiert. WLAN gibt's nur im Foyer.

Spice Village HOTEL $$$
(☎0484-3011711; www.cghearth.com; Thekkady Rd; Villas 18 400–30 900 ₹;) Diese CGH-Earth-Unterkunft nimmt ihre grüne Stellung recht ernst und lockt mit hinreißenden, geräumigen Hütten, die adrett, wenn auch gemütlich rustikal sind und auf einem makellos in Schuss gehaltenen Grundstück stehen. Das Restaurant bietet großzügige Buffets zum Mittag- und zum Abendessen, es gibt eine Bar im Kolonialstil und das **Wildlife Interpretation Centre**, das einen einheimischen Naturforscher hat. Ein gutes Angebot außerhalb der Hauptsaison, denn dann halbieren sich die Preise!

Essen

Es gibt ein paar gute preiswerte vegetarische Restaurants in Kumilys wuseligem Basarbereich sowie ein paar ordentliche, auf Traveller ausgerichtete Restaurants an der Straße zum Schutzgebiet. Die meisten Homestays bereiten auf Anfrage Gerichte zu.

Shri Krishna INDISCH $
(KK Rd; Gerichte 70–140 ₹; 12–14 & 18–22 Uhr) Das bei Einheimischen beliebte Lokal im Basar serviert würzige vegetarische Gerichte, z. B. mittags mehrere Thali-Varianten.

Chrissie's Cafe INTERNATIONAL $$
(www.chrissies.in; Bypass Rd; Gerichte 120–350 ₹; 8–21 Uhr) Das saubere, luftige Café nimmt den 1. Stock und die Dachterrasse ein und ist schon seit Urzeiten bei Travellern beliebt. Geboten werden Kuchen und Snacks, ausgezeichneter Kaffee, gut zubereitete westliche Speisen wie Pizza und Pasta und sogar ein nahöstlicher Meze-Teller und Falafel.

Ebony's Cafe INTERNATIONAL $$
(Bypass Rd; Gerichte 120–275 ₹; 8–22.30 Uhr) Das alteingesessene, luftige Restaurant auf einer Dachterrasse mit vielen Topfpflanzen, karierten Tischdecken und travellerfreundlicher Musik serviert einfaches indisches und europäisches Essen – von Stampfkartoffeln bis hin zu schlichten Nudelgerichten sowie kaltes Bier.

French Restaurant & Bakery CAFÉ, BÄCKEREI $$
(☎9961213107; Gerichte 100–300 ₹; 8–21 Uhr) Diese von der Hauptstraße zurückgesetzte, von einer Familie geführte Bude ist gut für ein Frühstück oder Mittagessen. Sehr gut sind die vor Ort gebackenen lockeren Thunfisch- oder Käsebaguettes, aber auch die Pasta, die Pizza und die Nudelgerichte sind nicht zu verachten.

Kofiland INTERNATIONAL $$$
(www.kofiland.in; Hauptgerichte 210–650 ₹; 8–21 Uhr) Für ein nobles Abendessen bietet sich das riesige *palapa*-Restaurant im neuen Kofiland Resort am Stadtrand an. Hier blickt man durch deckenhohe Fenster auf den Pool und die Lagune. Auf der sehr umfangreichen Karte stehen nord- und südindische Gerichte mit einem Schwerpunkt auf keralesischer Küche.

☆ Unterhaltung

Mudra Cultural Centre KULTURVORSTELLUNGEN
(☎9061263381; www.mudraculturalcentre.com; Lake Rd; Eintritt 200 ₹, Video 200 ₹; Kathakali 17 & 19 Uhr, Kalarippayat 18 & 19.15 Uhr) Die Kathakali-Vorstellungen in diesem Kulturzentrum

ABSEITS DER ÜBLICHEN PFADE

PARAMBIKULAM TIGER RESERVE

Das 285 km² große **Parambikulam Tiger Reserve** (☎ 9442201690; www.parambikulam.org; Inder/Ausländer 10/150 ₹, Foto/Video 25/150 ₹; ⏲ 7–18 Uhr, letzter Einlass 16 Uhr) ist das wohl am besten abgeschirmte Schutzgebiet in ganz Südindien. Es versteckt sich hinter drei Staudämmen in einem Tal, um das herum andere, zu Kerala oder Tamil Nadu gehörende Schutzgebiete liegen. In dem Reservat mit seiner Dschungelbuchlandschaft, das viel weniger touristisch als Periyar ist, leben Elefanten, Wasserbüffel, Gaurs, Lippenbären, Pferdehirsche, Krokodile, Tiger, Leoparden und hier stehen einige der größten Teakbäume in ganz Asien. Während der Monsunzeit (Juni–Aug.) sollte man auf einen Besuch verzichten; im März und April ist das Schutzgebiet manchmal geschlossen.

Das Büro des Schutzgebiets in Anappady arrangiert Touren in die Pufferzonen des Parks, darunter Wanderungen ab 500 ₹ pro Person, Raftingtouren mit Bambusflößen (8800 ₹/10 Pers.) und Dschungelsafaris (8000 ₹/10 Pers.) Zu den Unterkünften des Parks zählen Hütten in den Baumwipfeln (2750–3300 ₹) und Zelte mit Schlafnischen (ab 5500 ₹) inklusive einiger Aktivitäten. Zugang zum Park hat man nur von Pollachi (40 km von Coimbatore und 49 km von Palakkad entfernt) in Tamil Nadu. Täglich sind zwei Busse zwischen Pollachi und Parambikulam über Annamalai in beiden Richtungen unterwegs (20 ₹, 1½ Std.). Die Taxifahrt kostet rund 2400 ₹.

sind sehr unterhaltsam. Das Schminken und Kostümieren beginnt eine halbe Stunde vor jeder Vorstellung; das Fotografieren ist kostenlos und erlaubt. Man sollte früh kommen, um einen guten Platz zu ergattern. Jeden Abend gibt es außerdem zwei *kalarippayat*-(Kampfkunst-)Vorführungen.

Kadathanadan Kalari & Navarasa Kathakali Centre KULTURVORSTELLUNGEN
(☎ 9961740868; www.kalaripayattu.co.in; Thekkady Rd; 200 ₹; ⏲ Kalaripayat 18–19 Uhr, Kathakali 19–20 Uhr) Jeden Abend gibt's hier einstündige Vorführungen der aufregenden keralesischen Kampfkunst *kalarippayat* und anschließend Kathakali-Vorstellungen. Die Tickets kann man während des ganzen Tages im Kartenbüro kaufen.

ℹ Praktische Informationen

DTPC-Büro (☎ 04869-222620; ⏲ Mo–Sa 10–17 Uhr) Hügelauf hinter dem Hauptbusbahnhof. Man kann sich hier eine Karte holen und ein Schwätzchen halten, das war's aber auch schon.

Ecotourism Centre (☎ 8547603066, 04869-224571; www.periyartigerreserve.org; ⏲ 6.30–13 & 14–20.30 Uhr) Infos, Touren und geführte Wanderungen im Park.

ℹ An- & Weiterreise

Kumilys **Busbahnhof** liegt am nordöstlichen Stadtrand. Täglich sind elf Busse zwischen Ernakulam (Kochi) und Kumily (150 ₹, 5 Std.) unterwegs. Busse fahren halbstündlich nach Kottayam (87 ₹, 4 Std.), außerdem gibt es drei Direktbusse nach Thiruvananthapuram (190 ₹, 8 Std.) und zwei nach Alappuzha (130 ₹, 5½ Std.). Private Busse nach Munnar (100 ₹, 4–5 Std.) starten ebenfalls von diesem Busbahnhof.

Vom **Tamil-Nadu-Busbahnhof** fahren alle 30 Minuten Busse nach Madurai (100 ₹, 4 Std.) gleich hinter der Grenze des Bundesstaats.

ℹ Unterwegs vor Ort

Kumilys Busbahnhof (S. 321) ist zwar nur rund 1,5 km vom Haupteingang des Parks entfernt, aber von dort sind's weitere 3 km bis zum Periyar-See; vom Eingang kann man eine Autorikscha nehmen (ca. 70 ₹) oder zu Fuß gehen – es gibt aber keinen Fußweg, so dass man auf der Straße laufen muss. Autorikschas verlangen für kurze Fahrten in der Stadt 30 ₹.

Die Stadt Kumily ist so klein, dass man sie gut zu Fuß erkunden kann. Einige Pensionen verleihen Fahrräder (200 ₹) und die meisten können Motorroller (500 ₹) beschaffen, wenn man die Umgebung erkunden will.

Munnar

☎ 04865 / 68 200 EW. / 1524 M

Die Hügellandschaft rund um Munnar, Südindiens größtem Teeanbaugebiet, sind von smaragdgrünen Teeplantagen überzogen, die wie kunstvolle Hecken gehegt und in Form gebracht werden. Die Bergkulisse ist hinreißend. Oft befindet man sich oberhalb der Wolken und kann zusehen, wie sich Nebelschleier um die Berggipfel schlängeln. Die Stadt Munnar selbst ist ein ungepflegtes

Verwaltungszentrum, einer nordindischen Hill Station nicht unähnlich, mit verstopften Straßen. Aber man muss nur ein paar Kilometer aus der Stadt hinauswandern, und schon ist man von einem Meer aus tausend Grüntönen umgeben.

Einst war es als der obere Bereich von Travancore bekannt, heute ist Munnar das Geschäftszentrum eines der höchstgelegenen Teeanbaugebiete der Welt. Die Mehrheit der Plantagen ist im Besitz des Riesenkonzerns Tata, zusammen mit einigen einheimischen Genossenschaften der Kannan Devan Hills Plantation Company (KDHP).

Sehenswertes & Aktivitäten

Der Hauptgrund, Munnar zu besuchen, ist für die meisten Traveller die Erkundung der üppigen, mit Tee bepflanzten Hügel in der Umgebung. Hotels, Homestays, Reiseveranstalter, Autorikschafahrer – praktisch jeder Passant bietet sich an, eine Sightseeing-Tour zu organisieren: Man kann sich umschauen, aber die Preise sind recht einheitlich.

Tea Museum MUSEUM
(☎ 04865-230561; Erw./Kind 125/40 ₹, Foto 20 ₹; ⌚ Di–So 9–19 Uhr) Das rund 1,5 km nordwestlich der Stadt gelegene Museum ist das Vorführmodell einer echten Teefabrik, zeigt aber doch die grundlegenden Arbeitsschritte. Eine Sammlung alter Gerätschaften und Zeugnisse aus der Kolonialzeit, darunter Fotos und ein Teeblattroller von 1905, wird hier auch gezeigt. Der Weg aus der Stadt hierher und zurück folgt einer belebten Straße mit Ausblick auf Teeplantagen; eine Autoriksche vom Basar kostet 25 ₹.

★ **Nimi's Lip Smacking Classes** KOCHEN
(☎ 9745513373, 9447330773; www.nimisrecipes.com; 2000 ₹; ⌚ Mo–Fr 15, Sa & So 14 Uhr) Nimi Sunilkumar hat sich einen guten Namen als Köchin keralesischer Gerichte gemacht. Sie gibt eigene Kochbücher heraus und hat eine eigene Webseite und einen Blog dazu. Außerdem bietet sie tägliche Kochkurse in ihrem Haus in Munnar (neben dem DTPC-Büro) an. Dort erlernt man die Zubereitung traditioneller keralesischer Rezepte. Im Preis inbegriffen ist ein Exemplar ihres Buchs *Lip Smacking Dishes of Kerala*.

Trekking

Am besten erlebt man die Hügel bei einer geführten Wanderung. Im Angebot sind halbtägige „leichte Trekking"-Ausflüge rund um Teeplantagen (ab 600 ₹/Pers.) oder anspruchsvollere ganztägige Bergwanderungen (ab 800 ₹), bei denen man, wenn sich der Nebel lichtet, eine herrliche Aussicht hat. Wanderführer kann man leicht über seine Unterkunft organisieren, oder man wendet sich an die DTPC-Touristeninformation (S. 324).

Achtung: Die Teeplantagen sind Privatbesitz; in ihnen ohne einen lizenzierten Führer herum zu marschieren, stellt unerlaubtes Betreten dar.

Geführte Touren

Die DTPC (S. 324) veranstaltet drei ziemlich hektische, aber preiswerte Ganztagestouren zu Orten rund um Munnar. Die **Sandal Valley Tour** (400 ₹/Pers.; ⌚ Tour 9–18 Uhr) besucht das Chinnar Wildlife Sanctuary, mehrere Aussichtspunkte, Wasserfälle, Plantagen, einen Sandelholzwald und Dörfer. Die **Tea Valley Tour** (400 ₹/Pers.; ⌚ Tour 10–18 Uhr) führt zum Echo Point, zur Top Station und nach Rajamalai (zum Eravikulam National Park). Die **Village Sightseeing Tour** (400 ₹; ⌚ 9.30–18 Uhr) deckt z. B. Devikulam, den Anayirankal-Damm, Ponmudy und eine Farmbesichtigung ab. Die wichtigsten Sehenswürdigkeiten in der Region kann man mit dem Taxi für rund 1100–1500 ₹ besuchen.

Schlafen

Munnar hat viele Unterkünfte, aber in der Stadt zu übernachten, ist eigentlich eine Schande, weil die Ruhe und die schöne Aussicht draußen in den Hügeln und Tälern zu finden sind. Es gibt ein paar solide Budgetunterkünfte gleich südlich vom Zentrum; wer aber wirklich die Ruhe genießen will und dafür auch etwas zu zahlen bereit ist, ist in den Hügeln besser aufgehoben.

In der Stadt

JJ Cottage HOMESTAY $
(☎ 9447228599, 04865-230104; jjcottagemnr@gmail.com; DZ 350–800 ₹; @ 📶) Die nette Familie, die diese kleine, lilafarbene Unterkunft 2 km südlich der Stadt (aber in kurzer Gehentfernung zum Hauptbusbahnhof) betreibt, bietet diverse, unkomplizierte Zimmer mit tollem Preis-Leistungs-Verhältnis, die alle sauber, hell und mit TV und Warmwasser ausgestattet sind. Das eine Deluxe-Zimmer im obersten Stock hat ein separates Wohnzimmer und eine weite Aussicht.

Green View PENSION $
(☎ 9447825447, 04865-230940; www.greenviewmunnar.com; DZ 600–850 ₹; @ 📶) Die ordentli-

che Pension bietet zehn frische Budgetzimmer, eine freundliche Begrüßung und verlässliche Touren und Wanderungen. Die besten Zimmer liegen im Obergeschoss, und es gibt einen herrlichen Dachgarten, wo man 15 Teesorten probieren kann. Der junge Inhaber Deepak organisiert Wandertouren (www.munnartrekking.com) und betreibt auch das **Green Woods Anachal** (☎04865-230189; Anachal; DZ mit Frühstück 900 ₹; 📶).

Zina Cottages PENSION $

(☎04865-230349; Zi. 900–1200 ₹; 📶) Wer in die üppigen Teeplantagen eintauchen, aber nahe der Stadt wohnen will, hat mit dem Zina die richtige Budgetoption gefunden. Der ältliche, 50 Jahre alte Bungalow hat mit herrlichem Ausblick und guten Wanderwegen vor der Haustür eine interessante Lage; er mag ein wenig heruntergekommen aussehen, aber die fünf Zimmer sind sauber. Die Pension ist zwar nur ein kurzes Stück vom Busbahnhof entfernt, man sollte aber anrufen und sich den Weg beschreiben lassen.

Royal Retreat HOTEL $$

(☎8281611100, 04865-230240; www.royalretreat.co.in; DZ 3030–4230 ₹, Suite 4830 ₹; ❄@📶) Abseits vom Gewimmel findet sich südlich vom Hauptbusbahnhof dieses durchschnittliche, aber verlässliche Mittelklassehotel mit netten Zimmern im Erdgeschoss, die auf einen hübschen Garten blicken, und anderen mit Ausblick auf die Teeplantagen.

Munnar Hills

★ **Green Valley Vista** PENSION $$

(☎9447432008, 04865-263261; www.greenvalleyvista.com; Chithirapuram; DZ mit Frühstück 2200–3850 ₹; 📶) Der Blick ins Tal ist superb, der Empfang ausgesprochen freundlich und die Einrichtungen sind erstklassig. Die Zimmer verteilen sich auf drei Stockwerke, aber alle blicken ins Tal und haben eigene Balkone mit Aussicht in die traumhaft grüne Landschaft, außerdem Flachbild-TV und moderne Badezimmer. Das Personal organisiert Wanderungen, Jeepsafaris und Touren zum Dorf der wilden Elefanten. Die Anlage befindet sich rund 11 km südlich von Munnar an der Nebenstraße nach Kochi.

★ **Rose Gardens** HOMESTAY $$

(☎9447378524, 04864-278243; www.munnarhomestays.com; NH49 Rd, Karadipara; Zi. mit Frühstück 5000 ₹; @📶) Dieses echte Familien-Homestay in friedlicher Lage blickt hinaus auf die Pflanzschule und die kleine Gewürz- und Obstplantage des Inhabers Tomy. Die fünf großen, makellosen Zimmer haben Balkone mit Blick ins Tal. Die Gastgeberfamilie ist charmant. Im Preis inbegriffen sind Kochkurse, frische Kokos-Pfannkuchen zum Frühstück und delikat gewürzte keralesische Gerichte zum Abendessen.

Das Haus hat eine praktische Lage rund 10 km südlich von Munnar an der Hauptstraße nach Kochi, wo es gute Busverbindungen gibt.

Aranyaka RESORT $$

(☎9443133722, 04865-230023; www.aranyakaresorts.com; Pallivasal Tea Estate; Cottages 4800–6000 ₹; 📶) Die ordentlichen modernen Cottages stehen in einem Landschaftsgarten und bieten einen schönen Blick auf das Pallivasal Tea Estate. Die Lage im Tal mit Sicht auf Wasserfälle und den Fluss Muthirappuzhayar wirkt einsam, dabei ist das Anwesen nur 8 km von der Stadt Munnar entfernt.

Munnar

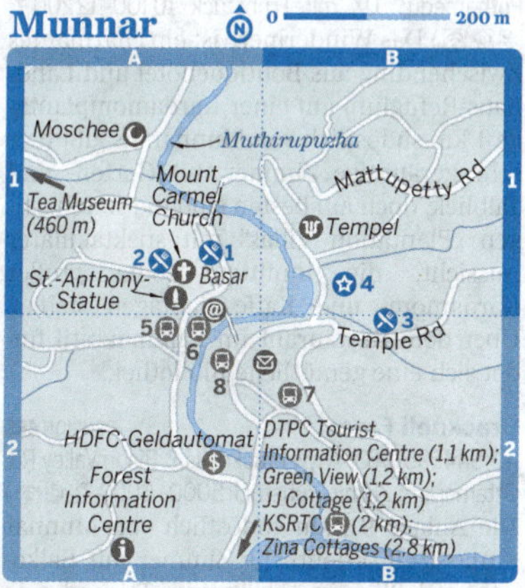

Munnar

Essen

1 Rapsy Restaurant A1
2 Saravana Bhavan A1
3 Sree Mahaveer Bhojanalaya B2

Unterhaltung

4 Thirumeny Cultural Centre B1

Transport

Autoriksha-Stand .... (siehe 8)
5 Busse nach Coimbatore A2
6 Busse nach Ernakulam & Trivandrum A2
7 Busse nach Kumily & Madurai B2
8 Busse zur Top Station A2

Anna Homestay HOMESTAY $$
(☎8156980088; www.annahomestay.com; DZ mit Frühstück 2800 ₹, mit Klimaanlage 5000 ₹; ❄📶) In dem einladenden Familienhaus nahe dem Dorf Anachal gibt's neun sehr ordentliche Zimmer und großzügige Gemeinschaftsbereiche auf dem Dach. Am besten sind die Eckzimmer mit Balkon; es gibt auch ein paar große Zimmer mit Klimaanlage.

British County PENSION $$
(☎0484-2371761; http://touristdesk.in/britishcounty.htm; DZ inkl. Gerichte 3500 ₹) Rund 11 km südöstlich von Munnar hat dieses ansprechende kleine Gästehaus vier frisch wirkende Zimmer mit Balkonen, von denen sich eine herrliche Aussicht ins Tal bietet. Stufen führen ins Tal hinunter, wo man wandern kann. Im Preis sind die Mahlzeiten inbegriffen; die Eigentümer haben auch Pauschalangebote mit Abholung aus Kochi.

Windermere Estate RESORT $$$
(☎04865-230512; www.windermeremunnar.com; Pothamedu; DZ mit Frühstück 10100–12200 ₹; ❄@📶) Das Windermere ist ein charmantes Zwischending aus Boutiquehotel und Landhaus-Refugium auf einer Kardamomplantage 4 km südöstlich von Munnar. Es gibt hier sehr geräumige Zimmer mit Garten- und Talblick, doch am besten sind die suitenartigen „Plantation Villas" mit spektakulärer Aussicht, die inmitten 26 ha großer Kardamom- und Kaffeeplantagen stehen. Über dem Restaurant im Landhausstil findet sich eine gemütliche Bibliothek.

Bracknell Forest PENSION $$$
(☎9446951963; www.bracknell.in; Bison Valley Rd, Ottamaram; Zi. mit Frühstück 5000–6000 ₹; @📶) Die Anlage 9,5 km südöstlich von Munnar umfasst elf ordentliche Zimmer mit Balkonen und Blick in ein üppiges Tal und eine Kardamomplantage. Rund herum liegen dichte Wälder. Von dem kleinen Restaurant hat man einen Blick in alle Himmelsrichtungen. Ein Transfer aus Munnar kostet rund 400 ₹, man sollte aber vorher anrufen und sich den Weg beschreiben lassen.

Essen

Essensstände auf dem Basar versorgen einen mit Frühstückssnacks und billigen Gerichten, das beste Essen gibt's aber in den Homestays und Resorts.

★ **Rapsy Restaurant** INDISCH $
(Basar; Gerichte 50–150 ₹; ⏲7–22 Uhr) Das blitzsaubere Refugium mit Glasfront zum Basar ist mittags rappelvoll, wenn sich Einheimische für das berühmte *paratha* (lockeres Fladenbrot) oder für Biryani anstellen. Darüber hinaus gibt's ordentliche internationale Speisen wie spanische Omeletts oder israelisches *shakshuka* (Eier mit Tomaten und Gewürzen).

Saravana Bhavan SÜDINDISCH $
(Hauptgerichte 25–110 ₹; ⏲7–21.30 Uhr) Die Filiale dieser beliebten vegetarischen südindischen Kette serviert *idlis* und *dosas*.

Taste the Brews CAFÉ $
(Getränke 30–50 ₹; ⏲8–12 & 15–20 Uhr) Das coole Café nahe dem Busbahnhof versorgt seine Gäste mit westlichem Frühstück und Kostproben regionaler Tees und Kaffees.

Sree Mahaveer Bhojanalaya NORDINDISCH $$
(Mattupetty Rd; Thalis 130–220 ₹; ⏲7.30–21.30 Uhr) Das vegetarische Restaurant im SN Annex Hotel ist wegen seines großen Thali-Angebots bei Familien unglaublich beliebt: Man findet eine riesige Auswahl vegetarischer Speisen und Gerichte aus Rajasthan, Gujarat, dem Punjab und anderen Landesteilen.

Unterhaltung

Punarjani Traditional Village KULTURVORSTELLUNGEN
(☎04865-216161; www.punarjanimunnar.org; 2nd Mile, Pallivasal; 200–300 ₹; ⏲Vorstellungen 17 & 18 Uhr) Die täglichen Kathakali- (17 Uhr) und *kalarippayat*-Vorstellungen (18 Uhr) sind zwar touristisch, aber unterhaltsam. Wer gegen 16 Uhr kommt, kann bei der rituellen Kostümierung der Kathakali-Darsteller zuschauen. Tickets bekommt man am Aufführungstag, für die besten Plätze reserviert man aber besser einen Tag im Voraus. Der Veranstaltungsort liegt rund 8 km südlich von Munnar.

Thirumeny Cultural Centre KULTURVORSTELLUNGEN
(☎9447827696; Temple Rd; Vorstellungen 300 ₹; ⏲Kathakali-Vorstellungen 17–18 & 19–20 Uhr, kalarippayat 18–19 & 20–21 Uhr) An der Straße hinter dem Hotel Eastend zeigt das kleine Theater an jedem Abend zwei einstündige Kathakali-Vorstellungen und *kalarippayat*-Kampfvorführungen.

Praktische Informationen

DTPC Tourist Information Office (☎04865-231516; www.dtpcidukki.com; Munnar Rd; ⏲8.30–19 Uhr) Das ansonsten wenig hilfreiche Büro veranstaltet eine Reihe von Touren und kann Wanderführer beschaffen.

ABSTECHER

THATTEKKAD BIRD SANCTUARY

Das **Thattekkad Bird Sanctuary** (☎9048355288; Inder/Ausländer 35/175 ₹, Foto/Video 38/225 ₹; ⏲6.30–17.30 Uhr) ist ein herrlicher, 25 km² großer Park in den Ausläufern der Western Ghats, in dem mehr als 320 Vogelarten, und zwar überraschenderweise überwiegend Wald-, keine Wasservögel leben, darunter Malabar-Grautokos (ein Nashornvogel), Halsband-Zwergohreulen, Dschungel-Nachtschwalben, Graudrongos, Schlangenhalsvögel und seltenere Arten wie das Ceylonfroschmaul (eine Eulenart). Außerdem finden sich hier Eisvögel, Fliegenschnäpper, Sperlingsvögel, Nektarvögel und winzige, 4 g schwere Mistelfresser. Bootstouren auf dem Fluss (250 ₹/Pers.) lassen sich im Parkbüro organisieren; die Unterkünfte bieten geführte Vogelbeobachtungstouren an.

Zu den Unterkünften im Park zählen der **Frogmouth Watchtower** (Thattekkad Bird Sanctuary; DZ 2500 ₹) und der **Hornbill View Tower** (Thattekkad Bird Sanctuary; 1000 ₹/Pers.). Bessere Budgetoptionen sind das **Jungle Bird Homestay** (☎0485-2588143, 9947506188; www.junglebirdhomestay.blogspot.com.au; Zi. inkl. Mahlzeiten 1300 ₹/Pers.; ❄📶) und das **Bird Song Homestay** (DZ inkl. Mahlzeiten 2500 ₹, mit Klimaanlage 3250 ₹; ❄📶), die sich beide innerhalb der Grenzen des Hauptparks befinden.

Etwas mehr Luxus findet man im hübschen **Soma Birds Lagoon** (☎0471-2268101, 8113876665; www.somabirdslagoon.com; Palamatton; EZ/DZ mit Frühstück 60/70 €, mit Klimaanlage ab 75/90 €; ❄📶🏊). Das entspannte Ökoresort liegt auf einem großen, gepflegten Gelände an einem nur saisonal mit Wasser gefüllten See mitten zwischen den Dörfern in der Nähe von Thattekkad. Die schlichten Zimmer sind geräumig, und die ganze Anlage wirkt herrlich einsam, obwohl sie nur 16 km von Kothamangalam entfernt ist.

Das **Hornbill Camp** (☎0484-2092280; www.thehornbillcamp.com; DZ mit VP 100 US$) bietet Unterkunft in großen, permanent aufgestellten Zelten und hat eine herrlich friedliche Lage am Fluss Periyar. Kajak-, Rad- und eine Gewürzgarten-Tour sowie alle Mahlzeiten sind im Preis inbegriffen. Auf der Straße ist das Camp rund 8 km von Thattekkad entfernt.

Thattekkad liegt an der Straße von Ernakulam nach Munnar. Man nimmt einen Bus von Ernakulam (35 ₹, 2 Std.) oder Munnar (60 ₹, 3 Std.) nach Kothamangalam; von dort geht's die letzten 12 km nach Thattekkad weiter per Bus (12 ₹, 25 Min.) oder Rikscha (300 ₹).

Forest Information Centre (☎8301024187; ⏲9–15 Uhr) Reservierung von Unterkünften im Chinnar Wildlife Sanctuary und Infos zu Chinnar und zum Eravikulam National Park.

ℹ An- & Weiterreise

Die Straßen rund um Munnar sind kurvenreich und nach Regenfällen während des Monsuns oft in schlechtem Zustand, sodass sich die Fahrtzeiten von Bussen verschieben können. Der **KSRTC-Hauptbusbahnhof** (AM Rd) liegt südlich der Stadt, aber es ist einfacher, Busse von Haltestellen im Ort Munnar (wo auch die häufigeren privaten Busse abfahren) zu nehmen. Der wichtigste Halteplatz befindet sich am Basar.

Es gibt täglich etwa 18 **Busse** nach Ernakulam (Kochi; 124 ₹, 5½ Std.), sechs Busse nach Thiruvananthapuram (normaler Bus/Deluxe 251/371 ₹, 9 Std.) und zwei nach Alappuzha (168/226 ₹, 5 Std.). **Private Busse** fahren um 11.25, 12.20 und 14.25 Uhr nach Kumily (80 ₹, 4 Std.). Für die Busse nach **Top Station** und **Coimbatore** gibt's separate Haltestellen.

Ausgewählte Taxipreise: nach Ernakulam ca. 2800 ₹; nach Alappuzha 3800 ₹, nach Kumily 2400 ₹.

ℹ Unterwegs vor Ort

Gokulam Bike Hire (☎9447237165; 400–500 ₹/Tag; ⏲9–18 Uhr) vermietet im ehemaligen Busbahnhof südlich der Stadt Motorräder und Motorroller. Vorher anrufen!

Autorikschas fahren mit beeindruckender Effizienz durch die Hügellandschaft um Munnar; für eine komplette Tagestour zahlt man bis zu 850 ₹.

Rund um Munnar

Top Station

Top Station (Höhe 1880 m), hoch oben an der Grenze zwischen Kerala und Tamil Nadu, ist wegen des spektakulären Ausblicks über die Western Ghats ein beliebtes Ausflugsziel. Von Munnar aus bewältigen täglich vier Busse (40 ₹, 1½ Std., ab 7.30 Uhr) den steilen, 32 km langen Anstieg in rund einer Stunde. Ein Taxi hin und zurück kostet 1200 ₹. Auf dem Weg nach oben können einem wilde Elefanten begegnen.

ABSTECHER

CHINNAR WILDLIFE SANCTUARY

Rund 60 km nordöstlich von Munnar leben im **Chinnar Wildlife Sanctuary** (www.chinnar.org; Eintritt inkl. 3-std. Wanderung Inder/Ausländer 230/600 ₹; ⌚8–17 Uhr) Rehe, Leoparden, Elefanten und die gefährdeten Sri-Lanka-Riesenhörnchen. Man kann im Reservat wandern und in **Baumhäusern** (DZ 2600 ₹) oder **Hütten** (DZ 2600–3100 ₹) übernachten. Es gibt auch Ökotouren, darunter Flusswanderungen, Besuche bei Stammesvölkern (von welchen zwei im Reservat leben) und Wanderungen zu Wasserfällen (rund 600 ₹/Pers.). Einzelheiten erfährt man beim Forest Information Centre (S. 325) in Munnar. Busse aus Munnar können einen in Chinnar absetzen (40 ₹, 1½ Std.), ein Taxi kostet rund 1500 ₹.

Eravikulam National Park

Eravikulam National Park NATIONALPARK

(☎04865-208255; www.eravikulam.org; Inder/Ausländer 95/360 ₹, Foto/Video 38/300 ₹; ⌚April–Jan. 7.30–16 Uhr) In diesem 13 km von Munnar entfernten Park leben die gefährdeten, aber sehr zahmen Nilgiri-Tahre (eine Art Bergschafe). Ein Safaribus bringt einen in die Rajamala-Touristenzone, wo es gute Chancen gibt, die Tiere zu sehen. Geführte Wanderungen kosten 300 ₹. Im Park liegt der Anamudi, der mit 2695 m höchste Gipfel Keralas, der allerdings zur Zeit der Recherche für Bergsteiger gesperrt war.

Von Munnar fährt man mit einer Autorikscha oder einem Taxi (hin & zurück ca. 300 bzw. 400 ₹) bis zum Kontrollpunkt, dort steigt man für die letzten 4 km in einen staatlichen Bus (40 ₹).

ZENTRALES KERALA

Kochi (Cochin)

☎0484 / 601600 EW.

Das gelassene Kochi lockt schon seit mehr als 600 Jahren Händler, Entdecker und Traveller an seine Ufer. Nirgendwo sonst in Indien findet man eine solch faszinierende Mischung: riesige Fischernetze aus China, eine 400 Jahre alte Synagoge, uralte Moscheen, portugiesische Herrenhäuser und zerfallende Überreste aus der Zeit Britisch-Indiens. Es ergibt sich ein unwirklich erscheinender, einzigartiger Mix aus mittelalterlichem Portugal, Holland und einem englischen Dorf, versetzt an die tropische Malabarküste. Das herrliche Kochi lädt dazu ein, ein bisschen zu verweilen und in den schönsten Privatunterkünften und historischen Unterkünften des Landes zu übernachten. Kochi ist auch das Kunstzentrum von Kerala und der beste Ort, um sich Kathakali und *kalarippayat* anzusehen.

Ernakulam auf dem Festland ist ein Verkehrsknotenpunkt und das kosmopolitische Zentrum von Kochi. Die idyllischen historischen Stätten Fort Cochin und Mattancherry bilden einen wunderbaren, stimmungsvollen Ausgleich – hier kann man die Vergangenheit förmlich riechen. Andere Inseln, darunter Willingdon und Vypeen, sind durch ein Netzwerk von Fähren und Brücken miteinander verbunden.

Sehenswertes

Fort Kochi (Cochin)

In Fort Cochin gibt's ein paar kleine Sandstrände, die sich eigentlich nur dazu eignen, abends Leute zu beobachten und nach ankommenden Tankschiffen zu spähen. Eine beliebte Promenade schlängelt sich vom Mahatma Gandhi Beach zu den Chinesischen Fischernetzen und dem Fischmarkt.

Am Strand sollte man nach den wenigen Überresten des Forts Manuel Ausschau halten, das die Portugiesen im 16. Jh. erbauten und nach dem das Viertel benannt ist.

Chinesische Fischernetze WAHRZEICHEN

(Karte S. 328) Die rund ein halbes Dutzend riesigen chinesischen Auslegernetze am Nordostufer von Fort Kochi sind das viel fotografierte, inoffizielle Symbol von Keralas Backwaters. Die Netze sind eine Hinterlassenschaft chinesischer Kaufleute vom Hof Kublai Khans aus dem 13. Jh. Mindestens vier Mann sind erforderlich, um bei Flut die Gegengewichte der riesigen, spinnenartigen Auslegerkonstruktionen zu bewegen.

Moderne Fischereitechniken sorgen dafür, dass diese arbeitsintensiven Geräte immer weniger profitabel werden, aber noch kommt aus ihnen der Großteil der frischen Meeresfrüchte, die hier angeboten werden. Kleinere Fischernetze sieht man rund um die Strände des Vembanad-Sees – einige der besten nördlich des Cherai Beach auf Vypeen Island.

Indo-Portuguese Museum MUSEUM
(Karte S. 328; ☎ 0484-2215400; Inder/Ausländer 10/25 ₹; ⏲ Di–So 9–13 & 14–18 Uhr) Das Museum im Garten des Bischofshauses zeigt das Erbe einer der frühesten katholischen Gemeinden Indiens: Gewänder, silberne Prozessionskreuze und Altäre aus der Diözese Kochi. Der Keller birgt Relikte aus dem Fort Immanuel.

Maritime Museum MUSEUM
(Beach Rd; Erw./Kind 40/20 ₹, Kamera/Video 100/150 ₹; ⏲ Di–So 10–15.30 & 16.30–17.30 Uhr) In ein paar ehemaligen Luftschutzbunkern befindet sich dieses Museum, das mit einer Reihe von Mauergemälden und Informationstafeln die Geschichte der indischen Marine zurückverfolgt, und ebenso den Seehandel, der noch auf die Portugiesen und Holländer zurückgeht. Die Besucher erwartet eine Menge Erinnerungsstücke rund um die Seefahrt, z. B. ein paar Modelle von Kampfschiffen draußen im Garten.

St. Francis Church KIRCHE
(Karte S. 328; Church Rd; ⏲ 8.30–17 Uhr) Die angeblich erste von Europäern in Indien erbaute Kirche wurde 1503 von portugiesischen Franziskanermönchen errichtet. Das Gebäude, das heute hier steht, wurde Mitte des 16. Jhs. als Ersatz für die ursprüngliche Holzkonstruktion gebaut. Die sterblichen Überreste des Entdeckers Vasco da Gama, der 1524 in Kochi verstorben war, lagen 14 Jahre lang hier, bevor sie nach Lissabon überführt wurden – sein Grabstein steht immer noch.

Santa Cruz Basilica KIRCHE
(Karte S. 328; Ecke Bastion St & KB Jacob Rd; ⏲ Mo–Sa 9–13 & 14.30–17.30, So 10.30–13 Uhr) Eine erste katholische Kirche wurde 1506 an dieser Stelle errichtet, die heutige imposante Basilika stammt von 1902. Das Innere ist auffällig in Pastellfarben ausgemalt und enthält Artefakte aus den unterschiedlichen Epochen Kochis.

Dutch Cemetery FRIEDHOF
(Karte S. 328; Beach Rd) Der holländische Friedhof nahe dem Strand wurde 1724 geweiht und enthält die verwitterten und verfallenen Gräber niederländischer Händler und Soldaten. Die Tore sind meist verschlossen, aber ein Wächter könnte einen hineinlassen. Alternativ fragt man in der St. Francis Church nach.

Mattancherry & Jüdisches Viertel

Rund 3 km südöstlich von Fort Cochin liegt Mattancherry, das alte Basarviertel und

Kochi (Cochin)

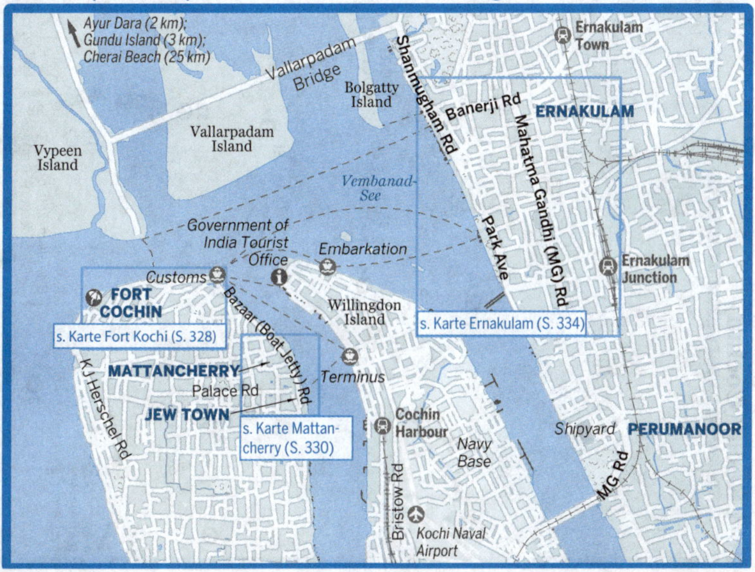

Fort Kochi (Cochin)

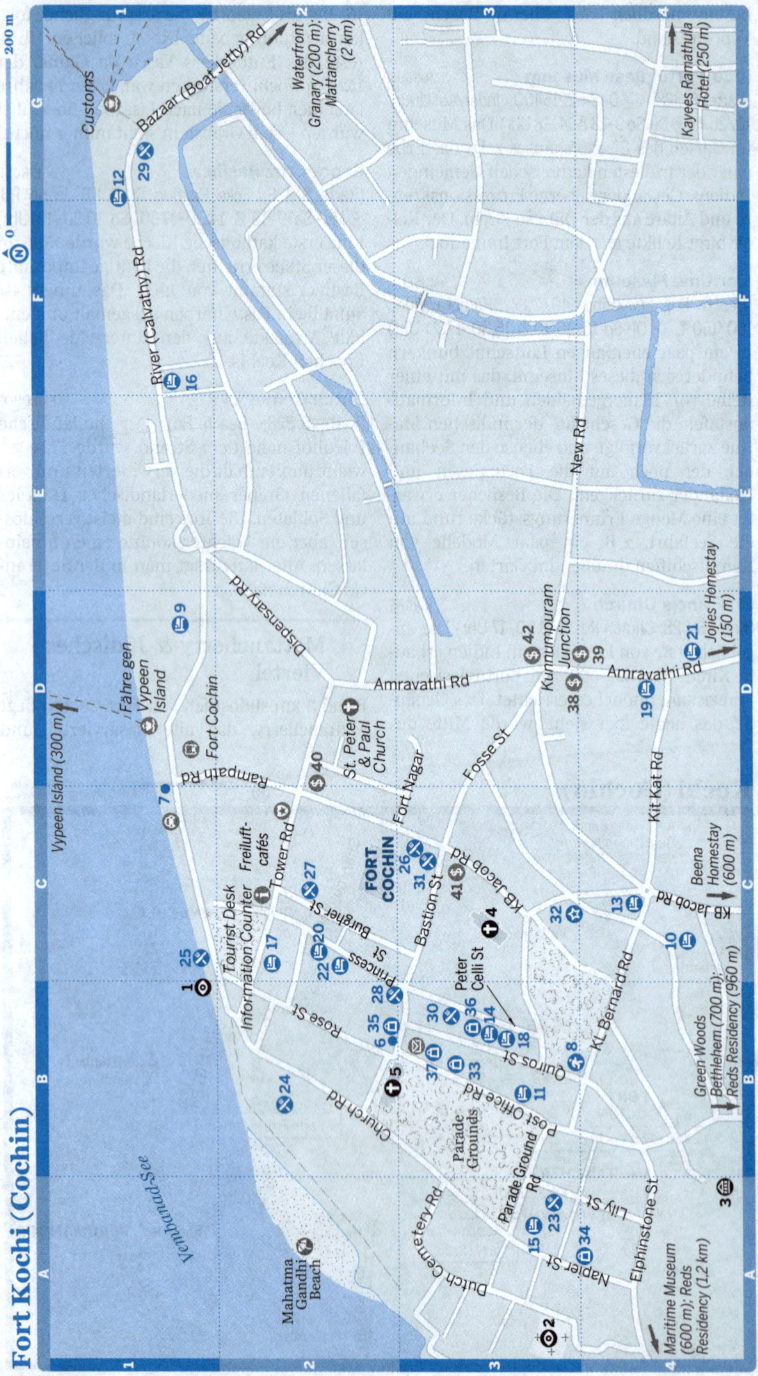

Fort Kochi (Cochin)

Sehenswertes
1 Chinese Fishing Nets B1
2 Dutch Cemetery A3
3 Indo-Portuguese Museum A4
4 Santa Cruz Basilica C3
5 St. Francis Church B2

Aktivitäten, Kurse & Touren
6 Art of Bicycle Trips B2
Cook & Eat ..... (siehe 14)
7 KTDC C1
8 SVM Ayurveda Centre B3

Schlafen
9 Brunton Boatyard D1
10 Daffodil C4
11 Delight Home Stay B3
12 Fort House Hotel G1
13 Happy Camper C4
14 Leelu Homestay B3
15 Malabar House A3
16 Maritime F1
17 Old Harbour Hotel C2
18 Raintree Lodge B3
19 Saj Homestay D4
20 Spice Fort C2
21 Tea Bungalow D4
22 Walton's Homestay C2

Essen
23 Dal Roti A3
24 Drawing Room B2
25 Fishmongers C1
26 Fusion Bay C3
27 Kashi Art Cafe C2
28 Loafers Corner B2
Malabar Junction ..... (siehe 15)
29 Solar Cafe G1
30 Teapot B3
31 Upstairs Italian C3

Unterhaltung
32 Kerala Kathakali Centre C3

Shoppen
33 Cinnamon B3
34 Fabindia A4
35 Idiom Bookshop B2
36 Niraamaya B3
37 Tribes India B3

Praktisches
38 Geldautomat Federal Bank D3
39 Geldautomat ICICI D4
40 Geldautomat SBI D2
41 Geldautomat South India Bank C3
42 UAE Exchange D3

Zentrum des Gewürzhandels. Heutzutage ist die Gegend voll mit Gewürzläden und teuren, von Kashmiri geführten Warenhäusern – die Autorikschafahrer überschlagen sich förmlich, Traveller dorthin zu verschleppen, weil sie von den Läden deftige Provisionen kassieren. Jede Offerte einer billigen Besichtigungstour durch das Viertel wird unweigerlich zu einigen dieser Läden führen. Mittendrin liegt das Jüdische Viertel, ein geschäftiges Hafengebiet mit einer schönen Synagoge. Zahlreiche kleine Firmen hausen dicht gedrängt in verfallenen, alten Gebäuden; in der Luft liegt der beißende Duft von Ingwer, Kardamom, Kümmel, Kurkuma und Nelken. In den Gassen rund um den Holländischen Palast und die Synagoge finden sich keine Gewürzhandlungen, sondern viele Antiquitäten- und Souvenirläden.

★ **Mattancherry Palace** MUSEUM
(Holländischer Palast; Karte S. 330; ☎0484-2226085; Palace Rd; Erw./Kind 5 ₹/frei; ⏲Sa–Do 9–17 Uhr) Der Mattancherry-Palast war einst ein großzügiges Geschenk, das dem Radscha von Kochi, Veera Kerala Varma (1537–1561) als Geste des Wohlwollens im Jahr 1555 von den Portugiesen gemacht wurde. Die Niederländer renovierten den Palast 1663. Daher stammt auch sein zweiter Name: Holländischer Palast. Zu seinen größten Attraktionen zählen die gut erhaltenen hinduistischen Wandgemälde, die Szenen aus Ramayana, Mahabharata und aus puranischen Legenden in kleinsten Details wiedergeben.

★ **Pardesi Synagogue** SYNAGOGE
(Karte 330; 5 ₹; ⏲So–Do 10–13 & 15–17 Uhr, an jüdischen Feiertagen geschl.) Die ursprünglich 1568 erbaute Synagoge wurde 1662 teilweise von den Portugiesen zerstört, aber zwei Jahre später wieder aufgebaut, als die Niederländer Kochi einnahmen. Das Gotteshaus enthält eine vergoldete Kanzel und aufwendig mit Weidenmustern bemalte Fliesen aus dem chinesischen Kanton, die 1762 verlegt wurden. Das Innere ist prachtvoll mit belgischen Kandelabern und Buntglaslampen beleuchtet. Der elegante Uhrenturm wurde 1760 errichtet. Oben gibt es einen Balkon für Frauen, die nach orthodoxem Ritus während der Gottesdienste von den Männern getrennt sitzen.

Achtung: Kurze Hosen, ärmellose Tops und Taschen sind drinnen nicht gestattet!

Ernakulam

Kerala Folklore Museum MUSEUM
(☎0484-2665452; www.keralafolkloremuseum.org; Folklore Junction, Thevara; Inder/Ausländer

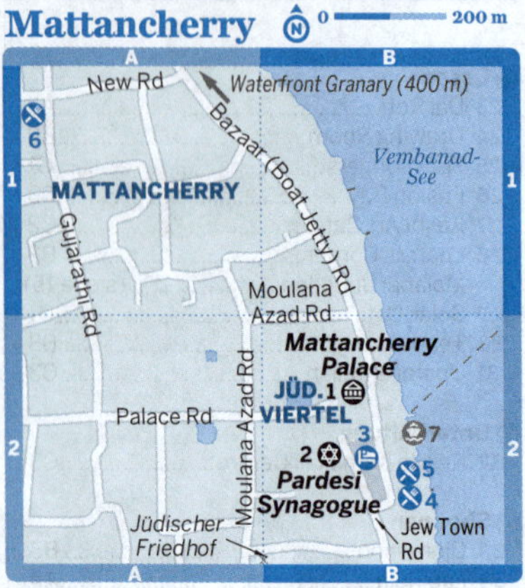

Mattancherry

Highlights

1 Mattancherry Palace B2
2 Pardesi Synagogue B2

Schlafen

3 Caza Maria B2

Essen

4 Cafe Crafters B2
Caza Maria .... (siehe 3)
5 Ginger House B2
6 Kayees Ramathula Hotel A1

Transport

7 Fähren nach Willingdon Island B2

100/200 ₹, Foto 100 ₹; ⌚9–18 Uhr) Das Museum wurde im keralesischen Stil aus alten Tempeln und schönen alten Häusern erbaut, die der Besitzer, ein Antiquitätenhändler, zusammengetragen hat. Ausgestellt sind mehr als 4000 Artefakte, die drei Architekturstile abdecken: Malabar im Erdgeschoss, Kochi im 1. und Travancore im 2. Stock. Hier ist ein wunderschönes, mit Holz verkleidetes Theater mit einer Holzdecke aus dem 17. Jh. eingebaut. Das Museum befindet sich etwa 6 km südlich des Bahnhofs Ernakulam Junction.

Eine Rikscha ab Ernakulam sollte 90 ₹ kosten, man kann aber auch jeden Bus nach Thevara nehmen und erst dort in eine Rikscha umsteigen (25₹). Die Fahrt mit einer Autorikscha aus Fort Cochin kostet ca. 200 ₹.

Aktivitäten

Ayur Dara AYURVEDA
(☎0484-2502362, 9447721041; www.ayurdara.com; Murikkumpadam, Vypeen Island; ⌚9–17.30 Uhr) Dieses angenehme Behandlungszentrum am Wasser wird in der dritten Generation vom ayurvedischen Arzt Dr. Subhash geführt. Das Haus ist spezialisiert auf Anwendungen von einer bis zu drei Wochen (1650 ₹/Tag). Man braucht einen Termin. Es liegt 3 km vom Fährterminal nach Vypeen Island entfernt.

SVM Ayurveda Centre AYURVEDA
(Kerala Ayurveda Pharmacy Ltd; Karte S. 328; ☎9847371667; www.svmayurveda.com; Quiros St; Massage ab 900 ₹, Verjüngungskur ab 1200 ₹; ⌚9.30–19 Uhr) Das kleine Zentrum in Fort Kochi bietet täglich therapeutische Massagen und Hatha-Yoga-Kurse (500 ₹). Längere „Verjüngungskuren" gibt's auch.

Kurse

Das Kerala Kathakali Centre (S. 337) bietet Unterricht in klassischem Kathakali-Tanz, -Musik und -Schminken (kurze & längerfristige Kurse ab 350 ₹/Std.).

Einen Crashkurs in der Kampfkunst *kalarippayat* kann man im berühmten Trainingszentrum Ens Kalari (S. 337) machen, das kurze Intensivkurse – von einer Woche bis zu einem Monat – anbietet.

Cook & Eat KOCHEN
(Karte S. 328; ☎0484-2215377; www.leeluhomestay.com; Quiros St; Kurs veg./nichtveg. 700/750 ₹; ⌚16–18 Uhr) Mrs. Leelu Roy veranstaltet beliebte, zweistündige Kochkurse in ihrer großen Familienküche im Leelu Homestay (S. 332). Dabei bringt sie fünf bis zehn Teilnehmern die Zubereitung von fünf Gerichten und ihres hausgemachten *garam masala* bei.

Geführte Touren

Tourist Desk TOUR
(Karte S. 334; ☎0484-2371761, 9847044688; www.touristdesk.in; Ernakulam Boat Jetty; ⌚8–18 Uhr) Der ausgezeichnete private Veranstalter organisiert die beliebte ganztägige Water Valley Tour (1250 ₹, Start 8 Uhr), bei der es im Hausboot über die Backwaters und Lagunen der Region geht. Eingeschlossen sind eine Kanufahrt über kleinere Kanäle und Dorfbesuche. Angeboten werden auch eine „Sunset Dinner Cruise" (850 ₹/Pers.) per Kanu vom Dorf Narakkal auf Vypeen Island mit der Option einer Übernachtung in einer Strandhütte.

Art of Bicycle Trips RADFAHREN
(Karte S. 328; ☎08129945707; www.artofbicycletrips.com; Bastion St; 3-std./halbtägige Tour 1450/

2500 ₹; ⌚9–18 Uhr) Der Veranstalter bietet geführte Radtouren mit hochwertigen Mountainbikes. Zur Wahl stehen u.a. eine morgendliche Fahrt durch das historische Fort-Gebiet und eine halbtägige Fahrt durch die Backwaters. Eine tolle Möglichkeit, die Region in gemächlichem Tempo kennenzulernen!

Kerala Bike Tours MOTORRADFAHREN
(☎0484-2356652, 9388476817; www.keralabiketours.com; Kirushupaly Rd, Ravipuram) Organisiert Motorradtouren durch Kerala und die Western Ghats und vermietet hochwertige Enfield Bullets (ab 155 US$/Woche) für geübte Biker mit unbegrenzter Kilometerzahl, Versicherung und der Möglichkeit kostenloser Abholung/Wartung.

KTDC BOOTSFAHRT
(Karte S. 328; ☎0484-2353234; Marine Dr, Kochi; Backwater-Tour halber/ganzer Tag 750/1250 ₹; ⌚Mo–Sa 10–17 Uhr) Die KTDC veranstaltet halbtägige Backwater-Touren (8.30 & 14 Uhr) sowie ganztägige Ausflüge. Bei diesen besucht man örtliche Webereien, Gewürzgärten und Palmsaft-Zapfer. Außerdem gibt's Ausflugsfahrten und Stadtführungen.

Feste & Events

Ernakulathappan Utsavam RELIGIÖSES FEST
(⌚Jan./Feb.) Das achttägige Fest in Ernakulams Shiva-Tempel gipfelt im Umzug mit 15 prächtigen Elefanten, Musik und Feuerwerk.

Cochin Carnival KARNEVAL
(www.cochincarnival.org; ⌚21. Dez.) Der Cochin Carnival ist die größte Party in Fort Kochi und erreicht nach zehn Tagen am Silvesterabend ihren Höhepunkt. Umzüge, bunte Kostüme, geschmückte Elefanten (Tierschützer sind davon nicht begeistert), Musik, Volkstänze und viel Spaß gehören dazu.

Schlafen

Fort Kochi ist Indiens Homestay-Hauptstadt mit rund 200 zur Auswahl stehenden Unterkünften bei Gastfamilien. Dazu kommen noch einige der besten historischen Hotels in Kerala. Der Stadtteil wirkt zwar in der Saison etwas touristisch und überfüllt, man kann hier aber prima dem Lärm und Chaos auf dem Festland entkommen. Ernakulam ist billiger und praktischer, wenn man auf der Durchreise ist, aber das Ambiente und die Unterkünfte sind weniger ansprechend.

Im Dezember und Januar sollte man vorab reservieren. Zu anderen Zeiten kann man vielleicht einen Rabatt aushandeln.

Fort Kochi

Happy Camper HOSTEL $
(Karte S. 328; ☎9742725668; KB Jacob Rd; B mit Frühstück 550 ₹; ❄📶) Die entspannte Unterkunft, die sich als Boutique-Hostel anpreist, hat nur drei klimatisierte Schlafsäle (einer davon nur für Frauen), eine kleine Küche, ein tolles kleines Café, eine Dachterrasse und freundliches Personal. Gute Lage gleich südlich des Haupttouristenzentrums.

Maritime HOSTEL $
(Karte S. 328; ☎0484-6567875; www.thehostelcrowd.com; 2/227 Calvathy Rd; B 500 ₹, DZ 1200–1600 ₹; ❄📶) Die Hostelkette aus Goa hat nun eine Filiale in Kochi mit prima Lage unweit der Customs Jetty eröffnet. Das nautische Thema ist ein netter Zug, die klimatisierten Schlafsäle und Doppelzimmer sind sauber und gepflegt, und es gibt eine kleine Küche, eine Waschküche und eine Bibliothek.

Jojies Homestay HOMESTAY $
(☎9995396543; 1/1276 Chirattapallam Rd, abseits der KB Jacob Rd; DZ/3BZ 800/1200 ₹; 📶) Die saubere, freundliche und einladende Unterkunft ist bei Travellern wegen der hilfsbereiten Eigentümer und des großen Frühstücks im Dachgarten beliebt.

★ **Reds Residency** HOMESTAY $$
(☎0484-3204060, 9388643747; www.redsresidency.in; 11/372 A KJ Herschel Rd; DZ mit Frühstück 900–1200 ₹, mit Klimaanlage ab 1200 ₹, Rooftop Cottage mit Klimaanlage 1500 ₹; ❄📶) Die hübsche Homestay-Unterkunft bietet Zimmer in Hotelqualität, aber auch einen freundlich-familiären Empfang durch die kenntnisreichen Gastgeber Philip und Maryann. Die fünf Zimmer – darunter ein Dreibett- und ein Vierbettzimmer für Familien – sind modern und makellos. Auf dem Dach gibt es noch ein tolles, separates „Penthouse" mit eigener Küche. Die Herberge hat eine friedliche Lage südlich vom Stadtzentrum.

★ **Green Woods Bethlehem** HOMESTAY $$
(☎9846014924, 0484-3247791; greenwoodsbethlehem1@vsnl.net; gegenüber dem ESI Hospital; DZ mit Frühstück 1200–1400 ₹, mit Klimaanlage 1500–1800 ₹; ❄📶) Mit einem Lächeln, das müde Traveller heiter stimmt, scheint die einladende Gastgeberin Sheeba bereit, einen an Ort und Stelle zu adoptieren, sobald man durch die Eingangstür geschritten ist. Die Unterkunft, die zu den beschaulichsten in Kochi zählt, liegt in einer ruhigen Gasse, und der Garten voller Pflanzen und Palmen

ist durch eine Mauer abgeschirmt. Die Zimmer sind einfach, aber gemütlich; das Frühstück wird im fantastischen, grünen Café auf dem Dach serviert.

Raintree Lodge BOUTIQUEHOTEL **$$**
(Karte S. 328; ✆ 9847029000, 0484-3251489; http://raintree-lodge.viewhotel.co; 1/618 Peter Celli St; Zi. 3100 ₹; ❄📶) Die intimen und eleganten Zimmer dieses historischen Hauses streben nach dem Status eines Boutiquehotels. Die fünf Zimmer bieten einen tollen Mix aus zeitgenössischem Stil und geschnitzten historischen Möbeln, und die Vorderzimmer im Obergeschoss haben prächtige, mit Weinranken bedeckte Romeo-und-Julia-Balkone. Gutes Preis-Leistungs-Verhältnis!

Delight Home Stay GUESTHOUSE **$$**
(Karte S. 328; ✆ 9846121421, 0484-2217658; www.delightfulhomestay.com; Post Office Rd; Zi. mit Frühstück ₹2500–4500 ₹; ❄📶) Das große Haus, eines der ersten Homestays in Fort Kochi, ist außen mit weißen Holzverzierungen geschmückt, und die sechs Zimmer sind geräumig und blitzblank. Es gibt einen charmanten kleinen Garten, ein elegantes Frühstückszimmer und einen eindrucksvollen, mit Teakholz getäfelten Salon. Das Essen ist gut; in der offenen Küche werden auch Kochkurse veranstaltet.

Beena Homestay HOMESTAY **$$**
(homestaykochi.com; XI/359B KB Jacob Rd; DZ mit Frühstück & Abendessen 3000 ₹; ❄📶) Beena verpflegt und beherbergt Traveller schon so manches Jahr in diesem Familien-Homestay und sorgt für einen hohen Standard mit sechs tadellosen Zimmern mit Klimaanlage und Hausmannskost, die im Speisesaal serviert wird.

Walton's Homestay PENSION **$$**
(Karte S. 328; ✆ 9249721935, 0484-2215309; www.waltonshomestay.com; Princess St; Zi. mit Frühstück 1600–3500 ₹; ❄📶) Der akribische Mr. Walton bietet große, mit Holzmöbeln eingerichtete Zimmer in einem hübschen alten Haus, das nautisch – weiß mit blauen Zierkanten – gestrichen ist und sich hinter einem Buchladen versteckt. Die Zimmer im Erdgeschoss öffnen sich zu einem üppigen Garten hin, die Zimmer im Obergeschoss haben einen Balkon, und es gibt ein hübsches Frühstückszimmer.

Saj Homestay HOMESTAY **$$**
(Karte S. 328; ✆ 8086565811, 9847002182; www.sajhome.com; Amravathi Rd, nahe Kunnumpuram Junction; DZ mit Frühstück ab 2500 ₹; ❄📶) In dem einladenden, makellosen Haus des hilfsbereiten Besitzers Saj gibt es sechs Zimmer im Obergeschoss. Nach vorne gibt es etwas Straßenlärm, aber die Zimmer haben Klimaanlage und Schallschutz, und Traveller sind vom Frühstück auf dem Balkon begeistert.

Leelu Homestay HOMESTAY **$$**
(Karte S. 328; ✆ 0484-2215377; www.leeluhomestay.com; 1/629 Quiros St; EZ/DZ mit Frühstück 1500/2500 ₹; ❄📶) Das zentrale, sehr anheimelnde Leelu hat vier Zimmer mit Klimaanlage im Obergeschoss, eine Dachterrasse (Yogasitzungen können vereinbart werden) und gesellige Loungebereiche mit altmodischen Möbeln. Die Küche ist der beliebte Treff für Leelu's Cook & Eat-Kochkurse (S. 330).

Daffodil PENSION **$$**
(Karte S. 328; ✆ 9895262296, 0484-2218686; www.daffodilhomestay.com; Njaliparambu Junction; DZ mit Frühstück ohne/mit Klimaanlage 1800/2500 ₹; ❄@📶) Das von einem freundlichen Ehepaar geführte Haus hat acht große, hell gestrichene, moderne Zimmer, die etwas Privatsphäre bieten. Das Highlight ist aber der mit Holzschnitzereien verzierte keralesische Balkon im Obergeschoss.

★ **Malabar House** HOTEL **$$$**
(Karte S. 328; ✆ 0484-2216666; www.malabarhouse.com; Parade Ground Rd; Zi. 275 €, Suite mit Frühstück 300–400 €; ❄@🏊) Das Malabar, eines der vielleicht schicksten Boutiquehotels in Kerala, protzt mit einer hippen Mischung aus modernen Farben und alten Einrichtungsgegenständen. Die Suiten sind riesig und verschwenderisch eingerichtet, die Standardzimmer eher lauschig. Das preisgekrönte Restaurant und die Weinbar sind erstklassig.

★ **Brunton Boatyard** HOTEL **$$$**
(Karte S. 328; ✆ 0484-2215461; www.cghearth.com/brunton-boatyard; River Rd; DZ ab 22 000 ₹; ❄@📶🏊) Das imposante Hotel ahmt die prächtige niederländische und portugiesische Architektur des 16. und 17. Jhs. nach. Alle Zimmer blicken hinaus auf den Hafen und haben Badewannen und Balkone mit einer erfrischenden Meeresbrise, die jeder Klimaanlage überlegen ist. Zum Hotel gehören das ausgezeichnete History Restaurant, die Armoury Bar und einige Freiluftcafés.

Spice Fort BOUTIQUEHOTEL **$$$**
(Karte S. 328; ✆ 9364455440; www.duneecogroup.com; Princess St; Zi. 10 500–12 600 ₹;

☼☼☼) Die schicken, rot-weiß gehaltenen und zum Thema Gewürze dekorierten Zimmer haben kühle Farbtöne, makellose Badezimmer und in die Kopfteile der Betten eingebaute TVs. Die Zimmer liegen rund um einen gegen die vielbefahrene Princess St abgeschirmten historischen Hof mit einem einladenden Pool in der Mitte. Die Lage ist toll, das Restaurant ausgezeichnet und das Personal freundlich.

Tea Bungalow HOTEL **$$$**
(Karte S. 328; ☎ 0484-2216337; www.teabungalow.in; 1/1901 Kunumpuram; Zi. mit Frühstück ab 10 500 ₹; ☼@☼☼) Das senffarbene koloniale Gebäude wurde 1912 als Zentrale einer britischen Gewürzhandelsfirma erbaut, bevor es von Brooke Bond Tea übernommen wurde. Die zehn eleganten, nach Seehäfen benannten Boutique-Zimmer sind in kräftigen Farben und mit kolonialen Schnitzmöbeln eingerichtet und haben Badezimmer mit Bassetta-Fliesen. In der Nebensaison fallen die Preise um 60 %.

Old Harbour Hotel HOTEL **$$$**
(Karte S. 328; ☎ 0484-2218006; www.oldharbourhotel.com; 1/328 Tower Rd; Zi. 12 700–15 700 ₹, Suite 16 500 ₹; ☼@☼) Das ehrwürdige Hotel residiert in einem 300 Jahre alten historischen holländisch-portugiesischen Gebäude rund um einen idyllischen Garten mit Seerosenteichen und einem kleinen Pool. Die elegante Mischung aus historischem und modernem Stil gibt der Unterkunft eine intimere Anmutung, als sie die meisten seiner prächtigeren Konkurrenten besitzen. Es gibt 13 Zimmer und Suiten. Einige blicken direkt auf den Garten, andere haben Freiluftbäder mit Pflanzenschmuck.

Fort House Hotel HOTEL **$$$**
(Karte S. 328; ☎ 0484-2217103; www.hotelforthouse.com; 2/6A Calvathy Rd; Zi. mit Frühstück 6500 ₹; ☼@) Nahe der Fährstelle ist dies eines der wenigen echten Uferhotels in Fort Kochi, die 16 smarten Zimmer mit Klimaanlage liegen aber zurückgesetzt in einem üppigen Garten, das Restaurant hingegen hat eine erstklassige Uferlage.

Mattancherry & Jüdisches Viertel

Caza Maria HISTORISCHES HOTEL **$$**
(Karte S. 330; ☎ 9846050901; cazamaria@rediffmail.com; Jew Town Rd, Mattancherry; Zi. mit Frühstück 5000 ₹; ☼☼) Mitten im Herzen des Jüdischen Viertels bietet diese einmalige, nicht durch ein Schild markierte Unterkunft nur zwei große historische Zimmer, die über Läden liegen und auf den Basar blicken. Die Zimmer haben hohe Decken und sind mit ihrem eigenwilligen Stil, der bunten Bemalung und der Überfülle an Antiquitäten eines Maharadschas würdig.

Waterfront Granary BOUTIQUEHOTEL **$$$**
(☎ 98952847000, 0484-2211177; www.thewaterfrontgranary.com; 6/641 Bazaar Rd, Mattancherry; DZ 10 200–14 400 ₹, Suite 21 600 ₹; ☼☼☼) Das erste, was einem beim Betreten des Waterfront Granary ins Auge sticht, ist der Ford-Oldtimer von 1928 in der Lounge. Dies ist ein Museumshotel, in dem viele Stücke aus der Privatsammlung des Eigentümers zu sehen sind. Das Hauptgebäude, ein ehemaliger Getreidespeicher, stammt von 1877. Die 16 geräumigen Zimmer besitzen historisches Flair und moderne Details.

Die Lage am Seeufer ist hervorragend, von der großen Terrasse und dem kleinen Pool aus hat man einen Blick hinüber zur Willingdon Island.

Ernakulam

John's Residency HOTEL **$**
(Karte S. 334; ☎ 8281321395, 0484-2355395; TG Rd; EZ/DZ ab 550/750 ₹, mit Klimaanlage 1550 ₹; ☼) Das John's ist eine echte Backpacker-Bleibe und die beste Budget-Alternative in Ernakulam, zumal wenn John selber vor Ort ist. Das Haus liegt ruhig, aber doch in bequemer Gehentfernung zur Bootsanlegestelle. Abgesehen von den größeren Deluxe-Zimmern sind die Zimmer klein, aber dank kräftiger Farbakzente wirken sie für dieses Preissegment einladend und modisch.

Boat Jetty Bungalow HOTEL **$$**
(Karte S. 334; ☎ 0484-2373211; www.boatjettybungalow.com; Cannon Shed Rd, Ernakulam; EZ/DZ 650/950 ₹, mit Klimaanlage 1400/1900 ₹; ☼) Das 140 Jahre alte Haus, in dem früher der Verwalter der Bootsanlegestelle wohnte, wurde renoviert und zu einem Hotel mit 22 kompakten, sauberen Zimmern mit TV gemacht. Das Hotel liegt in kurzer Gehentfernung zu den Booten nach Fort Kochi.

Grand Hotel HOTEL **$$**
(Karte S. 334; ☎ 9895721014, 0484-2382061; www.grandhotelkerala.com; MG Rd; EZ/DZ mit Frühstück ab 3500/4300 ₹, Suite 6500 ₹; ☼@☼) Das Hotel aus den 1960er-Jahren verströmt mit seinen originalen, glänzenden Art-déco-Armaturen genau jene Retro-Coolness, von

Ernakulam

Ernakulam

Aktivitäten, Kurse & Touren
1 Tourist Desk B3

Schlafen
2 Boat Jetty Bungalow B3
3 Grand Hotel C4
4 John's Residency B3

Essen
5 Chillies C4
6 Frys Village Restaurant C1
Grand Pavilion .... (siehe 3)

Unterhaltung
7 See India Foundation D5

Praktisches
8 KTDC Tourist Reception Centre B3
Tourist Desk Information Counter .... (siehe 1)
9 UAE Exchange C4
10 UAE Exchange C4

Transport
11 Air India B5
12 Reservierungsbüro D4

der moderne Hotels nur träumen können. Die geräumigen Zimmer sind mit glänzenden Parkettböden und großen modernen Badezimmern ausgestattet. Im Haus gibt es ein gutes Restaurant und Ernakulams nobelste Bar.

Rund um Kochi

Kallanchery Retreat HOMESTAY $$
(☎9847446683, 0484-2240564; www.kallancheryretreat.com; Kumbalanghi Village; Zi. & Cottage ohne/mit Klimaanlage 2000/2500 ₹; ❄📶) In diesem friedlichen, günstigen Refugium am Wasser, das sich im Dorf Kumbalanghi rund 15 km südlich von Fort Kochi in einer weitläufigen Gartenanlage befindet, entgeht man den Touristenmassen. Zimmer gibt's im Wohnhaus der Familie und in einem herrlichen Cottage am Seeufer. Vor der Tür sieht man chinesische Fischernetze. Es gibt hausgemachte Gerichte, und Bootsausflüge sowie Besuche in Dörfern stehen auf dem Programm.

The Bungalow HOMESTAY $$
(☎9846302347; www.thebungalow.in; Vypeen Island; DZ mit Frühstück 4500–5500 ₹; ❄📶) In kurzer Gehentfernung zu der Fähranlegestelle auf Vypeen Island bietet dieses schöne historische keralesische Wohnhaus nur zwei große, miteinander verbundene Zimmer mit Himmelbetten und urigen Möbeln. Die Inhaberin Neema ist eine tolle Köchin und veranstaltet Kochkurse (500 ₹).

Olavipe HOMESTAY $$$
(☎0478-2522255; www.olavipe.com; Olavipe; EZ/DZ inkl. Mahlzeiten 6000/10 000 ₹; 📶) Das prächtige, traditionelle, christlich-syrische Wohnhaus aus den 1890er-Jahren steht auf einer 16 ha großen, von Backwaters umgebenen Farm 28 km südlich von Kochi. Das restaurierte Herrenhaus aus Rosenholz und glänzendem Teakholz bietet mehrere große und luftige Zimmer, die schön im originalen Stil dekoriert sind.

Essen & Ausgehen

Mit das beste Essen in Fort Kochi bieten die Homestays, es gibt aber auch viele gute Restaurants und Cafés.

Fort Kochi

Hinter den Chinesischen Fischernetzen bieten **Fischhändler** (Karte S. 328; Fort Kochi; Meeresfrüchte 400–1000 ₹; 🕘Restaurants 8–21 Uhr) den Fang des Tages feil – frischen Fisch, Garnelen, Krabben und Hummer. Nachdem man seine Wahl getroffen hat, geht man zu den einfachen, aber beliebten Restaurants an der nahegelegenen Tower Rd, die die Meeresfrüchte gegen Bezahlung zubereiten und servieren. Die Marktpreise variieren, aber wenn man herumschlendert und verhandelt, erkennt man schnell, was angemessen ist.

Loafers Corner CAFÉ $
(Karte S. 328; ☎0484-2215351; Princess St; Snacks ab 60 ₹; 🕘9–21 Uhr) Wenn man einen Fensterplatz ergattert, kann man hier prima die Leute auf der Princess St beobachten. Es ist ein guter Ort für Kaffee, Lassis, ein Frühstück oder einen kleinen Snack.

Solar Cafe CAFÉ $
(Karte S. 328; Calvathy Rd; Gerichte 60–240 ₹; 🕘8–18 Uhr) In einem lindgrünen Ambiente mit Bücherwand serviert dieses künstlerisch angehauchte Café im Obergeschoss gegenüber der Customs Jetty früh und mittags Bio-Gerichte, Zimtkaffee und frische Säfte.

★ **Dal Roti** INDISCH $$
(Karte S. 328; ☎9746459244; 1/293 Lily St; Gerichte 150–250 ₹; 🕘Mi–Mo 12–15 & 18.30–22 Uhr) Vieles ist liebenswert am geschäftigen Dal Roti. Der freundliche und kenntnisreiche Inhaber Ramesh hilft einem bei der riesigen nordindischen Speisekarte, die sogar ein Glossar enthält, und erläutert das große Angebot der vegetarischen, Eier- und nichtvegetarischen Gerichte – von *kati*-Rollen (gefülltem heißem *paratha*) bis hin zu sieben verschiedenen Thalis. Hier geht niemand hungrig nach Hause. Kein Alkohol.

★ **Kashi Art Cafe** CAFÉ $$
(Karte S. 328; Burgher St; Frühstück & Snacks 160–280 ₹; 🕘8.30–22 Uhr) In diesem sonnigen Café, einer Institution in Fort Kochi, herrscht eine zenartige, aber doch zwanglose Atmosphäre. Die soliden Holztische stehen bis in den Hof hinaus. Der Kaffee ist stark, und das tägliche westliche Frühstück ist so ausgezeichnet wie die Mittagsgerichte. In der kleinen Galerie stellen örtliche Künstler aus.

Teapot CAFÉ $$
(Karte S. 328; Peter Celli St; Tee 50–120 ₹, Hauptgerichte 200–300 ₹; 🕘8.30–20.30 Uhr) Das stimmungsvolle Café ist der ideale Ort für den „High Tea“. In den schicken, luftigen Räumen werden 16 Sorten Tee, Sandwichs, Kuchen und kleine Gerichte serviert. Originelle Deko-Akzente zum Thema Tee sind die vielen alten Teekannen, die Teekisten anstel-

le von Tischen und ein Glastisch mit einem Teebaum als Tischbein.

Drawing Room CAFÉ $$
(Karte S. 328; Church Rd; Hauptgerichte 150–450 ₹; 12–22.30 Uhr) Das schicke neue Restaurant im Grand Cochin Club hat eine wundervolle Lage und große Fenster, die auf das Wasser hinausblicken. Auf der kleinen Karte stehen gemischte Teller, Salate und Pasta. Abends gibt's gelegentlich Livemusik.

Fusion Bay MEERESFRÜCHTE $$
(Karte S. 328; 9995105110; KB Jacob Rd; Hauptgerichte 250–400 ₹; 12–22.30 Uhr) Das unscheinbare kleine Familienrestaurant im Zentrum von Fort Kochi ist berühmt für seine keralesisch-syrischen Fischspezialitäten auf *pollichathu*-Art (mit Masala gewürzt und in einem Bananenblatt gebraten) und diverse Meeresfrüchte wie würzige Fisch-*pappas* und Fisch in Mango-Curry.

★ **Malabar Junction** INTERNATIONAL $$$
(Karte S. 328; 0484-2216666; Parade Ground Rd; Hauptgerichte 420–750 ₹, 5-Gänge-Verkostungsmenü 2000 ₹; 12.30–15 & 19–23 Uhr) Das in einem offenen Pavillon untergebrachte Restaurant des Malabar House (S. 332) würde mit seinen weiß eingedeckten Tischen im Hof neben dem kleinen Pool gut in einen Film passen. Die europäisch angehauchte Karte bietet hauptsächlich Seafood; die Spezialität des Hauses ist die eindrucksvolle Meeresfrüchteplatte mit gegrilltem Gemüse. Die Weinbar im Obergeschoss serviert edle Tapas und feine offene Weine.

Upstairs Italian ITALIENISCH $$$
(Karte S. 328; 9745682608; Bastion St; Hauptgerichte 250–600 ₹; 10–23 Uhr) Authentisch italienische Speisen – Gorgonzola, Prosciutto, Olivenöl, Parmesan – serviert dieses kleine Lokal im Obergeschoss, in dem man die besten Pizzen, Pastagerichte und Antipasti in Kochi bekommt. Das Restaurant ist teuer, aber es lohnt sich.

Mattancherry & Jüdisches Viertel

Kayees Ramathula Hotel INDISCH $
(Karte S. 330; Kayees Junction, Mattancherry; Biryani 60–145 ₹; 12–14.30 Uhr) Das Lokal gilt wegen seiner Hühnchen- und Lamm-Biryanis zur Mittagszeit als legendär – früh kommen, sonst geht man leer aus! Nicht verwechseln mit dem grünen Biryani-Lokal an der Ecke – das Kayees befindet sich daneben.

Cafe Crafters CAFÉ $$
(Karte S. 330; 0484-2223345; www.crafters.in; Jew Town Rd, Mattancherry; Hauptgerichte 100–350 ₹; 9.30–18.30 Uhr) Im Herzen von Mattancherrys Jüdischem Viertel tischt dieses charmante kleine Restaurant über einem Antiquitätenladen keralesische Meeresfrüchte und westliche Gerichte wie Sandwichs und Burger auf. Die besten Plätze sind die auf dem kleinen Balkon mit Blick auf die Straße.

★ **Ginger House** INDISCH $$$
(Karte S. 330; 8943493648; www.gingerhousecochin.com; Jew Town Rd, Jüdisches Viertel; Hauptgerichte 200–720 ₹; 9–18.30 Uhr, Dez.–Mai bis 22 Uhr) Versteckt hinter einem großen, mit Antiquitäten gefüllten *godown* (Lagerhaus) serviert dieses fantastische, abgedrehte Uferrestaurant indische Gerichte und Snacks – Ingwer-Garnelen, Ingwer-Eis, Ingwer-Lassi – klar, was hier im Mittelpunkt steht?! Zum Restaurant geht's durch den erstaunlichen Verkaufsraum von Heritage Arts, der mit bemerkenswerten Skulpturen und Antiquitäten prunkt – sehenswert ist vor allem das Schlangenboot-Kanu.

Caza Maria INTERNATIONAL $$$
(Karte S. 330; Bazaar Rd; Hauptgerichte 200–700 ₹; 9–20 Uhr) Das bezaubernde Lokal residiert im 1. Stock in einem hellblauen historischen Raum voller Antiquitäten. Zu sanfter Musik gibt's wechselnde nordindische, südindische und französische Gerichte.

Ernakulam

In Ernakulams Mega-Shoppingmalls gibt's Foodcourts. Ein interessantes neues Gebiet ist die grüne Panampilly Ave in einem Wohnviertel südlich vom Hauptbahnhof. Dort haben sich viele moderne Nobelrestaurants und Fast-Food-Lokale angesiedelt.

Frys Village Restaurant KERALESISCH $
(Karte S. 334; Chittoor Rd; Hauptgerichte 90–180 ₹; 12–15.30 & 19–22.30 Uhr) Das hell dekorierte und luftige Lokal mit gebogener Decke ist besonders für Familien zu empfehlen und serviert authentische Kerala-Gerichte, insbesondere Fisch wie *pollichathu* oder gebackene Krabben. Mittags gibt's auch Fisch- und vegetarische Thalis.

Chillies INDISCH $$
(Karte S. 334; Layam Rd.; Gerichte 140–280 ₹, Thali 150 ₹; 11.30–15.30 & 19.30–23 Uhr) Ein recht dunkles, aber emsiges Lokal im 1. Stock, das in Kochi die besten Gerichte der

würzigen Andhra-Küche auf Bananenblättern serviert. Wer auf All-you-can-eat steht, sollte die Thalis probieren.

Grand Pavilion INDISCH $$$
(Karte S. 334; MG Rd; Gerichte 260–390 ₹; ⌚12–15 & 18–21 Uhr) Das Restaurant im Grand Hotel (S. 333) ist mit cremefarbenen Möbeln und gestärkten Tischdecken ebenso elegant und im Retrostil gehalten wie das Hotel selbst. Auf der sehr umfangreichen Karte stehen westliche, nord- und südindische sowie Gerichte aus vielen asiatischen Ländern.

☆ Unterhaltung

Es gibt mehrere Orte, wo man sich Kathakali-Vorstellungen anschauen kann. Diese sind zwar auf Touristen ausgerichtet, bieten aber doch eine gute Einführung. Das Standardprogramm beginnt mit dem aufwendigen Schminken und Kostümieren der Darsteller, gefolgt von einer Demonstration der Tänze mit Erläuterung und schließlich der eigentlichen Vorstellung. Das Ganze dauert in der Regel zwei Stunden. Vorführungen der schnellen traditionellen Kampfkunst *kalarippayat* kann man auch problemlos erleben, oft in den gleichen Theatern.

Kerala Kathakali Centre KULTURVORSTELLUNG
(Karte S. 328; ☎0484-2217552; www.kathakalicentre.com; KB Jacob Rd, Fort Kochi; Vorstellung 250–300 ₹; ⌚Schminken ab 17 Uhr, Vorstellung 18–19.30 Uhr) In dem intimen, holzgetäfelten Theater erhält man eine empfehlenswerte Einführung in Kathakali, mit einer praktischen Übersetzung der Geschichte, die am Abend aufgeführt wird. In dem Zentrum gibt es auch Konzerte mit klassischer indischer Musik (So–Fr 20–21 Uhr) und traditionellen Tanz (Sa).

See India Foundation KULTURVORSTELLUNG
(Karte S. 334; ☎0484-2376471; devankathakali@yahoo.com; Kalathiparambil Lane, Ernakulam; Eintritt 300 ₹; ⌚Schminken 18 Uhr, Vorstellung 19–20 Uhr) Das intime Kathakali-Theater ist eines der ältesten in Kerala. Die klein dimensionierten Vorstellungen legen den Schwerpunkt auf die religiösen und philosophischen Wurzeln des Kathakali.

Ens Kalari KULTURVORSTELLUNG
(☎0484-2700810; www.enskalari.org.in; Nettoor; Eintritt gegen Spende; ⌚Vorführungen 19.15–20.15 Uhr, Training ab 17.30 Uhr) Will man einmal echte Profis bei *kalarippayat*-Übungen erleben, lohnt sich die Fahrt zu diesem berühmten *kalarippayat*-Trainingszentrum 8 km südöstlich von Ernakulam. Täglich gibt's einstündige Vorführungen (den Besuch muss man einen Tag vorher ankündigen) und täglich (außer So) ab 17.30 Uhr Tainingsrunden.

Shoppen

Der Broadway in Ernakulam ist mit den Gewürz- und Kleiderläden eine gute Adresse zum Shoppen. An der Jew Town Rd in Mattancherry finden sich von Händlern aus Gujarat geführte Läden, die Antiquitäten sowie Imitationen verkaufen. Die meisten Läden in Fort Kochi sind fast identisch; sie werden von Leuten aus Kaschmir geführt, die hier nordindisches Kunsthandwerk anbieten. Viele Läden in Fort Kochi und Mattancherry arbeiten mit Autorikschafahrern zusammen, die Provisionen (die auf den Preis, den Kunden zahlen, aufgeschlagen werden) erhalten, wenn sie Touristen vor ihrer Tür abladen.

Lulu Mall EINKAUFSZENTRUM
(☎0484-2727777; www.lulumall.in; NH47, Edapally; ⌚9–23 Uhr; 📶) Indiens größte Shoppingmall ist schon allein eine Attraktion – die Leute kommen von überall her, um zu shoppen, in den Foodcourts oder im Kino abzuhängen oder um Schlittschuh zu laufen oder zu bowlen. In dem 7 ha großen, topaktuellen und mit Klimaanlage und WLAN ausgestatteten Einkaufszentrum sind mehr als 215 Markenfilialen vertreten, von Calvin Klein bis KFC. Die Mall befindet sich in Edapally, rund 9 km von der Bootsanlegestelle in Ernakulam entfernt.

Niraamaya KLEIDUNG
(Karte S. 328; ☎0484-3263465; www.ayurvastraonline.com; Quiros St, Fort Kochi; ⌚Mo–Sa 10–17.30 Uhr) Die in ganz Kerala populäre Kette verkauft „ayurvedische" Kleidung und Stoffe – alles besteht aus Bio-Baumwolle, die mit pflanzlichen Stoffen eingefärbt oder mit ayurvedischen Ölen getränkt wurde. Eine weitere Filiale liegt in Mattancherry.

Idiom Bookshop BÜCHER
(Karte S. 328; Bastion St; ⌚9–20 Uhr) Viele gute neue und gebrauchte Bücher in Fort Kochi.

Cinnamon KLEIDUNG
(Karte S. 328; ☎0484-2217124; www.cinnamonthestore.com; 1/658 Ridsdale Rd, Parade Grounds; ⌚Mo–Sa 10–19 Uhr) Verkauft tolle, in Indien gefertigte Kleidung, Schmuck und Haushaltswaren in einem schicken Verkaufsraum.

Fabindia KLEIDUNG, HAUSHALTSWAREN
(Karte S. 328; ☎0484-2217077; www.fabindia.com; Napier St, Fort Kochi; ⌚9.30–21 Uhr) Die re-

nommierte Kette verkauft feine indische Textilien, Stoffe, Kleidung sowie Bett- und Tischwäsche.

Tribes India KUNSTHANDWERK
(Karte S. 328; ☎ 0484-2215077; Ridsdale Rd; ⏲ Mo–Sa 10–18.30 Uhr) Versteckt hinter dem Postamt verkauft dieser Laden der Trifed (Tribal Cooperative Marketing Development Federation of India) Stammesartefakte, Malereien, Schals, Figürchen und mehr zu vernünftigen Festpreisen. Die Erlöse kommen den Kunsthandwerkern zugute.

ℹ Praktische Informationen

GEFAHREN & ÄRGERNISSE

Die Touristenpolizei hat Büros in **Ernakulam** (Karte S. 334; ☎ 0484-2353234; Shanmugham Rd, Ernakulam; ⏲ 8–18 Uhr) und **Fort Kochi** (Karte S. 328; ☎ 0484-2215055; Tower Rd, Fort Kochi; ⏲ 24 Std.).

GELD

UAE Exchange Umtausch von ausländischen Währungen und Einlösen von Reiseschecks. Hat Filialen an der **MG Road** (Karte S. 334; ☎ 0484-2383317; MG Rd, Perumpillil Bldg, Ernakulam; ⏲ Mo–Fr 9.30–18, Sa bis 14 Uhr) und der **PT Usha Road** (Karte S. 334; ☎ 0484-3067008; Chettupuzha Towers, PT Usha Rd Junction, Ernakulam; ⏲ Mo–Fr 9.30–18, Sa bis 14 Uhr) in Ernakulam sowie in **Fort Kochi** (Karte S. 328; ☎ 0484-2216231; Amravathi Rd, Fort Kochi; ⏲ Mo–Fr 9.30–18, Sa bis 14 Uhr).

MEDIZINISCHE VERSORGUNG

Lakeshore Hospital (☎ 0484-2701032; www.lakeshorehospital.com; NH Bypass, Marudu) Modernes Hospital 8 km südöstlich des Zentrums von Ernakulam.

Medical Trust (Karte S. 334; ☎ 0484-2358001; www.medicaltrusthospital.com; MG Rd) Zentral gelegenes Hospital in Ernakulam.

TOURISTENINFORMATION

Es gibt einen Touristeninformationsschalter am Flughafen. An vielen Stellen ist eine kostenlose Broschüre erhältlich, die einen Stadtplan und einen Spaziergang *Historical Places in Fort Cochin* enthält.

Government of India Tourist Office (☎ 0484-2669125; indtourismkochi@sify.com; Willingdon Island; ⏲ Mo–Fr 9–17.30, Sa bis 13 Uhr) Auf Willingdon Island.

KTDC Tourist Reception Centre (Karte S. 334; ☎ 0484-2353234; Shanmugham Rd, Ernakulam; ⏲ 8–19 Uhr) Nahe der Hauptbootsanlegestelle in Ernakulam.

Tourist Desk Information Counter Das Personal dieses privaten Reiseveranstalters mit Büros an der **Anlegestelle von Ernakulam** (Karte S. 334; ☎ 0484-2371761, 9847044688; www.touristdesk.in; Boat Jetty, Ernakulam; ⏲ 8–18 Uhr) und in **Fort Kochi** (Karte S. 328; ☎ 0484-2216129; Fort Kochi; ⏲ 8–19 Uhr) ist sehr kenntnisreich und für Kochi und Umgebung sehr nützlich. Das Unternehmen veranstaltet mehrere beliebte und empfehlenswerte Touren, darunter eine Festivaltour, und veröffentlicht Infos zu Festen und Kulturereignissen.

WICHTIGE BUSSE AB ERNAKULAM (KOCHI)

Die folgenden Busse verkehren vom KSRTC-Busbahnhof und dem Vyttila Mobility Hub. Auf Langstrecken sind außerdem auch private Busse im Einsatz.

ZIEL	PREIS (₹)	DAUER (STD.)	HÄUFIGKEIT
Alappuzha	55	1½	alle 10 Min.
Bengaluru	530–890	14	tgl. 8-mal
Chennai	600	16	14 Uhr
Coimbatore	162	4½	tgl. 10-mal
Kannur	260	8	tgl. 5-mal
Kanyakumari	237	8	19 Uhr
Kollam	124	3½	alle 30 Min.
Kottayam	60	2	alle 30 Min.
Kozhikode	170	5	stündl.
Kumily (nach Periyar)	135	5	tgl. 8-mal
Mangaluru	400	12	tgl. 3-mal
Munnar	124	4½	alle 30 Min.
Thrissur	68	2	alle 15 Min.
Thiruvananthapuram	177–290	5	alle 30 Min.

WICHTIGE ZÜGE AB ERNAKULAM (KOCHI)

ZIEL	ZUG-NR. & NAME	PREIS (₹)	DAUER (STD.)	ABFAHRT (TGL.)
Bengaluru	16525 Bangalore Exp (A)	345/940/1345	13	18 Uhr
Chennai	12624 Chennai Mail (A)	395/1045/1480	12	19.25 Uhr
Delhi	12625 Kerala Exp (B)	885/2290/3400	46	15.45 Uhr
Goa (Madgaon)	16346 Netravathi Exp (B)	445/1175/1630	15	14.10 Uhr
Mumbai	16346 Netravathi Exp (B)	615/1645/2465	27	14.10 Uhr

Züge: (A) ab Ernakulam Junction; (B) ab Ernakulam Town
Preise: Sleeper/3AC/2AC

ℹ An- & Weiterreise

BUS

Alle Fernbusse verkehren ab Ernakulam. Vom **KSRTC-Busbahnhof** (Karte S. 334; ☎ 0484-2372033; ⌚ Reservierungen 6–22 Uhr) fahren noch einige Busse, die meisten staatlichen und privaten Busse nutzen aber jetzt den riesigen **Vyttila Mobility Hub** (☎ 0484-2306611; www.vyttilamobilityhub.com; ⌚ 24 Std.), einen topmodernen Busbahnhof rund 2 km östlich vom Bahnhof Ernakulam Junction. Zahlreiche private Busunternehmen fahren mit Super-Deluxe-, AC-, Video- und Volvo-Bussen zu weit entfernten Städten wie Bengaluru, Chennai, Mangaluru, Thiruvananthapuram und Coimbatore; die Preise variieren je nach Ausstattung des Busses. Reiseagenten in Ernakulam und Fort Kochi verkaufen Tickets. Private Busse nutzen auch den Kaloor-Busbahnhof 1 km nördlich der Stadt.

Eine Prepaid-Autorikscha ab Vyttila kostet 86 ₹ zur Bootsanlegestelle, 215 ₹ nach Fort Kochi und 400 ₹ zum Flughafen.

FLUGZEUG

Der **Kochi International Airport** (☎ 0484-2610115; http://cial.aero) befindet sich in Nedumbassery 30 km nordöstlich von Ernakulam. Er ist ein wichtiges Drehkreuz mit internationalen Flugverbindungen in die Golfstaaten, nach Sri Lanka, auf die Malediven, nach Malaysia, Bangkok und Singapur.

Im Inlandsverkehr fliegen **Jet Airways** (☎ 0484-2359633; www.jetairways.com; MG Rd; ⌚ Mo–Sa 9–18 Uhr), **Air India** (Karte S. 334; ☎ 0484-2371141; www.airindia.com; Durbar Hall Rd; ⌚ Mo–Sa 9–17 Uhr), Indigo, SpiceJet und GoAir täglich direkt nach Chennai, Mumbai, Bengaluru, Hyderabad, Delhi und Thiruvananthapuram (aber nicht nach Goa). Air India fliegt täglich nach Delhi und sechsmal wöchentlich nach Agatti (Lakshadweep).

ZUG

Ernakulam hat zwei Bahnhöfe, Ernakulam Town und Ernakulam Junction. Reservierungen für beide nimmt das **Reservierungsbüro** (Karte S. 334; ☎ 132; ⌚ Mo–Sa 8–20, So 8–14 Uhr) im Bahnhof Ernakulam Junction vor.

Nahverkehrs- und Expresszüge fahren nach Thiruvananthapuram (2. Klasse /Sleeper/3AC 95/165/490 ₹, 4½ Std.), und zwar entweder über Alappuzha (50/140/490 ₹, 1½ Std.) oder über Kottayam (50/140/490 ₹, 1½ Std.). Züge fahren außerdem nach Thrissur (2. Klasse/AC Chair 60/260 ₹, 1½ Std.), Kozhikode (Sleeper/3AC/2AC 170/540/740 ₹, 4½ Std.) und Kannur (220/490/695 ₹, 6½ Std.).

ℹ Unterwegs vor Ort

VOM/ZUM FLUGHAFEN

AC-Volvo-Busse fahren vom Flughafen über Ernakulam nach Fort Kochi (80 ₹, 1 Std., tgl. 8-mal). Ein Taxi von/nach Ernakulam kostet rund 850 ₹ und von/nach Fort Kochi rund 1200 ₹ je nach Tages- und Nachtzeit.

NAHVERKEHR

Eine Linienbusverbindung zwischen Fort Cochin und dem Mattancherry Palace gibt es nicht, aber zu Fuß ist es ein netter, halbstündiger Spaziergang durch das geschäftige Speicherviertel an der Bazaar Rd. Fahrten mit einer Autorikscha kosten rund 80 ₹ und viel weniger, wenn man bereit ist, einen Laden zu besuchen. Kürzere Autorikscha-Fahrten rund um Ernakulam sollten eigentlich nicht viel mehr als ungefähr 50 ₹ kosten.

Um nach Betriebsschluss der Fähren (und Busse) nach Fort Cochin zu kommen, muss man ein Taxi oder eine Autorikscha nehmen – die Fahrt vom Bahnhof Ernakulam Town nach Fort Cochin sollte etwa 400 ₹ kosten, tagsüber zahlt man für eine Prepaid-Autorikscha 250 ₹.

Nahverkehrsbusse aus Ernakulam und Flughafenbusse nutzen den **Fort-Kochi-Busbahnhof** (Karte S. 328).

Uberfahrer werden zu einer beliebten Alternative zu **Taxis** (Karte S. 328) bei Trips rund um Kochi.

Eine Reihe von Anbietern in Fort Kochi vermietet Motorroller (300 ₹/Tag) oder Enfields (400–600 ₹/Tag).

METRO

Eine als Hochbahn geführte Metro (www.kochimetro.org) ist in Ernakulam im Bau, die erste Phase wurde Mitte 2017 fertiggestellt. Sie wird die Busbahnhöfe und Bahnhöfe sowie Vorstädte, darunter Edappally, verbinden und irgendwann dann auch den Flughafen mit der Stadt.

SCHIFF/FÄHRE

Fähren sind das schnellste und angenehmste Transportmittel zwischen Fort Kochi und dem Festland. Die Hauptanlegestelle in Fort Kochi heißt **Customs** (Karte S. 328), eine weitere Anlegestelle ist die Mattancherry Jetty nahe der Synagoge. **Fähren** (Karte S. 330) fahren auch von Mattancherry nach Willingdon Island. Die Anlegestelle an der Ostseite von Willingdon Island heißt Embarkation; die an der Westseite gegenüber von Mattancherry heißt Terminus. Ein einfaches Ticket kostet 4 ₹ (6 ₹zwischen **Ernakulam,** Karte S. 334, und Mattancherry). Fähren nach Vypeen Island starten von **Ernakulam** (Karte S. 334) und **Fort Kochi** (Karte S. 328). Fähren nach Bolgatty Island legen an der **High Court Jetty** (Karte S. 334) ab.

Ernakulam

Von Ernakulams Hauptanlegestelle starten zwischen 4.40 und 21.10 Uhr alle 25 bis 50 Minuten Fähren zu den Anlegestellen in Fort Cochin (Customs & Mattancherry). Alle 20 Minuten starten Fähren nach Willingdon und Vypeen Island.

Fort Cochin

Regelmäßig fahren zwischen 5 und 21.50 Uhr Fähren von der Anlegestelle Customs nach Ernakulam. 18 Fähren pro Tag setzen von Customs nach Willingdon Island über. Praktisch ununterbrochen sind Auto- und Personenfähren von Fort Cochin nach Vypeen Island im Einsatz.

Rund um Kochi

Cherai Beach

Der Cherai Beach auf Vypeen Island ist 25 km von Fort Cochin entfernt und bietet sich für einen netten Tagesausflug an, vor allem wenn man in einen Motorroller oder ein Motorrad mietet. Am Eingang zum Hauptstrand kann es hektisch werden, da aber schon ein paar hundert Meter vom Strand entfernt träge, kilometerweite Backwaters beginnen, gibt es viel zu entdecken.

Schlafen & Essen

Brighton Beach House PENSION $$
(☎9946565555; www.brightonbeachhouse.org; DZ 2400–3300 ₹; ❄📶) Die Unterkunft bietet eine handvoll einfache Zimmer in einem kleinen Gebäude nah dem Ufer. Der Strand ist zwar felsig, aber im Garten gibt es Hängematten und ein ordentliches, auf Stelzen stehendes Restaurant, wo man beim Abendessen den Sonnenuntergang genießen kann.

★ **Les 3 Elephants** RESORT $$$
(☎9349174341, 0484-2480005; www.3elephants.in; Convent St; Cottages inkl. Frühstück 6000–10 000 ₹, mit Klimaanlage 12 500 ₹; ❄📶) Das von Franzosen geführte tolle Ökoresort liegt versteckt und abseits vom Strand, aber dafür hat man die Backwaters vor der Türschwelle. Die elf schön gestalteten Luxus-Cottages sind alle unterschiedlich, doch alle bieten private Sitzbereiche draußen, kluge Gestaltungsmerkmale und einen hübschen Blick auf die Backwaters und die Chinesischen Fischernetze. Das Restaurant serviert französisch-indische Gerichte. Der Abstecher lohnt sich!

Chillout Cafe CAFÉ $$
(Hauptgerichte 180–450 ₹; ⏲Okt.–Mai Do–Di 9.30–23 Uhr) Das Café ist ein luftiger Treff am Strand mit Meerblick und entspannter Stimmung. Zu essen gibt's typische westliche Travellerkost (wie Burger, Pizza, Crêpes und Grillspeisen). Kein Alkohol!

ℹ An- & Weiterreise

Von Fort Kochi nimmt man die Autofähre nach Vypeen Island (3 ₹/Pers., 9 ₹/Zweiräder) und nimmt an der Anlegestelle eine Autoriksha (rund 400 ₹) oder einen der häufig fahrenden Busse (15 ₹, 1 Std.) bis zum Dorf Cherai, das 1 km vom Strand entfernt ist. Busse fahren auch ab Ernakulam über die Vallarpadam-Brücke.

North Paravur & Chennamangalam

Nirgends wird deutlicher, wie eng die Religionen Indiens verwoben sind als in North Paravur, 35 km nördlich von Kochi. Eine der ältesten **Synagogen** (5 ₹; ⏲Di–So 9–17 Uhr) Keralas steht in Chennamangalam, 8 km von Paravur entfernt, und wurde anspruchsvoll renoviert. In ihrem Inneren sieht man Holzreliefs in bezaubernden Farben an den Türen und Decken, während draußen einer der ältesten Grabsteine Indiens liegt – mit hebräischer Inschrift, die auf das Jahr 1269 zurückgeht. Die Jesuiten kamen 1577 zuerst in Chennamangalam an, wo heute noch eine Jesuitenkirche und die Ruinen einer nahe gelegenen Jesuitenschule vorhanden sind. Hier befinden sich auch ein Hindutempel

TRADITIONELLE KERALESISCHE KUNST

Kathakali

Die Kunstform des Kathakali entstand etwa zu jener Zeit, als Shakespeare seine Stücke schrieb. Kathakali-Vorführungen stellen eine dramatisierte Handlung dar, die meistens auf den Hindu-Epen Ramayana, Mahabharata oder auf den Puranas basiert. Dabei werden alle großen Themen des Lebens behandelt: Gut und Böse, Schwäche und Mut, Armut und Reichtum, Krieg und Frieden.

Trommler und Sänger begleiten die Schauspieler, die die Geschichte durch sehr präzise Bewegungen vermitteln, durch besondere *mudras* (Gesten) und Mimik.

Die Vorbereitungen auf die Aufführung sind langwierig und verlangen Disziplin. Mithilfe von Schminke, fantastischen Kostümen, kunstvollem Kopfschmuck und Meditation verwandeln sich die Schauspieler äußerlich und mental in die Götter, Helden und Dämonen, die sie darstellen sollen. Tänzer färben sich sogar ihre Augen mit den Samen der *chundanga*-Pflanze rot, um die dramatische Wirkung zu erhöhen.

Traditionelle Vorstellungen dauern viele Stunden. Aber in den Touristenhochburgen wie Kochi, Munnar und Kumily kann man gekürzte Fassungen erleben. Außerdem gibt es Kathakali-Schulen in Thiruvananthapuram (Trivandrum; S. 283) und in der Nähe von Thrissur (S. 341), die gern Besucher empfangen.

Kalarippayat

Kalarippayat (oder *kalari*) ist eine uralte Lehre von Kampfkunst und Disziplin, die noch heute überall in Kerala gelehrt wird. Manche Leute halten *kalarippayat* für den Vorläufer aller Kampfkünste, denn seine Wurzeln reichen zurück bis zu den Auseinandersetzungen zwischen Keralas kleinen Feudalstaaten im 12. Jh.

Die Meister des *kalarippayat* heißen Gurukkal. Sie lehren ihre Kunst in einer speziellen Arena, *kalari* genannt. Oft kann man *kalarippayat*-Vorführungen in den gleichen Theatern erleben, in denen auch Kathakali-Vorstellungen gezeigt werden.

Die drei Hauptschulen des *kalarippayat* lassen sich in die nördliche und zentrale, die beide im nördlichen Kerala und in der Malabar-Region praktiziert werden, und in die südliche *kalarippayat*-Tradition unterscheiden. Neben Griffen und Kämpfen mit offener Hand kommen häufig auch Waffen zum Einsatz, darunter Schwert und Schild *(valum parichayum)*, der kurze *(kurunthadi)* und der lange Stock *(neduvadi)*.

auf einem Hügel mit Blick auf den Periyar, eine Moschee aus dem 16. Jh. sowie muslimische und jüdische Grabstätten.

In der Stadt Paravur findet man ein Agraharam (Ort der Brahmanen) – eine kleine Straße, die eng mit hellen, bunten Häusern bebaut ist, die einst von den Tamil-Brahmanen bewohnt wurden.

Reiseagenturen in Fort Cochin organisieren Touren zu beiden Orten.

Thrissur (Trichur)

0487 / 315 600 EW.

Das übrige Kerala hat zwar durchaus nicht wenige Feste, aber das weniger touristische, leicht chaotische Thrissur ist mit seiner Liste von vor Leben sprühender Feste, die so lang ist wie der Rüssel eines Tempelelefanten, das Sahnehäubchen auf dem Fest-Kuchen. In Thrissur, dessen Mittelpunkt ein großer Park (der „Round") und der hinduistische Tempelkomplex bilden, ist auch Sitz einer christlich-nestorianischen Gemeinde, deren Glaubensbekenntnis auf das 3. Jh. zurückgeht.

Sehenswertes

Thrissur ist für seinen zentralen Tempel und seine zahlreichen beeindruckenden Kirchen bekannt, darunter die riesige Kathedrale **Our Lady of Lourdes**, die gewaltige, weiß gekalkte **Puttanpalli (Neue) Kirche** und die **Chaldäische (Nestorianische) Kirche**.

Vadakkunathan-Kshetram-Tempel
HINDU-TEMPEL

Der Tempel im klassischen keralesischen Architekturstil ist einer der ältesten Hindu-Tempel im Bundesstaat und krönt einen Hügel mitten in der Stadt. Nur Hindus dürfen das Innere betreten, doch hat man von dem Wallgraben, der den Tempel umgibt, einen weiten Blick, und der umliegende Park ist ein beliebter Ort zum Entspannen.

Thrissur (Trichur)

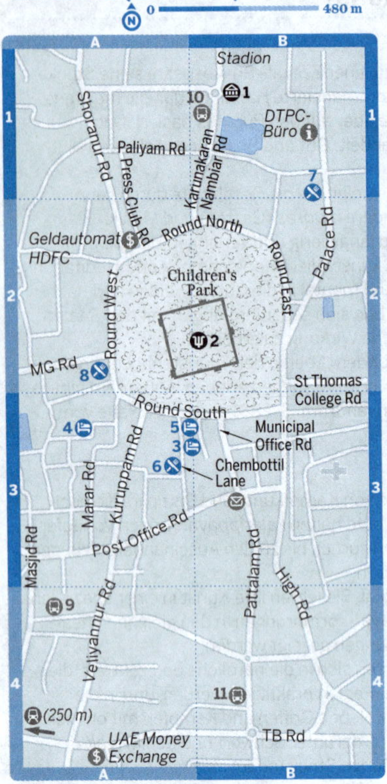

Thrissur (Trichur)

Sehenswertes
1 Archaeology Museum B1
2 Vadakkunathan-Kshetram-Tempel.... B2

Schlafen
3 Gurukripa Heritage A3
4 Hotel Luciya Palace A3
5 Pathans Hotel A3

Essen
6 Hotel Bharath A3
7 India Gate B1
8 Navaratna Restaurant A2

Transport
9 KSRTC-Busbahnhof A4
10 Busbahnhof Priyadarshini (North)..... B1
11 Busbahnhof Sakthan Thampuran B4

Archaeology Museum MUSEUM
(Erw./Kind 20/5 ₹, Foto/Video 50/250 ₹; Di–So 9.30–13 & 14–16.30 Uhr) Das neugestaltete archäologische Museum residiert im wunderbaren, 200 Jahre alten Sakthan Thampuran Palace. Zu den Exponaten gehören keralesische Bronzeskulpturen des 12. Jhs. und riesige irdene Tongefäße, Waffen, Münzen und ein schönes, geschnitztes Schachbrett. Neben dem Palast liegt ein schattiger alter Garten.

Feste & Events

Thypooya Maholsavam RELIGIÖSES FEST
(Jan./Feb.) Das Highlight des Fests ist ein *kavadiyattam*-Umzug (ein ritueller Tanz), bei dem die Tänzer große, prächtig geschmückte Konstruktionen tragen, die sogenannten *kavadis*.

Uthralikavu Pooram RELIGIÖSES FEST
(März/April) Zum Höhepunkt dieses Fests umrunden 20 Elefanten den Schrein des Uthralikavu-Tempels.

Thrissur Pooram RELIGIÖSES FEST
(April/Mai) Das Fest des Vadakkumnathan-Kshetram-Tempels ist das größte und farbenprächtigste Tempelfest Keralas. Mit Schabracken geschmückte Elefanten marschieren in Umzügen durch die Straßen.

Schlafen

Gurukripa Heritage HISTORISCHES HOTEL $
(0487-2421895; http://gurukripaheritage.in; Chembottil Lane; DZ ohne/mit Klimaanlage 930/1470 ₹, Cottage mit Klimaanlage 2800 ₹;) Das fast 100 Jahre alte, aber kürzlich renovierte Gurukripa ist ein schönes historisches Budgethotel in ausgezeichneter Lage gleich abseits des Round. Die schlichten Zimmer und Familien-Cottages sind unprätentiös, aber sauber.

Pathans Hotel HOTEL $
(0487-2425620; www.pathansresidentialhotel.in; Round South; EZ/DZ ab 600/800 ₹, mit Klimaanlage 1100/1500 ₹;) Das Hotel hat schlichte Zimmer zu niedrigen Preisen und eine praktische, wenn auch chaosträchtige Lage gleich gegenüber dem Stadtpark. Die einfachen, recht sauberen und sicheren Zimmer befinden sich im 5. und 6. Stock (zu erreichen mit einem schrecklich langsamen Aufzug) und haben TV und gelegentlich auch mal Warmwasser.

★ **Hotel Luciya Palace** HOTEL $$
(0487-2424731; www.hotelluciyapalace.com; Marar Rd; EZ/DZ mit Klimaanlage 3000/4000 ₹, Suite 7200 ₹;) In einem cremefarbenen, im Kolonialstil eingerichteten Gebäude ist dieses Mittelklassehotel eines der wenigen vor Ort mit etwas Charakter. Die geräumigen, moder-

nen Zimmer mit Klimaanlage haben ein tolles Preis-Leistungs-Verhältnis. Das Haus steht an einer Sackgasse, aber nahe am Trubel um den Vadakkunathan-Kshetram-Tempel und im Zentrum, und es hat ein ordentliches Restaurant und eine muntere Bar.

Essen

★Hotel Bharath SÜDINDISCH $
(☎0487-2421720; Chembotil Lane; Hauptgerichte 85–110 ₹, Thalis 90 ₹; ⌚6.30–22.30 Uhr) Das klimatisierte, blitzsaubere Bharath halten die meisten Einheimischen für das beste vegetarische Restaurant der Stadt und den Ort schlechthin für ein mittägliches Thali, ein keralesisches Frühstück oder ein Curry.

India Gate INDISCH $
(Palace Rd; Gerichte 60–170 ₹; ⌚8–22 Uhr) Das vegetarische Restaurant im Kalliath Royal Square Building mutet altmodisch an und hat eine erstaunliche Auswahl an Dosas, darunter auch mit Marmelade, Käse oder Cashewkernen. Im selben Komplex gibt's außerdem das chinesische Restaurant China Gate und das Fastfood-Lokal Celebrations.

Navaratna Restaurant INTERNATIONAL $$
(Round West; Gerichte 100–200 ₹; ⌚12–21.30 Uhr) Das kühle, dunkle und intime Lokal gehört zu den eleganteren kulinarischen Erlebnissen im Zentrum. Man sitzt auf erhöhten Plattformen. Im Erdgeschoss gibt's vegetarische, im Obergeschoss nichtvegetarische Kost. Auf der Karte stehen viele nordindische Spezialitäten sowie chinesische und ein paar keralesische Gerichte.

Praktische Informationen

DTPC-Büro (☎0487-2320800; Palace Rd; ⌚Mo–Sa 10–17 Uhr) In der Touristeninformation kann man sich ein paar Broschüren über die Stadt holen.

An- & Weiterreise

BUS

Staatliche Busse fahren vom **KSRTC-Busbahnhof** ungefähr alle 30 Minuten nach Thiruvananthapuram (235 ₹, 7½ Std.), Ernakulam (Kochi; 68 ₹, 2 Std.), Kozhikode (112 ₹, 3½ Std.), Palakkad (60 ₹, 1½ Std.) und Kottayam (115 ₹, 4 Std.) sowie stündlich nach Coimbatore (98 ₹, 3 Std.).

Nahverkehrsbusse tuckern nach Guruvayur (27 ₹, 1 Std.), Irinjalakuda (27 ₹, 1 Std.) und Cheruthuruthy (30, 1½ Std.). Von den beiden privaten Busbahnhöfen **Sakthan Thampuran** und **Priyadarshini (North)** fahren häufiger Busse zu diesen Zielen. Hier geht es allerdings so chaotisch zu, dass man auf diese Verbindungen besser verzichtet.

ZUG

Züge fahren regelmäßig nach Ernakulam (2. Klasse/AC Chair 60/260 ₹, 1½ Std.), Kozhikode (70/260 ₹, 3 Std.) und Coimbatore (90/305 ₹, 3 Std.).

Unterwegs vor Ort

Hunderte Autorikschas versammeln sich am Round, und die Fahrer stellen auch gerne den Taxameter an. Kurze Fahrten kosten 20 ₹.

Rund um Thrissur

In der Region um Thrissur gibt's mehrere Institutionen, die die klassischen Tanztheaterformen Keralas wieder aufleben lassen.

Kurse

Kerala Kalamandalam KULTURPROGRAMM
(☎0488-4262418; www.kalamandalam.org; Kurse 600 ₹/Monat; ⌚Juni–März) Mithilfe der uralten Gurukula-Lehrmethode werden die Studenten intensiv in Kathakali, *mohiniyattam* (Tanz der Zauberin), *kootiattam*, Perkussionsinstrumente, Gesang und Geigenspiel eingeführt. Beim vormittäglichen „Day with the Masters" (1400 ₹ inkl. Mittagessen) können Besucher das Theater besichtigen, in Kurse hineinschnuppern und diverse Kunstpräsentationen erleben. Vorab per E-Mail reservieren. Die Einrichtung befindet sich 26 km nördlich von Thrissur.

Natana Kairali Research & Performing Centre for Traditional Arts KULTURVERANSTALTUNGEN
(☎0480-2825559; www.natanakairali.org) Diese Schule liegt 20 km südlich von Thrissur in der Nähe von Irinjalakuda und lehrt traditionelle Kunstformen, darunter seltene Arten des Puppenspiels und des Tanzes. Manchmal werden für interessierte Ausländer auch Einführungskurse von bis zu einem Monat angeboten.

Schlafen

River Retreat PENSION $$
(☎0488-4262244; www.riverretreat.in; Palace Rd, Cheruthuruthy; EZ/DZ ab 3600/4900 ₹, Suite 7200–9200 ₹; ❄📶🏊) Das River Retreat, rund 30 km nördlich von Thrissur, ist ein ausgezeichnetes historisches Hotel und Ayurveda-Resort im früheren Sommerpalast des Maharadschas von Cochin. Neben Ayurveda-Anwendungen gibt's auch einen Pool, einen Fitnessraum und ein Businesscenter.

NÖRDLICHES KERALA

Kozhikode (Calicut)

☎ 0495 / 432 100 EW.

Nord-Keralas größte Stadt, Kozhikode (allgemein bekannt als Calicut), war schon immer eine wohlhabende Handelsstadt und einst die Hauptstadt der großartigen Zamorin-Dynastie. Vasco da Gama kam hier im Jahr 1498 auf seinem Weg vorbei, einen Teil des Subkontinents für König und Vaterland (in diesem Fall Portugal) zu sichern. Heute hängt der Handel hauptsächlich vom Export indischer Arbeitskraft in den Nahen Osten ab, während Landwirtschaft und Holzindustrie die wirtschaftliche Stütze darstellen. Für Reisende ist dies hauptsächlich ein guter Ausgangspunkt in Richtung Wayanad oder für die lange Tour über die Ghats nach Mysuru (Mysore) oder Bengaluru.

Sehenswertes

Mananchira Square, ein großer, zentral gelegener Park, war einst Garten der Zamorins und nennt noch immer das originale, durch eine Quelle gespeiste Wasserbecken sein Eigen. Südlich vom Zentrum liegt die 650 Jahre alte **Kuttichira-Moschee**, ein hübsches, vierstöckiges Holzgebäude, das von beeindruckenden Holzsäulen getragen wird und in leuchtendem Türkis, Blau und Weiß gestrichen ist. Die zentrale **Church of South India** wurde 1842 von Schweizer Missionaren gegründet und besticht durch ihre einzigartige europäische Kerala-Architektur.

Etwa 1 km westlich vom Mananchira Sq liegt der Strand – gut für einen Spaziergang bei Sonnenuntergang.

Schlafen

Beach Hotel HOTEL $$

(☎ 0495-2762055, 9745062055; www.beachheritage.com; Beach Rd; Zi. mit Frühstück 3550–3850 ₹; ❄@📶) Das 1890 für den Malabar British Club erbaute Haus ist ein etwas abgenutztes, aber doch charmantes Hotel mit zehn Zimmern. Einige Zimmer haben Badewannen und private, aufs Meer blickende Veranden, andere originale, polierte Holzböden und eigene Balkone. Vor Ort gibt's ein Restaurant und eine Bar.

Hyson Heritage HOTEL $$

(☎ 0495-4081000; www.hysonheritage.com; Bank Rd; EZ/DZ mit Frühstück ab 3600/4200 ₹; ❄📶) In diesem zentral gelegenen Businesshotel gibt's etwas Schick fürs Geld. Die Zimmer sind tipptopp und von der Hauptstraße abgeschirmt. Es gibt ein gutes Restaurant und einen Fitnessraum.

Alakapuri HOTEL $$

(☎ 0495-2723451; www.hotelalakapuri.com; MM Ali Rd; EZ/DZ ab 750/1800 ₹, mit Klimaanlage ab 1350/1900 ₹; ❄📶) Die an ein Motel erinnernde Anlage erstreckt sich um einen grünen Rasen mit einem Springbrunnen und liegt von dem geschäftigen Marktareal zurückgesetzt. Die verschiedenen Zimmer sind etwas abgewetzt und schäbig, aber für den Preis durchaus annehmbar. Es gibt ein Restaurant und eine moderne Bar.

★ **Harivihar** HOMESTAY $$$

(☎ 9388676054, 0495-2765865; www.harivihar.com; Bilathikulam; EZ/DZ inkl. Mahlzeiten & Yoga 150/230 €; 📶) Der alte Familiensitz der Herrscherdynastie Kadathanadu im Norden von Kozhikode ist so idyllisch, wie man sich es vorstellt, also ein traditionelles keralesisches Familienanwesen mit unberührten Rasenflächen. Die sieben Zimmer sind groß und schön mit Antiquitäten aus dunklem Holz möbliert. In erster Linie ist das Haus aber ein Ayurveda- und Yoga-Zentrum (mit Pauschalangeboten).

Essen

Das für seine Malabar-Küche berühmte Kozhikode gilt als die kulinarische Hauptstadt des nördlichen Kerala.

Zains SÜDINDISCH $

(☎ 0495-2366311; Gerichte 40–180 ₹; ⏲ 6–22 Uhr) In dem bei Einheimischen wegen seiner Malabar-Gerichte, Biryanis und Snacks sehr beliebten Restaurant herrscht nachmittags und abends in der Regel großer Betrieb.

★ **Paragon Restaurant** INDISCH $$

(Kannur Rd; Gerichte 120–350 ₹; ⏲ 8–24 Uhr, Mittagessen ab 12 Uhr) In dem 1939 gegründeten, stets vollen Restaurant kann es schwer sein, einen Platz zu finden. Auf der überwältigenden Karte, die berühmt ist für ihre Fischgerichte (z. B. Fisch in Tamarindensauce) steht auch das legendäre Hähnchen-Biryani.

Salkaram & Hut INDISCH $$

(Beach Rd; Hauptgerichte 110–300 ₹; ⏲ 7–22.30 Uhr) Hinten im Beach Hotel gibt es zwei Restaurants mit identischer Karte: Das klimatisierte Salkaram und die kühle offene Restaurantbar „Hut". Zu essen gibt's eine große Auswahl an Fisch- und Hühnchengerichten

Kozhikode (Calicut)

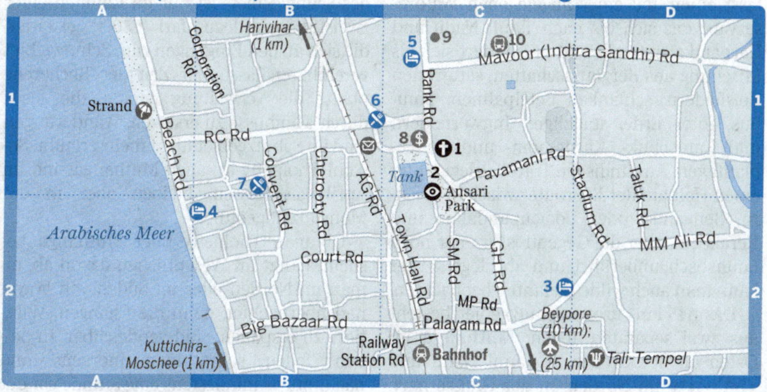

sowie malabarische Spezialitäten. Ein luftiger Ort für ein zwangloses Mittagessen oder ein kaltes Bier. Snacks werden auch draußen auf dem Vorderrasen serviert.

An- & Weiterreise

BUS

Vom neuen **KSRTC-Busbahnhof** (Mavoor Rd) fahren staatliche Busse über Mysuru (195–400 ₹, 5 Std.) nach Bengaluru (326–700 ₹, 8 Std., tgl. 14-mal), nach Mangaluru (240–340 ₹, 7 Std., tgl. 3-mal) und Udhagamandalam (130 ₹, 5½ Std., 5 & 6.45 Uhr). Busse fahren häufig nach Thrissur (112 ₹, 3½ Std.) und nach Kochi (170–280 ₹, 4 Std., tgl. 14-mal). Zum Distrikt Wayanad starten Busse alle 15 Minuten über Kalpetta (55 ₹, 2 Std.) nach Sultanbatheri (80 ₹, 3 Std.). Auch private Busse zu diversen Langstreckenzielen nutzen diesen Busbahnhof.

FLUGZEUG

Der **Kozhikode Airport** (www.kozhikodeairport.com) liegt rund 25 km südöstlich der Stadt in Karipur. Neben Flügen zu größeren Städten im Inland gibt's auch internationale Flüge zu den Golfstaaten.

SpiceJet (www.spicejet.com; Kozhikode Airport) hat die besten Inlandsverbindungen mit Direktflügen nach Mumbai, Bengaluru und Chennai. **Air India** (☎ 0495-2771974; 5/2521 Bank Rd, Eroth Centre; ⏲ 9–17 Uhr) fliegt nach Kochi und Coimbatore. **Jet Airways** (☎ 0495-2712375; Kozhikode Airport) hat einen täglichen Flug nach Mumbai. Die Flüge nach Goa gehen über Bengaluru oder Mumbai.

ZUG

Der Bahnhof liegt 1 km südlich des Mananchira Sq. Es gibt häufige Züge nach Kannur (2. Klasse/Sleeper/3AC 75/140/490 ₹, 2 Std.), Mangaluru (Sleeper/3AC/2AC 165/490/695 ₹, 5 Std.), Ernakulam (170/490/695 ₹, 4½ Std.) und bis nach Thiruvananthapuram (240/650/930 ₹, 11 Std.).

In südöstlicher Richtung fahren Züge über Palakkad nach Coimbatore (Sleeper/3AC/2AC 140/490/695 ₹, 4½ Std.).

Kozhikode (Calicut)

Sehenswertes
1 Church of South India C1
2 Mananchira Square C1

Schlafen
3 Alakapuri C2
4 Beach Hotel B2
5 Hyson Heritage C1

Essen
6 Paragon Restaurant B1
Salkaram & Hut .... (siehe 4)
7 Zains B1

Praktisches
8 State Bank of India C1

Transport
9 Air India C1
10 KSRTC-Busbahnhof C1

Unterwegs vor Ort

In Kozhikode gibt's viele Autorikschas, und die meisten Fahrer nutzen Taxameter. Die Fahrt vom Bahnhof zum KSRTC-Busbahnhof oder vielen Hotels kostet rund 40 ₹. Eine Autoriksha zum Flughafen kostet rund 450 ₹, ein Taxi rund 650 ₹.

Distrikt Wayanad

☎ 04935 & 04936 / 816 600 EW.

Viele Einwohner Keralas halten den hoch gelegenen Distrikt Wayanad für den schönsten Teil ihres Bundesstaats. Wayanad umfasst einen Teil eines abgelegenen Waldreservats, das sich bis nach Tamil Nadu und Karnataka erstreckt und präsentiert sich als Mischung aus Berglandschaften, sattgrünen Reisfeldern, schlanken Betelpalmen, Bambus, roter Erde, stachligen Ingwerfeldern und Kautschuk-, Kardamom- und Kaffeeplantagen. Ausländische Traveller legen hier einen Halt auf der Busroute zwischen Mysuru, Bengaluru oder Udagamandalam und Kerala ein, aber die Gegend ist immer noch fantastisch unberührt und abgelegen. Hier kann man auch wilde Elefanten beobachten.

Das 345 km² große Schutzgebiet besteht aus zwei separaten Teilen: **Muthanga** im Osten an der Grenze zu Tamil Nadu und **Tholpetty** im Norden an der Grenze nach Karnataka. Drei Ortschaften im Distrikt Wayanad sind gute Ausgangspunkte und Verkehrsknoten zur Erkundung des Schutzgebiets: **Kalpetta** im Süden, **Sultanbatheri** (Sultan Battery) im Osten und **Mananthavadi** im Nordwesten; die schönsten Unterkünfte liegen aber verstreut in der Region.

Sehenswertes & Aktivitäten

★ Wayanad Wildlife Sanctuary NATURSCHUTZGEBIET
(www.wayanadsanctuary.org; Eintritt je Teil Inder/Ausländer 115/300 ₹, Foto/Video 40/225 ₹; ⌚7–10 & 15–17 Uhr) Der Eintritt in beide Teile des Schutzgebiets ist nur im Rahmen einer zweistündigen Jeepsafari (650 ₹) gestattet, die sich an den Eingängen zum Schutzgebiet vereinbaren lässt. Zur Zeit der Recherche plante die Verwaltung gerade, die Jeeps durch Minibusse zu ersetzen. Wanderungen sind im Schutzgebiet nicht mehr erlaubt. Sowohl Tholpetty als auch Muthanga sind im April geschlossen, bleiben aber in der Monsunzeit geöffnet.

Ob man Tholpetty oder Muthanga besucht, hängt im Wesentlichen davon ab, ob man im Norden oder im Süden von Wayanad übernachtet, denn die Chancen, Wildtiere zu erspähen, sind vergleichbar. In beiden Teilen sollte man morgens und nachmittags mindestens eine Stunde vor der Öffnung am Eingang sein, um sich zu registrieren und ein Fahrzeug zu sichern, da in den Parkteilen nur eine begrenzte Zahl von Guides und Jeeps gleichzeitig erlaubt sind.

Thirunelly-Tempel HINDU-TEMPEL
(⌚Sonnenaufgang–Sonnenuntergang) Der 10 km von Tholpetty entfernte Tempel soll einer der ältesten in ganz Indien sein. Nicht-Hindus dürfen ihn zwar nicht betreten, aber allein der Anblick der uralten, aufwendig hergestellten Säulen beeindruckt. Hinter dem Tempel führt ein Pfad zum Fluss

Wayanad District

N 0 — 10 km

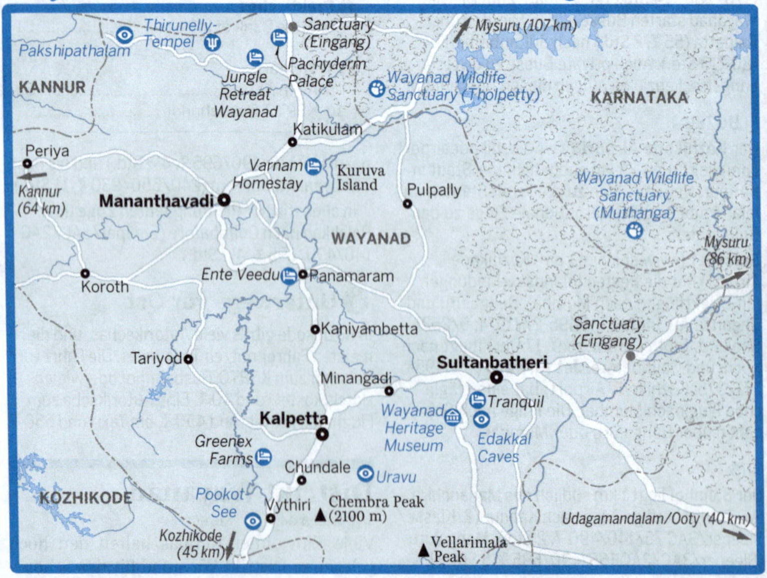

Papanasini. Die Hindus glauben, dass man dort all seine Sünden wegwaschen kann.

Edakkal Caves HÖHLE
(Erw./Kind 20/10 ₹, Foto 30 ₹; ⏲ Di–So 9–16 Uhr) Das Highlight dieser abgelegenen „Höhlen" auf einem Hügel – genauer gesagt handelt es sich um ein paar Felsspalten – sind die Petroglyphen in der obersten Höhle, die mehr als 3000 Jahre alt sein sollen. Vom Parkplatz in der Nähe von Ambalavayal führt ein steiler, 20-minütiger Marsch auf einer kurvenreichen Straße hinauf zum Ticketschalter, dann klettert man steil hinauf zur lichtdurchfluteten oberen Höhle. An klaren Tagen hat man einen tollen Blick auf den Wayanad District. An Wochenenden drängen sich an den Höhlen die Massen.

Wayanad Heritage Museum MUSEUM
(Ambalavayal; Erw./Kind 20/10 ₹, Foto/Video 20/150 ₹; ⏲ 9–17.30 Uhr) Im kleinen, rund 5 km von den Edakkal Caves entfernten Dorf Ambalavayal zeigt dieses Museum Werkzeuge, Waffen, Töpferwaren, Steinreliefs und andere Artefakte, die bis ins 14. Jh. zurückreichen und Aufschluss über die Adivasi geben, die in Wayanad einen bedeutenden Bevölkerungsanteil stellen.

Uravu KUNSTHANDWERK
(☎ 04936-231400; www.uravu.net; Thrikkaippetta; ⏲ Mo–Sa 8.30–17 Uhr) Rund 6 km südöstlich von Kalpetta stellt diese Kooperative alle möglichen Dinge aus Bambus her. Man kann die Werkstätten der Kunsthandwerker besuchen, ihnen beim Weben, Malen und Schnitzen zuschauen und ihre Arbeit durch den Kauf von Vasen, Lampenschirmen, Armreifen oder Körben unterstützen.

Kannur Ayurvedic Centre AYURVEDA
(☎ 9497872562, 9495260535; www.ayurvedawayanad.com; Kalpetta; Massage ab 1200 ₹, Yoga & Meditation 1200 ₹) Das kleine, staatlich zertifizierte und von einer Familie geführte Zentrum in einer Seitengasse in Kalpetta führt ayurvedische Wellness- und Heilbehandlungen durch. Auch Unterkunft und Yogasitzungen sind verfügbar.

Wandern & Trekken

Im Distrikt Wayanad (allerdings nicht im Schutzgebiet) gibt's ein paar gute Möglichkeiten zum Wandern. Die Gegend wird aber von der Forstverwaltung streng überwacht, und diverse Wandergebiete werden daher aus Umweltgründen mal geöffnet und mal geschlossen. Zur Zeit der Recherche waren drei Treks geöffnet: der Trek zum Chembra Peak (aber nur bis zum Punkt auf mittlerer Höhe), der Trek zu den Banasura-Hügeln im Süden und der zu den Brahmagiri-Hügeln im Norden. Genehmigungen und Guides sind vorgeschrieben; beides lässt sich über die Forstämter in South oder North Wayanad oder über die eigene Unterkunft beschaffen. Der Standardpreis für eine Genehmigung und einen Führer liegt bei 2500 ₹ und gilt für eine Gruppe von bis zu fünf Teilnehmern – man sollte versuchen, vorab eine Gruppe zusammenzubekommen.

MAHÉ

Mahé ist eine Anomalie: Die Stadt an der Malabarküste rund 10 km südlich von Thalassery ist vollständig von Kerala umgeben, gehört aber nicht zu diesem Bundesstaat, sondern zum Unionsterritorium Puducherry (Pondicherry), dem früheren Französisch-Indien. Abgesehen von ihrer Uferpromenade mit den pariserischen Straßenlaternen ähnelt die Stadt anderen Orten an der keralesischen Küste, und Malayalam und Englisch sind die vorherrschenden Sprachen. Wesentliche Unterschiede sind aber, dass der Verkauf von Alkohol hier (anders als in Kerala) keinen Einschränkungen unterliegt und der Mehrwertsteuersatz niedrig ist. Daher ist hier jedes dritte Geschäft ein Spirituosenladen mit riesigen Schildern der jeweiligen Marken.

Schlafen & Essen

In Kalpetta, Sultanbatheri und Mananthavadi, den drei Hauptorten des Wayanad District gibt's vielerlei Unterkünfte, eine tolle Option sind aber vor allem die einsamen Homestays und Resorts überall in der Region.

Kalpetta

PPS Residency HOTEL $
(☎ 04936-203431; www.ppsresidency.com; Kalpetta; EZ/DZ 400/500 ₹, mit Klimaanlage 1320/1540 ₹; ❄) Das freundliche Budgethotel im Zentrum von Kalpetta hat eine Reihe recht sauberer Zimmer in einer motelartigen Anlage, das zu Recht beliebte Restaurant Pankaj mit internationaler Küche und eine Bierbar. Das hilfreiche Management kann Touren in Wayanad organisieren.

Haritagiri HOTEL $$
(04936-203145; www.hotelharitagiri.com; Kalpetta; EZ/DZ mit Frühstück ab 1650/2100 ₹, mit Klimaanlage ab 2100/2750 ₹;) Das komfortable Mittelklassehotel liegt abseits von Kalpettas wimmelnden Hauptstraßen und hat Zimmer mit Balkon sowie privatere Garten-Cottages. Einige Zimmer haben einen Balkon. Es gibt auf dem Gelände zwei gute Restaurants, einen Pool, einen Fitnessraum und ein ayurvedisches „Dorf".

Sultanbatheri

Mint Flower Residency HOTEL $$
(04936-222206, 9745222206; www.mintflowerresidency.com; Sultanbatheri; EZ/DZ 830/1375 ₹, mit Klimaanlage 1075/1670 ₹) Der Budget-Anbau des Mint Flower Hotel ist in einem prima Zustand. Er ist sonst nicht weiter interessant, aber die Zimmer sind makellos und haben TV und Warmwasser.

Issac's Hotel Regency HOTEL $$
(04936-220512; www.issacsregency.com; Sultanbatheri; B 250 ₹, EZ/DZ/3BZ ab 1150/1600/1800 ₹, mit Klimaanlage ab 1550/2000/2250 ₹;) Dieser bemerkenswert gut ausgestattete Komplex nahe dem privaten Busbahnhof im Zentrum hat einfach alles – von einem Kino bis hin zum Swimmingpool – und das zu vernünftigen Preisen. Im klimatisierten „Schlafsaal" gibt's nur Matratzen auf dem Boden.

Wilton Restaurant INTERNATIONAL $$
(04936-226444; Kalpetta Rd; Hauptgerichte 120–440 ₹; 7–22 Uhr) Das Wilton ist ein herausragendes Restaurant in Sultanbatheri mit einer bunt zusammengewürfelten Karte, auf der indische, arabische und asiatische Gerichte sowie Burger stehen, die oben im klimatisierten Speisesaal serviert werden. Im Erdgeschoss ist ein Snack- und Süßwarenladen mit Gebäck, getrockneten Früchten und Kaffee. Schlagfertige Bedienung!

Rund um Wayanad

★ **Varnam Homestay** HOMESTAY $$
(9745745860, 04935-215666; www.varnamhomestay.com; Kurukanmoola, Kadungamalayil House; EZ/DZ inkl. Mahlzeiten 1500/2600 ₹, Villa 1800/3000 ₹;) Diese friedliche, ruhige Oase liegt wenige Kilometer von Katikulam entfernt im nördlichen Wayanad. Varghese und Beena kümmern sich in der netten Unterkunft mit Geschichten über Wayanad, Infos zur Gegend und köstlicher Hausmannskost mit frischen Bio-Zutaten um ihre Gäste. Die Zimmer befinden sich in einem traditionellen Familienhaus und in einem neueren, erhöht stehenden „Baumhaus". Dschungel und Gewürzplantagen umgeben das Anwesen.

Ente Veedu HOMESTAY $$
(9446834834, 04935-5220008; www.enteveedu.co.in; Panamaram; Zi. mit Frühstück 2500–5500 ₹, mit Klimaanlage 3500–4000 ₹;) Einsam und in hübscher Lage über ausgedehnten Bananenplantagen und Reisfeldern ist dieses Homestay auf halber Strecke zwischen Kalpetta und Mananthavadi wirklich einen Aufenthalt wert. Es gibt mehrere große Zimmer, zwei Zimmer mit Bambuswänden und eigenem Balkon, außerdem Hängematten und Korbstühle, um die fabelhafte Aussicht zu genießen. Es gibt auch Mittag- und Abendessen. Anrufen, um die Abholung zu vereinbaren!

Greenex Farms RESORT $$
(9645091512; www.greenexfarms.com; Chundale Estate Rd, Moovatty; Zi. 2250–7800 ₹;) Die Anlage liegt wunderbar einsam inmitten von Gewürz-, Kaffee- und Teeplantagen rund 8 km südwestlich von Kalpetta. Alle einzelnen Cottages sind individuell gestaltet und verfügen über separate Wohnzimmer, Bäder, Balkone und einen herrlichen Ausblick. Es gibt Restaurants, Lagerfeuer, Wanderungen und Aktivitäten.

Jungle Retreat Wayanad PENSION $$
(9742565333; www.jungleretreatwayanad.com; DZ mit Frühstück 2500 ₹;) Die Lage an der Grenze zum Tholpetty Wildlife Sanctuary ist wundervoll, und die Zimmer und Cottages dieses Gästehauses im Dschungel sind komfortabel. Am besten sind die rustikalen Cottages mit Terrassen und Blick auf das Reservat. Mahlzeiten kosten 500 ₹ extra, und vieleMenge von Aktivitäten lassen sich vereinbaren.

★ **Tranquil** HOMESTAY $$$
(04936-220244; www.tranquilresort.com; Kuppamudi Estate, Kolagapara; DZ mit Frühstück 11900–16500 ₹, Baumhaus 18800 ₹, Baumvilla 19350 ₹;) Das wunderbar beschauliche und exklusive Homestay liegt inmitten von 160 ha unglaublich üppiger Pfeffer-, Kaffee-, Vanille- und Kardamomplantagen. Das elegante Haus besitzt große Veranden, auf denen Pflanzen und hübsche Möbel stehen. Die beiden Baumhäuser sind die vielleicht schönsten im ganzen Bundesstaat. Ein Netz aus markierten Wanderwegen zieht sich rund um die Plantage.

Praktische Informationen

Internationale Geldautomaten gibt's in den drei Hauptorten des Wayanad.

DTPC-Büro (☎ 9446072134; www.wayanadtourism.org; Kalpetta; ⏰ Mo–Sa 9.30–17.30 Uhr) Die DTPC hat zwei nützliche Büros in Kalpetta: das eine im Ort und das andere im Obergeschoss des neuen Busbahnhofs. Hier erhält man Landkarten und Ratschläge für Wanderungen.

An- & Weiterreise

Wayanad ist zwar abgelegen, aber per Bus leicht von Kozhikode und Kannur in Kerala sowie von Mysuru (Karnataka) und Udagamandalam (Tamil Nadu) aus zu erreichen. Busse bewältigen die kurvenreichen Straßen – samt neun spektakulären Haarnadelkurven – zwischen Kozhikode und Kalpetta (65–95 ₹, 2 Std.) alle 15 Minuten; einige fahren weiter nach Sultanbatheri (80–150 ₹, 3 Std.) und andere nach Mananthavadi (87 ₹, 3 Std.). Stündlich verkehren Busse zwischen Kannur und Mananthavadi (55 ₹, 2½ Std.).

Von Sultanbatheri startet um 8 Uhr ein Bus nach Udagamandalam (100 ₹, 4 Std.), ein zweiter passiert den Ort gegen 12.45 Uhr. Ein Bus nach Udagamandalam verlässt Mananthavadi um 11.15 Uhr. Busse fahren von Kalpetta über Sultanbatheri nach Mysuru (143 ₹, 4 Std., stündl.), aber Achtung: Das Grenztor ist zwischen 19 und 6 Uhr geschlossen. Auf der alternativen nördlichen Route ab Mananthavadi, auf der die Grenze rund um die Uhr geöffnet ist, fahren täglich sechs Busse nach Mysuru (167 ₹, 3 Std.).

Unterwegs vor Ort

Wayanad ist ziemlich weitläufig, aber die Großstädte Mananthavadi, Kalpetta und Sultanbatheri werden tagsüber alle 10 bis 20 Minuten von unzähligen privaten Bussen miteinander verbunden (15–25 ₹, 45 Min.–1 Std.). Ab Mananthavadi, fahren regelmäßig Busse nach Tholpetty (15 ₹, 1 Std.). Jeeps oder Taxis für die Fahrt von einer Stadt zur nächsten kann man für 600 bis 800 ₹ pro Strecke anheuern. Wenn man ein Fahrzeug einen Tag lang mieten will, um die ganze Region zu bereisen, muss man mit 2000 ₹ rechnen.

Es gibt Unmengen an Autorikschas und Taxis für kurze Strecken innerhalb der Städte.

Kannur & Umgebung

☎ 0497 / 1,2 MIO. EW.

An der Nordküste von Kerala gibt es weniger Touristen als an der Südküste, die für viele an sich schon eine Attraktion ist. Der Hauptanziehungspunkt in dieser Küstenregion sind die schönen, unerschlossenen Strände sowie die *theyyam*-Rituale (S. 350).

Unter den Radschas von Kolathiri galt Kannur (früher Cannanore) als bedeutender Hafenort für den internationalen Handel. Der Entdecker Marco Polo nannte die Stadt „ein großes Emporium des Gewürzhandels". Seitdem haben die üblichen kolonialen Verdächtigen, darunter die Portugiesen, Niederländer und Briten, bei der Entwicklung der Region ihre Hand im Spiel gehabt und unzählige Forts hinterlassen. Heute ist die Stadt nicht sonderlich spannend, aber ganz nett und hauptsächlich für gewebte Waren und den Handel mit Cashewnüssen bekannt.

Die Gegend ist vorwiegend muslimisch, also sollte man Rücksicht nehmen und am Strand einen Sarong über dem Bikini tragen.

Sehenswertes

Kannurs städtischer Hauptstrand ist der 4 km lange **Payyambalam Beach** (Strandpark 10 ₹, Foto/Video 25/150 ₹; ⏰ 8–20 Uhr), der rund 1,5 km östlich vom Bahnhof, gleich hinter der Armeekaserne beginnt. Im Strandpark wird es abends voll, wenn Familien und Pärchen kommen, um den Sonnenuntergang zu genießen und zu picknicken.

Arakkal Museum MUSEUM
(Inder/Ausländer 20/100 ₹, Foto 25 ₹; ⏰ Mo–Sa 9.30–17.15 Uhr) Das Museum residiert am Hafen in einem Teil des Palasts der Arakkal, einer Herrscherdynastie des 16. Jhs. in Kannur. Es zeigt Antiquitäten, Möbel, Waffen, Silberwaren und Porträts und vermittelt einen faszinierenden Einblick in das Leben von Keralas einziger muslimischer Herrscherdynastie.

Kerala Dinesh Beedi Co-Operative WORKSHOP
(☎ 0497-2701699; www.keraladinesh.com; ⏰ Mo–Sa 8–18 Uhr) GRATIS Die Region Kannur ist bekannt für die Herstellung von *beedis,* die winzigen indischen Zigaretten, deren Tabak geschickt in grüne Blätter gerollt wird. Diese Kooperative ist einer der größten und angeblich besten Hersteller. Die Fabrik steht in Thottada, 7 km südlich von Kannur und rund 4 km vom Thottada Beach entfernt. Ein geschulter Arbeiter kann bis zu 1000 Stück am Tag produzieren. Besucher können sich gerne umschauen; die Fahrt mit einer Autorikscha kostet aus Kannur hin und zurück rund 120 ₹.

Schlafen & Essen

Es gibt zwar viele Hotels in der Stadt Kannur, besser sind aber die Homestays nahe

THEYYAM

Keralas beliebteste rituelle Kunstform ist *theyyam*. Man glaubt, dass es älter als der Hinduismus ist und auf Tänze zurückgeht, die bei Erntefesten aufgeführt wurden. Das Ritual ist ortsgebunden und wird in *kavus* (heiligen Hainen) in ganz Nord-Kerala praktiziert.

Theyyam bezeichnet sowohl die Gestalt der dargestellten Gottheit bzw. des dargestellten Helden als auch das eigentliche Ritual. Es gibt rund 450 verschiedene *theyyams*, jedes mit einem speziellen Kostüm. Dieses besteht aus Gesichtsbemalung, Armreifen, Brustplatten, Röcken, Girlanden und prächtigem, kunstvollem Kopfschmuck, der manchmal bis zu 6 oder 7 m hoch ist. Während der Aufführungen verlieren die Darsteller ihre eigene körperliche Identität und nehmen die Identität der jeweiligen Gottheit, die sie darstellen, an. Sie sprechen zu den Anhängern, tanzen und segnen diese, als wären sie selbst die Gottheiten. Durch die ekstatischen Bewegungen und das wilde Trommeln entsteht eine Atmosphäre, in der sich die Gottheit, wenn sie denn will, in menschlicher Form zeigen könnte.

Jedes Jahr von November bis April finden in jedem der unzähligen *kavus* solche Rituale statt. Oft werden *theyyams* auch bei wichtigen Ereignissen wie Hochzeiten und Einweihungen als glücksverheißende Omen abgehalten. Die besten Orte, um ein *theyyam* zu besuchen, sind die Dorftempel in der Region Kannur im nördlichen Kerala. In der Spitzensaison (Dez.–Feb.) gibt es fast an jedem Abend irgendwo ein *theyyam*-Ritual.

Reisende sind zwar willkommen, dürfen aber nicht vergessen, dass es sich nicht um eine Tanzdarbietung, sondern um ein religiöses Ritual handelt und dass dieselben Verhaltensregeln wie in Tempeln gelten: Man sollte sich nicht zu freizügig kleiden, die Beteiligten und die Dorfbewohner nicht stören und den Austausch von Zärtlichkeiten unterlassen. Fotografieren ist erlaubt, aber nicht mit Blitzlicht. Um zu erfahren, wo und wann ein *theyyam* stattfindet, erkundigt man sich in seiner Pension oder wendet sich an Kurien vom Costa Malabari.

---

dem Strand in Thottada (8 km südlich) und in Richtung Thalassery.

Kannur Town

Hotel Meridian Palace HOTEL $
(☎9995999547, 0497-2701676; www.hotelmeridianpalace.com; Bellard Rd; EZ/DZ ab 550/700 ₹, Deluxe 935/1100 ₹, mit Klimaanlage 1425–1650 ₹; ❄) Im Marktareal gegenüber dem Bahnhof bietet dieses Hotel, das wirklich nicht als Palast bezeichnet werden kann, aber doch recht freundlich ist, viele saubere Budgetzimmer und ein Restaurant mit Punjab-Küche.

Hotel Odhen's INDISCH $
(Onden Rd; Hauptgerichte 30–100 ₹; ⏲8.30–17 Uhr) Das beliebte Lokal in Kannurs Marktviertel ist mittags in der Regel gut besucht. Die Spezialität sind Malabar-Gerichte, darunter schmackhafte Seafood-Currys und Thalis auf Bananenblättern.

Thottada Beach & Umgebung

Blue Mermaid Homestay HOMESTAY $$
(☎9497300234; www.bluemermaid.in; Thottada Beach; EZ/DZ mit Frühstück & Abendessen 2500/3500 ₹, Cottage 4000 ₹; ❄📶) Die charmante, makellose Pension hat eine erstklassige Lage unter den Palmen am Thottada Beach. Die Anlage bietet Zimmer in einem traditionellen Wohnhaus, helle Zimmer mit Klimaanlage in einem neueren Gebäude und ein witzig auf Stelzen thronendes „Flitterwöchner-Cottage". Die freundlichen jungen Inhaber bereiten feine keralesische Kost zu.

Waves Beach Resort HOMESTAY $$
(☎9495050850, 9447173889; www.wavesbeachresort.co.in; Adikadalayi, Thottada Beach; EZ/DZ inkl. Mahlzeiten 2000/3500 ₹; 📶) Die Wellen, die sich am Strand brechen, lullen einen in diesen zwei niedlichen, sechseckigen Lateritsteinhütten über einem fast privaten, halbmondförmigen kleinen Strand in den Schlaf. Die freundlichen Eigentümer Seema und Arun vermieten auch Zimmer in zwei nahegelegenen Anwesen, darunter billigere in einem alten keralesischen Haus.

Costa Malabari PENSION $$
(☎0944-7775691, Reservierungen 0484-2371761; www.touristdesk.in; Thottada Beach; DZ inkl. Mahlzeiten 3000–4000 ₹; ❄📶) Das Costa Malabari war ein Pionier des Tourismus in dieser Gegend und umfasst drei hübsche Homestay-Unterkünfte gleich hinter dem

Thottada Beach. Das Costa Malabari hat geräumige Zimmer in einer alten Weberei und zusätzliche in zwei nahegelegenen Bungalows. Die im Haus zubereiteten keralesischen Gerichte sind im Preis inbegriffen. Der Manager Kurien ist ein Experte für das *theyyam*-Ritual und kann dabei helfen, einen Besuch zu vereinbaren.

Kannur Beach House HOMESTAY **$$**
(☎ 0497-2708360, 9847184535; www.kannurbeachhouse.com; Thottada Beach; EZ/DZ 2600/3600 ₹) Das ursprüngliche Homestay am Strand in einem traditionellen keralesischen Haus mit schönen Fensterläden aus Holz hat etwas abgewohnte Zimmer. Von der Veranda oder dem Balkon aus kann man aber einen herrlichen Sonnenuntergang über dem Meer genießen. Eine schmale Lagune trennt das Haus vom Strand. Frühstück und Abendessen sind im Preis inbegriffen.

Ezhara Beach House HOMESTAY **$$**
(☎ 0497-2835022; www.ezharabeachhouse.com; 7/347 Ezhara Kadappuram; EZ/DZ inkl. Mahlzeiten ab 1500/3000 ₹; 📶) Am unberührten Strand Kizhunna Ezhara, auf halber Strecke zwischen den Bahnhöfen von Kannur und Thalassery (Entfernung je 11 km), wird das Ezhara Beach House von der netten, resoluten Hyacinth geführt. Die Zimmer sind schlicht, aber das Haus hat Charakter, und die Gäste rühmen das hiesige Essen.

Thalassery

Ayisha Manzil HOMESTAY **$$$**
(☎ 9496189296; www.ayishamanzil.com; Thalassery; DZ inkl. Mahlzeiten 15 500 ₹; ❄📶🏊) Die vier Zimmer in diesem 150 Jahre alten historischen Homestay sind riesig und voller antiker Möbel, aber die meisten Gäste kommen wegen der muslimischen Mappila-Küche und der berühmten Kochkurse (2500 ₹), die Frau Faiza Moosa leitet. Ein Besuch auf dem örtlichen Markt gehört mit zu dem kulinarischen Erlebnis. Weit im Voraus buchen!

An- & Weiterreise

BUS

Kannur hat mehrere Busbahnhöfe: vom riesigen Zentralen Busbahnhof – einem der größten in Kerala – fahren private und einige staatliche Busse, die meisten staatlichen Fernbusse nutzen aber immer noch den KSRTC-Busbahnhof nahe der Caltex Junction, 1 km nordöstlich vom Bahnhof.

Täglich fahren Busse nach Mysuru (203–298 ₹, 8 Std., tgl. 5-mal), Madikeri (85 ₹, 2½ Std., 11 Uhr) und Udagamandalam (über Wayanad; 221 ₹, 9 Std., 7.30 & 22 Uhr).

Zur Region Wayanad nimmt man vom Zentralen Busbahnhof einen der stündlich fahrenden Busse nach Mananthavadi (80 ₹, 2½ Std.).

Zum Thottada Beach nimmt man von der Plaza Junction gegenüber dem Bahnhof den Bus 22 oder 29 (9 ₹) und steigt im Dorf Adikadalayi aus.

FLUGZEUG

Der Kannur International Airport, 25 km östlich von Kannur, sollte 2017 eröffnet werden und dann der größte Flughafen in Kerala sein.

ZUG

Täglich fahren häufig Züge nach Kozhikode (2. Klasse/AC Chair 60/295 ₹, 1½ Std.), Ernakulam (Sleeper/3AC/2AC 220/540/740 ₹, 6½ Std.) und Alappuzha (215/580/830 ₹).
In Richtung Norden gibt's Expresszüge nach Mangaluru (Sleeper/3AC/2AC 170/540/740 ₹, 3 Std.) und sogar nach Goa (Sleeper/3AC/2AC 350/915/1295 ₹, 8 Std.).

Bekal & Umgebung

☎ 0467

Bekal und das nahe Palakunnu sowie Udma ganz im Norden Keralas haben lange, weiße Sandstrände, die sich für Erkundungstouren anbieten. In dem Gebiet entstehen schrittweise immer mehr glitzernde Fünf-Sterne-Resorts, die auf frisch vom Golf kommende Millionäre ausgerichtet sind. Für Abenteurer lohnt sich der Trip trotzdem.

Sehenswertes & Aktivitäten

Das aus Lateritziegeln zwischen 1645 und 1660 erbaute **Fort Bekal** (Inder/Ausländer 15/200 ₹; ⏲8–17 Uhr) steht auf Bekals felsiger Landzunge. Der **Bekal Beach** (5 ₹) direkt daneben umfasst einen grasbewachsenen Park und einen langen, schönen Strand, der sich am Wochenende und an Feiertagen in einen Zirkus verwandelt, wenn die einheimischen Familien hier ihre Freizeit verbringen. Der isolierte **Kappil Beach**, 6 km nördlich von Bekal, ist ein einsamer Strand mit feinem Sand und ruhigem Wasser. Achtung: Die Sandbänke verändern immer wieder ihre Position!

Schlafen & Essen

Abgesehen von den Fünf-Sterne-Hotels Vivanta Taj und Lalit gibt es eine Menge billiger, durchschnittlicher Hotels zwischen Kanhangad (12 km südlich) und Kasaragod

(10 km nördlich) sowie einige bemerkenswerte Ausnahmen.

Nirvana@Bekal COTTAGE $$
(☎ 0467-2272900, 9446463088; www.nirvanabekal.com; Bekal Fort Rd; DZ mit Frühstück 1800–4700 ₹; ❄ 📶) Die Lateritbungalows in einem Garten voller Palmen am Strand direkt unter den Wällen von Fort Bekal sind vor Ort die Unterkunft mit dem besten Preis-Leistungs-Verhältnis. Die Zimmer sind mit Klimaanlage und TV ausgestattet, es gibt ein gutes Restaurant, diverse Ayurveda-Anwendungen und sogar eine Cricketball-Wurfmaschine!

★ **Neeleshwar Hermitage** RESORT $$$
(☎ 0467-2287510; www.neeleshwarhermitage.com; Ozhinhavalappu, Neeleshwar; Cottages EZ/DZ ab 13 900/16 600 ₹; ❄ 📶 🏊) Dieses spektakuläre Ökoresort am Strand umfasst 18 schön gestaltete Cottages mit Strohdach, die dem Vorbild keralesischer Fischerhütten nachempfunden sind, aber moderne Einrichtungen wie iPod-Stationen haben und im Fünf-Sterne-Bereich angesiedelt sind. Das nach den Regeln des Kerala Vastu errichtete Resort verfügt über einen Infinity-Pool, Gärten voller Frangipanipflanzen auf fast 5 ha, erstklassige Bio-Kost, verschiedene Ayurveda-Massagen sowie Meditations- und Yoga-Angebote.

ℹ An- & Weiterreise

Ein paar Nahverkehrszüge halten am Bahnhof Fort Bekal, direkt am Strand von Bekal. Größere Bahnhöfe finden sich etwa 12 km südlich in Kanhangad und 10 km nördlich in Kasaragod. Von Bekal fahren Busse häufig sowohl nach Kanhangad als auch nach Kasaragod (rund 15 ₹, 20 Min.), wo man Züge nach Mangaluru, Goa und südwärts nach Kochi nehmen kann. Eine Autoriksсha von Bekal Junction zum Kappil Beach kostet rund 80 ₹.

LAKSHADWEEP

64 500 EW.

Lakshadweep umfasst eine Kette von 36 mit Palmen bewachsenen und von wunderbar weißen Sandstränden gesäumten Koralleninseln 300 km vor der Küste von Kerala und ist ebenso eindrucksvoll wie einsam. Nur zehn der Inseln sind bewohnt, meist von muslimisch-sunnitischen Fischern, und Ausländer dürfen nur auf einigen wenigen dieser Inseln übernachten. Das örtliche Leben auf den Inseln mit den Haupteinnahmequellen Fischfang und Produktion von Kokosbast verläuft sehr traditionell, und ein Kastensystem unterteilt die Einwohner in Koya (Landbesitzer), Malmi (Seeleute) und Melachery (Bauern). Strom liefert der Generator.

ABSEITS DER ÜBLICHEN PFADE

VALIYAPARAMBA BACKWATERS

Keralas „nördliche Backwaters" sind eine lockende Alternative zu den bekannteren Wasserstraßen unten im Süden. Dieses große Gewässer wird von fünf Flüssen gespeist und ist von unglaublich grünen Palmenhainen gesäumt. Eine der nächstgelegenen Ortschaften ist **Payyanur**, 50 km nördlich von Kannur. Von Kotti kann man eine Fähre nehmen, wo der KSWTD Fähren zu den umliegenden Inseln betreibt. Die Fährstelle ist fünf Gehminuten vom Bahnhof Payyanur entfernt. Die 2½-stündige Fahrt (10 ₹) ab Kotti bringt einen zur 8 km von Payyanur entfernten Ayitti Jetty, von der auch die Fähre zur Rückfahrt ablegt.

Übernachten kann man im friedlichen **Valiyaparamba Retreat** (☎ 0484-2371761; www.touristdesk.in/valiyaparambaretreat.htm; DZ inkl. Mahlzeiten 4000 ₹), einem Homestay-Refugium mit schlichten Zimmern und auf Stelzen stehenden Bungalows 15 km nördlich von Payyanur und 3 km von der Ayitti Jetty entfernt. Tourist Desk (S. 330) in Kochi veranstaltet Tagesausflüge auf einem traditionellen Hausboot durch die Valiyaparamba Backwaters.

Bekal Boat Stay (☎ 0467-2282633, 9447469747; www.bekalboatstay.com; Kottappuram, Nileshwar; 24-std. Kreuzfahrt 6000–8000 ₹) ist einer der wenigen Anbieter in der Gegend, der Hausboottouren mit Übernachtung (6000–8000 ₹) durch die Valiyaparamba Backwaters veranstaltet. Auch Tagestouren (4000 ₹/bis 6 Pers.) werden angeboten. Das Unternehmen hat seinen Sitz rund 22 km südlich von Bekal und rund 2 km außerhalb von Nileshwar – einfach einen der Busse zwischen Kannur und Bekal nehmen, in Nileshwar aussteigen und von dort eine Autoriksсha nehmen (30 ₹).

Die wahren Attraktionen der Inseln liegen unter Wasser: Das 4200 km² große Meeresgebiet mit unberührten Archipel-Lagunen, einsamen Korallenriffen und warmem Wasser lockt Taucher und Schnorchler magisch an.

Lakshadweep kann nur im Rahmen vorab vereinbarter Pauschaltouren besucht werden. Zur Zeit der Recherche waren Resorts auf den Inseln **Kadmat**, **Minicoy**, **Kavaratti** und **Bangaram** für Touristen geöffnet – bei den meisten Besuchen auf den Inseln handelt es sich allerdings um Pauschaltouren per Boot, die eine Kreuzfahrt ab Kochi, Besuche auf den Inseln, Wassersport, Tauchen und Übernachtungen an Bord beinhalten. Zum Zeitpunkt der Recherche durften Ausländer nicht auf der Insel Agatti übernachten. Sie dürfen aber dorthin fliegen und von dort per Boot zu anderen Inseln übersetzen. Packages beinhalten Genehmigungen und Mahlzeitenund können bei SPORTS arrangiert werden.

Schlafen & Essen

Auf Minicoy, der einsamen, zweitgrößten Insel des Archipels, die den Malediven am nächsten liegt, kann man in den modernen Cottages oder dem 20-Zimmer-Gästehaus des **Minicoy Island Resort** (☎0484-2668387; www.lakshadweeptourism.com; EZ/DZ mit Klimaanlage ab 5000/7000 ₹; ❄) übernachten; gebucht wird über SPORTS (S. 353).

Das **Kadmat Beach Resort** (☎0484-4011134; www.kadmat.com; 2 Nächte EZ/DZ inkl. Mahlzeiten ab 11 450/16 050 ₹; ❄) auf Kadmat hat 28 moderne, auf den Strand blickende Cottages. Das Resort lässt sich per Boot (mit Übernachtung) ab Kochi oder mit einer Überfahrt vom Flughafen Agatti aus erreichen.

Einfache **Cottages** (www.lakshadweeptourism.com; EZ/DZ 10 000/15 000 ₹) und das noble, kürzlich wiedereröffnete **Bangaram Island Resort** (☎0484-2397550; www.bangaram.org; EZ/DZ inkl. Mahlzeiten 11 150/16 900 ₹) stehen auf der sonst unbewohnten Insel Bangaram zur Verfügung, die man von Agatti aus per Boot erreicht.

Praktische Informationen

GENEHMIGUNGEN

Alle Besuche erfordern eine (einen Monat im Voraus zu beantragende) Sondergenehmigung, die sich aber über Tourveranstalter oder SPORTS in Kochi beschaffen lässt. Zur Zeit der Recherche durften Ausländer nur in den staatlichen Resorts auf Kadmat, Minicoy, Kavaratti und Bangaram übernachten; genauere Infos gibt's bei SPORTS.

TOURISTENINFORMATION

Mint Valley Travel (☎0484-2397550; www.mintvalley.com; Kochi) Verlässlicher privater Tourveranstalter.

SPORTS (Society for the Promotion of Recreational Tourism & Sports; ☎9495984001, 0484-2668387; www.lakshadweeptourism.com; PS Parameswaran Rd, Willingdon Island; ⏲Mo–Sa 10–17 Uhr) SPORTS (in Kochi) ist die wichtigste Organisation, die Touristen informiert und Pauschaltouren anbietet.

An- & Weiterreise

Air India fliegt täglich außer sonntags zwischen Kochi und Agatti (hin & zurück ab 9700 ₹). Der Bootstransport zwischen Agatti und Kadmat, Kavaratti und Bangaram ist in den angebotenen Pauschaltouren mit enthalten.

Sechs Passagierschiffe – die MV *Kavaratti*, die MV *Arabian Sea*, die MV *Lakshadweep Sea*, die MV *Bharat Seema*, die MV *Amindivi* und die MV *Minicoy* – sind zwischen Kochi und Lakshadweep im Einsatz; die Fahrten dauern 14 bis 20 Stunden.

Kreuzfahrt-Pauschalen beginnen mit dem Wochenendpaket (Erw./Kind 7216/6185 ₹) und reichen bis zur fünftägigen Drei-Insel-Kreuzfahrt (ab 25 000/18 000 ₹).

Weitere Infos finden sich auf der Webseite www.lakshadweeptourism.com unter der Rubrik „Packages".

TAUCHEN IN LAKSHADWEEP

Lakshadweep ist ein Traum für Taucher mit ausgezeichneter Unterwassersicht und einer unglaublichen Vielzahl von Meeresbewohnern, die in den Korallenriffen leben. Die beste Zeit zum Tauchen ist zwischen November und Mitte Mai, wenn die See ruhig ist und die Sichtweite zwischen 20 und 40 m beträgt. Tauchcenter gibt es auf Bangaram, Kadmat, Kavaratti, Minicoy und Agatti (letzteres war zum Zeitpunkt der Recherche aber für Ausländer geschlossen); SPORTS in Kochi organisiert pauschale Tauchtouren und Tauchkurse.

Tamil Nadu & Chennai

Inhalt ➡

Schön übernachten

- Saratha Vilas (S. 418)
- Les Hibiscus (S. 398)
- Bungalow on the Beach (S. 405)
- Visalam (S. 418)
- 180° McIver (S. 439)

Die schönsten Tempel

- Minakshi-Amman-Tempel (S. 419)
- Brihadishwara-Tempel (S. 408)
- Arunachaleshwar-Tempel (S. 390)
- Nataraja-Tempel (S. 403)
- Sri-Ranganathaswamy-Tempel (S. 412)

Auf nach Tamil Nadu & Chennai!

Tamil Nadu ist die Heimat einer der letzten lebendigen klassischen Zivilisationen. Sie reicht zwei Jahrtausende zurück und ist noch immer stark mit der tamilischen Sprache, dem Tanz und der Dichtung sowie dem Hinduismus verflochten.

Der dem Handel verschriebene Bundesstaat im tiefen Süden Indiens lebt aber nicht nur in den Traditionen, sondern ist zugleich sehr dynamisch. Feueranbeter, die sich eben noch ein Tika auf die Stirn gemalt haben, verschwinden kurz darauf in IT-Büros und chillen abends in den protzigen Bars der Boomtown Chennai (Madras) oder beten die Sonne im unkonventionellen Puducherry (Pondicherry) an.

Und wenn die Hitze und der Trubel einen zu überwältigen drohen, flieht man an die äußerste Südspitze Indiens, wo drei Meere aufeinandertreffen, in die Landhäuser der trockenen Region Chettinadu oder hinauf in die kühlen wald- und tierreichen Westghats. All das versteckt sich in einem Bundesstaat, der sich stolz vom übrigen Indien abhebt und zu den freundlichsten Gegenden des gesamten Landes gehört.

Reisezeit

Chennai

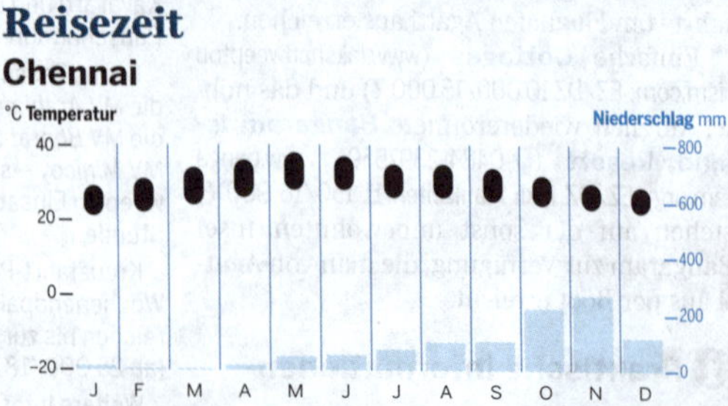

Jan.–März Nach dem Ende des Monsuns ist das Wetter (vergleichsweise) kühl.

Juli–Sept. Beste Zeit für einen Besuch der Hill Stations: der Trubel ist vorbei, das Wetter noch gut.

Nov.–Dez. Bei Vollmond wird das Lichterfest gefeiert.

Highlights

1. Das französisch-indische Flair, die lässigen Boutiquen und die muntere Yogaszene von **Puducherry** (S. 394) erkunden
2. In den **Hill Stations** (S. 430) Kodaikanal oder Udagamandalam der Hitze entfliehen und in kühler, nebliger Berglandschaft historische Hotels erkunden
3. Die Chola-Architektur des Brihadishvara-Tempels in **Thanjavur** (S. 408) bewundern
4. In **Chettinadu** (S. 416) in einer opulenten Villa nächtigen und scharfe Gerichte genießen
5. Sich in dem farbenfrohen Chaos des tamilischen Minakshi-Amman-Tempels von **Madurai** (S. 418) verlieren
6. In der ehemaligen dänischen Hafenkolonie **Tharangambadi** (S. 405) die Zeit vergessen
7. In der Berglandschaft des **Mudumalai Tiger Reserve** (S. 447) nach seltenen exotischen Tieren Ausschau halten
8. Den unzähligen Facetten **Chennais** (S. 357), der Hauptstadt Tamil Nadus, nachspüren

Geschichte

Die Tamilen betrachten sich selbst als die wichtigsten Stützen für den Erhalt der drawidischen – prä-arisch-indischen – Zivilisation. Als Drawiden werden alle Sprecher einer Sprache aus der drawidischen Sprachfamilie bezeichnet, wobei die vier wichtigsten ihre Wurzeln in Indien haben: Tamil, Malayalam (Kerala), Telugu (Telangana und Andhra Pradesh) und Kannada (Karnataka). Die südindischen Kulturen und ihre Geschichte weisen große Unterschiede zum arischen Nordindien auf, und die Tatsache, dass die Tamilen ihre Identität in einer ununterbrochenen Linie bis ins klassische Altertum zurückverfolgen können, macht sie außerordentlich stolz.

Obwohl sich die Drawiden schon vor langer Zeit im Süden ansiedelten, existierten einige Bestandteile der drawidischen Kultur – etwa der meditierende Gott im Lotussitz, die wahrscheinlich erste Darstellung eines Ur-Yogis – bereits vor 4000 Jahren in den frühen Indus-Zivilisationen im Nordwesten Indiens. Ob die drawidische Kultur vor dem Auftauchen der arischen Kulturen im Norden (2. Jt. v. Chr.) bereits in ganz Indien verbreitet war und ob sich die Drawiden nur deshalb im Süden ansiedelten, weil die Arier sie aus dem Norden vertrieben, ist noch immer Gegenstand der Diskussion. Es gibt jedoch kein Zweifel daran, dass es den Kulturen Südindiens durch die große Distanz möglich war, sich mehr als 2000 Jahre ohne große Störungen durch nördliche Einflüsse oder Invasionen zu entwickeln.

Die tamilische Sprache war in Tamil Nadu bereits im 3. Jh. v. Chr., dem ungefähren Beginn der Sangam-Zeit, gut etabliert, als tamilische Dichter die klassischen Werke jener Literatur verfassten, die heute als Sangam-Literatur bezeichnet wird. Diese Ära dauerte bis zum Ende des 3. Jhs. n. Chr. an, wobei drei große tamilische Dynastien in verschiedenen Teilen von Tamil Nadu („Land der Tamilen“) aufstiegen: die frühen Cholas im Zentrum, die Cheras im Westen und die Pandyas im Süden.

Im 7. Jh. hatten die Pallavas, ebenfalls Tamilen, ihr Reich mit dem Regierungssitz in Kanchipuram etabliert. Es erstreckte sich von Tamil Nadu im Norden bis nach Andhra Pradesh. Die Pallavas errichteten nicht nur die grandiosen Felsreliefs von Mamallapuram (Mahabalipuram), sondern darüber hinaus auch die ersten frei stehenden Tempel der Region.

Später waren die mittelalterlichen Cholas (deren Verbindung zu den frühen Cholas jedoch recht unklar ist) an der Macht. Ihre Basis befand sich im Kaveri-Tal im Zentrum von Tamil Nadu. Zu ihrer Blütezeit herrschten sie aber auch über Sri Lanka und die

TOP-FESTIVALS

International Yoga Festival (S. 397; 4.–7. Jan., Puducherry) Vorführungen, Workshops und Wettbewerbe.

Pongal (im ganzen Bundesstaat; Mitte Jan.) markiert das Ende der Erntezeit und zählt zu den wichtigsten Festen in Tamil Nadu. Benannt ist es nach einem Gericht mit Reis und Linsen, das in neuen Tontöpfen zubereitet wird. Tiere, insbesondere Kühe, werden für ihren Beitrag geehrt.

Thyagaraja Aradhana (S. 410; Jan., Thiruvaiyaru) Karnatische Musik.

Teppam Festival (Floßfest) (S. 421; Jan./Feb., Madurai) Die Götterbilder des Minakshi-Tempels werden in einer Prozession durch die Stadt geführt.

Natyanjali Dance Festival (S. 404; Feb./März, Chidambaram) Fünf Tage mit professionellem klassisch-indischem Tanz.

Chithirai Festival (S. 422; April/Mai, Madurai) Zweiwöchiges Fest zu Ehren der Hochzeit von Minakshi und Sundareswarar (Shiva).

Karthikai Deepam Festival (S. 391; Nov./Dez., im ganzen Bundesstaat) Lichterfest.

Chennai Festival of Music & Dance (S. 366; Mitte Dez.–Mitte Jan., Chennai) Im Mittelpunkt des großen Festivals stehen die Musik und der Tanz Südindiens.

Mamallapuram Dance Festival (S. 381; Dez.–Jan., Mamallapuram) Vier Wochen mit klassischen und folkloristischen Tänzen aus allen Regionen Indiens, die auf Freilichtbühnen dargeboten werden.

Malediven sowie über den Großteil Südindiens. Sie weiteten schließlich ihr Einflussgebiet bis nach Südostasien aus und verbreiteten die tamilischen Ideen von Reinkarnation, Karma und Yogi-Praktiken auch dort.

Die Cholas verhalfen der drawidischen Architektur zu neuen Höhen – etwa bei den wundervollen, mit Türmen versehenen Tempeln von Thanjavur und Gangaikondacholapuram. Außerdem bescherten sie der Kunst des Bronzegusses ihren Höhepunkt, vor allem mit ihren Darstellungen von Shiva als Nataraja, dem kosmischen Tänzer. *Gopurams*, die hohen Türme der Tempeltore, sind charakteristisch für Tamil Nadu und gehen auf die späte Chola-Zeit zurück.

Ende des 14. Jhs. stand der größte Teil Tamil Nadus unter dem Einfluss des Vijayanagar-Reichs mit Sitz in Hampi (Karnataka). Als der Staat von Vijayanagar im 16. Jh. schwächer wurde, gründeten einige der örtlichen Gouverneure, die Nayaks, starke unabhängige Königreiche; die wichtigsten waren Madurai und Thanjavur. Die Bildhauer der Vijayanagar und Nayaks schufen unglaublich detaillierte Tempelstatuen und -reliefs.

Im 16. Jh. kamen die ersten Europäer in die tamilischen Gefilde, zunächst waren es Portugiesen, die in San Thome Siedlungen errichteten. Im 17. Jh. folgten dann Niederländer, Briten, Franzosen und Dänen und schlossen Abkommen mit örtlichen Herrschern, um Handelskolonien an der Küste zu gründen. Schließlich kämpften die in Chennai (damals Madras) angesiedelten Briten gegen die Franzosen in Puducherry (damals Pondicherry). Am Ende entschieden die Briten die drei Karnatischen Kriege, die zwischen den beiden europäischen Mächten im Zeitraum zwischen 1744 und 1763 ausgetragen wurden, für sich. Gegen Ende des 18. Jhs. war die britische Herrschaft über den Löwenanteil des Landes der Tamilen schließlich gesichert.

Die Präsidentschaft Madras – also das Gebiet, das die Briten von Madras aus regierten – schloss auch Teile von Andhra Pradesh, Kerala und Karnataka ein und hatte in der Form des Bundesstaates Madras auch nach der indischen Unabhängigkeit von 1947 noch Bestand. Erst in den 1950er-Jahren wurden entsprechend der sprachlichen Grenzen die Bundesstaaten Kerala, Karnataka, Andhra Pradesh und das heutige Tamil Nadu geschaffen, das bis 1968 noch den alten Namen Madras behielt. Heute leben in dem 130 058 km² großen Bundesstaat 72,1 Mio. Einwohner.

Tamil Nadus politische Parteien werden oft von ehemaligen Filmstars geführt. Die prominenteste darunter war Jayalalithaa Jayaram, die umstrittene frühere Regierungschefin und Vorsitzende der Partei AIADMK (All India Anna Dravida Munnetra Kazhagam). Die als „Amma" (Mutter) bezeichnete Politikerin wurde im ganzen Bundesstaat bis zu ihrem Tod am 5. Dezember 2016 fast wie eine Göttin verehrt.

CHENNAI (MADRAS)

☎044 / 8,7 MIO. EW.

Wenn man sich die Zeit nimmt, Chennai, das frühere Madras, zu erkunden, wird einen das 400 km² große Konglomerat aus urbanen Dörfern und facettenreichen Vierteln angenehm überraschen. Zusammen bilden diese die Hauptstadt von Tamil Nadu. Zugleich ist die Stadt aber auch die Bewahrerin der künstlerischen, religiösen und kulinarischen Traditionen Südindiens.

Chennais größtes Kapital sind seine Bewohner, die eine ansteckende Begeisterung für ihre Heimatstadt versprühen und Besucher von allzu viel Chaos und Hektik verschonen. In den letzten Jahren hielt kosmopolitischer Glamour mit Luxushotels, Edelboutiquen, skurrilen Cafés, gehobenen modernen Restaurants und einer Reihe schicker Bars und Clubs in Chennai Einzug.

Mit der sengenden Hitze des Südens, dröhnendem Verkehrslärm und nur wenigen herausragenden Sehenswürdigkeiten gilt Chennai häufig als das hässliche Entlein unter den vier größten Metropolen Indiens. Doch auch wenn man hier nur auf seine Anschlussverbindung wartet, lohnt es sich, in die Museen hineinzuschauen, die Tempel zu erkunden, authentische südindische Spezialitäten zu probieren oder bei Sonnenuntergang einen Spaziergang am Marina Beach zu unternehmen.

Geschichte

Das Viertel Mylapore im Süden existierte schon lange, bevor der Rest Chennais entstand, und es gibt Indizien dafür, dass der Ort schon früh mit Römern, Chinesen und Griechen Handel trieb. 1523 gründeten die Portugiesen ihre küstennahe Siedlung San Thome. Ein weiteres Jahrhundert verging, bevor Francis Day und die Britische Ostindien-Kompanie 1639 auf der Suche nach ei-

Chennai (Madras)

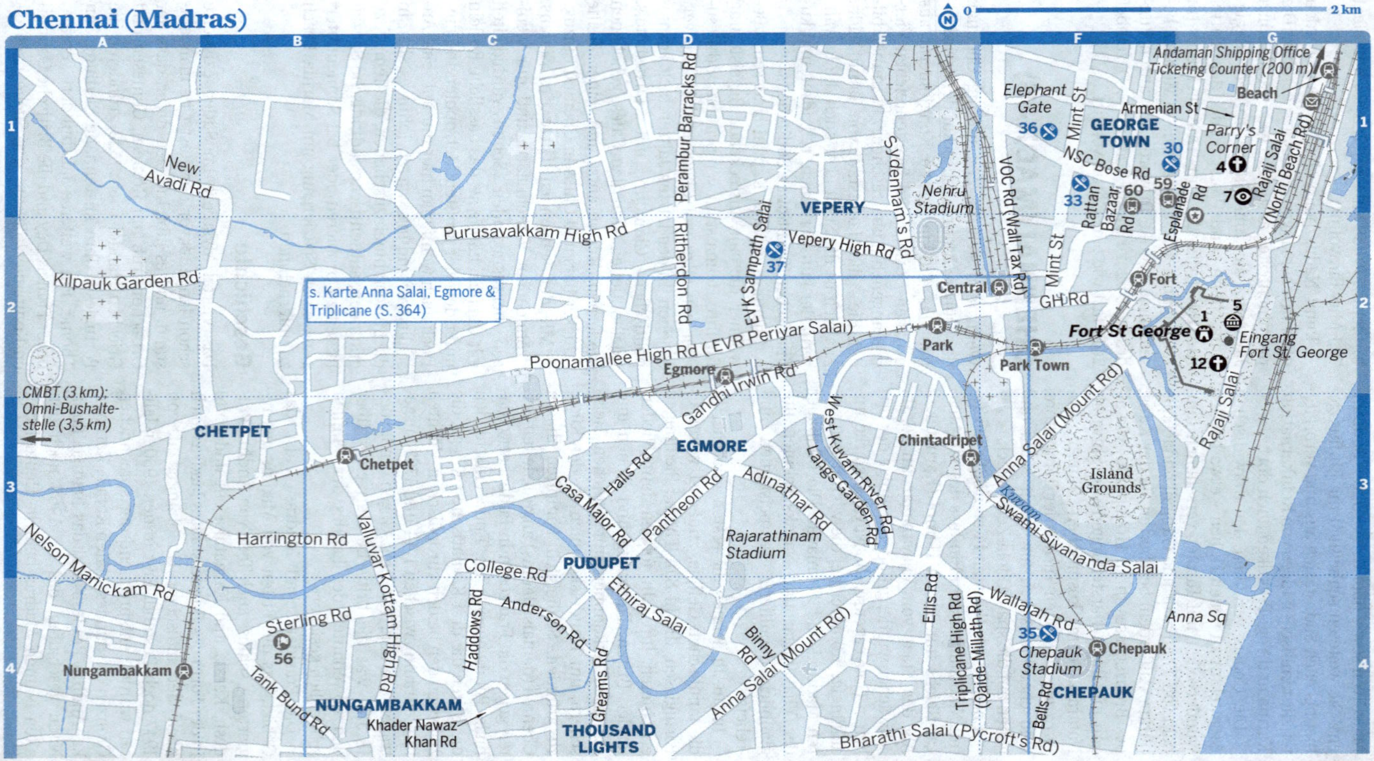

TAMIL NADU & CHENNAI CHENNAI (MADRAS)

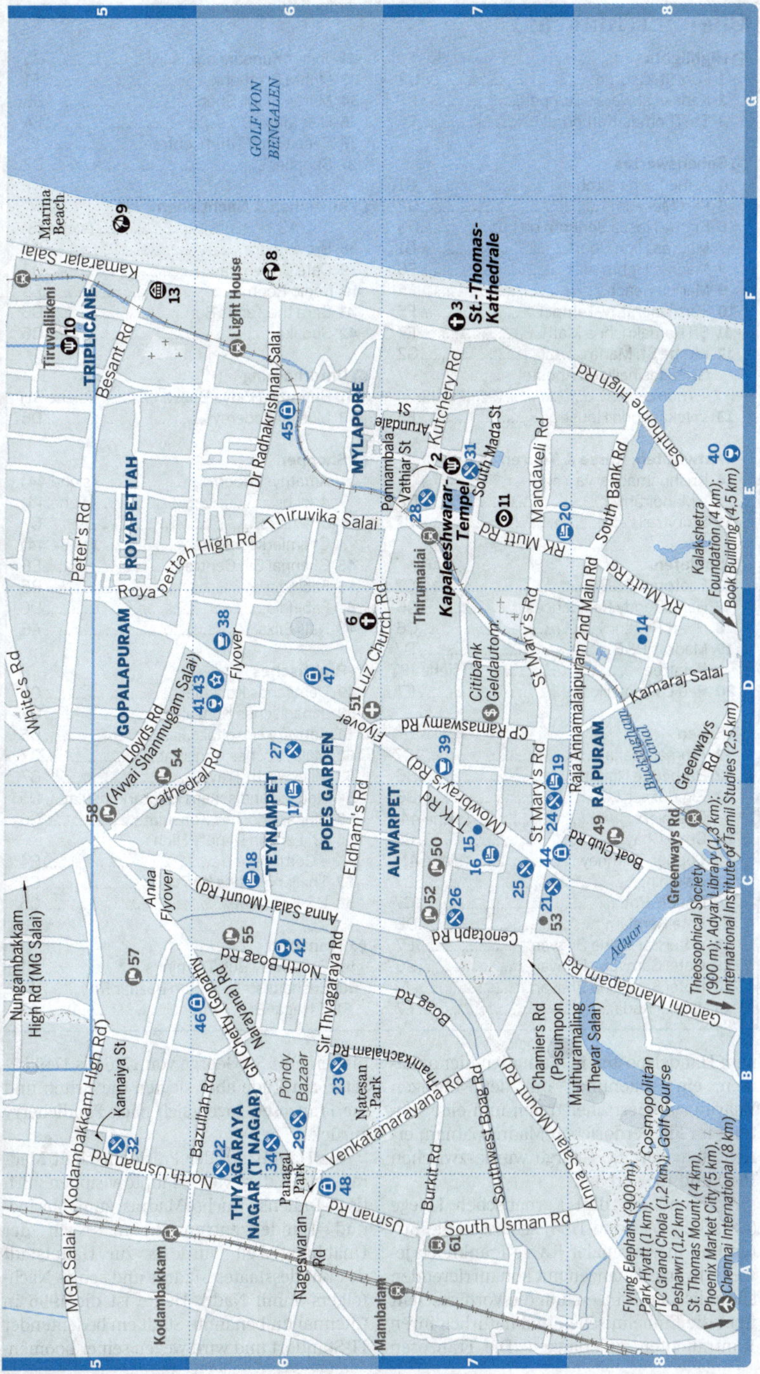

Chennai (Madras)

Highlights
1 Fort St. George ... G2
2 Kapaleeshwarar-Tempel ... E7
3 St.-Thomas-Kathedrale ... F7

Sehenswertes
4 Armenische Kirche ... G1
5 Fort Museum ... G2
6 Kirche Nossa Senhora da Luz ... D6
7 Madras High Court ... G1
8 Madras Lighthouse ... F6
9 Marina Beach ... F5
10 Parthasarathy-Tempel ... F5
11 Sri Ramakrishna Math ... E7
12 Kirche St. Maria ... G2
Grab des heiligen Apostel Thomas ... (siehe 3)
13 Vivekananda House ... F5

Aktivitäten, Kurse & Touren
14 Krishnamacharya Yoga Mandiram ... D8
15 Storytrails ... C7

Schlafen
16 Footprint B&B ... C7
17 Hanu Reddy Residences ... C6
18 Hyatt Regency ... C6
19 Madras B&B ... D7
Raintree ... (siehe 19)
20 Red Lollipop Hostel ... E7

Essen
21 Amma Naana ... C7
22 Barbeque Nation ... B6
23 Big Bazaar ... B6
Chamiers ... (siehe 44)
24 Chap Chay ... C7
Copper Chimney ... (siehe 41)
25 Dakshin ... C7
26 Double Roti ... C7
27 Enté Keralam ... D6
28 Hotel Saravana Bhavan ... E7
29 Hotel Saravana Bhavan ... B6
30 Hotel Saravana Bhavan ... F1
31 Jannal Kadai ... E7
32 Junior Kuppanna ... B5
33 Mehta Brothers ... F1
34 Murugan Idli Shop ... B6
35 Nair Mess ... F4
36 Seena Bhai Tiffin Centre ... F1
37 Spencer's ... D2

Ausgehen & Nachtleben
365 AS ... (siehe 18)
38 Brew Room ... D6
39 Café Coffee Day ... D7
40 Radio Room ... E8
41 Sera the Tapas Bar ... D6
42 Sudaka ... C6

Unterhaltung
Bharatiya Vidya Bhavan ... (siehe 31)
43 Music Academy ... D6

Shoppen
Amethyst Room ... (siehe 44)
Anokhi ... (siehe 44)
44 Chamiers ... C7
Chamiers for Men ... (siehe 44)
45 Chennai Citi Centre ... E6
46 Fabindia ... B6
47 Fabindia ... D6
48 Nalli Silks ... A6

Praktisches
49 Deutsches Konsulat ... C8
50 Japanisches Konsulat ... C7
51 Kauvery Hospital ... D6
52 Malaysisches Konsulat ... C7
53 Milesworth Travel ... C7
54 Neuseeländisches Honorarkonsulat ... D5
55 Singapurisches Konsulat ... C6
56 Sri Lankan Deputy High Commission ... B4
57 Thailändisches Konsulat ... C5
58 US-Konsulat ... C5

Transport
59 Broadway Bus Terminus ... F1
60 Bushaltestelle Rattan Bazaar Rd ... F1
61 T Nagar Bus Terminus ... A7

nem Handelsposten in Südindien hier ankamen, ein Abkommen mit dem hiesigen Vijayanagar-Herrscher trafen und eine Festung im Fischerdörfchen Madraspatnam errichteten: Fort St. George wurde zwischen 1640 und 1653 erbaut.

Während der drei Karnatischen Kriege (zwischen 1744 und 1763) schlossen die Briten und ihr kolonialer Rivale Frankreich jeweils diverse Allianzen mit konkurrierenden südindischen Prinzen, um die Vorherrschaft über die Einheimischen und natürlich ihren Kontrahenten zu erlangen. Die Franzosen hielten Fort St. George von 1746 bis 1749 besetzt, am Ende aber siegten die Briten und die Franzosen zogen sich nach Pondicherry zurück.

Als Hauptstadt der Präsidentschaft Madras, eine der vier Hauptdivisionen Britisch-Indiens, wuchs Madras zum Marine- und Handelszentrum heran. Nach der Unabhängigkeit wurde es zur Hauptstadt des Bundesstaates Madras und seines Nachfolgers Tamil Nadu. Heute ist die 1996 in Chennai umbenannte Stadt ein bedeutender IT-Standort und wird wegen seiner boomenden Autoindustrie oft auch das „Detroit von Indien" genannt.

Sehenswertes

Chennai-Zentrum

★ **Government Museum** MUSEUM
(Karte S. 364; www.chennaimuseum.org; Pantheon Rd, Egmore; Inder/Ausländer 15/250 ₹, Foto/Video 200/500 ₹; Sa–Do 9.30–17 Uhr) Das ausgezeichnete Museum ist in dem von den Briten erbauten Pantheon-Komplex untergebracht und zweifellos das beste in Chennai. Die Hauptattraktion ist Gebäude 3, die **Bronze-Galerie** mit einer wundervollen Sammlung südindischer Bronzeplastiken von der Pallava-Ära des 7. Jhs. bis zur Moderne (Beschriftungen sind auf Englisch).

Ihren Höhepunkt erreichte die Bronzeskulptur vom 9. bis zum 13. Jh. unter der Herrschaft der Chola-Dynastie. Viele der eindrucksvollen Stücke in der Bronze-Galerie zeigen Shiva als Nataraja, den kosmischen Tänzer. Zu sehen ist hier auch eine hervorragende Chola-Bronze, die Ardhanarishvara verkörpert, die androgyne Inkarnation von Shiva und Parvati.

Die **archäologischen Hauptgalerien** (Gebäude 1) decken alle wichtigen südindischen Kunstperioden von buddhistischen Skulpturen aus dem 2. Jh. v. Chr. bis hin zu Vijayanagara-Arbeiten aus dem 16. Jh. ab; einzelne Räume sind der hinduistischen, der buddhistischen und der jainistischen Skulptur gewidmet. Das Gebäude 2 mit den **anthropologischen Galerien** schildert die Geschichte Südindiens seit prähistorischen Zeiten und zeigt Stammesartefakte aus der gesamten Region; draußen steht eine tigerköpfige Kanone, die die Engländer 1799 in Shrirangapattana (Srirangapatnam) von der Armee Tipu Sultans erbeuteten.

Dasselbe Ticket berechtigt auch zum Eintritt in die **National Art Gallery**, die **Contemporary Art Gallery** und das **Children's Museum**. Manche Abteilungen könnten wegen Renovierung geschlossen sein.

Madras High Court GEBÄUDE
(Karte S. 358; Parry's Corner, George Town) Das imposante rote indosarazenischen Bauwerk wurde 1892 fertiggestellt und gilt als das zweitgrößte Gerichtsgebäude der Welt nach den Law Courts in London. Der zentrale Turm wurde 1912 hinzugefügt. Zum Zeitpunkt der Recherche war es Besuchern nicht erlaubt, das Gelände zu betreten. Wer schauen will, ob sich das inzwischen geändert hat, sollte auf jeden Fall seinen Pass mitnehmen.

★ **Fort St. George** FORT
(Karte S. 358; Rajaji Salai; 10–17 Uhr) GRATIS Das 1653 von der Britischen Ostindien-Kompanie fertiggestellte Fort wurde im Lauf der Zeit vielfach umgebaut. Innerhalb der weitläufigen Festungsmauern – die Wälle wurden im 18. Jh. erneuert – sind heute neben vielen anderen älteren Gebäuden die Legislative Assembly und das Secretariat, also das

DER STOLZ DER DRAWIDEN

Schon vor der Unabhängigkeit Indiens im Jahr 1947 wetterten tamilische Politiker gegen das Kastenwesen, das hellhäutige Brahmanen bevorzugt, wie auch gegen die Sprache Hindi, die sie als ein Werkzeug des nordindischen Kulturimperialismus betrachteten. Die „Selbstachtungsbewegung" und die „Gerechtigkeitspartei", die vom Marxismus beeinflusst wurden, vermischten allgemeine südindische Werte mit der Rhetorik des Klassenkampfes und brachten tamilische Parteien hervor, die auch heute noch die stärksten politischen Kräfte in Tamil Nadu bilden. In den ersten Jahrzehnten nach der Unabhängigkeit bildete sich sogar eine Bewegung für eine unabhängige drawidische Nation, die die vier größten südindischen Völker vereinen sollte, jedoch bestand zwischen den verschiedenen Gruppen nur wenig Solidarität. Heute beschränkt sich die drawidische Politik größtenteils auf Tamil Nadu, wo die Parteien oft von ehemaligen Filmstars angeführt werden, die viele begeisterte Fans um sich scharen.

Während des Konflikts im nahen Sri Lanka verteidigten viele tamilische Politiker in Indien lautstark die Tamil Tigers, jene Organisation, die Rajiv Gandhi Sriperumbudur nahe Chennai 1991 getötet hatte. Auch heute noch hegen die ansonsten recht toleranten Tamilen starke Vorurteile gehen alles Singhalesische. Das offensichtlichste Zeichen für den tamilischen Nationalstolz sind das weiße Hemd und der weiße *mundu* (Sarong), die von den meisten tamilischen Politikern getragen werden.

Parlament bzw. die Regierung von Tamil Nadu, ansässig. Das **Fort Museum** (Karte S. 358; Inder/Ausländer 15/200 ₹; ⏲ Sa–Do 9–17 Uhr) zeigt Ausstellungen zu Chennais Ursprüngen und zum Fort sowie interessante militärische Andenken und Kunst aus der Kolonialzeit. Die Porträtgalerie im ersten Stock zeigt wichtige Persönlichkeiten der Kolonialzeit, darunter einen sehr selbstbewusst dreinschauenden Robert Clive.

Ebenfalls auf dem Gelände des Forts steht die 1680 fertiggestellte **St. Mary's Church** (Karte S. 358; ⏲ Mo–Sa 10–17 Uhr), die älteste erhaltene anglikanische Kirche in Indien, umgeben von zum Teil noch älteren Grabsteinen; Clive hat in der Kirche geheiratet. Rechts (westlich) der Kirche erhebt sich das klassizistische ehemalige **Admiralty House** (Clive's House).

Marina Beach STRAND

(Karte S. 358) Wer am frühen Morgen oder abends am 3 km langen Hauptabschnitt des Marina Beach flaniert – zu anderen Zeiten wird man hier regelrecht gegrillt –, bekommt Kricketspieler, in der Luft schwebende Drachen, Wahrsager, Fischmärkte, Stände, an denen gerösteter Mais verkauft wird, und Familien zu sehen, die die Meeresbrise genießen. Nicht baden – die starken Strömungen sind gefährlich! Am südlichen Ende des Strandes steht das unglaublich beliebte **Madras Lighthouse** (Karte S. 358; Erw./Kind 20/10 ₹, Foto 25 ₹; ⏲ Di–So 10–13 & 15–17 Uhr), Indiens einziger Leuchtturm mit Fahrstuhl: Der Panoramablick auf Strand und Stadt ist fabelhaft.

Parthasarathy-Tempel HINDUTEMPEL

(Karte S. 358; Singarachari St, Triplicane; ⏲ 5.30–12 & 16–21.30 Uhr) Der im 8. Jh. unter den Pallavas erbaute Tempel ist ungewöhnlicherweise Krishna (einem Avatara Vishnus) als Parthasarathi (Wagenlenker Parthas) geweiht. Der Tempel ist einer der ältesten in Chennai; die meisten der feinen Reliefs, darunter auch die schönen Arbeiten an der Kolonnade vor dem Eingang, stammen aber erst aus der Zeit des Vijayanagar-Königreichs im 16. Jh., als der Tempel erweitert wurde. Der Tempel zeichnet sich auch dadurch aus, dass seine Schreine fünf Inkarnationen des Vishnu geweiht sind.

Vivekananda House MUSEUM

(Vivekanandar Illam, Eishaus; Karte S. 358; www.vivekanandahouse.org; Kamarajar Salai; Erw./Kind 20/10 ₹; ⏲ Di–Sa 10–12.15 & 15–19.15 Uhr) Das hellrosa Vivekananda House ist nicht nur wegen seiner Ausstellungen über den berühmten „wandernden Mönch" Swami Vivekananda interessant, sondern auch wegen seiner halbrunden Form: Es wurde 1842 erbaut, um dort Eis zu lagern. Vivekananda hielt sich hier 1897 für kurze Zeit auf und predigte der begeisterten Menge seine asketische Hindu-Philosophie. Die Ausstellungen zeigen Fotos zum Leben des Swamis und eine 3-D-Reproduktion von Vivekanandas berühmter Ansprache vor dem Weltparlament der Religionen 1893 in Chicago. Das Zimmer, in dem er wohnte, wird heute zum Meditieren genutzt.

Südliches Chennai

★ Kapaliswarar-Tempel HINDUTEMPEL

(Karte S. 358; Ponnambala Vathiar St, Mylapore; ⏲ 6–12 & 16–21.30 Uhr) Mylapore zählt zu den stimmungsvollsten und traditionsreichsten Vierteln von Chennai und ist mehrere Jahrhunderte älter als das koloniale Madras. Der Kapaliswarar-Tempel ist der eindrucksvollste und meistbesuchte in Chennai; er soll errichtet worden sein, nachdem die Portugiesen 1566 den am Meeresufer stehenden Vorgängerbau zerstört hatten. Er besitzt die architektonischen Grundelemente vieler Tempel in Tamil Nadu: einen regenbogenfarbenen *gopuram* (Torturm), *mandapas* (offene, mit Säulen versehene Vorhallen) und einen riesigen Tempelteich. Der Tempel ist Shiva gewidmet, der im Bundesstaat am höchsten verehrten Gottheit.

Eine Legende erzählt, Shiva habe bei einem Zornesausbruch seine Gemahlin Parvati in einen Pfau verwandelt und ihr befohlen, ihm hier Verehrung zu erweisen, wollte sie ihre normale Gestalt wiedererlangen. Parvati tat, wie ihr befohlen war, und zwar an einer Stelle direkt vor der nordöstlichen Ecke des zentralen Tempelgebäudes, wo ein Schrein an dieses Ereignis erinnert – daher auch der Name Mylapore, „Stadt der Pfauen". Die Legende ist am westlichen Ende des Innenhofs an der Außenfassade des Hauptheiligtums dargestellt.

Beim farbenprächtigen **Brahmotsavam-Fest** (März/April) werden die Götterbilder durch die Straßen von Mylapore geführt.

Sri Ramakrishna Math RELIGIÖSE STÄTTE

(Karte S. 358; www.chennaimath.org; 31 RK Mutt Rd, Mylapore; ⏲ Universaler Tempel 4.30–11.45 & 15–21 Uhr, Abendgebete 18.30–19.30 Uhr) Das ruhige, blumengeschmückte Gelände des Ramakrishna Math scheint weltenweit vom

CHENNAIS ANDERE KIRCHEN

Armenische Kirche (Karte S. 358; Armenian St, George Town; ⏲9.30–14.30 Uhr, unterschiedliche Öffnungszeiten) Die Kirche aus dem 18. Jh., ein nach Frangipani duftendes Refugium mitten in George Town, legt Zeugnis ab von der einst blühenden Gemeinde armenischer Händler in der Stadt. Auf dem Kirchhof sieht man alte Grabsteine mit armenischer Schrift.

St. Andrew's Church (St. Andrew's Kirk; Karte S. 364; www.thekirk.in; 37 Poonamallee High Rd, Egmore; ⏲9.30–17 Uhr) Die 1821 erbaute klassizistische schottisch-presbyterianische Kirche steht auf einem grünen Gelände in Egmore und ist ganz dem Vorbild der Londoner Kirche St.-Martin-in-the-Fields verpflichtet. Sie besitzt einen feinen Säulenportikus, eine ungewöhnliche ovale Kolonnade unter der von korinthischen Säulen getragenen Deckenkuppel und einen schlanken, mehrstöckiigen Turm.

Nossa Senhora da Luz (Kirche Unserer Lieben Frau vom Licht; Karte S. 358; www.luzchurch.org; abseits der Luz Church Rd, Mylapore; ⏲Sonnenaufgang–Sonnenuntergang) Die von Palmen gesäumte portugiesische Kirche besitzt prächtigen barocken Zierrat und ist das älteste europäische Bauwerk im heutigen Chennai.

Chaos in Mylapore entfernt. Mönche in orangefarbenen Roben schweben förmlich vorüber, und die Stimmung wirkt sehr feierlich. Der Math ist ein Mönchsorden, der den Lehren Sri Ramakrishnas, eines Hindu-Heiligen aus dem 19. Jh., folgt, der die wesensmäßige Einheit aller Religionen predigte. Der Universale Tempel ist ein hübsches modernes Gebäude in Lachsrosa, das architektonische Elemente verschiedener Religionen in sich vereint und allen zur Andacht, zum Gebet oder zur Meditation offensteht.

★ **St.-Thomas-Basilika** KATHEDRALE
(Karte S. 358; Santhome High Rd, Mylapore; ⏲5.30–20.30 Uhr) Die hochragende römisch-katholische Kirche, die einen Steinwurf vom Strand entfernt ist, wurde 1523 von den Portugiesen gegründet und 1896 unter britischer Herrschaft im neugotischen Stil neu erbaut. Hier soll der Apostel Thomas seine letzte Ruhestätte gefunden haben. Der „ungläubige Thomas" soll das Christentum im Jahr 52 auf den indischen Subkontinent gebracht haben und im Jahr 72 auf dem St. Thomas Mount (S. 365) den Märtyrertod erlitten haben. Hinter der Basilika befindet sich das **Grab des Apostels Thomas** (Karte S. 358; ⏲5.30–20.30 Uhr) GRATIS.

Der Großteil der sterblichen Überreste soll sich inzwischen zwar in Italien befinden, aber ein Kreuz an der Wand der Grabkapelle enthält einen winzigen Knochensplitter, der als „Reliquie des hl. Thomas" bezeichnet wird. Im Museum darüber sind mehrere Thomas-Artefakte zu sehen, darunter auch die Lanzenspitze, die den Apostel getötet haben soll.

Der **St. Thomas' Pole** am Strandende der Straße auf der Südseite der Kirche soll den Bau im Jahr 2004 wundersamerweise vor der Zerstörung durch einen Tsunami bewahrt haben.

Theosophical Society GARTEN
(www.ts-adyar.org; südliches Ende der Thiru Vi Ka Bridge, Adyar; ⏲Gelände Mo–Sa 8.30–10 & 14–16 Uhr) GRATIS Zwischen dem Fluss Adyar und der Küste bietet das 100 ha große Gelände der Theosophical Society einen ruhigen, grünen und autofreien Rückzugsort vor der Hektik der Stadt. Das Gelände lädt während der (begrenzten) Öffnungszeit zu Spaziergängen ein und beherbergt eine Kirche, eine Moschee, einen buddhistischen Schrein, einen zoroastrischen und einen Hindu-Tempel sowie eine große Vielfalt einheimischer und importierter Pflanzen, darunter Ableger eines 450 Jahre alten Banyanbaums, der in den 1980er-Jahren von einem Sturm stark in Mitleidenschaft gezogen wurde.

Die **Adyar Library** (www.ts-adyar.org; Theosophical Society, abseits der Besant Ave Rd, Adyar; Leseausweis 50 ₹/Jahr, Kaution 250 ₹; ⏲Di–So 9–17 Uhr) besitzt eine eindrucksvolle Sammlung von Schriften zu Religion und Philosophie, von denen einige ausgestellt sind. Die Bandbreite reicht von 1000 Jahre alten buddhistischen Schriftrollen bis hin zu handgefertigten Bibeln aus dem 19. Jh.

Kalakshetra Foundation KUNSTZENTRUM
(☎044-24521169; www.kalakshetra.in; Muthulakshmi St, Thiruvanmiyur; Inder/Ausländer inkl. Kunsthandwerkszentrum 100/500 ₹; ⏲Campus Juli–Feb. Mo–Fr 8.30–11.30 Uhr, Kunsthandwerkszentrum Mo–Sa 9–13 & 14–17 Uhr, 2. & 4. Sa im Monat beides

Anna Salai, Egmore & Triplicane

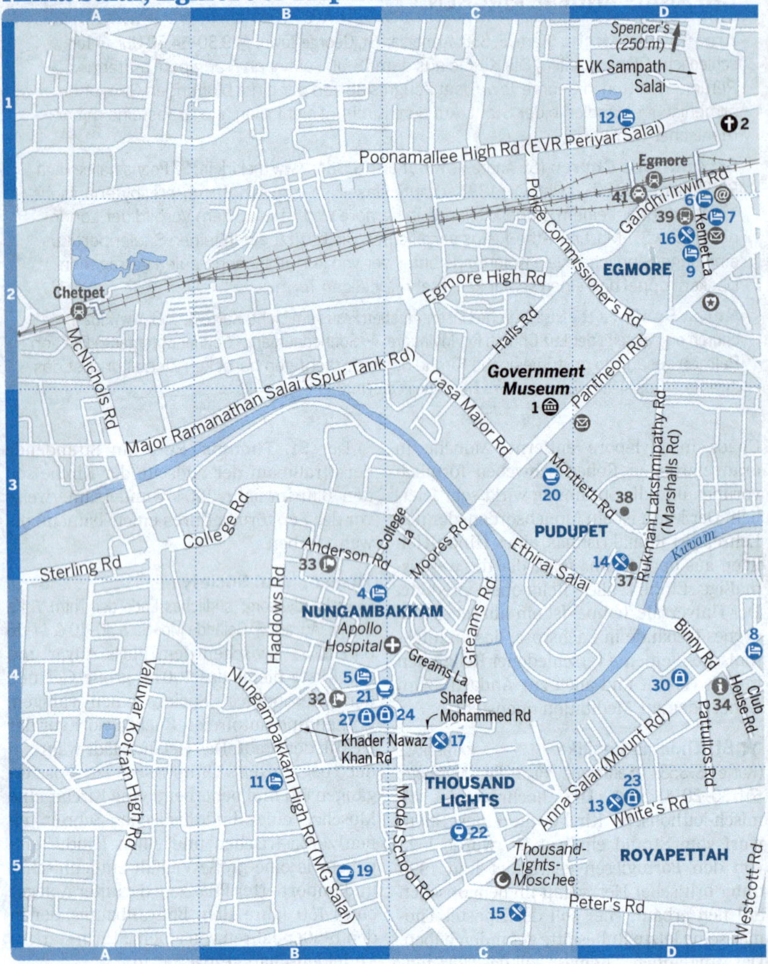

geschl.) Das Zentrum auf einem schönen, schattigen Gelände im Süden Chennais wurde 1936 gegründet und ist eine der führenden professionellen Schulen für klassischen tamilischen Tanz und Musik; sie fördert viele Studenten aus benachteiligten Verhältnissen. Während der Kurse am Vormittag können Besucher (bitte möglichst leise!) das Gelände samt dem **Rukmini Devi Museum** erkunden. Auf der anderen Straßenseite gibt es im **Kalakshetra Craft Centre** Handweberei im Kanchipuram-Stil, Textil-Blockdruck und die faszinierende, seltene Kunst des *kalamkari* (das Bemalen von Textilien von Hand mit Pflanzenfarben) zu bewundern. Aktuelle Vorstellungen sind auf der Website angekündigt.

Die Bushaltestelle von Thiruvanmiyur, Endpunkt vieler städtischer Buslinien, befindet sich 500 m südwestlich vom Eingang des Kunstzentrums.

Book Building GALERIE

(☎044-24426696; www.tarabooks.com; Plot 9, CGE Colony, Kuppam Beach Rd, Thiruvanmiyur; ⏲Mo–Sa 10–19.30 Uhr) GRATIS In diesem mit Wandmalereien verzierten Raum veranstaltet Tara Books kostenlose Ausstellungen, Gespräche mit Autoren, Workshops mit Gastkünstlern und zeigt die sehr originel-

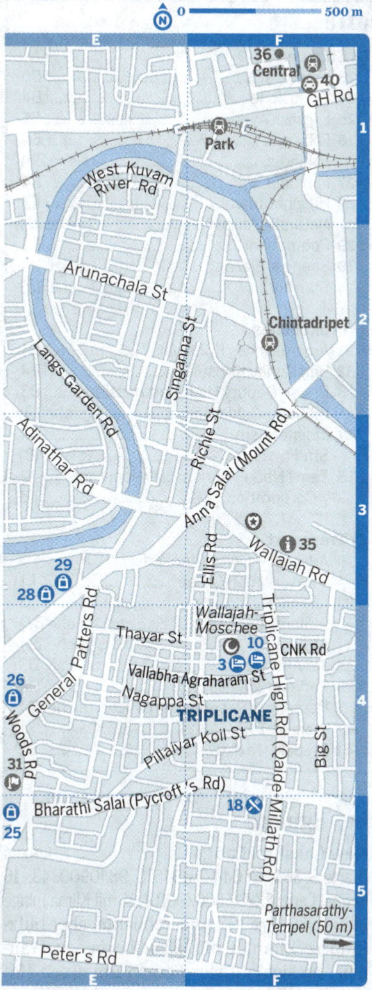

len, von Hand gefertigten Bücher des Verlags. Bei Voranmeldung kann man sich auch die (per Auto 20 Min. entfernte) Werkstatt anschauen, in der die Bücher hergestellt werden.

St. Thomas Mount RELIGIÖSE STÄTTE
(Parangi Malai; abseits der Lawrence Rd, Guindy; ⌚6–20 Uhr) GRATIS Der Hügel, auf dem der Apostel Thomas im Jahr 72 das Martyrium erlitten haben soll, erhebt sich im Südwesten Chennais, 2,5 km nördlich des Bahnhofs und U-Bahnhofs St. Thomas Mount. Die **Church of Our Lady of Expectation** auf der Hügelspitze wurde 1523 von den Portugiesen erbaut und enthält einen Knochensplitter, der angeblich von einem Finger des Apostels stammt, sowie das „blutende Kreuz", das er geschnitzt haben soll. Vom Hügel hat man eine herrliche Sicht auf die Stadt und den Flughafen.

Aktivitäten

Krishnamacharya Yoga Mandiram YOGA, MEDITATION
(KYM; Karte S. 358; ☎044-24937998; www.kym.org; 31 4th Cross St, RK Nagar; Kurs 30 US$; ⌚8–19 Uhr) Sehr angesehenes Institut, das professionelle zweiwöchige und einmonatige Yogakurse, Yogatherapien sowie Intensivkurse für Yogalehrer anbietet.

Kurse

Der vierstündige „Spice Trail" (2500 ₹/Pers.) von Storytrails ist eine faszinierende Einführung in die südindische Kochkunst mit praktischen Übungen in kleinen Gruppen.

Kalakshetra Foundation KUNST
(☎044-24525423; www.kalakshetra.in; Muthulakshmi St, Thiruvanmiyur; 500 ₹/Tag) Das Kunsthandwerkszentrum veranstaltet ein- oder zweimonatige Kurse (Mo–Fr 10–13 Uhr) in der komplizierten alten *kalamkari*-Kunst, die heute nur noch an wenigen Orten praktiziert wird.

International Institute of Tamil Studies SPRACHE
(☎044-22542992, 9952448862; www.ulakaththamizh.org; CIT Campus, 2nd Main Rd, Tharamani; 3-/6-monatiger Kurs 5000/10 000 ₹) Intensivkurse in tamilischer Sprache.

Geführte Touren

Storytrails STADTSPAZIERGANG
(Karte S. 358; ☎044-45010202, 9940040215; www.storytrails.in; 21/2 1st Cross St, TTK Rd, Alwarpet; 3-stündige Tour für bis zu 4 Pers. ab 4400 ₹) Unterhaltsame Spaziergänge durch verschiedene Viertel zu Themen wie Tanz, Tempeln, Schmuck und Basaren. Veranstaltet auch beliebte kulinarische Touren durch George Town und Kochkurse im Haus.

Feste & Events

Madras Week KULTUR
(www.themadrasday.in; ⌚Aug.) Anlässlich der Gründung von Madras im Jahr 1639 gibt's auch eine Reihe interessanter historischer Stadtspaziergänge, Vorträge und Ausstellungen.

Anna Salai, Egmore & Triplicane

Highlights
1 Government Museum ... C3

Sehenswertes
2 St. Andrew's Church ... D1

Schlafen
3 Broad Lands Lodge ... F4
4 Frangi House ... B4
5 Hanu Reddy Residences ... B4
6 Hotel Chandra Park ... D2
7 Hotel Victoria ... D2
8 La Woods ... D4
9 New Lakshmi Lodge ... D2
10 Paradise Guest House ... F4
11 Taj Coromandel ... B5
12 YWCA International Guest House ... D1

Essen
13 Amethyst ... D5
14 Annalakshmi ... D3
Big Bazaar ... (siehe 25)
15 Hotel Saravana Bhavan ... C5
16 Hotel Saravana Bhavan ... D2
17 Nilgiri's ... C4
18 Ratna Café ... F5
Southern Spice ... (siehe 11)

Ausgehen & Nachtleben
19 Café Coffee Day ... B5
Café Coffee Day ... (siehe 25)
20 Café Coffee Day ... C3
21 Café Coffee Day „The Square" ... B4
22 Plan B ... C5

Shoppen
23 Amethyst ... D5
24 Evoluzione ... B4
25 Express Avenue ... E5
26 Fabindia ... E4
Fabindia ... (siehe 25)
27 Fabindia ... B4
28 Higginbothams ... E3
Naturally Auroville ... (siehe 21)
29 Poompuhar ... E3
30 Spencer Plaza ... D4
Starmark ... (siehe 25)

Praktisches
31 Australisches Konsulat ... E4
32 Belgisches Konsulat ... B4
33 British Deputy High Commission ... B3
Citibank-Geldautomat ... (siehe 19)
34 Indiatourism ... D4
Studio ... (siehe 18)
35 Tamil Nadu Tourism Development Corporation ... F3

Transport
36 Advanced Computerised Reservation Office ... F1
37 Air India ... D3
Air India Express ... (siehe 37)
AirAsia ... (siehe 19)
38 Jet Airways ... D3
39 Parveen Travels ... D2
Passenger Reservation Office ... (siehe 41)
40 Prepaid-Taxis ... F1
41 Prepaid-Taxis ... D1

Chennai Festival of Music & Dance MUSIK, TANZ
(Madras Music & Dance Season; Mitte Dez.–Mitte Jan.) Das Festival des Tanzes und der Musik Südindiens gehört zu den weltweit größten seiner Art.

Schlafen

Die Hotels in Chennai sind teurer als anderswo in Tamil Nadu, obendrein bekommt man oft nicht sonderlich viel für sein Geld. Die Gegend um die Triplicane High Rd ist die beste Anlaufstelle für Budgetunterkünfte. In Egmore gibt's ein paar günstige Alternativen sowie einige Mittelklasseoptionen. B & Bs der gehobenen Mittelklasse sind in Nungambakkam, Poes Garden und Alwarpet zu finden. Inzwischen gibt es viele Luxushotels, vor allem in den südlichen Vierteln.

In vielen Hotels kann man rund um die Uhr auschecken und oft sind sie schon bis zur Mittagszeit wieder ausgebucht – daher besser vorab anrufen!

Egmore

New Lakshmi Lodge HOTEL $
(Karte S. 364; 044-28194576, 9840900343; 16 Kennet Lane; EZ/DZ 500/900 ₹, Zi. mit Klimaanlage 1460–1580 ₹;) Kleine, schlichte, aber blitzsaubere Zimmer mit pastellfarbenen Wänden, die sich auf vier Etagen um einen Hof mit Parkplätzen verteilen, machen diesen riesigen Block zu einer ordentlichen Budgetoption. Vorab reservieren, weil das Haus oft ausgebucht ist. In den oberen Etagen gibt's mehr Privatsphäre.

YWCA International Guest House PENSION $$
(Karte S. 364; 044-25324234; http://ywcamadras.org/international-guest-house; 1086 Poonamallee High Rd; EZ 1760–2380 ₹, DZ 2170–2850 ₹, EZ/DZ ohne Klimaanlage 1020/1560 ₹ jeweils mit Frühstück;) Chennais YWCA-Herberge bietet auf einem schattigen Gelände gleich nördlich vom Bahnhof Egmore ein sehr gutes Preis-Leistungs-Verhältnis und

ein ruhiges Ambiente. Das effizient geleitete Haus mit hilfsbereitem Personal hat geräumige, blitzsaubere Zimmer, weitläufige Gemeinschaftsbereiche und ordentliche Mahlzeiten (veg./nicht veg. 225/330 ₹). WLAN gibt's nur in der Lobby (150₹/Tag).

Hotel Chandra Park HOTEL $$
(Karte S. 364; ☎044-40506060; www.hotelchandrapark.com; 9 Gandhi Irwin Rd; EZ/DZ mit Frühstück 1580–2560/1820–3020 ₹;) Das Chandra Park schafft es, die Preise der meisten ähnlichen Hotels zu unterbieten. Die Standardzimmer sind klein und etwas betagt, haben aber Klimaanlage, saubere Handtücher und gute weiße Bettwäsche. Höflicher Service, Checkout rund um die Uhr und kostenloses WLAN sorgen zusätzlich für ein gutes Preis-Leistungs-Verhältnis – jedenfalls nach den Maßstäben in Egmore.

Hotel Victoria HOTEL $$
(Karte S. 364; ☎044-28193638; www.empeehotels.com; 3 Kennet Lane; EZ/DZ mit Frühstück 2500–4300/2800–4700 ₹;) Die mit Abstand smarteste Wahl an der hektischen Kennet Lane: Die sauberen, ordentlichen Zimmer sind mit Wasserkessel, WLAN und Fernseher ausgestattet, wenn auch nicht so hinreißend wie das schicke Foyer und der herzliche Service.

Nungambakkam & Umgebung

Frangi House B&B $$
(Karte S. 364; ☎044-43084694; www.frangihouse.com; 6B Nawab Habibullah Ave, 1st St, abseits der Anderson Rd; Zi. mit Frühstück 3940–4280 ₹;) Das elegante, makellose Refugium versteckt sich an einer ruhigen Straße im gehobenen Viertel Nungambakkam und bietet einen grasbewachsenen Garten, komfortable Lounges und acht luftige, individuell gestaltete Zimmer. Die „Boutique"-Zimmer haben altmodische Himmelbetten und moderne Bäder mit stylish-quadratischen Waschbecken. Die „Old World"-Zimmer prunken mit Blümchenmustern und Pastelltönen; am besten ist das blau gehaltene Zimmer „Dew" mit Himmelbett und Gemeinschaftsbalkon.

Hanu Reddy Residences B&B $$
(Karte S. 364; ☎9176869926, 044-43084563; www.hanureddyresidences.com; 6A/24 3rd St, Wallace Garden; EZ/DZ mit Frühstück 3600–4200/4200–4800 ₹;) Das B&B verteilt sich auf zwei Wohngebäude im Grünen im vornehmen Viertel Wallace Garden und ist eine jener idyllisch-gemütlichen Unterkünfte, die man im Zentrum von Chennai vermisst. Die 13 unprätentiösen Zimmer verfügen über Klimaanlage, kostenloses WLAN, Tee-/Kaffeemaschine, farbenfrohe Kunst – und Mückenpatschen! Auf den Terrassen stehen Bambusstühle. Den Mitarbeitern gelingt die perfekte Balance zwischen Freundlichkeit und Professionalität. Eine zweite **Filiale** (Karte S. 358; ☎044-24661021; 41/19 Poes Garden; EZ/DZ mit Frühstück 4200–5400/4800–7800 ₹;) findet sich im exklusiven Viertel Poes Garden.

Taj Coromandel HOTEL $$$
(Karte S. 364; ☎044-66002827; www.tajhotels.com; 37 Nungambakkam High Rd; Zi. ab 12 000 ₹;) Das schicke Hotel ist luxuriös, aber nicht unangenehm protzig und bietet eine ruhige Luxusbleibe in vernünftiger Nähe zum Zentrum. Die Zimmer haben einen smarten, zurückgenommenen Stil und es gibt einen hübschen, von Palmen beschatteten Pool. Im mit Marmor prunkenden Foyer bietet das Restaurant **Southern Spice** (Karte S. 364; Hauptgerichte 550–900 ₹, Thalis 1500–2200 ₹; ⏲12.30–14.45 & 19–23 Uhr) feine südindische Küche und eine gut besuchte Cocktailbar.

Triplicane & Umgebung

Paradise Guest House PENSION $
(Karte S. 364; ☎044-28594252; www.paradiseguesthouse.co.in; 17/1 Vallabha Agraharam St; EZ/DZ 600/700 ₹, mit Klimaanlage 1000/1100 ₹;) Die Unterkunft mit besonders gutem Preis-Leistungs-Verhältnis bietet schlichte Zimmer mit sauberen Fliesen, ein luftiges Dach, freundliches Personal und heißes Wasser aus dampfenden Eimern.

Broad Lands Lodge PENSION $
(Karte S. 364; ☎044-2854573; broadlandshotel@yahoo.com; 18 Vallabha Agraharam St; EZ 400–750 ₹, DZ 450–800 ₹;) Das Broad Lands ist seit 1951 im Geschäft und war einst eine Hippie-Hochburg. Die entspannte koloniale Villa mit begrüntem Hof und 44 Zimmern, zu denen gewundene Treppen führen, hat immer noch ihre Fans, die sich nicht an der spartanischen, eigenwilligen Einrichtung, den feuchtkalten Bädern und den lautstarken Muezzins der Wallajah-Moschee stören. Die billigsten Zimmer teilen sich das Bad; WLAN kostet 50 ₹. In dem mit roten Geländern versehenen Block hinten sind die Zimmer luftiger.

La Woods HOTEL $$
(Karte S. 364; ☎ 044-28608040; www.lawoodshotel.com; 1 Woods Rd; Zi. mit Frühstück 3600 ₹; ❄📶) Das freundliche und gut geführte, moderne Hotel überzeugt mit einer wunderbar eigenwilligen Farbpalette aus frischem Weiß, Limettengrün und Türkis. Die schicken, gepflegten und zeitgenössischen Zimmer sind wunderbar gemütlich und mit Kissenbergen, Wasserkocher, Föhn und internationalen Steckdosen ausgestattet.

Südliches Chennai

Red Lollipop Hostel HOSTEL $
(Karte S. 358; ☎ 044-24629822; www.redlollipop.in; 129/68 RK Mutt Rd, Mandavelli; B 650 ₹; ❄📶) Die Rettung für Budgettraveller in Chennai: Das Red Lollipop ist ein echtes, geselliges Hostel 700 m südlich des Tempels von Mylapore. In die kräftig bunten Wände sind inspirierende Botschaften geritzt. Die makellosen Schlafsäle für sechs bis zehn Personen – einer ist Frauen vorbehalten – sind mit Schließfächern und einem eigenen Bad ausgestattet. Es gibt eine Dachterrasse, eine Gemeinschaftsküche, eine Lounge, Badetücher zum Ausleihen (30 ₹) und Tipps zu Chennai.

★ **Footprint B&B** B&B $$
(Karte S. 358; ☎ 9840037483; www.chennaibedandbreakfast.com; Gayatri Apartments, 16 South St, Alwarpet, hinter dem Crowne Plaza Hotel; Zi. mit Frühstück 3900 ₹; ❄📶) Die wunderbar entspannende, relaxte Unterkunft umfasst drei Wohnungen an einer ruhigen Straße in einem grünen Viertel im Süden Chennais. Schalen mit Wildrosen, Bio-Seifen von Auroville und Fotos des alten Madras erwarten einen in den gemütlichen, makellos sauberen Zimmern, in denen ein großes Doppelbett oder zwei breite Einzelbetten stehen. Das im Haus zubereitete Frühstück ist üppig, der Service ausgezeichnet. Und die herzlichen Gastgeber haben viele Tipps zu Tamil Nadu parat. Im Voraus buchen!

Madras B&B B&B $$
(Karte S. 358; ☎ 9840037483; www.madrasbedandbreakfast.com; Flat 1/3, Nandini Apartments, 72/45 1st Main Rd, RA Puram; Zi. mit Frühstück 3040 ₹; ❄📶) Die bei Yogaschülern beliebte Unterkunft hat geräumige, einfache, aber komfortabel-stilvolle Zimmer in friedlichen Privatapartments, die wie gemütliche Lodges für Selbstversorger anmuten und sich über mehrere Standorte in RA Puram und Alwarpet verteilen. Gäste finden voll ausgestattete Küchen, Waschmaschinen, kleine Bibliotheken und relaxte Gemeinschaftslounges voller Blumenschalen. Keine spontanen Vermietungen; vorab reservieren!

★ **Raintree** HOTEL $$$
(Karte S. 358; ☎ 044-42252525; www.raintreehotels.com; 120 St Mary's Rd, Alwarpet; EZ/DZ 9590/10 790 ₹; ❄@📶🏊) 🍃 In diesem umweltbewussten Business-Hotel bestehen die Böden aus Bambus oder Kautschuk. Der sparsame Verbrauch von Wasser und Strom wird großgeschrieben und mit der Wärme der Klimaanlage wird das Waschwasser beheizt. Die schicken, frischen, minimalistisch eingerichteten Zimmer sind hell, komfortabel und stilvoll und bieten einen wundervollen Ausblick auf die Stadt. Auf dem Dach gibt es einen gleichzeitig als Isolierung dienenden Infinity-Pool mit Meerblick und ein Freiluftrestaurant mit Bar. Im Erdgeschoss befindet sich das ausgezeichnete, panasiatische Restaurant **Chap Chay** (Karte S. 358; Hauptgerichte 500–900 ₹, Menü 1900 ₹; ⏲ 12–15 & 19–23 Uhr).

Hyatt Regency HOTEL $$$
(Karte S. 358; ☎ 044-61001234; http://chennai.regency.hyatt.com; 365 Anna Salai, Teynampet; Zi. 9720–15 800 ₹; ❄@📶🏊) Der edle, schicke und topmoderne, dreieckige Hotelriese hat von Chennais neueren Spitzenhotels die zentralste Lage. Zeitgenössische Kunst schmückt das sonnendurchflutete Atrium, einheimische Chefköche führen drei gute Restaurants im Haus und es gibt eine unglaublich beliebte Bar (S. 372). Die eleganten Zimmer haben Durchgangsbäder, durch riesige Panoramafenster bietet sich ein fabelhafter Blick aufs Meer und die Stadt. Blumen säumen den Pool, und es gibt ein Luxus-Spa.

ITC Grand Chola HOTEL $$$
(☎ 044-22200000; www.itchotels.in; 63 Mount Rd, Guindy; Zi. mit Frühstück ab 13 970 ₹; ❄📶🏊) 🍃 Unter allen Hotels in Chennai ist dieses überaus luxuriöse, von Tempelarchitektur inspirierte Haus mit 600 Zimmern im Südwesten der Metropole das Stadtgespräch – ein Labyrinth aus üppigen, iPad-gesteuerten Zimmern mit Badewannen und Presskaffeemaschinen, das sich hinter dem weiten, von Laternen beleuchteten Marmorfoyer erstreckt. Eine Etage ist weiblichen Gästen vorbehalten. Im Haus gibt's gleich sieben schicke Restaurants, zwei noble Bars, drei Fitnesscenter, ein Spa und fünf Pools!

Park Hyatt HOTEL $$$
(☎ 044-71771234; http://chennai.park.hyatt.com; 39 Velachery Rd, Guindy; EZ/DZ mit Frühstück ab 9720/10 940 ₹; ❄📶≋) Das glänzende, topmoderne Park Hyatt hat schicke Zimmer in klaren Linien, die mit Nespresso-Maschinen, iPod-Anschlüssen und großen Doppelbetten ausgestattet sind. Es gibt ein herrliches Spa und auf dem Dach einen Infinity-Pool mit Blick auf den Guindy National Park. Das mehrstöckige Restaurant **Flying Elephant** (☎ 044-71771234; Grundpreis pro Paar 3300 ₹ inkl. 2000 ₹ für Getränke, Frauen Eintritt frei; ⏲ Mo–Sa 19 Uhr–open end, So 12–15 & 19 Uhr–open end) ist zugleich eine beliebte Party-Location. Das Hotel ist recht weit vom Stadtzentrum entfernt, aber ideal, wenn man eine Luxusbleibe nahe dem Flughafen sucht.

Essen

In Chennai gibt's jede Menge preiswerter Speiselokale (*messes*), die mittags und abends Thalis (All-You-Can-Eat-Menüs) und kleine Imbissgerichte wie *idlis* (luftige, runde Klöße aus fermentiertem Reis), *vadas* (frittierte pikante Krapfen aus Urdbohnenteig) oder *dosas* (herzhafte Pfannkuchen) servieren. Die Filialen von Hotel Saravana Bhavan (S. 369) sind immer eine gute, vegetarische Option. In dem muslimischen Viertel um die Triplicane High Rd gibt's tolle Biryanis (aromatischer, gedämpfter Reis mit Fleisch und Gemüse). Aber auch die Zahl gehobener indischer Restaurants wächst, ebenso wird die internationale Küche immer beliebter.

Zu den praktischen, gut sortierten Supermärkten zählen **Spencer's** (Karte S. 358; 15 EVK Sampath Salai, Vepery; ⏲ 7.30–22 Uhr) in der Nähe der Bahnhöfe Egmore und Central, Big Bazaar in **T Nagar** (Karte S. 358; 34 Sir Thyagaraya Rd, Pondy Bazaar, T Nagar; ⏲ 10.30–22 Uhr), **Express Avenue Mall** (Karte S. 364; Express Avenue, White's Rd; ⏲ Mo–Fr 10–21.30, Sa & So bis 22 Uhr), **Nilgiri's** (Karte S. 364; 25 Shafee Mohammed Rd, Nungambakkam; ⏲ 7.30–22 Uhr) abseits der Khader Nawaz Khan Rd in Nungambakkam sowie **Amma Naana** (Karte S. 358; www.ammanaana.com; 82/100 Chamiers Rd, Alwarpet; ⏲ Mo–Sa 10–21 Uhr) in Alwarpet.

Egmore

★ **Hotel Saravana Bhavan** INDISCH $
(Karte S. 364; ☎ 044-28192055; www.saravanabhavan.com; 21 Kennet Lane; Hauptgerichte 70–140 ₹; ⏲ 6–22.30 Uhr) Chennais berühmte vegetarische Kette serviert stets leckere, wunderbare südindische Thalis und Frühstücksgerichte (*idlis* & *vadas* 15–35 ₹, dosas 20–40 ₹), andere vegetarische indische Speisen und Filterkaffee. Diese Filiale liegt in praktischer Nähe zum Bahnhof Egmore. Weitere gibt's u. a. in **George Town** (Karte S. 358; ☎ 044-25387766; 209 NSC Bose Rd; Hauptgerichte 60–100 ₹, Thalis 60–145 ₹; ⏲ 7–22 Uhr), **Mylapore** (Karte S. 358; ☎ 044-24611177; 70 North Mada St; Hauptgerichte 60–100 ₹, Thalis 60–145 ₹; ⏲ 6–22.30 Uhr) und im **Pondy Bazaar** (Karte S. 358; ☎ 044-281576677; 102 Sir Thyagaraya Rd; Hauptgerichte 60–100 ₹, Thalis 170–210 ₹; ⏲ 6–23 Uhr). Etwas gehobener ist die Filiale in **Thousand Lights** (Karte S. 364; ☎ 044-28353377; 293 Peter's Rd; Hauptgerichte 100–180 ₹, Thalis 60–150 ₹; ⏲ 8–22.30 Uhr), wo es zudem ein Buffet für 320 ₹ gibt. Übrigens: Auch in London, Paris und New York haben Ableger der Kette eröffnet!

Annalakshmi INDISCH $$
(Karte S. 364; ☎ 044-28525109; www.annalakshmichennai.co.in; 1. Stück, Sigapi Achi Bldg, 18/3 Rukmani Lakshmipathy Rd, Egmore; Hauptgerichte 180–280 ₹, Menüs 700–1200 ₹, Buffet werktags/Wochenende 420/470 ₹; ⏲ Di–So 12–14.30 & 19–21 Uhr) Sehr gute süd- und nordindische vegetarische Gerichte sowie wunderbare frische Säfte werden in einem Hochhaus hinter dem Air-India-Gebäude in einem schönen, mit Schnitzereien und Gemälden geschmückten Speisesaal serviert. Das mittägliche und abendliche Buffet wird in einem anderen Teil des Hauses angeboten. Das Annalakshmi wird von Anhängern des Swami Shanthanand Saraswathi geführt und unterstützt medizinische Hilfsprogramme für Arme.

Nungambakkam & Umgebung

★ **Amethyst** INTERNATIONAL, CAFÉ $$$
(Karte S. 364; ☎ 044-45991633; www.amethystchennai.com; White's Rd, Royapettah; Hauptgerichte 250–470 ₹; ⏲ 10–23.30 Uhr; 📶) Das Café residiert in einem schön umgebauten Lagerhaus mit umlaufender Veranda. Tische stehen auch draußen in dem üppigen Garten. Das nostalgisch-schicke Refugium ist bei Expats und gutbetuchten Einwohnern Chennais unglaublich beliebt. Zu den schmackhaften, gut zubereiteten europäischen Gerichten zählen Quiches, Pasta, Sandwichs, Pfannkuchen, einfallsreiche Salate, ganztägiges Frühstück und die nach-

NICHT VERSÄUMEN

STREET FOOD IN CHENNAI

Das Street Food in Chennai ist zwar nicht so legendär wie das in Mumbai, man findet aber durchaus einige sensationelle südindische Leckerbissen, insbesondere in Mylapore, George Town, Egmore und T Nagar sowie am Marina Beach. **Storytrails** (S. 365) bietet **kulinarische Touren** (4000 ₹/1–2 Pers.) durch George Town an.

Mehta Brothers (Karte S. 358; 310 Mint St, George Town; Gerichte 15–25 ₹; ⏲ Mo–Sa 7.30–21.30, So bis 14 Uhr) Der winzige Laden lockt die Massen mit den frittierten Freuden der Maharashtra-Spezialität *vada pav* – würzige Bratkartoffeln in Brötchen mit Knoblauch-Chutney.

Seena Bhai Tiffin Centre (Karte S. 358; 111/1 NSC Bose Rd, George Town; idlis & uttapams 40 ₹; ⏲ 18–24 Uhr) In dem 37 Jahre alten Imbiss im Getümmel von George Town dreht sich alles um köstlich gebackene, vor Ghee triefende *idlis* und *uttapams*.

Jannal Kadai (Karte S. 358; Ponnambala Vathiar St, Mylapore; Portion 20–30 ₹; ⏲ Mo–Sa 8.30–10 & 17.30–20.30 Uhr) Bei diesem winzigen, unheimlich hektischen Imbiss werden die Speisen durchs Fenster gereicht. Bekannt ist er für scharfe, knusprige *bajjis* (frittiertes Gemüse), *bondas* (Kartoffelbreiplätzchen) und *vadas*. Gleich südlich des Tempels von Mylapore einfach nach den blauen Fenstern gegenüber dem Pixel Service Ausschau halten!

mittägliche Teestunde. Man erkämpft sich einen Tisch und schaut sich dann in der **Boutique** (Karte S. 364; ⏲ 11–19.30 Uhr) mit hervorragender indischer Mode um.

Triplicane & Umgebung

Ratna Café SÜDINDISCH $

(Karte S. 364; 255 Triplicane High Rd, Triplicane; Gerichte 70–110 ₹; ⏲ 6–23 Uhr) Das enge, oft überfüllte Ratna ist für seine leckeren *idlis* mit reichlich *sambar* berühmt, eine Linsensuppe mit gewürfeltem Gemüse, die die Spezialität des Hauses ist. Seit 1948 lassen sich die Leute dieses Gericht (45 ₹) hier zu allen Tageszeiten schmecken. Es gibt auch nordindische Speisen. Hinten gibt's einen klimatisierten Raum.

Nair Mess SÜDINDISCH $

(Karte S. 358; 22 Mohammed Abdullah Sahib, 2nd St, Chepauk; Gerichte 60–75 ₹; ⏲ 11.30–15 & 19–22 Uhr) Das schlichte, stets gut besuchte Speiselokal mit kahlem Ambiente serviert seit 1961 versteckt in einer Gasse gegenüber dem Chepauk-Cricketstadion hervorragende Gerichte. Spezialität sind Thalis auf einem Bananenblatt, begleitet von frittiertem Fisch.

Südliches Chennai

Murugan Idli Shop SÜDINDISCH $

(Karte S. 358; http://muruganidlishop.com; 77 GN Chetty Rd, T Nagar; Gerichte 50–85 ₹; ⏲ 7–23.30 Uhr) Eingeweihte sind sich einig, dass es in dieser Filiale der kleinen, aus Madurai stammenden Kette mit die besten *idlis*, *dosas*, *uttapams* und anderen südindischen Gerichte in Chennai gibt.

Double Roti BURGER $$

(Karte S. 358; ☎ 044-30853732; http://doubleroti.in; 4/27 1st St, Cenotaph Rd, Teynampet; Hauptgerichte 245–395 ₹; ⏲ 11–23 Uhr; 📶) Der Name bezieht sich auf die Burger-Brötchen. Die nach einer Seite offene Küche in diesem stets gut besuchten Café mit Industrie-Chic serviert ihre Burger mit Spaß, Flair und viel Geschmack. Die Limonaden und Milchshakes werden in Einmachgläsern, die Burger in kleinen Bratpfannen und die Masala-Fritten in Eimerchen aufgetischt. Auf die Tafeln sind witzige Sprüche geschrieben. Es gibt auch viele Angebote für Vegetarier, darunter fantastische würzige Falafel-Burger.

Junior Kuppanna SÜDINDISCH $$

(Karte S. 358; ☎ 044-28340071; 4 Kannaiya St, North Usman Rd, T Nagar; Hauptgerichte 130–220 ₹, Thalis 200 ₹; ⏲ 12–16 & 18.30–23.30 Uhr) In der makellos sauberen Küche – Gäste dürfen sie besichtigen – werden zur Mittagszeit Unmengen an aromatischen Thalis zubereitet, die nach traditioneller Art auf Bananenblättern serviert werden. Diese für Chennai typische, hektische *mess* (Kantine) hat ein komplettes Speisenangebot. Fleischliebhaber, die nach Abwechslung von der rein vegetarischen Kost lechzen, finden hier Spezialitäten wie Schafshirn oder in der Pfanne gebratene Makrele. Der Laden mit Filialen überall in Chennai ist ungeheuer beliebt – also besser frühzeitig kommen!

Enté Keralam KERALESISCH $$

(Karte S. 358; ☎ 07604915091; http://entekeralam.in; 1 Kasturi Estate, 1st St, Poes Garden; Hauptgerichte 200–565 ₹; ⏲ 12–15 & 19–23 Uhr) Die vier in Orangetönen gehaltenen Räume dieses eleganten keralesischen Restaurants, in denen je drei oder vier Tische stehen, strahlen wunderbare Ruhe aus. Zum leicht gewürzten *pachakkari*-Gemüseeintopf gibt's luftig-leichte *appam* (Reispfannkuchen), Mangos sind eine wichtige Zutat im Curry à la Alappuzha. Außerdem kann man aus mehreren Fischgerichten wählen. Zum Schluss empfiehlt sich ein leckeres cremiges Kokoseis. Die Menüs (veg./nicht veg. 795/1195 ₹) bieten Kostproben von vielen Gerichten.

Barbeque Nation INDISCH, BARBECUE $$

(Karte S. 358; ☎ 044-60600000; www.barbeque-nation.com; Shri Devi Park Hotel, 1 Hanumantha Rd, abseits der North Usman Rd, T Nagar; Hauptgerichte veg./nicht veg. mittags 705/780 ₹, abends 900/1050 ₹; ⏲ 12.30–16.30 & 18.30–23.30 Uhr) Unglaublich gute und günstige, richtig scharfe Grillspeisen gibt's in diesem allzeit geschäftigen „All You Can Eat"-Lokal. Das Highlights sind die scharfen Grillspieße mit Fleisch, Meeresfrüchten oder als vegetarische Variante mit Panir und Ananas, die man auf dem kleinen Grill in der Tischmitte so lange brutzelt, wie es einem zusagt. Und dann folgt das volle Buffet mit Speisen aus allen Regionen Indiens.

★ **Peshawri** NORDINDISCH $$$

(☎ 044-22200000; www.itchotels.in; ITC Grand Chola, 63 Mount Rd, Guindy; Hauptgerichte 870–1800 ₹, Menüs 3240–4140 ₹; ⏲ 12–15 & 19–23.30 Uhr) Das Aushängeschild des ITC ist die perfekte Adresse für eine Nobel-Schlemmerei. Das Restaurant hat sich auf die Cuisine der ehemaligen Northwest-Frontier-Provinz spezialisiert und serviert einfallsreiche, geschmacksintensive Kreationen in intimen Sitznischen, von denen aus man die Arbeit in der voll verglasten Küche beobachten kann. Empfehlenswert sind die großen Stücke scharf gegrillten Panirs, die meisterhaft gewürzten Kebabs und die Spezialität des Hauses, das herrlich reichhaltige *dhal bukhara,* das eine Nacht vor sich hin köcheln muss. Außerdem gibt's eine erstaunliche internationale Auswahl an Weinen und Cocktails.

★ **Copper Chimney** NORDINDISCH $$$

(Karte S. 358; ☎ 044-28115770; 74 Cathedral Rd, Gopalapuram; Hauptgerichte 300–700 ₹; ⏲ 12–15 & 19–23.30 Uhr) Fleischliebhaber werden begeistert sein von den leckeren nordindischen Tandur-Gerichten, die in einem stilvoll minimalistischen Ambiente serviert werden. Aber auch das vegetarische Essen ist hervorragend. Es gibt Jain-Spezialitäten, Biryanis, Hühnchen-Kebabs, über Holzkohle gegrillte Garnelen und luftiges, frisches Naan. Das *machchi tikka* (Spieße mit im Tandur gebackenem Fisch) ist herrlich, ebenso der scharf gewürzte Panir-Kebab.

Chamiers INTERNATIONAL, CAFÉ $$$

(Karte S. 358; ☎ 044-42030734; www.chamiershop.com; 106 Chamiers Rd, RA Puram; Hauptgerichte 300–500 ₹; ⏲ 8.30–23 Uhr; 📶) Das quirlige Café im 1. Stock wirkt weltenweit von Chennai entfernt, die Einwohner der Stadt lieben es aber trotzdem. Hier erwarten einen Blümchentapeten, bedruckte Kissenbezüge, Korbstühle, WLAN (100 ₹/Std.), wundervoller Karottenkuchen, Croissants, Cappuccino, englisches Frühstück, amerikanische Pfannkuchen, Pastagerichte, Quiches, Quesadillas, Salate und mehr.

Dakshin SÜDINDISCH $$$

(Karte S. 358; ☎ 044-24994101; www.ihg.com; Crowne Plaza, 132 TTK Rd, Alwarpet; Hauptgerichte 690–1500 ₹, Thalis 1800–2300 ₹; ⏲ 12.30–14.45 & 19–23.15 Uhr) Das Dakshin hat sich auf die Küchen von Kerala, Tamil Nadu, Andhra Pradesh, Telangana und Karnataka spezialisiert. Traditionelle Skulpturen, Spiegelsäulen sowie Flöten- und Tabla-Spieler sorgen für ein tempelähnliches Ambiente. Zu empfehlen sind das Fisch-Curry aus Andhra Pradesh und dazu vielleicht der eine oder andere Tropfen von der eindrucksvollen Whisky- und Weinkarte. Zur Mittagszeit stehen die einfallsreichen Thalis im Mittelpunkt.

🍷 Ausgehen & Nachtleben

Chennais Nachtleben kann sich dank vieler quirliger neuer Lokale mittlerweile sehen lassen – wer ausgehen will, braucht aber eine gut gefüllte Brieftasche. Es gibt immer mehr Cafés westlicher Machart und auch Starbucks ist hier vertreten.

Die Bars und die Clubs in den Fünf-Sterne-Hotels servieren die ganze Woche lang rund um die Uhr Alkohol, dementsprechend konzentriert sich hier das Nachtleben. Männer ohne Begleitung („Stags") werden teilweise abgewiesen. Außerdem müssen Männer wie auch Paare in der Regel einen deftigen Eintritt bezahlen. Die Kleiderordnung ist klar: keine Shorts, keine Sandalen.

Andere Hotelbars (mit größtenteils männlicher Klientel) schließen in der Regel gegen Mitternacht. Wer alkoholische Getränke kaufen will, steuert die staatlichen „Premium"- oder „Elite"-TASMAC-Spirituosenläden in den Einkaufszentren an.

365 AS LOUNGE, CLUB

(Karte S. 358; ☎ 044-61001234; https://chennai.regency.hyatt.com; Hyatt Regency, 365 Anna Salai, Teynampet; Getränke 400–700 ₹; ⌚ 15–2 Uhr) Im glamourösen Hyatt Regency steigen am Freitag- und Samstagabend Chennais heißeste Partys, wenn die DJs auf der Terrasse loslegen. Zu anderen Zeiten handelt es sich um eine schicke, sinnliche Lounge mit sorgfältig komponierten Cocktails und indischen und internationalen Weinen, Bieren und Spirituosen. Die Kleiderordnung ist schick-zwanglos (für Männer also lange Hosen und geschlossene Schuhe).

Sera the Tapas Bar BAR

(Karte S. 358; ☎ 044-28111462; www.facebook.com/zaratapasbar; 71 Cathedral Rd, Gopalapuram; Cocktails 400–500 ₹, Tapas 220–330 ₹; ⌚ 12.30–23.30 Uhr) Wo sonst findet man DJs, die unter Stierkampfplakaten Clubmusik auflegen, während in Fernsehern Kricketspiele laufen? Das Sera zieht an den meisten Abenden junge, modebewusste Gäste an, die *sangría* und Cocktails trinken – am besten reserviert man vorab. An Tapas gibt's u. a. Knoblauchgarnelen und gebratene Calamari mit Auberginen-Dips; die *tortilla española* (Kartoffel-Omelette) ist authentisch und lecker.

Radio Room BAR

(Karte S. 358; ☎ 8500005672; www.facebook.com/radioroomchennai; Somerset Greenways, 94 Sathyadev Ave, MRC Nagar, RA Puram; Cocktails 450–600 ₹, Gerichte 200–300 ₹; ⌚ Mo–Fr 18–23.30, Sa & So 16–23.30 Uhr) Ein eifriges junges Team betreibt diese unglaublich populäre Radio-Themenbar im Südosten Chennais. Das Mobiliar ist bunt zusammengewürfelt, die Theke besteht aus Lautsprechern und die einfallsreichen Cocktails und Longdrinks sind sorgsam gemixt und oft auch von südindischen Aromen inspiriert. Wie wäre es z. B. mit einem Chai-Punsch? Dazu gibt's kreative Abwandlungen von in Chennai beliebten Gerichten etwa mit Mozzarella gefüllte *bajjis* (Gemüseplätzchen), die in fahrradförmigen Körbchen aufgetischt werden.

Sudaka COCKTAILBAR

(Karte S. 358; ☎ 044-42004355; www.facebook.com/besudaka; 37 North Boag Rd, T Nagar; Cocktails 400–500 ₹, Gerichte 200–500 ₹; ⌚ Mo–Fr 12–15 & 18–24, Sa 12–24 Uhr) Eine kecke echte Cocktailbar, in der es in der stimmungsvoll beleuchteten Lounge neben kundig gemixten Cocktails mit witzigen Namen auch raffinierte lateinamerikanische und internationale Gerichte gibt. Man braucht nur seine Lieblingsspirituose zu nennen, und schon wird etwas Besonderes daraus gezaubert.

Plan B BAR

(Karte S. 364; https://holycowhospitality.com; 65/5 Murugesan Naicker Complex, Greams Rd; Cocktails 320–400 ₹, Gerichte 230–350 ₹; ⌚ 12–23 Uhr) Wie der studentische Namensvetter in Bengaluru (Bangalore) ist diese entspannte, industriell anmutende Bar bei jungen Leuten schwer angesagt. Die recht günstigen Cocktails, Weine und Biere (in Krügen, *mugs*, Pints oder *towers*), die Kneipenkost (Burger, Nachos, Chilli-Käsefritten) und die lauten Chart-Hits spielen dabei sicher eine gewichtige Rolle.

Brew Room CAFÉ

(Karte S. 358; www.saverahotel.com; Savera Hotel, Dr. Radhakrishnan Salai; Kaffee 120–180 ₹, Gerichte 250–350 ₹; ⌚ 8–22.30 Uhr; 📶) Das neorustikal aufgemachte Café bietet Kaffee, wie man ihn sonst in Chennai nicht bekommt, vom doppelten Espresso über italienischen Cappuccino, Caffè Americano und französischen Presskannen-Kaffee bis hin zum „Eisberg"-Kaffee mit Eiscreme. Zu den zeitgenössisch-westlichen Gerichten zählen das ganztägige Frühstück und viele tolle vegane und vegetarische Optionen, darunter sogar Tofu.

Café Coffee Day CAFÉ

(Karte S. 364; www.cafecoffeeday.com; Ispahani Centre, 123 Nungambakkam High Rd, Nungambakkam; Getränke 60–120 ₹; ⌚ Mo–Fr 10–22, Sa & So bis 23 Uhr) Bei der Kette gibt's stets gute warme und kalte Kaffee- und Teespezialitäten. Weitere Filialen finden sich in **Egmore** (Karte S. 364; Alsa Mall, Montieth Rd; Getränke 60–120 ₹; ⌚ 11–21 Uhr), **Nungambakkam** (Karte S. 364; KNK Sq, Khader Nawaz Khan Rd; Getränke 60–120 ₹; ⌚ 9–23 Uhr; 📶), in der **Express Avenue Mall** (Karte S. 364; 1. & 3. Stock, White's Rd; Getränke 60–120 ₹; ⌚ Mo–Fr 10–21, Sa & So bis 22 Uhr), in **Alwarpet** (Karte S. 358; Ramakrishnan Towers, TTK Rd; Getränke 60–120 ₹; ⌚ 10–22 Uhr) und in der **Phoenix Market City** (UG, Phoenix Market City, Velachery; Getränke 60–120 ₹; ⌚ 10–23 Uhr).

Unterhaltung

Fast jeden Abend findet irgendwo in Chennai ein Konzert mit *bharatanatyam* (klassischem tamilischem Tanz) und/oder karnatischer Musik statt. Auflistungen finden sich in *The Hindu*, der *Times of India* oder unter www.timescity.com/chennai.

Die **Music Academy** (Karte S. 358; ☎044-28112231; www.musicacademymadras.in; 168/306 TTK Rd, Royapettah) ist der beliebteste Veranstaltungsort. Viele Darbietungen, oft kostenlos, bietet auch die Kalakshetra Foundation (S. *363*) und das **Bharatiya Vidya Bhavan** (Karte S. 358; ☎044-24643420; www.bhavanchennai.org; East Mada St, Mylapore).

Shoppen

In T Nagar gibt es tolle Einkaufsmöglichkeiten, vor allem auf dem Pondy Bazaar und rund um den Panagal Park. Viele der besten Seidenstoffe aus Kanchipuram gelangen nach Chennai, wo sie vor allem in den Läden in den Straßen rund um den Panagal Park verkauft – wer sich einen Sari zulegen will, sollte das hier tun!

Die Khader Nawaz Khan Rd in Nungambakkam ist eine schöne und schattige Straße, in der sich immer nobler werdende Designerboutiquen, Cafés und Galerien konzentrieren.

In Chennais Einkaufszentren sind die großen internationalen und indischen Modelabels vertreten. Zu den besten Zentren zählen die **Express Avenue** (Karte S. 364; www.expressavenue.in; White's Rd, Royapettah; ⏲10–22 Uhr), das **Chennai Citi Centre** (Karte S. 358; http://chennaiciticenter.com; 10 Dr. Radhakrishnan Salai, Mylapore; ⏲10–22 Uhr), das **Spencer Plaza** (Karte S. 364; 769 Anna Salai; ⏲10–22 Uhr) und die neue glamourösere **Phoenix Market City** (www.phoenixmarketcity.com; 142 Velachery Main Rd, Velachery; ⏲11–22 Uhr) im Süden der Stadt. Das Spencer Plaza ist weniger exklusiv, lohnt sich aber wegen der kleineren Kunsthandwerks- und Souvenirläden.

Stadtzentrum von Chennai

★Higginbothams BÜCHER
(Karte S. 364; higginbothams@vsnl.com; 116 Anna Salai; ⏲Mo–Sa 9–20, So 10.30–19.30 Uhr) Der 1844 eröffnete Buchladen in einem imposanten weißen Gebäude gilt als älteste Buchhandlung in ganz Indien. Er hat eine exzellente Auswahl englischsprachiger Titel, darunter auch Reiseführer und Belletristik, sowie ein gutes Angebot von Landkarten.

Naturally Auroville KUNSTHANDWERK
(Karte S. 364; http://naturallyaurovillechennai.com; 8 Khader Nawaz Khan Rd, Nungambakkam; ⏲10.15–21 Uhr) Farbenfrohes Kunsthandwerk und Wohndekor, darunter Tagesdecken, Kissen, Weihrauch, Duftkerzen sowie Notizbücher aus handgemachtem Papier. Alle Artikel stammen aus Auroville in der Nähe von Puducherry.

Poompuhar KUNSTHANDWERK
(Karte S. 364; http://tnpoompuhar.org; 108 Anna Salai; ⏲Mo–Sa 10–20, So 11–19 Uhr) Die große Filiale der staatlichen Kunsthandwerkskette mit festen Preisen ist die richtige Anlaufstelle für alles von billigen, bunten Götterfiguren aus Gips bis zu 700 000 ₹ teuren Nataraja-Bronzefiguren.

Evoluzione KLEIDUNG
(Karte S. 364; www.evoluzionestyle.com; 3 Khader Nawaz Khan Rd, Nungambakkam; ⏲Mo–Sa 10.30–19.30, So 11–18 Uhr) Die glitzernde Edelboutique verkauft neotraditionelle Kreationen topaktueller indischer Modeschöpfer. Das Umschauen lohnt sich, auch wenn man sich die wunderbar glamourösen Hochzeitskleider nicht leisten kann oder benötigt.

Südliches Chennai

★Nalli Silks TEXTILIEN
(Karte S. 358; www.nallisilks.com; 9 Nageswaran Rd, T Nagar; ⏲9.30–21.30 Uhr) Der riesige, farbenfrohe, 1928 eröffnete Pionier unter den Seidenläden Chennais verkauft leuchtende Hochzeitssaris und Kanchipuram-Seide in allen Farben des Regenbogens. Außerdem

TRADITIONELLE HÄNDLER

Auch wenn sich Chennai unermüdlich weiter nach Süden, Westen und Norden ausbreitet, ist und bleibt George Town – die Siedlung, die sich nahe dem britischen Fort St. George entwickelte – das Handelszentrum der Stadt. In vielen der engen Straßen wird bis heute wie schon vor Hunderten von Jahren jeweils nur ein einziges Handelsgut verkauft: Schmuck in der NSC Bose Road, Papierwaren in der Anderson Street. Auch wenn man nichts Bestimmtes sucht, lohnt sich ein Bummel durch die labyrinthischen Straßen, in denen Vergangenheit und Gegenwart des indischen Alltags mühelos ineinanderfließen.

können sich Männer mit Seiden-*dhotis* (lange Beinkleider) ausstaffieren.

Fabindia KLEIDUNG, KUNSTHANDWERK
(Karte S. 358; www.fabindia.com; 2. Stock, 35 TTK Rd, Alwarpet; ⏲10.30–20.30 Uhr) Die landesweit vertretene Fair-Trade-Kette verkauft in Dörfern hergestellte stilvolle moderne Kleidung und Kunsthandwerk. Sie ist die richtige Adresse, wenn man ein Kurta kaufen will, das über der Hose getragene Hemd ohne (oder mit kurzem) Kragen. In dieser Filiale hier gibt's auch Weihrauch, Keramik, Tisch- und Bettwäsche sowie Naturkosmetik. Weitere Filialen finden sich in der **Woods Road** (Karte S. 358; 3 Woods Rd; ⏲10.30–20.30 Uhr), im Einkaufszentrum **Express Avenue** (Karte S. 364; 1. Stock, White's Rd, Royapettah; ⏲11.30–21 Uhr), in **Nungambakkam** (Karte S. 364; 2. Stock, 9/15 Khader Nawaz Khan Rd; ⏲10.30–20.30 Uhr), in **T Nagar** (Karte S. 358; 44 GN Chetty Rd; ⏲10.30–20.30 Uhr) und **Besant Nagar** (T-25, 7th Ave, Besant Nagar; ⏲10.30–20.30 Uhr).

Chamiers KLEIDUNG, KUNSTHANDWERK
(Karte S. 358; http://chamiershop.com; 106 Chamiers Rd, RA Puram; ⏲10.30–19.30 Uhr) Im Erdgeschoss des beliebten Café- und Boutique-Komplexes verkauft **Anokhi** (Karte S. 358; www.anokhi.com; ⏲10.30–19.30 Uhr) zu guten Preisen wundervolle Kleider, Bettwäsche, Taschen und Accessoires in fließenden Stoffen. Versehen sind diese mit Blockdruckmustern, die westliche und indische Motive verbinden. Der elegante **Amethyst Room** (Karte S. 358; www.amethystchennai.com; ⏲10.30–19 Uhr) nebenan bietet schöne indische Haute Couture zu entsprechenden Preisen. Männermode gibt's im Obergeschoss bei **Chamiers for Men** (Karte S. 358; ⏲10.30–19.30 Uhr).

Starmark BÜCHER
(Karte S. 364; www.starmark.in; 2. Stock, Express Avenue, White's Rd, Royapettah; ⏲Mo–Fr 10.30–21.30, Sa & So 10–22 Uhr) Der smarte Buchladen hat eine ausgezeichnete Auswahl an Romanen und Sachbüchern, darunter auch Reiseliteratur zu Indien und Guides von Lonely Planet. Eine weitere Filiale findet sich in der Phoenix Market City (S. 373).

ℹ Orientierung

Das alte britische Fort St. George und das Gewirr der engen Straßen und Basare von George Town bilden Chennais historisches Zentrum. Die beiden Hauptbahnhöfe, Egmore und Central, liegen landeinwärts (westlich) vom Fort. Der Großteil der besten Restaurants, Bars, Läden und Unterkünfte befinden sich in den grüneren Vorstädten im Süden und Südwesten, z. B. in Nungambakkam, T Nagar (Thyagaraya Nagar), Alwarpet, Guindy und Velachery. Die Anna Salai (Mount Rd) ist die hektische Verkehrsachse, die den Norden mit dem Süden der Stadt verbindet.

ℹ Praktische Informationen

GELD

Die Geldautomaten der Citibank eignen sich am besten, wenn man in Tamil Nadu mit einer ausländischen Karte größere Mengen Bargeld abheben

STAATLICHE BUSSE AB DEM CMBT

ZIEL	PREIS (₹)	DAUER (STD.)	HÄUFIGKEIT
Bengaluru	360–580	7–8	min. 40-mal tgl.
Coimbatore	40	11	11-mal tgl.
Ernakulam (Kochi)	590	12–16	15 Uhr
Hyderabad	825–1500	14	17.30, 18.30 & 19 Uhr
Kodaikanal	380	10–13	17 Uhr
Madurai	325	9–10	42-mal tgl.
Mamallapuram	40	2–2½	alle 10 Min.
Mysuru	550–900	10	19, 19.45, 20.40 & 22.05 Uhr
Puducherry	125	4	36-mal tgl.
Thanjavur	250	8½	12-mal tgl.
Thiruvananthapuram	570	14	9-mal tgl.
Tirupati	150–320	4	Alle 30 Min.
Tiruchirappalli	235	6½–7	45-mal tgl.
Udagamandalam	435	12	16.30, 17.45 &19.15 Uhr

DIREKTE INLANDSFLÜGE AB CHENNAI

ZIEL	AIRLINES	DAUER (STD.)	HÄUFIGKEIT (TGL.)
Bengaluru	AI, SG, 6E, 9W	1	19
Delhi	AI, SG, 6E, 9W	2¾–3	23
Goa	AI, SG	1¼–2	2
Hyderabad	AI, G8, SG, 6E, 9W	1–1½	23
Kochi	AI, SG, 6E	1–1½	7
Kolkata	AI, SG, 6E	2–2¾	10
Mumbai	AI, G8, SG, 6E, 9W	2	22
Port Blair	AI, G8, SG, 6E, 9W	2–2¼	6
Thiruvananthapuram	AI, 6E	1–1½	3

Airline-Codes: AI – Air India, G8 – Go Air, SG – SpiceJet, 6E – IndiGo, 9W – Jet Airways

will. Weitere Optionen sind die Geldautomaten der Axis Bank, der Canara Bank, der HDFC Bank, der ICICI Bank und der State Bank of India.

GEPÄCKAUFBEWAHRUNG

In den Bahnhöfen Egmore und Central gibt's Gepäckaufbewahrungen (sog. „Cloakrooms") für Inhaber einer Fahrkarte. Auch am Flughafen kann man sein Gepäck abgeben.

INTERNETZUGANG

Viele Cafés und Hotels haben WLAN. Internetcafés (25–30 ₹/Std.) gibt's überall; Pass erforderlich.

MEDIZINISCHE VERSORGUNG

Apollo Hospital (Karte S. 364; ☎044-28290200, Notfall 044-28293333; www.apollohospitals.com; 21 Greams Lane, Nungambakkam; ⏲24 Std.) Hochmodernes, teures Krankenhaus, das bei „Medizintouristen" beliebt ist.

Kauvery Hospital (Karte S. 358; ☎044-40006000; www.kauveryhospital.com; 199 Luz Church Rd, Mylapore; ⏲24 Std.) Gutes privates Allgemeinkrankenhaus.

POST

DHL (Karte S. 364; ☎044-42148886; www.dhl.com; 85 VVV Sq, Pantheon Rd, Egmore; ⏲9–21 Uhr) Zuverlässige internationale Paketzustellung mit Filialen überall in der Stadt.

Hauptpost (Karte S. 358; Rajaji Salai, George Town; ⏲Mo–Sa 8–21, So 10–16 Uhr)

REISEBÜROS

Milesworth Travel (Karte S. 358; ☎044-24338664; http://milesworth.com; RM Towers, 108 Chamiers Rd, Alwarpet; ⏲Mo–Fr 9.30–18, Sa bis 16 Uhr) Hochprofessionelles, freundliches Reisebüro, das bei allen Reiseplänen weiterhilft.

TOURISTENINFORMATION

Indiatourism (Karte S. 364; ☎044-28460285, 044-28461459; http://incredibleindia.org; 154 Anna Salai; ⏲Mo–Fr 9.15–17.45 Uhr) Nützliche Informationen zu Chennai und ganz Indien.

Tamil Nadu Tourism Development Corporation (TTDC; Karte S. 364; ☎044-25333333; www.tamilnadutourism.org; Tamil Nadu Tourism Complex, 2 Wallajah Rd, Triplicane; ⏲24 Std.) Das Hauptbüro des bundesstaatlichen Tourismusamts nimmt Buchungen für die von ihm angebotenen Bustouren vor, beantwortet Fragen und verteilt Broschüren. Im selben Gebäude finden sich auch Büros der Tourismusämter anderer Bundesstaaten, die meist von 10 bis 18 Uhr geöffnet sind. Die TTDC hat auch einen Schalter im Bahnhof Egmore.

ℹ An- & Weiterreise

AUTO

Sich ein Auto mit Fahrer zu mieten, ist die bequemste Möglichkeit, von A nach B zu kommen. Die meisten Reisebüros, Mittel- und Spitzenklassehotels oder die Prepaid-Taxistände am Flughafen helfen bei der Buchung. Beispielspreise: Ein Auto ohne/mit Klimaanlage kostet 700/900 ₹ für 50 km und bis zu fünf Stunden und 1400/1800 ₹ für 100 km und bis zu zehn Stunden.

BUS

Die meisten staatlichen Busse nutzen den großen, aber überraschend gut organisierten **CMBT** (Chennai Mofussil Bus Terminus; Jawaharlal Nehru Rd, Koyambedu) 6 km westlich vom Stadtzentrum. Am bequemsten und teuersten sind die klimatisierten AC-Busse (darunter sind die Volvo-AC-Modelle die besten), gefolgt von den Bussen der DU-Klasse („Ultra Deluxe"); Busse dieser Klassen können generell vorab reserviert werden. Buchen kann man bis zu 60 Tage im Voraus im computerisierten Reservierungszentrum am linken Ende der Haupthalle sowie online (www.tnstc.in).

Der **T Nagar Bus Terminus** (Karte S. 358; South Usman Rd, T Nagar) ist praktisch, wenn

WICHTIGE ZÜGE AB CHENNAI

ZIEL	ZUG-NR. & NAME	PREIS (₹)	DAUER (STD.)	ABFAHRT
Agra	*12615 Grand Trunk Exp*	745/1960/2865 (C)	31½	19.15 Uhr CC
Bengaluru	*12007 Shatabdi Exp**	710/1435 (A)	5	6 Uhr CC
	12609 Bangalore Exp	150/540 (B)	6½	13.35 Uhr CC
Coimbatore	*12675 Kovai Express*	180/660 (B)	7½	6.15 Uhr CC
	12671 Nilgiri Exp	315/810/1140 (C)	7¾	21.15 Uhr CC
Delhi	*12621 Tamil Nadu Exp*	780/2040/2990 (C)	33	22 Uhr CC
Goa	*17311 Vasco Exp* (nur Fr)	475/1285/1865 (C)	21	15 Uhr CC
Hyderabad	*12759 Charminar Exp*	425/1125/1605 (C)	13¾	18.10 Uhr CC
Kochi	*22639 Alleppey Exp*	395/1045/1480 (C)	11½	20.45 Uhr CC
Kolkata	*12842 Coromandel Exp*	665/1745/2540 (C)	27	8.45 Uhr CC
Madurai	*12635 Vaigai Exp*	180/660 (B)	7¾	13.30 Uhr CE
	12637 Pandian Exp	315/810/1140 (C)	8¾	21.20 Uhr CE
Mumbai	*11042 Mumbai Exp*	540/1450/2115 (C)	25¾	11.55 Uhr CC
Mysuru	*12007 Shatabdi Exp**	930/1825 (A)	7	6 Uhr CC
	16021 Kaveri Exp	315/810/1140 (C)	9¾	21 Uhr CC
Thiruvanantha-puram	*12695 Trivandrum Exp*	470/1240/1775 (C)	16	15.25 Uhr CC
Tirupati	*16053 Tirupathi Exp*	80/285 (B)	3½	14.15 Uhr CC
Tiruchirappalli	*12635 Vaigai Exp*	145/515 (B)	5	13.30 Uhr CE

Abfahrtsbahnhof: CC – Chennai Central, CE – Chennai Egmore
*Tgl. außer Mi
Preise: (A) Chair/Executive; (B) 2. Klasse /Chair Class; (C) Sleeper/3AC/2AC

man den Bus 599 nach Mamallapuram (40 ₹, 1½ Std., stündl. 5–19.30 Uhr) nehmen will.

Busse privater Unternehmen bieten generell mehr Komfort als nicht klimatisierte staatlich betriebene Busse, können aber gut und gern das Doppelte kosten. Der Hauptbusbahnhof der privaten Busse ist der **Omni Bus Stand** (abseits der Kaliamman Koil St, Koyambedu) 500 m westlich des CMBT, manche Unternehmen nutzen aber auch andere Standorte in der Stadt. Service-Infos bekommt man unter www.redbus.in; Tickets können über Reisebüros gebucht werden.

Parveen Travels (Karte S. 364; ☏ 044-2819 2577; www.parveentravels.com; 11/5 Kennet Lane, Egmore) Die Busse nach Bengaluru, Ernakulam (Kochi; Cochin), Kodaikanal, Madurai, Udhagamandalam (Ooty), Puducherry, Trichy und Thiruvananthapuram (Trivandrum) starten vom Büro des Unternehmens in Egmore.

FLUGZEUG

Der **Chennai International Airport** (☏ 044-22560551; Tirusulam) liegt im äußersten Südwesten der Stadt. Das internationale Terminal befindet sich 500 m westlich des Terminals für Inlandsflüge; beide sind mit Gängen verbunden.

Es gibt Direktflüge zu Städten in ganz Indien, darunter innerhalb Tamil Nadus u. a. nach Tiruchirappalli (Trichy), Madurai, Coimbatore und Thoothukudi (Tuticorin). Im Auslandsverkehr bietet Chennai viele Direktflüge von/nach Colombo, Singapur und Kuala Lumpur und in die Golfstaaten. Die besten Preise ab Europa findet man oft bei Jet Airways (über Mumbai oder Delhi), Qatar Airways (über Doha), Emirates (über Dubai) oder Oman Air (über Maskat). Cathay Pacific fliegt nach Hongkong und Maldivian nach Malé.

SCHIFF/FÄHRE

Passagierschiffe fahren einmal pro Woche vom Hafen von George Town direkt nach Port Blair auf den Andamanen. Der **Andaman Shipping Office Ticketing Counter** (☏ 044-25226873; 2. Stock, Shipping Corporation of India, Jawahar Bldg, 17 Rajaji Salai, George Town; ⏲ Mo–Fr 10–16, Sa bis 12 Uhr) verkauft Tickets (2500–6420 ₹) für die 60-stündige Überfahrt. Man sollte mehrere Tage im Voraus buchen und dafür neben den Originaldokumenten je drei Kopien von den Datenseiten des Reisepasses und des Indien-Visums mitbringen. Die Bearbeitung kann ziemlich lange dauern.

ZUG

Züge in andere Bundesstaaten und Richtung Westen fahren generell vom Bahnhof Central, die

Züge Richtung Süden überwiegend vom Bahnhof Egmore ab. Das **Advanced Computerised Reservation Office** (Karte S. 364; 1. Stock, Chennai Central Suburban Station; ⌚ Mo–Sa 8–14 & 14.15–20, So 8–14 Uhr) mit der ungemein hilfsbereiten Foreign Tourist Cell befindet sich im ersten Stock eines separaten, elfstöckigen Gebäudes gleich westlich vom Hauptgebäude des Bahnhofs Central. Fotokopien der Visa- und Fotoseiten des Passes mitbringen! Der Bahnhof Egmore hat sein eigenes **Passenger Reservation Office** (Karte S. 364; 1. Stock, Egmore Station, Egmore; ⌚ Mo–Sa 8–14 & 14.15–20, So 8–14 Uhr).

ℹ Unterwegs vor Ort

AUTORIKSCHA

Die meisten Autorikschafahrer weigern sich, das Taxameter zu benutzen und nennen astronomische Fahrpreise. Man sollte nie im Voraus zahlen und sich vor dem Einsteigen in die Rikscha immer über den Preis geeinigt haben. Zwischen 23 und 5 Uhr steigen die Preise um bis zu 50 %.

Prepaid-Schalter für Autorikschas gibt es vor dem CMBT (125 ₹ nach Egmore). Rund um die Uhr sind außerdem die Prepaid-Stände an der Südseite des Bahnhofs Central und vor den nördlichen und südlichen Ausgängen des Bahnhofs Egmore geöffnet.

Das verlockende Angebot einer „Stadtrundfahrt" mit der Autorikscha für schlappe 50 ₹ klingt zu gut, um wahr zu sein. Und das ist es auch nicht! Man verbringt den ganzen Tag damit, von einem Laden in den nächsten geschleppt zu werden.

BUS

Es lohnt sich, sich mit Chennais städtischem Busnetz vertraut zu machen, auch wenn die Busse zu den Stoßzeiten förmlich aus allen Nähten platzen. Die Preise bewegen sich zwischen 3 und 14 ₹ (bzw. bis zum Doppelten bei Express- und Deluxe-Busssen und bis zum Fünffachen bei Volvo-AC-Verbindungen). Streckeninformationen gibt's online unter www.mtcbus.org.

VOM/ZUM FLUGHAFEN

Die billigste Option sind die Vorortzüge vom/zum Bahnhof Tirusulam gegenüber den Parkplätzen des Inlandsterminals, zu erreichen über eine ausgeschilderte Fußgängerunterführung unter der Schnellstraße. Die Züge fahren zwischen 4.53 und 23.43 Uhr ungefähr alle 15 Minuten vom/zum Bahnhof Chennai Beach (10 ₹, 40 Min.) und halten unterwegs an den Stationen Nungambakkam, Egmore, Chennai Park und Chennai Fort.

Die Prepaid-Taxi-Schalter vor dem internationalen Terminal des Flughafens verlangen 550/600 ₹ für ein Taxi ohne/mit Klimaanlage nach Egmore bzw. 450/500 ₹ nach T Nagar. Die Prepaid-Taxi-Schalter vor dem Inlandsterminal sind etwas günstiger. In beiden Terminals gibt's Taxi-Buchungsschalter von **Fast Track** (☎ 60006000).

BUSLINIEN IN CHENNAI

BUS-NR.	STRECKE
A1	Central–Anna Salai–RK Mutt Rd (Mylapore)–Theosophical Society–Thiruvanmiyur
1B	Parry's–Central–Anna Salai–Flughafen
10A	Parry's–Central–Egmore (S)–Pantheon Rd–T Nagar
11	Rattan–Central–Anna Salai–T Nagar
12	T Nagar–Pondy Bazaar–Eldham's Rd–Dr Radhakrishnan Salai–Vivekananda House
13	T Nagar–Royapettah–Triplicane
15B & 15F	Broadway–Central–CMBT
M27	CMBT–T Nagar
27B	CMBT–Egmore (S)–Bharathi Salai (Triplicane)
27D	Egmore (S)–Anna Salai–Cathedral Rd–Dr Radhakrishnan Salai–St.-Thomas-Kathedrale
32A	Central–Vivekananda House
102	Broadway–Fort St. George–Kamarajar Salai–St.-Thomas-Kathedrale–Theosophical Society

Die Strecken werden in beide Richtungen befahren.
Broadway – Broadway Bus Terminus, George Town
Central – Bahnhof Central
Egmore (S) – Bahnhof Egmore (Südseite)
Parry's – Parry's Corner
Rattan – Bushaltestelle Rattan Bazaar Rd
T Nagar – T Nagar Bus Terminus

UNTERWEGS AN FEIERTAGEN

Alle Transportmittel in, nach und aus Tamil Nadu sind rund um große Fest- und Feiertage – so z. B. Pongal, Karthikai Deepam, Gandhi Jayanti und Diwali – schon Wochen im Voraus ausgebucht. Unbedingt rechtzeitig planen!

Die Chennai Metro Rail ist ein preiswertes und unkompliziertes Verkehrsmittel, um zum Flughafen zu gelangen. Derzeit gibt es aber nur eine Verbindung zum CMBT (50 ₹; Umsteigemöglichkeit in Alandur). Die Metrostation liegt zwischen den beiden Flughafenterminals. Eine Zweigstrecke, die den Flughafen mit dem Zentrum von Chennai verbinden soll, wird frühestens 2018 fertig.

Die am CMBT startenden Stadtbusse 70 und 170 nach Tambaram halten an der Schnellstraße gegenüber vom Flughafen (12–15 ₹, 30–40 Min.).

METRO RAIL

Die Chennai Metro Rail, ein lang erhofftes und flottes Zwischending aus Hoch- und U-Bahn, nahm Ende 2016 die ersten Streckenabschnitte in Betrieb. Zum Zeitpunkt der Recherche war lediglich ein Teil der Linie 2 (Grün) vom CMBT nach Süden zum St. Thomas Mount sowie zum Flughafen in Betrieb. Fertiggestellt wird die Linie 2 über den CMBT hinaus ostwärts zu den Bahnhöfen Egmore und Central führen. Die Linie 1 (Blau), die frühestens 2018 fertiggestellt sein wird, soll vom Flughafen nach Teynampet, Thousand Lights, zum Bahnhof Central, dem High Court und Washermanpet im Norden Chennais fahren und dabei mehrere Kilometer entlang unter der Anna Salai verlaufen. Die Züge verkehren von 5 bis 22 Uhr; die Fahrkarten kosten 10 bis 50 ₹.

TAXI

Prepaid-Taxi-Stände gibt es an beiden Flughafenterminals, ferner an der Südseite des Bahnhofs **Egmore** (Karte S. 364; Egmore Station; ⏲24 Std.) und vor dem Bahnhof **Central** (Karte S. 364; Central Station; ⏲24 Std.); eine Fahrt von ca. 8 oder 9 km Länge, z. B. zum CMBT, kostet rund 450 ₹.

Die relativ zuverlässigen Taxis von **Fast Track** (S. 377) kosten 100 ₹ für eine Strecke von bis zu 4 km und danach 18 ₹ pro km (zwischen 23 und 5 Uhr steigen die Tarife um 25 %); telefonisch reservieren!

Die Uber-Taxiapp bietet verlässliche, günstige Mitfahrten stadtweit. Gleiches gilt für die nahezu identische App vpn Ola Cabs (für die man jedoch eine indische Handynummer braucht).

ZUG

Effiziente und preiswerte Vorortzüge fahren von der Beach Station zu den Bahnhöfen Fort, Park (nahe Central), Egmore, Chetpet, Nungambakkam, Kodambakkam, Mambalam, Saidapet, Guindy, St. Thomas Mount, Tirusulam (Flughafen) und südwärts weiter bis Tambaram. Am Bahnhof Egmore befinden sich die Bahnsteige der Vorortzüge (Gleis 10 und 11) und der Fahrkartenschalter an der Nordseite. Eine zweite Linie zweigt hinter der Station Fort südwärts zu den Bahnhöfen Park Town, Chepauk, Tiruvallikeni (zum Marina Beach), Light House und Thirumailai (nahe dem Kapalisvarar-Tempel) ab. Die Züge fahren zwischen 4 und 24 Uhr mehrmals stündlich; die Fahrt kostet zwischen 5 und 10 ₹.

NÖRDLICHES TAMIL NADU

Südlich von Chennai

Bei der Fahrt auf der East Coast Rd (ECR) Richtung Süden lichten sich nach ungefähr einer Stunde Chennais Vorstädte. Tamil Nadu präsentiert sich nun als ein Land der roten Erde, des blauen Himmels, der Palmen und grünen Felder, gespickt mit kleinen Städten und Dörfern (oder, wenn man auf dem „IT Expressway" ins Landesinnere fährt, mit riesigen neuen Gebäuden).

Es gibt an der ECR mehrere lohnende Zwischenstopps auf der Fahrt von Chennai ins 50 km südlich gelegene Mamallapuram. Dazu gehört das entspannte ehemalige Fischer- und heutige Surfer-Dorf Kovalam. Das Baden an dieser Küste ist allerdings wegen starker Strömungen gefährlich.

Sehenswertes

Cholamandal Artists' Village KÜNSTLERKOLONIE, MUSEUM
(☎044-24490092; www.cholamandalartistvillage.com; Injambakkam; Museum Erw./Kind 20/5 ₹; ⏲Museum 9.30–18.30 Uhr) Rund um das Dorf Injambakkam, 10 km südlich des Flusses Adyar, herrscht eine Art tropisches Boheme-Flair. Die 4 ha große Künstlerkooperative ist ein entspannter Rückzugsort von der Hektik des Alltags. Gegründet wurde sie 1966 von Künstlern der Madras-Bewegung, Südindiens Pionieren in der modernen Kunst. Das zugehörige Museum zeigt sehr sehenswerte Werke. Besondere Beachtung verdienen die Arbeiten von K.C.S. Paniker, S.G. Vasudev, M. Senathipathi und S. Nandagopal.

DakshinaChitra KUNSTHANDWERKSZENTRUM
(044-27472603; www.dakshinachitra.net; East Coast Rd, Muttukadu; Inder Erw./Student 100/50 ₹, Ausländer 250/70 ₹; Mi–Mo 10–18 Uhr) Das DakshinaChitra 22 km südlich des Flusses Adyar ermöglicht einen fantastischen Einblick in Südindiens traditionelles Kunsthandwerk. Das Zentrum, eine Schatztruhe hiesiger Kunst und Architektur, präsentiert sich als eine Mischung aus Freiluftmuseum, einem erhaltenen Dorf und Kunsthandwerkerwerkstätten (von Töpfern, Seidenwebern, Korbmachern) mit Galerien inmitten echter traditioneller südindischer Wohnhäuser. Man kann Seidenwebern bei der Arbeit zuschauen, sich aufwendige Henna-Muster, sogenannte *mehndi*, auftragen lassen und sich allerlei Vorführungen anschauen.

Madras Crocodile Bank ZOO
(044-27472447; www.madrascrocodilebank.org; Vadanemmeli; Erw./Kind 40/20 ₹; Di–So 8.30–17.30 Uhr) Diese wundervolle Naturschutz- und Forschungseinrichtung nur 6 km südlich von Kovalam vermittelt einen faszinierenden Einblick in die Welt der Reptilien. Das von dem Krokodil- und Schlangenexperten Romulus Whitaker gegründete Zentrum besitzt Tausende Reptilien, darunter 17 der 23 weltweit existierenden Krokodilarten, und leistet Pionierarbeit bei der Erhaltung der genetischen Vielfalt dieser Tiere, von denen mehrere Spezies gefährdet sind. Es gibt Stellen für freiwillige Helfer, die bereit sind, sich für mindestens zwei Wochen zu verpflichten.

Tigerhöhle HINDU-STÄTTE
(Tiger Cave, Saluvankuppam; 6–18 Uhr) GRATIS
Die Tigerhöhle, 5 km nördlich von Mamallapuram, ist ein unvollendeter, aber eindrucksvoller, in den Fels gehauener Schrein, der Durga, einer Inkarnation von Shivas Gemahlin Devi, gewidmet ist und wahrscheinlich aus dem 7. Jh. stammt. Das Highlight ist die „Halskette" aus elf monströsen tigerähnlichen Köpfen, die gleich neben den Reliefs von zwei Elefantenköpfen den Eingang zur zentralen Öffnung des Schreins säumen. Am nördlichen Ende des parkähnlichen Komplexes steht ein aus dem Fels gehauener **Shiva-Schrein** aus der gleichen Zeit. Jenseits der Umzäunung befindet sich der ausgegrabene **Subrahmanya-Tempel,** ein Granitschrein aus dem 8. Jh., der über einem dem Kriegsgott Subrahmanya oder Murugan geweihten Backsteintempel der Sangam-Periode errichtet wurde.

An- & Weiterreise

Um die Sehenswürdigkeiten an der ECR aufzusuchen, nimmt man einen beliebigen Bus von Chennai nach Mamallapuram und steigt an der gewünschten Stelle aus. Die **TTDC** (S. 375) bietet eine Busrundfahrt von Chennai nach Mamallapuram (625 ₹, 10 Std.) an, die neben Mamallapuram auch mehrere der genannten Sehenswürdigkeiten besucht. Eine ganztägige Taxi-Tour ab Chennai kostet 2500 bis 3000 ₹.

Mamallapuram (Mahabalipuram)

044 / 15 170 EW.

Mamallapuram, 50 km südlich von Chennai, war der wichtigste Seehafen des antiken Pallava-Reichs, das seinen Sitz in Kanchipuram hatte. Ein Stadtspaziergang vorbei an den grandiosen, zum UNESCO-Weltkulturerbe zählenden Tempeln mit ihren herrlichen Reliefs ist inspirierend, ganz besonders bei Sonnenuntergang.

Neben antiken Monumenten gibt's salzige Meeresluft und eine schöne Küste. Traveller-Hotspots sind die Othavadai St und die Othavadai Cross St mit Restaurants, die Pasta, Pizza und Pfannkuchen auftischen, und Läden, die Krimskrams aus Tibet verkaufen. Eine weitere Attraktion vor Ort ist die wachsende und quicklebendige Surfer-Szene.

Das Städtchen ist nur eine knapp zweistündige Busfahrt von Chennai entfernt; viele Traveller kommen ohne Umwege gleich hierher. Der Ort ist klein und entspannt, sodass man die Sehenswürdigkeiten leicht zu Fuß oder mit dem Fahrrad erkunden kann.

Sehenswertes

Man kann leicht einen ganzen Tag mit der Erkundung von Mamallapurams wunderschönen Tempeln, Höhlen und Felsreliefs verbringen. Das meiste wurde im 7. Jh. in den Stein gemeißelt, während der Herrschaft des Pallava-Königs Narasimhavarman I., dessen Spitzname Mamalla (Großer Ringer) der Stadt ihren Namen gab. An den Stätten kann man einen der offiziellen Führer von Archaeological Survey of India anheuern.

★ **Küstentempel** HINDUTEMPEL
(Beach Rd; Kombi-Tagesticket mit Fünf Rathas Inder/Ausländer 30/500 ₹, Video 25 ₹; 6–18 Uhr) Als Wahrzeichen aus dem Fels gehauener Eleganz, umgeben von Gartenanlagen und

NICHT VERSÄUMEN

SURFEN & MEER: KOVALAM (COVELONG)

Das unauffällige Fischerdorf **Kovalam** (Covelong) 30 km südlich von Chennai ist in den letzten Jahren als einer der besten Surfer-Spots in Tamil Nadu ins Rampenlicht gerückt. Inzwischen ist es ein immer populärer werdender Travellertreff und Schauplatz des hochkarätigen **Covelong Point Surf & Music Festival** (www.covelongpoint.com; ⌚ Aug.–Sept.). Hier kann man alle möglichen Wassersportarten ausüben und am Strand Yoga machen.

Surfkurse gibt's in der „sozialen Surfschule" **Covelong Point** (☎ 9840975916; www.covelongpoint.com; 10 Pearl Beach, Ansari Nagar; Surfbrett pro Std./Surfunterricht 300/500 ₹; ⌚ unterschiedliche Zeiten) unter der Aufsicht von Murthy, Kovalams Surf-Pionier. Im Angebot sind auch Kajaktouren, Tauchen, Windsurfen und Stehpaddeln.

Das gleiche Team führt das stilvolle, surfsüchtige B&B **Surf Turf** (☎ 9884272572; www.surfturf.in; 10 Pearl Beach, Ansari Nagar; Zi. mit Frühstück 2810–4950 ₹; „Surf & Stay"-Paket für 2 Pers. ab 9500 ₹; ❄ 📶) und das zugehörige luftige Strandcafé. Die fünf geschmackvoll schlichten Zimmer haben abgespecktes modernes Dekor, blaue Bettwäsche und von den privaten Balkonen einen herrlichen Blick auf Strand und Meer; die Standardzimmer teilen sich ein Bad. Kovalams Luxus-Absteige ist das am Strand gelegene **Vivanta by Taj – Fisherman's Cove** (☎ 044-67413333; www.vivanta.tajhotels.com; Kovalam Beach; Zi. mit Frühstück 12 090–21 760 ₹; ❄ 📶 🏊).

den Ruinen von Höfen, symbolisieren die beiden Türme des Küstentempels den Höhepunkt der Pallava-Architektur und den auf das Meer gerichteten Machtanspruch der Pallava-Könige. Der Tempel ist zwar klein, hat aber wundervolle Proportionen und Reliefs von überragender Qualität, die allerdings inzwischen vielfach zu impressionistisch anmutenden Verzierungen erodiert sind. Der Tempel wurde unter Narasimhavarman II. im frühen 8. Jh. errichtet und war der erste bedeutende freistehende Steintempel in Tamil Nadu.

Die beiden Türme erheben sich über Shiva-Schreinen, deren Lingams einst den Sonnenaufgang und -untergang einfingen. Zwischen den Shiva-Schreinen befindet sich ein Schrein für den schlafend dargestellten Vishnu. Reihen von Bullen, die Shivas Reitbullen Nandi darstellen, säumen den Tempelbezirk. An der Südseite des Tempels sitzt eine aus einem Felsblock gehauene Durga auf den Knien ihres Reitlöwen.

★ Fünf Rathas HINDU-TEMPEL

(Pancha Ratha; Five Rathas Rd; Kombi-Tagesticket mit Küstentempel Inder/Ausländer 30/500 ₹, Video 25 ₹; ⌚ 6–18 Uhr) Am Südrand von Mamallapuram sind die Fünf Rathas versammelt. Sie wurden erstaunlicherweise alle aus einem einzigen riesigen Felsen gehauen. Jeder dieser schönen Tempel aus dem 7. Jh. wurde einer Hindu-Gottheit gewidmet und ist heute nach einem oder mehreren der Pandavas, den fünf Heldenbrüdern aus dem Epos Mahabharata, bzw. nach deren gemeinsamer Frau Draupadi benannt. Die *rathas* lagen lange Zeit unter dem Sand verborgen, bis sie vor etwa 200 Jahren von den Briten ausgegraben wurden.

Ratha ist Sanskrit für „Streitwagen" und könnte sich entweder auf die Form der Tempel oder auf ihre Funktion als „Transportmittel" der Götter beziehen. Man nimmt an, dass sie ursprünglich nicht als Stätten der Anbetung dienten, sondern als architektonische Modelle.

Der erste *ratha*, auf der linken Seite hinter dem Eingang, ist der **Draupadi Ratha** in Form einer stilisierten südindischen Hütte. Er ist der dämonenbekämpfenden Göttin Durga gewidmet, die von innen herausschaut und auf einem Lotus steht und auf der Außenwand abgebildet ist. Weibliche Wächterinnen flankieren den Eingang. Die riesige Skulptur eines Löwen, Durgas Reittier, steht draußen.

Der nächste auf dem selben Sockel ist der **Arjuna Ratha**, der „Streitwagen" des wichtigsten Pandava, der Shiva gewidmet ist. Mit seinen Pilastern, Miniaturdachschreinen und der kleinen, achteckigen Kuppel stand er Pate für viele der späteren Tempel Südindiens. Ein mächtiger Nandi steht dahinter. Shiva, der sich an der Südseite an den Nandi lehnt, und andere Götter sind an den Außenwänden des Tempels abgebildet.

Der **Bhima Ratha** mit seinem Tonnendach wurde nie fertiggestellt, was auch der fehlende Säulengang an der Nordseite bezeugt. Im Inneren befindet sich ein Schrein für Vishnu. Der **Dharmaraja Ratha**, der größte unter den Tempeln, ähnelt dem Arjuna Ratha, ist aber um eine Etage höher und mit Löwensäulen versehen. Die Reliefs auf seinen Außenmauern zeigen meist Gottheiten, u. a. den androgynen Ardhanarishvara (halb Shiva, halb Parvati) auf der Ostseite. König Narasimhavarman I. taucht am Westende der Südseite auf.

Der nach dem Pandava-Zwillingspaar benannte **Nakula-Sahadeva Ratha** steht ein wenig abseits der anderen vier und ist Indra gewidmet. Der lebensgroße Steinelefant daneben zählt zu den schönsten Elefantenskulpturen Indiens. Wenn man vom nördlichen Tor her kommt, sieht man zuerst die Rückseite, daher auch sein Spitzname Gajaprishthakara (Elefantenhintern).

★ Arjunas Buße HINDU-DENKMAL
(West Raja St; ⌚ 24 Std.) GRATIS Dieses gigantische Relief ist das Meisterstück unter Mamallapurams Steinarbeiten und eines der großartigsten Beispiele für antike Kunst in Indien. Das in zwei riesige Felsen gehauene Denkmal quillt vor Szenen aus hinduistischen Mythen und Bildern des südindischen Lebensalltags geradezu über. Im Zentrum steigen *nagas* (Schlangenwesen) eine Spalte hinab, die einst mit Wasser gefüllt war und den Ganges darstellen soll. Zur Linken übt sich Arjuna (Held der Mahabharata) in Selbstkasteiung – er fastet und steht auf einem Bein –, damit der vierarmige Shiva ihm seine mächtige Waffe überlässt, die göttervernichtende Pasupata. Einige Experten vertreten hingegen die Meinung, das Relief zeige eigentlich den Weisen Bagiratha, der Buße tat, um mit Shivas Hilfe den Ganges auf die Erde zu bringen.

Shiva ist von Zwergen umgeben, im oberen Bereich des Reliefs fliegen himmlische Wesen. Unter Arjuna/Bagiratha ist ein Tempel für Vishnu (dem mystischen Vorfahren der Pallava-Könige) mit Weisen, einem Hirsch und einem Löwen zu sehen. Zu den wunderschön gearbeiteten Tieren gehören auch eine kleine Elefantenherde und – etwas Humor inmitten des Heiligen – eine Katze, die vor einer anerkennenden Mäusemenge Buße tut.

Südlich von Arjunas Buße stehen entlang der Straße der **Panch Pandava Mandapa** (West Raja St; ⌚ 6–18 Uhr) GRATIS, ein unvollendeter Höhlentempel; der **Krishna Mandapa** (West Raja St; ⌚ 6–18 Uhr) GRATIS mit seinen berühmten Reliefs von Krishna (dieser hebt den Berg Govardhana an, um Bewohner und Kühe vor einem von Indra geschickten Sturm zu schützen); ein **unvollendetes Steinrelief** (West Raja St; ⌚ 24 Std.) GRATIS von ähnlicher Größe wie Arjunas Buße; und der **Dharmaraja-Höhlentempel** (Fünf Rathas; ⌚ 6–18 Uhr) GRATIS.

Aktivitäten

Strände

Der Strand am Ort wirkt nicht gerade unberührt, doch südlich des Küstentempels lockt feinerer Sand. Außerdem ist man hier ein bisschen weiter von den glotzenden Männern weg, die ihren Tag damit verbringen, Touristen anzugaffen. Wie der Großteil von Tamil Nadus Küste eignen sich auch diese Strände nicht zum Schwimmen, da die Strömungen gefährlich sind.

Surfen

Mumu Surf School SURFEN
(☎ 9789844191; http://mumusurfer.wixsite.com/indiasurfing; Othavadai St; 90-min. Gruppen-/Privatunterricht 750/1300 ₹; ⌚ 7.30–18 Uhr) Die beliebte, gut organisierte Surfschule für alle Niveaus verleiht auch Surfbretter (250–300 ₹/Std.), führt Strandreinigungsaktionen durch und betreibt das entspannte Café Sandy Bottom.

Yoga, Ayurveda & Massage

Zahlreiche Unternehmen bieten zu ähnlichen Preisen Massagen (750–1500 ₹), Yogasitzungen (300 ₹) und Ayurveda-Behandlungen an.

Geführte Touren

Travel XS RADFAHREN, VOGELBEOBACHTUNG
(☎ 044-27443260; www.travel-xs.com; 123 East Raja St; Radtour 500 ₹/Pers.; ⌚ Mo–Fr 9.30–18, Sa bis 14 Uhr) Der Veranstalter bietet halbtägige Radausflüge (min. 2 Pers.) zu umliegenden Dörfern mit Besuchen bei Töpfern und Einblicken in Praktiken wie die *kolam-Malerei* (bei dieser, auch *rangoli* genannten Kunst handelt es sich um aufwändige Eingangsverzierungen aus Kreide, Reispaste oder farbigem Pulver). Darüber hinaus organisiert Travel XS Tagesausflüge, u. a. nach Kanchipuram und (saisonal) zum Vedanthangal Bird Sanctuary.

Feste & Events

Mamallapuram Dance Festival TANZ
(⌚ Jan.-Feb.) Bei dem vierwöchigen Festival stehen klassische und folkloristische Tänze aus ganz Indien im Mittelpunkt; viele Darbietungen finden auf einer Freilichtbühne

Mamallapuram (Mahabalipuram)

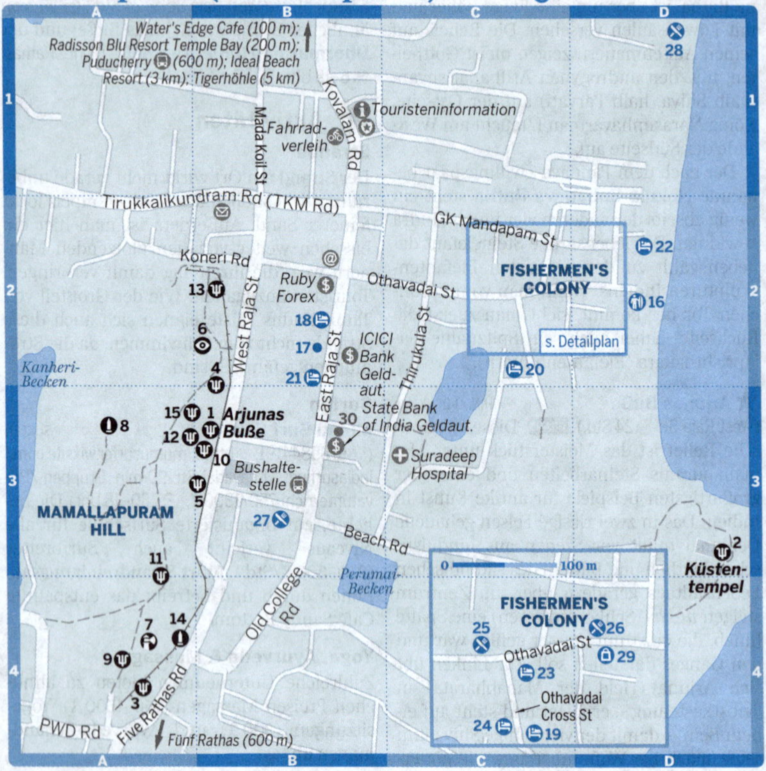

statt. Gezeigt werden u. a. *bharatanatyam* aus Tamil Nadu, Kuchipudi-Tanzdramen aus Andhra Pradesh) und Kathakali-Tanzdramen aus Kerala.

Schlafen

Sri Harul Guest House PENSION $
(☎9941070343; www.facebook.com/sriharulguesthouse; 181 Bajanai Koil St, Fishermen's Colony; Zi. 800–1200 ₹) Eine der besseren Budget-Strandunterkünfte vor Ort: Wenn man hier eines der sechs Zimmer mit Meerblick ergattert, hat man den Strand gleich unten vor seinem Balkon. Die Zimmer sind schlicht, von durchschnittlicher Größe und recht sauber.

Vinodhara Guesthouse PENSION $
(☎9444135118, 044-27442694; www.vinodhara.com; 9/4 Othavadai Cross St; EZ/DZ 600/700 ₹, Zi. mit Klimaanlage 1200–1800 ₹; ❄📶) Die Pension umfasst eine stetig wachsende Zahl unterschiedlicher, recht sauberer, schlichter Zimmer, von kleinen Einzelzimmern mit Ventilator bis hin zu geräumigen, recht modernen Doppelzimmern mit Klimaanlage. Das Management ist hilfsbereit. Vor dem Einchecken sollte man sich erst ein paar Zimmer anschauen.

Greenwoods Beach Resort PENSION $
(☎044-27442212, 9791145729; greenwoods_resort@yahoo.com; 7 Othavadai Cross St; Zi. 700–900 ₹, mit Klimaanlage 1300–1700 ₹; ❄📶) Die vielleicht stimmungsvollste Budgetunterkunft an der Othavadai Cross St, nur liegt sie eben definitiv nicht am Strand. Die engagierte Betreiberfamilie vermietet schlichte, recht saubere Zimmer (teilweise mit Balkon und/oder Außendusche), die sich etagenweise um einen grünen Hof verteilen.

Tina Blue View Lodge & Restaurant PENSION $
(☎044-27442319; 48 Othavadai St; Zi. 600–700 ₹, mit Klimaanlage 1200 ₹) Das klapprige, ältliche

Mamallapuram (Mahabalipuram)

Highlights
1 Arjunas Buße ... B3
2 Küstentempel ... D3

Sehenswertes
3 Dharmaraja-Höhlentempel ... A4
4 Ganesh Ratha ... B2
5 Krishna Mandapa ... B3
6 Krishnas Butterball ... B2
7 Leuchtturm ... A4
8 Löwenturm ... A3
9 Mahishamardini Mandapa ... A4
10 Panch Pandava Mandapa ... B3
11 Ramanuja Mandapa ... A3
12 Raya Gopura ... A3
13 Trimurti-Höhlentempel ... B2
14 Unvollendetes Steinrelief ... A4
15 Varaha Mandapa ... A3

Aktivitäten, Kurse & Touren
16 Mumu Surf School ... D2
17 Travel XS ... B2

Schlafen
18 Butterball Bed 'n Breakfast ... B2
19 Greenwoods Beach Resort ... C4
20 Hotel Daphne ... C2
21 Hotel Mamalla Heritage ... B2
22 Sri Harul Guest House ... D2
23 Tina Blue View Lodge & Restaurant ... C4
24 Vinodhara Guesthouse ... C4

Essen
Burger Shack ... (siehe 18)
25 Gecko Restaurant ... C4
26 Le Yogi ... D4
27 Mamalla Bhavan ... B3
28 Wharf ... D1

Shoppen
29 Apollo Books ... D4

Transport
30 Southern Railway Computerised Passenger Reservation Centre ... B3

Tina ist eine der ersten Unterkünfte in Mamallapuram, was man ihr auch ansieht. Gleichwohl ist sie zu Recht immer noch beliebt wegen der geweißten Wände, blauen Verzierungen, kleinen Veranden, des schattigen Gartens und des unermüdlichen Eigentümers Xavier.

Butterball Bed 'n Breakfast B&B $$
(☎9094792525; http://butterball-bnb.in; 9/26 East Raja St; EZ/DZ mit Frühstück 1700/2000 ₹; ❄📶🏊) Die recht kleinen, aber netten, weiß getünchten und makellos gepflegten Zimmer prunken mit alten englischen Stichen, Schreibtischen, großen Spiegeln und blau gefliesten Bädern. Man hat von der Dachterrasse einen tollen Blick auf den riesigen Felsbrocken, nach dem das B&B benannt ist. Außerdem gibt es eine hübsche Rasenfläche, ein Massagezentrum, einen kleinen Pool und tägliche Yogasitzungen (300 ₹). Gefrühstückt wird im angeschlossenen **Burger Shack** (☎9094792525; http://butterball-bnb.in; 9/26 East Raja St; Hauptgerichte 120–300 ₹; ⏲10–22 Uhr).

Hotel Daphne HOTEL $$
(☎9894282876; www.moonrakersrestaurants.com; 24 Othavadai Cross St; Zi. ohne/mit Klimaanlage 900/1700 ₹; ❄📶) Die Zimmer ohne Klimaanlage sind absolut akzeptabel und sauber, wenn auch schlicht. Die sieben klimatisierten Zimmer bieten jedoch ein tolles Preis-Leistungs-Verhältnis (vor allem die Zimmer 13 und 14 ganz oben); die meisten davon haben Himmelbetten, Balkone und Schaukelstühle. Weitere Trümpfe sind der schattige, von Lichterketten erhellte Hof, das herzliche Personal und kostenloses WLAN.

Hotel Mamalla Heritage HOTEL $$
(☎044-27442060; www.hotelmamallaheritage.com; 104 East Raja St; EZ/DZ mit Frühstück 2920–3160/3160–3400 ₹; ❄📶🏊) Das Hotel ist bei Reisegruppen sehr beliebt. Es bietet 43 große, komfortable, aber nicht weiter interessante Zimmer rund um den tiefblauen Pool und ein sehr gutes vegetarisches Dachrestaurant. Die „Deluxe"-Zimmer sind moderner als die Standardzimmer.

Radisson Blu Resort Temple Bay RESORT $$$
(☎044-27443636; http://radissonblu.com/hotel-mamallapuram; 57 Kovalam Rd; Zi. mit Frühstück ab 11 100 ₹; ❄@📶🏊) Die luxuriösen Chalets, Villen und Bungalows verteilen sich über ein gepflegtes Gartengelände, das sich 500 m weit bis zum Strand erstreckt. Mittendrin liegt Indiens längster Swimmingpool (220 m). Die Zimmer sind groß und größer, die teuersten verfügen über einen eigenen Pool. Im Radisson gibt's auch Mamallapurams bestes (und teuerstes) Restaurant und ein erstklassiges Ayurveda-Spa

MAMALLAPURAM HILL

Viele interessante Monumente, die meisten aus dem späten 7. und frühen 8. Jh. verteilen sich über den mit Felsbrocken übersäten Hügel westlich der Stadt. Zur Erkundung der wichtigsten braucht man zu Fuß eine Stunde. Das Areal ist von 6 bis 18 Uhr geöffnet und hat Zugänge an der West Raja St und gleich abseits der Five Rathas Rd.

Vom nördlichen Eingang an der West Raja St schnurstracks geradeaus balanciert unbeweglich, aber so, als wolle er jeden Augenblick herabrollen, der nicht zu übersehende Felsen mit dem originellen Namen **Krishna's Butterball** (Mamallapuram Hill; ⏲6–18 Uhr) GRATIS. Weiter nördlich folgt hinter den Felsen der **Trimurti-Höhlentempel** (Mamallapuram Hill; ⏲6–18 Uhr) GRATIS zu Ehren der hinduistischen Trinität: Brahma (links), Shiva (Mitte) und Vishnu (rechts) werden von Wächtern flankiert. Auf der Rückseite dieses Felsens befindet sich eine schöne Gruppe in den Stein gehauener Elefanten.

Südlich von Krishnas Butterkugel erreicht man den **Ganesh Ratha** (Mamallapuram Hill; ⏲6–18 Uhr) GRATIS, der aus einem einzigen Felsen gehauen wurde und Säulenfüße in Löwenform besitzt. Aus dem einstigen Shiva-Tempel wurde nach der Entfernung des ursprünglichen Lingams ein Schrein für Ganesha, Shivas elefantenköpfigen Sohn. Südwestlich davon beherbergt der **Varaha Mandapa** (Mamallapuram Hill; ⏲6–18 Uhr) GRATIS einige der schönsten Reliefs von Mamallapuram, darunter Säulen mit sitzenden Löwen. Das linke Feld zeigt Vishnus Eber-Avatar Varaha, der die Erde aus dem Ozean hebt. Die nach außen zeigenden Felder stellen Vishnus Gemahlin Lakshmi – sie wird von Elefanten gebadet – und Durga dar, während auf dem rechten Feld Vishnu in seiner achtarmigen Inkarnation als Riese Trivikrama zu sehen ist, der den Dämonenkönig Bali besiegt.

Geht man noch etwas weiter südwärts und dann gen Osten links hinauf, gelangt man zum aus dem 16. Jh. stammenden **Raya Gopura** (Olakkanatha-Tempel; Mamallapuram Hill; ⏲6–18 Uhr) GRATIS, der wahrscheinlich ein unvollendeter *gopuram* (Torturm) ist. Westlich den Hügel hinauf folgt der fein gearbeitete **Löwenthron** (Mamallapuram Hill; ⏲6–18 Uhr) GRATIS, den ein brüllender Löwe schmückt. Der Hauptweg setzt sich nach Süden zum **Ramanuja Mandapa** (Mamallapuram Hill; ⏲6–18 Uhr) GRATIS und bis zu Mamallapurams **Leuchtturm** (Mamallapuram Hill; Inder/Ausländer 10/25 ₹, Foto/Video 20/25 ₹; ⏲10–13 & 14–17.30 Uhr) fort. Südwestlich des Leuchtturms liegt der in den Felsen gehauene **Mahishamardini Mandapa** (Mamallapuram Hill; ⏲6–18 Uhr) GRATIS mit ausgezeichneten Szenen aus den Puranas (Sanskrit-Legenden des 5. Jhs.). Das linke Wandfeld zeigt den auf einer eingeringelten Schlange schlafenden Vishnu, das rechte Durga auf ihrem Löwen, die den Dämonenbüffel Mahisha tötet. In dem zentralen Schrein sitzt Murugan zwischen seinen Eltern Shiva und Parvati.

(Massage 2500 ₹). Die Unterkunft ist unglaublich beliebt. Die besten Preise gibt's online.

Ideal Beach Resort RESORT $$$
(☎044-27442240; www.idealresort.com; East Coast Rd; EZ/DZ mit Frühstück 6600–13 200/7200–14 400 ₹; ❄@📶🏊) Mit ihren Blumengärten und einem eigenen Strandabschnitt ist das entspannte, 3 km nördlich der Stadt gelegene Resort bei Familien und Paaren als Wochenenddomizil beliebt. Die Anlage ist zwar schon etwas in die Jahre gekommen, dafür aber ruhig und intim. Es gibt ein nettes Restaurant am Pool und gemütliche Zimmer mit Tee-/Kaffeemaschine, Fön und teilweise auch mit Duschen im Freien. Die Tageskarte zur Nutzung von Pool und Strand kostet für Nicht-Gäste 500 ₹.

Essen

Die Restaurants an der Othavadai St und der Othavadai Cross St sind nach einer Seite offen und servieren ordentliche westliche Hauptgerichte und eher langweilige indische Currys. Wer authentisches indisches Essen möchte, sollte die preiswerten vegetarischen Lokale in der Nähe des Busbahnhofs ansteuern.

Mamalla Bhavan SÜDINDISCH $
(South Mada St; Hauptgerichte 65–80 ₹, Gerichte 70–125 ₹; ⏲6–21.15 Uhr) Authentisch gutes und günstiges südindisches Essen gibt's in diesem kleinen, stets gut besuchten vegetarischen Restaurant direkt neben dem Busbahnhof. Morgens gibt's *idlis, vadas* und *dosas* sowie Filterkaffee (18 ₹), mittags Thalis im Bananenblatt.

Le Yogi INTERNATIONAL **$$**
(☎ 9840706340; 19 Othavadai St; Hauptgerichte 190–300 ₹; ⏲ 7.30–23 Uhr; 📶) Eine der besten westlichen Küchen in Mamallapuram. Die Pastagerichte, Pizzas, Bratlinge und *momos* (tibetische Teigtaschen) sind schmackhaft, die Portionen allerdings überschaubar. Der Service ist gut, das Ambiente (mit Bambuspfosten, Bodenteppichen und Lampen, die von dem reetgedeckten Dach baumeln) etwas romantisch angehaucht.

Gecko Restaurant INTERNATIONAL **$$**
(www.gecko-web.com; 37 Othavadai St; Hauptgerichte 180–320 ₹; ⏲ 9–21.30 Uhr; 📶) Zwei freundliche Brüder betreiben das nette Lokal mit blau-weißen Wänden, farbenfroher Kunst und Holzschnitzereien. Die täglichen Seafood-Angebote stehen auf der Kreidetafel angeschrieben. Die Gerichte und Preise unterscheiden sich nicht besonders von anderen touristischen Restaurants, das Essen ist aber etwas schmackhafter und mit mehr Liebe zubereitet.

Water's Edge Cafe INTERNATIONAL **$$$**
(☎ 044-27443636; www.radissonblu.com/hotel-mamallapuram; Radisson Blu Resort Temple Bay, 57 Kovalam Rd; Hauptgerichte 545–800 ₹; ⏲ 24 Std.) Das am Pool eingerichtete „Café" des Radisson bietet Alles, von amerikanischen Pfannkuchen über gegrilltes Tofu, vegetarische indische Gerichte und panasiatische Cuisine bis zu einem fantastischen Frühstücksbuffet (1190 ₹). Teuer, aber smart und beliebt.

Wharf INTERNATIONAL **$$$**
(☎ 044-27443636; www.radissonblu.com/hotel-mamallapuram; Radisson Blu Resort Temple Bay, 57 Kovalam Rd; Hauptgerichte 695–2575 ₹; ⏲ 12–15 & 19–23 Uhr) Was wie ein Strandschuppen aussieht, entpuppt sich als das internationale Feinschmeckerrestaurant des Radisson. Der Fokus liegt eindeutig auf frischen Meeresfrüchten.

Shoppen

Das Dröhnen elektrischer Steinschleifer hat in den Ateliers der Steinmetze von Mamallapuram längst das Klappern der Meißel abgelöst. Heute sind die Kunsthandwerker in der Lage, Granitfiguren (von unterschiedlichster Art und Qualität) praktisch am Fließband zu produzieren, von Anhängern für 100 ₹ bis hin zu 400 000 ₹ teuren Ganeshastatuen. Außerdem gibt's ein paar ordentliche Kunstgalerien, Schneidereien und Antiquitätenläden.

Apollo Books BÜCHER
(150 Fishermen's Colony; ⏲ 9–21.30 Uhr) Gute Auswahl an Büchern in verschiedenen Sprachen zum Kaufen und Tauschen.

Praktische Informationen

Suradeep Hospital (☎ 044-27442448; 15 Thirukula St; ⏲ 24 Std.) Von Travellern empfohlen.

Touristeninformation (☎ 044-27442232; Kovalam Rd; ⏲ Mo–Fr 10–17.45 Uhr)

An- & Weiterreise

Vom **Busbahnhof** (East Raja St) fahren der Bus 599 zum T Nagar Bus Terminus in Chennai (40 ₹, 1½ Std., 6.50–20.30 Uhr alle 30 Min.) und der Bus 118 zu Chennais CMBT (40 ₹, 2 Std., 4–20 Uhr stündl.). Zum Chennai Airport nimmt man den Bus 515 nach Tambaram (27 ₹, 1½ Std., alle 30 Min.) und von dort ein Taxi, eine Autoriksha oder einen Vorortzug. Täglich fahren auch sieben Busse nach Kanchipuram (42–45 ₹, 2 Std.). Busse nach Puducherry (90–150 ₹, 2 Std.) halten ungefähr alle 15 Minuten an der Kreuzung Kovalam Rd/Mamallapuram Bypass, 1 km nördlich vom Zentrum Mamallapurams.

Zugreservierungen nimmt das **Southern Railway Computerised Passenger Reservation Centre** (32 East Raja St, 1. Stock; ⏲ 8–14 Uhr) vor.

Taxis findet man am Busbahnhof oder bestellt sie bei Reisebüros oder in Hotels. Die Fahrt nach Chennai oder zum Flughafen kostet 1500 ₹, nach Puducherry zahlt man 2500 ₹.

Unterwegs vor Ort

Am leichtesten kommt man zu Fuß voran. Ein **Fahrradverleih** (100 ₹/Tag; ⏲ 8–20 Uhr) findet sich in der Kovalam Rd.

Kanchipuram

☎ 044 / 164 384 EW.

Kanchipuram, 80 km südwestlich von Chennai, war vom 6. bis zum 8. Jh. die Hauptstadt der Pallava-Dynastie – also in jener Zeit, in der die Pallavas die grandiosen Steinbauten von Mamallapuram schufen. Heute ist es eine hektische, moderne, typisch indische Stadt, die für ihre vielen bedeutenden und gut besuchten Tempel sowie ihre farbenfrohen Feste berühmt ist. Einige stammen aus der Pallava-, andere aus der Chola- oder Vijayanagar-Ära. Überall bekannt sind aber auch die hochwertigen Seidensaris, die von Tausenden von Familien auf Handwebrahmen in der Stadt und den umliegenden Dörfern gefertigt werden. Seiden- und Sari-Läden reihen sich in der

Kanchipuram

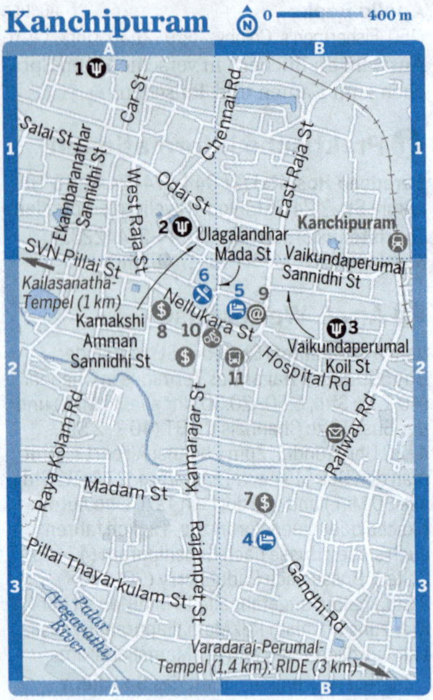

Kanchipuram

Sehenswertes
1 Ekambareshwara-Tempel A1
2 Kamakshi-Amman-Tempel A1
3 Vaikunta-Perumal-Tempel B2

Schlafen
4 GRT Regency B3
5 Sree Sakthi Residency B2

Essen
Dakshin .... (siehe 4)
Hotel Saravana Bhavan .... (siehe 4)
6 Hotel Saravana Bhavan A2
Upashana Veg Restaurant .... (siehe 5)

Praktisches
7 Axis Bank, Geldautomat B3
8 State Bank of India, Geldautomat A2
9 State Bank of India, Geldautomat A2

Transport
10 Fahrradverleih A2
11 Bushaltestelle B2

Gandhi Road südöstlich des Zentrums aneinander, ihre Waren sind jedoch normalerweise nicht billiger als in den Seidengeschäften von Chennai.

Kanchipuram kann man gut im Rahmen eines Tagesausflugs von Mamallapuram oder Chennai aus besuchen.

Sehenswertes

Der Eintritt ist für alle Tempel frei. Manchmal wird jedoch eine kleine Gebühr für Schuhaufpasser fällig. Auch wer seine Kamera benutzen will, muss mitunter einen kleinen Obolus entrichten. Wenn Eintritt für Nicht-Hindus verlangt wird, sollte man die Forderung einfach ignorieren.

Kailasanatha-Tempel HINDUTEMPEL
(SVN Pillai St; ⏲6–18.30 Uhr, innerer Sakralraum 6–12 & 16–18.30 Uhr) Kanchipurams ältester Tempel ist zugleich der eindrucksvollste – nicht wegen seiner Größe, sondern wegen seiner historischen Bedeutung und der hohen Qualität seiner feinen Reliefs. Als Denkmal wie als lebendiger Tempel ist er ruhiger als die anderen Tempel der Stadt. Der stark restaurierte, Shiva geweihte Sakralbau wurde im 8. Jh. unter dem Pallava-König Narasimhavarman II. (Rajasimha) errichtet, der auch den Küstentempel in Mamallapuram erbauen ließ.

Der gedrungene Sandsteinkomplex inmitten eines von Oleander bewachsenen Geländes besitzt faszinierende Reliefs, darunter viele von tierähnlichen Gottheiten, die in der frühen drawidischen Architektur in Mode waren. Die Umfassungsmauer besteht aus untergeordneten Schreinen, die von Kuppeldächern bekrönt und mit Darstellungen von Elefanten und Nandis verziert sind. Sehenswert sind besonders die sich aufbäumenden Löwen an den Außenmauern und der große Nandi, der von außen auf den Tempelbezirk blickt. Den Mittelpunkt des inneren Sakralraums bildet ein großer, 16-seitiger Lingam, den Nicht-Hindus aus einer Entfernung von rund 8 m beäugen können. Der Turm, der sich darüber erhebt, ist ein Vorläufer der großen *vimanas* der späteren Chola-Tempel.

Die Anfahrt mit der Autorikscha aus dem Zentrum von Kanchipuram kostet 50 ₹. Der Spaziergang zum Tempel ist jedoch reizvoller.

Ekambaresvara-Tempel HINDUTEMPEL
(Ekambaranatha-Tempel; Ekambaranathar Sannidhi St; Handykamera/Foto/Video 10/20/100 ₹; ⏲6–12.30 & 16–20.30 Uhr) Von den fünf Shiva-Tempeln Südindiens, die einem der fünf Elemente zugeordnet sind, ist diese 12 ha große Anlage der Tempel der Erde. Man betritt sie unter dem 59 m hohen, unbemalten *gopuram* im Süden, deren lebendige Reliefs 1509 zur Zeit des Vijayanagar-Königreichs gemeißelt wurden. Drinnen führt eine Säulenhalle nach links in den zentralen Bereich,

der rechter Hand von Nandi flankiert wird. Der innere Sakralbereich – er ist Hindus vorbehalten – birgt einen Lingam aus Erde und eine Spiegelkammer, in der sich das in der Mitte stehende Shiva-Abbild endlos widerspiegelt.

Einer Legende zufolge huldigte die Göttin Kamakshi („sie, deren Augen Begehren erwecken"; eine Inkarnation von Shivas Gemahlin Parvati) hier Shiva unter einem Mangobaum, ehe beide an gleicher Stelle verheiratet wurden. In einem Hof hinter dem inneren Sakralbereich steht ein Mangobaum, der angeblich 2500 Jahre alt ist und dessen vier Äste die vier Veden, die heiligen Schriften der Hindus, repräsentieren. Ebenfalls interessant ist der in der Nordwestecke des Tempels stehende Sahasra Lingam, der sich aus vielen Mini-Lingams zusammensetzt.

Kamakshi-Amman-Tempel HINDUTEMPEL
(Kamakshi Amman Sannidhi St; ⏲5.30–12 & 16–20 Uhr) Der imposante, Kamakshi/Parvati geweihte Tempel ist einer der wichtigsten Orte Indiens, an denen *shakti* (weibliche Energien/Gottheiten) verehrt werden. Er soll an der Stelle stehen, wo Parvatis Zwerchfell auf den Boden fiel, und schon von den Pallavas gegründet worden sein. Das gesamte Hauptgebäude, dessen Sakralraum von einem goldenen Dach bedeckt ist, dürfen nur Hindus betreten. Allerdings lohnt der kleine, aus dem 16. Jh. stammende quadratische Hochzeitssaal einen Abstecher; er befindet sich auf dem Tempelgelände, rechts des südöstlichen Eingangs, und weist prächtig verzierte Pfeiler auf. Fotografieren ist verboten!

Vaigunda-Perumal-Tempel HINDUTEMPEL
(Vaikundaperumal Koil St; ⏲6–12 & 16–20 Uhr) Der 1200 Jahre alte Vishnu-Tempel ist eine Schöpfung der Pallavas. Der Umgang um den zentralen Schrein besitzt Löwenpfeiler und viele verwitterte Wandreliefs, von denen einige historische Ereignisse darstellen. Einmalig ist der sich über drei Stockwerke erstreckende Hauptschrein. An der Außenfassade erblickt man springende *yalis* (mythische, löwenartige Kreaturen), drinnen Bilder Vishnus, stehend, sitzend, liegend und auf seinem Lieblingsreittier Garuda, das halb Adler, halb Mensch ist.

Varadaraja-Perumal-Tempel HINDUTEMPEL
(Devarajaswami-Tempel; abseits der Kanchipuram-Chengalpattu Rd, Little Kanchipuram; 100-Säulen-Halle 1 ₹, Foto/Video 5/100 ₹; ⏲7.30–12.30 & 15.30–20 Uhr) Der riesige, im 11. Jh. von den Cholas erbaute Tempel im Südosten Kanchipurams ist Vishnu geweiht. Den zentralen Innenbereich dürfen nur Hindus betreten, der künstlerische Höhepunkt ist aber ohnehin die im 16. Jh. errichtete Hochzeitshalle „der 100 Säulen", hinter dem Westeingang hinzugefügt wurde. Die großartig verzierten Säulen – tatsächlich sind es 96 – zeigen Tiere, Ungeheuer, Krieger und einige erotische Szenen. *Yalis* umrahmen die Südtreppe im Innern, und von den Ecken hängen Steinketten, die aus einem einzigen Felsen gemeißelt wurden.

Geführte Touren

RIDE KULTUR
(Rural Institute for Development Education; ☎044-27268223; www.rideindia.org; 48 Periyar Nagar, Little Kanchipuram) Kanchipurams berühmte Seidenweberei stützt sich vielerorts auf Kinderarbeit. Das RIDE, eine seit Langem bestehende NGO, hilft dabei, die Zahl der arbeitenden Kinder zu reduzieren – Schätzungen der Organisation zufolge sank sie von 40 000 im Jahr 1997 auf unter 4000 im Jahr 2007. Außerdem versucht es, Bedürftigen auf dem Land, insbesondere Frauen, neue Chancen zu eröffnen. RIDE veranstaltet interessante Touren, bei denen man einen Einblick in die Lebenssituation der Menschen erhält, die in der Seidenweberei arbeiten.

Schlafen & Essen

RIDE PENSION $
(Rural Institute for Development Education; ☎044-27268223; www.rideindia.org; 48 Periyar Nagar, Little Kanchipuram; 750–1000 ₹/Pers.; ❄) Die NGO bietet in ihrem Hauptquartier in einem Wohnviertel, 5 km südöstlich des Zentrums von Kanchipuram bzw. 1 km östlich des Varadaraja-Perumal-Tempels, schlichte, saubere Zimmer. Wenn nicht viel los ist, bringen einen die freundlichen Eigentümer in ihrem eigenen farbenfrohen Wohnhaus gleich nebenan unter. Hausgemachtes Frühstück (150 ₹), Mittag- (250 ₹) und Abendessen (250 ₹) werden ebenfalls angeboten. Man muss einen Tag im Voraus buchen; die Unterkunft ist ausgeschildert.

GRT Regency HOTEL $$
(☎044-27225250; www.grthotels.com; 487 Gandhi Rd; EZ/DZ mit Frühstück 2470–4010/4940 ₹; ❄📶) Die saubersten, komfortabelsten und stilvollsten Zimmer in Kanchi sind mit Marmorböden, Tee-/Kaffeemaschine und Du-

schen mit Glaswänden ausgestattet. Das zugehörige, recht schicke Restaurant **Dakshin** (Hauptgerichte 300–550 ₹; ⌚7–23 Uhr; 📶) ist überteuert, hat aber eine große internationale Karte mit Frühstücks-Omelettes, beliebten südindischen und schmackhaften Tandoori-Gerichten.

Sree Sakthi Residency HOTEL $$
(☎044-27233799; www.sreesakthiresidency.com; 71 Nellukara St; EZ 1820–2065 ₹, DZ 2190–2675 ₹; ❄📶) Die mit Wasserkocher und schlichten Möbeln aus hellem Holz ausgestatteten „Standard"-Zimmer sind durchaus komfortabel, die neueren „Premium"-Zimmer bieten zusätzlich Fön, verglaste Duschen und eine modernere Einrichtung. Das beliebte **Upashana Veg Restaurant** (Gerichte 50–110 ₹; ⌚7–22 Uhr) im Erdgeschoss serviert gute vegetarische Kost, darunter Thalis (90–175 ₹).

Hotel Saravana Bhavan SÜDINDISCH $$
(☎044-27226877; www.saravanabhavan.com; 66 Nellukara St; Hauptgerichte 60–130 ₹, Gerichte 95–125 ₹; ⌚6–22.30 Uhr) Das stets gute vegetarische Restaurant punktet mit köstlichen *dosas*, einigen nordindischen Überraschungen, einem Speisesaal mit willkommener Klimaanlage und Thalis in der oberen Etage. Es gibt noch eine weitere (schäbigere) **Filiale** (☎044-27222505; www.saravanabhavan.com; 504 Gandhi Rd; Hauptgerichte 60–130 ₹, Gerichte 95–125 ₹; ⌚6–22.30 Uhr) gleich westlich der Gandhi Rd.

ℹ An- & Weiterreise

Vorortzüge nach Kanchipuram (25 ₹, 2½ Std.) starten zwischen 4.30 und 20.30 Uhr ungefähr alle 60 Minuten vom Bahnhof Egmore (Gleis 10 oder 11) in Chennai. Eine ganztägige Taxifahrt hin und zurück nach Mamallapuram kostet 2700 ₹. Der hektische **Busbahnhof** (Kamarajar St) liegt im Stadtzentrum.

ℹ Unterwegs vor Ort

Eine halbtägige Autorikschatour zu den fünf wichtigsten Tempeln (rund 500 ₹) beinhaltet unweigerlich einen Halt bei einem Seidengeschäft.

Vellore

☎0416 / 185800 EW.

Für eine staubige Basar-Stadt versprüht Vellore relativ viel kosmopolitisches Flair, dafür sorgen eine Handvoll Hochschulen und das von einer Amerikanerin gegründete Christian Medical College (CMC), eines der besten Krankenhäuser Indiens, das Medizinstudenten und Patienten aus dem ganzen Land anzieht. Vellore liegt an der Hauptverbindungsstraße zwischen Chennai und Bengaluru und ist vor allem wegen seiner mächtigen Vijayanagar-Festung und Tempel einen Abstecher wert. Viele Inder kommen zudem hierher, um den goldenen Sripuram-Tempel 10 km südwestlich der Stadt zu besuchen.

Das Zentrum von Vellore wird im Norden von der Arcot Rd (Ida Scudder Rd) begrenzt, an der sich das Krankenhaus und mehrere günstige Unterkünfte und Restaurants befinden, und im Westen von der Anna Salai (Officer's Line); das Vellore Fort liegt auf der Westseite.

◉ Sehenswertes

Vellore Fort FORT
(abseits der Anna Salai; ⌚24 Std.) Vellores prächtiges Fort mit seinen fast 2 km langen, von einem Graben umgebenen Wällen wurde im 16. Jh. errichtet und fiel nach den Marathen erst den Moguln und schließlich 1760 den Briten in die Hände. Heute finden sich hier u. a. der herrliche Jalakandeswarar-Tempel, zwei **Museen** (⌚Sa–Do 9–17 Uhr) GRATIS, zwei Paradeplätze, eine **Kirche** (⌚So 7.30–18 Uhr), Amtsstuben und eine Polizeianwärterschule. Ein Spaziergang über das Gelände ist das ruhigste Erlebnis vor Ort.

Jalakandeswarar-Tempel HINDUTEMPEL
(Vellore Fort; ⌚6.30–13 & 15–20.30 Uhr) Der Jalakandeswarar-Tempel, ein Schmuckstück der späten Vijayanagar-Architektur, wurde um 1566 erbaut, von den Muslimen nach der Eroberung des Forts entweiht und diente

BUSSE AB KANCHIPURAM

ZIEL	PREIS (₹)	DAUER (STD.)	HÄUFIGKEIT
Chennai	47	2	3.30–22.30 Uhr alle 10 Min.
Mamallapuram	42	2	5.30–20.30 Uhr alle 2 Std.
Puducherry	68	3	5.45–21.20 Uhr alle 30 Min.
Tiruvannamalai	63–72	3	5.10–21.30 Uhr alle 30 Min.
Vellore	41	2	3.30–23 Uhr alle 10 Min.

dann als Garnisonsquartier genutzt. Sehenswert sind die kleinen, schön detaillierten Reliefs – insbesondere die springende *yalis* – an den Wänden und Säulen der **Hochzeitshalle** in der südwestlichen Ecke.

Schlafen & Essen

Vellores billige Hotels konzentrieren sich längs der Ida Scudder Rd sowie in den geschäftigen, engen Straßen gleich südlich. Viele nehmen keine Ausländer auf – und die besseren sind schnell ausgebucht.

Vimal Lodge HOTEL $
(☎9500531686; 6/83 Babu Rao St; Zi. 715 ₹, mit Klimaanlage 1090–1200 ₹; ❄) Das Hotel in dem hektischen Basarviertel südlich der Ida Scudder Rd hat schlichte, saubere Budgetzimmer, ordentliches Bettzeug und eine einigermaßen hilfsbereite Rezeption.

Darling Residency HOTEL $$
(☎0416-2213001; www.darlingresidency.com; 11/8 Anna Salai; EZ/DZ mit Frühstück 2670–2920/3040–3280 ₹; ❄@☎) Das Haus hat keine fünf Sterne, aber saubere, komfortable, wenn auch eintönige Zimmer (die nach hinten gelegenen sind ruhiger), eine freundliche Rezeption und vier Restaurants, darunter das luftige **Aaranya Roof Garden Restaurant** (Hauptgerichte 160–400 ₹; ⏲11.30–22.30 Uhr) mit internationaler Küche. Das Hotel liegt 1,5 km südlich des Eingangs zum Vellore Fort.

GRT Regency Sameera HOTEL $$$
(☎0416-2206466; www.grthotels.com; 145 Green Circle, New Bypass Rd; EZ/DZ mit Frühstück 4320–6790/5560–6790 ₹; ❄☎) Spiegelschränke, Tee-/Kaffeemaschinen und freundliche Farbtupfer verleihen den schicken, modernen Zimmern für hiesige Verhältnisse recht viel Flair. Weitere Pluspunkte sind das kostenlose WLAN, das **Gingee Restaurant** (Hauptgerichte 260–400 ₹; ⏲7–10, 12.30–15 & 19–22.30 Uhr) mit gehobener internationaler Küche und ein rund um die Uhr geöffnetes Café. Das Hotel befindet sich 1,5 km nördlich des Stadtzentrums, unmittelbar abseits der (gar nicht so lauten) Straße von Chennai nach Bengaluru.

Hotel Saravana Bhavan SÜDINDISCH $
(☎0416-2217755; www.saravanabhavan.com; Sri Siva AVM Grande Hotel, 58/2 Katpadi Rd; Gerichte 60–125 ₹, Hauptgerichte 110–150 ₹; ⏲6–23 Uhr) Tamil Nadus beliebte vegetarische Restaurantkette ist ein willkommener Neuzugang mit köstlichen schlichten *idlis, dosas*, Thalis und anderen beliebten südindischen Gerichten. Im klimatisierten Speisesaal gibt's auch nordindische Gerichte. Eine weitere **Filiale** (☎0416-2217433; www.saravanabhavan.com; 25B/25C Jeevarathnam Maaligai, Arcot Rd; Gerichte 60–140 ₹, Hauptgerichte 110–150 ₹; ⏲10–18 Uhr) befindet sich gegenüber dem Neuen Busbahnhof.

Praktische Informationen

Canara Bank (Anna Salai) Geldautomat gegenüber dem Eingang zum Vellore Fort.

An- & Weiterreise

BUS

Die Busse nutzen den **Neuen Busbahnhof** (Katpadi Rd) 1,5 km nördlich vom Stadtzentrum. Folgende Ziele werden angesteuert:

Bengaluru 156 ₹, 5 Std., alle 30 Min

Chennai AC Volvo-Busse 160 ₹, 2½ Std., 12 & 14 Uhr; andere Busse 81–105 ₹, 3 Std., alle 5 Min.

Kanchipuram 40 ₹, 2 Std., alle 10 Min.

Tiruvannamalai 37–40 ₹, 3 Std., alle 10 Min.

ZUG

Vellores Bahnhof liegt 5 km nördlich in Katpadi. Täglich fahren mindestens 22 „Superfast"- bzw. Expresszüge von/zum Bahnhof Central in Chennai (Sleeper/3AC 170/540 ₹, 2–3 Std.) und zehn vom/zum Bahnhof Bangalore City in Bengaluru (170/490 ₹, 3–5 Std.).

Die Busse 1 und 2 (4 ₹) pendeln zwischen dem Bahnhof und dem **Städtischen Busbahnhof** (Anna Salai).

Tiruvannamalai

☎04175 / 145 280 EW.

Es gibt Tempelstädte, es gibt Bergstädte und es gibt eine Tempel-Bergstadt, in der das Göttliche in einem Phallus aus Feuer erscheint – willkommen in Tiruvannamalai, einem der heiligsten Orte in Tamil Nadu.

Die Stadt liegt unterhalb des felsigen Arunachala und zählt zu den fünf „elementaren" Shiva-Städten Südindiens: Hier wird dem Gott in seiner Feuerinkarnation als Arunachaleshwar gehuldigt. Immer bei Vollmond strömen Tausende Pilger nach „Tiru" und umkreisen bei einem Reinigungsritual, dem sogenannten Girivalam, den Fuß des Berges. Aber auch zu anderen Zeiten sieht man zahlreiche Shiva-Priester, Sadhus (spirituelle Männer) und Gläubige, die sich rund um den großen Arunachaleshwar-Tempel versammeln.

TAMIL NADUS TEMPEL

Tamil Nadu ist eine Eldorado für alle, die die indische Tempelkultur entdecken möchten. Der Bundesstaat verfügt über die wohl spektakulärste Tempelarchitektur und die besten Skulpturen des Landes und seine Bewohner gehören zu den hingebungsvollsten Anhängern des hinduistischen Glaubens. In den rund 5000 Tempeln herrscht immer ein reges Treiben von Gläubigen, die zur *puja* (Opfergabe oder Gebet) strömen, und farbenfrohe Tempelfeste werden zuhauf gefeiert. Auch wenn es eine Fülle von Hindugöttern gibt, sind die meisten tamilischen Tempel Shiva geweiht. Er erscheint dabei in vielen Inkarnationen, darunter als Nataraja, der kosmische Tänzer, der in einem Ring aus Feuer tanzt, während zwei seiner vier Hände die Flamme der Zerstörung und die Trommel der Schöpfung tragen. Tamilen haben auch eine Schwäche für Shivas Sohn Murugan, der auf einem Pfau reitet, auch Kartikeya oder Skanda genannt wird und tief mit ihrer kulturellen Identität verbunden ist.

Die besondere Bedeutung vieler tamilischer Tempel macht sie zum Ziel zahlloser hinduistischer Pilger aus ganz Indien. Die Pancha Sabhai Sthalangal sind jene fünf Tempel, in denen Shiva seinen kosmischen Tanz vorgeführt haben soll (der wichtigste ist der Tempel von Chidambaram). Dann gibt's da noch die Pancha Bootha Sthalangal, die fünf Tempel, in denen Shiva als eines der fünf Elemente verehrt wird: den Arunachaleshwara-Tempel in Tiruvannamalai (Feuer; S. 390), den Ekambaresvara-Tempel in Kanchipuram (Erde; S. 386), den Nataraja-Tempel in Chidambaram (Raum; S. 403), den Sri-Jambukeshwara-Tempel in Tiruchirappalli (Wasser; S. 412) sowie – in Andhra Pradesh – den Sri-Kalahasteeswara-Tempel (Luft). Jeder der neun Navagraha-Tempel von Kumbakonam ist schließlich der Sitz einer der personifizierten Himmelskörper der hinduistischen Sternkunde – wichtige Stätten angesichts der Bedeutung der Astrologie im Hinduismus.

Typisch für tamilische Tempel sind: *gopurams*, abgestufte Eingangstürme, die oft mit bunten Skulpturen von Göttern und Dämonen geschmückt sind; *mandapas*, Vorhallen mit verzierten Säulen; *prakarams*, heilige Wasserbecken; und eine Reihe von ineinander liegenden Bereichen, in deren Innerstem das zentrale Heiligtum liegt, in dem die Hauptgottheit des Tempels residiert. Die frühesten tamilischen Tempel waren nicht mehr als kleine Schreine, die in den Felsen gehauen wurden. Die ersten frei stehenden Tempel wurden im 8. Jh. v. Chr. erbaut, *gopurams* tauchten erstmals rund ums 12. Jh. auf.

Der Eintritt zu den meisten Tempeln ist frei, aber der Zutritt zum inneren Heiligtum ist oftmals nur Hindus erlaubt. Bei einigen Tempeln wird man aber auch von den Priestern ins Innere eingeladen, und ehe man sich versieht, nimmt man an der *puja* teil, bekommt ein glückverheißendes *tilak* auf die Stirn gemalt und wird zu einer Spende gedrängt.

Man wird an den Tempeln oft von aufdringlichen Touristenjägern belästigt, es gibt aber auch viele ausgezeichnete Guides. Am besten urteilt man mit gesundem Menschenverstand und hält nach offiziellen Führern mit Abzeichen Ausschau.

A South Indian Journey von Michael Wood sowie *Southern India: A Guide to Monuments, Sites & Museums* von George Michell sind empfehlenswerte Titel, wenn man sich ausführlicher über die tamilische Tempelkultur informieren will. TempleNet (www.templenet.com) ist eine gute Quelle im Internet.

Da vor Ort sehr starke spirituelle Energien fließen sollen, sind hier viele Ashrams entstanden, die eine stetig wachsende Zahl von spirituell gesinnten Reisenden anziehen.

Sehenswertes & Aktivitäten

Yoga-, Meditations- und Ayurveda-Sitzungen werden rund um die Ashrams angeboten.

★ **Arunachaleshwara-Tempel** HINDUTEMPEL (Annamalaiyar-Tempel; www.arunachaleswarartemple.tnhrce.in; ⌚5.30–12.30 & 15.30–21.30 Uhr) Mit einem Gelände von 10 ha ist dieser Tempel einer der größten Indiens. Die ältesten Teile stammen aus dem 9. Jh., aber schon lange davor war der Ort eine Kultstätte. Vier gewaltige, unbemalte weiße *gopurams* markieren die Eingänge; das aus dem 17. Jh. stammende Haupttorgebäude im Osten besitzt 13 Stockwerke und erreicht die erstaunliche Höhe von 66 m. Darstellungen von Tänzerinnen, Zwergen und Elefanten schmücken den Durchgang. Während Festen erstrahlt der Tempel in goldenen Flammen und es riecht nach brennendem Ghee – ganz wie es der Feuer-Inkarnation Shivas, dem Zerstörer des Universums, gebührt.

Innerhalb des Komplexes befinden sich fünf weitere *gopurams,* eine 1000-Säule-Halle aus dem 17. Jh. mit eindrucksvollen Reliefs, zwei Wasserbecken und eine große Reihe von untergeordneten Tempeln und Schreinen. Ein hilfreiches Tempelmodell steht in dem zweiten *gopuram* (von Osten kommend), wo der Tempelelefant seinen Segen spendet. Um zu dem innersten Sakralraum mit dem riesigen Lingam zu gelangen, müssen die Gläubigen die fünf umliegenden *prakarams* durchqueren.

Arunachala BERG

Dieser 800 m hohe erloschene Vulkan dominiert nicht nur Tiruvannamalai, sondern auch die Vorstellung, die sich die Einheimischen vom Element Feuer machen, dessen heiliges Domizil sich angeblich im Herzen des Berges befindet. Ergebene, barfüßige Pilger nehmen besonders bei Vollmond und an Festtagen die 14 km bzw. 4 Std. lange Umrundung des Berges auf sich und halten unterwegs an acht berühmten Lingams an. Der innere Weg war zum Zeitpunkt der Recherchen gesperrt; Besucher können jedoch die Hauptstraße entlanglaufen oder die Route den Berg hinauf nehmen, vorbei an zwei Höhlen, in denen Sri Ramana Maharshi (1899–1922) lebte und meditierte.

Wer den Anstieg in der Hitze bewältigt hat, wird oben mit großartigen Ausblicken auf Tiruvannamalai belohnt. Für Hin- und Rückweg benötigt man fünf bis sechs Stunden; man sollte früh aufbrechen und ausreichend Wasser mitnehmen. Ein unbeschilderter Weg führt von der Nordwestecke des Arunachaleshwar-Tempels von der anderen Straßenseite aus bergauf, vorbei an Wohnhäusern und den Höhlen **Virupaksha** (ca. 20 Min. bergauf) und **Skandasramam** (30 Min.). Frauen sollten nicht alleine wandern!

Wer keine spirituelle Motive verfolgt, kann sich im Buchladen im Sri Ramana Ashram (S. 391) eine Karte von Giripradakshina (15 ₹) kaufen, sich am Straßenrand gegenüber ein Fahrrad ausleihen (10/40 ₹ Std./Tag) und um den Berg radeln. Oder man heuert für die Tour eine Autorikscha an, die rund 300 ₹ kostet (zu Stoßzeiten kann gut und gern das Doppelte fällig werden).

Sri Ramana Ashram MEDITATION

(Sri Ramanasramam; ☎ 04175-237200; www.sriramanamaharshi.org; Chengam Rd; ⊙ Büro 7.30–12.30 & 14–18.30 Uhr) Der ruhige Ashram liegt 2 km südwestlich vom Stadtzentrum auf einem grünen Areal, auf dem Pfauen herumstolzieren. Er ist das Pilgerziel für Anhänger von Sri Ramana Maharshi, einem der ersten Hindu-Gurus, der auch im Ausland bekannt wurde. Er starb hier im Jahr 1950, nachdem er 50 Jahre in Kontemplation verbracht hatte. Besucher können meditieren und an den täglichen *pujas* (Gebeten) und Gesängen teilnehmen. Diese finden hauptsächlich in der **Samadhi-Halle** statt, in der die sterblichen Überreste des Gurus in einem Schrein ruhen.

Eine begrenzte Zahl kostenloser Unterkünfte (Spenden werden angenommen) stehen *nur Gläubigen zur Verfügung* und müssen per E-Mail einen Monat oder postalisch sechs Wochen im Voraus reserviert werden.

Sri Seshadri Swamigal Ashram MEDITATION

(☎ 04175-236999; www.tiruvarunaimahan.org; Chengam Rd; ⊙ 6–21.30 Uhr) Der Ashram im Südwesten der Stadt liegt nicht weit vom Sri

DER FEUER-LINGAM

Der Legende zufolge erschien Shiva als Feuer-Lingam (phallisches Abbild von Shiva) auf dem Arunachala, um das Licht wieder in die Welt zu bringen, nachdem seine Gattin Parvati seine Augen geschlossen und damit im Spiel alles in Dunkelheit getaucht hatte. Mit dem **Karthikai Deepam Festival** (im ganzen Staat; ⊙ Nov./Dez.) wird diese Legende in ganz Indien gefeiert, in Tiruvannamalai allerdings hat das Fest eine ganz besondere Bedeutung. Auf dem Gipfel des Arunachala wird in der Vollmondnacht mit einem 30 m hohen Docht, der von 3 t Ghee umhüllt ist, ein Feuer entfacht – dies ist der Startschuss für das zehntägige Festival, zu dem Hunderttausende in Tiruvannamalai einfallen. Die riesigen Menschenmengen erklimmen den Gipfel oder umrunden den Fuß des Bergs, während sie Shivas Namen singen. Die Sonne ist gnadenlos, die Felsen zerklüftet und die Reise muss barfuß unternommen werden. Doch nichts von alledem schreckt die enthusiastischen Pilger ab, die fröhlich zum Gipfel hinaufsteigen.

Ramana Ashram entfernt und ist einem Zeitgenossen und Helfer von Sri Ramana gewidmet. Er verfügt über Meditationsbereiche und ein paar Unterkünfte (gegen Spende; mindestens zwei Wochen im Voraus buchen!).

Sri Anantha Niketan MEDITATION
(☎ 9003480013; www.sriananthaniketan.com; Periya Paliyapattu; Eintritt gegen Spende) Dieser Komplex ist ein organisiertes Refugium, nicht der Mittelpunkt einer ständigen Gemeinde. Neben dem von Bäumen beschatteten Gelände findet man hier einen wunderbaren Ausblick auf den Arunachala und anheimelnde Zimmer. Gäste sind eingeladen, an den täglichen Gesängen in der attraktiven Meditationshalle teilzunehmen. Die Anlage liegt an der Straße nach Krishnagiri, 7 km westlich von Tiruvannamalai. Für den Zeitraum von Dezember bis Februar muss man mindestens drei Monate im Voraus buchen!

Aktivitäten

Arunachala Animal Sanctuary FREIWILLIGENARBEIT
(☎ 9442246108; www.arunachalasanctuary.com; Chengam Rd; ⌚ 9–17 Uhr) Das gemeinnützige Tierasyl am westlichen Ende des Ashram-Areals von Tiruvannamalai widmet sich der Sterilisierung, Kastration, Tollwutkontrolle und Behandlung von streunenden Hunden und Katzen. Im Asyl leben mehr als 200 verlassene und/oder verletzte Hunde sowie ein paar Katzen. Reisende können mithelfen, die Tiere zu baden, zu füttern, mit ihnen zu spielen oder Wunden zu versorgen – einfach vorbeikommen! Möglicherweise gibt's auch Plätze für Freiwillige, die sich länger verpflichten wollen.

Schlafen & Essen

Rainbow Guest House PENSION $
(☎ 9443886408, 04175-236408; rainbowguesthousetiru@gmail.com; 27/28 Lakshmanan Nagar, Perumbakkam Rd; EZ 450 ₹, DZ 900–1000 ₹;) Die pieksaubere Unterkunft 800 m südwestlich der Chengam Rd hat ein tolles Preis-Leistungs-Verhältnis. Hinter der psychedelisch anmutenden Fassade kommt man durch geschnitzte Holztüren in schlichte, makellose Zimmer mit Ventilator, Warmwasser und gefliesten Böden. Das Personal ist nett, in den Korridoren stehen Rohrstühle und von der spartanischen Dachterrasse hat man einen fantastischen Blick auf den Arunachala.

Arunachala Ramana Home HOTEL $
(☎ 9626044492, 04175-236120; www.arunachalaramanahome.com; 70 Ramana Nagar; EZ/DZ 500/800 ₹, mit Klimaanlage Zi. 1300 ₹;) Die beliebte, schlichte, saubere und freundliche Unterkunft liegt an einer Gasse südlich der Chengam Rd.

Sunshine Guest House PENSION $$
(☎ 04175-235335; www.sunshineguesthouseindia.com; 5 Annamalai Nagar, Perumbakkam Rd; EZ/DZ 600/800 ₹, mit Klimaanlage 1400/1970 ₹;) Das farbenfrohe neue Gebäude mit Vorgarten liegt an einer angenehm ruhigen Stelle 1 km südwestlich des zentralen Ashram-Areals und hat ein ausgezeichnetes Preis-Leistungs-Verhältnis. Die geschmackvollen, blitzsauberen Zimmer, die jeweils einem Hindu-Gott gewidmet sind, wirken wie ein indischer Souvenirladen: Sie sind mit Blockdruck-Bettwäsche, paillettenbesetzten Stoffen, Schaukelstühlen aus Bambusrohr und Wasserfiltern ausgestattet. Der Saal im Obergeschoss ist ideal für Yogaübungen. Das Frühstück mit frischen Zutaten kostet 150 ₹.

Hotel Arunachala HOTEL $$
(Arunachala Inn; ☎ 04175-228300; www.hotelarunachala.com; 5 Vada Sannathi St; Zi. 990 ₹, mit Klimaanlage EZ/DZ 1125/1690 ₹, Deluxe-DZ 2250 ₹;) Das Hotel direkt neben dem Osttor des Arunachaleshwara-Tempels ist sauber und ordentlich. Es hat ambitioniert luxuriöse Marmorböden, hässliche Möbel, eine engagierte Leitung und einen Fischteich im Foyer. Am besten sind die aufgemöbelten

BUSSE AB TIRUVANNAMALAI

ZIEL	PREIS (₹)	DAUER (STD.)	HÄUFIGKEIT
Chennai	120–140	5	alle 10 Min.
Kanchipuram	63	3	stündl.
Puducherry	63	3	stündl.
Tiruchirappalli	123	5	alle 45 Min.
Vellore	37–50	2½	alle 10 Min.

Deluxe-Zimmer. Im Erdgeschoss serviert das vegetarische Restaurant **Hotel Sri Arul Jothi** (Gerichte 40–80 ₹; ⌚6–22.30 Uhr) gute südindische Gerichte (Thalis 80–100 ₹).

★ **Dreaming Tree** CAFÉ $$
(☎8870057753; www.dreamingtree.in; Ramana Nagar; Hauptgerichte 150–250 ₹; ⌚8.30–22 Uhr) Das superrelaxte Dreaming Tree serviert große Portionen guter, gesundheitsbewusster vegetarischer Kost, überwiegend aus Bio-Zutaten. Gegessen wird auf einer luftigen, reetgedeckten Dachterrasse mit niedrigen Sitznischen, in denen man sich auf blauroten Kissen niederlässt. Zur Auswahl gehören tolle „Hippie-Salate" und Tofu-Brätlinge, üppiges Frühstück, viele Kuchen sowie Säfte, Lassis, Limonaden und Bio-Kaffee. Vom Sri Ramana Ashram aus weisen Schilder auf der anderen Straßenseite den Weg (500 m).

Shanti Café CAFÉ $$
(www.facebook.com/shanticafetiru; 115A Chengam Rd; Gerichte 60–200 ₹, Getränke 30–80 ₹; ⌚8.30–20.30 Uhr; 📶) Das beliebte, relaxte Café mit Sitzkissen liegt an einer Gasse abseits der Chengam Rd. Es wird von einem netten Team geführt und serviert wunderbare Croissants, Kuchen, Baguettes, Pfannkuchen, Säfte, Kaffees, Tees sowie gesunde Frühstücks- und indische Gerichte. Im Erdgeschoss befindet sich ein **Internetcafé** (www.shantionline.com; 25 ₹/Std.; ⌚Mo–Sa 8.30–13.30 & 15–19, So 8.30–13.30 Uhr).

Tasty Café CAFÉ $$
(Lakshmanan Nagar, Perumbakkam Rd; Hauptgerichte 100–210 ₹; ⌚7–22 Uhr) In einem friedlichen, schattigen Hof mit Holztischen und Plastikstühlen serviert dieses freundliche Café gut zubereitete indische und westliche Gerichte, darunter Pizza, Pasta, Pfannkuchen und Salate. Es befindet sich 700 m südwestlich der Chengam Rd.

Shoppen

Shantimalai Handicrafts Development Society KUNSTHANDWERK
(www.smhds.org; 83/1 Chengam Rd; ⌚9–19 Uhr) Dorffrauen aus der Gegend stellen die schönen Tagesdecken, Taschen, Armreifen, Schals, Karten, Öle und den Weihrauch her.

An- & Weiterreise

Der **Busbahnhof** (Polur Rd) liegt 800 m nördlich des Arunachaleshwara-Tempels; eine Autorikschafahrt vom zentralen Ashram-Bereich kostet 50 bis 60 ₹. Wer nach Chennai fahren will, nimmt am besten einen der stündlich verkehrenden Ultra-Deluxe-Busse.

Gingee (Senji)

☎04145 / 27 000 EW.

Gingee, an der Hauptstraße von Tiruvannamalai nach Puducherry gelegen, lohnt einen Besuch hauptsächlich wegen der fantastischen Ruinen des Forts am westlichen Stadtrand, das im 16. Jh. erbaut wurde.

Sehenswertes

Gingee Fort FORT
(☎04145-222072; Gingee; Inder/Ausländer 15/200 ₹; ⌚8–17 Uhr) Wie Burgen, die vom Herrn der Ringe falsch platziert wurden, ragen 37 km östlich von Tiruvannamalai die Ruinen des gewaltigen Gingee Fort aus der tamilischen Ebene. Dieses besteht aus drei separaten Hügelzitadellen und einem 6 km langen Ring aus Klippen und dicken Mauern. Die Anlage wurde größtenteils im 16. Jh. von den Vijayanagar-Königen errichtet, dann von den Marathen, den Moguln, den Franzosen und den Briten besetzt, ehe sie im 19. Jh. ihrem Schicksal überlassen wurde. Die schiere Größe, dramatische Schönheit und das heute friedliche Ambiente machen das Fort zu einem wirklich tollen Zwischenstopp.

Dennoch verirren sich nur wenige Ausländer hierher. Dafür aber ist Gingee bei indischen Touristen beliebt, nicht zuletzt, weil die Burg in diversen Filmen als Kulisse diente. Die Hauptstraße von Tiruvannamalai nach Puducherry führt unmittelbar westlich der Stadt mitten durch die Anlage. **Krishnagiri**, nördlich der Straße, ist die am leichtesten zu erreichende Zitadelle. Im Süden erheben sich die beiden anderen Zitadellen, **Rajagiri** (die höchste) und **Chakklidurg** – Letztere ist am weitesten entfernt und zugleich am uninteressantesten, zumal das Gelände nicht erklettert werden kann. Die Ticketbüros liegen zu Füßen der Zitadellen Krishnagiri und Rajagiri; hier bekommt man auch Lagepläne.

Die Überreste zahlreicher Gebäude verteilen sich in den unteren Bereichen des Komplexes. Besonders viele finden sich zu Füßen des Rajagiri im alten Palastviertel, dessen Hauptwahrzeichen die restaurierte, siebenstöckige, weiße **Kalyana Mahal** (Hochzeitshalle) ist. Unmittelbar östlich (und außerhalb) des Palastviertels befindet sich die aus dem 18. Jh. stammende **Sadat-Ullah-Khan-Moschee** und südöstlich davon der verlassene **Venkataramana-Tempel** aus dem 16. Jh.

Für den Aufstieg zur Krishnagiri-Zitadelle braucht man hin und zurück eine Stunde, für den Aufstieg zur Rajagiri-Zitadelle, die mehr als 150 m über der Ebene thront, zwei Stunden; wer beide Hügel erklettern will, muss mindestens einen halben Tag einplanen. Die meisten Besucher klettern zur Rajagiri-Zitadelle hinauf, weshalb es am Krishnagiri ruhiger ist. Man sollte früh starten und Wasser mitnehmen. Nach 15 Uhr werden keine Besucher mehr auf die Hügel gelassen.

An- & Weiterreise

Ein Taxi zwischen Tiruvannamalai und Puducherry mit einem zwei- bis dreistündigen Aufenthalt in Gingee kostet rund 3000 ₹.

Gingee liegt an der Busroute von Tiruvannamalai nach Puducherry; von Tiruvannamalai (25–35 ₹, 1 Std.) fahren alle zehn Minuten Busse. Unbedingt am Fort aussteigen, um sich den Weg aus dem Ort Gingee zu ersparen!

Puducherry (Pondicherry)

☎ 0413 / 244 380 EW.

Puducherry (früher Pondicherry und allgemein kurz Pondy genannt) ist die Hauptstadt des gleichnamigen indischen Unionsterritoriums, das bis 1954 unter französischer Kolonialherrschaft stand. Einige Menschen hier sprechen immer noch Französisch (und Englisch mit französischem Akzent). Hotels, Restaurants und Lifestyle-Läden vermarkten ein verführerisches Traumbild indofranzösischer Ästhetik, das von kreativen Typen aus Frankreich und indischen Künstlern und Designern bereichert wird. Der international berühmte Sri Aurobindo Ashram und Auroville, sein Ableger gleich nördlich der Stadt, locken große Zahlen esoterisch eingestellter Besucher an. Kurzum: Pondy präsentiert sich weniger als verblasste französische Kolonialstadt und mehr als eine bohemehaft schicke, teils esoterische, teils europäisch angehauchte Station auf der internationalen Travellerroute.

Der ältere, „französische" Stadtteil, in dem man wahrscheinlich die meiste Zeit verbringen wird, besitzt ruhige, saubere Straßen. Gesäumt werden diese von mit Bougainvilleen geschmückten kolonialen Stadthäuser, der Hausnummer fast schon logischen Gesetzen folgen. Der neuere Teil offenbart hingegen die typische Hektik Südindiens.

Reisende dürfen sich in Puducherry auf fabelhafte Einkaufsmöglichkeiten, viele Yoga- und Meditationsangebote, französisches Essen (endlich wieder Steaks!) und Bier freuen (Tschüss, Alkoholsteuer von Tamil Nadu!).

Puducherry wird von Norden nach Süden durch einen teilweise unterirdisch verlaufenden Kanal geteilt. Der französische Stadtteil liegt im Osten (zum Meer hin). Die Nehru (JN) St und die Rue Bussy (Lal Bahadur Shastri St) sind die wichtigsten Ost-West-Achsen, die Mahatma Gandhi (MG) Rd und die Mission St (Cathedral St) die wichtigsten Nord-Süd-Achsen. Viele Straßen wechseln im Verlauf ihren Namen, viele haben zudem englische, französische und tamilische Namen.

Sehenswertes

Uferpromenade UFER

(Goubert Ave) Puducherry liegt zwar am Meer, ist aber keine Strandstadt: Der Strand ist ein schmaler, schmutzig-brauner Sandstreifen, der im Meer auf eine Mauer aus zerklüfteten Felsen trifft. Nichtsdestotrotz ist die Goubert Ave (Beach Rd) eine wunderbare Uferpromenade, vor allem bei Sonnenauf- und -untergang, wenn die halbe Stadt hier einen romantischen Bummel unternimmt. In einem echten Geniestreich haben die Behörden die Straße zwischen 18 und 7.30 Uhr für den Verkehr gesperrt.

Sri Aurobindo Ashram ASHRAM

(☎ 0413-2233649; www.sriaurobindoashram.org; Marine St; ⏲ 8–12 & 14–18 Uhr) GRATIS Die berühmte spirituelle Gemeinschaft, 1926 von Sri Aurobindo und einer nur als „die Mutter" bezeichneten Französin gegründet, zählt in ihren vielen Abteilungen rund 2000 Mitglieder. Aurobindos Lehren konzentrieren sich auf „integrales Yoga", bei dem die Anhänger in der Welt arbeiten und sich nicht aus ihr zurückziehen. Ein Besuch des grauen Ashrams-Hauptgebäudes vermittelt nur einen oberflächlichen Einblick: Man sieht die blumengeschmückten Grabstätten Aurobindos und der Mutter, gefolgt von einem Buchladen. Gäste, die im Ashram wohnen, gelangen auch in andere Bereiche und können an Aktivitäten teilnehmen. Die abendlichen Meditationen rund um das Samadhi stehen allen offen.

Werktags finden täglich Ashram-Führungen (50 ₹/Pers.) statt; anmelden kann man sich online (www.sriaurobindoautocare.com) oder im **Bureau Central** (☎ 0413-2233604; bureaucentral@sriaurobindoashram.org; Ambour Salai; ⌚ 6–12 & 16–18 Uhr) des Ashrams.

Manakula-Vinayagar-Tempel HINDUTEMPEL
(www.manakulavinayagartemple.com; Manakula Vinayagar Koil St; ⌚ 5.45–12.30 & 16–21 Uhr) In Puducherry gibt es zwar mehr Kirchen als in den meisten anderen indischen Städten, gleichwohl ist der Hinduismus die Religion der übergroßen Mehrheit der Bevölkerung. In dem jahrhundertealten, Ganesha geweihten Tempel, der rund 40 sorgfältig bemalte Friese besitzt, können sich Pilger, Touristen und Neugierige vom Tempelelefanten den Kopf tätscheln lassen.

Puducherry Museum MUSEUM
(http://art.puducherry.gov.in/museum.html; St. Louis St; Inder/Ausländer 10/50 ₹; ⌚ Di–So 9–18.30 Uhr) Höhere Mächte allein wissen, wie es dem Museum in der umgebauten Villa aus dem späten 18. Jh. gelingt, dass ihm seine Exponate nicht zerbröseln – schließlich ist eine ganze Etage mit Möbeln aus der französischen Kolonialzeit vollgestopft, die der südindischen Feuchtigkeit ausgesetzt sind. Highlights im Erdgeschoss sind die Chola-, Vijayanagar- und Nayak-Bronzen sowie antike griechische und spanische Töpferwaren und Amphoren, die in Arikamedu, einem ehemaligen wichtigen Handelshafen südlich von Puducherry, geborgen wurden. Im Obergeschoss steht das Bett von Gouverneur Dupleix.

Institut Français de Pondichéry BIBLIOTHEK
(☎ 0413-2231616; www.ifpindia.org; 11 St. Louis St; ⌚ Mo–Fr 9–13 & 14–17.30 Uhr) GRATIS Das prächtige neoklassizistische Gebäude aus dem 19. Jh. beherbergt eine florierende Forschungsinstitution, die sich der indischen Kultur, Geschichte und Ökologie widmet. Besucher können in der Bibliothek auf der Strandseite schmökern.

Französisches Viertel

Gleich hinter der Uferpromenade findet sich eine Reihe kopfsteingepflasterter, mit Bougainvilleen geschmückter Straßen, an denen weiße und senfgelbe Gebäuden in diversen Stadien romantischen Verfalls stehen. Ein historischer Rundgang in Eigenregie durch Puducherrys französisches Viertel beginnt beim französischen Konsulat nahe dem nördlichen Ende der Goubert Ave (der Uferpromenade; S. 394). Richtung Süden geht es vorbei am 1836 erbauten **Leuchtturm** (Goubert Ave) und dann landeinwärts zum schattigen, landschaftlich gestalteten **Bharathi Park** (Compagnie St; ⌚ 6–19 Uhr) GRATIS. An der Nordseite des Parks liegt der **Raj Nivas** (Rangapillai St), die neoklassizistische Gouverneursresidenz. Zurück geht's zur Uferpromenade, vorbei am **Gandhi Memorial** (Goubert Ave) und dann Richtung Süden zur Kirche Notre Dame des Anges (S. 395) und durch die „weiße Stadt" rund um die Straßen Dumas, Romain Rolland, Suffren und Labourdonnais. Nahe dem südlichen Ende der Dumas St kann man in der schönen **École Française d'Extrême-Orient** (www.efeo.fr; 16-19 Dumas St; ⌚ Mo–Fr 8.30–12.30 & 14.30–17.30 Uhr) GRATIS vorbeischauen.

In dieser Gegend wird viel restauriert. Wer sich für Puducherrys architektonisches Erbe interessiert, kann sich bei INTACH Pondicherry (www.intachpondicherry.org) informieren. Auf der Webseite der Touristeninformation (S. 402) sind historische Stadtspaziergänge detailliert beschrieben.

PUDUCHERRYS KATHEDRALEN

Puducherry besitzt dank französischer Missionarstätigkeit die größte Ansammlung prächtiger Kathedralen in Indien. Die 1791 fertiggestellte **Notre Dame de la Conception Immaculée** (Unsere Liebe Frau der unbefleckten Empfängnis; Mission St; ⌚ 7–12 & 15–20.30 Uhr) ist eine typische, himmelblau, leuchtend gelb und weiß gestaltete Jesuitenkirche, die in ihrem Stil an die portugiesischen Gotteshäuser von Goa erinnert. Die rot-weiße Pracht der neugotischen **Basilique du Sacré Cœur** (Heilig-Herz-Basilika; Subbaiah Salai; ⌚ 5.30–13 & 18–20 Uhr) zeichnet sich durch schön restaurierte Buntglasfenster und einen gotischen Sinn für Proportionen aus. Die Zwillingstürme und die Kuppel der in den 1850er-Jahren errichteten, hellrosa und gelb gehaltenen Kirche **Notre Dame des Anges** (Unsere Liebe Frau von den Engeln, Dumas St; ⌚ 6–10 & 16–19 Uhr) wirken im Licht des späten Nachmittags erhaben. Der Innenraum aus glatt poliertem Kalkstein wurde gefällig eierschalenfarben verputzt; auf dem gegenüberliegenden Platz steht eine Statue der Jungfrau von Orléans.

Puducherry (Pondicherry)

Aktivitäten

Sita KULTUR

(☎ 0413-4200718; www.pondicherry-arts.com; 22 Candappa Moudaliar St; Kurs 300–1200 ₹; ⊙ 9–13 & 15–19.30 Uhr) Das engagierte französisch-indische Kulturzentrum bietet eine Fülle von Aktivitäten, an denen Besucher auch nur für eine Sitzung teilnehmen können: Zum Angebot zählen Kurse in indischer Küche, *bharatanatyam* oder Bollywood-Tanz, *kolam*-Anfertigung und *mehndi* (Henna-Tattoos). Außerdem kann man Yoga-, Pilates-, Ayurveda- und Sari-Workshops besuchen und sich tollen Rad- und Fototouren anschließen.

Kallialay Surf School SURFEN

(☎ 9442992874; www.surfschoolindia.com; Serenity Beach, Tandriankuppam; Privatunterricht 1500 ₹/Std., Surfbrettverleih 400–600 ₹/90 Min.; ⊙ wechselnde Öffnungszeiten) Surfen erfreut sich an den Küsten Tamil Nadus wachsender Beliebtheit. Diese alteingesessene, gut ausgestattete Surfschule unter spanischer Leitung liegt 5 km nördlich von Puducherry und hat ein breites Angebot von Anfängerkursen bis zu zweiwöchigen Intensivkursen.

Pondy Nautic BOOTSTOUR

(☎ 8220125027; www.pondynautic.com; Thengaitthittu; ab 900 ₹/Pers.; ⊙ 9–13 & 15–19.30 Uhr) Die

Puducherry (Pondicherry)

Sehenswertes		Essen	
1 Bharathi Park	D2	28 Baker Street	B4
2 École Française D'Extrême-Orient	D5	29 Café des Arts	C3
3 Gandhi Memorial	D3	30 Domus	C5
4 Institut Français de Pondichéry	D1	31 Indian Coffee House	B2
5 Notre Dame des Anges	D3	32 Kasha Ki Aasha	C3
6 Alter Leuchtturm	D2	33 La Pasta World	C1
7 Notre Dame de la Conception Immaculée	B2	34 Le Café	D3
		Le Club	(siehe 18)
8 Puducherry Museum	D2	35 Nilgiri's	B2
9 Raj Nivas	D2	Palais de Mahé	(siehe 24)
10 Basilique du Sacré Cœur	A5	36 Surguru	C2
11 Uferpromenade	D4	37 Surguru Spot	D2
12 Sri Aurobindo Ashram	D1	Villa Helena	(siehe 26)
13 Sri-Manakula-Vinayagar-Tempel	C2	Villa Shanti	(siehe 27)
Aktivitäten, Kurse & Touren		**Ausgehen & Nachtleben**	
14 Sita	B3	38 L'e-Space	C4
Schlafen		**Shoppen**	
15 Coloniale Heritage Guest House	C5	39 Anokhi	D3
16 Dune Mansion Calvé	B1	40 Auroshikha	C1
17 Gratitude	C4	41 Fabindia	C2
18 Hotel de Pondichéry	C5	42 Focus	B2
19 International Guest House	C2	43 Kalki	C1
20 Kailash Guest House	C1	44 La Boutique d'Auroville	C1
21 La Villa	C4	45 LivingArt Lifestyles	C4
22 Les Hibiscus	C5	**Praktisches**	
23 Nila Home Stay	C4	46 Bureau Central	C2
24 Palais de Mahé	D4	47 Französisches Konsulat	D1
25 Park Guest House	D5	Shanti Travel	(siehe 16)
26 Villa Helena	C4		
27 Villa Shanti	C4		

einstündigen Schnellboot-Ausflüge in den Golf von Bengalen bieten die einmalige Gelegenheit, im offenen Meer zu schwimmen (ca. 30 Min.). Segeltouren führen in die Backwaters. Tickets vorab bei Sita buchen!

Yoga & Ayurveda

Im Sri Aurobindo Ashram (S. 394) und in Auroville kann man Yoga praktizieren und studieren. Sita bietet Yogasitzungen, Ayurveda-Massagen und Ayurveda-Kurse an.

International Centre for Yoga Education & Research YOGA
(Ananda Ashram; ☎0413-2622902; www.icyer.com; 16A Mettu St, Chinnamudaliarchavady, Kottukuppam; ⌚10–14 Uhr) Sechsmonatige Kurse für Yogalehrer und Einzelunterricht für Anfänger mit zehn Sitzungen (8000 ₹), letzterer in der **Filiale im Stadtzentrum** (☎0413-2241561; 25 II Cross, Iyyanar Nagar; ⌚9–18 Uhr).

Geführte Touren

Eine wunderbare Art, Puducherry zu erkunden, sind die beliebten morgendlichen „Wake Up Pondy"-Fahrradtouren (1200 ₹/Pers.) von Sita (S. 396), bei denen ein Frühstück inbegriffen ist.

Shanti Travel (S. 402) veranstaltet empfehlenswerte zweistündige Stadtspaziergänge (500 ₹/Pers.) mit englisch- oder französischsprachigen Führern.

Feste & Events

International Yoga Festival YOGA
(⌚4.–7. Jan.) Puducherrys Ashrams und die Yogakultur der Stadt präsentieren sich mit Workshops, Vorführungen und Wettbewerben, zu denen Experten aus dem In- und Ausland kommen.

Sturm auf die Bastille PARADE
(⌚14. Jul) Straßenumzüge, Feuerwerk und französische Pracht und Herrlichkeit sind Teil des Vergnügens am Nationalfeiertag der ehemaligen Kolonialmacht.

Schlafen

Wer etwas gespart hat, um sich mal etwas Besonderes zu leisten, sollte das hier auf den

Kopf hauen: Die Unterkünfte in Puducherry sind die besten in ganz Südindien und meist jede Rupie wert. Die hiesigen historischen Hotels verbinden Kolonialromantik mit modernem Komfort und schickem, französisch angehauchtem Stil, manche Anwesen wurden zudem liebevoll renoviert. Die meisten dieser Zimmer würden in Europa das Fünffache kosten. Für Wochenenden unbedingt vorab reservieren!

Der Sri Aurobindo Ashram (S. 394) betreibt mehrere schlichte, aber saubere Gästehäuser. Diese sind in erster Linie für Gäste des Ashrams gedacht, aber viele nehmen auch andere Traveller auf, wenn diese sich an die Spielregeln halten (Sperrstunde 22.30 Uhr, kein Tabak, kein Alkohol, keine Drogen). Eine Liste dieser Unterkünfte hält das Bureau Central (S. 395) des Ashrams bereit.

Park Guest House ASHRAM-GÄSTEHAUS $
(☎ 0413-2233644; parkgh@sriaurobindoashram.org; 1 Goubert Ave; Zi. ohne/mit Klimaanlage 900/1400 ₹; ❄) Wegen der wundervollen Lage am Ufer und den günstigsten Zimmern mit Klimaanlage weit und breit ist das Park Guest House Puducherrys beliebtestes Ashram-Gästehaus, das allerdings keine Reservierungen annimmt. Alle vorderen Zimmer blicken aufs Meer und haben eine Veranda oder einen Balkon. Es gibt einen Garten für Yoga und Meditation, ein vegetarisches Mittagsbuffet (125 ₹) und einen Fahrradverleih 50 ₹/Tag).

International Guest House ASHRAM-GÄSTEHAUS $
(INGH; ☎ 0413-2336699; ingh@aurosociety.org; 47 NSC Bose St; EZ 450 ₹, DZ 550–700 ₹, mit Klimaanlage EZ 750 ₹, DZ 1300–1630 ₹; ❄) Die kargen, sauberen Zimmer – der einzige Schmuck ist ein Foto der „Mutter" – haben ein gutes Preis-Leistungs-Verhältnis. Da die Unterkunft sehr beliebt ist, sollte man drei Wochen im Voraus reservieren.

Kailash Guest House PENSION $
(☎ 0413-2224485; http://kailashguesthouse.in; 43 Vysial St; EZ/DZ 1000/1200 ₹, mit Klimaanlage 1500 ₹; ❄) Die gute und günstige Pension hat schlichte, supersaubere Zimmer mit moskitosicheren Fenstern, eine freundliche Leitung und aus den oberen Stockwerken einen herrlichen Blick auf die Stadt. Dank ihrer gemütlichen Gemeinschaftsbereiche, Wäschetrockner und der Cafébar ist sie ganz auf die Bedürfnisse von Travellern eingestellt.

★ **Les Hibiscus** PENSION $$
(☎ 9442066763, 0413-2227480; www.leshibiscus.in; 49 Suffren St; EZ/DZ mit Frühstück 2725/2940 ₹; ❄@📶) Das mangogelbe Les Hibiscus steht auf unserer Liste der besten Hotels in Tamil Nadu ganz weit oben. Es hat nur ein paar fabelhafte Zimmer mit hohen Decken, antiken Betten, Kaffeemaschinen und einer Mischung aus origineller indischer Kunst und Fotos des alten Pondi – und das zu erstaunlich fairen Preisen. Die ganze Anlage ist stilvoll, das fantastische Frühstück aus frischen Zutaten zubereitet und das Management freundlich und hilfsbereit. Weit im Voraus buchen!

Gratitude PENSION $$
(☎ 0413-2225029; www.gratitudeheritage.in; 52 Romain Rolland St; EZ/DZ mit Frühstück 4200–6500/5000–7800 ₹; ❄📶) In dem wunderbar ruhigen Haus aus dem 19. Jh. heißt es keine Straßenschuhe, kein Fernseher, keine Kinder! Das sonnengelbe Gratitude wurde sorgsam restauriert und ist jetzt vielleicht noch schöner ist als zu seinen Anfängen. Die neun individuell gestalteten Zimmer verteilen sich auf zwei Etagen rund um einen schattigen, tropischen Hof, neben dem das köstliche Frühstück serviert wird. Es gibt eine Dachterrasse für Yoga und Massagen.

Hotel de Pondichéry HISTORISCHES HOTEL $$
(☎ 0413-2227409; www.hoteldepondicherry.com; 38 Dumas St; EZ/DZ mit Frühstück 2500/3000–5000 ₹; ❄📶) Das farbenfrohe historische Haus hat 14 komfortable, ruhige und luftige Zimmer im Kolonialstil, einige mit halb offenen Bädern, und setzt Akzente in Form originaler moderner Kunstwerke. Liebenswertes Personal. Im charmanten vorderen Hof residiert das ausgezeichnete Restaurant Le Club (S. 401).

Nila Home Stay PENSION $$
(☎ 9994653006; www.nilahomestay.com; 18 Labourdonnais St; Zi. 1300–1800 ₹, mit Klimaanlage 2000–3000 ₹; ❄📶) Die schlichte, aber sehr stimmungsvolle und gepflegte Pension im Französischen Viertel wird von einladenden Gastgebern geführt. Es gibt eine Reihe frischer, farbenfroher Zimmer im historischen Stil (einige mit Küche und/oder Terrasse), außerdem praktische Gemeinschaftsküchen und einen relaxten Loungebereich.

Coloniale Heritage Guest House PENSION $$
(☎ 0413-2224720; http://colonialeheritage.com; 54 Romain Rolland St; Zi. mit Frühstück 2900–

3500 ₹; ❄📶) Das grüne Refugium aus der Kolonialzeit bietet sechs gemütliche Zimmer, von denen einige nur über eine steile Treppe zu erreichen sind. Dank der eindrucksvollen Kunstsammlung des Eigentümers, die edelsteinbesetzte Tanjore-Malereien, Lithografien von Ravi Varma und weitere südindische Werke des 19. und 20. Jhs. umfasst, ist das Coloniale Heritage ungemein stimmungsvoll. Das eine Zimmer verfügt über eine Schaukel, ein anderes über einen eigenen Balkon. Das Frühstück wird auf der Terrasse am Garten serviert.

★ **Villa Shanti** HISTORISCHES HOTEL $$$
(☎0413-4200028; www.lavillashanti.com; 14 Suffren St; Zi. mit Frühstück 7960–12 500 ₹; ❄📶) Das von zwei französischen Architekten umgestaltete, 100 Jahre alte Gebäude gibt dem Konzept des historischen Hotels im Französischen Viertel einen exquisiten, zeitgenössischen Dreh. Die schönen modernen Zimmer verbinden superschickes Design mit typischen tamilischen Materialien und kolonialer Eleganz: Himmelbetten treffen auf Chettinadu-Fliesen, Durchgangsbäder auf Wandmalereien mit tamilischen Inschriften. Im Hof finden sich ein sehr beliebtes Restaurant (S. 400) und eine Bar.

Die Betreiber stehen auch hinter der superschicken Luxusunterkunft **La Villa** (☎0413-2338555; www.lavillapondicherry.com; 11 Surcouf St; Zi. mit Frühstück 15 960–19 380 ₹; ❄📶🏊).

Villa Helena HISTORISCHES HOTEL $$$
(☎0413-2226789; www.villa-helena-pondicherry.com; 13 Rue Bussy; EZ/DZ mit Frühstück 4000/5500–7000 ₹; ❄📶) Eine schicke Renovierung hat dieser prächtigen, von Franzosen geführten Villa aus dem 19. Jh. zeitgemäßen Stil verliehen. Die Zimmer, die sich an mit Pflanzen geschmückten Korridoren aneinanderreihen, sind frisch in blassen Farben modernisiert und wirken mit der gestreiften Bettwäsche, den bedruckten Kissen, antiken Möbeln und stilvollen modernen Bädern geschmackvoll minimalistisch. Das romantische **Restaurant** (☎0413-4210806; Hauptgerichte 350–520 ₹; ⏲12–15 & 19–22.30 Uhr) im Hof serviert wundervolle westliche Gerichte.

Dune Mansion Calvé HISTORISCHES HOTEL $$$
(☎0413-2656351; http://dunewellnessgroup.com; 44 Vysial St; Zi. mit Frühstück 6870–8180 ₹; ❄📶) 🍃 Im alten tamilischen Viertel gibt es fast genauso viele Villen wie im Französischen Viertel, nur werden diese von den meisten Touristen übersehen. Das 150 Jahre alte historische Anwesen an einer ruhigen, von Bäumen beschatteten Straße ist unter umweltfreundlicher Führung zu neuem Leben erwacht. Das mit Teakholzsäulen verzierte Atrium ist hoch und weiträumig, die Böden sind mit Chettinadu-Fliesen belegt und die zehn Zimmer prunken mit Eleganz, frei stehenden Badewannen und solar beheiztem Warmwasser.

Palais de Mahé HISTORISCHES HOTEL $$$
(☎0413-2345611; www.cghearth.com; 4 Rue Bussy; Zi. mit Frühstück 14 500–18 100 ₹; ❄📶🏊) Ein imposantes historisches Hotel: Auf drei mit Kolonnaden versehenen Etagen verteilen sich die schicken Zimmer mit hohen Decken, Holzmöbeln im Kolonialstil und Böden aus lackierten Beton um einen verführerischen, türkisblauen Pool. Das erstklassige **Restaurant** (☎0413-2345611; www.cghearth.com; 4 Rue Bussy; Hauptgerichte 300–600 ₹; ⏲7.30–10.30, 12.30–15 & 19–23 Uhr) auf dem Dach serviert beeindruckende, kreative Fusion-Küche, darunter auch auf Wunsch ein fertig zubereitetes Frühstück. Von Mai bis September, wenn die Preise um 30 % fallen, ist das Preis-Leistungs-Verhältnis richtig gut.

Maison Perumal HISTORISCHES HOTEL $$$
(☎0413-2227519; www.cghearth.com; 44 Perumal Koil St; Zi. mit Frühstück 8360–10 450 ₹; ❄📶) Lauschige Zimmer mit farbenfrohen Details, antiken Betten und Fotos der ursprünglichen Besitzer des Hauses umgeben zwei mit Säulen verzierte Patios in diesem renovierten 130 Jahre alten Wohnhaus, das sich in Puducherrys weniger touristischem Tamilenviertel versteckt. Im ausgezeichneten tamilisch-französischen **Restaurant** (Hauptgerichte abends 1200 ₹, mittags 350–550 ₹; ⏲12.30–15 & 19.30–21.30 Uhr) werden die Gerichte nach Gästewunsch aus marktfrischen Zutaten zubereitet. Von Mai bis September fallen die Preise um 50 %. Gäste können den Pool des Schwesterhotels Palais de Mahé benutzen.

Essen

Puducherry ist in kulinarischer Hinsicht ein Highlight in Tamil Nadu: Man bekommt tolle südindische Gerichte, gut zubereitete französische und italienische Cuisine und leckere Fusion-Küche. Wer Käse oder Croissants vermisst, ist hier genau richtig – und guten Kaffee und Crêpes gibt's im Französischen Viertel ohnehin praktisch überall.

Dazu gibt's auch noch ein paar nette, künstlerisch angehauchte Cafés.

Surguru SÜDINDISCH $
(☎0413-4308083; www.hotelsurguru.com; 235 Mission St; Hauptgerichte 65–140 ₹; ⊙7–22.40 Uhr) Einfache südindische Kost in vergleichsweise schickem Ambiente: Das Surguru ist die richtige Adresse für Thali- (nur mittags) und *dosa*-Fans, die ihr Gemüse gern unter einer starken Klimaanlage genießen. Die etwas elegantere Filiale **Surguru Spot** (☎0413-4308084; 12 Nehru St; Hauptgerichte 60–140 ₹; ⊙6.30–23 Uhr) liegt in der Nähe des Ashrams.

Baker Street CAFÉ $
(123 Rue Bussy; Gerichte 40–200 ₹; ⊙7–21 Uhr; 📶) Die beliebte, gehobene Bäckerei französischer Art liefert leckere Kuchen, Croissants und Biskuits. Auch die Baguettes, Brownies und Quiches sind nicht zu verachten. Man isst drinnen oder nimmt sich sein Essen mit.

Indian Coffee House SÜDINDISCH $
(125 Nehru St; Gerichte 30–55 ₹; ⊙6.30–21.30 Uhr) In dieser Institution labt man sich nach Herzenslust an billiger südindischer Kost wie *dosas, vadas und uttapams* sowie am Filterkaffee (20 ₹). Das ist der Ort, an dem Yann Martels Roman *Schiffbruch mit Tiger* beginnt.

Nilgiri's SUPERMARKT $
(23 Rangapillai St; ⊙9.30–21 Uhr) Gut sortierter, zentraler und klimatisierter Laden mit Lebensmitteln und Toilettenartikeln.

★ **Domus** CAFÉ, EUROPÄISCH $$
(☎0413-4210807; www.facebook.com/domus-pondicherry-708267965970400; 59 Suffren St; Gerichte 210–350 ₹; ⊙10–19 Uhr; 📶) Das entspannte, gesundheitsbewusste vegetarische Café versteckt sich in dem ruhigen Garten eines verrückten Design-Ladens, in dem blass türkisfarbene Säulen auf knallrote Wände stoßen. Hier gibt's gesundes Frühstücksmüsli, Sandwichs, bei denen man Brot, Belag und Sauce selber auswählt, und kreative europäische Salat-„Thalis", die auf traditionelle Art auf Edelstahlplatten serviert werden. Ein prima Espresso, Smoothies und Säfte sind auch im Sortiment.

★ **La Pasta World** ITALIENISCH $$
(☎9994670282; www.facebook.com/lapastaworld; 55 Vysial St; Hauptgerichte 295–355 ₹; ⊙Do–Sa 10–14 & 17–22, So–Mi 17–22 Uhr) Pastafans sollten im Tamilischen Viertel zu diesem kleinen Lokal mit nur ein paar kariert eingedeckten Tischen pilgern. Hier zaubert eine echte Italienerin eigene leckere, authentische Saucen und kocht in der kleinen offenen Küche perfekte Nudelgerichte. Alkohol gibt's nicht – hier dreht sich alles ums Essen!

Café des Arts CAFÉ $$
(www.facebook.com/café-des-arts-155637583166; 10 Suffren St; Gerichte 150–260 ₹; ⊙Mi–Mo 8.30–19 Uhr; 📶) Das Bohème-Café würde gut nach Europa passen, befindet sich aber nun einmal in Puducherry – daher auch die Fahrradrikscha im Garten. Die erfrischend leichten Gerichte reichen von knackigen Salaten über Crêpes, Baguettes und Omelettes bis zu getoasteten Sandwichs. Der Kaffee und die frischen Säfte sind hervorragend. Das Ambiente in dem alten Stadthaus ist hübsch; die niedrigen Tische und Klubsessel stehen draußen vor einem Trödelladen.

Kasha Ki Aasha CAFÉ $$
(www.kkapondy.com; 23 Surcouf St; Hauptgerichte 150–250 ₹; ⊙Do–Di 10–20 Uhr; 📶) Der Mix aus Kunsthandwerksladen und Café residiert in einem Haus aus der Kolonialzeit. Ein freundliches, nur aus Frauen bestehendes Team serviert hier auf der reetgedeckten Dachterrasse tolle Frühstückspfannkuchen, Mittagsgerichte, Kuchen und Fusionkost, so z. B. „europäische Thalis" oder „indische Enchiladas". Die fließenden Stoffe und Ledersandalen, die im Erdgeschoss verkauft werden, kommen direkt von den Herstellern. Am Samstagabend gibt's Livemusik.

Le Café CAFÉ $$
(☎0413-2334949; Goubert Ave; Gerichte 80–240 ₹; ⊙24 Std.) Pondis einziges Ufercafé ist eine gute Adresse, um bei einer frischen Brise am Golf von Bengalen Croissants, Kuchen, Salate, Baguettes, Frühstücksgerichte und südindischen Bio-Kaffee (heiß oder als Eiskaffee) zu genießen. Das Café ist beliebt, weshalb man sich oft einen Tisch teilen oder darauf warten muss, dass einer frei wird. Aber schließlich zählt hier nur die Lage.

★ **Villa Shanti** EUROPÄISCH, INDISCH $$$
(☎0413-4200028; www.lavillashanti.com; 14 Suffren St; Hauptgerichte 225–495 ₹; ⊙12.30–14.30 & 19–22.30 Uhr) Schicke Tische mit Kerzenbeleuchtung in einem Hof mit Palmen und Säulen, dazu eine farbenfrohe Cocktailbar – in dem stets gut besuchten und schwer angesagten Hotelrestaurant herrscht ein zwanglos-elegantes Ambiente. Das zeitge-

nössische französisch-indische Flair des Gebäudes spiegelt sich auch in den nordindischen und europäischen Gerichten wider. Die Portionen sind klein, der Geschmack ist riesig. Es gibt auch einige leckere und kreative vegetarische Optionen. Nach 19.30 Uhr keine Reservierung möglich.

Le Club EUROPÄISCH, INDISCH $$$
(☎0413-2227409; www.leclubraj.com; 38 Dumas St; Hauptgerichte 200–530 ₹; ⊙11.45–15 & 18–22 Uhr) Ob Steaks (u. a. mit Blauschimmelkäsesauce oder Sauce Béarnaise), Pizzas, Pastagerichte oder Crêpes – in diesem romantisch beleuchteten Gartenrestaurant schmeckt alles erstklassig. Zu den verführerischen Gerichten mit südindischem Einschlag zählen das kreolische Garnelencurry, vegetarisches Kebab mit Panir sowie Fisch nach Malabar-Art. Dazu gibt's eine große Auswahl an Weinen, Mojitos und Margaritas.

Ausgehen & Nachtleben

Um sich ein Bier zu genehmigen, ist Puducherry sicher einer der besseren Orte in Tamil Nadu, die Sperrstunde um 23 Uhr ist dennoch unumstößlich. Trotz niedriger Alkoholsteuern gibt's wirklich billiges Bier nur in *liquor shops* (Schnapsläden) und deren düsteren Bars. Wer sich in netterer Atmosphäre ein Gläschen genehmigen will, kann dies in den Hotelrestaurants und -bars tun.

L'e-Space BAR
(2 Labourdonnais St; Cocktails 200 ₹, Gerichte 150–300 ₹; ⊙17–23.30 Uhr) Die skurrile, halb offene Dachbar/Cafélounge ist freundlich, relaxt und gesellig und bietet gute Cocktails (wenn der Barkeeper nicht gerade spurlos verschwunden ist).

Shoppen

Angesichts all der Yoga-Yuppies, die in die Stadt strömen, hat sich Pondi auf Mode und Souvenirs der Sparte „Boutique-Chic trifft indischen Basar" spezialisiert. Tatsächlich gibt es einige schöne und originelle Stücke, die größtenteils im Sri Aurobindo Ashram oder in Auroville hergestellt werden. Die Nehru St und die MG Rd sind die Shopping-Hotspots. Und im Französischen Viertel stehen Boutiquen Spalier.

★**Kalki** MODE & ACCESSOIRES
(www.maroma.com; 134 Mission St; ⊙10–20.30 Uhr) Wunderschöne, edelsteinfarbene Kleidung aus Seide und Baumwolle, Accessoires, Weihrauch, Öle, Duftkerzen, Produkte aus handgeschöpftem Papier u. v. m. Das meiste wurde in Auroville hergestellt, wo sich eine weitere **Filiale** (Besucherzentrum; ⊙9.30–18 Uhr) befindet.

Anokhi MODE & ACCESSOIRES
(www.anokhi.com; 1 Caserne St; ⊙10–19.30 Uhr) Die raffinierte Boutique aus Jaipur ist beliebt für ihre schönen, bunten Blockdruckkleider, die dem traditionellen Stil eine moderne Note geben. Außerdem im Sortiment: prächtige, bunte Tagesdecken, Tischwäsche, Schals, Taschen, Haushaltswaren und Accessoires.

Auroshikha WEIHRAUCH
(www.auroshikha.com; 28 Marine St; ⊙Di–So 9–13 & 15–19 Uhr) Eine schier endlose Auswahl an Weihrauch, Duftkerzen, ätherischen Ölen und anderen duftenden Souvenirs, hergestellt vom Sri Aurobindo Ashram.

Fabindia KLEIDUNG, TEXTILIEN
(www.fabindia.com; 223 Mission St; ⊙10.30–20.30 Uhr) Die Kette verkauft bezaubernde, handgemachte Fair-Trade-Produkte, die überwiegend von Dorfbewohnern in traditionellen Techniken hergestellt werden, und fördert so die Beschäftigung in ländlichen Gebieten. Diese Filiale führt wunderschöne moderne indische Kleidung aus Seide und Baumwolle, hochwertige Stoffe, Tischwäsche, Kosmetikartikel und Möbel.

La Boutique d'Auroville KUNSTHANDWERK
(www.auroville.com; 38 Nehru St; ⊙9.30–20 Uhr) Hier findet sich eine gute Auswahl von Kunsthandwerk aus Auroville: Schmuck, Töpferwaren, Kleidung, Schals, handgemachte Karten und Kräuterkosmetik.

LivingArt Lifestyles MODE & ACCESSOIRES
(www.facebook.com/livingartlifestyles; 14 Rue Bazar St. Laurent; ⊙Di–Sa 10–14 & 15–20 Uhr) Hier findet man luftige Blockdruckkleider von lässiger Eleganz, Röcke, Hosen und bauchfreie Tops in lustigen, aber modischen geometrischen Mustern (alle in Auroville handgemacht). Auch schöne Saris aus ganz Indien sind zu haben.

Focus BÜCHER
(204 Mission St; ⊙Mo–Sa 9.30–13.30 & 15.30–21 Uhr) Gute Auswahl an Titeln mit Indien-Bezug und weiteren englischsprachigen Büchern (u. a. auch Lonely Planet-Reiseführern).

Praktische Informationen

Kliniken und Apotheken drängen sich in der Rue Bussy zwischen der Bharathi St und der MG Rd.

New Medical Centre (☎ 0413-2225287; www.nmcpondy.com; 470 MG Rd; ⌚ 24 Std.) Empfehlenswerte Privatklinik und Krankenhaus.

Shanti Travel (☎ 0413-4210401; www.shantitravel.com; 44 Vysial St; ⌚ 10–18 Uhr) Das professionelle Reisebüro organisiert Stadtspaziergänge, Tagesausflüge und Shuttles vom/zum Flughafen in Chennai.

Touristeninformation (☎ 0413-2339497; www.pondytourism.in; 40 Goubert Ave; ⌚ 10–17 Uhr)

An- & Weiterreise

BUS

Der **Busbahnhof** (Maraimalai Adigal Salai) liegt 2 km westlich des Französischen Viertels. Weitere Busverbindungen starten in Villupuram (20 ₹, 1 Std., alle 15 Min.), 38 km westlich von Puducherry. Die privaten Busunternehmen, die hauptsächlich Übernachtverbindungen zu verschiedenen Zielen anbieten, haben Büros an der Maraimalai Adigal Salai westlich des Busbahnhofs. Um 23 Uhr fährt ein Bus mit Liegesitzen von **Parveen Travels** (☎ 0413-2201919; www.parveentravels.com; 288 Maraimalai Adigal Salai; ⌚ 24 Std.) nach Kodaikanal (650 ₹, 8 Std.).

FLUGZEUG

Puducherrys Flughafen liegt 6 km nordwestlich vom Stadtzentrum und war in den letzten Jahren mal in Betrieb, mal nicht. Zum Zeitpunkt der Recherche war geplant, ihn mit Flügen nach Bengaluru via Tiruchirappalli und möglicherweise auch zu anderen inländischen Zielen wieder zu eröffnen.

TAXI

Ein Taxi mit Klimaanlage vom/zum Flughafen Chennai kostet 4000 ₹.

ZUG

Im Bahnhof von Puducherry hält nur eine Handvoll Züge. Pro Tag fahren zwei Züge ohne Platzreservierung zum Bahnhof Egmore in Chennai (45–90 ₹, 4–5 Std.). In Villupuram gibt's Anschluss zu vielen weiteren Zugverbindungen. Der Bahnhof verfügt über ein computerisiertes Buchungsbüro für Züge in ganz Indien.

Unterwegs vor Ort

Pondis ebene Straßen lassen sich bestens zu Fuß erkunden. Viele Autorikschas sind im Einsatz, doch weigern sich die Fahrer meistens hartnäckig, den Taxameter einzustellen. Eine Fahrt vom Busbahnhof ins Französische Viertel kostet 60 ₹.

Puducherry und Auroville lassen sich auch gut per Fahrrad oder Motorrad erkunden. Am nördlichen Abschnitt der Mission St gibt's zwischen Nehru und Chetty St mehrere **Verleiher** (Mission St; Fahrrad 75 ₹/Tag, Motorroller oder Motorrad 250–400 ₹/Tag).

Auroville

☎ 0413 / 2570 EW.

Auroville, die „Stadt der Morgendämmerung", ist ein Ort, der Idealisten begeistert, eine internationale Gemeinschaft, die sich dem Frieden, der Nachhaltigkeit und dem „göttlichen Bewusstsein" verschrieben hat, in der Menschen aus aller Welt ungeachtet ihrer Religion, Farbe oder Nationalität am Aufbau einer universellen Stadt frei von Geld und Glauben arbeiten.

Die Meinungen von Außenstehenden über die Einwohner von Auroville reichen von Bewunderung bis zum Vorwurf der selbstsüchtigen Wirklichkeitsflucht. Der Ort besteht aus mehr als 100 kleinen, über das Land verteilten Siedlungen mit rund 2500 Bewohnern aus 52 Staaten. Fast 60 % der Bewohner sind Ausländer; die meisten neuen Mitglieder benötigen mehr Mittel, als sie den meisten Indern jemals zur Verfügung stehen. Aber die Energie, die dem Ort zugrundeliegt, ist spürbar, selbst bei einer kurzen Stippvisite.

Auroville, rund 12 km nordwestlich von Puducherry gelegen, wurde 1968 von der „Mutter", der Mitbegründerin des Sri Aurobindo Ashram in Puducherry, gegründet. Die Bewohner haben eine Vielzahl von Aktionen ins Leben gerufen, die von Schulen und IT-Projekten über Biofarmen und erneuerbare Energien bis hin zum Kunsthandwerk reichen. 4000 bis 5000 Menschen aus den umliegenden Dörfern haben dabei eine Arbeit gefunden.

Die Website von Auroville (www.auroville.org) ist eine nahezu enzyklopädische Informationsquelle.

Sehenswertes & Aktivitäten

Auroville ist nicht gerade auf Tourismus ausgerichtet – die meisten Bewohner sind genug mit ihrem Alltag beschäftigt. Dennoch verfügt es über ein gutes **Besucherzentrum** (☎ 0413-2622239; www.facebook.com/aurovillevisitorscentre; ⌚ 9.30–13 & 13.30–17 Uhr) mit Informationen, Ausstellungen und Produkten aus Auroville. Hier kann man sich ein Handbuch und einen Lageplan besorgen (20 ₹) und ein zehnminütiges Video anschauen, zudem gibt das Zentrum kostenlose Pässe aus, mit denen man sich das Matrimandir, wenn auch nur von außen, anschauen kann: Aurovilles „Seele" steht mitten im Wald und ist über einen 1 km langen Fußmarsch zu erreichen.

Besucher können das Straßen- und Wegenetz erkunden, das sich auf eine Fläche von rund 10 km² erstreckt. Dank der 2 Mio. Bäume, die seit der Gründung Aurovilles angepflanzt wurden, ist der Ort angenehm schattig.

Wer mehr über Auroville erfahren will, dem empfiehlt die Gemeinde, mindestens zehn Tage zu bleiben und an einem Einführungs- und Orientierungsprogramm teilzunehmen. Und wer gar richtig mitmachen will, muss sich als Freiwilliger für sechs oder zwölf Monate verpflichten. Infos erteilt der **Auroville Guest Service** (☎0413-2622675; guestservice@auroville.org.in; Solar Kitchen Bldg, 2 km östlich des Besucherzentrums; ⏲Mo–Fr 9.30–12.30 & 13–16, Sa 9.30–12.30 Uhr).

Matrimandir GEBÄUDE

(1 km östlich des Besucherzentrums; ⏲Passausgabe Mo–Sa 9.45–13 & 13.30–16.30, So 9.45–12.30 Uhr) GRATIS Das große, goldene, fast kugelförmige Matrimandir, Aurovilles Mittelpunkt, wird oft mit einem Golfball auf einem Bett aus Lotusblättern verglichen. Die grandiose Schlichtheit der baulichen Form inmitten eines unberührten grünen Parkgeländes mag bei dem einen oder anderen Besucher ein Gefühl jenes göttlichen Bewusstseins erwecken, welches das Gebäude repräsentieren soll. Der mit weißem Marmor ausgekleidete Hauptraum im Innern beherbergt eine große Glaskristallkugel, die das über einen Heliostaten gebündelte Sonnenlicht über den fensterlosen, der individuellen stillen Einkehr gewidmeten Raum verteilt.

Wer sich das Matrimandir nicht nur vom Garten aus anschauen, sondern drinnen meditieren will, muss dies ein bis vier Tage im Voraus in Aurovilles **Matrimandir Access Office** (☎0413-2622239, 0413-2622204; mmconcentration@auroville.org.in; Besucherzentrum; ⏲Mi–Mo 10–11 & 14–15 Uhr) anmelden.

Schlafen

Auroville besitzt mehr als 80 Gästehäuser und Gastunterkünfte von sehr unterschiedlichem Komfort und variierenden Preisen – von Schlafsaalbetten für 200 ₹ bis hin zu Cottages für zwei Personen mit eigenem Pool für 5400 ₹. Der **Guest Accommodation Service** (☎0413-2622704; www.aurovilleguesthouses.org; Besucherzentrum; ⏲9.30–12.30 & 14–17 Uhr) gibt Tipps, gebucht werden muss aber direkt bei den einzelnen Gästehäusern. In der Hauptsaison (Aug.-Sept. & Dez.-März) sollte man drei oder vier Monate im Voraus reservieren.

An- & Weiterreise

Die Hauptzufahrtsstraße nach Auroville zweigt im Dorf Periyar Mudaliarchavadi, 6 km nördlich von Puducherry, von der East Coast Rd ab. Von dort sind es noch einmal 6 km westwärts bis zum Besucherzentrum.

Die Anfahrt mit einer Autorikscha ab Puducherry kostet 270 ₹. Man kann auch von der Ambour Salai in Puducherry einen Bus nach Kottukuppam (Richtung Norden) bis zur Abzweigung nach Auroville nehmen (10–20 ₹, alle 10 Min.) und von dort das letzte Stück mit der Autorikscha (150 ₹) fahren. Vom Busbahnhof in Puducherry fahren auch direkt Busse zum Besucherzentrum von Auroville (10 ₹, 7.30, 13.45 & 16.30 Uhr, Rückfahrten 8.15, 14.20 & 17.15 Uhr).

Ansonsten kann man auch ein Fahrrad oder Motorrad in den **Läden** am nördlichen Abschnitt der Mission St in Puducherry mieten.

ZENTRALES TAMIL NADU

Chidambaram

☎04144 / 62 150 EW.

Der einzige Grund für einen Besuch in Chidambaram ist die große Tempelanlage für Nataraja, die Inkarnation Shivas als „König des Tanzes". Sie ist eine der heiligsten Stätten der Shivaiten und zugleich ein Höhepunkt der drawidischen Architektur. Die Stadt lässt sich leicht im Rahmen eines Tagesausflugs aus Puducherry oder als Zwischenstation auf der Fahrt von Puducherry nach Tharangambadi oder Kumbakonam besuchen.

Die meisten Unterkünfte befinden sich in der Nähe des Tempels oder des Busbahnhofs (500 m südöstlich vom Tempel). Der Bahnhof liegt 1 km weiter südöstlich.

Sehenswertes

★ **Nataraja-Tempel** HINDUTEMPEL

(East Car St; ⏲Innenbereich 6–12 & 16.30–22 Uhr) Laut einer Legende traten Shiva und Kali einst in einen Tanzwettbewerb, bei dem Vishnu als Schiedsrichter agierte. Shiva ließ einen Ohrring fallen und nahm ihn mit dem Fuß auf. Kali konnte das nicht, und so gewann Shiva den Ehrentitel Nataraja (König des Tanzes). In dieser Form wird er in dem imposanten Tempel von einem unaufhörlichen Strom von Gläubigen verehrt. Der Tempel wurde zur Zeit des Chola-Reichs errichtet (Chidambaram war eine Residenz der Chola-Könige). Die Hauptschreine reichen aber wohl mindestens bis ins 6. Jh. zurück.

Der von einer Mauer umgebene, 22 ha große Komplex besitzt vier hohe *gopurams* aus dem 12. Jh., die mit drawidischen Stein- und Stuckreliefs verziert sind. Der Haupteingang erfolgt durch den östlichen, ältesten *gopuram*. In diesem Durchgang sind die 108 heiligen Stellungen des klassischen tamilischen Tanzes eingemeißelt. Rechts hinter dem Torturm liegen die aus dem 12. Jh. stammende, mit Elefantenfiguren geschmückte **Raja Sabha** (Königshalle, 1000-Säulen-Halle; nur an Festtagen geöffnet) und das große **Sivaganga**-Wasserbecken.

Von der Ostseite aus gelangt man in den zentralen Bereich (Fotografieren verboten). In seinem Südteil (links vom Eingang) steht die **Nritta Sabha** (Tanzhalle) aus dem 13. Jh., die die Form eines Wagens und 56 fein gearbeitete Säulen besitzt. Mitunter wird behauptet, dies sei der Schauplatz des göttlichen Tanzwettstreits.

Nördlich der Nritta Sabha gelangt man durch eine Tür in den Innenhof, in dem die meisten Tempelrituale zelebriert werden. Man steht nun direkt vor den zusammenhängenden hüttenartigen Gebäude der mit einem goldenen Dach versehenen **Kanaka Sabha** und der **Chit Sabha** (Halle der Weisheit). In der Chit Sabha, dem innersten Schrein, steht die zentrale Nataraja-Bronzefigur des Tempels; sie zeigt Shiva als kosmischen Tänzer, der einen Zyklus der Schöpfung beendet, einen neuen beginnt und so die Gegensätze vereint. Auch in seiner unsichtbaren Form als „Raum" wird Shiva hier verehrt.

Zu *puja*-Zeiten strömen die Gläubigen in den umliegenden Pavillon, um den Riten beizuwohnen, die die Tempelpriester vollziehen. Sie gehören der Gemeinschaft der Dikshitars an, die Brahmanen sind und das Amt in der Familie weitervererben. Um Shiva und Parvati gleichzeitig zu repräsentieren, scheren die Priester eine Seite ihres Kopfes, lassen das Haar auf der anderen lang wachsen und binden es zu einem Haarknoten.

An der Südseite der beiden inneren Schreine befindet sich der **Govindaraja-Schrein** mit einem liegenden Vishnu. Im Westen blickt der **Shivakamasundari-Schrein** auf den Tempelteich; dieser Schrein ist mit feinen Deckenmalereien in Ocker und Weiß aus der Nayak-Zeit des 17. Jhs. geschmückt.

Manchmal bieten Priester an, einen für 200 bis 300 ₹ durch die Tempelanlagen zu führen. Der prächtige Tempel wird, für Tamil Nadu ungewöhnlich, privat von den Dikshitars verwaltet und finanziert, die man mit einer solchen Führung also unterstützt. Offizielle Tempelführer gibt es keine.

Feste & Events

Chariot Festivals RELIGION
(Juni–Juli & Dez.–Jan.) Von den vielen Festen in Chidambaram sind die zehntägigen Tempelwagen-Feste die beiden größten.

Natyanjali Dance Festival TANZ
(http://natyanjalichidambaram.com; Feb.–März) Chidambarams fünftägiges Tanzfestival lockt 300 bis 400 klassische Tänzer aus ganz Indien zum Nataraja-Tempel.

Schlafen & Essen

Rund um den Tempel liegen viele billige, aber teilweise auch recht schäbige, Pilgerherbergen. Außerdem finden sich in der Nähe ein paar bessere Hotels der unteren Mittelklasse, die auch Restaurants haben.

Hotel Saradharam HOTEL $$
(04144-221336; www.hotelsaradharam.co.in; 19 VGP St; Zi. mit Frühstück 1100 ₹, mit Klimaanlage 2200 ₹;) Das geschäftige und nette Saradharam gegenüber dem Busbahnhof ist das beste Hotel vor Ort. Es ist ein bisschen verwohnt und muffig, aber einigermaßen komfortabel und eine willkommene Erholung vom Trubel der Innenstadt. Es gibt kostenloses WLAN im Foyer und drei Restaurants, zwei vegetarische und das gute, klimatisierte **Anupallavi** (Hauptgerichte 150–225 ₹; 7–10, 12–15 & 19–22 Uhr) mit internationaler Küche.

BUSSE AB CHIDAMBARAM

ZIEL	PREIS (₹)	DAUER (STD.)	HÄUFIGKEIT
Chennai	140	6	alle 10 Min.
Kumbakonam	42	3	alle 30 Min.
Puducherry	75	2	alle 10 Min.
Thanjavur	60	3–4	alle 30 Min.
Tharangambadi	75	2–3	alle 30 Min.

ABSTECHER

DAS FRIEDLICHE THARANGAMBADI (TRANQUEBAR)

Südlich von Chidambaram erstreckt sich das vielarmige Kaveri-Delta über 180 km längs der Küste und bis ins Landesinnere. Der Cauvery (Kaveri) ist die Lebensader der tamilischen Landwirtschaft, sein Tal bildete das Kernland des Chola-Reichs. Heute ist das Delta eines der zugleich schönsten, ärmsten und traditionellsten Gebiete in Tamil Nadu.

Die winzige Hafenstadt **Tharangambadi**, die man immer noch als Tranquebar kennt, ist mit Abstand der attraktivste Ort in der Gegend. Die ruhige ehemalige dänische Kolonie, die Dänemark erst 1845 an die Britische Ostindien-Kompanie verkaufte, eignet sich dank eines langen Sandstrandes voller Fischerboote und der erfrischenden Meeresbrise prima, um sich von den heißen, überfüllten Städten im Landesinneren zu erholen.

Die Altstadt hinter dem 1792 errichteten **Landporten Gate** besitzt Bauten aus der Kolonialzeit und wurde seit dem Tsunami von 2004, der hier rund 800 Todesopfer forderte, aufwendig restauriert. Bei INTACH Pondicherry (www.intachpondicherry.org) gibt's eine gute Karte zum Herunterladen. Das am Ufer errichtete, pfirsichfarbene dänische Fort, **Dansborg** (Parade Ground, King's St; Inder/Ausländer 5/50 ₹, Foto/Video 30/100 ₹; ⏲ Sa–Do 10–17.45 Uhr) stammt von 1624 und wurde 1801 von den Briten besetzt; heute befindet sich in ihm ein kleines, aber faszinierendes Museum. Zu den weiteren bemerkenswerten Gebäuden zählt die 1718 in einem indisch-europäischen Mischstil erbaute **New Jerusalem Church** (Tamil Evangelical Lutheran Church; King's St; ⏲ Sonnenaufgang–Sonnenuntergang). In ihr befindet sich das Grabmal von Bartholomäus Ziegenbalg, dem aus Deutschland stammenden ersten lutherischen Missionar in Südindien, der zudem erstmals das Neue Testament ins Tamilische übersetzte. Tranquebars **Postamt** (Post Office St; ⏲ Mo–Sa 8.30–18 Uhr) residiert seit 1884 in dem gleichen, inzwischen ziemlich verfallenen Gebäude, während der am Ufer stehende **Masilamani-Nathar-Tempel** (⏲ 6–12 & 16–20 Uhr, unterschiedliche Öffnungszeiten) aus dem 14. Jh. heute in bunten Farben erstrahlt.

Die meisten Unterkünfte in Tharangambadi werden von **Bungalow on the Beach** (☎ 04364-289036; http://neemranahotels.com; 24 King's St; Zi. mit Frühstück 6080–10 320 ₹; ❄📶🏊) betrieben, das sich in der aus dem 17. Jh. stammenden und schön restaurierten früheren Residenz des britischen Administrators befindet. Es gibt 17 schöne, europäisch anmutende Zimmer im Hauptgebäude und zwei weiteren historischen Gebäuden der Stadt – vorab reservieren! Im Hauptblock gibt es ein gutes **Restaurant** (☎ 04364-289036; http://neemranahotels.com; 24 King's St; Hauptgerichte 150–300 ₹; ⏲ 7.30–9.30, 12.30–14.30 & 19–21.30 Uhr), einen traumhaften Swimmingpool und eine fantastische umlaufende Terrasse.

Regelmäßig verbinden (überfüllte) Busse Tharangambadi mit Chidambaram (75 ₹, 2 Std., stündl.) und Karaikal (12 ₹, 30 Min., halbstündl.). In Karaikal hat man Anschluss nach Kumbakonam (26–34 ₹, 2 Std., 4–22.15 Uhr alle 2 Std.), Thanjavur (62 ₹, 3 Std., 4–22.15 Uhr alle 2 Std.) und Puducherry (85 ₹, 4 Std., 4.15–24 Uhr alle 30 Min.).

ℹ An- & Weiterreise

BUS

Die staatlichen Busse nutzen den **Busbahnhof** (VGP St). **Universal Travels** (☎ 044-9842440926; VGP St; ⏲ 9–22 Uhr) gegenüber dem Busbahnhof betreibt Volvo-AC-Busse nach Chennai (500 ₹, 5 Std., 8 & 16.30 Uhr).

ZUG

Täglich fahren mindestens drei Züge nach Tiruchirappalli (2. Klasse/3AC/2AC 80/490/695 ₹, 3½ Std.) über Kumbakonam (55/490/695 ₹, 1½ Std.) und Thanjavur (65/490/695 ₹, 2 Std.) sowie sieben zum Bahnhof Egmore in Chennai (105/490/695 ₹, 5½ Std.).

Kumbakonam

☎ 0435 / 140 160 EW.

Auf den ersten Blick ist Kumbakonam nur eine weitere chaotische indische Stadt an einem Verkehrsknotenpunkt. Aber dann entdeckt man die vielen *gopurams*, die vor den 18 Tempeln der Stadt in den Himmel ragen und daran erinnern, dass diese im Mittelalter der Sitz einer wichtigen südindischen Macht war. Ganz in der Nähe befinden sich zudem zwei Chola-Tempel, die zum Weltkulturerbe gehören (S. 407) – ein Aufenthalt mit Übernachtung lohnt sich also auf alle Fälle.

Kumbakonam

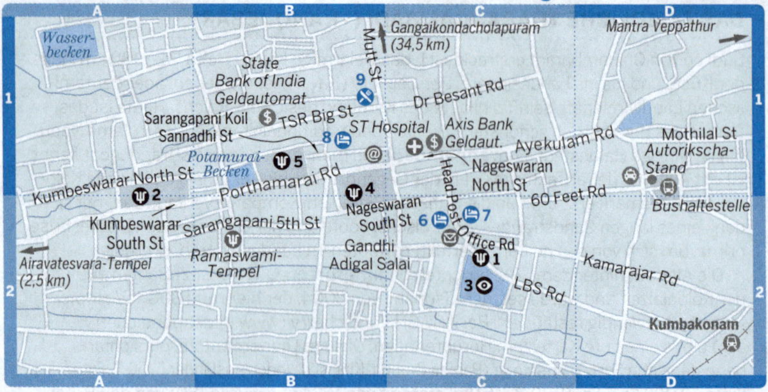

Kumbakonam

Sehenswertes
1 Kashivishvanatha-Tempel C2
2 Kumbeshwara-Tempel.......................A2
3 Mahamaham-Becken..........................C2
4 Nageshwara-Tempel...........................B1
5 Sarangapani-Tempel...........................B1

Schlafen
6 Hotel Raya's.......................................C2
7 Hotel Raya's Annexe C2
8 Pandian Hotel B1

Essen
9 Hotel Sri Venkkatramana....................B1
Sathars Restaurant ....(siehe 6)

Sehenswertes

Nageshwara-Tempel HINDUTEMPEL
(Nageswaran Koil St; 6.30–12.30 & 16–20.30 Uhr) Der von den Cholas im Jahr 886 begründete Tempel ist der älteste in Kumbakonam und Shiva als Schlangenkönig Nagaraja geweiht. An drei Tagen im Jahr (im April oder Mai) fallen die Sonnenstrahlen auf den Lingam. Der erhöhte Schrein rechts vor dem inneren Sakralraum ist, wie für den Chola-Stil typisch, als von Pferden gezogener Wagen gestaltet; daneben stehen farbenfrohe, moderne Elefantenfiguren.

Sarangapani-Tempel HINDUTEMPEL
(Sarangapani Koil Sannadhi St; 6.30–12.30 & 16–20.30 Uhr) Kumbakonams größter Vishnutempel besitzt einen 45 m hohen östlichen *gopuram*, der als Haupttor dient; der niedrige Durchgang ist mit Reliefs geschmückt, die Tanzszenen darstellen. Hinter dem Kuhstall des Tempels – Krishna als Rinderhirte ist eine der Inkarnationen Vishnus – befinden sich ein weiterer *gopuram* und eine Säulenhalle, die zum inneren Heiligtum führt, einem als Wagen mit gemeißelten großen Elefanten, Pferden und Rädern verzierten Gebäude der Cholas aus dem 12. Jh. Im Inneren ist Fotografieren verboten.

Kumbeshwara-Tempel HINDUTEMPEL
(abseits der Kumbeswarar East St; 6.30–12.30 & 16–20.30 Uhr) Kumbakonams größten Shivatempel betritt man durch einen neunstöckigen *gopuram,* einen kleinen Basar und eine lange, offene Säulenhalle (*mandapa).* Der Tempel stammt aus dem 17. und 18. Jh. und birgt einen Lingam, den Shiva selbst aus Sand und dem Nektar der Unsterblichkeit geformt haben soll.

Mahamaham-Becken RELIGIÖSE STÄTTE
(LBS Rd) Das von 16 Pavillons umgebene Mahamaham-Becken ist eine der heiligsten Stätten in Kumbakonam. Es heißt, dass alle zwölf Jahre Wasser aus Indiens heiligsten Flüssen, darunter dem Ganges, in das Wasserbecken strömt, was dann in einem großen Fest gefeiert wird (das nächste Mal im Jahr 2028). Der an der Nordseite des Wasserbeckens stehende **Kashi-Vishwanatha-Tempel** (LBS Rd; 6.30–12.30 & 16–20.30 Uhr) birgt ein interessantes Trio von Flussgöttinnen; die mittlere Figur soll den Cauvery darstellen.

Schlafen & Essen

Pandian Hotel HOTEL $
(0435-2430397; 52 Sarangapani Koil Sannadhi St; EZ/DZ 350/660 ₹, DZ mit Klimaanlage 990 ₹;) Die recht saubere, alteingesessene Budgetunterkunft ist gewiss nicht originell, das

Preis-Leistungs-Verhältnis stimmt aber im Großen und Ganzen.

Hotel Raya's HOTEL **$$**
(☎0435-2423170; www.hotelrayas.com; 18 Head Post Office Rd; Zi. 1200 ₹, mit Klimaanlage 1560 ₹; ❄) Freundlicher Service und makellose, geräumige Zimmer machen das Raya zur besten Unterkunft vor Ort. Der neuere Anbau **Hotel Raya's Annexe** (☎0435-2423270; 19 Head Post Office Rd; Zi. 2000 ₹; ❄📶) hat die besten und hellsten Zimmer und ein mit Wandmalereien geschmücktes Foyer. Das Hotel verfügt über einen praktischen Fahrservice für Ausflüge außerhalb der Stadt. Das **Sathars Restaurant** (☎0435-2423170; Hauptgerichte 120–240 ₹; ⏰11.30–23.30 Uhr) serviert in einem sauberen Ambiente gute vegetarische und nicht vegetarische Gerichte.

NICHT VERSÄUMEN

CHOLA-TEMPEL IN DER NÄHE VON KUMBAKONAM

Zwei der drei großen Monumente des Chola-Reichs stehen in Dörfern gleich außerhalb von Kumbakonam: der Airavatesvara-Tempel in Darasuram und der Brihadishvara-Tempel in Gangaikonda Cholapuram. Anders als der zum UNESCO-Welterbe zählende Brihadishvara-Tempel in Thanjavur werden diese beiden Heiligtümer heute nur von wenigen Gläubigen (und Touristen) besucht. Sie besitzen einen schönen Gesamtaufbau, u. a. mit pyramidenförmigen Türmen im Zentrum eines ummauerten Tempelgevierts, und exquisite unbemalte Steinreliefs.

Vom Busbahnhof in Kumbakonam (S. 408) fahren häufig Busse zu nahe gelegenen Dörfern, die einen in Darasuram absetzen können; Busse nach Gangaikonda Cholapuram (20 ₹, 1½ Std.) starten alle 15 Minuten. Eine Autorikscha nach Darasuram kostet hin und zurück ca. 150 ₹. Eine halbtägige Autotour zu beiden Tempeln bietet das zuverlässige Hotel Raya (S. 407) in Kumbakonam für 1100 ₹ (1250 ₹ für ein Auto mit Klimaanlage) an.

Airavatesvara-Tempel (Darasuram; ⏰6–20 Uhr, Innerer Schrein 6–13 & 16–20 Uhr) Der nur 3 km westlich von Kumbakonam gelegene Shivatempel wurde in der späten Chola-Zeit unter Rajaraja II. (1146–1173) errichtet. Die Stufen der **Rajagambhira-Halle** sind mit lebendigen Reliefs geschmückt, die Wagen ziehende Pferde und Elefanten darstellen. Auch die 108 individuell gestalteten Säulen zieren detailverliebte Reliefs, die u. a. Tänzerinnen, Akrobaten und das Ungeheuer *yali* darstellen. Letzteres setzt sich aus den Körperteilen verschiedener Tiere zusammen (es hat einen Elefantenkopf, den Rumpf eines Löwen, Ziegenhörner, Schweineohren und einen Kuhhintern). In dem von Wächterfiguren flankierten **Hauptschrein** kann man den in der Mitte stehenden Lingam verehren und sich ein glücksverheißendes *tilak* auf die Stirn malen lassen. (10 ₹).

Gangaikondacholapuram-Tempel (Brihadishwara-Tempel; Gangaikondacholapuram; ⏰6–12 & 16–20 Uhr) Der Tempel in Gangaikondacholapuram („Stadt der Cholas, die den Ganges eroberten"), 35 km nördlich von Kumbakonam, ist Shiva geweiht. Er wurde im 11. Jh. von Rajendra I. erbaut, als er die Chola-Hauptstadt von Thanjavur hierher verlegte, und weist viele Ähnlichkeiten mit dem früheren Brihadishwara-Tempel in Thanjavur auf. Sein wunderschöner, 49 m hoher Turm hat im Gegensatz zum leicht konvexen Turm in Thanjavur jedoch eine leicht konkave Krümmung und gilt deswegen als dessen „weibliches" Gegenstück. Die künstlerischen Highlights der Anlage sind die wunderbar anmutigen Skulpturen rund um den Turm.

Ein massiver Nandi-Bulle (Shivas Reittier) steht gegenüber dem Tempel im ruhigen Garten, ein Löwe hält in der Nähe Wache. Der Hauptschrein unter dem Turm beherbergt einen riesigen Lingam und wird durch eine lange Halle aus dem 17. Jh. betreten. Zu den kunstvollen Schnitzereien auf der Außenseite des Turms gehören Shiva als Bettler Bhikshatana (gleich links der Südtreppe), als Ardhanarishvara (halb Mann, halb Frau) und als Nataraja auf der Südseite. Zudem sind abgebildet: Shiva mit Ganga; Shiva, der aus dem Lingam erscheint; Vishnu mit Lakshmi und Bhudevi (die südlichsten drei Abbildungen auf der Westseite); und Shiva mit Parvati (die nördlichsten Abbildungen auf der Westseite). Am berühmtesten ist jedoch die meisterhafte Tafel neben der Nordtreppe, auf der Shiva einen Kranz auf den Kopf seines Anhängers Chandesvara legt.

BUSSE AB KUMBAKONAM

ZIEL	PREIS (₹)	DAUER (STD.)	HÄUFIGKEIT
Chennai (AC)	300	8	13.50 Uhr
Chidambaram	50	2½–3	alle 30 Min.
Karaikal	40	2¼	alle 15 Min.
Thanjavur	30	2	alle 5 Min.
Tiruchirappalli	60	4	alle 5 Min.

Mantra Veppathur RESORT $$$
(☎0435-2462261; www.mantraveppathur.com; 536/537 A, 1 Bagavathapuram Main Rd Extension, Srisailapathipuram; EZ/DZ mit Frühstück 8500–9720/9720–10 940 ₹;) Die Anlage von Mantra Veppathur liegt im Dschungel am Fluss, 10 km nordöstlich von Kumbakonam, und bietet eine wunderbare Zuflucht vor dem Trubel der Tempelstadt. Die komfortablen, modern-rustikalen Zimmer haben Veranden mit Schaukelstühlen, Duschen im Freien und geschnitzte Teakholztüren. Ayurveda-Anwendungen werden angeboten. Das Regenwasser wird gesammelt und die Bio-Farm versorgt das Restaurant, das vorwiegend indische Gerichte zubereitet und auf der türkis gefliesten Veranda serviert.

Hotel Sri Venkkatramana SÜDINDISCH $
(TSR Big St; Thalis 70–110 ₹; Mo–Sa 6–22 Uhr) Das bei Einheimischen sehr beliebte Restaurant serviert gute und frische vegetarische Gerichte in einem klimatisierten Speisesaal.

An- & Weiterreise

Die staatlichen Busse nutzen den **Busbahnhof** (60 Feet Rd).

Täglich fahren 13 Züge nach Thanjavur (2. Klasse/3AC/2AC 45/490/695 ₹, 30–60 Min.) und neun nach Tiruchirappalli (60/490/695 ₹, 1½–2½ Std.). Zu den fünf Zügen, die täglich vom/zum Bahnhof Egmore in Chennai fahren, zählen der Nachtzug Mannai Express (Sleeper/3AC/2AC/1AC 210/555/795/1325 ₹, 6½ Std.) und der tagsüber verkehrende Chennai Express/Trichy Express (210/555/795/1325 ₹, 6–7 Std.).

Thanjavur (Tanjore)

☎ 04362 / 222 940 EW.

Hier stehen die ockerfarbenen Zeugnisse der vielleicht eindrucksvollsten Zivilisation der drawidischen Geschichte. Von Thanjavur aus, einst Hauptstadt des mächtigen Königreichs der Cholas, gelang es, den Hinduismus auch über die Grenzen Indiens hinaus zu verbreiten. Die Bauten repräsentieren verschiedene ästhetische Stile, die sich von Madurai bis zum Mekong entfalteten. Und auch in Thanjavur selbst wurde während seiner Blütezeit ein schwindelerregendes und bedeutsames Vermächtnis geschaffen. Es mag heute nur noch eine überfüllte, hektische und moderne indische Stadt sein, ihre stolze Vergangenheit aber ist noch sehr präsent. Jeden Tag beten Tausende am grandiosen Brihadishwara-Tempel der Cholas. Und der labyrinthartige Königspalast der Stadt bewahrt die Erinnerungen an die mächtigen Dynastien von einst.

Sehenswertes

★ Brihadishwara-Tempel HINDU-TEMPEL
(Big Temple St; 6–20.30, zentraler Schrein 8.30–12.30 & 16–20.30 Uhr) Man sollte zweimal herkommen – einmal ganz früh, wenn der Granit im Sonnenlicht der Morgendämmerung honigfarben erstrahlt, und noch einmal am Abend, wenn dieses Juwel der Chola-Tempelarchitektur in eine glühende Palette aus Rot-, Orange-, Gelb- und Rosatönen getaucht wird. Der Brihadishwara-Tempel gehört zum Weltkulturerbe und wurde zwischen 1003 und 1010 unter Raja Raja I., dem König der Könige, errichtet. Die äußere Befestigungsanlage wurde von den Nayaks bzw. von den britischen Regimen errichtet, die später in Thanjavur herrschten.

Man betritt den Tempel durch ein Nayak-Tor, dem zwei originale *gopurams* mit aufwendigen Stuckskulpturen folgen. Den Tempel-Elefanten findet man oft unter einem der *gopurams*. Über das große Grasgelände der von Mauern umgebenen Tempelanlage verteilen sich mehrere Schreine. Einer von ihnen umfasst eine der größten Statuen Indiens von Nandi, Shivas heiligem Bullen: Das Nayak-Monument gegenüber dem Hauptgebäude des Tempels ist aus einem einzigen, 6 m langen Felsen gehauen, der von dünnen Säulen umgeben ist.

Eine lange Versammlungshalle mit Säulen führt zum **zentralen Schrein** mit sei-

Thanjavur (Tanjore)

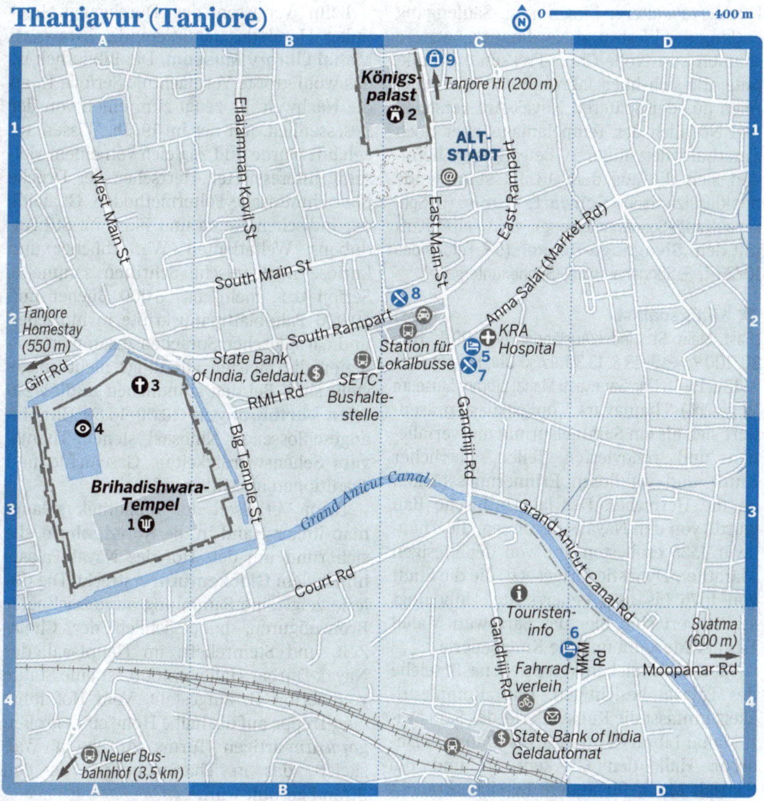

nem 4 m hohen Shiva-Lingam, der sich unter einem großartigen, 61 m hohen *vimana* (Turm) befindet. Die Südtreppe der Halle flankieren zwei riesige *dvarapalas* (Tempelwächter). In den Nischen rund um die unteren äußeren Ebenen des *vimana* sind viele anmutige Götterdarstellungen zu sehen: Shiva, der aus dem Lingam erscheint (neben der Südtreppe); Shiva als Bettler Bhikshatana (erstes Abbild, Südseite); Shiva als kosmischer Tänzer Nataraja (am Westende der Südwand); Harihara (halb Shiva, halb Vishnu) auf der Westwand; Ardhanarishvara (halb Mann, halb Frau), der sich an Nandi lehnt, an der Nordseite. Zwischen den Götterabbildungen sind weitere Bilder zu sehen, die verschiedene Tanzfiguren zeigen. Und auf der unteren Ostseite des *vimana* zeigt eine Darstellung aus der späteren Maratha-Periode Shiva zwischen drei Bögen.

Die Anlage umfasst ein interessantes Informationszentrum an der Südmauer und

Thanjavur (Tanjore)

Highlights
1 Brihadishwara-Tempel A3
2 Königspalast C1

Sehenswertes
3 Schwartz-Kirche A2
4 Sivaganga-Becken A3

Schlafen
5 Hotel Gnanam C2
6 Hotel Valli D4

Essen
Diana .... (siehe 5)
Sahana .... (siehe 5)
7 Sri Venkata Lodge C2
8 Vasanta Bhavan C2

Shoppen
9 Kandiya Heritage C1

Hunderte weiterer Lingams im Säulengang entlang der West- und Nordmauer. Letztere säumen kunstvolle Chola-Fresken auf Kalkputz, die sich über Jahre unter Wandmalereien aus der späteren Nayak-Ära versteckten. Nördlich der Tempelanlage, aber noch innerhalb der äußeren Befestigung, befinden sich die aus dem 18. Jh. stammende neoklassizistische **Schwartz-Kirche** (⏲ Sonnenaufgang–Sonnenuntergang) und ein Park mit dem **Sivaganga-Becken** (5 ₹, Foto/Video 10/25 ₹; ⏲ Sonnenaufgang–Sonnenuntergang).

★ Königspalast PALAST

(East Main St; Inder/Ausländer 50/200 ₹, Foto 30/100 ₹; ⏲ 9–13 & 13.30–17.30 Uhr, Kunstgalerie 9–13 & 15–18 Uhr, Sarawasti Mahal Library Museum Mi geschl.) Thanjavurs Königspalast präsentiert sich als ein Sammelsurium aus verfallenen und renovierten Teilen, herrlicher Kunst und wahllosen Erinnerungsstücken an die Herrscher. Der labyrinthische Bau wurde von den Nayaks begonnen, die Thanjavur 1535 eroberten und von der hiesigen Marathen-Dynastie fortgesetzt, die die Stadt von 1676 bis 1855 beherrschte. Unbedingt sehenswert sind hier das Saraswati Mahal Library Museum und die Kunstgalerie.

Man kann sieben verschiedene Bereiche des Palasts besichtigen. Das „Komplettticket“ umfasst die Kunstgalerie, das Saraswati Mahal Library Museum, die Mahratta Dharbar Hall, den Glockenturm und die Saarjah Madi; für andere Bereiche braucht man besondere Eintrittstickets. Der Haupteingang liegt im Norden abseits der East Main St. Auf dem Weg hinein passiert man das Hauptticketbüro und anschließend den Palastkomplex der Marathen.

Hinter dem Ticketbüro führt ein Durchgang nach links zunächst zum **Royal Palace Museum** (2 ₹), das eine kleine zusammengewürfelte Sammlung von Skulpturen, Waffen, Elefantenglocken und Raja-Kopfbedeckungen zeigt, und dann zur **Maharaja Serfoji Memorial Hall** (4 ₹), die an den aufgeklärten Marathen-Gelehrtenkönig Serfoji II. (1798–1832) erinnert, eine feinere Sammlung zeigt und auf einen einst prächtigen, heute verfallenen Hof blickt. Als nächstes folgt die **Mahratta Dharbar Hall**, wo die Marathen-Rajas in einem prächtigen, heute verfallenen Pavillon Audienz hielten. Der Pavillon ist mit farbenfrohen Wandmalereien (die hinter dem Podium auch die Porträts der Herrscher enthalten) und gedrungenen Säulen geschmückt. Diese wiederum tragen mit Götterfiguren verzierte Bögen.

Beim Verlassen des Durchgangs liegt linker Hand das faszinierende **Sarawasti Mahal Library Museum**. Die Bibliothek ist das wohl größte Vermächtnis Serfojis II. an die Nachwelt. Es zeugt zum einen von der Besessenheit, mit der im 19. Jh. Wissen angehäuft wurde und zugleich von einem vielseitig interessierten Herrscher, der Drucke über chinesische Foltermethoden, Gemälde der indischen Fauna und Flora im Stil Audubons, Weltatlanten, Wörterbücher und kuriose medizinische Schriften sammelte. Serfoji trug mehr als 65 000 Bücher und 50 000 Palmblattmanuskripte in indischen und europäischen Sprachen zusammen, von denen die meisten allerdings nicht ausgestellt sind. Bei den stündlichen **audiovisuellen Vorführungen** (10.30–16.30 Uhr) im angeschlossenen Kinosaal stehen Thanjavurs Sehenswürdigkeiten, Geschichte und Traditionen im Mittelpunkt.

Beim Verlassen der Bibliothek gelangt man linker Hand in die **Kunstgalerie**, die sich rund um den Hof des Nayak-Palasts hinter dem **Glockenturm** erstreckt. Die Galerie zeigt eine Sammlung ausgezeichneter Bronzefiguren, hauptsächlich der Chola-Zeit, und Steinreliefs; im Hauptsaal, der Nayak Durbar Hall von 1600, ist eine Statue von Serfoji II. aufgestellt. Vom Hof führt eine Treppe auf die halbe Höhe eines großen *gopuram*-artigen Turms zu einem Walskelett, das in Tharangambadi an den Strand gespült wurde.

Den renovierten **Saarjah Madi** mit seinen prächtigen Balkonen bewundert man am besten von der East Main Rd aus.

Feste & Events

Thyagaraja Aradhana MUSIK

(⏲ Jan.) In Thiruvaiyaru, 13 km nördlich von Thanjavur, ehrt dieses wichtige fünftägige Fest der karnatischen Musik den Komponisten und Heiligen Tyagaraja.

Schlafen & Essen

Billige, nichtssagende Unterkünfte gibt's gegenüber den Haltestellen von SETC- und Lokalbussen.

Hotel Valli HOTEL $

(☎ 04362-231584; www.hotelvalli.in; 2948 MKM Rd; EZ/DZ 610/770 ₹, Zi. mit Klimaanlage 1090 ₹; ❄) Das grün getünchte Hotel nahe dem Bahnhof bietet gute und günstige, blitzsaubere Zimmer, freundliches Personal und ein einfaches Restaurant. Es liegt in einer recht ruhigen, grünen Gegend hinter einer Reihe schmutziger Hinterhofwerkstätten und einem Schnapsladen.

Hotel Gnanam HOTEL $$
(☎ 04362-278501; www.hotelgnanam.com; Anna Salai; EZ/DZ mit Frühstück 2920/3280 ₹; ❄ 📶) Das Haus mit dem mit Abstand besten Preis-Leistungs-Verhältnis vor Ort hat komfortable, stilvolle Zimmer (einige mit Balkon) und eine äußerst effizient arbeitende Rezeption. Das Hotel ist genau das richtige für alle, die eine Unterkunft mit modernen Annehmlichkeiten im geografischen Zentrum von Thanjavur suchen. Die Restaurants im Haus, **Diana** (Hauptgerichte 160–350 ₹; ⌚ 11–15 & 18.30–22.30 Uhr) und **Sahana** (Hauptgerichte 120–185 ₹; ⌚ 7–23 Uhr) sind beide gut. Vorab reservieren!

Tanjore Homestay PRIVATUNTERKUNFT $$
(☎ 9443157667; www.tanjorehomestay.blogspot.in; 64A Giri Rd, Srinivasa Puram; EZ/DZ mit Frühstück 1800/2300 ₹; @ 📶) Entspannte Unterkunft bei einem einladenden indischen Paar, das schmackhafte Hausmannskost serviert. Es gibt vier schlichte, moderne Zimmer mit einigen künstlerischen Akzenten. Das Frühstück wird im hübschen Garten serviert. Es gibt eine Dachterrasse, Warmwasser, Klimaanlage und WLAN. Die Unterkunft liegt in einem Wohnviertel, 1,5 km westlich des Haupttempels von Thanjavur; kein Schild.

Svatma HISTORISCHES HOTEL $$$
(☎ 04362-273222; www.svatma.in; 4/1116 Blake Higher Secondary School Rd, Maharnonbu Chavadi; Zi. mit Frühstück 12 150–21 870 ₹; ❄ 📶 🏊) Der frische Luxus-Neuzugang ist eine prächtige Mischung aus Boutique- und Heritage-Hotel – elegant, übersichtlich und ausgestattet mit traditionellem Kunsthandwerk. Von den 38 Zimmern sind jene im renovierten historischen Flügel besonders stimmungsvoll. Pluspunkte sammeln die Tanzvorführungen, das Spa und der herrliche Pool. Das Hotel liegt 1,5 km südöstlich vom Zentrum.

Vasanta Bhavan INDISCH $
(1338 South Rampart; Hauptgerichte 70–110 ₹; ⌚ 6–22.45 Uhr) Das geschäftigste von mehreren vegetarischen Lokalen gegenüber dem lokalen Busbahnhof serviert Biryanis, nordindische Currys, Smoothies, Säfte und die übliche südindische Kost.

Sri Venkata Lodge SÜDINDISCH $
(Gandhiji Rd; Thalis 60 ₹; ⌚ 6.30–21 Uhr) Das freundliche, beliebte vegetarische Restaurant liegt in praktischer Nähe zu Allem und bietet nachmittags *dosas* und feine Thalis.

Tanjore Hi INTERNATIONAL $$
(☎ 04362-252111; www.duneecogroup.com; 464 East Main St; Hauptgerichte 230–360 ₹; ⌚ 7.30–10, 12.30–14.30 & 19.30–22.30 Uhr) 🍃 Auf der Dachterrasse eines Boutiquehotels ist dieses Restaurant mit industriellem Chic eine willkommene Überraschung im traditionellen Thanjavur. Die Gerichte aus aller Welt werden mit frischem Bio-Gemüse zubereitet, das im Schwesterhotel in Kodaikanal geerntet wird. Man isst draußen auf der Terrasse oder drinnen in dem verglasten, klimatisierten Raum.

Shoppen

Kandiya Heritage ANTIQUITÄTEN, KUNSTHANDWERK
(634 East Main St; ⌚ 9.30–20 Uhr) Der Laden gegenüber dem Palast verkauft Antiquitäten, Reproduktionen von Bronzeplastiken, bunt bemalte Holzpferde und Puppen, alte europäische Töpferwaren und Schmuck.

Praktische Informationen

Touristeninformation (☎ 04362-230984; Hotel Tamil Nadu, Gandhiji Rd; ⌚ Mo–Fr 10–17.45 Uhr) Eine der besseren Touristeninformationen in Tamil Nadu.

An- & Weiterreise

BUS

Vom **SETC-Busbahnhof** (RMH Rd) in der Innenstadt fahren Expressbusse nach Chennai (265 ₹, 8¼ Std., 7.30–12.30 & 20–23 Uhr stündl.). Die Busse zu den meisten anderen Städten starten vom **Neuen Busbahnhof** (Trichy Main Rd) 5 km südwestlich vom Stadtzentrum. Viele ankommende Busse setzen Fahrgäste schon vorher im Stadtzentrum ab. Vom Neuen Busbahnhof fahren Busse u. a. nach:

Chidambaram 72 ₹, 4 Std., stündl.
Kumbakonam 29 ₹, 1½ Std., alle 5 Min.
Madurai 90 ₹, 4 Std., alle 15 Min.
Tiruchirappalli 31 ₹, 1½ Std., alle 5 Min.

ZUG

Der Bahnhof befindet sich am südlichen Ende der Gandhiji Rd. Täglich fahren fünf Züge zum Bahnhof Egmore in Chennai (7 Std.), darunter um 22.45 Uhr der Mannai Express (Sleeper/3AC/2AC/1AC 225/605/860/1445 ₹). Nach Tiruchirappalli (2. Klasse/3AC/2AC 45/490/695 ₹, 1½ Std.) fahren täglich 18 Züge, zwölf nach Kumbakonam (45/490/695 ₹, 30–75 Min.) sowie zwei nach Madurai (Sleeper/3AC/2AC 160/490/695 ₹, 4–5 Std.).

Unterwegs vor Ort

Bus 74 (6 ₹) pendelt zwischen dem Neuen Busbahnhof und dem zentral gelegenen **lokalen Busbahnhof** (South Rampart); die Fahrt mit der Autorikscha kostet 120 ₹.

Tiruchirappalli (Trichy)

0431 / 847 390 EW.

Willkommen in der geografischen Mitte von Tamil Nadu. Tiruchirappalli, allgemein als Trichy oder Tiruchi bekannt, ist jedoch viel mehr als ein Knotenpunkt für Reisende: Es ist wie ein lebendiger Basar und hat einige Tempel, die man besuchen sollte. Die Stadt ist riesig, überfüllt und geschäftig – und die Tatsache, dass sich die meisten Hotels am großen Busbahnhof befinden, gilt nicht gerade als Pluspunkt. Aber Trichy hat Charakter, eine lange Geschichte und das Talent, erste Eindrücke zu revidieren.

Trichy war vielleicht schon im 3. Jh. v. Chr. eine Hauptstadt der frühen Cholas. Später dann beherrschten die Stadt die Pallavas, die mittelalterlichen Cholas, die Pandyas, das Sultanat von Delhi und die Vijayanagars, bevor die Madurai-Nayaks ihr zu Ruhm verhalfen, sie im 17. Jh. zur Hauptstadt machten und den berühmten Rock-Fort-Tempel erbauten. Unter britischer Kontrolle wurde die Stadt zu einem wichtigen Eisenbahnknotenpunkt, bekannt als Trichniopoly.

Trichy erstreckt sich recht weitläufig von Nord nach Süd. Der Großteil der Attraktionen verteilt sich auf drei Gegenden. Im Gebiet Junction/Cantonment im Süden liegen die meisten Hotels und Restaurants. Hier befinden sich auch der Hauptbusbahnhof und der Bahnhof. Der Rock-Fort-Tempel und der Main Bazaar liegen 4 km nördlich von hier. Und die anderen wichtigen Tempel befinden sich auf der Insel Srirangam, nochmals 4 km weiter nördlich hinter dem Cauvery. Glücklicherweise sind alle Gebiete durch ein gutes Busnetz verbunden.

Sehenswertes

★ Sri-Ranganathaswami-Tempel HINDUTEMPEL

(Karte S. 413; Srirangam; Foto/Video 50/100 ₹; 6–21.30 Uhr) Der womöglich größte indische Tempel wirkt wie eine in sich abgeschlossene Stadt. Er umfasst 49 separate Vishnu-Schreine. Um – wie die meisten Gläubigen – das innerste Heiligtum von Süden aus zu erreichen, muss man sieben *gopurams* durchqueren. Der erste (südlichste), der **Rajagopuram** (Karte S. 413), wurde 1987 hinzugefügt und ist mit 73 m einer der höchsten Tempeltürme Asiens. Nicht-Hindus müssen am sechsten *gopuram* umkehren, bekommen also das innerste Heiligtum, in dem Vishnu als Ranganatha auf einer fünfköpfigen Schlange ruht, nicht zu Gesicht.

Man passiert Straßen mit Läden, Restaurants, Motorrädern und Autos, ehe man am vierten *gopuram* den eigentlichen Tempel erreicht. Drinnen befindet sich links ein Informationsschalter; hier werden auch Tickets für den **Aussichtspunkt auf dem Dach** (20 ₹) verkauft, von dem man eine fast freie Rundumsicht hat. Die Möchtegern-Guides, die irgendwelche Geschichten erzählen, warum man sie engagieren sollte, schenkt man am besten gar keine Beachtung. In der südwestlichen Ecke erblickt man den schönen, aus dem 16. Jh. stammenden **Venugopal-Schrein**, der mit fein detaillierten Reliefs aus der Nayak-Ära geschmückt ist; diese stellen sich pflegende *gopis* (Milchmädchen) und den Flöte spielenden Krishna (Vishnus achte Inkarnation) dar.

Vor dem fünften *gopuram* biegt man rechts zu dem kleinen **Kunstmuseum** (Karte S. 413; 5 ₹; 9–13 & 14–18 Uhr) ab, das feine Bronzen, Stoßzähne früherer Tempelelefanten und eine Sammlung exquisiter Elfenbeinfigürchen aus der Nayak-Zeit (17. Jh.) zeigt, die Götter, Dämonen, Könige und Königinnen (teilweise in erotischen Posen) darstellen. Weiter geht es links hinter dem Museum zum **Sesha Mandapa**, einer Säulenhalle des 16. Jh. mit prächtig detaillierten monolithischen Vijayanagar-Reliefs von sich aufbäumenden Schlachtrössern und den in die Säulen eingemeißelten zehn Inkarnationen Vishnus. Unmittelbar nördlich folgt die **1000-Pfeiler-Halle**. Deren kürzlich freigelegte untere Sockelzone ist mit Reliefs bedeckt, die Tanzstellungen zeigen.

Innerhalb des fünften *gopuram* befindet sich die **Garuda Mandapa** mit einem riesigen Schrein für Vishnus halb menschliches, halb adlergestaltiges Reittier und vier bemerkenswerten Skulpturen von Nayak-Stiftern (mit Dolchen an der Hüfte).

Bus 1 vom/zum Zentralen Busbahnhof bzw. dem Rock Fort hält gleich südlich vom Rajagopuram.

Sri-Jambukeshwara-Tempel HINDUTEMPEL

(Tiruvanakoil, Srirangam; 5–20 Uhr) In der Reihe der den fünf Elementen gewidmeten Shivatempeln Tamil Nadus steht dieser für Shi-

Tiruchirappalli (Trichy)

Tiruchirappalli (Trichy)

Highlights
- 1 Rock-Fort-Tempel B4
- 2 Sri-Ranganathaswamy-Tempel A1

Sehenswertes
- 3 Kunstmuseum A1
- 4 Rajagopuram A1

Schlafen
- 5 Home with a View A2

Essen
- 6 Vasanta Bhavan B5

Praktisches
- 7 Canara Bank, Geldautomat B5
- 8 ICICI Bank, Geldautomat A5
- 9 State Bank of India, Geldautomat B5

va, Parvati und das Element Wasser. Das Thema wird im zentralen, nur für Hindus zugänglichen Schrein mit einem Shiva-Lingam aufgegriffen, aus dem ständig Wasser tröpfelt. Im nördlichen Teil des Komplexes steht ein Schrein, der Akilandeswari, Jambukeshwaras Gemahlin, geweiht ist.

Wenn man Bus 1 nimmt, nach „Tiruvanakoil" fragen; der Tempel liegt 350 m östlich der Hauptstraße.

★ **Rock-Fort-Tempel** HINDUTEMPEL

(Karte S. 413; NSB Rd; 5 ₹, Foto/Video 20 ₹; ⌚6–20 Uhr) Die Tempelanlage thront auf einem 83 m hohen massiven Felsvorsprung und blickt mit steinernem Hochmut auf Tiruchirappalli hinunter. Der uralte Felsen wurde zuerst von den Pallavas und Pandyas behauen, die kleine Höhlentempel an seiner Südflanke schufen, doch erst die kriegserprobten Nayaks nutzten später die natürliche Befestigungsanlage auch strategisch. Um die Spitze zu erreichen, muss man mehr als 400 in den Stein gehauene Stufen überwinden.

Von der NSB Rd auf der Südseite geht es zwischen kleinen Läden hindurch und über eine Straße, ehe man den eigentlichen Tempelbezirk erreicht, wo sich ein Schuhgestell befindet. Hier trifft man möglicherweise auf den **Tempelelefanten**. Nun folgen 180 Stufen hinauf zum links gelegenen **Thayumanavaswami-Tempel** (Eintritt nur für Hindus): Über dem innerem Sakralraum des größten Tempels auf dem Felsen erhebt sich ein Turm mit goldenem Dach. Weiter oben kommt man links an dem (meistens verschlossenen) **oberen Höhlentempel** vorbei, der im 6. Jh. von den Pallavas errichtet wurde. Im Inneren befindet sich auf der linken Seite ein berühmtes Gangadhara-Relief, das zeigt, wie Shiva mit einer einzigen Haarsträhne das Wasser des Ganges in Schach hält. Von dort sind es noch 183 weitere Stufen bis zu dem kleinen, Ganesha geweihten **Uchi-Pillayar-Tempel** auf dem Gipfel. Die Aussicht ist wunderbar: Unter einem ziehen Adler ihre Kreise, während man ganz Tiruchirappalli überblickt.

Wieder unten sollte man sich noch den im 8. Jh. von den Pandyas aus dem Fels gehauenen **unteren Höhlentempel** anschauen, der besonders schöne Säulen besitzt. Um zu ihm zu erreichen, nach dem Verlassen des

Tempelbezirks nach rechts gehen, an fünf oder sechs Häusern vorbei und wiederum nach rechts in eine kleine Gasse abbiegen!

Die Steinstufen werden in der Mittagssonne glühend heiß. Weil der Aufstieg nur barfuß erfolgen darf, sollte man das bei der Planung seines Besuchs unbedingt berücksichtigen.

Eisenbahnmuseum MUSEUM
(Railway Museum; Bharatiyar Salai; Erw./Kind 10/5 ₹, Foto/Video 20/40 ₹; ⏲ Di–So 9.30–17.30 Uhr) Trichys Eisenbahnmuseum ist ein faszinierendes Durcheinander von ausgemusterter Ausrüstung (Telefonen, Uhren, Kontrolltafeln), Fotos vom Eisenbahnbau zur Zeit der britischen Kolonialherrschaft und alten Streckenplänen (darunter einem der Indischen Eisenbahn von 1935). Selbst moderne Fahrscheine der Londoner U-Bahn sind zu sehen. Das Museum liegt 500 m östlich des Bahnhofs Tiruchirappalli Junction.

Schlafen & Essen

Die meisten Hotels liegen nahe dem Zentralen Busbahnhof (S. 415), einen kurzen Marsch nördlich des Bahnhofs Tiruchirappalli Junction. Ein paar Optionen finden sich auch im Gebiet um den Rock Fort.

Hotel Abbirami HOTEL $
(Karte S. 415; ☎ 0431-2415001; 10 McDonald's Rd; Zi. 770–990 ₹, mit Klimaanlage 1460–2430 ₹; ❄) Am ansprechendsten sind die renovierten Zimmer mit hellem Holz und Buntglasscheiben im 1. und 4. Stock. Die älteren Zimmer wirken etwas betagt, sind aber durchaus gepflegt. Das geschäftige Hotel hat freundliches Personal und faire Preise.

Ashby Hotel HOTEL $
(Karte S. 415; ☎ 0431-2460652; 17A Rockins Rd; EZ/DZ 630–890/760–950 ₹, mit Klimaanlage 1100–1380/1700–1930 ₹; ❄) Eingeklemmt zwischen Bahnhof und Zentralem Busbahnhof liegt dieses alteingesessene Budgethotel in einem zwielichtigen Viertel, aber zu diesen Preisen kann man vor Ort wahrlich auch viel schlechter wohnen. Hinter der leuchtend orangefarbenen Fassade lagern sich einfache, saubere Zimmer um einen Patio.

Tranquility PENSION $$
(☎ 9443157667; www.tranquilitytrichy.com; Anakkarai, Melur, Srirangam; EZ/DZ mit Frühstück 3200/4000 ₹; ❄📶) Die charmante Pension mit rustikalem Schick liegt in einem herrlich ländlichen Ambiente 6 km westlich des Sri-Ranganathaswami-Tempels. Die schnörkellos eleganten Zimmer sind mit Terrakottapferdchen, glitzernden Kissen, recycelten Holztüren und eigens angefertigten Möbeln ausgestattet. Von den Schaukelstühlen auf der Terrasse blickt man auf ein Palmenmeer. Im Preis inbegriffen sind Leihfahrräder und ein Shuttle in die Stadt und wieder zurück. Die kundigen Eigentümer vermitteln auch ein **Gastzimmer** (Karte S. 413; 43C Raghavendra Puram, Srirangam; Zi. mit Frühstück 2000 ₹; 📶) mit Strohdach unmittelbar südwestlich der äußersten Tempelmauer.

Ramyas Hotel HOTEL $$
(Karte S. 415; ☎ 0431-2414646; www.ramyas.com; 13D/2 Williams Rd; EZ/DZ mit Frühstück 2240–3020/2670–3630 ₹; ❄@📶) Komfortable Zimmer, guter Service und gute Einrichtungen sorgen in diesem auf Geschäftsreisende ausgerichteten Hotel für ein klasse Preis-Leistungs-Verhältnis, wobei die als „Business-Class" bezeichneten Zimmer seltsamerweise klein sind. Im türkisfarben ausgekleideten **Meridian** (Karte S. 415; Hauptgerichte 130–250 ₹; ⏲ 12–15.30 & 19–23.30 Uhr) gibt's schmackhafte internationale Küche, es wird ein nettes Frühstücksbuffet serviert und auch das luftige Dachgarten-Restaurant **Thendral** (Karte S. 415; Hauptgerichte 130–245 ₹; ⏲ 19–22.30 Uhr) ist prima.

Grand Gardenia HOTEL $$
(☎ 0431-4045000; www.grandgardenia.com; 22–25 Mannarpuram Junction; EZ/DZ mit Frühstück 3020/3630–4840 ₹; ❄📶) Das glatt gebügelt wirkende Hotel, eine der schicksten Optionen vor Ort, hat elegante, moderne Zimmer mit bequemen Betten und verglasten Duschen. Im nicht vegetarischen **Kannappa** (Hauptgerichte 100–200 ₹; ⏲ 11.30–23.30 Uhr) kommt exzellente Chettinadu-Küche auf den Tisch; ein weiteres **Restaurant** (Hauptgerichte 120–240 ₹; ⏲ 7–10.30, 11.30–15 & 19–22.30 Uhr) mit internationalen Gerichten gibt's auf der Dachterrasse. Der Komfort und die Einrichtungen entschädigen für die langweilige Lage am Highway, 1 km südlich vom Tiruchirappalli Junction.

Femina Hotel HOTEL $$
(Karte S. 415; ☎ 0431-2414501; www.feminahotel.net; 109 Williams Rd; EZ/DZ mit Frühstück 1690–4230/2240–4840 ₹; ❄📶🏊) Von außen präsentiert sich das riesige Femina im 1950er-Jahre-Look, aber Teile im Innern wurden durch Renovierungen recht zeitgemäß aufgepeppt. Die Einrichtungen sind gut, die Angestellten hilfsbereit. Die renovierten Deluxe-Zimmer sind gemütlich und mo-

Trichy Junction

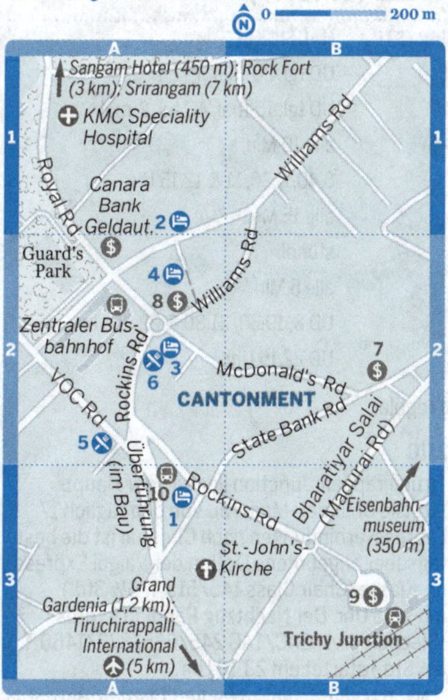

Trichy Junction

Schlafen
- 1 Ashby Hotel A3
- 2 Femina Hotel A1
- 3 Hotel Abbirami A2
- 4 Ramyas Hotel A2

Essen
- Meridian .... (siehe 4)
- 5 Shri Sangeetas A2
- Thendral .... (siehe 4)
- 6 Vasanta Bhavan A2

Praktisches
- 7 State Bank of India, Geldautomat B2
- 8 State Bank of India, Geldautomat A2
- 9 State Bank of India, Geldautomat B3

Transport
- Femina Travels .... (siehe 2)
- 10 Parveen Travels A3
- SriLankan Airlines .... (siehe 2)

dern, die Standardzimmer abgewetzt, aber geräumig. Es gibt einen Freiluftpool, einen Foodcourt und einen Supermarkt.

Sangam Hotel HOTEL $$$
(☎0431-2414700; www.sangamhotels.com; Collector's Office Rd; EZ/DZ/Suite mit Frühstück 3950–6990/4740–7590/11 540–18 230 ₹; ❄📶🏊) Mit seinen gut ausgestatteten Zimmern, schick angezogenen Angestellten und dem Hotelgästen vorbehaltenen Pool ist das Sangam ein gutes Hotel der Spitzenklasse. In manchen Teilen wirkt es zwar etwas in die Jahre gekommen, aber der Service und die Einrichtungen – darunter ein rund um die Uhr geöffnetes Café, eine Bar und ein Restaurant mit internationaler Küche – sind gut. Am geräumigsten und stimmungsvollsten sind die Deluxe-Zimmer – aber eigentlich sind alle wirklich komfortabel.

Shri Sangeetas INDISCH $
(Karte S. 415; www.shrisangeetas.com; 2 VOC Rd; Hauptgerichte 95–130 ₹, Thalis 85–150 ₹; ⏲5.30–0.30 Uhr) Die Adresse hinter dem Busbahnhof sollte einen nicht abschrecken, denn das sehr beliebte Restaurant mit Tischen auf einem immer gut besuchten, von Lichterketten erhellten Hof und drinnen in einem angenehm klimatisierten Speisesaal bietet eine hervorragende Auswahl vegetarischer nord- und südindischer Gerichte – alles von *idlis* und *dosas* bis zu Samosas, Thalis und Panir-Tikka.

Vasanta Bhavan INDISCH $
(Karte S. 413; 3 NSB Rd; Hauptgerichte 40–90 ₹, Thalis 70–150 ₹; ⏲8–22 Uhr) Ein toller Ort für ein Mahl mit schöner Aussicht nahe dem Rock Fort. Von den Tischen der äußeren Galerie hat man einen Blick auf das Teppakulam-Becken, außerdem gibt es noch einen klimatisierten Speisesaal. Es werden südindische Gerichte und nordindische vegetarische Kost (mit Paneer und Naan) serviert. Besonders beliebt sind die Thalis zur Mittagszeit. Eine weitere **Filiale** (Karte S. 415; Rockins Rd; Hauptgerichte 40–90 ₹, Thalis 70–150 ₹; ⏲6–23 Uhr) befindet sich in der Neustadt (Cantonment Area).

Praktische Informationen

Indian Panorama (☎0431-4226122; www.indianpanorama.in; 5 Annai Ave, Srirangam; ⏲10–18 Uhr) Der in Tiruchirappalli ansässige professionelle und zuverlässige Tourveranstalter mit eigenem Reisebüro wird von einem indisch-neuseeländischen Ehepaar geführt und deckt ganz Indien ab.

KMC Speciality Hospital (Kauvery Hospital; Karte S. 415; ☎0431-4077777; www.kauveryhospital.com; 6 Royal Rd; ⏲24 Std.) Großes, gut ausgestattetes Privatkrankenhaus.

An- & Weiterreise

BUS

Die staatlichen Busse nutzen den geschäftigen, aber gut organisierten **Zentralen Busbahnhof**

STAATLICHE BUSSE AB TIRUCHIRAPPALLI (TRICHY)

ZIEL	PREIS (₹)	DAUER (STD.)	HÄUFIGKEIT
Bengaluru	380 (A)	8	UD tgl. 20-mal
Chennai	188/260/325 (B)	6–7	UD tgl. 15-mal, AC tgl. 2-mal
Coimbatore	116–155 (C)	4½–6	alle 10 Min.
Kodaikanal	116 (C)	5½	6.40, 8.30, 11 & 12.15 Uhr
Madurai	80 (C)	2½	alle 15 Min.
Rameswaram	170 (C)	6	stündl.
Thanjavur	31 (C)	1½	alle 5 Min.
Thiruvananthapuram	365 (A)	8	UD 8, 19.30, 21.30 & 22.30 Uhr
Udagamandalam	260 (A)	8½	UD 22.15 Uhr

Preise: (A) Ultra Deluxe (UD), (B) regular/UD/AC, (C) regular

(Karte S. 415; Rockins Rd). Die besten Optionen für längere Strecken sind die UD-Busse („Ultra Deluxe"); für diese gibt's ein Buchungsbüro in der südwestlichen Ecke des Busbahnhofs. Um nach Kodaikanal zu gelangen, kann man auch einen Bus nach Dindigul (57 ₹, 2 Std., alle 15 Min.) nehmen und dort umsteigen.

Die Büros der privaten Busunternehmen liegen in der Nähe des Zentralen Busbahnhofs.

Parveen Travels (Karte S. 415; ☎ 0431-241 9811; www.parveentravels.com; 12B Ashby Complex, Rockins Rd; ⏲ 24 Std.) hat klimatisierte Busse nach Chennai (815 ₹, 6 Std., tgl. 5-mal) und Thiruvananthapuram (1300 ₹, 7 Std., 0.30 & 1.30 Uhr) sowie nicht klimatisierte Busse mit Liegesitzen nach Puducherry (535 ₹, 4 Std., 0.15 Uhr) und Kodaikanal (510 ₹, 4½ Std., 2.15 Uhr).

FLUGZEUG

Der Flughafen von Tiruchirappalli liegt 6 km südöstlich von Tiruchirappalli Junction und vom Zentralen Busbahnhof.

AirAsia (www.airasia.com) Fliegt dreimal täglich nach Kuala Lumpur.

Air India Express (☎ 0431-2341744; www.airindiaexpress.in) Fliegt täglich nach Chennai, Dubai und Singapur.

Jet Airways (www.jetairways.com) Fliegt dreimal täglich nach Chennai und täglich nach Abu Dhabi.

SriLankan Airlines (Karte S. 415; ☎ 0431-2460844; www.srilankan.com; 14C Williams Rd; ⏲ Mo–Sa 9–17.30, So bis 13 Uhr) Fliegt täglich nach Colombo.

Tiger Air (www.tigerair.com) Fliegt zweimal täglich nach Singapur.

TAXI

Reisebüros und Hotels vermitteln Autos mit Fahrer. **Femina Travels** (Karte S. 415; ☎ 0431-2418532; www.feminahotel.net; 109 Williams Rd; ⏲ 6.30–21.30 Uhr) hat faire Preise: 2000 ₹ für ein Auto mit Klimaanlage (max. 8 Std. & 100 km).

ZUG

Tiruchirappalli Junction liegt an der Hauptstrecke Chennai–Madurai. Von den täglich 17 Expressverbindungen nach Chennai ist die beste tagsüber angebotene Option der Vaigai Express (2. Klasse/Chair Class 145/515 ₹, 5½ Std.) um 9.05 Uhr. Der Nachtzug Pandian Express (Sleeper/3AC/2AC/1AC 245/625/875/1460 ₹, 6¼ Std.) startet um 23.10 Uhr.

Nach Madurai fahren täglich 13 Züge, darunter der Tirunelveli Express (2. Klasse/Chair Class 95/345 ₹, 2¼ Std.) um 7.15 Uhr und der Guruvayur Express (2. Klasse /Sleeper/3AC/2AC 80/140/490/695 ₹, 2¾ Std.) um 13.20 Uhr.

Nach Thanjavur (2. Klasse/Sleeper/3AC 45/140/490 ₹, 40–90 Min.) fahren täglich 18 Züge.

ℹ Unterwegs vor Ort

Die Fahrt zwischen dem Flughafen und dem Zentralen Busbahnhof kostet mit dem Taxi 300 ₹ und mit einer Autorikscha 200 ₹. Busse, die vom Zentralen Busbahnhof nach Pudukkottai fahren, können einen am Flughafen absetzen.

Bus 1 fährt von der Rockins Rd vor dem Zentralen Busbahnhof alle paar Minuten zum Sri-Ranganathaswami-Tempel (6 ₹) und wieder zurück. Unterwegs hält er nahe dem Rock-Fort-Tempel und dem Sri-Jambukeshwara-Tempel.

Eine Autorikscha vom Zentralen Busbahnhof zum Sri-Ranganathaswami-Tempel kostet 170 ₹und zum Rock-Fort-Tempel 120 ₹.

SÜDLICHES TAMIL NADU

Chettinadu

Die Chettiars waren eine Gemeinschaft von Händlern, die um Karaikkudi (95 km südlich von Trichy) ihre Basis hatten und die im 19. Jh. als Finanziers und Unternehmer im kolonialen Sri Lanka und in Südostasien erfolgreich agierten. Sie gaben ihr Vermögen für den Bau von 10 000 (wenn nicht sogar 30 000) absurd opulenten Herrenhäusern in den 75 Städten und Dörfern ihrer trockenen, ländlichen Heimat Chettinadu aus. Bei der Suche nach den besten Materialien für die palastartigen Villen wurden weder Kosten noch Mühen gescheut, so kamen birmanisches Teakholz, italienischer Marmor, indisches Palisanderholz, englischer Stahl sowie Kunst und Skulpturen aus der ganzen Welt zum Einsatz.

Nach dem Zweiten Weltkrieg brach der Handel der Chettiars zusammen und viele Familien verließen Chettinadu. Die verlassenen Villen waren dem Verfall preisgegeben und viele wurden abgerissen oder verkauft. Das Bewusstsein für ihren Wert erwachte erst wieder mit der Wende zum 21. Jh.; seit 2014 ist Chettinadu Teil des UNESCO-Weltkulturerbes. Mittlerweile wurden viele der Häuser in wunderschöne historische Hotels verwandelt, von denen einige die besten von Tamil Nadu sind.

Sehenswertes & Aktivitäten

Hotels veranstalten Kochvorführungen oder -kurse und stellen Fahrräder oder Ochsenwagen für Ausflüge aufs Land zur Verfügung. Auf Wunsch organisieren sie Exkursionen zu Sari-Webern, Tempeln, Herrenhäusern und Schreinen der beliebten prähinduistischen Gottheit Ayyanar, zu erkennen an ihren großen Terrakotta-Reitpferden. Außerdem werden auch Handwerker besucht, die die wunderschönen Athangudi-Fliesen, wie man sie in den Chettiar-Häusern sieht, noch von Hand herstellen.

Vijayalaya-Choleeshwarar-Tempel HINDUTEMPEL
(Narthamalai; Sonnenaufgang–Sonnenuntergang) Der kleine, aber eindrucksvolle Tempel steht an einem einsamen Felshang 1 km südwestlich des Dorfs Narthamalai (16 km nördlich von Pudukkottai). Er erinnert an den Küstentempel in Mamallapuram, ohne aber einen ähnlichen Massenandrang ausgesetzt zu sein. Er wurde wahrscheinlich im 8. oder 9. Jh. erbaut. Zwei (oft verschlossene) in den Fels gehauene Schreine finden sich hinter ihm in der Felswand, von denen einer zwölf beeindruckende große Vishnu-Reliefs enthält. Die Straße nach Narthamalai zweigt 7 km südlich von Keeranur von der Straße von Tiruchirappalli nach Pudukkottai ab; von dort sind es noch 2 km in Richtung Westen bis Narthamalai.

Ellangudipatti SCHREIN
(Namunasamudram; Sonnenaufgang-Sonnenuntergang) Dieser faszinierende Dorfschrein findet sich nur 8 km südwestlich von Pudukkottai und ist dem nur in ländlichen Gebieten Tamil Nadus und Sri Lankas verehrten prähinduistischen Wächtergott Aiyanar geweiht. Hunderte von Pferden und anderen Tieren aus Terrakotta – Weihegaben hiesiger Familien – säumen den Dschungelpfad, der zu dem bescheidenen Altar führt.

Pudukkottai Museum MUSEUM
(Thirukokarnam, Pudukkottai; Inder/Ausländer 5/100 ₹, Kamera/Video 20/100 ₹; Sa–Do 9.30–17 Uhr) In diesem wunderbaren Museum,

CHETTINADUS HERRENHÄUSER

Lakshmi-Haus (Athangudi Periya Veedu; Athangudi Rd, Athangudi; 100 ₹; 9–17 Uhr) Die wohl schönsten bemalten Holzschnitzdecken in Chettinadu sind der Grund dafür, dass das Lakshmi-Haus von Filmemachern gerne als Kulisse gewählt wird. Sehenswert sind aber auch die besonders feinen Materialien (belgischer Marmor, englischer Stahl), die Tafeln zur Chettiar-Geschichte, die Böden mit Schachbrettmuster und die sonderbaren Statuen britischer Kolonialbeamter und hinduistischer Figuren über dem Eingang.

CVRMCT-Haus (CVRMCT St, Kanadukathan; 50 ₹; 9–17 Uhr) Vor der typischen Folge säulengeschmückter Innenhöfe erhebt sich die eindrucksvolle Empfangshalle dieses Doppelhauses, das sich zwei Zweige einer Familie teilen. Nicht versäumen sollte man den herrlichen Blick von der Dachterrasse auf die umliegenden Herrenhäuser.

VVRM-Haus (CVRMCT St, Kanadukathan; 9–17 Uhr, unterschiedliche Öffnungszeiten) Das Haus zählt zu den ältesten Herrenhäusern in Chettinadu. Es wurde 1870 erbaut und zeichnet sich durch auffällige helle Stuckwände, Säulen aus birmanischem Teakholz, geflieste, gemusterte Böden und feine Holzschnitzereien aus. Eine „Spende“ von 50 ₹ pro Besuchergruppe wird erwartet.

4 km nördlich des Bahnhofs von Pudukkottai, sind Relikte aus der Vergangenheit von Chettinadu ausgestellt. Die vielfältige Sammlung umfasst Musikinstrumente, Briefmarken, Schmuck, Artefakte aus Hünengräbern sowie einige bemerkenswerte Gemälde, Skulpturen und Miniaturen.

Schlafen & Essen

★ Saratha Vilas BOUTIQUEHOTEL $$$
(☎9884203175, 9884936158; www.sarathavilas.com; 832 Main Rd, Kothamangalam; Zi. mit Frühstück ₹7460-11.750; ❄@🛜🏊) 6 km östlich von Kanadukathan versprüht diese 1910 erbaute, stilvoll renovierte Villa unter französischer Leitung ihren eigenen Chettiar-Charme. Die Zimmer verbinden Tradition und Moderne und zeigen einen ausgeprägt französischen Einschlag, das Essen besteht aus einer exquisiten Mischung aus französischer und Chettiar-Küche und es gibt einen schicken Meerwasserpool. Die meisten Möbel wurden von den kenntnisreichen Besitzern (Architekten) selber entworfen, die sich aktiv für die Erhaltung des Chettinadu-Erbes einsetzen.

Die Besitzer sind Gründer der hiesigen NGO **ArcHeS** (www.arche-s.org; 832 Main Rd, Kothamangalam), die sich aktiv für den Schutz der Kulturgüter einsetzt.

★ Visalam HISTORISCHES HOTEL $$$
(☎04565-273301; www.cghearth.com; Local Fund Rd, Kanadukathan; Zi. mit Frühstück 13 800–18 500 ₹; ❄@🛜🏊) Das hinreißend restaurierte und von einer Hotelkette aus Kerala sehr professionell geführte Visalam ist eine relativ junge Chettiar-Villa, die im modischen Art-déco-Stil der 1930er-Jahre errichtet wurde. Sie ist immer noch mit den Fotos, Möbeln und Gemälden der ursprünglichen Besitzer eingerichtet. Jedes der 15 großen Zimmer ist stimmungsvoll, der Garten zauberhaft und der Poolbereich voller Bougainvilleen und mit einem entspannten Restaurant geradezu magisch.

★ Bangala HISTORISCHES HOTEL $$$
(☎04565-220221; www.thebangala.com; Devakottai Rd, Karaikkudi; Zi. mit Frühstück 7050–8600 ₹; ❄🛜🏊) Chettinads erstes Heritage-Hotel ist in einem liebevoll renovierten und weiß getünchten „Bungalow" zu Hause. Dieser ist zwar keine typische Villa, versprüht mit seinen farbenfrohen Zimmern, antiken Möbeln, alten Familienfotos und dem schönen, von Fliesen eingefassten Pool aber den Charme einer solchen. Das gut geleitete Haus ist für sein Essen bekannt: die „Gerichte" auf Bananenblättern (veg./nicht veg. 850/1000 ₹) entpuppen sich als ein regelrechtes Chettiar-Hochzeitsmahl (12.30–14.30 & 20–22 Uhr; 2 Std. vorab reservieren!).

Chettinadu Mansion HISTORISCHES HOTEL $$$
(☎04565-273080; www.chettinadmansion.com; SARM House, 11 AR St, Kanadukathan; EZ/DZ mit Frühstück 6050/7950 ₹; ❄🛜🏊) Dieses Haus ist etwas mehr in die Jahre gekommen als die anderen historischen Hotels in Chettinadu, aber freundlich, gut geführt und sehr stimmungsvoll. Die ursprüngliche Eigentümerfamilie besitzt das farbenfrohe, 100 Jahre alte Haus immer noch und wohnt auch selbst darin. Von den 126 Zimmern werden 12 an Gäste vermietet – diese sind alle groß, in exzentrischen Farben gehalten und haben private Balkone mit Blick auf andere Villen.

Die Eigentümer betreiben in der Nähe auch das **Chettinadu Court** (☎04565-273080; www.deshadan.com; Raja's St, Kanadukathan; EZ/DZ mit Frühstück 4250/5500 ₹; ❄🛜🏊) mit acht historisch inspirierten Zimmern. Beide Unterkünfte teilen sich einen Pool außerhalb der Grundstücke.

Anreise & Unterwegs vor Ort

Das Auto ist das beste Verkehrsmittel, um Chettinadu zu erkunden. Es kostet rund 5000 ₹, in Tiruchirappalli, Thanjavur oder Madurai ein Auto mit Fahrer für zwei Tage zu mieten.

Von Tiruchirappalli fahren alle fünf bis zehn Minuten Busse nach Pudukkottai (31 ₹, 1½ Std.) und Karaikkudi (75 ₹, 2 Std.); Fahrgäste können unterwegs aus- und zusteigen. Von Madurai fahren alle 30 Minuten Busse nach Karaikkudi (80 ₹, 2 Std.). Und auch ab Thanjavur und Rameswaram gibt es Busverbindungen.

Drei Züge pro Tag verbinden den Bahnhof Egmore in Chennai mit Pudukkottai (Sleeper/2AC/3AC 265/720/1030 ₹, 6 Std.) und Karaikkudi (285/730/1025 ₹, 6¾ Std.). Ein Zug fährt außerdem von Chennai zum Bahnhof Chettinad, mit Anschluss nach Kanadukathan (275/740/1065 ₹, 9 Std.).

Madurai

☎0452 / 1,02 MIO. EW.

Chennai mag die Hauptstadt von Tamil Nadu sein, aber Madurai ist seine Seele. Madurai ist durch und durch tamilisch und eine der ältesten Städte Indiens – eine Metropole, die schon mit dem antiken Rom Handel trieb und bereits eine große Hauptstadt war, lange bevor Chennai davon auch nur hätte träumen können.

Touristen, indische wie ausländische, kommen hierher, um den berühmten Minakshi-Amman-Tempel zu besichtigen, einen labyrinthischen schillernden Bau, der zu den großartigsten Tempeln Indiens zählt. Ansonsten verkörpert Madurai viele der typischen Gegensätze Indiens – und das ist auch kein Wunder, wenn man das Alter der Stadt bedenkt. Das Zentrum wird von einem mittelalterlichen Tempel und einer zunehmend von der IT-Branche angetriebenen Wirtschaft dominiert, überall sind die Betriebsamkeit, Energie und Hektik einer indischen Großstadt zu spüren, wenn auch in kompakterer Form als im weitläufigen Chennai.

Geschichte

Der Legende nach ließ Shiva Tropfen von Nektar (*madhuram*) von seinen Locken auf die Stadt regnen. So erklärt sich der Name Madurai, „Stadt des Nektars".

Antike Dokumente belegen, dass Madurai bereits im 3. Jh. v. Chr. existierte. Gewürze spielten für die Handelsstadt eine besonders große Rolle. Einer weiteren Legende zufolge fand hier zudem das dritte *sangam* statt, eine Versammlung tamilischer Gelehrter und Dichter. Im Laufe der Jahrhunderte stand Madurai unter der Herrschaft der Cholas, Pandyas, regionaler muslimischer Sultane, hinduistischer Vijayanagar-Könige und der Nayaks, die bis 1736 regierten und die Altstadt in Lotusform anlegten. Unter Tirumalai Nayak (1623–59) entstand auch der größte Teil des Minakshi-Amman-Tempels. Madurai entwickelte sich zum Zentrum der tamilischen Kultur und spielte eine wichtige Rolle bei der Entstehung der tamilischen Sprache.

Im Jahr 1840 zerstörte die britische Ostindien-Kompanie das Fort von Madurai und füllte den Festungsgraben auf. Auf dieser Aufschüttung wurden die vier breiten Veli-Straßen gebaut, die bis heute die Grenzen der Altstadt bilden.

Sehenswertes

★ **Minakshi-Amman-Tempel** HINDUTEMPEL
(East Chitrai St; Inder/Ausländer 5/50 ₹, Handykamera 50 ₹; 5–12 & 16–21.30 Uhr) Der farbenfrohe Wohnsitz der dreibrüstigen Kriegsgöttin Minakshi (der „Fischäugigen" – in der klassischen tamilischen Dichtung ein Ausdruck für schöne Augen) gilt allgemein als der Höhepunkt der späten südindischen Tempelarchitektur, der für das künstlerische Erbe der Region die gleiche Bedeutung hat wie der Taj Mahal für Nordindien. Es handelt sich nicht einfach um einen Tempel aus dem 17. Jh., sondern um eine 6 ha große Anlage mit zwölf imposanten *gopurams,* die in überbordender Art und Weise mit den Figuren von Göttern, Göttinnen, Dämonen und Heroen überzogen sind – 1511 Figuren haben fleißige Menschen allein auf dem 55 m hohen südlichen *gopuram* gezählt!

Der Legende nach wurde die schöne Minakshi, eine Inkarnation Parvatis, mit drei Brüsten geboren. Ihr wurde verheißen, die dritte Brust werde verschwinden, wenn sie ihren Ehemann träfe. Die Verheißung erfüllte sich, als sie Shiva begegnete und zu seiner Gemahlin wurde. Der bestehende Tempel wurde zu großen Teilen im 17. Jh. unter der Herrschaft von Tirumalai Nayak errichtet, seine Ursprünge reichen aber rund 2000 Jahre in die Zeit zurück, als Madurai eine Hauptstadt des Pandya-Reichs war.

Die vier Straßen rund um den Tempel sind für den Verkehr gesperrt. Die Kleiderordnung und die Sicherheitsbestimmungen werden so strikt durchgesetzt wie am Flughafen: Die Kleidung muss bei beiden Geschlechtern Schultern und Beine bedecken, Taschen und Fotokameras dürfen nicht mit hineingenommen werden (wohl aber Handys mit Kamera). Nichtsdestotrotz herrscht in diesem Tempel eine fröhlichere Stimmung als in anderen, eher feierlichen Tempeln in Tamil Nadu. Dazu tragen vielleicht auch die bunten Decken- und Wandmalereien bei, mit denen der Tempel geschmückt ist. Jeden Abend um 21 Uhr tragen frenetische Gläubige in einer von Weihrauchschwaden eingehüllten Prozession das Bild des Sundareshvara (Shiva) zu Minakshis Schrein, wo es die Nacht verbringt. Besucher können den Umzug begleiten.

Vor oder nach dem Betreten des Tempels lohnt sich ein Blick auf den Pudhu Mandapa. Der Haupteingang zum Tempel befindet sich im östlichen (ältesten) *gopuram.* Zunächst kommt man rechts zur 1000-Säulen-Halle, in der heute das faszinierende Tempelkunstmuseum (S. 420) untergebracht ist. Auf dem Weg in den Tempel kommt man dann zu einem Nandi-Schrein, der von schönen, mit Reliefs bedeckten Säulen umgeben ist. Weiter voraus liegt der Hauptschrein Shivas, der zu allen Seiten von massiven *dvarapalas* flankiert ist. Noch ein

Madurai

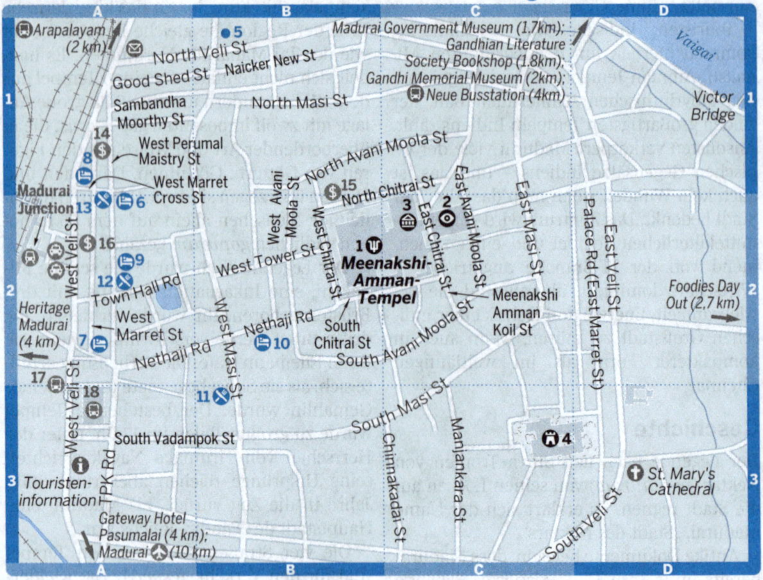

Stück weiter folgt in einer separaten Einfriedung Minakshis Hauptschrein – beide Schreine dürfen nur von Hindus betreten werden. Ein Spaziergang rund um den **Teich des goldenen Lotus** ist hingegen allen Besuchern möglich. Ein am westlichen Ende vorspringender kleiner Pavillon besitzt Deckenmalereien mit Szenen der Ehe von Sundareshvara und Minakshi. Man verlässt den Tempel nun durch eine Halle mit vielen Blumenhändlern und den **Ashta Shakti Mandapa**, dessen Decke eingewölbt ist. Diese Halle dient den meisten Gläubigen als Tempeleingang; die Wandreliefs stellen die acht Attribute der Göttin dar, während die Decke mit den vielleicht schönsten Malereien im ganzen Tempel geschmückt ist.

➡ Tempelkunstmuseum

(East Chitrai St; Inder/Ausländer 5/50 ₹, Handykamera 50 ₹; ⏲6–14 & 15–21 Uhr) Im östlichen *gopuram* des Minakshi-Tempels findet sich zur Rechten die aus der Nayak-Zeit stammende 1000-Säulen-Halle (tatsächlich sind es „nur" 985 Säulen). Das heutige Kunstmuseum zeigt am Ende eines Ganges mit fein gearbeiteten Säulen einen Shiva-Schrein mit einem großen Bronze-Nataraja sowie andere wundervolle Bronzeplastiken und farbenfroh bemalte Reliefs. Einige der schönsten Arbeiten, darunter Krishna mit seiner Flöte und Ganesha, der mit einer Frau auf seinem Knie tanzt, befinden sich direkt hinter dem Museumseingang.

Pudhu Mandapa — GEBÄUDE

(East Chitrai St; ⏲Sonnenaufgang–Sonnenuntergang) GRATIS Die aus dem 16. Jh. stammende Säulenhalle steht außerhalb des Minakshi-Amman-Tempels gegenüber dem östlichen *gopuram*. Sie ist voll mit bunten Textil- und Kunsthandwerksständen, Schneider sitzen zuhauf an Nähmaschinen und werkeln. Dadurch werden die wunderschönen Säulenskulpturen zwar teilweise verdeckt, die dreibrüstige Minakshi nahe der südöstlichen Ecke ist aber dennoch problemlos zu entdecken. Gegenüber sieht man Sundareshvara und innerhalb des Westeingangs ihre Hochzeit unter den Augen Vishnus. Ein schöner blassblauer Nandi (Shivas Reitbulle) steht vor dem Osteingang des *mandapa*.

Tirumalai-Nayak-Palast — PALAST

(Palace Rd; Inder/Ausländer 10/50 ₹, Foto/Video 30/100 ₹; ⏲9–13 & 13.30–17 Uhr) Was der Minakshi-Amman-Tempel für Madurais religiöse Architektur der Nayak-Zeit bedeutet, stellt der verfallene Palast Tirumalai Nayaks für die säkulare Architektur dieser Epoche dar. Es soll nur mehr ein Viertel des gesamten Komplexes vorhanden sein, doch die imposanten Proportionen und der hyb-

Madurai

Highlights
1 Meenakshi-Amman-Tempel B2

Sehenswertes
2 Pudhu Mandapa C2
3 Tempelkunstmuseum C2
4 Tirumalai-Nayak-Palast C3

Aktivitäten, Kurse & Touren
5 Storytrails B1

Schlafen
6 Berrys Boutique A2
7 Madurai Residency A2
8 Royal Court A1
9 TM Lodge A2
10 YMCA International Guest House B2

Essen
11 Murugan Idli Shop B3
12 Sri Sabareesh A2
13 Surya A2

Praktisches
14 Canara Bank, Geldautomat A1
15 ICICI Bank, Geldautomat B1
16 State Bank of India, Geldautomat A2
Supreme Web .... (siehe 13)

Transport
17 Periyar-Busstation A2
18 Shopping-Complex-Busstation A3

ride drawidisch-islamische Baustil künden immer noch von den großen Ambitionen seines Schöpfers. Vom Eingang an der Ostseite führt ein großer, von hohen, dicken Säulen mit verspielten Stuckarbeiten eingefasster Hof zu dem prächtigen Thronsaal mit seiner 25 m hohen Kuppel; zwei aus Stein gehauene Pferde flankieren den Treppenaufgang.

Hinter der nordwestlichen Ecke des Thronsaals liegt die Natakasala (Tanzhalle), in der eine kleine archäologische Sammlung untergebracht ist.

Gandhi Memorial Museum MUSEUM
(www.gandhimmm.org; Gandhi Museum Rd; Foto 50 ₹; 10–13 & 14–17.45 Uhr) GRATIS Das eindrucksvolle Museum, das in einem Nayak-Königinnenpalast aus dem 17. Jh. untergebracht ist, zeigt eine bewegende und umfassende Ausstellung zu Gandhis Leben und Indiens Kampf um seine Unabhängigkeit zwischen 1757 und 1947 – die englischsprachigen Erläuterungen verzichten gegenüber den britischen Kolonialherren auf jeden Euphemismus. Zu sehen ist auch der blutverschmierte *dhoti*, den Gandhi trug, als er 1948 in Delhi ermordet wurde. Hier in Madurai hatte er 1921 erstmals ein solch traditionelles, wallendes Beinkleid als Zeichen des indischen Nationalstolzes angelegt.

Das kleine **Madurai Government Museum** (Inder/Ausländer 5/100 ₹, Foto 20 ₹; Sa–Do 9.30–17 Uhr) befindet sich gleich nebenan, dahinter folgt der **Gandhian Literature Society Bookshop** (Mo–Sa 10–13 & 14.30–17.45 Uhr). Mit den Bussen 3, 66, 75 und 700 kann man vom **Periyar-Busbahnhof** (West Veli St) bis zur Haltestelle Tamukkam an der Alagarkoil Rd, 600 m westlich von dem Museum, fahren.

Aktivitäten

Sivananda Vedanta Yoga Centre YOGA
(0452-2521170; http://sivananda.org.in; 444 KK Nagar, East 9th St; Kurs 500 ₹; Mo–Sa 6–20.30, So 6.30–17.30 Uhr) Das Zentrum veranstaltet tägliche Yogakurse zum Vorbeikommen (6, 10, 16 & 18 Uhr; einen Tag vorher buchen) und einwöchige Kurse. Außerdem gibt es längere Intensivkurse im zugehörigen Ashram, 22 km nördlich von Madurai.

Geführte Touren

Foodies Day Out ESSEN & TRINKEN
(9840992340; www.foodiesdayout.com; 2. Stock, 393 Anna Nagar Main Rd; ab 2000 ₹/Pers.) Die beste Möglichkeit, die berühmte kulinarische Seite von Madurai kennenzulernen, sind die fantastischen Abendtouren, die von begeisterten Feinschmeckern begleitet werden. Es gibt auch vegetarische und vegane Varianten.

Storytrails STADTSPAZIERGANG
(7373675756; www.storytrails.in; 35 Krishnarayar Tank Rd; Tour für bis zu 4 Pers. 4000 ₹) Die aus Chennai stammende Organisation veranstaltet sehr empfehlenswerte Stadtspaziergänge, die sich um Geschichten ranken.

Feste & Events

Teppam (Float) Festival RELIGION
(Jan./Feb.) Das populäre zwölftägige Fest findet bei Vollmond im tamilischen Monat Thai statt. Die Götter aus dem Minakshi-Amman-Tempel werden in einer prächtigen Prozession durch die Stadt getragen und auf einem hell erleuchteten „Minitempel" im riesigen **Mariamman-Teppakkulam-Becken** (Kamarajar Rd), 3 km östlich der Altstadt, zu Wasser gelassen.

Chithirai Festival RELIGION
(April/Mai) Das Highlight in Madurais vollgepacktem Festkalender ist diese zweiwöchige Feier zu Ehren der Hochzeit von Minakshi und Sundareshvara (Shiva). Die Gottheiten werden in riesigen Wagen als Teil einer langen, farbenfrohen Prozession über das Gelände des Minakshi-Amman-Tempels gefahren.

Schlafen

Die Budgethotels im Zentrum von Madurai sind überwiegend trist und lieblos, aber es gibt nahe dem Bahnhof eine große Auswahl absolut ordentlicher, nahezu identischer Mittelklassehotels an der West Perumal Maistry St. Die Hotels der Spitzenklasse liegen außerhalb des Zentrums.

YMCA International Guest House PENSION $
(0452-2346649; www.ymcamadurai.com; Main Guard Sq, Nethaji Rd; EZ/DZ 850/1110 ₹, mit Klimaanlage 1300/1450 ₹ jeweils mit Frühstück) Madurais gut geführte Pension der Young Men's Christian Association hat schlichte, saubere Zimmer zu fairen Preisen. Die Einnahmen kommen der Wohltätigkeitsarbeit der Organisation zu Gute.

TM Lodge HOTEL $
(0452-2341651; www.tmlodge.in; 50 West Perumal Maistry St; EZ/DZ 470/720 ₹, Zi. mit Klimaanlage 1300 ₹;) Die Wände sind ein bisschen schmutzig, aber die Bettwäsche ist sauber, und das Haus wird effizient geführt.

Madurai Residency HOTEL $$
(0452-4380000; www.madurairesidency.com; 15 West Marret St; EZ/DZ mit Frühstück 2640–3120/3000–3480 ₹;) Das Hotel punktet mit einem erstklassigen Service, gemütlichen, frischen Zimmern, einem praktischen Schalter zur Buchung von Verkehrsmitteln und einem der höchstgelegenen Dachrestaurants der Stadt. Es ist sehr beliebt, vor allem bei indischen Geschäftsleuten, daher sollte man mindestens einen Tag im Voraus buchen.

Berrys Boutique HOTEL $$
(0452-2340256; www.berrysboutique.in; 25 West Perumal Maistry St; EZ/DZ mit Frühstück 2130–3220/2430–3220 ₹;) Zur Zeit unserer Recherche gab es dieses Hotel gerade einmal drei Monate. Die 15 smarten, modernen, minimalistischen Zimmer, die nach Obstsorten benannt sind, sind die stilvollsten in dieser Hotelstraße. Die Atmosphäre ist ruhig und der Empfang freundlich. Im Haus gibt's ein Restaurant.

Royal Court HOTEL $$
(0452-4356666; www.royalcourtindia.com; 4 West Veli St; EZ/DZ 4110–4960/5080–5690 ₹;) Das Hotel vereint koloniale Eleganz in Form von weißer Wäsche und Hartholzböden mit Komfort, gutem Essen und einem freundlich-professionellen Service. Die Zimmer sind mit Tee-/Kaffeemaschinen ausgestattet. Eine exzellente, zentral gelegene Option, wenn man sich etwas gönnen will.

Gateway Hotel Pasumalai HISTORISCHES HOTEL $$$
(0452-6633000; www.gateway.tajhotels.com; 40 TPK Rd, Pasumalai; EZ 6260–12 710 ₹, DZ 7470–13 920 ₹;) Das zur Taj-Gruppe gehörende Hotel bietet wunderbare Erholung vom Trubel der Stadt und erstreckt sich über eine Gartenanlage auf einem Hügel 6 km südwestlich des Zentrums von Madurai. Der Ausblick, der Außenpool und die 60 hauseigenen Pfauen sind wunderbar, die Zimmer luxuriös, komfortabel und mit verglasten Duschen und Yoga-Kits klasse ausgestattet. Das zugehörige Restaurant Garden All Day (S. 423) ist ausgezeichnet.

Heritage Madurai HISTORISCHES HOTEL $$$
(0452-3244187; www.heritagemadurai.com; 11 Melakkal Main Rd, Kochadai; EZ 4030–8820 ₹, DZ 5370–11 600 ₹;) Das grüne Refugium 4 km nordwestlich des Zentrums von Madurai war einst Sitz des alten Madurai Club. Nach einer sehr gelungenen Umgestaltung verfügt es über sehr kunstvolle Holzschnitzereien keralesischer Art, einen schönen abgesenkten Pool und luftige Deluxe-Zimmer mit Terrakottaböden. Am besten sind die „Villen" mit eigenen Tauchbecken. Vor Ort gibt's ein gutes **Restaurant** (Hauptgerichte 200–450 ₹; 7–22.30 Uhr) mit gehobener nord- und südindischer Küche, ein Spa, eine Bar und ein rund um die Uhr geöffnetes Café.

Essen

In den Dachrestaurants der Hotels an der West Perumal Maistry St kann man abends bei einer lauen Brise mit Blick auf den Tempel dinieren; fürs Frühstück und Mittagessen verfügen die meisten Hotels zusätzlich über klimatisierte Restaurants. Madurai ist bekannt für den Sommer-Drink *jigarthanda* aus abgekochter Milch, Mandelessenz, Rosensirup und Vanilleeis.

★Murugan Idli Shop SÜDINDISCH $
(http://muruganidlishop.com; 196 West Masi St; Gerichte 15–75 ₹; ⏲7–23 Uhr) Die Kette hat zwar heute viele Filialen in Chennai, stammt aber aus Madurai. Hier kann man ihr Markenzeichen, locker-luftige *idlis* und Chutneys probieren und beliebte südindische Speisen wie *dosas*, *vadas* und *uttapams* genießen.

Sri Sabareesh INDISCH $
(49A West Perumal Maistry St; Hauptgerichte 65–90 ₹; ⏲6–23 Uhr) Das mit Fotos des alten Madurai dekorierte Sri Sabareesh ist ein beliebtes, preiswertes vegetarisches Lokal, in dem man gute südindische Thalis (80 ₹), *dosas*, *idlis*, *uttapams* und *vadas* sowie kräftige Hauptgerichte bekommt.

Surya INTERNATIONAL $
(www.hotelsupreme.in; Hotel Supreme, 110 West Perumal Maistry St; Hauptgerichte 80–160 ₹; ⏲16–24 Uhr) Das Dachrestaurant im Hotel Supreme bietet einen ausgezeichneten Service, gutes vegetarisches Essen und dazu eine herrliche Aussicht auf die Stadt und die Tempelanlage. Der Eiskaffee wirkt an einem heißen, staubigen Tag wie ein Geschenk der Götter.

Garden All Day INTERNATIONAL $$$
(☎0452-6633000; www.gateway.tajhotels.com; Gateway Hotel Pasumalai, 40 TPK Rd, Pasumalai; Hauptgerichte 300–700 ₹; ⏲6.30–23 Uhr) Die Investition lohnt sich: Das ganztägig geöffnete Panorama-Restaurant des Gateway Hotel (6 km südwestlich vom Zentrum Madurais) serviert eine erstaunliche Vielfalt köstlicher Gerichte aus aller Welt, von Chettinadu-Currys bis zu einfallsreichen Salaten, Pasta und Burgern.

Shoppen

In Madurai wimmelt es von Kleiderständen und Schneidereien, was man schon daran merkt, dass man ständig von entsprechenden Schleppern genervt wird. Die Fahrer, Fremdenführer und Schlepper sind auch darauf versessen, einen in die Kunsthandwerksläden in der North und der West Chitrai St zu führen – der Köder ist die herrliche Aussicht vom Dach auf den Tempel. Die Aussicht ist auch tatsächlich gut, das anschließende Verkaufsgespräch aber unvermeidlich.

Praktische Informationen

Touristeninformation (☎0452-2334757; 1 West Veli St; ⏲Mo–Fr 10–17.30 Uhr) Weitere Filialen am Flughafen und am Bahnhof.

An- & Weiterreise

BUS

Die meisten staatlichen Busse nutzen den **Neuen Busbahnhof** (Melur Rd) 4 km nordöstlich des Zentrums. Die Busse nach Coimbatore, Kodaikanal, Udagamandalam und Munnar fahren am **Arapalayam-Busbahnhof** (Puttuthoppu Main Rd) 2 km nordwestlich der Altstadt los. Die Reisebüros an der Südseite des **Busbahnhofs am Shopping-Komplex** (zw. West Veli St & TPK Rd) verkaufen Tickets für die teureren (und komfortableren) privaten Busse; diese fahren meistens nachts.

FLUGZEUG

Der Flughafen Madurai liegt 12 km südlich der Stadt. **SpiceJet** (www.spicejet.com) fliegt täglich nach Colombo, Dubai und Hyderabad und viermal täglich nach Chennai. **Jet Airways** (www.jetairways.com) hat täglich einen Flug nach Bengaluru und fünf nach Chennai. Und **Air**

STAATLICHE BUSSE AB MADURAI

ZIEL	PREIS (₹)	DAUER (STD.)	HÄUFIGKEIT
Bengaluru	420–730	9–10	7, 18, 20.30, 21, 21.15, 21.30, 21.35 & 21.45 Uhr
Chennai	325–420	9–10	alle 15 Min., AC 9, 20.30 & 21 Uhr
Kodaikanal	62	4	13 Busse 1.30–14.50 Uhr, 17.50 & 20.30 Uhr
Coimbatore	125	5	alle 10 Min.
Ernakulam (Kochi)	325	9½	9, 20 & 21 Uhr
Kanyakumari	200	6	alle 30 Min.
Munnar	115	6	5.55, 8 & 10.40 Uhr
Mysuru	300–430	9–12	16.35, 18, 20 & 21 Uhr
Puducherry	240-260	7½	21.05 & 21.30 Uhr
Rameswaram	150	4–5	alle 30 Min.
Tiruchirappalli	90	2¼–3	alle 5 Min.
Udagamandalam	200	8	7.30 & 21.20 Uhr

India (www.airindia.in) fliegt täglich nach Chennai und Mumbai.

ZUG

Vom Bahnhof Madurai Junction fahren täglich zwölf Züge nach Tiruchirappalli und zehn nach Chennai; der schnellste ist der Vaigai Express (Tiruchirappalli: 2. Klasse/Chair Class 95/345 ₹, 2 Std.; Chennai: 180/660 ₹, 7¾ Std.) um 7 Uhr. Ein guter Nachtzug nach Chennai ist der Pandian Express (Sleeper/3AC/2AC/1AC 315/810/1140/1930 ₹, 9 Std.) um 20.35 Uhr. Der einzige, täglich verkehrende Zug nach Kanyakumari fährt um 1.30 Uhr (Sleeper/3AC/2AC/1AC 210/540/740/1235 ₹, 5 Std.); an manchen Tagen fährt später ein weiterer Zug.

Züge fahren außerdem u. a. nach Thiruvananthapuram (tgl. 3-mal; Sleeper/3AC/2AC 205/545/775 ₹), Coimbatore (tgl. 3-mal; 235/590/825 ₹), Bengaluru (tgl. 2-mal; 1080/750/280 ₹) und Mumbai (tgl.; 2540/1730/645 ₹).

ℹ Unterwegs vor Ort

Eine Taxifahrt zwischen dem Zentrum und dem Flughafen kostet 500 ₹. Alternativ fährt der Bus 10 (13 ₹) vom/zum Busbahnhof am Shopping Complex.

Vom **Neuen Busbahnhof** (S. 423) fahren die Busse 3, 48 und 700 in die Stadt; die Fahrt mit einer Autoriksha kostet 120 ₹.

Es gibt einen **Taxistand** (Madurai Junction) mit festen Preisen vor dem Bahnhof Madurai Junction, an dem die Preise angeschlagen sind (Fahrten in Madurai 1400–1800 ₹/Tag). Der Taxianbieter Fast Track hat hier einen **Taxi-Buchungsschalter** (☎0452-2888999; Madurai Junction; ⏲24 Std.); der Preis liegt bei 90 ₹ für die ersten 3 km und anschließend 14 bis 16 ₹ pro Kilometer.

Rameswaram

☎04573 / 44 860 EW.

Rameswaram war einst der südlichste Punkt des heiligen Indiens – die Überschreitung dieser Grenze bedeutete, seine Kaste aufzugeben und damit noch unter den niedrigsten Status eines Abdeckers der heiligen Kühe zu fallen. Doch dann führte Rama – der Held des Ramayana, eine Inkarnation Vishnus – eine Armee von Affen und Bären über eine von den Affen erbaute Brücke nach (Sri) Lanka, besiegte den Dämonen Ravana und rettete seine Gemahlin Sita. Anschließend erwies das Fürstenpaar hier Shiva seinen Dank. Heute strömen Millionen von Hindus zum Ramanathaswami-Tempel, um dort zu beten, wo einst ein Gott einen Gott anbetete.

Davon abgesehen ist Rameswaram eine kleine, schmuddelige Fischerstadt auf der muschelförmigen Insel Pamban, die mit dem Festland über eine 2 km lange Eisenbahn- und Straßenbrücke verbunden ist. Wenn man kein Pilger ist, lohnt der Tempel allein kaum die Anreise. Allerdings besitzt Dhanushkodi, die nur 30 km von Sri Lanka entfernte Ostspitze der Insel, eine magische

ABSTECHER

WASSERSPORT IN KATHADI

Das entspannte Wassersportzentrum **Kathadi North** (☎9820367412; www.quest-asia.com; Pirappan Valasai, abseits des Madurai–Rameswaram Hwy; 2-tägige-Kitesurfen-Passage inkl. Unterkunft 9250 ₹) wurde von einem Team von Abenteuersportexperten aus Mumbai ins Leben gerufen. Im Programm hat es Kitesurfen, Kajakfahren, Windsurfen, Schnorcheln, Stehpaddeln, Segeln, Camping, Strandsäuberungen und abendliche Tierbeobachtungs-Wanderungen. Es befindet sich auf dem Festland, 18 km westlich der Brücke zur Insel Pamban (die nach Rameswaram führt). Die zugehörige **Unterkunft** (☎9820367412; www.quest-asia.com; Pirappan Valasai, abseits des Madurai–Rameswaram Hwy; EZ/DZ mit Frühstück 3000/3500 ₹; 📶) – vier schicke Betonhütten mit Ventilator, Strohdach und Freiluftbädern – liegt gleich hinter dem strahlend weißen Sandstrand. Die umweltfreundliche Anlage sammelt Regenwasser und nutzt Solarstrom. Die Türen bestehen aus recyceltem Holz und für den Palmzaun wurden vor Ort vorhandene Materialien benutzt. In der offenen Küche gibt's Gerichte (450 ₹), die man gemeinsam verzehrt.

An der Südwestküste der Insel Pamban bietet die preiswerte Filiale **Kathadi South** (☎9820367412; www.quest-asia.com; abseits der Old Dhanushkodhi Rd, Pamban Island; 2-tägiges Kitesurfen-Paket inkl. Unterkunft 8250 ₹) nahezu identische Aktivitäten sowie schlichte **Hütten** (☎9820367412; www.quest-asia.com; abseits der Old Dhanushkodhi Rd, Pamban Island; EZ/DZ mit Frühstück 1250/1500 ₹) mit Gemeinschaftsbad und **Zelten** (EZ/DZ 650/1000 ₹).

ABSTECHER

DHANUSHKODI

Das Vorgebirge auf Pamban, das sich 22 km südöstlich von Rameswaram erstreckt, verengt sich auf halber Strecke zu einem dünnen Streifen aus Dünen. An dessen südöstlichster Spitze erhebt sich die Geisterstadt Dhanushkodi: Der einst blühende Hafen wurde 1964 von einem mächtigen Zyklon zerstört. Die Außenwände des Bahnhofs, der Kirche, des Postamts und anderer Ruinen stehen noch zwischen den Fischerhütten, während sich im Osten die Adamsbrücke (Ramas Brücke) erstreckt, eine Kette von Riffen, Sandbänken und Inseln, die eine Quasi-Verbindung zwischen Indien und Sri Lanka darstellt.

Autorikschafahrer verlangen 500 ₹ für die Fahrt (hin & zurück inkl. Wartezeit) nach Moonram Chattram, 14 km südöstlich von Rameswaram. Busse fahren von Rameswarams Busbahnhof alle 30 Minuten hierher (12 ₹). Von dort führt dann ein 4 km langer Marsch nach Dhanushkodi. Alternativ gibt's zweistündige Touren hin und zurück mit einem Truck oder Minibus (180–200 ₹, 6–18 Uhr). Die Fahrzeuge starten, sobald 16 Passagiere zusammengekommen sind; alternativ kann man auch das ganze Vehikel (hin & zurück 1500–2000 ₹) mieten. Das Baden ist eine Verlockung, man muss sich aber vor den starken Strömungen hüten.

Zum Zeitpunkt der Recherche war die neue Asphaltstraße durch die einst unberührten Dünen von Moonram Chattram nach Dhanushkodi fertiggestellt, aber noch nicht für den Verkehr freigegeben. Wenn das geschehen ist, könnten sich die Verkehrsverbindungen ändern. Allerdings gehen damit Befürchtungen einher, dass die leichte Zugänglichkeit die Idylle der Geisterstadt zerstören könnte.

Naturschönheit, die einen Besuch in Rameswaram erheblich verführerischer macht. Außerdem finden Aktivurlauber an der Westküste der Insel ein beliebtes, entspanntes Wassersportziel.

Die meisten Hotels und Restaurants konzentrieren sich um den Ramanathaswami-Tempel, der von der North, der East, der South und der West Car St umschlossen wird.

Sehenswertes

Ramanathaswamy-Tempel HINDU-TEMPEL
(East Car St.; ⏲5–12 & 15–20.30 Uhr) Der Tempel, einer der heiligsten Schreine Indiens, beherbergt den heiligsten Sandhaufen der Welt – es handelt sich um einen Lingam, den Ramas Frau Sita erschaffen haben soll. Die Anlage stammt größtenteils aus dem 16. bis 18. Jh. und zeichnet sich durch überlange 1000-Säulen-Hallen und 22 *theerthams* (Tempelbecken) aus, in denen Pilger baden, bevor sie die Gottheit besuchen. Helfer schütten Wassereimer über den (oft vollständig bekleideten) Gläubigen aus, die dann von *theertham* zum *theertham* weitereilen.

Schlafen & Essen

Die meisten Hotels in Rameswaram sind auf Pilger ausgerichtet. Einige (meist ziemlich schäbige) Budgetunterkünfte nehmen keine Alleinreisenden auf, es gibt aber akzeptable Mittelklassehotels. Budgettraveller können sich an das **Rooms Booking Office** (East Car St; Zi. 300–500 ₹; ⏲24 Std.) wenden.

Daiwik Hotel HOTEL $$
(☎04573-223222; www.daiwikhotels.com; Madurai–Rameswaram Hwy; Zi. 4830–6040 ₹; ❄📶) Strahlend, komfortabel und einladend: „Indiens erstes Vier-Sterne-Pilgerhotel" befindet sich 200 m westlich vom Busbahnhof und ist die Unterkunft mit der meisten Klasse in Rameswaram. Die luftigen Zimmer sind schick mit großen Spiegeln und Fotos aus dem Alltag der Einheimischen eingerichtet. Es gibt ein Spa und das gute vegetarische Restaurant **Ahaan** (www.daiwikhotels.com; Daiwik Hotel, Madurai–Rameswaram Hwy; Hauptgerichte 145–270 ₹; ⏲7–22 Uhr).

Anreise & Unterwegs vor Ort

Rameswarams **Busbahnhof** (Madurai–Rameswaram Hwy) liegt 2,5 km westlich der Stadt. Busse fahren alle fünf Minuten nach Madurai (100 ₹, 4 Std.) und alle 30 Minuten nach Tiruchirappalli (145 ₹, 7 Std.). „Ultra Deluxe"-(UD-) Busse fahren laut Fahrplan um 16 und 16.30 Uhr nach Chennai (435 ₹, 13 Std.), um 7.15 und 19.30 Uhr nach Kanyakumari (270 ₹, 8 Std.) und um 16.30 Uhr nach Bengaluru (580 ₹, 12 Std.). Diese Busse fahren aber nicht immer.

Es gibt auch einen klimatisierten Bus nach Chennai (565 ₹, 13 Std.) um 17 Uhr.

Der Bahnhof liegt 1,5 km südwestlich des Tempels. Für die täglich drei Züge von/nach Madurai (35 ₹, 4 Std.) gibt es keine Platzreservierung. Der Rameswaram–Chennai Express über Tiruchirappalli (Sleeper/3AC/2AC 215/535/740 ₹, 4¾ Std.) fährt täglich um 20.15 Uhr nach Chennai (360/945/1335 ₹, 11 Std.). Der Rameswaram–Kanyakumari Express startet montags, donnerstags und samstags um 20.45 Uhr und erreicht Kanyakumari (Sleeper/3AC 275/710 ₹) um 4.05 Uhr.

Der Bus 1 (5 ₹) pendelt zwischen dem Busbahnhof und der East Car St. Eine Autorikscha in die Stadt vom Bahnhof oder Busbahnhof kostet 50 ₹.

Kanyakumari (Kap Komorin)

☎ 04652 / 22 450 EW.

Ja, das ist es: Das Ende Indiens! Wenn man durch den äußersten Süden Indiens fährt, über die Spitze des „Vs" des Subkontinents, erreicht man die dramatischen Felsformationen der Westghats, die grünen Wiesen, die glitzernden Reisfelder und die sich langsam drehenden Windturbinen, und es stellt sich das Gefühl, etwas vollendet zu haben. In Kanyakumari verspürt man zudem eine leicht surreale Atmosphäre. Zu bestimmten Zeiten des Jahres kann man sehen, wie über drei Meeren – Golf von Bengalen, Arabisches Meer und Indischer Ozean – gleichzeitig die Sonne unter- und der Mond aufgeht. Der „Tempel der jungfräulichen Meeresgöttin", Swami Vivekanandas Erbe und die Symbolkraft des „Endes der Welt" locken Pilger und Touristen in Scharen nach Kanyakumari. Und dennoch ist es der Stadt bisher gelungen, ein kleiner, erfrischender Zufluchtsort abseits aller Hektik zu bleiben.

Sehenswertes

Kumari-Amman-Tempel HINDUTEMPEL

(Sannathi St; ⏲ 4.30–12 & 16–20.30 Uhr) Die Legenden berichten, dass die jungfräuliche *(kanya)* Göttin Kumari, eine Inkarnation der großen Göttin Devi, im Alleingang die Dämonen besiegte und so die Freiheit der Welt rettete. Pilger erweisen ihr ihren Dank in diesem kleinen, schön verzierten Tempel an der Spitze des Subkontinents, wo man im Dämmerschein der Ölfeuer und der vulvaförmigen Votivkerzen – eine Anspielung auf die sakrale Weiblichkeit der Göttin – der Brandung von drei Meeren lauschen kann.

Es heißt, dass die Osttür des Tempels verschlossen bleibt, damit die Schiffe durch den Schimmer des diamantenbesetzten Nasenrings der Göttin nicht fehlgeleitet werden. Am Haupttor im Norden zahlt man eine Spende von 10 ₹, um den inneren Tempelbezirk aus dem 18. Jh. zu betreten, in dem Männer ihre Hemden ablegen müssen und das Fotografieren verboten ist.

Am Ufer rund um den Tempel gibt es ein paar winzige Strände und Bade-**Ghats,** wo die Gläubigen ins Wasser tauchen, ehe sie den Tempel besuchen. Der *mandapa* gleich südlich vom Tempel ist ein beliebtes Plätzchen, um den Sonnenuntergang zu beobachten und sich tagsüber in den Schatten zu flüchten.

Vivekananda Memorial DENKMAL

(20 ₹; ⏲ 7.45–16 Uhr) 400 m vor der Küste erhebt sich der Felsen, auf dem der berühmte hinduistische Apostel Swami Vivekananda vom 25. bis zum 27. Dezember 1892 meditierte und beschloss, seine moralische Botschaft außerhalb Indiens zu verbreiten. Die zwei *mandapas* des 1970 errichteten Denkmals spiegeln Tempelarchitekturstile aus ganz Indien wider. Im unteren *mandapa* befindet sich ein angeblicher Fußabdruck der Göttin Kumari. Angesichts der ständigen Touristenströme würde Vivekananda heute wahrscheinlich lieber anderswo meditieren. Zu dem Felsen fahren Fähren (hin & zurück 34 ₹).

Thiruvalluvar-Statue DENKMAL

(⏲ 7.45–16 Uhr) GRATIS Die gigantische Statue, ein indischer Koloss von Rhodos, steht auf einem kleineren Eiland neben dem Vivekananda Memorial und stellt den antiken tamilischen Dichter Thiruvalluvar dar. Mehr als 5000 Bildhauer arbeiteten an dem im Jahr 2000 errichteten Standbild, das zu Ehren des 133 Kapitel umfassenden Thirukural eine Höhe von exakt 133 Fuß (40,5 m) hat. Bei geeignetem Tidenstand legen die Fähren zum Vivekananda Memorial (hin & zurück 34 ₹) anschließend auch hier an.

Swami Vivekananda Wandering Monk Exhibition MUSEUM

(Beach Rd; 10 ₹; ⏲ 8–12 & 16–20 Uhr) Die ausgezeichnete Ausstellung auf einem hübschen grünen Gelände beschäftigt sich mit der Weisheit, den Sprüchen und den Begegnungen Vivekanandas mit den Mächtigen und dem gemeinen Volk während seiner fünfjährigen Wanderschaft, die ihn als Mönch 1888 bis 1893 durch ganz Indien führte. Die Ti-

Kanyakumari (Kap Komorin)

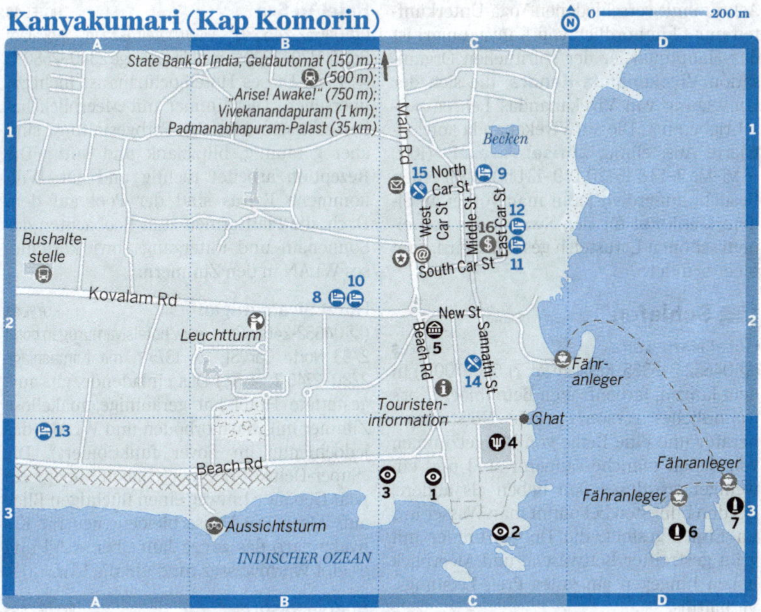

Kanyakumari (Kap Komorin)

Sehenswertes
1 Gandhi Memorial C3
2 Ghat C3
3 Kamaraj Memorial C3
4 Kumari-Amman-Tempel C3
5 Swami Vivekananda Wandering Monk Exhibition C2
6 Thiruvalluvar-Statue D3
7 Vivekananda Memorial D3

Schlafen
8 Hotel Narmadha B2
9 Hotel Sivamurugan C1
10 Hotel Tri Sea B2
11 Lakshmi Tourist Home C2
12 Seashore Hotel C2
13 Sparsa Resort A3

Essen
Auroma .... (siehe 13)
14 Hotel Anapoorna C2
15 Sangam Restaurant C1
Seashore Hotel .... (siehe 12)

Praktisches
16 South Indian Bank, Geldautomat C2

ckets gelten auch für die von Vivekananda inspirierte Ausstellung „Arise! Awake!" in Vivekanandapuram, 1 km nördlich der Stadt.

Gandhi Memorial DENKMAL
(Beach Rd; ⌚7–19 Uhr) GRATIS Das cremefarbene Denkmal in der Form eines Tempels aus Odisha wurde von hinduistischen, christlichen und muslimischen Architekten verziert. Es erhebt sich am Ende des Landes, als dessen Vater Gandhi gelten darf. Der zentrale Sockel bezeichnet die Stelle, wo ein Teil seiner Asche verwahrt wurde, ehe man sie dem Meer übergab. Jedes Jahr fallen die Sonnenstrahlen an Gandhis Geburtstag (2. Okt.) genau auf den Stein. Der Turm ist ein beliebter Ort, um den Sonnenuntergang zu beobachten.

Kamaraj Memorial DENKMAL
(Beach Rd; ⌚7–19 Uhr) GRATIS Das Denkmal in Ufernähe erinnert an K. Kamaraj, den „Gandhi des Südens". Als einer der mächtigsten und angesehensten Politiker im jungen unabhängigen Indien war er langjähriger Regierungschef des Bundesstaats Madras bzw. von dessen Nachfolgestaat Tamil Nadu. Die staubigen Fotos im Innern sind in Englischer Sprache erläutert.

Vivekanandapuram ASHRAM
(☎04652-247012; www.vivekanandakendra.org; Vivekanandapuram; ⌚9–20 Uhr) Der friedliche

Ashram mit verschiedenen Yoga-Unterkünften nur 1 km nördlich von Kanyakumari ist das Hauptquartier der spirituellen Organisation **Vivekananda Kendra**, die sich der Umsetzung von Vivekanandas Lehren verschrieben hat. Die auf Vivekananda konzentrierte Ausstellung **„Arise! Awake!"** (10 ₹; Mi–Mo 9–13 & 16–20, Di 9–13 Uhr) lohnt einen Besuch; außerdem kann man vorbei an einem **Denkmal** für den Swami, das von einem schönen Lotusteich gesäumt wird, zum Meer wandern.

Schlafen

Hotel Narmadha HOTEL $
(04652-246365; Kovalam Rd; Zi. 500–700 ₹) In dem langen, farbenfrohen Betonblock gibt's freundliches Personal, einen Notstromgenerator und eine Reihe von Budgetzimmer, von denen manche sauberer sind und ein weniger trostloses Bad haben als andere. Bei den billigsten bekommt man Wasser nur im Eimer gestellt, die Doppelzimmer mit grün gestreifter Bettwäsche und Meerblick haben hingegen ein gutes Preis-Leistungs-Verhältnis.

Lakshmi Tourist Home HOTEL $
(04652-246333; East Car St; Zi. 1000 ₹, mit Klimaanlage 1500 ₹) Das schlichte und gepflegte, recht hilfsbereite Familienhotel ist eine ordentliche Wahl im Stadtzentrum. Die besseren (= teureren) Zimmer haben Meerblick und warmes Wasser, aber auch die meisten anderen sind ordentlich und sauber.

Hotel Tri Sea HOTEL $$
(04652-246586; www.hoteltrisea.in; Kovalam Rd; Zi. 1170–2220 ₹, mit Klimaanlage 2340–2580 ₹;) Dieses Hotelhochhaus ist nicht zu übersehen. Die Zimmer mit Meerblick haben eine sehr unruhige Farbgestaltung, sind aber geräumig, blitzblank und luftig. Die Rezeption arbeitet tüchtig und gut. Willkommene Extras sind der Pool auf dem Dach, die Plattformen zum Beobachten des Sonnenauf- und -untergangs sowie kostenloses WLAN in den Zimmern.

Hotel Sivamurugan HOTEL $$
(04652-246862; www.hotelsivamurugan.com; 2/93 North Car St; Zi. 1375 ₹, mit Klimaanlage 2280–2740 ₹;) Das einladende, gut ausgestattete Hotel hat geräumige, makellose Zimmer mit Marmorböden und WLAN (das jedoch nur im Foyer funktioniert). Die „Super-Deluxe"-Zimmer haben über ein paar Gebäude hinweg einen flüchtigen Blick aufs Meer. Die Preise bleiben (neu für Kanyakumari) das ganze Jahr über stabil und es gibt Warmwasser rund um die Uhr.

Sparsa Resort RESORT $$$
(04652-247041; www.sparsaresorts.com; 6/112B Beach Rd; Zi. mit Frühstück 4800–7200 ₹;) Abseits von der Tempelhektik am Westrand der Stadt sticht das elegante Sparsa die anderen Hotels von Kanyakumari locker aus. Die frischen Zimmer wirken mit ihren orangefarbenen Wänden, niedrigen Betten aus dunklem Holz, Polstersesseln und stimmungsvoller Beleuchtung modern-

ABSEITS DER ÜBLICHEN PFADE

PALAST VON PADMANABHAPURAM

Der labyrinthische **Padmanabhapuram-Palast** (04651-250255; Padmanabhapuram; Inder/Ausländer 35/300 ₹, Kamera/Video 50/2000 ₹; Di–So 9–13 & 14–16.30 Uhr), 35 km nordwestlich von Kanyakumari in der Nähe der Grenze zu Kerala gelegen, gilt mit seinen kunstvoll geschnitzten Palisanderholzdecken und lackierten Teakholzbalken heute als bestes Beispiel traditioneller Kerala-Architektur. Asiens größte aus Holz gefertigte Palastanlage war einst Sitz der Herrscher von Travancore, eines recht instabilen Fürstenstaats, der Teile von Tamil Nadu und Kerala umfasste. Unter diversen eitlen Hausherren entstand ein großartiger Komplex aus Korridoren, Innenhöfen, Satteldächern und 14 Palästen. Der älteste Teil geht auf das Jahr 1550 zurück.

Vom Busbahnhof in Kanyakumari fahren um 7.30, 10.45, 13.30 und 15.20 Uhr Busse direkt hierher (25 ₹, 2 Std.); außerdem fahren alle 20 Minuten Busse von Kanyakumari nach Thuckalay (25 ₹), wo man eine Autorikscha nehmen oder zum Palast laufen kann (15 Min.). Ein Taxi ab Kanyakumari kostet hin und zurück 1200 ₹.

Von Thiruvananthapuram aus kann man jeden Bus nach Kanyakumari (70 ₹, 3 Std., tgl. 4-mal) nehmen und in Thuckalay aussteigen. Die Kerala Tourist Development Corporation (KTDC) veranstaltet ab Thiruvananthapuram zudem ganztägige Touren nach Kanyakumari, die auch am Palast Halt machen (700 ₹; min. 4 Pers.).

BUSSE AB KANYAKUMARI

ZIEL	PREIS (₹)	DAUER (STD.)	HÄUFIGKEIT
Bengaluru (UD)	635	12–14	16.45 Uhr, 17.30 Uhr
Chennai (UD)	530	12–14	8-mal tgl.
Kodaikanal (UD)	310	10	20.15 Uhr
Kovalam	120	3	6 & 14 Uhr
Madurai	100, UD 210	8	9-mal tgl.; UD 14 & 15 Uhr
Rameswaram	250	8	7.30 & 19 Uhr
Thiruvananthapuram	75–80	2½	9-mal tgl.

orientalisch. Es gibt einen hübschen, von Palmen umsäumten Pool und gute indische Gerichte im Restaurant **Auroma** (Hauptgerichte 150–400 ₹; ⏲7–10, 12–15 & 19–23 Uhr).

Seashore Hotel HOTEL $$$
(☎04652-246704; www.theseashorehotel.com; East Car St; Zi. 4140–7800 ₹; ❄📶) Das schickste Hotel im Stadtzentrum hat noble, geräumige Zimmer mit goldenen Vorhängen und Kissen, verglasten Duschen und Wasserkochern. Der einstige Glanz ist zwar verblasst, aber alle Zimmer außer den günstigsten haben einen Panoramablick aufs Meer. Das zugehörige Restaurant im 7. Stock gehört zu den besten der Stadt.

Essen

Hotel Anapoorna INDISCH $
(Sannathi St; Hauptgerichte 110–150 ₹, Thalis 120–180 ₹; ⏲7–21.30 Uhr) Das beliebte Budgetlokal mit Gerichten aus ganz Indien serviert in einem sauberen, freundlichen Ambiente zum Frühstück *idlis,* Filterkaffee und ansonsten südindische Thalis, Currys und Biryanis.

Seashore Hotel INTERNATIONAL $$
(www.theseashorehotel.com; East Car St; Hauptgerichte 210–320 ₹; ⏲7–10 & 12.30–22 Uhr) Erstaunlicherweise ist dieses Hotelrestaurant im 7. Stock das einzige in Kanyakumari mit richtigem Meerblick. Es gibt wunderbaren gegrillten Fisch und viele indische vegetarische und fleischhaltige Speisen, außerdem auch ein paar westliche Gerichte. Die Bedienung ist flink und es gibt ein gutes Frühstücksbuffet (270 ₹).

Sangam Restaurant INDISCH $$
(Main Rd; Hauptgerichte 95–300 ₹, Thalis 100–135 ₹; ⏲7–22.30 Uhr) Man könnte meinen, das Sangam sei in Kashmir losmarschiert, durch ganz Indien gewandert und habe schließlich hier Halt gemacht, um schmackhafte vegetarische und nicht vegetarische Kost anzubieten, deren Rezepte es unterwegs in allen Bundesstaaten aufgeschnappt hat. Also: auf einem der weichen Stühle Platz nehmen und das gute Essen genießen!

Praktische Informationen

Touristeninformation (☎04652-246276; Beach Rd; ⏲Mo–Fr 10–17.30 Uhr)

An- & Weiterreise

BUS

Kanyakumaris ruhiger **Busbahnhof** (Kovalam Rd) liegt zehn Gehminuten westlich vom Zentrum. Am bequemsten sind die „Ultra Deluxe"-(UD-) Busse.

ZUG

Der Bahnhof liegt 800 m nördlich des Ortszentrums. Täglich um 17.20 Uhr fährt ein Zug nach Norden: Der Kanyakumari Express nach Chennai (Sleeper/3AC/2AC/1AC 415/1095/1555/2630 ₹, 13½ Std.) hält außerdem auch in Madurai (210/540/740/1235 ₹, 4½ Std.) und Tiruchirappalli (275/710/995/1670 ₹, 7 Std.). Täglich zweimal, um 6.40 bzw. 10.30 Uhr, fahren Expresszüge nach Thiruvananthapuram (Sleeper/3AC/2AC 140/490/695 ₹, 2¼ Std.) und weiter nach Kollam (140/490/695 ₹, 3½ Std.) und Ernakulam (Kochi; 205/545/775 ₹, 7 Std.). Mehr Züge bedienen den Bahnhof Nagercoil Junction, 20 km nordwestlich von Kanyakumari.

Etwas für echte Eisenbahnfreaks ist der Vivek Express mit Indiens längster Zugfahrt. Er startet donnerstags in Kanyakumari zu der 4236 km langen, 80 Stunden dauernden Reise nach Dibrugarh in Assam (1085/2830/4265 ₹).

WESTERN GHATS

Willkommen in den grünen Westghats, einem der beliebtesten Zufluchtsorte vor der indischen Hitze. Die Ghats, Teil des Weltnaturerbes, ragen mit einer durchschnittlichen Höhe von 915 m wie ein undurchdringliches immergrünes Bollwerk vom Norden Mumbais bis zur Spitze von Tamil Nadu in den Himmel. Sie dienen 27 % der blühenden Pflanzen Indiens und einer unglaublichen Vielfalt von endemischen Tierarten als Heimat. In Tamil Nadu erheben sie sich in den Palani-Hügeln rund um Kodaikanal und in den Nilgiri-Bergen (Nilgiris) rund um Ooty auf über 2000 m. In den Bergen hat sich der britische Einfluss noch etwas stärker erhalten, schließlich legten die Kolonialherren ihre „Hill Stations" einst an, um den heißen Ebenen zu entfliehen. Die Hänge bepflanzten sie fein säuberlich mit Teeplantagen. Es ist jedoch nicht nur die kühle und vergleichsweise saubere Luft, die erfrischend wirkt, sondern auch eine gewisse Toleranz gegenüber Skurrilem und Exzentrischem, die sich hier oben Raum verschafft. Sichtbaren Ausdruck findet dieses z.B. in Biobauernhöfen, bärtigen Wanderführern und Ohrenschützern mit Leopardenmuster.

Kodaikanal (Kodai)

☎ 04542 / 36 500 EW. / 2100 M

Es gibt kaum ein erfrischenderes Erlebnis in Tamil Nadu, als nach den heißen Ebenen die kühle Morgen- oder Nachtluft in Kodaikanal zu genießen. Die in Nebel gehüllte Hill Station, 120 km nordwestlich von Madurai in den geschützten Palani-Bergen gelegen, ist entspannter und intimer als ihre große Schwester Udagamandalam – oder mit anderen Worten: Kodai ist die Prinzessin der Hill Stations, Ooty die Königin. Kalt ist es hier oben übrigens nicht wirklich: Tagsüber herrschen frühlingshafte, nicht winterliche Temperaturen.

Kodaikanal liegt um einen schönen sternförmigen See, eingebettet in einem hügeligen Gebiet mit immergrünen Laubbäumen wie Magnolien, Mahagonibäumen, Myrten und Rhododendren. Auch Abschnitte mit *shola* (Urwald), die für die südindischen Westghats einmalig sind, trifft man an. Eine weitere Besonderheit der Vegetation ist der *kurinji*-Strauch, dessen blaulila Blüten nur alle zwölf Jahre erscheinen (das nächste Mal im Jahr 2018).

Kodai ist beliebt bei Flitterwöchnern und Reisegruppen, die zu den spektakulären Aussichtspunkten und Wasserfällen strömen. Die angesehene Kodaikanal International School sorgt für ein wenig kosmopolitisches Flair. Wer Frieden und Ruhe sucht, kommt am besten unter der Woche.

Sehenswertes & Aktivitäten

Sacred Heart Natural Science Museum MUSEUM

(Kodaikanal Museum; Sacred Heart College, Law's Ghat Rd; Erw./Kind 20/10 ₹, Kamera 20 ₹; 9–18 Uhr) Östlich der Stadt, 4 km bergab, befindet sich dieses Museum auf dem Gelände eines ehemaligen Jesuiten-Seminars und zeigt eine faszinierende Sammlung über die hiesige Flora und Fauna, die in einem Zeitraum von über 100 Jahren von Priestern und Novizen zusammengetragen wurde. Die Ausstellung reicht von in Flaschen aufbewahrten Schlangen über menschliche Embryos (!) bis hin zu Riesenfaltern und ausgestopften Tierleichen. Außerdem kann man gepresste *kurinji*-Blüten (*Strobilanthes kunthiana*) bewundern.

Parks & Aussichtspunkte

Rund um Kodai gibt's mehrere schöne Fleckchen, die bei indischen Touristen sehr beliebt und mit Snack- und Souvenirstände übersät sind. Am besten klappert man sie mit einem Taxi ab – die Fahrer bieten dreistündige Touren mit zwölf Halten für 1500 bis 1800 ₹. An klaren Tagen hat man vom **Green Valley View** (Sonnenaufgang–Sonnenuntergang) GRATIS, 6 km vom Zentrum, von den **Pillar Rocks** (20 ₹; 9–16 Uhr) GRATIS, 7 km vom Zentrum, und vom weniger besuchten **Moir's Point** (10 ₹; 10–17 Uhr) 13 km außerhalb des Zentrums einen spektakulären Blick hinunter in die Ebenen. Diese Aussichtpunkte liegen westlich von Kodaikanal alle an der gleichen Straße.

Bryant Park PARK

(abseits der Lake Rd; Erw./Kind 30/15 ₹, Foto/Video 50/100 ₹; 9–18 Uhr) Der hübsche Bryant Park wurde von dem britischen Offizier angelegt und bepflanzt, nach dem er benannt ist. Meistens tummeln sich hier Touristen und verliebte Pärchen.

Berijam-See SEE

(9–15 Uhr) GRATIS Wenn man den von Wald umgebenen Berijam-See 21 km südwestlich von Kodaikanal besuchen will, braucht man eine Genehmigung der Forstbehörde. Taxifahrer können diese besorgen, wenn man sie einen Tag im Voraus darum bittet. Die halbtägige „Waldtour" zum See inklusive Abstechern zu diversen Aussichtspunkten kostet 1800 ₹.

Wandern

Der 5 km lange **Rundweg um den Kodaikanal-See** ist besonders schön am frühen Morgen, bevor die Massen einfallen. Eine Wanderung auf der Lower Shola Rd führt durch die **Bombay Shola**, das dem Zentrum von Kodai am nächsten liegende erhaltene *shola*-Waldstück.

Offiziell darf man in einem Umkreis von 19 km rund um Kodaikanal ungehindert wandern, nicht aber darüber hinaus. Bei der Forstbehörde kann man möglicherweise mit viel Zeit, Geduld und Glück die Genehmigung für längere Wanderungen in Schutzgebieten erhalten; wer es versuchen will, wendet sich an Kodaikanals **District Forest Office** (☎ 04542-241287; Muthaliarpuram; ⌚ Mo–Fr 10–17.45 Uhr). Die Touristeninformation (S. 434) und Pensionen wie das Greenlands Youth Hostel (S. 431) stellen gerne den Kontakt zu hiesigen Guides her, die bei den Genehmigungen helfen und interessante Routen abseits der Straßen anbieten (600–1000 ₹/halber Tag). Die Touristeninformation gibt eine Broschüre heraus, in der 17 Wanderstrecken in der Gegend beschrieben werden.

Eine feine Wanderung – sofern man sie organisieren kann – ist der zweitägige Trek von Kodaikanal über Top Station nach Munnar in Kerala (unterwegs sind einige Bus- bzw. Rikschafahrten erforderlich). Die Führer verlangen dafür 5000 ₹ pro Person.

Coaker's Walk AUSSICHTSPUNKT
(10 ₹; ⌚ 7–19 Uhr) Sofern er nicht in dichten Nebel gehüllt ist, ist die Aussicht vom asphaltierten Coaker's Walk wunderschön – sie reicht hinab bis zu den 2000 m tiefer gelegenen Ebenen. Für den Weg benötigt man fünf Minuten.

Trails & Tracks WANDERN
(☎ 9965524279; thenaturetrails@gmail.com; Tageswanderung pro Pers. & Std. 200 ₹) Der verlässliche, alteingesessene Veranstalter geführter Wanderungen wird von dem sehr erfahrenen ortsansässigen Guide Vijay Kumar geleitet. Er bietet Tageswanderungen, längere Wanderungen und Wanderungen mit Übernachtung an.

Boots- & Radtouren

Wer bollywoodmäßig verliebt ist, muss sich in Kodai unbedingt ein Tretboot, ein Ruderboot oder ein kaschmirisches *shikara* („Fitterwöchnerboot") leihen. Anbieter sind **Kodaikanal Boat & Rowing Club** (Lake Rd; per Tretboot/Ruderboot für 30 Min. 90/170 ₹, Shikara mit Bootsführer 480 ₹; ⌚ 9–18 Uhr) oder **TTDC Boat House** (Lake Rd; Tretboot 180 ₹/Std., Ruderboot/Shikara mit Bootsführer 640/970 ₹; ⌚ 9–17.30 Uhr).

Rund um den See verleihen diverse Stände auch Fahrräder (50 ₹/Std.).

Schlafen

Manche Hotels verlangen während der „Saison" (April–Juni) einen Aufschlag von bis zu 100 %. Es gibt einige prächtige historische Hotels und Mittelklasseunterkünfte mit gutem Preis-Leistungs-Verhältnis, wenn man auf ein koloniales Ambiente verzichten kann. In den meisten Hotels muss man in den Monaten April bis Juni spätestens um 9 oder 10 Uhr auschecken.

Greenlands Youth Hostel HOSTEL $
(☎ 04542-240899; www.greenlandskodaikanal.com; St. Mary's Rd; B 400 ₹, DZ 900–2500 ₹; 📶) Der alteingesessene, gesellige Budgetklassiker hat einen hübschen Garten und eine wundervolle Aussicht. Die Unterkünfte sind aber sehr schlicht und warmes Wasser gibt's nur von 8 bis 10 Uhr. Schlafsaalbetten können verfügbar sein, sind aber eigentlich für Reisegruppen reserviert. Die neueren und bequemeren „Superdeluxe"-Zimmer sowie die Suiten haben Balkone und ein farbenfrohes Dekor.

Sri Vignesh Guest House PENSION $
(☎ 9094972524; umaarkrishnan@gmail.com; Lake Rd; Zi. 700–1200 ₹) Das schlichte, aber stimmungsvolle Wohnhaus aus der Kolonialzeit liegt an einer steilen Auffahrt inmitten eines Blumengartens mit Schaukel. Geführt wird es von einem freundlichen Ehepaar aus Kodai, das „ruhige" Gäste gern empfängt (Gruppen junger Männer werden normalerweise abgewiesen). Die Zimmer sind sauber und sehr schlicht, warmes Wasser gibt's bis um 12 Uhr.

Snooze Inn HOTEL $
(☎ 04542-240837; www.jayarajgroup.com; Anna Salai; B 330 ₹, Zi. 880–1045 ₹; 📶) Die Zimmer sind zwar nicht so stimmungsvoll wie die Fassade erwarten lässt, doch das Preis-Leistungs-Verhältnis stimmt, die Bäder sind sauber und an Decken herrscht kein Mangel. Es gibt auch einen Schlafsaal mit zwölf Betten, Schließfächern und einem Gemeinschaftsbad.

Cinnabar PRIVATUNTERKUNFT $$
(☎ 9842145220; www.cinnabar.in; Chettiar Rd; Zi. mit HP 6000 ₹; 📶) 🍃 Die beiden eleganten,

Kodaikanal (Kodai)

aber gemütlichen Zimmer sind eine nette Zuflucht mit warmem Wasser rund um die Uhr, Tee-/Kaffeemaschinen, verglasten Duschen und hübschen Holzböden und -decken – und das nur 2 km nördlich der Stadt. Die kundigen Eigentümer haben Tipps zu Wanderungen in der Gegend und verwöhnen einen mit hausgemachtem Käse, Brot, Müsli, Marmelade und „internationalen" Gerichten, deren Zutaten aus ihrem eigenen Bio-Obst- und Gemüsegarten direkt am Haus stammen.

Villa Retreat HOTEL **$$**
(☎04542-240940; www.villaretreat.com; Club Rd; Zi. mit Frühstück ₹4740-7900 ₹; 📶) Vom Frühstückstisch im Garten dieses hübschen alten Steinhauses genießt man die fantastische Aussicht des Coaker's Walk – das Anwesen liegt am nördlichen Ende dieses Spazierwegs. Das freundliche Hotel hat gemütliche, ziemlich große Zimmer; bei kaltem Wetter brennt im Speisesaal im Kamin das Feuer. Hohe Preise, aufmerksamer Service.

Hilltop Towers HOTEL **$$**
(☎04542-240413; www.hilltopgroup.in; Club Rd; Zi. mit Frühstück 2860–3440 ₹; 📶) Dieses Mittelklassehotel ist von außen nichtssagend, rustikale Details wie polierte Teakholzböden sowie das aufmerksame Personal, Tee-/Kaffeemaschinen in den Zimmer und die zentrale Lage sorgen aber für ein gutes Preis-Leistungs-Verhältnis.

★ **Carlton** HISTORISCHES HOTEL **$$$**
(☎04542-240056; www.carlton-kodaikanal.com; Lake Rd; EZ/DZ/Cottage mit HP 10 350–/11 820–12 880/17 430 ₹; 📶) Die wunderschöne Fünf-Sterne-Villa aus der Kolonialzeit mit Seeblick ist das beste Haus am Platz. Die Zimmer sind geräumig und haben sehr bequeme Betten, einige auch einen großen eigenen Balkon. Die Anlage und die Gemeinschaftsbereiche versprühen klassisches Hill-Station-Flair mit durchbrochenen Steinmauern, Billardtischen, Bingo am Abend, Kaminen, einem Whirlpool und einer Bar, an der man einfach gleich einen Scotch bestellen muss.

Vattakanal

Das kleine Dorf Vattakanal („Vatta") 4,5 km südwestlich von Kodaikanal ist ein wundervoll ländliches Refugium für Budgettraveller. Das Dorf ist sehr beliebt, besonders bei indischen und israelischen Reisegruppen; zur Hochsaison herrscht hier entspannte Partystimmung.

Altaf's Cafe PENSION **$**
(☎9487120846; www.altafscafe.com; Vattakanal; Zi. 1200–2000 ₹) Das beliebte kleine nahöst-

Kodaikanal (Kodai)

Sehenswertes
1 Bryant Park C3
2 Coaker's Walk D2

Aktivitäten, Kurse & Touren
3 Fahrradverleih C2
4 Fahrradverleih C2
5 Fahrradverleih B1
6 Kodaikanal Boat & Rowing Club B2
7 TTDC Boat House B2

Schlafen
8 Carlton B2
9 Greenlands Youth Hostel C3
10 Hilltop Towers C1
11 Snooze Inn D1
12 Sri Vignesh Guest House C1
13 Villa Retreat D2

Essen
Carlton .... (siehe 8)
14 Cloud Street C1
15 Hotel Astoria C1
16 Pastry Corner C2
17 Tava C1
Ten Degrees .... (siehe 10)

Ausgehen & Nachtleben
18 Cafe Cariappa C1

Shoppen
19 Re Shop C2

Praktisches
Canara Bank, Geldautomat .... (siehe 11)
20 District Forest Office D1
21 HDFC Bank, Geldautomat C2
Hi-Tech Internet .... (siehe 19)
22 State Bank of India, Geldautomat D1

Transport
23 Bushaltestelle C1
24 Raja's Tours & Travels C2
Taxistand .... (siehe 23)
25 Zugbuchungsbüro D1

lich-italienische Altaf's Cafe vermietet ein paar recht große Doppel- und Dreibettzimmer für sechs Personen (manchmal mehr!) mit eigenem Bad, die sich über den Hügelhang hinter Vattakanal verteilen.

Kodai Heaven PENSION $$
(☎9865207207; www.kodaiheaven.com; 6 Dolphin's Nose Rd, Vattakanal; Zi. 2000–3200 ₹;) Vielleicht nicht gerade der Himmel auf Erden, doch die schlichten Mehrbettzimmer (2–6 Pers.) am Hügelhang mit Farbtupfern und fabelhaftem Blick in die Berge sind sicher keine schlechte Wahl.

Essen & Ausgehen

Die PT Rd ist die beste Adresse für Restaurants. Viele Lokale in Kodai haben Bio- und/oder internationale Gerichte, sodass man hier mit Käse und Brot aus der Region, Kaffee und Avocados rechnen darf.

Pastry Corner BÄCKEREI $
(3 Maratta Shopping Complex, Anna Salai; 10.30–14 & 15–17.30 Uhr) In der beliebten Bäckerei holt man sich frische Muffins, Croissants, Kuchen, Zimtringe oder Sandwichs oder quetscht sich mit einer Tasse Tee an eine der Bänke.

Tava INDISCH $
(PT Rd; Hauptgerichte 70–140 ₹; Do–Di 11.30–20.45 Uhr) Das preiswerte, saubere und flinke vegetarische Restaurant serviert Gerichte aus ganz Indien. Zu empfehlen sind das würzige, mit Blumenkohl gefüllte *gobi paratha* oder das *sev puri* (knuspriges, lockeres gebratenes Brot mit Kartoffeln und Chutney).

Ten Degrees INTERNATIONAL $$
(PT Rd; Hauptgerichte 200–360 ₹; 12–22 Uhr) Honigfarbenes Holz und Schwarz-Weiß-Fotos von Kodai bilden in diesem munteren Neuzugang an der PT Rd die Kulisse für schmackhafte, elegant zubereitete indische und westliche Gerichte. Es gibt zarte, würzige Wraps, Sandwichs mit hausgemachtem Brot, Burger, Salate, Pfannengerichte, Eierfrühstück und Drinks in Einmachgläsern.

Altaf's Cafe INTERNATIONAL $$
(☎9487120846; www.altafscafe.com; Vattakanal; Gerichte 70–200 ₹; 8–20.30 Uhr) Das nach einer Seite offene Café in Vattakanal serviert hungrigen Travellern italienische, indische und nahöstliche Gerichte, darunter Frühstück und *sabich* (israelische Sandwichs mit Auberginen und Eiern). Dazu gibt es Tee, Kaffee, Säfte und Lassis.

Hotel Astoria INDISCH $$
(Anna Salai; Hauptgerichte 110–150 ₹, Thalis 115–155 ₹; 7–22 Uhr) Das vegetarische Restaurant ist stets gut gefüllt mit Einheimischen und Touristen, besonders mittags, wenn es fantastische „All You Can Eat"-Thalis gibt.

Cloud Street INTERNATIONAL $$$
(www.cloudstreetcafe.com; PT Rd; Hauptgerichte 260–550 ₹; Mi–Mo 12.30–21 Uhr;) Ja, das ist tatsächlich ein echter Pizzaofen mit Holzfeuerung, wie man ihn aus Italien kennt. Auf

ABSTECHER

WANDERUNG ZUR DOLPHIN'S NOSE

Diese reizende Wanderung (einfache Strecke 4,5 km) startet im Zentrum von Kodai und führt durch Vattakanal, bis man schließlich Dolphin's Nose erreicht, einen tollen Aussichtspunkt auf einem schmalen Felsvorsprung in schwindelerregender Höhe. Unterwegs erspäht man im Wald mit etwas Glück Gaure (Bisons) oder Rieseneichhörnchen.

Zunächst folgt man der St. Mary's Rd westwärts und geht dann vom Südende des Coaker's Walk nach Südwesten, bis man nach 1,2 km die Kirche La Saleth aus dem 19. Jh. passiert. An einer Gabelung hinter der Kirche geht's links einen Weg bergauf, der bald nicht mehr befestigt ist und durch das Waldstück Pambar Shola. Nach 450 m stößt man auf eine Brücke oberhalb eines Wasserfalls. Auf der anderen Seite der Brücke gibt es ein paar Stände, die Obst, Tee, Kaffee, Brot-Omelett und gegrillten Mais mit Limette und Masala verkaufen. Von hier aus folgt man der Straße über 1 km lang bergab, während sich allmählich das Panorama des Dorfes Vattakanal entfaltet. Wenn man von hier aus den steilen Pfad bergab geht, vorbei am Altaf's Cafe, erreicht man nach ca. 15 Minuten die Dolphin's Nose.

der Karte stehen außerdem Hummus und Falafel, im Ofen überbackene Pastagerichte und hausgemachte Kuchen. Das tolle Essen genießt man in einem schlichten, aber relaxten und familiären Ambiente mit Kerzen und einem knisternden Kaminfeuer an kalten Abenden. Jeden zweiten Samstag gibt's Livemusik.

Carlton INTERNATIONAL $$$
(Lake Rd; Buffet 950 ₹; ⏲7.30–10.30, 13–15 & 19.30–22.30 Uhr) Wer sich abends ein ausgiebiges Buffet gönnen will, findet hier eine große Auswahl ausgezeichneter indischer und westlicher Gerichte in unerschöpflicher Fülle. Das Mittagessen ist à la carte.

★ **Cafe Cariappa** CAFÉ
(www.facebook.com/cafecariappa; PT Rd; Kaffee 80–100 ₹; ⏲Di–So 10.30–18.30 Uhr; 📶) Ein Traum für Koffeinjunkies: Das rustikal-schicke, holzgetäfelte kleine Café braut fantastischen Kaffee aus eigenem Bio-Anbau. Darüber hinaus gibt's hausgemachten Karottenkuchen, Crêpes, Sandwichs und frische Säfte. In Kodai hergestellter Käse wird auch verkauft.

Shoppen

Läden und Stände überall in der Stadt verkaufen hausgemachte Pralinen, Gewürze, natürliche Öle und Kunsthandwerksprodukte. Einige Händler setzen sich unaufgeregt, aber nachhaltig für soziale Gerechtigkeit ein.

Re Shop KUNSTHANDWERK
(www.facebook.com/bluemangotrust; Seven Rd Junction; ⏲Mo–Sa 10–19 Uhr) Der Laden verkauft stilvollen Schmuck, Stoffe, Papiere und mehr zu fairen Preisen. Alle Waren stammen von benachteiligten Dorfbewohnerinnen aus ganz Tamil Nadu.

Praktische Informationen

Touristeninformation (☎04542-241675; PT Rd; ⏲Mo–Fr 10–17.30 Uhr) Sieht nicht gerade vielversprechend aus, ist aber doch recht hilfreich.

An- & Weiterreise

BUS

Zu den meisten Zielen nimmt man am besten einen Bus von Kodaikanals **Busbahnhof** (Anna Salai).

Raja's Tours & Travels (http://rajastours.com; Anna Salai; ⏲8–21 Uhr) Fährt mit Minibussen (20 Pers.) mit Liegesitzen nach Udagamandalam (500 ₹, 8 Std., 19.30 Uhr). Weitere klimatisierte Sleeper-Busse und Busse mit Liegesitzen steuern Chennai (650–950 ₹, 12 Std., 18 & 18.30 Uhr) und Bengaluru (650–850 ₹, 12 Std., 18.30 Uhr) an.

ZUG

Der nächstgelegene Bahnhof ist Kodai Road, 80 km östlich von Kodaikanal unten in der Ebene. Vom/zum Bahnhof Egmore in Chennai fahren täglich vier Züge, darunter der Nachtzug Pandian Express (Sleeper/3AC/2AC/1AC 295/765/1075/1815 ₹, 7½ Std.), der in Chennai um 21.20 Uhr und in Kodai Road Richtung Norden um 21.10 Uhr abfährt. In Kodaikanals Postamt gibt's ein **Zugbuchungsbüro** (Post, Post Office Rd; ⏲Mo–Fr 9–16, Sa bis 14 Uhr).

Direktbusse von Kodaikanal zur Station Kodai Road starten täglich um 10.20 und 16.25 Uhr (55 ₹, 3 Std.); es sind auch zahlreiche Busse zwischen dem Bahnhof und Batlagundu (an der

STAATLICHE BUSSE AB KODAIKANAL (KODAI)

ZIEL	PREIS (₹)	DAUER (STD.)	HÄUFIGKEIT
Bengaluru	560–760	12	17.30 & 18 Uhr
Chennai	480	12	18.30 Uhr
Coimbatore	130	6	8.30 & 16.30 Uhr
Madurai	65	4	15-mal tgl.
Tiruchirappalli	120	6	13.30, 15.30, 17.40 & 18 Uhr

Busroute Kodai–Madurai) unterwegs. Ein Taxi vom/zum Bahnhof kostet 1200 ₹.

Unterwegs vor Ort

Das Zentrum von Kodaikanal ist kompakt und leicht zu Fuß zu erkunden. Autorikschas gibt es nicht (unglaublich, aber wahr!), dafür aber viele Taxis. Der Mindestpreis liegt bei 150 ₹ für bis zu 3 km; die Fahrt von/nach Vattakanal kostet 300 ₹.

Rund um Kodaikanal

In den **Palani-Hügeln** unterhalb von Kodaikanal gibt's ein paar großartige ländliche Unterkünfte.

Elephant Valley FARMUNTERKUNFT **$$**
(☎7867004398; www.duneecogroup.com; Ganesh Puram; Pethupari; Zi. inkl. Frühstück 4010–8750 ₹;) Tief im Tal, 22 km nordöstlich von Kodaikanal und abseits der Kodaikanal-Palani Rd, erstreckt sich diese umweltfreundliche Anlage unter französischer Leitung auf einem 48 ha großen Landstrich aus Bergwald und Biofarm, auf dem sich auch Elefanten, Pfauen und Bisons blicken lassen. Es vermietet gemütliche Cottages aus hiesigen Materialien an beiden Seiten des Flusses sowie ein Baumhaus. Das französisch-indische Restaurant bereitet wunderbare Gerichte mit gartenfrischem Gemüse sowie Kaffee aus eigenem Anbau zu.

Coimbatore

☎0422 / 1,05 MIO. EW.

Tamil Nadus zweitgrößte Stadt ist Geschäftsmetropole und wichtiger Verkehrsknotenpunkt und wird aufgrund der hier ansässigen Textilindustrie oft als das Manchester Indiens bezeichnet. Sie wirkt recht freundlich und hat zunehmend kosmopolitisches Flair, wegen des Mangels an interessanten Sehenswürdigkeiten passieren die meisten Besucher sie jedoch lediglich als Durchgangsstation auf dem Weg nach Ooty oder Kerala. Wer über Nacht bleiben möchte, kann zwischen vielen Unterkünften und Restaurants wählen.

Schlafen

Sree Subbu HOTEL **$**
(☎0422-2300006; Geetha Hall Rd; EZ/DZ 550/660 ₹) Wer keine Klimaanlage braucht und sparen muss, ist in dieser recht sauberen Unterkunft gut aufgehoben.

Corner Stay PENSION **$$**
(☎9842220742; www.cornerstay.in; 4/1 Abdul Rahim Rd, abseits der Racecourse Rd; Zi. 2000–3000 ₹;) Die gemütliche Pension an einer ruhigen Gasse in der Umgebung der Rennbahn hat drei makellose, geschmackvoll eingerichtete Zimmer mit einer Gemeinschaftslounge und einem Balkon. Zwei Zimmer teilen sich eine Küche, das dritte hat eine eigene. Zu essen gibt's Hausmannskost. Die Unterkunft liegt 2 km nordöstlich des Bahnhofs.

Legend's Inn HOTEL **$$**
(☎0422-4350000; www.legendsinn.com; Geetha Hall Rd; Zi. 1460 ₹, EZ/DZ mit Klimaanlage 1820/2070 ₹;) Das Mittelklassehotel mit gutem Preis-Leistungs-Verhältnis ist eine von mindestens zehn Unterkünften in dieser Gasse gegenüber dem Bahnhof. Es bietet geräumige, saubere und komfortable Zimmer und eine hilfsbereite Rezeption; man kann rund um die Uhr auschecken. Vorab buchen, denn der Andrang ist groß!

Residency Towers HOTEL **$$$**
(☎0422-2241414; www.theresidency.com; 1076 Avinashi Rd; EZ/DZ mit Frühstück ab 6800/7600 ₹;) Die beste Adresse vor Ort. Das Residency mit seinem hohen Foyer hat professionelles Personal, gut ausgestattete Zimmer, einen Swimmingpool und ausgezeichnete Restaurants und Bars. Buffets mit tollem Preis-Leistungs-Verhältnis gibt's im **Pavilion** (www.theresidency.com; Residency Towers, 1076 Avinashi Rd; Buffet früh/mittags/abends 475/820/930 ₹; 7–10, 12.30–15 & 19–24 Uhr). Auf der Website nach Rabatt schauen!

Coimbatore

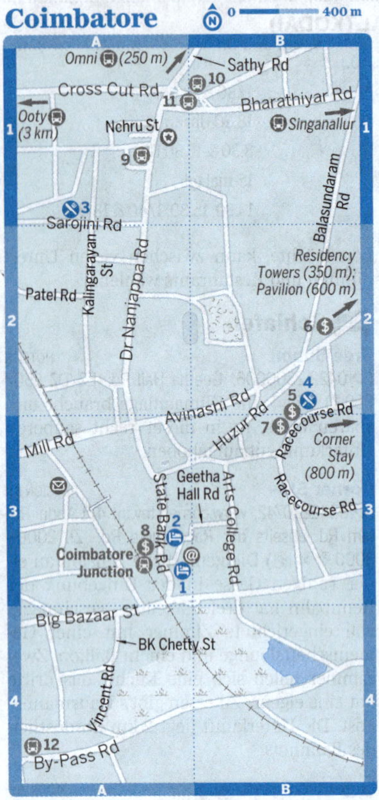

Coimbatore

Schlafen
1 Legend's Inn ... A3
2 Sree Subbu ... A3

Essen
3 Junior Kuppanna ... A1
4 On The Go ... B2

Praktisches
5 HSBC, Geldautomat ... B2
6 State Bank of India, Geldautomat ... B2
7 State Bank of India, Geldautomat ... B3
8 State Bank of India, Geldautomat ... A3

Transport
9 Central Bus Stand ... A1
10 SETC Bus Stand ... B1
11 Town Bus Stand ... A1
12 Ukkadam Bus Stand ... A4

Essen

Junior Kuppanna SÜDINDISCH $$
(☎0422-235773; www.hoteljuniorkuppanna.com; 177 Sarojini Rd, Ram Nagar; Hauptgerichte 160–200 ₹, Thalis 170 ₹; ⊙12–16 & 18.30–23 Uhr) Hier gibt's leckere, traditionelle, südindische Thalis auf Bananenblättern. Hungrige Fleischliebhaber freuen sich über die große Auswahl nicht vegetarischer südindischer Spezialitäten. Alles wird in einer makellos sauberen Küche zubereitet. Das Restaurant hat drei Filialen in der Stadt.

On The Go INTERNATIONAL $$$
(☎0422-4520116; www.onthegocbe.com; 167 Racecourse Rd; Hauptgerichte 275–575 ₹; ⊙12.30–14.45 & 19–22.30 Uhr) Das farbenfrohe, moderne Lokal voller Cartoons und türkisfarbener Sofas serviert schmackhafte, wenn auch teure Gerichte aus aller Welt – von Italien über den Nahen Osten bis nach Nordindien und Sri Lanka.

An- & Weiterreise

BUS

Vom **Ooty Bus Stand** (Neuer Busahnhof; Mettupalayam (MTP) Rd) 5 km nordwestlich des Bahnhofs fahren alle zehn Minuten Busse über Mettupalayam (14–18 ₹, 1 Std.) und Coonoor (40 ₹, 3 Std.) nach Udagamandalam (53 ₹, 4 Std.) sowie halbstündlich nach Kotagiri (30 ₹, 3 Std.). Täglich gibt es 28 Busse nach Mysuru (160–400 ₹, 6 Std.) und elf nach Bengaluru (400–650 ₹, 9 Std.).

Vom **Singanallur Bus Stand** (Kamaraj Rd) 6 km östlich des Zentrums fahren alle zehn Minuten Busse nach Tiruchirappalli (116 ₹, 5 Std.), Thanjavur (180 ₹, 7¼ Std.) und Madurai (125 ₹, 5 Std.). Der Bus 140 (11 ₹) pendelt zwischen hier und dem **Town Bus Stand** (Ecke Dr. Nanjappa Rd & Bharathiyar Rd), nicht zu verwechseln mit dem **Central Bus Stand** (Central Vus Stand; Dr. Nanjappa Rd).

Vom **Ukkadam Bus Stand** (NH Rd) 1,5 km südwestlich vom Bahnhof fahren Busse zu Zielen Richtung Süden, darunter nach Pollachi (17–23 ₹, 1¼ Std., alle 5 Min.), Kodaikanal (180 ₹, 6 Std., 10 Uhr) und Munnar (180 ₹, 6½ Std., 8.15 Uhr).

Staatliche Express- oder Superfast-AC- und Volvo-Busse nutzen den **SETC Bus Stand** (Thiruvalluvar Bus Stand; Bharathiyar Rd). Ziele:

Bengaluru 375–700 ₹, 9 Std., tgl. 12-mal
Chennai 400–460 ₹, 11 Std., 8 Busse zw. 17.30 und 22.30 Uhr
Ernakulam 170 ₹, 5½ Std., tgl. 8-mal
Mysuru 160–400 ₹, 6 Std., tgl. 27-mal
Thiruvananthapuram 322 ₹, 10½ Std., tgl. 7-mal

Private Busse zu Zielen wie Bengaluru, Chennai, Ernakulam, Puducherry, Tiruchirappalli und Thiruvananthapuram starten vom **Omni Bus**

Stand (Sathy Rd) 500 m nördlich vom Städtischen Busbahnhof bzw. vor den Ticketbüros in der Sathy Rd.

FLUGZEUG

Der Flughafen liegt 10 km östlich der Stadt. **Air India** (www.airindia.in), **IndiGo** (www.goindigo.in), **Jet Airways** (www.jetairways.com) oder **SpiceJet** (www.spicejet.com) fliegen täglich direkt zu inländischen Zielen wie Bengaluru, Chennai, Delhi, Hyderabad oder Mumbai. **SilkAir** (www.silkair.com) fliegt viermal pro Woche von/nach Singapur.

TAXI

Ein Taxi hinauf nach Udagamandalam (3 Std.) kostet 2500 ₹; die Busse dorthin sind oft so überfüllt, dass die Investition durchaus eine Überlegung wert ist.

ZUG

Der Bahnhof Coimbatore Junction liegt an der Hauptstrecke von Chennai nach Ernakulam (Kochi, Kerala); täglich verkehren mindestens 13 Züge in beide Richtungen. Der Nilgiri Express um 5.15 Uhr nach Mettupalayam (Sleeper/2AC/3AC 170/535/740 ₹, 1 Std.) hat Anschluss an die Schmalspurbahn von Mettupalayam nach Udagamandalam um 7.10 Uhr. Die gesamte Fahrt nach Udagamandalam dauert sieben Stunden (Verbindungen s. S. 438).

Unterwegs vor Ort

Die Busse 20A, 40, 41D und 44 (11 ₹) vom **Städtischen Busbahnhof** (S. 436) setzen Fahrgäste 1 km vom Flughafen entfernt ab. Ein Taxi aus dem Zentrum kostet 300 bis 400 ₹.

Viele Busse pendeln zwischen dem Bahnhof und dem **Städtischen Busbahnhof** (S. 436). Autorikschafahrer verlangen vom Bahnhof 60 ₹ zum **Ukkadam Bus Stand** (S. 436), 80 ₹ zum **SETC** (S. 436) oder zum **Town Bus Stand** (S. 436) und 150 ₹ zum **Ooty Bus Stand** (S. 436).

Die Taxi-Apps von Uber und Ola Cabs funktionieren hier gut.

Rund um Coimbatore

Die Handelsstadt **Mettupalayam** 40 km nördlich von Coimbatore ist der Ausgangspunkt für den um 7.10 Uhr fahrenden Schmalspurzug nach Udagamandalam. Falls man in Mettupalayam übernachten muss, hat man eine große Auswahl an Unterkünften.

ABSEITS DER ÜBLICHEN PFADE

ANAMALAI TIGER RESERVE

Das **Anamalai Tiger Reserve** (Indira Gandhi Wildlife Sanctuary & National Park; 30 ₹, Foto/Video 80/200 ₹; 6–12 & 15–17 Uhr) ist ein 950 km² großes Schutzgebiet aus tropischem Dschungel, *shola*-Wald und Savannen, das eine Höhe von bis zu 2400 m erreicht und sich über die Westghats zwischen Kodaikanal und Coimbatore bis nach Kerala hinein erstreckt. Das Gebiet ist seit 2007 ein Tigerreservat und bietet darüber hinaus Lebensraum für alle möglichen einheimischen Wildtiere, darunter seltene und bedrohte Arten. Man findet hier Leoparden und rund 30 scheue Tiger, außerdem Bartaffen, Pfauen, Languren, Krokodile, Axishirsche und Elefanten.

Das **Reception & Interpretation Centre** (04259-238360; Topslip; 7–18 Uhr) des Reservats in Topslip (35 km südwestlich von Pollachi) veranstaltet offizielle 45-minütige **Minibussafaris** (Topslip; ab 130 ₹/Pers.; 7–10 & 15–17 Uhr) und **geführte Wanderungen** (Topslip; 2 Std. 500 ₹/Pers.; 7–14 Uhr). In Topslip gibt's schlichte **Unterkünfte des Forstamts** (Reservierungen 04259-238360; Topslip; Zi. 1500–4000 ₹), die man vorab beim **District Forest Office** (04259-225356; www.forests.tn.nic.in; 365/1 Meenkarai Rd, Pollachi; Mo–Fr 10–17.45 Uhr) in Pollachi bucht.

Das winzige Teeplantagen-Städtchen **Valparai**, 65 km südlich von Pollachi am Rand des Reservats, ist allerdings ein viel bequemeres Standquartier. Der wunderbare **Sinna Dorai's Bungalow** (7094739309; www.sinnadorai.com; Valparai; EZ/DZ mit HP 7650–8650/9750–11 000 ₹;) hat eine herrliche Lage auf einer weitläufigen Teeplantage und vermietet sechs großzügige Zimmer voller Lokalgeschichte des frühen 20. Jhs. Überdies organisieren die Betreiber geführte Wanderungen und nächtliche Wildbeobachtungstouren im Auto und servieren hausgemachte Gerichte.

Busse verbinden Pollachi mit Topslip (35 ₹, 2 Std., stündl.) und Valparai (30 ₹, 3 Std., alle 30 Min.). Vom Ukkadam Bus Stand in Coimbatore fahren Busse nach Pollachi (17–23 ₹, 1 Std., alle 5 Min.) und täglich ein Bus nach Valparai (65 ₹, 4 Std., 15 Uhr). Von Kodaikanal fahren ebenfalls täglich Busse nach Pollachi (110 ₹, 6 Std., 8.30 & 16.30 Uhr).

WICHTIGE ZÜGE AB COIMBATORE

ZIEL	ZUG-NR. & NAME	PREIS (₹)	DAUER (STD.)	ABFAHRT
Bengaluru	*16525 Bangalore Exp*	260/695/995 (B)	8½	22.55 Uhr
Chennai Central	*12676 Kovai Exp*	180/660 (A)	7½	14.55 Uhr
	22640 Chennai Exp	315/810/1140 (B)	7½	22.15 Uhr
Ernakulam (Kochi)	*12677 Ernakulam Exp*	105/390 (A)	3¾	13.10 Uhr
Madurai	*16610 Nagercoil Exp*	205/545 (C)	5½	20.30 Uhr
Thiruvananthapuram	*12695 Trivandrum Exp*	285/730/1025 (B)	8½	23.10 Uhr

Preise: (A) 2. Klasse/AC Chair Class; (B) Sleeper/3AC/2AC; (C) Sleeper/3AC

Coonoor

☎0423 / 45 490 EW. / 1720 M

Coonoor ist – neben Udagamandalam und Kotagiri – eine der drei Hill Stations, die hoch über den Ebenen im Süden in den Nilgiris liegen. Coonoor ist dabei kleiner und ruhiger als das 20 km nordwestlich gelegene Udagamandalam und besitzt einige fantastische historische Hotels und Pensionen. Ansonsten kann man hier genau das gleiche tun wie im größeren und geschäftigeren Udagamandalam: wandern, Teeplantagen besuchen und die Aussicht in die Berglandschaft genießen. Vom Ortsteil Upper Coonoor, der 1 bis 3 km nordöstlich (bergauf) vom Stadtzentrum in Lower Coonoor liegt, blickt man über ein Meer von roten Ziegeldächern auf die Hügel dahinter und genießt die kühle Luft, das ruhige Ambiente und die zauberhafte Landschaft. Im Stadtzentrum selbst gibt's hingegen nur Hektik und Verkehrslärm.

Sehenswertes

Die Sehenswürdigkeiten außerhalb von Coonoor besucht man am besten im Rahmen einer Tour mit Autorikscha (600 ₹) oder Taxi (800 ₹).

Sim's Park PARK

(Upper Coonoor; Erw./Kind 30/15 ₹, Foto/Video 50/100 ₹; ⌚7–18.30 Uhr) Der 12 ha große Park in Upper Coonoor von 1874 ist eine friedliche Oase mit gepflegten Rasenhängen und mehr als 1000 Pflanzenarten von verschiedenen Kontinenten; u. a. wachsen und gedeihen hier Magnolien, Baumfarne, Rosen und Kamelien. Busse nach Kotagiri können einen am Park absetzen.

Highfield Tea Estate PLANTAGE

(Walker's Hill Rd; ⌚8–21 Uhr) GRATIS Die 50 Jahre alte Teeplantage (2 km nordöstlich von Upper Coonoor) gehört zu den wenigen, noch bewirtschafteten Teeplantagen in den Nilgiris, die besucht werden können. Guides sind schnell zur Stelle, aber man kann sich den ganzen Prozess der Teeproduktion auch gern auf eigene Faust anschauen. Und natürlich kann man den Tee auch probieren und kaufen.

Lamb's Rock AUSSICHTSPUNKT

(Dolphin's Nose Rd; 10 ₹, Foto/Video 20/50 ₹; ⌚8.30–18.30 Uhr) Von dem beliebten Picknickplatz in einem Waldstück voller Affen hat man eine unglaubliche Aussicht über schimmernde Tee- und Kaffeeplantagen hinunter in die dunstigen Ebenen. Die Stelle befindet sich 5 km östlich von Upper Coonoor – ist also, wenn man will, auch zu Fuß erreichbar.

Dolphin's Nose AUSSICHTSPUNKT

(Dolphin's Nose Rd; 10 ₹, Foto/Video 20/50 ₹; ⌚8.30–18.30 Uhr) Der beliebte Aussichtspunkt liegt rund 10 km westlich der Stadt und bietet einen weiten Panoramablick bis zu den Catherine Falls (S. 441) auf der anderen Seite des Tals.

Schlafen & Essen

Um Coonoors beste Unterkünfte zu erreichen, braucht man eine Autorikscha, ein Auto oder trainierte Beine. Preiswerte südindische Restaurants konzentrieren sich um den Busbahnhof.

YWCA Wyoming Guesthouse HISTORISCHE PENSION $

(☎0423-2234426; http://ywcaagooty.com; Bedford; B 220 ₹, EZ 600–720 ₹, DZ 1300 ₹) Das etwas marode, 150 Jahre alte Schmuckstück ist zugig und knarrt, versprüht aber mit seinen Holzterrassen und dem schönen Blick über Baumkronen hinweg auf die Stadt kolonialen Charme. Das Preis-Leistungs-Verhältnis passt: Die Zimmer sind ordentlich

DIE NILGIRI-BERGE & IHRE VÖLKER

Die bewaldeten, von Wasserfällen durchzogenen Nilgiris (Blauen Berge) ragen völlig unvermittelt aus den umliegenden Ebenen zwischen den Ortschaften Mettupalayam (Südosten) und Gudalur (Nordwesten) empor und werden von gewundenen Ghat-Straßen und der berühmten Nilgiri Mountain Railway erklommen. Das Hochland, in dem sich Täler und Hügel fleißig abwechseln, besitzt mehr als 20 Gipfeln über 2000 m Höhe und ist der Traum eines jeden Botanikers: Hier wachsen 2300 blühende Pflanzenarten, auch wenn der Großteil des heimischen *shola*-Waldes und des Graslands durch Monokulturen mit Tee, Kaffee, Eukalyptus und Viehweiden ersetzt wurde.

Das UNESCO Nilgiri Biosphere Reserve ist ein 5520 km² umfassendes Gebiet, zu dem auch Teile von Kerala und Karnataka gehören. Es beherbergt mehrere wichtige Tigerreservate, Nationalparks und Schutzgebiete und nennt eine der größten Artenvielfalten weltweit sein Eigen.

Die Bergstämme der Nilgiris wurden bis zur Ankunft der Briten vor 200 Jahren weitgehend unbehelligt gelassen. Heute haben die Auswirkungen von Kolonialismus und Migrationsbewegungen viele Stammeskulturen an den Rand des Untergangs gebracht. Andere haben sich so sehr assimiliert, dass sie praktisch in der sonstigen Bevölkerung aufgegangen sind. Nichtsdestotrotz pflegen noch einige wenige Bergstämme einen halbwegs traditionellen Lebensstil.

Wegen ihrer Nähe zu Udagamandalam sind die Toda (rund 1500 Pers.) das bekannteste dieser Völker. Manche bewohnen noch immer winzige Dörfer *(munds)* mit traditionellen, fassförmigen Hütten, die aus Bambus, Schilfrohr und Gras gebaut sind. Die Toda-Frauen tragen ihr Haar in schulterlangen Locken; beide Geschlechter tragen auffällige, schwarz und rot verzierte Schals. Der Milch und Ghee liefernde Wasserbüffel steht im Zentrum des Lebens der Toda. Traditionell töten die strikt vegetarisch lebenden Toda nur bei Beerdigungen einen Büffel, damit dieser den Verstorbenen begleitet.

Der rund 200 000 Personen zählende Stamm der Badaga soll gegen 1600 aus Karnataka in die Nilgiris eingewandert sein. Das traditionelle Kostüm der Stammesangehörigen besteht aus weißem Stoff mit schmalen, bunten Borten. Sie beten die Muttergöttin Hetti Amman an, der das Hettai Habba Festival (Dez./Jan.) geweiht ist.

Die Kota, traditionelle Kunsthandwerker, leben in sieben Siedlungen im Gebiet um Kotagiri. Sie haben sich recht gut an das moderne Leben angepasst; viele von ihnen arbeiten im Staatsdienst.

Die traditionell als Zauberer bekannten Kurumba leben als Sammler (vor allem von Wildhonig) in den dichten Wäldern des Südens; viele sind heute allerdings in der Landwirtschaft beschäftigt. Die Irula sind ebenfalls auf das Sammeln von Nahrungsmitteln spezialisiert und kennen sich ausgezeichnet mit Pflanzen aus.

Wer sich für die Bergvölker der Nilgiris interessiert, sollte sich das **Tribal Research Centre Museum** (Muthorai Palada; Inder/Ausländer 5/100 ₹; ⏲ Mo–Fr 10–13 & 14–17 Uhr, unterschiedliche Öffnungszeiten) nicht entgehen lassen; es befindet sich 10 km südwestlich von Udagamandalam. Organisationen wie die **Keystone Foundation** (S. 441) in Kotagiri fördern Aktivitäten und das traditionelle Kunsthandwerk.

und sauber und mit Durchlauferhitzer ausgestattet. Einfache Gerichte sind auf Anfrage erhältlich.

★180° McIver HISTORISCHES HOTEL **$$**
(☎ 0423-2233323; http://serendipityo.com; Orange Grove Rd, Upper Coonoor; Zi. mit Frühstück 4560–7300 ₹; 📶) Der typische britische Bungalow vom Anfang des 20. Jhs. steht am oberen Ende der Stadt und wurde zu etwas ganz Besonderem verwandelt. Die sechs schönen und luftigen Zimmer prunken mit alten Möbeln, benutzbaren Kaminen und großen, frischen Bädern. Das europäische und indische Essen des im Haus befindlichen Restaurants **La Belle Vie** (Hauptgerichte 260–500 ₹; ⏲ 12.30–15.30 & 19.30–22.30 Uhr) lockt Gäste aus einem kilometerweiten Umkreis an. Von der Rasenfläche rund um das Haus, auf der man auch dinieren kann, hat man einen sagenhaften Panorama-Ausblick.

Acres Wild FARMUNTERKUNFT **$$**
(☎ 9443232621; www.acres-wild.com; 571 Upper Meanjee Estate, Kanni Mariamman Kovil St; Zi. mit

Nilgiri-Berge

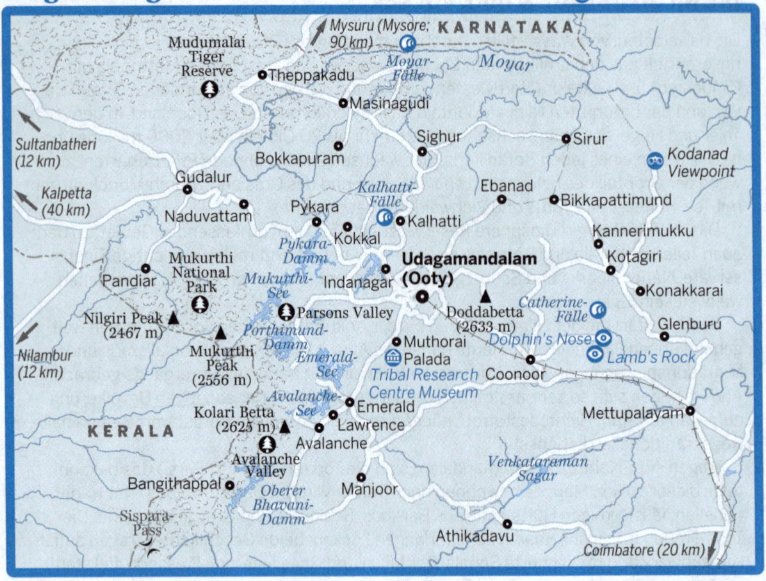

Frühstück 3650–5460 ₹;) Die Farm hat eine schöne Lage am südöstlichen Rand von Coonoor und wird nachhaltig mit Solarstrom und Regenwassernutzung geführt. Der Käse aus Milch von eigenen Kühen sucht in Indien seinesgleichen. Die fünf großen, stilvollen Zimmer, die sich auf drei Cottages verteilen, verfügen über eigene Küchen und Kamine. Die freundlichen, aus Mumbai stammenden Eigentümer haben viele Tipps für Aktivitäten abseits der Touristenströme parat. Vorab reservieren!

Gateway HISTORISCHES HOTEL $$$
(0423-2225400; https://gateway.tajhotels.com; Church Rd, Upper Coonoor; EZ/DZ mit Frühstück 7120–14 930/7800–16 280 ₹;) Das ehemalige Kloster aus der Kolonialzeit wurde in ein prächtiges historisches Hotel der Taj-Gruppe umgewandelt. Die gemütlichen, cremefarbenen Zimmer sind von viel Grün umgeben: Die meisten haben einen Kamin, der auch genutzt werden kann; und von den nach hinten blickenden hat man eine schöne Aussicht in die Berge. Abends werden Lagerfeuer auf dem Rasen entzündet. Das gute Restaurant **Gateway All Day** (Hauptgerichte 400–600 ₹; 7.30–10.30, 12.30–15 & 19.30–22.30 Uhr) blickt über die Gartenanlagen. Es gibt kostenlose Yoga-Sitzungen und keralesische Ayurveda-Massagen.

Shoppen

Green Shop KUNSTHANDWERK, ESSEN
(www.lastforest.in; Jograj Bldg, Bedford Circle; Mo–Sa 9.30–19.30 Uhr) Der Laden hat schönes Fair-Trade-Kunsthandwerk von hiesigen Stammesvölkern, z. B. Kleidung, Stoffe und Notizbücher, ferner Bio-Wildhonig, Nüsse, Schokolade, Seifen und Tees.

An- & Weiterreise

Von Coonoors **Bushaltestelle** (Lower Coonoor) fahren alle zehn Minuten Busse von/nach Udagamandalam (10 ₹, 1 Std.). Busse nach Kotagiri (12 ₹, 50 Min.) und Coimbatore (35 ₹, 3 Std.) fahren halbstündlich.

Coonoor liegt an der Schmalspurbahn, die Mettupalayam (1./2. Klasse 185/25 ₹, 2¼–3¼ Std.) mit Udagamandalam (150/25 ₹, 1¼ Std.) verbindet. Täglich fahren drei Züge lediglich von/nach Udagamandalam, außerdem fährt täglich ein Zug die gesamte Strecke Mettupalayam–Udagamandalam und wieder zurück.

Ein Taxi von/nach Udagamandalam kostet 900 ₹.

Kotagiri

04266 / 28 200 EW. / 1800 M

Kotagiri, die älteste und kleinste der drei Hill Stations in den Nilgiri-Bergen, liegt 30 km östlich von Udagamandalam hinter einem der höchsten Gebirgspässe in Tamil Nadu. Es ist ein ruhiger, bescheidener Ort mit einem nicht sonderlich interessanten Zentrum – den Reiz machen vielmehr die aus roter Erde bestehenden Wege in die Kiefernwälder, der blaue Himmel und die hohen grünen Hänge der Nilgiri-Berge aus.

Sehenswertes

Für eine halbtägige Taxirundfahrt u.a. zu den **Catherine Falls** (Kotagiri–Mettupalayam Rd) und zum **Kodanad Viewpoint** (Kodanad; Sonnenaufgang–Sonnenuntergang) sollten etwa rund 1200 ₹ fällig werden.

Sullivan Memorial MUSEUM
(9488771571; Kannerimukku; Erw./Kind 20/10 ₹; Fr–Mi 10–17 Uhr) Nur 2 km nördlich von Kotagiris Zentrum liegt das Haus, das 1819 von Udagamandalams Gründer John Sullivan errichtet wurde. Das leuchtend rot renovierte Gebäude beheimatet heute ein Museum mit faszinierenden Fotos, Zeitungsausschnitten und Artefakten zu den Stammesgruppen aus der Region, zur europäischen Besiedlung und zu Wahrzeichen wie der Schmalspurbahn. Hier befindet sich außerdem das **Nilgiri Documentation Centre** (www.nilgiridocumentation.com), das sich der Aufgabe verschrieben hat, die Schönheit und das Erbe der Region zu erhalten.

Freiwilligenarbeit

Keystone Foundation FREIWILLIGENARBEIT
(04266-272277; http://keystone-foundation.org; Groves Hill Rd) Die NGO aus Kotagiri setzt sich für den Umweltschutz in den Nilgiris und für die Verbesserung der Lebensbedingungen indigener Gemeinschaften ein. Gelegentlich gibt es Stellen für freiwillige Helfer.

Schlafen & Essen

La Maison HISTORISCHES HOTEL $$$
(9585857732; www.lamaison.in; Hadatharai; EZ 5630–7430 ₹, DZ 6750–8910 ₹;) Das mit Blumen geschmückte und unter französischer Leitung stehende La Maison ist ein schön renovierter schottischer Bungalow aus den 1890er-Jahren. Er steht in herrlicher Lage auf einem von Teeplantagen umgebenen Hügel, 5 km südwestlich von Kotagiri. Das originelle, französisch-schicke Design prunkt mit alten Möbeln, Kunsthandwerk von Stammesvölkern und alten Gemälden von Udagamandalam. Man kann zu nahen Wasserfällen wandern, Stammesdörfer besuchen, hausgemachte Gerichte genießen (800 ₹) und im Whirlpool mit Blick aufs Tal relaxen.

Shoppen

Green Shop ESSEN, KUNSTHANDWERK
(http://lastforest.in; Johnstone Sq; 9.30–19 Uhr) Im Laden der Umweltorganisation Keystone Foundation gibt's Picknickzutaten (Pralinen, Wildhonig) sowie schönes Kunsthandwerk von indigenen Völkern.

An- & Weiterreise

Busse fahren halbstündlich von/nach Udagamandalam (15 ₹, 1½ Std.), alle 15 Minuten von/nach Coonoor (11 ₹, 1 Std.) und Mettupalayam (16 ₹, 1½ Std.) sowie alle 45 Minuten nach Coimbatore (34 ₹, 2½ Std.). Ein Taxi von/nach Udagamandalam kostet 900 ₹.

Udagamandalam (Ooty)

0423 / 88 430 EW. / 2240 M

Udagamandalam, kurz Ooty, mag etwas hektisch anmuten, insbesondere das chaotische Zentrum. Doch keine Sorgen: Wenn es zu viel wird, entkommt man im Handumdrehen in ruhigere, grünere Gefilde, wo hohe Kiefern fast englisch wirkende Landstraßen säumen. Die „Königin der Hill Stations" verbindet Hindu-Tempel und indischen Trubel mit hübschen Gärten, einer internationalen Schule und Bungalows aus der englischen Kolonialzeit (in denen man die stimmungsvollsten Unterkünfte findet).

„Snooty Ooty" („hochnäsiges Ooty"), so der leicht zu merkende Spitzname, wurde von den Briten im frühen 19. Jh. als Sommersitz der britischen Kolonialregierung der Provinz Madras gegründet. Vor einigen Jahrzehnten hielt der Bauboom Einzug, aber an manchen Stellen hat das alte Ooty noch dem Zahn der Zeit getrotzt – man muss nur etwas weiter an den Rand der Stadt gehen, um es zu finden.

Die Anfahrt mit dem berühmten Schmalspurzug ist romantisch und die Landschaft atemberaubend. Selbst die Zufahrtsstraße ist eindrucksvoll. In der Saison (April–Juni) ist Udagamandalam eine willkommene Zuflucht aus der glühend heißen Ebene. Zwischen Oktober und März fallen die Temperaturen nachts gelegentlich bis auf den Gefrierpunkt.

Der Bahnhof und der Busbahnhof liegen am westlichen Ende von Ootys Rennbahn, im nahezu niedrigsten Teil der Stadt. Westlich von ihnen befindet sich der Ooty-See, wäh-

Udagamandalam (Ooty)

rend die umliegenden Straßen in Kurven bergauf führen. Vom Busbahnhof sind es 20 Gehminuten ostwärts bis zu Udagamandalams kommerziellem Zentrum Charing Cross.

Sehenswertes

Botanischer Garten GARTEN

(Garden Rd; Erw./Kind 30/15 ₹, Foto/Video 50/100 ₹; 7–18.30 Uhr) Der hübsche, 22 ha große Garten wurde 1848 angelegt und ist ein lebendes Museum der endemischen Flora der Nilgiri-Berge. Hier findet man ein typisches *mund* (Dorf) der Toda, einen versteinerten Baumstamm, der 20 Mio. Jahre alt sein soll, und an geschäftigen Tagen viele indische Touristen.

St. Stephen's Church KIRCHE

(Church Hill Rd; 10–18 Uhr) Hoch über dem Zentrum von Ooty thront die makellose, blassgelbe Kirche von 1829, das älteste christliche Gotteshaus in den Nilgiri-Bergen. Sie besitzt hübsches Buntglas, große Holzbalken, die von Elefanten aus dem 120 km entfernten Palast von Tipu Sultan herangeschleppt wurden, sowie Tafeln und Plaketten, die in der Kolonialzeit von Kirchgängern gespendet wurden. Grabsteine auf dem überwucherten **Friedhof** erinnern an viele Briten, die einst in Ooty lebten, darunter die Frau und die Tochter von John Sullivan, dem Gründer der Stadt.

Nilgiri Library BIBLIOTHEK

(0423-2441699; Hospital Rd; 10–13 & 14.30–18 Uhr) Die idyllische kleine Bibliothek in einem verfallenen, rostroten Gebäude von 1867 umfasst mehr als 30 000 Bücher, darunter seltene Werke über die Nilgiris und die Hügelvölker sowie britische Tagebücher aus dem 19. Jh. Besucher können – eine einmonatige Mitgliedschaft (500 ₹) vorausgesetzt – in den Bänden schmökern. Im Obergeschoss hängt ein Porträt von Königin Victoria, das Ooty 1887 anlässlich ihres 50-jährigen Thronjubiläums übergeben wurde.

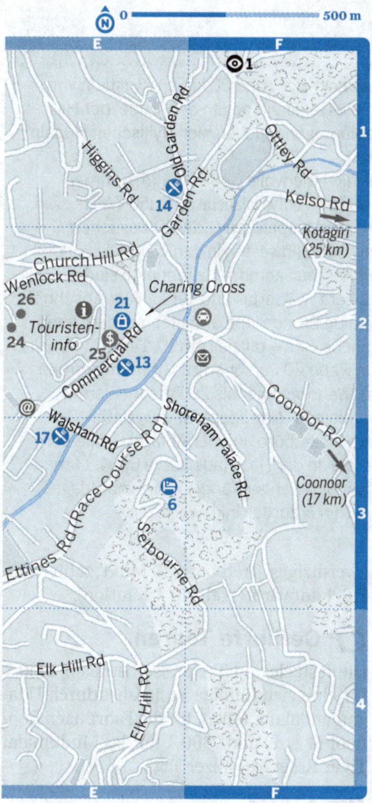

Udagamandalam (Ooty)

Sehenswertes
- 1 Botanischer Garten F1
- 2 Nilgiri Library D2
- 3 St. Stephen's Church D1
- 4 St. Thomas' Church B4

Aktivitäten, Kurse & Touren
- 5 Bootshaus A3

Schlafen
- 6 Fortune Sullivan Court E3
- 7 Hotel Welbeck Residency C2
- 8 Lymond House B1
- 9 Reflections Guest House B4
- 10 Savoy B1
- 11 Wyoming D1
- 12 YWCA Anandagiri D4

Essen
- 13 Adyar Ananda Bhavan E2
- 14 Modern Stores E1
- 15 Place to Bee C2
- Savoy ..... (siehe 10)
- 16 Shinkow's Chinese Restaurant D2
- 17 Willy's Coffee Pub E3

Ausgehen & Nachtleben
- 18 Café Coffee Day D2
- Café Coffee Day ..... (siehe 14)

Unterhaltung
- 19 Ooty Racecourse D4

Shoppen
- Green Shop ..... (siehe 15)
- 20 Higginbothams D2
- 21 Higginbothams E2
- 22 K Mahaveer Chand C4

Praktisches
- 23 Canara Bank, Geldautomat C4
- 24 District Forest Office Nilgiris North Division E2
- District Forest Office Nilgiris South Division ..... (siehe 24)
- 25 Indian Overseas Bank, Geldautomat E2
- 26 Nilgiri Wildlife & Environment Association E2
- Office of the Field Director ..... (siehe 26)
- 27 State Bank of India, Geldautomat D2

Im Jahr 2016 war die Bibliothek Gastgeber des ersten **Ooty Literary Festival** (www.ootylitfest.com).

Doddabetta AUSSICHTSPUNKT

(Ooty-Kotagiri Rd; 6 ₹, Foto/Video 10/50 ₹; ⊙8–17 Uhr) Doddabetta, rund 7 km östlich von Udagamandalam, ist mit 2633 m der höchste Punkt in den Nilgiri-Bergen. An klaren Tagen ist dieser zugleich einer der besten Aussichtspunkte in der Gegend – wer früh kommt, hat bessere Chancen auf nebelfreie Sicht. Busse nach Kotagiri setzen einen an der Abzweigung nach Doddabetta ab; von dort marschiert man 3 km steil bergauf oder steigt einfach in einen Jeep um. Eine Taxifahrt ab Charing Cross kostet hin und zurück 700 ₹.

Aktivitäten

Wandern

Der eigentliche Reiz von Ooty liegt draußen in den schönen **Nilgiri-Bergen**. Die meisten Hotels können ihren Gästen ortsansässige Führer vermitteln, die halbtägige geführte Wanderungen für rund 500 ₹ pro Person anbieten. Normalerweise fährt man dazu aus der Stadt heraus und wandert dann durch die Berglandschaft, zu Stammesdörfern und Teeplantagen.

Für ausgedehntere Wandertouren in den schönsten tierreichen Waldgebieten benötigt man eine Genehmigung der Forstbehör-

ABSEITS DER ÜBLICHEN PFADE

AVALANCHE-TAL

Das ruhige und geschützte **Avalanche-Tal** erstreckt sich rund 20 km südwestlich von Udagamandalam bis nach Kerala. Es ist das ideale Gegengift gegen den Trubel der Hill Station. Hügliges Ackerland und funkelnde Teeplantagen weichen hier idyllischen Hügeln mit Orchideen und endemischem *shola* (Urwald).

Der Zugang ist beschränkt. Man kann das herrlich friedvolle Gebiet nur im Rahmen offizieller zweistündiger **Minibus-„Ökotouren"** (www.ootyavalanche.com; 150 ₹/Pers.; 9.30–15 Uhr) der Forstverwaltung oder mit privaten Jeeptouren (1200 ₹) besuchen. Die robusten Minibusse tuckern auf Behelfsstraßen nach Südwesten in den Wald. Die Landschaft wird dabei wilder und spektakulärer, je weiter man kommt. Haltepunkte sind ein *shola*-Aussichtspunkt, ein Lakshmi-Tempel an einem Wasserfall und der Lakkidi-Abschnitt des Upper-Bhavani-Staudamms, wo man eine halbe Stunde lang umherschlendern kann.

Die Minibusse starten am Südufer des Avalanche-See – offiziell um 10, 12 und 14 Uhr, tatsächlich aber meist nach Nachfrage und nur, wenn 20 Personen zusammenkommen (einfach eine halbe Stunde vorher vor Ort sein). Wenn weniger als 20 Personen am Startpunkt erscheinen, wird eventuell statt der Minibus- eine Jeeptour angeboten. Die Abzweigung zu dem Kontrollpunkt im Wald, dem Ticketbüro und der Abfahrtsstelle der Minibusse befindet sich südlich des Dorfs Emerald an der Haarnadelkurve 6/34, 1 km. Von dort sind es noch 5 km nach Westen. Taxifahrer verlangen für die Fahrt von Udagamandalam zum Startpunkt der Ökotour 1600 ₹ (hin & zurück inkl. Wartezeit).

de von Tamil Nadu; das gilt beispielsweise für Abschnitte hinter Avalanche im Südwesten, im Parsons Valley im Westen und im Mukurthi National Park oder für Ausflüge nach Walakkad und Sairandhri in Keralas Silent Valley National Park. Zum Zeitpunkt der Recherchen stellte das **Büro des Field Director** (0423-2444098, Buchung von Unterkünften in Mudumalai 0423-2445971; fdmtr@tn.nic.in; Mount Stuart Hill; Mo–Fr 10–17.45 Uhr) wegen wachsender Probleme zwischen Mensch und Tier keine Genehmigungen aus: In den letzten Jahren kamen mehrere Ausländer durch Elefanten zu Tode, zudem wurden öfters Dorfbewohner von Tigern angegriffen (und einige getötet). Wer trotzdem sein Glück versuchen will, wendet sich vorab an das Büro des Field Director.

Aktuelle Infos und Ratschläge zum Wandern erhält man bei der **Nilgiri Wildlife & Environment Association** (0423-2447167; www.nwea.org.in; Mount Stuart Hill; Mo–Fr 10–13.30 & 14–17, Sa 10–13.30 Uhr), der **District Forest Office Nilgiris South Division** (0423-2444083; www.ootyavalanche.com; Mount Stuart Hill; Mo–Fr 10–17.45 Uhr) und der **District Forest Office Nilgiris North Division** (0423-2443968; dfonorth_ooty@yahoo.co.in; Mount Stuart Hill; Mo–Fr 10–17.45 Uhr).

Bootsfahrten

Im **Bootshaus** (North Lake Rd; 12 ₹, Foto/Video 25/145 ₹; 9–18 Uhr) am Ooty-See kann man Ruder- und Tretboote ausleihen; für ein zweisitziges Tretboot (30 Min.) zahlt man 170 ₹ aufwärts (zzgl. 170 ₹ Kaution).

Geführte Touren

Die festgelegten Taxipreise betragen 1300 ₹ für eine vierstündige Rundfahrt durch Udagamandalam, 1400 ₹ für die Fahrt nach Coonoor (4 Std.) und 2500 ₹ für das Mudumalai Tiger Reserve (ganzer Tag).

Schlafen

Udagamandalam verfügt über einige prächtige Kolonialhäuser im oberen Preissegment und ein paar anständige Backpacker-Unterkünfte. In der unteren Mittelklasse ist das Angebot hingegen sehr überschaubar. In der Saison (1. April–15. Juni) erhöhen die Hotels ihre Preise und Gäste müssen am Abreisetag oft bis 9 Uhr auschecken. Für Feiertage sollte man weit im Voraus reservieren.

YWCA Anandagiri PENSION $
(0423-2444262; www.ywcaagooty.com; Ettines Rd; B 250 ₹, EZ 400–2240 ₹, DZ 800–2240 ₹) Die ehemalige Brauerei ist heute eine weitläufige Anlage mit Cottages inmitten von Blumengärten. Dank sauberer, stimmungsvoller, frisch gestrichener Zimmer, hilfreichem Personal, geräumigen Gemeinschaftsbereichen und einem guten Restaurant (reservieren!) hat diese Unterkunft ein ausgezeichnetes Preis-Leistungs-Verhältnis. Die billigsten Zimmer haben eigene Bäder im Korridor. Wegen der hohen Decken kann es nachts

kalt werden – am besten fragt man nach zusätzlichen Decken.

Reflections Guest House PENSION $
(☎0423-2443834; reflectionsin@yahoo.co.in; 1B North Lake Rd; Zi. 800–1200 ₹; 📶) Die alteingesessene Budgetunterkunft an der Seestraße wurde kürzlich teilweise renoviert. Die meisten der zwölf blitzblanken Zimmer haben Seeblick, die besten zudem frisch renovierte Bäder. Die aufmerksamen Inhaber servieren auf Anfrage Snacks und können geführte Wanderungen organisieren. Warmes Wasser gibt's einmal am Tag.

★ **Lymond House** HISTORISCHES HOTEL $$
(☎9843149490; www.serendipityo.com; Sylks Rd; Zi. mit Frühstück 4200–5470 ₹; 📶) Warum ist dieser britische Bungalow von 1855 der Konkurrenz eine Nasenspitze voraus? Liegt es an der gemütlichen Cottage-Atmosphäre mit frischen Blumen, Himmelbetten, funktionstüchtigen Kaminen und Loungebereichen voller Antiquitäten? Oder an der Mischung aus moderner Ausstattung und elegantem Kolonialstil in den geräumigen, eindrucksvollen Zimmern? Oder vielleicht doch an der guten internationalen Küche und dem wunderschönen Garten? Vermutlich liegt es an all diesen Gründen wie auch an der zwanglosen, aber emsigen Geschäftsführung.

Wyoming HISTORISCHES HOTEL $$
(☎0423-2452008; www.wyoming.in; 46 Sheddon Rd; Zi. mit Frühstück 3150–3680 ₹) In dem schönen, sonnengelben Haus hoch über Udagamandalam gibt's sechs schlichte, wunderbar geräumige und kolonial anmutende Zimmer mit dem klassischen Panoramaausblick in die Nilgiris. In allen Zimmern gibt es Wasserkocher, in Flaschen abgefülltes Wasser und schöne Dielenböden. Das gut geführte Haus hat freundliche Betreiber. Gefrühstückt wird draußen im Garten.

Hotel Welbeck Residency HOTEL $$
(☎0423-2223300; www.welbeck.in; Welbeck Circle, Club Rd; Zi. 3650–5040 ₹; 📶) Das attraktive ältere Gebäude wurde gründlich renoviert und verfügt nun über komfortable Zimmer und einen Hauch kolonialer Klasse – neben der Vordertür steht eine Austin-Limousine von 1920! Ordentliches Restaurant und sehr aufmerksames Personal.

★ **Savoy** HISTORISCHES HOTEL $$$
(☎0423-2225500; www.gateway.tajhotels.com; 77 Sylks Rd; Zi. mit Frühstück ab 7500 ₹; 📶) Das Savoy ist eines der ältesten Hotels in Ooty, manche Teile stammen noch von 1829. Die Cottages und Schaukelstühle verteilen sich über die charmante Rasenfläche und den Garten. Die Zimmer in einem zurückhaltenden Kolonialstil haben große, mit Marmor verkleidete Bäder, Kamine, Erkerfenster und Flaschen mit warmem Wasser. Nette Extras sind u. a. die Cocktailbar, das Ayurveda-Center und eine ausgezeichnete internationale Küche. Von April bis Juni muss man Halbpension buchen.

King's Cliff HISTORISCHES HOTEL $$$
(☎0423-2244000; www.littlearth.in; Havelock Rd; Zi. mit Frühstück 4200–9410 ₹; 📶) Auf dem Strawberry Hill über Ooty versteckt sich dieses klassische, koloniale Haus mit Holztäfelung, antiken Möbeln, einer gemütlichen Lounge und guter indischer und westlicher Küche im Restaurant **Earl's Secret** (☎0423-2452888; Hauptgerichte 340–600 ₹; ⏲8–10, 12–15 & 19–22 Uhr; 📶), das das verglaste Gewächshaus mit einbezieht. Die günstigeren Zimmer haben weniger kolonialen Charme als die teureren.

Fortune Sullivan Court HOTEL $$$
(☎0423-2441415; www.fortunehotels.in; 123 Selbourne Rd; EZ/DZ mit Frühstück 6000–7200/ 6600–7800 ₹; 📶) Das Fortune in ruhiger Lage am südlichen Stadtrand ist zwar keine koloniale Villa, dafür führen Wendeltreppen vom prächtigen Foyer zu komfortablen, farbenfrohen Zimmern mit großen Betten, Schreibtischen und einer Einrichtung aus hellem Holz. Formvollendeter Service! Außerdem besitzt das Hotel eine Bar, ein Spa, einen kleinen Fitnessraum und ein internationales Restaurant.

Essen & Ausgehen

Adyar Ananda Bhavan INDISCH $
(www.aabsweets.in; 58 Commercial Rd; Hauptgerichte 130–200 ₹, Thalis 100–200 ₹; ⏲7.30–11.30, 12–15.30 & 18–22.30 Uhr) Das funkelnagelneue Lieblingslokal ist ständig voller Einheimischer und Touristen, die sich hier an köstlichen, flink servierten südindischen Speisen (*dosas, vadas, idlis*), nordindischen Klassiker (z. B. *paneer tikka*), frischen Säften und Thalis auf gelben Plastiktabletts laben.

Willy's Coffee Pub CAFÉ $
(KCR Arcade, Walsham Rd; Gerichte 40–90 ₹; ⏲10–21.30 Uhr; 📶) Eine Treppe führt hinauf zu diesem Café, das mit Brettspielen, WLAN, einer Leihbücherei und günstigen Pizzas, Fritten, Toasts, Kuchen und Keksen Ootys internationale Studentengemeinde anlockt.

Modern Stores SUPERMARKT $
(144 Garden Rd; 9.40–21 Uhr) Der Laden verkauft alle möglichen westlichen Lebensmittel, darunter Müsli und Marmelade, sowie besonders gute Produkte aus den Westghats wie Brot, Käse und Schokolade.

Place to Bee ITALIENISCH $$
(0423-2449464; www.facebook.com/placet0bee; 176A Club Rd; Hauptgerichte 200–400 ₹; Mi–Mo 12.30–15 & 18.30–21.30 Uhr) In dem künstlerisch angehauchten, mit Lichterketten erhellten Restaurant im kleinen Bienenmuseum der Keystone Foundation (S. 441) kann man sich beim Essen auch noch über die Bienen in den Nilgiris kundig machen. Das Konzept klingt skurril, aber es funktioniert: Die Zutaten stammen aus der Region, und die herrlich frischen Gerichte – viele mit Wildhonig – wissen zu überzeugen. Auf der Karte stehen kundig zubereitete Pastagerichte, mediterrane Salate und echte Holzofenpizza mit Belag nach Kundenwunsch.

Shinkow's Chinese Restaurant CHINESISCH $$
(38/83 Commissioner's Rd; Hauptgerichte 100–250 ₹; 12–15.45 & 18.30–21.45 Uhr) Das Shinkow's ist eine hiesige Institution. Die schlichten, aber schmackhaften Gerichte mit Hühnchen, Schwein, Rind, Meeresfrüchten, Nudeln und Reis sind stets gut und werden flink auf die kariert eingedeckten Tische serviert. Auch Vegetarier kommen nicht zu kurz.

Savoy INTERNATIONAL $$$
(0423-2225500; www.gateway.tajhotels.com; 77 Sylks Rd; Hauptgerichte 260–650 ₹; 7.30–10, 12.30–15 & 19.30–22.30 Uhr) Holztäfelung, intime Beleuchtung, Klaviermusik live und schicker orangeroter Samt: Im Speisesaal des Savoy (S. 445) werden abends im Kerzenschein fabelhafte moderne westliche, indische und panasiatische Gerichte serviert, außerdem den ganzen Tag Frühstück sowie leckere Salate, Pastagerichte, Kebabs und auch einige einmalige, von der Küche der Bergvölker inspirierte Speisen.

Café Coffee Day CAFÉ
(www.cafecoffeeday.com; Garden Rd; Getränke 60–120 ₹; 9–22 Uhr) Kaffee, Tee und Kuchen sind hier verlässlich gut. Es gibt noch eine weitere **Filiale** (Getränke 70–110 ₹; 9–22 Uhr) an der Church Hill Rd.

Shoppen

K. Mahaveer Chand SCHMUCK
(291 Main Bazaar Rd; 10–20 Uhr) Der Laden verkauft seit 45 Jahren besonders schönen Stammesschmuck der Toda sowie Silberschmuck.

Green Shop KUNSTHANDWERK, ESSEN
(www.lastforest.in; Sargan Villa, abseits der Club Rd; 10–19 Uhr) Der von der Keystone Foundation (S. 441) aus Kotagiri geführte Fair-Trade- und Ökoladen verkauft prächtiges Kunsthandwerk und Kleidung von Stammesvölkern (darunter Stickereien der Toda). Außerdem gibt es hier Wildhonig, der von indigenen Bauern gesammelt wurde.

Higginbothams BÜCHER
(Commercial Rd; 9–13 & 15.30–19.30 Uhr) Die beliebte Filiale hat eine gute Auswahl englischsprachiger Bücher. Eine weitere **Filiale** (Commissioner's Rd; Mo–Sa 9–13 & 14–18 Uhr) liegt den Hügel hinauf.

Praktische Informationen

Touristeninformation (0423-2443977; Wenlock Rd; 10–17 Uhr)

An- & Weiterreise

Am unterhaltsamsten ist die Anreise nach Udagamandalam mit dem Schmalspurzug aus Mettupalayam. Aber auch Busse aus ganz Tamil Nadu, aus Kerala sowie aus Mysuru und Bengaluru in Karnataka steuern regelmäßig die Hill Station an.

BUS

Die staatliche Busgesellschaften von Tamil Nadu und Karnataka unterhalten Reservierungsbüros in Udagamandalams geschäftigem **Busbahnhof**. Nach Kochi nimmt man einen Bus nach Palakkad (96 ₹, 6 Std., 7, 8 & 14 Uhr) und steigt dort um.

TAXI

Taxis warten an Ständen überall im Stadtgebiet. Der Festpreis für eine einfache Fahrt beträgt nach Coonoor 900 ₹, nach Kotagiri 900 ₹, nach Coimbatore 2000 ₹ und zum Mudumalai Tiger Reserve 1300 ₹.

ZUG

Die Schmalspurbahn („Toy Train") von Mettupalayam nach Ooty gehört zu den Bergbahnen Indiens, die es auf die Weltkulturerbeliste der UNESCO geschafft haben. Sie ist ganz klar die beste Art der Anreise. Die Nilgiri Mountain Railway hat spezielle Zahnräder an der Lokomotive, die in eine dritte Schiene auf dem Boden greifen, um die unglaublich steilen Steigungen zu bewältigen. Während der Fahrt bieten sich tolle Blicke auf Wälder, Wasserfälle, Bergpanoramen und Teeplantagen. Auf dem Abschnitt zwischen Mettupalayam und Coonoor kommen Dampfloks zum Einsatz, die den Zug mehr den Berg hinaufschieben als ziehen.

BUSSE AB UDAGAMANDALAM (OOTY)

ZIEL	PREIS (₹)	DAUER (STD.)	HÄUFIGKEIT
Bengaluru	250–670	8	Volvo 10, 11.15, 17.45 & 22.30 Uhr
Chennai	450	14	16.30, 17.45 & 18.30 Uhr
Coimbatore	53	4	5.50–20.40 Uhr alle 20 Min.
Coonoor	10	1	5.30–22 Uhr alle 10 Min.
Kotagiri	15	1½	6.30–19 Uhr alle 20 Min., 19.40 & 20.20 Uhr
Mysuru	136–420	5	Volvo 10, 11.15 & 17.45 Uhr

Während der Hauptsaison sollte man mehrere Wochen im Voraus reservieren, ansonsten sollten (wenn überhaupt nötig) ein paar Tage Vorlauf genügen. Der Zug nach Udagamandalam startet täglich um 7.10 Uhr in Mettupalayam (1./2. Klasse 205/30 ₹, 4¾ Std.). In umgekehrter Richtung fährt der Zug um 14 Uhr in Udagamandalam nach Mettupalayam (3½ Std.) los. Es gibt außerdem täglich drei Züge in beide Richtungen, die nur zwischen Udagamandalam und Coonoor (150/25 ₹, 1¼ Std.) pendeln. Die Ankunfts- und Abfahrtszeiten in Mettupalayam sind auf den Nilgiri Express vom/zum Bahnhof Central in Chennai (Sleeper/2AC/3AC 340/890/1250 ₹, 9¼ Std.) abgestimmt.

In den Zugfahrplänen wird die Stadt üblicherweise als Udagamandalam, manchmal aber auch noch als Ooty bezeichnet.

Unterwegs vor Ort

Autorikschas und Taxis gibt's überall. Die Taxipreise sind in Charing Cross und vor dem Busbahnhof angeschlagen, die Autorikschapreise vor dem Busbahnhof, vor dem Botanischen Garten und anderswo. Eine Autorikscha vom Bahnhof oder Busbahnhof nach Charing Cross kostet 60 ₹.

Es gibt Jeeptaxistände nahe dem **Busbahnhof** (Avalanche Rd) und dem **Markt** (Hobert Park Cross Rd). Dort zahlt man ungefähr das Anderthalbfache der Preise an den Taxiständen.

Mudumalai Tiger Reserve

0423

Das 321 km² große **Mudumalai Tiger Reserve** (www.mudumalaitigerreserve.com; April, Mai oder Juni manchmal geschl.) in den Ausläufern der Niligiri-Berge wirkt wie ein zum Leben erwachtes klassisches indisches Landschaftsgemälde: Zwischen dünnen, spindelförmigen Bäumen und unter einem aufgelockerten Blätterdickicht verstecken sich Axishirsche und grunzende Wildschweine – und rund 50 Tiger, womit das Schutzgebiet die höchste Tigerdichte in ganz Indien aufweist. Trotzdem braucht man eine gute Portion Glück, um auch nur eine der Großkatzen zu erspähen. Insgesamt aber ist das Reservat der beste Ort in Tamil Nadu, um Wildtiere zu beobachten. Es gibt gute Chancen, Hirsche, Pfauen, Wildschweine, Languren, Goldschakale, Königsriesenhörnchen, wilde Elefanten (im Park leben mehrere Hundert Dickhäuter) sowie Gaur (indischer Büffel) zu sichten.

Zusammen mit den Nationalparks Bandipur und Nagarhole in Karnataka, Wayanad in Kerala und dem Sathyamangalam Tiger Reserve in Tamil Nadu bildet das Mudumalai Tiger Reserve eine zusammenhängende Fläche von Schutzgebieten, die einen wichtigen Rückzugsraum für ungefähr 570 Tigern darstellt. Diese bilden die größte Tigerpopulation weltweit.

Mudumalai kann im April, Mai oder Juni wegen Waldbrandgefahr gesperrt sein. Die regenreichen Monate Juli und August eignen sich am wenigsten für einen Besuch.

Das **Empfangszentrum** (0423-2526235; Theppakadu; 6.30–18 Uhr) des Schutzgebiets und ein paar vom Reservat verwaltete Unterkünfte finden sich in Theppakadu an der Hauptstraße zwischen Udagamandalam und Mysuru. Das Dorf, das Theppakadu am nächsten liegt, ist Masinagudi, 7 km weiter östlich.

Sehenswertes & Aktivitäten

Wandern ist im Reservat verboten. Überdies dürfen private Fahrzeuge nur die Hauptstraße Udagamandalam–Gudalur–Theppakadu–Mysuru sowie die Straßen von Theppakadu nach Masinagudi und von Masinagudi nach Moyar (am gleichnamigen Fluss) benutzen. Offizielle „Minibus"-Safaris sind die einzige Möglichkeit, ins Schutzgebiet zu gelangen.

Manche Veranstalter bieten eventuell Wanderungen in der Pufferzone rund um das Reservat an, die Reservatsverwaltung rät jedoch dringend davon ab: Touristen kamen bei diesen illegal veranstalteten Touren bereits ums Leben, weil sie wilden Elefanten zu nahe kamen. Von besseren Resorts organisierte Jeepsafaris unter kundiger Leitung sind eine sicherere Alternative.

Elefantencamp WAHRZEICHEN

(Theppakadu; 15 ₹; ⌚8.30–9 & 17.30–18 Uhr) Morgens und abends kann man zuschauen, wie die Arbeitselefanten des Reservats im Elefantencamp unmittelbar östlich vom Empfangszentrum in Theppakadu (S. 447; dort gibt's auch die erforderlichen Tickets) gefüttert werden. Die meisten eingesetzten Elefanten wurden gerettet oder sind alte Tiere, die früher in der Holzindustrie eingesetzt wurden und nicht mehr ausgewildert werden können.

Minibus-Safaris WILDTIERBEOBACHTUNG

(135 ₹/Pers.; ⌚stündl. 6–10 & 14–18 Uhr) Die einzige Möglichkeit, in das Reservat zu gelangen, bieten die offiziellen einstündigen Safaris mit in Tarnfarben angemalten Minibussen für 20 bis 30 Passagiere, die eine 15 km lange Schleife drehen. Die Chancen stehen gut, dass man dabei einige Wildtiere sieht, eine Garantie gibt es dafür jedoch nicht. Die Tour bucht man einige Stunden vorab im Empfangszentrum in Theppakadu (S. 447).

Schlafen & Essen

Das Reservat betreibt ein paar einfache Unterkünfte an einem Fußweg oberhalb des Moyar in Theppakadu. Bessere Quartiere bieten jedoch die vielen Lodges und Waldresorts außerhalb des Parkgeländes. Viele davon sind Familienbetriebe mit viel Herzlichkeit und höherem Standard. Den Großteil der besten Unterkünfte findet man im Dorf Bokkapuram, 5 km südlich von Masinagudi am Fuß der Berge.

Theppakadu

Die vom Reservat verwalteten Unterkünfte müssen reserviert werden; mitunter geht das auch online. Die übrigen bucht man vorab telefonisch oder persönlich im Büro des Field Director (S. 444) in Udagamandalam. Das Empfangszentrum akzeptiert auch unangemeldete Übernachtungsgäste, sofern Plätze frei sind.

Hotel Tamil Nadu LODGE $

(☎Reservierung 0423-2445971; www.mudumalaitigerreserve.com; Theppakadu; B 2620 ₹) Die staatlich verwaltete Lodge bietet einfache, saubere, neu gebaute Schlafsäle (8–10 Pers.) mit Bad und einfache Gerichte (80 ₹).

Theppakadu Log House LODGE $$

(☎Reservierung 0423-2445971; Theppakadu; DZ 2510 ₹) Die beste unter den reservatseigenen Unterkünften in Theppakadu hat gepflegte Zimmer, private Bäder und Gerichte für 70 ₹.

Bokkapuram & Umgebung

Wilds at Northernhay LODGE $$

(☎9843149490; http://serendipityo.com; Singara; Zi. mit Frühstück 4800–5400 ₹;) Die wunderbare Lodge ist 8 km südwestlich von Masinagudi in einem umgebauten Lagerhaus für Kaffee untergebracht, das sich auf einer bewirtschafteten Kaffeeplantage mit hohen Bäumen befinden. Hier meint man, mitten im Wald zu übernachten. Die sieben Zimmer – eines oben in den Bäumen, ein weiteres in einer von Stammesbauten inspirierten Lehmhütte – sind gemütlich, das Essen ist ausgezeichnet und bei den angebotenen Jeepsafaris, Naturwanderungen und Vogelbeobachtungstouren hat man gute Chancen, eine Menge Wildtiere zu sehen.

Bamboo Banks Farm LODGE $$

(☎0423-2526211; www.bamboobanks.com; Masinagudi; DZ mit VP 7870 ₹;) Die von einer Familie geführte Lodge verfügt über sieben schlichte, gemütliche Cottages in einem privaten verwilderten Dschungelstück 2 km südlich von Masinagudi, über das Gänse watscheln. Es gibt einen grasbewachsenen Poolbereich mit Hängematten, Schaukelstühlen und einer Aussichtsplattform in den Baumwipfeln. Gegen den Hunger helfen feine indische Buffets. Und die gut organisierten Besitzer veranstalten Rad- und Reitausflüge.

★ **Jungle Retreat** RESORT $$$

(☎0423-2526469; www.jungleretreat.com; Bokkapuram; B 3800 ₹, Zi. 5470–12 150 ₹;) Das wohl stilvollste Resort am Mudumalai Tiger Reserve besteht aus schönen Steinhütten, zwei Baumhäusern und einem Schlafsaal (min. 4 Pers.), die so über das Gelände verteilt sind, das maximale Privatsphäre gewährleistet ist. Die Bar, die Lounge und das Restaurant (tgl. 3 Mahlzeiten 2000 ₹) sind ideal, um mit anderen Travellern ins Gespräch zu kommen. Kundiges Personal und Pool in toller Lage – oft schauen Leoparden und Elefanten auf einen Drink vorbei.

Jungle Hut RESORT $$$

(☎0423-2526463; www.junglehut.in; Bokkapuram; Zi. mit VP 7310–9730 ₹;) Die 30 Jahre alte Jungle Hut zeichnet sich durch Umweltfreundlichkeit (Solarstrom, Regenwassergewinnung), eine gesellige Lounge und das wohl beste Essen in Bokkapuram aus – wer aus einem anderen Resort zum Essen kommt, sollte nachts nicht allein nach Hause gehen! Die geräumigen Zimmer – die hübschesten sind Zelthütten im Safari-Look – verteilen sich über ein großes Areal, auf dem um die 200 Axishirsche grasen. Jeepsafaris, Wanderungen und Vogelbeobachtungstouren lassen sich vereinbaren.

ℹ Anreise & Unterwegs vor Ort

Ein Tagesausflug per Taxi von Udagamandalam zum Mudumalai Tiger Reserve führt üblicherweise über die alternative Sighur-Ghat-Bergstraße mit ihren 36 spektakulären Haarnadelkurven und kostet 2000 ₹. Für die einfache Fahrt mit dem Taxi von Udagamandalam nach Theppakadu werden 1300 ₹ fällig.

Kleine Busse, die die Sighur-Ghat-Straße nutzen können, fahren von Udagamandalam nach Masinagudi (17 ₹, 1½ Std., tgl. 12-mal zw. 6.50 und 19.30 Uhr), von wo täglich ein paar langsame Lokalbusse nach Theppakadu fahren (5 ₹).

Zwischen Masinagudi und Theppakadu sind auch Sammeljeeps im Einsatz (10 ₹/Pers. bzw. 120 ₹/Fahrzeug). Der Preis ist ähnlich wie für einen Jeep von Masinagudi nach Bokkapuram.

Andamanen

Inhalt ➡

Beste Strände

- Radhanagar (S. 460)
- Merk Bay (S. 468)
- Ross & Smith Islands (S. 468)
- Butler Bay (S. 470)
- Lalaji Bay (S. 466)

Schön übernachten

- Barefoot at Havelock (S. 462)
- Silversand (S. 462)
- Pristine Beach Resort (S. 469)
- Hotel Sinclairs Bayview (S. 457)
- Blue View (S. 470)

Auf zu den Andamanen!

Die Andamanen bieten für jeden etwas: eine atemberaubende Küste mit Stränden zum Faulenzen, dichte Wälder im Landesinneren für Trekkingtouren, fantastische Tauchgebiete für Sportliche und völlige Abgeschiedenheit zum Abschalten.

Wilder Dschungel und Mangrovenwälder reichen bis an das smaragdgrüne Wasser heran, und die weißen Strände scheinen im Feuer der blutroten Sonnenuntergänge zu schmelzen. Die Bevölkerung ist eine freundliche Mischung aus Süd- und Südostasiaten sowie dunkelhäutigen Ethnien, deren Herkunft den Anthropologen immer noch ein Rätsel ist. Dazu kommt noch die einsame Lage mit 1370 km Entfernung zum indischen Festland, sodass die Inseln geografisch eher zu Südostasien gehören – schließlich sind sie nur 150 km von Indonesien und 190 km von Myanmar entfernt.

Von den 572 Inseln sind nur gut ein Dutzend für Reisende zugänglich. Am beliebtesten ist Havelock mit seinen wunderbaren Stränden und Tauchspots; die Nikobaren und die Stammesgebiete sind dagegen für Besucher absolut tabu.

Reisezeit

Port Blair

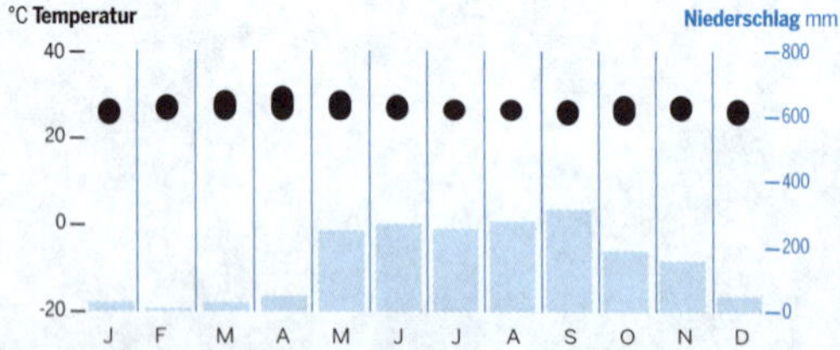

Dez.–März Warm und sonnig, optimale Tauchbedingungen und Brutzeit der Meeresschildkröten.

Okt.–Dez. & März–Mitte Mai Wechselhaftes Wetter, weniger Reisende und günstigere Preise.

Feb.–Aug. Auf Little Andaman stellen sich erfahrene Surfer den mächtigen Wellen.

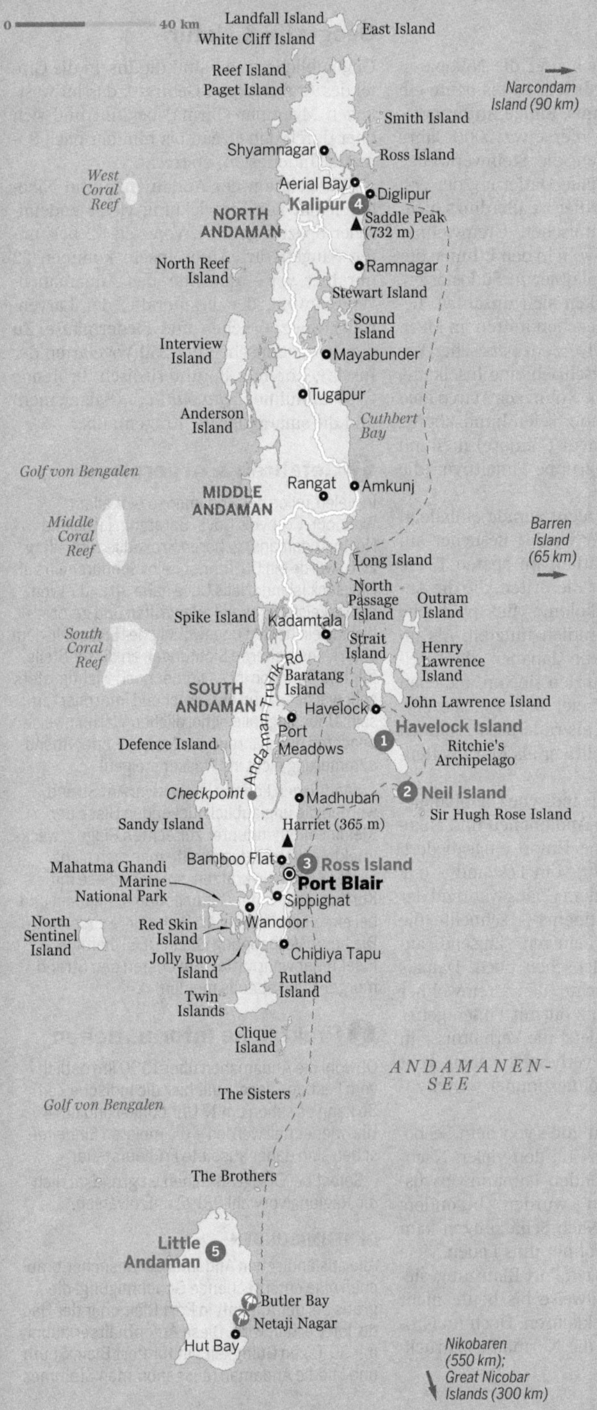

Highlights

1. Auf der idyllischen Insel **Havelock** (S. 460) schnorcheln, tauchen und Kontakte schließen
2. Auf **Neil Island** (S. 464) einen Gang herunterschalten
3. Auf **Ross Island** (S. 456) alles über die koloniale Vergangenheit von Port Blair erfahren
4. Auf **Kalipur** (S. 468) die Wildnis von North Andaman erleben und beim Inselhopping unberührte Strände und Korallenriffe entdecken
5. Auf **Little Andaman** (S. 469) in der Butler Bay ein kleines Stück Paradies finden

Geschichte

Wann die Andamanen und die Nikobaren erstmals besiedelt wurden, ist bis heute ein ungelüftetes Geheimnis. Einige Anthropologen vermuten, dass hier etwa 2000 Jahre lang Menschen lebten, die Steinwerkzeuge herstellten. Eine genaue Datierung der ersten menschlichen Siedler ist allerdings nicht möglich. Die einheimischen Ureinwohner haben ihre Wurzeln wohl in den Ethnien der Negritos und der Malaysier in Südostasien. Darüber hinaus ranken sich unzählige Legenden um diese Fleckchen mitten im Meer.

Buzurg Ibn Shahriyar, ein persischer Kapitän des 10. Jhs., beschrieb eine Inselkette, die von Kannibalen bewohnt sei, Marco Polo fügte an, die Einwohner seien hundsköpfig. Auf Tafeln in Thanjavur (Tanjore) in Tamil Nadu heißt die Inselgruppe Timaittivu: „die unreinen Inseln".

Obwohl das alles nicht gerade einladend klingt, kamen immer wieder Besucher auf die Inseln: die Marathen im späten 17. Jh. und 200 Jahre später die Briten, die die Andamanen als Strafkolonie für politische Strafgefangene aus Indien nutzten. Als im Zweiten Weltkrieg die Japaner die Inselgruppe besetzten, wurden sie von manchen Einwohnern als Befreier begrüßt; sie entpuppten sich jedoch als rüde Besatzer, auch wenn sie indische Politiker als Marionettenregierung einsetzten.

Im Anschluss an die indische Unabhängigkeit 1947 wurden die Andamanen und Nikobaren in die Indische Union eingegliedert. Mit der Zuwanderung vom Festland – u.a. flohen Bengalen vor dem Chaos während der Teilung des Subkontinents – schnellte die Einwohnerzahl von einigen Tausend auf mehr als 350 000 Menschen hoch. Damals wurden die Landrechte der Ureinwohner und der Umweltschutz oft mit Füßen getreten; auch wenn sich jetzt die Verhältnisse in manchen Bereichen verbessert haben, geht die Zahl der Ureinwohner immer weiter zurück.

Die Inseln wurden 2004 von dem Seebeben im Indischen Ozean, den vielen Nachbeben und dem folgenden Tsunami verwüstet. Die Nikobaren wurden besonders schlimm getroffen: Nach Schätzungen kam ein Fünftel der Einwohner ums Leben, viele Menschen wurden nach Port Blair umgesiedelt und können teilweise bis heute nicht auf ihre Inseln zurückkehren. Doch im Großen und Ganzen ist die Normalität zurückgekehrt.

Geografie & Natur

Unglaublicherweise sind die Inseln die Gipfel des Arakan-Joma-Gebirges, das im westlichen Myanmar (Birma) beginnt und sich quer durch den Ozean bis hinüber nach Sumatra (Indonesien) erstreckt.

Die Isolation der Andamanen und Nikobaren hat zur Entwicklung vieler endemischer Spezies geführt. Von den 62 bekannten Säugetierarten der Inseln kommen 32 nur hier vor – darunter das Andamanen-Wildschwein, der Javaneraffe, der Larvenroller, Spitzhörnchen und Fledermäuse. Zu den 18 endemischen der 250 Vogelarten der Insel gehören z.B. unterirdisch brütende Großfußhühner, *hawabills* (Salanganen) und die smaragdgrüne Kragentaube.

Gefahren & Ärgernisse

In vielen Teilen der Andamanen (vor allem Wandoor, Corbyn's Cove, Baratang, Little und North Andamans) gehören Krokodile zum Alltag. 2010 wurde ein US-Tourist beim Schnorcheln auf Havelock Island (Neils Cove nahe Strand 7) von einem Leistenkrokodil angegriffen und getötet – bislang ein höchst ungewöhnlicher Einzelfall, dem auch keine weiteren Sichtungen an dieser Stelle folgten. Dennoch ist es immer noch wichtig, stets sehr wachsam und entsprechend informiert zu sein. Unbedingt alle behördlichen Warnhinweise beachten und während der Morgen- oder Abenddämmerung nicht ins Wasser steigen!

Sandfliegen können lästig sein: Am Strand werden die unglaublich juckenden Bisse der Kleininsekten mitunter zur echten Plage. Zwecks Infektionsvermeidung sollte man sich nicht an der Bissstelle kratzen, sondern diese mit Kortisonsalbe oder Galmeilotion behandeln und bei einer Entzündung ärztliche Hilfe suchen. Die beste Vorbeugung ist ein DEET-haltiges Insektenabwehrmittel. Am besten den Strand morgens und abends meiden.

Praktische Informationen

Obwohl die Andamanen über 1000 km östlich vom Festland liegen, gilt hier die indische Zeit. So kann es schon um 17 Uhr dunkel und um 4 Uhr wieder hell werden – die meisten Einheimischen sind daher absolute Frühaufsteher.

Selbst bei Ortsgesprächen ist grundsätzlich die Regionalvorwahl 03192 mitzuwählen.

GENEHMIGUNGEN

Alle ausländischen Andamanen-Besucher brauchen eine entsprechende Genehmigung, die gratis bei der Ankunft in Port Blair oder der Haddo Jetty erteilt wird. Diese Aufenthaltserlaubnis mit 30 Tagen Gültigkeit gilt für Port Blair, South und Middle Andaman (ausgenommen Stammesgebiete), North Andaman (Diglipur), Long Island, North Passage, Little Andaman (ausgenommen Stammesgebiete), Havelock und Neil Island. Beim **Einwanderungsbüro** (Immigration Office; Kamaraj Rd; ☎ 03192-239247; ⌚ Mo–Fr 8.30–13 & 14–17.30, Sa 8.30–13 Uhr) in Port Blair sowie bei allen regionalen Polizeiwachen lässt sie sich um 15 Tage verlängern (dies ist keine Routine, also sollte man nicht darauf vertrauen, dass man eine Verlängerung bekommt).

Seine Genehmigung muss man stets mit sich führen – ohne sie kommt man nicht weit. Die Polizei kann einen auffordern, sie vorzuzeigen, insbesondere wenn man auf einer der anderen Inseln an Land geht, und die Hotels benötigen die darauf vermerkten Angaben. Auch bei der Ausreise von den Andamanen muss man die Genehmigung vorlegen.

Die Genehmigung erlaubt auch Tagesausflüge zu den Inseln Jolly Buoy, South Cinque, Red Skin, Ross, Narkondam, Interview und Rutland sowie zu den Brothers- und Sisters-Inseln. Die meisten Tagesgenehmigungen kosten nicht viel Zeit, aber Geld. Für Gebiete wie den Mahatma Gandhi Marine National Park oder Ross und Smith Island bei Diglipur zahlen Ausländer 500 ₹ und Inder 50 ₹. Für Studierende mit gültigem Studentenausweis ist die Genehmigung wesentlich günstiger, man sollte diesen daher unbedingt mitbringen.

Die Nikobaren sind nur für Inder zugänglich, die im Regierungsauftrag, zu genehmigten Forschungszwecken oder aus geschäftlichen Gründen dorthin reisen.

An- & Weiterreise

FLUGZEUG

Nach Port Blair gehen fast täglich Flüge von Delhi, Kolkata, Bengaluru, Mumbai und Chennai. Dies sind vor allem Flüge von **Jet Airways** (☎ 03192-230545, 1800225522; www.jetairways.com), **Air India** (☎ 03192-233108; www.airindia.in), **SpiceJet** (☎ 0987-1803333; www.spicejet.com) und **GoAir** (☎ Reservierung: 092-23222111; www.goair.in). Die Preise sind davon abhängig, wie weit man im Voraus bucht. Und es dürfen nur 15 kg Gepäck mitgenommen werden. Von und nach Port Blair gibt es keine internationalen Flüge.

SCHIFF/FÄHRE

Die berühmt-berüchtigten Fähren nach Port Blair sind entweder „die einzig wahre Art, zu den Andamanen zu gelangen" oder eine echte Tortur – je nachdem, wen man gerade fragt. Die Wahrheit liegt irgendwo in der Mitte. Normalerweise fahren pro Monat drei bis vier Schiffe zwischen Port Blair und Chennai (3 Tage) oder Kolkata (4–5 Tage), hinzu kommt noch eine monatliche Verbindung nach Visakhapatnam (4 Tage). Alle legen am Haddo Jetty an.

> **KOPIEN DER AUFENTHALTSGENEHMIGUNG**
>
> Beim Kauf von Fährtickets ist eine Kopie der Aufenthaltsgenehmigung vorzulegen. Auch wenn man sie nicht ständig vorlegen muss, sollte man sie mehrmals kopieren, bevor man ins Fährbüro von Port Blair geht. So vermeidet man auf jeden Fall das erneute Anstellen und hat sie im weiteren Verlauf der Reise gleich zur Hand.

Die angegebenen Fahrtzeiten sind mit Vorsicht zu genießen: Traveller haben im Hafen von Kolkata schon bis zu 12 Stunden festgesessen, manchmal verzögerte sich das Anlegen bei Port Blair um mehrere Stunden. Durch solche Verzögerungen, schlechtes Wetter und raue See, kann die Überfahrt auch einmal ein oder zwei Tage länger dauern.

Die Schiffe von **Andaman Shipping Office** (☎ 044-25226873; 2. St., Jawahar Bldg, 17 Rajaji Salai George Town, Chennai; ⌚ Mo–Fr 10–16, Sa 10–12 Uhr) legen in Chennai ab, die der **Shipping Corporation of India** (☎ 033-22482354; www.shipindia.com; Strand Rd, Kolkata; ⌚ Mo–Fr 10–13 & 14–16 Uhr) in Kolkata und die Schiffe von **AV Bhanojirow, Garuda Pattabhiramayya & Co** (☎ 0891-2565597; ops@avbgpr.com; Harbour Approach Rd, neben dem NMDC, Port Area, Visakhapatnam; ⌚ 9–17 Uhr) fahren von Visakhapatnam nach Port Blair.

Die Tickets für Hin- und Rückfahrt gibt's beim **Ferry Booking Office** (S. 458) in Phoenix Bay. Mitzubringen sind drei Passbilder und eine Kopie der Aufenthaltsgenehmigung für die Inseln. Aktuelle Fahrpläne und Preise sind auf www.andamans.gov.in und www.shipindia.com zu finden. Ansonsten kann man sich auch im Infobüro in Phoenix Bay erkundigen.

Je nach Schiff und Gesellschaft variieren die Preisklassen ein wenig: am billigsten ist eine einfache Koje (2500 ₹), gefolgt von der 2. Klasse (6 Betten, 6420 ₹), der 1. Klasse (4 Betten, 8080 ₹) und den Deluxe-Kabinen (2 Betten, 9750 ₹). Damit kostet die Überfahrt in einer der oberen Preisklassen so viel oder sogar noch mehr als ein Flug. Kojenpassagiere müssen sich auf wenig bis gar keine Privatsphäre einstellen und auf Toiletten, die nach drei Tagen auf See recht unangenehm sein können.

Essen (Gabelfrühstück, Thalis zum Mittag- und Abendessen) kostet 150/200 ₹ pro Tag für alle Passagiere, doch selbst das sollte auf jeden Fall mit eigener Verpflegung (vor allem Obst) ergänzt werden. Bettzeug ist teilweise vorhanden, doch wer nur eine Koje gebucht hat, sollte unbedingt ein Laken mitbringen. Manche Passagiere spannen auch eine Hängematte an Deck auf.

AUSFALL VON FÄHREN

Bei schlechtem Wetter kann der Zeitplan schnell komplett durcheinander geraten, wenn Fähren wegen zu rauer See nicht fahren. Man sollte deshalb immer einige Tage als Puffer einplanen, damit man nicht irgendwo festsitzt und den Rückflug verpasst.

Von Port Blair nach Thailand gibt es keine Fährverbindung, doch private Boote und Jachten werden in der Regel durchgelassen. Es ist auch nicht möglich, auf dem Seeweg von den Andamanen legal in Myanmar einzureisen. Wer es trotzdem versucht, muss mit der Verhaftung durch die indische oder burmesische Marine oder Schlimmerem rechnen.

Unterwegs vor Ort

AUTO & MOTORRAD

Mietwagen mit Fahrer kosten 550 ₹ pro 35 km; die Fahrt von Port Blair nach Diglipur schlägt hin und zurück (mit Zwischenstops unterwegs) mit rund 10 000 ₹ zu Buche. Motorräder kann man in Port Blair und auf allen Inseln ab ca. 300 bis 400 ₹ pro Tag mieten. Wegen der Reisebeschränkungen in Stammesgebieten dürfen Ausländer keine Autos nach North und Middle Andaman einführen.

BUS

Alle Straßen- und Schiffsverbindungen führen nach Port Blair. Um die Weiterreise zu organisieren, verbringt man dort zwangsläufig ein bis zwei Tage. Straßen, Fähren und Brücken verbinden die drei Hauptinseln (South, Middle und North Andaman). Busse fahren ab Port Blair südwärts nach Wandoor; die Nordroute verläuft über Baratang, Rangat, Mayabunder und schließlich Diglipur.

FLUGZEUG

Zur Zeit der Recherche verkehrten keine Wasserflugzeuge mehr zwischen den Inseln, und es war auch nicht klar, ob sie den Betrieb je wieder aufnehmen würden.

Obwohl bei den Hubschrauberflügen zwischen den Inseln generell keine Traveller mitfliegen dürfen, kann man sein Glück versuchen und einen Tag vorher einen Antrag beim **Directorate of Civil Aviation Office** (☎ 03192-233601; Port Blair Helipad, VIP Rd) auf dem Hubschrauberlandeplatz beim Flughafen stellen. Und auch die Begrenzung auf 5 kg Gepäck hält die meisten Besucher von dieser Art der Weiterreise ab.

SCHIFF/FÄHRE

Die meisten Inseln sind nur auf dem Wasserweg zu erreichen. Auch wenn das sehr romantisch klingt, so herrscht in den Verkaufsbüros der Fährgesellschaften das blanke Chaos: lange Warteschlangen in glühender Hitze, lahmes Personal, Leute, die sich vordrängeln, und handfeste Rangeleien vor dem Ticketschalter. Deshalb jederzeit den Pass (mit dem Lichtbild), die Aufenthaltsgenehmigung und das Ticket parat haben. Um den Platz in der Schlange zu behaupten und irgendwann ans Ziel zu kommen, muss man schon etwas robuster auftreten (aber bitte nicht zu aggressiv) oder eine Frau sein, denn die separaten Warteschlangen für Frauen sind ein wahrer Segen, aber leider nur in Port Blair vorhanden. Die Tickets kann man bis eine Stunde vor dem Ablegen direkt am Bootsanleger kaufen, was aber sehr riskant ist. Besser ist es, das Ticket ein bis zwei Tage im Voraus zu kaufen. Man kann die Fahrkarten auch direkt bei der Ankunft auf den Andamanen vorreservieren, bis man die Aufenthaltsgenehmigung für die Inseln (S. 452) erhalten hat. In der Regel kann man Fährtickets auch über das Hotel buchen.

An den Bootsanlegern stehen auch Träger bereit, die etwa 50 ₹ für ein durchschnittlich großes Gepäckstück verlangen. Wenn das Gepäck aber nicht allzu schwer ist, kann man es gut das kurze Stück vom oder zum Anleger selber tragen.

Von Port Blair nach Havelock und Neil Island gibt es regelmäßige Fährverbindungen (3- bis 4-mal pro Tag), außerdem auch nach Rangat, Mayabunder, Diglipur und Little Andaman. Den Fahrplan für diese Fähren findet man auf www.andamans.gov.in.

Zudem fahren auch einige private Fährgesellschaften von Port Blair nach Havelock und Neil Island.

Port Blair

108 060 EW.

Die aufgeweckte Provinzhauptstadt der Andamanen ist von tropischen Wäldern und schroffen Küstenlinien umgeben. Der lebhafte Einwohnermix (Bengalen, Tamilen, Telugus, Nikobaresen und Birmanen) stammt aus Ländern am Indischen Ozean. Die meisten Traveller verbringen hier nicht mehr Zeit als nötig – in der Regel ein bis zwei Tage. Aber „PB" garantiert dank faszinierender Geschichte ausgedehnte Erkundungen.

Sehenswertes

★ Cellular Jail National Memorial HISTORISCHES GEBÄUDE
(GB Pant Rd; 30 ₹, Foto/Video gratis/200 ₹, Sound-and-Light-Show Erw./Kind 50/25 ₹; ⌚ 8.45–12.30 & 13.30–16.15 Uhr) Das ehemalige britische Ge-

Port Blair

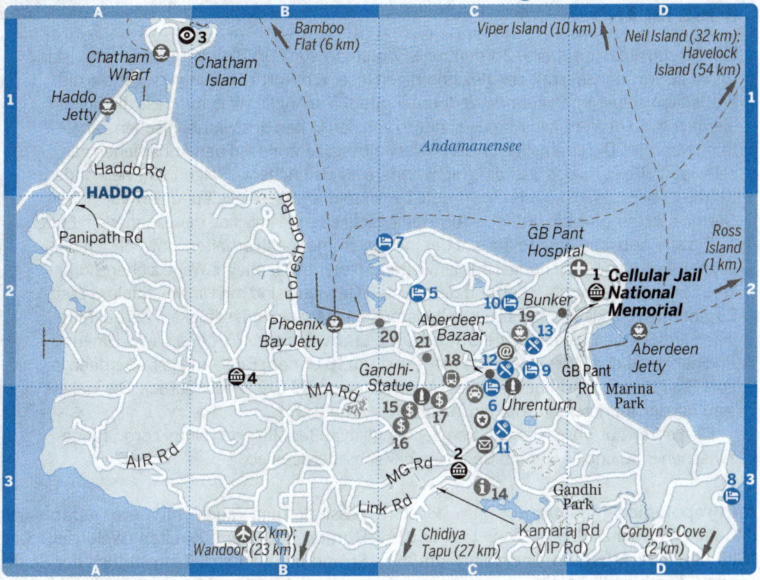

Port Blair

Highlights
1 Cellular Jail National Memorial D2

Sehenswertes
2 Anthropological Museum C3
3 Chatham Saw Mill A1
4 Samudrika Naval Marine Museum B2

Schlafen
5 Aashiaanaa Rest Home C2
Amina Lodge .... (siehe 6)
6 Azad Lodge C3
7 Fortune Resort – Bay Island C2
8 Hotel Sinclairs Bayview D3
9 J Hotel C2
10 Lalaji Bay View Hotel C2

Essen
11 Annapurna C3
Bayview .... (siehe 8)
Excel Restaurant .... (siehe 10)
12 Gagan Restaurant C2
13 Lighthouse Residency C2

Ausgehen & Nachtleben
Nico Bar .... (siehe 7)

Praktisches
14 Andaman & Nicobar Tourism C3
Axis Bank Geldautomat .... (siehe 9)
15 Axis Bank Geldautomat C3
E-Cafe .... (siehe 12)
16 ICICI Geldautomat C3
Immigration Office .... (siehe 14)
Island Travels .... (siehe 13)
17 State Bank of India C3

Transport
18 Busbahnhof C2
19 Coastal Cruise C2
20 Directorate of Shipping Information Office C2
Ferry Booking Office .... (siehe 20)
21 Saro Tours & Travels C2

fängnis ist heute ein Nationaldenkmal für die einst hier eingekerkerten Gegner der Kolonialherrschaft. Mit dem Bau wurde 1896 begonnen, fertiggestellt war es 1906. Die ursprünglich sieben Flügel (mehrere wurden von den Japanern während des Zweiten Weltkriegs zerstört) rund um einen Wachtturm umfassten 698 Zellen. Wie viele derartige Einrichtungen wurde auch das „Zellengefängnis" zu einer Art „Universität" der in ihr inhaftierten politischen Gefangenen, die trotz Mauern und Wärtern miteinander diskutierten und Bücher und Ideen austauschten.

NICHT VERSÄUMEN

ROSS ISLAND

Ein Besuch auf der nur eine 20-minütige Bootsfahrt von Port Blair entfernten Ross Island (nicht zu verwechseln mit der gleichnamigen Insel von North Andaman) wirkt wie die Entdeckung einer im Dschungel verlorenen Stadt à la Angkor Wat, nur dass die Ruinen hier nicht von den antiken Khmer, sondern von den Briten des Viktorianischen Zeitalters stammen. Die ehemalige britische Verwaltungszentrale auf den Andamanen galt seinerzeit als „Paris des Ostens" (nicht anders als Pondicherry, Saigon und viele andere Städte), aber diesem kühnen Anspruch, der munteren Geselligkeit und den tropischen Gärten setzten 1941 ein Erdbeben und die anschließende Invasion der Japaner ein Ende.

Die alte britische Architektur auf der Insel ist immer noch erhalten, obwohl sich der schnell wachsende Dschungel immer weiter ausbreitet. Gepflegte Wege ziehen sich kreuz und quer über die Insel, und die meisten Gebäude sind mit Hinweistafeln versehen. Es gibt auch ein kleines **Museum** mit historischen Ausstellungsstücken. Bis auf Mittwoch findet jeden Tag eine gute **Sound-and-Light-Show** (275 ₹/Pers. inkl. Hin- und Rückfahrt mit der Fähre) statt. Die Fähre legt um 16 Uhr am Bootsanleger Aberdeen in Port Blair ab und fährt nach Ende der Vorstellung um 19 Uhr wieder zurück. Die Tickets sind bei der Touristeninformation in Port Blair erhältlich.

Die Fähren zur Ross Island fahren auch täglich außer Mittwoch einmal pro Stunde zwischen 8.30 und 14 Uhr am Bootsanleger von Aberdeen ab.

Anthropological Museum MUSEUM
(MG Rd; 10 ₹, Foto 20 ₹; ⌚Di–So 9–13 & 13.30–16.30 Uhr) Das **Museum** porträtiert umfassend und wohlwollend die Ureinwohner der Inseln. Die Schaukästen mögen etwas altmodisch daher kommen, wirken aber im Vergleich zu ihrem Inhalt geradezu hypermodern: Sie präsentieren beispielsweise einen Brustschutz der Jarawa mit eingravierten geometrischen Mustern, einen Totenschädel, der in einer Sentinelesen-Hütte gefunden wurde, und Schamanenskulpturen von den Nikobaren, die totemistische Geister verkörpern.

Samudrika Naval Marine Museum MUSEUM
(Haddo Rd; Erw./Kind 50/25 ₹, Foto/Video 20/50 ₹; ⌚Di–So 9–13 & 14–17 Uhr) Das von der indischen Marine betriebene Museum bietet eine beeindruckende Zahl an interessanten Exponaten über das Ökosystem der Inseln, die indigenen Völker und die Tiere und Pflanzen zu Lande und im Wasser (inklusive eines kleinen Aquariums). Vor dem Museum ist das eindrucksvolle Skelett eines jungen Blauwals aufgestellt, der vor einiger Zeit auf der Nikobareninsel an den Strand gespült wurde.

Corbyn's Cove STRAND
Zwar kommt niemand des Strandes wegen nach Port Blair, wer jedoch etwas Erholung von der Stadt braucht, findet an der Corbyn's Cove einen kleinen, sichelförmigen Sandstrand mit Palmen. Die hierher führende Küstenstraße ist malerisch; unterwegs passiert man auch mehrere **japanische Bunker** aus dem Zweiten Weltkrieg. Der Strand befindet sich 7 km südlich der Stadt, zu erreichen per Motorrad oder mit einer Autorikscha (150 ₹). Gelegentlich lassen sich in diesem Gebiet auch Krokodile blicken.

Aktivitäten

Infinity Scuba TAUCHEN
(☎03192-281183; www.infinityscubandamans.wordpress.com) Ein ehemaliger Marinekapitän, der die Tauchgebiete wie kein anderer kennt, organisiert neben Tauchausflügen auch andere Aktivitäten wie etwa Angeltouren.

Schlafen

Gastfamilien sind eine günstige Alternative zu den üblichen Unterkünften. Bei der Touristeninformation gibt's eine Liste der zuverlässigen Gastfamilien (DZ 1000–2000 ₹).

Aashiaanaa Rest Home PENSION $
(☎09474217008; shads_maria@hotmail.com; Marine Hill; Zi. ohne Bad 600 ₹, Zi. 750 ₹, mit Klimaanlage ab 1300 ₹; ❄📶) Die gute Budgetunterkunft hat gemütliche Zimmer in günstiger Lage oberhalb des Bootsanlegers von Phoenix Bay. Die teureren Zimmer sind mit Balkon und Klimaanlage. WLAN kostet 60 ₹ pro Stunde.

Amina Lodge PENSION $
(☎9933258703; aminalodge@ymail.com; MA Rd, Aberdeen Bazaar; EZ/DZ 550/700 ₹; 📶) Die beliebte Budgetunterkunft hat gute Zimmer mit Fernseher. Die Lage im Aberdeen Bazaar

ist zwar praktisch, aber manchmal auch recht laut. Im Haus wird kein Essen serviert. Kostenloses WLAN.

Azad Lodge PENSION $

(☎03192-242646; MA Rd, Aberdeen Bazaar; EZ/DZ ohne Bad 400/500 ₹, DZ 700 ₹, mit Klimaanlage 900 ₹; ❄) Die Zimmer der Pension in zentraler Lage sind einfach, aber angemessen, und teilweise sehr farbenfroh gestrichen.

Lalaji Bay View Hotel PENSION $$

(☎9476005820, 03192-233322; www.lalajibay-view.com; RP Rd; DZ ab 800 ₹, mit Klimaanlage ab 1200 ₹; ❄📶) Das bei Backpackern sehr beliebte Hotel hat gute Zimmer, aber das Beste ist das gemütliche Dachrestaurant mit Bar.

★ **Hotel Sinclairs Bayview** HOTEL $$$

(☎03192-227824; www.sinclairshotels.com/portblair; South Point; Zi. inkl. Frühstück ab 12 000 ₹; ❄📶🏊) Das Hotel an der Straße nach Corbyn's Cove, 2 km außerhalb der Stadt, hat große, moderne Zimmer, die direkt aufs Wasser hinausgehen. Es gibt einen schönen Garten am Meer, ein Restaurant mit guter internationaler Küche und auch einen japanischen Bunker aus dem Zweiten Weltkrieg auf dem Gelände.

Fortune Resort – Bay Island HOTEL $$$

(☎03192-234101; www.fortunehotels.in; Marine Hill; DZ inkl. Frühstück ab 9000 ₹; ❄📶🏊) Dies ist eines der besten Hotels in Port Blair. Es bietet einen Rundumblick auf die Bucht, einen schönen Garten und moderne Zimmer mit glänzend polierten Fußböden, teilweise auch mit Blick aufs Meer.

J Hotel HOTEL $$$

(☎03192-246000; www.jhotel.in; Zi. inkl. Frühstück ab 5000 ₹; ❄📶) Das schicke Designerhotel mitten im Aberdeen Bazaar hat moderne Zimmer und ein internationales Restaurant auf dem Dach.

Essen & Ausgehen

★ **Excel Restaurant** INTERNATIONAL, INDISCH $

(Lalaji Bay View Hotel, RP Rd; Hauptgerichte ab 100 ₹; ⏲7–23 Uhr) Das stimmungsvolle Restaurant mit Bambusmatten auf dem Dach des Lalaji Bay View Hotel bietet typische „Havelock-Küche" mit gegrilltem Fisch, Burgern und mehr. Auch ideal, um nur ein kaltes Bier zu trinken.

Gagan Restaurant INDISCH $

(Uhrturm, Aberdeen Bazaar; Hauptgerichte ab 100–200 ₹; ⏲7–22 Uhr) Das winzige bengalische Restaurant ist sehr beliebt bei den Einheimischen, denn es serviert tolles Essen wie Fisch von den Nikobaren, Krabbencurrys und Kokoshühnchen zu vernünftigen Preisen.

Annapurna INDISCH $

(MG Rd; Hauptgerichte 100–160 ₹; ⏲6.30–22.30 Uhr) Das gute vegetarische Restaurant sieht zwar eher aus wie die Cafeteria einer Schule, serviert aber köstliche Dosas und üppige nordindische Currys.

Lighthouse Residency SEAFOOD $$

(MA Rd; Hauptgerichte 150–800 ₹; ⏲11–23 Uhr) Zuerst wählt man aus der Auslage roten Schnapper, Krabben, Riesengarnelen oder ein Grillgericht (mit Reis und Pommes) und geht dann auf die Dachterrasse, um dort ein kaltes Kingfisher-Bier zu trinken.

Bayview INTERNATIONAL $$$

(Hotel Sinclairs Bayview, South Point; Hauptgerichte 300–550 ₹; ⏲11–23 Uhr) In dem Restaurant direkt am Wasser kann man ganz entspannt ein gemütliches Essen mit Blick aufs Meer genießen. Es bietet eine gute Auswahl an internationalen Gerichten.

Nico Bar BAR

(Marine Hill; ⏲11–23 Uhr) Die luftige Bar des Fortune Bay Hotel ist so reizvoll gelegen, dass sie auf dem 20-₹-Schein abgebildet ist. Ideal, um mit einem eisgekühlten Cocktail einen faulen Nachmittag oder lauen Sommerabend zu genießen.

Praktische Informationen

Port Blair ist der einzige Ort auf den Andamanen, wo man Bargeld tauschen, Reiseschecks einlösen und genügend Geldautomaten finden kann. Überall in der Stadt gibt es Geldautomaten von verschiedenen Banken, darunter von der Axis Bank im **Aberdeen Bazaar** (Netaji Rd) und in der **MG Rd**, von der **ICICI** (Ecke Foreshore Rd & MA Rd) und bei der **State Bank of India** (MA Rd; ⏲Mo–Sa 9–12 & 13–15, Sa 10–12 Uhr, jeden 2. und 4. Sa des Monats geschl.), wo auch Geld getauscht werden kann.

Andaman & Nicobar Tourism (☎03192-232694; www.andamans.gov.in; Kamaraj Rd; ⏲8.30–13 & 14–17 Uhr) Das Hauptbüro der Touristeninformation für die Inseln hält Broschüren bereit und nimmt Anträge für Aufenthaltsgenehmigung in den Regionen um Port Blair entgegen.

GB Pant Hospital (☎03192-233473, Notruf 03192-232102; GB Pant Rd) Das beste staatliche Krankenhaus auf den Andamanen.

Island Travels (☎03192-233358; www.islandtravelsandaman.com; MA Rd, Aberdeen

Bazaar; ⏲ Mo–Sa 10–13 & 14–16 Uhr) In dem Reisebüro kann man Flüge, Bootstouren und Tourführer buchen.

Hauptpost (MG Rd; ⏲ Mo–Sa 9–17 Uhr)

ℹ An- & Weiterreise

BUS

Den ganzen Tag über fahren die staatlichen Busse vom **Busbahnhof** (MA Rd) beim Aberdeen Bazaar nach Wandoor (20 ₹, 1 Std.) und Chidiya Tapu (20 ₹, 1 Std.). Die Busse nach Diglipur starten um 4 (nach Aerial Bay) und 7 Uhr (270 ₹, 12 Std.), um 9.30 Uhr fährt ein Bus nach Mayabunder (200 ₹, 10 Std.). Alle Busse fahren über Rangat (160 ₹, 6 Std.) und Baratang (190 ₹, 3 Std.). Die Tickets für die bequemeren, aber teureren Busse (rund 50–100 ₹) der privaten Gesellschaften werden von den „Büros"(Männer mit Ticketblocks) gegenüber der Haupthaltestelle verkauft.

SCHIFF/FÄHRE

Die meisten Fähren zwischen den Inseln legen am Phoenix Bay Jetty axb. Tickets verkauft das dortige **Ferry Booking Office** (⏲ Mo–Fr 9–13 & 14–16, Sa bis 12 Uhr). Reservierungen sind bis zu drei Tage im Voraus möglich. Sind bereits alle Plätze vergeben, kann man eine Stunde vor Abfahrt vor dem Büro versuchen, ein Last-Minute-Ticket zu ergattern. Es gibt außerdem ein **Fährinformationsbüro** (☎ 03192-245555; Phoenix Bay Jetty; ⏲ 5.30–18.30 Uhr) vor dem Buchungsbüro.

Die Fähre nach Havelock (195 ₹, 2½ Std.) startet täglich um 6.20, 11, 13 und 14 Uhr, wobei einige über Neil Island fahren und alle immer schnell ausgebucht sind. Ansonsten gibt es noch die Fähren der privaten Gesellschaften, die aber teurer sind. Die Fähren von **Makruzz** (☎ 03192-212355; www.makruzz.com) fahren täglich um 6.15 und 14 Uhr nach Havelock (900–1250 ₹, 2 Std.), wobei letztere weiter nach Neil Island fährt (700–1000 ₹, 1½ Std.). Die Fähre von **Coastal Cruise** (☎ 03192-230777; 13 RP Rd, Aberdeen Bazaar) legt um 7.30 Uhr ab und fährt über Havelock (700–1000 ₹) nach Neil Island (800–1100 ₹).

Weitere Fähren schippern täglich nach Little Andaman, sind jedoch regelmäßig ausverkauft. Außerdem gibt es noch Schiffe, die einmal pro Woche nach Diglipur und Long Island fahren.

Neuankömmlinge sollten unbedingt zuerst am Bootsanleger ihre Tickets buchen. Wer Zeit sparen will, lässt das Hotel die Fahrkarten bestellen.

ABSTECHER

CINQUE ISLAND

Die unbewohnte Nord- und Südinsel von Cinque sind durch eine Sandbank miteinander verbunden und gehören zum Naturschutzgebiet südlich von Wandoor. Die von Korallenriffen umgebenen Inseln zählen zu den schönsten der Andamanen. Sie sind 2 Stunden mit dem Schiff von Chidiya Tapu und 3½ Stunden von Wandoor entfernt.

Die Inseln dürfen nur für jeweils einen Tag besucht werden. Wer nicht an einer der gelegentlich von Reisebüros veranstalteten Touren teilnimmt, muss zuvor die Genehmigung beim Oberaufseher des Naturschutzgebietes einholen. Hierfür muss die Aufenthaltsgenehmigung für den Mahatma Gandhi Marine National Park (S. 458) gekauft werden.

ℹ Unterwegs vor Ort

AUTORIKSCHA

Die Fahrt mit der **Autorikscha** vom Aberdeen Bazaar zum Bootsanleger von Phoenix Bay kostet etwa 30 ₹, zum Bootsanleger von Haddo 50 ₹.

VOM/ZUM FLUGHAFEN

Die 4 km lange Fahrt vom Flughafen zum Aberdeen Bazaar kostet mit dem Taxi oder der Autorikscha etwa 100 ₹. Es gibt auch mehrere Busse (10 ₹), die stündlich zwischen dem Flughafen (100 m vom Gebäude entfernt) und der Hauptbushaltestelle verkehren.

MOTORRAD

Mehrere Firmen in Port Blair verleihen Motorräder für rund 400 ₹ pro Tag, so z. Bsp. **Saro Tours & Travels** (☎ 9933291466; www.rentabikeandaman.com; Marine Rd, Aberdeen Bazaar).

Rund um Port Blair

Wandoor

Wandoor, ein winziges Dorf 29 km südwestlich von Port Blair, ist ein guter Ort, um das Inselinnere kennenzulernen. Am bekanntesten ist das Dorf als Sprungbrett für das Schnorcheln im Mahatma Gandhi Marine National Park.

Aktivitäten

Wandoor besitzt einen schönen Strand, das Baden war allerdings zum Zeitpunkt der Recherche wegen Krokodilen verboten.

Mahatma Gandhi Marine National Park SCHNORCHELN

(Genehmigung Inder/Ausländer 50/500 ₹; Foto/Video 25/500 ₹; ⏲ Di–So) Die halbtägigen Schnorchelausflüge in den Mahatma Gandhi

Marine National Park sind eine gute Möglichkeit, schon in Port Blair die Unterwasserwelt kennenzulernen. Der Park umfasst 15 Inseln mit Mangrovenbächen, tropischem Regenwald und Riffen, in denen 50 Korallenarten und viele bunte Fische leben. Die Boote starten um 9 und 10.30 Uhr vom Wandoor Jetty; die Fahrt kostet 750 ₹ zuzüglich zur Genehmigung (500 ₹), die man sich vorab in der Touristeninformation in Port Blair beschaffen muss.

Je nach Jahreszeit wird entweder bei Jolly Buoy oder bei Red Skin geschnorchelt, sodass sich die Stellen zwischenzeitlich regenerieren können.

ANET FREIWILLIGENARBEIT
(Andaman & Nicobar Environmental Team; ☎ 03192-280081; www.anetindia.org; North Wandoor) Das mitreißende Team indischer Ökologen kümmert sich um die Wildnis auf den Andamanen und den Erhalt der Mangrovenwälder, Gezeitenzonen, Schlangen, Krokodile und vieles mehr. Weitere Infos gibt's per Telefon.

Schlafen

Sea Princess Beach Resort RESORT **$$$**
(☎ 03192-280002; www.seaprincessandaman.com; New Wandoor Beach; Zi. inkl. Frühstück 7000 ₹; ❄📶🏊) Das Hotel ist nur einen Katzensprung vom Strand entfernt und hat schöne Zimmer, die in angenehmen Holztönen gehalten sind. Von den vielen Kategorien sind die Suiten am Strand die besten.

Anugama Resort RESORT **$$$**
(☎ 03192-280068; www.anugamaresort.com; Zi. inkl. Frühstück ab 3400 ₹; ❄📶) Die einfachen, aber recht gemütlichen Häuschen des Resorts stehen in ländlicher Umgebung zwischen Wald und Sumpfebenen.

An- & Weiterreise

Von Port Blair nach Wandoor kann man mit dem Bus (20 ₹, 1 Std.) oder mit einer Autorikscha (200 ₹) fahren.

Chidiya Tapu

Das winzige Dorf 30 km südlich von Port Blair ist von Stränden und Mangovenwäldern umgeben und berühmt für seine traumhaften Sonnenuntergänge. Außerdem befindet sich hier der herrliche Naturstrand **Munda Pahar Beach**, der bei Tagesausflügler sehr beliebt ist und wo man dank des felsigen Meeresgrundes gut im kühlen Wasser schwimmen kann.

PREISKATEGORIEN: SCHLAFEN

Die folgenden Preisklassen beziehen sich auf ein Doppelzimmer mit Bad in der Hauptsaison (Dez.–März).

$ unter 800 ₹

$$ 800–2500 ₹

$$$ über 2500 ₹

Sehenswertes & Aktivitäten

Die Tauchschulen in Chidiya Tapu organisieren Ausflüge zu den Inseln Cinque und Rutland, deren Gewässer für ihren Fischreichtum, farbenfrohe Weichkorallen und ausgezeichnete Sicht bekannt sind.

Chidiya Tapu Biological Park ZOO
(Inder/Ausländer 20/50 ₹; ⏲ Di–So 9–16 Uhr) Der schöne Zoo ist eine bewaldete Anlage mit naturbelassenen Gehegen für heimische Arten wie Javaneraffen, Bindenschweine und Leistenkrokodile.

Lacadives TAUCHEN
(☎ 03192-281013; www.lacadives.com; ⏲ Okt.–Mai) Alteingesessene Tauchschule.

Reef Watch Marine Conservation FREIWILLIGENARBEIT
(☎ 9867437640; www.reefwatchindia.org; Lacadives) Die private Organisation hat sich dem Schutz des Meeres verschrieben. Freiwillige können helfen, die Strände zu reinigen, den Fischbestand zu überwachen und vieles mehr. Am besten nimmt man direkt Kontakt zu der Organisation auf, um eine Arbeit zu finden, die zu den eigenen Fähigkeiten passt.

Schlafen & Essen

Wild Grass Resort RESORT **$$$**
(☎ 011-65660202; www.wild-grass-resort-port-blair.hotelsgds.com; Zi. inkl. Frühstück 4250 ₹; ❄) Die einfachen, zweistöckigen Häuschen stehen inmitten des üppig grünen Dschungels und vermitteln eine sehr entspannte Atmosphäre. Zum Resort gehört außerdem ein stimmungsvolles Restaurant mit Bambusmöbeln, das sich auch gut für Tagesausflügler eignet.

An- & Weiterreise

Von Port Blair startet jede Stunde ein Bus nach Chidiya Tapu (20 ₹, 1 Std.), der letzte Bus fährt um 18 Uhr zurück.

Havelock Island

5500 EW.

Mit samtweichen Stränden, seichtem türkisgrünem Wasser und einigen der besten Tauchgebiete in Südostasien gilt Havelock zu Recht als das Urlaubsparadies schlechthin. Für viele ist Havelock sogar gleichbedeutend mit den Andamanen und so bleiben viele Traveller, die den Golf von Bengalen bereisen, die ganze Zeit nur auf dieser Insel.

Sehenswertes & Aktivitäten

Strände

Radhanagar STRAND

(Beach 7) Dieser Sandstrand ist einer der schönsten und berühmtesten in ganz Indien. Vor unberührtem Urwald erstreckt sich der halbkreisförmige, strahlend weiße Strand, an dem sich perfekte Wellen brechen. Er befindet sich im Nordwesten der Insel, rund 12 km vom Bootsanleger entfernt.

Besonders schön ist er am späten Nachmittag, wenn es nicht mehr so heiß und voll ist und die Sonne langsam untergeht. Je weiter man sich vom Hauptzugang entfernt, desto einsamer wird es.

Neils Cove STRAND

Die traumhafte „Lagune" mit geschütztem Sandstrand und kristallklarem Wasser ist nordwestlich von Radhanagar. Bei Sonnenaufgang und Sonnenuntergang ist Schwimmen verboten, und man sollte auch die Warnungen vor Krokodilen unbedingt beachten.

Beach 5 STRAND

Der palmengesäumte Strand an der Nordostküste ist schon eher der typische Tropenstrand und hat zudem einige schattige Stellen und deutlich weniger Sandfliegen. Allerdings wird das Wasser bei Ebbe so flach, dass Schwimmen praktisch unmöglich ist. Hier befinden sich auch die meisten Unterkünfte der Insel.

Kalapathar STRAND

Dieser weitgehend unberührte Strand liegt etwas versteckt 5 km südlich von Beach 5. Dennoch haben ihn auch schon die Pauschaltouristen entdeckt.

Schnorcheln & Tauchen

Havelock verfügt über die besten Tauchgebiete der Andamanen. Im glasklaren Wasser leben Tiefseekorallen und die verschiedensten Meeresbewohner, darunter auch Meeresschildkröten. Hier kommen Taucher aller Leistungsklassen auf ihre Kosten.

Die Hauptsaison zum Tauchen ist von November bis April, aber Tauchausflüge werden das ganze Jahr über angeboten.

Die Tauchtouren werden von Booten mit voller Ausrüstung durchgeführt, die Preise richten sich nach dem Tauchgebiet, der Teilnehmeranzahl und der Dauer des Kurses. Die Preise für einen Tauchgang mit zwei Flaschen fangen bei etwa 5000 bis 6000 ₹ an. Daneben gibt es Kurse für PADI-Taucher (2 Tauchgänge 18 000 ₹), Open Water (4 Tauchgänge 24 000 ₹) und für Fortgeschrittene (5 Tauchgänge 19 500 ₹).

Obwohl die Korallenbleiche seit 2010 größere Probleme macht (es wird vermutet, dass sie mit dem El Niño zusammenhängt), sind hier die Tauchmöglichkeiten immer noch Weltklasse. In den Flachwasserzonen gibt es vielleicht keine besonders leuchtenden Korallen mehr, aber die bunten Fische sind noch da. Und unter 16 m Tiefe sind die Korallen so lebendig wie eh und je. Die Andamanen erholten sich schon 1998 von einer ähnliche Korallenbleiche, und auch heute scheinen sich die Korallen langsam zu regenerieren.

Beliebte Tauchspots sind **Dixon's Pinnacle** und das **Pilot Reef** mit bunten Weichkorallen, **South Button** für Makrotauchen (zur Beobachtung von Kleinlebewesen) und zur Erkundung von Felsformationen, **Jackson Bar** oder **Johnny's Gorge** für tiefer führende Tauchgänge mit Schulen von Schnappern, Haien, Rochen und Meeresschildkröten sowie **Minerva's Delight**, wo es von allem etwas gibt. Man kann auch zum **Wrack** der *SS Incheket* tauchen, einem Frachtschiff aus den 1950er-Jahren. Ausschau halten sollte man auch nach Ausflügen zu weiter entfernten Zielen wie **Barren Island** – dort erzeugt die Asche von Indiens einzigem aktiven Vulkan ein gespenstisches Unterwasserspektakel.

Die Tauchschulen organisieren auch **Schnorcheltouren**, doch ist es manchmal günstiger, ein Boot über das Hotel oder die Pension zu buchen. Schnorchelausrüstungen sind zwar überall erhältlich, jedoch meist nur von mäßiger Qualität. Wer viel und gut schnorcheln möchte, sollte sich deshalb besser seine eigene Ausrüstung mitbringen.

Die meisten Schnorcheltouren führen zum **Elephant Beach**, der auch in 40 Minuten zu Fuß über einen schlammigen Pfad der Arbeitselefanten zu erreichen ist. Der Pfad ist ab der quer über die Insel verlaufenden Straße gut markiert, wird aber bei Regen fast unpassierbar. Auch bei Flut ist der Strand nicht zugänglich. Auskünfte erteilen die Einheimischen. Aufgrund der vielen Schnorcheltouren kann es hier schon mal hoch hergehen. Wer das Wasser für sich alleine haben will, muss morgens um 6 Uhr hier sein.

Da die Preise für die Schnorcheltouren recht einheitlich sind, sollte man sich für den Veranstalter entscheiden, bei dem man sich am wohlsten fühlt.

Ocean Tribe TAUCHEN
(☎03192-282255; www.ocean-tribe.com; No 3 Village) Die Tauchschule wird von legendären Tauchern der örtlichen Ethnie Karen, wie Dixon und Jackson, geleitet, nach denen schon viele Tauchgebiete benannt wurden.

Dive India TAUCHEN
(☎03192-214247; www.diveindia.com; zw. No 3 & 5 Village; 1/2 Tauchgänge 4500/6000 ₹) Sie war die erste PADI-Tauchschule auf Havelock und ist immer noch eine der besten.

Barefoot Scuba TAUCHEN
(☎9566088560; www.diveandamans.com; No 3 Village) Die alteingesessene Tauchschule bietet Komplettpakete aus Tauchen und Unterkunft, die sehr beliebt sind.

Andaman Bubbles TAUCHEN
(☎03192-282140; www.andamanbubbles.com; No 5 Village; 1 Std. Tauchen 4500 ₹, 2 Tage mit 4 Tauchgängen 10 500 ₹) Erstklassiger Veranstalter mit professionellem, freundlichem Personal.

Weitere Aktivitäten

Einige Resorts organisieren **Dschungeltreks** für leidenschaftliche Wanderer oder Vogelbeobachter. Allerdings verwandelt sich der Dschungelboden nach Regen in einen schlammigen Morast. Der Regenwald im Inneren erscheint wie eine spektakuläre, smaragdgrüne Höhle, in der man besonders gut **Vögel beobachten** kann (vor allem am Waldrand). So sind hier blauschwarze Flaggendongros und goldgelbe Pirole zu entdecken.

In der Hochsaison werden im Flying Elephant (S. 463) Yogakurse angeboten (1½ Std. 300–500 ₹).

Andaman Kayak Tours KAJAKFAHRTEN
(☎9933269653; www.andamanhomestay.com/kayak-and-snorkel; 2½ Std. mit mind. 2 Pers. 2500 ₹) Sofern es das Wetter zulässt, werden die Mangrovenwälder mit dem Seekajak erkundet; bei unvergesslichen Nachttouren gleitet man über lumineszierendes Wasser.

Schlafen

Pellicon Beach Resort BUNGALOWS $
(☎9932081673; www.pelliconbeachresort.com; Beach 5; Hütte ab 700 ₹;) Die hübschen Strandbungalows und Hütten im Stil der Nikobaren mit eigener Veranda stehen auf einem friedlichen Stück Land beim Strand.

Coconut Grove Beach Resort PENSION $
(☎9531835592; www.coconutgrovebeachresort.com; Beach 5; Hütte 600 ₹, ohne Bad 300 ₹;) Die reizvolle Anlage mit den kreisförmig angeordneten Hütten ist besonders bei israelischen Besuchern sehr beliebt, denn es herrscht eine sehr entspannte Gemeinschaftsatmosphäre.

DIE MEERESBEWOHNER SCHÜTZEN

Beim Tauchen oder Schnorcheln sollte man unbedingt darauf achten, das empfindliche Ökosystem der Gewässer um die Andamanen zu schützen. Deshalb nur bei Flut schnorcheln, denn bei Ebbe tritt man leicht auf Korallen oder Schwämme und kann sie für immer zerstören. Im seichten Wasser über Riffen nicht mit Flossen schwimmen, denn selbst durch einen leichten Flossenschlag können Korallen, die in Jahrzehnten gewachsen sind, schwer beschädigt werden. Taucher sollten besonders vorsichtig bei Abhängen in der Nähe von Riffen sein. Das Auftreffen mit hoher Geschwindigkeit und voller Ausrüstung kann für das Riff katastrophale Folgen haben. Bei der Auswahl der Tauchschule unbedingt auf ihr Verantwortungsbewusstsein gegenüber der Umwelt achten.

Meeresbewohner und auch Korallen niemals anfassen. Für diese Lebewesen bedeutet das enormen Stress und es kann sie auch krank machen: Manche Organismen haben eine Schutzschicht, die durch die Berührung abgerieben wird, sodass sie leichter zu verletzen und anfälliger für Parasiten und Krankheiten sind. Abgesehen davon können sie auch giftig sein.

Schließlich sollte man den im Meer schwimmenden Müll einsammeln und keinesfalls Muscheln oder Korallen aus dem Meer mitnehmen. Das ist nicht nur umweltschädlich, sondern möglicherweise auch verboten.

Havelock Island

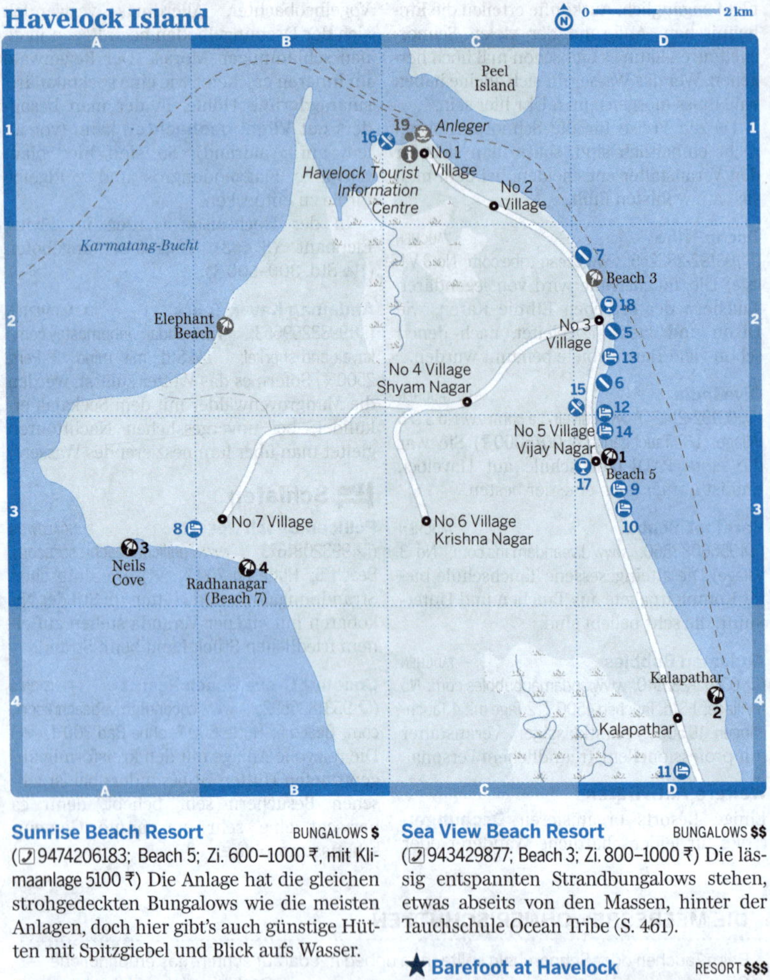

Sunrise Beach Resort BUNGALOWS $
(☎9474206183; Beach 5; Zi. 600–1000 ₹, mit Klimaanlage 5100 ₹) Die Anlage hat die gleichen strohgedeckten Bungalows wie die meisten Anlagen, doch hier gibt's auch günstige Hütten mit Spitzgiebel und Blick aufs Wasser.

Emerald Gecko BUNGALOWS $$
(☎9474286953; www.emerald-gecko.com; Beach 5; Hütte 1500–3000 ₹) Die zweistöckigen Bungalows stehen zum Wasser hin, während die teureren Zimmer eine stimmungsvolle Beleuchtung und Außenbäder haben, die aus angespülten Bambusflößen aus Myanmar gebaut wurden.

Orient Legend Resort PENSION $$
(☎9434291008; www.havelockbeachresort.in; Beach 5; Hütte ohne Bad 500 ₹, Zi. 1200 ₹, mit Klimaanlage 2500 ₹) Die beliebte Pension am Beach 5 deckt die meisten Budgets ab: von kleinen Hütten über Zimmer mit Betonwänden bis zu zweistöckigen Cottages, die einen flüchtigen Blick aufs Meer erlauben.

Sea View Beach Resort BUNGALOWS $$
(☎943429877; Beach 3; Zi. 800–1000 ₹) Die lässig entspannten Strandbungalows stehen, etwas abseits von den Massen, hinter der Tauchschule Ocean Tribe (S. 461).

★ **Barefoot at Havelock** RESORT $$$
(☎03192-214534; www.barefootindia.com; Beach 7; Häuschen mit Zeltdach inkl. Frühstück 9500 ₹, Nikobarenhütte 13 500 ₹; ❄) Die eleganten, aber gemütlichen Holzhütten mit Bambusdach der gut geplanten, umweltbewussten Anlage stehen direkt hinter dem berühmten Radhanagar-Strand.

★ **Silversand** RESORT $$$
(☎03192-211073; www.silversandhavelock.com; Beach 5; Zi. inkl. Frühstück 12 000 ₹; ❄📶🏊) Das beste an diesem Hotel ist die Lage an einem schönen Strandabschnitt, weit weg von den Massen. Die Zimmer sind gemütlich, und je näher sie am Meer sind, desto teurer sind sie. Es gibt eine gute Bar und ein Restaurant.

Havelock Island

Sehenswertes
1 Beach 5 ... D3
2 Kalapathar ... D4
3 Neils Cove ... A3
4 Radhanagar ... B3

Aktivitäten, Kurse & Touren
Andaman Bubbles ... (siehe 14)
5 Barefoot Scuba ... D2
6 Dive India ... D2
7 Ocean Tribe ... D2

Schlafen
8 Barefoot at Havelock ... A3
9 Coconut Grove Beach Resort ... D3
10 Emerald Gecko ... D3
11 Flying Elephant ... D4
12 Orient Legend Resort ... D2
13 Pellicon Beach Resort ... D2
Sea View Beach Resort ... (siehe 7)
Silversand ... (siehe 10)
Sunrise Beach Resort ... (siehe 12)
14 Wild Orchid ... D3

Essen
15 Anju-coco Resto ... D2
16 B3 – Barefoot Bayside & Brasserie ... C1
Dakshin ... (siehe 16)
Fat Martin's ... (siehe 14)
Full Moon Cafe ... (siehe 6)
Red Snapper ... (siehe 14)

Ausgehen & Nachtleben
17 Cicada ... D3
18 Wine Shop ... D2

Transport
19 Ferry Ticket Office ... C1

Flying Elephant BUNGALOWS $$$
(☎9474250821; www.flying-elephant.in; Kalapathar; Zi. 4000 ₹) Die ruhige Anlage liegt etwas versteckt zwischen Reisfeldern und Betelpalmen am Strand von Kalapathar. Die einfachen Doppelbungalows aus Lehm und Bambus haben Außenbäder in einem schönen Steingarten.

Wild Orchid RESORT $$$
(☎03192-282472; www.wildorchidandaman.com; Beach 5; Zi. inkl. Frühstück ab 6125 ₹; ❄📶) Die modernen Häuschen im Stil der Andamenen rund um einen tropischen Garten sind nur einen Katzensprung vom Strand entfernt.

Essen & Ausgehen

Die meisten Besucher essen in ihrem Hotel oder in der Nähe davon. Dabei gibt es beim Bootsanleger einige *dhabas* (Snackbars) sowie kleine einheimische Restaurants auf dem Hauptbasar (No 3 Village).

Alkohol wird in einem **Laden** (Beach 3; ⌚9–12 & 15–20 Uhr) neben dem Geldautomaten in No 3 Village verkauft.

Fat Martin's INDISCH $
(Beach 5; Hauptgerichte 70–140 ₹; ⌚7.30–22 Uhr) Das beliebte Café im Freien hat eine gute Auswahl an indischen Gerichten sowie einige besonders bemerkenswerte Dosas mit Panir Tikka und Nutella.

Anju-coco Resto INDISCH $$
(Beach 5; Hauptgerichte 200–800 ₹; ⌚8–22.30 Uhr) Das bodenständige Lokal ist sehr beliebt und hat eine breit gefächerte Auswahl, darunter herzhaftes Frühstück, leckere Grillgerichte und gemischte Platten.

★ **Red Snapper** SEAFOOD $$$
(Wild Orchid Resort, Beach 5; Hauptgerichte 250–850 ₹; ⌚7.30–10, 12–14.30 & 18–21.30 Uhr) Das ansprechende Restaurant mit Strohdach und glänzend poliertem Bambus strahlt eine romantische Inselatmosphäre aus. Auf der Speisekarte stehen leckere Meeresfrüchteplatten, Thunfisch mit Pfefferkruste und selbst gemachte Nudeln. Auf der Terrasse lässt sich ein kühles Bier genießen.

Full Moon Cafe INTERNATIONAL $$$
(Dive India, Beach 5; Hauptgerichte 200–490 ₹) Das von einem indisch-irischen Paar geführte Restaurant mit Strohdach steht auf dem gleichen Gelände wie Dive India am Beach 5. Zu fantastischen Meeresfrüchten und Salaten gibt es erfrischende Honig-Ingwer-Limonade. Wasser wird kostenlos nachgeschenkt.

B3 – Barefoot Bayside & Brasserie INTERNATIONAL $$$
(Village No 1; Hauptgerichte 350–500 ₹; ⌚12–21.30 Uhr) Hier gibt es die beste Pizza auf ganz Havelock und leckere, selbst gemachte Pasta. Und erst das Eis! Auf der luftigen Terrasse mit Meerblick lässt es sich gut auf die Fähre warten. Im Untergeschoss hat sich das **Dakshin** (Hauptgerichte 80–270 ₹; ⌚6.30–10 & 12–15.30 Uhr) auf südindische Küche spezialisiert.

Cicada LIVEMUSIK
(Beach 5; ⌚wechselnde Öffnungszeiten) Die lässige Musikkneipe, die zum Emerald Gecko gehört, befindet sich mitten im Dschungel

am Ende eines kleinen Weges, der von der Hauptstraße gegenüber Beach 5 abzweigtt.

Praktische Informationen

Das per Satellit empfangene Internet ist wahnsinnig langsam und mit rund 300 ₹ pro Stunde auch recht teuer.

Havelock Tourist Information Centre (03192-282117; neben dem Bootsanleger, Village No 1; 8–16.30 Uhr) Das Büro der staatlichen Touisteninformation hält Brochüren und Infos bereit, bucht jedoch keine Touren.

An- & Weiterreise

Die statlichen Fähren fahren jeden Tag um 9, 14.45 und 16.30 Uhr (420 ₹, 2½ Std.) vom **Bootsanleger** in No 1 Village auf Havelock nach Port Blair. Die Tickets reserviert man am besten zwei Tage im Voraus beim **Ferry Ticket Office** (Mo–Fr 9.15–12 & 14–16, Sa 9.15–12 Uhr) oder lässt sie von einem der Hotels gegen eine geringe Gebühr reservieren. Von Havelock nach Neil Island fahren ein bis zwei Fähren pro Tag (335 ₹, 1¼ Std.), während vier Fähren pro Woche (Mo, Mi, Fr und Sa jeweils um 9.30 Uhr) über Long Island (335 ₹, 2 Std.) nach Rangat fahren.

Die (bequemeren) Fähren der privaten Unternehmen wie **Makruzz** (S. 458) und **Coastal Cruise** (S. 458) fahren täglich über Neil Island nach Port Blair.

Unterwegs vor Ort

Von 10 bis 17.30 Uhr fährt ein Stadtbus (10 ₹, 40 Min.) in etwa einer Stunde die Route vom Bootsanleger zu den Dörfern und nach Radhanagar ab. Alternativ kann man einen Roller (ab etwa 490 ₹ für 24 Std.) oder ein Fahrrad (100 ₹/Tag) leihen. Oft können das die Hotels/Pensionen organisieren oder aber einen Verleih empfehlen.

Eine Autorikscha vom Bootsanleger nach No 3 Village kostet 50 ₹, nach No 5 90 ₹ und nach No 7 500 ₹.

Neil Island

Auch wenn die Strände hier nicht so überwältigend sind wie auf der Nachbarinsel Havelock, hat die ruhige Insel doch ihren ganz eigenen Charme. Hier geht das Leben noch seinen gemächlichen Gang und so zeigt sich der einzigartige Charakter der Insel am besten beim Radeln durch die pittoresken kleinen Dörfer. Der heimelige Hauptbasar wird am frühen Abend zum beliebten Treffpunkt. Auf Neil Island ist man etwa 40 km von Port Blair entfernt, eine kurze Fahrt mit der Fähre von Havelock und Welten vom hektischen Leben zu Hause entfernt.

Sehenswertes & Aktivitäten

Strände

Von den fünf Stränden hier (Nummer 1 bis 5) ist keiner wie der andere, doch aufgrund des flachen, felsigen Meeresbodens eignet sich auch keiner wirklich zum Schwimmen.

Strand 1 STRAND
(Laxmanpur) Der lange, von Mangroven gesäumte Sandstrand liegt ca. 40 Gehminuten westlich von der Anlagestelle und dem Dorf. Eine schöne Stelle lädt zur Beobachtung des Sonnenuntergangs ein, erreichbar über das Pearl Park Beach Resort (S. 465). Manchmal kann man hier auch Dugongs erspähen.

Strand 2 STRAND
Am nördlichen Inselrand befindet sich eine Felsformation namens Natural Bridge, die nur bei Ebbe zu Fuß um die Bucht zugänglich ist. Um hierher zu radeln, nimmt man die Nebenstraße durch den Basar und biegt an der Weggabelung links ab.

Strand 3 STRAND
(Ram Nagar) Strand 3 ist eine einsame, pulverige und steinige Bucht mit guten Schnorchelmöglichkeiten.

Strand 4 STRAND
(Bharatpur) Der beste Badestrand von Neil Island. Minuspunkte sind die Nähe zur Anlegestelle und rüpelhafte Tagesausflügler, die in Motorbooten einfallen.

Strand 5 STRAND
(Sitapur) Dieser rauere Strand am Ostufer der Insel 5 km vom Dorf entfernt, bietet sich für Strandwanderungen an. Bei Ebbe sind dabei auch kleine Kalksteinhöhlen zugänglich.

Schnorcheln & Tauchen

Vor Neil Island gibt es einige grandiose Tauchgebiete, in denen sich bunte Fische, große Schwärme von Grashechten, Meeresschildkröten, Rochen, Weich- und Hartkorallen tummeln. Mehrere Tauchschulen auf der Insel bieten auch Open-Water-Kurse an.

Das beste Schnorchelgebiet der Insel ist das Korallenriff am äußersten (westlichen) Ende von Beach 1 bei Flut, wo man mit etwas Glück sogar einen Dugong entdeckt. Auch am Beach 3 kann man gut schnorcheln. Leihausrüstungen kosten rund 200 ₹ und sind bei vielen Pensionen erhältlich.

India Scuba Explorers TAUCHEN
(9933271450; www.indiascubaexplorers.com; Beach 1; 1 Tauchgang 4500 ₹) Die älteste Tauchschule der Insel wurde von einem Ehepaar

gegründet und ist wegen ihres individuellen Services immer noch sehr beliebt.

Dive India TAUCHEN
(☎ 8001122205; www.diveindia.com; 1/2 Tauchgänge 4500/6000 ₹) Die auf Havelock ansässige, professionelle Tauchschule hat auch hier eine Filiale, die sich beim Bootsanleger befindet.

Schlafen

Beach 1

Sunset Garden Guesthouse BUNGALOWS $
(☎ 9933294573; Hütte 800 ₹, ohne Bad 300 ₹) Nach einem 15-minütigen Fußmarsch durch Reisfelder erreicht man die einfachen Bambushütten auf einem abgeschiedenen Gelände, die ideal sind für alle, die endlich weg von allem Trubel sein wollen.

Seashell RESORT $$$
(☎ 9933239625; www.seashellhotels.net; Häuschen inkl. Frühstück 9000 ₹; ❄) Die modernen, gut ausgestatteten Cottages stehen bis zum Mangroven gesäumten Strand hinunter. Die Zimmer haben Fernseher und Tee- und Kaffeekocher.

Pearl Park Beach Resort BUNGALOWS $$$
(☎ 9434260132; www.andamanpearlpark.com; Zi. inkl. Frühstück mit Ventilator ab 3500 ₹, mit Klimaanlage ab 5500 ₹; ❄📶) Die gemütlichen Bambushütten stehen um einen Blumengarten.

Beach 3

★ **Kalapani** BUNGALOWS $
(☎ 9474274991; Hütte 600 ₹, ohne Bad 300 ₹) In der lässigen Anlage mit einfachen Bungalows werden Motorräder, Fahrräder und Schnorchelausrüstungen verliehen, und die Eigentümer geben viele Tipps für Unternehmungen.

Breakwater Beach Resort BUNGALOWS $
(☎ 9933292654; Hütte 500–1000 ₹, ohne Bad 300 ₹) Lockere Stimmung, ordentliche Zimmer, ein schöner Garten und leckeres Essen.

Beach 5

Sunrise Beach Resort BUNGALOWS $
(☎ 9933266900; Zi. 400 ₹, ohne Bad 300 ₹) Die einfachen, strohgedeckten Bungalows sind nur einen kurzen Fußmarsch vom Strand entfernt. Es gibt ein nettes kleines Restaurant, in dem zwischen unzähligen Blumen leckere Gerichte wie Fisch-Masala mit Kokos (150 ₹) serviert werden.

Emerald Gecko BUNGALOWS $$
(☎ 9474286953; www.emerald-gecko.com; Zi. 2000–4000 ₹) Die einfachen, umweltfreundlichen Bungalows mit Deckenventilatoren und Moskitonetzen stehen in einer Kokosplantage.

Neil Kendra

Silversand RESORT $$$
(☎ 03192-244914; www.silversandneil.com; Zi. inkl. Frühstück ab 12 000 ₹; ❄🏊) Die recht noble Anlage besteht aus modernen, gemütlichen Häuschen unter schattigen Palmen, die nur ein paar Schritte vom Wasser entfernt sind.

Essen

Garden View Restaurant INDISCH $
(Beach 5; 50–130 ₹; ⏰ 6–22 Uhr) In dem schönen Garten kann man ganz entspannt ein Kingfisher-Bier (170 ₹/Flasche) oder ein Papaya-Lassi (60 ₹) genießen und dazu Fischcurry, Reis mit gebratenen Garnelen und vieles mehr essen.

Blue Sea SEAFOOD, INDISCH $$
(Beach 3; Hauptgerichte 120–300 ₹; ⏰ 6–23 Uhr) In der kleinen, abgefahrenen Strandhütte stehen Tische und Stühle direkt auf dem Sand, überall baumelt Stranddeko und mittendrin liegt der Schädel eines Blauwals. Zu essen gibt es Leckeres aus Indien und einige europäische Gerichte. Ein Fußweg führt zum vermutlich besten Strand auf Neil Island. Das Lokal lohnt sich wegen der schlichten, entspannten Atmosphäre und dem nahe gelegenen Strand.

Moonshine INDISCH, INTERNATIONAL $$
(Beach 1; Hauptgerichte 100–400 ₹; ⏰ 8–11, 12–13, 16–21.30 Uhr) Das Lieblingslokal der Backpacker an der Straße zum Beach 1 serviert sättigende, selbst gemachte Pasta und Fisch-Thalis. Kaltes Bier kann organisiert werden.

Praktische Informationen

Da es auf Neil Island weder Geldautomaten noch Wechselstuben gibt, sollte man ausreichend Geld mitbringen.

WLAN gibt es im **Pearl Park Beach Resort** (S. 465) am Beach 1 (200 ₹ für 2 Std.).

Anreise & Unterwegs vor Ort

Eine Fähre fährt zwei- oder dreimal täglich nach Port Blair (400 ₹, 2 Std.). Darüber hinaus gibt es eine oder zwei Fähren täglich nach Havelock (400 ₹, 1 Std.) sowie drei Fähren pro Woche nach Long Island (400 ₹, 5 Std.). **Mak-**

ruzz (S. 458) und **Coastal Cruise** (S. 458) betreiben ebenfalls Fähren von/nach Port Blair (ab 875 ₹, 1 Std.) und Havelock (ab 710 ₹).

Um auf der Insel herumzukommen, mietet man am besten auf dem Basar oder in einer Pension ein Fahrrad (ab 100 ₹/Tag); die Straßen sind eben und die Entfernungen kurz. Die Fahrt mit der Autorikscha vom Anleger zu Strand 1 oder 3 kostet 75 bis 100 ₹.

Middle & North Andaman

Die Andamanen bestehen nicht nur aus Sonne und Sand. Es gibt hier auch einen Dschungel wie aus dem Jurazeitalter, ein grünes Urwaldgewirr, das wirkt, als ob es direkt den Träumen von Mutter Natur entsprungen wäre. Diese wilde, vorzeitliche Seite der Inseln erlebt man bei einer langen, geschwungenen Busfahrt auf der Andaman Trunk Rd (ATR), bei der man auf RoRo-Fähren rötlich gefärbte Flüsse überquert, in denen Leistenkrokodile lauern.

Die ATR hat aber auch eine Schattenseite: Sie führt mitten durch die Heimat der Jarawa (S. 467), sodass dieses Volk nun einem ständigen Kontakt mit der Außenwelt ausgesetzt ist. Eine Koexistenz zwischen dem modernen Indien und dem Stammesleben scheint unmöglich: Jeder Kontakt zwischen den Jarawa und Siedlern führte bisher zu Missverständnissen, aus denen Spannungen, Verwirrung und schlimmstenfalls Gewalttaten und Morde resultierten. Indische Anthropologen und Gruppen wie Survival International, die sich für die Rechte indigener Bevölkerungen einsetzen, fordern deshalb eine Schließung der ATR – und daher wird geprüft, wie es mit der Straße weitergehen soll. Derzeit dürfen Fahrzeuge die Straße nur in Konvois zwischen 6 und 15 Uhr benutzen. Das Fotografieren ist strikt untersagt, ebenso das Anhalten und jede Kontaktaufnahme zu den Jarawa, die zunehmend von „Geschenken" der Vorbeifahrenden abhängig werden.

Die erste interessante Stelle nördlich von Port Blair sind die **Kalksteinhöhlen** (Baratang; ⌚Di–So) bei Baratang. Man erreicht sie vom Anleger in einer 45-minütigen, malerischen Bootsfahrt (450 ₹) durch den Mangrovenwald. Die erforderliche Genehmigung gibt's an der Anlegestelle.

Rangat & Umgebung

Fährt man auf der Andaman Trunk Road in Richtung Norden, so ist Rangat nach Baratang Island die erste größere Stadt auf Middle Andaman. Rangat ist in erster Linie ein Verkehrsknotenpunkt und für Reisende nicht weiter interessant. Die bekannteste Sehenswürdigkeit ist hier die **Dhaninallah Mangrove**, wo die Meeresschildkröten von Mitte Dezember bis April am frühen Abend an Land kommen, um ihre Eier abzulegen. Dieses Ereignis kann man ganz gut von dem etwa 1 km langen Plankenweg beobachten, der 45 Autominuten von Rangat entfernt ist.

An- & Weiterreise

Vom Bootsanleger in Yeratta, 8 km von Rangat entfernt (und mit dem Stadtbus zu erreichen), legt um 9 und 15 Uhr die Fähre nach Long Island (11 ₹) ab. Von Rangat Bay, 5 km außerhalb der Stadt, fahren Fähren nach Port Blair (378 ₹, 6 Std.) und Havelock (378 ₹, 2 Std.). Ein Bus fährt einmal täglich nach Port Blair (145 ₹, 7 Std.) und Diglipur (65 ₹, 4 Std.).

Long Island

Mit freundlichen Insulanern und angenehm geruhsamem Lebensstil ist Long Island ideal für all jene Traveller, die noch etwas intensiver entspannen wollen. Bis auf ein paar wenige Motorräder gibt es hier nämlich keine Kraftfahrzeuge; mitunter ist man an manchen Tagen sogar der einzige Besucher vor Ort.

Sehenswertes & Aktivitäten

Strände

In der Nähe des Blue Planet (S. 468), 15-Gehminuten vom Bootsanleger entfernt, befindet sich ein schöner Strand.

Wandert oder joggt man 1½ Stunden durch den Dschungel gelangt man zur abgelegenen **Lalaji Bay**. An diesem schönen weißen Sandstrand kann man gut schwimmen und schnorcheln. Der Weg ist mit roten Pfeilen vom Bootsanleger bis hierher markiert. Oder man mietet ein Boot (hin & zurück 2500 ₹ für 2 Pers.). Allerdings benötigt man die (kostenlose) Aufenthaltsgenehmigung des Forest Office beim Bootsanleger, um herzukommen.

Schnorcheln & Tauchen

Das Blue Planet betreibt eine Tauchschule (Dez.–März) und verleiht auch Schnorchelausrüstungen für rund 100 ₹. Die Touren führen nach Campbell Shoal, um die Schwärme von Stachelmakrelen und Barrakuda zu beobachten.

DIE INDIGENEN VÖLKER DER INSELN

Die indigenen Völker der Andamanen und Nikobaren machen 12 % der Gesamtbevölkerung aus, und die Zahl der Mitglieder der meisten Ethnien nimmt stetig ab. Die Onge, Sentinelesen, Andamanesen und Jarawa werden als Negritos bezeichnet und erinnern stark an kleinwüchsige afrikanische Völker. Tragischerweise sind im letzten Jahrhundert zahlreiche Ethnien erloschen. Als im Februar 2010 Boa Senior starb, die letzte, die noch die angestammte Sprache der Bo sprach, starben mit ihr eine Kultur und eine Sprache, die vor 65 000 Jahren ihre Ursprünge hatte.

Achtung: Die Gebiete, in denen diese Völker leben, sind zu ihrem Schutz und ihrer Würde für Ausländer gesperrt. Wer dieses Verbot missachtet und diese Regionen aufsucht, nimmt eine Gefängnisstrafe in Kauf.

Jarawa

Die rund 300 verbliebenen Jarawa bewohnen ein 639 km² großes Reservat auf Middle und North Andaman (S. 466). 1953 ließ der militärische Befehlshaber Jarawa-Siedlungen von einem Wasserflugzeug bombardieren. Das Siedlungsgebiet wird von der Andaman Trunk Rd durchtrennt und ist durch Abholzung und das Eindringen von Siedlern und Touristen bedroht. 2012 verbreitete sich ein Video, das einen Austausch zwischen den Jarawa und Touristen zeigte, wie ein Virus, wobei ein Polizist die Jarawa aufforderte, für Essen zu tanzen. Das Ereignis führte zu einer staatlichen Untersuchung und bedeutete das Ende der sogenannten *human safari*-Tour.

Nikobaresen

Die 30 000 Nikobaresen sind das einzige indigene Volk, dessen Zahl nicht abnimmt. Mehrheitlich sind sie Christen und haben sich teilweise an die moderne indische Gesellschaft angepasst. Sie leben in Dorfgemeinschaften unter der Leitung eines Dorfvorstehers, züchten Schweine und bauen Kokosnüsse, Yams und Bananen an. Die Vorfahren der Nikobaresen kamen wahrscheinlich aus Malaysia und Myanmar. Heute bewohnen sie eine Reihe von Inseln der Nikobarengruppe rund um die Insel Car Nicobar, die von dem Tsunami im Jahr 2004 besonders schlimm verwüstet wurde.

Onge

Zwei Drittel von Little Andaman, auf der die Onge leben, wurden 1977 von der Forstverwaltung übernommen und zur Besiedlung freigegeben. Die rund 100 verbliebenen Angehörigen des Volkes der Onge leben in einem 25 km² großen Reservat, das Dugong Creek und South Bay umfasst. Anthropologen führen den starken Rückgang der Zahl der Onge auf die Demoralisierung durch den Verlust ihres angestammten Territoriums zurück.

Sentinelesen

Im Gegensatz zu anderen Völker auf den Inseln verweigern die Sentinelesen jeden Kontakt zur Außenwelt. Über Jahre landeten immer wieder Kontaktsucher an den Stränden von North Sentinel Island, der letzten Redoute der Sentinelesen. Sie brachten Geschenke – Kokosnüsse, Bananen, Schweine und rote Plastikeimer –, wurden aber meist mit einem Pfeilhagel empfangen. Nur selten verliefen Begegnungen etwas weniger feindselig. Heute leben noch ca. 150 Sentinelesen.

Andamanesen

Mitte des 19. Jhs. gab es noch rund 7000 Andamanesen, doch ihr freundlicher Umgang mit den Siedlern wurde ihnen zum Verhängnis. 1971 war ihre Zahl auf 19 gesunken, der größte Teil des Volkes war von den Masern, der Syphilis und Grippeepidemien dahingerafft worden. Die Andamanesen zählen heute nur mehr rund 50 Personen und sie wurden auf die kleine Strait Island umgesiedelt.

Shompen

Nur noch rund 250 Shompen leben in den Wäldern von Great Nicobar. Die halbnomadischen Jäger und Sammler halten sich vor allem an den Flussufern auf. Sie trotzen Integrationsversuchen und vermeiden Gebiete, die von indischen Einwanderern besetzt sind.

Oder man fährt mit dem Boot (3500 ₹ für 2 Pers.) nach North Passage Island und schnorchelt in der sagenhaften **Merk Bay**.

Toll **Schnorcheln** kann man auch direkt vor den Rasthütten der Lalaji Bay, wo es herrliche Korallen zu sehen gibt, und am Strand bei der Pension Blue Planet, direkt vor dem blauen Hindu-Tempel. Die Korallen sind jenseits des Seegrases an der Küste.

Schlafen & Essen

★ Blue Planet PENSION $$

(☎ 9474212180; www.blueplanetandamans.com; Zi. ab 1500 ₹, ohne Bad ab 500 ₹; @) Hängematten und Zimmer mit Bambusdecken sind rund um einen Padauk-Baum angeordnet. Das Essen ist lecker, und das Wasser wird gefiltert. Die Pension ist 15 Gehminuten vom Bootsanleger entfernt. An einem anderen Standort in der Nähe werden auch Bambushäuschen (ab 3200 ₹) vermietet.

An- & Weiterreise

Viermal pro Woche fährt eine Fähre nach Havelock, Neil Island und Port Blair (195 ₹). Wer die Fähre in Port Blair verpasst, kann mit dem Bus nach Rangat fahren und dort die Fähre in Yeratta, 8 km von Rangat entfernt, nehmen. Von dort fährt jeden Tag um 9 und 15.30 Uhr eine Fähre nach Long Island (11 ₹, 1 Std.).

Diglipur & Umgebung

Wer es so weit nach Norden schafft, wird mit einigen eindrucksvollen Attraktionen belohnt. Die Gegend ist ein Outdoor-Tummelplatz für Naturfreunde. Hier gibt es einen weltberühmten Schildkrötenbrutplatz, den höchsten Gipfel der Andamanen, ein System von Höhlen, weiße Sandstrände und Schnorchelstellen, die zu den besten auf den Andamanen gehören.

Allerdings sollte man von Diglipur, der zweitgrößten Stadt der Andamanen (70 000 Ew.), nicht viel erwarten: Es ist nur eine zersiedelte, schmuddelige Marktstadt. Am besten fährt man gleich ins ruhige Küstendorf **Kalipur** weiter.

> NICHT VERSÄUMEN
>
> **SCHILDKRÖTENEIABLAGE IN KALIPUR**
>
> Kalipur gilt als der einzige Ort weltweit, an dem Lederschildkröten, Echte Karettschildkröten, Oliv-Bastardschildkröten und Suppenschildkröten ihre Eier am gleichen Strand ablegen und ist daher ein ausgezeichneter Platz, um von Mitte Dezember bis April dieses abendliche Schauspiel zu erleben. Schildkröten sieht man in den meisten Nächten, und man kann eventuell beim Einsammeln der Eier oder beim Freisetzen der Jungschildkröten helfen. Für mehr Informationen wendet man sich an das Pristine Beach Resort.

Aktivitäten

Die meisten Besucher kommen während der Brutsaison, um sich die Schildkröten anzuschauen.

★ Ross & Smith Islands STRAND, SCHNORCHELN

Wie zwei hübsche tropische Gegengewichte sind die beiden Schwesterinseln Smith und Ross über eine schmale, blendend weiße Sandbank miteinander verbunden und bieten mit die besten Bade- und Schnorchelstellen auf den Andamanen.

Für Smith Island – zu erreichen per Boot (2500 ₹/pro Boot für 5 Pers.) von der Aerial Bay aus – braucht man keine Genehmigung, für Ross Island theoretisch schon (500 ₹). Da man aber von Smith Island zu Fuß hinüberkommt, wird in der Regel nicht nach der Genehmigung gefragt. Weitere Infos erhält man im Pristine Resort.

Saddle Peak TREKKING

(Inder/Ausländer 25/250 ₹) Mit 732 m ist der Saddle Peak der höchste Gipfel auf den Andamanen. Von Kalipur aus kann man in sechs bis sieben Stunden durch subtropischen Wald bis auf den Gipfel und zurück wandern – von oben bietet sich ein atemberaubender Blick auf den Archipel. Die Wanderung ist anstrengend – man sollte unbedingt viel Trinkwasser (ca. 4 l) mitnehmen. Man braucht eine Genehmigung (250 ₹) vom Forstamt (6–14 Uhr) am Startpunkt des Trails. Ein örtlicher Führer (300 ₹) sorgt dafür, dass man sich nicht verläuft, man kann sich aber auch einfach an den roten Pfeilmarkierungen an den Bäumen orientieren.

Craggy Island SCHNORCHELN

Die kleine Insel vor Kalipur ist ein guter Ort zum Schnorcheln. Gute Schwimmer kommen mit Muskelkraft hinüber (Schwimmflossen sind zu empfehlen), ansonsten nimmt man ein motorisiertes Boot (hin & zurück 3000 ₹).

ABSEITS DER ÜBLICHEN PFADE

MAYABUNDER & UMGEBUNG

Mayabunder im „oberen" Teil von Middle Andaman ist vor allem für die Dörfer bekannt, in denen Karen, Angehörige eines birmanischen Bergvolks, leben, deren Vorväter in der britischen Kolonialzeit hierher umgesiedelt wurden. Mayabunder ist ein entspanntes Ziel fern von Menschenmassen.

Angeboten werden eine Reihe von Tagesausflügen. Das Highlight ist die Dschungelwanderung auf der unheimlichen **Interview Island** (Boot 3000 ₹, bis zu 6 Pers.), auf der rund 35 verwilderte Elefanten leben, die nach der Schließung eines Forstunternehmens in den 1950er-Jahren auf der Insel zurückgelassen wurden. Bewaffnete Wächter begleiten den Trek, um für eine Begegnung mit Elefanten gewappnet zu sein. Für den Besuch der Insel braucht man eine Genehmigung (500 ₹), die man am bequemsten erhält, wenn man per E-Mail eine Kopie seiner Einreisegenehmigung auf die Andamanen an die Pension Sea'n'Sand schickt. Weitere Ausflugsziele sind der **Schildkrötenbrutplatz** beim Dhaninallah Mangrove Walkway (Dez.–März); die **Forty One Caves**, wo *hawabills* (Salanganen) ihre teuer bezahlten essbaren Nester produzieren, und **Avis Island** (Boot 1500 ₹), vor der es gute Schnorchelstellen gibt.

Das **Sea'n'Sand** (☎03192-273454; titusinseansand@yahoo.com; Zi. ab 850 ₹; ❄) ist zweifellos die beste Unterkunft. Die Inhaber Titus und Elizabeth (und ihre weitläufige Karen-Familie) wissen alles über Mayabunder, und das Essen ist ein Vergnügen.

Mayabunder liegt 71 km nördlich von Rangat (75 ₹, 2 Std.). Hierher fahren täglich Busse aus Port Blair (200 ₹, 10 Std.) und Diglipur (60 ₹, 2 Std.) und dreimal wöchentlich Fähren.

Excelsior Island SCHNORCHELN

Die Excelsior Island hat schöne Strände, gute Schnorchelmöglichkeiten und eine Herde Axishirsche. Man braucht zum Besuch eine Genehmigung (500 ₹); die Überfahrt mit dem Boot, in dem sieben Personen Platz finden, kostet 4500 ₹.

Schlafen & Essen

★ **Pristine Beach Resort** PENSION $$$

(☎9474286787; www.andamanpristineresorts.com; Kalipur Beach; Hütte 1500 ₹, Zi. 3500–4500 ₹; ❄@) Die entspannte Anlage, die unter Palmen zwischen Reisfeldern und Strand liegt, hat einfache Bambushütten und hochwertigere Zimmer. Im Restaurant mit Bar gibt's köstlichen Fisch nach Art der Nikobaren.

Sion INDISCH $

(Kalipur Beach; Hauptgerichte 60–150 ₹; ⏲10–22 Uhr) Das Restaurant auf dem Dach serviert überragend leckere Meeresfrüchte.

An- & Weiterreise

Von Diglipur, 80 km nördlich von Mayabunder, fährt um 5 und 7 Uhr sowie um 22.40 Uhr ein Bus nach Port Blair (265 ₹, 12 Std.). Außerdem fahren Busse nach Mayabunder (55 ₹, 2½ Std.) und Rangat (100 ₹, 4½ Std.).

Die Fähren nach Port Blair (Sitz/Koje 110/350 ₹, 9 Std.) fahren dreimal pro Woche (Di, Do, Sa).

Unterwegs vor Ort

Die Fähren und einige Busse fahren auch nach Aerial Bay, 11 km von Diglipur in der einen Richtung und 8 km von Kalipur in der anderen Richtung entfernt.

Von Diglipur nach Kalipur fahren die Busse (15 ₹, 30 Min.) alle 45 Minuten. Eine Autorikscha kostet 200 ₹.

Little Andaman

Little Andaman ist die südlichste der Inseln – hier fühlt man sich wie am Ende der Welt. Prächtige Mangroven, blaugrüner Dschungel und tolle Strände lassen verstehen, warum viele Traveller sie für den schönsten Flecken auf den Andamanen halten.

Von den schweren Schäden durch den Tsunami im Jahr 2004 erholt sich Little Andaman langsam wieder. Die Hauptsiedlung **Hut Bay** liegt rund 120 km südlich von Port Blair und ist ein netter kleiner Ort.

Sehenswertes & Aktivitäten

Little Andaman Lighthouse LEUCHTTURM

Der rund 14 km östlich von Hut Bay stehende Leuchtturm ist ein lohnendes Ausflugsziel. Auf 41 m Höhe winden sich 200 Stufen hinauf zu einer herrlichen Aussicht auf Küste und Wald. Am leichtesten erreicht man den Leuchtturm mit dem Motorrad – per Fahrrad wird die Fahrt zu einer schweißtreibenden Anstrengung. Alternativ kann man auch eine Autoriksha bis zum Ende der befahrbaren Straße nehmen und von dort aus den wunderbar einsamen Strand entlangwandern (1 Std.).

Strände

Hier wimmelt es von Sandfliegen und auch Krokodilen (die Einheimischen fragen, wo die Krokodile gerade lauern).

Netaji Nagar STRAND

Der weite, stark zerklüftete Strand ist 8 km lang und liegt 12 km nördlich der Hut Bay. Hier befinden sich die meisten Unterkünfte.

Butler Bay STRAND

(20 ₹) Der beste Strand auf Little Andaman ist dieser spektakulär geschwungene Strand mit Rettungsschwimmern und guten Surfwellen. Er befindet sich bei Kilometer 14.

Kalapathar STRAND

Vor Butler Bay liegt die beliebte Lagune von Kalapathar, ein umschlossener Badebereich mit schattigen Plätzchen auf dem Sand. Man kann durch eine Höhle in der Klippenwand klettern und genießt dann einen traumhaften Blick aufs Meer. Man erreicht die Lagune über eine Nebenstraße, die an modernen, nach dem Tsunami von 2004 errichteten Wohnhäusern vorbeiführt.

Surfen

Seit sich Little Andaman vor einigen Jahren Ausländern geöffnet hat, handeln waghalsige Surftouristen die Insel als Geheimtipp. Die Riffwellen sind legendär, aber wirklich nur für sehr erfahrene Surfer geeignet. Am besten zugänglich ist die linke Riffwelle am **Jarawa Point**, am nördlichen Ende der Butler Bay. Anfänger sollten sich auf die Strandwellen zwischen Kilometer 8 und 11 konzentrieren. Von Februar bis April sind die Wellen allgemein am besten.

Surfing Little Andaman SURFEN

(☎9531877287; www.surfinglittleandaman.com; Hut Bay; 2 Std. Kurs 1000 ₹) Hier werden Bretter verliehen, Kurse durchgeführt und es gibt umfangreiche Infos übers Surfen auf Little Andaman.

Wasserfälle

Wenn das Faulenzen am Strand anfängt, langweilig zu werden, versprechen die Wasserfälle **White Surf** und **Whisper Wave** ein Dschungelerlebnis im Binnenland. Zu letzteren muss man 4 km durch den Wald wandern, wofür ein Führer dringend anzuraten ist. Die Wasserfälle sind schön und die Felsbecken reizen zu einem Bad, doch muss man sich dabei vor Krokodilen hüten.

Schlafen & Essen

In Hut Bay kann man preiswert und gut Thalis essen.

Blue View BUNGALOWS $

(☎9734480840; Km 11,5, Netaji Nagar; Zi. ohne Bad ab 300 ₹; ⊙Okt.–Mai) Die einfachen, strohgedeckten Bungalows sind nicht zuletzt wegen der entspannten Atmosphäre und der herzlichen Gastfreundschaft ihrer Besitzer so beliebt. Es werden Surfbretter, Fahrräder und Motorräder verliehen.

Aastha Eco Resort BUNGALOWS $

(Km 10, Netaji Nagar; Zi. 600 ₹) Die stimmungsvollen Nikobaren-Hütten und strohgedeckten Häuschen stehen inmitten von Betel- und Kokospalmen.

Hawva Beach Resort BUNGALOWS $

(☎9775181290; Km 8, Netaji Nagar; Zi. ab 400 ₹) Das entspannte Familienunternehmen hat nur eine Handvoll einfache Häuschen. Dafür bekommen die Gäste leckeres, selbst gekochtes Essen.

Palm Groove INDISCH $

(Hut Bay; Hauptgerichte 60–140 ₹; ⊙7–21 Uhr) In einem alten Wohnhaus mit Gartenpavillon werden leckere Biryanis und Currys serviert.

Praktische Informationen

Es gibt einen Geldautomaten in Hut Bay und im Dorf bei Kilometer 16.

Anreise & Unterwegs vor Ort

Die Fähren legen am Hut Bay Jetty an. Die Busse (10 ₹, stündl.) nach Netaji Nagar warten in der Regel auf die Ankunft der Fähre, sind aber oft abgefahren, ehe die Einreiseformalitäten erledigt sind, sodass als Alternative nur teurere Jeeps (100 ₹/Pers.) bleiben. Eine Autoriksha von der Anlagestelle nach Netaji Nagar kostet rund 250 ₹ in die Stadt Hut Bay 80 ₹. Als Fortbewegungsmittel vor Ort sind Motorräder und Fahrräder beliebt, die man in den meisten Unterkünften mieten kann. Ansonsten sind Sammel-Jeeps (25 ₹) und Busse eine sehr praktische Alternative.

Bei der täglichen Schiffsverbindung nach Port Blair (mal nachmittags, mal abends) reicht das Spektrum von großen Fähren (Kabine mit 4/2 Betten 240/330 ₹, 6–8½ Std.) bis zu schnelleren staatlichen Booten (35 ₹, 5½ Std.); alle Fähren haben Klimaanlagen. Das Fährbüro ist sonntags geschlossen.

Indiens Süden & Kerala verstehen

Indiens Süden & Kerala aktuell

Südindien ist ein fester Bestandteil der indischen Nation: Regierungsentscheidungen aus Delhi gelten hier genauso wie im übrigen Land. Dennoch scheint der von Regionalpolitik geprägte Süden irgendwie anders, ja, fortschrittlicher zu sein. Hierfür sprechen der Wirtschafts-Boom (IT, Tourismus, Filmbranche, Automobilindustrie) sowie die überdurchschnittliche Beschäftigungsquote, Alphabetisierungsrate und Lebenserwartung. Dennoch gibt es auch im Süden große Probleme – etwa Alkoholismus und immer mehr Gewalt gegen Frauen. Anlass zur Sorge geben zudem Klimawandel, Umweltverschmutzung und Wassermangel.

Top-Filme

Fire (1996), **Earth** (1998) und **Water** (2005) Trilogie von Deepa Mehta über die sozialen Probleme Indiens; war hier umstritten, kam aber im Ausland an.

Dhobi Ghat (2011) Unterschätztes mitreißendes Filmdebüt von Kiran Rao, das viele Facetten des Lebens in Mumbai und Indien streift.

Gandhi (1982) Klassiker von Richard Attenborough mit Ben Kingsley.

Sairat (2016) Realistischer Anti-Bollywood-Hit auf Marathi.

Top-Bücher

Mitternachtskinder (Salman Rushdie; 1981) Allegorie über Indiens Unabhängigkeit und Teilung.

Der weiße Tiger (Aravind Adiga; 2008) Fesselnder Roman über Ungerechtigkeit; spielt z. T. in Bengaluru.

Shantaram (Gregory David Roberts; 2003) Der Autor berichtet von seinem Leben in Indien.

Das Gleichgewicht der Welt (Rohinton Mistry; 1995) Tragische, ergreifende Erzählung über den Überlebenskampf in Mumbai.

Der Gott der kleinen Dinge (Arundhati Roy; 1997) Roman über Leidenschaft und die Kasten in Kerala.

White Mughals (William Dalrymple; 2002) Historische Ermittlungen im Hyderabad des 18. und 19. Jhs.

Alles strebt südwärts

In den ersten Jahrzehnten nach der Unabhängigkeit (1947) suchten viele Südinder im Norden nach Arbeit. Heute hat sich der Trend umgekehrt. Experten begründen den Aufschwung des Südens u. a. mit stabilerer Regionalpolitik (trotz Korruption) und einem weniger strengen Kastensystem. Heute erreichen fast alle südindischen Bundesstaaten überdurchschnittliche Werte in puncto Bildung, Beschäftigung, Lebenserwartung und Pro-Kopf-Einkommen. Auch das Zahlenverhältnis von Frauen zu Männern ist hier relativ ausgeglichen. Kerala hat Indiens höchste Alphabetisierungsrate.

Mumbai ist seit Langem Indiens Finanz-, Handels- und Industriezentrum sowie die Film- und Modehauptstadt. Aus Chennai kommt ein Drittel aller indischen Neuwagen. In Goa und Kerala boomt der Tourismus. Den größten Sprung nach vorn brachte jedoch der Technologiesektor, befeuert von Indiens wirtschaftlicher Liberalisierung (1991) und der Globalisierung: Als Indiens Silicon Valley bildet Bengaluru mit Hyderabad und Pune das „Dekkan-Dreieck", wo viele junge Fachkräfte mit guter Ausbildung und Englischkenntnissen im Herzen von Indiens IT-Industrie arbeiten. Chennai, Mumbai und Delhi ergänzen das Trio zu den großen Sechs der indischen IT-Branche.

Der Fortschritt brachte auch Probleme mit sich: Die Slums der Großstädte (60 % von Mumbais Einwohnern leben dort) wachsen ebenso wie das Verkehrschaos und die Verschmutzung – wenngleich neue Metro-Systeme die Nahverkehrslage in Mumbai, Bengaluru, Chennai und Hyderabad verbessern. Trotz Erfolgen in Sachen Bildung und Gesundheit leidet Kerala unter hoher Arbeitslosigkeit und Indiens zweithöchster Alkoholkonsumrate (in Andhra Pradesh wird am meisten gebechert). 2014 zog Kerala die Ausschanklizenzen von 700 Bars ein; ein Alkoholverbot gibt es aber nicht. Chennai und Bengaluru haben die höchsten Selbstmordraten des ganzen Landes.

Die politische Landschaft

Regionale VIPs und Parteien mit Schwerpunkt auf Lokalthemen dominieren die südindische Politik. Bundesparteien müssen mit ihnen Allianzen eingehen, um Unterstützung in Delhi zu erhalten oder vor Ort Fuß zu fassen. Verglichen mit den anderen südlichen Bundesstaaten gibt es in Maharashtra die stärkste Unterstützung für eine Bundespartei: die hinduistisch-nationalistische Bharatiya Janata Party (BJP). Diese musste jedoch lange mit der reaktionären Regionalpartei Shiv Sena kooperieren, die die Zuwanderung aus anderen Bundesstaaten nach Maharashtra verhindern will. Unter Tamil Nadus Ministerpräsidenten waren mehrere Ex-Filmstars – z. B. Jayalalithaa Jayaram, die 2014 wegen Korruption zu vier Jahren Haft verurteilt wurde, ihr Amt jedoch nach Aufhebung des Urteils erneut antrat und bis zu ihrem Tod (Dez. 2016) sehr beliebt war.

Seit 2014 findet Bundespolitik aber auch im Süden Beachtung: Narendra Modi aus Gujarat führte damals die BJP zu einem Erdrutschsieg bei den landesweiten Wahlen – zum ersten Mal seit 1984 hat eine Partei die absolute Mehrheit im indischen Parlament. Dies war eine Demütigung für die Kongresspartei (INC; Partei von Jawaharlal Nehru, dessen Tochter Indira Gandhi und deren Nachkommen): In den 67 Jahren seit der Unabhängigkeit war die INC in Delhi nur zwölf Jahre lang nicht an der Macht.

Verantwortlich für den Sieg der BJP war vor allem Modis Charisma – gespeist von seiner wirtschaftlichen Reputation als früherer Ministerpräsident Gujarats und von seiner Herkunft aus der Arbeiterklasse, die auf „Normalinder" sehr anziehend wirkt. Kritisiert wird Modi aber bis heute für seine Rolle während der religiösen Unruhen in Gujarat, bei denen 2002 mindestens 1000 Menschen (hauptsächlich Muslime) ums Leben kamen. Er ist ein meisterhafter Politiker, der gewieft Gebrauch von digitalen Medien macht und 26,3 Mio. Follower auf Twitter hat. Als Sinnbild für Vision, Hoffnung und Inspiration war Modi zum Recherchezeitpunkt sehr beliebt. Seit seinem Amtsantritt hat er Indien nicht nur zu wirtschaftlichem Aufschwung verholfen, sondern sich auch wirkungsvoll Themen wie Abwasser- und Abfallentsorgung, Gleichstellung der Geschlechter, Armut und Gesundheit gewidmet. So initiierte er z. B. 2014 die Swachh Bharat Abhiyan (Mission Sauberes Indien) und beseitigte zusammen mit anderen Politikern und Prominenten öffentlich Müll.

2016 überholte Indien China als am schnellsten wachsende Wirtschaft der Welt – teils auch dank des erstarkten Vertrauens von Investoren in Modis Politik. 2015 stellte Indien einen Guinness-Weltrekord für die meisten eröffneten Bankkonten innerhalb einer Woche (18 096 130) auf. Basis hierfür war ein sozioökonomisches Förderprojekt für die Armen. Modi erntete jedoch gemischte Kritiken, als er im November 2016 die 500- und 1000-₹-Banknoten unangekündigt zwecks Korruptionsbekämpfung entwerten ließ.

BEVÖLKERUNG: **366 MIO.**

FLÄCHE: **956 000 KM²**

BIP/KOPF: **6700 US$/JAHR**

ALPHABETISIERUNGSRATE: **78 %**

GESCHLECHTERVERHÄLTNIS: **964/1000 (FRAUEN/MÄNNER)**

Gäbe es nur 100 Inder, sprächen …

55 eine von 21 anderen offiziellen Sprachen
41 Hindi
4 eine von 400 weiteren offiziellen Sprachen

Religionen

(% der Bevölkerung)

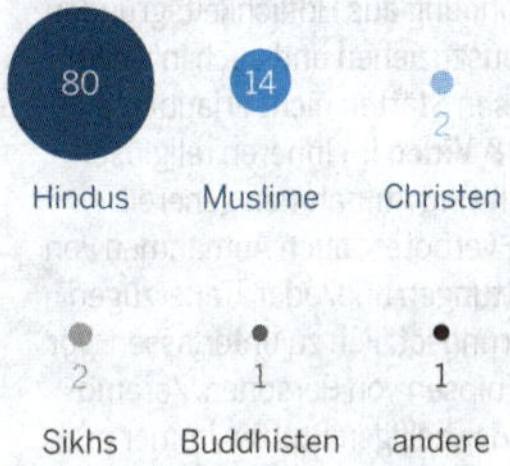

Einwohner pro km²

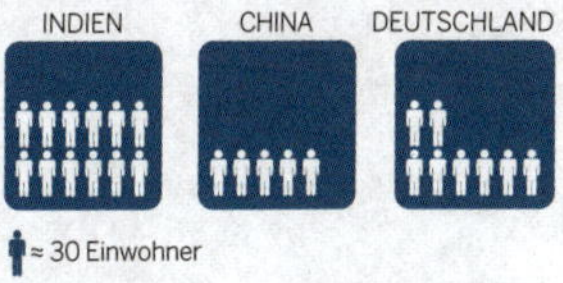

Etikette

Im internationalen Vergleich gilt Indiens Kultur oft als sehr konservativ: Auf Tradition und Etikette wird hier viel Wert gelegt.

Reine Hände Zum Händeschütteln und Essen ausschließlich die rechte Hand benutzen – die linke Hand ist die „Toilettenhand".

Namaste Der traditionelle, respektvolle Hindu-Gruß wird mit zusammengelegten Händen (wie beim Gebet) geäußert. Er ist generell die beste Option, um das jeweils andere Geschlecht zu begrüßen.

Kleidung Knappe und/oder figurbetonte Kleidung erregt fast überall unerwünschte Aufmerksamkeit (bis auf ganz wenige Ausnahmen). Frauen sowie teils auch Männer dürfen manche religiöse Stätten (vor allem *gurdwaras* bzw. Sikh-Tempel und Moscheen) nur mit bedecktem Kopf betreten.

Religiöse Etikette Verboten ist das Berühren des Gegenübers am Kopf; die Fußsohlen dürfen nicht in Richtung von Menschen, religiösen Stätten oder heiligen Bildnissen zeigen. Zudem sollte man niemanden mit den Füßen berühren und keine religiösen Darstellungen (inkl. Reliefs) anfassen!

Schuhe Sie sind vor dem Betreten einer Wohnung aus Höflichkeitsgründen stets auszuziehen und auch in vielen religiösen Stätten nicht erlaubt.

Fotos & Video Im Inneren religiöser Stätten sind Aufnahmen generell streng verboten; auch Aufnahmen von Bestattungen und/oder Trauerzügen sind grundsätzlich zu unterlassen. Vor dem Knipsen von Personen, Zeremonien oder heiligen Stätten immer erst höflich um Erlaubnis bitten!

Gewalt gegen Frauen

Im Dezember 2012 nahmen die Physiotherapieschülerin Jyoti Singh und ihr Freund in Delhi einen vermeintlichen Stadtbus nach Hause. An Bord des Fahrzeugs waren sechs Männer, die die 23-Jährige so brutal vergewaltigten, dass sie zwölf Tage später starb. Posthum wurde diese Frau als Nirbhaya („Furchtlose") bekannt. Das Verbrechen löste in ganz Indien Proteste und Diskussionen aus.

Innerhalb weniger Wochen verabschiedete die Regierung neue, aber umstrittene Gesetze: Auf Vergewaltigung stehen nun mindestens sieben Jahren Haft (20 Jahre bei mehreren Tätern); wenn das Opfer stirbt, droht die Todesstrafe. Zudem beschäftigen sich jetzt neue Schnellgerichte (Fast Track Courts) ausschließlich mit Vergewaltigungen. Dennoch macht Gewalt gegen Frauen immer noch zu oft Schlagzeilen in Indien; nur wenige Täter werden bislang verurteilt (27,1% im Jahr 2013). 2013 wurde eine 22-jährige Fotojournalistin in Mumbai von mehreren Männern vergewaltigt. Dasselbe widerfuhr 2014 einer 51-jährigen Dänin in Delhi. Am Silvesterabend 2016 kam es im generell als sicher geltenden Bengaluru zu „Massenbelästigungen" durch Männergruppen.

Seit seinem Amtsantritt engagiert sich Modi aktiv für Gleichberechtigung in Indiens gesellschaftlichem Bewusstsein. 2015 initiierte er die Kampagne Beti Bachao, Beti Padhao („Schütze die Tochter, lehre die Tochter"), die auf Gleichberechtigung hinarbeitet. Dabei werden z.B. indische Eltern dazu angehalten, Töchter nicht mehr zu töten und Söhne frauenfreundlicher zu erziehen. Zudem sind viele Inder nun auch für andere Formen von Gewalt gegen Frauen sensibilisiert (jährlich sterben Zehntausende wegen Mitgiftstreits). Ebenfalls häufiger angesprochen werden die Inkompetenz von Polizei bzw. Justiz und weitere Gender-Thematiken.

Trotzdem steigt die Zahl sexueller Übergriffe auf Frauen und Mädchen (auch Touristinnen) im ganzen Land an. Doch wenigstens werden diese Probleme nun endlich im Licht der Öffentlichkeit diskutiert.

Der Klimawandel

Modi hat Indien mehr Solarenergie und die Beseitigung des Wassermangels versprochen (u.a. mittels umstrittener Pläne, Flüsse landesweit miteinander zu verbinden). Dennoch macht der Klimawandel auch Südindien zu schaffen: Immer häufiger wird die Region von Hitzewellen, Wirbelstürmen und Dürren heimgesucht; die Lakkadiven drohen im Meer zu versinken. Extreme Hitze plus Südindiens heftigste Überschwemmungen in den letzten 100 Jahren forderten 2015 rund 3000 Todesopfer (offiziell; Dunkelziffer wohl höher). Zukünftig ist auch mit mehr Konflikten um die Wasserressourcen zu rechnen: 2016 wurde oft von Trinkwasserknappheit in Bengaluru berichtet; Maharashtra erhielt Wassernotlieferungen per Zug. Parallel kam es in Karnataka und Tamil Nadu zu Streiks und gewaltsamen Protesten – bislang der Gipfel des langen Streits, den die von Dürren geplagten Bundesstaaten um den Fluss Kaveri führen.

Geschichte

Südindien hat immer Wert darauf gelegt, eine eigene, einzigartige Geschichte zu besitzen, vor allem weil der Süden durch die große Entfernung von den politischen Entwicklungen im Norden weitgehend abgeschnitten war. Die drawidische Kultur hat eine lange, verworrene Entstehungsgeschichte, in der es von miteinander streitenden Dynastien und Reichen nur so wimmelt. Händler und Eroberer, die über das Meer ins Land kamen, taten ihr Übriges. All dies hat einen Teil dazu beigetragen, dass eine außergewöhnliche Mischung aus südindischen Traditionen entstand, die bis heute besteht.

Die Indus-Kultur

Die erste bedeutende Zivilisation Indiens blühte zwischen etwa 3000 und 1700 v. Chr. im Indus-Tal. Große Teile dieses Gebiets gehören heute zu Pakistan. Diese als Harappa-Kultur bekannte Zivilisation scheint der Höhepunkt einer Besiedlung gewesen zu sein, die sich über Jahrtausende erstreckte. Einige Historiker machen für das Ende dieses Reiches Überschwemmungen oder ausbleibende Niederschläge verantwortlich, was die landwirtschaftliche Grundlage der Harappa gefährdete. Beständig hält sich auch die Theorie, eine vom Nordwesten ausgehende Invasion der Arier (Völker, die Sprachen des indo-iranischen Zweigs der indogermanischen Sprachfamilie sprechen) habe die Harappa vernichtet. Dafür gibt es aber nur wenige überzeugende archäologische Belege oder schriftliche Berichte in den alten indischen Quellen. Andere vermuten, die Ankunft der Arier sei eher in Form einer sukzessiven Einwanderung erfolgt, die die Harappa-Kultur schrittweise – und nicht als eine Eroberung – verdrängt habe. Deshalb argumentieren einige nationalistische Historiker, dass die Arier – die Bezeichnung leitet sich von dem Sanskrit-Wort für „adelig" ab – in Wahrheit die ursprünglichen Einwohner Indiens gewesen seien und die Invasionstheorie von ausländischen Eroberern erfunden wurde, die sich damit schmücken wollten. Glaubt man jedoch den Vertretern der Invasionstheorie, so sind ab etwa 1500 v. Chr. arische Stämme von Afghanistan und Zentralasien kommend nach Nordwestindien eingedrungen. Am Ende kontrollierten diese Stämme das nördliche Indien bis zum Vindhya-Gebirge (nördlich des Flusses

Mehr über die Indus-Kultur erfährt man unter www.harappa.com. Hier erhält man einen leicht verständlichen, aber wissenschaftlich fundierten multimedialen Überblick über Harappa.

India: A History von John Keay ist eine scharfsinnige und lesenswerte Zusammenfassung der Geschichte des Subkontinents, von der Harappa-Kultur bis zur Zeit nach der Unabhängigkeit Indiens.

ZEITLEISTE

2600–1700 v. Chr.

Hochphase der Zivilisation im Indus-Tal, die sich auf Teile von Rajasthan, Gujarat und der Sindh-Provinz des heutigen Pakistan erstreckt: Es entstehen Städte wie Harappa und Moenjodaro.

1500 v. Chr.

Die indo-arische Zivilisation fasst in den fruchtbaren Indus- und Gangesbecken Fuß. Die Siedler sprechen eine Frühform des Sanskrit, aus dem sich später u. a. das Hindi entwickelt.

1500–1200 v. Chr.

Der Rigveda, der älteste und längste der kanonischen Texte des Hinduismus, wird verfasst; drei weitere Schriften folgen. Die frühesten Formen des priesterlichen Brahmanen-Hinduismus entstehen.

Narmada in Zentralindien). Die ursprünglichen Bewohner, die Drawiden, könnten demnach nach Süden vertrieben worden sein.

Einflüsse aus dem Norden

Die arische Kultur hatte ebenso wie der Norden eine nur gemächlich fortschreitende, aber deutliche Auswirkung auf die gesellschaftliche Ordnung und die Gesinnung Südindiens – beispielsweise in der Literatur (die vier Veden, eine Sammlung heiliger Hindu-Hymnen), in der Religion (Götter wie Agni, Varuna, Shiva, Vishnu), in der Sprache (Sanksrit) und der Sozialstruktur, denn sie organisierten das Volk in Kasten mit den Brahmanen an der Spitze.

Über die Jahrhunderte hinweg erreichten noch weitere Einflüsse aus dem Norden den Süden, u. a. durch den Buddhismus und den Jainismus. Sravanabelagola in Karnataka ist bis heute eine glückverheißende Pilgerstätte. Laut Überlieferung soll der Herrscher Chandragupta Maurya auf dem Weg aus dem Norden zusammen mit seinem Guru um 300 v. Chr. hier angekommen sein, nachdem er sich dem Jainismus zugewandt und sein Königreich aufgegeben hatte. Daraufhin nahmen die Händler den Jainismus an; dessen Dogma des *ahimsa*, der Gewaltlosigkeit, verbietet die Tötung und das Verletzen von Lebewesen – also auch von Tieren – und förderte so die Ausbreitung einer vegetarischen Kultur in Südindien.

Southern India: A Guide to Monuments, Sites & Museums von George Michell betrachtet die Geschichte Südindiens aus architektonischer Perspektive mit erläutert viele regionale Einzelheiten.

Ashoka (S. 477), ein Nachfolger Chandraguptas, regierte ab etwa 272 v. Chr. ganze 40 Jahre lang. Als der Buddhismus auf den Süden übergriff, war Ashoka die treibende Kraft. Zunächst als kriegsfreudiger Herrscher unterwegs, sollte er um 260 v. Chr. einen radikalen Wandel durchmachen: Schockiert durch das schreckliche Massaker und das Leid, das sein Feldzug gegen das mächtige Königreich Kalinga in Odisha verursacht hatte, verzichtete er von nun auf Gewalt und widmete sich dem Buddhismus. Er sandte buddhistische Missionare in die entlegensten Regionen. Seine Edikte – in Felsen oder in extra aufgestellte Stelen gemeißelt – wurden in Andhra Pradesh und Karnataka gefunden. Auf sein Betreiben hin wurden auch Stupas errichtet, die meisten in Andhra Pradesh. Mindestens einer dieser kuppelförmigen Sakralbauten wurde jedoch weit im Süden in Kanchipuram (Tamil Nadu) errichtet.

Die Konzepte von Null und Unendlichkeit wurden wahrscheinlich von bedeutenden indischen Mathematikern während der Herrschaft der nordindischen Gupta entwickelt.

Jainismus und Buddhismus verdankten ihre Attraktivität dem Umstand, dass sie die Veden ablehnten und das Kastensystem verurteilten. Dennoch verlor der Buddhismus allmählich die Unterstützung seiner Anhänger und wurde durch eine neue Form des Hinduismus ersetzt, welche die Hingabe an einen persönlichen Gott betonte. Diese Bhakti-Bewegung (vom Sanskrit-Wort für „Hingabe") entwickelte sich um 500 n. Chr. in Südindien. Ihre Anhänger lehnten Jainismus und Buddhismus ab und beschleunigten so den Niedergang dieser beiden Glaubensrichtungen in Südindien.

599–528 v. Chr.

Mahavir, der 24. und letzte *tirthankara* (erleuchteter Lehrer), begründet den Jainismus. Wie Buddha predigt er Barmherzigkeit und den Weg zur Erleuchtung für alle Kasten.

563–483 v. Chr.

Der Prinz Siddhartha Gautama wird im heutigen Nepal geboren, erlangt die Erleuchtung unter einem Bodhi-Baum in Bodhagaya (Bihar) und wird zu Buddha (der Erleuchtete).

326 v. Chr.

Alexander der Große dringt nach Indien vor. Er besiegt König Porus im Punjab und betritt den Subkontinent, aber eine Rebellion seiner Armee hindert ihn daran, über den Beas in Himachal Pradesh einzumarschieren.

321–185 v. Chr.

Die Herrschaft der Mauryan-Könige: Das gesamtindische Reich wird von Chandragupta Maurya begründet. Unter der Herrschaft des Kaisers Ashoka wird der Buddhismus für kurze Zeit zur Staatsreligion.

ASHOKA: EIN ERLEUCHTETER KAISER

Abgesehen von den Moguln und Jahrhunderte später den Briten kontrollierte keine andere Macht einen so großen Teil Indiens wie die Maurya. Ihnen verdankt Indien auch eine der historisch bedeutendsten Persönlichkeiten.

Kaiser Ashokas Regierungszeit war eine Periode florierender Kunst und Bildhauerei. Sein Ruf als Philosophenkönig wurde durch in Stein gemeißelte Edikte noch unterstrichen, die der Belehrung seiner Untertanen und der Demonstration der Größe seines Reiches (es reichte von Afghanistan über Nepal bis nach Andhra Pradesh) dienten.

Ashokas Herrschaft war zudem der Höhepunkt des Buddhismus in Indien. 260 v. Chr. konvertierte Ashoka zum Buddhismus und erklärte seinen neuen Glauben zur Staatsreligion. Damit versetzte er der spirituellen und gesellschaftlichen Institution Hinduismus einen schweren Schlag. In der Region ließ der Herrscher Tausende Stupas und Klöster errichten, zudem entsandte er Missionare nach Thailand, Griechenland, in den Nahen Osten und nach Nordafrika. Bis heute wird er auf Sri Lanka verehrt, weil er seinen Sohn und seine Tochter dorthin schickte, um die Lehren Buddhas einzuführen.

Der lange Schatten, den dieser Kaiser des 3. Jhs. v. Chr. immer noch über Indien wirft, ist z. B. in der indischen Nationalflagge das zentrale Motiv. Sie zeigt das Chakra Ashokas, ein Rad mit 24 Speichen als Symbol für die Herrschaft des Gesetzes. Das Kapitell, das die vielen Säulen Ashokas krönte, bildet zudem das heutige Nationalsymbol und Wappen von Indien: Vier Löwen sitzen Rücken an Rücken auf einer Säulenplatte, die mit einem Fries und der Inschrift „Allein die Wahrheit siegt" verziert ist.

Maurya-Reich & Königreiche im Süden

Chandragupta war der früheste in einer Reihe von Maurya-Königen, die das erste wirkliche Großreich in Indien regierten. Die Hauptstadt des Imperiums war das heutige Patna in Bihar. Chandraguptas Sohn Bindusara gelangte um 300 v. Chr. auf den Thron. Er dehnte das Reich bis nach Karnataka aus. Dort scheint er jedoch seinen Vormarsch beendet zu haben, möglicherweise weil das Maurya-Reich mit den damaligen Stammeshäuptlingen im Süden freundschaftliche Beziehungen pflegte.

Die Identität und die Bräuche der Stammesfürstentümer im Süden konnte man aus verschiedenen Quellen rekonstruieren, z. B. aus archäologischen Funden und aus der alten Literatur der Tamilen. Diese schriftlichen Quellen beschreiben ein Land, das als „Heimstätte der Tamilen" bezeichnet wird und in dem drei herausragende Herrscherfamilien residierten: die Pandya (im Zentrum von Madurai), die Chera (im heutigen Kerala und dem westlichen Tamil Nadu) und die Chola (Tanjavur und Kavari-Tal). Die Region, die in der zwischen 300 v. Chr. und 300 n. Chr. entstandenen Sangamliteratur beschrieben wird, war von der Sanskritkultur noch immer relativ abgeschnitten. Aber aus der Literatur

Buddhistische Stätten

- *Ajanta (Maharashtra)*
- *Ellora (Maharashtra)*
- *Amaravathi (Andhra Pradesh)*
- *Nagarjunakonda (Andhra Pradesh)*
- *Guntupalli (Andhra Pradesh)*
- *Höhlen von Karla & Bhaga (Maharashtra)*
- *Höhlen von Aurangabad (Maharashtra)*

300 v. Chr.–300 n. Chr.

In der Sangam-Ära schaffen tamilische Dichter einen großen Teil der klassischen Tamil-Literatur und das Gebiet der Tamilen wird von drei Dynastien – den Pandyas, Cheras und frühen Cholas – dominiert.

200 v. Chr.–200 n. Chr.

Das Satavahana-Reich hat seinen Ursprung in Andhra und herrscht über nahezu die gesamte Dekkan-Ebene. Der Buddhismus gedeiht, und Literatur, Bildhauerei und Philosophie blühen auf.

52 n. Chr.

Mögliche Ankunft des Apostels Thomas an der Küste von Kerala. Man geht davon aus, dass mit seiner Tätigkeit als Missionar in Kerala und Tamil Nadu das Christentum Einzug in Indien hielt.

319–467

Goldene Ära der nordindischen Gupta-Dynastie; nach den Maurya das zweite Großreich Indiens. Die Zeit ist durch eine kreative Schaffensperiode in Kunst und Literatur gekennzeichnet.

lässt sich schließen, dass sich die Sanskrittraditionen in Südindien um 200 v. Chr. zu etablieren begannen.

Eine gewisse Rivalität kennzeichnete die Beziehungen zwischen den großen und den vielen kleineren Stammesfürstentümern. Außerdem gab es gelegentlich Zusammenstöße mit den Herrschern von Sri Lanka. Schließlich hatten die Mächte im Süden alle unter den Kalabhra zu leiden. Über sie ist kaum mehr bekannt als ihre Herkunft aus einer Region irgendwo nördlich des Tamilengebiets.

Das Maurya-Reich begann bereits kurz nach dem Tod Ashokas (232 v. Chr.) zu zerfallen. Um 180 v. Chr. wurde es von einer Reihe rivalisierender Königreiche erobert, die ihrerseits von wiederholten Invasionen aus dem Norden, z. B. durch baktrische Griechen, betroffen waren. Trotzdem brachte die Ära nach Ashoka mindestens ein Herrschergeschlecht hervor, dessen Förderung der Künste und dessen Fähigkeit, einen relativ hohen Grad von sozialem Zusammenhalt zu stiften, ein nachhaltiges Erbe schufen. Gemeint sind die Satavahana, die schließlich das ganz Gebiet des heutigen Maharashtra, Madhya Pradesh, Chhatitsgarh, Karnataka, Telangana und Andhra Pradesh kontrollierten. Während ihrer Herrschaft zwischen etwa 200 v. Chr. und 200 n. Chr. blühten die Künste, vor allem die Literatur, Bildhauerei und Philosophie. Unter den Satavahana erreichte der Buddhismus in Maharashtra seinen Höhepunkt. Die größten der buddhistischen Höhlentempel bei Ajanta und Ellora wurden aber erst später von den Dynastien der Chalukya und Rashtrakuta gebaut.

Vor allem aber erlebte der Subkontinent eine Phase enormen Wohlstands. Südindien hatte zwar nicht so riesige und fruchtbare Agrarflächen wie Nordindien, doch wurde dieser Nachteil ausgeglichen, indem man strategisch günstige Handelsrouten über den Indischen Ozean erschloss.

Chalukya-Stätten

- Höhlentempel von Ellora (Maharashtra)
- Höhlentempel von Badami (Karnataka)
- Pattadakal (Karnataka)
- Aihole (Karnataka)
- Festung von Bhongir (Telangana)

Pallava-Architektur Tamil Nadus

- Strandtempel (Mamallapuram)
- Arjunas Buße (Mamallapuram)
- Fünf Rathas (Mamallapuram)
- Kailasanatha-Tempel (Kanchipuram)

Die Chalukya & Pallava

Nach der Unterdrückung der Stammesfürstentümer der Tamilen durch die Kalabhra zerfiel Südindien in viele gegeneinander Krieg führende Königreiche. Die Chola verschwanden buchstäblich von der Bühne, während allem Anschein nach an der Westküste die Chera durch Handel zu Wohlstand kamen – allerdings ist über sie nicht allzu viel bekannt. Erst nachdem im späten 6. Jh. n. Chr. die Kalabhra besiegt worden waren, beruhigte sich die politische Lage in der Region allmählich. Über die nächsten 300 Jahre hinweg wurden die Geschicke Südindiens von den Chalukya aus Badami, den Pallava aus Kanchi (Kanchipuram) und den Pandya aus Madurai geprägt (die letzten beiden im heutigen Tamil Nadu).

Im 7. Jh. erreichte die Macht der Badami-Chalukya unter König Pulakesi II. ihren Höhepunkt: Sie kontrollierten den größten Teil der

6.–8. Jh.
Die Pallava-Dynastie blüht und herrscht von ihrer Hauptstadt Kanchipuram aus über Andhra Pradesh und Tamil Nadu. In Mamallapuram werden wunderbare Schnitzereien erschaffen.

10.–12. Jh.
Das Chola-Reich mit Zentrum in und um Thanjavur weitet seinen Einfluss auf weite Teile Südindiens und Südostasiens aus und hinterlässt ein grandioses Erbe aus Kunst, Plastiken und Architektur.

1001–1025
Unter Mahmud aus Ghazni (im heutigen Afghanistan) kommt es zu 17 Überfällen auf Nordindien – die erste von mehreren muslimischen Invasionen.

13. Jh.
Die Pandya, eine Tamilen-Dynastie, die bis ins 6. Jh. v. Chr. zurückreicht, erobert das Gebiet der Chola und erweitert es von seiner Hauptstadt Madurai bis nach Andhra Pradesh, Kalinga (Odisha) und Sri Lanka.

Dekkan-Ebene. Ein anderer Zweig der Familie, die östlichen Chalukya, herrschten von Vengi in der Nähe von Eluru aus über Andhra Pradesh. Woher die Pallava ursprünglich kamen, ist unklar. Man nimmt aber an, dass sie von Kanchi aus nach Andhra Pradesh eingewandert sind. Nachdem sie die Kalabhra erfolgreich geschlagen hatten, dehnten die Pallava ihr Gebiet bis zum Fluss Kaveri im Süden aus. Im 7. und 8. Jh. hatten sie schließlich den Zenit ihrer Macht erlangt und errichteten riesige Gebäude wie den Strandtempel (S. 379) und das Reliefbild *Arjunas Buße* (S. 381) in Mamallapuram (Mahabalipuram). Sie verzettelten sich jedoch in langwierigen Konflikten mit den Pandya, die ihre Herrschaft nach Kerala ausweiteten und sich wiederum im 8. Jh. mit den Gangas aus Mysore verbündeten. Im 9. Jh. hatten die Pallava einen wesentlichen Teil ihrer Macht eingebüßt – zurückgedrängt von den Pandyas und den Rashtrakutas – einer Dynastie aus Gulbarga in Karnatakader, die die vom 8. bis 10. Jh. währende Dominanz der Chalukya über die Dekkan-Ebene beendete.

Das Chola-Reich

Als die Dynastie der Pallava endete, gelangte eine neue Chola-Dynastie an die Macht. Sie schuf die Grundlagen für eines der wichtigsten Reiche, das der Subkontinent je hervorbringen sollte. Von ihren tamilischen Hauptstädten in Tanjavur (Tanjore) und, für kurze Zeit, Gangaikondacholapuram (S. 407) breiteten sich die Chola nach Norden aus; sie übernahmen das, was vom Gebiet der Pallava noch übrig war, und preschten Richtung Süden vor. Unter Raja Raja Chola I. (reg. 985–1014) begann sich das Königreich der Chola dann zu einem großen Imperium zu mausern. Raja Raja Chola I. führte erfolgreich Krieg gegen die Pandya im Süden, die Gangas aus Mysore und die östlichen Chalukya. Außerdem startete er einige Flottenunternehmungen, durch die sie die Malediven, die Malabarküste (die Küsten von Kerala und Karnataka) und den Norden von Sri Lanka einnahmen. Sri Lanka wurde zu einer Provinz des Chola-Imperiums. Dank der Eroberungen kontrollierten die Chola wichtige Häfen und Handelsverbindungen zwischen Indien, Südostasien, Arabien und Ostafrika. Damit strichen sie einen Teil der riesigen Profite ein, die durch den Verkauf von Gewürzen nach Europa erzielt wurden.

Raja Raja Cholas Sohn Rajendra Chola I. (reg. 1014–1044) setzte die Vergrößerung des Chola-Territoriums fort, eroberte das restliche Sri Lanka und zog die Ostküste Indiens bis nach Bengalen und zum Ganges hinauf. Rajendra startete auch einen Feldzug in Südostasien gegen das Srivijaya-Königreich (Sumatra) und sandte Handelsmissionen bis ins ferne China. Doch das Chola-Reich war nicht nur in politischer und wirtschaftlicher Hinsicht äußerst erfolgreich, es hinterließ auch ein sagenhaftes Kunsterbe. Zu seinem Vermächtnis gehören drei herrliche Shiva-Tempel

Chola-Bronzen

Government Museum (Chennai)

Königspalast (Thanjavur)

Puducherry Museum

Architektur der Dekkan-Sultanate

Hyderabad *(Telangana) Golconda Fort, Qutb-Shahi-Gräber, Charminar, Mecca Masjid*

Vijapura *(Bijapur; Karnataka) Zitadelle, Golgumbaz, Ibrahim Rouza, Jama Masjid*

Bidar *(Karnataka) Fort, Bahmani-Gräber*

1290er-Jahre

Das Sultanat von Delhi beginnt seine Expansion nach Süden, wodurch erstmals Teile des Dekkan unter die Herrschaft von Muslimen aus dem Norden geraten, und erreicht 1323 Madurai.

1336

Das mächtige (hinduistische) Vijayanagar-Reich wird gegründet und nach seiner Hauptstadt benannt, deren Ruinen man heute in der Nähe von Hampi (im heutigen Karnataka) besichtigen kann.

1345

Im Dekkan wird nach einer Revolte gegen die Tughluqs von Dehli das Bahmani-Sultanat (muslimisch) errichtet. Die Hauptstadt wird in Gulbarga gegründet, im heutigen Norden von Karnataka, und später nach Bidar verlegt.

1480er

Das Bahmani-Sultanat beginnt zu zerfallen. 1528 gibt es fünf Sultanate im Dekkan: Berar, Ahmadnagar, Bidar, Bijapur und Golconda.

in Thanjavur und in der Nähe von Kumbakonam. Skulpturen, besonders jene aus Bronze, erreichten neue Sphären ästhetischer und technischer Raffinesse. Musik, Tanz und Literatur erlebten eine Blütezeit, und es entstand eine einzigartige tamilische Kunstrichtung, die in Südindien noch präsent war, als die Chola schon lange verschwunden waren. Handel war nicht das einzige, was die Chola an die Küsten Südostasiens brachten. Sie führten dort auch ihre Kultur ein. Dieses Erbe lebt bis heute in den Tänzen, der Religion und der Mythologie von Myanmar (Birma), Thailand, Bali und Kambodscha fort.

Doch die ständigen Kriege überstiegen die Kräfte der Chola, die schließlich unter dem Expansionsdruck der Hoysala aus Halebid (Karnataka) und der wiedererstarkten Pandya aus Madurai niedergingen, von denen sie im 13. Jh. endgültig abgelöst wurden. Die Hoysala ihrerseits wurden vom Vijayanagar-Reich verdrängt, das sich im 14. Jh. entwickelte. Die Pandya erlangten Wohlstand, und ihre Errungenschaften wurden von Marco Polo, der sie 1288 oder 1293 besuchte, außerordentlich bewundert. Ihr Ruhm aber war nur von kurzer Dauer. Der muslimischen Invasion aus dem Norden hatten sie nichts entgegenzusetzen. Unterdessen wurden die Rashtrakuta von den Yadava aus Devagiri (dem heutigen Daulatabad) in Maharashtra abgelöst.

Muslimische Invasion & das Vijayanagar-Reich

A History of South India from Prehistoric Times to the Fall of Vijayanagar von K.A. Nilakanta Sastri ist wohl die umfassendste Geschichtsdarstellung über diese Gegend und besonders für diejenigen zu empfehlen, die nach Hampi reisen.

Im 11. Jh. drangen muslimische Plünderer aus dem Nordwesten immer wieder nach Nordindien ein. 1206 wurde das mächtige Sultanat von Delhi eingerichtet. In den 1290er-Jahren begann das Sultanat damit, seinen Einfluss auf Südindien auszudehnen, 1323 war es schließlich in Madurai etabliert.

Mohammed Tughlaq, der Sultan von Delhi, träumte davon, über ganz Indien zu herrschen. Zu diesem Zweck ließ er 1328 sogar seine Hauptstadt 1100 km nach Süden verlegen, nach Devagiri in Maharashtra – er benannte es in Daulatabad um und zwang die gesamte Bevölkerung Delhis ebenfalls zum Umzug. Doch schon zwei Jahre später musste er aufgrund von Wasserknappheit das ganze Unternehmen wieder rückgängig machen. 1330 kontrollierte Mohammed Tughlaq einen sehr großen Teil des Subkontinents – und hatte damit seine Macht überstrapaziert, denn schon ab 1327 kam es zunehmend zu Revolten. Von 1335 an begann sein Reich zu schrumpfen. Nicht nur nutzten muslimische Herrscher in Madurai und Daulatabad die Gunst der Stunde und erklärten sich für unabhängig. Zur gleichen Zeit wurden von hinduistischen Stammesfürsten in Hampi auch die Grundlagen für ein Reich geschaffen, das zu den größten Südindiens werden sollte: das Vijayanagar-Reich.

1498

Vasco da Gama, ein portugiesischer Seefahrer, entdeckt die Route von Europa nach Indien über Ostafrika. Im heutigen Kerala geht er an Land und engagiert sich im Handel mit dem dortigen Adel.

1510

Unter der Führung von Alfonso de Albuquerque erobern die Portugiesen Goa. Sein erster Versuch war von Sultan Adil Shah von Bijapur vereitelt worden – erst nach dessen Tod gelingt das Vorhaben.

1526

Nachdem er Delhi erobert hat, wird Babur der erste Großmogul Zentralasiens. Innerhalb eines Jahrhunderts reicht das Mogulreich von Afghanistan bis Bengalen und in den nördlichen Dekkan.

1542–1545

Erste Missionsreise des hl. Francisco de Xavier nach Indien. Er predigt in Goa, Tamil Nadu und Sri Lanka den Katholizismus und kehrt 1548/49 und 1552 zwischen Reisen in den Fernen Osten zurück.

Man geht davon aus, dass das Vijayanagar-Reich von zwei Brüdern gegründet wurde, die gefangen genommen und nach Delhi gebracht worden waren. Dort konvertierten sie zum Islam und wurden als Gouverneure des Sultans wieder in ihre Heimat geschickt. Die Brüder hatten jedoch andere Pläne. Sie kehrten zum Hinduismus zurück und schufen um 1336 ein Reich, das am Ende den größten Teil Karnatakas und Andra Pradeshs sowie Tamil Nadu und Kerala umfasste. Über sieben Jahrhunderte später ist das Zentrum dieses Königreichs mit den Ruinen und Tempeln von Hampi eine der großartigsten Sehenswürdigkeiten Südindiens.

Das muslimische Sultanat Bahmani, ursprünglich in Daulatabad gelegen, machte unterdessen Kalburgi in Karnataka zu seiner Hauptstadt und zog im 15. Jh. nach Bidar um. Zu seinem Königreich gehörten zuletzt Maharashtra, Telangana und der Norden Karnatakas. Und die Sultanate gaben sich reichlich Mühe, dieses Reich vor äußeren Angriffen zu schützen.

Die Beziehung zwischen dem Vijayanagar- und dem Bahmani-Reich war von ständiger Rivalität gekennzeichnet. In den Konflikten ging es hauptsächlich um die Kontrolle über die Handelshäfen und die Nutzung des fruchtbaren Ackerlands zwischen den Flüssen Krishna und Tungabhadra. Für kurze Zeit war es den Bahmani gelungen, über den wichtigen Hafen Goa zu herrschen, doch schon 1378 gehörte die Stadt wieder zum Vijayanagar-Reich. Das Bahmani-Reich fiel schließlich internen Machtkämpfen zum Opfer, und zwischen 1490 und 1528 wurde es in fünf Dekkan-Sultanate unterteilt – Bidar, Bijapur, Berar, Ahmadnagar und Golconda. 1565 gelang es den vereinten Kräften dieser fünf Sultanate, Hampi, die pulsierende Hauptstadt des Vijayanagar-Reiches, zu verwüsten und somit die Macht des Königreichs zu beenden.

Das Reich der Vijayanagar erlangte einen bemerkenswerten Wohlstand. Er war das Ergebnis einer zielgerichteten Politik, die Händler von weit her in jeder Form begünstigte und dies mit der Entwicklung eines effektiven Verwaltungssystems verband. Außerdem sorgte man für einen Zugang zu den wichtigen Handelsverbindungen, etwa den Häfen an der Westküste. Hampi mauserte sich zu einer Weltstadt: In den Basaren der Stadt tummelten sich Besucher sowohl aus den unterschiedlichsten Regionen Indiens als auch aus dem Ausland.

Der portugiesische Chronist Domingo Paez besuchte das Reich während der Herrschaft von Krishnadevaraya (reg. 1509–1529), der einer der berühmtesten Könige der Vijayanagar war. Zu dieser Zeit verfügte Vijayanagar über Reichtümer und Machtmittel wie nie zuvor. Paez zeichnete die Errungenschaften der Vijayanagar auf und beschrieb, wie sie große Wasserbecken konstruierten und ihre Felder bewässerten. Er berichtete darüber, wie menschliche und tierische Opfer zur Besänftigung der Göt-

The Career and Legend of Vasco da Gama von Sanjay Subrahmanyam ist eine der besseren Untersuchungen über jene Person, die als Entdecker des Seewegs von Europa nach Indien gilt.

Vasco da Gama starb 1524 in Kochi (Cochin). Er wurde ursprünglich in Kochis St. Francis Church begraben (wo der Grabstein auch heute noch steht). 14 Jahre nach seinem Tod wurden da Gamas sterblichen Überreste nach Portugal überführt und in Lissabons Mosteiro dos Jerónimos beigesetzt.

1565

Das Reich der Vijayanagar zerfällt, und seine Hauptstadt Hampi wird durch die vereinten Heere der Dekkan-Sultanate Berar, Ahmadnagar, Bidar, Bijapur und Golconda zerstört.

1560–1812

Portugiesische Inquisition in Goa: Hindus und Muslime, die sich dem neuen Glauben widersetzen, werden angeklagt und hingerichtet.

1600

Die britische Königin Elisabeth I. verleiht der Ostindischen Kompanie den ersten Handelsfreibrief. Die Jungfernfahrt findet 1601 unter dem Kommando von Sir James Lancaster statt.

1639

Francis Day und die britische Ostindien-Kompanie schließen ein Abkommen, nach dem sie in einem Fischerdorf in Madraspatnam einen Handelsposten errichten dürfen – aus dem Madras wird, das heutige Chennai.

AUFTRITT: PORTUGAL

Am 20. Mai 1498 ließ Vasco da Gama vor der südindischen Küste in der Nähe der Stadt Kalikut (jetzt Kozhikode im heutigen Kerala) den Anker auswerfen. Für die Strecke von der Ostküste Afrikas bis hierher hatte er 23 Tage gebraucht. Geführt worden war Da Gama vom Steuermann Ibn Majid, den der Herrscher Malindis aus Gujarat gesandt hatte – als erste Europäer überhaupt hatten sie den Indischen Ozean per Schiff von der Ostküste Afrikas bis zu den Küsten Indiens überquert. Die Portugiesen suchten nach einem Seeweg von Europa nach Osten, um den Gewürzhandel ohne Zwischenhändler abwickeln zu können. Sie hofften wohl auch, alte christliche Gemeinden zu finden, die durch die muslimische Dominanz im Nahen Osten von Europa abgeschnitten worden waren – darunter auch das legendäre Königreich des christlichen Priesterkönigs Johannes, mit dem sie sich gegen die muslimischen Herrscher im Nahen Osten zu verbünden planten. Tatsächlich fanden sie in Indien Gewürze sowie die syrisch-orthodoxe Kirche vor, aber keinen Johannes.

Der Herrscher von Kalikut empfing Vasco da Gama mit Wohlwollen. Die Portugiesen engagierten sich in begrenztem Rahmen im Handel, wurden aber zunehmend misstrauischer, weil sie glaubten, dass die muslimischen Händler den Herrscher von Kalikut gegen sie einnehmen könnte. Sie entschieden sich dafür, Kalikut zu verlassen, was sie im August 1498 auch taten. Innerhalb weniger Jahre erreichten weitere portugiesische Expeditionen die Westküste Indiens – aber nicht nur um Handel zu treiben, sondern auch um zu erobern, was zu portugiesischen Besitzungen führte, die verstreut entlang Indiens Küste lagen. Diese „Beziehung" endete 1961 mit dem Einmarsch indischer Truppen in Goa, Daman und Diu.

ter dargebracht wurden, nachdem eines der Becken wiederholt geborsten war. Paez lieferte außerdem Details über die schönen Häuser der reichen Händler und über die Basare mit all den wertvollen Steinen (Rubinen, Diamanten, Smaragden, Perlen) und Stoffen (inklusive Seide).

Wie die Bahmani widmeten sich die Könige der Vijayanagar intensiv dem Schutz ihres Territoriums und ihrer Handelsverbindungen. Krishnadevaraya beschäftigte portugiesische und muslimische Söldner, um seine Festungen zu bewachen und sein Herrschaftsgebiet zu sichern. Er unterhielt zudem gute Kontakte zu den Portugiesen, war er doch beim Zugriff auf Handelswaren von ihnen abhängig. Das galt vor allem für die arabischen Pferde, die er für seine Reiterei benötigte.

Infolge der Schwächung der Vijayanagar erklärten die Stadthalter von Gingee, Thanjavur und Madurai in Tamil Nadu – die Nayaks – in der zweiten Hälfte des 16. Jhs. ihre Unabhängigkeit. Die Nayaks regierten bis zum Anfang des 18. Jhs., wobei Madurais Tirumalai Nayak ihr wichtigster Führer war, der für architektonische Schätze wie den Sri-Minakshi-Tempel (S. 419) in Madurai verantwortlich war.

1661

Die Briten erwerben Bombay (jetzt Mumbai) über den Ehevertrag zwischen König Karl II. und Katharina von Braganza von Portugal. Die Britische Ostindien-Kompanie verlegt 1687 ihren Sitz nach Bombay.

1673

Die Compagnie française des Indes orientales (Französische Ostindische Kompanie) errichtet in Pondicherry (heute Puducherry) einen Außenposten, um den sich die Franzosen, Holländer und Briten streiten.

1674

Shivaji gründet im heutigen Maharashtra das Marathen-Königreich. Er nimmt den Titel Chhatrapati an. Innerhalb eines halben Jahrhunderts dominieren die Marathen den Großteil Nord- und Zentralindiens.

1707

Der Tod Aurangzebs, des letzten Großmoguls, läutet den schleichenden Untergang des Mogulreichs ein, in dem zunehmend Anarchie und Aufstände an der Tagesordnung sind.

Ankunft der Europäer & das Christentum

Vasco da Gamas Ankunft in Kerala (S. 482) im Jahr 1498 war der Auftakt für portugiesische Expeditionen, z. B. jene des Francisco de Almeida und des Alfonso de Albuquerque. Letzterer baute ein portugiesisches Imperium im Osten auf, zu dem auch Goa gehörte (erstmals 1510 eingenommen). Albuquerque führte einen ständigen Kampf gegen die einheimischen Muslime in Goa, in dem er schließlich den Sieg davontrug. Sein größter Erfolg war aber vielleicht, zwei der gefährlichsten Bedrohungen gegeneinander auszuspielen: das Vijayanagar-Reich, für das der Zugang zu den Häfen von Goa äußerst wichtig war, und das Sultanat Bijapur, das inzwischen Teile Goas kontrollierte.

Bijapur und Vijayanagar waren erbitterte Feinde. Albuquerque nutzte dies raffiniert aus, indem er die Versorgung mit arabischen Pferden für deren jeweilige Kavallerie übernahm. Da diese in alarmierend hoher Zahl starben, sobald sie sich auf indischem Boden befanden, mussten ständig weitere importiert werden, was dafür sorgte, dass die portugiesischen Häfen in Goa beschäftigt waren und profitabel blieben.

Die Portugiesen hatten auch den Katholizismus mit im Gepäck, den sie mit Nachdruck zu verbreiten gedachten. Die Ankunft der Inquisition 1560 markierte den Anfang einer 250 Jahre dauernden religiösen Unterdrückung in den von den Portugiesen kontrollierten Gebieten an der Westküste Indiens.

Heute ist der portugiesische Einfluss in Goa mit seinen weiß gekalkten katholischen Kirchen, christlichen Festen und der einzigartigen Küche noch immer am deutlichsten. Allerdings haben die Portugiesen auch in Kerala in Städten wie Cochin (dem heutigen Kochi) ihre Spuren hinterlassen, genauso in Madras (Chennai), wo sie im 16. Jh. – und somit noch vor den Briten – eine Kolonie gründeten. Mitte des 16. Jhs. war das alte Goa zu einer florierenden Stadt geworden, die es in ihrer Pracht mit Lissabon aufnehmen konnte. Auch wenn es sich heute nur noch als ein zerbröckelnder Schatten dieser Zeit präsentiert, erinnern seine Kirchen und Gebäude doch immer noch an die Herrschaft der Portugiesen.

1580 annektierte Spanien Portugal. Bis es 1640 seine Unabhängigkeit wiedergewann, waren die Interessen Portugals denen von Spanien untergeordnet. Nach der Niederlage der spanischen Armada 1588 stand Engländern und Niederländern nun der Seeweg gen Osten offen. Die Niederländer waren im Gegensatz zu den Portugiesen mehr am Handel als an religiöser Überzeugungsarbeit und der Errichtung eines eigenen Imperiums interessiert. Indonesien war ihre Hauptquelle für Gewürze, während es beim Handel mit Südindien vor allem um Pfeffer und Kardamom ging. Darum errichtete die Niederländische Ostindische Kompanie eine Kette von Handelsstützpunkten (Manufakturen), was ihr ermöglich-

Kirchen in Goa

- *Basilika Bom Jesus (Old Goa)*
- *Church of Our Lady of the Immaculate Conception (Panaji; Panjim)*
- *Church & Convent of St. Cajetan (Old Goa)*
- *Church of Our Lady of the Rosary (Old Goa)*
- *Church of the Holy Spirit (Margao)*

Bei Amar Chitra Katha, einem populären Verlag für Comics über indische Folklore, Mythologie und Geschichte, findet man einiges über Shivaji, darunter *Shivaji: The Great Maratha*, *Tales of Shivaji* und *Tanaji, the Maratha Lion*, über Shivajis engen Freund und Kriegsgefährten.

1757

Die Ostindische Kompanie verzeichnet ihren ersten militärischen Erfolg auf indischem Boden. In der Schlacht von Plassey schlägt Robert Clive den Nawab von Bengalen, Siraj-du-Daulah.

1775–1818

Drei Anglo-Marathenkriege (1775–1782, 1803–1805 & 1817–1818) zwischen der Ostindien-Kompanie und den Marathen – der dritte ist das Ende des Marathen-Reichs; die Briten kontrollieren den Großteil Indiens.

1857

Der erste indische Unabhängigkeitskrieg (Indischer Aufstand): Da ein nationaler Anführer fehlt, überreden die Freiheitskämpfer den Großmogul Bahadur Shah dazu, sich zum Kaiser von Indien ausrufen zu lassen.

1858

Die britische Regierung ergreift die Kontrolle über Indien – wobei die Macht offiziell von der Ostinidischen Kompanie auf die Krone übertragen wird. Damit beginnt die Zeit Britisch-Indiens (British Raj).

te, ein komplexes Handelsgeflecht vom Persischen Golf bis nach Japan zu unterhalten. Sie baute Stützpunkte in Surat (Gujarat) und an der Koromandelküste in Südindien und schloss außerdem einen Vertrag mit dem Herrscher von Kalikut (dem heutigen Kozhikode). 1660 eroberte sie die portugiesischen Festungen in Cochin und Kodungallor.

Die Briten starteten ihr eigenes Handelsprojekt: die Britische Ostindien-Kompanie, der Elizabeth I. 1600 ein königliches Monopol gewährte. Wie die Niederländer waren die Engländer zu diesem Zeitpunkt am Handel interessiert (vor allem am Gewürzhandel), weshalb auch sie vor allem Indonesien im Blick hatten. Dort aber erwiesen sich die Niederländer als zu stark – so wandten sich die Engländer stattdessen Indien zu und errichteten u. a. in Madras 1639 erste Handelsstützpunkte. Die Dänen trieben von 1616 an auch Handel in Traquebar (Tharangambadi; an Tamil Nadus Koromandelküste), während die Franzosen 1673 Pondicherry (heute Puducherry) erwarben.

Während der Inquisition in Goa, die länger als 250 Jahre andauerte, wurden mehrere Dutzend Menschen auf dem Scheiterhaufen verbrannt. Die Urteile wurden außerhalb der Sé-Kathedrale in Old Goa vollstreckt..

Die Moguln & ihr Vermächtnis

Im späten 17. Jh. begannen die aus Delhi kommenden Moguln, Südindien anzugreifen, und eroberten vor allem unter Großmogul Aurangzeb (reg. 1658–1707) die Sultanate von Ahmednagar, Bijapur und Golconda (einschließlich Hyderabad), bevor sie in Tamil Nadu einzogen. Unter denen, die sich den Moguln entgegen stellten, waren die Marathen, Hindu-Krieger aus der Nähe von Pune in Maharashtra, die 1680 – dem Jahr, in dem ihr erster Shivaji (S. 485) starb – den größten Teil der Dekkan-Ebene kontrollierten. Die Marathen wandten sich nach Süden und nahmen in einer Reihe von Überfällen nach Guerilla-Art Tanjavur ein und errichteten in den 1690er-Jahren ihre Hauptstadt in Gingee unweit von Madras. Die Moguln-Marathen-Kriege (1680-1707) endeten mit den Marathen als Gewinner. Von der Mitte des 18. Jhs. an kontrollierten sie riesige Gebiete vom Punjab und von Gujarat im Nordwesten bis Odisha im Osten und Karnataka im Süden, während die Macht der Moguln kaum über Delhi hinausging.

Auf der Dekkan-Ebene und weiter im Süden hatten die Marathen viele Rivalen. Einer dieser Rivalen war die Asaf-Jahi-Dynastie (später die Nizams von Hyderabad), die sich 1724 vom Mogulreich losgelöst hatten und weite Gebiete der Dekkan-Region kontrollierten, zunächst von ihrer Hauptstadt bei Aurangabad (Maharashtra), später dann, ab 1763, von Hyderabad aus. Mysore begann als vom Meer abgeschnittenes Königreich ins Rampenlicht zu rücken. Denn 1761 ergriff der Kavallerieoffizier Hyder Ali die Macht und begann damit, Gebiete an der Küste einzunehmen. Hyder Ali und sein Sohn Tipu Sultan regierten am Ende über ein Königreich, das den Süden Karnatakas und den Norden Keralas umfasste. Tipu trieb über die von ihm kontrollierten Häfen an der Westküste

Die fürstliche Herrscherfamilie von Mysore, die Familie Wodeyar, war so beliebt bei ihren Untertanen, dass der Maharadscha nach der Unabhängigkeit der erste Gouverneur des Bundesstaats Mysore wurde.

1869

Geburt von Mohandas Karamchand Gandhi in Porbandar (Gujarat) – die vielleicht bedeutendste Persönlichkeit Indiens wird bis heute als Mahatma („große Seele") und „Vater der Nation" geehrt.

1885

Der Indische Nationalkongress, die erste politische Organisation Indiens, wird gegründet. Sie ist eine Plattform gebildeter Inder und wird beim langen Kampf um Indiens Freiheit eine Schlüsselrolle einnehmen.

1891

Bhimrao Ramji Ambedkar, Aktivist, Ökonom, Anwalt und Autor, wird in eine arme, kastenlose Familie geboren. Er erringt mehrere höhere akademische Grade, wird Buddhist und verteidigt engagiert die Rechte der Dalits.

1919

Massaker am 13. April an unbewaffneten indischen Demonstranten in Jallianwala Bagh in Amritsar (Punjab): Gandhi reagiert mit seinem Programm des zivilen (gewaltfreien) Ungehorsams gegen die britische Herrschaft.

DER MÄCHTIGE SHIVAJI

Chhatrapati Shivaji wird in den Städten Maharashtras mit Statuen verehrt, die den großen Kämpfer auf seinem Pferd zeigen. Aber auch Straßen und Monumente wurden nach ihm benannt – so auch Mumbais (Bombays) ehemaliger Victoria Terminus (Bahnhof).

Shivaji gründete das mächtige Marathen-Reich, einen Hindu-Staat, der vom Ende des 17. bis Anfang des 19. Jhs. weite Bereiche des Dekkan und Gebiete darüber hinaus kontrollierte. Die Marathen spielten beim Niedergang des mächtigen Mogulreich Anfang des 18. Jhs. eine große Rolle. Der mutige Kämpfer und charismatische Führer Shivaji wurde 1627 in eine prominente Marathen-Familie in Shivneri geboren. Als Kind wurde er mit seiner Mutter nach Pune geschickt. Dort erhielt er Land und Festungen, um als zukünftiger Herrscher ausgebildet zu werden. Mit einer sehr kleinen Armee eroberte Shivaji im Alter von 20 Jahren erstmals eine Festung. Die nächsten drei Jahrzehnte verbrachte er damit, die Macht der Marathen rund um seine Basis in Pune auszubauen und sich gegen die muslimischen Angreifer aus dem Norden (dem Mogulreich) und dem Süden (die Streitmächte von Bijapur) zu behaupten. Am Ende kontrollierte er den ganzen Dekkan. Raffiniert spielte er seine Feinde, darunter der Großmogul Aurangzeb, gegeneinander aus. Berühmt wurde ein Vorfall im Jahr 1659, bei dem er Afzal Khan, General Bijapurs, im Kampf Mann gegen Mann beim Fort Pratapgad tötete.

1674 wurde Shivaji bei der Festung Raigad zum Chhatrapati (König) der Marathen gekrönt. Sechs Jahre später starb er. Seinem Sohn und Nachfolger, Sambhaji, wurden von den Moguln schwere Rückschläge zugefügt, aber die unverwüstlichen Marathen erholten sich und beherrschten von der Mitte des 18. Jhs. an den Großteil des Subkontinents. Shivaji ist eine Ikone der Marathi- und Hindunationalistischen Partei Shiv Sena (Shivaji-Armee), die sich gegen die Einwanderung von Nicht-Maharashtriern nach Maharashtra stellt. Deshalb ist dieser Name nicht überall in Maharashtra gern gehört.

direkten Handel mit dem Nahen Osten. Weitere wichtige Akteure waren die Britische Ostindien-Kompanie, mit einer Niederlassung bei Madras, und die Franzosen bei Pondicherry. Das 18 Jh. war bestimmt von einer ständig wechselnden Abfolge von Allianzen und Konflikten zwischen diesen fünf Rivalen. Die Briten setzten sich gegen die Franzosen in den drei Karnatischen Kriegen (zw. 1744 & 1763) durch, und ihre Kontrolle über die Ostküste versagte Hyderabad und Mysore nun den Zugang zu den dortigen Handelshäfen. Währenddessen gewannen die Portugiesen die Kontrolle über Goa zurück.

Im Süden meldete Travancore (Kerala) ebenfalls einen Führungsanspruch an, als es die Kontrolle über strategisch wichtige Küstenregionen gewann und damit Zugang zu den Handelsverbindungen erhielt. Martanda Varma (reg. 1729–1758) aus Travancore baute eine eigene Armee auf und versuchte, die einheimischen syrisch-orthodoxen Händler auf seiner Seite zu halten, indem er die Aktivitäten der europäischen

1940

Die Muslimliga nimmt die Lahore-Resolution an. Sie tritt für eine umfassendere Autonomie der Muslime in Indien ein. Es folgen Kampagnen für die Errichtung eines eigenen islamischen Staates.

1942

Mahatma Gandhi beginnt seine gewaltlose Quit-India-Kampagne und fordert die Briten dazu auf, Indien zu räumen und das Land in die politische Unabhängigkeit zu entlassen.

1947

Indien erlangt am 15. August die Unabhängigkeit, Pakistan die seine am 14. Es kommt zu Massenmigrationen, da Hindus, Muslime und Sikhs in ihre religiöse Heimat umsiedeln – dabei gibt es auch Massaker.

1947/48

Zum ersten Krieg zwischen Indien und Pakistan kommt es, als der Maharadscha von Kaschmir die Beitrittsurkunde unterzeichnet, durch die sein Fürstentum indisch wird.

Die Briten haben nie den Versuch unternommen, Goa zu annektieren. Allerdings bot die britische Regierung im Jahre 1839 den Portugiesen 0,5 Mio. £, um ihnen Goa abzukaufen

Händler einschränkte. Der Handel mit vielen Gütern – außer Pfeffer – wurde zum königlichen Monopol, vor allem in der Regierungszeit von Marthandas Sohn Rama Varma (reg. 1758–1798).

Die Briten übernehmen die Macht

Die Britische Ostindien-Kompanie war anfänglich angeblich nur am Handel, nicht aber an Eroberungen interessiert. Aber die Herrscher von Mysore wuchsen sich allmählich zu einem echten Ärgernis für die Briten aus. 1780 vereinigten der Nizam von Hyderabad, Hyder Ali, und die Marathen ihre Kräfte, um alle drei Niederlassungen der Kompanie in Indien anzugreifen (in Bombay, Madras und Bengalen). Daraus wurde zwar nichts, aber es bestärkte die Briten in ihrem Vorhaben, die Bedrohung durch Mysore zu beenden. Dieses Mal verbündeten sich die Marathen und Hyderabad mit den Briten gegen Mysore, das nun unter der Führung von Tipu Sultan stand. Dessen auf einer Flussinsel gelegene Zitadelle Seringapatam (das heutige Srirangapatnam) fiel 1793 nach einer einjährigen Belagerung.

Inzwischen wuchs innerhalb der Kompanie die Überzeugung, dass nur die Kontrolle über ganz Indien den Handelsinteressen der Briten entsprechen würde. Dies wurde noch durch die Sorge verstärkt, dass die Franzosen nach der ägyptischen Expedition Napoleons 1798/99 womöglich wieder Interessen in Indien verfolgen könnten. Der Generalgouverneur der Kompanie, Lord Richard Wellesley, startete schließlich einen weiteren Angriff gegen Mysore. Sein Verbündeter war der Nizam von Hyderabad, der seine von den Franzosen geschulten Truppen entlassen musste und dafür britischen Schutz erhielt. Tipu, der möglicherweise auf die Unterstützung der Franzosen gebaut hatte, wurde getötet, als die Briten 1799 Seringapatam erstürmten.

Hyderabad zu Zeiten des Fürstentums ist Gegenstand zweier faszinierender Bücher: John Zubrzyckis *The Last Nizam* verfolgt die Geschichte der Asaf-Jahi-Dynastie von den Anfängen des 18. Jhs. bis in die Gegenwart. William Dalrymples *White Mughals* erzählt von der Liebesbeziehung und Ehe zwischen dem Briten James Kirkpatrick Achilles und der einheimischen Frau Khairun-Nissa vor zwei Jahrhunderten.

Wellesley setzte in einem Teilgebiet von Tipus Königreich die alte Herrschaftsfamilie der Wodeyar wieder ein. Der Rest ging an den Nizam von Hyderabad und die Britische Ostindien-Kompanie. Tanjavur und Karnataka wurden ebenfalls von den Briten einverleibt. Als die aktuellen Herrscher starben, schickten sie ihre Nachfolger in Pension. 1818 brach das Reich der Marathen, von inneren Kämpfen zermürbt, zusammen. Inzwischen stand fast ganz Indien unter britischem Einfluss. Im Süden kontrollierten die Briten die Madras Presidency, die sich vom heutigen Andhra Pradesh bis zur südlichsten Spitze des Subkontinents und von der Ostküste bis zur westlichen Malabarküste erstreckte. Ein beträchtlicher Teil des Landesinnern bestand damals aus einem Flickenteppich vieler kleiner Fürstenstaaten. So gehörte zwar der Großteil von Maharashtra zur Bombay Presidency, doch gab es außerdem etwa ein Dutzend weit verteilter kleiner Fürstenstaaten wie Kolhapur, Sawantwadi, Aundh und Janjira. Travancore, Hyderabad und Mysore waren die wichtigsten

1948

Mahatma Gandhi wird am 30. Januar in New Delhi von Nathuram Godse ermordet. Godse und sein Mittäter Narayan Apte werden später angeklagt, verurteilt und am Galgen hingerichtet.

17. September 1948

Asaf Jah VII., der letzte Nizam von Hyderabad, unterwirft sich der indischen Regierung. Die muslimische Dynastie war von Pakistan unterstützt worden, hatte sich aber geweigert, einem der neuen Staaten beizutreten.

November 1949

Die Verfassung von Indien, die eine verfassungsgebende Versammlung mit 308 Mitgliedern erarbeitet hat, wird verabschiedet. Zur Versammlung gehören Dutzende Dalits.

26. Januar 1950

Indien wird eine Republik. Das Datum erinnert an die Purna Swaraj Declaration (Unabhängigkeitserklärung), die vom Indischen Nationalkongress 1930 verkündet wurde.

Fürstenstaaten, was allerdings nichts daran änderte, dass auch sie streng vom „Residenten" überwacht wurden – de facto der Gouverneur der Briten, der offiziell nur die Gebiete kontrollieren sollte, die auch wirklich unter britischer Kontrolle standen.

Der Indische Aufstand von 1857

Bereits ein halbes Jahrhundert lang hatten die Briten Indien fest unter ihrer Kontrolle, als sie einen schweren Rückschlag erlitten. Bis heute sind die Gründe für den Aufstand – nationalistische Historiker deklarieren ihn heute als Unabhängigkeitskrieg – Gegenstand von Diskussionen. Eine wichtige Rolle spielte wohl die Einfuhr von Billiggütern wie Textilien aus England, wodurch die Lebensgrundlage vieler Inder zerstört wurde; aber auch die Enteignung der Territorien zahlreicher Herrscher und die Steuern, die Landbesitzer erhoben, hatten Konfliktpotenzial.

Jenes Ereignis, das heute allgemein als Auslöser der Rebellion gilt, fand jedoch am 10. Mai 1857 in einer Kaserne in Meerut in Uttar Pradesh statt. Es verbreitete sich das Gerücht, eine neue Art von Gewehrpatronen werde mit Fett geschmiert, von dem die Hindus behaupteten, es sei Kuhfett; Muslime hingegen waren davon überzeugt, dass es sich um Schweinefett handelt (Schweine werden von den Muslimen als unrein angesehen, Kühe sind den Hindus heilig). Zum Laden eines Gewehres musste aber das Ende der eingefetteten Patrone abgebissen werden. Kein Wunder also, dass es durch die Gerüchte zu erheblichen Unruhen kam.

Der kommandierende Offizier in Meerut ließ seine Soldaten antreten und befahl ihnen, das Ende der ausgegebenen Patronen abzubeißen. Wer sich weigerte, wurde ins Gefängnis gesteckt. Am nächsten Morgen rebellierten die Soldaten der Garnison. Sie erschossen ihre Offiziere und marschierten nach Delhi. Von den 74 indischen Bataillonen der Bengalen-Armee blieben sieben (eines davon bestehend aus Gurkhas, also nepalesischen Soldaten) loyal, 20 wurden entwaffnet, die übrigen 47 schlossen sich der Meuterei an. Die Soldaten und Bauern sammelten sich um den zögernden Großmogul Bahadur Shah Zafar in Delhi, das die Aufständischen einige Monate halten konnten. Die britische Residenz in Lakhnau (Lucknow) wurde fünf Monate lang belagert, bevor der Aufstand niedergeworfen wurde. Der Vorfall hinterließ auf beiden Seiten tiefe Wunden.

Nahezu sofort nachdem die Ostindische Kompanie aufgelöst worden war, übernahm die britische Regierung selbst die direkte Kontrolle über das Land. Sie erklärte zudem, die jeweiligen Herrscher der Fürstenstaaten zu unterstützen und sich nicht in deren Angelegenheiten einzumischen, solange sie den Briten gegenüber loyal blieben. Obwohl dieser erste indische Unabhängigkeitskrieg im Süden geringere Ausmaße hatte als im Norden, wurden infolgedessen die Rufe nach Selbstbestimmung in ganz Indien zunehmend lauter.

The Story of India with Michael Wood ist eine ausgezeichnete BBC-Fernsehserie mit sechs 50-minütigen Episoden (als DVD und als Buch erhältlich).

David Davidars Roman *Das Haus der blauen Mangos* erzählt die Geschichte von drei Generationen einer Familie an der Südspitze Indiens in den Jahrzehnten bis zur Unabhängigkeit.

1956–1960
Die indischen Bundesstaaten werden entlang sprachlicher Grenzen neu geordnet, was zur Entstehung von Maharashtra, Andhra Pradesh, Kerala, Mysore (Karnataka) und dem Bundesstaat Madras (Tamil Nadu) führt.

1961
Militäraktion „Operation Vijay": Die indische Regierung sendet Truppen nach Goa und beendet – nach überraschend wenig Widerstand – die über 400 Jahre andauernde Kolonialherrschaft der Portugiesen.

1962
Indisch-chinesischer Krieg: Streitigkeiten um den Grenzverlauf eskalieren im Oktober zu einem Krieg, bei dem 2000 Menschen sterben. Er endet mit einem Sieg Chinas.

1965
Geplänkel in Kaschmir und der Streit um den Rann von Kachchh in Gujarat weiten sich zum zweiten Krieg zwischen Pakistan und Indien aus. Er endet mit einem Waffenstillstand unter UN-Mandat.

Indian Summer – The Secret History of the British Empire von Alex von Tunzelmann ist eine großartige und detaillierte Darstellung von Indiens Weg in die Unabhängigkeit mit deutlichem Augenmerk auch auf das Privatleben der wesentlichen Protagonisten – einschließlich der Liebesbeziehung zwischen Jawaharlal Nehru, dem ersten Premierminister des unabhängigen Indiens, und Edwina Mountbatten, der Frau des letzten britischen Vizekönigs.

Der Weg in die Unabhängigkeit & die Teilung Indiens

Viele Inder hegten weiterhin den Wunsch nach Unabhängigkeit. Zu Beginn des 20. Jhs. nahm der Widerstand gegen die Briten allmählich zu. Speerspitze der sich formierenden Unabhängigkeitsbewegung war der 1885 gegründete Indische Nationalkongress (Kongresspartei), die älteste politische Partei des Landes. Der Kampf um Unabhängigkeit kam in Schwung, nachdem die britische Armee als Reaktion auf Aufstände in Amritsar (Punjab) im April 1919 Truppen entsandte, um die Unruhen zu beenden. Die Armee feuerte schonungslos in eine Menge unbewaffneter Demonstranten. Dabei wurden schätzungsweise 1500 Menschen getötet. Die Nachricht von dem Massaker verbreitete sich in Windeseile und machte aus vielen der eigentlich unpolitischen Inder Anhänger der Kongresspartei, die schließlich in Mohandas Gandhi – besser bekannt unter dem Namen Mahatma Gandhi – einen neuen Anführer fand.

Nach drei Jahrzehnten unablässigem und gewaltfreiem Einsatz für ein unabhängiges Indien wurde Gandhis Traum endlich Wirklichkeit. Doch sein Appell für ein vereinigtes Indien blieb ungehört. Denn letztlich setzte sich Mohammed Ali Jinnah, der Führer der Muslimliga, mit seiner Forderung nach einem eigenen Staat für den recht großen muslimischen Bevölkerungsanteil durch. Das Land wurde geteilt.

Die Teilung Indiens 1947 hatte alle Zutaten, die für eine Katastrophe nötig waren – aber das folgende Blutvergießen übertraf selbst die schlimmsten Befürchtungen. Ein massiver Bevölkerungsaustausch fand statt. Muslime flohen in überfüllten Zügen Richtung Westen nach Pakistan, viele wurden jedoch von aufgebrachten Hindus und Sikhs gestoppt und ermordet. Hindus und Sikhs, die ihr Heil im Osten suchten, erlitten das gleiche Schicksal durch Muslime. Als das Chaos endlich beendet war, hatten 10 Mio. Menschen eine neue Heimat gefunden – mindestens 500 000 aber waren auf der Suche nach dieser ums Leben gekommen.

Indien und Pakistan wurden im August 1947 souveräne Staaten des britischen Commonwealth. Doch Gewalt, Vertreibung und die Ungewissheit in einigen Bundesstaaten, vor allem in der Region Kaschmir, hielten an. Die Gewalt um Kaschmir – seinerzeit ein Staat mit mehrheitlich muslimischer Bevölkerung (aber mit einem Hindu-Maharadscha), der im Oktober 1947 offiziell Teil Indiens wurde – hält bis heute an und hat bislang rund 47 000 Menschen das Leben gekostet. Viele der Terroranschläge auf touristische Einrichtungen in Indien haben einen Bezug zu Kaschmir, darunter auch die Terroranschläge in Mumbai im Jahr 2008.

Im November 1949 wurde die Verfassung Indiens schließlich verabschiedet, am 26. Januar 1950 trat sie in Kraft. Nach nicht enden wollenden Kämpfen war das unabhängige Indien offiziell eine Republik.

1966

Indira Gandhi, die Tochter Jawaharlal Nehrus, des ersten Ministerpräsidenten des unabhängigen Indiens, wird Ministerpräsidentin von Indien. Sie ist die erste Frau, die dieses Amt in Indien innehat.

1971

Ostpakistan strebt die Unabhängigkeit an. Es entzündet sich der dritte Krieg zwischen Pakistan und Indien. Westpakistan verliert den Krieg und die Herrschaft über Ostpakistan, das heutige Bangladesch.

Mai 1974

„Operation Smiling Buddha": Indien führt den ersten unterirdischen Atomwaffentest durch. In den folgenden knapp 25 Jahren wird kein weiterer Test folgen.

1984

Premierministerin Indira Gandhi wird von zwei ihrer Sikh-Leibwächter ermordet, nachdem sie indische Truppen den Goldenen Tempel von Amritsar, den heiligsten Schrein der Sikhs, hatte stürmen lassen.

Mahatma Gandhi

Einer der bedeutendsten Menschen des 20. Jhs. wurde als Mohandas Karamchand Gandhi am 2. Oktober 1869 in Porbandar, Gujarat, geboren. Nachdem er in London studiert hatte (1888–1891), arbeitete er als Anwalt in Südafrika. Durch die ethnische Diskriminierung, die er dort erlebte, wurde der junge Gandhi politisiert. Er wurde schnell zum Sprecher der indischen Gesellschaft in Südafrika und verlangte Gleichheit für alle.

Gandhi kehrte 1915 mit der Doktrin der *ahimsa* (Gewaltlosigkeit) als zentraler politischer Idee nach Indien zurück und pflegte einen einfachen Lebensstil. Er errichtete in Ahmedabad den Sabarmati Ashram, der als Erster „Unberührbare" (heute bekannt als Dalits) aufnahm.

Innerhalb eines Jahres hatte Gandhi seinen ersten Sieg errungen, als er Bauern in Bihar verteidigte, die ausgebeutet wurden. Angeblich schon damals verlieh ihm ein Bewunderer den Titel „Mahatma" (Große Seele). Die Verabschiedung der diskriminierenden Rowlatt Acts, die erlaubten, dass bestimmte politische Fälle ohne Geschworene verhandelt werden durften, spornte ihn 1919 zu weiteren Aktionen an, und er organisierte einen nationalen Protest. In den Tagen, die auf diesen *hartal* (Streik) folgten, schlugen die Wogen der Erregung im Land hoch. Nach einem Massaker an unbewaffneten Demonstraten in Amritsar (Punjab) stoppte der zutiefst schockierte Gandhi die Proteste.

1920 stieg Gandhi zur Schlüsselfigur im indischen Nationalkongress auf. Er koordinierte eine landesweite Kampagne der *satyagraha* (passiver Widerstand). Die Folge war ein wachsendes Nationalgefühl, was ihm die Feindschaft der Briten eintrug. Anfang 1930 erregte er die Aufmerksamkeit des Landes, als er den sogenannten Salzmarsch von mehreren Tausend Anhängern von Ahmedabad nach Dandi an der Küste von Gujarat anführte: Bei der Ankunft stellte er feierlich durch Verdampfen von Meerwasser Salz her und trotzte damit öffentlich der verhassten Salzsteuer, die die Briten auferlegt hatten. Nicht zum ersten Mal wurde er verhaftet. 1931 wurde er wieder freigelassen, um den indischen Nationalkongress bei der zweiten Round Table Conference in London zu vertreten. Er gewann zwar die Herzen der britischen Bevölkerung, konnte aber keine wirklichen Zugeständnisse der imperialistischen Regierung erreichen.

Desillusioniert von der Politik trat Ghandi 1934 von der Kongresspartei zurück. 1942 kehrte er mit der Kampagne *Quit India* („Raus aus Indien") auf spektakuläre Weise in den Kampf zurück. Er forderte die Briten auf, Indien sofort zu verlassen. Man erachtete seine Aktionen als subversiv und sperrte ihn und viele Führer der Kongresspartei ins Gefängnis.

Von den Verhandlungen, die dem Ende des Zweiten Weltkrieges folgten, war Gandhi weitgehend ausgeschlossen. Er musste hilflos zusehen,

Die Nehrus und die Gandhis ist Tariq Alis scharfsinniges Porträt dieser beiden Familien und jenes Landes, auf das sie ihre langen Schatten werfen.

Gandhi in Südindien

- *Sevagram (Maharashtra)*
- *Mani Bhavan (Mumbai)*
- *Gandhi National Memorial (Pune)*
- *Gandhi Memorial Museum (Madurai)*
- *Gandhi Memorial (Kanyakumari)*

1991

Der ehemalige Premierminister Rajiv Gandhi, Sohn von Indira Gandhi, wird in Sriperumbudur bei Chennai (ehemals Madras) von einem Selbstmordattentäter (wohl einem Mitglied der Tamil Tigers aus Sri Lanka) ermordet.

2004

Ein Tsunami trifft auf Teile der Küste Ost- und Südindiens sowie der Andamanen und Nikobaren. Über 10 000 Menschen sterben, Hunderttausende werden obdachlos.

Oktober 2008

Am 22. Oktober startet die Raumsonde Chadrayaan-1 zu Indiens erster unbemannter Mondmission. Zwei Jahre lang soll die Sonde die Mondoberfläche untersuchen.

2008

Terroranschläge auf wichtige Stätten in Mumbai: Die Angriffe dauern drei Tage, mindestens 174 Menschen verlieren dabei ihr Leben.

Der Klassiker *Gandhi* (1982) von Regisseur Richard Attenborough ist einer der wenigen Filme, die einen tieferen Einblick in das Gesamtkonstrukt Indien gewähren. Er zeichnet den steinigen Weg des Landes zur Unabhängigkeit nach.

wie Pläne für die Aufteilung seines Landes geschmiedet wurden – in seinen Augen eine Tragödie. Gandhi stand mit seinem Drängen zu Toleranz und zur Erhaltung eines geeinten Indiens auf verlorenem Posten. Sein Einsatz für alle Mitglieder der Gesellschaft brachte ihn in Konflikt mit einigen Hindu-Hardlinern. Am 30. Januar 1948 wurde Mahatma Gandhi auf seinem Weg zu einem Gebetstreffen von einem hinduistischen Extremisten, Nathuram Godse, ermordet.

Über 60 Jahre danach gilt Mahatma Gandhi in Indien immer noch als Ikone. Überall wird er als „Vater der Nation" verehrt.

Die Aufteilung des Südens

Während das Chaos der indisch-pakistanischen Teilung besonders im Norden – und hier vor allem im Punjab, in Kaschmir und in Bengalen – präsent war, hatte der Süden seine eigenen Probleme. Die meisten Fürstenstaaten traten Indien auf friedliche Weise bei, abgesehen von Hyderabad – eine Ausnahme, die mit der gewaltsamen Übernahme der Kontrolle 1948 durch die indischen Armee beendet wurde. Während und nach dieser sogenannten „Polizeiaktion" wurden viele zehntausend Muslime von Hindus massakriert (S. 491).

In den 1950er-Jahren wurden die Grenzen der Fürstenstaaten und der von den Briten einst eingerichteten Provinzen nach sprachlichen Gesichtspunkten noch einmal neu gezogen. Daraus entstand der ausgedehnte Bundesstaat Greater Mysore der Kannada-Sprecher, aus dem im Jahr 1972 Karnataka wurde.

1997 wurde K. R. Narayanan als erster Angehöriger der niedrigsten Hindu-Kaste (der Dalits, früher „Unberührbare" genannt) indischer Präsident.

Das heutige, Malabraisch sprechende Kerala entstand 1956 aus Travancore (abgesehen von dem ganz im Süden liegenden Gebieten der Tamilen), Cochin (heute Kochi) und Malabar (früher ein Teil der Madras Presidency). Die Maharadschas von Travancore und Cochin hatten sich besonders um die Grundversorgung und die Bildung ihrer Untertanen gekümmert. Ihr Vermächtnis ist das höchste Bildungsniveau unter den Staaten Indiens. Kerala machte zudem auf sich aufmerksam, als es 1957 zum ersten Bundesstaat der Welt wurde, der freiwillig eine kommunistische Regierung wählte.

Andhra Pradesh wurde 1956 zu einem Bundesstaat erklärt – entstanden war der aus der Verbindung des Telegu sprechenden Andhra (dem früheren nördlichen Teil der ehemaligen Madras Presidency) und Teilen des ehemaligen Territoriums des Nizam von Hyderabad, in denen Telugu gesprochen wird. Dieses Gebiet wurde jedoch nach jahrelangen Beschwerden, vernachlässigt und von Andhra Pradesh ausgebeutet zu werden, im Jahr 2014 abgetrennt und zum neuen Bundesstaat Telangana gemacht. Bis zur Fertigstellung von Andhra Pradeshs neuer Hauptstadt Amaravati bleibt Hyderabad jedoch noch die Hauptstadt für beide Bundesstaaten.

April/Mai 2009

Die Kongresspartei erringt bei Indiens Parlamentswahl einen deutlichen Sieg. Mammohan Singh wird erneut Ministerpräsident der weltweit größten Demokratie.

Juli 2011

In den Kellergewölben des Sri-Padmanabhaswamy-Tempel in Thiruvananthapuram (Kerala) wird ein sagenhafter Schatz gefunden. Experten schätzen dessen Wert auf mindestens 15 Mrd. €.

2013

Die wiederholten Berichte über brutale Vergewaltigungen führen zur Verabschiedung eines neuen Gesetzespakets. Eine Vergewaltigung kann nun mit Gefängnis oder dem Tod bestraft werden.

Mai 2014

Narendra Modi, Sohn einer Familie aus Gujarat, wird nach einem historischen Erdrutschsieg für die hindu-nationalistische Bharatiya Janata Party (BJP) Ministerpräsident; die Kongresspartei verliert deutlich.

DAS HYDERABAD-MASSAKER VON 1948

Als Indien 1947 unabhängig wurde, weigerte sich der muslimische Nizam von Hyderabad, ebenfalls Teil des neuen Staates zu werden. Obwohl lediglich er selbst und etwa 10 % seiner Untertanen Muslime waren, sah der Nizam seinen Staat dem islamischem Pakistan mehr verbunden als Indien. Er verfolgte die Idee eines Hyderabad als unabhängiger Staat – ein Gedanke, den die von Nehru geführte Regierung des soeben unabhängig gewordenen Indiens allerdings ablehnte. Nach einer von Kommunisten angeführten Rebellion und Angriffen auf Hindus durch die muslimische Razakar-Miliz griff die indische Armee im September 1948 in einer sogenannten „Polizeiaktion" ein und übernahm die Macht in Hyderabad. Zwar ergab sich der Nizam umgehend, doch während und nach jener „Polizeiaktion" wurden die Muslime in ganz Hyderabad schrecklich terrorisiert. Es heißt, die indische Armee und Hindus hätten Plünderungen, Brandstiftungen, Entführungen, Massenvergewaltigung und Massenmord begangen. Allerdings berichtete eine Untersuchungskommission, bestehend aus Angehörigen mehrerer Religionen und unter der Führung des hinduistischen Kongressabgeordneten Pandit Sunderlal, dass die meisten indischen Soldaten die Muslime geschützt hätten. Laut eines Berichts der BBC sind schätzungsweise 27 000 bis 40 000 Menschen bei diesen Unruhen ums Leben gekommen; andere Stimmen behaupten, es könne möglicherweise bis zu 200 000 Opfer gegeben haben.

Erst seit wenigen Jahren dringen Einzelheiten über dieses Massaker – ein scheinbar vergessenes, blutiges Kapitel der indischen Geschichte – an die Öffentlichkeit. Unmittelbar nach Ausbruch der Gewalt eilte das Team von Sunderlal nach Hyderabad, um einen Bericht über das Gemetzel zusammenzustellen. Er wurde nie veröffentlicht. Einige Historiker gehen davon aus, dass die Nehru-Regierung versucht habe, das Massaker zu vertuschen, womöglich weil sie befürchtete, die Kenntnis davon würde zu Vergeltungsangriffen auf Hindus durch Muslime und zu einer Welle von Gewalt führen, die ganz Indien erfasst. Seit Kurzem fordert die indischen Presse, den Sunderlal-Bericht öffentlich zugänglich zu machen, aber im Allgemeinen wird im heutigen Indien überraschend wenig über die Ereignisse in Hyderabad im Jahr 1948 gesprochen.

Tamil Nadu war der Name, dem man 1968 dem ehemaligen Fürstentum von Madras gab, das seit 1956 die Tamil sprechenden Gebiete der alten Madras Presidency sowie die südlichsten Gebiete des ehemaligen Königreichs Travancore (ebenfalls tamilsprachig) umfasst hatte.

Maharashtra war eines der schwierigsten Themen bei der auf den unterschiedlichen Sprachen basierenden Grenzziehung. Nach der Unabhängigkeit wurden Maharashtra und Gujarat zum Bundesstaat Bombay zusammengefasst. Die Marathi sprechenden Teile von Hyderabad und Madhya Pradesh wurden 1956 hinzugefügt. Nach Unruhen durch Marathis und Gujaratis wurde Bombay jedoch 1960 in die heutigen Bundesstaaten Maharashtra und Gujarat geteilt.

Juni 2014
Der nördliche Teil von Andhra Pradesh spaltet sich nach Jahren der Unruhe und Vorwürfen von Vernachlässigung und unfairer Behandlung ab und wird zu Indiens 29. Staat: Telangana.

2015
Indien macht nach einer Mondmission und seiner Marssonde weitere Fortschritte in der Raumfahrt: Das erste indische Weltraumobservatorium soll im All fünf Jahre lang Daten sammeln.

2015
Indien und Bangladesch gelingt die Lösung ihres jahrzehntealten Grenzkonflikts: Im Rahmen eines Landtauschs wechseln 111 indische und 51 bengalische Enklaven die Staatszugehörigkeit.

5. Dezember 2016
Jayalalithaa Jayaram – eine der beliebtesten und umstrittensten Politikerinnen Indiens, ehemals Regierungschefin von Tamil Nadu – verstirbt nach kurzer Krankheit in Chennai.

Die Franzosen gaben Puducherry (Pondicherry) 1954 auf – 140 Jahre nachdem sie das Gebiet von den Briten eingefordert hatten. Es ist Unionsterritorium (d.h. es steht unter der Kontrolle der Regierung in Delhi), obwohl es sich größtenteils selbst verwaltet. Lakshadweep erhielt 1956 den Status eines Unionsterritoriums, ebenso die Andamanen und die Nikobaren.

Während in Südindien die Grenzen neu gezogen wurden, stand Goa noch unter der Herrschaft der Portugiesen. Obwohl in Goa seit dem frühen 20. Jh. eine Unabhängigkeitsbewegung existierte, zögerte die indische Regierung, einzugreifen und Goa mit Gewalt zu befreien. Die Hoffnung, die Portugiesen würden aus freien Stücken abziehen, wurde jedoch ein ums andere Mal enttäuscht. Im Dezember 1961 schließlich überschritten indische Truppen die Grenze und annektierten das Gebiet – gegen überraschend geringen Widerstand. Goa wurde zunächst ein Unionsterritorium von Indien. Nachdem sich Daman und Diu (Gujarat) 1987 abgespaltet hatten, wurde Goa offiziell als 25. Bundesstaat der indischen Union anerkannt.

Lebensart

Die Spiritualität ist der Kettfaden im bunten indischen Gobelin. Mit der Familie bildet sie die Basis der Gesellschaft, und diese beiden Lehren treffen in den Zeremonien aufeinander, die die prägenden Wendepunkte des Lebens kennzeichnen. Trotz der wachsenden Zahl von Kleinfamilien vor allem in Metropolen wie Mumbai (Bombay), Bengaluru (Bangalore) und Delhi bleibt die Großfamilie ein Eckpfeiler des städtischen und ländlichen Indiens. Dabei gelten die Männer – die in der Regel das Geld verdienen – als die Oberhäupter.

Heirat, Geburt & Tod

Zu den verschiedenen Religionen Südindiens gehören unterschiedliche Bräuche, aber in allen Gemeinschaften sind Heirat, Geburt und Tod wichtige Ereignisse, die mit Zeremonien verbunden sind, die der jeweiligen religiösen Tradition entsprechen. Hindus stellen in Indien mit 80% die Bevölkerungsmehrheit. Nur 14,2% der Bevölkerung sind Muslime (obwohl mit 176 Mio. in Indien praktisch genauso viele Muslime leben wie im islamischen Pakistan).

Heiraten ist für die Inder ein besonders glücksverheißendes Ereignis, denn die meisten finden es unerträglich, als Mittdreißiger unverheiratet zu sein. Obwohl die Zahl der Liebesheiraten in jüngerer Zeit (vor allem in den Städten) zugenommen hat, werden die meisten indischen Ehen immer noch arrangiert, egal ob es sich um eine hinduistische, muslimische, buddhistische oder Sikh-Familie handelt. Man holt diskrete Erkundigungen innerhalb seiner Gemeinde ein. Falls kein geeigneter Kandidat bzw. keine geeignete Kandidatin zu finden ist, wird vielleicht ein professioneller Heiratsvermittler hinzugezogen, oder in Zeitungen und/oder im Internet werden Anzeigen geschaltet. Bei hinduistischen Familien werden die Horoskope der beiden potenziellen Ehepartner geprüft, und wenn die Sterne günstig stehen, wird ein Treffen der beiden Familien vereinbart.

Heiratsvermittlung in Indien geht heute natürlich auch online. Sehr beliebt sind dabei z.B. www.shaadi.com, www.bharatmatrimony.com und – als ein Zeichen der Zeit – www.secondshaadi.com für Geschiedene.

Die Mitgift ist zwar seit 1961 illegal, spielt aber bei vielen arrangierten Ehen immer noch die Schlüsselrolle (vor allem in konservativen Gemeinden). Einige Familien verschulden sich schwer, um die geforderten Geldsummen und Gegenstände zusammenzubringen. Dem National Crime Records Bureau (NCRB) zufolge wird etwa jede Stunde eine (zumeist junge) indische Braut wegen Mitgiftforderungen ermordet. Gesundheitsexperten sagen, dass die hohe Abtreibungsrate bei weiblichen Föten vor allem der finanziellen Belastung durch die später aufzubringende Mitgift geschuldet ist. Medizinische Tests zur Geschlechtsbestimmung bei ungeborenen Kindern sind in Indien zwar verboten, werden aber mancherorts immer noch heimlich vorgenommen. Bei den Muslimen erhält dagegen die Braut eine sogenannte *mehr* vom Bräutigam.

Die hinduistische Trauungszeremonie wird von einem Priester geleitet. Die Ehe gilt als geschlossen, wenn Braut und Bräutigam sieben Mal ein heiliges Feuer umschritten haben. Bei muslimischen Trauungen wird aus dem Koran gelesen, und Braut und Bräutigam beäugen sich einem Brauch gemäß mittels Spiegeln. Obwohl es mittlerweile Kleinfamilien gibt, ist es immer noch die Regel, dass die Frau, sobald sie verheiratet ist, bei der Familie ihres Mannes lebt und die Haushaltspflichten übernimmt, die ihre Schwiegermutter ihr vorschreibt.

Scheidungen und Wiederverheiratungen werden zwar häufiger (vor allem in größeren Städten), aber Scheidungen sind vor Gericht immer noch keine Formsache und werden auch von der Gesellschaft nicht gern gesehen. Bei den höheren Kasten wird in traditionelleren Gebieten von Witwen immer noch erwartet, dass sie nicht wieder heiraten, sondern weiße Kleidung anlegen und ein zurückhaltendes, zölibatäres Leben führen. Muslimische Männer haben in Indien immer noch das Recht, sich gemäß der Scharia von ihren Frauen zu scheiden (indem sie einfach das Wort *talaq* („Scheidung"), dreimal hintereinander aussprechen, immer öfter wird es heute per E-Mail oder SMS gemacht).

The Wonder That was India (A. L. Basham) beschreibt die Zivilisationen, großen Religionen und sozialen Bräuche Indiens – ein guter thematischer Ansatz, um die Zusammenhänge zwischen den einzelnen Aspekten zu verstehen.

Die Geburt eines Kindes ist ein weiteres bedeutsames Ereignis; ihm folgen zu bestimmten, glücksverheißenden Terminen im Kleinkindalter besondere Zeremonien. Für Hindus gehören dazu das Stellen des ersten Horoskops, die Namensgebung, die erste Aufnahme fester Nahrung und der erste Haarschnitt.

Hindus verbrennen ihre Toten, und die Begräbniszeremonien sollen dazu dienen, die Lebenden und die Toten zu reinigen und zu trösten. Ein wichtiger Bestandteil der Feierlichkeiten ist die *sharadda*, die Opferung von Wasser und Reiskuchen. Dieser Brauch wird alljährlich am Todestag des Verstorbenen wiederholt. Nach der Verbrennung wird die Asche des Toten eingesammelt und 13 Tage nach seinem Tod (wenn die Blutsverwandten wieder als rituell rein gelten) von einem Familienmitglied in einen heiligen Fluss wie den Ganges oder ins Meer gestreut. Ähnlich waschen die Sikhs ihre Toten und verbrennen sie anschließend. Auch die Muslime machen ihre Toten sorgfältig zurecht, begraben sie aber anschließend. Die kleine Minderheit der zoroastrischen Parsen platziert ihre Toten auf „Türmen des Schweigens" (Steintürmen), wo die Leichen von Aas fressenden Vögeln zerrissen werden.

Das Kastensystem

Obwohl die indische Verfassung das Kastensystem nicht berücksichtigt, hat es noch immer einen gewaltigen Einfluss. Besonders im ländlichen

INDISCHE KLEIDUNG

Der bei indischen Frauen verbreitete hübsche, elegante Sari besteht aus einem einzigen Stück Stoff von 5 bis 9 m Länge und 1 m Breite. Es wird so raffiniert geschlungen und gesteckt, dass es ohne Nadeln oder Knöpfe hält. Mit dem Sari werden ein *choli* (enge Bluse) und ein Unterrock mit Zugband getragen. *Palloo* heißt der Teil des Saris, der über die Schulter drapiert wird. Viel getragen wird auch der *salwar kameez*, eine traditionelle kleidartige Kombination aus Tunika und Hose für Frauen, die von einer *dupatta* (langer Schal) ergänzt wird.

Zur traditionellen Kleidung der Männer gehören der *dhoti* und in Südindien der *lungi* und der *mundu*. Der *dhoti* ist ein weites, langes Lendentuch, das hosenartig um die Beine geschlungen wird. Der *lungi* ähnelt eher einem Sarong und ist am Ende meist röhrenförmig zusammengenäht. Der *mundu* gleicht einem *lungi*, ist aber stets weiß. Die *kurta* ist ein meist von Männern getragenes knielanges und in der Regel kragenloses Hemd. Ein *kurta*-Pyjama besteht aus einem Baumwollhemd und einer Baumwollhose, die als Hauskleidung oder als Schlafanzug getragen werden. *Churidar* heißt eine enge Hose, die oft unter der *kurta* getragen wird. Ein *sherwani* ist ein langer, von Männern getragener Mantel, entstanden als Zwischending aus *salwar kameez* und britischem Gehrock.

Bei der Kleidung gibt es in Indien regionale und religiöse Unterschiede – so sieht man auch muslimische Frauen in der den ganzen Körper verhüllenden Burka.

In Südindiens Großstädten (u.a. Mumbai) und Touristenhochburgen (z.B. Goa, Kerala) tragen vor allem jüngere Inder immer häufiger Kleidung im westlichen Stil.

ADIVASI

Die Adivasi (Stammesvölker; „Ureinwohner" auf Sanskrit) leben schon länger in Indien als die vedischen Indo-Arier und die Draviden des Südens. Zu ihnen gehören z. B. die Gond des zentralen Tieflands, die animistischen Stämme des Nordostens oder die Toda in Tamil Nadu. Die über 400 indigenen Ethnien stellen weniger als 10 % der indischen Gesamtbevölkerung. Sie siedeln zu 95 % in ländlichen und oft bergigen Regionen. Ihre Alphabetisierungsrate liegt weit unter dem Landesdurchschnitt.

Geschichtlich gesehen führte der Kontakt zwischen Adivasi und hinduistischen Dorfbewohnern in den Ebenen kaum zu Spannungen, da es zwischen ihnen praktisch keine Konkurrenz um Ressourcen oder Land gab. In den letzten Jahrzehnten wurden aber immer mehr Adivasi von ihrem Land vertrieben und zu verarmten Landarbeitern. Obwohl sie dank des parlamentarischen Quotensystems immer noch politisch repräsentiert sind, geschah die Enteignung und Ausbeutung der Adivasi offenbar manchmal mit stillschweigender Billigung der Behörden, was die Regierung aber abstreitet. Wenn nicht mehr zum Schutz der Adivasi unternommen wird, sehen sie einer ungewissen Zukunft entgegen.

Lesenswerte Bücher über die Adivasi sind *Archaeology and History: Early Settlements in the Andaman Islands* von Zarine Cooper, *The Tribals of India* von Sunil Janah und *Tribes of India: The Struggle for Survival* von Christoph von Fürer-Haimendorf.

Indien bestimmt die Kaste, in die man hineingeboren wird, immer noch über den sozialen Rang des Einzelnen und sie kann auch die Berufs- und Heiratschancen beeinflussen. Das Kastensystem ist weiter unterteilt in Tausende *jati* („Familiengruppen"; soziale Gemeinschaften), die oft, wenn auch nicht immer, mit einer bestimmten beruflichen Laufbahn verbunden sind. Konservative Hindus heiraten ausschließlich jemanden aus derselben *jati*. In einigen traditionsreichen Gegenden wurden schon junge Männer und Frauen ermordet, weil sie sich in jemanden außerhalb ihrer Kaste verliebt haben.

Traditionell ist die Kaste die grundlegende soziale Struktur der hinduistischen Gesellschaft. Wer ein rechtschaffenes Leben führt und seine *dharma* (moralische Pflicht) erfüllt, hat größere Chancen, in einer höheren Kaste wiedergeboren zu werden. Hindus werden in eine von vier *varnas* (Kasten) hineingeboren: Sie sind Brahmanen (Priester und Gelehrte), Kshatriyas (Soldaten und Verwalter), Vaishyas (Kaufleute) oder Shudras (Arbeiter). Die Brahmanen sollen im Augenblick der Schöpfung aus dem Mund des Gottes Brahma geschaffen worden sein, die Kshatriyas aus seinen Armen, die Vaishyas aus seinen Oberschenkeln und die Shudras aus seinen Füßen.

Mehr Infos zu Indiens Kastensystem liefern die Bücher *Interrogating Caste* (Dipankar Gupta) und *Translating Caste* (Hrsg.: Tapan Basu).

Unterhalb der vier Kasten stehen die Dalits (früher „die Unberührbaren"), die niedere Tätigkeiten verrichten und z. B. als Straßenkehrer oder Latrinenputzer arbeiten. Viele von Indiens komplexen Regeln für die Reinheitsrituale sind aufgestellt worden, um den Körperkontakt zwischen Personen aus einer höheren Kaste und den Dalits zu vermeiden. Ein etwas gemäßigteres System findet man bei den islamischen Gemeinden in Indien, hier ist die Gesellschaft aufgeteilt in *ashraf* (hoher Stand), *ajlaf* (niederer Stand) und *arzal* (ähnlich wie die Dalits).

Man nennt Letztere auch „Paria", abgeleitet vom Namen einer tamilischen Dalit-Gruppe, den Paraiyars. Einige Dalit-Führer, etwa der berühmte Dr. B. R. Ambedkar (1891–1956), versuchten durch den Übertritt zu anderen Religionen – in Ambedkars Fall zum Buddhismus – ihren Status als Kastenlose zu verbessern. Ganz unten in der Gesellschaft sind schließlich die Denotified Tribes. Sie waren bis 1952 unter der Bezeichnung Criminal Tribes bekannt, dann gab es eine Gesetzesreform, und 198 Stämme und Kasten wurden offiziell anerkannt. Viele leben als Nomaden oder Halbnomaden, an den Rand der Gesellschaft gedrängt.

Die bedeutende BBC-Dokumentation *India's Daughter* (Regie: Leslee Udwin) erschüttert mit Details zum weltweit bekannt gewordenen Schicksal von Jyoti Singh, die 2012 in Delhi von mehreren Männern vergewaltigt und ermordet wurde. Der Film wurde in Indien offiziell verboten: Es stellte sich heraus, dass das BBC-Team einen der Täter im Gefängnis interviewt hatte. Dennoch kursierte der Film im Internet.

Um die Lage der Dalits zu verbessern, reserviert ihnen die Regierung ein beträchtliches Kontingent an Arbeitsplätzen im öffentlichen Bereich, Parlamentssitze und Universitätsplätze. Unter die Quotenregelung fallen heute fast 25% der Jobs im Staatsdienst und der Studienplätze. Die Situation variiert allerdings von Region zu Region, da verschiedene Politiker auf Stimmenfang gehen, indem sie Quoten versprechen. Das Reservierungssystem wird im Allgemeinen gelobt. Aber auch Kritik wird laut, da auf diese Art manche Menschen mit guten Leistungen keinen Studien- oder Arbeitsplatz bekommen. Noch immer findet man regelmäßig Diskriminierung der Dalits im täglichen Leben.

Pilgerreisen

Von frommen Hindus wird pro Jahr mindestens eine *yatra* (Pilgerreise) erwartet. Solche Wallfahrten werden unternommen, um Gottheiten um Wunscherfüllung zu bitten, die Asche verstorbener Angehöriger zu einem heiligen Fluss zu bringen oder um spirituelle Verdienste zu erlangen. Alte Hindus wählen oft Varanasi als Ziel ihrer letzten Pilgerreise: Wer in dieser heiligen Stadt stirbt, entkommt angeblich dem Kreislauf aus Tod und Wiedergeburt. Sabarimala (S. 317) in Kerala gehört zu den am stärksten besuchten Pilgerstätten Indiens. Anlässlich bestimmter heiliger Tage (z.B. dem Geburtstag eines Sufi-Heiligen) ziehen zahllose Muslime zu Sufi-Schreinen im ganzen Land; viele treten auch die Hadsch nach Mekka in Saudi-Arabien an.

Auch wenn indische Feste teils karnevalesk erscheinen mögen: Sie haben zumeist einen spirituellen bzw. religiösen Hintergrund, der Scharen von Pilgern anlockt. Touristische Besucher sollten sich daher entsprechend respektvoll verhalten. Zudem ist Vorsicht geboten: Jedes Jahr kommen bei solchen Veranstaltungen einige Menschen bei Massenpaniken ums Leben!

Frauen in Indien

Die Kampagne Beti Bachao, Beti Padhao (Schütze die Tochter, lehre die Tochter) von Premierminister Modi kämpft für die Gleichberechtigung der Geschlechter, indem sie z.B. das Töten weiblicher Föten verurteilt. 2016 umfasste das Programm auch Anti-Aussteuer-Fernsehspots, bei denen sich indische Bräute gegen die Mitgiftforderungen von herrschsüchtigen Schwiegereltern wehren.

Nach der letzten Volkszählung (2011) leben in Indien 586 Mio. Frauen; davon arbeiten schätzungsweise 68% im landwirtschaftlichen Bereich. Inderinnen dürfen wählen und Eigentum besitzen. Während der letzten zehn Jahre gehen sie auch zunehmend in die Politik. Dennoch ist der Frauenanteil im Nationalparlament mit 11% nach wie vor sehr gering.

Trotz männlich dominierter Berufswelt stoßen Frauen vor allem in den Städten immer weiter in Männerdomänen vor. Mit der Einstellung weiblicher Polizeibeamter brach Kerala im Jahr 1938 als erster indischer Bundesstaat die gesellschaftlichen Normen. Zudem wurde dort 1973 die erste rein weibliche Polizeiwache des Landes gegründet. Dorffrauen haben es jedoch deutlich schwerer, sich durchzusetzen. Nichtsdestotrotz haben Gruppen wie die Self-Employed Women's Association (SEWA; www.sewa.org) in Gujarat gezeigt, was alles möglich ist – z.B. über das Organisieren von Interessenverbänden und Mikrokrediten für sozial benachteiligte Frauen.

Vor allem in einkommensschwachen Familien werden Mädchen teils als finanzielle Last betrachtet, da für sie bei der Heirat oft eine Mitgift aufgebracht werden muss. Infolgedessen werden in Indien pro Jahr schätzungsweise 300000 bis 600000 weibliche Föten illegal abgetrieben.

Städterinnen aus der Mittelschicht leben in materieller Hinsicht deutlich komfortabler, müssen sich aber ebenfalls gewissen Zwängen unterwerfen. Einerseits kommen Stadtbewohnerinnen generell mit viel höherer Wahrscheinlichkeit in den Genuss seiner Hochschulausbildung. Andererseits wird auch von ihnen üblicherweise die „Anpassung" an die Schwiegereltern und eine traditionelle Hausfrauenrolle verlangt. Werden die Erwartungen nicht erfüllt, kann dies genau wie draußen auf dem Land manchmal furchtbare Folgen haben – und sei es auch nur, weil kein Enkelsohn auf die Welt kommt. Ein extremes Beispiel hierfür ist die sogenannte „Brautverbrennung", bei der Ehefrauen zumeist von Ehemann oder Schwiegermutter mit einer brennbaren Flüssigkeit übergossen und angezündet werden. 2013 registrierte das indische Amt für Kriminalitätsstatistik (National Crime Records Bureau; NCRB) insgesamt 8083 solcher Vorfälle (umgerechnet ca. einen pro Stunde), wobei die Dunkelziffer bis heute wohl noch viel höher liegt. Ebenfalls keine Seltenheit sind Säureattentate von zurückgewiesenen Heiratsbewerbern.

Die Verfassung erlaubt geschiedenen und verwitweten Inderinnen eine neue Heirat. Berichten zufolge wird diese Möglichkeit aber nur recht selten genutzt, da Geschiedene in Indien traditionell als gesellschaftliche Parias gelten. So zählt die örtliche Scheidungsquote zu den niedrigsten der Welt, auch wenn sie ständig steigt. Scheidungen finden zumeist in Großstädten statt und sind in höheren Gesellschaftsschichten generell weniger stark geächtet.

Nach mehreren Frauenrechtskampagnen erließ das indische Parlament im Oktober 2006 ein bahnbrechendes Ergänzungsgesetz, das Opfern von häuslicher Gewalt mehr Schutz und Rechte verleiht. Zuvor konnten Frauen zwar ihre gewalttätigen Männer anzeigen, hatten aber nicht automatisch Anspruch auf einen Teil des gemeinsamen Eigentums oder auf Unterhaltszahlungen. Kritiker weisen jedoch darauf hin, dass viele Frauen den rechtlichen Schutz aus Angst vor sozialer Diskriminierung nicht in Anspruch nehmen (vor allem außerhalb der Großstädte). Und trotz der Gesetzesreformen ist die Verurteilungsquote bei Straftaten gegen Frauen weiterhin relativ niedrig – was den Tätern das Gefühl gibt, straffrei zu bleiben. Einer Unicef-Studie von 2012 zufolge halten fast 60 % der männlichen indischen Jugendlichen das Schlagen von Ehefrauen für gerechtfertigt.

Auch wenn das stark sexualisierte Frauenbild der Bollywood-Streifen eventuell anderes vermuten lässt: Indiens Gesellschaft ist nach wie vor sehr prüde und konservativ. Bei vielen traditionell eingestellten Indern gilt eine Frau schon als leichtlebig, wenn sie nach Einbruch der Dunkelheit das Haus verlässt.

Dem NCRB zufolge ist die Zahl der angezeigten Vergewaltigungen in den letzten zehn Jahren um mehr als 50 % gestiegen (2015 waren es 34 000 offizielle Fälle). Die meisten sexuellen Übergriffe werden aber erst gar nicht gemeldet. Die Hauptgründe hierfür sind Druck seitens der Familie und/oder die Scham des Opfers – insbesondere, wenn die Familie den Vergewaltiger kennt (was oft zutrifft). Zudem wird hier immer noch häufig der Frau die Schuld an einer Vergewaltigung zugeschoben.

Im Dezember 2012 starb die indische Physiotherapie-Schülerin Jyoti Singh (genannt Nirbhaya, „die Furchtlose") in Delhi nach der Vergewaltigung durch mehrere Männer. Das Schicksal der 23-Jährigen wurde in den Medien stark thematisiert. Infolgedessen demonstrierten Zehntausende u. a. in der Hauptstadt und verlangten ein schnelles staatliches Eingreifen, um die ausufernde frauenfeindliche Gewalt einzudämmen. Es dauerte ein Jahr, bis die bestehenden Gesetze gegen sexuelle Gewalt durch Zusätze verschärft wurden (inkl. lebenslanger Haft und Todesstrafe). Andererseits ist Vergewaltigung in der Ehe immer noch landesweit ein erschreckend alltägliches und zumeist ignoriertes Problem. Zudem bedarf es einer amtlichen Erlaubnis, gegen Sicherheitskräfte wegen Straftaten zu ermitteln.

Trotz der eingeleiteten Maßnahmen kommt es mit erschreckender Regelmäßigkeit zu weiteren Sexualverbrechen. So meldete das NCRB für 2015 insgesamt 327 394 registrierte Straftaten gegen Frauen. Darunter waren 34 651 Vergewaltigungen und 84 222 „andere" Missbrauchsfälle (u. a. sexuelle Belästigung, körperliche Gewalt, Stalking, Entführung).

Sati: A Study of Widow Burning in India (Sakuntala Narasimhan) beleuchtet die Geschichte der *sati* (rituelle Selbstverbrennung einer Witwe auf dem Scheiterhaufen ihres verstorbenen Ehemannes; heute in Indien verboten).

Der ergreifende Film *Chokher Bali* (Regie: Rituparno Ghosh; 2003) nach dem gleichnamigen Roman von Rabindranath Tagore handelt von einer jungen bengalischen Witwe, die Anfang des 20. Jhs. die „Regeln der Witwenschaft" infrage stellt – damals undenkbar.

HIJRAS

Indiens auffälligste nicht-heterosexuelle Gruppe sind die *hijras*, eine Kaste von Transvestiten und Eunuchen, die Frauenkleidung tragen. Einige davon sind schwul oder Hermaphroditen; andere wurden tragischerweise entführt und kastriert. *Hijras* sind schon seit ewigen Zeiten ein Teil der indischen Kultur. 2014 wurden sie vom Supreme Court offiziell als drittes Geschlecht anerkannt – zudem als eine Klasse mit bestimmtem Quotenanspruch bei der Vergabe von Ausbildungs- und Arbeitsplätzen. Andererseits sind homosexuelle Handlungen in Indien seit 2013 wieder strafbar, nachdem sie erst 2009 legalisiert worden waren. Der Supreme Court hat jedoch 2016 entschieden, diese Entscheidung erneut zu prüfen.

Hijras arbeiten hauptsächlich als uneingeladene Unterhalter bei Hochzeiten und Geburtsfeiern männlicher Kinder sowie als Prostituierte. 2014 wurde Padmini Prakash aus Tamil Nadu zu Indiens erster dieser Gruppe angehörender Nachrichtenmoderatorin im Fernsehen, was ein Hinweis auf ein neues Ausmaß an Akzeptanz ist.

Infos zu den *hijras* finden sich in den Büchern *The Invisibles* von Zia Jaffrey und *Ardhanarishvara the Androgyne* von Dr. Alka Pande.

Indien hat eine der weltgrößten Diaspora-Gemeinden (mehr als 25 Mio. Menschen). Bei indischen Banken liegen schätzungsweise 70 Mrd. US$ auf Konten von im Ausland lebenden Indern.

Die Verurteilungsrate bei Anklagen wegen Vergewaltigung lag 2013 bei nur 27,1%. Im selben Jahr wurde eine 22-jährige Fotojournalistin in Mumbai (Bombay) von mehreren Männern vergewaltigt. Dasselbe widerfuhr 2014 einer Dänin in Delhi. In jüngster Zeit empörte sich die internationale Öffentlichkeit über die „Massenbelästigungen" von Frauen am Silvesterabend 2016 in Bengaluru (Bangalore). Und dies sind lediglich ein paar Beispiele für die vielen Missbrauchsfälle während der letzten Jahre. In Indiens ganzer Gesellschaft ist sexuelle Gewalt gegen Frauen ohne Zweifel immer noch ein extrem ernsthaftes und weit verbreitetes Problem – trotz nun strengerer Strafen und staatlicher Bemühungen wie Modis Kampagne Beti Bachao, Beti Padhao (Schütze die Tochter, lehre die Tochter). Die meisten Touristinnen bleiben in Indien unbehelligt. Dennoch sollte frau stets vorsichtig und wachsam sein (s. S. 547)!

Sport

Cricket begeistert die Nation seit langem: 1721 fand das erste dokumentierte Spiel statt. 1952 errang Indien bei einem Test-Match in Chennai (Madras) seinen ersten Sieg gegen England. Beim Cricket geht es aber nicht nur um Sportbegeisterung, sondern auch um Nationalstolz – vor allem bei Länderspielen gegen Pakistan: Die beiden südasiatischen Nachbarstaaten haben seit ihrer Gründung ein gespanntes Verhältnis zueinander. Ihre Cricket-Nationalmannschaften stehen daher unter einem besonders hohen Druck, der jeweiligen Heimat Ehre zu machen. Sachin Tendulkar ist Indiens gefeiertster Cricket-Star der letzten Jahre: Der „Little Master" erzielte 2012 als weltweit erster Spieler 100 Centurys bei internationalen Begegnungen; ein Jahr danach zog er sich als reicher Mann zurück. Cricket (vor allem die Variante Twenty20; Details unter www.cricket20.com) ist in Indien ein großes Geschäft, das Sportler mit lukrativen Sponsorenverträgen plus Promi-Status lockt. 2016 fanden in Indien die sechsten ICC World Twenty20 statt. Landesweit werden Länderspiele in verschiedenen Zentren ausgetragen. Aktuelle Infos hierzu liefern indische Tageszeitungen und Websites wie www.espncricinfo.com (Favorit vieler Cricketfans) oder www.cricbuzz.com.

Cricketfans sind von der *The Illustrated History of Indian Cricket* von Boria Majumdar und von *The States of Indian Cricket* von Ramachandra Guha bestimmt begeistert.

Die Indian Super League (ISL; www.indiansuperleague.com) startete 2013 mit dem Ziel, Fußball in Indien als bedeutenden und einnahmeträchtigen Massensport zu etablieren. Dies ist gelungen und sorgt nunmehr international für Gesprächsstoff – dank riesiger Zuschauerzahlen, Unterstützung durch Promis und Verpflichtung ausländischer Fußballstars: Beispielsweise kickte die Juventus-Legende Alessandro del Piero von 2014 bis 2015 bei den Delhi Dynamos; Marco Materazzi (Empfänger von Zidanes berühmter Kopfnuss bei der WM 2006) arbeitet als Trainer für Chennai. Die I-League (indische Landesliga) besteht länger, ist aber nicht so beliebt.

Der Subkontinent ist auch für seine historische Verbindung zum Pferdepolo bekannt. Bis zur Unabhängigkeit florierte dieser Sport hier immer wieder (vor allem in Adelskreisen). Danach ging die Gönnerschaft aufgrund schwindender Geldmittel stark zurück. Dank verstärkten Sponsorings erlebt Polo im modernen Indien jedoch eine gewisse Renaissance und begeistert vor allem Angehörige der aufstrebenden oberen Mittelschicht. Erfunden wurde es angeblich vor 2000 Jahren in Persien und China. Das erste Spiel auf indischem Boden soll in Baltistan (gehört heute zu Pakistan) stattgefunden haben. Mutmaßlich gab Großmogul Akbar (reg. 1556–1605) dem Polo erstmals Regeln. Die heutige Variante geht jedoch größtenteils auf ein britisches Kavallerieregiment zurück, das während der 1870er-Jahre in Indien stationiert war. Der Calcutta Polo Club (gegr. 1862; www.calcuttapolo.com) in Kolkata ist der älteste aktive Poloclub des Planeten. Während der kühleren Wintermonate wird Polo in Großstädten wie Delhi, Jaipur, Mumbai, Kolkata (Calcutta) und Hyderabad gespielt (teils auch in Ladakh oder Manipur).

Feldhockey ist zwar offizieller Nationalsport, hat aber nicht mehr so viele Fans wie früher – obwohl die indischen Nationalmannschaften der Herren und Damen in der Weltrangliste ganz gut dastehen (2016 auf dem 6. bzw. 12. Platz). Während der Blütezeit des Sport (1928–1956) gewann Indien sechsmal in Folge olympisches Gold im Hockey; später kamen noch zwei weitere olympische Goldmedaillen hinzu (1964 und 1980). Über die örtliche Hockey-Szene informieren z.B. Hockey India (http://hockeyindia.org) und Indian Field Hockey (www.bharatiyahockey.org).

Auch Kabaddi ist landesweit und vor allem in Tamil Nadu populär. Bei diesem Mannschaftssport besetzen zwei Teams die beiden Seiten eines Spielfelds. Dann stürmt ein Raider (Angreifer) in die gegnerische Hälfte, holt tief Luft und versucht, möglichst viele Gegenspieler abzuschlagen. Hierbei ruft er unentwegt „Kabaddi", um zu zeigen, dass er nicht einatmet – denn das ist ihm erst wieder in der eigenen Hälfte erlaubt.

Dank Stars wie Sania Mirza, Leander Paes oder Mahesh Bhupathi gewinnt zudem Tennis in Indien immer mehr Fans (Details unter www.aitatennis.com). Gleiches gilt für die recht stark besuchten Pferderennen in Mumbai, Delhi, Kolkata, Bengaluru (Bangalore) und Ooty (Udhagamandalam).

Seine einzigen Medaillen bei den Olympischen Sommerspielen 2016 in Rio verdankte das Land zwei Frauen: P.V. Sindhu gewann als allererste Inderin olympisches Silber (im Badminton), während Sakshi Malik mit Bronze im Damenringen ebenfalls eine nationale Premiere feierte.

Mehrere Teams der Indian Super League haben nun Bollywood-Superstars als Mitbesitzer – z.B. Pune (Hrithik Roshan), Mumbai City (Ranbir Kapoor) und Chennai (Abhishek Bachchan).

Spirituelles Indien

Von kunstvollen Stadtschreinen bis zu schlichten Dorftempeln – Spiritualität durchdringt fast jeden Aspekt des indischen Lebens. Dem Hinduismus, der Hauptglaubensrichtung in Indien, gehören etwa 80 % der Bevölkerung an. Er ist eine der ältesten Religionen der Welt; seine Wurzeln reichen bis um 1000 v.Chr zurück. Ebenfalls zu den ältesten bestehenden Religionen der Welt gehören der Buddhismus, Jainismus und Zoroastrianismus. Sie reichen bis ins 6. Jh. v.Chr. zurück.

Hinduismus

Der Hinduismus hat keinen Begründer, keine zentrale Figur und ist auch keine bekehrende Religion. Hindus glauben an Brahman, das ewig, unerschaffen und unendlich ist; alles, was existiert, geht von Brahman aus und kehrt schließlich auch dorthin zurück. Bei der Vielzahl der Götter und Göttinnen handelt es sich lediglich um Erscheinungsformen, also um erfassbare Aspekte dieses unbestimmten Phänomens.

Hindus glauben, dass das irdische Leben ein Kreislauf ist; man wird immer wiedergeboren (ein Prozess, der als *samsara* bezeichnet wird). In welche Lebensumstände man wiedergeboren wird, hängt ab vom Karma (Verhalten oder Handeln) in früheren Leben. Wer rechtschaffen lebt und seine *dharma* (Moralkodex; gesellschaftliche Pflicht) erfüllt, verbessert die Chancen, in eine höhere Kaste und damit in ein besseres Leben hineingeboren zu werden. Wer zu viel schlechtes Karma angesammelt hat, kann auch als Tier wiedergeboren werden. Doch nur Menschen sind in der Lage, genügend Selbsterkenntnis zu erwerben, um sich dem Kreislauf der Wiedergeburt zu entziehen und *moksha* (Erlösung) zu erlangen. Fast 80 % der indischen Bevölkerung sind Hindus.

Götter & Göttinnen

Alle hinduistischen Gottheiten werden als Erscheinungsformen Brahmans angesehen, der sich in Gestalt der Trimurti, der drei Hauptgottheiten Brahma, Vishnu und Shiva, zu erkennen gibt.

Dem hinduistischen Pantheon werden rund 330 Mio. Gottheiten zugerechnet. Welche davon man anbetet, hängt von individueller Vorliebe oder örtlicher Tradition ab.

Brahman

Das Eine; die endgültige Wirklichkeit. Brahman ist formlos, ewig und die Quelle allen Lebens. Brahman ist *nirguna* (eigenschaftslos) im Gegensatz zu allen anderen Göttern und Göttinnen, die Erscheinungsformen von Brahman sind und deshalb als *saguna* (mit Eigenschaften versehen) gelten.

Brahma

Brahma spielt nur bei der Erschaffung des Universums eine aktive Rolle; ansonsten meditiert er. Seine Gemahlin ist Saraswati, die Göttin der Gelehrsamkeit. Brahma benutzt einen Schwan als Reittier und wird zumeist mit vier Köpfen (bekrönt und bärtig) dargestellt. Manche Bildnisse zeigen ihn auch auf einer Lotusblume, die aus Vishnus Nabel emporsteigt – ein Symbol für die wechselseitige Abhängigkeit der Götter. Von allen Trimurti-Göttern hat Brahma heute die wenigsten Anhänger.

Vishnu

Vishnu, der Bewahrer oder Erhalter, ist mit „rechtem Handeln" verbunden. Er beschützt und bewahrt alles Gute in der Welt und hat 10 Avatare. Er ist meist vierarmig dargestellt, in den Händen hält er eine Lotusblüte, eine Muschel (sie kann wie eine Trompete geblasen werden; dabei symbolisiert sie die kosmische Schwingung, aus der das Dasein entspringt), einen Diskus und eine Keule. Seine Gemahlin ist Lakshmi, die Göttin des Reichtums, und sein Reittier Garuda, eine Kreatur halb Vogel, halb Mensch. Aus seinen Füßen, so heißt es, entströmt der Ganges.

Die Grundsätze der hinduistischen Lehre werden in zwei Publikationen entschlüsselt: *Hinduism: An Introduction* von Shakunthala Jagannathan und *Hinduism: An Introduction* von Dharam Vir Singh.

Shiva

Shiva ist der Zerstörer, ohne den die Schöpfung nicht möglich wäre – er zerstört um der Erlösung willen. Shivas Schöpferkraft wird versinnbildlicht durch ein Phallussymbol, den Lingam. Shiva hat 1008 Namen und tritt in vielen Gestalten auf, etwa als Nataraja, König des *tandava* (des kosmischen Siegestanzes), der Schöpfung und Zerstörung des Kosmos abschreitet.

Manchmal ist Shiva mit Schlangen um den Hals und einem Dreizack (Symbol für die Trimurti) als Waffe abgebildet, während er auf seinem Bullen Nandi reitet. Nandi symbolisiert Macht und Stärke, Gerechtigkeit und die moralische Ordnung. Auch Shivas Gefährtin Parvati kann verschiedene Gestalten annehmen.

Ganesha

Ganesha mit dem Elefantenkopf ist der Gott des Glücks, der Hindernisse aus dem Weg räumt, und der Schutzherr der Schriftgelehrten (der abgebrochene Stoßzahn, den er in der Hand hält, wurde für die Niederschrift einiger Teile des Mahabharata verwendet). Sein Tiergefährte ist Mooshak (eine rattenähnliche Kreatur). Wie Ganesha zu seinem Elefantenkopf kam, darum ranken sich viele Geschichten. Eine Legende besagt, dass Ganesha in der Abwesenheit seines Vaters Shiva von Parvati geboren wurde. Eines Tages hielt Ganesha Wache, während seine Mutter badete. Shiva kam und forderte ihn auf, ihn einzulassen. Doch Ganesha, der seinen Vater ja nicht erkannte, verweigerte dies. Darüber geriet Shiva so in Rage, dass er Ganesha den Kopf abschlug. Kurze Zeit später musste er erschüttert feststellen, dass er seinen eigenen Sohn gemeuchelt hatte. Er schwor, Ganeshas Kopf durch den des ersten Geschöpfs zu ersetzen, das ihm über den Weg laufen würde. Und das war ein Elefant. Das Festival Ganesh Chaturthi (S. 47) ist in Südindien besonders beliebt.

Shiva wird mitunter als oberster Gott des Yoga dargestellt: ein im Himalaja hausender, Marihuana rauchender Asket mit verfilztem Haar, ascheverschmiertem Körper und drittem Auge (Symbol für Weisheit).

Krishna

Krishna (achte Inkarnation Vishnus) wurde auf die Erde gesandt, um das Gute zu schützen und das Böse zu bekämpfen. Von seinen Tändeleien mit den *gopis* (Hirtenmädchen) und seiner Liebe zu Radha (seine bevorzugte Gespielin während seiner Zeit als Kuhhirt) künden zahllose Gemälde und Lieder. Krishna wird stets mit blauer Haut und oft als Flötenspieler dargestellt.

Hanuman

Hanuman ist der Held des Ramayana und getreuer Gefolgsmann Ramas (siebte Inkarnation Vishnus). Er verkörpert das Prinzip der *bhakti* (Hingabe) und ist der König der Affen, kann aber auch andere Gestalten annehmen.

Shakti und weibliche Göttinnen

Unter den Shaiviten (Anhänger der Shiva) wird Shakti, die göttliche, schöpferische Kraft der Frauen verehrt. Die Vorstellung von Shakti ist in der Göttin Devi (Göttermutter) verkörpert, die sich als Durga und Amman manifestiert, und in Kali, einer kämpferischeren, das Böse vernichtenden Inkarnation. Andere weithin verehrte Göttinnen sind Lakshmi, die Göttin des Wohlstands, und Saraswati, die Göttin der Gelehrsamkeit.

Murugan

Murugan (ein Sohn Shivas) wird in Südindien und dort vor allem in Tamil Nadu sehr verehrt. Seine zweite Identität als Skanda bzw. Kartikiya hat wiederum viele Anhänger in Nordindien. Murugans Hauptrolle ist die des Beschützers – dargestellt als junger und siegreicher Held.

Wer hätte gedacht, dass die blutdürstige Kali eine andere Form der milchgebenden Gauri ist? *Myth = Mithya: A Handbook of Hindu Mythology* von Devdutt Pattanaik wirft ein Licht auf diesen und andere Aspekte des faszinierenden hinduistischen Brauchtums.

Ayyappan

Wie Murugan ist Ayyappan ein Sohn Shivas und eine Beschützerfigur. Der ihm geweihte Tempel in Sabarimala (Kerala; S. 317) zieht jährlich 40 bis 60 Mio. Pilger an. Der Legende nach wurde Ayyappan von den beiden männlichen Gottheiten Shiva und Vishnu gezeugt. Um ihn gebären zu können, nahm Vishnu eine weibliche Form (Mohini) an.

Heilige Schriften

Die heiligen Schriften der Hindus werden in zwei Kategorien unterteilt: diejenigen, die als Wort Gottes gelten (*shruti* = Gehörtes), und diejenigen, die von Menschen geschaffen wurden (*smirti* = Erinnertes). Die Veden gelten als *shruti*-Wissen und werden als Basis des Hinduismus betrachtet. Die älteste und längste der vedischen Schriften, der Rigveda, wurde vor mehr als 3000 Jahren verfasst. Die 1028 Verse beinhalten Gebete für Wohlstand und Langlebigkeit sowie eine Erläuterung der Ursprünge des Universums. Die Upanishaden, die letzten Teile der Veden, befassen sich mit dem Mysterium des Todes und unterstreichen die Einzigartigkeit des Universums. Die ältesten vedischen Texte sind im vedischen Sanskrit (verwandt mit dem Altpersischen) geschrieben. Spätere Texte wurden im klassischen Sanskrit verfasst; viele sind in die Volkssprachen übersetzt worden.

Die *smirti*-Schriften sind eine Literatursammlung, die mehrere Jahrhunderte umfasst. Darin wird erläutert, wie Zeremonien zu Hause richtig ausgeführt werden, und auch, wie man gut regiert, wirtschaftet und religiöse Gesetze durchsetzt. Zu den bekannten Werken zählen das Ramayana und das Mahabharata, ebenso die Puranas. Diese erzählen die Göttergeschichten ausführlicher und preisen die Idee der Trimurti. Anders als es bei den Veden der Fall ist, ist das Lesen der Puranas nicht auf eingeweihte Männer der höheren Kasten beschränkt.

Gute deutschsprachige Versionen heiliger Hindutexte: *Die Bhagavadgita* von S. Radhakrishnan und *Valmiki Ramayana*, übersetzt von Dirk E. Büchner.

Das Mahabharata

Das Mahabharata ist wohl um 1000 v. Chr. verfasst worden. Die Schrift konzentriert sich auf die Heldentaten Krishnas. Bis 500 v. Chr. hatte es sich zu einem weitaus komplexeren Werk mit wichtigen Ergänzungen entwickelt, z. B. mit der Bhagavad Gita (in der Krishna Arjuna vor der Schlacht seinen Rat anbietet).

Die Geschichte dreht sich vor allem um Kämpfe zwischen den heldenhaften Göttern (Pandavas) und den Dämonen (Kauravas). Krishna (in menschlicher Gestalt) verfolgt die Ereignisse und fungiert als Wagenlenker für den Pandavahelden Arjuna, der schließlich in einer großen Schlacht gegen die Kauravas triumphiert.

Das Ramayana

Das im 3. oder 2. Jh. v. Chr. verfasste Ramayana gilt größtenteils als Werk des Dichters Valmiki. Wie auch das Mahabharata konzentriert es sich auf den Konflikt zwischen den Göttern und den Dämonen.

OM

Eines der am meisten verehrten Symbole des Hinduismus ist das „Om". Es wird wie „aum" ausgesprochen und ist ein äußerst Glück verheißendes Mantra (heiliges Wort oder Silbe). Die „Dreier"-Form symbolisiert die Schöpfung, Erhaltung und Zerstörung des Universums (und damit die heilige Trimurti). Das umgedrehte *chandra* (Halbmond) steht für den weitschweifigen Geist, das *bindu* (Punkt) darin für Brahman.

Buddhisten glauben, dass es zu einem Zustand glückseliger Leere führen kann, wenn es nur oft genug mit absoluter Konzentration wiederholt wird.

Die Geschichte ist folgende: Dasharatha, der kinderlose König von Ayodhya, bat die Götter, ihm einen Sohn zu schenken. Sein sehnlicher Wunsch wurde erhört, und seine Frau gebar bald darauf tatsächlich einen Sohn. Aber dieses Kind, Rama genannt, war in Wirklichkeit eine Inkarnation Vishnus. Der Gott hatte diese menschliche Gestalt angenommen, um den Dämonenkönig von (Sri) Lanka, Ravana, zu besiegen.

Als Rama erwachsen war, er seine Nebenbuhler übertrumpft und um die Hand der Prinzessin Sita angehalten hatte, wurde er von seinem Vater als Erbe seines Königreichs auserkoren. In letzter Minute schritt jedoch Ramas Stiefmutter dagegen ein und forderte, dass ihr eigener Sohn, Barathan, an Ramas Stelle trete. Rama, Sita und Ramas Bruder, Lakshmana, wurden daraufhin des Landes verwiesen und zogen in die Wälder, wo Rama und Lakshmana gegen Dämonen und dunkle Mächte kämpften. Aus Rache nahm Ravana Sita gefangen und verbannte sie durch Zauberkraft in sein Schloss in Lanka.

Unterstützt von einer Armee von Affen unter der Führung des loyalen Affenkönigs Hanuman fand Rama das Schloss schließlich, tötete Ravana und befreite Sita. Siegreich kehrten alle zurück nach Ayodhya, wo Rama von Barathan empfangen und nun auch endlich zum König gekrönt wurde. Diese Legende wird im Ramanathaswamy-Tempel (S. 425) in Rameswaram in Tamil Nadu gefeiert.

Nur in wenigen Teilen Indiens werden die Hindugötter so sehr verehrt wie in Tamil Nadu, wo die großartige Tempelarchitektur des Südens ihren Höhepunkt erreichte. Beliebteste Gottheiten dieses Bundesstaats sind Shiva (in allerlei Inkarnationen; z.B. als Tänzer Nataraja) und dessen Sohn Murugan, der auf einem Pfau reitet.

Heilige Natur

Tiere (vor allem Schlangen und Kühe) werden in Indien schon sehr lange verehrt. Für Hindus repräsentiert die Kuh Fruchtbarkeit und Fürsorge, während Schlangen (besonders Kobras) Symbole für Fruchtbarkeit und Wohlstand sind. Naga- bzw. Schlangensteine sollen die Menschen vor Schlangen schützen und zugleich die Schlangengötter besänftigen.

Aber auch einige Pflanzen gelten als heilig: Banyan-Feigen stehen für die Trimurti-Götter, Mangobäume für die Liebe – unter einem solchen soll Shiva seine Parvati geehelicht haben. Von der Lotusblüte heißt es, sie sei aus den Urgewässern herausgewachsen und über ihren Stiel mit dem mythischen Zentrum der Erde verbunden. Bemerkenswerterweise kann der Lotus selbst in den schmutzigsten Gewässern gedeihen und blühen. Das Innere der zugleich zarten und zähen Blüte symbolisiert das Zentrum des Universums, den Nabel der Welt: Der Stiel und die ewigen Gewässer halten alles zusammen. Dieser Inbegriff von Schönheit und Stärke erinnert Hindus daran, wie ihr eigenes Leben aussehen sollte. Der Lotus wird landesweit so sehr verehrt, dass er heute Indiens Nationalblume ist.

In seinem fesselnden Reisebericht *A South Indian Journey* beleuchtet Michael Wood auch Tiefe, Breite und Eigenarten des tamilischen Hindu-Glaubens.

Anbetung

Andachten und Rituale spielen eine große Rolle im Hinduismus. In den Wohnungen der meisten Hindus gibt es einen gesonderten Bereich für die Andacht, wo die Menschen zu den Göttern ihrer Wahl beten. Wenn sie es nicht im eigenen Haus tun, gehen Hindus zum Beten in einen Tempel. Die wichtigste Form der Verehrung ist die *puja*, die in Form von stillen Gebeten, aber auch in aufwendigen Zeremonien durchgeführt werden kann. Die Gläubigen verlassen den Tempel mit einer Handvoll *prasad* (gesegnete Speisen, die während einer Zeremonie verwendet werden), die dann mit anderen geteilt werden. Weitere Formen der Verehrung sind *aarti* (das Anzünden von Lampen oder Kerzen, das Glück bringt) und das Singen von *bhajans* (spirituellen Liedern).

Indische Frauen dürfen heilige Stätten (z.B. Tempel, Moscheen) oft nicht betreten – entweder wegen ihres Geschlechts oder während ihrer Menstruationsphase. Seit ein paar Jahren wehren sich Inderinnen jedoch gegen diese Diskriminierung. Ein Beispiel hierfür ist die zigfach geteilte Social-Media-Kampagne *Happy to Bleed* (2015) der Gender-Aktivistin Nikita Azad.

Islam

Der Islam ist Indiens größte Minderheitenreligion; etwa 14,2% der Bevölkerung gehören ihr an. Man glaubt, dass der Islam von muslimischen Eroberern nach Nordindien eingeführt (Teile von Nordindien fielen im 12. Jh. unter muslimische Herrschaft) und von arabischen Händlern weiter nach Süden getragen wurde.

Der Islam wurde im 7. Jh. n.Chr. in Arabien vom Propheten Mohammed begründet. Der arabische Begriff *islam* bedeutet „sich hingeben"; die Gläubigen (Muslime) verpflichten sich, dem Willen Allahs (Gottes) ergeben zu sein. Dieser Wille ist in den Schriften, dem Koran, offenbart. Der Islam ist eine monotheistische Religion. Gottes Wort wird über Propheten (Gesandte) vermittelt, von denen Mohammed der letzte war.

Nach Mohammeds Tod erschütterte der Streit um die Nachfolge die Bewegung – die Folge war die Aufteilung der Gläubigen in Sunniten und Schiiten. Die Sunniten vertreten die althergebrachten Traditionen oder die orthodoxe Richtung. Die Schiiten hingegen glauben, dass nur die Imame (vorbildliche Führer) in der Lage sind, die wahre Bedeutung des Korans zu entschlüsseln und offenzulegen. Die meisten indischen Muslime sind Sunniten.

Allen Muslimen gemein ist der Glaube an die fünf Säulen des Islam: die *shahada* (Glaubensbekenntnis: „Es gibt keinen Gott außer Allah; und Mohammed ist sein Prophet"), das Gebet (idealerweise fünfmal täglich), die *zakat* (Almosensteuer) in Form von Spenden für wohltätige Zwecke, das Fasten (während des Ramadan) für alle außer Kranke, Kleinkinder, Schwangere, ältere Menschen und jene, die anstrengende Reisen unternehmen, sowie die Haddsch (Pilgerfahrt) nach Mekka, die jeder Muslim mindestens einmal im Leben unternehmen sollte. Ein Viertel der Bevölkerung Keralas sind Muslime und in Maharashtra und Karnataka über 10% und etwa 6% in Tamil Nadu.

Sikhismus

Der Sikhismus wurde von Guru Nanak im 15. Jh. im Punjab als Reaktion auf das Kastensystem und gegen die brahmanische Betonung des Rituals begründet. Die Sikhs glauben an einen einzigen Gott, und obwohl sie die Verehrung von Götzenbildern ablehnen, sind ihnen Bilder ihrer zehn Sikih-Gurus sehr wichtig. Die heilige Schrift der Sikhs, der Guru Granth Sahib, enthält u.a. die Lehren der zehn Gurus. Wie die Hindus und die Buddhisten glauben auch die Sikhs an die Wiedergeburt und das Karma. Im Sikhismus gibt es aber keine asketische oder klösterliche Tradition, die den Kreislauf der Wiedergeburt beenden kann. Fast 2% der indischen Bevölkerung sind Sikhs, 75% leben im Punjab.

Sadhus haben alle materiellen Besitztümer aufgegeben, um mittels Meditation, heiliger Lektüre, Selbstkasteiung und Wallfahrt nach Spiritualität zu suchen. Mehr darüber erfährt man in Dolf Hartsuikers Buch *Sadhus: India's Mystic Holy Men.*

Guru Nanak (1469–1539) wurde im heutigen Pakistan geboren und empfand die religiösen Praktiken von Muslimen wie von Hindus als unbefriedigend. Er glaubte an das Familienleben und den Wert von harter Arbeit – er war verheiratet, hatte zwei Söhne und arbeitete als Bauer, wenn er nicht gerade durch die Lande reiste, predigte und selbst komponierte *kirtan* (andächtige Lieder der Sikh) mit seinem muslimischen Musiker Mardana sang. Er vollbrachte angeblich Wunder und vertrat die Ansicht, über den Namen Gottes zu meditieren sei der beste Weg zur Erleuchtung.

Nanak glaubte an die Gleichheit aller Menschen schon Jahrhunderte, bevor das in Mode kam, und setzte sich für die Abschaffung des Kastensystems ein. Er war ein pragmatischer Guru und er ernannte seinen talentiertesten Schüler zu seinem Nachfolger und nicht etwa einen seiner Söhne.

Seine *kirtan* werden heute immer noch in den *gurdwaras* (Sikh-Tempel) gesungen und sein Bild hängt bei Millionen von Menschen – nicht nur auf dem Subkontinent – zu Hause an der Wand. Mitglieder der Khalsa (die Sikh-Bruderschaft) tragen die als Fünf Kakars bekannten Symbole:

- *Kes* – ungeschnittenes (aber gepflegtes) Haar, das mit dem *keski* (Turban) bedeckt ist, den manche anstelle des Haars als das Kakar betrachten
- *Kangha* – Holzkamm
- *Kachera* – Baumwollunterhose, die bis zu den Knien reicht
- *Kara* – eiserner Armreif
- *Kirpan* – Dolch oder kleines Schwert

Um die Komplexität des Sikhismus zu verstehen, empfiehlt sich die Lektüre von Khushwant Singhs *A History of the Sikhs*, Band 1 (1469–1839) bzw. Band 2 (1839–2004).

Buddhismus

Etwa 0,8 % der Bevölkerung Indiens sind Buddhisten. Bodhgaya im Bundesstaat Bihar ist eine der heiligsten Stätten des Buddhismus, die Pilger aus allen Teilen der Welt anzieht.

Der Buddhismus entwickelte sich im 6. Jh. v. Chr. als Reaktion auf die Einschränkungen des brahmanischen Hinduismus. Buddha (Der Erwachte) soll von 563 bis 483 v. Chr. gelebt haben. Einst ein Prinz (Siddhartha Gautama), begab sich Buddha mit 29 Jahren auf die Suche nach der Befreiung aus der Welt des Leidens. Er erreichte das Nirwana (den Zustand vollkommenen Bewusstseins) im Alter von 35 Jahren in Bodhgaya. Buddha kritisierte das Kastensystem und die gedankenlose Verehrung der Götter und drängte seine Schüler, innerhalb ihrer eigenen Erfahrungen nach der Wahrheit zu suchen.

Buddha lehrte, dass sich alle Existenz auf Vier Edle Wahrheiten gründet: Leben wurzelt im Leiden. Leiden wird durch Verlangen verursacht. Wer das Verlangen auslöscht, befreit sich vom Leiden. Man löscht das Verlangen aus, in dem man dem Edlen Achtfachen Pfad folgt. Dieser Pfad besteht aus der rechten Erkenntnis, der rechten Gesinnung, der rechten Rede, dem rechten Handeln, dem rechten Lebenserwerb, dem rechten Streben, der rechten Achtsamkeit und der rechten Sammlung. Wer diesen Pfad erfolgreich beschreitet, kann das Nirwana erlangen.

Der Buddhismus verbreitete sich unter dem Maurya-Kaiser Ashoka im 3. Jh. v. Chr. in weiten Teilen Indiens. Buddhistische Gemeinden waren in Andhra Pradesh zwischen dem 3. Jh. v. Chr. und dem 5. Jh. n. Chr. sehr einflussreich. Missionare aus Andhra halfen dabei, in Ländern wie Thailand Klöster und Tempel zu errichten. Aber schon im 12. Jh. n. Chr. spielte der Buddhismus in Indien keine große Rolle mehr. In den 1950er-Jahren erlebte er unter Intellektuellen und Dalits, die vom Kastensystem enttäuscht waren, eine neue Blüte.

Rund drei Viertel aller indischen Buddhisten leben heute in Maharashtra und stellen dort 5,8 % der Gesamtbevölkerung. Durch tibetische Flüchtlinge ist die Zahl der Buddhisten in Indien weiter angewachsen. Der nördliche Bundesstaat Himachal Pradesh beheimatet neben dem gegenwärtigen Dalai Lama auch den Lama (Mönch), der mit breiter Zustimmung als 17. Karmapa akzeptiert ist. In Südindien gibt's mehrere tibetische Flüchtlingsgemeinden. Die größte davon ist Bylakuppe (S. 216) im Bundesstaat Karnataka, der einen buddhistischen Bevölkerungsanteil von 0,2 % hat.

Jainismus

Der Jainismus entstand im 6. Jh. v. Chr. als Reaktion auf die Kastenbeschränkungen und auf die Rituale des Hinduismus. Er wurde von Mahavira, einem Zeitgenossen Buddhas, popularisiert.

RELIGIÖSE ETIKETTE

Wenn man eine religiöse Stätte besucht, sollte man sich respektvoll kleiden und verhalten – Shorts oder ärmellose Tops sind unangebracht (dies gilt für Männer und Frauen). Gleiches gilt für das Rauchen. Lautes, aufdringliches Benehmen ist unerwünscht, ebenso öffentliche Zuneigungsbekundungen.

➔ Bevor man einen heiligen Ort betritt, sind die Schuhe auszuziehen (der Schuh-Aufpasser sollte ein paar Rupien erhalten). Außerdem muss man sich vergewissern, dass Fotografieren erlaubt ist. An den meisten Orten der Anbetung ist das Tragen von Socken gestattet – und während der wärmeren Monate wegen der heißen Böden oft notwendig.

➔ Die religiöse Etikette verbietet es, Einheimische am Kopf zu berühren bzw. einer Person, einem Schrein oder dem Bild einer Gottheit die Fußsohlen zuzuwenden. Außerdem sollte man Menschen nicht mit den Füßen oder das Relief einer Gottheit überhaupt in irgendeiner Form berühren.

➔ An manchen Orten der Anbetung sind Kopfbedeckungen (für Frauen und manchmal auch Männer) erforderlich – besonders in *gurdwaras* (Sikh-Tempeln) und Moscheen – also empfiehlt es sich, ein Tuch dabei zu haben.

➔ Mancherorts haben Frauen und/oder Nichtanhänger des jeweiligen Glaubens keinen Zutritt (vorab erkundigen!). Frauen müssen eventuell getrennt von den Männern sitzen und während ihrer Menstruationsphase auf einen Besuch verzichten. Vor dem Betreten jainistischer Tempel sind alle Kleidungsstücke und Accessoires aus Leder abzulegen. Die inneren Heiligtümer hinduistischer Tempel sind für Nicht-Hindus oft tabu.

➔ Wenn man um irgendeine heilige buddhistische Stätte läuft (Chorten, Stupa, Tempel, Gompa) immer rechtsherum gehen und sie niemals mit der linken Hand berühren! Gebetsräder werden mit der rechten Hand im Uhrzeigersinn gedreht.

➔ Das Fotografieren in einem Schrein, bei einem Begräbnis, während einer religiösen Zeremonie oder von Personen, die ein heiliges Bad nehmen, kann als Beleidigung empfunden werden – immer vorher fragen! Fotografieren mit Blitz kann in bestimmten Bereichen, manchmal auch im gesamten Schrein, verboten sein.

Die Jains glauben daran, dass Erlösung durch die völlige Reinheit des Geistes erreicht werden kann. Reinheit bedeutet das Abschütteln allen *karmans*, einer Materie, die durch die eigenen Handlungen entsteht und sich an die Seele heftet. Indem man verschiedene asketische Übungen durchführt (Fasten, Meditation), befreit man sich vom *karman* und reinigt den Geist. Rechtschaffenheit ist im Jainismus von großer Bedeutung, und grundlegend dafür ist *ahimsa* (Gewaltlosigkeit) gegenüber allem Lebenden im Denken und Handeln.

In *Das Haus der blauen Mangos* erzählt David Davidar von drei Generationen einer Christenfamilie in Kerala. Kastenkonflikte und Indiens Unabhängigkeitskampf bilden den Hintergrund der Handlung.

Die religiösen Pflichten eines Anhängers sind weniger streng als die der Mönche (einige jainistische Mönche laufen sogar nackt herum). Etwas weniger asketische Gläubige behalten nur ein Minimum an Besitztümern, darunter einen Besen, mit dem sie den Weg vor sich kehren, um nicht auf ein Lebewesen zu treten, und ein Stück Tuch, das über den Mund gebunden wird, um ja nicht versehentlich ein Insekt einzuatmen.

Heute sind rund 0,4 % der Einwohner Indiens Jains; die Mehrheit lebt in Gujarat, Rajasthan, Maharashtra und Mumbai (Bombay). Eine bekannte heilige Stätte des Jainismus in Südindien ist Sravanabelagola (S. 218) in Karnataka.

Christentum

Es gibt verschiedene Theorien darüber, wie das Christentum auf den indischen Subkontinent gelangt ist. Einige glauben beispielsweise, dass Jesus seine „verlorenen Jahre“ in Indien verbracht hat. Andere wiederum sagen, dass der Apostel Thomas das Christentum in Südindien 52 n. Chr. einführte. Viele Wissenschaftler halten es aber für wahrscheinlicher, dass das Christentum um das 4. Jh. herum vom syrischen Kaufmann Thomas Cana ins Land gebracht wurde, der damals mit rund 400 Familien nach Kerala aufbrach. Heute sind etwa 2,3 % der Gesamtbevölkerung Indiens Christen; die meisten leben in Südindien.

Nach dem Besuch des portugisischen Entdeckers Vasco da Gamas im Jahre 1498 erstarkte der Katholizismus in Südindien. In der Region waren einige Orden aktiv, die nicht immer willkommen waren, u.a. Dominikaner, Franziskaner und Jesuiten. Evangelische Missionare sollen ab dem 18. Jh. eingetroffen sein, mit der Absicht, die Bevölkerung zu bekehren.

Zoroastrianismus

Der Zoroastrismus, im 6. Jh. v. Chr. von Zoroaster (Zarathustra) in Persien gegründet, basiert auf dem Konzept des Dualismus, bei dem Gut und Böse in einem andauernden Kampf miteinander verbunden sind. Der Zoroastrismus ist nicht völlig monotheistisch: gute und böse Mächte existieren nebeneinander, auch wenn die Anhänger angehalten sind, nur die guten zu ehren und ein angenehmes Leben nach dem Tod hängt von den Taten, Worten und Gedanken jedes Einzelnen während seines irdischen Daseins ab.

Beim zoroastrischen Bestattungsritual werden die Verstorbenen auf „Türmen des Schweigens" (z. B. in Mumbai oder Hyderabad) von Geiern skelettiert.

Der Zoroastrismus wurde in Persien durch die Ausbreitung des Islams im 7. Jh. in den Hintergrund gedrängt. Im Laufe der folgenden Jahrhunderte wanderten einige Gläubige nach Indien aus, wo sie Parsen genannt wurden. Ursprünglich siedelten sie sich in Gujarat an und wurden Bauern, doch während der britischen Herrschaft wandten sie sich dem Handel zu und brachten es zu einer wohlhabenden Gemeinde in Mumbai.

Man schätzt, dass nur noch etwa 61 000 Parsen in Indien leben, 40 000 bis 45 000 von ihnen leben in Mumbai.

Stammesreligionen

Stammesreligionen sind inzwischen mit dem Hinduismus und anderen wichtigen Religionen so sehr verschmolzen, dass sich nur sehr wenige von ihnen überhaupt noch klar abgrenzen lassen. Man nimmt jedoch an, dass einige grundlegende Glaubenssätze des Hinduismus in der alten Stammeskultur wurzeln.

Dorfbewohner und Stämme in Südindien haben ihre eigenen Glaubenssysteme, die viel weniger zugänglich oder offensichtlich sind als die Tempel, Rituale und andere nach außen getragene Manifestationen der Hauptreligionen. Da wird die Dorfgottheit vielleicht von einer Steinsäule in einem Feld repräsentiert, von einer Plattform unter einem Baum oder von einem im Boden steckenden Eisenspeer. Dorfgottheiten gelten allgemein als weniger entrückt und als besorgter um das aktuelle Glück und den Wohlstand der Gemeinschaft. Auch der Glaube an die Geister der Ahnen ist weit verbreitet, vor allem wenn sie eines gewaltsamen Todes gestorben sind.

Köstliches Indien

Indiens Kulinarik ist ein Fest für alle Sinne. Besonders beeindruckend ist die vielfältige vegetarische Küche, für die gerade Südindien berühmt ist. Besucher schwelgen nur so in Genüssen und haben die Qual der Wahl zwischen sensationellem Street Food, Thalis, die einem Kunstwerk gleichen, meisterhaften Fusion-Gerichten und regionalen Spezialitäten, serviert in kleinen Lokalen, die seit 50 Jahren von ein und derselben Familie geführt werden. Auf eines aber ist immer Verlass: auf frische, lokale Zutaten. Schon allein die unglaubliche Vielfalt der Küche macht eine Reise durch Südindien auf solch köstliche Art wundervoll.

Ein kulinarischer Karneval

Die kulinarische Geschichte Indiens ist eine sehr alte: Die heutige Küche besitzt jahrtausendealte regionale und globale Wurzeln.

Finest Rice Recipes von Sabina Sehgal Saikia stellt den Reis in den Mittelpunkt und zeigt, wie vielfältig dieses bescheidene Getreide sein kann, etwa in Kreationen wie Krabbenkuchen in Reiskruste.

Land der Gewürze

Christoph Kolumbus war eigentlich gerade auf der Suche nach dem berühmten schwarzen Pfeffer von Keralas Malabarküste, als er über Amerika stolperte. In besagter Gegend Indiens wächst noch immer die beste Qualität des in aller Welt beliebten Gewürzes, das wesentlicher Bestandteil der meisten herzhaften indischen Gerichte ist.

Als Essenz nahezu aller indischen Currys gilt jedoch Kurkuma, während Koriandersamen das am häufigsten gebrauchte Gewürz sind und eigentlich allen pikanten Gerichten Aroma und Gehalt verleihen. Die meisten indischen Saucengerichte – die im Westen allgemein als Curry bekannt sind – beginnen mit brutzelndem Kreuzkümmel in Öl. Tamarinde, manchmal auch als indische Dattel bezeichnet, ist im Süden ein besonders beliebter, säuerlicher Aromageber. Und der grüne Kardamom aus den Westghats Keralas gilt vielen als der beste der Welt. Er passt zu herzhaften Gerichten, Desserts und wärmendem Chai (Tee). Safran, der aus den getrockneten Stempelfäden der Krokusblüte besteht, wird in Kaschmir angebaut. Für 1g Safran müssen über 1500 Blüten von Hand gepflückt werden!

Pongal ist das wichtigste Erntedankfest des Südens und eng mit dem gleichnamigen Gericht verbunden, das aus dem ersten Reis der Saison, Palmzucker, Nüssen, Rosinen und Gewürzen zubereitet wird.

Reisparadies

Reis ist in ganz Indien, besonders aber in Südindien, ein Grundnahrungsmittel. Besonders beliebt sind weiße Langkornreis-Sorten, die zu jedem Thali und praktisch jedem Curry serviert werden. Die Zahl der regionalen Varianten ist schier endlos, vom Klebreis in Assam im äußersten Nordosten bis zum roten Reis Keralas ganz im Süden. Als König unter Indiens Reissorten gilt in der Regel Basmatireis, ein aromatischer Langkornreis, der in Nord- und Zentralindien wächst und in die ganze Welt exportiert wird. Reis wird meistens serviert, nachdem man *roti* (Brot) gegessen hat, in der Regel mit einer gehaltvollen Joghurtsoße.

Was für ein Brot!

Reis ist zwar das wichtigste südindische Nahrungsmittel, traditionelles Brot ist jedoch kaum weniger wichtig. *Roti*, der übergreifende Name

SCHÄTZE DES SÜDENS

Herzhafte *dosas* (auch *dosai*) – große, knusprige, papierdünne Reismehlcrêpes, meistens mit einer Schüssel heißem *sambar* (suppenähnliches Linsengericht) und einer weiteren Schüssel mit kühlendem Kokosnuss-*chatni* (Chutney) serviert – sind eine südindische Frühstücksspezialität, die in ganz Indien und zu jeder Tageszeit gegessen wird. Am beliebtesten ist das *masala dosa* mit gewürzten Kartoffeln. Andere fantastische Varianten sind das *rava dosa* (aus Grießteig), das *mysore dosa* (wie *masala dosa*, nur mit mehr Gemüse und Chili) und das *pessarettu dosa* (aus Mungbohnen-Teig) aus Telangana und Andhra Pradesh.

Die schlichten *idli*, ein traditioneller südindischer Snack, der häufig zum Frühstück gegessen wird, sind eine nahrhafte, kalorienarme Alternative zu öligen, würzigen und scharfen Gerichten. Die schwammigen, runden und fermentierten Reiskuchen werden in *sambar*, Kokosnuss-*chatni* und andere Chutneys getunkt.

Dahi idli sind *idli*, die in sehr mild gewürzten Joghurt getunkt werden (wunderbar für empfindliche Mägen). Andere tolle südindische Snacks sind z. B. *vadas* (ringförmiges frittiertes Gebäck aus Linsenmehl), *uttapams* (dick, herzhafte Reispfannkuchen mit fein gehackten Zwiebeln, grünen Chilis, Koriander und Kokosnuss) und *iddiyappams*, Reisnudeln, die mit scharfem Curry oder Kokosmilch und Zucker serviert werden.

für indisches Brot, ist gleichbedeutend mit *chapati* und bezeichnet das am weitesten verbreitete runde Fladenbrot aus Weizenmehl, das auf einer *tawa* (spezielle heiße Pfanne) gebacken wird und gern mit Ghee (geklärte Butter) bestrichen wird. Mancherorts sind *rotis* größer und dicker als *chapatis*, manchmal werden sie in einem Tandur (Tonofen) gebacken. *Paratha* ist ein blättriges, in der Pfanne gebackenes Fladenbrot, das gefüllt werden kann und als Frühstück sehr beliebt ist; das südindische *parotta* ähnelt ihm stark. *Naan* ist ein im Tandur gebackenes größeres und dickeres Fladenbrot, das meistens mit Curry oder Kebabs gegessen wird. *Puri* schließlich ist ein ungesäuertes Brot, das sich in Fett ausgebacken aufbläht und mit Beilagen wie *bhajia* (Gemüsekrapfen) gereicht wird.

In den Küstenregionen, vor allem in Goa und Kerala, geht kaum etwas über die Verkaufsstände am Strand, wenn man Lust auf frischen, preiswerten Fisch oder andere Meeresfrüchte hat, von gebratenen Muscheln, Garnelen und Kalamari bis zu gedämpftem Fisch, Krabben und Hummer.

Dhal-ikat!

Alle Inder lieben *dhal* (enthülste Linsen oder andere Hülsenfrüchte). Es gibt ca. 60 verschiedene Sorten, darunter *channa* (Kichererbsen), die ovalen, kleinen gelben oder grünen *moong* (Mungobohnen), lachsfarbene *masoor* (rote Linsen), die im Süden beliebten ockerfarbenen *tuvar* (gelbe Linsen, auch *arhar* genannt), *rajma* (Kidneybohnen), *urad* (Urd- oder Linsenbohnen) und *lobhia* (Schwarzaugenbohnen).

Fleischgenuss

In Indien leben zwar wahrscheinlich mehr Vegetarier als im Rest der Welt zusammen, doch auch hier gibt es ein beträchtliches Repertoire an Fleischmahlzeiten – hauptsächlich mit Huhn, Lamm oder Hammel (manchmal sogar Ziege). Aus religiösen Gründen ist Rindfleisch für Hindus aber genauso tabu wie Schweinefleisch für Muslime.

Die fleischlastige Chettinadu-Küche in Tamil Nadu ist wundervoll würzig, aber nicht zu feurig. In manchen Restaurants im Süden begegnet man der von Fleisch dominierten Mogul-Küche mit ihren reichhaltigen Currys, Kebabs, Koftas und Biryanis – letztere sind eine besondere Spezialität aus Hyderabad. Die Wurzeln dieser herzhaften Speisen reichen zurück ins muslimische Mogulreich, das einst weite Teile Indiens beherrschte. Auch die im Norden beliebten Tandoori-Fleischgerichte haben den Weg nach Südindien gefunden. Der Name leitet sich von dem Tonofen, dem Tandur ab, in dem das marinierte Fleisch gegart wird.

Fisch ist in Maharashtra bei Nicht-Vegetariern ein Grundnahrungsmittel. Das bekannteste Fischgericht des Bundesstaates ist *bombil* (Bombay Duck; keine Ente, sondern ein schleimiger, einem Hecht ähnelnder Fisch), der frisch, an der Sonne getrocknet oder frittiert gegessen wird.

Delikatessen aus dem Meer

Bei etwa 7500 km Küstenlinie überrascht es nicht, dass Fisch und Meeresfrüchte in der südindischen Küche eine Hauptrolle spielen, besonders an der Westküste von Mumbai bis hinunter nach Kerala. Kerala ist der Bundesstaat mit der größten Fischindustrie Indiens, die Fischerorte an der Konkanküste zwischen Mumbai und Goa sind für ihre Meeresfrüchte berühmt. Ebenfalls ein Paradies für Fischliebhaber sind die entlegenen Andamanen, wo in allen Restaurants frisch gefangener Fisch auf den Tisch kommt. Auch in den Küstenstrichen von Tamil Nadu und Andhra Pradesh ist das Angebot an Fisch und Meeresfrüchten groß.

Ghee entsteht, wenn man bei geschmolzener Butter Wasser und die festen Milchbestandteile entfernt – *ghee* ist also die geklärte Butter, die übrig bleibt. Es lässt sich besser als Butter auf hohe Temperaturen erhitzen und ist länger haltbar.

Wunderbare Milchprodukte

Milch und Milchprodukte leisten einen enormen Beitrag zur indischen Küche. *Dahi* (Quark/Joghurt) wird häufig zu den Mahlzeiten serviert und mildert die Schärfe vieler Speisen. Panir (weicher, unvergorener Frischkäse) ist ein Segen für die vegetarische Mehrheit der Inder, Lassi (Joghurtgetränk) eines von vielen süßen und pikanten Getränken. Ghee, vergleichbar mit Butterschmalz, ist das traditionelle, reine indische Speisefett. Und auch einige der feinsten *mithai* (indische Süßigkeiten) werden mit Milch hergestellt.

Die Früchte (& Gemüsesorten) der Natur

Jeder südindische Markt verwöhnt seine Besucher mit einem riesigen, kunterbunten Angebot an frischem Obst und Gemüse, das aus Körben quillt oder zu perfekten Pyramiden aufgestapelt ist. Der Süden ist besonders für seine vielen tropischen Früchte bekannt, allen voran Ananas, Papayas und Avocados (die fast ausschließlich in den Bergen Südindiens angebaut werden). Mangos gibt es in den Sommermonaten (vor allem im April und Mai) im Überfluss, die leckerste der 500 saftigen indischen Sorten ist die süße Alphonso aus Maharashtra. Obst wird einfallsreich zu *chatni* (Chutney) oder Pickles verarbeitet und gibt Lassi, *kulfi* (aromatisierte Eiscreme mit fester Konsistenz) und anderen Süßigkeiten Geschmack.

The Anger of Aubergines: Stories of Women and Food von Bulbul Sharma ist eine amüsante kulinarische Analyse sozialer Beziehungen mit eingestreuten verführerischen Rezepten.

In einer Region mit so vielen Vegetariern macht *sabzi* (Gemüse) natürlich einen großen Teil des Essens aus. Gemüse kann *sukhi* (trocken) oder *tari* (in einer Sauce) gegart werden, es kommt gebraten, geröstet, in Currys gekocht, gebacken, püriert oder als Füllung von *dosas* (große, pikante südindische Crêpes) auf den Tisch. Beliebt sind auch in einen Teig aus Kichererbsenmehl getauchte und frittierte Gemüsestückchen, die überall unter dem Namen *pakora* bekannt sind.

Allgegenwärtig sind Kartoffeln, die gern mit verschiedenen Masalas (Gewürzmischungen) oder mit anderem Gemüse gekocht werden. Über-

PAAN

Mahlzeiten werden häufig mit *paan* abgerundet, einer duftenden Mischung aus Betelnüssen (auch Arekanüsse genannt), Limettenpaste und Gewürzen, die in ein essbares seidiges *paan*-Blatt gewickelt wird. *Paans* werden von *paan*-Händlern angeboten, die strategisch günstig vor gut besuchten Restaurants stehen, sie gelten als verdauungsfördernd und sorgen für frischen Atem. Die Betelnuss ist ein schwaches Narkotikum, weshalb manche Inder *paan* konsumieren wie Raucher Zigaretten – über die Jahre verfärben sich die Zähne der *paan*-Konsumenten dadurch allerdings rot und schwarz. Üblicherweise wird der klebrige rote Saft ausgespuckt, was nicht immer ein angenehmer Anblick ist.

Paan gibt es in zwei Ausführungen: *mitha* (süß) und *saadha* (mit Tabak). Ein Päckchen *mitha paan* ist bestens geeignet, eine Mahlzeit abzuschließen. Man schiebt sich das ganze Päckchen in den Mund und kaut langsam, damit sich die Wirkung entfalten kann.

DAS GROSSARTIGE SÜDINDISCHE THALI

Das Thali ist in Südindien eine beliebte Mittagsmahlzeit. Es ist preiswert, sättigend, gesund und unglaublich lecker, kurzum: Es ist indisches Essen vom Feinsten. Der Name „Thali" kommt von der Edelstahlplatte, auf der das Essen serviert wird. In Nordindien hat diese oft Unterteilungen für verschiedene Beilagen, doch in Südindien wird das Thali traditionell auf einem flachen Edelstahlteller serviert, auf dem ein frisches Bananenblatt liegt, oder auch einfach nur auf einem Bananenblatt.

Im Restaurant kann man dem heimischen Brauch folgen, etwas Trinkwasser auf den leeren Teller spritzen und mit der Hand verteilen. Kellner legen einen Stapel *roti* (indisches Brot) auf den Teller, gefolgt von *dhal*, *sambar* (Linsensoße), *rasam* (mit Tamarinde aromatisierte *dhal*-Brühe), Gemüsegerichte, Chutneys, Pickles und *dahi* (Quark/Joghurt). Hat man die *roti* gegessen, erscheinen erneut Kellner mit großen Schüsseln Reis und füllen auch gleich die Beilagen nach. Mit den Fingern der rechten Hand mischt man die Beilagen mit dem Reis, knetet darauf mundgerechte Bällchen und befördert diese mit dem Daumen voran zum Mund. Es gilt als schlechtes Benehmen, die Finger selbst in den Mund zu stecken oder sie abzulecken. Die richtige Thali-Technik lernt man am besten, indem man die anderen Gäste bei ihrem kulinarischen Ritual beobachtet. Falls man trotzdem kleckert, steht in der Regel eine Fingerschale mit Wasser bereit. Die Kellner füllen den Teller so lange nach, bis man mit einer abwehrende Geste zeigt, dass man genug hat, oder das Bananenblatt faltet.

dies bilden sie die Basis von *masala dosas* (mit würzigen Kartoffeln gefüllte *dosas*) oder des Straßensnacks *aloo tikki*, für den gekochte Kartoffeln zu einem Brei gestampft und anschließend wie Puffer gebraten werden.

Zwiebeln werden mit anderem Gemüse gebraten, zu einer Paste für Fleischgerichte gemahlen oder roh als Relish serviert. Blumenkohlköpfchen werden allein gedämpft, mit Kartoffeln als *aloo gobi* (Kartoffel-Blumenkohl-Curry) oder mit anderen Gemüsesorten wie Mohrrüben und Bohnen zubereitet. Frische grüne Erbsen landen zusammen mit anderem Gemüse in Pilaus und Biryanis. *Baigan* (Auberginen) sind beliebte Zutaten für Currys oder werden in Scheiben geschnitten und frittiert. Eine Hauptrolle spielt auch *saag* (Blattgemüse) wie Senfblätter, Spinat und Bockshornklee. Etwas ungewöhnlicher ist die *karela* (Bittermelone) mit ihrer markanten knubbligen Schale, die ebenso wie die köstliche *bhindi* (Okra) meistens trocken mit Gewürzen gegart wird. Tamil Nadu ist für den Anbau des Meerrettichbaums bekannt, dessen lange, dünne Schoten als Gemüse gegessen werden und oft in *sambar*, einem suppenähnlichen südindischen Linsengericht, zum Einsatz kommen.

Genau genommen gibt es so etwas wie ein indisches „Curry" nicht – das Wort ist ein anglisierter Abkömmling des tamilischen Wortes *kari* (Sauce), das die Briten für jedes Gericht verwendeten, das Gewürze enthielt.

Pickles, Chutneys & Relishes

Pickles, Chutneys und Relishes geben Speisen das gewisse Etwas und tauchen fast immer im Gefolge von südindischem *idli* (fermentierter Reiskuchen), *dosas* oder *uttapam* (pikanter Reispfannkuchen) auf. Ein Relish kann so ziemlich alles sein, von einer winzigen eingelegten Zwiebel bis zu einer kunstvollen Mischung aus Früchten, Nüssen und Gewürzen. Eine der beliebtesten Beilagen ist *raita* auf Joghurtbasis, das einen frischen Kontrast zu scharfen Speisen bildet. Die unzähligen – mal süßen, mal herzhaften – Varianten von *chatnis* (Chutneys) werden aus den unterschiedlichsten Gemüsesorten, Früchten, Kräutern und Gewürzen zubereitet.

Die feurige Küche der Stadt Mangaluru (Mangalore) an der Küste von Karnataka ist berühmt für ihre aromatischen Fischgerichte. Sie ist vielseitig und markant und zeichnet sich durch den großzügigen Einsatz von Chilis und frischer Kokosnuss aus.

Ausgesprochen süß

Indien wartet mit einer bunten Vielfalt an oft klebrigen und matschigen *mithai* (indische Süßigkeiten) auf, die meisten davon sind ultrasüß. Unterteilt werden können sie in *barfi* (eine Art Toffee auf Milchbasis), weiche *halwa* (aus Gemüse, Getreide, Linsen, Nüssen oder Früchten), *ladoos* (süße Bällchen aus Erbsenmehl und Grieß) sowie süße Bällchen aus *chhana* (nicht gepresster Panir) wie *rasgullas* (sirupartige Frischkäsebällchen). In ganz Indien gibt es auch einfachere – aber genauso leckere – süße Snacks wie knusprige *jalebi* (orangefarbene frittierte Teigringe, die in Zuckersirup getunkt und heiß serviert werden).

Payasam (im Norden *kheer* genannt) ist eines der beliebtesten Desserts in Südindien. Der cremige und köstliche, leicht aromatische Reispudding wird mit Kardamom und Safran gewürzt und mit Pistazien, Mandelsplittern, gehackten Cashewkernen oder geschnittenen Trockenfrüchten serviert. Sehr beliebt sind auch *gulab jamun* (frittierte Teigbällchen, in Sirup mit Rosenaroma getränkt) und *kulfi*.

In den Bergregionen Maharashtras gibt es *chikki* (ein steinharter, toffeeartiger süßer Snack). Madurai in Tamil Nadu ist für sein erfrischendes Getränk *jigarthanda* berühmt, das aus gekochter Milch, Mandelessenz, Rosensirup und Vanilleeis besteht. Jedes Jahr werden geschätzte 14 t Silber in essbare Folien verwandelt, mit denen man viele indische Süßigkeiten dekoriert, besonders anlässlich des Festes Diwali.

Dakshin: Vegetarian Cuisine from South India von Chandra Padmanabhan ist ein gut lesbares und wunderschön illustriertes Buch mit südindischen Rezepten.

Vegetarier & Veganer

Wenn es um vegetarisches Essen geht, ist Südindiens Küche auf dem Subkontinent unangefochten. Für vegane Ernährung gibt es dagegen kaum Verständnis („rein vegetarisch" bedeutet ohne Eier); die meisten indischen Speisen enthalten tierische Produkte wie Milch, Butter, Ghee und Joghurt. Für Veganer besteht das erste Problem wahrscheinlich darin, dem Koch seine Bedürfnisse begreiflich zu machen. In großen Hotels und größeren Städten gibt es aber immer häufiger auch veganes Essen.

Weitere Informationen findet man auf den Seiten Indian Vegan (www.indianvegan.com) und Happy Cow (www.happycow.net).

Dakshin Bhog von Santhi Balaraman stellt viele Rezepte schmackhafter südindischer Köstlichkeiten vor, von den berühmten *dosas* und *idli* bis zu *kootan choru* (Gemüsereis).

Wohin zum Essen?

Man kann in Südindien überall gut essen, ob an schäbigen *dhabas* (einfache Imbissbuden am Straßenrand), in den hektischen, mittags geöffneten *messes* (Kantinen) oder in göttlichen Fünf-Sterne-Hotels. Die meisten Mittelklasse-Restaurants servieren Speisen einiger typischen Richtungen: südindisch (normalerweise die vegetarischen Speisen Tamil Nadus und Karnatakas), nordindisch (hauptsächlich die Punjab- bzw. Mogul-Küche) sowie häufig indische Varianten chinesischer Gerichte. Man trifft auch die Küchen der benachbarten Regionen und Bundesstaaten an. Dies hat einen einfachen Grund: Inder ziehen oft in andere Regionen, um zu arbeiten, spezielle Restaurants kümmern sich um deren kulinarisches Heimweh.

Nicht zu verwechseln mit Burger- und Pizzabuden sind jene Restaurants im Süden, die zwar mit „Fast Food" werben, tatsächlich jedoch zu Indiens besten Adressen gehören. Sie bieten die gesamte Palette der *tiffin*-Köstlichkeiten (Snacks) an und haben häufig extra Theken für süße Sünden. Zu vielen Luxushotels gehören hervorragende Restaurants, die Gerichte aus ganz Indien kredenzen – eine gute Gelegenheit, regionale Spezialitäten und besondere Leckereien zu kosten. Global geht es in größeren Städten zu, in denen eine aufblühende unabhängige Gastroszene z. B. mexikanische, mediterrane, japanische und italienische Speisen serviert.

Lust auf etwas zu knabbern? Dann sollte man sich *Street Foods of India* von Vimla und Deb Kumar Mukerji mit Rezepten für beliebte indische Snacks besorgen.

Dhabas sind Oasen für Millionen von Truckern, Buspassagieren und Travellern, die sich durch Indien treiben lassen. Die ursprünglichen *dhabas* gibt es in ganz Nordindien, aber auch im restlichen Land wird man fündig. Das herzhafte Essen aus einfachen Zutaten, das die gastfreundlichen Buden servieren, hat inzwischen einen eigenen Namen erhalten: *dhaba food*.

Street Food

Egal zu welcher Tageszeit: Die Straßenverkäufer braten, kochen, grillen, rösten, schälen, sieden, mischen, machen Saft oder backen Speisen aller Art, mit denen sie wählerische Passanten anlocken. Kleinere Buden bieten oft den ganzen Tag lang nur eine Spezialität an, andere Verkäufer variieren morgens, mittags und abends ihr Angebot. Die Snacks unterscheiden sich von Viertel zu Viertel, von Stadt zu Stadt und von Region zu Region. Mal sind sie supereinfach und bestehen z. B. aus gepufftem Reis oder in heißem Sand gerösteten Erdnüssen, mal sind so komplex wie ein *chaat*, jener herzhafter Snack, der eine wilde Mischung aus Aromen bietet. *Idli sambar* (Reiskuchen, serviert mit Linsensoße und Chutney) sind in Chennai sehr beliebt, ebenso wie *vada* (frittierte Linsen-„Donuts") und *uttapam*. Mumbai ist bekannt für sein *pav bhaji* (gewürztes Gemüse und Brot) und *bhelpuri* (gebackene Teigblättchen mit Puffreis, Linsen, Zitronensaft, Zwiebeln, Kräutern und Chutney). *Misal pav* (würzige Bohnensprossen und Hülsenfrüchte) werden in Maharashtra gern zum Frühstück gegessen. *Mirchi bhajji* (frittierte, mit Tamarinde, Sesam und Gewürzen gefüllte Chilis) sind in Hyderabad eine Delikatesse. Samosa (frittierte dreieckige Teigtaschen mit würzigem Gemüse) und *golgappa/panipuri/gup chup* (Brot-„Chips" mit würziger Füllung) bekommt man überall in Indien.

Die Küche Goas ist ein köstliches Potpourri aus portugiesischen und indischen Einflüssen. Fleisch und frische Meeresfrüchte spielen eine große Rolle. Das beliebte feurige Vindaloo (Curry in einer Marinade aus Essig und Knoblauch) ist eines der Lieblingsgerichte der Goaner.

Großer Bahnhof für kleine Snacks

Eines der Highlights auf Zugreisen durch Indien ist der kulinarische Rummel, der einen an fast jedem Bahnhof erwartet. Fliegende Händler steigen in die ankommenden Züge, preisen lautstark ihre Waren an und drängen sich durch die Waggons und wieder zurück, durch die vergitter-

STREET FOOD: TIPPS

Straßensnacks sind ein Highlight jeder Indienreise – man sollte aber ein paar einfache Regeln beachten, um Bauchschmerzen zu vermeiden.

- Man sollte sich ein paar Tage Zeit lassen, um sich an die örtliche Küche zu gewöhnen, besonders wenn man scharfes Essen nicht gewohnt ist.
- Wenn die Einheimischen um einen bestimmten Stand einen Bogen machen, sollte man das ebenfalls tun. Auch ein Blick auf die Kundschaft hilft weiter: Stände, an denen Familien essen, sind in der Regel die besten.
- Hinschauen, wie und wo der Straßenhändler die Kochgeräte reinigt und wie und wo das Essen gelagert wird. Wenn der Verkäufer mit Öl brutzelt, lässt sich schnell erkennen, ob dieses sauber ist. Sind die Töpfe und Arbeitsflächen schmutzig, kleben Essensreste daran und schwirren zu viele Fliegen ums Essen, ist ein sofortiger Rückzug die richtige Entscheidung.
- Keinen Anstoß daran nehmen, wenn man einen gebratenen Snack bestellt und der Koch die Ware wieder in den Wok befördert: Es ist gängige Praxis, die Snacks vorzugaren und sie erst bei Bestellung fertig zuzubereiten. Das nochmalige heiße Frittieren ist außerdem nur gut, weil es Keime abtötet.
- Fleisch sollte man nur an Ständen essen, die einen guten Ruf und viele Kunden haben.
- Die Hygiene an Saftständen ist unterschiedlich, daher ist Vorsicht geraten. Den Verkäufer sollte man dazu anhalten, den Saft direkt vor einem frisch zu pressen. Keine Säfte trinken, die in Krügen gelagert oder in einem Glas serviert werden – außer man hat sich davon überzeugt, dass die Gläser hygienisch gereinigt werden.
- Finger weg von glänzenden aufgeschnittenen Melonen oder anderen Früchten: Die behalten die verlockende Farbe nur, weil sie ständig mit (oftmals ungefiltertem) Wasser übergossen werden.

INDISCHE TISCHMANIEREN

Die meisten Menschen in Indien essen mit der rechten Hand. Im Süden verwenden sie so viel Hand wie nötig, andernorts nur die Fingerspitzen. Die linke Hand ist für „unreine" Tätigkeiten wie das Ausziehen von Schuhen reserviert. Mit links kann man aber auch Getränke halten oder sich aus einer gemeinsamen Schüssel mit Essen bedienen, jedoch sollte man nie mit der linken Hand Essen zum Mund führen. Es gehört außerdem zum guten Ton, sich vor und nach den Mahlzeiten die Hände zu waschen.

Das frisch servierte Gericht wird mit den Fingern vermengt. Hat man *dhal* und *sabzi* (Gemüse) bestellt, mischt man nur das *dhal* unter den Reis, während das *sabzi* mit jedem Bissen extra genommen wird. Bei Fleisch- oder Fischcurrys mischt man die Sauce mit dem Reis. Die Stücke werden in die Mischung getunkt und mit dem Daumen in den Mund geschoben – dabei zeigen die Fingerknöchel immer zur Schüssel.

ten Fenster werden Obst, *namkin* (herzhafte Knabbereien), Omeletts, Nüsse und Süßigkeiten feilgeboten und auf den Bahnsteigen locken Köche die Reisenden mit ihren brutzelnden, würzigen Köstlichkeiten wie frischen Samosa aus den Zügen. Echte Kenner wissen bereits, welche Spezialitäten auf den einzelnen Bahnhöfen vertreten sind: So ist Lonavla in Maharashtra z. B. für *chikki* berühmt, Chennai Central hingegen erwartungsgemäß für *idli*, *vada* und *dosas*.

Der *Penguin Food Guide to India* von Charmaine O'Brien ist fesselnd und appetitanregend.

Tägliche Essgewohnheiten

In Indien sind drei Mahlzeiten am Tag die Regel. Die Südinder nehmen meistens ein leichtes, zeitiges Frühstück zu sich, oft *idli* mit *sambar*. Das Mittagessen kann substanzieller sein, (z. B. ein Thali) oder aber eher leicht, besonders bei den von Zeitnot geplagten Büroangestellten. Viele Inder essen über den Tag verteilt auch mehrere *tiffin* (Snacks zwischen den Mahlzeiten). Die tägliche Hauptmahlzeit ist das Abendessen, bei dem in der Regel große Portionen Reis, *roti*, Gemüse, Joghurt und würzige Beilagen (vielleicht auch Fleisch) gleichzeitig serviert werden. Nachspeisen gibt es auf Wunsch, sind aber am ehesten zu Festivals oder zu besonderen Anlässen gebräuchlich. Das Finale einer Mahlzeit bildet manchmal Obst. Abends wird bei vielen Indern zu Hause spät gegessen (nach 21 Uhr); wie überall hängen die Essenszeiten aber auch von den persönlichen Vorlieben und der jeweiligen Jahreszeit ab (in den warmen Monaten wird es eher später). In den Großstädten erwachen die Restaurants nach 21 Uhr zum Leben, in kleinen Städten schon früher.

The Bangala Table: Flavors and Recipes from Chettinad von Sumeet Nair, Meenakshi Meyyappan und Jill Donenfeld ist ein prächtiges und reich bebildertes Kochbuch mit Rezepten aus der Region Chettinadu im Süden Tamil Nadus.

Essen & Religion

Viele Inder betrachten Essen als ebenso ausschlaggebend für den Feinschliff der Seele wie für die Versorgung des Körpers. Grob gesagt, vermeiden Hindus traditionell Nahrungsmittel, die als hinderlich für die physische und geistige Entwicklung gelten, obgleich es nur wenige Patentrezepte gibt. Das Rindfleisch-Tabu (die Kuh ist für Hindus heilig) ist die strengste Einschränkung. Jains meiden Speisen wie Knoblauch und Zwiebeln, weil sie glauben, dass diese das Blut in Wallung bringen und sexuelles Begehren entfachen (mal ganz abgesehen davon, dass bei der Ernte Insekten verletzt werden könnten). Es gibt vegetarische Restaurants, die aus diesem Grund auf das Fehlen von Knoblauch und Zwiebeln in ihren Gerichten extra hinweisen. Strenggläubige Hindus verzichten ebenfalls darauf, und auch aus den meisten Ashrams sind sie verbannt.

Nimi Sunilkumars preisgekrönte Kerala-Kochbücher, *Lip Smacking Dishes of Kerala* und *4 O'Clock Temptations of Kerala*, geben einen verlockenden Einblick in die Küche des südwestlichsten Bundesstaates.

Einige Lebensmittel, etwa Milchprodukte, gelten als von Natur aus rein und werden gegessen, um Körper, Geist und Seele zu reinigen. Auch Ayurveda, die alte Wissenschaft von Leben, Gesundheit und Langlebigkeit, beeinflusst Essensbräuche.

Schweinefleisch ist für Muslime tabu und Stimulanzien wie Alkohol werden von den meisten Strenggläubigen gemieden. *Halal* ist der Begriff für alle zulässigen Nahrungsmittel, *haram* heißen die verbotenen. Fasten wird als Gelegenheit gesehen, Allahs Zustimmung zu erlangen, das Sündenregister zu löschen und das Leid der Armen zu verstehen.

Buddhisten und Jains haben sich der Philosophie der *ahimsa* (Gewaltlosigkeit) verschrieben und sind überwiegend Vegetarier. Das zentrale Dogma des Jainismus ist ein strikter Vegetarismus und es gibt strenge Beschränkungen, um die Verletzung eines lebenden Wesens zu vermeiden. In den indischen Sikh-, Christen- und Parsigemeinden gibt es wenige oder keine Einschränkungen des Essverhaltens.

Ein Gläschen gefällig?

Alkoholische Getränke

Nur in den nordindischen Bundesstaaten Gujarat, Nagaland, Mizoram und Bihar ist Alkohol komplett verboten, im restlichen Land gibt es jedoch mehr oder weniger strenge Alkoholgesetzte. In jedem Bundesstaat kann es regelmäßige Tage geben, an denen der Verkauf von Alkohol in den speziellen Spirituosenläden verboten ist. Kerala, wo der Alkoholkonsum doppelt so hoch wie im Landesdurchschnitt, hat 2014 etwa 700 Bars die Schanklizenz entzogen; einige davon haben inzwischen als Bier- oder Weinsalons wiedereröffnet. In Indien hergestellte ausländische alkoholische Getränke („Indian-made foreign liquor"; IMFL) bekommt man in staatlichen Geschäften und in den Bars von Fünf-Sterne-Hotels; zum Zeitpunkt der Recherchen sah es nicht so aus, als ob Keralas Vorhaben, die vollständige Prohibition einzuführen, wirklich umgesetzt würde. An Gandhis Geburtstag (2. Okt.) dürfte es in ganz Indien schwierig sein, ein alkoholisches Getränk aufzutreiben. In Goa ist die Alkoholsteuer niedriger und die Trinkkultur weniger restriktiv.

2013 machten neue Gesetze endlich den Weg frei für Mumbais Microbrauereien. An der Spitze dieser Bewegung stand der Brauereipub Barking Deer. Heute erlebt der Gerstensaft einen regelrechten Boom.

In den meisten großen Städten gibt es ausgezeichnete Bars und Kneipen, in denen am Wochenende am meisten los ist. Bengaluru ist Indiens Craft-Bier-Hauptstadt, dicht gefolgt von Mumbai und Pune mit ihren dynamischen Kneipenszenen. Die meisten nobleren Bars haben eine beeindruckende Auswahl an einheimischen und importierten alkoholischen Getränken und Fassbieren. Viele Bars verwandeln sich irgendwann nach 20 Uhr in Bars. Die besten Bars in Südindien gehören oft zu schicken Hotels. In kleineren Städten sind die Kneipen und Bars eher zwielichtige und von Männern dominierte Schuppen – Frauen sollten diese Szene nicht unbedingt allein erforschen.

Indiens Weinproduktion steckt zwar noch in den Kinderschuhen, ist aber stetig auf dem Vormarsch. Die günstigen klimatischen Bedingungen und guten Böden in einigen Gegenden, besonders in Teilen von Maharashtra und Karnataka, haben einige empfehlenswerte Weingüter hervorgebracht, darunter Grover Zampa (S. 93) und Sula Vineyards (S. 92) in Nasik sowie Fratelli Wines südöstlich von Pune.

The Indian Spice Kitchen von Monisha Bharadwaj ist ein cleveres Kochbuch mit mehr als 200 traditionellen Rezepten und praktischen Tipps. So erfährt der Leser z. B., wie man Gewürze am besten aufbewahrt.

Die strengen Alkoholgesetze verhindern, dass in einigen Restaurants Alkohol ausgeschenkt wird. Wo man jedoch auf die Rupien der Touristen angewiesen ist, wird Bier mitunter heimlich in Teekannen oder getarnten Gläsern serviert. Man sollte dies aber nicht als selbstverständlich voraussetzen, wenn man keinen Ärger riskieren will. In vegetarischen Restaurants sind alkoholische Getränke eine Rarität.

Made in India

Schätzungsweise drei Viertel aller Inder, die Alkohol konsumieren, trinken *country liquor* wie den berüchtigten südindischen Arrak (Likör aus Kokospalmensaft, Kartoffeln oder Reis). Er gilt als der Drink des armen Mannes – Millionen Inder sind süchtig danach. Das in schwarzgebrann-

KOCHKURSE

Vielleicht ist man vom südindischen Essen so inspiriert, dass man ein paar indische Kochtechniken und Geheimnisse mit nach Hause nehmen möchte. In Goa, Kerala, Tamil Nadu, Telangana und anderswo werden empfehlenswerte Kochkurse angeboten. Einige sind professionell durchorganisiert, andere haben einen sehr informellen Charakter. Für die meisten muss man sich einige Tage vorher anmelden.

Goa

Masala Kitchen, Palolem (S. 169) Renommierte Kochkurse.

Mukti Kitchen, Arpora (S. 149) Bei diesen Kochkursen lernt man die Zubereitung von fünf Gerichten (goanisch, indisch, ayurvedisch).

Rahul's Cooking Class, Palolem (S. 168) Eine der ersten Kochschulen Palolems.

Kerala

Bar-B-Que, Kumily (S. 318) Kochen und schlemmen.

Cook & Eat, Kochi (S. 330) Beliebte Kurse im Leelu Homestay.

Nimi's Lip Smacking Classes, Munnar (S. 322) Von Experten geleitet Kochkurse für Kerala-Küche.

Tamil Nadu

Chettinadu (S. 417) Das historische Hotel veranstaltet Kochvorführungen und Kochkurse.

Sita, Puducherry (S. 396) Tamilische, französische und nordindische Küche.

Storytrails, Chennai (S. 365) Kulinarische Touren und Kochkurse im Haus.

Telangana

Detours, Hyderabad (S. 254) Herausragende kulinarische Touren, die Kochkurse beinhalten.

ten Arrak enthaltene Methanol führt dazu, das jedes Jahr viele Menschen erblinden, gelähmt werden oder sogar sterben.

Ein interessantes regionales Getränk ist die klare Spirituose *mahua*, die aus der Blüte des Mahua-Baums (Butterbrotbaum) destilliert wird und einen kräftigen, vollmundigen Geschmack hat. In Dörfern in ganz Indien wird er zur Blütezeit der Bäume im März und April an improvisierten Ständen gebrannt. *Mahua* kann bedenkenlos getrunken werden, solange er aus einer vertrauenswürdigen Quelle kommt. Dennoch sollte man Vorsicht walten lassen: Es gab ebenfalls schon etliche Fälle, in denen Menschen erblindet sind, nachdem sie mit Methanol gepanschten *mahua* getrunken hatten.

Toddy (gegorener Palmensaft) wird in den Küstenregionen, besonders in Kerala, getrunken. Feni ist der beste indische Schnaps und eine Spezialität des entspannten Bundesstaates Goa. Kokos-Feni ist leicht und eher unspektakulär, während man Cashew-Feni aus den Früchten des Cashewbaums unbedingt einmal probieren sollte.

Complete Indian Cooking von Mridula Baljekar, Rafi Fernandez, Shehzad Husain und Manisha Kanani enthält mehr als 400 beliebte südindische Rezepte, von Hühnchen mit grüner Mango bis Garnelencurry aus Goa.

Alkoholfreie Getränke

Chai (Tee), das heiß geliebte Nationalgetränk, wird mit sehr viel Milch und Zucker zubereitet. Ein Glas dampfenden, schaumigen Chais ist die beste Medizin gegen die Unbilden des Lebens auf den indischen Straßen. Und die scheinbar aus dem Nichts kommende Stimme, die dröhnend „*garam chai, garam chai*" („heißer Tee, heißer Tee") ruft, dürfte auf der Indienreise zu den vertrautesten und angenehmsten Klängen gehören.

Chai ist zwar das indische Getränk mit der größten Tradition, doch schätzen die Südinder schon seit Langem auch Kaffee. Das beliebte südindische Gebräu besteht aus gekochter Milch, Zucker und starkem Filterkaffee aus frisch gemahlenen Bohnen, oft mit einer Prise Chicorée. In größeren Städten gibt es viele Filialen moderner Café-Ketten (Café Coffee Day, Barista und sogar Starbucks) sowie eine wachsende Zahl unabhängiger Cafés, die das ganze Spektrum der Kaffeewelt im Programm haben.

Masala soda ist der indische Softdrink schlechthin: Frisch geöffnet wird das sprudelnde Getränk mit Limette, Gewürzen, Salz und Zucker aufgepeppt. Man kann auch schlichtes Limettensoda aus frischen Limetten trinken, das süß (mit Zucker) oder auch gesalzen serviert wird. Ein sehr erfrischendes Getränk ist *jal jeera*, das aus Limettensaft, Kreuzkümmel, Minze und Steinsalz besteht. Lassis, süße oder pikante Getränke auf Joghurtbasis, sind wunderbar erfrischend und in ganz Indien beliebt. *Sol kadhi*, ein rosa, leicht säuerliches Kokosmilch-Getränk, sollte man vor allem an der Konkanküste zwischen Mumbai und Goa bekommen.

Falooda ist ein Getränk mit Rosenaroma, das aus Milch, Sahne, Nüssen und Fadennudeln zubereitet wird; die heiß oder kalt getrunkene *badam*-Milch wird mit Mandeln und Safran aromatisiert wird.

Der Begriff *prasad* bezeichnet Speisen, die in den Tempeln erst den Göttern dargeboten und dann unter den Gläubigen geteilt werden.

Küchenglossar

achar	Pickles
aloo	Kartoffel; auch *alu*
aloo gobi	Kartoffel-Blumenkohl-Curry
aloo tikki	Puffer aus Kartoffelbrei
appam	südindischer Reispfannkuchen
arak	Schnaps (Arrak), destilliert aus Kokosmilch, Kartoffeln oder Reis
baigan	Aubergine; auch *brinjal*
barfi	toffeeähnliche Süßigkeit aus Milch
bebinca	16-schichtiger Kuchen aus Goa
besan	Kichererbsenmehl
betel	Nuss des Betelbaums; auch Arekanuss genannt
bhajia	Gemüsekrapfen
bhang lassi	Mix aus Lassi und *bhang* (ein Marihuana-Derivat)
bhelpuri	dünne, runde gebratene Teigküchlein mit Reis, Linsen, Zitronensaft, Zwiebeln, Kräutern und Chutney
bhindi	Okra
biryani	aromatisch gewürzter, gedämpfter Reis mit Fleisch oder Gemüse
bonda	Kartoffelpuffer
chaat	pikanter Snack, manchmal mit *chaat masala* gewürzt
chach	Buttermilchgetränk
chai	Tee
channa	gewürzte Kichererbsen
chapati	rundes, ungesäuertes indisches Brot, auch *roti* genannt
chawal	Reis
cheiku	kleine, süße, braune Frucht
dahi	Quark/Joghurt
dhal	gewürztes Linsengericht
dhal makhani	schwarze Linsen und rote Kidneybohnen mit Sahne und Butter
dhansak	Gericht der Parsen; Fleisch, meistens Huhn oder Lamm, mit gewürzten Linsen, (Flaschen-)Kürbis und Reis

dosa	großer, pikanter südindischer Pfannkuchen
falooda	mit Rosenaroma verfeinertes Getränk mit Milch, Sahne, Nüssen und Fadennudeln
faluda	lange Nudeln aus Kichererbsenmehl
feni	Spirituose aus Goa, destilliert aus Kokosmilch oder Cashewfrüchten
ghee	geklärte Butter
gobi	Blumenkohl
gulab jamun	frittierte Teigbällchen in mit Rosenaroma angereichertem Sirup
halwa	weiche Süßigkeit aus Gemüse, Linsen, Nüssen oder Früchten
iddiyappam	ein Reisnudelgericht
idli	schwammige, runde, fermentierte Reiskuchen aus Südindien
imli	Tamarinde
jaggery	hartes, braunes, zuckerartiges Süßungsmittel aus Palmensaft
jalebi	orangefarbene frittierte Teigringe, in Zuckersirup getunkt und heiß serviert
jigarthanda	Getränk aus gekochter Milch, Mandelessenz, Rosensirup und Vanilleeis
karela	bitterer Flaschenkürbis
keema	gewürztes Hackfleisch
kheer	cremiger Reispudding
khichdi	Mischung aus leicht gewürztem Reis und Linsen, auch *khichri* genannt
kofta	Hackfleisch- oder Gemüsebällchen, meistens rund
korma	geschmortes Currygericht
kulcha	leicht gesäuertes indisches Brot
kulfi	(oft mit Pistazien) aromatisiertes Eis von fester Konsistenz
ladoo	süße Bällchen aus Erbsenmehl und Grieß; auch *ladu* genannt
lassi	Eisgekühltes Joghurtgetränk
malai kofta	Panir, gekocht in einer cremigen Soße aus Cashewnüssen und Tomaten
masala dosa	großer, pikanter südindischer Pfannkuchen (*dosa*), gefüllt mit gewürzten Kartoffeln
mattar paneer	Curry aus Erbsen und Panir
methi	Bockshornklee
mishti doi	bengalische Süßigkeit, mit Palmzucker gesüßter Quark
mithai	Sammelbegriff für indische Süßigkeiten
momo	pikante tibetische Klößchen
naan	im Tandur gebackenes flaches Brot
namak	Salz
namkin	pikante Knabbereien
pakora	panierte Gemüsehäppchen
palak paneer	Panirstücke in pürierter Spinatsoße
paneer	auch Panir genannt; weicher, unfermentierter Frischkäse
pani	Wasser
pappadam	dünne, knusprige runde Waffeln aus Linsen- oder Kirchererbsenmehl, auch *pappad* genannt
paratha/parantha/parotta	blättriges Fladenbrot (dicker als *chapati*); oft gefüllt
phulka	ein *chapati*, das über einer offenen Flamme aufgeht
pilau	in gewürzter Brühe gekochter Reis; auch *pulau*, *pilao* oder *pilaf* genannt
pudina	Minze

puri	flacher, pikanter Teigfladen, der beim Frittieren aufgeht; auch *poori* genannt
raita	mild gewürzter Joghurt, oft mit Gurken- oder Ananasstückchen
rasam	Brühe auf *dhal*-Basis mit Tamarinde
rasgulla	Frischkäsebällchen, mit Rosenwasser aromatisiert
rogan josh	reichhaltiges, scharfes Lammcurry
saag	Blattgemüse
sabzi	Gemüse
sambar	südindisches suppenartiges Linsengericht mit Gemüsewürfeln
samosa	dreieckige frittierte Pasteten, die mit gewürztem Gemüse (manchmal auch Fleisch) gefüllt sind
sol kadhi	rosa, leicht säuerliches Getränk aus Kokosmilch
sonf	Anissamen; werden gekaut, um die Verdauung anzuregen und den Atem zu erfrischen; auch *saunf* genannt
tandoor	Tandur; Lehmofen
tawa	flache, heiße Platte oder Eisenpfanne
thali	„All you can eat"-Mahlzeit; unterteilte Edelstahlplatte (manchmal aus Silber)
thukpa	tibetische Nudelsuppe
tiffin	Snack; bezeichnet auch Essensbehälter, oft aus Edelstahl
tikka	gewürzte, oft marinierte Stücke Huhn, Panir etc.
toddy	alkoholisches Getränk aus gegorenem Palmensaft
upma	*rava* (Grieß), gekocht mit Zwiebeln, Gewürzen, Chilis und Kokosnuss
uttapam	dicker, pikanter südindischer Reispfannkuchen mit fein gehackten Zwiebeln, grünen Chilis, Koriander und Kokosnuss
vada	südindisches ringförmiges pikantes Linsengebäck
vindaloo	Gericht aus Goa; feuriges Curry in einer Essig-Knoblauch-Marinade

Der großartige indische Basar

Auf den Basaren und in den Geschäften Südindiens werden alle möglichen Kostbarkeiten verkauft: von Holzarbeiten bis zu Seide, von schwerem Stammesschmuck bis zu fein bestickten Schals, von funkelnden Edelsteinen bis zu rustikalem Handwerk aus kleinen Dörfern. Die Bandbreite von Kunst und Kunsthandwerk ist groß und jede Region – manchmal sogar jede Gemeinde – hat eigene, oft uralte Traditionen. Jeder Reisende sollte damit rechnen, auf einige spektakuläre Dinge zu stoßen und sie mit nach Hause nehmen zu wollen. Die Einkaufsmöglichkeiten in Südindien sind in der Tat so faszinierend und facettenreich wie das Land selbst.

Bronzefiguren, Keramik, Steinmetzarbeiten & Terrakotta

In Südindien (und in Teilen des Himalajas) werden kleine Bronzefiguren von Göttern in einer uralten Feingusstechnik hergestellt. Eine Wachsfigur wird geformt und dann mit einer Gussform umgeben, dann wird das Wachs geschmolzen, ausgegossen und durch geschmolzenes Metall ersetzt. Schließlich wird die Gussform aufgebrochen und die Figur im Inneren entnommen. Am beliebtesten sind Figuren von Shiva als tanzender Nataraja (eine Tradition, die in Tamil Nadu auf die mittelalterliche Chola-Ära zurückgeht); man findet aber auch Dutzende andere Hindugötter sowie Buddhafiguren und tantrische Gottheiten. Übrigens sollte man darauf achten, dass man Bronze (eine Legierung mit hohem Kupferanteil) nicht mit Messing (eine weniger wertvolle Kupfer-Zink-Legierung) verwechselt.

Staatliche Kaufhäuser für Kunsthandwerk haben meist ein sehr breit gefächertes Angebot und vernünftige Festpreise. Einen Besuch lohnen etwa das Poompuhar in Tamil Nadu (http://tnpoompuhar.org), das Lepakshi (www.lepakshihandicrafts.gov.in) in Andhra Pradesh und Telangana, das Kairali und das SMSM Institute in Kerala und das Cauvery Handicrafts Emporium in Karnataka (www.cauveryhandicrafts.net).

In Mamallapuram (Mahabalipuram) in Tamil Nadu verwenden die Kunsthandwerker Granit und Speckstein und haben die alte Tradition der Pallava-Bildhauerei wieder zu neuem Leben erweckt. Die Arbeiten reichen von winzigen Steinelefanten bis zu riesigen Gottheiten, die eine halbe Tonne wiegen. Tamil Nadu ist auch für seine Bronzefiguren aus Thanjavur und Trichy (Tiruchirappalli) bekannt.

An vielen Orten werden zauberhafte Terrakottawaren hergestellt, von Vasen und dekorativen Blumentöpfen bis zu Götterfiguren und Kinderspielzeug. In Chettinadu im südlichen Tamil Nadu werden riesige Pferde und andere Tiere aus gebranntem Ton gefertigt, die als Opfergaben für die beliebte Hindu-Gottheit Ayyanar dienen.

In ganz Indien kann man vor indischen Tempeln kleine Ton- oder Gipsfiguren indischer Götter kaufen.

Teppiche, Teppiche, Teppiche!

Teppichknüpfen ist in Indien ein sehr lebendiges Kunsthandwerk. Werkstätten im ganzen Land produzieren edle Woll- und Seidenteppiche. Viele der schönsten Stücke kommen aus dem Norden. In vielen Dörfern tibetischer Flüchtlinge, die sich auch in Südindien niedergelassen haben, gibt es von Kooperativen betriebene Teppichwerkstätten. „Antik“ –wie gerne behauptet – sind Teppiche aber meistens nicht, es sei denn, man erwirbt sie bei einem international renommierten Händler; ansonsten hält man sich besser an neue Ware.

Grob gewebte Woll-*namdas* (*numdas*) aus Kaschmir und Rajasthan sind viel billiger als geknüpfte Teppiche. Verschiedene Regionen fertigen auch flach gewebte *dhurries* (kilimartige Baumwollvorleger). Eines der Hauptzentren der Teppichherstellung in Südindien ist Warangal in Telangana, weitere südindische Produzenten sitzen in Puducherry (Pondicherry) und Bengaluru (Bangalore).

Seit Jahrhunderten werden Kinder auf dem indischen Subkontinent als Teppichweber beschäftigt. Kinderarbeit trägt dazu bei, den Teufelskreis der Armut zu erhalten, indem sie das Lohnniveau drückt, Arbeitsplätze für Erwachsene vernichtet und verhindert, dass Kinder zur Schule gehen. Die von den Kooperativen tibetischer Flüchtlinge hergestellten Teppiche werden fast immer von Erwachsenen angefertigt. Am besten kauft man Teppiche in den staatlichen „Emporium"-Geschäften und bei gemeinnützigen Kooperativen.

Händlern zu bestimmten Läden führen lassen. Aber ansonsten muss man sich nicht allzu viele Gedanken machen – außer um den Platz im Koffer!

Preis & Versand

Der Preis eines Teppichs richtet sich nach der Zahl und der Größe der handgeknüpften Knoten, der Vielfalt der Farben und Farbstoffe, der Komplexität des Designs und dem Material. Seidenteppiche sind teurer und sehen prächtiger aus, Wollteppiche halten jedoch in der Regel länger. Traditionelle Wollteppiche in der Größe 90 × 180 cm gibt es ab ca. 170 €, Seidenteppiche in dieser Größe um die 1700 €.

Viele Geschäfte verschiffen die Teppiche zwar in die Heimat, am sichersten dürfte es aber sein, die Waren selbst zu verschicken, um mögliche Abzocke zu verhindern. Der Versand eines Teppichs in der Größe 90 × 180 cm nach Europa kostet ca. 4000 ₹. Man kann Teppiche auch als Fluggepäck aufgeben, sofern es die Gepäckbestimmungen zulassen (ein 90 × 180 cm großer Teppich wiegt 5 bis 10 kg).

DIE KUNST DES FEILSCHENS

Staatliche Warenhäuser, Fair-Trade-Kooperativen, Kaufhäuser und moderne Einkaufszentren verlangen meist Festpreise. Fast überall sonst kann man handeln. Ladenbesitzer in Touristenzentren sind an Reisende mit viel Geld und wenig Zeit gewöhnt und verlangen deshalb oft das Doppelte oder Dreifache des Werts. Souvenirläden sind dafür besonders berüchtigt.

Regel Nummer eins beim Feilschen: niemals zu großes Interesse an dem Artikel zeigen, den man unbedingt haben möchte! Zweitens: Man sollte nicht gleich das Erstbeste kaufen, sondern in Ruhe stöbern und die Preise vergleichen, aber nicht zu offensichtlich – wer zu einem bereits besuchten Laden zurückkehrt, zeigt dem Händler, dass er der billigste ist (was den Verhandlungsspielraum deutlich reduziert).

Man sollte für sich ein Preislimit festlegen und dann eher nebenbei eine gewisse Kaufbereitschaft signalisieren. Wenn man den Realwert des gewünschten Artikels nicht einschätzen kann, halbiert man einfach pauschal den ausgeschriebenen Preis. Der Verkäufer wird höchstwahrscheinlich höchste Entrüstung zum Ausdruck bringen, aber jetzt kann die schrittweise wechselseitige Annäherung an einen Preis beginnen, mit dem beide zufrieden sind. Viele Ladenbesitzer senken ihr „allerletztes Angebot" noch einmal, wenn man Anstalten macht, den Laden zu verlassen um „nochmal drüber nachzudenken".

Feilschen gehört in Indien zum Alltag und wird normalerweise gut gelaunt absolviert. Ein aggressiver Ton ist verpönt. Der Wechselkurs zwischen Rupie und der eigenen Währung sollte einem stets bewusst sein, um die Verhältnisse richtig einzuschätzen. Außerdem sollte man wissen, wie viel man dafür daheim ausgeben würde. Wenn man den Preis eines Artikels nicht einschätzen kann, sollte man danach gehen, was einem der Artikel wert ist. Wenn ein Händler einen anscheinend völlig überzogenen Preis verlangt, schaut man sich einfach woanders um.

Schmuck

In praktisch jeder indischen Stadt gibt es zumindest einen Laden, der Armreife verkauft. Das riesige Angebot reicht von bunten Exemplaren aus Plastik und Glas bis zu Armreifen aus Messing, Silber und Gold. Hyderabad in Telangana ist ein Zentrum der Herstellung und des Verkaufs von Armreifen aus einem Lack, der aus einem harzigen Insektensekret gewonnen wird und mit farbenfrohen Perlen oder Steinen besetzt wird.

Vorsicht ist geboten, wenn der Kauf die Zustellung ins Heimatland beinhaltet. Man sollte sich auch nicht von schmeichlerischen Händlern zu bestimmten Läden führen lassen. Aber ansonsten muss man sich nicht allzu viele Gedanken machen – außer um den Platz im Koffer!

Schweren Folkloreschmuck aus Silber bekommt man in verschiedenen Gegenden Indiens, ebenso wie klobigen tibetischen Schmuck aus Silber (oder Weißmetall) und Halbedelsteinen. Viele tibetische Schmuckstücke sind mit buddhistischen Motiven und tibetischen Texten verziert, darunter das berühmte Mantra *Om Mani Padme Hum* (Heil dem Juwel im Lotus).

In Indien, Nepal und China gibt es eine ganze Industrie, die auf Alt getrimmte tibetische Souvenirs herstellt. Auch lose Perlen aus Achat, Türkis, Karmeol und Silber sind weithin erhältlich. In den südindischen Western Ghats stößt man vielleicht auf schönen, seltenen Stammesschmuck, den die dortigen Stammesvölker wie die Todas in der Nähe von Udhagamandalam (Ooty) herstellen.

Perlen werden in den meisten indischen Bundesstaaten am Meer gezüchtet, sind aber eine ganz besondere Spezialität Hyderabads. Sie werden in den meisten staatlichen „Emporium"-Geschäften im ganzen Land verkauft. Die Preise hängen von der Farbe und von der Form ab – reinweiße Perlen oder solche in seltenen Farben wie Schwarz sind teurer, perfekt runde Perlen kosten mehr als längliche oder verformte. Eine einreihige Zuchtperlenkette kostet oft nur 500 ₹, für Perlen besserer Qualität zahlt man jedoch mindestens 1200 ₹.

Eine beliebte Betrugsmasche ist es, Touristen Schmuck zu verkaufen, der im Heimatland angeblich mit Profit weiterverkauft werden kann – oft handelt es sich um falsche Juwelen oder die angekündigten Abnehmer im Ausland tauchen niemals auf.

In ganz Südindien werden fein gearbeitete Ringe, Fußkettchen, Ohr- und Zehenringe, Halsketten und Armreife aus Gold und Silber angeboten und oft auch auf Bestellung angefertigt.

Lederwaren

Da Kühe in Indien heilig sind, werden theoretisch nur die Häute von Büffeln, Kamelen, Ziegen und anderen Tieren zu Leder verarbeitet. In den meisten großen Städten gibt es elegante, moderne Lederschuhe zu sehr guten Preisen. Manche davon sind mit unzähligen glitzernden Pailletten bestickt. Jootis (traditionelle, vorne oft spitz zulaufende Slipper) aus den nordindischen Bundesstaaten Punjab und Rajasthan bekommt man in ganz Südindien.

Auch *chappals*, Ledersandalen mit oft runden Zehenriemchen, werden in ganz Indien verkauft, besonders berühmt dafür sind die Städte Kolhapur, Pune und Matheran in Maharashtra. Tamil Nadu ist ein großer Lederproduzent; vor allem Puducherry hat sich mit seinen von internationalen Einflüssen geprägten Lederkreationen viel Renommee erarbeitet.

Das Schlachten von Kühen (ob nun zum Verzehr, wegen des Leders oder aus anderem Grund) ist in Indien verboten, und in einigen Bundesstaaten wie Maharashtra wurde auch das Töten von Bullen und Ochsen unter Strafe gestellt. Kritische Traveller sollten aber wissen, dass gewissenlose Praktiken in der indischen Lederindustrie keine Seltenheit ist und der Tierschutz mitunter mit Füßen getreten wird.

Metallarbeiten

Gegenstände aus Kupfer und Messing bekommt man überall in Indien. Gern gekaufte Souvenirs sind Kerzenhalter, Tabletts, Schüsseln, Krüge und Aschenbecher.

In allen indischen Städten gibt es *kadhai* (indische Woks, auch *balti* genannt) und andere Küchengeräte zu unglaublich günstigen Preisen. Besonders beliebt sind handgehämmerte Messingtöpfe, aber auch Stahlgefäße, Pfannen mit Kupferboden und Thali-Platten aus Stahl sind schöne Mitbringsel. Man sollte ruhig fragen, ob der eigene Name eingraviert werden kann; meist ist dies kostenlos.

Viele tibetische religiöse Objekte bestehen aus Kupfer, das mit Silberintarsien verziert ist; die Gebetsräder und traditionellen Dokumentenkassetten gibt es für wenig Geld.

In Bastar (Chhattisgarh) nutzen Kunsthandwerker eine Technik zum Schmelzen von Eisen, die einer vor 35 000 Jahren entdeckten Methode ähnelt. Sie fertigen abstrakte, dünne Menschen- und Tierskulpturen, die auch in funktionellen Gegenständen wie Lampen- oder Garderobenständern Verwendung finden. Man findet sie in ganz Indien in Geschäften, die sich auf indigenes Kunsthandwerk spezialisiert haben.

Bidri ist eine Methode der Damaszierung von Silberdraht in Gusszinnbronze (eine Zinklegierung), wobei dieser mit einer Paste eingerieben wird, die Erde aus Bidar (Karnataka) enthält. Sie wird bei der Herstellung von Schmuck, Kästchen und Ornamenten benutzt, besonders in Bidar selbst und in Hyderabad.

Edle Musikinstrumente

Hochwertige indische Musikinstrumente bekommt man vor allem in größeren Städten. Die Preise hängen von der jeweiligen Qualität des Instrumentes und vom Klang ab.

Anständige Tabla-Trommeln kosten mindestens 5000 ₹. Sie bestehen aus einer hölzernen *tabla* (stimmbar, höherer Klang) und einer metallenen *dugi* oder *bayan* (Basstrommel). Preiswertere Sets sind meist schwerer und klingen oft grausig.

Für Sitars muss man 5000 bis 25 000 ₹ oder mehr hinblättern. Da der Klang einer Sitar vom verwendeten Holz und der Form des Klangkörpers abhängt, steht vor dem Kauf der Test. Achtung: Günstigere Sitars können sich bei starken Temperaturschwankungen verziehen. Alle Saiten sollten frei schwingen, der Klangkörper darf nicht beschädigt sein. Ersatzsaiten, Sitarplektren und einen aufschraubbaren Zweitklangkörper als Verstärker packt man am besten gleich mit ein.

Auch *shehnai* (indische Flöte), *sarod* (indische Laute), Harmonium und *esraj* (eine Art senkrechte Violine) sind beliebt. Herkömmliche Violinen sind preiswert, man bekommt sie schon ab 3500 ₹.

Die besten Musikinstrumentengeschäfte

BX Furtado & Sons (Mumbai)

Sri Sharada Grand Musical Works (Mysuru)

VERANTWORTUNGSBEWUSST SHOPPEN

Der Tourismus bringt zwar Geld nach Indien, aber die Landbevölkerung bekommt davon meist nur wenig ab. Traveller können daher etwas Positives bewirken, wenn sie bei kommunalen Kooperativen einkaufen. Diese bewahren und fördern die traditionelle Heimarbeit und sorgen damit für Bildung, Ausbildung und eine nachhaltige Lebensgrundlage an der Basis. Viele dieser Projekte widmen sich Frauen unterer Kasten, Stammesangehörigen, Flüchtlingen und anderen sozialen Außenseitern.

Kooperativen bieten ihre hochwertigen Produkte in der Regel zu Festpreisen an, Feilschen ist deshalb unnötig. Ein Teil der Profite fließt direkt in Sozialprojekte wie Schulen, Gesundheits- und Ausbildungsmaßnahmen bzw. andere Hilfsprogramme für benachteiligte Gruppen. Gemeinden im ländlichen Raum unterstützt man auch bei Einkäufen in einer Filiale des landesweiten Warenhausnetzes Khadi & Village Industries Commission (www.kvic.org.in) oder in den Shops von Tribes India (http://tribesindia.com), das mit seinen Einnahmen einheimischen Künstlern hilft.

Generell sollte man also nach Fair-Trade-Kooperativen Ausschau halten.

Malerei

Indien hat eine bemerkenswerte zeitgenössische Kunstszene. Vor allem in größeren Städten wie Chennai (Madras), Bengaluru (Bangalore) und Hyderabad bietet eine ganze Reihe unabhängiger Läden und Galerien die Werke einheimischer Künstler an.

Miniaturen

Reproduktionen von indischen Miniaturgemälden sind zwar überall erhältlich, aber von unterschiedlicher Qualität. Günstigere Varianten zeigen weniger Details und bestehen oft aus minderwertigen Materialien. Im Norden ist die Auswahl hochwertiger Miniaturen generell größer als im Süden, doch auch hier wird man in den staatlichen Warenhäusern und Antiquitätenläden meist fündig.

In südlichen Gegenden wie Kerala und Tamil Nadu findet man getrocknete Blätter mit Miniaturmalereien, die häusliche und ländliche Szenen und Gottheiten zeigen.

Tanjore-Malereien

Tamil Nadus berühmte Thanjavur- bzw. Tanjore-Malereien auf Baumwolle, Holz oder Glas zeigen überwiegend hinduistische Gottheiten in leuchtenden Farben; verziert werden sie mit Goldfolie und Glasperlen, gelegentlich auch mit Edelsteinen. Die meisten zeitgenössischen Werke sind die kitschigen Version einer altehrwürdigen Tradition, die bis ins 17. Jh. zurückreicht, doch in Antiquitätenläden findet man manchmal noch authentische alte Arbeiten.

Volkskunst & Kalamakri

Telanganas *cheriyal*-Malereien, die in hellen Primärfarben gemalt sind, waren ursprünglich Schriftrollen von reisenden Geschichtenerzählern. Ebenfalls in Andhra Pradesh und in der Kalakshetra Foundation (S.363) in Chennai, die auch *kalamkari*-Kurse anbietet, gibt es exquisite *kalamkari* zu kaufen. In Sri Kalahasti kann man den Künstlern bei der Arbeit zusehen und ihre Werke kaufen. Bei der *kalamkari*-Technik werden Baumwollstoffe mit Harz und Kuhmilch grundiert. Dann werden Porträts von Gottheiten oder Szenen historischer Ereignisse mit einem angespitzten Bambusstock (*kalam*) aufgetragen, der in fermentierten Palmzucker und Wasser getunkt wurde; die Farben werden aus Dung, gemahlenen Samenkörnern, Pflanzen und Blüten hergestellt. Kalamkari aus Machilipatnam in Andhra Pradesh sind Blockdrucke in Kombination mit freihändigen Zeichnungen.

Die indischen Basare sind das Herz und die Seele des kommerziellen Lebens. Das Wort Basar bezieht sich oft eine von Geschäften und Ständen gesäumte Straße und nicht auf einen gesonderten Marktbereich.

Thangkas

Tibetische Kunsthandwerksgeschäfte verkaufen oft *thangkas*, rechteckige tibetische Stoffmalereien mit tantrischen buddhistischen Gottheiten und zeremoniellen Mandalas. Einige folgen dem Vorbild der prächtigen Wandbilder der mittelalterlichen indischen Gompas (buddhistische Klöster Tibets), andere sind einfacher. Die Preise fallen unterschiedlich aus: Für ein *thangka* im Din-A3-Format in ordentlicher Qualität zahlt man mindestens 5000 ₹, für große *thangkas* mit aufwendigen Motiven sehr viel mehr (bis zu 50 000 ₹).

Textilien

Die Textilproduktion ist Indiens größter Wirtschaftszweig. Etwa 40 % aller Textilien werden in Heimarbeit auf dem Land hergestellt. Der dort meistens aus Baumwolle produzierte Stoff wird *khadi* genannt. Überdies gab der Begriff den *khadi*-Warengeschäften im ganzen Land ihren Namen. Diese billigen Megaläden verkaufen aus *khadi* hergestellte Kleidung aller Art, darunter die beliebten Nehru-Jacken und *kurta*-Pyjamas (langes Hemd und weite Hose); der Profit kommt den ländlichen Gemeinden zugute. In jüngster Zeit gilt *khadi* zunehmend als schick und indische Designer haben den Stoff in ihre Kollektionen aufgenommen.

Überall in Indien stößt man auf eine schlichtweg fantastische Vielfalt der Web- und Sticktechniken. In Touristenzentren wie Goa, Kerala, Rajasthan und Himachal Pradesh werden gemusterte Stoffe zu Schultertaschen, Wandbehängen, Kissenbezügen, Bettüberwürfen, Kleidung u. v. m. verarbeitet. Textilien, die von den Adivasi, den indigenen Völkern in Telangana, Gujarat und Rajasthan, hergestellt werden, sind oft mit auffälligen kleinen Spiegeln bestickt.

Schals

Indische Schals sind federleicht. Und dennoch eignen sie sich perfekt als Decke für Fahrten in kühlen Nächten. Die Schals werden aus allen möglichen Wollarten gefertigt und oft mit aufwendigen Mustern bestickt. Die bekanntesten Varianten kommen zwar allesamt aus den nördlichen Landesteilen, aber einige sind auch auf den Märkten im Süden zu finden, darunter die Pashmina-Wollschals aus Kaschmir und die mit raffinierten Mustern und Pailletten bedeckten Lammwollschals aus der Kachchh-Region in Gujarat. Echte Pashmina-Schals kosten einige Tausend Rupien. Viele vermeintliche Pashminas bestehen in aber tatsächlich aus einem Pashmina-Seiden-Gemisch, sind mit ca. 1200 ₹ um einiges günstiger und auch sehr schön.

Die Toda, eines der indigenen Völker in den Nilgiri-Bergen von Tamil Nadu, sind sehr geschickt im Sticken und stellen einzigartige, schöne schwarzrote Schals her.

Saris

Saris sind als Mitbringsel sehr beliebt und überdies praktisch, da sie sich leicht für einen anderen Zweck verwenden lassen, ob als Kissenbezug oder als Rock. Am teuersten sind Saris aus echter Seide. In der Regel muss die Seide gewaschen werden, ehe sie weich wird. Indiens Seidenhauptstadt ist Kanchipuram in Tamil Nadu, die hier hergestellte Seide ist aber auch in Chennai problemlos erhältlich. Schöne Seidensaris (und preiswertere Seidentücher) bekommt man auch an einigen anderen Orten, darunter Mysuru (Mysore). Ein hochwertiger bestickter Sari kostet mindestens 3000 ₹.

Aurangabad in Maharashtra ist das traditionelle Produktionszentrum von *himroo*-Schals, -Laken und -Saris, die aus Baumwolle mit Seiden- und Metallfäden hergestellt werden. Saris aus Paithan (in der Nähe von Aurangabad) bestehen aus mit Goldfäden durchzogener Seide und zählen zu den besten Indiens. Sie kosten zwischen 8000 und schwindelerre-

GANDHIS STOFF

Vor knapp 100 Jahren drängte Mohandas Gandhi seine Landsleute, mit dem Verzicht auf im Ausland hergestellte Kleidung und der Hinwendung zum *khadi* – dem zu Hause selbst gesponnenen Stoff – die Freiheitsbewegung zu unterstützen. Khadi wurde zu einem Symbol für die indische Unabhängigkeit und bis heute wird der Stoff noch stark mit Politik assoziiert. Die von der Regierung geführte gemeinnützige Unternehmung Khadi & Village Industries Commission (www.kvic.org.in) dient dazu, *khadi* zu fördern, der gewöhnlich aus Baumwolle besteht, jedoch auch aus Seide oder Wolle sein kann.

Die *khadi*-Verkaufsstellen sind einfache, sachlich gehaltene Orte, an denen man authentische indische Kleidung erstehen kann, etwa *kurtas* (lange Hemden ohne Kragen), Schlafanzüge, Kopftücher, Saris und in manchen Filialen auch verschiedene kunsthandwerkliche Gegenstände. In verschiedenen Kapiteln dieses Buches wird in den Abschnitten „Shoppen" jeweils auf diese Filialen hingewiesen, sie sind jedoch im ganzen Land vertreten. Die Preise sind sehr günstig; in der Zeit um Gandhis Geburtstag (2. Okt.) herum gibt es zudem oft gesonderte Rabattaktionen. Tipp: Einige Filialen bieten auch einen Schneiderei-Service an!

SCHNEIDER

Viele südindische Schneidergeschäfte können ein neues Kleidungsstück noch am Tag der Bestellung anfertigen. Auf Wunsch schneidern sie auch eine gute Kopie des Lieblingsstücks. Der Pudhu Mandapa (S. 420) in Madurai in Tamil Nadu ist ein Pavillon in einem Tempel aus dem 16. Jh., den Steinsäulen mit wunderschönen Skulpturen schmücken. Hier sitzen Dutzende von geschäftigen Schneidern an ihren Nähmaschinen und fertigen maßgeschneiderte Hemden oder Oberteile aus Baumwolle schon für 350 ₹ an.

genden 150 000 ₹. Madhya Pradesh ist für seine *maheshwari*-Baumwollsaris (aus Maheshwar) und seine *chanderi*-Seidensaris (aus Chanderi) bekannt, aus Chettinadu (Tamil Nadu) stammen die handgewebten *kandaangi*-Saris aus Seide und Baumwolle. Patan in Gujarat ist das Zentrum der uralten und arbeitsintensiven Herstellung von *patola*-Saris: jeder Faden dieser prächtigen Seidensaris wird vor dem Weben einzeln von Hand gefärbt und die gemusterten Bordüren sind mit echtem Gold gewebt.

Applikationen & Blockdruck

Applikationen – also dekorative Muster, die auf Stoffe genäht werden – haben in Indien eine lange Tradition. Je nach Region gibt es ganz unterschiedliche Motive, oft mit abstrakten oder menschenähnlichen Mustern. Traditionelle Lampenschirme und *pandals* (Zelte) für Hochzeiten und Feste werden im selben Verfahren hergestellt.

Im ganzen Land verkaufen Stoffgeschäfte handbedruckte Webtextilien. Jede Region hat ihre eigene Spezialität. Eine dieser Techniken besteht darin, das Muster mit geschnitzten Holzblöcken auf den Stoff zu stempeln – ein mühseliger und überaus kunstfertiger Prozess mit wunderschönen Ergebnissen. Die Kaufhausketten Fabindia (www.fabindia.com) und Anokhi (www.anokhi.com) sorgen in ganz Indien dafür, dass traditionelle Muster und Stoffe nicht in Vergessenheit geraten. Sie verkaufen Deko-Artikel und Kleidung im indischen und westlichen Stil.

John Gillow und Nicholas Barnard erforschen in ihrem Buch *Indian Textiles* den kulturellen Hintergrund von vielen großartigen Textiltechniken Indiens wie Weben, Blockdruck, Färben, Batik und Stickerei. Ausführlich beschreiben sie die Erzeugnisse der verschiedenen Regionen.

Holzschnitzereien

Holzschnitzereien sind in ganz Indien eine uralte Kunstform. Geschnitzte Hindugötter aus Karnataka sind eine der Spezialitäten dieses Bundesstaates, aber ein teures Vergnügen: Eine 10 cm hohe Ganesha-Figur aus Sandelholz, das jahrelang Duft verströmt, kostet um die 3000 ₹; für eine vergleichbare Figur aus Kadamb-Holz werden nur 300 ₹ fällig. In Andhra Pradesh, Karnataka und Kerala werden schöne Götterfiguren, dekorative Kästchen mit Intarsien und Möbel aus Rosenholz geschnitzt.

Buddhistische Holzschnitzereien sind eine Spezialität der tibetischen Flüchtlingssiedlungen. Erhältlich sind u. a. Wandtafeln mit den acht Glückssymbolen des Buddhismus, geschnitzte Drachen und Reproduktionen der bei rituellen Tänzen benutzten *chaam*-Masken.

Pappmaschee

Kunsthandwerker in Jammu und Kaschmir produzieren seit Jahrhunderten lackiertes Pappmaschee, Pappmaschee-Waren werden heute aber in ganz Indien verkauft. Sie sind schöne und preiswerte Mitbringsel. Die Grundfigur wird in einer Form aus mehreren Papierschichten (oft recycelten Zeitungen) angefertigt, dann mit feinen Pinseln bemalt und schließlich zum Schutz lackiert. Der Preis hängt von der Komplexität des Designs und der Menge des benutzten Blattgoldes ab. Viele Artikel sind mit Tier- und Blumenmustern oder Jagdszenen verziert, die von den Miniaturbildern der Mogulzeit abgekupfert sind. Das Pappmaschee-Sortiment umfasst z. B. Schüsseln, Kästchen, Untersetzer, Tabletts, Lampen, und Weihnachtsschmuck. Bunte Marionetten aus Rajasthan sind eine weitere indische Spezialität aus Pappschnitzeln und Leim.

Noch mehr schöne Sachen

Es ist keine große Überraschung, dass Traveller gern indische Gewürze kaufen. In praktisch allen Städten bieten Läden und Basare heimische Gewürze für wenig Geld an. Aus Karnataka, Kerala, Uttar Pradesh, Rajasthan und Tamil Nadu stammt der Großteil der Zutaten für *garam-masala*-Mischungen, die indischen Currys Schärfe und Aroma verleihen. Die Nordoststaaten und Sikkim sind dagegen für schwarzen Kardamom und Zimtrinde bekannt.

Läden im ganzen Land verkaufen *attar*, ätherische Öle, die hauptsächlich aus Blumen gewonnen werden. Mysuru in Karnataka ist vor allem für Sandelholzöl bekannt, während Mumbai ein wichtiges Handelszentrum für traditionelle Duftessenzen wie das kostbare *oud* ist. Diese Substanz basiert auf einem seltenen Schimmelpilz, der die Rinde des Agarbaums besiedelt. Udhagamandalam (Ooty) und Kodaikanal in Tamil Nadu produzieren Aroma- und Heilöle aus Blumen, Kräutern oder Eukalyptus.

Moderne Einkaufszentren, die immer größer, glitzernder, und protziger werden, sind aus den südindischen Städten nicht mehr wegzudenken. Sie sind voller indischer und internationaler Mode und haben Preise, die sich kaum von denen im Westen unterscheiden.

Indischer Weihrauch wird in die gesamte Welt exportiert. Große Produktionszentren sind Bengaluru und Mysuru in Karnataka. Auch Weihrauch, Kleidung, ätherische Öle und parfümierte Kerzen aus Auroville in Tamil Nadu und aus dem Sri Aurobindo Ashram (S. 394) in Puducherry sind weithin bekannt und vor Ort leicht zu finden.

Eine Spezialität aus Goa ist der Feni, ein starker Kokosmilch- oder Cashew-Schnaps, der oft in dekorativen Flaschen verkauft wird.

Guter indischer Tee wird in manchen Gegenden Südindiens wie in Munnar in Kerala und im Gebiet um Udhagamandalam in den Western Ghats von Tamil Nadu verkauft. Auch in den Großstädten gibt es empfehlenswerte Teehändler.

Thanjavur in Tamil Nadu ist für seine bunt bemalten Wackelpuppen aus Terrakotta oder Holz berühmt.

Erstklassiges handgeschöpftes Papier, oft zu Karten, Schachteln und Notizbüchern verarbeitet, lohnt ebenfalls den Kauf, besonders gut bekommt man es in Puducherry und Mumbai.

In den indischen Städten gibt es einige gute Buchläden, die sehr günstige Bücher verkaufen, darunter auch in Ledereinband. Higginbothams (S. 373) in Chennai, 1844 gegründet, ist der älteste Buchladen Indiens und nach wie vor gut im Geschäft. Und Asian Educational Services gibt alte (17. bis frühes 20. Jh.) und vergriffene Titel in der originalen Typografie heraus.

Kunst & Kultur

Im Lauf der Jahrtausenden haben die zahlreichen ethnischen Gruppen Indiens ein reiches künstlerisches Erbe hervorgebracht. Heute findet man an fast jeder Ecke Kunst, erhabene ebenso wie schlichte: von den aufwendig bemalten Lastwagen auf den staubigen Straßen bis zum harmonischen Gesang, der in den uralten Tempeln erklingt und den Kassenschlagern der boomenden Bollywood-Filmindustrie. Die kreative künstlerische Vielfalt zählt zu den Highlights einer Reise in Südindien. Die zeitgenössischen indischen Künstler verbinden traditionelle und moderne Elemente und schaffen so Werke, Tänze, Musik und Literatur, die ebenso so faszinierend wie schön sind.

Indian Classical Dance von Leela Venkataraman und Avinash Pasricha ist ein reich illustriertes Buch über verschiedene indische Tanzformen (z. B. *Bharatanatyam*, *Kuchipudi* und *Kathakali*).

Tanz

Der Tanz ist eine uralte indische Kunstform, die traditionell mit der hiesigen Mythologie und klassischer Literatur zusammenhängt.

Klassischer Tanz

Der klassische Tanz beruht auf klar definierten Tanzformen. Es gibt acht indische Schulen des klassischen Tanzes, und den folgenden wird man in Südindien am ehesten begegnen:

- *Bharatanatyam* stammt ursprünglich aus Tamil Nadu, ist aber in ganz Indien beliebt. Der Tanz, der durch seine anmutigen Bewegungen hervorsticht, wurde traditionell von einzelnen Frauen aufgeführt, heute aber oft auch gemeinsam mit Männern oder als Gruppenvorführung. Teil der Aufführung sind Lieder, Gedichte, Gebete und (die für Südindien charakteristische) karnatische Musik.
- *Kathakali*, dessen Wurzeln (wahrscheinlich um das 17. Jh. herum) in Kerala liegen, ist ein klassisches Tanzdrama, das auf Hindu-Epen beruht und das von Trommeln und Gesang begleitet wird.
- *Kuchipudi* ist ein Tanzdrama, das im 17. Jh. in einem Dorf in Andhra Pradesh entstand, von dem es seinen Namen erhielt. Die Geschichte dreht sich um die missgünstige Frau von Krishna.
- *Mohiniyattam*, der „Tanz der Verführerin", ist eine anmutige Tanzform aus Kerala und wird von einzelnen Tänzerinnen aufgeführt.

In den meisten großen Südindischen Städten gibt es regelmäßige Aufführungen von klassischem Tanz oder Musikdarbietungen, in Chennai und Mumbai sogar fast jeden Abend. Kochi ist der beste Ort für *Kathakali*-Darbietungen.

Volkstanz

Indischer Volkstanz reicht von den theatralischen Dummy-Horse-Tänzen in Karnataka und Tamil Nadu bis zum temperamentvollen *bhangra*-Tanz aus dem Punjab. Die *theyyam*-Rituale im Norden von Kerala sind geprägt von wilden Trommel- und Tanzrhythmen. Die Teilnehmer verkörpern Gottheiten oder Helden und tragen manchmal mehrere Meter hohe Kopfbedeckungen.

Ein Pionier des modernen indischen Tanzes ist Uday Shankar (der ältere Bruder des inzwischen verstorbenen Sitarvirtuosen Ravi Shankar), der seinerzeit mit der russischen Ballerina Anna Pavlova aufgetreten ist. Inzwischen begegnet man dem Tanz am häufigsten in Filmen und verbindet dort häufig traditionelle, folkloristische, moderne und zeitgenössische Choreografie.

Musik

Die Wurzeln der klassischen indischen Musik lassen sich bis in vedische Zeiten zurückverfolgen, als von Priestern gesungene religiöse Gedichte zum ersten Mal in der Rigveda zusammengefasst wurden. Im Lauf der Jahrhunderte hat sich die Musik durch zahlreiche Einflüsse verändert, und ihr Erbe ist heute sowohl in der karnatischen als auch in der hindustanischen (klassischer Stil Nordindiens) Form erhalten geblieben. Da sie denselben Ursprung haben, teilen diese Musikstile diverse Eigenschaften. Die Komposition und die Improvisation bedienen sich beide des *ragas* (melodische Form der Musik) und des *talas* (Rhythmus, in die Anzahl der Schläge unterteilt); der *tintal* hat beispielsweise 16 Schläge. Das Publikum folgt dem *tala*, indem es bei den richtigen Schlägen klatscht, im Falle des *tintals* beim ersten, fünften und dreizehnten Schlag. Der neunte Schlag ist die *khali* (leere Stelle), die durch ein Winken mit der Hand ausgedrückt wird.

Karnatische wie hindustanische Musik wird von kleinen Ensembles aufgeführt, die meist aus drei bis sechs Musikern bestehen. Beide Stile haben viele Instrumente gemeinsam. Der deutlichste Unterschiede ist, dass sich die karnatische Form häufiger des Gesangs bedient. Die hindustanische Form ist stärker von den musikalischen Konventionen Persiens beeinflusst (eine Folge der Mogulherrschaft), während die karnatische Musik, die in Südindien entstand, sich enger der Theorie verpflichtet fühlt.

Eines der bekanntesten indischen Instrumente ist die *sitar* (ein großes Saiteninstrument), mit der der Solist den *raga* spielt. Ravi Shankar, der Meister der Sitar, gilt weithin als der einflussreichste hindustanische klassische Musiker des 20. Jhs. Er brachte das Sitarspiel in den 1960er-Jahren auf die internationale Bühne. Andere Seiteninstrumente sind die *sarod* (die gezupft wird) und die *sarangi* (die mit einem Bogen gespielt wird). Sehr beliebt ist auch die *tabla* (Doppeltrommel), die den *tala* bestimmt. Das Summen, das aus zwei Grundtönen besteht, wird von der oboenähnlichen *shehnai* oder dem Saiteninstrument *tampura* (auch *tamboura*) gespielt. Das handbetriebene Harmonium dient als zweites Melodieinstrument für den Gesang.

Regionale Volksmusik ist in Indien weit verbreitet und sehr vielfältig. Umherziehende Musiker, Magier, Schlangenbeschwörer und Geschichtenerzähler unterhalten ihr Publikum oft mit Liedern, die Geschichtenerzähler tragen die Geschichten aus den großen Epen singend vor.

Gelegentlich kann man in Moscheen oder auf Konzerten auch *qawwali* (andächtige Sufi-Gesänge) hören.

Filmi (Musik aus Filmen), ein völlig anderes Genre, umfasst moderne, langsamere Liebesserenaden ebenso wie hyperaktive Tanznummern, die meist von Schauspielern präsentiert werden, die nur so tun, als ob sie sängen.

Mit *Indian Art* von Roy C. Craven, *Contemporary Indian Art: Other Realities* herausgegeben von Yashodhara Dalmia und *Indian Miniature Painting* von Dr. Daljeet und Professor P.C. Jain wird man zum Kunstexperten.

Jährlich werden in Indien durchschnittlich 2000 Spielfilme gedreht. Neben den Hunderten Millionen einheimischen Bolly-, Tolly- und Kollywood-Fans gibt's auch Millionen im Ausland lebende Inder, sogenannte „Non-Resident Indians" (NRI), die ganz entscheidend dazu beigetragen haben, das indische Kino auf die internationale Bühne zu katapultieren.

FESTIVALS FÜR KLASSISCHEN TANZ & KLASSISCHE MUSIK

Mumbai Sanskruti (S. 47) Januar

Thyagaraja Aradhana (S. 410) Thiruvaiyuru, Tamil Nadu; Januar

Mamallapuram Dance Festival (S. 381) Tamil Nadu; Januar/Februar

Natyanjali Dance Festival (S. 404) Chidambaram, Tamil Nadu; Februar/März

Elephanta Festival (S. 47) Mumbai; Februar/März

Ellora Ajanta Aurangabad Festival (S. 88) Aurangabad; Oktober/November

Chennai Festival of Music & Dance (S. 366) Dezember/Januar

MEHNDI

Mehndi ist die traditionelle Kunst des Bemalens von Frauenhänden (und manchmal auch -füßen) mit filigranen Hennamustern anlässlich glücksverheißender Zeremonien wie z. B. Hochzeiten. Wenn hochwertiges Henna verwendet wird, können die orange-braunen Muster bis zu einen Monat erhalten bleiben.

In Touristengegenden sind *mehndi*-Wallahs besonders versiert darin, Tattoo-Bänder aus Henna auf Arme, Hände, Beine und den unteren Rücken zu malen., Man sollte einige Stunden für das Design und die anschließende Trockenzeit einplanen.

Es ist eine gute Idee, den Künstler zu bitten, erst eine Stelle am Arm zu testen, bevor man das Tattoo machen lässt, da einige Färbemittel chemische Substanzen enthalten und Allergien auslösen können (Finger weg von „schwarzem Henna", das mit Chemikalien gemixt ist, die gesundheitsschädlich sein können!).

Laut Forbes (www.forbes.com) sind die bestverdienenden Bollywood-Schauspieler Shahrukh Khan, Salman Khan, Amitabh Bachchan und Akshay Kumar, alle mit einem Jahreseinkommen von mehr als 20 Mio. US$. Die Schauspielerin mit dem höchsten Einkommen ist mit 10 Mio. US$ Deepika Padukone.

Malerei

Die frühesten Kunstwerke Südindiens wurden auf Höhlenwände gemalt und erreichten vor etwa 1500 Jahren ihre größte Ausdruckskraft, als Künstler Wände und Decken der Ajanta-Höhlen (S. 179) in Maharashtra mit Szenen aus Buddhas bisherigen Leben gestalteten. Die Figuren strahlen eine ganz ungewöhnliche Freiheit und Anmut aus. Später dekorierten Maler auch die Wände von Tempeln und Palästen, allerdings ist von dieser Wandkunst kaum etwas aus der Zeit vor dem Vijayanagar-Reich (14.-16. Jh.) erhalten geblieben. Aus dieser Epoche stammen die schönen Fresken am Virupaksha-Tempel in Hampi (S. 229).

Der indo-persische Stil, für den geometrische Muster gepaart mit fließenden Formen charakteristisch sind, entwickelte sich – mit einigen indigenen Einflüssen – an den islamischen Königshöfen. Der persische Einfluss erblühte, als Kunsthandwerker nach dem Angriff der Usbeken auf Herat (im heutigen Afghanistan) im Jahr 1507 nach Indien flohen und der Handel und Austausch von Geschenken zwischen der persischen Stadt Shiraz, einem etablierten Zentrum der Miniaturenherstellung, und den Sultanen in der indischen Provinz immer reger wurde. Ein gefeierter indo-persischer Kunststil entwickelte sich ab Mitte des 16. Jhs. in der Ära der Moguln in Nordindien, vor allem unter Kaiser Akbar, der von 1556 bis 1605 regierte. Der Mogulstil, der sich oft in bunten Miniaturen präsentierte, bildet vor allem das Landleben, Architektur, Schlachten und Jagdszenen ab und zeigt detaillierte Porträts.

Die Miniaturmalerei florierte auch in den Dekkan-Sultanaten des 16. und 17. Jh. Die Landschaften und Blumenhintergründe spiegeln trotz dekkanischer Thematik den persischen Einfluss wider, während sich die langgezogenen Figuren auf Traditionen Vijayanagars beziehen. Farben werden hierbei recht großzügig verwendet, vor allem Gold und Weiß.

Beste Filmfestivals

Mumbai Film Festival; Oktober

International Film Festival of India, Panaji, Goa; November

Als ausgesprochen produktiv erwies sich die Tempel-Wandmalerei mit ihren vielfältigen historischen und mythologischen Themen in ganz Südindien. Da gibt es etwa die fein gezeichneten Fresken der Nayak-Ära in Thanjavur (S. 408), Kumbakonam (S. 405) und Chidambaram (S. 403) in Tamil Nadu. Kochis Mattancherry-Palast (S. 329) wurde im 16. Jh. mit wundervollen Wandmalereien zu Hindu-Mythen verschönert.

Ein einzigartiger südindischer Stil, der als Tanjore-Malerei bekannt ist, schlug in Thanjavur ab dem 17. Jh. Wurzeln. Als typisch hierfür gilt die Darstellung von Krishna und anderen Hindu-Gottheiten in leuchtenden Farben, im Hintergrund Throne, Vorhänge und Bogen, die ebenso wie die Bekleidung der Götter in Blattgold ausgeführt waren, gespickt mit Edelsteinen oder Glasperlen. Diese Tradition findet man auch heute noch, wenn auch in minderwertiger und verkitschter Form.

Der aus Kerala stammende Ravi Varma (1848–1906) machte Ölgemälde mit farbenprächtigen Szenen aus der indischen Mythologie und Literatur im europäischen Stil beliebt. Zu den Sujets gehörten auch Hindu-Göttinnen nach dem Modell südindischer Frauen. Seine Bilder hatten einen enormen Einfluss auf spätere religiöse Kunst und Filmposter. Maqbool Fida Husain aus Maharashtra, der wichtigste indische Künstler aus der Zeit nach der Unabhängigkeit, wurde für seine kontrovers aufgenommenen, kubistisch modifizierten Werke bekannt, darunter Darstellungen nackter Hindu-Götter.

Madras Movement, eine Kooperative, die man im Cholamandal Artists' Village (S. 378) bei Chennai besuchen kann, stand in den 1960er-Jahren an der vordersten Front in Sachen moderne Kunst in Südindien. Im 21. Jh. kletterten die Verkaufszahlen (und Preise) für Werke moderner und zeitgenössischer indischer Künstler weltweit auf Rekordniveau. Indiens Zentren der zeitgenössischen Kunst sind Delhi und Mumbai, doch in den meisten großen Städten gibt es ebenfalls interessante Galerien.

Kino

Die indische Filmindustrie wurde Ende des 19. Jh. geboren – der erste bemerkenswerte, in Indien gedrehte Film *Panorama of Calcutta* wurde 1899 gezeigt. Der erste echte indische Spielfilm, *Raja Harishchandra*, entstand 1913 in der Stummfilmzeit, und auf ihn geht letzten Endes die lebendige indische Kinolandschaft zurück.

Heute ist Indiens Filmindustrie die größte Filmindustrie der Welt. Mumbai, die Hauptstadt des Hindi-Films, die liebevoll auch „Bollywood" genannt wird, ist das größte Filmzentrum des Landes, aber auch Chennai (Kollywood), Hyderabad (Tollywood) und Bengaluru (Sandalwood) produzieren Unmengen Filme. In den letzten Jahren hat es ebenfalls einen akuten Anstieg bei der Zahl der Filme gegeben, die in Goa produziert wurden.

Der indische Film lässt sich grob in zwei Kategorien unterteilen. Am bekanntesten sind die Mainstream-„Masala"-Filme – so bezeichnet wegen der „würzigen Mischung" ihrer Handlungselemente. Mit dieser Mischung aus Romantik, Action, Slapstick und moralischen Themen bietet sie jedem Familienmitglied etwas. Die Hauptdarsteller singen und tanzen sich in diesen Blockbustern drei Stunden und länger durch die dramatische, tränenreiche Handlung. Sex- und selbst Kussszenen sind tabu in Filmen. Stattdessen gibt es jede Menge intensive Flirts und entsprechende Anspielungen, und die Heldinnen sind nur knapp oder mit einem hautengen Gewand bekleidet.

Das zweite Filmgenre sind Arthouse-Filme oder auch Parallel Cinema genannt, in denen die indische „Realität" die Hauptrolle spielt. Die Produktionen sind von einer gewissen sozialen und politischen Relevanz. Diese Filme, die mit einem wesentlich kleineren Budget auskommen müssen als ihre kommerziellen Cousins, sind es, die auf internationalen Filmfestivals weltweit Anerkennung finden. Der verstorbene bengalische Regisseur Satyajit Ray ist vor allem durch seine Arbeiten in den 1950er-Jahren berühmt geworden und gilt als Vater dieser Filmkategorie in Indien.

Der mit einem Minibudget gedrehte Anti-Bollywood-Film *Sairat* (2016) des Dalit-Regisseurs Dalit Nagraj Manjule erzählt die herzzerreißende, realistische Geschichte einer Liebe zwischen zwei Menschen unterschiedlicher Kasten: einem Mädchen aus einer oberen Kaste und dem Sohn eines Fischers. Bis heute ist er in der kommerziell erfolgreichste Film auf Marathi aller Zeiten.

Literatur

Die Sanskritliteratur hat in Indien eine lange Tradition, aber auch Werke in den Sprachen der verschiedenen Regionen haben viel zum großen literarischen Erbe des Landes beigetragen. Die als Sangams bekannt gewordenen tamilischen Gedichte wurden zwischen dem 3. Jh. v. Chr. und dem 3. Jh. n. Chr. geschrieben und gelten als früheste Zeugnisse südindischer Literatur.

Der produktive Schriftsteller und Künstler Rabindranath Tagore erhielt 1913 für *Sangesopfer (Gitanjali)* den Literaturnobelpreis. Einen kleinen Einblick in Tagores Werk geben die *Selected Short Stories*.

Einige der erfolgreichsten literarischen Werke haben wohl die Bengalen hervorgebracht. Rabindranath Tagore (1861–1941) war der erste indische Autor, der mit seinen auf bengalisch geschriebenen Romanen, Theaterstücken und Gedichten den kulturellen Reichtum des Landes weltweit bekannt gemacht hat.

R.K. Narayan war in den 1930er-Jahren einer der ersten indischen Schriftsteller, die auf Englisch schrieben, um ein internationales Publikum zu erreichen. Seine täuschend einfachen Geschichten über das Leben in der Kleinstadt Malgudi sind von einem köstlich subtilen Humor. Kamala Das (Kamala Suraiyya) aus Kerala schrieb Gedichte und Memoiren auf Englisch; ihr offener Umgang mit Liebe und Sexualität vor allem in den 1960er- und 1970er-Jahren war für weibliche Autoren bahnbrechend.

Indien verfügt über eine noch wachsende Anzahl international angesehener Schriftsteller. Zu den Gewinnern des prestigeträchtigen Man Booker Prize gehören der in Chennai aufgewachsene Aravind Adiga (2008) für sein zwischen Bengaluru (Bangalore) und Nordindien angesiedeltes Erstlingswerk *Der weiße Tiger* und Kiran Desai (2006) für *Erbin des verlorenen Landes*. Desais Mutter Anita Desai schaffte es dreimal auf die Shortlist des Man Booker Prize, ebenso wie Rohinton Mistry, ein in Mumbai aufgewachsener Parse mit drei Romanen, die alle in Mumbai spielen. *Das mohnrote Meer* (der erste Band seiner *Ibis-Triologie*) des in Kolkata geborenen Schriftstellers Amitav Ghosh) kam 2008 in die engere Auswahl für den Man Booker Prize. 1997 gewann Arundhati Roy aus Kerala diesen Preis für *Der Gott der kleinen Dinge*, das in einer Kleinstadt in Kerala spielt. Und der in Mumbai geborene Salman Rushdie erhielt den begehrten Preis 1981 für *Mitternachtskinder*.

Architektonische Pracht

Südindien hat ein faszinierend vielfältiges architektonisches Erbe zu bieten, von hoch aufragenden Tempeltoren, die mit unzähligen kunstvoll gearbeiteten Götterfiguren geschmückt sind, bis zu weiß getünchten würfelartigen Dorfhäusern. Die traditionellen Bauten sind oft mit herrlich in die Umgebung eingebettet worden – ob sie nun auf einem mit Felsen übersäten Hügel oder an einem Seeufer stehen. In den meisten Hill Stations gibt es britische Bungalows mit Wellblechdächern und breiten Veranden, doch am beeindruckensten sind jene Bauwerke, die meisterhaft europäische und indische Architekturelemente miteinander verschmelzen, etwa der atemberaubende Mysore Palace (S. 199) in Mysuru.

Sakrale Bauten

Tempel

Die meisten großen Bauwerke in ganz Indien wurden nicht gebaut, sondern aus dem Fels geschlagen. Zwischen dem 3. Jh. v. Chr. und dem 10. Jh. wurden buddhistische, Hindu- und Jain-Tempel, aber auch Schreine und Klöster aus dem blanken Fels gehauen oder in Höhlen geschaffen. Herausragende Beispiele für die Felsarchitektur Südindiens sind das Ehrfurcht gebietende Ajanta (S. 179) und die Höhlen von Ellora (S. 179) in Maharashtra, die Höhlentempel auf Elephanta Island (S. 60) in Mumbai, die Höhlentempel von Badami (S. 239) in Karnataka und der buddhistische Komplex Guntupalli (S. 269) in Andhra Pradesh.

Erst während der Gupta-Periode in Nordindien (4.–6. Jh. n. Chr.) entstanden die ersten freistehenden Tempel zu Ehren der hinduistischen Götter. Die Chalukyas von Badami in Karnataka griffen diese Idee zwischen dem 4. und 8. Jh. n. Chr. in Aihole und Pattadakal auf, ebenso die Pallavas von Tamil Nadu in Kanchipuram und Mamallapuram im 8. Jh. Die *vimanas* genannten Türme auf südlichen Tempeln glichen denen der *sikhara*-Türme der nordindischen Tempel. Die drei großartigen Chola-Tempel aus dem 11. und 12. Jh. in Thanjavur und außerhalb von Kumbakonam repräsentieren mit ihren riesigen *vimanas*, die sich über ihren Zentralschreinen erheben, den Höhepunkt der frühen südindischen Sakralarchitektur. In vielen späteren Tempelbauten des Südens ersetzten monumentale, reich verzierte Eingangstürme, *gopurams* genannt, die *vimanas* als prägendes Merkmal. Madurais Sri-Minakshi-Tempel (S. 419) in Tamil Nadu gilt vielen mit seinen zwölf riesigen *gopurams* als Höhepunkt südindischer Tempelarchitektur. Ebenfalls typisch für diesen dravidisch genannten Tempelstil ist die *mandapa*, ein Pavillon mit oft reich verzierten Säulen, der als Vorhalle für das eigentliche Heiligtum dient.

Das Hoysala-Reich im südlichen Karnataka entwickelte im 12. und 13. Jh. einen charakteristischen Stil, bei dem die Tempel mit relativ niedrigen *vimanas* ausgestattet und mit ausgeklügelten, detailreichen Schnitzereien bedeckt sind. Dazu gehören die Tempel in Belur, Halebid und Somnathpur. Das Vijayanagar-Reich des 14. bis 16. Jhs. brachte *gopuram* und *mandapa* in einigen ihrer schönsten Ausprägungen zur Geltung, und das nicht nur in der Hauptstadt Hampi in Karnataka, sondern auch in Vellore und im Sri-Ranganathaswamy-Tempel in Trichy (S. 412).

Mehr über Indiens vielfältige Tempelarchitektur (und noch mehr Interessantes rund um das Thema Tempel sowie Empfehlungen) gibt's auf Temple Net (www.templenet.com).

Masterpieces of Traditional Indian Architecture von Satish Grover und *Introduction to Indian Architecture* von Bindia Thapar, Surat Kumar Manto und Suparna Bhalla bieten interessante Einblicke in die Tempel- und andere Architektur.

Heilige Orte & reinigendes Wasser

Im Hinduismus gilt das Quadrat als perfekte Form, und die Tempel im Süden bestehen oft aus quadratischen (oder rechteckigen) Bauten, die, immer kleiner werdend, ineinander verschachtelt sind. Komplexe Regeln bestimmen Lage, Design und Bauweise jedes Tempels, die auf den Prinzipien der Numerologie, Astrologie, Astronomie und natürlich der Religion basieren. Im Wesentlichen repräsentiert ein Tempel eine Karte des Universums. Das Zentrum besteht aus dem *garbhagriha* (inneres Heiligtum), das die „Mutterschoßkammer" symbolisiert, aus der das Universum hervorgegangen sein soll. Dieses Heiligtum ist der Gottheit vorbehalten, der der Tempel gewidmet ist.

Die Tempelbecken, die üblicherweise sowohl für rituelle Bäder und religiöse Zeremonien als auch als ästhetisch gestaltete Orte des Gebets genutzt werden, bilden seit Langem ein Zentrum der Tempelaktivitäten. Oft handelt es sich um große, rechteckige, technisierte Wasserspeicher, die manchmal vom Regen, manchmal (über komplexe Leitungssysteme) von Flüssen gespeist werden und die sowohl religiösen als auch profanen Zwecken dienen. Das Wasser einiger Tempelbecken gilt als heilsam, in anderen Tempelbecken soll man seine Sünden abwaschen können. Gläubige (ebenso wie Touristen) müssen manchmal ihre Füße in einem Tempelbecken waschen, ehe sie eine heilige Stätte betreten dürfen.

Die grundsätzlichen architektonischen Elemente einer Moschee sind auf der ganzen Welt ähnlich. Gemeinschaftliche Gebete finden in einer großen Halle statt, in der der Mihrab (die Gebetsnische) die Richtung nach Mekka anzeigt. Außen gibt es einen Hof mit einem Wasserbecken oder einem Brunnen für die rituellen Waschungen vor dem Gebet. Die Gläubigen werden von Minaretten aus zum Gebet gerufen.

Islamische Monumente

Unter der muslimischen Herrschaft über große Teile Nordindiens, die im 12. Jh. begann und sich später bis auf den Dekkan erstreckte, dominierten typische islamische Formen wie Kuppeln, Bogen und Minarette die Monumentalarchitektur. Die Bahmani-Gräber (S. 244) in Bidar in Karnataka aus dem 15. Jh. zählen zu den ältesten islamischen Monumenten im Dekkan. Im 16. und 17. Jh. folgten die großartigen Qutb-Shahi-Monumente in Hyderabad und Golconda – prächtige königliche Gräber mit großen Kuppeln (S. 254), eine riesige Moschee (S. 249) und ein einzigartiges Wahrzeichen, das Charminar (S. 248) – sowie im 17. Jh. das wundervolle Mausoleum Golgumbaz (S. 241) in Vijapura in Karnataka. Letzteres wurde nur wenige Jahre, nachdem die Mogul-Architektur in Nordindien mit dem Taj Mahal ihren Gipfel erreicht hatte, vollendet. Das Bibi-qa-Maqbara (S. 94) in Aurangabad in Maharashtra, der „Taj des armen Mannes", stammt ebenfalls aus dem 17. Jh.

In der Region Chettinadu im Süden Tamil Nadus stehen 10 000 (vielleicht auch 30 000) prächtige Villen, einige davon regelrechte Paläste, die von Händlern gebaut wurden, die im 19. Jh. zu Reichtum gelangten. Viele sind heute verlassen oder verfallen, doch einige sind für Besucher geöffnet. Mehrere der Villen wurden in faszinierende Hotels verwandelt, darunter das Visalam (S. 418) und das Saratha Vilas (S. 418).

Kirchen & Kathedralen

Die meisten der ca. 27,8 Mio. indischen Christen leben in Südindien, und die lange Anwesenheit europäischer Kolonialisten in dieser Region brachte viele majestätische Kirchen hervor. Der Legende zufolge kam das Christentum 52 n. Chr. durch den Apostel Thomas nach Kerala und damit nach Indien. Er starb der Überlieferung nach auf dem St. Thomas Mount (S. 365) in Chennai den Märtyrertod und wurde an der Stelle beigesetzt, wo heute die im 19. Jh. errichtete neogotische St.-Thomas-Kathedrale (S. 363) steht. Die von den Portugiesen in Chennai 1516 erbaute Luz Church (S. 363) soll eine der ältesten Kirchen Indiens sein.

Dank den Portugiesen (reg. in Goa 16. Jh.–1961) blühte die südindische Kirchenarchitektur in Goa. Die hiesigen Kirchen mit prächtig ausgestatteten Innenräumen waren von der Spätrenaissance oder vom Barock inspiriert und bestehen in der Regel aus geweißtem Laterit. Einige der schönsten Kirchen findet man in Old Goa, darunter die gefeierte Basilika Bom Jesus (S. 139) aus dem Jahr 1605. Goa ist auch für seine portugiesisch-manuelinische Architektur bekannt, die die Church of Our Lady of the Rosary (S. 140) in Old Goa beispielhaft verkörpert.

In Kerala (in dem sich die Portugiesen, die Holländer und die Briten als Kolonialherren abwechselten) wartet Kochi mit einem imposanten

Aufgebot jahrhundertealter Kirchen auf, darunter die Kirche St. Francis (S. 327) aus dem 16. Jh., Indiens älteste von Europäern erbaute Kirche und die ursprüngliche Grabstätte des portugiesischen Entdeckers Vasco da Gama (dessen Überreste später nach Lissabon gebracht wurden).

In der früheren französischen Kolonie Puducherry (Pondicherry) stehen einige der prächtigsten Kirchen Indiens, darunter die im 19. Jh. erbaute Notre Dame des Anges (S. 395) und die an die Kirchen Goas erinnernde Kathedrale Unserer Jungfrau der Unbefleckten Empfängnis (S. 395) aus dem Jahr 1791. Die von den Briten gebauten Kirchen sind meistens klassizistisch oder neogotisch, ein tolles Beispiel für den neogotischen Stil ist die St.-Andrew's-Kirche (S. 363) in Chennai. In den meisten südindischen Hill Stations gibt es hübsche Kirchen im britischen Stil.

Im Chowmahalla Palace und im Falaknuma Palace – Letzterer ist heute ein Luxushotel –, bekommt man eine Vorstellung vom unvorstellbaren Reichtum der früheren Herrscher Hyderabads, der Nizams.

Forts & Paläste

Die vielen Kriege zwischen den indischen Königreichen und Herrschern sowie die späteren Verstrickungen der Kolonialmächte führten zwangsläufig zum Bau einiger überaus imposanter Festungen. Das typische südindische Fort steht auf einem Hügel oder einem Felsvorsprung, und die innere Zitadelle ist von einem oder mehreren Befestigungsgräben umgeben. Zu seinen Füßen liegt meist eine Stadt. Ein besonders gutes Beispiel hierfür ist Gingee (S. 393) in Tamil Nadu. Das Vellore-Fort (S. 388), ebenfalls in Tamil Nadu, ist eines der bekanntesten indischen Forts mit Befestigungsgräben; tolle Stadtfestungen gibt es in Bidar (S. 243) und Vijapura in Karnataka sowie in Hyderabad mit dem Golconda-Fort (S. 253).

Daulatabad (S. 98) in Maharashtra ist eine weitere prächtige Festung: eine 5 km lange Mauer umgibt den Festungsbau, der auf einem Hügel liegt. Die Zugangswege sind mit raffinierten Verteidigungsanlagen versehen, etwa stachelbewehrten Türen und in die Irre führende Tunneln. Zu den vielen anderen beeindruckenden Forts in Maharashtra gehören mehrere, die der Marathenheld Shivaji im 17. Jh. bauen ließ oder nutzte, darunter die Forts Raigad (S. 110) und Pratapgad (S. 125). Das Janjira-Fort (S. 109) vor der Konkanküste in Maharashtra stammt aus dem 16. Jh. und wurde von Nachfahren afrikanischer Sklaven gebaut. Mit seinen 12 m hohen Mauern, die direkt aus dem Meer aufragen, dem wuchtigen Tor und den mächtigen Bastionen ist es spektakulär. Wie Goas fast so beeindruckend gelegenes Fort Aguada (S. 142) aus dem 17. Jh. wurde es nie erobert.

In Südindien blieben nur wenige alte Paläste erhalten, da die Eroberer diese gezielt zerstörten. Die Überreste des königlichen Palastkomplexes in Vijayanagar bei Hampi zeigen, dass die hiesigen Bauingenieure nicht abgeneigt waren, die soliden Konstruktionstechniken und die Architekturelemente (wie Kuppeln und Bogen) ihrer muslimischen Gegenspieler, der Bahmanis, zu übernehmen. Der erstaunliche Palast der Maharadschas von Travancore in Padmanabhapuram (S. 428) in Tamil Nadu geht bis aufs Jahr 1550 zurück und ist eines der besten Beispiele in Südindien für die traditionelle Architektur Keralas. Andere bemerkenswerte Paläste sind in Kerala der Mattancherry Palace (S. 329) in Kochi, in Tamil Nadu der Königspalast (S. 410) von Thanjavur und in Maharashtra der Aga-Khan-Palast (S. 117) in Pune, wo Gandhi einst eingesperrt war, sowie Tipu Sultans Sommerpalast (S. 210) in Srirangapatnam.

Southern India: A Guide to Monuments, Sites & Museums von George Michell bietet detailreiche Informationen zu den vielfältigen architektonischen Schätzen der Region, von den psychedelischen Tempeln Tamil Nadus bis zu den eleganten Kirchen Goas.

Der indosarazenische Stil, ein Gemisch aus europäischen, islamischen und hinduistischen Stilelementen, blühte im späten 19. Jh. in ganz Indien und brachte nicht nur grandiose Zweckbauten wie den Bahnhof Victoria Terminus (Chhatrapati Shivaji Terminus; S. 50) in Mumbai und den High Court (S. 361) in Chennai hervor, sondern auch einige extravagante indische Königspaläste. Der opulente Diamant Südindiens ist der herrliche Mysore Palace (S. 199), dessen Inneres kaleidoskopartig mit Buntglas, Spiegeln und Mosaikböden gestaltet ist.

Natur & Umwelt

Südindiens Fauna ist ein faszinierender Schmelztiegel von Arten aus Europa, Asien und dem Urkontinent Gondwanaland. Diese Spezies bevölkern einen beeindruckend vielfältigen Lebensraum, der von feuchtwarmen Mangroven- und Urwäldern bis hin zu weiten Ebenen reicht. Der südasiatische Subkontinent ist ein uraltes Stück Erdkruste, das vor etwa 40 Mio. Jahren auf die Eurasische Platte prallte. Rund 100 Mio. Jahre nach Gondwanaland gediehen hier nun viele einzigartige Tiere und Pflanzen.

Tiere & Pflanzen

Typische Arten

Der Asiatische Elefant unterscheidet sich stark von seinem größeren Verwandten aus Afrika und gilt bei den Hindus glücklicherweise als heilig. So wurde er domestiziert und als Arbeitstier eingesetzt – andernfalls wären diese Dickhäuter wohl wie im benachbarten China schon lange ausgerottet. Trotz Wilderei und der Zerstörung des natürlichen Lebensraums lebten 2012 schätzungsweise 30 000 Wildelefanten in Indien, was im Vergleich zu 2007 (ca. 27700 Exemplare) einen Bestandszuwachs bedeutet. Da sie bei der Futtersuche weite Strecken zurücklegen, benötigen die bis zu 3 t schweren Tiere riesige Parks. Entlang ihrer traditionellen Futterrouten stoßen die Herden heute auf Dörfer oder Farmen – Konflikte sind da programmiert. Bitte beachten: Der Kauf von Artikeln aus Elfenbein unterstützt die illegale Jagd auf diese wunderbaren Geschöpfe. Zudem haben viele Länder sehr strenge Einfuhrverbote für Elfenbein.

Indiens Nationalsymbole sind Tiger, Pfau und Lotusblume. Landeswappen ist ein Säulenkapitell mit drei Asiatischen Löwen.

In der indischen Mythologie ist der Tiger das sagenhafte Reittier der mächtigen Göttin und Dämonentöterin Durga, während er im Westen als Erzfeind Mowglis durch den imaginären Dschungel pirscht. Obwohl auch die herrlichen gestreiften Nationalikonen weiterhin bedroht sind, scheint sich ihr Bestand nach offiziellen Zählungen zu vergrößern (von 1706 im Jahr 2010 auf 2226 im Jahr 2014). Die Exaktheit der Erhebungen wird jedoch teilweise angezweifelt. Mit etwas Glück lassen sich Tiger landesweit in speziellen Schutzgebieten erspähen.

Indiens Tigerbestände scheinen sich zu erholen. Dennoch wurden in den ersten sechs Monaten des Jahres 2016 insgesamt 74 tote Gestreifte registriert. Mindestens 30 davon fielen Wilderern zum Opfer. Die anderen starben u. a. durch Revierkämpfe, Mangel an Beutetieren und Lebensraum, Verkehrsunfälle oder menschliche Notwehr.

Indien beheimatet ansonsten noch 15 weitere Raubkatzenarten. Beispielsweise leben recht viele Leoparden in den verschiedenartigen Wäldern, die einige Parks und Schutzgebiete im Süden bedecken. Dennoch lassen sich die scheuen Gefleckten nur schwer beobachten. Seit ein paar Jahrzehnten trauen sie sich allerdings zunehmend an Indiens ständig wachsende Groß- und Kleinstädte heran oder dringen sogar in diese ein – angelockt von potenzieller Beute (Hunde, Katzen, Schweine, Nagetiere), wobei es gelegentlich auch zu tödlichen Angriffen auf Menschen kommt.

Huftiere & Primaten

Die zahlenmäßig größten Bestände bilden Hirsche (neun Arten), Antilopen (sechs Arten), Ziegen bzw. Schafe (zehn Arten) und Primaten (15 Arten). In den Parks und Naturschutzgebieten des Südens sieht man wahrscheinlich am häufigsten Chitals (Axishirsche; *spotted deer*), Sambars (Indische Pferdehirsche) und Nilgais bzw. Bluebulls (Nilgauantilo-

DAS PROJECT TIGER

Als der Naturforscher Jim Corbett in den 1930er-Jahren Alarm schlug, glaubte kein anderer daran, dass der Tiger jemals bedroht sein könnte. Damals ging man von 40 000 Tigern in Indien aus; eine Zählung war jedoch nie durchgeführt worden. Mit dem Unabhängigkeitskampf gelangten Schusswaffen in die Hände von Dorfbewohnern, die auf der Suche nach höchst einträglichen Tigerfellen in vormals gesperrte Jagdreservate vordrangen. Eine offizielle Zählung im Jahr 1972 registrierte dann nur etwa 1800 Großkatzen. Internationale Proteste veranlassten Indira Gandhi daraufhin, des Project Tiger ins Leben zu rufen. Seitdem wurden 50 Tigerreservate auf insgesamt mehr als 71 027 km² Fläche (inkl. Pufferzonen) geschaffen. Diese schützen nicht nur die Gestreiften an sich, sondern alle dort heimischen Tierarten. Doch nach ersten Erfolgen hielten Vernachlässigung, Einschränkungen des Lebensraums, Korruption und gnadenlose Wilderei Einzug, und man registrierte nur noch 1411 Tiere, als 2006 erstmals ein relativ verlässliches Zählsystem mit Kamerafallen zum Einsatz kam. Im selben Jahr wurde das Project Tiger in die National Tiger Conservation Authority (http://projecttiger.nic.in, www.tigernet.nic.in) verwandelt. Diese Körperschaft des öffentlichen Rechts verfügt über größere Geldmittel, mehr Einsatzpersonal und effektivere Vollzugsmittel, um gegen Wilderer und den Handel mit Tigerteilen vorzugehen. Infolgedessen sind die offiziell erfassten Bestandszahlen gestiegen (2010: 1706, 2014: 2226 Exemplare). Doch trotz dieser erfreulichen Entwicklung werden die Tiger weiterhin von Wilderern gejagt und verlieren außerhalb der Schutzgebiete immer mehr natürlichen Lebensraum. Zudem sind die Zählungsergebnisse nicht zweifelsfrei bestätigt. Insgesamt leben in Indien rund 70 % des globalen Tigerbestands.

pen) – ebenso elegante graue Hanuman-Languren mit ihren typischen schwarzen Gesichtern und Ohren. Rund um Tempel und Touristenstätten lungern oft Indische Hutaffen herum. Recht häufig blicken lassen sich außerdem Gaure (indische Bisons) und Wildschweine. Mitunter gibt's auch Königsriesenhörnchen, Goldschakale oder Lippenbären mit langen weißen Schnauzen zu sehen.

Bedrohte Arten

Trotz des eindrucksvollen Artenreichtums leidet Indien zunehmend unter seinem explodierenden Bevölkerungswachstum. Wilderer und der Verlust natürlichen Lebensraums (u. a. resultierend in blutigen Begegnungen zwischen Menschen und Tieren) bedrohen akut die hiesige Natur. 2016 standen in Indien insgesamt 1052 Spezies auf der Roten Liste der Weltnaturschutzunion – darunter 387 Pflanzen-, 92 Säugetier-, 87 Vogel-, 54 Reptilien-, 75 Amphibien-, 222 Fisch- und 128 wirbellose Arten. Davon fielen 75 Arten in die oberste Risikokategorie „stark bedroht", 205 Arten direkt darunter in die Klasse „bedroht" und 385 Arten in die Gruppe „gefährdet".

Selbst die massiv subventionierte National Tiger Conservation Authority hat fortwährend mit großen Problemen zu kämpfen: Obwohl die Anzahl der Tigerreservate steigt, wird die Gesamtfläche der Großkatzenreviere immer kleiner. Und auf jede positive Nachricht scheint eine negative Geschichte über Wildererbanden und Tiger- bzw. Leopardenangriffe auf Dorfbewohner zu folgen. Zwischen 1995 und 2015 registrierte die Wildlife Protection Society of India insgesamt 1060 Tiger und 4226 Leoparden, die Wilderern zum Opfer fielen (die Dunkelziffer ist aber wohl viel höher). Zu den „stark bedrohten" Spezies vor Ort gehört z. B. die große und schwere Hindutrappe, von der weniger als 250 Exemplare in entlegenen Ecken Süd- und Nordindiens überlebt haben. Gleiches gilt für vier Geierarten (S. 539) und den Anamalai-Flugfrosch, den es heute nur noch in der Anamalai Tiger Reserve (Tamil Nadu) gibt. Die Malabar-Zibetkatze ist noch höchstens 250-mal in den Western Ghats vertreten oder vielleicht sogar schon ausgestorben.

Die berühmte Tigerschützerin Belinda Wright ist die Gründerin der Wildlife Protection Society of India (www.wpsi-india.org). Mittels Bildungsprogrammen, Lobbyarbeit und rechtlichen Schritten gegen Wilderer engagiert sich die Organisation aber auch für andere Arten.

In Südindien als „bedroht" gelten der Tiger, der Indische Elefant, der Dhole (Rothund; aktueller Bestand ca. 2000), der Bartaffe mit seiner herrlichen silbrig-weißen Mähne (ca. 3000 bis 3500 in den Western Ghats übrig) und der Nilgiri-Tahr, eine Wildschafart in den Nilgiri-Bergen (noch ca. 1800 Tiere).

In den aneinander angrenzenden Schutzgebieten Bandipur, Nagarhole, Wayanad, Sathyamangalam und Mudumalai in den südindischen Western Ghats (Karnataka, Kerala, Tamil Nadu) leben nach der Zählung von 2014 insgesamt 570 Tiger – dies ist der weltgrößte Einzelbestand.

Vögel

Mit über 1250 unterschiedlichen Vogelarten (925 davon brüten hier) ist Indien ein wahres Paradies für Vogelbeobachter. In vor dem Zugriff des Menschen geschützten Lebensräumen sind eindrucksvolle Vogelschwärme auf kleinstem Gebiet zu bestaunen. Der Winter (Nov.–Feb.) eignet sich besonders gut, denn dann machen sich Wandervögel aus dem Norden auf in die warmen, subtropischen Gefilde der indischen Halbinsel.

Pflanzen

Einst war Indien fast ganz bewaldet. Der heutige Waldflächenanteil wird auf etwa 20 % geschätzt. Die Rote Liste der Weltnaturschutzunion stufte 2016 insgesamt 77 indische Gewächse als „stark bedroht" und 172 weitere als „bedroht" ein. Trotzdem wachsen hier immer noch über 45 000 erfasste Pflanzenarten (mehr als 4000 davon endemisch).

Indiens Tieflandwälder sind fast immer verschiedenartige Tropenwälder. Einheimische Salbäume bilden dabei die Rohstoffbasis für die hiesige Holzindustrie. Einige dieser Tropenwälder sind echte immergrüne Regenwälder (z. B. in den Western Ghats). Der Großteil ist jedoch laubabwerfend und verliert seine Blätter während der heißen, trockenen Monate (April–Mai).

Indien zählt zu den artenreichsten Ländern der Erde: Vor Ort leben etwa 400 Säugetier-, 1250 Vogel-, 500 Reptilien-, 340 Amphibien- und 3000 Fischarten. So verteilen sich hier fast 7 % aller weltweit vorkommenden Spezies auf nur 2,5 % der globalen Landfläche – zusammen mit 18 % der gesamten Weltbevölkerung.

Kostbare Baumarten wie das Schwarze Rosenholz, der Malabarkino und der Teakbaum sind aus den Western Ghats mittlerweile fast vollständig verschwunden. Sandelholz ist im ganzen Land von illegaler Abholzung bedroht, denn es wird für die Herstellung von Räucherstäbchen und Schnitzarbeiten verwendet. Eine starke Bedrohung für die Waldgebiete ist Abholzung.

Etliche indische Baumarten haben eine religiöse Bedeutung, so der große Seidenwollbaum, unter dem sich Pitamaha (Brahma), der Erschaffer der Welt, nach getaner Arbeit niederließ. Zwei bekannte Feigenbaumarten, der Banyan- und der Pepulbaum, erreichen gewaltige Höhen. Die Bäume bilden Luftwurzeln, und es entstehen bizarre, verschlungene Gebilde aus Stämmen und Wurzeln. Buddha soll erleuchtet worden sein, während er unter einem Pepulbaum (Bodhibaum) saß.

Top-Parks: Vögel

Kumarakom Bird Sanctuary (Kerala) – vor allem Wasserzugvögel (Nov.–Feb.)

Thattekkad Bird Sanctuary (Kerala) – 320 Arten (hauptsächlich Waldvögel)

Nationalparks & Naturschutzgebiete

Bis zur Verabschiedung des Wildlife Protection Act (1972) hatte Indien nur fünf Nationalparks. Mit dem neuen Gesetz sollten neue Parks geschaffen und die Ausbeutung der Natur eingedämmt werden. Es folgten diverse Erlasse ähnlicher Art, denen zwar gute Absichten, aber oft zu wenige effektive Mittel zur Durchsetzung zugrunde lagen.

Die über 100 Nationalparks und 500 Schutzgebiete machen heute etwa 5 % der indischen Landesfläche aus. Hinzu kommen 50 Tigerreservate und 18 Biosphärenreservate. Letztere überschneiden sich oft mit anderen Schutzzonen und gestatten menschliche Aktivitäten, während Ökosystem und Artenreichtum erhalten werden. Viele zusammenhängende Parks, Reservate und Schutzgebiete in den höchst artenreichen Western Ghats bilden wichtige Wanderungsschneisen für Tiere.

Wegen der Einrichtung neuer Naturschutzgebiete mussten rund 1,6 Mio. indigener Adivasi und andere Waldbewohner ihr traditionelles Stammesland verlassen. Viele davon wurden in Dörfer umgesiedelt und gezwungen, ihre uralte Lebensart aufzugeben. Seit 2006 untersagt der Forest Rights Act die Umsiedlung von Waldbewohnern aus National-

GEIERSCHWUND IN INDIEN

Von allen indischen Tierarten haben die Geier wohl am stärksten gelitten – vor allem der Bengalgeier, von dem es in den 1980er-Jahren noch rund 80 Mio. Exemplare gab. Heute sind davon lediglich ein paar Tausend übrig – eine Folge des Medikaments Diclofenac, das zur Behandlung von Rindern eingesetzt wird und nach deren Ableben tödliches Nierenversagen bei aasfressenden Vögeln auslöst. Der Geierschwund hat wiederum die Zahl der verwilderten Hunde erhöht, die Krankheiten verbreiten und sich an den vormals von Aasvögeln vertilgten Kadavern laben.

parks (Ausnahme: „akut bedrohte Habitate") und schützt zumindest theoretisch die etwa 4 Mio. Menschen, die dort noch leben.

Besuch von Naturschutzgebieten

Viele Nationalparks und Naturschutzgebiete animieren zu Besuchen: Diese unterstützen Bemühungen zum Schutz der natürlichen Ressourcen Indiens. Die besten Reservate liegen etwas ab vom Schuss. Normalerweise gibt's dort (bzw. gleich außerhalb) aber diverse Unterkünfte. Mancherorts sind auch geführte Wanderungen und Jeepsafaris im Angebot, während man sich anderswo mit recht oberflächlichen Minibustrips begnügen muss. Die Randzonen können so artenreich sein wie das jeweilige Schutzgebiet und werden teilweise von privaten Tourfirmen per pedes oder Jeep erkundet. Aus Sicherheitsgründen sind Parkbesuche meist nur mit Guide gestattet.

Die Monsun-Monate (meist Juni–Aug.) eignet sich normalerweise am wenigsten für Besuche. Während Urlaubsperioden sind die Parks und deren Unterkünfte oft völlig überlaufen. Manche Schutzgebiete haben während der ultratrockenen und heißen Monate direkt vor dem Monsun geschlossen. Allerdings können diese auch die beste Beobachtungszeit sein, da die Tiere sich an den wenigen verbliebenen Wasserlöchern einfinden.

Top-Parks: Wildelefanten

Nagarhole National Park (Karnataka)

Wayanad Wildlife Sanctuary (Kerala)

Mudumalai Tiger Reserve (Tamil Nadu)

Geografie

Der Himalaja mit Indiens höchstem Gipfel (dem Kangchendzönga; 8598 m) bildet eine schier unüberwindliche Barriere zwischen Indien und dessen nördlichen Nachbarn. Das höchste Gebirge der Welt entstand einst durch die Aufwölbung des uralten Meeresbodens, als der indische Subkontinent langsam auf die Eurasische Platte stieß. Zuvor war er nach seiner Loslösung von Gondwanaland etwa 100 Mio. Jahre lang in Richtung Norden gedriftet.

Südlich des Himalajas bilden die Schwemmlandebenen des Indus und des Ganges das fruchtbare Herz Nordindiens. Wiederum südlich davon erstreckt sich das Hochland des Dekkan-Plateaus im Zentrum von Indiens dreieckigem Südzipfel. Begrenzt wird es von den Western und Eastern Ghats: Erstere beginnen nördlich von Mumbai und reichen fast bis in den äußersten Süden hinunter. Üppig mit Regenwäldern bewachsen fallen sie dabei steil zu einer schmalen Küstenebene hin ab. Ihr höchster Berg ist der Anamudi (2695 m) in Kerala. Mit ihren vielen endemischen Spezies zählen die Western Ghats außerdem zu den artenreichsten Regionen der Welt. So wurden hier 2012 insgesamt 39 Areale zu Weltnaturerbestätten erklärt. Die unteren Eastern Ghats verlaufen zwischen Westbengalen und dem Süden des zentralen Tamil Nadu. Durchquert werden sie von den vier großen Strömen der indischen Südhälfte (Mahanadi, Godavari, Krishna, Cauvery), die von Westen nach Osten über das Dekkan-Plateau fließen.

Vor der Küste liegen mehrere Inselgruppen. Diese gehören zwar offiziell zu Indien, in geografischer Hinsicht aber zur Landmasse von Südost-

Top-Parks: Tiger

Tadoba-Andhari Tiger Reserve (Maharashtra) und Pench Tiger Reserve (Madhya Pradesh; leicht ab Nagpur in Maharashtra erreichbar) – zwei von Indiens besten Tigerparks

Nagarhole und Bandipur National Park (Karnataka) und Periyar Wildlife Sanctuary (Kerala) – geringere, aber dennoch realistische Chancen auf Tigersichtungen

asien und zu den Eilanden des Indischen Ozeans. Die insgesamt 572 Inselchen der Andamanen und Nikobaren weit östlich in der Andamanensee sind eigentlich die Gipfel einer unterseeischen Bergkette, die sich über fast 1000 km zwischen Myanmar (Burma) und Sumatra erstreckt. Bei den Korallenatollen von Lakshadweep (300 km westlich von Kerala) handelt es sich um eine nördliche Fortsetzung der Malediven.

Umweltprobleme

Seit 1947 haben schätzungsweise 35 Mio. Inder ihre Heimat aufgrund von großen Staudammprojekten (meist zur Stromerzeugung) verloren. Landesweit werden weiterhin Täler für neue Wasserkraftwerke geopfert. Außerdem erhalten Umgesiedelte keine angemessene Entschädigung.

Bis 2030 wird Indiens Bevölkerung voraussichtlich auf 1,5 Mrd. Einwohner ansteigen (Stand 2016: 1,3 Mrd.). Zusammen mit der fortwährenden Industrialisierung und Verstädterung sowie mit dem flächendeckenden Einsatz von Chemie in der Landwirtschaft ist dies höchst bedrohlich für die hiesige Umwelt. Schätzungsweise 65 % der indischen Landfläche sind in irgendeiner Form geschädigt. Viele der heutigen Probleme sind direkte Folgen der sogenannten Grünen Revolution in den 1960er-Jahren: Damals wurden die landwirtschaftlichen Erträge mittels chemischer Düngemittel und Pestizide massiv gesteigert. Der Preis dafür waren enorme Umweltschäden.

Trotz zahlreicher Umweltgesetze hat die Korruption den Umweltfrevel weiter vorangetrieben. Dabei missachten vor allem Wasserkraft- und Bergbaukonzerne schamlos die staatlichen Bestimmungen. Inzwischen sinken auch die landwirtschaftlichen Erträge, da sich die Bodenqualität durch Überbewirtschaftung, Versalzung, Abholzung und mangelnde Bewässerung immer weiter verschlechtert – mit erschütternden Konsequenzen für die Bevölkerung. Parallel kämpft Indien ständig mit dem Dilemma, sich wirtschaftlich weiterentwickeln zu wollen, ohne seine verbliebene Natur auch noch zu zerstören.

Premierminister Modi (seit 2014 im Amt) hat seine diesbezüglichen Prioritäten offenbar geteilt: Eines seiner bekanntesten Projekte soll die extreme Verschmutzung des Ganges bis 2019 stark senken. Zudem steckt er hinter der stark beworbenen Swachh-Bharat-Kampagne zur landesweiten Müllreduktion, fördert die Solarenergie in großem Stil und hat Indien durch Ratifizierung des Pariser Klimaschutzabkommens dazu verpflichtet, 40 % seines Energiebedarfs ab 2030 auf nicht-fossiler Basis zu decken. Andererseits beabsichtigt Modis Regierung aber auch die Intensivierung des Kohlebergbaus und eine Verdopplung des Kohleverbrauchs, was Indiens Ausstoß von Treibhausgasen (globaler Anteil aktuell ca. 4,5 %) deutlich erhöhen wird.

Das Online-Magazin Down to Earth (www.downtoearth.org.in) liefert Insider-Infos zu Indiens Umweltproblemen und vertieft Themen, die von den Massenmedien ignoriert werden.

Wie überall balanciert der Tourismus auch hier zwischen Anreizen für Veränderungen und Problemverschlimmerung. Viele Umweltsorgen (z. B. in Goa) resultieren direkt aus verantwortungsloser Tourismusentwicklung.

Klimawandel

Veränderte Klimaverhältnisse aufgrund weltweiter CO_2-Emissionen haben in Indien zu gefährlichen und extremen Wetterphänomenen geführt. Obwohl das Land in puncto CO_2-Ausstoß pro Kopf immer noch weit hinter China und dem Westen liegt, macht es die schiere Zahl seiner Einwohner zum drittgrößten CO_2-Sünder der Welt.

Bis 2030 wird die Intensität von Überschwemmungen und Dürren in Indien um schätzungsweise 30 % zunehmen. Inseln der Lakshadweep-Gruppe und das tief gelegene Gangesdelta werden bei steigendem Meeresspiegel wahrscheinlich überflutet.

Südindien leidet stark unter dem Klimawandel. In jüngster Zeit äußerte sich dies in verheerenden Hitzewellen, Wirbelstürmen, Trinkwasserverknappungen und anderen Katastrophen. 2015 forderte eine Hitzewelle hier mindestens 2500 Todesopfer (die meisten davon in Telangana und Andhra Pradesh). Im selben Jahr wurde die Region von den schlimmsten Überschwemmungen seit über 100 Jahren heimgesucht, wobei mindestens 500 weitere Menschen starben (hauptsächlich in Tamil Nadu). Inzwischen mehren sich auch die Konflikte um die Wasserressourcen des Südens.

Abholzung

Seit dem Beginn der Unabhängigkeit wurden über 50 000 km² der indischen Wälder durch Abholzung oder Landwirtschaft vernichtet oder durch das Wachsen von Städten, den Bergbau, die Industrialisierung und die Errichtung von Dämmen beschädigt. Seit den 1990er-Jahren hat sich der Bestand von Mangrovenwäldern halbiert, wodurch die Laichplätze der Fische im Indischen Ozean und dem Golf von Bengalen reduziert wurden.

Der erste Fünfjahresplan Indiens von 1951 erkannte die Bedeutung des Waldes für den Schutz des Bodens an, und es wurden verschiedene politische Maßnahmen zur Aufforstung der Wälder ergriffen. Fast alle Bestimmungen wurden jedoch von Beamten, Kriminellen und auch einfachen Leuten untergraben, die mit den Wäldern ihren Brennholzbedarf decken und sie als Weideland nutzen.

Wasserressourcen

Das wohl größte Gesundheitsproblem Indiens besteht im unzureichenden Zugang zu sauberem Trinkwasser und hygienischen Sanitäreinrichtungen. Angesichts des anhaltenden Bevölkerungswachstums ist zukünftig mit einem extremen Anstieg des Wasserverbrauchs durch Landwirtschaft, Industrie und Privathaushalte zu rechnen. Zudem bewältigen Indiens Klärwerke aktuell nur etwa ein Viertel der landesweiten Abwassermenge. Vielerorts landen ungeklärte Abwässer und eingeäscherte Verstorbene direkt in den Flüssen. Tatsache ist auch: Das „große Geschäft" wird in Indien oft in der Öffentlichkeit verrichtet (u. a. von mehr als 50 % der Landbevölkerung) – was jedoch durch Modis Swachh-Bharat-Kampagne bis 2019 ein Ende finden soll.

Gleichzeitig leiden Indiens Flüsse unter landwirtschaftlichen Einspülungen, Industrieabfällen und anderen Verschmutzungsfaktoren. So sind mindestens 70 % der nationalen Süßwasserressourcen heute in irgendeiner Form verunreinigt.

In Südindien mehren sich zudem Konflikte um gemeinsam genutztes Wasser: Seit Jahrzehnten schwärt hier ein Streit um Pläne, kühles Nass vom dürregeplagten Karnataka ins ebenfalls trockene Tamil Nadu zu bringen. 2016 gipfelte dies in Streiks, Gewalttätigkeiten und einem Verkehrsstopp zwischen den beiden Bundesstaaten.

Infos im Internet

Details zu Flora, Fauna, Naturschutz und Förderung des Umweltbewusstseins: www.sanctuaryasia.com

Aktuelles vom Wildlife Trust of India: www.wti.org.in

Top-Infos für Vogelbeobachter: www.birding.in

Praktische Informationen

Abzocke

Leider verdient Indien seinen Ruf für Abzocke – und das gilt sowohl für herkömmliche als auch für neue Varianten. Mit etwas gesundem Menschenverstand und einer Portion Vorsicht kann man sich aber davor schützen. Abzocke ist eher ein Problem in Großstädten (z. B. Delhi oder Mumbai) oder in sehr touristischen Gegenden (z. B. Rajasthan). In Goa und Kerala ist Abzocke relativ selten. In Gesprächen mit anderen Travellern kann man sich über die neuesten Gaunereien auf dem Laufenden halten. Nützlich ist auch ein Blick in das Lonely Planet Forum Thorn Tree Travel (www.lonelyplanet.com/thorntree), wo Traveller unter dem Stichwort India oft sehr zeitnah von den Problemen berichten, auf die sie unterwegs gestoßen sind.

Abzocke in Verkehrsmitteln

➡ Wer im Vorfeld keine Abholung organisiert hat, sollte bei der Ankunft an Bahnhöfen und Flughäfen ein Uber-Fahrzeug bestellen oder zu einem der Schalter für Funktaxis, Prepaid-Taxis und Flughafen-Shuttles gehen. Auf gar keinen Fall und ganz besonders nicht nachts in eines der herumstehenden Taxis steigen, die eine billige Fahrt in die Stadt versprechen!

➡ Wer eine mehrtägige Sightseeingtour buchen möchte, sollte sich seine eigene Reisroute heraussuchen und auch daran halten. Große Vorsicht ist geboten, wenn jemand in Delhi eine Hausboottour nach Kaschmir verkaufen will – im Laufe der Jahre haben wir viele Beschwerden über krumme Geschäfte erhalten.

➡ Beim Kauf eines Bus-, Zug- oder Flugtickets in einem Büro, das nicht zu einem registrierten Transportunternehmen gehört, immer darauf achten, dass auf dem Ticket auch wirklich die Klasse steht, für die man bezahlt hat! Wenn möglich, am besten über offizielle Websites buchen.

➡ Einige Betrüger an Bahnhöfen (selbst die, die mit Uniform oder „offiziellem" Ausweis ausgestattet sind) behaupten vielleicht, dass der gebuchte Zug storniert wurde, unter Wasser steht oder kaputt ist oder dass die Fahrkarte ungültig ist oder dass man für die Bestätigung seines e-Tickets eine Gebühr bezahlen muss. Annäherungsversuche von solchen Mitarbeitern sollte man ignorieren.

Betäubungsmittel

Hin und wieder werden Touristen (insbesondere

HAUPTSACHE SICHER

➡ Eine gute Reiseversicherung ist ein absolutes Muss.

➡ Man sollte sich Kopien des Reisepasses, des Visums und der Flugtickets an die eigene Adresse mailen und außerdem Kopien dabei haben.

➡ Geld und Reisepass sind in einem Geldgürtel oder Brustbeutel unter der Kleidung am sichersten.

➡ Es ist ratsam, mindestens 100 US$ getrennt vom Rest der Reisekasse aufzubewahren.

➡ In der Öffentlichkeit nicht mit dicken Geldbündeln herumwedeln, z. B. wenn man eine Dienstleistung bezahlt oder in einem Hotel eincheckt.

➡ In billigeren Hotels sollte man sein eigenes Vorhängeschloss benutzen.

➡ Wenn sich ein Hotelzimmer von innen nicht sicher abschließen lässt, sollte man sich eine andere Bleibe suchen.

Alleinreisende) unter Drogen gesetzt und ausgeraubt oder auch angegriffen. Meistens werden die Opfer ins Land der Träume befördert, indem man ihnen Schokolade, Tee von einem an dem Trick mitwirkenden Verkäufer, „hausgemachtes" indisches Essen oder sogar in Flaschen abgefülltes Wasser anbietet.

Diebstahl

➡ Wie überall besteht auch in Indien immer das Risiko, bestohlen zu werden. In Bussen und Zügen das Gepäck immer abschließen und anketten! Achtung vor allem bei Abfahrt des Zuges, damit einem nicht noch in letzter Minute etwas geklaut wird und man die Verfolgung quer über den Bahnhof nicht mehr aufnehmen kann!

➡ Besondere Vorsicht ist in Schlafsälen geboten. Wertsachen niemals unbeaufsichtigt lassen.

➡ Nicht vergessen, nachts die Tür abzuschließen. Diebe schrecken nicht davor zurück, Sachen aus Hotelzimmern zu stehlen, während die Hotelgäste schlafen.

Edelsteinabzocke

Gewiefte Betrüger die einem versprechen, verdammt schnell und sicher an ein kleines Vermögen zu kommen, können oft unglaublich schlüssig klingende Geschichten erzählen – man muss also sehr genau aufpassen. Bei dieser Abzocke werden die Traveller gebeten, Edelsteine mit nach Hause zu nehmen oder nach Hause zu schicken und sie dort an die (nicht vorhandenen) Abnehmer des Auftraggebers mit Gewinn zu verkaufen. Diese Waren sind – wenn sie überhaupt ankommen – ausnahmslos nur einen Bruchteil des Einkaufspreises wert. Und der sogenannte „Abnehmer" tritt natürlich nie in Erscheinung.

ANDERE FORMEN DER ABZOCKE

➡ Plötzlich hat man Dreck (Schmutz, Farbe, Fäkalien) an den Schuhen, und wie von Zauberhand erscheint ein Schuhputzer, der einem – gegen Bezahlung natürlich – die Schuhe putzen will.

➡ Einige Läden verkaufen überteuerte SIM-Karten und aktivieren sie nicht. SIM-Karten am besten in einem offiziellen Geschäft kaufen und vor der Weiterreise prüfen (die Aktivierung kann bis zu 24 Stunden dauern).

➡ Geschäfte, Restaurants und Tourguides tragen den gleichen oder einen ähnlichen Namen wie ihre erfolgreichere und beliebtere Konkurrenz.

➡ Schlepper behaupten, „staatlich geprüfte" Guides oder Tourveranstalter zu sein und leiern einem viel Geld aus den Rippen. Am besten erkundigt man sich in der örtlichen Touristeninformation nach lizenzierten Guides und lässt sich von ihnen ihre Lizenzen zeigen.

➡ Fragwürdige Tourveranstalter posieren als offizielle Touristeninformationen und verkaufen überteuerte Touren, Tickets und Touristendienste.

Auf keinen Fall sollte man die rührseligen Geschichten glauben, dass es nahezu unmöglich sei, eine Exportlizenz zu erhalten. Auch die Empfehlungsschreiben von anderen Reisenden sollte man nicht ernst nehmen – sie sind alle gefälscht. Die Gauner versuchen ihr Glück u. a. in Agra, Delhi und Jaisalmer, aber hauptsächlich in Jaipur. Es geht dabei allerdings nicht immer nur um Edelsteine – Teppiche, Kuriositäten und Pashmina-Wollwaren sind ebenfalls recht beliebt.

Fotografieren

Wer Personen fotografieren will, sollte seinem Gefühl vertrauen (oder besser noch, um Erlaubnis fragen). Wer nicht um Erlaubnis gebeten hat, wird danach möglicherweise aufgefordert, einen Obolus zu zahlen.

Kreditkarten-abzocke

Vorsicht bei der Bezahlung von Souvenirs mit Kreditkarte! Staatliche Geschäfte sind im Allgemeinen seriös. Private Souvenirshops haben in der Vergangenheit Kreditkartenbelege heimlich mehrmals ausgedruckt und später für faule Transaktionen benutzt. Besucher sollten immer darauf bestehen, dass sie dabei zusehen können, wie die Karte durch das Gerät gezogen wird. Eine gute Idee, um Kreditkartenmissbrauch zu verhindern, ist, die CVV-/CVC2-Nummer auswendig zu lernen und sie von der Karte zu kratzen. In einigen Restaurants fragen Kellner nach dem PIN, um dann die Kreditkarte zur Maschine mitzunehmen. Man sollte nie den PIN preisgeben und immer darauf bestehen, beim Bedienen der Geräte dabei zu sein.

Schlepper & Provisionshaie

➡ Taxi- und Autorikschafahrer wollen einen oft partout zu einem ganz bestimmten Hotel bringen, damit sie danach von den Leuten an der Hotelrezeption eine Provision erhalten (die allerdings auf den Zimmerpreis aufgeschlagen wird).

- Wann immer möglich, sollte man im Vorfeld ein Hotel buchen (sei es auch nur für die erste Nacht) und sich vom Hotel abholen lassen. Oft bekommt man auch zu hören, dass das Hotel, das man sich ausgesucht hat, „ausgebucht" oder „geschlossen" sei – selbst nachprüfen und die Buchung einen Tag vor Anreise prüfen und bestätigen lassen!
- Skepsis ist angesagt bei Aussagen wie „mein Bruder hat einen Laden" oder „bei einem Freund erhalten Sie Sonderpreise". Es gibt viele Betrüger, die mit Souvenirläden zusammenarbeiten.
- Vorsicht auch vor vermeintlich freundlichen Menschen und „Beamten", die einem an Busbahnhöfen oder Bahnhöfen unaufgefordert Hilfe anbieten und dann zu einem Tourveranstalter mitnehmen, von dem sie Provision kassieren. Am besten selbstbewusst auftreten, und falls jemand fragt, ob man das erste Mal in Indien ist, antworten, dass man schon mehrfach da gewesen sei. Manche Schlepper geben auf, wenn man ihnen sagt, dass man bereits im Vorfeld einen Transfer, eine Tour oder eine Weiterfahrt organisiert und bezahlt hat.

Verunreinigte Speisen & Getränke

- Ende der 1990er-Jahre sind in Nordindien einige Traveller nach dem Konsum von mit gefährlichen Bakterien verseuchtem Essen in Restaurants mit Verbindung zu zwielichtigen Kliniken gestorben. Uns liegen keine neuen Berichte vor, aber die Betrügerei kann jederzeit wieder aufleben. In anderen Fällen wurden in einigen Kliniken die Behandlungskosten unnötig in die Höhe getrieben, um mehr Geld von den Versicherungen einzuheimsen.
- Wasser in abgefüllten Flaschen ist in der Regel unbedenklich. Unbedingt darauf achten, dass die Versiegelung der Flasche nicht beschädigt ist und auch der Boden der Flasche nicht manipuliert wurde! Wer unterwegs ist, sollte möglichst abgepacktes Essen dabei haben. Sollte man an einem Busbahnhof oder Bahnhof etwas essen müssen, ist es am besten der Menschenmenge zu folgen und Essen in stark frequentierten Lokalen zu kaufen.

Wucherpreise

Immer zuerst den Preis aushandeln, bevor man einen Dienst ohne feste Preisregelung in Anspruch nimmt! Dabei kann es sich um einen freundlichen Guide aus der Nachbarschaft handeln, eine Snackbar an einem touristischen Ort, eine Autorikscha oder ein Taxi ohne Taxameter.

Frauen & Alleinreisende

Frauen unterwegs

Obwohl das Bollywood-Kino eventuell etwas anderes vermuten lässt: Indien ist nach wie vor eine konservative Gesellschaft. Leider steigt hier die Zahl der Fälle von sexueller Gewalt gegenüber Frauen. Dagegen helfen offenbar auch nicht die strengeren Strafen, die eingeführt wurden, nachdem 2012 eine Inderin in Delhi von einer Männergruppe vergewaltigt und ermordet worden war. In den letzten Jahren kam es auch zu einigen Übergriffen auf Touristinnen.

Weibliche Reisende müssen damit rechnen, dass ihre Verhaltensweise und Bekleidungswahl ständig kritisch beäugt wird.

Unerwünschte Aufmerksamkeit

Unerwünschte Aufmerksamkeit von Männern ist in Indien ein relativ häufiges Problem.

➡ Frauen müssen damit rechnen, angestarrt zu werden. Damit muss frau leben und sollte es sich nicht zu Herzen nehmen.

➡ Frauen sollten Blicke von Männern nicht erwidern. Das könnte als Aufforderung verstanden werden.

➡ Dunkle Sonnenbrillen, Handys, Bücher, Kopfhörer oder Tablet-PCs helfen dabei, unerwünschte Gespräche zu verhindern.

Kleidung

In Gegenden mit mehr Touristen (z.B. Goa) oder kosmopolitischen Großstädten (z.B. Mumbai) wird das Bekleidungsthema teilweise lässiger gesehen. Dort gilt dies vor allem für Bars, Hotels und Restaurants, die von vielen jüngeren Inderinnen besucht werden: Enge Jeans oder sogar Miniröcke sind in solchen Locations durchaus keine Seltenheit. Was wo (noch) angemessen ist, hängt aber allgemein stark vom jeweiligen Ziel ab – im Zweifelsfall immer konservativ anziehen!

Außerhalb von Touristenhochburgen und Großstädten kleiden sich Inderinnen generell konservativ bzw. traditionell. Verzicht auf kulturell unangemessene Kleidung senkt die Wahrscheinlichkeit für unerwünschte Aufmerksamkeit.

➡ Konkret: Keine knappen, figurbetonten und/oder durchsichtigen Klamotten (z.B. Träger-Tops, Shorts, kurze Röcke) tragen! Röcke sollten mindestens bis zu den Waden reichen; knöchellange Modelle sind die beste Wahl.

➡ Kleidung im indischen Stil wird auch bei Touristinnen gerne gesehen.

➡ Ein *dupatta* (langer Schal) über dem T-Shirt zeugt von Anstand. Zudem ist dieses Accessoire sehr praktisch, wenn frau bei Tempelbesuchen den Kopf verhüllen muss.

➡ Wer einen *salwar kameez* (traditionelle kleidartige Tunika und Hose) trägt, macht sich unauffälliger; eine schicke Alternative ist eine *kurta* (langes Hemd), die über Jeans oder Hosen getragen wird.

➡ Frau sollte sich nicht mit einem *choli* (Sari-Bluse) oder einem Sari-Unterrock (den manche Ausländerinnen fälschlich für einen Rock halten) in der Öffentlichkeit sehen lassen. Das würde nämlich wirken, als würde sie nur halb bekleidet herumstolzieren.

➡ Die meisten indischen Frauen tragen lange Shorts und ein T-Shirt, wenn sie in der Öffentlichkeit schwimmen gehen, außer an Pools. Auf dem Weg vom Strand zum Hotel bietet es sich an, einen Sarong zu tragen.

Gesundheit & Hygiene

➡ Binden sind überall erhältlich, Tampons normalerweise nur in Apotheken der Großstädte und der bekannten Touristenorte (und auch hier nur in beschränkter Auswahl). An Vorrat für Reisen jenseits der üblichen Pfade sollte im Vorfeld gedacht werden!

Sexuelle Belästigung

Viele Frauen berichten nach einer Indienreise von Formen der sexuellen Belästigung – darunter anzügliche Bemerkungen, Verletzungen der

Privatsphäre, provokative Gesten und „versehentliches" Anrempeln; selbst Grapschen und Verfolgen sind schon vorgekommen. Ähnliche Sicherheitsmaßnahmen wie zu Hause sind landesweit angebracht.

➡ Zu Zwischenfällen kommt es vor allem bei öffentlichen Großveranstaltungen (z. B. Holi-Fest), an viel genutzten Verkehrsknotenpunkten und auf belebten Märkten. Frauen sollten Menschenansammlungen meiden und bei deren Entstehen schnell einen ungefährlicheren Ort aufsuchen.

➡ Eine männliche Reisebegleitung senkt das Belästigungsrisiko zwar stark, ist aber dennoch keine Sicherheitsgarantie.

Sicher reisen

➡ Immer gut auf die Umgebung achten und im Zweifelsfall auf die eigenen Instinkte vertrauen. Übertriebene Angst und Waghalsigkeit sind gleichermaßen unangebracht.

➡ Bei Dunkelheit immer auf renommierte, lizenzierte Taxifirmen zurückgreifen.

➡ Die Reise so planen, dass lange Aufenthalte an (Bus-)Bahnhöfen und/oder späte Ankunftszeiten vermieden werden. Ankunft bei Tageslicht ist grundsätzlich zu bevorzugen.

➡ Gespräche mit unbekannten Männern auf das Nötigste beschränken: Smalltalk mit nahezu Unbekannten kann als Zeichen sexuellen Interesses missdeutet werden.

➡ Manche Frauen tragen einen falschen Ehering oder erwähnen in Gesprächen frühzeitig, dass sie verheiratet oder verlobt sind (unabhängig vom Wahrheitsgehalt).

➡ Wenn frau das Gefühl hat, dass ihr ein Typ zu nahe kommt, ist das zumeist auch so. Dagegen hilft fast immer die deutliche Aufforderung, auf Abstand zu bleiben – vor allem bei einem lauten und barschen Tonfall, der die Aufmerksamkeit von Passanten erregt. Auch völlige Nichtbeachtung kann sehr effektiv sein.

➡ Wie die Inderinnen aufs Händeschütteln verzichten und stattdessen den respektvollen, traditionellen Hindu-Gruß *namaste* verwenden.

➡ Auf teuer aussehenden Schmuck und auffällige Accessoires verzichten.

➡ Manche Frauen berichten von sexuellen Belästigungen durch männliche Therapeuten (z. B. Masseure) oder Lehrer. Daher vor Einzelsitzungen immer den Ruf des jeweiligen Anbieters checken (bei anderen Travellern nachfragen!) und möglichst auf weiblichem Personal bestehen.

➡ Lieber etwas mehr ausgeben: Für alleinreisende Frauen empfehlen sich gute Hotels in besseren Gegenden.

➡ Die Zimmertür besonders in Budget-Unterkünften und Mittelklassehotels immer abschließen: Nach dem Anklopfen tritt das Personal oft ein, ohne auf Erlaubnis zu warten.

➡ Auch tagsüber nicht allein in einsamen Gegenden herumlaufen; *galis* (enge Gassen) und verlassene Straßen möglichst meiden.

➡ Bei Rikschafahrten ohne Begleitung jemanden per Anruf bzw. Textnachricht kontaktieren oder zumindest so tun, als sei der aktuelle Aufenthaltsort einer weiteren Person bekannt.

➡ In der Öffentlichkeit selbstsicher auftreten und Karten bzw. Stadtpläne nur in Hotels oder Restaurants herausholen: Wer dies auf der Straße tut, wirkt verloren und damit verletzlich.

➡ Niemals Taxis oder Autorikschas nehmen, in denen mehr als ein Mann (der Fahrer!) sitzt.

➡ Größere Städte erlauben die Echtzeit-Verfolgung des Standorts per Smartphone. So kann frau schneller feststellen, ob Taxi- oder Rikschafahrer eine falsche Route nehmen.

Taxis & Öffentliche Verkehrsmittel

Beim Einsteigen in Busse und Züge können sich Frauen zumeist problemlos vordrängeln. In Zügen gibt's spezielle Damenabteile. Manche Bahnhöfe haben separate Warteräume für weibliche Passagiere.

➡ Vor allem bei nächtlicher Ankunft sollten alleinreisende Frauen den Shuttle vom Flughafen zum Hotel im Voraus arrangieren.

➡ In einigen Großstädten gibt's lizenzierte Prepaid-Funktaxi-Services, die teurer als ihre regulären Pendants sind. Doch dafür werben diese Firmen mit Sicherheit und einer Überprüfung der Fahrer vor deren Einstellung. Ähnlich praktisch sind die Taxi-Apps Uber und Ola Cabs.

➡ Passagiere normaler Prepaid-Taxis sollten vor den Augen des Fahrers dessen Namen sowie das Nummernschild notieren und den Zettel einem Flughafenpolizisten geben.

➡ Vor allem bei Dunkelheit niemals Taxis oder Autorikschas nehmen, in denen mehr als ein Mann (der Fahrer!) sitzt. Zudem Behauptungen wie „das ist nur mein Bruder" grundsätzlich nicht glauben!

➡ In teureren Zugklassen ist das Belästigungsrisiko potenziell geringer.

➡ In Schlafwagen mit zwei- oder dreistöckigen Kojen empfiehlt sich stets der oberste Liegeplatz: Dort sind Privatsphäre und Abstand zu eventuellen Grapschern größer.

➡ In öffentlichen Verkehrsmitteln ruhig alle umherirrenden Gließmaßen wegschieben und deren Besitzer durch lauten Protest öffentlich beschämen. Oder einfach einen neuen Platz suchen (falls möglich).

➡ An Bord am besten immer neben anderen Frauen sitzen (in Fernbussen zudem möglichst weit vorne).

Alleinreisende

Bei Solotrips durch Indien besteht eine der Freuden darin, eher von Familien „adoptiert" zu werden (vor allem während langer Zugreisen). In Touristenhochburgen wie Goa und Kerala kann man sich prima anderen Travellern anschließen. Reisegefährten finden sich eventuell auch über das englischsprachige Thorn-Tree-Reiseforum von Lonely Planet (www.lonelyplanet.com/thorntree).

Kosten

➡ Einzelzimmer sind manchmal nicht viel billiger als Doppelzimmer.

➡ Manche Mittelklasse- und Luxusunterkünfte bieten gar keine Einzelzimmertarife an.

➡ Es ist immer einen Versuch wert, über einen niedrigeren Preis für die Einzelbelegung zu verhandeln.

Sicher reisen

Alleinreisende berichten nicht über nennenswerte Probleme in Indien, aber es ist wie überall klug, in unbekannten Umgebungen auf der Hut zu sein.

➡ Einige wenig ehrenhafte Gesellen (Einheimische wie Traveller) betrachten Habseligkeiten alleinreisender Touristen als leichte Beute oder belästigen Alleinreisende sexuell.

➡ Männer, die allein in einsamen Gegenden unterwegs waren, wurden schon ausgeraubt, selbst tagsüber.

Verkehrsmittel

➡ Bares kann sparen, wer sich Taxis und Autorikschas mit anderen teilt oder gemeinsam Fahrzeuge für längere Touren mietet. Auch die Taxi-Apps Uber und Ola Cabs ermöglichen Gruppenfahrten.

➡ In Bussen lässt sich vielleicht der „Beifahrersitz" ergattern: Gute Aussicht geht dann mit mehr Platz für Gepäck einher.

Allgemeine Informationen

Botschaften & Konsulate

Die meisten ausländischen Botschaften befinden sich in Delhi. Einige Länder unterhalten zudem Konsulate in anderen indischen Städten (für Details s. Websites). Viele diplomatische Vertretungen erledigen Visumangelegenheiten nur zu bestimmten Zeiten (meist morgens; Details jeweils telefonisch erfragen).

Bangladesch Delhi (☎011-24121394; www.bdhcdelhi.org; EP39 Dr. Radakrishnan Marg, Chanakyapuri; Ⓜ Chanakyapuri); Kolkata (☎033-40127500; 9 Circus Ave; ⏲Visumanträge Mo–Fr 9–11 Uhr)

Bhutan Delhi (☎011-26889230; www.bhutan.gov.bt; Chandragupta Marg, Chanakyapuri; Ⓜ Chanakyapuri); Kolkata (Tivoli Court, Ballygunge Circular Rd; ⏲Mo–Fr 10–16 Uhr)

China Delhi (☎011-26112345; http://in.china-embassy.org; 50-D Shantipath, Chanakyapuri; Ⓜ Chanakyapuri)

Deutschland Chennai (☎044-24301600; www.india.diplo.de; 9 Boat Club Rd, RA Puram; ⏲Mo–Do 7.30–15.30, Fr 7.30–13.30 Uhr); Delhi (☎011-44199199; www.new-delhi.diplo.de; 6/50G Shantipath, Chanakyapuri; Ⓜ Chanakyapuri); Kolkata (☎033-24791141; 1 Hastings Park Rd, Alipore); Mumbai (☎022-22832422; www.india.diplo.de; 10. Stock, Hoechst House, Nariman Point)

Malaysia Chennai (☎044-24334434; www.kln.gov.my; 7 1st St, Cenotaph Rd, Teynampet; ⏲Mo–Fr 9–17 Uhr); Delhi (☎011-24159300; www.kln.gov.my/web/ind_new-delhi/home; 50M Satya Marg, Chanakyapuri; ⏲Mo–Fr 8.30–16.30 Uhr); Mumbai (☎022-26455751; www.kln.gov.my/web/ind_mumbai/home; 5. Stock, Notan Classic Bldg abseits derTurner Rd, Bandra West)

Malediven Delhi (☎011-41435701; www.maldiveshighcom.in; B2 Anand Niketan)

Myanmar Delhi (☎011-24678822; www.myanmedelhi.com; 3/50F Nyaya Marg; ⏲Mo–Fr 9.30–16.30 Uhr); Kolkata (☎033-24851658; mcgkolcg@gmail.com; 57K Ballygunge Circular Rd; ⏲Visumanträge Mo–Fr 9–12 Uhr)

Nepal Delhi (☎011-23476200; www.nepalembassy.in; Mandi House, Barakhamba Rd; ⏲9–13 & 14–17 Uhr)

Österreich Delhi (☎011-2419 2700; https://www.bmeia.gv.at/botschaft/new-delhi.html; EP-13, Chandragupta Marg, Chanakyapuri); Mumbai (☎022-22851734; 2. Stock, 26 Maker Chambers VI, Nariman Point)

Schweiz Delhi (☎011-49959570; https://www.eda.admin.ch/newdelhi; Nyaya Marg, Chanakyapuri); Mumbai (☎022-22858161; 10. Stock, 102 Maker Chambers IV, 222, Jamnalal Bajaj Marg, Nariman Point)

Singapur Chennai (☎044-28158207; www.mfa.gov.sg; 17A North Boag Rd, T Nagar; ⏲Mo–Fr 9–17 Uhr); Delhi (☎011-46000915; www.mfa.gov.sg/newdelhi; E6 Chandragupta Marg, Chanakyapuri; ⏲Mo–Fr 9–13 & 13.30–17 Uhr); Mumbai (☎022-22043209; www.mfa.gov.sg/content/mfa/overseasmission/mumbai.html; Maker Chambers IV, 10. Stock, 222 Jamnalal Bajaj Rd, Nariman Point)

Sri Lanka Chennai (☎044-28241896; www.sldhcchennai.org; 56 Sterling Rd, Nungambakkam; ⏲9–17.15 Uhr); Delhi (☎011-23010201; 27 Kautilya Marg, Chanakyapuri; ⏲Mo–Fr 8.45–17 Uhr); Mumbai (☎022-22045861; www.mumbai.mission.gov.lk; Mulla House, 34 Homi Modi St, Fort, Mumbai)

Thailand Chennai (☎044-42300730; www.vfs-thailand.co.in; 3 1st Main Rd, Vidyodaya Colony, T Nagar; ⏲Mo–Fr 8–12 & 13–15 Uhr); Delhi (☎011-49774100; http://newdelhi.thaiembassy.org; D-1/3 Vasant Vihar; ⏲Mo–Fr 9–17 Uhr); Kolkata (☎033-24407836; 18B Mandeville Gardens, Ballygunge); Mumbai (☎022-22823535; www.thaiembassy.org/mumbai; 12. Stock, Express Towers, Barrister Rajni Patel Marg, Nariman Point)

Essen

Das Kapitel „Köstliches Südindien" (S. 508) informiert darüber, was in den hiesigen Küchen so alles auf dem herd steht.

PREISKATEGORIEN: ESSEN

Die folgenden Preisangaben gelten jeweils für ein normales Hauptgericht.

$ unter 150 ₹

$$ 150–300 ₹

$$$ über 300 ₹

Feiertage & Ferien

Mit dem Tag der Republik, dem Unabhängigkeitstag und Gandhis Geburtstag (Gandhi Jayanti) hat Indien drei offizielle Nationalfeiertage. Zudem werden landesweit und regional noch zahlreiche weitere Feiertage begangen. Viele ehren bedeutende Anlässe verschiedener Glaubensrichtungen und finden jedes Jahr zu anderen Terminen statt. Allgemein am wichtigsten sie die 18 *gazetted holidays* (öffentliche Feiertage; s. unten), die von Behörden der Bundesregierung in ganz Indien wahrgenommen werden. An diesen Tagen haben die meisten Geschäfte bzw. Einrichtungen (z. B. Banken, Büros, Läden) und Sehenswürdigkeiten geschlossen. Öffentliche Verkehrsmittel fahren aber normalerweise trotzdem. Wichtig: Wer eine Stadt während religiöser Großveranstaltungen besuchen will, sollte sich unbedingt rechtzeitig um Anreise und Hotelreservierung kümmern!

Tag der Republik 26. Januar

Holi Februar/März

Ramanavami März/April

Mahavir Jayanti März/April

Karfreitag März/April

Geburtstag des Dr. B. R. Ambedkar 14. April

Buddha Jayanti Mai

Eid al-Fitr Juni/Juli

Unabhängigkeitstag 15. August

Janmastami August/September

Eid al-Adha August/September

Dussehra September/Oktober

Gandhi Jayanti 2. Oktober

Muharram September/Oktober

Diwali Oktober/November

Guru Nanak Jayanti November

Eid-Milad-un-Nabi November/Dezember

Weihnachten 25. Dezember

Fotos & Video

Nützliche Tipps und Kniffe für Reisefotografen liefert der englischsprachige Lonely Planet Band *Travel Photography*.

- Fotogeschäfte in den meisten größeren Städten und Ortschaften verkaufen Speicherkarten für Digitalkameras (32 GB ab 700–1500 ₹). Deren Qualität ist aber teils mangelhaft: Manche Modelle haben nicht die angegebene Kapazität.
- Zur Sicherheit sollte man regelmäßig Backups von seinen Reisefotos machen. Falls die eigene Kamera keine Drahtlosfunktion hat, empfiehlt sich ein Kartenleser. Alternativ lassen sich Fotos in manchen Internetcafés auf CD brennen.

Einschränkungen

- Indiens Behörden reagieren sehr empfindlich, wenn Traveller militärische Objekte fotografieren. Dazu gehören z. B. Armeegelände, Flughäfen, Brücken, Bahnhöfe und heikle Grenzregionen.
- Luftbilder sind meist o. k., außer man startet (oder landet) auf einem Flughafen, der auch von Verteidigungskräften genutzt wird.
- An religiösen Orten (z. B. Klöster, Tempel, Moscheen) darf oft nicht fotografiert werden. Wer Beerdigungen, religiöse Zeremonien, das Innere von Schreinen oder badende Menschen (auch in Flüssen) knipst, riskiert Ärger. Daher immer vorher höflich um Erlaubnis bitten! Dies gilt grundsätzlich auch bei allen Personenaufnahmen – besonders von Frauen.
- Die Verwendung von Blitzlicht ist in Tempeln oder historischen Denkmälern in bestimmten Bereichen teilweise oder ganz untersagt.
- In Touristengebieten kommt es heute oft vor, dass Einheimische Geld für das Posieren für Fotos verlangen. Solche Situationen fordern Urteilsvermögen. Grundsätzlich sollte man zuerst höflich fragen, um spätere Missverständnisse zu vermeiden.

Gefahren & Ärgernisse

- In Südindiens Großstädten kann man zum Opfer von Abzockern, Klein- und Gelegenheitskriminellen werden. Mit gesundem Menschenverstand und Vorsicht lassen sich die meisten Probleme jedoch vermeiden.
- Im englischsprachigen Thorn-Tree-Reiseforum von Lonely Planet (www.lonelyplanet.com/thorntree/forums/asia-indian-subcontinent) berichten Traveller oft zeitnah von selbst erlebten Schwierigkeiten vor Ort.
- Frauen sollten stets besondere Sicherheitsvorkehrungen treffen (s. S. 547).
- Lokale Abzocker und Betrüger ändern ständig ihre Maschen (s. S. 544).
- Unbedingt alle Reisewarnungen des eigenen Außenministeriums beachten!

Terrorismus

In Indien kämpfen diverse Separatistengruppen (teils auch bewaffnet) für verschiedene Ziele. Hierbei bedienen sie sich aller bekannten Standardmethoden des internationalen Terrorismus: Morde

PRAKTISCH & KONKRET

Maße & Gewichte Offiziell gilt in Indien das metrische System. Zudem wird hier oft von *lakhs* (1 *lakh* = 100 000) und *crores* (1 *crore* = 10 Mio.) gesprochen.

Radio Als Staatssender mit über 400 Stationen bringt All India Radio (AIR; www.allindiaradio.gov.in) landesweit lokale und internationale Nachrichten. Parallel senden private FM-Programme u. a. Musik, Reportagen und Talk.

TV Der staatliche Fernsehsender heißt Doordarshan (www.ddindia.gov.in). Viele Inder bevorzugen aber Satelliten- oder Kabelkanäle.

Zeitschriften Magazine wie *Frontline* (www.frontline.in), *India Today* (www.indiatoday.intoday.in), *The Week* (www.theweek.in), *Tehelka* (www.tehelka.com) und *Outlook* (www.outlookindia.com) berichten kritisch übers aktuelle Geschehen.

Zeitungen Zu den größten englischsprachigen Tageszeitungen zählen *Hindustan Times* (www.hindustantimes.com), *Times of India* (www.timesofindia.indiatimes.com), *Indian Express* (www.indianexpress.com), *The Hindu* (www.thehindu.com), *Daily News & Analysis* (DNA; www.dnaindia.com) und *Economic Times* (www.economictimes.indiatimes.com).

plus Bombenanschläge auf Regierungseinrichtungen, öffentliche Verkehrsmittel, religiöse Zentren, Märkte und Touristenziele. In bestimmten Regionen (vor allem im Norden) kommt es immer wieder zu Aufständen.

Es ist daher wichtig, alle Reisewarnungen des eigenen Außenministeriums zu beachten und zusätzlich die örtliche Sicherheitslage zu checken (vor allem vor Aufbruch in Risikogebiete).

Streiks, Ausgangssperren und politisch motivierte Proteste können den Straßenverkehr in ganz Indien tagelang lahmlegen (auch Banken, Geschäfte usw.).

Allgemein gilt: Auch in Europa und den USA kann man zum Terroropfer werden. Somit gibt es keinen Grund, um Indien generell einen großen Bogen zu machen.

Geld

Eine indische Rupie (₹) besteht aus 100 Paise; nur die 50-Paise-Münzen sind ein gesetzliches Zahlungsmittel, das aber auch immer seltener wird. Geldstücke gibt's im Wert von 1, 2, 5 und 10 ₹ (die Einer und Zweier sehen fast gleich aus). Parallel sind Scheine zu 5, 10, 20, 50, 100 und die neu hinzugekommenen 500 und 2000 ₹ im Umlauf (Letztere sind praktisch bei großen Rechnungen, verursachen beim Begleichen kleinerer Rechnungen aber oft Wechselgeldprobleme). Der Rupienkurs ist an den Kurs anderer Währungen gekoppelt und schwankte in den letzten Jahren häufig.

Für Wechselkurse und Preisinfos s. S. 14.

Bargeld

- Wichtige Währungen wie US-Dollar, Britische Pfund und Euro lassen sich eigentlich überall in Indien einwechseln, manche Banken nehmen allerdings nur Reiseschecks an.
- Einige Banken akzeptieren darüber hinaus auch andere Währungen – etwa den Schweizer Franken.
- Private Geldwechsler tauschen oft in mehr verschiedene Währungen als Banken, aber fernab der Grenzen lässt sich z. B. Geld aus Pakistan, Nepal oder Bangladesch nur noch schwer umtauschen.
- Wer abseits der Standardrouten unterwegs ist, sollte ausreichend Bargeld in kleiner Stückelung dabeihaben.
- Bei jedem Geldwechsel muss jeder einzelne Schein kontrolliert werden. Verschmutzte, beschriebene, eingerissene oder auseinanderfallende Scheine sollten abgelehnt werden, weil sie später oft nicht akzeptiert werden.
- Wechselgeld ist ein Problem im Land. Deshalb ist es sinnvoll, stets für einen Vorrat an kleinen Scheinen Sorge zu tragen: 10 ₹-, 20 ₹- und 50 ₹-Scheine sind immer besonders gefragt.
- Offiziell darf man keine Rupien außer Landes bringen, kontrolliert wird das aber eher lax. Übrig gebliebene Rupien können am Ende der Reise in eine beliebige ausländische Währung umgetauscht werden, am einfachsten am Flughafen (einige Banken verlangen als Minimum 1000 ₹). Manchmal braucht man aber Wechselbescheinigungen oder Kreditkarten-/Geldautomatenquittungen, und man muss seinen Reisepass und eventuell sogar das Ticket für den Rückflug vorzeigen.

Feilschen

- Auf Märkten und in vielen Touristenläden ist Feilschen üblich. Der „Startpreis" kann dann um 50 % oder mehr steigen.
- Handeln ist oft auch erforderlich, um faire Taxi- bzw. Rikschapreise zu erzielen (in vielen Ballungsräumen dank der Taxi-Apps Uber und Ola aber heute immer seltener).
- Gehobenere Geschäfte haben normalerweise Festpreise.

Geldautomaten

➡ Geldautomaten gibt's in den meisten Stadtzentren. Die Geräte der Axis Bank, Citibank, HDFC, HSBC, ICICI und State Bank of India akzeptieren ausländische (Kredit-)Karten – am häufigsten Visa, MasterCard, Cirrus, Maestro oder Plus. Teils gilt dies auch für die Automaten anderer Banken.

➡ Pro Abhebung liegt das Limit meist bei 10 000 bis 20 000 ₹. Bei der Citibank kann man noch mehr auf einmal herauslassen, was die Transaktionsgebühren (oft 200–250 ₹) reduziert.

➡ Vor dem Start sollte man sich bei der eigenen Bank nach Gebühren und Möglichkeiten zur Kartenbenutzung vor Ort erkundigen.

➡ Zudem ist es sinnvoll, seiner Bank den genauen Zeitpunkt des Indientrips mitzuteilen. Andernfalls wird die Karte eventuell wegen Missbrauchsverdachts gesperrt. Für alle Fälle unbedingt die Telefonnummer der eigenen Bank mitnehmen!

➡ Außerhalb größerer Städte sind genügend Bargeld und möglichst auch noch Reiseschecks als Reserve ratsam.

Geldwechsel

➡ Private Wechselstuben sind in der Regel länger geöffnet als Banken und überall im Land zu finden (meist bei Internetcafés oder Reisebüros).

➡ Gehobene Hotels tauschen ebenfalls Geld, aber zu ungleich schlechteren Kursen.

Internationale Überweisungen

➡ Wem unterwegs das Geld ausgeht, der kann sich über ein an **Moneygram** (www.moneygram.com) oder **Western Union** (www.westernunion.com) angeschlossenes Geldinstitut Geld aus dem Heimatland nach Indien schicken lassen.

➡ Um das Geld ausgezahlt zu bekommen, braucht man den eignen Reisepass, den Namen sowie die Referenznummer der Person, die die Anweisung getätigt hat.

Kreditkarten

➡ Kreditkarten werden in vielen Geschäften, besseren Restaurants und Mittel- sowie Spitzenklassehotels genommen. Gewöhnlich kann man auch Flug- oder Zugtickets per Karte bezahlen.

➡ Bargeld lässt sich auch mit der Kreditkarte in einigen Banken auszahlen.

➡ MasterCard und Visa sind die gängigsten Karten.

➡ Notrufnummern für verlorene und gestohlene Bank- bzw. Kreditkarten immer sicher an einem separaten Ort verwahren! Den Verlust oder Diebstahl sofort melden!

Reiseschecks

➡ Reiseschecks von American Express (Amex) und Thomas Cook werden in Indien am häufigsten akzeptiert.

➡ Mit Schecks in Euro, US-Dollar oder britischen Pfund Sterling geht vor allem in kleineren Ortschaften am wenigsten schief.

➡ Die Seriennummern sollten aufgeschrieben und zusammen mit den Kaufquittungen, Wechselbelegen und Passkopien (inkl. Visumseite) getrennt von den Schecks aufbewahrt werden. Bei Scheckverlust bzw. -diebstahl am besten sofort Amex oder Thomas Cook in Delhi kontaktieren!

➡ Um sich Reiseschecks ersetzen zu lassen, benötigt man den originalen Kaufbeleg und die Seriennummern der fehlenden Exemplare. Eventuell sind auch ein Passfoto und eine Fotokopie des polizeilichen Verlustberichts vorzulegen.

Schwarzmarkt

➡ Auch in Indien gibt's illegale Geldwechsler. Umtausch auf dem Schwarzmarkt erübrigt sich aber dank der vielen offiziellen Optionen.

➡ Wenn Passanten ungefragt ihre Dienste als Geldwechsler anbieten, steckt dahinter meist eine miese Masche.

Steuern & Rückerstattungen

Statt der bisherigen Mehrwertsteuer (Value-Added Tax; VAT) von 15 % gilt in Indien seit dem Sommer 2017 eine gestaffelte Waren- und Dienstleistungssteuer (Goods & Services Tax, GST). Diese ist wie die alte VAT in örtlichen Preisangaben enthalten, aber in vier verschiedene Steuersätze gegliedert (5–28 %). Zudem war die Einführung zum Recherchezeitpunkt noch nicht abgeschlossen. Eine gewisse Zeit lang ist daher noch mit Preisänderungen zu rechnen (z. B. bei Hotels, Restaurants).

Die anfallende GST beim Kauf von Luxusgütern können sich Touristen momentan nur im Bundesstaat Goa zurückerstatten lassen. Hierzu muss der Erwerbsort jeweils in Goa liegen; die Waren sind dann samt Originalbelegen beim Flughafenzoll vorzulegen.

Trinkgeld

Gepäckträger Erwarten an Bahnhöfen und Flughäfen etwa 50 ₹.

Hotels Verlangen teils Servicegebühr und -steuer; Trinkgeld nach Belieben.

Mietwagen-Chauffeure Rund 10 % bei gutem Service.

Restaurants Servicegebühr (4–10 %) oft in der Rechnung enthalten; Trinkgeld optional.

Taxis & Rikschas Trinkgeld optional; maximal auf den nächsten 10-₹-Betrag aufrunden.

Wechselbescheinigungen

➡ Per Gesetz sind ausländische Währungen in Indien stets bei offiziellen Wechselstuben oder Banken umzutauschen.

➡ Nach jeder (legalen) Transaktion bekommt man eine Wechselbescheinigung (Beleg), mit der sich Rupien bei der Abreise wieder in Euro oder Schweizer Franken verwandeln lassen.

➡ Die Summe der vorgelegten Belege muss den Betrag abdecken, den man zurücktauschen will.

➡ Alternativ akzeptieren viele Banken auch Automatenquittungen als Nachweise für internationale Transaktionen.

Internetzugang

➡ Internetcafés werden auch in Indien immer weniger. Wo noch vorhanden, haben sie zumeist recht schnelle Verbindungen (außer in entlegeneren Ecken).

➡ WLAN gibt's in den meisten Unterkünften sowie in vielen Großstadtcafés, -bars und -restaurants. Die Nutzung ist häufig, allerdings nicht immer gratis.

➡ Häufige Stromausfälle und Serverprobleme machen den WLAN-Empfang landesweit leider nicht selten unzuverlässig.

Karten & Stadtpläne

Vor Ort erhältliche Karten sind von unterschiedlicher Qualität. Die meisten staatlichen Touristeninformationen verteilen einfache Umgebungspläne. Beispiele für bessere Anbieter (Produkte bei guten Buchläden erhältlich) sind:

Eicher (www.eicher.in)

Nelles (www.nelles-verlag.de)

Survey of India (www.surveyofindia.gov.in) Auf der Website sind viele Karten gratis herunterladbar.

TTK (www.ttkmaps.com)

Öffnungszeiten

Das Kapitel „Gut zu wissen" (S. 15) informiert über allgemeine Öffnungs- und Geschäftszeiten.

Post

Mit fast 155 000 Ablegern hat die **India Post** (www.indiapost.gov.in) das größte Postfilialnetz der Welt. Briefzustellung und postlagernder Service funktionieren generell gut. Je nach Aufgabeort kann sich die Zustellung aber manchmal etwas verzögern. Per Luftpost geht die Beförderung schneller als per Schiff. Bei Wertsachen empfehlen sich jedoch stets private Kurierdienste wie DHL oder TNT (Pakete in Handgepäcksgröße nach Europa ca. 3000 ₹/kg). Kleinere Kurierfirmen sind oft vergleichsweise günstiger. Allerdings bündeln sie Frachtgut zur Kostensenkung manchmal zu größeren Versandeinheiten und sind allgemein anfälliger für Verluste.

Pakete versenden

➡ Die Paketaufgabe geht mancherorts recht fix vonstatten; anderswo stehen lange Warteschlangen vor mehreren Schaltern. Morgens ist meistens am wenigsten los.

➡ Alle Pakete, die man mit der staatlichen Post verschicken möchte, müssen in weißes Leinen eingenäht werden (inkl. Nahtversiegelung mit Wachs). Normalerweise erledigen dies externe Dienstleister in der Nähe der Post gegen geringe Gebühr.

➡ Unversicherte Luftpostpäckchen bis 250 g kosten zwischen 350 und 875 ₹ in beliebige Länder. Bis zu einem Maximalgewicht von 2 kg werden pro weitere 250 g jeweils 45 bis 130 ₹ extra fällig. Bei noch schwereren Päckchen gelten andere Tarife.

➡ Je nach Zielland dürfen Paketsendungen höchstens 20 bis 30 kg wiegen.

➡ Zur Auswahl stehen Luftfracht (1–3 Wochen), Seefracht (2–4 Monate) oder Surface Air-Lifted (SAL; ca. 1 Monat), ein seltsamer Mix aus Luft- und Seefracht.

➡ Expresspost (Express Mail Service; EMS) ist etwa 30 % teurer als normale Luftpost und wird innerhalb von drei Tagen zugestellt.

➡ Postfilialen führen auch alle nötigen Zollformulare, die man an Sendungen festnähen bzw. -kleben muss. Geschenke im Maximalwert von 1000 ₹ können zollfrei verschickt werden.

➡ Für den Gang zum Schalter empfiehlt sich ein wasserfester Stift, falls das Personal zusätzliche Angaben auf dem Paket verlangt.

➡ Bücher und andere Drucksachen lassen sich als internationale Büchersendung in einem „Bulk Bag" aufgeben (350 ₹, max. 5 kg; zzgl. 100 ₹/weiteres kg). Der Inhalt muss dabei so verpackt sein, dass ihn der Zoll durch eine Öffnung begutachten kann. Kompetente Schneider erledigen dies aber so gut, dass unterwegs nichts rausfällt.

➡ Die Website der **India Post** (www.indiapost.gov.in) verfügt über einen Tarifrechner für nationale und internationale Sendungen.

Post empfangen

➡ Bis heute kann man sich postlagernde Sendungen nach Indien schicken lassen und dort bei Postämtern abholen.

➡ Damit das funktioniert, sollte der Nachname des Adressaten auf Briefen in Großbuchstaben vermerkt und zusätzlich unterstrichen werden. Darunter folgen „Poste Restante" (postlagernde Sendung), „GPO" (General Post Office; Hauptpost) und der jeweilige Ort. Zum Abholen ist der Reisepass erforderlich.

➡ Da viele „verschwundene" Briefe nur versehentlich unter dem Vornamen des Empfängers einsortiert wurden, sollte man immer beide Möglichkeiten prüfen lassen.

➡ Der Absender gibt idealerweise immer auch seine

eigene Adresse an, damit nicht abgeholte Post zurückgeschickt werden kann. Dies geschieht im Allgemeinen nach vier bis acht Wochen.

- Pakete lässt man sich am besten per Einschreiben schicken.

Post versenden

- Luftpostbriefe nach Übersee kosten 20 ₹ (Luftpostleichtbriefe 15 ₹).
- Postkarten gehen für ca. 12 ₹ in alle Welt.
- Postkarten sollten erst *nach* dem Frankieren beschrieben werden: Manche Postfilialen geben einem bis zu vier Briefmarken für eine einzige Karte.
- Internationale Einschreiben kosten 70 ₹ Aufpreis.

AUSFUHRVERBOTE

Um Indiens Kulturerbe zu bewahren, ist die Ausfuhr bestimmter Antiquitäten verboten. Dies gilt insbesondere für Stücke, die nachweislich über 100 Jahre alt sind. Renommierte Antiquitätenhändler kennen die Bestimmungen und kümmern sich bei der legalen Ausfuhr von Objekten um die Exportfreigabe. Ausführliche Informationen zu Antiquitäten, die nicht ausgeführt werden dürfen, liefert die staatliche Website www.asi.nic.in/pdf_data/8.pdf. Die Vorschriften mögen streng erscheinen, doch die Zahl verlorener altertümlicher Kunstwerke und Skulpturen durch den internationalen Antiquitätenhandel ist alarmierend. Besucher sollten angesichts dessen besser auf hochwertige Repliken zurückgreifen.

Der Indian Wildlife Protection Act verbietet jegliche Form des Wildtierhandels. Bitte niemals Produkte kaufen, die den Bestand bedrohter Arten oder deren Lebensräume gefährden! Wer sich nicht daran hält, dem droht eine empfindliche Geld- oder sogar Haftstrafe. Probleme gibt's z. B. bei Elfenbein, *shahtoosh*-Schals (aus dem extrem feinen Unterfell des Tschiru, der seltenen Tibetantilope) sowie jeglichen Produkten aus Fell, Haut, Hörnern oder Panzern bedrohter Spezies. Auch der Kauf von aus seltenen Pflanzen hergestellten Artikeln ist verboten.

Rechtsfragen

Wer mit dem indischen Gesetz in Konflikt gerät, sollte schnellstmöglich die eigene Botschaft kontaktieren. Diese kann jedoch oft nur die Haftbedingungen überwachen und einen Rechtsbeistand vermitteln. In der indischen Rechtsprechung liegt die Beweislast oft beim Beschuldigten, zudem muss dieser eventuell schon vor Prozessbeginn ins Gefängnis.

Drogen

- Das indische Gesetz unterscheidet nicht zwischen „weichen" und „harten" Drogen: Der Besitz sämtlicher illegaler Betäubungsmittel gilt als Straftat und wird mit einer Haftstrafe geahndet.
- Bei Kleinmengen für den Eigenkonsum gibt's bis zu einem Jahr hinter Gittern. Eine Einstufung als Dealer oder Schmuggler bedeutet jedoch mindestens zehn Jahre Gefängnis. Obendrein wird meist noch eine saftige Geldstrafe fällig.
- Bis zur Gerichtsverhandlung können Monate oder sogar Jahre vergehen. Unterdessen bleibt der Angeklagte eventuell in Haft.
- Achtung: In Goa und anderen Backpacker-Zentren wird regelmäßig verdeckt gegen Traveller ermittelt.
- Die Polizei geht ganz besonders rigoros gegen ausländische Drogenkonsumenten vor – dieses Risiko darf man also auf keinen Fall unterschätzen!
- Obwohl Marihuana im ganzen Land wild wächst, ist der Konsum überall strengstens verboten. Einen Sonderstatus haben nur Städte, in denen *bhang* legal für religiöse Rituale verkauft wird.
- Manche Medikamente, die in einigen Ländern nicht bzw. nur sehr eingeschränkt erhältlich sind, bekommt man in Indien eventuell verschreibungsfrei oder auf Rezept. Doch Vorsicht: Die eigenmächtige Einnahme ohne professionelle medizinische Betreuung kann sehr gefährlich sein!

Polizei

- Der Reisepass sollte stets griffbereit gehalten werden: Polizeiliche Personenkontrollen sind jederzeit und überall möglich.
- Wer wegen eines angeblichen Vergehens verhaftet und zur Schmiergeldzahlung aufgefordert wird, sollte wissen: Schmiergelder sind in Indien illegal. Viele Traveller bezahlen Bußgelder aber lieber sofort und kommentarlos, um eine willkürliche Erhöhung der Beträge zu verhindern.
- Wegen der wild wuchernden Korruption hat man mit Indiens Polizei am besten so wenig wie möglich zu tun und vermeidet potenziell riskante Situationen daher idealerweise von vornherein.

Verhalten in der Öffentlichkeit

- Das gesetzliche Rauchverbot in öffentlich zugänglichen Einrichtungen (z. B. Restaurants, Bars, Hotels, Flughäfen, Bahnhöfe) wird von den indischen Behörden kaum durchgesetzt. Falls doch, beträgt das Bußgeld 200 ₹ (soll eventuell zukünftig auf 1000 ₹ erhöht werden).

FINGER WEG VON BHANG-LASSIS!

Das Getränk steht selten auf der Karte, aber manche Restaurants mixen in Touristenhochburgen heimlich so genannte *bhang*-Lassis oder *special lassis* zusammen. Sie enthalten oft Joghurt, Eiswasser sowie ein Marihuanaderivat (manchmal auch andere Drogen) und haben es oft wirklich in sich: Zu den Folgen können z. B. lange anhaltende Rauschzustände und verschiedene Grade von Verzückung, Übelkeit, Halluzinationen oder Paranoia gehören. Nach dem Genuss des fiesen Gebräus lagen schon einige Traveller tagelang flach und wurden teils auch ausgeraubt oder bei Unfällen verletzt. Ganz wenige Städte haben legale bzw. staatlich kontrollierte *bhang*-Verkaufsstellen.

- In Privaträumen und auf den meisten Freiflächen (z. B. Straßen) darf gequalmt werden – vorausgesetzt, dort befinden sich keine Verbotsschilder.
- Einige indische Städte bitten Traveller auch (und ebenso unterschiedlich streng) zur Kasse, wenn Speichel oder Müll auf dem Boden landen.

Reisen mit Behinderung

Indiens überfüllte Nahverkehrsmittel, erdrückende Menschenmassen und mangelhafte Infrastruktur können Traveller durchaus an ihre Grenzen bringen. Für Körper- und Sehbehinderte ist die Herausforderung umso größer. Bei stark eingeschränkter Mobilität empfehlen sich Reisen mit Begleitperson.

Barrierefreiheit Manche Restaurants und Bürogebäude haben Rollstuhlrampen. Fast immer muss aber mindestens eine Stufe gemeistert werden. Indische Treppenhäuser sind oft recht steil. Die Aufzüge stoppen häufig an Zwischengeschossen zwischen den eigentlichen Stockwerken.

Bürgersteige & Fußwege Auf indischen Bürgersteigen (sofern vorhanden) ist mit zahllosen Schlaglöchern, Schuttbrocken und jeder Menge Passanten zu rechnen. Wer Krücken braucht, sollte unbedingt genügend Endkappen aus Gummi zum Austauschen mitnehmen.

Unterkunft Rollstuhlgerechte Hotels sind fast immer Spitzenklassehäuser. Somit ist es ratsam, rechtzeitig zu recherchieren und gegebenenfalls Erdgeschosszimmer zu buchen.

Verkehrsmittel & -wege Mietwagen mit Fahrer erleichtern Erkundungstouren sehr. Rollstuhlfahrer sollten stets sichergehen, dass der Verleiher ein geeignetes Fahrzeug bereitstellt.

Persönliche Gesundheits- und Mobilitätsfragen sollten rechtzeitig vor Reisebeginn mit einem qualifizierten Arzt geklärt werden.

Lonely Planet stellt den englischsprachigen Band Accessible Travel gratis zum Download bereit (http://lptravel.to/AccessibleTravel).

Nützliche Quellen für allgemeine Informationen zum Reisen mit Handicap:

Access-Able Travel Source (www.access-able.com)

Accessible Journeys (www.disabilitytravel.com)

Global Access News (www.globalaccessnews.com)

Mobility International Schweiz (www.mis-ch.ch)

Mobility International USA (MIUSA; www.miusa.org)

MyHandicap Deutschland (www.myhandicap.de)

MyHandicap Schweiz (www.myhandicap.ch)

Nationale Koordinierungsstelle Tourismus für Alle e. V. (www.natko.de)

Schwule & Lesben

- Nach kurzzeitiger Legalisierung (2009–2013) stehen homosexuelle Handlungen im konservativen Indien wieder unter Strafe und können sogar mit lebenslanger Haft geahndet werden.
- Zudem sind hier homo- wie heterosexuelle Zuneigungsbekundungen in der Öffentlichkeit verpönt – darum überall so diskret wie möglich verhalten!
- Trotz der aktuellen Gesetzeslage gibt's Schwulenszenen und -paraden in Großstädten wie Mumbai, Chennai, Bengaluru (Bangalore) oder Hyderabad. Goa hat eine schwul-lesbische Urlauberszene.

Infos im Internet & in den Medien

Bombay Dost (www.bombaydost.co.in) Seriöses LGBTQ-Magazin aus Mumbai.

Gay Bombay (www.gaybombay.org) Hilfe, Tipps und ein schwuler Eventkalender.

Gaylaxy (www.gaylaxymag.com) Indiens wohl bestes Online-Magazin mit News, Blogs, Artikeln (u. a. über Mode) und Kritiken.

Gaysi Zine (www.gaysifamily.com) Tiefgreifendes Monatsmagazin mit Website, das sich u. a. Literatur und Themen aus der Szene widmet.

Indian Dost (www.indiandost.com/gay.php) News und Infos (inkl. Adressen von indischen Kontaktgruppen).

Indja Pink (www.indjapink.co.in) Reisebüro und erste „schwule Reiseboutique" des Landes, gegründet von einem bekannten indischen Modedesigner.

Orinam (www.orinam.net) Tipps, Hilfe, Eventverzeichnis und nützlicher Twitter-Feed (@chennaipride); wird von Chennai aus betrieben.

Queer Azaadi Mumbai (www.queerazaadi.wordpress.com)

(News-)Blog der Mumbaier Schwulenszene.

Queer Ink (www.queer-ink.com) Ein Online-Buchladen mit Schwerpunkt auf schwulen- und lesbenspezifischer Lektüre aus Indien.

Sprachkurse

In Südindien ist die Auswahl an Sprachkursen recht begrenzt. Optionen für ernsthafte Interessenten (teilweise mit Mindestteilnahmedauer):

Mumbai Anfängerkurse in Hindi, Marathi und Sanskrit gibt es bei der **Bharatiya Vidya Bhavan** (☎022-23631261; www.bhavans.info; 2. Stock, Ecke KM Munshi Marg & Ramabai Rd, Girgaum; Sprachkurs 500 ₹/Std., Musikunterricht 900 ₹/Monat; ⌚16–20 Uhr).

Tamil Nadu Kurse werden in Tamil beim **International Institute of Tamil Studies** (☎044-22542992, 9952448862; www.ulakaththamizh.org; CIT Campus, 2nd Main Rd, Tharamani; 3-/6-monatiger Kurs 5000/10 000 ₹) in Chennai abgehalten.

Strom

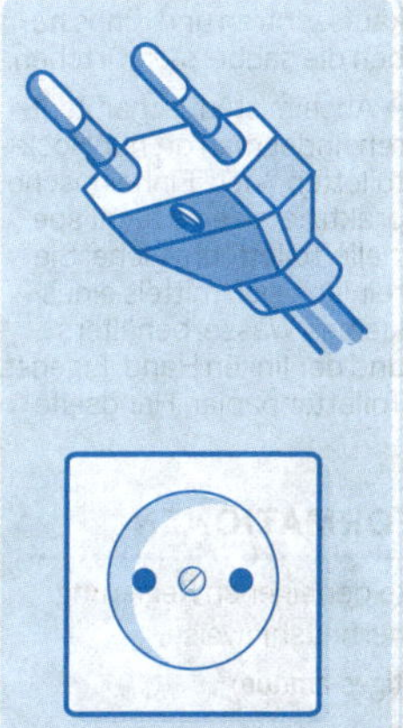

Typ C
220 V/50 Hz

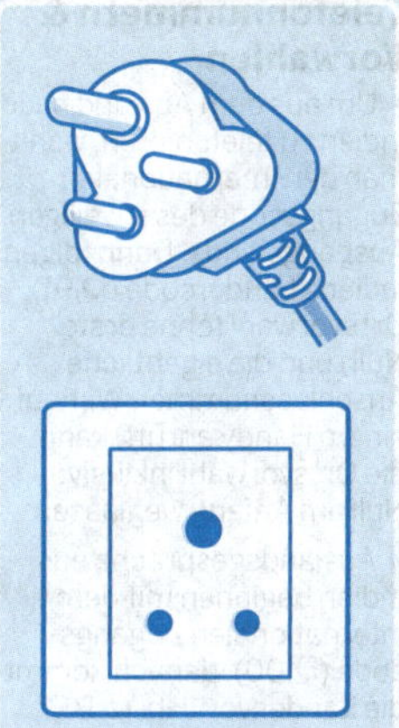

Typ M
230 V/50 Hz

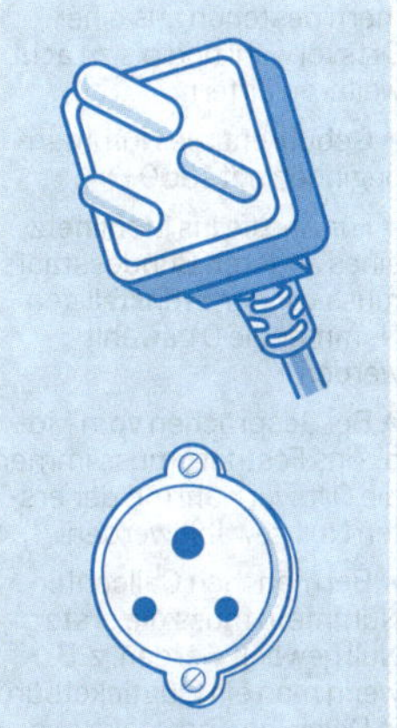

Typ D
220 V/50 Hz

Telefon

Handys

INDISCHE HANDYS VERWENDEN

➡ Indische Handynummern sind meist zehnstellig und beginnen oft mit ☎9 (teils auch mit ☎7 oder ☎8). Auf dem Subkontinent gilt der Mobilfunkstandard GSM 900 (international am weitesten verbreitet).

➡ Viele ausländische Handys funktionieren auch mit indischen SIM-Karten. Eventuell müssen sie aber vorher entsprechend entsperrt werden. Alternativ empfiehlt sich der Kauf eines indischen Geräts (schon ab 500 ₹ erhältlich).

➡ Handys bzw. SIM-Karten sind vor Ort recht günstig; der Erwerb ist aber etwas komplizierter als in vielen anderen Ländern. In Großstädten und Touristenzentren bekommt man indische SIM-Karten am einfachsten.

➡ Für den Kauf benötigen Ausländer neben Passfotos (1–5) auch Fotokopien ihres Reisepasses (inkl. Visumseite). Oft helfen Handyläden oder das eigene Hotel beim Arrangieren aller erforderlichen Formalitäten.

➡ Ebenfalls anzugeben ist eine indische Wohnadresse, die zusätzlich von einer einheimischen Person bestätigt werden muss (für beides eignet sich das gewählte Hotel). Zwecks Überprüfung ruft das Mobilfunkunternehmen dann meist innerhalb von 24 Stunden dort an. Das Hotelmanagement sollte zeitnah über den zu erwartenden Anruf informiert werden.

➡ Am besten kauft man seine SIM-Karte während eines mehrtägigen Aufenthalts an einem Ort, um sich bei Problemen gleich an den jeweiligen Händler wenden zu können. Wichtig: Um Abzocke zu vermeiden, ausschließlich in offizielle Filialen von Mobilfunkunternehmen gehen!

➡ Indische SIM-Karten haben teilweise eine normale Größe. Bei Bedarf schneiden die meisten Handyshops das Format mittels spezieller Geräte zurecht. Offizielle Filialen von Mobilfunkunternehmen führen in der Regel spezielle SIM-Kartenadapter.

➡ Eine Alternative sind freundliche Einheimische, die das Handy mit ihrem indischen Ausweis registrieren.

➡ Landesweit gibt's überall Prepaid-Handypakete;

SIM-Karten kosten maximal 500 ₹ mit kleinem Startguthaben. Datenvolumen ist jedoch teilweise separat zu erwerben. **Airtel** (www.airtel.in) verlangt dafür je nach Vertrag 700 (5 GB) bis 5000 ₹ (50 GB), **Vodafone** (www.vodafone.in) 247 (16 GB) bis 3999 ₹ (40 GB). Vergleichen lohnt sich! Die meisten großen Datenpakete haben eine Laufzeit von 28 Tagen.

➡ Beim Kauf von zusätzlichem Gesprächsguthaben bzw. Datenvolumen wird der Betrag unmittelbar auf dem Konto gutgeschrieben (abzüglich Steuern und Gebühren).

GESPRÄCHSGEBÜHREN & NETZABDECKUNG

➡ In den meisten größeren und großen Städten ist Roaming mit ausländischen Handys möglich.

➡ Die Telecom Regulatory Authority of India (TRAI) hat die Roaming-Gebühren im Jahr 2015 stark begrenzt und damit die Preise um bis zu 75 % gesenkt. Die meisten großen Mobilfunkfirmen des Landes bieten nun sehr günstige Roaming-Pakete an (ins Ausland 8–100 ₹/Min.).

➡ Das Verschicken von SMS ist noch günstiger (ins Ausland 5 ₹/Nachricht). Eingehende Textnachrichten sind gratis; das Annehmen eines Auslandsgesprächs kostet unter 1 ₹.

➡ Beim internationalen SMS-Verkehr sind Probleme wie unzuverlässige Sendesignale keine Seltenheit. So werden Nachrichten mitunter erst verspätet oder gar nicht verschickt bzw. empfangen.

➡ Die führenden Mobilfunkanbieter sind Airtel, Vodafone, Reliance, Idea und BSNL. Die Netzabdeckung (bei Airtel generell am besten) variiert je nach Region.

➡ Aufgrund der ständigen Bewegung im Mobilfunksektor kann sich bei Tarifen, Anbietern und Netzabdeckung jederzeit etwas ändern.

Telefonnummern & Vorwahlen

➡ Um aus dem Ausland nach Indien zu telefonieren, wählt man den internationalen Zugangscode des jeweiligen Ausgangslands. Dann folgen Indiens Ländercode (☎91), Ortsvorwahl (ohne erste Null) und die eigentliche Anschlussnummer. Wer auf einem Handy anruft, kann die Ortsvorwahl inklusive Null am Anfang weglassen.

➡ Auslandsgespräche aus Indien beginnen mit dem internationalen Zugangscode (☎00); danach kommt die Landesvorwahl (z. B. Deutschland ☎0049, Österreich ☎0043, Schweiz ☎0041). Dann die Ortsvorwahl ohne erste Null und die Anschlussnummer wählen.

➡ Indische Festnetznummern bestehen aus einer Ortsvorwahl und bis zu acht weiteren Ziffern.

➡ Gebührenfreie Nummern beginnen mit 1800.

➡ Für Anrufe ins Mobilnetz eines anderen Bundesstaats muss vor der zehnstelligen Nummer die 0 gewählt werden.

➡ Bei Gesprächen vom Mobil- ins Festnetz muss immer die Ortsvorwahl mit der ersten Null gewählt werden.

➡ Bei manchen Callcenter-Nummern muss die erste Null gewählt werden, z. B. wenn man ein Flugticketbüro in Delhi von Karnataka aus anruft.

➡ Unter ☎000127 erreicht man einen internationalen Telefondienst, der Anrufe in die ganze Welt durchstellt und R-Gespräche anbietet.

Telefonstuben

➡ Außer an Flughäfen gibt's in Südindien nur wenige öffentliche Telefonzellen. Dafür findet man überall private Telefonstuben (STD/ISD/PCO), bei denen Orts-, Fern- und Auslandsgespräche deutlich günstiger sind als vom Hotelzimmer aus.

➡ Digitale Gebührenzähler sorgen für Kostenkontrolle und drucken meist auch eine Quittung aus.

➡ Die Tarife variieren je nach Anbieter und Entfernung: Pro Minute werden zwischen 1 (Orts-) und 100 ₹ (bestimmte Auslandsgespräche) fällig.

➡ Mitunter gibt es einen Rückruf-Service. Hierzu in der Heimat anklingeln, die Nummer der Telefonstube durchgeben und auf den Rückruf warten (Kosten: erster Anruf plus 20 ₹).

Telefonverzeichnisse

Nützliche Online-Optionen sind z. B. die **Gelben Seiten** (Yellow Pages; www.yellowpages.co.in) und **Justdial** (www.justdial.com).

Toiletten

➡ Öffentliche Toiletten gibt's am ehesten in Großstädten und Touristenhochburgen. Moderne Restaurants, Einkaufszentren und Kinos haben die saubersten Örtchen.

➡ Abseits städtischer Zentren findet man oft nur Hocktoiletten. Viele Einheimische praktizieren eine recht spezielle Toilettenhygiene: Sie reinigen sich mittels eines kleinen Wasserbehälters und der linken Hand. Eigenes Toilettenpapier, Handseife

STAATLICHE REISEINFORMATIONEN

Die Länderinformationswebsite der eigenen Regierung enthält Tipps und aktuelle Sicherheitshinweise:

➡ **Deutschland** (www.auswaertiges-amt.de)

➡ **Österreich** (www.bmeia.gv.at)

➡ **Schweiz** (www.eda.admin.ch)

und Desinfektionsmittel für den Notfall sind daher stets empfehlenswert.

Touristen-information

Die Government of India Tourist Offices (GITO) des indischen Tourismusministeriums (alias „Indiatourism") werden in allen Bundesstaaten durch deren eigene Infobüros ergänzt. Diese unterscheiden sich stark in Sachen Effizienz und Nutzen: Manche werden von sehr engagierten Enthusiasten betrieben, während andere fast nur als Verkaufsstellen für geführte Touren der jeweiligen State Tourism Development Corporation fungieren.

Der erste Blick sollte stets der Website von Indiatourism gelten: Im oberen Seitenbereich von **Incredible India** (www.incredibleindia.org) lassen sich Details zu GITOs in ganz Indien aufrufen (unter „Essential" und „India Tourism Offices"). Das Ministerium betreibt eine gebührenfreie Hotline für Traveller (☎1800-111363). Die offiziellen Tourismus-Portale der Bundesstaaten liefern oft ebenfalls nützliche Infos.

Hilfreiche Vertretungen von Indiatourism gibt's u.a. in folgenden Städten:

Bengaluru (GITO; ☎080-25585417; indtourblr@dataone.in; 2. Stock, 48 Church St; ⌚Mo–Fr 9.30–18, Sa 9.30–13 Uhr; Ⓜ MG Rd)

Chennai (☎044-28460285, 044-28461459; http://incredibleindia.org; 154 Anna Salai; ⌚Mo–Fr 9.15–17.45 Uhr)

Mumbai (GITO; ☎022-22074333; www.incredibleindia.com; Western Railways Reservation Complex, 123 Maharshi Karve Rd; ⌚Mo–Fr 8.30–18, Sa 8.30–14 Uhr)

Unterkunft

Rechtzeitige Reservierung ist grundsätzlich ratsam und zu Spitzenzeiten Pflicht.

WAS MAN ÜBER BAD UND TOILETTE WISSEN SOLLTE

Die meisten südindischen Mittelklasse- und alle Spitzenklassehotels haben Sitztoiletten (inkl. Toilettenpapier, Seife). Die Bäder in diesen beiden Preiskategorien werden allgemein immer besser und moderner – die besten Varianten punkten mit Annehmlichkeiten wie Regenduschen und diversen Körperpflegeprodukten.

Billigabsteigen, entlegene Unterkünfte, Bahn- und Busbahnhöfe besitzen zumeist nur Hocktoiletten (oft ohne Toilettenpapier). Diese werden als *Indian-style*, *Indian* oder *floor toilets* bezeichnet. Sitztoiletten heißen mitunter *Western* oder *commode toilets*. Mancherorts findet man auch die seltsame *hybrid toilet* (Sitztoilette mit Fußstützen am Schüsselrand).

Attached bath, *private bath* oder *with bath* stehen für Zimmer mit eigenem Bad, *common bath*, *no bathroom* oder *shared bath* für Gemeinschaftsbäder.

Fließendes Warmwasser ist nicht in allen Zimmern vorhanden. Trotz Angaben wie *running* oder *24-hour* läuft's nicht immer rund um die Uhr heiß aus dem Hahn. Bei *bucket* kommt das warme Nass nur in Eimern aufs Zimmer (gratis oder gegen geringe Gebühr).

An den Wänden vieler Hotelbäder hängen elektrische *geysers* (Boiler), die teils schon eine Stunde vor Gebrauch angeworfen werden müssen. Der Boiler-Hauptschalter befindet sich häufig außerhalb des Bads.

Room with shower ist mit Vorsicht zu genießen: Gelegentlich ragt nur ein Wasserrohr als „Dusche" aus der Wand. Aus Kostengründen stellen einige Hotels ihre Duschen auch heimlich ab. Anderswo muss man sich eventuell mit einem mickrigen Rinnsal begnügen. Verglaste Duschkabinen sind in günstigeren Bleiben eine Seltenheit.

Sofern nicht anderweitig vermerkt, haben alle aufgeführten Hotelzimmer ein eigenes Bad.

Kategorien

Allgemein reicht der Budgetbereich ($) von einfachen Hostels, Hotels und Pensionen in Städten bis hin zu traditionellen Privatunterkünften in Dörfern. Mittelklassehotels ($$) haben meist größere, sauberere Zimmer (normalerweise klimatisiert) und öfter auch Restaurants. Im Spitzenklassesegment ($$$) findet man z. B. luxuriöse Kettenhotels, Resorts und tolle historische Paläste.

Preise

Die erheblich variierenden Übernachtungspreise sind in Großstädten (vor allem in Mumbai) am höchsten. In Kleinstädten und ländlichen Regionen bezahlt man am wenigsten. Zudem sind die Tarife stark saisonal geprägt und außerhalb der Spitzenzeiten teils 20 bis 50 % niedriger. Die meisten Unterkünfte werden jedes Jahr teurer; die Angaben in diesem Buch könnten daher bereits veraltet sein.

Reservierungen

➡ Vor allem bei Trips zu beliebten Zielen ist Reservierung über Telefon oder Internet ratsam. Manche Hotels verlangen bei der Buchung eine Anzahlung per Kreditkarte.

PREISKATEGORIEN: SCHLAFEN

Die folgenden Preisangaben sind grobe Richtwerte, die je nach Region variieren können (s. einzelne Regionenkapitel). Sofern nicht anderweitig vermerkt, gelten sie in diesem Buch jeweils für ein Doppelzimmer mit eigenem Bad in der Hauptsaison.

$ unter 1500 ₹

$$ 1500–6000 ₹

$$$ über 6000 ₹

- Einige Budgetoptionen nehmen gar keine Reservierungen vor, da sie nicht wissen, wann ihre Gäste auschecken werden. Daher am besten vorher anrufen oder einfach zur Checkout-Zeit vorbeischauen!
- Mancherorts ist beim Einchecken eine Anzahlung oder bereits der volle Betrag im Voraus zu entrichten. Dann jeweils immer eine Quittung verlangen! Zudem sollte man niemals Blanko-Kreditkartenbelege unterschreiben. Falls das Hotel dennoch darauf besteht, empfiehlt sich Barzahlung.
- Beim Einchecken unbedingt immer die Zeit für den Checkout ermitteln: Mitunter muss man das Zimmer zu einer bestimmten Uhrzeit (meist 10 oder 12 Uhr) verlassen haben. Anderswo können Gäste dagegen rund um die Uhr gehen (Zimmermiete tagesweise bzw. 24 Std. ab dem Einchecken). Wenn das gewünschte Quartier gerade frei ist, ermöglichen manche Hotels auf Wunsch auch frühes Ein- oder spätes Auschecken.

Saisonale Unterschiede

- Die Hauptsaison fällt normalerweise auf die Periode mit dem besten Wetter für die örtlichen Attraktionen und Aktivitäten – in Bergregionen zumeist auf den Frühling (April–Juni), im Tiefland auf die kühleren Monate (grob Nov.–Feb.).
- In Touristenhochburgen gibt's an Weihnachten und Neujahr eine zusätzliche Hauptsaison; dann sollte man weit im Voraus reservieren.
- Außerhalb der Saison sind deutliche Rabatte drin. Wirkt ein Hotel ruhig, empfiehlt es sich, nach Ermäßigungen zu fragen.
- In bestimmten Regionen (z. B. Goa) schließen manche Hotels während der Monsunzeit.
- In vielen Tempelstädten ist rund um große Feste und Wallfahrten ebenfalls Saison.

Steuern & Servicegebühren

- Indiens Bundesstaaten erheben diverse Übernachtungssteuern, die zum eigentlichen Zimmerpreis hinzukommen. Hiervon ausgenommen sind zumeist nur die billigsten Absteigen.
- Die Steuern variieren je nach Bundesstaat und steigen mit dem Zimmertarif.
- Einige noblere Hotels und Restaurants verlangen obendrein eine „Servicegebühr" (ca. 10 %).
- Indische Hotels geben ihre Preise oft ohne Steuern an (vor dem Buchen entsprechend nachfragen!).
- Sofern nicht anderweitig vermerkt, verstehen sich alle Preisangaben in diesem Buch inklusive Steuern.
- Die Einführung von Indiens neuen Waren- und Dienstleistungssteuer (Goods & Services Tax; GST) ab dem Sommer 2017 war zum Recherchezeitpunkt noch nicht abgeschlossen. Eine gewisse Zeit lang ist daher auch bei Unterkünften noch mit Preisänderungen zu rechnen

Unterkunftsarten

BUDGETUNTERKÜNFTE & MITTELKLASSEHOTELS

- Budgetunterkünfte und Mittelklassehotels befinden sich gelegentlich in stimmungsvollen, alten Häusern oder historischen Gebäuden. Zumeist handelt es sich dabei aber um moderne Betonblocks mit unterschiedlichem Komfort. Manche davon sind charmant, sauber und ihr Geld wert, andere wiederum weniger.
- Da die Zimmerqualität auch innerhalb desselben Hotels stark schwanken kann, sollten die Quartiere möglichst vorab besichtigt werden. Oft gelten verschiedene Preise für verschiedene Standards. Bei günstigeren Optionen besser auf Zimmer mit Teppichboden verzichten, da diese mitunter muffig riechen!
- Gemeinschaftsbäder (häufig mit Hocktoiletten) haben normalerweise nur die billigsten Bleiben.
- Die meisten Zimmer besitzen Deckenventilatoren. Bessere Varianten verfügen über Fenster mit Moskitonetzen. Günstigere Optionen sind aber manchmal fensterlos.
- Wer hauptsächlich in Budgetunterkünften übernachten will, hat am besten eigene Laken bzw. einen Schlafsacküberzug dabei (eventuell auch noch einen Sarong oder ein Umschlagtuch): Die Bettwäsche billiger Hotels ist mitunter fleckig, abgenutzt und stark waschbedürftig. Auch Handtücher, Toilettenpapier und Seife sind eventuell selbst mitzubringen.
- Für Billig-Bleiben empfehlen sich zudem Insektenspray und eine Taschenlampe.
- Vor allem in Stadtzentren kann der Lärmpegel gewaltig nerven. Daher gute Ohrstöp-

sel mitbringen und Zimmer an belebten Straßen meiden!

- Besonders in Budgetunterkünften am besten immer die Tür abschließen: Manche Hotelangestellten marschieren nach dem Anklopfen einfach in Zimmer, ohne auf Erlaubnis zu warten.
- Insbesondere während des Monsuns sind Stromausfälle häufig. So sollte das Hotel unbedingt ein Notstromaggregat haben, wenn man für elektrische „Extras" wie Klimaanlage, TV und WLAN bezahlt.
- Bei Einbruch der Dunkelheit verriegeln manche Unterkünfte ihre Eingangstüren. Jemand vom Personal schläft dann zwar in der Lobby, lässt sich aber eventuell nur schwer wecken. Wer spätabends eintrifft oder frühmorgens aufbrechen will, sollte daher rechtzeitig Bescheid geben.
- Außerhalb von Touristenzentren verfügen günstigere Hotels vielleicht nicht über die notwendigen Anmeldeformulare für Ausländer und müssen einen dann ablehnen.

CAMPING

- Südindien hat nur wenige öffentliche Campingplätze. Gezeltet werden kann zumeist nur auf ein paar Resort- bzw. Hotelgeländen an der Küste und in Naturreservaten oder deren Umkreis. Dort findet man aber normalerweise fest aufgebaute Zelte mit eigenen Bädern, die so groß und komfortabel wie Hotelzimmer sind.

HOSTELS

- In Goa, Kerala, Karnataka, Tamil Nadu und Mumbai gibt's immer mehr echte Backpacker-Hostels (teils eigenständig, teils zu Ketten gehörend). Dort warten jeweils saubere Schlafsäle, Gratis-WLAN, abschließbare Spinde, Gemeinschaftsküchen und Aufenthaltsbereiche auf die Gäste.
- Zu den Touristenhochburgen mit guten Hostels zählen z. B. Anjuna, Vagator und Palolem in Goa oder Fort Cochin und Alleppey in Kerala.
- In Kerala, Goa, Karnataka und Tamil Nadu haben **Vedanta Wake Up!** (www.vedantawakeup.com) und **Zostel** (www.zostel.com) mehrere Hostels von verschiedener Qualität eröffnet.
- Ein paar weitere Herbergen werden von der YWCA, YMCA und Heilsarmee betrieben. Diese Häuser werden mitunter *guesthouses* genannt und liegen preislich im oberen Budget- oder unteren Mittelklassebereich. Zumeist vermieten sie saubere und komfortable Zimmer (teils mit Klimaanlage) anstelle von bzw. zusätzlich zu Schlafsälen.

PRIVATUNTERKÜNFTE

- Familiengeführte Pensionen (alias Homestays) sind etwas für alle, die kleine, lauschige und recht unkommerzielle Bleiben mit selbst gekochtem Essen mögen. Diese Optionen gibt's jedoch nur in bestimmten Regionen.
- Das Spektrum reicht dabei von lehmverputzten Dorfhütten mit Steinwänden und Hocktoiletten bis hin zu komfortablen Stadthäusern der indischen Mittelschicht.
- Besonders beliebt sind Privatunterkünfte in Kerala bzw. dessen Homestay-Hochburg Fort Cochin. Gleich dahinter rangiert Alappuzha.
- Lokale Touristeninformationen führen oft Verzeichnisse über Familien, die an Homestay-Programmen teilnehmen.

RUHERÄUME IN BAHNHÖFEN

- Die meisten großen Bahnhöfe (aufgeführt unter www.irctctourism.com) bieten einfache Unterkünfte für Reisende an, die mit gültigem Zugticket zur Weiterfahrt oder dem Indrail-Pass unterwegs sind. Die Zimmer sind teils schäbig, teils erstaunlich nett gestaltet, jedoch wegen der Mitreisenden und Züge ziemlich lärmig.
- Die Unterkünfte bieten sich an, wenn der Zug am frühen Morgen abfährt. Je nach Klasse stehen Schlafsäle und Privatzimmer mit 24-Stunden-Check-out zur Auswahl.
- An manchen kleineren Bahnhöfen gibt es vielleicht nur Wartehallen mit unterschiedlichen Räumen für Passagiere verschiedener Zugklassen und für Frauen und Männer.

SPITZENKLASSE- & HISTORISCHE HOTELS

- Südindiens riesiges Spitzenklasse-Spektrum reicht von modernen Luxus-Kettenhotels bis hin zu herrlichen Palästen und mondänen Strandresorts. Hinzu kommen traumhafte Lodges im Bereich von Nationalparks und Naturschutzgebieten.
- Historische Hotels bieten Gästen die Chance, in teils heute noch dynastisch bewohnten Residenzen des indischen (Hoch-)Adels zu übernachten.

STAATLICHE UNTERKÜNFTE

- Der indische Staat unterhält für reisende Beamte und Angestellte im öffentlichen Dienst ein Netzwerk von Gästehäusern, die unter

UNTERKÜNFTE ONLINE BUCHEN

Unter http://hotels.lonelyplanet.com/hotels gibt's weitere Unterkunftsbewertungen und unabhängig recherchierte Infos von Lonely Planet Autoren – inklusive Empfehlungen zu den besten Adressen. Außerdem kann online gebucht werden.

verschiedenen Namen betrieben werden: Rest Houses, Dak Bungalows, Circuit Houses, PWD (Public Works Department) Bungalows oder Forest Rest Houses. Wenn diese Bleiben nicht gerade von indischen Staatsdienern belegt sind, kommen dort manchmal auch ausländische Traveller unter. Allerdings ist dafür eventuell eine Genehmigung der örtlichen Behörden notwendig.

➡ Die meisten Bundesstaaten betreiben zudem Kettenhotels im Budget- und Mittelklassebereich, die vor allem auf indische Touristen abzielen. Obwohl darunter auch ein paar schöne historische Anwesen sind, handelt es sich hierbei meist um langweilige und zweckmäßige Optionen. Details liefern die Touristeninformationen der einzelnen Bundesstaaten.

TEMPEL & PILGERHERBERGEN

➡ Gegen Spende oder geringe Gebühr können Ausländer in manchen Ashrams (spirituelle Gemeinschaften), Gurdwaras (Sikh-Tempel) und *dharamsalas* (Pilgerherbergen) nächtigen.

➡ Diese Bleiben sind jedoch in erster Linie für echte Pilger gedacht – darum gut überlegen, ob ein Aufenthalt angemessen ist!

➡ Zudem ist die Hausordnung (u.a. striktes Tabak- und Alkoholverbot, Sperrstunde) dort immer penibel zu beachten.

Versicherung

➡ Dringend empfohlen wird eine umfassende Reiseversicherung, die Diebstahl, Verlust, medizinische Behandlungen und Notfallflüge in die Heimat abdeckt.

➡ Manche Verträge schließen Folgekosten bei potenziell gefährlichen Aktivitäten (z.B. Sporttauchen, Motorradfahren oder sogar Trekking) von vorn herein aus – daher sollte man vor Abschluss unbedingt das Kleingedruckte äußerst sorgfältig lesen!

➡ Manche Trekkingveranstalter akzeptieren nur Kunden, deren Versicherung für Rettungsflüge per Hubschrauber aufkommt.

➡ Wer in Indien ein Motorrad ausleihen möchte, sollte sich vergewissern, dass der Mietvertrag zumindest einen Haftpflichtschutz umfasst.

➡ Reisende sollten auch vorab feststellen, ob ihr Versicherer direkt mit medizinischen Behandlungsstellen abrechnet. Andernfalls muss bei späterer Rückerstattung für Überseekosten in Vorleistung gegangen werden. Bei dieser Variante muss man alle erforderlichen Dokumente unbedingt sorgfältig aufbewahren.

➡ Bei Diebstählen in Indien sind polizeiliche Protokolle ein absolutes Muss. Ansonsten verweigert der Versicherer eventuell den Schadenersatz.

➡ Auch wenn man schon unterwegs ist, kann die weltweit gültige Reiseversicherung unter www.lonelyplanet.com/travel-insurance jederzeit online abgeschlossen, erweitert und in Anspruch genommen werden.

Visa

Elektronisches Touristenvisum (e-VISA)

➡ Momentan können Staatsbürger von 150 Ländern (z.B. Deutsche sowie nun auch Österreicher und Schweizer) ein elektronisches Touristenvisum (e-VISA) mit 30 Tagen Gültigkeit beantragen. Die Online-Registrierung unter www.indianvisaonline.gov.in ist spätestens vier Tage und frühestens 30 Tage vor Reiseantritt möglich.

➡ Die mit diesem Vorgang verbundene Bearbeitungsgebühr (meist 48–60 US$; nicht erstattbar) und die Transaktionsgebühr (2,5%) sind ebenfalls online zu entrichten.

➡ Antragssteller müssen zudem ein Passfoto und eine eingescannte Kopie ihres Reisepasses hochladen.

➡ Das elektronische Touristenvisum berechtigt zur einmaligen Einreise und gilt ab Einreisedatum. An insgesamt 16 Flughäfen (u.a. Bengaluru, Chennai, Kochi, Delhi, Goa, Jaipur, Kolkata, Mumbai, Tiruchirappalli, Thiruvananthapuram, Varanasi) wird es direkt bei Ankunft erteilt. Der Reisepass muss bei der Einreise noch mindestens sechs Monate lang gültig sein.

➡ Achtung: e-VISA gelten grundsätzlich nur für rein touristische Aufenthalte. Wer länger in Indien bleiben oder hier arbeiten bzw. studieren will, braucht dafür jeweils eine separat zu beantragende Genehmigung!

➡ Da sich die Einreisebestimmungen jederzeit wieder ändern können, sollte der aktuelle Stand unbedingt rechtzeitig vor dem Start in Erfahrung gebracht werden.

Andere Visa

Wer länger als 30 Tage in Indien bleiben oder hier einen nicht-touristischen Aufenthalt verbringen will, muss dafür jeweils ein separates Visum bei einer diplomatischen Vertretung Indiens in der Heimat beantragen. Alternativ stehen vielerorts auch private Konsularservices zur Verfügung. Falls spezielle Anforderungen zu erfüllen sind (z.B. Erfassung biometrischer Daten), hat man möglicherweise persönlich bei der zuständigen Stelle zu erscheinen und obendrein einen Online-Antrag zu stellen.

➡ Der Reisepass muss noch über mindestens zwei freie Seiten verfügen und bei Antragsstellung noch mindestens sechs Monate lang gültig sein. Eventuell zählt dieses obligatorische Minimum aber auch ab dem Ausstellungs- oder Ablaufdatum des Visums – je nachdem, welche Behörde innerhalb der indischen Bürokratie den Antrag bearbeitet.

- Die meisten Traveller erhalten dann ein normales Touristenvisum, das sechs Monate gilt und zur mehrfachen Einreise berechtigt.
- Achtung: Touristenvisa gelten stets ab Ausstellungstag und nicht ab Einreisedatum!
- Studenten- und Geschäfts- bzw. Arbeitsvisa unterliegen sehr strengen Bestimmungen. 2016 mussten sich u.a. Journalisten, Missionare und Wissenschaftler biometrisch erfassen lassen. Diplomatische Vertretungen Indiens und das eigene Außenministerium informieren über alle aktuellen Details.
- Aktuell sind Visumanträgen zwei farbige Passfotos (Format: 5,08 x 5,08 cm) beizulegen.
- Offiziell ist zumeist zusätzlich ein Rückflug- bzw. Anschlussticket erforderlich. Dies wird jedoch nicht immer kontrolliert – daher vorher erkundigen! Entsprechende Infos liefern diplomatische Vertretungen Indiens in der Heimat. Diese informieren auch über alle anfallenden Gebühren, die in der jeweiligen Landeswährung zu bezahlen sind.
- Visumverlängerungen sind möglich für Menschen indischer Abstammung, die als Staatsbürger anderer Nationen (außer Pakistan und Bangladesch) im Ausland leben.
- Während der Gültigkeitsdauer kann man sich insgesamt 180 Tage am Stück in Indien aufhalten.
- Wenn das Visum länger als ein halbes Jahr lang gültig ist, muss sich der Inhaber spätestens 14 Tage nach der Ankunft beim **Foreigners' Regional Registration Office** (FRRO; ☎011-26711443; frrodil@nic.in; Level 2, East Block 8, Sector 1, Rama Krishna Puram; ⊙Mo–Fr 9.30–15 Uhr; Ⓜ Green Park) in Delhi anmelden. Auch in diesem Fall informieren indische Auslandsvertretungen über alle Einzelheiten.

Visumsverlängerungen

Traditionell gelten in Indien strenge Regelungen, was Verlängerungen von Visa angeht. Zu Redaktionsschluss wurden Verlängerungen nur bewilligt, wenn ein medizinischer Notfall vorlag oder dem Antragsteller kurz vor dem Ablauf des Visums der Reisepass gestohlen wurde.

In diesem Fall sollte man sich an das **Foreigners' Regional Registration Office** (FRRO) in Delhi wenden. Hier werden Ersatzvisa und provisorische Reisepässe (falls der Originalpass gestohlen wurde oder verloren ging) ausgestellt, die für eine Ausreise obligatorisch sind. Die regionalen FRRO-Stellen sind bei der Ausstellung von Verlängerungen oft sogar noch strenger.

Wer die strengen Kriterien erfüllt, dem gewährt das FRRO eine vierzehntägige Verlängerung, die für EU-Bürger und Schweizer kostenlos ist. Notwendig sind dafür ein bestätigtes Flugticket, ein Passfoto (zur Sicherheit lieber zwei) und eine Kopie des Passes (persönliche Daten und Visumseite). Das Ziel der Prozedur ist es, den Betreffenden schnell mit den korrekten offiziellen Stempeln außer Landes zu bringen und nicht, ihm zwei zusätzliche Reisewochen zu schenken!

Wiedereinreise

Wie die meisten Touristen können auch Deutsche, Österreicher und Schweizer momentan frei zwischen Indien und dessen Nachbarländern pendeln – allerdings nicht mit e-VISA, da diese nur eine einmalige Einreise gestatten. Eine zweimonatige Einreisesperre gilt gerade nur noch für Staatsbürger bestimmter Länder (China, Pakistan, Irak, Iran, Afghanistan, Bangladesch, Sudan) sowie für alle Ausländer pakistanischer oder bangladeschischer Abstammung.

Genehmigungen

Auch mit einem gültigen Visum kann Südindien nicht völlig frei bereist werden: Einige Nationalparks und Naturschutzgebiete erfordern separate bzw. spezielle Besuchsgenehmigungen. Dasselbe gilt für die Andamanen, das Unionsterritorium Lakshadweep und die Region Wayanad (Kerala; nur bei Wandertouren).

Zeit

- Indien verwendet die Zwölf-Stunden-Skala.
- Es gilt die Indische Standardzeit (Indian Standard Time; IST).
- Die IST ist der MEZ fünfeinhalb Stunden voraus.
- Die seltsame halbe Stunde wurde hinzugefügt, um das Tageslicht in dem riesigen Land ausnutzen zu können.

Zoll

- Summen von über 5000 US$ (bar) oder einen Gesamtbetrag von über 10 000 US$ in diversen Währungen muss man bei Ankunft angeben.
- Rupien darf man zwar nicht ausführen, doch wird dies kaum kontrolliert.
- Selten müssen Touristen teure Gegenstände wie Kameras oder Laptops auf einem Zollformular *(Tourist Baggage Re-export)* eintragen. So wollen die Behörden sicherstellen, dass die Geräte mitgenommen werden.

Verkehrsmittel & -wege

AN- & WEITER-REISE

Einreise

Südindien ist am einfachsten über die internationalen Großflughäfen von Bengaluru (Bangalore), Chennai (Madras) und Mumbai (Bombay) zu erreichen. Manche Länder bieten auch Charterflüge nach Goa an. Aus dem ganzen Land fahren zudem viele Züge und günstige, oft abenteuerliche Busse in den Süden. Flüge, Mietwagen und geführte Touren können online unter lonelyplanet.com/bookings gebucht werden.

Reisepass

Die Einreise nach Indien erfordert einen gültigen Reisepass, ein gültiges Visum und ein Anschluss- bzw. Rückflugticket. Der Pass muss nach geplanter Abreise noch mindestens sechs Monate lang gültig sein und noch über mindestens zwei leere Seiten verfügen. Bei Verlust oder Diebstahl umgehend die eigene Botschaft kontaktieren! Für den Notfall empfehlen sich Fotokopien von Reisepass (Daten- und Visumseite) und Flugticket. Noch besser ist es, eingescannte Kopien in einer Daten-Cloud oder im E-Mail-Postfach zu speichern.

Flugzeug

In einem so großen Land macht es Sinn, einen Flughafen zu wählen, der möglichst nah am geplanten Reiseziel liegt. Südindien hat drei Drehscheiben für internationale Flüge: Bengaluru (www.bengaluruairport.com), Chennai (www.aai.aero/chennai) und Mumbai (www.

REISEN & KLIMAWANDEL

Der Klimawandel stellt eine ernste Bedrohung für unsere Ökosysteme dar. Zu diesem Problem tragen Flugreisen immer stärker bei. Lonely Planet sieht im Reisen grundsätzlich einen Gewinn, ist sich aber der Tatsache bewusst, dass jeder seinen Teil dazu beitragen muss, die globale Erwärmung zu verringern.

Fast jede Art der motorisierten Fortbewegung erzeugt CO_2 (die Hauptursache für die globale Erwärmung), doch Flugzeuge sind mit Abstand die schlimmsten Klimakiller – nicht nur wegen der großen Entfernungen und der entsprechend großen CO_2-Mengen, sondern auch, weil sie diese Treibhausgase direkt in hohen Schichten der Atmosphäre freisetzen. Die Zahlen sind erschreckend: Zwei Personen, die von Europa in die USA und wieder zurück fliegen, erhöhen den Treibhauseffekt in demselben Maße wie ein durchschnittlicher Haushalt in einem ganzen Jahr.

Die englische Website www.climatecare.org und die deutsche Internetseite www.atmosfair.de bieten sogenannte CO_2-Rechner. Damit kann jeder ermitteln, wie viele Treibhausgase seine Reise produziert. Das Programm errechnet den zum Ausgleich erforderlichen Betrag, mit dem der Reisende nachhaltige Projekte zur Reduzierung der globalen Erwärmung unterstützen kann, beispielsweise Projekte in Indien, Honduras, Kasachstan und Uganda.

Lonely Planet unterstützt gemeinsam mit Rough Guides und anderen Partnern aus der Reisebranche das CO_2-Ausgleichs-Programm von climatecare.org. Alle Reisen von Mitarbeitern und Autoren von Lonely Planet werden ausgeglichen. Weitere Informationen gibt's auf www.lonelyplanet.com.

csia.in). Darüber hinaus werden auch ein paar andere Großstädte aus dem Ausland angeflogen. Zudem gibt's direkte und teils recht günstige Charterflüge von Europa zum Dabolim Airport in Goa. Derartige Angebote setzen jedoch voraus, dass auch die Heimreise mit einer Chartermaschine erfolgt.

Air India (www.airindia.com) ist Indiens nationale Fluglinie und hat in den letzten Jahren eine relativ gute Sicherheitsstatistik.

Geführte Touren

Viele Firmen in aller Welt bieten geführte Südindientouren von reinem Sightseeing bis hin zu Abenteuertrips an. Beispiele:

Cox & Kings (www.coxandkings.com) Alteingesessener Tourveranstalter, der ganz Südindien abdeckt und auch Fahrten mit Hausbooten im Programm hat.

Dragoman (www.dragoman.com) Eine von mehreren seriösen Spezialfirmen mit Überlandtouren.

Exodus (www.exodus.co.uk) Spezialanbieter mit allerlei Optionen (u. a. Trekking).

India Wildlife Tours (www.india-wildlife-tours.com) Wildlife Watching in allen Varianten (z. B. Vogelbeobachtungen), außerdem Jeep- und Pferdesafaris.

Indian Panorama (www.indianpanorama.in) In Tamil Nadu ansässige Tourfirma mit diversen Themenschwerpunkten (u. a. Tempel, Natur, Regionalküche).

Intrepid Travel (www.intrepidtravel.com) Riesiges Angebot von Tierbeobachtungen bis hin zu Tempelbesuchen.

Kerala Connections (www.keralaconnections.co.uk) Individualtrips.

KOKOindia (www.kokoindia.com) In Großbritannien und Goa ansässig; die Touren, meditativen Aufenthalte und Safaris lassen sich jeweils individuell planen.

Shanti Travel (www.shantitravel.com) Französisch-indisches Team mit vielfältigem Angebot.

Village Ways (www.villageways.com) Wanderungen und Dorfbesuche mit Kontakten zu Einheimischen.

World Expeditions (www.worldexpeditions.com) Organisiert z. B. Wander- und Radtouren.

Auf dem Landweg

Selbstverständlich gelangt man auch mittels eines langen Überlandtrips durch den Norden nach Südindien. Die klassische Hippie-Route von Europa nach Goa führt über die Türkei, den Iran und Pakistan. Ebenfalls beliebt ist die Anreise über Bangladesch oder Nepal. Bus- und Zugpassagiere müssen an der indischen Grenze aussteigen, um die üblichen Einreise- und Zollformalitäten zu erledigen.

Achtung: Da an der Grenze keine Visa ausgestellt werden, muss man bereits ein gültiges Visum für Indien haben!

Der Lonely Planet Band *Indien* enthält Details zur Einreise aus den einzelnen Nachbarländern.

Auto & Motorrad

- Auto- und Motorradfahrer brauchen die Zulassungspapiere, eine Haftpflichtversicherung, ihre nationale sowie eine internationale Fahrerlaubnis. Ebenfalls erforderlich ist eine zeitlich begrenzte Einfuhrgenehmigung *(carnet de passage en douane)*.
- Automobilclubs in der Heimat liefern Infos zum Papierkram und wichtige Hinweise rund ums Fahren in Indien.

Übers Meer

Die Seerouten zwischen dem indischen Festland und einigen Inseln bleiben innerhalb von Indiens Hoheitsgewässern. Die endlos diskutierten Pläne für Passagierfähren zwischen Südindien und Colombo (Sri Lanka) wurden bislang noch nicht umgesetzt – am besten direkt vor Ort nachfragen, ob es Neuigkeiten gibt.

UNTERWEGS VOR ORT

Auto

In Südindiens größeren Städten gibt's Mietautos für Selbstfahrer, die aber von den wenigsten ausländischen Touristen genutzt werden. Das liegt nicht nur an der haarsträubenden Verkehrssituation, sondern an der günstigen Alternative: Mietautos mit Chauffeur sind wunderbar günstig – vor allem, wenn sich mehrere Personen die Kosten teilen. Die Sicherheitsgurte sind oft entweder nicht vorhanden oder quasi unlösbar tief im Sitzpolster vergraben! Zu den internationalen Autovermietern mit Filialen in Indien zählen u. a. **Budget** (www.budgetinternational.com) und **Hertz** (www.hertz.com).

Mietauto mit Fahrer

- In den meisten Städten lassen sich kürzere und längere Touren über Taxistände oder Autovermieter arrangieren.
- Nicht alle Mietwagen dürfen außerhalb des Bundesstaats, in dem sie geliehen wurden, genutzt werden. Und wenn, dann kommen (teils happige) Steuerbeträge extra zum Mietpreis hinzu.
- Am besten einen Fahrer verlangen, der Englisch spricht und die angepeilte Gegend gut kennt. Auto und Chauffeur vor dem Bezahlen grundsätzlich sorgsam unter die Lupe nehmen!
- Autos der Marke Hindustan Ambassador sehen toll aus und sind indische Klassiker (leider wurde die Produktion im Jahr 2014 eingestellt). Sie eignen sich jedoch eher für Stadtfahrten, für Langstrecken sind sie zu langsam und wenig komfortabel.
- Bei mehrtägigen Trips sollten Unterkunft und Verpflegung des Fahrers (von diesem jeweils selbst zu organisieren) im Preis enthalten sein.

➜ Um Missverständnisse zu vermeiden, sollten unbedingt von Anfang an gewisse Grundregeln gelten. Daher dem Chauffeur am besten gleich mitteilen, wer das Sagen hat – höflich, aber unmissverständlich.

Preise

➜ Die Kosten hängen von Bundesstaat, Kilometerzahl und Region ab (der höhere Spritverbrauch in bergigem Terrain verteuert das Ganze entsprechend).

➜ Einfache Strecken sind meist genauso teuer wie Hin- und Rückfahrt, da die Benzin- und Fahrerkosten für den Rücktransport des Autos ohnehin anfallen.

➜ Einige Taxigewerkschaften schreiben pro Tag ein Zeit- bzw. Kilometerlimit vor (jeweils Aufpreis bei Überschreitung).

➜ Um eventuelle Missverständnisse zu vermeiden, unbedingt den gesamten vereinbarten Leistungsumfang schriftlich festhalten. Idealerweise sind Benzin, Sightseeing-Stopps, alle gewünschten Ziele sowie Verpflegung und Unterkunft des Fahrers inbegriffen. Falls der Chauffeur unterwegs um Benzingeld bittet, sollte man sich eine Quittung geben lassen, um den Betrag ggf. zurückfordern zu können.

➜ Sightseeing-Tagestrips durch eine Stadt kosten mindestens 850/1200 ₹ in einem Auto ohne/mit Klimaanlage (max. 8 Std. bzw. 80 km, jeweils Aufpreis bei Überschreitung).

➜ Bei Touren außerhalb von Städten kostet ein Auto mit Klimaanlage ca. 2400 bis 2700 ₹ pro Tag (inkl. 250–300 km, zzgl. ca. 10 ₹ pro extra Kilometer). Hinzu kommen noch Maut- und Parkgebühren sowie manchmal auch Verpflegung für den Fahrer.

➜ Am Ende des Ausflugs ist ein Trinkgeld üblich (150–175 ₹/Tag, bei besonders gutem Service auch mehr).

Bus

➜ Busse fahren in nahezu jede Ecke Südindiens und sind meistens das günstigste Verkehrsmittel.

➜ Indische Bergregionen lassen sich oft nur per Bus bereisen.

➜ Einheimische Busfahrer sind mitunter ziemlich wagemutig. Daher besteht vor allem auf kurvigen Bergstrecken stets ein gewisses Unfallrisiko.

➜ Nachtbusse möglichst meiden: Bei Dunkelheit sind die Straßenverhältnisse noch prekärer; zudem sind die Fahrer eventuell übermüdet.

➜ Alle Busse legen unterschiedlich mehrere Imbiss- und Toilettenpausen ein. Das ist zwar erholsam, kann die Reisezeit aber um mehrere Stunden verlängern.

➜ In vielen Bergregionen ergänzen Sammeljeeps die Busverbindungen.

Gepäck

➜ Das Gepäck wird entweder im Stauraum (teils gegen geringe Gebühr) oder auf dem Dach des Busses transportiert.

➜ Wenn das Gepäck auf dem Dach transportiert wird, spätestens eine Stunde vor Abfahrt erscheinen! Mitunter wird die ganze Ladung mit einer großen Plane abgedeckt, weshalb es umständlich bis unmöglich ist, Taschen und Koffer noch in letzter Minute zu verstauen.

➜ Gepäck auf dem Dach immer sorgfältig abschließen und gut festzurren – ungenügend gesicherte Teile werden allzu schnell zu Opfern von holprigen Pisten.

➜ Trotz des recht geringen Diebstahlsrisikos sollte man seine Besitztümer bei Imbiss- und Toilettenpausen immer gut im Auge behalten. Besonders wichtig: Niemals Handgepäck und/oder Wertsachen unbeaufsichtigt im Bus zurücklassen!

Klassen

➜ Staatliche wie private Gesellschaften betreiben neben normalen Bussen (ordinary) auch teurere Deluxe-Busse. Viele staatliche Touristeninformationen bieten ebenfalls eigene und verlässliche Deluxe-Services an.

➜ Ordinary-Busse sind oft betagte Klapperkisten. Im Deluxe-Segment reicht die Palette von weniger klapprigen 08/15-Fahrzeugen bis hin zu schicken Volvo-Bussen mit Klimaanlage und Liegesitzen in Zweierreihen.

➜ Staatliche Gesellschaften sind generell zuverlässiger: Bei Pannen werden Ersatzfahrzeuge geschickt und Sitzplätze können normalerweise bis zu einem Monat im Voraus reserviert werden.

➜ Privatfirmen sind vergleichsweise teurer und komfortabler. Oder aber günstiger, wobei dann allerdings mit extrem wagemutigen Fahrern und übervollen Bussen zu rechnen ist.

➜ In vielen Touristenzentren vermitteln Reisebüros relativ teure Privatbusse mit Zweiersitzreihen, die meist Haltestellen in praktischer Zentrumslage ansteuern.

➜ Aber: Manche Reisebüros drehen Kunden offenbar Ordinary-Tickets zu Superdeluxe-Preisen an – daher möglichst immer direkt bei der jeweiligen Busfirma buchen!

➜ In Reisebüros und Touristeninformationen hängen mitunter Fahrpläne mit Zielangaben aus.

➜ Wegen oft viel zu lauter Bordmusik sind Ohrenstöpsel für Fernbusse dringend zu empfehlen. Auf Plätzen zwischen den Achsen sind Schlaglöcher stets am wenigsten zu spüren.

Preise

➜ Staatliche Ordinary-Busse sind am günstigsten, wobei die Preise je nach Bundesstaat variieren.

➡ Im Vergleich kosten Deluxe-Tickets ca. 50% mehr. Eine Klimaanlage (AC) verdoppelt in etwa den Normaltarif. Zweiersitzreihen erhöhen den Preis um das Drei-bis Vierfache.

Reservierungen

➡ In Busbahnhöfen und Reisebüros lassen sich Deluxe-Tickets meist im Voraus buchen (für staatliche Busse in der Regel bis zu vier Wochen vor Fahrtantritt). **Red Bus** (www.redbus.in) ist Indiens beste Website bzw. App für Busreservierungen.

➡ Ordinary-Busse bieten nur sehr selten eine Reservierungsmöglichkeit – manch Traveller geht beim wilden Ansturm auf freie Sitzplätze daher leer aus.

➡ Die besten Chancen auf einen Platz hat man, wenn man einen Mitreisenden vorschickt, während man selbst das Gepäck verstaut, oder einen Gegenstand (z. B. Buch, Kleidungsstück) durch ein offenes Fenster auf einen leeren Sitz wirft. Diese „Reservierungsmethoden" klappen fast immer.

➡ Wer unterwegs zusteigt, muss oft im Stehen darauf warten, dass irgendwann ein Platz frei wird.

➡ Viele Busse fahren erst ab, wenn sie voll belegt sind. Mitunter wechseln alle schon anwesenden Passagiere daher spontan zu einem früher startenden Alternativbus.

➡ An vielen Busbahnhöfen gibt's separate Warteschlangen für Frauen. Diese sind jedoch nicht immer gleich als solche zu erkennen, da die Schilder oft nur auf Hindi beschriftet sind und Männer an derselben Schlange anstehen. Frauen haben in Indien das inoffizielle Recht, sich in Busschlangen per Ellbogen nach vorne zu drängeln.

Fahrrad

Von hübschen Küstenrouten bis hin zu kurvigen Straßen, die an duftenden Gewürzplantagen und luftigen Kokoshainen vorbeiführen: Südindien bietet Radlern zahlreiche Möglichkeiten.

Die Einfuhr des Fahrrads nach Indien unterliegt keinerlei Beschränkungen. Da das eigene Bike beim Transport auf dem Seeweg eventuell erst nach ein paar Wochen vom Zoll freigegeben wird, erfolgt der Versand besser per Luftfracht. Wohl am günstigsten und stressärmsten ist es aber, einen Drahtesel direkt vor Ort zu kaufen oder auszuleihen.

Vor dem Start lohnt sich ein Blick in einschlägige Bücher. Einen guten Einstieg bieten z. B. das *Bicycle Touring Manual* (Rob Van Der Plas) und das *Adventure Cycle-Touring Handbook* (Stephen Lord). Nützliche Tipps bzw. Details liefern indische Fahrradmagazine, -clubs oder -verbände wie die **Cycling Federation of India** (☎011-23753529; www.clingfederationofindia.org; 12 Pandit Pant Marg, New Delhi; ⏲Mo–Fr 10–18 Uhr; Ⓜ Patel Chowk).

Kaufen

➡ Mountainbikes von renommierten Herstellern wie **Hero** (www.herocycles.com) oder **Atlas** (www.atlascycles.co.in) sind durchschnittlich ab ca. 3500 ₹ zu haben.

➡ Über Fahrradläden bzw. -verleiher und Schwarze Bretter für Traveller gestaltet sich der Wiederverkauf meist recht einfach.

➡ Neu erworbene Drahtesel in gutem Zustand sollten beim Wiederverkauf noch ca. 50 % des Originalpreises einbringen.

Mieten

➡ In Traveller- und Touristenhochburgen sind Leihfahrräder am leichtesten aufzutreiben – einfach vor Ort nachfragen!

➡ Für verkehrstaugliche indische Modelle schwankt die Leihgebühr überall zwischen ca. 75 und 100 ₹. Mountainbikes (falls vorhanden) kosten 200 bis 600 ₹ pro Tag (Tipp: www.rentomo.com).

➡ Manche Verleiher verlangen eine Barkaution. Wichtig: Niemals den Reisepass oder das Flugticket als Sicherheit hinterlegen!

Praktisch & Konkret

➡ Für Indiens Holperstrecken eignen sich am besten Mountainbikes mit Stollenreifen.

➡ Trotz etlicher Fahrradwerkstätten am Straßenrand sollte man unbedingt genügend Ersatzreifen, Bremszüge, Schmiermittel und Flickzeug sowie ein Kettenreparaturset dabeihaben.

FAHRRADTRANSPORT MIT DEM ZUG

Bei Langstrecken kann es sich lohnen, ein Fahr- oder Motorrad mit dem Zug zu transportieren. Hierzu kauft man ein Zugticket für die jeweilige Strecke und bringt das Zweirad einen Tag vor Abfahrt zum Paketschalter des Bahnhofs (samt Reisepass; bei Motorrädern zudem auch Führerschein, Zulassungs- und Versicherungspapiere). Dort wickeln Angestellte das gute Stück in schützendes Sackleinen (50–250 ₹). Man hat diverse Formulare auszufüllen und die Frachtgebühr sowie einen Versicherungsbetrag (1 % des aktuellen Zeitwerts) zu bezahlen. Die Beförderung ist generell recht preiswert (z. B. 34,83 ₹ pro 500 km für ein normales MTB mit ca. 13 kg Gewicht). Am Ausgabeschalter am Zielort sind dann die Dokumente vorzulegen. Falls das Bike dort nicht spätestens nach sechs Stunden abgeholt wird, fällt eine Einlagerungsgebühr (10 ₹/Std.) an.

- Busse nehmen Bikes oft gratis oder gegen geringe Gebühr auf dem Dach mit – praktisch, wenn es mal länger bergauf geht!
- Die Fluglinien informieren über den Fahrradtransport und Zollformalitäten.

Unterwegs

- Abgesehen vom Linksfahrgebot gibt's in Indien quasi keine Verkehrsregeln.
- Stadt- und Schnellstraßen sind recht gefährlich, als Radler wählt man möglichst Nebenstrecken.
- Was die Tagesetappen angeht, ist Realismus gefragt – gut trainierte Biker schaffen pro Tag ca. 60 bis 100 km im Flachland, 40 bis 60 km auf asphaltierten Bergstraßen und maximal 40 km auf unbefestigten Pisten.

Flugzeug

Die international etablierten Großgesellschaften Air India und Jet Airways konkurrieren mit einigen Billiganbietern um Indiens heiß umkämpften Inlandsflugmarkt. Tickets lassen sich direkt per Telefon, bei Reisebüros oder günstig übers Internet buchen.

Zum Recherchezeitpunkt wurden diverse Ziele in Südindien hauptsächlich von den rechts genannten Fluglinien bedient. Die Ticketpreise schwanken übers Jahr sehr stark und können rund um Feiertage und Feste oder in der Hochsaison in die Höhe schießen. Es empfiehlt sich stets ein aktueller Online-Preisvergleich.

Die Sicherheitsmaßnahmen an indischen Flughäfen sind allgemein recht streng: Beim Betreten eines Terminals sind stets der Reisepass und das gültige Ticket bzw. die Bordkarte (gedruckt oder elektronisch) vorzuzeigen. Das gesamte Gepäck wird vor dem Einchecken durchleuchtet. Jedes Stück Handgepäck ist mit einem Aufkleber zu versehen, der dann bei der Sicherheitskontrolle abgestempelt wird. Daher beim Einchecken am Schalter unbedingt genügend von diesen Aufklebern mitnehmen!

Offiziell sollten Passagiere eines Inlandsflugs eine Stunde vor dem Start einchecken. Die Gepäckbeschränkung liegt in der Economy Class bei 20 kg (kleinere Maschinen: 10 kg) und in der Business Class bei 30 kg.

Air India (www.airindia.in; ☎1800 1801407)

GoAir (www.goair.in; ☎092-23222111)

IndiGo (www.goindigo.in; ☎9212783838)

Jet Airways (www.jetairways.com; ☎1800 225522)

SpiceJet (www.spicejet.com; ☎9871803333)

Vistara (www.airvistara.com; ☎9289228888)

Geführte Touren

Touristeninformationen, Verkehrsunternehmen und Reisebüros bieten geführte Touren in ganz Südindien an. Organisierte Trips können eine günstige Option sein, um mehrere Ziele nacheinander anzusteuern. Pro Sehenswürdigkeit steht dann aber jeweils nicht viel Zeit zur Verfügung. Individualtouren bieten natürlich viel mehr Freiheit bei der Reiseplanung.

Manche Fahrer fungieren auch als Guides. Alternativ können kompetente Führer angeheuert werden. Achtung: In Touristenhochburgen geben sich unqualifizierte Schlepper als Profi-Guides aus!

Wander-, Rad- und Gastrotouren werden in Südindien immer beliebter.

Motorrad

Goa ist der einzige südindische Bundesstaat, in dem Motorradtaxis offiziell erlaubt sind. Als Sozius kann man damit Kurzstrecken schnell und günstig zurücklegen.

Trotz des chaotischen Verkehrs ist Südindien ein tolles Pflaster für lange Motorradtrips. Diese können jedoch zur echten Herausforderung werden – wer sich das allein nicht zutraut, bucht am besten eine der beliebten geführten Touren.

Das Wetter spielt eine wichtige Rolle: Biketouren im Monsunregen machen wohl niemandem Spaß.

Bei grenzüberschreitenden Touren unbedingt rechtzeitig alle aktuellen Bestimmungen und Formalitäten (inkl. Ein- bzw. Ausfuhr des Motorrads) bei der diplomatischen Vertretung des jeweiligen Ziellandes erfragen!

Benzin, Ersatzteile & Zubehör

- Benzin (zum Recherchezeitpunkt ca. 70 ₹/l) und Motoröl sind im Tiefland überall erhältlich; in den Bergen liegen Tankstellen jedoch weit verstreut. Wer in einsame Ecken fahren will, sollte sich immer vorab nach Tankmöglichkeiten erkundigen und genügend Treibstoff mitführen.
- In entlegene Regionen sollten Motorradfahrer auch unbedingt die wichtigsten Ersatzteile mitnehmen (z. B. Ventile, Benzinschläuche, Kolbenringe). In größeren bzw. großen Städten gibt's überall Teile für indische und japanische Maschinen.
- Vor allem ältere Bikes regelmäßig durchchecken und warten: Durch Indiens Holperstraßen und die Motorvibrationen kann sich recht schnell etwas lockern.
- Auch Motor-und Getriebeölstand sollten regelmäßig überprüft werden (spätestens alle 500 km). Der Ölfilter verdient alle paar Tausend Kilometer eine Reinigung.
- Der Straßenzustand macht Besuche beim Reifenpannen-*wallah* sehr wahrscheinlich. Generell startet man die Tour am besten mit neuen Reifen und Werkzeug für den Radwechsel.

➡ Eigene Schutzbekleidung bzw. -ausrüstung (Motorradjacke usw.) ist ebenfalls sehr sinnvoll.

Führerschein

Wer sich in Indien ein Motorrad ausleihen möchte, benötigt offiziell den eigenen nationalen Führerschein und ein gültige internationale Fahrerlaubnis. In Touristenzentren verzichten manche Verleiher auf die Vorlage des Führerscheins, allerdings ist man ohne eine internationale Fahrerlaubnis bei Unfällen nicht versichert und muss zudem mit einem Bußgeld rechnen.

Geführte Motorradtouren

Viele Firmen bieten landesweit Motorradtrips mit Guides, Mechanikern und Begleitfahrzeugen an. Im Folgenden einige seriöse Veranstalter (für Kontaktdetails, Routen und Preise s. Websites):

Enfield Riders (www.enfieldriders.com)

Indiabikes (www.indiabikes.com)

Peter's Classic Bike Adventure Tours (www.classic-bike-india.com)

Vintage Rides (www.vintagerides.travel)

Kaufen

➡ Für längere Touren sind Mietmaschinen die beste Option – auch, weil Ausländer mit Wohnsitz außerhalb von Indien offiziell keine Motorräder erwerben dürfen. Ganz unmöglich ist dies jedoch nicht: Je nach Bundesstaat bestehen dafür gewisse Schlupflöcher. Zudem gibt's überall gebrauchte Bikes, bei deren Kauf viel weniger Papierkram anfällt als bei neuen Modellen. Fündig wird man bei Werkstätten und an Schwarzen Brettern für Traveller; auch andere Motorradfahrer können vielleicht Tipps geben.

➡ Gepflegte Secondhand-Enfields mit 350 ccm kosten 50 000 bis 100 000 ₹. Für Maschinen mit 500 ccm werden zwischen 75 000 und 100 000 ₹ fällig. Hinzu kommt jeweils noch die obligatorische Versicherung.

➡ Wichtig: Gebrauchte Bikes idealerweise schon vor dem Kauf immer komplett und sorgsam durchchecken lassen!

➡ Beim Wiederverkauf lassen sich im Schnitt etwa 50 % bis zwei Drittel des Kaufpreises erzielen, sofern die Maschine noch in akzeptablem Zustand ist.

➡ Der Export eines indischen Motorrads nach Übersee ist kompliziert und teuer. Alle Details zur Ausfuhr erfragen Interessenten am besten beim jeweiligen Händler.

➡ Schutzhelme kosten 500 bis 5000 ₹. Auch Zusatzausrüstung (z. B. Gepäcktaschen bzw. -träger, Schutzbügel, Rückspiegel, abschließbare Tankdeckel, Benzinfilter, Spezialwerkzeug) ist überall problemlos erhältlich. Besonders empfehlenswert ist ein vergrößerter Benzintank für mehr Reichweite. Enfields mit 500 ccm verbrauchen etwa 1 l Sprit auf 25 km, die Modelle mit 350 ccm etwas weniger.

➡ Die Enfield-Website (www.royalenfield.com) liefert nützliche Infos zu allen Modellen.

➡ Nach seriösen Händlern erkundigt man sich am besten direkt vor Ort. **Allibhai Premji Tyrewalla** (☎022-23099417, 022-23099313; www.premjis.com; 205/20 Dr. D. Bhadkamkar (Lamington) Rd; ⏲Mo–Sa 10–19 Uhr) in Mumbai hat schon lange einen sehr guten Ruf.

PAPIERE & ZULASSUNG

➡ Wer ein Motorrad kauf, muss sich auf viel komplizierten Papierkram (Bearbeitungszeit ca. zwei Wochen) einrichten und sollte sich dabei am besten vom jeweiligen Händler helfen lassen.

➡ Ausländer können den Namenseintrag in der Zulassung nicht selbst abändern, müssen aber Formulare für den Eigentümer- und Versicherungswechsel ausfüllen. Diese sind ständig mitzuführen und spätestens 30 Tage nach dem Motorradkauf bei der zuständigen Zulassungsstelle vorzulegen – zumindest theoretisch, da in den Dokumenten jeweils kein Datumseintrag vorgesehen ist. Wer dieses Schlupfloch nutzt, sollte sich aber stets bewusst sein: Im Fall eines Unfalls sind sämtliche Schadens- und Folgekosten dann in voller Höhe selbst zu tragen! Wer einen offiziellen Wohnsitz in Indien hat und vor Ort ein neues Bike kauft, muss es vom Händler anmelden lassen und die Gebühren dafür zusätzlich übernehmen.

➡ Die Zulassung eines indischen Motorrads ist alle 15 Jahre zu erneuern (ca. 5000 ₹). Unbedingt sicherstellen, dass das Dokument den einwandfreien Zustand der Maschine bestätigt – und dass das Bike weder mit Schulden noch durch Gerichtsverfahren belastet ist!

Mieten

➡ Der Klassiker für Motorradtouren durch Indien ist die Enfield Bullet, die seit den 1940er-Jahren unverändert hergestellt wird. Diese Bikes haben nicht nur einen tollen Blubbersound, sondern sind auch komplett mechanisch aufgebaut und daher leicht zu reparieren. Zudem gibt's dafür landesweit Ersatzteile. Andererseits sind Enfields oft weniger verlässlich als viele neuere Maschinen aus Japan. Zum Recherchezeitpunkt waren neue Modelle außerdem recht rar (und entsprechend teuer).

➡ Viele Läden verleihen Motorräder für kürzere und längere Touren. Japanische und indische Maschinen mit 100 bis 220 ccm Hubraum sind günstiger als große Enfields mit 350 bis 500 ccm.

➡ Eine Enfield mit 500 ccm kostet 25 000 bis 30 000 ₹

für drei Wochen. Der Mietpreis beinhaltet zumeist erstklassige Tipps sowie einen unschätzbar wertvollen Crashkurs zu Aufbau und Reparatur dieser Bikes.

➡ Als Kaution ist ein großer Barbetrag (unbedingt einen schriftlichen Beleg inkl. Rückerstattungsgarantie verlangen!), das Flugticket oder der Reisepass zu hinterlegen. Doch vor allem den Pass sollte man niemals aushändigen, da er fürs Einchecken in Hotels immer erforderlich ist und jederzeit von der Polizei kontrolliert werden kann.

Straßenzustand & Gefahren

➡ Die unterschiedlichen Straßenverhältnisse Indiens können für Unerfahrene eine echte Herausforderung sein.

➡ Die Gefahrenquellen reichen von Hühnern, Kühen und Fußgängern auf der Straße bis hin zu liegen gebliebenen Lkws, unbeschilderten Fahrbahnschwellen und den nicht enden wollenden Schlaglöchern. Mitunter wird auch Getreide auf Landstraßen gestreut, um es von den Fahrzeugen „dreschen" zu lassen, was die Rutschgefahr für Motorradfahrer beträchtlich erhöht.

➡ Fahrer sollten sich nicht zu viel für einen Tag vornehmen und Fahrten in der Dunkelheit vermeiden. Viele indische Fahrzeuge sind ohne Licht unterwegs. Zudem ist der dynamobetriebene Scheinwerfer des Motorrads wirkungslos, wenn Schlaglöcher langsam umfahren werden müssen.

➡ Ohne Pausen schafft man auf verkehrsreichen Bundesstraßen durchschnittlich 40 bis 50 km/h, auf kurvigen Nebenstrecken und unbefestigten Pisten manchmal nur 10 km/h.

Versicherung

➡ Biker sollten ausschließlich haftpflichtversicherte Motorräder mieten, um ernsthafte finanzielle Folgen bei Sach- oder Personenschäden zu vermeiden. Die Verträge seriöser Verleiher beinhalten stets eine Haftpflichtversicherung. Von allen anderen besser die Finger lassen!

➡ Motorradkäufer benötigen ebenfalls eine Versicherung, die sich in der Regel über den jeweiligen Verkäufer organisieren lässt – allerdings nicht, wenn man nur ein Touristenvisum hat.

➡ Minimum ist eine Haftpflicht-Police (ca. 700 ₹/Jahr), die alle Sach- und Personenschäden beim Unfallgegner abdeckt, aber keine eigenen Schäden ersetzt. Ein Vollkaskoschutz (1400–1500 ₹/Jahr) ist aber sehr empfehlenswert.

Nahverkehr

➡ In Südindiens Städten sind Busse, Taxis, Boote, Pendlerzüge, Fahrrad- und Autorikschas unterwegs. Die Fahrpreise unterscheiden sich von Region zu Region.

➡ In allen Nahverkehrsmitteln ohne Festpreise oder Gebührenzähler muss man den Tarif (inkl. Gepäcktransport und aller Passagiere!) grundsätzlich *vor* Fahrtantritt aushandeln.

➡ Selbst bei vorhandenen Gebührenzählern verweigern manche Fahrer deren Benutzung und verlangen einen überzogenen „Festpreis". In diesem Fall entschieden auf das Taxameter bestehen und bei weiterer Weigerung einfach das Fahrzeug wechseln.

➡ Bei Nacht sind die Tarife zumeist höher (bis zu 100 %). Manche Fahrer verlangen zudem einen kleinen Gepäckzuschlag.

➡ Für Taxis und Autorikschas immer genügend kleine Scheine dabeihaben: Die Fahrer können nur selten wechseln.

➡ Achtung: Taxi- und Rikschafahrer stecken manchmal unter einer Decke mit Hotels oder Läden, von denen sie Provisionen kassieren (s. S. 544). Wer genötigt wird, zu einem anderen Ziel als gewünscht zu fahren, sollte nicht nachgeben und sich gegebenenfalls ein anderes Fahrzeug suchen.

Autoriksch a, Tempo & Vikram

➡ Indische Autorikschas (bzw. Autos, Scooters, Riks, Tuk-Tuks) sind im Prinzip motorisierte Dreiräder mit Dächern und Seitenverkleidungen aus Blech oder Zeltplane. Sie bieten Platz für zwei Passagiere und etwas Gepäck; oft werden aber weitaus mehr Personen hineingequetscht.

➡ Autorikschas sind meist günstiger als Taxis und haben normalerweise Gebührenzähler. Diese werden von manchen Fahrern aber nur sehr widerwillig eingeschaltet.

➡ Trips mit Autorikschas machen Spaß. Wegen der offenen Konstruktion ist man aber oft auch Lärm, Gestank und Hitze ausgesetzt.

➡ Tempos und *vikrams* (große Tempos) sind überdimensionierte Autorikschas für mehrere Passagiere, die feste Routen zu Fixpreisen bedienen.

➡ Im ländlichen Raum sieht man mitunter auch furchteinflößende *three-wheelers* (Dreiräder) – primitive Tempos mit frei beweglichen Frontgabeln, die an Traktoren erinnern.

Bus

Indische Stadtbusse (vor allem in den Metropolen) sind mechanische Monster, die stinkend und überfüllt mit halsbrecherischem Tempo dahinrasen – sofern sie nicht gerade während der Rush Hour am Morgen oder Abend endlos lange im Stau stecken. Im Vergleich dazu sind Autorikschas oder Taxis zumeist weitaus praktischer und bequemer.

Fahrradrikscha

➡ Eine Fahrradrikscha ist ein Fahrrad mit zwei Hinterrädern, über denen eine Sitzbank für Passagiere angebracht ist. Meist gibt's auch ein Verdeck, das bei schlechtem Wetter auf- und bei Übergepäck zugeklappt werden kann.

➡ Viele südindische Großstädte haben Fahrradrikschas inzwischen verboten oder zahlenmäßig stark reduziert. In Kleinstädten sind diese Vehikel aber häufig immer noch wichtige Nahverkehrsmittel.

➡ Der Preis ist vor der Fahrt auszuhandeln (am besten Einheimische nach lokalen Richtwerten fragen). Angesichts der Anstrengung haben die Fahrer stets ein Trinkgeld verdient!

Schiff/Fähre

Auf Südindiens Flüssen dienen u. a. große Autofähren, hölzerne Kanus und Boote aus Weidengeflecht als Transportmittel. Die meisten größeren Kähne nehmen auch Fahrräder und Motorräder gegen Aufpreis mit. Ein besonderes Highlight sind Hausboottrips auf den atemberaubenden Backwaters von Kerala.

Taxi

➡ In den meisten Städten gibt's Taxis mit Gebührenzählern. Die Geräte werden von manchen Fahrern aber nur sehr widerwillig eingeschaltet. Prepaid-Taxis oder Taxi-Apps (S. 571) sind die besten Gegenmittel gegen Abzocke.

➡ Fast immer sind die Taxameter veraltet. So wird für die Preisberechnung eine komplizierte Kombination aus Gebührenzähler und „Korrekturtabelle" verwendet, wobei gerne geschummelt wird. Nach ein paar Tagen vor Ort kann man aber überall recht schnell zwischen fairen Tarifen und frecher Abzocke unterscheiden. Im Zweifelsfall einfach vertrauenswürdige Einheimische fragen oder nur Taxi-Apps benutzen.

➡ An den meisten Großflughäfen und -bahnhöfen Indiens gibt es Prepaid-Taxistände, die sich in der Regel direkt vor dem jeweiligen Gebäude befinden. Wer dort eine Fahrt zum Festpreis (inkl. Gepäcktransport) bucht, vermeidet Provisionsabzocke und andere Betrugsversuche. Dennoch sollte die Quittung immer sorgfältig bis zum Ziel aufbewahrt werden.

➡ An kleineren Flughäfen und Bahnhöfen warten statt Taxis eventuell Prepaid-Autorikschas.

TAXI-APPS

➡ Taxi-Apps wie **Uber** (www.uber.com) und **Ola Cabs** (www.olacabs.com) haben die Transportsituation in indischen Großstädten komplett geändert: Touristen müssen sich dort nun nicht mehr mit nervigen Diskussionen oder Abzocke herumärgern. Zum Recherchezeitpunkt stand Uber in 29 indischen Großstädten zur Verfügung. Wo dies nicht der Fall war (in über 100 kleineren Städten), war zumeist Ola mit einer Autorikscha-Option am Start.

➡ Seit 2016 bezahlt man dank Ola Outstation bei langen Überlandfahrten nur noch die einfache Strecke: Die Kosten für den Rückweg des Chauffeurs fallen nun weg. Zum Recherchezeitpunkt gab es dieses Ola-Programm im Süden in Kolkata, Mumbai, Bengaluru, Chennai und Pune.

Sammeljeeps

➡ In Bergregionen (z. B. rund um Aurangabad und Nasik in Maharashtra) ergänzen Sammeljeeps das Busnetz zu ähnlichen Festpreisen.

➡ Diese Vehikel sind für fünf bis sechs Personen ausgelegt, transportieren aber meist weitaus mehr Passagiere. Die Plätze neben und direkt hinter dem Fahrer sind teurer als die auf der überfüllten Rückbank.

➡ Die Abfahrt erfolgt erst, wenn alle Plätze belegt sind. So steigen die Insassen halbleerer Jeeps oft spontan zu volleren und daher früher startenden Fahrzeugen um. Die Chauffeure starten aber sofort, wenn man für alle freien Plätze bezahlt.

➡ Sammeljeeps warten an speziellen Ständen bzw. *passenger stations* (u. a. an Hauptstraßenkreuzungen); einfach Einheimische nach dem Weg dorthin fragen.

➡ In Anlehnung an den weit verbreiteten Geländewagen Tata Sumo werden Sammeljeeps mancherorts auch Sumos genannt.

➡ Vor allem auf kurvigen Bergstrecken kann es passieren, dass Fensterplätze kurzerhand für Passagiere mit akuter Reiseübelkeit geräumt werden müssen!

Schiff/Fähre

➡ Linienfähren verbinden Kolkata, Chennai und Visakhapatnam mehrmals pro Woche mit den Andamanen.

➡ Von Oktober bis Mai gibt's auch Passagen zwischen Kochi (Kerala) und den Lakshadweep-Inseln.

➡ Allerlei Fähren (u. a. Weidenboote, motorisierte Pontons) und Ausflugsboote bedienen vergleichsweise kürzere Strecken auf Südindiens Flüssen.

Trampen

Trampen ist in Südindien weitgehend unbekannt: Aufgrund der günstigen Nahverkehrsmittel ist es in der gesamten Region unüblich, jemanden kostenlos mitzunehmen. Außerdem sollte man wissen, dass indische Lkw-Fahrer oft alkoholisiert am Steuer sitzen!

Trampen ist nirgendwo wirklich sicher und wird daher von Lonely Planet auch nicht empfohlen. Wer unbedingt per Anhalter reisen will, sollte sich stets bewusst sein: Das Risiko ist zwar überschaubar, wenn aber etwas passiert, kann es lebensbedrohlich sein! Wie überall sollten Frauen auch in Südindien niemals allein trampen (am besten nicht einmal zu zweit). Und am besten vertraut man stets seinem Bauchgefühl.

Zug

Eine Bahnreise ist ein typisch indisches Erlebnis. Zugfahrten sind weniger holperig als Bustrips und empfehlen sich vor allem für Fernstrecken mit Übernachtung an Bord. Mit ca. 6900 Bahnhöfen im ganzen Land zählt Indiens Gleisnetz zu den längsten und betriebsamsten der Welt. Rund 1,5 Mio. Angestellte machen Indian Railways zum größten öffentlichen Arbeitgeber des Planeten.

Landesweit gibt's zahllose praktische Bahnverbindungen. Die besten aktuellen Infos liefern Websites wie die von **Indian Railways** (www.indianrailways.gov.in) oder das hilfreiche Portal **Seat 61** (www.seat61.com/India). Ergänzend ist *Trains at a Glance* (45 ₹) bei vielen Bahnhofsbuchhändlern sowie online (www.indianrailways.gov.in/railwayboard; auf „Important Information" klicken) erhältlich. Dieser Gesamtfahrplan für alle Hauptstrecken erscheint aber nur einmal pro Jahr und ist daher weniger aktuell als Websites.

Fahrkartenkauf in Indien

Zugtickets lassen sich online, persönlich am Bahnhof oder gegen Provision über Reisebüros und Hotels buchen. In Großbahnhöfen hilft oft Englisch sprechendes Personal beim Ermitteln passender Verbindungen. An kleineren Bahnhöfen verstehen oft Beamte mit mittlerem Dienstrang (z. B. der stellvertretende Stationsvorsteher) Englisch. Auch viele Touristeninformationen können beim Reservieren, Auswählen von Zugklassen usw. behilflich sein. Die landesweite Telefonauskunft für Bahnverbindungen hat die Nummer ☎139.

AM BAHNHOF

➡ Am Infoschalter sind Reservierungsformulare erhältlich, in die Start- und Zielbahnhof sowie Zugklasse, -name und -nummer einzutragen sind. Dann heißt's lange am Fahrkartenschalter anstehen, wo das Ticket ausgedruckt wird. Frauen sollten die separate Warteschlange für Damen (falls vorhanden) nutzen und ansonsten einfach direkt nach vorn marschieren.

➡ Ende 2016 hat Indian Railways damit begonnen, landesweit rund 10 000 Fahrkartenautomaten mit Möglichkeit zum bargeldlosen Bezahlen einzurichten.

BUCHUNGSBÜROS FÜR TOURISTEN

In Chennai, Kolkata und Mumbai kommen Touristen dank spezieller Buchungsbüros (International Tourist Bureaus; Details unter www.indianrail.gov.in/international_Tourist.html) recht entspannt an Zugtickets.

Gefahren & Ärgernisse

➡ In allen Zugklassen sollte das Gepäck stets mit einer Kette und einem Vorhängeschloss an der Gepäckablage gesichert werden.

➡ Speisen und Getränke, die von Fremden angeboten werden, sollte man ablehnen. Sie könnten mit Narkotika versetzt sein, mit denen arglose Ausländer betäubt werden, um sie dann auszurauben.

Kosten

➡ Die Tarife richten sich nach Entfernung und Zugklasse. Bei den etwas teureren Rajdhani- und Shatabdi-Zügen ist Verpflegung im Preis enthalten. In den meisten klimatisierten Waggons serviert ein Catering-Service das Essen direkt am Platz. Wer ohne Reservierung reist, hat am besten ein paar Snacks dabei.

➡ Senioren ab 60 Jahren erhalten in allen Klassen und Zügen einen Rabatt von 30 %. Kinder unter fünf Jahren fahren gratis mit; Sechs- bis Zwölfjährige bezahlen die Hälfte.

➡ Seit 2016 gilt bei Expresszügen (Rajdhani, Shatabdi, Duronto) von Indian Rail eine buchungsabhängige Tarifstaffelung: Die Gesamtmenge verfügbarer Schlafwagenplätze ist nun in Zehn-Prozent-Schritten eingeteilt.

VERBINDUNGEN UND FAHRPREISE FINDEN

Über www.trainenquiry.com lassen sich beliebige Zugverbindungen recherchieren. Hierzu einfach unter „Find Your Train" den Start- und Zielbahnhof eingeben (ggf. per Auswahl-Menü): Die Ergebnisliste nennt alle Züge auf der jeweiligen Strecke (inkl. Namen, Nummern, Abfahrts- und Ankunftszeiten). Der Fahrtpreis für die gewählte Route kann dann auf www.indianrail.gov.in unter „Fare Enquiry" ermittelt werden.

Sobald eine dieser Einheiten komplett ausgebucht ist, steigt der Preis pro Koje um 10 % (bis zu einer festgelegten Höchstgrenze).

Reservierungen

➡ Die obligatorischen Reservierungen für die Klassen 1AC, 2AC, 3AC, Chair Class und Sleeper Class sind bis zu 90 Tage im Voraus möglich. Für die 2. Klasse muss nicht reserviert werden. Da indische Züge immer stark ausgelastet sind, sollte man sich vor allem Tickets für Nachtfahrten so früh wie möglich sichern. Dies gilt auch, wenn während großer Festivals zusätzliche Bahnverbindungen zu bestimmten Zielen eingerichtet werden.

➡ Auf Fahrkarten mit Reservierung sind Sitz- bzw. Liegeplatznummer und Wagennummer vermerkt. Letztere ist jeweils seitlich am Waggon angebracht (ggf. das Bahnhofspersonal oder einen Gepäckträger fragen!). An jedem reservierungspflichtigen Wagen hängt zudem eine Namensliste mit Sitz- bzw. Liegeplatznummern.

➡ Sogar nach der Abfahrt können Tickets noch gebührenpflichtig zurückgegeben werden. Die komplizierten Bestimmungen hierfür ermittelt man besser bereits beim Buchen.

➡ Achtung: Verspätungen sind bei der indischen Eisenbahn jederzeit möglich. Wer stressfrei reisen möchte, sollte die Reisepläne daher nie zu eng stricken.

Falls der gewünschte Zug ausgebucht sein sollte, sind folgende Optionen einen Versuch wert:

➡ **Reservation Against Cancellation (RAC)** Selbst bei komplett ausgebuchten Zügen greift in allen Klassen die limitierte RAC-Option: Inhaber von RAC-Tickets erhalten die Sitz- bzw. Liegeplätze von Passagieren, die vor dem Abfahrtstag storniert haben. Am Reisetag heißt's daher die Reservierungsliste am Bahnhof checken, um festzustellen, welcher frei gewordene Sitz- bzw. Liegeplatz einem zugeteilt worden ist. Doch selbst wenn niemand storniert hat, darf man mit einem RAC-Ticket stets an Bord gehen und (stehend) mitfahren.

➡ **Taktal-Tickets** Für wichtige Verbindungen hält Indian Railways eine kleine Menge von Last-Minute-Tickets (Taktal) zurück und gibt diese einen Tag vor Abfahrt frei (für Klassen mit/ohne Klimaanlage um 10/11 Uhr, Aufpreis entfernungsabhängig 90–500 ₹/Ticket). Die Klassen 1AC und Executive Chair Class sind hiervon ausgeschlossen.

➡ **Touristenkontingent** Auf beliebten Strecken gibt's ein separates, kleines Kontingent für ausländische Touristen (*tourist quota*). Solche Tickets gibt es gegen Vorlage von Reisepass und Visum bei bestimmten Reservierungsbüros in Großstädten. Bezahlt werden können sie in Rupien; manche Büros verlangen dann allerdings eine Umtausch- bzw. Geldautomatenquittung.

➡ **Warteliste** Indische Züge sind oft überbucht. Viele Passagiere stornieren jedoch oder fahren aus irgendwelchen Gründen nicht mit. Ein Ticket für die Warteliste (*waitlist*; WL) bietet daher recht gute Chancen auf einen freien Platz – selbst wenn man in der Liste weiter unten steht. Unter www.indianrail.gov.in/pnr_Enq.html kann man den eigenen Buchungsstatus einsehen; hierzu gibt man die PNR-Nummer (Passenger Name Record) ein, die auf dem Ticket vermerkt ist. Inhaber von Wartelisten-Tickets haben Anspruch auf Rückerstattung, falls sie leer ausgehen sollten. Die Fahrkartenbüros bzw. -schalter der Bahnhöfe informieren über die entsprechenden Details.

PREISE FÜR EXPRESSZÜGE (₹)

Strecke (km)	1AC*	2AC*	3AC*	Chair Class (CC)**	Sleeper Class**	2. Kl. (II)**
100	1203	706	498	205	77	47
200	1203	706	498	278	120	72
300	1203	706	498	370	177	101
400	1648	959	676	458	217	126
500	1969	1146	801	545	261	150
1000	3306	1928	1333	916	439	253
1500	4269	2476	1700	1176	566	330
2000	5255	3013	2033	1433	692	410

* Zugtyp: Rajdhani/Duronto

** Zugtyp: Mail/Express

Gesundheit

Indien ist geografisch sehr vielfältig, sodass in verschiedenen Regionen Gesundheitsprobleme durch Hitze, Kälte oder die Höhe ausgelöst werden können. Der Hygienestandard ist niedrig, sodass Krankheiten durch infizierte Lebensmittel oder Wasser häufig auftreten. Zudem übertragen einige Insekten allerhand Krankheiten, besonders in den tropischen Gebieten. Die medizinische Ausstattung ist in verschiedenen Gegenden unzureichend (besonders außerhalb der Großstädte), man sollte sich also gut vorbereiten.

Für die meisten lebensbedrohlichen Probleme sind ein von vornherein schlechter Gesundheitszustand oder Verletzungen durch Unfälle (besonders Verkehrsunfälle) verantwortlich. Während der Reise einmal krank zu werden, ist dagegen durchaus üblich. Die meisten Krankheiten kann man aber durch den Einsatz des gesunden Menschenverstandes vermeiden oder mithilfe einer gut ausgestatteten Reiseapotheke behandeln. Allerdings sollte man auch nicht zögern, im Ernstfall einen Arzt aufzusuchen – sonst könnte es gefährlich werden.

Bevor es losgeht

In Indien kann man viele Medikamente rezeptfrei kaufen, aber es kann schwierig sein, bestimmte neuere Arzneimittel, insbesondere Antidepressiva, Blutdruckmedikamente und Verhütungsmittel aufzutreiben. Vorsicht vor Selbstmedikation: Schon mancher Traveller ist zu Tode gekommen, weil er die falschen Mittel zusammenmixte oder sie zu hoch dosierte! Folgendes sollte man mitnehmen:

- Medikamente in ihrer beschrifteten Originalverpackung
- Ein unterzeichnetes, datiertes Schreiben eines Arztes, in dem der Gesundheitszustand und die einzunehmenden Medikamente einschließlich ihrer generischen Namen beschrieben werden
- Einen Brief des Arztes, der die medizinische Notwendigkeit der Spritzen bestätigt, die eventuell mitgenommen werden
- Wer ein Herzleiden hat, nimmt die Kopie eines EKGs mit, das vor der Abreise gemacht wurde
- Sämtliche Arzneimittel, die man regelmäßig einnehmen muss (am besten in doppelter Menge)

Versicherung

Nie ohne Krankenversicherung reisen! Ein Rücktransport im Notfall ist teuer. Bei der Wahl der richtigen Versicherung sind mehrere Faktoren zu beachten. Unbedingt auch das Kleingedruckte gründlich lesen!

- Möglicherweise muss man eine Zusatzversicherung für Abenteueraktivitäten wie Klettern oder Sporttauchen abschließen.
- In Indien müssen Ärzte normalerweise gleich in bar bezahlt werden. Die Versicherung bezahlt die jeweiligen Stellen entweder direkt oder erstattet das Geld anschließend zurück. Wenn man seine Ansprüche später geltend machen muss, ist immer sicherzustellen, dass alle relevanten Unterlagen aufbewahrt werden.
- Einige Versicherungen verlangen, dass man eine Zentrale im Heimatland anruft (R-Gespräch), die sich um das Problem kümmert.

Impfungen

Auf Reisemedizin spezialisierte Kliniken sind die beste Quelle für aktuelle Informationen. Sie haben alle verfügbaren Impfstoffe vorrätig und können spezifische Empfehlungen für eine Reise aussprechen. Die meisten Impfstoffe verleihen frühestens zwei Wochen nach Verabreichung Immunität, deshalb sollte man am besten vier bis acht Wochen vor der Abreise einen Arzt aufsuchen. Man sollte den eigenen Arzt um ein internationales Impfzertifikat (manchmal auch als „gelbes Heft" bekannt) bitten, in dem alle Impfungen aufgelistet sind, die man erhalten hat.

Reiseapotheke

Für die persönliche Reiseapotheke empfehlen wir:

- Antibakterielle Salbe, z. B. Bactroban
- Antibiotika gegen Hautinfektionen, z. B. Amoxicillin/Clavulanat oder Cephalexin
- Antihistaminika – z. B. Cetirizin für tagsüber und Promethazin für die Nächte
- Antiseptikum, z. B. Betaisodona
- Antispasmikum gegen Magenkrämpfe, z. B. Buscopan
- Abschwellende Mittel, z. B. Pseudoephedrin
- DEET-haltiges Insektenschutzmittel
- Erste-Hilfe-Bedarf wie Schere, Pflaster, Bandagen, Mullbinden, Fieberthermometer (keines mit Queck-

ERFORDERLICHE & EMPFOHLENE IMPFUNGEN

Die einzige Impfung, die nach internationalen Vorschriften verpflichtend ist, ist die gegen **Gelbfieber**. Ein Nachweis der Impfung wird nur verlangt, wenn man sechs Tage vor der Einreise nach Indien ein Land im Gelbfiebergebiet besucht hat. Wenn man aus Afrika oder Südamerika nach Indien einreist, sollte man sich vorab informieren, ob ein Impfnachweis erforderlich ist.

Die Weltgesundheitsorganisation (WHO) empfiehlt für Reisen nach Indien jedoch folgende Impfungen (daneben auch einen Impfschutz gegen Masern, Mumps und Röteln):

Diphterie & Tetanus Die Auffrischungsimpfung wird empfohlen, wenn die letzte Impfung zehn Jahre oder länger zurückliegt. Nebenwirkungen sind Entzündungen an der Impfstelle und Fieber.

Hepatitis A Bietet nahezu 100%-igen Schutz für ein Jahr, eine Auffrischungsimpfung nach zwölf Monaten bewirkt einen mindestens 20 Jahre anhaltenden Schutz. Harmlose Nebenwirkungen wie Kopfschmerzen und Entzündungen der Impfstelle treten bei 5 bis 10% der Behandelten auf.

Hepatitis B Gilt inzwischen als Routineimpfung für die meisten Traveller. Wird als dreimalige Impfung über sechs Monate gegeben. Es gibt auch eine Schnellversion, die in Kombination mit der Hepatitis-A-Impfung durchgeführt wird. Nebenwirkungen sind harmlos und eher selten, es handelt sich dann meist um Kopfschmerzen und Entzündungen der Impfstelle. 95% der Behandelten haben danach lebenslangen Impfschutz.

Polio Eine Impfung reicht für den lebenslangen Schutz eines Erwachsenen aus. Der inaktive Polioimpfstoff gilt auch bei Schwangerschaften als unbedenklich.

Typhus Die Impfung gegen Typhus wird prinzipiell für alle Indien-Traveller empfohlen, auch wenn nur der Besuch städtischer Gebiete geplant ist. Die einmalige Impfung bietet 70%-igen Schutz und hält zwei bis drei Jahre an. Sie kann auch mit Tabletten durchgeführt werden, doch wegen der geringeren Nebenwirkungen wird die Injektion empfohlen. Entzündungen der Impfstelle und Fieber können auftreten.

Windpocken Wer keinen Impfschutz gegen Windpocken hat, sollte eine mögliche Impfung mit seinem Arzt besprechen.

Diese Impfungen werden für Traveller empfohlen, die länger als einen Monat im Land bleiben wollen und für alle, die ein erhöhtes Risiko haben (am besten beim Arzt nachfragen!):

Japanische Enzephalitis Wird in drei Teilimpfungen gegeben. Eine Auffrischung nach zwei Jahren wird empfohlen. Selten tritt eine allergische Reaktion mit Nesselausschlag und Schwellungen auf – und zwar ungefähr zehn Tage nach einer Teilimpfung.

Meningitis Eine Injektion. Es gibt zwei Arten der Impfung: Der Vierfach-Impfstoff gibt zwei bis drei Jahre Schutz; der Meningitis-Gruppe-C-Impfstoff hält zehn Jahre lang. Wird für Backpacker unter 25 Jahren empfohlen.

Tollwut Insgesamt drei Impfungen. Eine Auffrischung nach einem Jahr gibt zehnjährigen Schutz. Nebenwirkungen sind selten – gelegentlich Kopfschmerzen und Entzündungen der Impfstelle.

Tuberkulose (TBC) Ein komplexes Thema. Erwachsenen Travellern, die länger in Indien waren, wird normalerweise eher ein TBC-Hauttest vor und nach der Reise als eine Impfung empfohlen. Eine Impfung hält ein Leben lang.

silber!), sterile Nadeln und Spritzen, Sicherheitsnadeln, Wunddesinfektionsmittel, Pinzette und Rettungsdecke

- Fungizidsalbe, z.B. Clotrimazol
- Halstabletten
- Ibuprofen oder andere entzündungshemmende Mittel
- Jodtabletten zur Trinkwasserreinigung (außer bei Schwangerschaft oder Schilddrüsenproblemen)
- Medikamente gegen Blasenentzündung, falls man dafür anfällig ist
- Medikamente gegen Durchfallerkrankungen – etwa Rehydrationslösungen, Durchfall-„Bremsen" (z.B. Loperamid), Mittel gegen Übelkeit (z.B. Metoclopramid) und Antibiotika gegen Durchfall (z.B. Ciprofloxacin), bakterielle Diarrhöe (z.B. Azithromycin) und Giardiasis oder Amöbendisenterie (z.B. Tinidazol).
- Medikamente gegen Soor (vaginaler Pilzbefall), z.B. Clotrimazol-Pessare oder Diflucan-Tabletten
- Migränemittel, falls man an Migräne leidet
- Paracetamol
- Pyrethrin zum Imprägnieren von Kleidung und Moskitonetzen
- Sonnencreme mit hohem Lichtschutzfaktor
- Steroidsalbe gegen allergische oder juckende Ausschläge, z.B. Hydrocortison
- Verhütungsmittel

Infos im Internet

Im Internet gibt's jede Menge Reisetipps rund um das Thema Gesundheit; www.lonelyplanet.com ist eine gute erste Anlaufstelle dafür. Weitere lohnende Websites:

Fit for travel – Reisemedizinischer Gesundheitsservice (www.fit-for-travel.de) Gute allgemeine Informationen zum Thema Reisemedizin.

MD Travel Health (www.mdtravelhealth.com) Bietet täglich aktualisierte Infos zu Gesundheitsfragen für Traveller zu allen Ländern.

World Health Organization (WHO; www.who.int/ith) Das hervorragende Buch *International Travel & Health* wird jährlich aktualisiert und ist online erhältlich

Weiterführende Lektüre

Zu den empfehlenswerten Büchern gehören *Travellers' Health* von Dr. Richard Dawood und *Travelling Well* von Dr. Deborah Mills, das inzwischen auch als App erhältlich ist; auch ein Blick auf die Website (www.travellingwell.com.au) lohnt sich.

In Indien

Medizinische Versorgung & Kosten

Die medizinische Versorgung in Indien ist ziemlich unterschiedlich. In einigen Städten gibt's inzwischen Kliniken, die sich speziell an Reisende und im Land lebende Ausländer richten. Diese Kliniken sind in der Regel teurer als andere medizinische Einrichtungen vor Ort, bieten aber höhere Behandlungsstandards. Darüber hinaus kennen sie das örtliche System und damit auch seriöse lokale Krankenhäuser und Spezialisten. Außerdem können sie sich mit der Versicherung in Verbindung setzen, sollte man einen Rücktransport benötigen. In ländlichen Gebieten ist es in der Regel jedoch schwierig, zuverlässige medizinische Versorgung zu finden.

Eine Selbstbehandlung kann angemessen sein, wenn nur ein kleineres Problem vorliegt (z.B. Reisedurchfall), man die nötigen Medikamente dabei hat und keine der empfohlenen Kliniken erreichbar ist. Wenn man aber vermutet, schwerer erkrankt zu sein, besonders an Malaria, muss man sich umgehend in die nächste medizinische Einrichtung begeben.

Bevor man Medikamente kauft, immer auf das Haltbarkeitsdatum schauen und sich vergewissern, dass die Packung versiegelt ist und vernünftig gelagert wurde (also z.B. nicht der direkten Sonne ausgesetzt war)!

REISEHINWEISE

Vor der Abreise lohnt sich immer ein Blick auf die medizinischen Hinweise von offizieller Seite für die einzelnen Regionen Indiens:

Deutschland (www.auswaertiges-amt.de)

Schweiz (www.eda.admin.ch)

Österreich (http://www.bmeia.gv.at)

Infektionskrankheiten

MALARIA

Malaria ist eine ernste und möglicherweise sogar tödliche Krankheit. Vor der Abreise sollte man den Rat eines Fachmannes zur geplanten Reiseroute (ländliche Gebiete sind besonders gefährlich) sowie zu Medikamenten und deren Nebenwirkungen einholen.

Malaria wird von einem Parasiten ausgelöst, der durch den Biss eines infizierten Moskitos übertragen wird. Das Hauptsymptom der Erkrankung ist Fieber, es gibt aber auch andere allgemein verbreitete Symptome wie Kopfschmerzen, Durchfall, Husten oder Kältegefühl, die auftreten können. Eine sichere Diagnose kann nur durch eine Blutprobe gestellt werden.

Zwei Strategien sollten kombiniert werden, um eine

Malaria-Infektion zu vermeiden: Moskitos vom Körper fernhalten und Malariamedikamente einnehmen. Die meisten Menschen, die sich mit Malaria infiziert haben, nahmen unwirksame oder keine Medikamente.

Moskitostiche lassen sich durch folgende Vorsichtsmaßnahmen vermeiden:

- Auf unbedeckte Hautstellen DEET-basierende Moskitoschutzmittel auftragen. Wer in einem garantiert moskitofreien Raum schläft, etwa unter einem Moskitonetz, kann das DEET nachts abwaschen. Natürliche Moskitoschutzmittel mit Zitronengras können effektiv sein, müssen aber öfter aufgetragen werden als DEET-haltige Mittel.
- Unter einem mit Pyrethrin imprägnierten Moskitonetz schlafen.
- Unterkunft mit Fensterscheiben und ordentlichen Ventilatoren wählen (wenn es keine Klimaanlage gibt).
- In Gebieten mit hohem Risiko Kleidung mit Pyrethrin imprägnieren.
- Helle Kleidung mit langen Ärmeln und Hosenbeinen bevorzugen.
- Mückenspiralen benutzen.
- Insektenspray einsetzen, bevor man das Zimmer zum Abendessen verlässt.

Es gibt eine Vielzahl von Medikamenten:

Chloroquin- & Paludrine-Kombination Eingeschränkte Wirkung in vielen Teilen Südasiens. Zu den häufigen Nebenwirkungen gehören Übelkeit (40 % der Betroffenen) und Mundgeschwüre.

Doxycyclin (täglich eine Tablette) Ein Breitbandantibiotikum, das der Prävention einer Vielzahl von Tropenkrankheiten dient, darunter Leptospirose, durch Zecken übertragene Krankheiten und Typhus. Mögliche Nebenwirkungen sind Photosensibilität (erhöhtes Sonnenbrandrisiko), Soor (bei Frauen), Verdauungsstörungen, Sodbrennen, Übelkeit und eine Wirkungshemmung bei Antibabypillen. Zu den schwereren Nebenwirkungen gehören auch Geschwürbildungen in der Speiseröhre – die Tablette sollte zu einer Mahlzeit mit einem großen Glas Wasser eingenommen werden. Innerhalb der ersten halben Stunde nach Einnahme sollte man sich keinesfalls hinlegen. Das Medikament muss nach Verlassen des Risikogebiets vier Wochen lang eingenommen werden.

Lariam (Mefloquin) Diese wöchentlich einzunehmende Tablette ist für viele Menschen am besten verträglich. Schwere Nebenwirkungen sind selten, schließen aber Depressionen, Angstzustände, Psychosen und Anfälle ein. Personen, die von Depressionen, Angstzuständen, anderen psychischen Störungen oder Epilepsie betroffen waren oder sind, sollten Lariam nicht einnehmen. Es gilt im zweiten und dritten Trimester einer Schwangerschaft als sicher. Die Tabletten müssen nach Verlassen des Risikogebiets vier Wochen lang eingenommen werden.

Malarone Kombinationspräparat aus Atovaquone und Proguanil. Nebenwirkungen sind selten und leicht und treten meist in Form von Übelkeit und Kopfschmerzen auf. Dies ist das beste Medikament für Taucher und alle, die Ausflüge in Hochrisikogebiete machen. Die Tabletten müssen nach Verlassen des Risikogebietes noch eine Woche lang eingenommen werden.

Weitere Krankheiten

Cholera Gelegentlich kommt es zu Cholera-Epidemien in Indien. Die Magen und Darm befallende akute Infektionskrankheit wird durch verunreinigtes Wasser und verunreinigte Nahrungsmittel übertragen, zu denen Fisch und Meeresfrüchte gehören, die roh oder zu kurz gegart verzehrt werden. Traveller sind selten betroffen, wer aber in Gebiete reist, die gerade von Cholera betroffen sind, sollte sich von seinem Hausarzt wegen einer Impfung beraten lassen.

Denguefieber Diese durch Moskitos übertragene Krankheit entwickelt sich zu einem immer größeren Problem, besonders in den Städten. Da kein Impfstoff vorhanden ist, kann ihr nur vorgebeugt werden, indem man Moskitostiche so gut wie möglich vermeidet. Zu den Symptomen gehören hohes Fieber, starke Kopf- und Gliederschmerzen und manchmal Ausschlag oder Durchfall. Die Behandlung besteht aus Ruhe und Paracetamol – kein Aspirin oder Ibuprofen einnehmen, da es die Wahrscheinlichkeit von Blutungen erhöht! Zur Diagnose und Beobachtung sollte man auf jeden Fall einen Arzt aufsuchen.

Grippe In den Tropen ist die Grippe (Influenza) das ganze Jahr über präsent. Zu ihren Symptomen gehören Fieber, Muskelschmerzen, eine laufende Nase, Husten und Halsschmerzen. Bei Menschen über 65 oder mit Vorerkrankungen wie Herzleiden oder Diabetes kann sie einen schweren Verlauf nehmen – für diese Personen wird eine Impfung empfohlen. Es gibt keine spezifische Behandlung, nur Ruhe und Paracetamol.

Hepatitis A Dieses Virus wird durch Lebensmittel oder Wasser übertragen, befällt die Leber und verursacht Gelbsucht (gelbe Haut und Augen), Übelkeit und Lethargie. Für Hepatitis A gibt's keine spezifische Behandlung, man muss der Leber einfach Zeit geben, wieder zu heilen. Alle Indienreisenden sollten sich vorher rechtzeitig gegen Hepatitis A impfen lassen.

Hepatitis B Diese Krankheit wird durch sexuellen Kontakt und den Austausch von Körperflüssigkeiten übertragen und kann durch Impfung vermieden werden. Die Langzeitfolgen der Erkrankung können Leberkrebs oder auch eine Leberzirrhose einschließen.

Hepatitis E Die Symptome der durch Lebensmittel und Wasser übertragenen Hepatitis E ähneln denen der Hepatitis A, aber die E-Variante ist deutlich seltener. Für Schwangere ist sie sehr problematisch und kann zum Tod von Mutter und Kind führen. Es gibt keinen kommerziell verfügbaren Impfstoff, aber eine

Ansteckung kann vermieden werden, wenn man die üblichen Sicherheitsmaßnahmen beim Essen und Trinken beachtet.

HIV Wird durch den Austausch von Körperflüssigkeiten übertragen. Am besten vermeidet man ungeschützten Sex, nicht sterile Nadeln (auch in medizinischen Einrichtungen), Tätowierungen und ähnliche Unternehmungen. Die Wachstumsrate der HIV-Infektionen in Indien ist eine der höchsten weltweit.

Japanische Enzephalitis Diese Viruserkrankung wird durch Moskitos übertragen und ist bei Reisenden selten. Die meisten Fälle treten in ländlichen Gegenden auf, und Impfungen werden für alle empfohlen, die mehr als einen Monat außerhalb der größeren Städte verbringen. Es gibt keine Therapie, und die Erkrankung kann zu dauerhaften Hirnschäden oder zum Tod führen. Den eigenen Arzt nach näheren Einzelheiten fragen!

Tollwut Diese meist tödlich verlaufende Krankheit wird übertragen, wenn man von einem infizierten Tier (in erster Linie Hunde oder Affen) gebissen oder auch nur abgeschleckt wird. Sofort nach einem Biss einen Arzt aufsuchen, der mit der Nachbehandlung beginnt – eine Impfung vor der Reise macht die Nachbehandlung sehr viel einfacher! Wird ein Traveller von einem Wildtier gebissen, sollte die Wunde vorsichtig mit Wasser und Seife ausgewaschen und ein jodbasiertes Antiseptikum aufgetragen werden. Wer nicht gegen Tollwut geimpft ist, muss dann schnellstens Tollwutantikörper bekommen – in großen Teilen Indiens wird das aber sehr schwierig sein.

Tuberkulose Während TBC unter Travellern selten ist, sollten Personen mit engem Kontakt zur einheimischen Bevölkerung (wie medizinisches Personal, Aids-Helfer und Langzeittraveller) entsprechende Vorsichtsmaßnahmen treffen. Geimpft werden normalerweise nur Kinder unter fünf Jahren, aber bei gefährdeten Erwachsenen wird ein TBC-Test vor und nach der Reise empfohlen. Die häufigsten Symptome von Tuberkulose sind Fieber, Husten, Gewichtsverlust, Nachtschweiß und Müdigkeit.

Typhus Diese ernste bakterielle Infektion verbreitet sich auch über Essen und Wasser. Symptome sind langsam ansteigendes und hohes Fieber sowie Kopfschmerzen, eventuell begleitet von trockenem Husten und Magenschmerzen. Typhus wird über Bluttests nachgewiesen und mit Antibiotika behandelt. Die Impfung wird allen Travellern empfohlen, die länger als eine Woche in Indien bleiben wollen. Achtung: Die Impfung gewährt keinen 100%-igen Schutz, also auf jeden Fall vorsichtig sein beim Essen und Trinken!

Vogelgrippe Die Vogelgrippe, auch Influenza A (H5N1), ist ein Subtyp des Influenza-A-Virus. Kontakt mit toten oder erkrankten Vögeln ist die Hauptansteckungsquelle, aber eine Übertragung von Vogel zu Mensch ist recht selten. Zu den Symptomen gehören hohes Fieber und grippeähnliche Symptome mit rapider Verschlechterung des Zustands, die in vielen Fällen zum Versagen der Atmung und zum Tod führen. Wenn Verdacht auf Vogelgrippe besteht, sollte sofort eine medizinische Versorgung erfolgen. Näheres gibt's unter www.who.int/en/.

Reisedurchfall

Reisedurchfall ist mit Abstand das häufigste Problem, von dem Indienreisende betroffen sind – zwischen 30 und 70% aller Traveller leiden in den ersten zwei Wochen nach Antritt der Reise darunter. Normalerweise wird der Durchfall durch Bakterien ausgelöst, sodass Antibiotika sehr schnell helfen.

Als Reisedurchfall werden mehr als drei wässrige Entleerungen innerhalb von 24 Stunden bezeichnet, zu denen mindestens ein Symptom wie Fieber, Krämpfe, Übelkeit, Erbrechen oder Unwohlsein kommt.

Die Behandlung besteht darin, eine Dehydration zu vermeiden – Rehydrationslösungen sind am besten geeignet. Antibiotika wie Ciprofloxacin oder Azithromycin sollten die Bakterien schnell abtöten. Umgehend medizinische Hilfe suchen, wenn die Reaktion auf das Antibiotikum ausbleibt!

Loperamid wirkt nur wie eine „Bremse" und packt das Problem nicht bei der Wurzel, kann aber trotzdem hilfreich sein (z.B. wenn man eine lange Busfahrt vor sich hat). Loperamid sollte man nicht einnehmen, wenn man Fieber oder Blut im Stuhl hat.

Amöbenruhr Die Amöbenruhr kommt bei Travellern selten vor, wird aber von weniger guten Labors oft fälschlicherweise diagnostiziert. Die Symptome (Fieber, blutiger Stuhl und Unwohlsein) ähneln denen des bakteriell verursachten Durchfalls. Bei Blut im Stuhl sollte sofort ein Arzt aufgesucht werden. Behandelt wird mit zwei Medikamenten: Tinidazol oder Metronidazol töten die Parasiten im Darm ab und ein zweites Medikament vernichtet die Zysten. Bleibt die Krankheit unbehandelt, können Leber- oder Darmabszesse die Folge sein.

KOHLENMONOXIDVERGIFTUNGEN

In manchen Gebirgsgegenden wird mit Kohleöfen geheizt. Aufgrund der hohen Gefahr einer Kohlenmonoxidvergiftung sollte man da aber sehr vorsichtig sein. Die Decken, die in vielen Gebirgsgegenden genutzt werden, sind oft fast so dick wie Matratzen und halten einen kuschelig warm, wenn man erst einmal darunter gekrochen ist. Wer trotzdem noch friert, sollte sich mit einer improvisierten Wärmflasche behelfen – einfach kochendes Wasser in eine Trinkwasserflasche schütten und die Flasche in eine Socke stecken!

Giardiasis *Giardia lamblia* ist ein Parasit, der bei Travellern relativ häufig vorkommt. Symptome sind Übelkeit, Aufgedunsenheit, schlimme Blähungen, Müdikeit und zeitweilig auftretender Durchfall. Der Parasit verlässt den Körper eventuell ohne Behandlung, aber das kann Monate dauern. Übliches Behandlungsmittel ist Tinidazol, Metronidazol ist auch eine Möglichkeit.

Umweltrisiken

ESSEN

Das Essen auswärts birgt immer die Gefahr, an Durchfall zu erkranken. Deshalb Folgendes beachten:

- Nur frisch zubereitete Speisen zu sich nehmen!
- Schalentiere und Büfetts meiden!
- Obst schälen!
- Gemüse nicht roh verzehren!
- Salat mindestens 20 Minuten lang in Jodwasser tauchen!
- Nur in gut besuchten Restaurants mit viel Fluktuation essen gehen!

TRINKWASSER

- Niemals Leitungswasser trinken!
- Wasser in Flaschen ist in der Regel sicher – beim Kauf sicherstellen, dass das Siegel intakt ist!
- Eis vermeiden, wenn man nicht genau weiß, dass es hygienisch hergestellt wurde!
- Vorsichtig sein mit frischen Säften, die vor allem an Straßenständen verkauft werden – möglicherweise werden sie mit Wasser verdünnt oder in unhygienischen Bechern/Gläsern serviert!
- Wasser abzukochen, ist normalerweise die wirkungsvollste Reinigungsmethode.
- Das beste chemische Reinigungsmittel ist Jod. Es sollte aber nicht von Schwangeren oder Menschen mit Schilddrüsenerkrankungen eingenommen werden.
- Wasserfilter sollten auch die meisten Viren herausfiltern. Man sollte sich vergewissern, dass der Filter eine chemische Barriere, z. B. Jod, und eine kleine Porengröße (weniger als 4 µm) hat.

HAUTPROBLEME

Ausschläge durch Pilzbefall
Reisende können von zweierlei Ausschlägen durch Pilzbefall betroffen sein. Der eine tritt an eher feuchten Körperstellen auf, z. B. im Schritt, in den Achselhöhlen und zwischen den Zehen. Er beginnt mit roten Flecken, die sich langsam ausbreiten und normalerweise auch jucken. Zur Behandlung sollte man die Haut trocken halten, Reibung vermeiden und eine Salbe gegen Pilzinfektionen (wie Clotrimazol oder Lamisil) auftragen. Der andere Pilz, *Pityriasis versicolor*, verursacht helle Flecken, hauptsächlich auf dem Rücken, der Brust und den Schultern. Einen Arzt aufsuchen!

Schnitte & Kratzer Diese entzünden sich in feuchtem Klima leicht. Alle Wunden müssen umgehend mit sauberem Wasser ausgewaschen werden. Anschließend ein Antiseptikum auftragen. Wenn Anzeichen einer Infektion beobachtet werden (zunehmende Schmerzen und Rötungen), sollte man einen Arzt aufsuchen.

HITZE

In vielen Teilen Indiens, besonders im Süden, ist es das ganze Jahr über heiß und feucht. Die meisten Besucher brauchen etwa zwei Wochen, um sich an das Klima zu gewöhnen. Füße und Knöchel können anschwellen und es kann wegen des vielen Schwitzens zu Muskelkrämpfen kommen. Ratsam ist es, einer Dehydrierung vorzubeugen und sich nicht zu viel in der Hitze zu bewegen. Salztabletten einzunehmen, ist nicht empfehlenswert, weil sie den Darm angreifen. Rehydrationsflüssigkeiten trinken oder salzig essen ist besser. Krämpfe lösen sich meist schnell, wenn man eine Ruhepause einlegt, doppelt konzentrierte Rehydrationslösung trinkt und wenn der Muskel sanft gedehnt wird.

Dehydration ist der häufigste Grund für Hitzeschäden. Meist erholt man sich schnell wieder, aber es ist auch nicht ungewöhnlich, sich noch mehrere Tage im Anschluss an die „Trockenphase" schlapp zu fühlen. Zu den Symptomen gehören:

- Schwächegefühl
- Kopfschmerzen
- Reizbarkeit
- Übelkeit oder Erbrechen
- schweißnasse Haut
- schneller, schwacher Puls
- normale oder leicht erhöhte Körpertemperatur

Behandlung:

- aus der Hitze gehen
- Luft zufächeln
- kühle, feuchte Kleidung auf die Haut legen
- den Betroffenen flach hinlegen und die Beine anheben
- mit Wasser und einem Viertelteelöffel Salz pro Liter rehydrieren

Ein **Hitzschlag** ist ein ernstzunehmender medizinischer Notfall. Zu den Symptomen gehören:

- Schwäche
- Übelkeit
- heißer, ausgetrockneter Körper
- Körpertemperatur über 41 °C
- Schwindelgefühl

- Verwirrung
- Koordinationsverlust
- Anfälle
- eventuell Kollaps

Behandlung:

- aus der Hitze gehen
- dem Betroffenen Luft zufächeln
- kühle, nasse Kleidung auf die Haut oder Eis auf den Körper legen, besonders in den Schritt und in die Achselhöhlen

Hitzebläschen sind in den Tropen ein oft auftretender Ausschlag, der entsteht, wenn sich Schweiß unter der Haut ansammelt. Er kann behandelt werden, indem man die Hitze für einige Stunden meidet oder kalt duscht. Salben und Lotionen verschließen die Haut und sollten nicht benutzt werden. Vor Ort erhältliches Hitzebläschen-Pulver kann helfen.

HÖHENKRANKHEIT

Für alle, die sich in Höhen von über 3000 m begeben, könnte die Höhenkrankheit zum Problem werden. Der größte Risikofaktor ist es, zu schnell auf zu große Höhen zu steigen – man sollte dem schonenderen Akklimatisierungsplan folgen, der in allen guten Wanderführern zu finden ist, und sich nie in noch größere Höhe begeben, wenn sich bereits Symptome zeigen, die mit der Höhenkrankheit in Zusammenhang stehen könnten. Es ist unmöglich, vorauszusagen, wen die Höhenkrankheit erwischt, und oft sind es gerade die jüngeren, fitteren Mitglieder einer Gruppe, die darunter leiden.

Die Symptome entwickeln sich in der Regel in den ersten 24 Stunden in der Höhe, können aber auch bis zu drei Tage auf sich warten lassen. Mildere Symptome sind:

- Kopfschmerzen
- Lethargie
- Schwindelgefühl
- Schlafstörungen
- Appetitverlust

Die Höhenkrankheit kann sich ohne Vorwarnung auch verschlimmern und sogar tödlich verlaufen. Schwerere Symptomen sind u. a.:

- Kurzatmigkeit
- trockener Reizhusten (evtl. mit rosafarbenem, schaumigem Auswurf)
- starke Kopfschmerzen
- Koordinations- und Gleichgewichtsverlust
- Verwirrung
- Gereiztheit
- Erbrechen
- Benommenheit
- Bewusstlosigkeit

Leichte Symptome kann man behandeln, indem man auf derselben Höhe bleibt und sich ausruht, bis man sich wieder erholt hat, was meist ein bis zwei Tage dauert. Gegen die Kopfschmerzen kann Paracetamol oder Aspirin eingenommen werden. Wenn die Symptome andauern oder schlimmer werden, muss man sich sofort auf eine geringere Höhe begeben, auch 500 m tiefer können schon ausreichen. Man sollte nie Medikamente einnehmen, nur weil man einen Abstieg vermeiden oder gar noch höher aufsteigen möchte.

Einige Ärzte empfehlen Acetazolamid und Dexamethason zur Vorbeugung der Höhenkrankheit, ihre Anwendung ist jedoch umstritten. Die Medikamente können die Symptome zwar mildern, Warnzeichen jedoch auch verschleiern. Schwere und tödliche Fälle der Höhenkrankheit sind auch schon bei Menschen aufgetreten, die diese Medikamente eingenommen haben.

Maßnahmen, um die Höhenkrankheit zu vermeiden:

- Langsam aufsteigen – am besten gönnt man sich regelmäßig Ruhetage und pausiert zwei oder drei Nächte nach jedem Aufstieg um 1000 m!
- Wenn möglich, auf geringerer Höhe schlafen als der des höchsten Punktes, den man am jeweiligen Tag erreicht hat! Über 3000 m sollte die Schlafhöhe täglich um nicht mehr als 300 m erhöht werden.
- Mehr trinken als normal!
- Auf eine leichte und kohlenhydratreiche Ernährung achten.
- Alkohol und Beruhigungsmittel vermeiden!

INSEKTENBISSE & -STICHE

Bienen- und Wespenstiche

Jeder, der unter einer schweren Bienen- oder Wespenstichallergie leidet, sollte eine Adrenalinspritze (z. B. einen EpiPen) mitführen.

Blutegel gibt's in feuchten Regenwaldregionen. Sie übertragen keine Krankheiten, aber ihre Bisse jucken, und das oft wochenlang, und noch dazu können sie sich leicht entzünden. Ein Antiseptikum auf Jodbasis auf Blutegelbisse auftragen, um Infektionen vorzubeugen!

Läuse treten meist auf dem Kopf oder im Schambereich auf. Vermutlich muss man ein Läuseshampoo (z. B. Pyrethrin) zur vollständigen Bekämpfung mehrmals anwenden.

Wanzen übertragen zwar keine Krankheiten, aber ihre Bisse können jucken. Gegen den Juckreiz helfen Antihistaminika.

Zecken holt man sich beim Wandern in ländlichen Gegenden, und oft findet man sie hinter den Ohren, am Bauch und unter den Achseln. Wer von einer Zecke gebissen wurde und an der Bissoder einer anderen Stelle einen Ausschlag oder Fieber bzw. Muskelschmerzen bekommt, sollte einen Arzt aufsuchen. Doxycyclin beugt von Zecken übertragenen Krankheiten vor.

LUFTVERSCHMUTZUNG

Luftverschmutzung, insbesondere durch Fahrzeugabgase, ist in den meisten städtischen Ballungsgebieten Indiens ein wachsendes Problem. Wer unter schweren Atemwegsbeschwerden leidet, sollte vor einer Indien-Reise seinen behandelnden Arzt konsultieren. Alle Traveller sollten die Hinweise zur Luftverschmutzung in der Presse und seitens staatlicher Stellen beachten (wenn der Luftverschmutzungsindex in einer der acht Verschmutzungskategorien einen Wert von 100 oder höher enthält, ist das ein schlechter Wert). Wer von der Luftqualität beeinträchtigt wird, sollte im Zweifel zu einer Einwegs-Gesichtsmaske greifen.

SONNENBRAND

Selbst an bewölkten Tagen kann man sich schnell einen Sonnenbrand zuziehen.

➡ Beim Baden vor und nach dem Schwimmen eine starke Sonnencreme (Lichtschutzfaktor 50+) auftragen!

➡ Sonnenbrille und einen Hut mit breiter Krempe tragen!

➡ Während der heißesten Stunden (10–14 Uhr) sollte man sich nicht in die Sonne legen.

➡ Besondere Vorsicht ist in Höhen über 3000 m geboten: In dieser Höhe holt man sich sehr leicht einen Sonnenbrand. Hat man sich verbrannt, sollte man bis zur Genesung im Schatten bleiben und, wenn nötig, Schmerzmittel nehmen. Hilfreich ist, zweimal täglich eine Creme mit einem Prozent Hydrocortison auf die betroffenen Hautpartien aufzutragen.

TAUCHEN & SURFEN

Taucher und Surfer sollten vor der Reise den Rat eines Spezialisten einholen, um sicherzustellen, dass ihre Reiseapotheke mit allem Nötigen für Schnitte durch Korallen sowie tropische Ohreninfektionen ausgestattet ist. Taucher sollten sich vergewissern, dass ihre Versicherung auch die Dekompressionskrankheit abdeckt – bei Organisationen wie **Divers Alert Network** (www.danasiapacific.org) gibt's spezielle Taucherversicherungen. Bestimmte Erkrankungen sind nicht mit dem Tauchen vereinbar; Details kennt der Arzt.

Frauen & Gesundheit

Bei gynäkologischen Beschwerden sollte frau eine Ärztin aufsuchen.

Harnwegsinfektionen können durch Dehydrierung oder lange Busreisen ohne Toilettenpausen ausgelöst werden. Man sollte ein entsprechendes Antibiotikum mitnehmen.

Hygieneartikel Binden, selten auch Tampons, sind überall im Land in vielen Geschäften erhältlich.

Soor Hitze, Feuchtigkeit und Antibiotika können eine Soor-Erkrankung begünstigen. Die Behandlung erfolgt durch eine Salbe gegen Pilzinfektionen und Pessare, beispielsweise Clotrimazol. Eine praktische Alternative dazu ist eine einzige Tablette Fluconazol (Diflucan).

Verhütung Ein ausreichender Vorrat des persönlichen Verhütungsmittels gehört ins Reisegepäck.

Sprache

Die riesige Zahl der in Indien gesprochenen Sprachen erklärt, warum Englisch noch immer in weiten Teilen des Landes als Verkehrssprache dient und nach wie vor bei offiziellen Anlässen genutzt wird. Weitere 22 Sprachen sind in der indischen Verfassung anerkannt, aber im ganzen Land hört man über 1600 Sprachen.

Hindi wird hauptsächlich im Norden gesprochen. Es hat nur wenig mit den drawidischen Sprachen Südindiens gemein und ist dort kaum verbreitet. Die Muttersprachen der in diesem Band (und in diesem Kapitel) behandelten südlichen Regionen sind Tamil, Kannada, Konkani, Malayalam, Marathi und Telugu. Die meisten von ihnen gehören zur Familie der drawidischen Sprachen, wurden allerdings in ihrer Entwicklung unterschiedlich stark von Hindi und Sanskrit beeinflusst. Als vorherrschende Sprachen in bestimmten geografischen Gegenden wurden sie benutzt, um die regionalen Grenzen in den südlichen Bundesstaaten festzulegen.

Viele gebildete Inder sprechen Englisch praktisch wie ihre Muttersprache. Für den Großteil der Inder ist es die zweitwichtigste Sprache, deswegen kommt man in Südindien gut mit Englisch zurecht.

Aussprache

Zu den Aussprachesystemen aller Sprachen, die in diesem Kapitel behandelt werden, gehört auch eine Reihe von retroflexen Konsonanten (mit nach hinten geklappter Zunge ausgesprochen), und alle Sprachen außer dem Tamil haben außerdem aspirierte Konsonanten (mit einem Luftausstoß ausgesprochen). Unsere vereinfachte Aussprachehilfe unterscheidet die retroflexen Konsonanten nicht von ihren nicht-retroflexen Gegenstücken. Die aspirierten Töne sind mit einem Apostroph (ʼ) nach dem Konsonanten gekennzeichnet. Wenn man die Begriffe aus der Aussprachehilfe so liest, als sei es Deutsch, wird man wahrscheinlich verstanden werden. Bei Sprachen, die über eine erkennbare Betonung der Wörter verfügen, sind die betonten Silben kursiv abgedruckt. Bei allen anderen sollten hingegen alle Silben gleich stark betont werden.

NOCH MEHR GEFÄLLIG?

Noch besser kommt man mit dem *Sprachführer Hindi, Urdu & Bengali* und dem *India Phrasebook*, beide von Lonely Planet, durch Südindien. Man findet die Titel unter **http://shop.lonelyplanet.de** und im Buchhandel.

TAMIL

Tamil ist die offizielle Sprache im südindischen Bundesstaat Tamil Nadu (und Nationalsprache in Sri Lanka, Malaysia und Singapur). Es ist eine der wichtigsten drawidischen Sprachen Südindiens, und Aufzeichnungen über seine Existenz reichen über 2000 Jahre zurück. In Indien sprechen etwa 62 Mio. Menschen Tamil.

Ein Tipp: aw wird wie im englischen „law" ausgesprochen.

Konversation & Nützliches

Hallo	வணக்கம்.	wa·*nak*·kam
Auf Wiedersehen	போய் வருகிறேன்.	*po*·i wa·*ru*·ki·rejn
Ja/Nein	ஆமாம்./ இல்லை.	*aa*·maam/ *il*·lai
Entschuldigung	தயவு செய்து.	ta·ja·*wu* sej·*du*
Es tut mir leid.	மன்னிக்கவும.	*men*·nik·ka·wam
Bitte	தயவு செய்து.	ta·ja·*wu* tschi·*tu*
Danke	நன்றி.	*nan*·dri

Wie geht's?
நிங்கள் நலமா? — *nieng*·kal na·*la*·maa

Gut, danke. Und selbst?
நலம், நன்றி. நீங்கள்? — na·*lam* *nen*·dri *nieng*·kel

Wie heißen Sie?
உங்கள் பெயர் என்ன? — *ang*·kel pe·*jar* *en*·na

Ich heiße ...
என் பெயர் ... — en pe·*jar* ...

Sprechen Sie Englisch?
நீங்கள் ஆங்கிலம் பேசுவீர்களா? — *nieng*·kel *aang*·ki·lem *pej*·tschu·*wier*·ka·la

Ich verstehe nicht.
எனக்கு விளங்கவில்லை. — e·*nek*·ku wi·*leng*·ka·wil·*lai*

Essen & Trinken

Können Sie mir eine(e) ... empfehlen?	நீங்கள் ஒரு ... பரிந்துரைக்க முடியுமா?	*nieng*·kel o·*ru* ... pa·rin·tu·*reik*·ka mu·ti·*ju*·maa
Bar	பார்	paar
Gericht	உணவு வகை	ju·na·*wu* wa·*kai*
Restaurant	உணவகம்	ju·na·wa·*hem*

Ich möchte (ein(e)/die) ..., bitte.	எனக்கு தயவு செய்து ... கொடுங்கள்.	e·*nek*·ku ta·ja·*wu* tschej·*tu* ... ko·*tung*·kal
Rechnung	விலைச்சீட்டு	wi·*laitsch*·tschiet·tu
Speisekarte	உணவுப்– பட்டியல்	u·na·*wap*·pet·ti·jal
dieses Gericht	அந்த உணவு வகை	*an*·ta ju·na·*wu* wa·*hai*

(Tasse) Kaffee/Tee ...	(கப்) காப்பி/ தேனீர்...	(kep) *kaap*·pi/ *tej*·nier ...
mit Milch	பாலுடன்	paa·lu·*ten*
ohne Zucker	சர்க்கரை– இல்லாமல	*tschark*·ka·rai·*il*·laa·mel

eine Flasche/ ein Glas	ஒரு பாட்டில்/ கிளாஸ ...	o·*ru* *paat*·til/ ki·*laas* ...
... Wein	வைன்	wein
roten	சிவப்பு	tschi·*wap*·pu
weißen	வெள்ளை	*wel*·lai

Haben Sie auch vegetarisches Essen?
உங்களிடம சைவ உணவு உள்ளதா? — *ang*·ka·li·tem *tschai*·wa u·na·*wu* *al*·la·taa

Ich bin allergisch gegen (Nüsse).
எனக்கு (பருப்பு வகை) உணவு சேராது. — i·*nek*·ku (pa·*rap*·pu wa·*kai*) ju·na·*wu* *tschej*·raa·tu

Abendessen	இரவு உணவு	ai·ra·*wu* ju·na·*wu*
Bier	பீர்	pier
Essen	உணவு	ju·na·*vu*
Fisch	மீன்	mien
Fleisch	இறைச்சி	ai·*raitsch*·tschi
Frühstück	காலை உணவு	kaa·*lai* ju·na·*wu*
Gemüse	காய்கறி	*kai*·ka·ri
Getränk	பானம்	paa·*nem*
Limonade	குளிர் பானம்	ku·*lir* paa·*nem*
Milch	பால்	paal
Mittagessen	மதிய உணவு	ma·*ti*·ja ju·na·*wu*
Obst	பழம்	pa·*sam*
Saft	சாறு	tschaa·*ru*
Wasser	தண்ணீர்	*ten*·nir

Notfall

Hilfe!	உதவ!	ju·ta·*wi*
Gehen Sie weg!	போய் விடு!	*pau*·ai *wi*·tu

Rufen Sie einen Arzt!
ஐ அழைக்கவும் ஒரு மருத்துவர்! — ai ei·*sai*·ka·vam o·*ru* ma·*rat*·tu·war

Rufen Sie die Polizei!
ஐ அழைக்கவும் போலிஸ! — ai ei·*sai*·ka·vam pau·*lies*

Ich hab mich verirrt.
நான் வழி தவறி போய்விட்டேன். — naan wa·*si* ta·wa·*ri* pau·ai·*wit*·tin

Ich muss das Telefon benutzen.
நான் தொலைபேசியை பயன்படுத்த வேண்டும. — naan *tu*·lai·pi·*tschi*·jai pa·*jan*·pa·*tat*·ta vin·*tam*

Wo sind die Toiletten?
கழிவறைகள் எங்கே? — ka·*si*·wa·rai·kal *eng*·ki

Shoppen & Service

Wo ist der Markt?
எங்கே சந்தை இருக்கிறது? — *eng*·ki *tschan*·tai ai·*rak*·ki·ra·tu

Darf ich mir das mal anschauen?
நான் இதைப் பார்க்கலாமா? — naan ai·*taip* *paark*·ka·laa·maa

Wie viel kostet das?
இது என்ன விலை? — ai·*tu* *en*·na wi·*lai*

Das ist zu teuer.
அது அதிக விலையாக இருக்கிறது. — ei·*tu* ei·*ti*·ka wi·*lai*·jaa·ka ai·*rak*·ki·ra·tu

Da ist ein Fehler auf der Rechnung.
இந்த விலைச்சீட்டில் ஒரு தவறு இருக்கிறது. — *in*·ta wi·*laitsch*·tschiet·til o·*ru* *ta*·wa·ru ai·*rak*·ki·ra·tu

Bank	வங்கி	*wang*·ki
Internet	இணையம்	ai·nai·*jam*
Postamt	தபால் நிலையம்	ta·*paal* ni·*lai*·yam
Touristen-information	சுற்றுப்பயண அலுவலகம்	tschat·*rap*·pa·ja·na ei·lu·wa·la·*kem*

Uhrzeit & Datum

Wie spät ist es?
மணி என்ன? ma·*ni* *en*·na

Es ist (zwei) Uhr.
மணி (இரண்டு). ma·*ni* (ai·*ren*·tu)

Halb (zwei).
(இரண்டு) முப்பது. (ai·*ren*·tu) map·pa·*tu*

Morgen	காலை	kaa·*lai*
Abend	மாலை	maa·*lai*
gestern	நேற்று	*nit*·tru
heute	இன்று	in·*dru*
morgen	நாளை	*naa*·lai

Montag	திங்கள்	*ting*·kal
Dienstag	செவ்வாய்	tschef·*wai*
Mittwoch	புதன்	pu·*ten*
Donnerstag	வியாழன்	wi·*jaa*·san
Freitag	வெள்ளி	wel·*li*
Samstag	சனி	tscha·*ni*
Sonntag	ஞாயிறு	*nijaa*·ji·ru

Unterkunft

Wo ist ein(e) ... in der Nähe?	அருகே ஒரு... எங்கே உள்ளது?	ej·ru·*ke* o·*ru* ... *eng*·ke *al*·la·tu
Pension	விருந்தினர் இல்லம	wi·*ran*·ti·nar *il*·lem
Hotel	ஹோட்டல	*hot*·tel
Haben Sie ein ... Zimmer?	உங்களிடம் ஓர்... அறை உள்ளதா?	*ang*·ka·li·tem awr ... ej·*rai* *al*·la·taa
Einzel-	தன	ta·*ni*
Doppel-	இரட்டை	ai·rat·*tai*
Wie viel kostet es pro ...?	ஓர்... என்னவிலை?	awr ... *en*·na·wi·lai
Nacht	இரவுக்கு	ai·ra·*wuk*·ku
Person	ஒருவருக்கு	o·ru·wa·*ruk*·ku

Bad	குளியலறை	ku·li·*ja*·la·rai
Bett	படுக்கை	pa·*tuk*·kai
Fenster	சன்னல	tschan·nal

Verkehrsmittel & -wege

Ist das der/das ... nach (Neu Delhi)?	இது தானா (புது- டில்லிக்குப்) புறப்படும்...?	ai·*tu* taa·*naa* (pu·*tu* til·lik·*kap*) pu·*rep*·pa·tum ...
Bus	பஸ்	pas
Flugzeug	விமானம்	wi·*maa*·nam
Zug	இரயில்	ai·ra·*jil*
Ein ... Ticket (nach Madurai), bitte.	(மதுரைக்கு) தயவு செய்து ... டிக்கட் கொடுங்கள்.	(ma·tu·raik·*ku*) ta·ja·*wu* tschej·*tu* ... tik·*ket* ko·tung·*kel*
einfach	ஒரு வழிப்பயண	o·*ru* wa·*sip*·pa·ja·na
mit Rückfahrt	இரு வழிப்பயண	ai·*ru* wa·*sip*·pa·ja·na

Wann fährt der erste/letzte Bus?
எத்தனை மணிக்கு முதல்/இறுதி பஸ் வரும்?
et·ta·nai ma·*nik*·ku mu·*tel/ai*·ru·*ti* pas wa·ram

Wie lange dauert die Fahrt?
பயணம் எவ்வளவு நேரம் எடுக்கும்?
pa·ja·*nam* ef·*wa*·la·wu nej·*rem* i·*tuk*·kam

Wie groß ist die Verspätung?
எவ்வளவு நேரம் அது தாமதப்படும்?
ef·*wa*·la·wu *nej*·rem ei·*tu* taa·ma·*tep*·pa·tam

Können Sie mir bitte sagen, wann wir nach (Ooty) kommen?
(ஊட்டிக்குப்) போனவுடன் தயவு செய்து எனக்குக கூறுங்கள்.
(uut·tik·*kap*) paw·na·wu·*ten* ta·ja·*wu* tschej·*tu* i·*nak*·kuk *kuu*·rung·kal

Bitte bringen Sie mich zu (dieser Adresse).
தயவு செய்து என்னை இந்த (விலாசத்துக்குக்) கொண்டு செல்லுங்கள
ta·ja·*wu* tschej·*tu* *en*·nai *in*·ta (wi·*laa*·tschet·tuk·kuk) *kon*·tu *tschel*·lang·kal

Bitte halten/warten Sie hier.
தயவு செய்து இங்கே நிறுத்துங்கள்/காத்திருங்கள்.
ta·ja·*wu* tschej·*tu* *ing*·ki ni·*rat*·tang·kel/*kaat*·ti·rang·kel

Ich möchte ein Auto mieten (mit Fahrer).
நான் ஒரு மோட்டார் வண்டி (ஓர் ஓட்டுநருடன்) வாடகைக்கு எடுக்க விரும்புகிறேன்.
naan o·*ru* *maut*·taar *wan*·ti (awr aw·*tu*·na·ru·ten) waa·ta·*haik*·ku i·*tuk*·ka wi·*ram*·pu·ki·rejn

Ist das die Straße nach (Mamallapuram)?
இது தான் (மாமல்லபுரத்துக்கு) செல்லும் சாலையா?
ai·*tu* taan (maa·mel·*la*·pu·ret·*tuk*·ku) *tschel*·lam tschaa·lai·*jaa*

Bahnhof	நிலையம்	ni·*lai*·jam
Boot	படகு	pa·ta·*ku*
Bushaltestelle	பஸ் நிறுத்தும்	pas ni·*rat*·tam
Erste Klasse	முதல் வகுப்பு	mu·*tal* wa·*kap*·pu
Fahrrad	சைக்கிள்	*tschaik*·kil
Flughafen	விமான நிலையம்	*wi*·maa·na *ni*·lai·jam
Motorrad	மோட்டார் சைக்கிள்	*maut*·taar *tschaik*·kil
Zweite Klasse	சிக்கன வகுப்பு	*tschik*·ka·na wa·*kap*·pu

Wegbeschreibungen

Wo ist der/die/das ...?
... எங்கே இருக்கிறது? — ...*eng*·ki ai·*ruk*·ki·ra·tu

Wie ist die Adresse?
விலாசம் என்ன? — wi·*laa*·tschem *en*·na

Können Sie es mir zeigen (auf der Karte)?
எனக்கு (வரைபடத்தில்) காட்ட முடியுமா? — e·*nak*·ku (wa·*rai*·pa·*tet*·til) *kaat*·ta mu·ti·ju·*maa*

Wie weit ist das?
எவ்வளவு தூரத்தில் இருக்கிறது? — *ev*·va·la·vu tuu·*ret*·til ai·*ruk*·ki·ra·tu

Es ist ...	அது இருப்பது ...	ei·*tu* ai·*rap*·pa·tu ...
hinter ...	... க்குப் பின்னால	... kap *pin*·naal
vor ...	... க்கு முன்னால	... ku *man*·naal
in der Nähe (von ...)	(... க்கு) அருகே	(... ku) ei·ru·*ki*
an der Ecke	ஓரத்தில	aw·*ret*·til
geradeaus	நேரடியாக முன்புறம்	*nej*·ra·di·*yaa*·ha *man*·pu·rem

Biegen Sie ab nach ...
... புறத்தில் திரும்புக — pu·*ret*·til *ti*·ram·pu·ka

links	இடது	ai·ta·*tu*
rechts	வலது	wa·la·*tu*

Zahlen

1	ஒன்று	on·*dru*
2	இரண்டு	ai·*ren*·tu
3	மூன்று	*muun*·dru
4	நான்கு	naan·*ku*
5	ஐந்து	ain·*tu*
6	ஆறு	*aa*·ru
7	ஏழு	*ej*·su
8	எட்டு	et·*tu*
9	ஒன்பது	on·pa·*tu*
10	பத்து	pet·*tu*
20	இருபது	ai·ru·pa·*tu*
30	முப்பது	map·pa·*tu*
40	நாற்பது	naar·pa·*tu*
50	ஐம்பது	eim·pa·*tu*
60	அறுபது	ei·ru·pa·*tu*
70	எழுபது	i·su·pa·*tu*
80	எண்பது	en·pa·*tu*
90	தொன்னூறு	ton·nuu·*ru*
100	நூறு	nuu·*ru*
1000	ஓராயிரம்	*aw*·raa·ji·rem

KANNADA

Kannada ist die offizielle Sprache im Bundesstaat Karnataka. Sie wird von 38 Mio. Menschen gesprochen.

Das oh wird übrigens wie das „o" im englischen „note".

Konversation & Nützliches

Hallo	ನಮಸ್ಕಾರ	na·mas·kaa·ra
Auf Wiedersehen	ಸಿಗೋಣ	si·goh·na
Ja/Nein	ಹೌದು/ಇಲ್ಲ	hau·du/il·la
Bitte	ದಯವಿಟ್ಟು	da·ja·wit·tu
Danke	ಥ್ಯಾಂಕ್ಯೂ	t'enk·yuu
Entschuldigung	ಸ್ವಲ್ಪ ದಾರಿ ಬಿಡಿ	swal·pa daa·ri bi·di
Es tut mir leid.	ಕ್ಷಮಿಸಿ.	kscha·mi·si

Wie heißen Sie?
ನಿಮ್ಮ ಹೆಸರೇನು? — nim·ma he·sa·rej·nu

Ich heiße ...
ನನ್ನ ಹೆಸರು ... — nen·na he·sa·ru ...

Sprechen Sie Englisch?
ನೀವು ಇಂಗ್ಲೀಷ್ ಮಾತಾಡುತ್ತೀರ? — nie·wu ing·lie·schu maa·taa·dat·tie·ra

Ich verstehe nicht.
ನನಗೆ ಅರ್ಥವಾಗುವುದಿಲ್ಲ. — na·na·dsche ar·t'a·aa·gu·wu·dil·la

Wie viel kostet das?
ಎಷ್ಟು ಇದು? — esch·tu ai·du

Wo sind die Toiletten?
ಟಾಯ್ಲೆಟ್ಟುಗಳು ಎಲ್ಲಿ? — taaj·let·tu·ga·lu el·li

Notfall

Hilfe!	ಸಹಾಯ ಮಾಡಿ!	sa·haa·ja maa·di
Gehen Sie weg!	ದೂರ ಹೋಗಿ!	duu·ra hoh·dschi
Rufen Sie ...!	... ಕಾಲ್ ಮಾಡಿ!	... kaal maa·di
einen Arzt	ಡಾಕ್ಟರಿಗೆ	daak·ta·ri·dsche
die Polizei	ಪೋಲೀಸಿಗೆ	poh·lie·si·dsche

Ich muss das Telefon benutzen.
ನಾನು ಫೋನ್ ಬಳಸಬೇಕು. naa·nu foh·nu ba·la·sa·bej·ku

Ich hab mich verirrt.
ನಾನು ಕಳೆದುಹೋಗಿರುವೆ. naa·nu ka·le·du·hoh·dschi·ru·we

Zahlen

1	ಒಂದು	on·du
2	ಎರಡು	i·ra·du
3	ಮೂರು	muu·ru
4	ನಾಲ್ಕು	naa·ku
5	ಐದು	ai·du
6	ಆರು	aa·ru
7	ಏಳು	ej·lu
8	ಎಂಟು	en·tu
9	ಒಂಬತ್ತು	om·bet·tu
10	ಹತ್ತು	het·tu
20	ಇಪ್ಪತ್ತು	ip·pet·tu
30	ಮೂವತ್ತು	muu·wet·tu
40	ನಲವತ್ತು	na·la·wet·tu
50	ಐವತ್ತು	ai·wet·tu
60	ಅರವತ್ತು	ei·ra·wet·tu
70	ಎಪ್ಪತ್ತು	ep·pet·tu
80	ಎಂಬತ್ತು	em·bet·tu
90	ತೊಂಬತ್ತು	tom·bet·tu
100	ನೂರು	noo·ru
1000	ಸಾವಿರ	saa·wi·ra

KONKANI

Konkani ist die offizielle Sprache im Bundesstaat Goa. Sie wird von 2,5 Mio. Menschen gesprochen. Die Devanagari-Schrift (die, die auch zum Schreiben von Hindi und Marathi benutzt wird) ist das offizielle Schriftsystem in Goa. Viele Konkani-Sprecher in Karnataka benutzen jedoch mitunter die Kannada-Schrift, die auch in diesem Kapitel verwendet wird.

Ein Tipp zur Aussprache: Das oh wird wie das „o" in „note" ausgesprochen.

Konversation & Nützliches

Hallo	ಹಲ್ಲೋ	*hel*·lo
Auf Wiedersehen	ಮೆಳ್ಯಾಂ	*mel*·jaang
Wie geht's?	ಕಸೊ/ಕಶಿ ಆಸಾಯ್?	*keu*·so/*kö*·schi *aa*·saaj (m./f.)
Gut, danke.	ಹಾಂವ್ ಬರೊಂ ಆಸಾಂ.	*haang*·ang *bö*·rong *aa*·saang
Ja/Nein	ವ್ಹಯ್/ ನಾಂ	*wö*·ai/naang
Bitte	ಉಪ್ಕಾರ್ ಕರ್ನ್	*ap*·kaar körn
Danke	ದೇವ್ ಬರೆಂ ಕರುಂ	*day*·ju *bo*·reng *ko*·ruung
Entschuldigung	ಉಪ್ಕಾರ್ ಕರ್ನ್.	*ap*·kaar körn
Es tut mir leid.	ಚೂಕ್ ಜ಼ಾಲಿ, ಮಾಫ಼್ ಕರ್.	ts'uuk *saa*·li maaf kör

Wie heißen Sie?
ತುಜೆಂ ನಾಂವ್ಂ ಕಿತೆಂ? *tu*·dscheng *naang*·ang *ki*·teng

Ich heiße ...
ಮ್ಹಜೆಂ ನಾಂವ್ಂ ... *m'eu*·dscheng *naang*·ang ...

Sprechen Sie Englisch?
ಇಂಗ್ಲಿಶ್ ಉಲೈತಾಯ್ಗೀ? *ing*·liesch *ju*·löy·taaj·dschie

Verstehen Sie?
ಸಮ್ಜಾಲೆಂಗೀ? *som*·saa·leng·dschie

Ich verstehe.
ಸಮ್ಜಾಲೆಂ. *som*·saa·leng

Ich verstehe nicht.
ನಾಂ, ಸಮ್ಜೊಂಕ್–ನಾಂ. naang *som*·sonk·naang

Wie viel kostet das?
ತಾಕಾ ಕಿತ್ಲೆ ಪೈಶೆ? *taa*·kaa *kit*·le *pöj*·schi

Wo sind die Toiletten?
ಟೊಯ್ಲೆಟ್ ಖೈಂಚರ್ ಆಸಾತ್? *toy*·let *k'ö*·ing·ts'eur *aa*·saat

Notfall

Hilfe!	ಮ್ಹಾಕಾ ಕುಮಕ್ ಕರ್!	*m'aa*·kaa *ku*·mök kör
Gehen sie weg!	ವಸ್!	wöts'
Rufen Sie ...!	... ಆಪೈ!	...*aa*·pai
einen Arzt	ದಾಕ್ತೆರಾಕ್	*daak*·te·raak
die Polizei	ಪೊಲಿಸಾಂಕ್	*po*·li·saank

Ich muss das Telefon benutzen.
ಮ್ಹಾಕಾ ಫೊನಾಚಿ ಘರ್ಜ್ ಆಸಾ. *m'aa*·kaa *fo*·na·tschi g'örz *aa*·saa

Ich hab mich verirrt.
ಮ್ಹುಜೀ ವಾಟ್ ಚುಕ್ಲ್ಯಾ. m'ö·dschi waat ts'uk·lijaa

Können Sie mir bitte helfen?
ಮ್ಹಾಕಾ ಇಲ್ಲೊಚೊ ಉಪ್ಕಾರ್ ಕರ್ಶಿಗೀ? m'aa·kaa il·lo·ts'o ap·kaar kör·schi·dschie

Zahlen

1	ಏಕ್	eik
2	ದೋನ್	dohn
3	ತೀನ್	tien
4	ಚಾರ್	tschaar
5	ಪಾಂಚ್	paants'
6	ಸೊ	so
7	ಸಾತ್	saat
8	ಆಟ್	aat'
9	ನೋವ್	nohw
10	ಧಾ	d'aa
20	ವೀಸ್	wies
30	ತೀಸ್	ties
40	ಚಾಳೀಸ್	ts'aa·lies
50	ಪನ್ನಾಸ್	pon·naas
60	ಸಾಟ್	saat'
70	ಸತ್ತರ್	söt·teur
80	ಐಂಶಿಂ	öyng·sching
90	ನೊವ್ವೋದ್	no·wod
100	ಶೆಂಭರ್	shem·bor
1000	ಹಜ಼ಾರ್	ha·saar

MALAYALAM

Malayalam ist die offizielle Sprache im Bundesstaat Kerala. Sie wird von rund 33 Mio. Menschen gesprochen.

Konversation & Nützliches

Hallo	ഹലോ.	hei·*lo*
Auf Wiedersehen	ഗുഡ് ബൈ	guud bai
Ja	അതെ	ei *t'e*
Nein	അല്ല	al·*la*
Bitte	ദയവായി	da·ja·wa·*ji*
Danke	നന്ദി	nan·*n'i*
Entschuldigung	ക്ഷമിക്കണം.	kscha·mi·ka·*nam*
Es tut mir leid.	ക്ഷമിക്കുക.	kscha·mi·ku·*ka*

Sprechen Sie Englisch?
നിങ്ങൾ ഇംഗ്ലീഷ് സംസാരിക്കുമോ? ning·*el* in·*glish* sem·*saa*·ri·ku·*mo*

Ich verstehe nicht.
എനിക്ക് മനസ്സിലാകില്ല. i·ni·*ku* ma·na·*si*·la·ki·la

Wie heißen Sie?
താങ്കളുടെ പേര് എന്താണ്? t'ang·ei·lu·*te* pej·*ru* en·t'aa·*nu*

Ich heiße ...
എന്റെ പേര് ... en·*te* pej·*ru* ...

Wie viel kostet das?
എത്രയാണ് ഇതിന്? et'·ra·jaa·*nu* ai·t'i·*nu*

Wo sind die Toiletten?
എവിടെയാണ് കക്കൂസ്? i·wi·de·jaa·*nu* ka·kuu·*su*

Notfall

Hilfe!	സഹായിക്കൂ!	sa·ha·ji·*kuu*
Gehen Sie weg!	ഇവിടുന്ന് പോകൂ!	ai wi·du·*nu* po·*kuu*
Rufen Sie ...!	... വിളിക്കൂ!	... wi·li·*kuu*
einen Arzt	ഒരു ഡോക്ടറെ	o·*ru* dok·ta·*re*
die Polizei	പൊലീസിനെ	po·li·si·*ne*

Ich muss das Telefon benutzen.
എനിക്ക് ഈ ഫോൺ ഒന്നു വേണമായിരുന്നു. i·ni·*ku* ie fon o·*nu* *wej*·na·maa·ji·ru·*nu*

Ich hab mich verirrt.
എനിക്ക് വഴി അറിഞ്ഞുകൂട. i·ni·*ku* wa·*si* ei·ri·*nju*·kuu·*da*

Zahlen

1	ഒന്ന്	*on*·na
2	രണ്ട്	*ren*·d'a
3	മൂന്ന്	*muu*·na
4	നാല്	*naa*·la
5	അഞ്ച്	*en*·dscha
6	ആറ്	*aa*·ra
7	ഏഴ്	*i*·sa
8	എട്ട്	*i*·t'a
9	ഒമ്പത്	*on*·pa·t'a
10	പത്ത്	*pa*·t'a
20	ഇരുപത്	ai·*ru*·pa·t'a
30	മുപ്പത്	*mu*·p'a·t'a
40	നാൽപത്	*naal*·pa·t'a
50	അമ്പത്	*en*·ba·t'a
60	അറുപത്	ei·*ru*·pa·t'a
70	എഴുപത്	i·*su*·pa·t'a
80	എൺപത്	*en*·pa·t'a
90	തൊണ്ണൂറ്	t'on·*nuu*·ra
100	നൂറ്	*n'oo*·ra
1000	ആയിരം	*aa*·je·rem

MARATHI

Marathi ist die offizielle Sprache im Bundesstaat Maharashtra. Es wird geschätzt, dass sie von ungefähr 71 Mio. Menschen gesprochen wird. Marathi wird in der Devanagari-Schrift geschrieben, welche auch für das Hindi benutzt wird.

Konversation & Nützliches

Hallo	नमस्कार	na·mas·*kaar*
Auf Wiedersehen	बाय	bai
Ja	होय	hoi
Nein	नाही	naa·*hie*
Bitte	कृपया	kri·pa·*jaa*
Danke	धन्यवाद	d'an·ja·*vaad*
Entschuldigung	क्षमस्व.	kscha·mas·*wa*
Es tut mir leid.	खेद आहे.	k'ed aa·*he* aa·b

Wie heißen Sie?
आपले नांव ? — aa·pa·*le* naa·*naf*

Ich heiße …
माझे नांव … — maa·*dsch'e* naa·*naf* …

Sprechen Sie Englisch?
आपण इंग्रजी बोलता का ? — aa·*pen* ing·re·*dschie* bol·*taa* kaa

Ich verstehe nicht.
मला समजत नाही. — ma·*laa* sem·dschet naa·*hie*

Wie viel kostet das?
याची काय किंमत आहे ? — jaa·*tschie* kaay ki·*met* aa·*he*

Wo sind die Toiletten?
शौचालय कुठे आहे ? — schoh·tschaa·*lai* ku·*t'e* aa·*he*

Notfall

Hilfe!	मदत !	ma·*det*
Gehen Sie weg!	दूर जा !	dor dschaa
Rufen Sie …!	कॉल करा … !	kaal ka·*raa* …
einen Arzt	डॉक्टरांना	dok·ta·raen·*naa*
die Polizei	पोलिसांना	po·li·saa·*naa*

Ich muss das Telefon benutzen.
मला फोन वापरायचा आहे. — ma·*laa* fon waa·pa·raa·ja·*tschaa* aa·*he*

Ich hab mich verirrt.
मी हरवले आहे. — mie ha·ra·wa·*le* aa·*he*

Zahlen

1	एक	ek
2	दोन	don
3	तीन	tien
4	चार	tschaar
5	पाच	paatsch
6	सहा	sa·*haa*
7	सात	saat
8	आठ	aat'
9	नऊ	na·*uu*
10	दहा	da·*haa*
20	वीस	wies
30	तीस	ties
40	चाळीस	tschaa·*lies*
50	पन्नास	pen·*naas*
60	साठ	saat'
70	सत्तर	set·*tar*
80	ऐंशी	ejn·*schie*
90	नव्वद	nev·*wed*
100	शंभर	schem·*b'ar*
1000	एक हजार	ek ha·*dschaar*

TELUGU

Telugu ist die offizielle Sprache im Bundesstaat Andhra Pradesh. Sie wird von ungefähr 70 Mio. Menschen gesprochen.

Tipp zur Aussprache: Der transkribierte Laut oh wird wie im englischen „note" ausgesprochen.

Konversation & Nützliches

Hallo	నమస్కారం	na·mas·kaa·ram
Auf Wiedersehen	ఎళ్ళొస్తాను	wel·loh·staa·nu
Ja/Nein	అవును/కాదు	a·wu·nu/kaa·du
Bitte	దయచేసి	da·ja·tschaj·si
Danke	ధన్యవాదాలు	d'an·ja·waa·daa·lu
Entschuldigung	ఏమండి	aj·en·di
Es tut mir leid.	క్షమించండి.	kscha·min·tschen·di
Wie geht's?	ఎట్లా ఉన్నారు?	et·laa an·naa·ru
Gut, danke.	బాగున్నాను.	baa·gan·naa·nu

Wie heißen Sie?
మీ పేరేంటి? — mie pei·rejn·ti

Ich heiße …
నా పేరు … — naa pej·ru …

Sprechen Sie Englisch?
మీరు ఇంగ్లీషు మాట్లాడుతారా? — mie·ru ing·lie·schu maat·laa·du·taa·raa

Ich verstehe nicht.
అర్థం కాదు. — ar·t'am kaa·du

Wie viel kostet das?
అది ఎంత? — ei·di en·ta

Wo sind die Toiletten?
బాత్రూములు ఎక్కడ ఉన్నాయి? — baat·ruum·lu ek·ka·da an·naa·ji

Notfall

Hilfe!	సహాయం కావాలి!	sa·haa·jam kaa·waa·li
Gehen Sie weg!	ఎళ్ళిపో!	wel·li·poh
Rufen Sie ...!	... పిలవండి!	... pai·la·wenn·di
einen Arzt	డాక్టర్ని	daak·tar·ni
die Polizei	పోలీసుల్ని	poh·lie·sal·ni

Ich muss das Telefon benutzen.
నేను ఫోను వాడుకోవాలి. — nei·nu p'oh·nu waa·du·koh·waa·li

Ich hab mich verirrt.
నేను దారి తప్పి పోయాను. — nei·nu daa·ri tep·pai poh·jaa·nu

Zahlen

1	ఒకటి	oh·ka·ti
2	రెండు	ren·du
3	మూడు	muu·du
4	నాలుగు	naa·lu·gu
5	ఐదు	ai·du
6	ఆరు	aa·ru
7	ఏడు	ej·du
8	ఎనిమిది	i·ni·mi·di
9	తొమ్మిది	tohm·mi·di
10	పది	pa·di
20	ఇరవై	ai·ra·wai
30	ముప్పై	map·p'ai
40	నలభై	na·la·b'ai
50	యాభై	jaa·b'ai
60	అరవై	ei·ra·vai
70	డెబ్భై	deb·b'ai
80	ఎనభై	i·na·b'ai
90	తొంభై	tohm·b'ai
100	వంద	wenn·da
1000	వెయ్యి	wej·ji

GLOSSAR

Adivasi – indigene Völker
Agni – wichtige Gottheit in den *Veden*, Vermittler zwischen Menschen und Göttern; auch Feuer
ahimsa – Gewaltlosigkeit
air-cooler –lärmender, wassergefüllter Luftkühler
Ananta – die Schlange, auf der *Vishnu* ruht
apsara – himmlische Nymphe
Arjuna – Mahabharata-Held und militärischer Führer, der Subhadra heiratete
Aryan – Sanskrit für „edel"; Menschen, die aus Persien ausgewandert sind und sich in Nordindien niederließen
Ashoka – Herrscher im 3. Jh. v. Chr.; verbreitete den Buddhismus in Südindien
Ashram – spirituelle Gemeinschaft oder Rückzugsort
Autorikscha – lärmendes motorisiertes Dreirad, das zum Transport von Personen, Vieh usw. über kurze Strecken benutzt wird; überall im Land zu finden und billiger als ein Taxi
Avatar – Inkarnation, normalerweise die einer Gottheit
Ayurveda – alte, komplexe Wissenschaft der indischen Kräutermedizin und ganzheitlichen Heilung
azad – Urdu für „frei", wie in „Azad Jammu & Kaschmir"

Baba – religiöser Meister oder Vater; Ausdruck des Respekts
bagh – Garten
Bakschisch – Trinkgeld, Spende (Almosen) oder auch Bestechungsgeld
Banyan – indischer Feigenbaum; er ist für viele Inder von immenser spiritueller Bedeutung
Bhagavad Gita – göttliches Lied der Hindus; Krishnas Lehren an *Arjuna*, wichtigstes Ziel war, die Philosophie der *bhakti* zu betonen; Teil des *Mahabharata*
bhajan – Andachtslied
bhakti – vertrauensvolle Hingabe an die Götter; Glaube
bhang – getrocknete Blätter und Blütenknospen der Marihuanapflanze
bhavan – Haus, Gebäude; auch *bhawan* geschrieben
BJP – Bharatiya Janata Party; eine politische Partei
Bodhisattva – wörtlich: „einer dessen Lebensziel perfekte Weisheit ist". Im frühen Buddhismus bezog sich *bodhisattva* nur auf Buddha, als er danach strebte, Buddha zu werden, und auf den Moment der Erleuchtung; im *Mahayana*-Buddhismus ist es jemand, der auf das Nirvana verzichtet, um anderen zu helfen, es zu erreichen
Bollywood – Indiens Antwort auf Hollywood; die Filmindustrie von Mumbai (Bombay)
Brahma – Hindu-Gott; wird als Schöpfer in der *Trimurti* verehrt
Brahmane – Angehöriger der Priester-/Gelehrtenkaste, der höchsten hinduistischen Kaste
Buddha – der Erleuchtete; Gründer des Buddhismus; wird von Hindus außerdem als neunte Inkarnation *Vishnus* betrachtet

Cantonment – städtischer Verwaltungs- und Militärbereich zur Kolonialzeit
chaitya – Sanskrit für „cetiya", benennt einen Schrein oder ein Objekt der Verehrung. Heute versteht man darunter einen Tempel oder eine spezielle Halle, unterteilt in ein Hauptschiff und zwei Seitenschiffe, die durch Säulenreihen getrennt sind; am Ende der Halle ist ein Votiv-Stupa
chappals – Sandalen oder Flip-Flops aus Leder
charas – Harz der Marihuanapflanze, auch Haschisch genannt
chital – Axishirsch
choli – Sari-Bluse
chowk – Marktplatz oder Kreuzung

dagoba – s. *Stupa*
Dalit – bevorzugter Ausdruck für Indiens Kaste der *Unberührbaren*
dargah – Schrein oder Begräbnisstätte eines muslimischen Heiligen
darshan – Opfergabe oder Audienz bei einer Gottheit
Deccan – bedeutet „Süden", bezieht sich auf die Hochebene im Zentrum Südindiens
Devi – *Shivas* Frau; Göttin
dhaba – schlichtes Restaurant oder Imbiss; besonders beliebt bei Lastwagenfahrern
dharamsala – Unterkunft für Pilger
dharma – für Hindus: moralischer Verhaltenskodex oder soziale Pflichten; für Buddhisten: den Naturgesetzen oder dem Pfad folgen, den Buddha lehrt
dhobi – Kleiderwäscher; meist *dhobi-wallah* genannt
dhobi ghat – Ein Ort, an dem der *dhobi* Kleider wäscht
dhoti – langes, von Männern getragenes Leinengewand; wie ein *lungi*, aber das knöchellange Tuch wird zwischen den Beinen hochgezogen
dhurrie – Teppich
Drawidisch – allgemeine Bezeichnung für die Kulturen und Sprachen im tiefen Süden Indiens, u. a. Tamil, Malayalam, Telugu und Kannada
dupatta – langer Schal für Frauen, der oft mit dem *salwar kameez* getragen wird
durbar – Königshof; auch Regierung
Durga – die Unnahbare; Inkarnation von *Shivas* Frau *Devi*; schöne, zornige Frau, die auf einem Tiger/Löwen reitet

filmi – Slangbezeichnung für alles, was mit indischen Filmen zu tun hat

Ganesh – Hindu-Gott des Glücks; elefantenköpfiger Sohn von *Shiva* und *Parvati*, der auch als Ganpati bekannt ist; sein Reittier ist ein rattenartiges Wesen
Ganga – Hindu-Göttin, die den heiligen Fluss Ganges verkörpert; er soll aus *Vishnus* Zeh fließen
Garuda – Mensch-Vogel-Reittier *Vishnus*
Gaur – indischer Büffel

Ghat – Stufen zu einem Fluss, einer Hügelreihe oder die Straße bergauf

giri – Hügel

gopuram – hoch aufragender Pyramidenturm am Tor *drawidischer* Tempel

Gurdwara – Sikh-Tempel

Guru – spiritueller Lehrer; abgeleitet von Sanskrit *goe* (Dunkelheit) und *roe* (vertreiben)

Hanuman – hinduistischer Affengott; wichtig im Ramayana; Anhänger Ramas

indo-sarazenisch – Stil der Kolonialarchitektur, die westliche Muster mit islamischen, hinduistischen und jainistischen Einflüssen vereint

Indra – bedeutender, angesehener vedischer Gott; Gott des Regens, des Donners, des Blitzes und des Krieges

Jagannath – Herrscher des Universums; Inkarnation von Krishna

ji – Endung, die als Zeichen des Respekts an fast alles angehängt werden kann, z. B. bei „Babaji" oder „Gandhiji"

Kailasa – heiliger Berg im Himalaja; Zuhause von *Shiva*

kalamkari – mit Pflanzenfarben gefärbtes Stoffmuster

Kali – bedrohlich aussehende Inkarnation von *Devi*, die das Böse zerstört; normalerweise mit dunkler Haut, von der Blut tropft, und einer Kette aus Schädeln dargestellt

kameez – hemdartige Tunika für Frauen

Kannada – offizielle Sprache in Karnataka

Karma – hinduistisches, buddhistisches und sikhistisches Prinzip der ausgleichenden Gerechtigkeit für begangene Taten

karnatische Musik – klassische Musik Südindiens

Kaste – die ererbte Lebensstation (soziale Stellung) eines Hindus; es gibt vier Hauptkasten: Brahmanen, Kshatriya, Vaishya und Shudra

khadi – handgesponnener Stoff; Mahatma Gandhi ermutigte die Menschen, ihre Kleidung selbst zu weben, statt englische zu kaufen

Khan – muslimischer Ehrentitel

kolam – kunstvolle Muster aus Reispaste oder farbigem Pulver, auch bekannt als *rangoli*

Konkani – offizielle Sprache Goas

Krishna – Vishnus achte Inkarnation, oft mit blauer Haut dargestellt; er enthüllte *Arjuna* die *Bhagavad-Gita*

Kshatriya – Krieger- und Herrscherkaste der Hindus; die zweithöchste Kaste

kurta – langes Hemd, mit kurzem oder ganz ohne Kragen

lakh – 100 000

Lakshmana – Halbbruder und Gehilfe von Rama im Ramayana

Lakshmi – *Vishnus* Gefährtin; Hindu-Göttin des Wohlstands; sie entsprang mit einer Lotusblüte in der Hand dem Ozean

lama – tibetischer buddhistischer Priester oder Mönch

Lingam – Phallussymbol; Glück verheißendes Symbol für *Shiva*; Plural: Linga

lungi – von Männern getragenes, weites, buntes Gewand (ähnlich dem Sari); wird in der Taille gefaltet, damit es passt

maha – Vorsilbe: „groß"

Mahabharata – großes, vedisches Hindu-Gedichtepos der Bharata-Dynastie; umfasst etwa 10 000 Verse, die die Schlacht zwischen den Pandavas und den Kauravas beschreiben

mahal – Haus oder Palast

Maharadscha – wörtlich „großer König", fürstlicher Herrscher

mahatma – wörtlich „große Seele"

Mahavir – letzter *tirthankar*

Mahayana – das „Große Fahrzeug" des Buddhismus

mahout – Elefantenreiter oder -führer

maidan – offene (oft mit Gras bewachsene) Fläche; Paradeplatz

Malayalam – offizielle Sprache in Kerala

mandapa – Säulenpavillon, Tempelvorkammer

Mandir – Tempel

Marathen – Volk in Zentralindien, das zu verschiedenen Zeiten über große Teile Indiens herrschte und gegen die *Moguln* und *Rajputen* kämpfte

marg – Straße

masjid – Moschee

mehndi – Henna; aufwendige Muster an den Händen (oft auch Füßen) von Frauen, traditionell bei bestimmten Festen oder Zeremonien (z. B. Hochzeiten)

mela – Fest oder Festival

Mitgift – Geld und/oder Güter werden von den Brauteltern an die Familie des Schwiegersohns gegeben; illegal, aber noch verbreitet bei arrangierten Hochzeiten

moksha –Befreiung von der *samsara*

mudra – rituelle Handbewegung, während religiöser Hindu-Tänze, Gesten der Buddhafiguren

Moguln – muslimische Dynastie auf dem Subkontinent; von Babur bis Aurangzeb

Naga – mythische, schlangenähnliche Lebewesen, die menschliche Gestalt annehmen können

namaste – Hindu-Gruß („Hallo" oder „Auf Wiedersehen"), oft von einer kleinen, respektvollen Verbeugung begleitet, bei der die Hände über der Brust oder auf Kopfhöhe gefaltet sind

Nandi – Bulle, der *Shiva* als Reittier dient

Narasimha – Inkarnation *Vishnus*, teils Mensch, teils Löwe

Narayan – Inkarnation von *Vishnu*, dem Schöpfer

Nataraja – *Shiva* als kosmischer Tänzer

nizam – erbbarer Titel der Herrscher von Hyderabad

NRI – Non-Resident Indian; von ökonomischer Bedeutung für das heutige Indien

Om – heilige Anrufung, die das Wesentliche des göttlichen Prinzips repräsentiert; für Buddhisten führt es, wenn es oft genug und mit voller Konzentration wiederholt wird, zu einem Zustand der Leere

Parsen – Anhänger des zoroastrischen Glaubens

Partition – Teilung Britisch Indiens im Jahre 1947 in zwei unabhängige Länder, Indien und Pakistan

Parvati – *Devi* in anderer Gestalt

PCO – Public Call Office; von hier kann man Orts-, nationale und internationale Telefongespräche führen

Pongal – tamilisches Erntefest

pradesh – Staat

prasad – Opferspeisen im Tempel

puja – wörtlich „Respekt"; Opfergabe oder Gebete

Puranas – Enzyklopädie von 18 Sanskrit-Geschichten, in Versen verfasst, die von den drei Göttern handeln und aus dem 5. Jh. stammen

Radha – bevorzugte Geliebte *Krishnas*, als er als Kuhhirte lebte

raga – konventionelle Melodien und Rhythmen, die die Grundlage für die freie Interpretation von Kompositionen bilden

Raj – Herrschaft oder Staatsgewalt; „British Raj" (manchmal auch nur „Raj") bezieht sich auf die britische Herrschaft

Raja – Radscha; König; manchmal auch *rana*

Rajputen – hinduistische Kriegerkaste; ehemalige Herrscher von Nordwestindien

Rama – siebente Inkarnation *Vishnus*

Ramadan – heiliger Monat im Islam, in dem von Sonnenaufgang bis Sonnenuntergang gefastet wird (es darf nicht gegessen, getrunken oder geraucht werden); auch „Ramazan"

Ramayana – Geschichte von *Rama* und *Sita*, in der es um ihren Streit mit Ravana geht; eines der bekanntesten indischen Epen

Rana – König; auch *raja*

rangoli – s. *kolam*

Rani – weiblicher Herrscher oder Ehefrau eines Königs

rathas – aus Stein gehauene *drawidische* Tempel

Ravana – Dämonenkönig von Lanka (das heutige Sri Lanka)

Rikscha – kleines Passagierfahrzeug mit zwei oder drei Rädern

sadhu – asketische, heilige Person, die versucht, Erleuchtung zu erlangen; oft mit *swamiji* oder *babaji* angesprochen

sagar – See, Wasserreservoir

sahib – respektvolle Anrede für einen Herrn

salwar – Hosen, die normalerweise mit einem *kameez* getragen werden

salwar kameez – traditionelle, kleidähnliche Tunika-Hosen-Kombination für Frauen

sambar – Hirsch

Saraswati – Ehefrau von *Brahma*; Göttin des Lernens; sitzt auf einem weißen Schwan

Sati – Ehefrau von *Shiva*; wurde eine *sati* („ehrbare Frau"), indem sie sich selbst opferte; obwohl er bereits vor über einem Jahrhundert verboten wurde, wird der „ehrenvolle" Akt der rituellen Selbstverbrennung auch heute noch gelegentlich vollzogen

satyagraha – gewaltloser Protest mit Hungerstreik, durch Mahatma Gandhi berühmt geworden; aus dem Sanskrit, wörtlich: „Beharren auf Wahrheit"

Scheduled Castes – offizielle englische Bezeichnung für die Kaste der *Unberührbaren* oder *Dalit*-Kaste

shahandah – muslimisches Glaubensbekenntnis („Es gibt keinen anderen Gott außer Allah; Mohammed ist sein Prophet")

Shaiviten – Anhänger *Shivas*

shakti – kreative Energien, die als weibliche Gottheiten wahrgenommen werden; Anhänger folgen dem Shaktismus

Shiv Sena – nationalistische Hindu-Partei

Shiva – Zerstörer; auch der Schöpfer, als der er im Lingam verehrt wird

Shivaji – der große Marathen-Führer des 17. Jhs.

shola – Urwald

Shudra – Arbeiterkaste

Sikhara – Hindu-Tempel oder -Turm

Sita – Hindu-Göttin der Landwirtschaft; häufiger mit dem *Ramayana* assoziiert

sitar – Saiteninstrument

Sivaganga – *Shiva* gewidmetes Wasserbecken im Tempel

Stupa – buddhistisches religiöses Denkmal, das aus einer soliden Halbkugel besteht, die von einem Turm gekrönt wird und Reliquien Buddhas enthält; auch als *dagoba* oder *Pagode* bekannt

Sufi – muslimischer Mystiker

Surya – die Sonne; eine Hauptgöttin der *Veden*

swami – respektvoller Titel, der „Herr seiner selbst" bedeutet und der initiierten hinduistischen Mönchen verliehen wird

tabla – Doppeltrommel

Tamil – Sprache in Tamil Nadu; Menschen *drawidischen* Ursprungs

Tandava – *Shivas* kosmischer Siegestanz

Tank – Wasserreservoir, Becken oder Behältnis mit heiligem Wasser aus verschiedenen Tempeln

Tempo – lautes, dreirädriges öffentliches Transportmittel, größer als eine *Autorikscha*

Theravada – orthodoxe Form des Buddhismus die in Sri Lanka und Südostasien praktiziert wird und sich dadurch auszeichnet, dass sie dem Pali-Kanon anhängt; wörtlich: „Behausung"

tilak – ein glückverheißendes Stirnzeichen frommer Hindus

Tirthankars – die 24 großen jainistischen Lehrer

Trimurti – Dreier-Form oder Dreigesichtigkeit; die hinduistische Trias von *Brahma*, *Shiva* und *Vishnu*

Unberührbare – niederste Kaste oder „Kastenlose", welche die niedersten Dienste verrichten; der Name geht auf den Glauben zurück, dass die Angehörigen höherer Kasten sich beschmutzen könnten, wenn sie einen Kastenlosen berühren sollten; auch bekannt als *Dalit*

Vaishya – Mitglied der Hindukaste der Händler

Veden – heiliges Buch der Hindus; Sammlung von Hymnen, die im 2. Jt. v. Chr. in vorklassischem Sanskrit gedichtet wurden und in vier Bücher unterteilt sind: Rigveda, Yajurveda, Samaveda und Atharvaveda

vihara – buddhistisches Kloster, normalerweise mit zentralem Innenhof oder Halle, von der Wohnzellen abgehen, üblicherweise mit einem buddhistischen Schrein an einem Ende

Vikram – *Tempo* oder größere Version des Standard-*Tempo*

vimana – Hauptteil eines Hindu-Tempels; Turm über dem Heiligtum

vipassana – in sich gekehrte Meditationstechnik des *Theravada*-Buddhismus, bei der Körper und Geist als veränderliche Phänomene genau betrachtet werden

Vishnu – Teil der *Trimurti*; Vishnu ist der Erhalter und Erneuerer, der bis jetzt neun *Avatare* hat: den Fisch Matsya, die Schildkröte Kurma, das Wildschwein Naraha, *Narasimha*, Vamana, Parasurama, Rama, *Krishna* und Buddha

Wallah – Mann; lässt sich an so gut wie alles anhängen: *dhobi-wallah*, *chai-wallah*, Taxi-*wallah*

yali – mythisches Löwenwesen

yatra – Pilgerreise

zenana – Bereich eines Hauses der Oberschicht, in dem die Frauen sich aufhalten; Frauenunterkunft

Hinter den Kulissen

WIR FREUEN UNS ÜBER EIN FEEDBACK

Post von Travellern zu bekommen, ist für uns ungemein hilfreich – Kritik und Anregungen halten uns auf dem Laufenden und helfen, unsere Bücher zu verbessern. Unser reiseerfahrenes Team liest alle Zuschriften ganz genau, um zu erfahren, was an unseren Reiseführern gut und was schlecht ist. Wir können solche Post zwar nicht individuell beantworten, aber jedes Feedback wird garantiert schnurstracks an die jeweiligen Autoren weitergeleitet, rechtzeitig vor der nächsten Nachauflage.

Wer Ideen, Erfahrungen und Korrekturhinweise zum Reiseführer mitteilen möchte, hat die Möglichkeit dazu auf **www.lonelyplanet.com/contact/guidebook_feedback/new**. Anmerkungen speziell zur deutschen Ausgabe erreichen uns über **www.lonelyplanet.de/kontakt**.

Hinweis: Da wir Beiträge möglicherweise in Lonely Planet Produkten (Reiseführer, Websites, digitale Medien) veröffentlichen, ggf. auch in gekürzter Form, bitten wir um Mitteilung, falls ein Kommentar nicht veröffentlicht oder ein Name nicht genannt werden soll. Wer Näheres über unsere Datenschutzpolitik wissen will, erfährt das unter www.lonelyplanet.com/privacy.

DANK VON LONELY PLANET

Vielen Dank an alle die Reisenden, die mit der letzten Auflage unterwegs waren und uns hilfreiche Hinweise, nützliche Ratschläge und interessante Anekdoten haben zukommen lassen:

Daniel Morris, Della Matheson, Jacob Joseph, Julia Butterworth, Lauren McAlee, Linda Mlynski, Malcolm Beck, Michael Fairbairn, Patricia Keith, Paul Thompson, Rafael Zamora Riesco, Ramavtar Garhwal, Stine Porsbjerg, Uwe Düffert, Will Pitcher.

DANK DER AUTOREN

Isabella Noble

Vielen Dank allen in Tamil Nadu, Ashish und Rucha Gupta und Shoshana Treichel in Chennai, Bernard Dragon und Michel Adment in Chettinadu, Raja Balasubramanian in Trichy, Junaid Sait und Team in Ooty, Vijay Kumar in Kodai und Mr. Krishnamurthi vom *Kanyakumari-Puducherry Express*. Ich danke Belinda Wright und Saptarishi Saigal in Madhya Pradesh und dem *Indien*-Co-Autoren-Dream-Team, vor allem John Noble für gute Laune, Tipps und Tiger-Safaris. Zu Hause gilt mein besonderer Dank Jack, Andrew und Sarah.

Kevin Raub

Ich möchte meiner Frau Adriana Schmidt Raub, Joe Bindloss, Sarina Singh, John Noble, Izzy Noble, Paul Harding und allen meinen Mitverschwörern bei Lonely Planet meinen herzlichen Dank aussprechen. Danke, Anil Wadwa, Amit Arora, Dhanya Pilo, Sarita Hedge Roy, Tanvi Maidkaker, Roshnee Desai, Greg Kroitzsh, Rishupreet Oberoi, Bindu Panicker, Aditya Dhanwatay, Ashok T. Kadam, Abha Lambah, Karina Aggarwal und Pankil Shah, die mir unterwegs geholfen haben.

Paul Harding

Ich möchte mich bei all meine lieben Freunden in Goa und Kerala bedanken, die mir Gesellschaft, Rat und Freundschaft gegeben haben – ihr alle wisst, wer gemeint ist. Danke auch all den Menschen, Travellern und Einheimische, die ich auf dieser Reise kennenlernen durfte. Mein größter Dank geht an Hannah und meine coole junge Tochter Layla für die Begleitung auf zumindest einem Teil des Weges – und dafür, mir meine Abwesenheiten nicht zu übel zu nehmen.

Sarina Singh

Vielen Dank allen, die an dieser Ausgabe mitgearbeitet haben – mit besonderem Dank an Joe, weil er so ein fabelhafter Projektredakteur ist. Meine Dankbarkeit gilt auch den vielen Lesern, die sich die Zeit genommen haben, ihre Rückmeldungen und Reiseerfahrungen zu schicken; was sehr hilfreich ist. Schließlich möchte ich mich bei meinen klugen und wunderbaren Eltern herzlich bedanken, die mich immer ermutigt haben, meinen eigenen Weg zu gehen.

Iain Stewart

Danke, Trent Holden und John Noble für Tipps und Kontakte. Dank an Joe Bindloss und die LP-Teams in London und Melbourne. Unterwegs wurde mir von Jonty in Hyderabad, Poornima Dasharathi in Bengaluru, den Teams des Golden Mist in Kodagu und Uramma in Hampi, Prakash in Vijapura, Oliver dem Yogi in Gokarna und Vijay in Vizag geholfen.

QUELLENNACHWEIS

Die Klimakarten stammen von Peel MC, Finlayson BL & McMahon TA (2007), *Updated World Map of the Köppen-Geiger Climate Classification*, erschienen in der Zeitschrift *Hydrology and Earth System Sciences*, Ausgabe 11, 1633–44, und wurden angepasst.

Illustration: S. 202–203 von Michael Weldon.

Titelfoto: Fischerhafen bei Kovalam, Kerala; Tuul & Bruno Morandi / SIME / 4Corners

ÜBER DIESES BUCH

Dies ist die 6. deutsche Auflage des Reiseführers *Indien Süden & Kerala*, basierend auf der mittlerweile 9. englischsprachigen Auflage von *South India & Kerala* – geleitet von Isabella Noble und recherchiert sowie verfasst von Isabella Noble, Kevin Raub, Paul Harding, Sarina Singh und Iain Stewart.

Die vorherige Auflage stammt von John Noble, Abigail Blasi, Paul Harding, Trent Holden, Isabella Noble und Iain Stewart. Dieser Reiseführer wurde von den folgenden Personen betreut:

Projektredakteur
Joe Bindloss

Redaktion Rachel Rawling, Catherine Naghten

Kartografie
Lonely Planet Cartography

Layoutdesign
Katherine Marsh

Redaktionsassistenz Imogen Bannister, Bruce Evans, Victoria Harrison, Charlotte Orr, Gabrielle Stefanos

Umschlagrecherche
Naomi Parker

Dank an Daniel Fahey, Gemma Graham, Indra Kilfoyle, Kate Mathews, Claire Naylor, Karyn Noble, Martine Power, Kathryn Rowan, Tom Stainer

Register

Verweise auf Karten **000**
Verweise auf Fotos **000**

G

H

Verweise auf Karten **000**
Verweise auf Fotos **000**

Verweise auf Karten **000**
Verweise auf Fotos **000**

Kartenlegende

Sehenswertes
- Strand
- Vogelschutzgebiet
- buddhistisch
- Schloss/Palast
- christlich
- konfuzianisch
- hinduistisch
- islamisch
- jainistisch
- jüdisch
- Denkmal
- Museum/Galerie/historisches Gebäude
- Ruine
- Sento-Bad/Onsen
- schintoistisch
- sikhistisch
- taoistisch
- Weingut/Weinberg
- Zoo/Tierschutzgebiet
- andere Sehenswürdigkeit

Aktivitäten, Kurse & Touren
- bodysurfen
- tauchen
- Kanu/Kajak fahren
- Kurs/Tour
- Ski fahren
- schnorcheln
- surfen
- Schwimmbecken
- wandern
- windsurfen
- andere Aktivität

Schlafen
- Unterkunft
- Camping

Essen
- Lokal

Ausgehen & Nachtleben
- Bar/Kneipe
- Café

Unterhaltung
- Unterhaltung

Shoppen
- Shoppen

Praktisches
- Bank
- Botschaft/Konsulat
- Krankenhaus/Arzt
- Internetzugang
- Polizei
- Post
- Telefon
- Toilette
- Toureninformation
- andere Einrichtung

Geografisches
- Strand
- Hütte/Unterstand
- Leuchtturm
- Aussichtspunkt
- Berg/Vulkan
- Oase
- Park
- Pass
- Picknickplatz
- Wasserfall

Städte
- Hauptstadt (Staat)
- Hauptstadt (Bundesland/Provinz)
- Großstadt
- Kleinstadt/Ort

Verkehrsmittel
- Flughafen
- BART-Station
- Grenzübergang
- T-Station (Boston)
- Bus
- Seilbahn/Gondelbahn
- Fahrrad
- Fähre
- Metro/Muni-Station
- Einschienenbahn
- Parkplatz
- Tankstelle
- U-Bahn/SkyTrain-Station
- Taxi
- Bahnhof/Zug
- Straßenbahn
- U-Bahnhof
- anderes Verkehrsmittel

Achtung: Nicht alle der abgebildeten Symbole werden auf den Karten im Buch verwendet

Verkehrswege
- Mautstraße
- Autobahn
- Hauptstraße
- Landstraße
- Verbindungsstraße
- sonstige Straße
- unbefestigte Straße
- Straße im Bau
- Platz/Promenade
- Treppe
- Tunnel
- Fußgänger-Überführung
- Stadtspaziergang
- Abstecher (Stadtspaziergang)
- Pfad/Wanderweg

Grenzen
- Internationale Grenze
- Bundesstaat/Provinz
- umstrittene Grenze
- Region/Vorort
- Meerespark
- Klippen
- Mauer

Gewässer
- Fluss/Bach
- periodischer Fluss
- Kanal
- Wasser
- Trocken-/Salz-/periodischer See
- Riff

Gebietsformen
- Flughafen/Startbahn
- Strand/Wüste
- Friedhof (christlich)
- Friedhof
- Gletscher
- Watt
- Park/Wald
- Sehenswürdigkeit (Gebäude)
- Sportgelände
- Sumpf/Mangrove

DIE AUTOREN

Isabella Noble

Tamil Nadu & Chennai Eigentlich ist Isabella englisch-australisch, im Herzen aber ist sie Spanierin. Seit ihrem ersten Lebensjahr bereist sie die Welt. Zwar ist sie zwischen weiß gekalkten Häuser in einem andalusischen Dorf aufgewachsen, sodass Spanien ihr Spezialgebiet ist, sie hat aber für Lonely Planet auch über viele andere Regionen geschrieben. Neben Artikeln für *The Telegraph* hat Isabella für Lonely Planet die Bände *Spanien* und *Andalusien* sowie *Pocket Phuket* verfasst und an den Reiseführern *Indien*, *Indien Süden & Kerala*, *Thailand*, *Thailand Inseln & Strände*, *Südostasien für wenig Geld* und *Great Britain* mitgewirkt. Twitter und Instagram: @isabellamnoble.

Kevin Raub

Mumbai (Bombay), Maharashtra Kevin wuchs in Atlanta auf und begann seine Karriere als Musikjournalist in New York, wo er für *Men's Journal* und *Rolling Stone* arbeitete. Er hat den Rock 'n' Roll-Lifestyle für das Schreiben von Reiseberichten hinter sich gelassen und mittlerweile mehr als 40 Lonely Planet Bände geschrieben, mit Schwerpunkt auf Brasilien, Chile, Kolumbien, USA, Indien, der Karibik und Portugal. Darüber hinaus schreibt Kevin für eine Reihe von Reisezeitschriften in den USA und Großbritannien. Unterwegs ist der nach eigenem Bekunden begeisterte Hopfenfan unablässig auf der Suche nach lokalen Bieren mit Kick. Auf Twitter und Instagram ist er unter @RaubOnTheRoad zu finden.

Paul Harding

Goa, Kerala Seit fast zwei Jahrzehnten bereist Paul als Autor und Fotograf den Globus mit großem Interesse an abgelegenen und unkonventionellen Orten und Kulturen. Als Allein- oder Co-Autor hat er an mehr als 50 Lonely Planet Bänden zu den unterschiedlichsten Ländern und Regionen mitgewirkt, darunter Indien, Island, Belize, Vanuatu, Iran, Indonesien, Neuseeland, Finnland und – seine Heimat – Australien.

Sarina Singh

Andamanen Nachdem Sarina in ihrer Heimatstadt Melbourne ihren Abschluss in BWL gemacht hatte, reiste sie nach Indien, absolvierte ein Betriebspraktikum und arbeitete dann als Journalistin. Fünf Jahre später kehrte sie nach Australien zurück, beendete ihr Journalistik-Aufbaustudium und war Autorin der ersten Auflage des Bandes *Rajasthan* von Lonely Planet. Sie hat seither zahlreiche Bücher für Lonely Planet verfasst, für zahlreiche Zeitungen und Zeitschriften geschrieben und arbeitet auch als Drehbuchautorin und Kolumnistin. Sarina ist zudem Autorin zweier sehr gefeierter Bücher: *Polo in India* und *India: Essential Encounters*. Ihr Dokumentarfilm erlebte seine Premiere beim Melbourne International Film Festival und erhielt einen Preis, ehe er weltweit gezeigt wurde.

Iain Stewart

Karnataka & Bengaluru, Telangana & Andhra Pradesh Der ausgebildete Journalist arbeitete in den 1990er-Jahren als Reporter und Restaurantkritiker in London. 1997 begann er, Reiseführer zu schreiben, und hat seitdem mehr als 60 Titel über Orte verfasst, die so unterschiedlich sind wie Ibiza und Kambodscha. Für Lonely Planet arbeitete Iain u. a. an den Bänden zu Mexiko, Indonesien, Kroatien, Vietnam, Indien, Sri Lanka und Zentralamerika mit. Zu seinen Leidenschaften gehören Tennis, Tauchen und Freitauchen. Solange es vor Ort eine oder zwei Palmen und einen zumindest größtenteils sandigen Strand gibt, wird er erwägen, dort seiner Arbeit nachzugehen. Zu Hause ist er im britischen Brighton, mit Blick Richtung Süden. Er twittert unter @iaintravel.

DIE LONELY PLANET STORY

Ein ziemlich mitgenommenes, altes Auto, ein paar Dollar in der Tasche und eine Vorliebe für Abenteuer – 1972 war das alles, was Tony und Maureen Wheeler für die Reise ihres Lebens brauchten, die sie durch Europa und Asien bis nach Australien führte. Die Tour dauerte einige Monate, und am Ende saßen die beiden – pleite, aber voller Inspiration – an ihrem Küchentisch und schrieben ihren ersten Reiseführer *Across Asia on the Cheap*. Innerhalb einer Woche hatten sie 1500 Exemplare verkauft. Lonely Planet war geboren.

Heute hat der Verlag Büros in Melbourne, London und Oakland und mehr als 600 Mitarbeiter und Autoren. Und alle teilen Tonys Überzeugung: „Ein guter Reiseführer sollte drei Dinge tun: informieren, bilden und unterhalten."

Lonely Planet Global Limited

Unit E, Digital Court,
The Digital Hub,
Rainsford Street,
Dublin 8,
Ireland

Verlag der deutschen Ausgabe:
MAIRDUMONT, Marco-Polo-Str. 1, 73760 Ostfildern,
www.lonelyplanet.de, www.mairdumont.com
lonelyplanet-online@mairdumont.com

Chefredakteurin deutsche Ausgabe: Birgit Borowski

Übersetzung: Berna Ercan, Tobias Ewert, Derek Frey, Marion Gref-Timm, Britt Maaß, Marion Matthäus, Dr. Christian Rochow, Erwin Tivig

An früheren Auflagen haben außerdem mitgewirkt: Rosemarie Altmann, Julie Bacher, Petra Dubilski, Beatrix Gehlhoff, Karen Gerwig, Mayela Gerhardt, Marion Gieseke, Christiane Gsänger, Sabine Hübner, Christina Jacobs, Christina Kagerer, Anna Kranz, Laura Leibold, Raphaela Moczynski, Dr. Thomas Pago, Ute Perchtold, Christiane Radünz, Jutta Ressel, Andrea Schleipen, Frauke Sonnabend, Dr. Heinz Vestner, Katja Weber, Renate Weinberger

Redaktion: Annegret Gellweiler, Frank J. Müller, Olaf Rappold, Julia Wilhelm, Stephanie Ziegler (red.sign, Stuttgart)

Redaktionsassistenz: Helin Dag, Annika Häfner, Sara Kimmich, Sylvia Scheider-Schopf (red.sign, Stuttgart)

Satz: Gerhard Junker, Sylvia Scheider-Schopf (red.sign, Stuttgart)

Indien Süden & Kerala

6. deutsche Auflage Januar 2018, übersetzt von *South India & Kerala, 9th edition*, Oktober 2017, Lonely Planet Global Limited

Printed in Poland